福建经济普查年鉴

Fujian Economic Census Yearbook

2013

综 | 合 | 卷

福建省第三次全国经济普查领导小组办公室 编

图书在版编目（CIP）数据

福建经济普查年鉴. 2013 / 福建省第三次全国经济普查领导小组办公室编. -- 北京 : 中国统计出版社, 2016.1
ISBN 978-7-5037-7752-3

Ⅰ. ①福… Ⅱ. ①福… Ⅲ. ①经济－普查－福建省－2013－年鉴 Ⅳ. ①F127.45-54

中国版本图书馆 CIP 数据核字（2016）第 027328 号

福建经济普查年鉴—2013/综合卷

作　　者/福建省第三次全国经济普查领导小组办公室
责任编辑/赵淑焕
封面设计/黄俊杰　李雪燕
出版发行/中国统计出版社
通信地址/北京市丰台区西三环南路甲 6 号　邮政编码/100073
电　　话/邮购（010）63376909　书店（010）68783171
网　　址/http://www.zgtjcbs.com/
印　　刷/河北天普润印刷厂
经　　销/新华书店
开　　本/880mm×1230mm　1/16
字　　数/980 千字
印　　张/31.25
版　　别/2016 年 8 月第 1 版
版　　次/2016 年 8 月第 1 次印刷
定　　价/680.00 元

本书附同版本 CD-ROM 一张，光盘内容以书面文字为准。
如有印装差错，由本社发行部调换。

编者说明

为便于社会各界分享我省第三次全国经济普查成果，方便使用和开发利用普查资料，我们将经济普查资料编辑整理，汇编成《福建经济普查年鉴—2013》一书。全书共三卷，即综合卷、第二产业卷和第三产业卷，并随书配送同版本光盘一张。《综合卷》分三篇：第一篇为“综合篇”，第二篇为“小微企业篇”，第三篇为“文化及相关产业篇”。《第二产业卷》分三篇：第一篇为“工业企业生产经营及财务状况”，第二篇为“规模以上工业企业科技情况”，第三篇是“建筑业企业生产经营及财务状况”。《第三产业卷》分六篇：第一篇为“批发和零售业基本情况及财务状况”，第二篇为“住宿和餐饮业基本情况及财务状况”，第三篇为“房地产开发经营业生产经营及财务状况”，第四篇为“重点服务业企业财务状况”，第五篇为 “行政事业、社团及其他单位财务状况”，第六篇为“企业信息化和电子商务交易情况”。

为使读者能够更好地使用本资料，现对有关问题做如下说明：

一、第三次全国经济普查的标准时点为2013年12月31日，时期资料为2013年度；

二、每卷后附有该卷详细的指标解释，使用时请仔细阅读；

三、综合卷中综合篇和小微企业篇汇总表，均不包括金融业、铁路运输业和一些无分组标识的数据；

四、第三产业卷中重点服务业企业财务状况分行业、分地区、分登记注册类型、分控股情况主要指标汇总口径为“机构类型”为“企业”或者“执行会计标准类别”为“企业会计制度”的法人单位。行政事业、社团及其他单位财务状况分行业、分地区主要指标汇总口径为“机构类型”不等于“企业”并且“执行会计标准类别”不等于“企业会计制度”的法人单位。

五、本资料建筑业按法人单位注册地，其他行业按法人单位经营地进行汇总；

六、本资料对部分数据由于单位取舍不同或四舍五入而产生的差数均未作调整；

七、表中空格表示该项统计指标数值为零、数据不详或无该项数据，“#”表示其中的主要项。

八、由于经济普查年鉴汇总口径与经济普查公报不完全一致，可能会造成我省经济普查年鉴数据与经济普查公报数据存在差异。

我们希望此书的面世，能使社会各界对我省第三次全国经济普查有一个全面概括的了解，更愿本书的内容，能为社会经济研究工作者提供有价值的参考。

第三次全国经济普查资料是全省普查工作者共同辛勤工作的成果，也是广大普查对象积极支持配合的结果。在此，我们向全省所有普查工作者、普查对象和所有参与和支持普查工作的人员致以崇高的敬意和衷心的感谢！

综合卷 目录

第一篇 综合篇

1-01 按地区、行业(门类)分组的法人单位数……2
1-02 按地区分组的法人单位数及从业人员数……6
1-03 按地区、开业(成立)时间分组的法人单位数……8
1-04 按地区、开业(成立)时间分组的法人单位从业人员数……12
1-05 按地区、登记注册类型分组的法人单位数……16
1-06 按地区、登记注册类型分组的法人单位从业人员数……24
1-07 按行业(中类)、开业(成立)时间分组的法人单位数……32
1-08 按行业(中类)、开业(成立)时间分组的法人单位从业人员数……72
1-09 按行业(中类)、登记注册类型分组的法人单位数……112
1-10 按行业(中类)、登记注册类型分组的法人单位从业人员数……156
1-11 按从业人员组距、开业(成立)时间、登记注册类型分组的法人单位数……200
1-12 按从业人员组距、开业(成立)时间、登记注册类型分组的法人单位从业人员数……204
1-13 按登记注册类型分组的法人单位数及从业人员数……208
1-14 按设区市、行业(门类)分组的有证照个体经营户数和从业人员数……209

第二篇 小微企业篇

2-01 按地区、开业(成立)时间分组的小微企业法人单位数……212
2-02 按地区、开业(成立)时间分组的小微企业法人单位从业人员数……216
2-03 按地区、登记注册类型分组的小微企业法人单位数……220
2-04 按地区、登记注册类型分组的小微企业法人单位从业人员数……228
2-05 按地区、营业状态分组的小微企业法人单位数……236
2-06 按地区、营业状态分组的小微企业法人单位从业人员数……238
2-07 按行业(中类)、开业(成立)时间分组的小微企业法人单位数……240
2-08 按行业(中类)、开业(成立)时间分组的小微企业法人单位从业人员数……280
2-09 按行业(中类)、登记注册类型分组的小微企业法人单位数……320
2-10 按行业(中类)、登记注册类型分组的小微企业法人单位从业人员数……364
2-11 按行业(中类)、营业状态分组的小微企业法人单位数……408
2-12 按行业(中类)、营业状态分组的小微企业法人单位从业人员数……418
2-13 按登记注册类型、营业状态分组的小微企业法人单位数……428
2-14 按登记注册类型、营业状态分组的小微企业法人单位从业人员数……429

第三篇 文化及相关产业篇

A. 概况

3-A-01 文化及相关产业单位及从业人员情况……433
3-A-02 分设区市文化及相关产业单位及从业人员情况……433
3-A-03 分地区文化及相关产业法人单位分布情况……434
3-A-04 分地区文化及相关产业法人单位基本情况……436
3-A-05 按类别分文化及相关产业企业基本情况……438
3-A-06 按类别分文化事业(其他)单位基本情况……440

B. 文化制造业

3-B-01 按类别分文化制造业企业主要指标……441
3-B-02 分设区市文化制造业企业主要指标……442
3-B-03 规模以上文化制造业企业基本情况……442
3-B-04 按类别分规模以上文化制造业企业基本情况……444
3-B-05 分设区市规模以上文化制造业企业基本情况……445
3-B-06 按类别分规模以上文化制造业企业主要财务指标……446
3-B-07 分设区市规模以上文化制造业企业主要财务指标……446
3-B-08 规模以上文化制造业企业科技活动情况……448
3-B-09 规模以下文化制造业企业主要财务指标……449
3-B-10 分设区市规模以下文化制造业企业主要财务指标……449
3-B-11 按类别分规模以下文化制造业企业主要财务指标……450

C. 文化批发和零售业

3-C-01 按类别分文化批发和零售业企业主要指标……451
3-C-02 分设区市文化批发和零售业企业主要指标……451
3-C-03 限额以上文化批发和零售业企业基本情况……452
3-C-04 按类别分限额以上文化批发和零售业企业基本情况……452
3-C-05 分设区市限额以上文化批发和零售业企业基本情况……453
3-C-06 按类别分限额以上文化批发和零售业企业主要财务指标……453
3-C-07 分设区市限额以上文化批发和零售业企业主要财务指标……454
3-C-08 限额以下文化批发和零售业企业主要财务指标……454
3-C-09 按类别分限额以下文化批发和零售业企业主要财务指标……455
3-C-10 分设区市限额以下文化批发和零售业企业主要财务指标……455

D. 文化服务业

3-D-01 按类别分文化服务业单位主要指标……456
3-D-02 分设区市文化服务业单位主要指标……457
3-D-03 分设区市文化服务业企业基本情况……457
3-D-04 按类别分文化服务业企业主要指标……458
3-D-05 分设区市文化服务业企业主要指标……459
3-D-06 按类别分规模以上文化服务业企业基本情况……459
3-D-07 规模以上文化服务业企业基本情况……460
3-D-08 分设区市规模以上文化服务业企业基本情况……460

3-D-09　按类别分规模以上文化服务业企业主要财务指标 …… 461
3-D-10　分设区市规模以上文化服务业企业主要财务指标 …… 461
3-D-11　规模以下文化服务业企业主要财务指标 …… 462
3-D-12　按类别分规模以下文化服务业企业主要财务指标 …… 463
3-D-13　分设区市规模以下文化服务业企业主要财务指标 …… 464
3-D-14　按类别分文化服务业事业单位主要财务指标 …… 464
3-D-15　分设区市文化服务业事业单位主要财务指标 …… 465
3-D-16　分设区市文化服务业其他单位主要财务指标 …… 465
3-D-17　按类别分文化服务业其他单位主要财务指标 …… 466

E. 文化产业个体经营户

3-E-01　按类别分文化产业个体经营户基本情况 …… 467
3-E-02　分设区市文化产业个体经营户基本情况 …… 468

F. 分行业情况

3-F-01　全省文化产业法人单位分行业主要经济指标 …… 469
3-F-02　福州市文化产业法人单位分行业主要经济指标 …… 471
3-F-03　厦门市文化产业法人单位分行业主要经济指标 …… 471
3-F-04　莆田市文化产业法人单位分行业主要经济指标 …… 472
3-F-05　三明市文化产业法人单位分行业主要经济指标 …… 472
3-F-06　泉州市文化产业法人单位分行业主要经济指标 …… 473
3-F-07　漳州市文化产业法人单位分行业主要经济指标 …… 473
3-F-08　南平市文化产业法人单位分行业主要经济指标 …… 474
3-F-09　龙岩市文化产业法人单位分行业主要经济指标 …… 474
3-F-10　宁德市文化产业法人单位分行业主要经济指标 …… 475
3-F-11　平潭综合实验区文化产业法人单位分行业主要经济指标 …… 475

附　录

主要指标解释及分类规定 …… 479

第1篇

综合篇

1-01 按地区、行业(门类)

地 区	法 人 单位数 (个)	农、林、牧、渔业	采矿业	制造业	电力、热力、燃气及水生产和供应业	建筑业	批发和零售业	交通运输、仓储和邮政业	住宿和餐饮业
全 省	**373792**	**2468**	**2157**	**86140**	**6096**	**10122**	**97491**	**8976**	**6430**
福州市	**72793**	**500**	**151**	**11066**	**553**	**2495**	**21906**	**1828**	**1713**
鼓楼区	17821	8		254	8	685	6516	287	455
台江区	7015	2		93	1	228	3622	114	167
仓山区	8268	17	1	2292	3	221	2297	129	232
马尾区	2446	7	1	454	6	130	677	164	36
晋安区	8371	21	7	777	14	437	3765	263	189
闽侯县	5206	64	13	2130	41	87	739	91	59
连江县	3228	79	7	622	50	61	324	83	80
罗源县	1507	17	80	309	50	37	194	56	14
闽清县	2115	35	5	568	195	89	167	35	51
永泰县	2011	39	6	210	114	98	244	25	28
平潭县	3840	21	17	131	11	205	1080	292	77
福清市	6496	131	10	1339	38	151	1480	163	229
长乐市	4469	59	4	1887	22	66	801	126	96
厦门市	**67024**	**99**	**9**	**12970**	**60**	**2326**	**25762**	**2534**	**1449**
思明区	27543	4		1085	10	1074	12213	386	914
海沧区	4503	5		1364	4	191	1361	173	77
湖里区	18612	1		3330	7	618	8311	1504	238
集美区	6879	5		3047	4	156	1822	184	95
同安区	5634	15	6	2793	26	119	1183	141	76
翔安区	3853	69	3	1351	9	168	872	146	49
莆田市	**20236**	**76**	**44**	**5268**	**157**	**628**	**4887**	**368**	**285**
城厢区	4569	5	3	533	22	201	1313	71	124
涵江区	3583	3	4	1193	27	69	700	87	39
荔城区	4570	37	4	1274	9	154	1367	62	65
秀屿区	2981	22	6	676	24	97	823	73	27
仙游县	4533	9	27	1592	75	107	684	75	30
三明市	**26956**	**396**	**665**	**4199**	**1278**	**520**	**5549**	**589**	**347**
梅列区	3741	19	22	291	31	141	1350	77	56
三元区	2391	21	40	507	45	53	681	91	46
明溪县	1348	26	29	171	64	9	174	50	15
清流县	1488	100	42	182	54	20	159	22	13
宁化县	1783	18	32	305	64	36	313	27	21
大田县	2645	18	216	405	166	32	501	72	34
尤溪县	2702	104	70	671	191	40	358	29	15
沙县	2606	25	16	471	157	46	581	59	44
将乐县	1713	7	59	253	126	32	219	30	21
泰宁县	1315	14	5	161	76	17	194	24	29
建宁县	1661	23	21	226	78	10	191	21	25
永安市	3563	21	113	556	226	84	828	87	28
泉州市	**75048**	**180**	**247**	**29020**	**793**	**1757**	**16960**	**1427**	**1137**
鲤城区	5922		1	1765	5	119	1833	76	142
丰泽区	8718	3	2	1618	10	439	2856	204	195
洛江区	1976	15	1	732	6	100	355	28	19
泉港区	2742	8	9	428	16	106	645	122	27
惠安县	6274	16	13	2865	26	238	810	78	83

分组的法人单位数

信息传输、软件和信息技术服务业	房地产业	租赁和商务服务业	科学研究和技术服务业	水利、环境和公共设施管理业	居民服务、修理和其他服务业	教 育	卫生和社会工作	文化、体育和娱乐业	公共管理、社会保障和社会组织
6636	**10048**	**29040**	**12126**	**3028**	**5993**	**13974**	**7483**	**7234**	**58350**
2479	**2062**	**7606**	**2896**	**458**	**1613**	**2952**	**1709**	**1591**	**9215**
1430	694	3362	1304	64	338	444	181	414	1377
277	276	934	370	24	156	173	99	87	392
281	177	720	379	34	268	385	237	121	474
72	85	169	67	20	22	94	69	43	330
246	208	868	305	53	297	274	78	104	465
37	79	186	69	50	81	259	128	197	896
3	90	175	63	47	82	171	417	72	802
8	45	69	17	29	23	79	30	27	423
10	22	75	35	16	27	94	41	51	599
25	40	85	36	32	24	91	66	46	802
38	109	424	74	25	68	179	97	78	914
37	144	370	119	33	156	539	152	231	1174
15	93	169	58	31	71	170	114	120	567
2359	**2281**	**6947**	**2346**	**317**	**1608**	**1393**	**508**	**781**	**3275**
1613	1321	4446	1209	71	711	486	131	379	1490
67	130	254	208	52	131	131	54	57	244
531	471	1451	664	65	466	297	75	175	408
76	178	301	107	51	123	240	76	75	339
37	123	233	97	54	104	158	36	63	370
35	58	262	61	24	73	81	136	32	424
159	**483**	**1137**	**375**	**172**	**219**	**832**	**251**	**393**	**4502**
81	131	405	150	47	84	182	59	116	1042
11	62	147	52	40	40	114	48	94	853
42	152	243	73	34	47	95	46	75	791
4	36	113	37	24	13	96	31	32	847
21	102	229	63	27	35	345	67	76	969
152	**684**	**1743**	**949**	**321**	**301**	**865**	**779**	**590**	**7029**
61	148	385	166	24	65	86	52	92	675
22	63	139	69	10	37	77	48	51	391
2	25	62	55	21	15	35	55	29	511
6	24	62	75	26	17	38	137	33	478
8	52	88	74	29	8	71	38	39	560
5	49	219	44	18	24	92	45	59	646
5	53	87	87	28	20	74	51	44	775
16	69	197	70	27	37	114	36	56	585
6	39	71	79	32	9	55	35	62	578
1	29	125	32	34	9	30	98	28	409
5	28	78	75	27	14	56	75	35	673
15	105	230	123	45	46	137	109	62	748
721	**1619**	**4163**	**1969**	**398**	**945**	**3156**	**869**	**1245**	**8442**
88	169	400	106	20	91	243	103	159	602
300	299	1053	260	51	168	245	77	189	749
12	79	56	27	23	21	100	32	35	335
16	122	191	62	24	52	164	31	65	654
39	149	281	82	35	67	395	68	90	939

1-01 续表

地区	法人单位数(个)	农、林、牧、渔业	采矿业	制造业	电力、热力、燃气及水生产和供应业	建筑业	批发和零售业	交通运输、仓储和邮政业	住宿和餐饮业
安溪县	6345	36	47	1616	303	85	1103	71	68
永春县	2828	13	64	559	149	44	417	47	36
德化县	2630	13	73	1228	141	21	255	22	35
石狮市	9174	24	1	3135	22	157	3180	229	157
晋江市	18438	19	17	9717	39	234	3955	339	239
南安市	10001	33	19	5357	76	214	1551	211	136
漳州市	**34785**	**321**	**165**	**9354**	**691**	**853**	**7725**	**838**	**450**
芗城区	7263	18	5	1117	6	391	2318	172	100
龙文区	2804	12		679	4	89	802	103	38
云霄县	2470	18	10	687	36	18	382	49	39
漳浦县	4560	41	54	1493	73	95	971	122	75
诏安县	1610	10	13	380	25	12	163	8	13
长泰县	2620	12	22	1274	82	21	528	33	21
东山县	1797	160	15	312	8	34	224	41	54
南靖县	2532	5	10	730	188	18	386	44	46
平和县	2488	16	7	282	68	11	873	36	27
华安县	1183	2	9	238	162	11	280	21	7
龙海市	5458	27	20	2162	39	153	798	209	30
南平市	**27160**	**524**	**202**	**4880**	**769**	**572**	**5026**	**577**	**380**
延平区	5497	82	35	899	108	252	1127	159	93
顺昌县	1686	37	14	256	77	16	199	42	11
浦城县	2175	74	26	347	116	32	239	35	17
光泽县	1151	18	13	208	55	17	99	24	10
松溪县	1581	92	22	396	49	18	226	17	8
政和县	1566	51	18	337	45	9	203	17	20
邵武市	2763	40	35	611	86	56	358	67	27
武夷山市	4413	57	7	716	42	48	1554	57	145
建瓯市	3604	14	13	583	109	48	578	109	32
建阳市	2724	59	19	527	82	76	443	50	17
龙岩市	**21411**	**154**	**552**	**3160**	**1111**	**469**	**3984**	**330**	**315**
新罗区	6033	4	140	815	123	268	1721	133	114
长汀县	2838	15	46	633	113	26	339	36	42
永定县	2357	16	105	290	166	31	266	44	37
上杭县	3133	5	50	377	221	94	276	24	18
武平县	2283	21	49	285	176	22	281	19	33
连城县	2743	87	80	459	156	9	748	34	63
漳平市	2024	6	82	301	156	19	353	40	8
宁德市	**28379**	**218**	**122**	**6223**	**684**	**502**	**5692**	**485**	**354**
蕉城区	6765	74	14	583	70	245	2146	131	100
霞浦县	2871	22	16	845	45	43	341	58	32
古田县	2661	9	42	498	178	23	382	43	48
屏南县	1379	36	13	188	88	13	125	9	13
寿宁县	1472	4	5	244	58	13	92	15	10
周宁县	898	4	5	66	30	4	76	4	14
柘荣县	1260	1	5	283	49	16	113	8	7
福安市	6824	29	13	2286	82	67	1739	120	51
福鼎市	4249	39	9	1230	84	78	678	97	79

信息传输、软件和信息技术服务业	房地产业	租赁和商务服务业	科学研究和技术服务业	水利、环境和公共设施管理业	居民服务、修理和其他服务业	教　育	卫生和社会工作	文化、体育和娱乐业	公共管理、社会保障和社会组织
19	117	239	977	35	40	349	75	71	1094
8	38	122	60	44	44	221	41	43	878
20	68	85	26	13	21	77	44	33	455
77	168	557	108	27	128	261	146	146	651
105	235	776	164	64	204	598	166	270	1297
37	175	403	97	62	109	503	86	144	788
281	**1050**	**2236**	**1107**	**429**	**430**	**1714**	**441**	**852**	**5848**
147	248	766	322	67	143	238	85	186	934
32	97	172	135	35	56	117	25	71	337
14	76	170	98	43	43	97	46	72	572
18	110	269	96	54	48	282	42	74	643
5	31	67	126	20	7	149	27	43	511
8	55	118	41	34	18	38	20	53	242
8	123	131	50	22	15	69	28	97	406
7	43	125	49	30	22	173	37	66	553
16	54	108	74	36	14	156	42	53	615
	22	43	9	11	5	40	20	30	273
26	191	267	107	77	59	355	69	107	762
186	**731**	**2377**	**997**	**383**	**361**	**1174**	**550**	**624**	**6847**
52	138	429	210	61	125	186	100	134	1307
3	51	129	100	35	13	81	40	49	533
11	48	184	117	33	14	90	51	52	689
6	30	88	61	21	8	42	19	35	397
15	23	68	44	22	9	79	38	27	428
15	16	81	64	25	10	92	26	37	500
12	88	212	70	27	30	149	82	56	757
29	158	418	136	67	30	126	58	102	663
26	78	544	113	55	83	225	92	62	840
17	101	224	82	37	39	104	44	70	733
132	**552**	**1205**	**855**	**280**	**211**	**1048**	**374**	**620**	**6059**
86	307	487	194	43	77	190	82	171	1078
9	43	110	106	36	28	140	65	76	975
3	26	120	92	22	17	208	40	112	762
9	41	189	92	63	17	150	80	81	1346
2	48	81	176	46	18	162	35	58	771
13	33	117	80	39	28	97	32	65	603
10	54	101	115	31	26	101	40	57	524
167	**586**	**1626**	**632**	**270**	**305**	**840**	**2002**	**538**	**7133**
102	212	608	243	66	120	191	274	170	1416
4	62	134	25	43	19	109	79	62	932
4	55	126	47	18	34	90	369	64	631
3	28	99	34	25	11	51	65	33	545
2	25	55	47	10	9	61	216	38	568
4	24	27	29	20	6	37	129	20	399
4	25	49	23	12	18	48	92	37	470
31	62	274	115	37	50	125	453	59	1231
13	93	254	69	39	38	128	325	55	941

1-02 按地区分组的法人单位数及从业人员数

地 区	法人单位				
	单位数(个)			从业人员数(人)	
		单产业法人	多产业法人		#女性
全 省	**373792**	**353302**	**20490**	**13732695**	**4966478**
福州市	**72793**	**69161**	**3632**	**3141933**	**1063518**
鼓楼区	17821	17178	643	812875	259130
台江区	7015	6723	292	229686	76286
仓山区	8268	7972	296	296680	132956
马尾区	2446	2315	131	182282	61477
晋安区	8371	8182	189	337968	110919
闽侯县	5206	5119	87	206893	83088
连江县	3228	3093	135	166544	41161
罗源县	1507	1270	237	56603	14779
闽清县	2115	1821	294	132150	34126
永泰县	2011	1888	123	135801	29409
平潭县	3840	3595	245	64710	22737
福清市	6496	5871	625	294703	112137
长乐市	4469	4134	335	225038	85313
厦门市	**67024**	**64329**	**2695**	**2385257**	**815536**
思明区	27543	26211	1332	929557	269379
海沧区	4503	4368	135	175880	62207
湖里区	18612	17878	734	637268	221642
集美区	6879	6747	132	291361	117692
同安区	5634	5377	257	196986	85857
翔安区	3853	3748	105	154205	58759
莆田市	**20236**	**18936**	**1300**	**779287**	**291411**
城厢区	4569	4333	236	182496	56903
涵江区	3583	3304	279	170886	76258
荔城区	4570	4312	258	191676	76636
秀屿区	2981	2835	146	88598	32539
仙游县	4533	4152	381	145631	49075
三明市	**26956**	**25226**	**1730**	**723761**	**228931**
梅列区	3741	3581	160	92555	31583
三元区	2391	2316	75	76634	20130
明溪县	1348	1301	47	24614	8459
清流县	1488	1419	69	40871	10590
宁化县	1783	1540	243	39374	15337
大田县	2645	2524	121	66401	19650
尤溪县	2702	2375	327	76154	29120
沙县	2606	2401	205	83743	25508
将乐县	1713	1588	125	37022	11936
泰宁县	1315	1133	182	33824	10174
建宁县	1661	1606	55	56728	12431
永安市	3563	3442	121	95841	34013
泉州市	**75048**	**71914**	**3134**	**3401708**	**1367942**
鲤城区	5922	5729	193	247834	101702
丰泽区	8718	8490	228	241099	97603
洛江区	1976	1912	64	105774	43710
泉港区	2742	2598	144	72968	30907
惠安县	6274	5878	396	454345	147079

1-02　续表

地　区	法人单位				
	单位数(个)	单产业法人	多产业法人	从业人员数(人)	#女性
安溪县	6345	5964	381	251693	90162
永春县	2828	2517	311	168613	65613
德化县	2630	2419	211	118233	54105
石狮市	9174	9113	61	302208	122004
晋江市	18438	17894	544	919204	414123
南安市	10001	9400	601	519737	200934
漳州市	**34785**	**32276**	**2509**	**1143661**	**463386**
芗城区	7263	6939	324	252886	84316
龙文区	2804	2709	95	85264	32093
云霄县	2470	2319	151	71598	31366
漳浦县	4560	4130	430	115660	53444
诏安县	1610	1374	236	72473	32555
长泰县	2620	2429	191	76466	29985
东山县	1797	1689	108	66842	38075
南靖县	2532	2310	222	58928	22879
平和县	2488	2193	295	66591	29717
华安县	1183	1018	165	33267	11363
龙海市	5458	5166	292	243686	97593
南平市	**27160**	**25258**	**1902**	**612643**	**241862**
延平区	5497	5136	361	155237	54698
顺昌县	1686	1503	183	32002	12228
浦城县	2175	1873	302	45596	17540
光泽县	1151	1021	130	32710	15614
松溪县	1581	1519	62	33233	13087
政和县	1566	1457	109	33596	14014
邵武市	2763	2666	97	75976	30184
武夷山市	4413	4333	80	62722	27237
建瓯市	3604	3276	328	73678	31253
建阳市	2724	2474	250	67893	26007
龙岩市	**21411**	**19524**	**1887**	**849343**	**260013**
新罗区	6033	5849	184	299431	85786
长汀县	2838	2422	416	88288	36990
永定县	2357	2210	147	60273	19143
上杭县	3133	2637	496	219526	45728
武平县	2283	1982	301	58157	22814
连城县	2743	2458	285	72411	31282
漳平市	2024	1966	58	51257	18270
宁德市	**28379**	**26678**	**1701**	**695102**	**233879**
蕉城区	6765	6467	298	192310	55522
霞浦县	2871	2551	320	66942	27842
古田县	2661	2288	373	54036	19130
屏南县	1379	1265	114	28528	11660
寿宁县	1472	1239	233	30664	8916
周宁县	898	860	38	17529	5746
柘荣县	1260	1230	30	21116	8103
福安市	6824	6684	140	156146	48766
福鼎市	4249	4094	155	127831	48194

1-03 按地区、开业(成立)

地 区	法 人 单位数 (个)	1949年及以前	1950-1977年	1978-1991年	1992-1995年	1996年	1997年	1998年	1999年	2000年	2001年
全 省	**373792**	**2721**	**11395**	**28636**	**12036**	**3977**	**4364**	**5614**	**5704**	**8933**	**8559**
福州市	**72793**	**578**	**2635**	**4924**	**2473**	**799**	**780**	**1089**	**1125**	**1709**	**1543**
鼓楼区	17821	40	240	783	619	176	209	290	276	413	419
台江区	7015	17	93	165	141	64	38	77	78	141	150
仓山区	8268	30	115	373	207	71	59	84	95	195	178
马尾区	2446	15	33	154	106	43	51	47	49	75	90
晋安区	8371	11	71	276	228	87	70	94	118	136	147
闽侯县	5206	217	155	516	203	52	67	85	69	88	95
连江县	3228	34	361	611	166	48	48	64	53	51	46
罗源县	1507	17	270	103	62	23	19	24	26	43	27
闽清县	2115	22	164	399	74	31	26	46	48	54	57
永泰县	2011	13	342	320	85	47	23	35	30	51	52
平潭县	3840	47	204	362	109	31	35	49	78	58	55
福清市	6496	91	425	535	302	60	77	91	116	285	99
长乐市	4469	24	162	327	171	66	58	103	89	119	128
厦门市	**67024**	**96**	**337**	**1130**	**1296**	**735**	**716**	**842**	**933**	**1233**	**1441**
思明区	27543	59	128	500	560	402	329	408	442	550	608
海沧区	4503	5	16	47	82	38	48	49	72	56	80
湖里区	18612	5	19	188	242	148	167	202	213	310	393
集美区	6879	13	51	126	174	53	56	60	109	164	160
同安区	5634	10	67	199	161	66	85	88	64	116	133
翔安区	3853	4	56	70	77	28	31	35	33	37	67
莆田市	**20236**	**245**	**651**	**1550**	**731**	**208**	**231**	**292**	**238**	**301**	**364**
城厢区	4569	42	101	308	173	58	85	70	63	80	76
涵江区	3583	42	78	401	202	66	49	64	64	71	91
荔城区	4570	23	50	104	99	30	28	52	27	59	62
秀屿区	2981	53	99	206	97	20	30	47	31	34	55
仙游县	4533	85	323	531	160	34	39	59	53	57	80
三明市	**26956**	**173**	**1306**	**3678**	**879**	**269**	**490**	**473**	**425**	**819**	**721**
梅列区	3741	5	44	292	99	32	56	58	80	123	115
三元区	2391	3	53	224	84	18	40	42	31	79	79
明溪县	1348	9	150	196	40	16	18	15	10	38	22
清流县	1488	13	138	275	73	19	11	27	15	21	63
宁化县	1783	15	126	308	45	16	15	20	12	24	28
大田县	2645	18	94	406	90	17	47	28	33	62	65
尤溪县	2702	12	153	372	79	31	33	33	27	188	72
沙县	2606	23	114	301	90	31	48	41	40	107	61
将乐县	1713	12	99	315	63	8	22	43	22	23	46
泰宁县	1315	10	64	272	44	28	19	23	17	22	38
建宁县	1661	28	127	325	43	19	136	36	18	18	34
永安市	3563	25	144	392	129	34	45	107	120	114	98
泉州市	**75048**	**538**	**1432**	**3849**	**2863**	**851**	**964**	**1256**	**1443**	**2215**	**2296**
鲤城区	5922	38	101	206	188	76	91	115	140	188	191
丰泽区	8718	14	58	214	287	104	170	142	155	203	213
洛江区	1976	12	43	50	61	8	79	79	31	40	69
泉港区	2742	35	58	117	41	29	33	40	73	186	138
惠安县	6274	96	243	473	421	119	98	143	141	190	200

时间分组的法人单位数

2002年	2003年	2004年	2005年	2006年	2007年	2008年	2009年	2010年	2011年	2012年	2013年	无开业年份
10661	**12827**	**12660**	**14210**	**16804**	**15451**	**19215**	**23428**	**32085**	**37443**	**40848**	**43847**	**2374**
1781	**2370**	**2481**	**2819**	**3162**	**3168**	**3653**	**4675**	**6006**	**7355**	**8174**	**9096**	**398**
457	631	720	836	922	923	1055	1367	1670	1856	1866	2009	44
146	234	213	246	264	325	364	490	667	934	985	1180	3
183	315	298	356	360	349	492	637	799	935	981	1134	22
103	80	95	110	106	105	112	140	248	239	252	189	4
194	249	295	335	417	461	482	676	826	1029	1140	1017	12
140	171	151	170	225	218	238	286	370	412	611	608	59
61	88	86	82	96	127	142	125	135	209	254	325	16
45	49	63	40	46	48	59	75	108	118	113	124	5
60	57	61	77	78	53	84	113	128	122	183	163	15
50	54	84	55	71	47	71	89	104	105	118	159	6
50	60	68	92	93	107	98	118	245	453	627	771	30
144	193	186	263	277	242	301	384	440	609	617	694	65
148	189	161	157	207	163	155	175	266	334	427	723	117
1815	**2564**	**2894**	**3068**	**3781**	**3538**	**4011**	**4793**	**6860**	**7854**	**8328**	**8669**	**90**
785	1082	1255	1263	1493	1453	1670	2004	2758	3254	3298	3222	20
107	177	192	175	249	252	252	294	414	565	580	706	47
515	615	862	960	1138	1003	1174	1420	2036	2207	2309	2481	5
170	230	244	287	332	374	434	506	746	811	890	877	12
171	195	200	211	343	269	291	340	551	619	709	744	2
67	265	141	172	226	187	190	229	355	398	542	639	4
814	**483**	**403**	**602**	**724**	**688**	**986**	**1161**	**1907**	**2165**	**2453**	**2765**	**274**
135	101	111	144	135	145	205	235	359	407	555	790	191
159	104	87	140	187	163	220	207	288	310	289	293	8
266	111	89	120	153	160	223	271	490	625	779	748	1
162	70	33	72	98	85	127	165	380	385	342	335	55
92	97	83	126	151	135	211	283	390	438	488	599	19
895	**907**	**823**	**916**	**1173**	**992**	**1560**	**1466**	**2053**	**2055**	**2231**	**2469**	**183**
161	154	104	146	156	146	190	230	345	398	382	399	26
112	93	100	79	136	109	158	131	181	174	229	232	4
49	49	39	45	60	73	72	68	100	83	93	100	3
28	52	30	54	64	29	79	74	88	90	92	147	6
47	45	41	44	63	51	81	100	153	154	156	236	3
66	84	71	91	128	108	151	130	193	191	240	301	31
71	94	98	105	111	63	209	138	182	202	207	199	23
78	87	66	83	101	107	167	148	233	242	215	199	24
66	61	63	62	96	68	87	73	112	98	124	145	5
37	35	31	34	65	54	67	67	86	85	118	99	
65	27	32	57	63	48	106	95	111	91	85	94	3
115	126	148	116	130	136	193	212	269	247	290	318	55
2557	**3036**	**2794**	**3068**	**3325**	**3006**	**3538**	**4405**	**6042**	**7419**	**8449**	**9186**	**516**
217	250	240	261	287	252	287	365	567	591	624	623	24
335	382	346	325	351	375	331	460	621	852	1014	1753	13
50	121	93	84	77	76	82	86	122	169	241	209	94
176	79	89	136	118	105	98	213	189	249	265	251	24
156	245	194	279	288	301	302	274	368	467	510	608	158

1-03 续表

地　区	法　人 单位数 (个)	1949年 及以前	1950– 1977年	1978– 1991年	1992– 1995年	1996年	1997年	1998年	1999年	2000年	2001年
安溪县	6345	44	189	554	217	69	42	102	87	201	171
永春县	2828	52	206	412	118	33	39	71	52	113	44
德化县	2630	15	82	331	105	36	41	47	68	65	48
石狮市	9174	12	23	176	212	75	69	99	119	278	336
晋江市	18438	129	229	781	916	168	196	254	242	521	641
南安市	10001	91	200	535	297	134	106	164	335	230	245
漳州市	**34785**	**279**	**1237**	**3114**	**1159**	**330**	**495**	**505**	**556**	**779**	**638**
芗城区	7263	37	157	472	193	71	97	125	142	176	163
龙文区	2804	3	18	26	52	28	142	54	51	74	46
云霄县	2470	23	94	293	52	19	26	29	40	75	53
漳浦县	4560	14	135	418	149	35	33	44	63	100	84
诏安县	1610	15	100	291	85	14	15	22	31	45	26
长泰县	2620	18	85	133	52	15	21	25	20	36	31
东山县	1797	37	125	220	88	19	32	38	44	30	31
南靖县	2532	19	79	314	92	25	35	45	51	76	59
平和县	2488	40	186	331	102	20	35	37	26	51	29
华安县	1183	19	61	142	29	14	7	19	15	31	21
龙海市	5458	54	197	474	265	70	52	67	73	85	95
南平市	**27160**	**274**	**1477**	**3720**	**939**	**301**	**231**	**406**	**349**	**539**	**546**
延平区	5497	29	223	527	238	84	77	108	93	139	137
顺昌县	1686	30	138	378	86	26	15	41	37	44	38
浦城县	2175	42	183	546	56	22	15	36	24	37	51
光泽县	1151	7	77	226	51	14	12	15	10	19	24
松溪县	1581	38	128	230	37	25	16	19	11	37	38
政和县	1566	5	100	293	91	13	10	51	17	16	16
邵武市	2763	26	184	382	110	31	26	34	50	61	62
武夷山市	4413	23	86	356	91	19	16	47	38	87	70
建瓯市	3604	49	222	411	112	50	27	33	36	61	62
建阳市	2724	25	136	371	67	17	17	22	33	38	48
龙岩市	**21411**	**305**	**943**	**3135**	**757**	**197**	**237**	**345**	**295**	**545**	**461**
新罗区	6033	62	171	553	175	57	81	124	108	144	130
长汀县	2838	25	149	541	88	30	17	38	44	68	57
永定县	2357	94	138	418	142	19	29	51	33	67	44
上杭县	3133	50	155	632	99	18	38	38	35	54	81
武平县	2283	30	123	351	73	23	30	35	20	59	40
连城县	2743	24	112	328	102	23	21	37	34	110	70
漳平市	2024	20	95	312	78	27	21	22	21	43	39
宁德市	**28379**	**233**	**1377**	**3536**	**939**	**287**	**220**	**406**	**340**	**793**	**549**
蕉城区	6765	18	150	484	146	38	44	77	62	306	125
霞浦县	2871	22	168	499	95	31	19	35	35	55	38
古田县	2661	24	168	480	154	42	25	53	21	67	51
屏南县	1379	17	88	246	50	10	14	25	11	47	32
寿宁县	1472	16	111	417	57	18	9	35	21	34	25
周宁县	898	14	106	216	42	9	13	13	16	15	23
柘荣县	1260	6	79	275	39	6	19	23	25	24	29
福安市	6824	47	307	479	139	80	34	66	106	128	128
福鼎市	4249	69	200	440	217	53	43	79	43	117	98

2002年	2003年	2004年	2005年	2006年	2007年	2008年	2009年	2010年	2011年	2012年	2013年	无开业年　份
154	185	162	222	238	242	346	427	558	648	830	632	25
73	68	94	104	97	68	130	130	165	201	239	311	8
66	70	58	92	95	108	78	114	243	296	250	301	21
298	342	351	496	619	361	510	591	811	974	1297	1114	11
710	946	843	736	709	672	839	1032	1474	1822	2000	2448	130
322	348	324	333	446	446	535	713	924	1150	1179	936	8
794	**1017**	**1083**	**1245**	**1571**	**1311**	**1603**	**2144**	**2805**	**3463**	**3803**	**4379**	**475**
260	255	295	313	351	324	367	412	590	719	770	929	45
64	86	87	100	156	109	159	214	292	283	349	405	6
44	55	58	90	131	101	117	166	220	220	234	272	58
87	126	141	149	232	155	180	216	373	485	608	687	46
27	31	32	37	38	50	58	78	94	162	119	168	72
45	57	91	90	102	99	157	305	186	314	284	405	49
38	41	63	56	89	79	54	96	134	150	142	184	7
30	60	70	90	124	81	105	133	186	240	294	303	21
26	62	43	48	71	79	125	162	203	220	297	288	7
48	25	38	46	57	40	47	51	90	121	138	100	24
125	219	165	226	220	194	234	311	437	549	568	638	140
811	**947**	**803**	**817**	**1115**	**958**	**1227**	**1704**	**2157**	**2355**	**2604**	**2673**	**207**
197	245	220	232	264	170	264	315	414	431	475	538	77
42	67	60	42	75	42	48	87	103	98	87	95	7
56	61	52	58	67	55	68	82	129	160	183	177	15
44	35	45	34	46	38	45	46	71	79	90	117	6
41	66	45	63	88	54	108	109	97	72	106	140	13
59	37	30	43	64	46	62	52	96	104	143	199	19
129	82	79	93	141	162	132	159	196	170	207	236	11
69	137	83	108	148	136	219	500	468	534	579	590	9
106	126	109	88	118	157	172	204	375	401	375	279	31
68	91	80	56	104	98	109	150	208	306	359	302	19
619	**704**	**708**	**798**	**895**	**843**	**1265**	**1366**	**1560**	**1683**	**1817**	**1832**	**101**
184	250	265	232	309	276	308	342	468	584	563	621	26
71	80	81	85	117	102	164	175	228	188	240	245	5
70	72	59	98	76	71	110	115	156	155	162	166	12
76	113	82	100	125	133	185	183	167	220	257	256	36
68	56	63	58	71	83	205	187	161	149	195	199	4
67	85	89	131	110	82	144	200	212	250	259	241	12
83	48	69	94	87	96	149	164	168	137	141	104	6
575	**799**	**671**	**877**	**1058**	**947**	**1372**	**1714**	**2695**	**3094**	**2989**	**2778**	**130**
139	149	137	223	240	217	300	369	724	936	854	1004	23
38	57	34	64	98	95	129	175	241	253	347	331	12
65	79	62	75	65	60	137	109	177	240	265	242	
37	41	36	34	53	26	60	82	139	106	122	93	10
32	39	28	47	49	35	65	72	70	115	88	82	7
19	26	11	17	26	24	35	34	57	67	60	44	11
40	45	26	40	36	39	39	63	98	94	117	91	7
94	250	201	237	298	327	414	563	792	855	745	501	33
111	113	136	140	193	124	193	247	397	428	391	390	27

1-04 按地区、开业(成立)时间

地 区	从业人员数(人)	1949年及以前	1950-1977年	1978-1991年	1992-1995年	1996年	1997年	1998年	1999年	2000年	2001年
全 省	**13732695**	**203782**	**856649**	**983443**	**1074581**	**290755**	**291399**	**417496**	**355151**	**509082**	**505250**
福州市	**3141933**	**46776**	**295843**	**242066**	**246699**	**76546**	**69329**	**88594**	**82989**	**103199**	**110551**
鼓楼区	812875	11638	75927	52824	40793	9490	15180	30992	29751	28948	44962
台江区	229686	6525	18880	4660	11348	1997	809	1985	3811	4070	4904
仓山区	296680	1862	11693	16481	26613	14023	4213	9436	8401	9543	11943
马尾区	182282	1700	6125	14283	14596	3459	5097	3043	5122	16427	10835
晋安区	337968	785	25239	34802	36626	9949	8236	22197	11259	5736	9738
闽侯县	206893	11480	10211	16883	16386	4722	3249	4203	3708	7250	4912
连江县	166544	1540	58067	21265	14791	3224	964	1188	1491	2021	716
罗源县	56603	826	5485	5304	1498	628	977	580	920	1360	755
闽清县	132150	1305	13635	10837	4986	984	17418	2648	3322	3100	2307
永泰县	135801	756	32197	9464	7678	17378	403	464	1022	5311	1948
平潭县	64710	1720	6148	7023	2106	1027	374	625	1673	1009	1019
福清市	294703	4341	17727	29627	52918	4420	8886	6666	2754	9425	9900
长乐市	225038	2298	14509	18613	16360	5245	3523	4567	9755	8999	6612
厦门市	**2385257**	**31992**	**38411**	**160307**	**189616**	**52502**	**54775**	**76556**	**51518**	**90394**	**109612**
思明区	929557	25311	25106	55907	56522	23944	16919	43738	14857	35865	55509
海沧区	175880	465	583	7570	18019	5886	8619	5306	5142	3336	9536
湖里区	637268	800	3320	41819	48331	12992	17607	12307	16913	16789	16531
集美区	291361	1829	2925	37300	47879	3520	4289	4256	8773	9003	14901
同安区	196986	2107	5159	16078	12196	3507	5416	9784	4280	11488	9736
翔安区	154205	1480	1318	1633	6669	2653	1925	1165	1553	13913	3399
莆田市	**779287**	**11509**	**22160**	**71093**	**66951**	**6076**	**12008**	**17337**	**13848**	**25565**	**19068**
城厢区	182496	886	5795	11301	21875	1998	5203	3669	3026	3289	2852
涵江区	170886	1725	2362	23865	25167	1779	2427	6227	3810	12199	9020
荔城区	191676	4293	1506	20728	6962	683	2559	4284	4329	5945	3837
秀屿区	88598	482	5457	5298	7136	803	1125	1178	1662	1581	1138
仙游县	145631	4123	7040	9901	5811	813	694	1979	1021	2551	2221
三明市	**723761**	**12405**	**73918**	**64290**	**26923**	**6095**	**12001**	**10776**	**11081**	**18026**	**22834**
梅列区	92555	114	17223	10527	1574	652	1592	2246	2359	4017	3722
三元区	76634	164	15051	4143	2262	443	2064	1566	1858	3185	4572
明溪县	24614	943	2358	2121	411	225	280	60	138	628	545
清流县	40871	489	5018	3555	1103	274	325	448	105	343	610
宁化县	39374	1041	3829	4430	797	146	300	401	162	415	467
大田县	66401	1781	5919	8479	3639	381	871	601	1125	825	1673
尤溪县	76154	1494	4639	5905	1403	873	328	313	478	1120	1691
沙县	83743	1538	4189	5655	5847	1458	3125	1112	1037	2005	6009
将乐县	37022	768	3292	4202	1613	510	272	556	228	620	504
泰宁县	33824	727	1209	3629	3580	270	157	452	219	492	716
建宁县	56728	467	1789	3739	506	278	1671	1496	103	353	380
永安市	95841	2879	9402	7905	4188	585	1016	1525	3269	4023	1945
泉州市	**3401708**	**30077**	**232741**	**181100**	**322699**	**76151**	**80608**	**130854**	**119237**	**152854**	**150380**
鲤城区	247834	7142	38884	8325	12166	2488	6009	9907	12094	13021	12694
丰泽区	241099	611	11925	11737	24291	2594	7526	6282	5676	12553	10070
洛江区	105774	377	7526	2574	10853	5113	7473	2410	1743	3704	7474
泉港区	72968	426	2958	2402	1751	1047	2641	1233	1716	4625	4573
惠安县	454345	2473	98015	20150	39873	14736	13522	17461	7446	11177	11134

分组的法人单位从业人员数

2002年	2003年	2004年	2005年	2006年	2007年	2008年	2009年	2010年	2011年	2012年	2013年	无开业年份
650493	**686148**	**807414**	**802452**	**841219**	**666512**	**661981**	**583030**	**716393**	**695671**	**604577**	**493995**	**35222**
171188	**121216**	**228846**	**177936**	**176754**	**130922**	**118145**	**125140**	**146662**	**152104**	**120122**	**103157**	**7149**
38715	22842	108931	35674	36689	24297	32671	31902	52683	41505	23551	21907	1003
3527	6411	14331	24415	45697	21694	5222	12786	8905	9493	9089	9008	119
12748	22947	24302	18486	10016	11255	9048	14833	20297	17388	11124	9304	724
16584	7418	8539	18057	6696	6237	6097	3699	6711	11507	6854	3123	73
9539	12592	21812	14978	16957	10308	16220	20815	12329	13640	12729	11006	476
9682	10427	6809	7380	13620	15962	9334	8971	12234	10346	10435	7582	1107
17724	3384	3758	3434	3564	3351	6189	3447	3312	3616	4387	4975	136
1795	6569	3289	4404	1369	2458	1858	3022	1804	5736	3982	1936	48
5704	5584	2496	2580	2987	15438	1849	3711	2659	10692	11734	5940	234
3757	956	9383	15002	3036	2290	9909	4435	2461	1452	2438	3992	69
1276	1093	1530	2130	3108	2139	2151	2229	4359	6548	7808	7041	574
18582	7651	12076	23396	13681	10797	10951	10999	8258	11175	9569	9260	1644
31555	13342	11590	8000	19334	4696	6646	4291	10650	9006	6422	8083	942
93523	**135808**	**154791**	**160991**	**233506**	**146073**	**140309**	**92178**	**111704**	**108304**	**82976**	**68648**	**763**
26345	51340	38071	82911	97881	68032	55963	34738	30044	40533	27302	22401	318
10565	9687	12242	14153	12171	8872	8920	7752	9105	5990	6895	4989	77
25601	49359	76309	32710	55188	39903	43273	25173	29029	28447	24273	20546	48
11870	10394	9889	8872	27656	13119	13356	9514	24583	10462	9102	7709	160
13265	9097	12195	7313	19552	7438	7068	7580	9511	8337	9385	6470	24
5877	5931	6085	15032	21058	8709	11729	7421	9432	14535	6019	6533	136
38821	**32401**	**34699**	**58765**	**45280**	**36354**	**58495**	**51978**	**50212**	**39680**	**36880**	**27301**	**2806**
5706	3837	7171	30777	12071	4439	22568	5983	6687	7094	7439	7307	1523
4410	4477	11774	7137	6421	9477	9806	5811	7492	6313	5210	3790	187
12441	16900	6664	10928	16781	11741	14322	11742	11455	8754	8590	6231	1
4895	3347	1572	3850	6259	3289	4102	10028	9476	6370	5416	3285	849
11369	3840	7518	6073	3748	7408	7697	18414	15102	11149	10225	6688	246
47858	**45289**	**30154**	**42399**	**33694**	**32654**	**47591**	**29604**	**42112**	**38209**	**38212**	**34296**	**3340**
7483	4557	2289	3420	4749	3950	2676	3820	4079	3584	3709	3254	959
5618	2742	5062	3440	3462	2901	5948	2249	2386	2146	1962	3393	17
932	899	801	622	2168	1484	1442	1367	1662	1594	1542	2276	116
721	3986	596	5588	4374	1216	2808	1275	1446	2225	2511	1773	82
1000	1301	1460	1065	1501	2481	1729	1623	3253	3285	3818	4794	76
2067	1942	1203	5109	2016	4391	4021	2004	4139	4282	5537	3782	614
2774	4115	2964	10450	3229	2192	4905	4019	6486	5889	6810	3729	348
2875	3703	7228	2101	3376	4924	6671	4756	5892	4388	3520	1942	392
1332	1016	813	2329	1375	3124	3749	862	2124	2891	2456	2319	67
5009	875	932	1024	1417	1926	3590	1580	1497	1592	1598	1333	
13663	15503	1126	1012	1595	1169	2621	1776	1726	2208	2142	1389	16
4384	4650	5680	6239	4432	2896	7431	4273	7422	4125	2607	4312	653
183944	**191269**	**211918**	**159228**	**196837**	**147974**	**127976**	**114599**	**152898**	**156001**	**153956**	**121833**	**6574**
8442	16442	9956	9225	13272	10450	14619	7955	8071	9339	8978	7805	550
25850	13644	13619	12896	8729	13979	7186	9733	11056	10025	10434	10642	41
2754	10577	9423	4960	8501	3515	3776	1749	2552	3110	3495	1709	406
5828	3136	4183	6410	2610	4329	3677	2664	3128	4526	4104	3972	1029
14186	24934	22259	23542	37826	23461	15529	9478	10791	11574	11502	11162	2114

1-04 续表

地 区	从业人员数(人)	1949年及以前	1950-1977年	1978-1991年	1992-1995年	1996年	1997年	1998年	1999年	2000年	2001年
安溪县	251693	3420	22696	21067	17083	2054	3933	8029	6447	9411	15301
永春县	168613	3051	9216	9794	5096	896	2396	13132	2781	4787	1577
德化县	118233	1036	5553	8221	17473	2352	2157	9579	6920	6635	3174
石狮市	302208	562	1206	16654	45332	4747	6006	7933	9184	7828	12156
晋江市	919204	5303	9851	52181	104735	24165	20674	33483	36319	58590	46959
南安市	519737	5676	24911	27995	44046	15959	8271	21405	28911	20523	25268
漳州市	**1143661**	**17711**	**59228**	**74553**	**63578**	**31200**	**19106**	**30014**	**30660**	**68912**	**35194**
芗城区	252886	3749	15116	17011	15607	11616	4999	14096	11161	9694	10898
龙文区	85264	71	796	1440	6286	1274	4458	2967	4458	2159	2063
云霄县	71598	719	3525	6084	1144	139	346	449	635	1348	951
漳浦县	115660	2059	10593	9981	5343	2658	1589	4298	1629	2160	3398
诏安县	72473	1153	7062	6930	3751	1045	585	811	1388	1561	616
长泰县	76466	1569	1835	3097	3048	516	1164	761	431	3422	2489
东山县	66842	1488	3358	4378	9092	3294	562	512	695	2259	3101
南靖县	58928	690	3717	6130	2555	309	626	1219	808	2230	4407
平和县	66591	2930	5094	5244	1298	851	1060	706	248	475	788
华安县	33267	994	2269	2672	2002	795	91	378	492	416	278
龙海市	243686	2289	5863	11586	13452	8703	3626	3817	8715	43188	6205
南平市	**612643**	**18948**	**40997**	**62923**	**31725**	**20780**	**8154**	**11918**	**11573**	**15052**	**18259**
延平区	155237	3008	14102	16010	15535	2080	2024	5906	4768	3754	7162
顺昌县	32002	1901	2464	5693	2508	474	989	816	518	585	754
浦城县	45596	2109	3037	6208	1520	260	154	552	532	1036	756
光泽县	32710	715	1827	2644	625	14671	89	173	77	297	451
松溪县	33233	1070	3140	3786	600	487	395	323	360	446	1907
政和县	33596	968	2424	4593	1535	221	81	595	332	321	321
邵武市	75976	2432	3088	6285	1776	231	694	1579	1604	2563	1973
武夷山市	62722	1864	2061	5280	3288	401	794	524	598	3217	1192
建瓯市	73678	2039	5643	6868	2715	1161	798	978	1664	1794	2294
建阳市	67893	2842	3211	5556	1623	794	2136	472	1120	1039	1449
龙岩市	**849343**	**20347**	**51794**	**61306**	**84194**	**11818**	**29356**	**17924**	**15788**	**18059**	**25244**
新罗区	299431	5814	24082	13528	30386	9762	8599	12699	8100	6140	8171
长汀县	88288	1444	5720	8205	1578	339	200	1214	798	1238	2129
永定县	60273	2967	5279	9169	2234	434	1586	432	341	832	2164
上杭县	219526	5144	4693	13535	41254	257	16991	2395	4656	6926	10564
武平县	58157	2318	3320	5687	2007	308	883	407	729	843	499
连城县	72411	1383	4057	5722	3072	249	682	380	774	1444	976
漳平市	51257	1277	4643	5460	3663	469	415	397	390	636	741
宁德市	**695102**	**14017**	**41557**	**65805**	**42196**	**9587**	**6062**	**33523**	**18457**	**17021**	**14108**
蕉城区	192310	715	11273	13206	7439	1638	991	23893	5114	7134	4101
霞浦县	66942	1444	4450	7091	3374	391	263	719	2953	541	614
古田县	54036	2412	4450	8036	2419	626	960	827	324	1599	996
屏南县	28528	754	2330	4335	1012	82	311	375	228	581	935
寿宁县	30664	1207	2135	8170	653	264	26	428	285	241	530
周宁县	17529	219	2559	2726	554	94	206	287	330	154	124
柘荣县	21116	561	1992	3033	397	128	807	390	1052	216	742
福安市	156146	2691	7258	8973	20700	1999	1476	4314	6251	4249	4292
福鼎市	127831	4014	5110	10235	5648	4365	1022	2290	1920	2306	1774

2002年	2003年	2004年	2005年	2006年	2007年	2008年	2009年	2010年	2011年	2012年	2013年	无开业年份
8336	9943	15377	10503	17237	9164	7261	12677	12094	11449	17927	9747	537
4318	3815	18413	15690	18429	6277	8813	3692	10744	11769	7668	6200	59
10171	3711	6112	5719	4863	4027	1673	2520	4271	3989	3645	3900	532
17957	17307	23666	15425	21285	13789	12972	11083	12067	15349	17606	11882	212
61056	64732	63906	40637	38883	34570	29604	28571	46683	41417	38238	37761	886
25046	23028	25004	14221	25202	24413	22866	24477	31441	33454	30359	17053	208
37271	**51893**	**41866**	**69350**	**54682**	**67769**	**53778**	**58845**	**85692**	**67113**	**65771**	**54768**	**4707**
10489	8693	7541	21497	6312	13731	10380	8453	19853	10326	11886	8468	1310
2959	5398	3034	4512	5707	4389	4617	6569	9246	4637	4896	3313	15
968	1634	2915	2810	4161	4675	3652	2837	7698	5584	9566	9338	420
2957	4375	6055	5099	7090	5497	5100	4796	6129	7643	8775	7787	649
1191	6183	1704	1364	2773	4491	3953	4711	5283	7429	2769	4717	1003
2676	4673	4465	5382	3636	6933	6363	5601	5111	5903	3526	3719	146
1849	2022	2628	8867	3541	6205	941	3856	3849	1345	1558	1307	135
946	3203	2758	2546	2741	2390	2660	2781	5982	4389	3087	2639	115
836	1888	870	1458	3531	3313	5501	5071	5667	5337	8261	6121	43
622	180	1469	1606	3301	1894	1606	1691	2956	3054	3295	1045	161
11778	13644	8427	14209	11889	14251	9005	12479	13918	11466	8152	6314	710
27537	**27837**	**37531**	**28813**	**28457**	**31177**	**23121**	**34355**	**33774**	**35822**	**33784**	**26240**	**3866**
7116	7813	10500	8438	3887	4552	5091	7367	6372	7843	5950	4511	1448
696	1316	3331	1199	1145	821	1246	1237	1148	1158	944	849	210
2891	1986	1788	1121	1659	1817	1335	3806	2245	4701	2852	2952	279
649	592	827	579	952	1005	864	891	1527	903	1368	892	92
1105	2232	1797	1814	1336	1382	1476	2088	1531	2108	2008	1695	147
1342	1336	1178	1209	2172	845	1655	1754	2428	1890	3061	2871	464
7666	2715	5586	3717	6439	5746	3617	4360	3983	2846	4596	2384	96
1904	3311	2942	3919	2540	2802	3093	5509	4408	4462	4334	4174	105
2868	4356	5672	3331	2585	5045	2394	3208	5719	5835	3807	2606	298
1300	2180	3910	3486	5742	7162	2350	4135	4413	4076	4864	3306	727
29939	**58386**	**39931**	**66121**	**34950**	**42838**	**43848**	**41075**	**46929**	**45138**	**33149**	**27848**	**3361**
10393	22356	16553	27172	13833	12035	10173	8808	15742	15030	9417	9203	1435
3842	9389	4680	4128	5350	6189	7492	3377	6591	6770	4130	3411	74
1645	3926	1551	6976	2557	4911	2014	2120	3066	2743	1614	1574	138
8269	19020	6830	20816	5393	5018	12558	12329	5887	6884	5747	3473	887
2781	676	6052	1136	1121	1994	4793	4810	5464	4740	3923	3647	19
1649	2373	2742	2472	3765	4309	3401	6044	7768	7204	6021	5368	556
1360	646	1523	3421	2931	8382	3417	3587	2411	1767	2297	1172	252
20412	**22049**	**27678**	**38849**	**37059**	**30751**	**48718**	**35256**	**46410**	**53300**	**39727**	**29904**	**2656**
5408	5505	4748	13025	4776	7022	16804	6879	10733	18846	12718	10202	140
1139	1576	1777	3004	2894	4710	2570	4956	4582	6402	6906	4183	403
1833	2343	3584	1281	1528	1902	2737	1690	5043	3023	3367	3056	
1736	582	1151	1710	1309	957	1289	1398	2581	1756	1755	1279	82
2721	1698	827	804	1411	278	1545	1672	1199	1555	938	1756	321
527	382	328	193	1766	279	1071	1392	577	2176	898	418	269
351	726	784	698	389	1006	820	1164	1468	1276	1585	1446	85
2232	6904	7286	9506	7117	7712	10749	8759	10622	12298	5597	4178	983
4465	2333	7193	8628	15869	6885	11133	7346	9605	5968	5963	3386	373

1-05 按地区、登记注册

地区	法人单位数(个)						
		内资					
			国有	集体	股份合作	联营	
							国有联营
全省	**373792**	**362382**	**37991**	**7087**	**1522**	**884**	**152**
福州市	**72793**	**70675**	**6383**	**1686**	**284**	**228**	**44**
鼓楼区	17821	17399	1561	280	38	23	12
台江区	7015	6943	362	135	30	16	4
仓山区	8268	7983	376	288	39	40	6
马尾区	2446	2237	304	42	6	8	3
晋安区	8371	8190	375	125	27	12	3
闽侯县	5206	4926	361	184	28	31	2
连江县	3228	3151	420	117	1	2	1
罗源县	1507	1477	193	34	1	3	
闽清县	2115	2088	342	109	6	19	2
永泰县	2011	1993	526	69	26	13	5
平潭县	3840	3764	399	52	40	5	
福清市	6496	6176	748	169	35	34	5
长乐市	4469	4348	416	82	7	22	1
厦门市	**67024**	**63656**	**2432**	**488**	**100**	**54**	**12**
思明区	27543	26544	1035	207	27	30	8
海沧区	4503	4131	220	16	8	3	1
湖里区	18612	17797	399	29	20	4	2
集美区	6879	6372	272	49	25	11	1
同安区	5634	5169	301	46	14	3	
翔安区	3853	3643	205	141	6	3	
莆田市	**20236**	**19793**	**2383**	**430**	**85**	**44**	**3**
城厢区	4569	4495	868	76	28	11	
涵江区	3583	3380	439	89	10	4	
荔城区	4570	4498	275	47	24	6	1
秀屿区	2981	2938	332	63	2	9	1
仙游县	4533	4482	469	155	21	14	1
三明市	**26956**	**26760**	**4850**	**748**	**114**	**58**	**10**
梅列区	3741	3725	699	52	6	2	
三元区	2391	2366	394	68	1	8	
明溪县	1348	1341	359	21	1	1	
清流县	1488	1476	376	29	15	2	
宁化县	1783	1767	281	50	2	5	
大田县	2645	2617	335	103	34	6	1
尤溪县	2702	2682	374	87	9	7	1
沙县	2606	2585	349	89	15	5	2
将乐县	1713	1696	408	60	3	7	1
泰宁县	1315	1312	262	18	2	3	2
建宁县	1661	1656	540	30	3	3	1
永安市	3563	3537	473	141	23	9	2
泉州市	**75048**	**71675**	**4687**	**1173**	**335**	**200**	**28**
鲤城区	5922	5602	385	125	32	18	5
丰泽区	8718	8384	672	61	57	10	2
洛江区	1976	1833	298	15	8	4	
泉港区	2742	2685	278	68	5	2	
惠安县	6274	5926	558	161	79	38	7

类型分组的法人单位数

集体联营	国有与集体联营	其他联营	有限责任公司	国有独资	其他有限责任公司	股份有限公司	私营	私营独资
360	**66**	**306**	**60670**	**1081**	**59589**	**4681**	**179325**	**37580**
93	**17**	**74**	**10303**	**197**	**10106**	**1091**	**39132**	**7523**
3	2	6	2834	75	2759	300	10464	824
6	2	4	692	15	677	111	5050	495
18	2	14	918	10	908	102	4997	1281
3	1	1	329	11	318	29	1257	171
8		1	831	18	813	121	5894	593
19	3	7	630	8	622	85	2389	804
1			45	13	32	31	1476	411
2	1		387	14	373	12	373	53
4	1	12	32	4	28	17	1005	274
3	2	3	164	9	155	25	568	298
3	1	1	1294	9	1285	135	864	274
17	1	11	1232	3	1229	91	2609	1433
6	1	14	915	8	907	32	2186	612
17	**6**	**19**	**12386**	**203**	**12183**	**437**	**43913**	**2139**
11	4	7	4761	104	4657	179	18712	735
1		1	538	29	509	26	3085	165
1		1	2258	35	2223	88	14498	398
2	1	7	1865	12	1853	65	3614	294
1	1	1	1568	13	1555	46	2754	412
1		2	1396	10	1386	33	1250	135
21	**2**	**18**	**7485**	**125**	**7360**	**196**	**4718**	**2729**
8		3	2257	17	2240	53	496	181
1	1	2	1248	48	1200	25	743	510
1	1	3	1707	15	1692	57	1493	960
3		5	1222	36	1186	15	465	219
8		5	1051	9	1042	46	1521	859
35	**2**	**11**	**1750**	**83**	**1667**	**264**	**12199**	**2454**
2			335	14	321	35	2242	140
7		1	102	7	95	8	1524	220
1			48	6	42	5	441	180
2			190		190	15	339	121
2	2	1	46	5	41	23	744	235
4		1	178	6	172	31	1213	380
3		3	153	7	146	21	1145	252
3			219	6	213	21	1294	277
5		1	59	5	54	12	694	201
1			11	4	7	11	573	74
		2	75	8	67	11	456	151
5		2	334	15	319	71	1534	223
69	**13**	**90**	**11367**	**113**	**11254**	**1309**	**38745**	**11203**
7	1	5	1111	14	1097	128	2932	838
3	2	3	2244	30	2214	200	4117	953
2		2	213	5	208	27	998	190
2			1312	8	1304	15	289	155
7	5	19	1132	3	1129	129	2490	1273

1-05 续表 1

地区	法人单位数(个)	内资	国有	集体	股份合作	联营	国有联营
安溪县	6345	6249	372	102	38	31	2
永春县	2828	2722	445	158	16	15	2
德化县	2630	2600	256	56	25	8	1
石狮市	9174	8706	301	123	14	25	1
晋江市	18438	17172	570	208	38	34	3
南安市	10001	9796	552	96	23	15	5
漳州市	**34785**	**33433**	**4997**	**680**	**171**	**59**	**16**
芗城区	7263	7086	940	116	51	8	3
龙文区	2804	2693	332	23	8	3	1
云霄县	2470	2392	542	71	1	1	
漳浦县	4560	4288	365	52	45	4	
诏安县	1610	1552	326	39	6	4	1
长泰县	2620	2459	261	56	7	1	
东山县	1797	1740	436	71	2	7	4
南靖县	2532	2422	373	45	22	7	
平和县	2488	2461	466	52	2	7	1
华安县	1183	1164	194	35	5	4	
龙海市	5458	5176	762	120	22	13	6
南平市	**27160**	**26976**	**4848**	**719**	**233**	**117**	**19**
延平区	5497	5449	881	157	42	27	4
顺昌县	1686	1669	422	91	11	6	1
浦城县	2175	2161	445	48	23	8	1
光泽县	1151	1140	366	26	1	3	
松溪县	1581	1578	311	30	13	9	1
政和县	1566	1559	383	20	28	8	
邵武市	2763	2741	521	106	15	7	2
武夷山市	4413	4376	548	51	36	17	1
建瓯市	3604	3595	493	107	51	23	3
建阳市	2724	2708	478	83	13	9	6
龙岩市	**21411**	**21138**	**3356**	**538**	**135**	**66**	**9**
新罗区	6033	5954	788	150	37	18	3
长汀县	2838	2765	447	68	34	13	1
永定县	2357	2325	599	48	1	5	
上杭县	3133	3116	393	85	5	8	2
武平县	2283	2271	423	75	22	4	2
连城县	2743	2725	390	50	25	10	1
漳平市	2024	1982	316	62	11	8	
宁德市	**28379**	**28276**	**4055**	**625**	**65**	**58**	**11**
蕉城区	6765	6728	1000	64	15	15	1
霞浦县	2871	2861	364	74	5	1	1
古田县	2661	2654	390	224	6	12	3
屏南县	1379	1371	324	40	7	4	1
寿宁县	1472	1471	382	32	2	1	
周宁县	898	893	298	31	3	1	
柘荣县	1260	1258	357	20	2		
福安市	6824	6801	545	51	13	19	5
福鼎市	4249	4239	395	89	12	5	

集体联营	国有与集体联营	其他联营	有限责任公司	国有独资	其他有限责任公司	股份有限公司	私营	私营独资
4	1	24	935	7	928	117	1781	1085
8		5	113	8	105	25	947	282
3		4	325	7	318	46	1241	424
17		7	1285	9	1276	94	5190	1557
12	1	18	1620	18	1602	405	12040	2296
4	3	3	1077	4	1073	123	6720	2150
27	**4**	**12**	**5526**	**118**	**5408**	**362**	**14872**	**4065**
2		3	664	18	646	123	4279	494
1		1	263	12	251	28	1691	210
1			663	1	662	29	621	236
3		1	1301	15	1286	28	1448	785
2		1	330	9	321	15	246	69
1			591	9	582	13	1191	884
2		1	153	4	149	15	781	293
5	2		246	8	238	12	1037	283
4		2	465	3	462	36	432	210
2	2		231	8	223	18	371	192
4		3	619	31	588	45	2775	409
48	**7**	**43**	**3263**	**89**	**3174**	**517**	**9562**	**2752**
10	1	12	1220	20	1200	193	1689	440
3		2	101	8	93	24	471	142
4	1	2	135	6	129	23	687	301
2		1	71	7	64	3	396	110
6		2	115	1	114	13	428	250
6	2		113	6	107	16	397	198
3	1	1	250	7	243	26	1061	211
7	2	7	451	12	439	123	2452	554
5		15	338	13	325	75	1027	268
2		1	469	9	460	21	954	278
28	**10**	**19**	**2823**	**95**	**2728**	**295**	**6903**	**2044**
7	3	5	1381	46	1335	88	2534	261
5	3	4	429	6	423	70	608	339
3	1	1	217	14	203	11	811	387
2	1	3	215	11	204	26	966	392
1		1	166	3	163	18	664	194
5	1	3	94	6	88	38	763	310
5	1	2	321	9	312	44	557	161
22	**5**	**20**	**5767**	**58**	**5709**	**210**	**9281**	**2671**
8	1	5	2763	23	2740	39	1445	355
			97	7	90	15	1302	402
6		3	314	3	311	10	911	370
	2	1	198	2	196	16	258	107
		1	208	1	207	13	236	134
1			69		69	10	140	53
			175	2	173	5	367	129
4	1	9	1241	11	1230	86	2853	484
3	1	1	702	9	693	16	1769	637

1-05 续表 2

地 区	私营合伙	私营有限责任公司	私营股份有限公司	其 他	港澳台商投资	与港澳台商合资经营	与港澳台商合作经营
全 省	**10076**	**127804**	**3865**	**70222**	**7410**	**1477**	**127**
福州市	**2209**	**28520**	**880**	**11568**	**1239**	**355**	**30**
鼓楼区	261	9171	208	1899	256	76	10
台江区	158	4273	124	547	52	14	4
仓山区	208	3407	101	1223	173	35	3
马尾区	52	1010	24	262	103	26	
晋安区	228	4937	136	805	118	34	2
闽侯县	180	1349	56	1218	141	45	3
连江县	161	895	9	1059	43	12	
罗源县	47	246	27	474	20	9	
闽清县	175	540	16	558	7	2	1
永泰县	81	179	10	602	9	3	
平潭县	233	310	47	975	65	28	3
福清市	308	790	78	1258	187	47	3
长乐市	117	1413	44	688	65	24	1
厦门市	**770**	**40391**	**613**	**3846**	**2002**	**405**	**35**
思明区	278	17540	159	1593	598	134	17
海沧区	63	2820	37	235	193	55	3
湖里区	108	13746	246	501	472	105	10
集美区	121	3130	69	471	305	42	2
同安区	160	2114	68	437	314	43	1
翔安区	40	1041	34	609	120	26	2
莆田市	**414**	**1442**	**133**	**4452**	**297**	**56**	**8**
城厢区	74	221	20	706	44	5	4
涵江区	75	149	9	822	158	22	3
荔城区	115	366	52	889	46	14	1
秀屿区	28	190	28	830	17	4	
仙游县	122	516	24	1205	32	11	
三明市	**1264**	**8127**	**354**	**6777**	**132**	**44**	**3**
梅列区	57	2012	33	354	5	2	
三元区	72	1184	48	261	20	8	1
明溪县	13	248		465	3	2	
清流县	46	160	12	510	12	4	1
宁化县	108	361	40	616	9	4	
大田县	218	545	70	717	22	6	
尤溪县	262	609	22	886	18	4	1
沙县	179	819	19	593	13	7	
将乐县	117	351	25	453	9	4	
泰宁县	51	441	7	432	2		
建宁县	29	263	13	538	3		
永安市	112	1134	65	952	16	3	
泉州市	**1684**	**25080**	**778**	**13859**	**2424**	**311**	**28**
鲤城区	78	1944	72	871	228	26	2
丰泽区	211	2804	149	1023	255	36	4
洛江区	18	771	19	270	108	19	
泉港区	13	114	7	716	37	5	
惠安县	92	1042	83	1339	230	43	4

港澳台商独　资	港澳台商投资股份有限公司	其他港澳台商投资	外商投资	中外合资经　营	中外合作经　营	外资企业	外商投资股份有限公　司	其他外商投　资
5551	**183**	**72**	**4000**	**1064**	**63**	**2567**	**161**	**145**
799	**37**	**18**	**879**	**266**	**18**	**511**	**50**	**34**
156	7	7	166	48	3	91	10	14
30	1	3	20	7		8	3	2
127	8		112	34	3	68	4	3
70	4	3	106	40	3	55	7	1
77	3	2	63	13	1	46	1	2
89	3	1	139	36		90	7	6
29	1	1	34	9	1	24		
10	1		10	5		4	1	
4			20	9	1	9	1	
6			9	2	1	5	1	
31	2	1	11	6		1	1	3
132	5		133	35	2	83	10	3
38	2		56	22	3	27	4	
1487	**47**	**28**	**1366**	**344**	**18**	**923**	**41**	**40**
428	13	6	401	90	11	264	17	19
125	8	2	179	48	1	112	11	7
335	14	8	343	95	5	230	7	6
256	1	4	202	41		156	2	3
256	6	8	151	33	1	112	3	2
87	5		90	37		49	1	3
222	**6**	**5**	**146**	**32**	**2**	**98**	**6**	**8**
34		1	30	5		22		3
130	3		45	8	1	33	1	2
29	2		26	7	1	16	2	
12	1		26	6		17	1	2
17		4	19	6		10	2	1
71	**11**	**3**	**64**	**28**	**6**	**23**	**4**	**3**
2	1		11	6		3	2	
9	1	1	5	2		2		1
	1		4	3		1		
7								
5			7	4	2	1		
12	3	1	6	2		4		
11	1	1	2	1			1	
5	1		8	3	2	2	1	
5			8	3		4		1
1	1		1			1		
2	1		2		2			
12	1		10	4		5		1
2026	**49**	**10**	**949**	**199**	**14**	**646**	**43**	**47**
193	7		92	18	2	61	1	10
211	4		79	14	2	57	6	
86	1	2	35	8	1	23	1	2
32			20	7		13		
177	5	1	118	42	1	63	4	8

1-05 续表 3

地 区	私营合伙	私营有限责任公司	私营股份有限公司	其 他	港澳台商投资	与港澳台商合资经营	与港澳台商合作经营
安溪县	315	329	52	2873	48	14	1
永春县	124	523	18	1003	80	12	2
德化县	154	624	39	643	13	2	
石狮市	129	3420	84	1674	327	35	5
晋江市	390	9195	159	2257	943	97	7
南安市	160	4314	96	1190	155	22	3
漳州市	**755**	**9705**	**347**	**6766**	**953**	**200**	**15**
芗城区	128	3538	119	905	123	39	3
龙文区	55	1397	29	345	74	24	
云霄县	35	342	8	464	53	8	2
漳浦县	107	534	22	1045	209	20	3
诏安县	46	123	8	586	43	6	1
长泰县	39	254	14	339	103	13	1
东山县	18	460	10	275	31	4	1
南靖县	95	636	23	680	92	28	
平和县	28	182	12	1001	23	4	2
华安县	84	90	5	306	16	3	1
龙海市	120	2149	97	820	186	51	1
南平市	**1029**	**5449**	**332**	**7717**	**111**	**50**	**1**
延平区	178	985	86	1240	28	16	
顺昌县	69	250	10	543	14	7	
浦城县	188	172	26	792	10	5	
光泽县	51	208	27	274	7	4	
松溪县	64	100	14	659			
政和县	74	115	10	594	1		
邵武市	120	688	42	755	11	4	
武夷山市	44	1810	44	698	27	10	1
建瓯市	164	557	38	1481	5	1	
建阳市	77	564	35	681	8	3	
龙岩市	**983**	**3667**	**209**	**7022**	**194**	**38**	**3**
新罗区	136	2068	69	958	49	16	1
长汀县	108	136	25	1096	64	5	1
永定县	118	297	9	633	23	6	1
上杭县	164	386	24	1418	7	4	
武平县	158	299	13	899	8	3	
连城县	173	245	35	1355	9		
漳平市	126	236	34	663	34	4	
宁德市	**968**	**5423**	**219**	**8215**	**58**	**18**	**4**
蕉城区	97	971	22	1387	22	6	
霞浦县	169	687	44	1003	4	2	1
古田县	181	329	31	787	3		
屏南县	41	101	9	524			
寿宁县	50	45	7	597			
周宁县	19	62	6	341	4	3	
柘荣县	32	196	10	332	2	1	
福安市	217	2091	61	1993	15	4	3
福鼎市	162	941	29	1251	8	2	

港澳台商独资	港澳台商投资股份有限公司	其他港澳台商投资	外商投资	中外合资经营	中外合作经营	外资企业	外商投资股份有限公司	其他外商投资
30	3		48	20	1	26		1
66			26	3	1	22		
11			17	3		12	1	1
279	7	1	141	15	2	103	8	13
815	18	6	323	57	4	235	18	9
126	4		50	12		31	4	3
709	**24**	**5**	**399**	**106**	**3**	**273**	**10**	**7**
80	1		54	16		36	1	1
49		1	37	15	1	19	1	1
39	4		25	5		19	1	
184	2		63	13		48	1	1
35	1		15	7		7	1	
83	5	1	58	9		48		1
24	1	1	26	6	1	17	2	
61	3		18	6		12		
16	1		4	1		2		1
12			3			1	2	
126	6	2	96	28	1	64	1	2
58	**2**		**73**	**33**	**1**	**36**	**3**	
11	1		20	11		7	2	
6	1		3	1		2		
5			4	2		2		
3			4	2		1	1	
			3	2		1		
1			6	2		4		
7			11	4		7		
16			10	5		5		
4			4	2		2		
5			8	2	1	5		
147	**5**	**1**	**79**	**32**	**1**	**40**	**3**	**3**
29	3		30	12	1	14	2	1
56	1	1	9	1		7	1	
16			9	4		5		
3			10	6		3		1
5			4	2		2		
9			9	3		6		
29	1		8	4		3		1
32	**2**	**2**	**45**	**24**		**17**	**1**	**3**
15	1		15	7		8		
1			6	3		2	1	
2		1	4			3		1
			8	7		1		
			1	1				
1			1			1		
		1						
8			8	5		1		2
5	1		2	1		1		

1-06 按地区、登记注册类型

地区	从业人员数（人）	内资					
			国有	集体	股份合作	联营	
							国有联营
全 省	**13732695**	**11556302**	**1424660**	**179251**	**63149**	**21935**	**5268**
福州市	**3141933**	**2714776**	**334574**	**71634**	**29538**	**8447**	**2750**
鼓楼区	812875	747793	100139	19526	646	1262	990
台江区	229686	224607	27742	4658	367	216	41
仓山区	296680	229611	32927	10052	1312	876	520
马尾区	182282	128357	13617	1134	2540	489	36
晋安区	337968	299262	25643	5818	339	1342	81
闽侯县	206893	157008	33545	6909	574	278	9
连江县	166544	141965	13145	3139	15	5	2
罗源县	56603	51454	7023	1047	53	67	
闽清县	132150	127850	9699	9951	238	1108	800
永泰县	135801	134329	9917	963	21555	98	55
平潭县	64710	63417	12665	1464	639	115	
福清市	294703	203635	28740	5590	682	475	204
长乐市	225038	205488	19772	1383	578	2116	12
厦门市	**2385257**	**1843064**	**159894**	**9545**	**1128**	**3261**	**918**
思明区	929557	860568	82857	3154	181	1035	668
海沧区	175880	96331	8047	400	214	84	74
湖里区	637268	487269	25806	1505	241	109	45
集美区	291361	182495	21738	1314	308	1862	131
同安区	196986	130886	13558	2289	127	157	
翔安区	154205	85515	7888	883	57	14	
莆田市	**779287**	**673764**	**83510**	**10373**	**2585**	**1550**	**106**
城厢区	182496	174375	25295	2860	604	177	
涵江区	170886	119895	12587	1864	355	58	
荔城区	191676	164675	15980	1030	1049	40	6
秀屿区	88598	77512	13465	1602	346	260	88
仙游县	145631	137307	16183	3017	231	1015	12
三明市	**723761**	**707522**	**127489**	**16471**	**1491**	**911**	**80**
梅列区	92555	91311	19217	1786	114	9	
三元区	76634	75172	21728	643	2	38	
明溪县	24614	24369	5682	211	16	5	
清流县	40871	39390	10179	247	160	21	
宁化县	39374	38512	8545	544	12	190	
大田县	66401	63577	10094	5077	517	88	11
尤溪县	76154	73824	10324	1437	36	327	6
沙县	83743	80963	9317	1787	224	67	10
将乐县	37022	35648	6830	1510	26	72	12
泰宁县	33824	33584	5300	125	71	12	7
建宁县	56728	56315	6290	176	33	6	2
永安市	95841	94857	13983	2928	280	76	32
泉州市	**3401708**	**2594708**	**215446**	**25485**	**16084**	**3720**	**624**
鲤城区	247834	166826	50673	3233	466	1043	212
丰泽区	241099	194971	34039	1056	1330	202	12
洛江区	105774	75662	8783	545	51	10	
泉港区	72968	61558	8738	1433	109	25	
惠安县	454345	382036	15962	3555	7230	611	146

分组的法人单位从业人员数

集体联营	国有与集体联营	其他联营	有限责任公司	国有独资	其他有限责任公司	股份有限公司	私营	私营独资
8623	**1620**	**6424**	**3012153**	**156894**	**2855259**	**403021**	**5527616**	**513301**
2776	**264**	**2657**	**612950**	**48483**	**564467**	**123557**	**1363475**	**101447**
132	13	127	199236	10829	188407	68965	323263	19129
50	14	111	45258	16080	29178	2880	133273	4470
178	22	156	37300	2620	34680	6336	123338	15995
401	50	2	31394	2248	29146	6876	67038	1829
1256		5	78738	11921	66817	8693	163660	7368
184	66	19	20938	495	20443	3132	76825	11864
3			6665	1087	5578	577	111464	5015
34	33		21376	541	20835	1945	13767	944
47	12	249	8701	123	8578	940	90317	6796
22	11	10	20183	479	19704	826	75542	3284
108	4	3	21484	305	21179	2315	12767	3120
192	31	48	67542	575	66967	5647	74725	15493
169	8	1927	54135	1180	52955	14425	97496	6140
1957	**194**	**192**	**647955**	**30690**	**617265**	**66505**	**906136**	**23084**
269	42	56	333681	14348	319333	28467	393090	7397
7		3	25418	8524	16894	7961	50782	1226
59		5	169612	4635	164977	15226	266348	4203
1611	5	115	45147	1786	43361	9120	95900	3729
1	147	9	41715	813	40902	1408	66473	5277
10		4	32382	584	31798	4323	33543	1252
863	**6**	**575**	**363255**	**15469**	**347786**	**15170**	**140759**	**34378**
166		11	80262	13266	66996	3756	50774	2720
2	4	52	76387	423	75964	1033	19510	8020
6	2	26	97524	737	96787	7587	28609	10281
124		48	31710	562	31148	1135	18457	4138
565		438	77372	481	76891	1659	23409	9219
533	**32**	**266**	**80933**	**11463**	**69470**	**15213**	**404752**	**26408**
9			24153	1356	22797	660	42150	810
37		1	9994	1718	8276	1617	38675	1373
5			3151	253	2898	816	10996	2471
21			9519		9519	163	14880	984
6	32	152	1483	200	1283	648	19718	4465
71		6	5404	2356	3048	428	33547	4066
236		85	3808	287	3521	491	48900	2916
57			5879	76	5803	3939	53469	2690
60			1848	483	1365	216	22083	2423
5			1044	411	633	287	23204	786
		4	1930	528	1402	224	44454	1721
26		18	12720	3795	8925	5724	52676	1703
805	**712**	**1579**	**599919**	**9343**	**590576**	**95239**	**1419103**	**188373**
51	481	299	35447	309	35138	7118	57951	8923
75	27	88	61549	3551	57998	11958	73437	11330
6		4	13007	88	12919	670	48583	2844
25			31899	1173	30726	2232	7025	2412
35	74	356	171617	58	171559	25174	135194	22139

1-06 续表 1

地区	从业人员数(人)	内资	国有	集体	股份合作	联营	国有联营
安溪县	251693	212100	16137	2882	1882	372	102
永春县	168613	127984	13082	2773	294	460	45
德化县	118233	110122	9256	1699	412	113	5
石狮市	302208	205130	8532	1882	916	190	14
晋江市	919204	592608	24352	4287	2573	432	26
南安市	519737	465711	25892	2140	821	262	62
漳州市	**1143661**	**950386**	**149106**	**14697**	**3238**	**871**	**171**
芗城区	252886	213038	36937	2496	1164	68	43
龙文区	85264	65477	5846	371	174	50	20
云霄县	71598	64506	12523	700	11	1	
漳浦县	115660	89568	20918	1057	512	16	
诏安县	72473	60515	13595	2001	106	78	20
长泰县	76466	58459	6412	800	107	7	
东山县	66842	60607	9258	1035	26	122	25
南靖县	58928	47864	9212	1012	265	164	
平和县	66591	62963	10427	1740	37	54	13
华安县	33267	31227	4860	1239	19	133	
龙海市	243686	196162	19118	2246	817	178	50
南平市	**612643**	**586583**	**114486**	**10214**	**4066**	**1422**	**258**
延平区	155237	147059	29993	2714	1511	207	16
顺昌县	32002	29307	7252	974	123	62	1
浦城县	45596	43587	9348	442	291	353	75
光泽县	32710	32199	5959	236	6	88	
松溪县	33233	32151	6344	408	113	55	14
政和县	33596	33087	6976	839	357	94	
邵武市	75976	70503	12485	1390	132	102	32
武夷山市	62722	60165	12399	455	267	156	21
建瓯市	73678	72945	11839	1826	568	234	37
建阳市	67893	65580	11891	930	698	71	62
龙岩市	**849343**	**810470**	**122720**	**10952**	**2827**	**1304**	**248**
新罗区	299431	285626	47933	5092	1562	625	98
长汀县	88288	74260	11913	1210	350	228	119
永定县	60273	58092	17540	1096	12	38	
上杭县	219526	217245	14179	1013	44	51	13
武平县	58157	57423	11344	844	310	25	14
连城县	72411	69959	10395	610	457	211	4
漳平市	51257	47865	9416	1087	92	126	
宁德市	**695102**	**675029**	**117435**	**9880**	**2192**	**449**	**113**
蕉城区	192310	179586	33586	1304	136	157	24
霞浦县	66942	66348	13614	1641	166	23	23
古田县	54036	52885	11094	2165	73	78	28
屏南县	28528	28299	7400	556	461	24	4
寿宁县	30664	30246	7899	439	9	7	
周宁县	17529	17371	6293	208	48	23	
柘荣县	21116	21069	5364	221	38		
福安市	156146	153509	18207	1123	325	108	34
福鼎市	127831	125716	13978	2223	936	29	

集体联营	国有与集体联营	其他联营	有限责任公司	国有独资	其他有限责任公司	股份有限公司	私营	私营独资
47	5	218	70347	139	70208	6973	60984	25914
185		230	14897	2497	12400	1359	84346	5038
74		34	9970	98	9872	8437	72495	6824
151		25	44522	625	43897	2535	129131	13892
101	14	291	63851	701	63150	17351	434610	34416
55	111	34	82813	104	82709	11432	315347	54641
445	**99**	**156**	**251620**	**12305**	**239315**	**20889**	**409892**	**44664**
14		11	67260	6464	60796	5594	85301	5179
24		6	12416	915	11501	1717	39996	2375
1			14628	1	14627	2464	27165	2728
5		11	25499	570	24929	737	25019	9955
23		35	20288	811	19477	666	12411	1377
7			17549	496	17053	3656	26131	8526
42		55	4087	601	3486	730	42276	2960
149	15		5133	367	4766	168	26089	2096
28		13	16727	758	15969	1140	13226	3360
49	84		10149	334	9815	2139	9010	1671
103		25	57884	988	56896	1878	103268	4437
575	**138**	**451**	**111386**	**7782**	**103604**	**25248**	**228366**	**29800**
56	38	97	34279	3237	31042	16261	47195	4727
33		28	4409	448	3961	1034	9861	1239
250	7	21	4886	120	4766	583	15712	3723
13		75	16156	561	15595	43	6908	1049
25		16	2779	10	2769	228	11570	3361
14	80		4106	332	3774	207	12719	2996
68	1	1	17172	748	16424	468	32825	1964
42	12	81	8637	1007	7630	3411	25263	4010
67		130	11806	781	11025	1951	29823	2980
7		2	7156	538	6618	1062	36490	3751
474	**133**	**449**	**147132**	**13498**	**133634**	**31328**	**396367**	**23888**
185	37	305	40091	5941	34150	20134	156058	3898
20	16	73	34350	1037	33313	1696	11913	4049
24	13	1	11931	1387	10544	2745	18799	2822
5	5	28	24512	480	24032	4800	148950	4363
6		5	12357	156	12201	260	24153	1885
122	56	29	6889	889	6000	1032	23238	5075
112	6	8	17002	3608	13394	661	13256	1796
195	**42**	**99**	**197003**	**7861**	**189142**	**9872**	**258766**	**41259**
62	25	46	64094	5744	58350	3394	62814	17950
			6557	1255	5302	403	32907	5449
41		9	14094	34	14060	1150	17432	3600
	10	10	3907	130	3777	338	9602	903
		7	8473	5	8468	1046	5004	2123
23			4349		4349	251	3460	378
			4914	92	4822	545	7256	1148
46	4	24	37235	377	36858	2391	77606	3971
23	3	3	53380	224	53156	354	42685	5737

1-06 续表 2

地区	私营合伙	私营有限责任公司	私营股份有限公司	其他	港澳台商投资	与港澳台商合资经营	与港澳台商合作经营
全省	**143762**	**4670819**	**199734**	**924517**	**1333851**	**286587**	**8271**
福州市	**33119**	**1194925**	**33984**	**170601**	**216579**	**57370**	**2114**
鼓楼区	4152	292257	7725	34756	40518	7912	746
台江区	1509	126373	921	10213	3940	2258	236
仓山区	3200	100764	3379	17470	37947	11021	627
马尾区	1039	62266	1904	5269	17409	3469	
晋安区	2865	147318	6109	15029	15235	3563	42
闽侯县	3105	59986	1870	14807	16634	6721	47
连江县	2734	103257	458	6955	4944	1043	
罗源县	733	9904	2186	6176	2263	1434	
闽清县	2352	80997	172	6896	928	230	200
永泰县	1187	65485	5586	5245	549	188	
平潭县	2909	5709	1029	11968	1098	523	28
福清市	5442	52497	1293	20234	63574	16120	155
长乐市	1892	88112	1352	15583	11540	2888	33
厦门市	**9493**	**839040**	**34519**	**48640**	**266256**	**62940**	**1598**
思明区	3151	376124	6418	18103	38874	11145	460
海沧区	1017	46744	1795	3425	38755	10067	392
湖里区	1389	241801	18955	8422	63860	30135	450
集美区	1626	88409	2136	7106	51482	4872	17
同安区	1765	56117	3314	5159	38044	5304	37
翔安区	545	29845	1901	6425	35241	1417	242
莆田市	**6945**	**93432**	**6004**	**56562**	**65733**	**20432**	**212**
城厢区	866	46869	319	10647	4842	333	156
涵江区	1851	9461	178	8101	37240	8609	53
荔城区	1360	13404	3564	12856	15963	8993	3
秀屿区	860	12327	1132	10537	3222	1184	
仙游县	2008	11371	811	14421	4466	1313	
三明市	**14722**	**350764**	**12858**	**60262**	**12414**	**4148**	**41**
梅列区	444	40682	214	3222	757	166	
三元区	520	36221	561	2475	1369	651	16
明溪县	72	8453		3492	70	51	
清流县	459	13335	102	4221	1481	909	15
宁化县	1864	12504	885	7372	650	316	
大田县	2575	22061	4845	8422	2201	126	
尤溪县	3939	40888	1157	8501	2110	403	10
沙县	1799	48636	344	6281	1661	892	
将乐县	1138	16686	1836	3063	968	330	
泰宁县	558	21805	55	3541	41		
建宁县	539	41942	252	3202	398		
永安市	815	47551	2607	6470	708	304	
泉州市	**32366**	**1140804**	**57560**	**219712**	**581848**	**76398**	**3792**
鲤城区	773	46425	1830	10895	55617	3818	57
丰泽区	2154	57009	2944	11400	36659	3936	103
洛江区	441	44085	1213	4013	23622	2287	
泉港区	145	4350	118	10097	7288	2321	
惠安县	2262	98929	11864	22693	52905	8148	1386

港澳台商独资	港澳台商投资股份有限公司	其他港澳台商投资	外商投资	中外合资经营	中外合作经营	外资企业	外商投资股份有限公司	其他外商投资
990812	**35680**	**12501**	**842542**	**236788**	**9107**	**564294**	**27734**	**4619**
130157	**16917**	**10021**	**210578**	**61803**	**1793**	**134402**	**11886**	**694**
11602	10392	9866	24564	7323	448	15626	804	363
1360	56	30	1139	189		779	131	40
24391	1908		29122	10897	555	16595	1027	48
13395	474	71	36516	7619	134	24466	4291	6
11474	114	42	23471	1295	20	22130	5	21
9683	178	5	33251	17028		15127	939	157
3894	5	2	19635	1775	145	17715		
784	45		2886	2509		374	3	
498			3372	2214	98	1021	39	
361			923	90	32	776	25	
527	15	5	195	168		15	4	8
45840	1459		27494	5331	104	18094	3914	51
6348	2271		8010	5365	257	1684	704	
193219	**7650**	**849**	**275937**	**71778**	**4139**	**198221**	**1103**	**696**
25944	1252	73	30115	5034	2505	21905	320	351
25268	3023	5	40794	10153	1270	28730	595	46
31676	1476	123	86139	16916	295	68629	139	160
46473	89	31	57384	14399		42934	23	28
31650	436	617	28056	9924	69	17969	25	69
32208	1374		33449	15352		18054	1	42
44701	**309**	**79**	**39790**	**15975**	**27**	**22838**	**821**	**129**
4352		1	3279	431		2798		50
28489	89		13751	5794	15	7927	10	5
6772	195		11038	2419	12	8556	51	
2013	25		7864	6159		1654	4	47
3075		78	3858	1172		1903	756	27
7770	**307**	**148**	**3825**	**1761**	**308**	**1503**	**236**	**17**
581	10		487	262		29	196	
688	2	12	93	48		37		8
	19		175	150		25		
557								
334			212	71	25	116		
2007	19	49	623	196		427		
1505	105	87	220	190			30	
767	2		1119	440	268	401	10	
638			406	266		133		7
18	23		199			199		
288	110		15		15			
387	17		276	138		136		2
492071	**8950**	**637**	**225152**	**49918**	**2774**	**158969**	**11335**	**2156**
49407	2335		25391	3055	1113	20588	15	620
32569	51		9469	1339	139	7705	286	
21260	5	70	6490	959	60	5419	2	50
4967			4122	2740		1382		
43164	191	16	19404	8195	15	11013	167	14

1-06 续表 3

地 区	私营合伙	私营有限责任公司	私营股份有限公司	其 他	港澳台商投资	与港澳台商合资经营	与港澳台商合作经营
安溪县	5763	23728	5579	52523	20987	5942	60
永春县	1933	77138	237	10773	32281	2868	3
德化县	2661	58832	4178	7740	5350	369	
石狮市	3282	109332	2625	17422	76091	9349	1035
晋江市	8825	379835	11534	45152	234634	30820	339
南安市	4127	241141	15438	27004	36414	6540	809
漳州市	**8904**	**347007**	**9317**	**100073**	**141258**	**53645**	**337**
芗城区	1246	78002	874	14218	35584	18628	21
龙文区	527	36605	489	4907	10880	4526	
云霄县	346	23979	112	7014	4365	1614	39
漳浦县	1374	13473	217	15810	19051	3617	30
诏安县	800	9805	429	11370	8827	518	82
长泰县	572	16081	952	3797	12371	765	45
东山县	255	38972	89	3073	3266	1360	8
南靖县	867	22743	383	5821	9075	4330	
平和县	339	9400	127	19612	3461	146	93
华安县	566	6759	14	3678	1915	165	8
龙海市	2012	91188	5631	10773	32463	17976	11
南平市	**14446**	**174774**	**9346**	**91395**	**9163**	**5783**	**3**
延平区	1750	38854	1864	14899	1357	1024	
顺昌县	631	7863	128	5592	1827	1447	
浦城县	2107	8208	1674	11972	1086	652	
光泽县	758	4374	727	2803	301	88	
松溪县	1538	6161	510	10654			
政和县	1589	7940	194	7789	139		
邵武市	1031	28341	1489	5929	1610	1048	
武夷山市	558	20322	373	9577	1634	897	3
建瓯市	2612	22565	1666	14898	227	22	
建阳市	1872	30146	721	7282	982	605	
龙岩市	**11541**	**331396**	**29542**	**97840**	**26442**	**3875**	**131**
新罗区	2086	148856	1218	14131	6566	2049	4
长汀县	1709	5489	666	12600	12892	302	121
永定县	1294	14471	212	5931	1284	339	6
上杭县	1551	118446	24590	23696	1335	373	
武平县	1659	20512	97	8130	454	312	
连城县	1964	14882	1317	27127	1123		
漳平市	1278	8740	1442	6225	2788	500	
宁德市	**12226**	**198677**	**6604**	**79432**	**14158**	**1996**	**43**
蕉城区	1014	43441	409	14101	10123	372	
霞浦县	2599	24237	622	11037	210	87	7
古田县	1964	10032	1836	6799	847		
屏南县	802	7779	118	6011			
寿宁县	801	1773	307	7369			
周宁县	239	2764	79	2739	128	116	
柘荣县	267	5417	424	2731	47	31	
福安市	2397	69227	2011	16514	1491	608	36
福鼎市	2143	34007	798	12131	1312	782	

港澳台商独资	港澳台商投资股份有限公司	其他港澳台商投资	外商投资	中外合资经营	中外合作经营	外资企业	外商投资股份有限公司	其他外商投资
14906	79		18606	9439	200	8887		80
29410			8348	327	20	8001		
4981			2761	22		2726	8	5
65298	404	5	20987	3075	73	16930	157	752
197215	5714	546	91962	15477	1154	68490	6439	402
28894	171		17612	5290		7828	4261	233
85844	**1268**	**164**	**52017**	**15578**	**40**	**35533**	**674**	**192**
16934	1		4264	1752		2481	10	21
6349		5	8907	3781	20	5024	79	3
2681	31		2727	289		2127	311	
15339	65		7041	369		6517	45	110
8181	46		3131	1456		1650	25	
10924	574	63	5636	988		4646		2
1882	15	1	2969	142	16	2669	142	
4578	167		1989	792		1197		
3216	6		167	49		98		20
1742			125			77	48	
14018	363	95	15061	5960	4	9047	14	36
3372	**5**		**16897**	**11624**	**16**	**4048**	**1209**	
332	1		6821	5237		377	1207	
376	4		868	46		822		
434			923	809		114		
213			210	126		82	2	
			1082	222		860		
139			370	130		240		
562			3863	3277		586		
734			923	694		229		
205			506	433		73		
377			1331	650	16	665		
22134	**267**	**35**	**12431**	**4566**	**10**	**6747**	**407**	**701**
4371	142		7239	1946	10	4248	379	656
12427	7	35	1136	5		1103	28	
939			897	317		580		
962			946	770		134		42
142			280	128		152		
1123			1329	875		454		
2170	118		604	525		76		3
11544	**7**	**568**	**5915**	**3785**		**2033**	**63**	**34**
9745	6		2601	1431		1170		
116			384	141		180	63	
295		552	304			294		10
			229	200		29		
			418	418				
12			30			30		
		16						
847			1146	1035		87		24
529	1		803	560		243		

1-07 按行业(中类)、开业(成立)

行业	代码	法人单位数(个)	1949年及以前	1950-1977年	1978-1991年
总计	**00**	**373792**	**2721**	**11395**	**28636**
农、林、牧、渔业	**A**	**2468**	**2**	**92**	**126**
农业	01	39		11	1
谷物种植	011	7		5	1
豆类、油料和薯类种植	012	1		1	
棉、麻、糖、烟草种植	013				
蔬菜、食用菌及园艺作物种植	014	11		1	
水果种植	015	7		1	
坚果、含油果、香料和饮料作物种植	016	11		3	
中药材种植	017	1			
其他农业	019	1			
林业	02	21		11	2
林木育种和育苗	021	6		2	
造林和更新	022	5		3	1
森林经营和管护	023	9		6	1
木材和竹材采运	024	1			
林产品采集	025				
畜牧业	03	9			1
牲畜饲养	031	7			
家禽饲养	032	1			
其他畜牧业	039	1			1
渔业	04	3		1	
水产养殖	041	2		1	
水产捕捞	042	1			
农、林、牧、渔服务业	05	2396	2	69	122
农业服务业	051	1544	2	32	41
林业服务业	052	331		27	68
畜牧服务业	053	101		6	2
渔业服务业	054	420		4	11
采矿业	**B**	**2157**		**31**	**70**
煤炭开采和洗选业	06	270		10	22
烟煤和无烟煤开采洗选	061	238		10	20
褐煤开采洗选	062	1			
其他煤炭采选	069	31			2
石油和天然气开采业	07				
石油开采	071				
天然气开采	072				
黑色金属矿采选业	08	259		3	12
铁矿采选	081	241		2	11
锰矿、铬矿采选	082	15		1	1
其他黑色金属矿采选	089	3			
有色金属矿采选业	09	261		1	5
常用有色金属矿采选	091	191		1	4
贵金属矿采选	092	28			
稀有稀土金属矿采选	093	42			1
非金属矿采选业	10	1359		17	31
土砂石开采	101	1189		7	27
化学矿开采	102	20			
采盐	103	17		10	3
石棉及其他非金属矿采选	109	133			1

时间分组的法人单位数

1992-1995年	1996年	1997年	1998年	1999年	2000年	2001年	2002年
12036	**3977**	**4364**	**5614**	**5704**	**8933**	**8559**	**10661**
41	**14**	**13**	**29**	**21**	**51**	**29**	**36**
1							1
1							1
	1				1		
	1						
					1		
				1			1
				1			1
							1
							1
40	13	13	29	20	50	29	33
19	8	8	9	9	25	17	18
10	5	1	5	2	6	2	5
4		2	3	2	6	2	3
7		2	12	7	13	8	7
85	**37**	**25**	**37**	**44**	**84**	**75**	**79**
19	3		4	3	7	5	4
19	3		4	2	5	5	3
				1	2		1
11	2	5	5	3	14	10	9
11	2	4	4	3	14	9	8
			1			1	1
		1					
9	5	3	3	11	16	14	14
8	4	1	1	6	14	12	11
1	1	1		3			2
		1	2	2	2	2	1
46	27	17	25	27	47	46	51
43	23	13	22	26	42	41	44
1					1	1	1
2	4	4	3	1	4	4	6

1-07 续表 1

行业	代码	法人单位数(个)	1949年及以前	1950-1977年	1978-1991年
开采辅助活动	11	1			
煤炭开采和洗选辅助活动	111				
石油和天然气开采辅助活动	112				
其他开采辅助活动	119	1			
其他采矿业	12	7			
其他采矿业	120	7			
制造业	**C**	**86140**	**14**	**289**	**1796**
农副食品加工业	13	4024		24	95
谷物磨制	131	347		8	10
饲料加工	132	362			10
植物油加工	133	168			2
制糖业	134	21			2
屠宰及肉类加工	135	434		8	12
水产品加工	136	1475		6	40
蔬菜、水果和坚果加工	137	773		1	14
其他农副食品加工	139	444		1	5
食品制造业	14	2562	1	13	60
焙烤食品制造	141	688		1	7
糖果、巧克力及蜜饯制造	142	431		2	9
方便食品制造	143	319		3	6
乳制品制造	144	22			2
罐头食品制造	145	392		2	15
调味品、发酵制品制造	146	239		3	12
其他食品制造	149	471	1	2	9
酒、饮料和精制茶制造业	15	3285		14	69
酒的制造	151	319		6	9
饮料制造	152	484			12
精制茶加工	153	2482		8	48
烟草制品业	16	9		1	3
烟叶复烤	161	5			1
卷烟制造	162	2		1	1
其他烟草制品制造	169	2			1
纺织业	17	3828	2	4	80
棉纺织及印染精加工	171	1006	1	2	30
毛纺织及染整精加工	172	81			3
麻纺织及染整精加工	173	12			
丝绢纺织及印染精加工	174	38			2
化纤织造及印染精加工	175	164			2
针织或钩针编织物及其制品制造	176	1595			25
家用纺织制成品制造	177	351		1	2
非家用纺织制成品制造	178	581	1	1	16
纺织服装、服饰业	18	7450		5	148
机织服装制造	181	5486		4	103
针织或钩针编织服装制造	182	902		1	33
服饰制造	183	1062			12
皮革、毛皮、羽毛及其制品和制鞋业	19	6506	1	7	161
皮革鞣制加工	191	265			5
皮革制品制造	192	1063		3	21
毛皮鞣制及制品加工	193	28		1	1
羽毛(绒)加工及制品制造	194	43			6
制鞋业	195	5107	1	3	128

1992-1995年	1996年	1997年	1998年	1999年	2000年	2001年	2002年
							1
							1
3635	**1031**	**1056**	**1554**	**1641**	**2505**	**2690**	**3111**
173	65	78	102	88	120	127	113
20	3	5	13	14	15	17	11
20	6	21	14	16	15	7	16
3	1	4	3	1	3	2	4
1	2	1	2		1	3	
10	6	16	19	8	8	8	5
72	25	15	15	21	46	50	38
34	16	13	25	16	19	24	19
13	6	3	11	12	13	16	20
148	48	44	73	48	89	95	94
20	11	6	13	5	10	12	12
37	11	14	11	11	19	15	19
8	4	6	7	3	11	11	13
1			3		1	3	1
33	8	7	16	13	16	20	24
20	6	5	8	5	13	11	9
29	8	6	15	11	19	23	16
113	35	37	66	59	112	75	85
23	8	9	6	10	18	11	8
27	8	11	12	17	20	13	23
63	19	17	48	32	74	51	54
			1		1		
			1		1		
175	61	65	89	83	124	127	173
63	15	21	27	28	43	31	59
6	2	2	2	2	3	2	3
1					1		1
2		1				1	2
10	4	4	4	5	7	7	9
58	25	23	38	36	41	51	55
12	5	6	5	6	10	8	16
23	10	8	13	6	19	27	28
304	57	61	99	125	235	260	288
207	42	44	72	89	175	200	221
58	5	11	20	20	30	35	29
39	10	6	7	16	30	25	38
392	97	80	116	112	204	253	301
11	1	8	4	8	8	6	29
35	11	11	22	23	36	31	40
1				1		2	2
5	1		1		2	4	2
340	84	61	89	80	158	210	228

1-07 续表 2

行业	代码	法人单位数(个)	1949年及以前	1950-1977年	1978-1991年
木材加工和木、竹、藤、棕、草制品业	20	3572		16	66
木材加工	201	974		5	25
人造板制造	202	695			5
木制品制造	203	753		3	19
竹、藤、棕、草等制品制造	204	1150		8	17
家具制造业	21	1736	2	3	22
木质家具制造	211	1092	2	2	13
竹、藤家具制造	212	49			1
金属家具制造	213	268		1	3
塑料家具制造	214	44			
其他家具制造	219	283			5
造纸和纸制品业	22	2544		9	55
纸浆制造	221	28		2	
造纸	222	622		3	17
纸制品制造	223	1894		4	38
印刷和记录媒介复制业	23	2350	4	30	110
印刷	231	2219	4	27	101
装订及印刷相关服务	232	125		3	9
记录媒介复制	233	6			
文教、工美、体育和娱乐用品制造业	24	5724	1	13	127
文教办公用品制造	241	210		4	8
乐器制造	242	39			3
工艺美术品制造	243	4735	1	9	98
体育用品制造	244	471			8
玩具制造	245	244			10
游艺器材及娱乐用品制造	246	25			
石油加工及炼焦	25	115			
化学原料和化学制品制造业	26	2820		20	63
基础化学原料制造	261	367		3	7
肥料制造	262	224		8	3
农药制造	263	38			
涂料、油墨、颜料及类似产品制造	264	605		2	13
合成材料制造	265	355			3
专用化学产品制造	266	667		1	18
炸药、火工及焰火产品制造	267	19		2	1
日用化学产品制造	268	545		4	18
医药制造业	27	362		3	18
化学药品原料药制造	271	45			2
化学药品制剂制造	272	54		3	2
中药饮片加工	273	30			2
中成药生产	274	54			6
兽用药品制造	275	24			2
生物药品制造	276	97			3
卫生材料及医药用品制造	277	58			1
化学纤维制造业	28	181		1	3
纤维素纤维原料及纤维制造	281	34			
合成纤维制造	282	147		1	3
橡胶和塑料制品业	29	4537		11	96
橡胶制品业	291	709		4	19
塑料制品业	292	3828		7	77
非金属矿物制品业	30	10103	1	23	219

1992-1995年	1996年	1997年	1998年	1999年	2000年	2001年	2002年
76	32	31	47	52	118	115	130
19	5	8	12	12	26	28	31
15	3	8	13	12	26	29	33
21	8	7	12	13	18	22	30
21	16	8	10	15	48	36	36
46	21	20	34	24	36	46	43
27	16	12	24	13	19	24	27
3			2		1	2	
10	3	5	3	4	9	13	8
1				1		3	2
5	2	3	5	6	7	4	6
117	33	60	57	56	88	76	97
2			1		1		1
31	11	20	13	16	24	16	19
84	22	40	43	40	63	60	77
142	47	52	61	64	104	96	104
132	42	52	58	59	96	92	100
10	5		2	3	8	3	4
			1	2		1	
257	58	72	99	103	152	151	206
17	4	4	1	1	5	5	9
3						2	1
194	46	60	81	88	126	122	174
21	8	4	11	11	15	14	14
22		4	6	3	6	8	7
							1
4	1	2	1	2	2	4	7
100	46	53	84	78	111	114	111
8	5	12	10	9	12	17	14
3	2	2	11	3	12	12	10
5	1	1	1	1			
30	8	12	17	21	24	23	28
6	6	3	11	5	14	13	9
21	10	13	19	27	24	28	30
				1			1
27	14	10	15	11	25	21	19
16	11	5	9	5	14	18	12
		1			4	2	1
4	4	1	1	2	5	3	3
2					1	1	
1	2	1	4	2	2	6	3
2	1	1				1	
5	2		3	1	1	2	4
2	2	1	1		1	3	1
13	3	7	6	7	2	9	8
4	1	2				2	2
9	2	5	6	7	2	7	6
190	52	52	77	86	130	164	191
27	8	9	10	12	23	23	30
163	44	43	67	74	107	141	161
603	142	114	200	252	283	279	368

1-07 续表 3

行业	代码	法人单位数(个)	1949年及以前	1950-1977年	1978-1991年
水泥、石灰和石膏制造	301	339		5	11
石膏、水泥制品及类似制品制造	302	933	1	1	8
砖瓦、石材等建筑材料制造	303	6645		5	176
玻璃制造	304	85			
玻璃制品制造	305	280			
玻璃纤维和玻璃纤维增强塑料制品制造	306	67		2	1
陶瓷制品制造	307	1458		6	17
耐火材料制品制造	308	83		1	4
石墨及其他非金属矿物制品制造	309	213		3	2
黑色金属冶炼和压延加工业	31	898		3	20
炼铁	311	37			2
炼钢	312	22			1
黑色金属铸造	313	483		1	13
钢压延加工	314	300		1	1
铁合金冶炼	315	56		1	3
有色金属冶炼和压延加工业	32	434		1	4
常用有色金属冶炼	321	59			
贵金属冶炼	322	14			
稀有稀土金属冶炼	323	15			1
有色金属合金制造	324	80			1
有色金属铸造	325	35			
有色金属压延加工	326	231		1	2
金属制品业	33	4963	1	10	53
结构性金属制品制造	331	1461		1	12
金属工具制造	332	536	1	2	3
集装箱及金属包装容器制造	333	130			4
金属丝绳及其制品制造	334	80		1	1
建筑、安全用金属制品制造	335	902		1	14
金属表面处理及热处理加工	336	291			3
搪瓷制品制造	337	281		1	2
金属制日用品制造	338	544		1	7
其他金属制品制造	339	738		3	7
通用设备制造业	34	3824		27	81
锅炉及原动设备制造	341	118		2	5
金属加工机械制造	342	785		4	15
物料搬运设备制造	343	148		1	2
泵、阀门、压缩机及类似机械制造	344	753		5	14
轴承、齿轮和传动部件制造	345	228		4	10
烘炉、风机、衡器、包装等设备制造	346	328		3	4
文化、办公用机械制造	347	85		1	2
通用零部件制造	348	1109		5	25
其他通用设备制造业	349	270		2	4
专用设备制造业	35	3637		18	48
采矿、冶金、建筑专用设备制造	351	492		3	10
化工、木材、非金属加工专用设备制造	352	1211		4	9
食品、饮料、烟草及饲料生产专用设备制造	353	149		2	2
印刷、制药、日化及日用品生产专用设备制造	354	209		1	3
纺织、服装和皮革加工专用设备制造	355	287		3	4
电子和电工机械专用设备制造	356	401			8
农、林、牧、渔专用机械制造	357	233		2	5
医疗仪器设备及器械制造	358	173		2	1
环保、社会公共服务及其他专用设备制造	359	482		1	6

1992-1995年	1996年	1997年	1998年	1999年	2000年	2001年	2002年
36	6	2	10	8	7	14	11
29	5	5	7	11	22	14	15
444	98	81	137	166	186	210	276
5	2		1	3	2	1	4
7	1		2	6	9	7	3
1	2	1			1	1	2
69	24	21	40	45	42	26	46
6	2	1		6	2	2	5
6	2	3	3	7	12	4	6
29	14	11	20	16	35	23	37
2		1	1		3		1
2			1			2	3
14	5	6	6	12	18	10	19
9	7	3	9	3	12	9	13
2	2	1	3	1	2	2	1
15	3	6	7	8	15	12	9
1			1	2	2	2	1
1	1				3		
		2					
2			4	2	3	4	1
			1				
11	2	4	1	4	7	6	7
124	46	28	51	80	100	120	140
31	9	6	19	19	13	29	43
18	4	5	12	12	18	10	29
8	8	2	2	5	5		8
6			1	4	2	3	2
21	8	5	4	10	15	30	15
6	3	1	2	5	8	8	8
1				4	2	3	3
12	7	4	6	13	15	19	12
21	7	5	5	8	22	18	20
127	30	49	54	68	104	124	147
5		3	3	2	4	5	7
18	6	12	6	9	15	13	17
4	2	4	2	4	7	4	8
23	5	5	17	21	31	32	22
12	2	3	5	4	6	11	11
20	3	5	4	6	12	12	14
9	2	1	2	2	3	6	3
28	9	16	12	19	22	37	57
8	1		3	1	4	4	8
93	26	36	51	53	80	101	112
19	2	7	6	9	13	18	17
27	9	8	13	15	28	30	51
5		3	3	4	4		7
5	4	4	8	5	4	5	3
9	1	2	3	3	10	12	11
10	2	2	4	5	2	9	5
6	2	4	2	2	11	9	8
3	1	2	2	4	4	2	2
9	5	4	10	6	4	16	8

1-07 续表 4

行　业	代码	法人单位数(个)	1949年及以前	1950-1977年	1978-1991年
汽车制造业	36	1243		3	31
汽车整车制造	361	12			1
改装汽车制造	362	26			
低速载货汽车制造	363	3		1	
电车制造	364	7			
汽车车身、挂车制造	365	21			1
汽车零部件及配件制造	366	1174		2	29
铁路、船舶、航空航天和其他运输设备制造业	37	735		7	11
铁路运输设备制造	371	7		1	
城市轨道交通设备制造	372	1		1	
船舶及相关装置制造	373	348		5	4
航空、航天器及设备制造	374				
摩托车制造	375	298			5
自行车制造	376	61			2
非公路休闲车及零配件制造	377	5			
潜水救捞及其他未列明运输设备制造	379	15			
电气机械和器材制造业	38	3812	1	14	45
电机制造	381	1381	1	2	12
输配电及控制设备制造	382	858		7	18
电线、电缆、光缆及电工器材制造	383	295		3	3
电池制造	384	137			2
家用电力器具制造	385	359		2	1
非电力家用器具制造	386	71			1
照明器具制造	387	559			5
其他电气机械及器材制造	389	152			3
计算机、通信和其他电子设备制造业	39	2092		3	31
计算机制造	391	122			3
通信设备制造	392	217			6
广播电视设备制造	393	62			1
雷达及配套设备制造	394	3			
视听设备制造	395	74			1
电子器件制造	396	439			4
电子元件制造	397	779		2	12
其他电子设备制造	399	396		1	4
仪器仪表制造业	40	732		3	17
通用仪器仪表制造	401	223		1	5
专用仪器仪表制造	402	88		1	3
钟表与计时仪器制造	403	190		1	4
光学仪器及眼镜制造	404	194			5
其他仪器仪表制造业	409	37			
其他制造业	41	1304		1	39
废弃资源综合利用业	42	352			2
金属废料和碎屑加工处理	421	80			1
非金属废料和碎屑加工处理	422	272			1
金属制品、机械和设备修理业	43	406		2	19
金属制品修理	431	22			1
通用设备修理	432	36		1	1
专用设备修理	433	53			3
铁路、船舶、航空航天等运输设备修理	434	143		1	7
电气设备修理	435	19			2
仪器仪表修理	436	1			
其他机械和设备修理业	439	132			5

1992-1995年	1996年	1997年	1998年	1999年	2000年	2001年	2002年
77	19	15	17	20	37	53	52
2		1				1	
1	1				4	1	2
				1			
						1	1
74	18	14	17	19	33	50	49
23	5	5	9	17	19	13	24
		1			1		
8	2	2	8	10	3	8	10
15	3	2	1	7	12	3	11
					2	1	
					1		
						1	3
92	27	24	50	55	80	102	106
16	5	5	17	26	27	31	27
30	11	10	14	9	21	28	29
12	5	1	4	5	9	7	15
3	1	3	3		5	11	5
7	3		4	2	3	7	8
1	1			1	2		3
21	1	5	8	10	8	16	14
2				2	5	2	5
77	26	16	36	33	42	59	74
6	2	4	2	2	2	7	8
13	5	2	6	5	7	10	12
5	1	1	3	2	1	3	1
8	1		2	1	2	4	3
9	2	1	3	6	4	8	12
26	12	7	13	11	18	15	25
10	3	1	7	6	8	12	13
34	10	12	10	20	15	19	24
9	5	5	3	9	2	8	4
3			2	3	4	1	5
8	2	2	2	3	4	9	7
14	2	5	3	5	4	1	7
	1				1		1
56	13	12	24	14	43	45	48
6	1	3		6	5	7	5
1					1	1	3
5	1	3		6	4	6	2
13	2	6	4	7	5	3	2
1		1	1	2		1	
3							
1		1	1	1	2	1	
5	2	3	2	2	1	1	
					1		
3		1		2	1		2

1-07 续表 5

行业	代码	法人单位数(个)	1949年及以前	1950-1977年	1978-1991年
电力、热力、燃气及水生产和供应业	D	**6096**	**8**	**199**	**571**
电力、热力生产和供应业	44	5247	6	177	472
电力生产	441	5052	1	165	448
电力供应	442	173	5	12	24
热力生产和供应	443	22			
燃气生产和供应业	45	75			2
燃气生产和供应业	450	75			2
水的生产和供应业	46	774	2	22	97
自来水生产和供应	461	642	2	22	96
污水处理及其再生利用	462	117			1
其他水的处理、利用与分配	469	15			
建筑业	E	**10122**	**1**	**175**	**205**
房屋建筑业	47	2514		128	103
房屋建筑业	470	2514		128	103
土木工程建筑业	48	2054	1	31	32
铁路、道路、隧道和桥梁工程建筑	481	881	1	10	10
水利和内河港口工程建筑	482	228		14	7
海洋工程建筑	483	14			
工矿工程建筑	484	86		1	2
架线和管道工程建筑	485	166		1	4
其他土木工程建筑	489	679		5	9
建筑安装业	49	1290		7	17
电气安装	491	495		3	12
管道和设备安装	492	222		2	2
其他建筑安装业	499	573		2	3
建筑装饰和其他建筑业	50	4264		9	53
建筑装饰业	501	2975		5	38
工程准备活动	502	411		1	8
提供施工设备服务	503	199			2
其他未列明建筑业	509	679		3	5
批发和零售业	F	**97491**	**15**	**788**	**943**
批发业	51	66696	8	479	561
农、林、牧产品批发	511	2283	1	41	43
食品、饮料及烟草制品批发	512	9576	1	81	104
纺织、服装及家庭用品批发	513	12152		25	64
文化、体育用品及器材批发	514	2842	1	3	23
医药及医疗器材批发	515	1087		8	6
矿产品、建材及化工产品批发	516	18594	4	256	188
机械设备、五金产品及电子产品批发	517	13764		24	66
贸易经纪与代理	518	3165	1	19	28
其他批发业	519	3233		22	39
零售业	52	30795	7	309	382
综合零售	521	2201	1	195	83
食品、饮料及烟草制品专门零售	522	6070	1	54	74
纺织、服装及日用品专门零售	523	3970		19	35
文化、体育用品及器材专门零售	524	2039	1	6	29
医药及医疗器材专门零售	525	1250		16	22
汽车、摩托车、燃料及零配件专门零售	526	4936	2	5	49
家用电器及电子产品专门零售	527	3986		2	9
五金、家具及室内装饰材料专门零售	528	4145	1	6	49
货摊、无店铺及其他零售业	529	2198	1	6	32

1992-1995年	1996年	1997年	1998年	1999年	2000年	2001年	2002年
347	**148**	**106**	**186**	**150**	**277**	**297**	**405**
306	131	90	160	130	237	278	386
284	131	87	155	125	232	272	380
21		3	4	5	5	6	6
1			1				
1	1			2	3	1	3
1	1			2	3	1	3
40	16	16	26	18	37	18	16
38	16	16	25	18	32	17	15
			1		4	1	1
2					1		
395	**174**	**129**	**153**	**163**	**157**	**205**	**297**
116	27	25	24	25	17	41	102
116	27	25	24	25	17	41	102
63	34	21	26	27	25	40	54
35	16	9	13	7	12	9	21
8	4	2	2	4	3	3	8
1	1						
2	1	2	3	6	3	6	5
5	2	2		5	1	9	5
12	10	6	8	5	6	13	15
63	40	24	32	31	41	55	46
29	18	10	18	11	21	28	18
16	5	3	5	7	4	3	10
18	17	11	9	13	16	24	18
153	73	59	71	80	74	69	95
135	60	50	58	65	54	46	60
5	2	4	1	5	8	5	17
4	2	1	1	3	3	3	1
9	9	4	11	7	9	15	17
1213	**681**	**664**	**967**	**1108**	**1829**	**1889**	**1958**
758	456	441	659	751	1185	1276	1323
31	9	12	32	52	53	55	49
86	64	46	69	104	140	121	136
83	47	59	73	114	191	241	186
27	17	18	25	37	52	63	43
15	8	9	13	12	10	22	21
283	163	150	225	227	370	413	437
166	108	117	165	157	248	251	321
33	15	8	26	25	68	49	52
34	25	22	31	23	53	61	78
455	225	223	308	357	644	613	635
33	14	16	25	33	65	46	56
47	19	26	32	52	79	51	54
35	19	13	25	25	66	71	64
32	13	22	15	18	39	39	58
12	5	2	5	14	22	20	37
153	61	60	101	88	172	165	170
44	36	31	38	61	88	93	87
57	34	36	49	43	65	77	70
42	24	17	18	23	48	51	39

1-07 续表 6

行　业	代码	法人单位数(个)	1949年及以前	1950-1977年	1978-1991年
交通运输、仓储和邮政业	**G**	**8976**	**8**	**140**	**192**
道路运输业	54	4237	6	70	102
城市公共交通运输	541	288		16	26
公路旅客运输	542	334		14	16
道路货物运输	543	3023	1	16	39
道路运输辅助活动	544	592	5	24	21
水上运输业	55	817		21	26
水上旅客运输	551	59		2	3
水上货物运输	552	536		19	17
水上运输辅助活动	553	222			6
航空运输业	56	52			2
航空客货运输	561	22			1
通用航空服务	562	8			
航空运输辅助活动	563	22			1
管道运输业	57				
管道运输业	570				
装卸搬运和运输代理业	58	2865		21	34
装卸搬运	581	372		20	14
运输代理业	582	2493		1	20
仓储业	59	627	1	25	24
谷物、棉花等农产品仓储	591	133	1	16	13
其他仓储业	599	494		9	11
邮政业	60	378	1	3	4
邮政基本服务	601	46	1	3	4
快递服务	602	332			
住宿和餐饮业	**H**	**6430**		**40**	**140**
住宿业	61	3122		29	106
旅游饭店	611	1153		13	41
一般旅馆	612	1716		16	60
其他住宿业	619	253			5
餐饮业	62	3308		11	34
正餐服务	621	2597		10	26
快餐服务	622	248			5
饮料及冷饮服务	623	188			
其他餐饮业	629	275		1	3
信息传输、软件和信息技术服务业	**I**	**6636**	**5**	**36**	**73**
电信、广播电视和卫星传输服务	63	531	1	35	53
电信	631	283	1		2
广播电视传输服务	632	238		33	49
卫星传输服务	633	10		2	2
互联网和相关服务	64	972	1		4
互联网接入及相关服务	641	90			
互联网信息服务	642	715	1		4
其他互联网服务	649	167			
软件和信息技术服务业	65	5133	3	1	16
软件开发	651	3064	1		4
信息系统集成服务	652	631		1	1
信息技术咨询服务	653	729			9
数据处理和存储服务	654	163	1		1
集成电路设计	655	68			
其他信息技术服务业	659	478	1		1

1992-1995年	1996年	1997年	1998年	1999年	2000年	2001年	2002年
196	**94**	**90**	**139**	**151**	**197**	**237**	**249**
87	41	50	71	80	103	115	123
11	5	8	8	11	16	8	9
8	10	7	16	17	15	19	13
32	18	25	31	38	59	76	83
36	8	10	16	14	13	12	18
35	17	10	9	18	23	21	34
4	1	1	2	2	2	3	9
27	10	4	6	9	13	12	19
4	6	5	1	7	8	6	6
3		1	1			3	2
2		1	1			1	
						1	1
1						1	1
53	30	19	25	30	46	78	66
17	8	2	4	3	7	14	8
36	22	17	21	27	39	64	58
17	6	10	20	14	16	15	20
5	2	1	9	8	6	4	3
12	4	9	11	6	10	11	17
1			13	9	9	5	4
			13	5	6		
1				4	3	5	4
139	**49**	**49**	**86**	**66**	**121**	**106**	**114**
93	28	32	45	40	51	52	57
52	16	21	24	25	25	23	25
35	12	9	19	12	23	27	31
6		2	2	3	3	2	1
46	21	17	41	26	70	54	57
36	18	15	36	23	56	39	39
6	1	1	3	1	5	7	8
1	1		1	1	6	4	4
3	1	1	1	1	3	4	6
50	**29**	**19**	**74**	**69**	**123**	**132**	**133**
23	7	2	34	15	44	28	11
4	2		6	11	30	17	6
18	5	2	28	4	14	9	5
1						2	
3	3	3	3	8	10	15	18
	1					2	2
2	2	3	2	7	8	13	14
1			1	1	2		2
24	19	14	37	46	69	89	104
15	11	6	23	35	37	51	68
4	3	2	4	7	16	22	13
4	4	3	3	1	8	10	10
		1	4		2		3
					1	1	1
1	1	2	3	3	5	5	9

1-07 续表 7

行业	代码	法人单位数(个)	1949年及以前	1950-1977年	1978-1991年
房地产业	**K**	**10048**	**7**	**191**	**309**
房地产业	70	10048	7	191	309
房地产开发经营	701	4040			108
物业管理	702	2900	1	10	28
房地产中介服务	703	1756		1	9
自有房地产经营活动	704	941	6	178	133
其他房地产业	709	411		2	31
租赁和商务服务业	**L**	**29040**	**31**	**236**	**715**
租赁业	71	1874		5	6
机械设备租赁	711	1801		5	5
文化及日用品出租	712	73			1
商务服务业	72	27166	31	231	709
企业管理服务	721	7895	23	194	333
法律服务	722	905	1	3	110
咨询与调查	723	5675	1	6	51
广告业	724	5396	1		9
知识产权服务	725	234			4
人力资源服务	726	1320	2	4	72
旅行社及相关服务	727	1307	2	6	24
安全保护服务	728	308			45
其他商务服务业	729	4126	1	18	61
科学研究和技术服务业	**M**	**12126**	**14**	**329**	**878**
研究和试验发展	73	1541	1	52	123
自然科学研究和试验发展	731	171		6	7
工程和技术研究和试验发展	732	575		3	13
农业科学研究和试验发展	733	397		32	46
医学研究和试验发展	734	201		6	6
社会人文科学研究	735	197	1	5	51
专业技术服务业	74	6873	11	193	450
气象服务	741	139	5	39	11
地震服务	742	85		13	15
海洋服务	743	32		1	6
测绘服务	744	243		1	11
质检技术服务	745	697		26	75
环境与生态监测	746	174		6	40
地质勘查	747	136	2	9	16
工程技术	748	3372	3	57	197
其他专业技术服务业	749	1995	1	41	79
科技推广和应用服务业	75	3712	2	84	305
技术推广服务	751	3187	1	71	234
科技中介服务	752	249		3	40
其他科技推广和应用服务业	759	276	1	10	31
水利、环境和公共设施管理业	**N**	**3028**	**7**	**159**	**369**
水利管理业	76	741	2	115	191
防洪除涝设施管理	761	128		23	19
水资源管理	762	139		16	35
天然水收集与分配	763	223		56	70
水文服务	764	25		7	4
其他水利管理业	769	226	2	13	63

1992-1995年	1996年	1997年	1998年	1999年	2000年	2001年	2002年
593	**153**	**167**	**206**	**240**	**315**	**276**	**284**
593	153	167	206	240	315	276	284
355	65	70	100	113	141	101	101
108	48	59	58	71	113	108	106
21	7	12	15	15	28	29	32
79	27	19	23	28	20	22	24
30	6	7	10	13	13	16	21
501	**172**	**213**	**315**	**323**	**613**	**518**	**494**
4	10	7	15	11	26	20	14
3	8	7	15	10	24	19	12
1	2			1	2	1	2
497	162	206	300	312	587	498	480
167	41	71	92	75	115	91	115
48	11	16	13	24	63	56	36
43	16	23	44	57	162	91	85
62	26	41	71	70	92	91	89
4	1		2	2	1	3	6
61	10	16	17	13	22	26	29
24	10	13	20	21	51	54	45
7	2	2	4	3	7	13	11
81	45	24	37	47	74	73	64
339	**100**	**151**	**153**	**138**	**228**	**275**	**285**
43	12	17	14	10	34	18	18
7	1	1	1	1	4	3	2
10	4	1	4	1	5	2	4
9	2	7	6	3	16	9	5
3	3	1	1	1	3	1	3
14	2	7	2	4	6	3	4
217	62	101	93	103	131	191	213
4	1	4	3	6	3	4	8
5	1	4	2				8
							1
6	1	9	2	1	7	5	13
27	7	8	6	11	15	26	37
7	1	3	2	3	7	3	5
5	1	3	2	4	6	1	5
130	37	55	56	66	63	107	97
33	13	15	20	12	30	45	39
79	26	33	46	25	63	66	54
66	19	26	38	19	42	55	43
8	4	3	4	4	11	8	9
5	3	4	4	2	10	3	2
113	**36**	**77**	**68**	**42**	**72**	**80**	**84**
44	7	32	26	11	21	20	19
7	2	7	10	5	4	5	4
15	2	4	5	1	2	6	6
11	1	7	4	1	5	1	5
	1	3		1	1		
11	1	11	7	3	9	8	4

1-07 续表 8

行　业	代码	法人单位数(个)	1949年及以前	1950-1977年	1978-1991年
生态保护和环境治理业	77	337		10	33
生态保护	771	135		10	30
环境治理业	772	202			3
公共设施管理业	78	1950	5	34	145
市政设施管理	781	275	3	9	19
环境卫生管理	782	293		6	53
城乡市容管理	783	100			8
绿化管理	784	477		7	23
公园和游览景区管理	785	805	2	12	42
居民服务、修理和其他服务业	**O**	**5993**	**3**	**39**	**107**
居民服务业	79	2282	2	22	47
家庭服务	791	347			
托儿所服务	792	54			5
洗染服务	793	116			1
理发及美容服务	794	329		3	3
洗浴服务	795	230		1	2
保健服务	796	444			1
婚姻服务	797	152			1
殡葬服务	798	269	1	11	18
其他居民服务业	799	341	1	7	16
机动车、电子产品和日用产品修理业	80	2710		13	42
汽车、摩托车修理与维护	801	2052		12	30
计算机和办公设备维修	802	293			1
家用电器修理	803	260			3
其他日用产品修理业	809	105		1	8
其他服务业	81	1001	1	4	18
清洁服务	811	730	1	1	7
其他未列明服务业	819	271		3	11
教育	**P**	**13974**	**990**	**2043**	**1883**
教育	82	13974	990	2043	1883
学前教育	821	4886	25	123	374
初等教育	822	3815	801	1133	704
中等教育	823	2019	153	626	492
高等教育	824	165	5	12	64
特殊教育	825	75	1	3	9
技能培训、教育辅助及其他教育	829	3014	5	146	240
卫生和社会工作	**Q**	**7483**	**87**	**1236**	**1320**
卫生	83	6227	78	1158	979
医院	831	612	60	69	71
社区医疗与卫生院	832	1493	10	584	206
门诊部(所)	833	3798	6	460	637
计划生育技术服务活动	834	18			5
妇幼保健院(所、站)	835	93	1	9	45
专科疾病防治院(所、站)	836	38		14	7
疾病预防控制中心	837	97	1	20	4
其他卫生活动	839	78		2	4
社会工作	84	1256	9	78	341
提供住宿社会工作	841	634	4	34	144
不提供住宿社会工作	842	622	5	44	197
文化、体育和娱乐业	**R**	**7234**	**36**	**261**	**535**
新闻和出版业	85	271	4	17	51

1992-1995年	1996年	1997年	1998年	1999年	2000年	2001年	2002年
10	4	6	3	5	11	12	12
7	3	4			6	7	6
3	1	2	3	5	5	5	6
59	25	39	39	26	40	48	53
14	1	3	6	6	4	8	6
11	7	5	12	3	10	6	7
3	2		1		4	2	2
10	5	13	6	6	8	15	15
21	10	18	14	11	14	17	23
111	**53**	**50**	**71**	**86**	**139**	**124**	**151**
43	19	19	31	28	54	39	53
3	1	2	1	1	6	4	6
			1	3	2		
2	1	2	1		5	1	3
2	1		1	6	7	8	11
11	6	2	3	1	4	3	6
1	2	1	1	2	8	5	1
	1		1			1	6
14	4	10	11	8	11	9	9
10	3	2	11	7	11	8	11
54	29	21	33	52	66	70	74
49	23	17	25	42	55	58	56
4	3	1	5	7	4	4	5
	2	2	3	3	3	7	10
1	1	1			4	1	3
14	5	10	7	6	19	15	24
6	5	3	7	3	13	12	18
8		7		3	6	3	6
645	**174**	**187**	**242**	**209**	**317**	**239**	**338**
645	174	187	242	209	317	239	338
201	62	54	115	97	178	99	151
153	37	61	55	35	59	54	76
191	48	30	30	26	21	25	28
8		2	3	1	7	4	5
13	9	1	2	2	2	1	1
79	18	39	37	48	50	56	77
318	**103**	**94**	**148**	**115**	**218**	**173**	**173**
263	85	75	120	84	179	148	140
10	9	3	8	4	9	15	18
45	15	7	17	13	19	22	30
196	53	52	87	62	146	108	79
					1		1
7	3	7	5	1	2		1
	1			1			2
		3		1		1	1
5	4	3	3	2	2	2	8
55	18	19	28	31	39	25	33
34	10	10	18	19	22	15	22
21	8	9	10	12	17	10	11
183	**53**	**67**	**105**	**82**	**179**	**137**	**191**
26	3	5	3	7	12	8	8

1-07 续表 9

行业	代码	法人单位数(个)	1949年及以前	1950-1977年	1978-1991年
新闻业	851	90	2	14	6
出版业	852	181	2	3	45
广播、电视、电影和影视录音制作业	86	486	4	56	54
广播	861	37		4	5
电视	862	89		4	10
电影和影视节目制作	863	122		1	2
电影和影视节目发行	864	26	1	4	2
电影放映	865	194	3	43	35
录音制作	866	18			
文化艺术业	87	2011	28	178	397
文艺创作与表演	871	469	2	34	33
艺术表演场馆	872	24		7	5
图书馆与档案馆	873	249	3	46	84
文物及非物质文化遗产保护	874	183	11	7	38
博物馆	875	157		10	50
烈士陵园、纪念馆	876	45	1	8	14
群众文化活动	877	543	10	62	131
其他文化艺术业	879	341	1	4	42
体育	88	930		6	18
体育组织	881	407		3	10
体育场馆	882	81		2	3
休闲健身活动	883	392		1	4
其他体育	889	50			1
娱乐业	89	3536		4	15
室内娱乐活动	891	3302		4	7
游乐园	892	65			2
彩票活动	893	16			2
文化、娱乐、体育经纪代理	894	75			2
其他娱乐业	899	78			2
公共管理、社会保障和社会组织	**S**	**58350**	**1493**	**5111**	**18404**
中国共产党机关	90	1300	86	154	388
中国共产党机关	900	1300	86	154	388
国家机构	91	15835	300	1239	3879
国家权力机构	911	146	6	17	62
国家行政机构	912	15263	279	1141	3697
人民法院和人民检察院	913	204	11	62	63
其他国家机构	919	222	4	19	57
人民政协、民主党派	92	281	7	39	87
人民政协	921	130	5	24	55
民主党派	922	151	2	15	32
社会保障	93	584	4	5	70
社会保障	930	584	4	5	70
群众团体、社会团体和其他成员组织	94	23328	773	1170	3828
群众团体	941	3287	48	272	428
社会团体	942	12870	39	237	1712
基金会	943	157		2	14
宗教组织	944	7014	686	659	1674
基层群众自治组织	95	17022	323	2504	10152
社区自治组织	951	2470	26	117	373
村民自治组织	952	14552	297	2387	9779

1992-1995年	1996年	1997年	1998年	1999年	2000年	2001年	2002年
7	1	1		2	5	4	3
19	2	4	3	5	7	4	5
20	3	8	20	6	9	5	7
6	1	1	1		1		1
9	1	6	12	2	4	2	1
2		1	5	1	1		1
							3
3	1		2	3	2	2	1
					1	1	
86	30	34	43	31	57	26	43
11	7	5	10	3	22	5	10
1	1					1	1
8	7	8	10	9	5	1	5
12	2	4	4	7	5	2	3
8	2	3	2	2	5	5	3
2	1		2	1			3
41	9	9	13	9	13	8	15
3	1	5	2		7	4	3
23	8	6	17	8	20	18	23
13	6	2	9	5	13	12	9
5		2	2	1	2	2	2
5	2	2	3	2	5	4	12
			3				
28	9	14	22	30	81	80	110
21	8	10	16	26	78	76	108
1			1		1	1	
2		1	2	2	2	1	
	1			2			1
4		3	3			2	1
3132	**876**	**1207**	**1081**	**1056**	**1508**	**1077**	**2279**
58	28	48	16	32	37	15	119
58	28	48	16	32	37	15	119
1023	302	582	383	263	441	319	990
4	2	8	2	1	2	1	3
1004	294	562	372	258	428	313	963
7	2	4	1		3	1	9
8	4	8	8	4	8	4	15
11	11	8	7	3	11	4	17
	2	5	3		6		2
11	9	3	4	3	5	4	15
102	20	10	9	10	51	22	21
102	20	10	9	10	51	22	21
1369	385	375	493	606	748	546	676
106	44	58	73	45	85	58	91
596	173	174	225	309	396	288	344
10	3	2	2	1	5	3	2
657	165	141	193	251	262	197	239
569	130	184	173	142	220	171	456
110	37	47	61	42	101	123	274
459	93	137	112	100	119	48	182

1-07 续表 10

行业	代码	2003年	2004年	2005年	2006年
总计	00	**12827**	**12660**	**14210**	**16804**
农、林、牧、渔业	A	**43**	**38**	**63**	**63**
农业	01	2	3	3	2
谷物种植	011				
豆类、油料和薯类种植	012				
棉、麻、糖、烟草种植	013				
蔬菜、食用菌及园艺作物种植	014	1	2	1	1
水果种植	015	1	1	2	
坚果、含油果、香料和饮料作物种植	016				1
中药材种植	017				
其他农业	019				
林业	02	1		1	1
林木育种和育苗	021	1			1
造林和更新	022				
森林经营和管护	023			1	
木材和竹材采运	024				
林产品采集	025				
畜牧业	03			1	2
牲畜饲养	031			1	1
家禽饲养	032				1
其他畜牧业	039				
渔业	04				
水产养殖	041				
水产捕捞	042				
农、林、牧、渔服务业	05	40	35	58	58
农业服务业	051	19	18	32	32
林业服务业	052	7	4	14	10
畜牧服务业	053	2	2	2	1
渔业服务业	054	12	11	10	15
采矿业	B	**96**	**150**	**165**	**156**
煤炭开采和洗选业	06	12	58	43	10
烟煤和无烟煤开采洗选	061	12	57	43	8
褐煤开采洗选	062				
其他煤炭采选	069		1		2
石油和天然气开采业	07				
石油开采	071				
天然气开采	072				
黑色金属矿采选业	08	10	20	20	20
铁矿采选	081	10	19	19	20
锰矿、铬矿采选	082		1	1	
其他黑色金属矿采选	089				
有色金属矿采选业	09	12	20	22	30
常用有色金属矿采选	091	8	14	18	25
贵金属矿采选	092	3	4	1	2
稀有稀土金属矿采选	093	1	2	3	3
非金属矿采选业	10	62	52	80	96
土砂石开采	101	53	48	72	85
化学矿开采	102		2		2
采盐	103				
石棉及其他非金属矿采选	109	9	2	8	9

2007年	2008年	2009年	2010年	2011年	2012年	2013年	无开业年份
15451	**19215**	**23428**	**32085**	**37443**	**40848**	**43847**	**2374**
57	**159**	**205**	**261**	**284**	**330**	**505**	**6**
	1	3	1	4	4	2	
						1	
				2	2	1	
				1	1		
		3	1		1		
				1			
	1						
			1		2		
			1		1		
					1		
	2	1					
	2	1					
	1						
	1						
57	155	201	259	280	324	503	6
30	117	144	179	198	231	351	5
8	6	19	20	25	42	44	1
5	7	11	8	8	6	19	
14	25	27	52	49	45	89	
113	**175**	**145**	**140**	**131**	**134**	**161**	**24**
8	10	10	12	5	14	9	2
7	9	4	7	4	9	6	1
			1				
1	1	6	4	1	5	3	1
13	30	19	13	16	17	5	2
13	26	18	12	15	15	5	1
	3	1	1	1	1		1
	1				1		
18	17	11	8	16	14	8	4
12	13	7	7	12	6	5	2
2	1	3			3		1
4	3	1	1	4	5	3	1
74	118	104	106	93	88	136	16
63	105	90	91	79	78	126	11
2		2	1	1	4	2	
	1			1	1		1
9	12	12	14	12	5	8	4

1-07 续表 11

行业	代码	2003年	2004年	2005年	2006年
开采辅助活动	11				
煤炭开采和洗选辅助活动	111				
石油和天然气开采辅助活动	112				
其他开采辅助活动	119				
其他采矿业	12				
其他采矿业	120				
制造业	C	**4032**	**4261**	**4267**	**5292**
农副食品加工业	13	182	157	179	216
谷物磨制	131	18	18	17	30
饲料加工	132	14	16	22	23
植物油加工	133	9	11	9	4
制糖业	134			1	1
屠宰及肉类加工	135	25	19	11	30
水产品加工	136	64	46	61	74
蔬菜、水果和坚果加工	137	35	28	32	35
其他农副食品加工	139	17	19	26	19
食品制造业	14	101	118	97	139
焙烤食品制造	141	20	25	16	38
糖果、巧克力及蜜饯制造	142	19	17	21	23
方便食品制造	143	9	11	12	25
乳制品制造	144	1	1	1	
罐头食品制造	145	23	23	19	24
调味品、发酵制品制造	146	7	10	12	9
其他食品制造	149	22	31	16	20
酒、饮料和精制茶制造业	15	97	113	140	203
酒的制造	151	13	7	11	25
饮料制造	152	20	23	30	41
精制茶加工	153	64	83	99	137
烟草制品业	16	2		1	
烟叶复烤	161	1		1	
卷烟制造	162				
其他烟草制品制造	169	1			
纺织业	17	227	206	193	255
棉纺织及印染精加工	171	87	57	63	74
毛纺织及染整精加工	172	8	3	5	4
麻纺织及染整精加工	173				1
丝绢纺织及印染精加工	174		3	2	
化纤织造及印染精加工	175	3	9	6	9
针织或钩针编织物及其制品制造	176	82	78	82	108
家用纺织制成品制造	177	17	16	15	22
非家用纺织制成品制造	178	30	40	20	37
纺织服装、服饰业	18	401	417	385	476
机织服装制造	181	306	335	297	373
针织或钩针编织服装制造	182	58	49	36	49
服饰制造	183	37	33	52	54
皮革、毛皮、羽毛及其制品和制鞋业	19	352	332	356	378
皮革鞣制加工	191	3	17	31	41
皮革制品制造	192	51	53	81	70
毛皮鞣制及制品加工	193		1		2
羽毛(绒)加工及制品制造	194		1		1
制鞋业	195	298	260	244	264

2007年	2008年	2009年	2010年	2011年	2012年	2013年	无开业年份
		1					
		1					
			1	1	1	3	
			1	1	1	3	
4578	**5048**	**5769**	**7635**	**8675**	**8228**	**8349**	**684**
194	231	279	288	399	416	461	37
8	22	20	23	19	23	32	1
12	16	25	26	33	23	21	6
9	17	10	15	23	12	26	
1				2	3	1	
22	24	21	36	38	48	56	4
74	84	112	96	153	182	190	11
43	43	56	63	85	80	84	8
25	25	35	29	46	45	51	7
132	131	153	182	237	267	264	28
31	35	49	57	87	112	106	15
28	18	17	28	45	33	31	3
16	22	18	34	25	36	37	2
1	1		1	3		2	
16	17	23	28	23	28	13	1
11	10	18	11	15	18	24	2
29	28	28	23	39	40	51	5
198	217	272	335	331	327	374	13
10	14	14	20	24	29	38	6
28	26	20	22	43	37	50	1
160	177	238	293	264	261	286	6
175	164	158	281	329	337	484	36
47	42	29	67	73	65	72	10
1	4	2	8	6	3	11	1
	1	1	2		1	3	
2		4	4	6	4	5	
4	8	6	11	20	13	20	3
68	66	67	105	114	173	282	18
19	19	21	33	48	32	36	2
34	24	28	51	62	46	55	2
312	385	499	645	690	754	847	57
246	313	364	483	519	531	524	38
36	25	51	73	80	86	108	9
30	47	84	89	91	137	215	10
324	350	374	554	629	511	593	29
15	17	11	5	9	13	23	
58	54	57	87	91	102	119	7
	1	2		3	8	3	
2	3	1	3	4	5	1	1
249	275	303	459	522	383	447	21

1-07 续表 12

行业	代码	2003年	2004年	2005年	2006年
木材加工和木、竹、藤、棕、草制品业	20	170	197	213	320
木材加工	201	45	55	51	85
人造板制造	202	41	61	52	89
木制品制造	203	33	31	50	64
竹、藤、棕、草等制品制造	204	51	50	60	82
家具制造业	21	78	70	91	100
木质家具制造	211	44	44	53	61
竹、藤家具制造	212	1	3		3
金属家具制造	213	18	11	26	15
塑料家具制造	214	2	2	2	2
其他家具制造	219	13	10	10	19
造纸和纸制品业	22	116	112	137	162
纸浆制造	221	1	2	2	2
造纸	222	28	38	33	33
纸制品制造	223	87	72	102	127
印刷和记录媒介复制业	23	149	207	167	138
印刷	231	143	196	158	128
装订及印刷相关服务	232	6	11	8	10
记录媒介复制	233			1	
文教、工美、体育和娱乐用品制造业	24	254	258	246	324
文教办公用品制造	241	13	12	14	11
乐器制造	242	3	3		3
工艺美术品制造	243	209	199	193	261
体育用品制造	244	17	29	22	33
玩具制造	245	11	14	16	15
游艺器材及娱乐用品制造	246	1	1	1	1
石油加工及炼焦	25	7	6	3	9
化学原料和化学制品制造业	26	157	130	161	200
基础化学原料制造	261	24	20	18	22
肥料制造	262	9	9	10	15
农药制造	263	3	1	2	1
涂料、油墨、颜料及类似产品制造	264	35	30	45	37
合成材料制造	265	25	18	20	23
专用化学产品制造	266	25	29	40	57
炸药、火工及焰火产品制造	267	2	2		1
日用化学产品制造	268	34	21	26	44
医药制造业	27	17	16	27	22
化学药品原料药制造	271		2	3	4
化学药品制剂制造	272	3		7	2
中药饮片加工	273	1	3	7	
中成药生产	274	3	1	1	2
兽用药品制造	275	3	1	1	2
生物药品制造	276	4	3	5	10
卫生材料及医药用品制造	277	3	6	3	2
化学纤维制造业	28	11	11	13	12
纤维素纤维原料及纤维制造	281	2	2	6	1
合成纤维制造	282	9	9	7	11
橡胶和塑料制品业	29	218	246	246	271
橡胶制品业	291	41	40	37	30
塑料制品业	292	177	206	209	241
非金属矿物制品业	30	442	481	468	586

2007年	2008年	2009年	2010年	2011年	2012年	2013年	无开业年份
266	252	269	329	295	273	282	23
60	59	66	83	93	95	94	17
71	43	42	54	40	27	28	3
61	60	60	70	63	51	57	
74	90	101	122	99	100	103	3
103	92	123	173	211	186	183	29
65	60	85	103	138	123	115	22
4	4	1	7	8	6	3	
15	12	16	20	28	24	19	5
4	2	4	4	6	2	7	
15	14	17	39	31	31	39	2
157	134	167	232	262	193	210	14
3	1	2		5	1	2	
48	38	45	54	52	34	44	5
106	95	120	178	205	158	164	9
85	109	127	136	170	132	108	8
78	104	121	132	162	127	100	7
7	5	6	4	7	5	8	1
				1			
302	282	358	522	632	628	621	58
8	5	15	21	24	13	15	1
	1	1	5	5	4	5	
251	248	293	426	520	546	546	44
26	22	32	47	51	43	36	7
14	6	17	20	28	20	11	6
3			3	4	2	8	
12	10	8	4	12	11	10	
171	195	163	199	207	216	214	27
32	27	26	30	29	21	15	6
6	21	10	14	12	30	20	2
2	2	3	3	6	4	2	
29	43	41	43	43	32	45	4
29	22	21	26	43	28	27	3
42	48	38	46	43	47	53	8
3	3	1		1	1		
28	29	23	37	30	53	52	4
12	14	17	26	29	35	32	4
3	1	4	2	3	5	7	1
1	1		4	3	4	1	
3	2		2	3		3	
2	1	5		4	3	4	1
	1	1		2	3	3	
1	6	5	11	9	12	8	2
2	2	2	7	5	8	6	
8	7	3	15	11	12	15	4
	1	1	3	1	4	2	
8	6	2	12	10	8	13	4
263	268	298	423	436	393	387	39
44	41	42	68	61	66	66	8
219	227	256	355	375	327	321	31
469	641	714	925	1028	900	922	43

1-07 续表 13

行业	代码	2003年	2004年	2005年	2006年
水泥、石灰和石膏制造	301	13	16	19	17
石膏、水泥制品及类似制品制造	302	36	31	33	58
砖瓦、石材等建筑材料制造	303	326	349	323	405
玻璃制造	304	2	4	1	3
玻璃制品制造	305	7	15	20	17
玻璃纤维和玻璃纤维增强塑料制品制造	306	3	4	1	5
陶瓷制品制造	307	45	47	58	64
耐火材料制品制造	308	3	4	2	4
石墨及其他非金属矿物制品制造	309	7	11	11	13
黑色金属冶炼和压延加工业	31	64	60	44	58
炼铁	311	2	1	4	
炼钢	312	1	1		2
黑色金属铸造	313	36	42	22	32
钢压延加工	314	24	15	15	18
铁合金冶炼	315	1	1	3	6
有色金属冶炼和压延加工业	32	21	24	22	38
常用有色金属冶炼	321	5	3	4	5
贵金属冶炼	322	1			1
稀有稀土金属冶炼	323	3		1	2
有色金属合金制造	324	2	4	3	8
有色金属铸造	325	1	1	2	3
有色金属压延加工	326	9	16	12	19
金属制品业	33	180	214	232	293
结构性金属制品制造	331	61	59	70	77
金属工具制造	332	24	22	16	33
集装箱及金属包装容器制造	333	4	6	5	9
金属丝绳及其制品制造	334	3	6	5	8
建筑、安全用金属制品制造	335	28	41	30	42
金属表面处理及热处理加工	336	8	18	22	25
搪瓷制品制造	337	2	6	7	10
金属制日用品制造	338	19	24	45	38
其他金属制品制造	339	31	32	32	51
通用设备制造业	34	173	199	177	237
锅炉及原动设备制造	341	4	6	6	9
金属加工机械制造	342	31	36	39	44
物料搬运设备制造	343	12	16	3	7
泵、阀门、压缩机及类似机械制造	344	36	43	32	41
轴承、齿轮和传动部件制造	345	15	16	15	6
烘炉、风机、衡器、包装等设备制造	346	12	9	14	26
文化、办公用机械制造	347	4	5	7	5
通用零部件制造	348	47	63	47	81
其他通用设备制造业	349	12	5	14	18
专用设备制造业	35	169	179	176	232
采矿、冶金、建筑专用设备制造	351	35	24	23	30
化工、木材、非金属加工专用设备制造	352	52	64	66	84
食品、饮料、烟草及饲料生产专用设备制造	353	8	4	6	10
印刷、制药、日化及日用品生产专用设备制造	354	9	6	10	18
纺织、服装和皮革加工专用设备制造	355	13	25	13	15
电子和电工机械专用设备制造	356	16	17	10	28
农、林、牧、渔专用机械制造	357	9	4	14	9
医疗仪器设备及器械制造	358	11	17	9	9
环保、社会公共服务及其他专用设备制造	359	16	18	25	29

2007年	2008年	2009年	2010年	2011年	2012年	2013年	无开业年份
18	24	19	19	33	29	20	2
62	62	79	110	126	109	104	5
283	438	498	551	608	519	546	20
5	7	2	12	11	14	6	
10	23	19	36	34	35	25	4
	11	6	9	8	7	2	
78	62	74	159	184	151	194	6
3	4	5	8	6	8	4	3
10	10	12	21	18	28	21	3
51	98	61	67	70	55	56	6
1	4	1	3	2	3	6	
		1	2	2	2	2	
37	52	30	34	34	28	29	3
8	36	25	26	28	20	17	1
5	6	4	2	4	2	2	2
27	23	26	28	52	48	39	6
6	5	5	2	7	6	2	
1			2	2	2		
1	2			1	1	1	
4	5	5	2	10	10	8	2
2	5	3	3	5	7	2	
13	6	13	19	27	22	26	4
265	329	365	511	657	618	519	27
87	97	103	150	198	189	183	5
18	34	37	61	67	64	45	1
8	9	8	12	7	11	7	2
1	9	5	6	8	5	4	
49	45	62	103	136	136	101	6
17	27	33	34	26	17	17	3
12	16	23	37	64	50	38	
23	39	34	51	61	60	49	5
50	53	60	57	90	86	75	5
234	228	235	332	433	388	341	36
4	9	5	11	8	11	9	
51	43	55	87	110	88	80	6
12	6	2	12	17	10	10	3
51	60	61	58	73	64	54	5
15	15	15	19	17	13	10	4
13	18	17	29	31	45	28	3
4	3	4	4	6	4	7	1
62	58	63	91	132	113	110	12
22	16	13	21	39	40	33	2
202	211	285	356	386	380	410	33
29	28	36	43	45	47	43	5
70	72	109	127	125	115	128	5
6	14	12	10	17	14	16	2
11	15	16	17	18	23	20	4
14	14	15	20	28	20	48	4
22	22	26	39	50	60	58	6
7	15	26	26	27	21	24	
12	7	10	19	17	20	19	
31	24	35	55	59	60	54	7

1-07 续表 14

行　业	代码	2003年	2004年	2005年	2006年
汽车制造业	36	75	89	60	82
汽车整车制造	361			1	1
改装汽车制造	362		2	1	2
低速载货汽车制造	363				1
电车制造	364				
汽车车身、挂车制造	365			1	4
汽车零部件及配件制造	366	75	87	57	74
铁路、船舶、航空航天和其他运输设备制造业	37	29	26	40	46
铁路运输设备制造	371				
城市轨道交通设备制造	372				
船舶及相关装置制造	373	14	10	19	25
航空、航天器及设备制造	374				
摩托车制造	375	12	15	17	17
自行车制造	376	2	1	4	2
非公路休闲车及零配件制造	377				
潜水救捞及其他未列明运输设备制造	379	1			2
电气机械和器材制造业	38	150	168	151	215
电机制造	381	58	52	57	76
输配电及控制设备制造	382	41	47	33	56
电线、电缆、光缆及电工器材制造	383	15	12	12	26
电池制造	384	4	11	6	4
家用电力器具制造	385	15	19	16	20
非电力家用器具制造	386	4	1	2	1
照明器具制造	387	7	19	20	25
其他电气机械及器材制造	389	6	7	5	7
计算机、通信和其他电子设备制造业	39	75	87	111	143
计算机制造	391	5	6	8	6
通信设备制造	392	10	9	10	14
广播电视设备制造	393	2	5	1	1
雷达及配套设备制造	394				1
视听设备制造	395	1	3		11
电子器件制造	396	14	16	20	36
电子元件制造	397	30	32	45	50
其他电子设备制造	399	13	16	27	24
仪器仪表制造业	40	35	44	45	45
通用仪器仪表制造	401	9	12	10	7
专用仪器仪表制造	402	2	3	5	4
钟表与计时仪器制造	403	15	16	16	12
光学仪器及眼镜制造	404	8	10	12	18
其他仪器仪表制造业	409	1	3	2	4
其他制造业	41	50	63	62	57
废弃资源综合利用业	42	13	15	9	11
金属废料和碎屑加工处理	421	3	3	6	2
非金属废料和碎屑加工处理	422	10	12	3	9
金属制品、机械和设备修理业	43	17	16	15	24
金属制品修理	431	2		1	1
通用设备修理	432	2			3
专用设备修理	433	1	4	1	5
铁路、船舶、航空航天等运输设备修理	434	6	4	4	8
电气设备修理	435		1	5	1
仪器仪表修理	436				
其他机械和设备修理业	439	6	7	4	6

2007年	2008年	2009年	2010年	2011年	2012年	2013年	无开业年份
66	61	72	95	125	96	80	18
2			1			1	1
3	1	2	2	1		3	
1		1		1		4	
	1		2	4	4	2	
60	59	69	90	119	92	70	17
44	48	74	105	68	58	58	6
1		1			1	1	
24	24	43	38	29	32	27	3
13	21	23	57	31	14	17	2
5	2	6	9	8	8	8	1
						4	
1	1	1	1		3	1	
243	285	329	438	476	410	316	35
80	117	129	192	202	161	80	8
58	47	63	84	97	78	71	6
25	21	21	25	25	20	29	
6	8	14	11	16	8	13	3
23	29	37	39	45	47	27	5
6	8	8	7	7	6	8	4
39	43	47	64	66	64	68	9
6	12	10	16	18	26	20	
138	123	163	212	225	193	185	40
8	8	5	7	11	12	6	4
9	11	18	16	17	19	15	3
5	6	8	3	5	6	2	
		1	1				
8	6	4	6	4	3	5	1
30	24	26	58	53	48	56	9
52	44	71	81	84	70	64	15
26	24	30	40	51	35	37	8
40	41	40	61	66	73	72	6
16	13	13	24	21	20	25	2
4	3	6	9	11	9	9	1
10	14	9	8	19	10	17	2
7	8	10	15	14	26	19	1
3	3	2	5	1	8	2	
49	71	83	94	109	200	154	17
14	25	23	23	46	72	62	4
5	10	3	6	14	11	8	2
9	15	20	17	32	61	54	2
22	23	31	44	54	46	50	1
	3	1	2	2	2	1	
3	3	1	4	7	4	4	
1	3	3	5	8	4	7	1
10	7	11	21	18	16	14	
1		2	1	1	2	2	
1							
6	7	13	11	18	18	22	

1-07 续表 15

行业	代码	2003年	2004年	2005年	2006年
电力、热力、燃气及水生产和供应业	D	**583**	**477**	**396**	**440**
电力、热力生产和供应业	44	543	450	360	389
电力生产	441	533	431	351	375
电力供应	442	9	19	8	12
热力生产和供应	443	1		1	2
燃气生产和供应业	45	9	1	2	7
燃气生产和供应业	450	9	1	2	7
水的生产和供应业	46	31	26	34	44
自来水生产和供应	461	26	22	29	37
污水处理及其再生利用	462	5	4	5	6
其他水的处理、利用与分配	469				1
建筑业	E	**315**	**386**	**407**	**406**
房屋建筑业	47	59	93	113	102
房屋建筑业	470	59	93	113	102
土木工程建筑业	48	71	85	74	74
铁路、道路、隧道和桥梁工程建筑	481	31	41	32	27
水利和内河港口工程建筑	482	8	2	8	7
海洋工程建筑	483	1		1	2
工矿工程建筑	484	6	4	3	8
架线和管道工程建筑	485	8	8	6	9
其他土木工程建筑	489	17	30	24	21
建筑安装业	49	66	78	60	59
电气安装	491	33	26	21	24
管道和设备安装	492	6	17	14	11
其他建筑安装业	499	27	35	25	24
建筑装饰和其他建筑业	50	119	130	160	171
建筑装饰业	501	67	66	83	94
工程准备活动	502	25	26	32	33
提供施工设备服务	503	2	8	13	11
其他未列明建筑业	509	25	30	32	33
批发和零售业	F	**2798**	**2878**	**3474**	**4154**
批发业	51	1991	2068	2437	2884
农、林、牧产品批发	511	55	45	65	83
食品、饮料及烟草制品批发	512	173	212	235	301
纺织、服装及家庭用品批发	513	336	360	472	535
文化、体育用品及器材批发	514	98	116	101	107
医药及医疗器材批发	515	49	68	80	74
矿产品、建材及化工产品批发	516	605	566	662	853
机械设备、五金产品及电子产品批发	517	458	501	581	654
贸易经纪与代理	518	101	79	84	124
其他批发业	519	116	121	157	153
零售业	52	807	810	1037	1270
综合零售	521	67	59	71	115
食品、饮料及烟草制品专门零售	522	91	83	147	181
纺织、服装及日用品专门零售	523	82	89	113	131
文化、体育用品及器材专门零售	524	62	53	49	86
医药及医疗器材专门零售	525	49	45	65	58
汽车、摩托车、燃料及零配件专门零售	526	198	185	213	228
家用电器及电子产品专门零售	527	124	136	174	188
五金、家具及室内装饰材料专门零售	528	88	107	135	205
货摊、无店铺及其他零售业	529	46	53	70	78

2007年	2008年	2009年	2010年	2011年	2012年	2013年	无开业年份
204	**261**	**227**	**245**	**163**	**202**	**193**	**11**
164	216	175	197	113	133	128	6
157	211	168	189	105	122	125	5
6	4	5	6	4	6	3	
1	1	2	2	4	5		1
3	3	4	6	4	9	13	1
3	3	4	6	4	9	13	1
37	42	48	42	46	60	52	4
29	27	31	28	34	47	32	3
7	14	15	12	12	10	18	1
1	1	2	2		3	2	
437	**497**	**621**	**782**	**1229**	**1382**	**1564**	**42**
111	152	150	158	263	357	338	10
111	152	150	158	263	357	338	10
92	96	135	196	260	274	331	12
38	33	45	80	108	147	153	3
12	17	19	25	29	22	23	1
			3	2	1	2	
6	6	2	5	7	2	6	
10	8	12	19	18	14	20	
26	32	57	64	96	88	127	8
61	53	70	72	143	152	119	1
24	17	25	23	58	43	33	
12	14	9	17	24	21	19	1
25	22	36	32	61	88	67	
173	196	266	356	563	599	776	19
94	98	157	252	414	456	615	8
34	30	31	29	45	30	36	4
16	18	21	16	28	26	17	3
29	50	57	59	76	87	108	4
4194	**5589**	**7666**	**10966**	**13046**	**14267**	**16050**	**354**
3001	3922	5250	7797	8869	9667	10638	275
68	128	170	224	312	359	382	14
355	587	789	1232	1355	1636	1734	15
505	668	962	1391	1722	1907	2158	53
124	177	200	310	403	406	484	7
59	68	119	91	105	97	152	1
845	1003	1433	2270	2560	2400	2549	132
738	897	1091	1625	1664	1850	2057	25
127	177	215	303	393	547	669	22
180	217	271	351	355	465	453	6
1193	1667	2416	3169	4177	4600	5412	79
68	103	161	180	243	265	296	6
190	298	504	705	1022	1152	1201	7
143	211	295	413	596	661	841	23
80	104	138	206	277	352	352	8
60	94	111	115	144	160	193	1
220	244	349	427	545	607	677	17
190	260	411	463	495	470	581	5
161	256	312	478	590	591	726	9
81	97	135	182	265	342	545	3

1-07 续表 16

行业	代码	2003年	2004年	2005年	2006年
交通运输、仓储和邮政业	G	**330**	**411**	**425**	**537**
道路运输业	54	165	188	177	228
城市公共交通运输	541	14	14	13	21
公路旅客运输	542	14	21	27	21
道路货物运输	543	121	122	122	170
道路运输辅助活动	544	16	31	15	16
水上运输业	55	35	43	77	85
水上旅客运输	551		1	3	7
水上货物运输	552	19	31	54	66
水上运输辅助活动	553	16	11	20	12
航空运输业	56	8	1	2	3
航空客货运输	561	2		2	2
通用航空服务	562	2			
航空运输辅助活动	563	4	1		1
管道运输业	57				
管道运输业	570				
装卸搬运和运输代理业	58	95	141	145	173
装卸搬运	581	12	13	11	20
运输代理业	582	83	128	134	153
仓储业	59	25	34	13	31
谷物、棉花等农产品仓储	591	8	8		6
其他仓储业	599	17	26	13	25
邮政业	60	2	4	11	17
邮政基本服务	601		1		4
快递服务	602	2	3	11	13
住宿和餐饮业	H	**147**	**155**	**225**	**296**
住宿业	61	76	84	123	165
旅游饭店	611	42	33	41	60
一般旅馆	612	30	44	75	94
其他住宿业	619	4	7	7	11
餐饮业	62	71	71	102	131
正餐服务	621	55	59	84	104
快餐服务	622	9	4	10	10
饮料及冷饮服务	623	4	3	3	7
其他餐饮业	629	3	5	5	10
信息传输、软件和信息技术服务业	I	**213**	**233**	**255**	**328**
电信、广播电视和卫星传输服务	63	26	18	22	16
电信	631	23	13	18	10
广播电视传输服务	632	3	3	4	6
卫星传输服务	633		2		
互联网和相关服务	64	29	24	43	55
互联网接入及相关服务	641	1	2	4	6
互联网信息服务	642	24	21	33	44
其他互联网服务	649	4	1	6	5
软件和信息技术服务业	65	158	191	190	257
软件开发	651	112	121	126	166
信息系统集成服务	652	17	20	26	27
信息技术咨询服务	653	11	24	14	38
数据处理和存储服务	654	6	4	7	3
集成电路设计	655		5	3	5
其他信息技术服务业	659	12	17	14	18

2007年	2008年	2009年	2010年	2011年	2012年	2013年	无开业年份
464	**537**	**651**	**908**	**897**	**930**	**1142**	**51**
210	249	297	428	440	453	542	12
11	17	14	22	15	13	16	
18	11	22	26	14	13	12	
151	190	210	320	368	380	441	10
30	31	51	60	43	47	73	2
72	67	51	51	37	44	35	6
	1	6	5	5		2	
60	53	28	25	17	26	20	1
12	13	17	21	15	18	13	5
1	2	4	4	5	3	6	1
1	1	3	1	2		2	
			1		2	1	
	1	1	2	3	1	3	1
146	168	233	301	308	334	407	12
18	27	27	35	26	30	51	5
128	141	206	266	282	304	356	7
21	33	37	50	63	51	83	18
2	8	9	4	4	6	9	1
19	25	28	46	59	45	74	17
14	18	29	74	44	45	69	2
1			2	1	4	1	
13	18	29	72	43	41	68	2
257	**395**	**473**	**672**	**857**	**996**	**1025**	**22**
132	187	228	340	401	448	387	18
46	57	87	112	128	136	132	14
77	113	121	204	234	263	214	3
9	17	20	24	39	49	41	1
125	208	245	332	456	548	638	4
102	162	191	258	365	435	481	3
8	20	21	24	30	32	43	
6	10	13	22	28	30	43	1
9	16	20	28	33	51	71	
302	**338**	**459**	**637**	**829**	**962**	**1325**	**12**
19	22	28	27	30	39	30	1
17	15	22	16	23	23	24	
2	7	6	10	7	16	6	1
			1				
34	41	60	96	126	166	230	
5	5	5	8	13	15	21	
26	32	43	73	99	121	143	
3	4	12	15	14	30	66	
249	275	371	514	673	757	1065	11
158	163	213	316	391	424	616	7
32	36	53	54	92	90	110	1
25	38	58	69	92	119	187	2
9	6	8	15	23	32	38	
3	3	3	9	6	12	16	
22	29	36	51	69	80	98	1

1-07 续表 17

行业	代码	2003年	2004年	2005年	2006年
房地产业	K	**437**	**403**	**465**	**557**
房地产业	70	437	403	465	557
房地产开发经营	701	152	175	189	259
物业管理	702	155	115	159	143
房地产中介服务	703	64	68	76	112
自有房地产经营活动	704	38	33	28	32
其他房地产业	709	28	12	13	11
租赁和商务服务业	L	**636**	**794**	**968**	**1176**
租赁业	71	19	30	54	76
机械设备租赁	711	19	28	52	73
文化及日用品出租	712		2	2	3
商务服务业	72	617	764	914	1100
企业管理服务	721	145	151	181	227
法律服务	722	37	25	35	34
咨询与调查	723	117	146	205	244
广告业	724	116	152	208	266
知识产权服务	725	9	13	11	9
人力资源服务	726	46	77	49	37
旅行社及相关服务	727	53	67	55	74
安全保护服务	728	10	8	16	25
其他商务服务业	729	84	125	154	184
科学研究和技术服务业	M	**384**	**348**	**473**	**483**
研究和试验发展	73	30	43	39	59
自然科学研究和试验发展	731	2	8	3	6
工程和技术研究和试验发展	732	7	18	17	22
农业科学研究和试验发展	733	9	6	11	13
医学研究和试验发展	734	6	10	4	9
社会人文科学研究	735	6	1	4	9
专业技术服务业	74	277	256	342	322
气象服务	741	12	5	2	3
地震服务	742	10	2	2	5
海洋服务	743	1		1	2
测绘服务	744	16	17	23	18
质检技术服务	745	34	24	48	37
环境与生态监测	746	5	2	7	6
地质勘查	747	7	4	9	8
工程技术	748	138	142	170	142
其他专业技术服务业	749	54	60	80	101
科技推广和应用服务业	75	77	49	92	102
技术推广服务	751	67	37	80	82
科技中介服务	752	5	5	3	11
其他科技推广和应用服务业	759	5	7	9	9
水利、环境和公共设施管理业	N	**88**	**81**	**107**	**99**
水利管理业	76	17	15	19	17
防洪除涝设施管理	761	3	3	3	3
水资源管理	762	2	1	3	3
天然水收集与分配	763	7	4	7	6
水文服务	764			1	1
其他水利管理业	769	5	7	5	4

2007年	2008年	2009年	2010年	2011年	2012年	2013年	无开业年份
553	**491**	**598**	**989**	**952**	**838**	**996**	**28**
553	491	598	989	952	838	996	28
261	164	237	457	405	311	268	8
144	170	180	242	271	255	342	14
90	74	151	230	206	205	308	3
39	63	19	29	35	36	29	1
19	20	11	31	35	31	49	2
1251	**1582**	**2273**	**2979**	**3722**	**4336**	**5091**	**101**
94	136	169	185	298	331	361	3
91	128	164	179	285	322	349	3
3	8	5	6	13	9	12	
1157	1446	2104	2794	3424	4005	4730	98
298	383	496	816	1065	1245	1516	55
30	23	101	50	61	80	48	
250	287	385	577	777	899	1192	17
262	317	450	617	690	888	873	5
14	7	20	32	30	30	36	
50	65	94	104	144	193	187	2
53	74	108	117	121	148	160	7
10	11	16	16	28	24	49	1
190	279	434	465	508	498	669	11
422	**595**	**782**	**1078**	**1221**	**1620**	**1802**	**28**
51	68	105	115	144	243	294	8
3	8	16	12	16	27	35	2
22	29	34	43	68	119	147	2
11	11	28	32	29	54	55	3
6	10	16	15	19	34	43	1
9	10	11	13	12	9	14	
268	327	380	564	657	775	926	14
1	3	6	2	5	5	7	
4	5	2	2	4	1		
1	1	1	5	5	5	2	
14	8	14	20	18	15	24	
38	42	35	44	47	57	53	
4	9	5	13	18	15	13	
10	9	4	5	7	10	9	
113	138	187	260	332	409	467	6
83	112	126	213	221	258	351	8
103	200	297	399	420	602	582	6
85	165	261	354	387	531	518	6
12	19	17	21	14	18	30	
6	16	19	24	19	53	34	
108	**142**	**168**	**218**	**251**	**311**	**326**	**22**
10	20	18	31	26	54	25	1
	3	3	3	6	9	6	
4	2	1	3	5	13	9	1
3	5	5	8	6	8	3	
			2	1	3		
3	10	9	15	8	21	7	

1-07 续表 18

行 业	代码	2003年	2004年	2005年	2006年
生态保护和环境治理业	77	14	18	21	16
生态保护	771	6	7	6	6
环境治理业	772	8	11	15	10
公共设施管理业	78	57	48	67	66
市政设施管理	781	14	8	7	8
环境卫生管理	782	4	4	11	12
城乡市容管理	783	3	3	3	2
绿化管理	784	15	16	17	12
公园和游览景区管理	785	21	17	29	32
居民服务、修理和其他服务业	**O**	**192**	**188**	**231**	**301**
居民服务业	79	71	81	77	107
家庭服务	791	9	8	8	15
托儿所服务	792	1	2	1	5
洗染服务	793		6	4	6
理发及美容服务	794	8	11	7	17
洗浴服务	795	8	9	13	11
保健服务	796	9	17	11	15
婚姻服务	797	6	4	7	5
殡葬服务	798	17	12	15	19
其他居民服务业	799	13	12	11	14
机动车、电子产品和日用产品修理业	80	95	84	116	152
汽车、摩托车修理与维护	801	62	62	82	114
计算机和办公设备维修	802	17	10	12	16
家用电器修理	803	12	8	15	13
其他日用产品修理业	809	4	4	7	9
其他服务业	81	26	23	38	42
清洁服务	811	17	13	23	34
其他未列明服务业	819	9	10	15	8
教育	**P**	**395**	**338**	**515**	**425**
教育	82	395	338	515	425
学前教育	821	170	148	214	205
初等教育	822	76	43	64	43
中等教育	823	36	30	35	28
高等教育	824	7	10	9	6
特殊教育	825			4	
技能培训、教育辅助及其他教育	829	106	107	189	143
卫生和社会工作	**Q**	**251**	**192**	**226**	**240**
卫生	83	222	170	199	210
医院	831	16	28	28	38
社区医疗与卫生院	832	48	33	25	37
门诊部(所)	833	144	83	132	122
计划生育技术服务活动	834	1	1		
妇幼保健院(所、站)	835	1	4		1
专科疾病防治院(所、站)	836	1		2	
疾病预防控制中心	837	9	18	9	5
其他卫生活动	839	2	3	3	7
社会工作	84	29	22	27	30
提供住宿社会工作	841	17	14	17	13
不提供住宿社会工作	842	12	8	10	17
文化、体育和娱乐业	**R**	**218**	**222**	**327**	**466**
新闻和出版业	85	4	11	10	11

2007年	2008年	2009年	2010年	2011年	2012年	2013年	无开业年份
20	15	23	19	29	30	24	2
8	5	4	2	6	4	7	1
12	10	19	17	23	26	17	1
78	107	127	168	196	227	277	19
17	20	19	20	23	32	27	1
12	15	15	21	21	28	30	
5	9	6	9	15	7	16	
16	17	28	46	55	66	77	4
28	46	59	72	82	94	127	14
260	**410**	**441**	**593**	**709**	**799**	**927**	**8**
84	137	156	219	282	325	382	4
9	19	26	38	33	58	100	
1	5	5	13	4	2	4	
6	9	9	11	11	23	15	
12	24	18	30	56	45	59	
15	18	21	16	17	35	26	2
14	18	40	59	79	83	77	
4	9	11	14	25	21	36	
13	18	10	12	15	13	18	1
10	17	16	26	42	45	47	1
127	186	213	271	315	320	375	2
96	135	157	193	238	250	294	2
14	19	27	42	44	23	35	
14	24	20	26	30	35	30	
3	8	9	10	3	12	16	
49	87	72	103	112	154	170	2
42	65	57	80	88	112	123	
7	22	15	23	24	42	47	2
408	**476**	**592**	**929**	**942**	**882**	**795**	**10**
408	476	592	929	942	882	795	10
191	251	300	554	564	462	345	3
43	45	55	71	61	66	77	3
19	26	41	35	24	47	27	1
8	2	3	7	1		1	
6	2	7	1	1	4	6	
141	150	186	261	291	303	339	3
193	**288**	**248**	**306**	**515**	**593**	**442**	**4**
136	235	197	254	441	507	344	3
24	24	20	38	31	40	49	
25	48	57	62	72	66	52	
76	149	108	143	332	386	235	2
1		1	2	1	1	3	
1		1	2	1	1		
		2	1	2	3	2	
5	9	3	3		4		1
4	5	5	3	2	6	3	
57	53	51	52	74	86	98	1
23	28	25	26	37	41	60	1
34	25	26	26	37	45	38	
363	**462**	**488**	**539**	**593**	**917**	**794**	**16**
9	6	14	11	13	21	16	1

1-07 续表 19

行业	代码	2003年	2004年	2005年	2006年
新闻业	851	1	5	4	2
出版业	852	3	6	6	9
广播、电视、电影和影视录音制作业	86	7	11	4	13
广播	861	3	2	1	
电视	862		2		2
电影和影视节目制作	863	2	6	2	5
电影和影视节目发行	864			1	1
电影放映	865	1	1		5
录音制作	866	1			
文化艺术业	87	41	44	55	57
文艺创作与表演	871	13	10	13	17
艺术表演场馆	872			1	1
图书馆与档案馆	873	5	6	9	5
文物及非物质文化遗产保护	874	5	5	7	3
博物馆	875	2	6	1	12
烈士陵园、纪念馆	876			1	
群众文化活动	877	11	11	17	12
其他文化艺术业	879	5	6	6	7
体育	88	32	28	43	43
体育组织	881	12	14	19	17
体育场馆	882	6	3	4	7
休闲健身活动	883	14	10	18	17
其他体育	889		1	2	2
娱乐业	89	134	128	215	342
室内娱乐活动	891	129	125	209	330
游乐园	892		1	1	1
彩票活动	893	1	1		
文化、娱乐、体育经纪代理	894	2		3	6
其他娱乐业	899	2	1	2	5
公共管理、社会保障和社会组织	**S**	**1669**	**1105**	**1221**	**1385**
中国共产党机关	90	35	13	8	9
中国共产党机关	900	35	13	8	9
国家机构	91	559	435	376	441
国家权力机构	911	8		2	
国家行政机构	912	533	430	368	436
人民法院和人民检察院	913	5	2	1	1
其他国家机构	919	13	3	5	4
人民政协、民主党派	92	9	3	2	3
人民政协	921	4		1	
民主党派	922	5	3	1	3
社会保障	93	26	23	16	45
社会保障	930	26	23	16	45
群众团体、社会团体和其他成员组织	94	650	534	711	707
群众团体	941	91	62	74	82
社会团体	942	385	348	455	514
基金会	943	3	3	5	6
宗教组织	944	171	121	177	105
基层群众自治组织	95	390	97	108	180
社区自治组织	951	350	69	80	148
村民自治组织	952	40	28	28	32

2007年	2008年	2009年	2010年	2011年	2012年	2013年	无开业年份
5	4	2	2	8	8	4	
4	2	12	9	5	13	12	1
17	19	26	36	43	53	61	4
2	1	1	1	2	1	2	1
2	3	4	6	3	8	8	
7	5	9	11	16	18	27	
3			2	1	3	5	
3	10	10	14	18	19	16	2
		2	2	3	4	3	1
44	77	75	110	130	204	216	5
12	25	30	35	42	54	75	1
		1		1	1	3	
8	3	3	4	6	7	7	
3	7	9	16	9	12	11	1
2	4	1	8	4	12	14	1
3	2	2	1	1	3		
9	24	10	17	32	48	32	
7	12	19	29	35	67	74	2
37	74	87	82	103	119	131	4
19	34	32	35	49	46	47	1
1	5	7	7	5	8	7	
16	31	44	37	43	55	64	3
1	4	4	3	6	10	13	
256	286	286	300	304	520	370	2
249	272	265	285	273	482	328	1
3	7	10	7	7	10	11	1
	1				1		
2	4	5	4	12	12	19	
2	2	6	4	12	15	12	
1287	**1770**	**1622**	**2208**	**2427**	**3121**	**2360**	**951**
12	13	6	15	25	33	13	137
12	13	6	15	25	33	13	137
358	454	367	471	591	813	469	780
	1	1	1	2	3		20
354	443	359	461	576	795	462	735
1	1	1	2	6	3	3	15
3	9	6	7	7	12	4	10
7	5	3	7	8	9	3	17
3		1	3	2	3	1	10
4	5	2	4	6	6	2	7
34	16	22	20	19	23	16	
34	16	22	20	19	23	16	
790	1198	1089	1560	1646	1809	1650	15
100	128	170	244	247	463	315	3
609	927	816	989	951	1156	1217	10
9	18	13	9	13	15	19	
72	125	90	318	435	175	99	2
86	84	135	135	138	434	209	2
52	46	69	61	63	125	94	2
34	38	66	74	75	309	115	

1-08 按行业(中类)、开业(成立)

行业	代码	从业人员数(人)	1949年及以前	1950-1977年	1978-1991年
总计	00	**13732695**	**203782**	**856649**	**983443**
农、林、牧、渔业	A	**42397**	**15**	**6084**	**943**
农业	01	1508		307	5
谷物种植	011	146		136	5
豆类、油料和薯类种植	012	58		58	
棉、麻、糖、烟草种植	013				
蔬菜、食用菌及园艺作物种植	014	244		18	
水果种植	015	398		14	
坚果、含油果、香料和饮料作物种植	016	617		81	
中药材种植	017	15			
其他农业	019	30			
林业	02	4656		4259	91
林木育种和育苗	021	195		67	
造林和更新	022	195		184	5
森林经营和管护	023	4183		4008	86
木材和竹材采运	024	83			
林产品采集	025				
畜牧业	03	402			74
牲畜饲养	031	327			
家禽饲养	032	1			
其他畜牧业	039	74			74
渔业	04	585		26	
水产养殖	041	285		26	
水产捕捞	042	300			
农、林、牧、渔服务业	05	35246	15	1492	773
农业服务业	051	24743	15	887	330
林业服务业	052	3879		429	354
畜牧服务业	053	1462		149	2
渔业服务业	054	5162		27	87
采矿业	B	**117414**		**12991**	**7571**
煤炭开采和洗选业	06	49251		7586	4421
烟煤和无烟煤开采洗选	061	48601		7586	4419
褐煤开采洗选	062	2			
其他煤炭采选	069	648			2
石油和天然气开采业	07				
石油开采	071				
天然气开采	072				
黑色金属矿采选业	08	13904		925	1399
铁矿采选	081	13183		696	1397
锰矿、铬矿采选	082	680		229	2
其他黑色金属矿采选	089	41			
有色金属矿采选业	09	11807		1	280
常用有色金属矿采选	091	8698		1	176
贵金属矿采选	092	1477			
稀有稀土金属矿采选	093	1632			104
非金属矿采选业	10	42360		4479	1471
土砂石开采	101	29904		282	618
化学矿开采	102	720			
采盐	103	4452		4197	122
石棉及其他非金属矿采选	109	7284			731

时间分组的法人单位从业人员数

1992-1995年	1996年	1997年	1998年	1999年	2000年	2001年	2002年
1074581	**290755**	**291399**	**417496**	**355151**	**509082**	**505250**	**650493**
490	**245**	**769**	**269**	**197**	**633**	**257**	**615**
150							6
150							6
	6				83		
	6						
					83		
				58			9
				58			9
							300
							300
340	239	769	269	139	550	257	300
91	85	42	119	43	246	117	162
115	154	2	22	5	58	11	46
52		17	32	5	82	8	13
82		708	96	86	164	121	79
6756	**1195**	**1269**	**1235**	**2552**	**5667**	**2818**	**4908**
2723	308		320	83	2422	143	1217
2723	308		320	51	2413	143	1162
				32	9		55
1236	97	28	427	128	382	522	316
1236	97	27	421	128	382	499	314
			6			23	2
		1					
336	395	509	11	975	440	698	790
310	285	255	9	422	437	688	651
26	110	8		513			138
		246	2	40	3	10	1
2461	395	732	477	1366	2423	1455	2552
2328	362	695	459	1365	1503	1272	1472
42					80	86	1
91	33	37	18	1	840	97	1079

1-08 续表 1

行业	代码	从业人员数（人）	1949年及以前	1950-1977年	1978-1991年
开采辅助活动	11	6			
煤炭开采和洗选辅助活动	111				
石油和天然气开采辅助活动	112				
其他开采辅助活动	119	6			
其他采矿业	12	86			
其他采矿业	120	86			
制造业	**C**	**5623958**	**658**	**44423**	**265887**
农副食品加工业	13	251959		457	6088
谷物磨制	131	9280		92	470
饲料加工	132	20122			1514
植物油加工	133	8377			9
制糖业	134	1378			72
屠宰及肉类加工	135	34870		184	176
水产品加工	136	113671		142	1533
蔬菜、水果和坚果加工	137	49838		11	2090
其他农副食品加工	139	14423		28	224
食品制造业	14	182956	1	1630	4756
焙烤食品制造	141	45773		3	80
糖果、巧克力及蜜饯制造	142	46535		31	1519
方便食品制造	143	20830		12	2009
乳制品制造	144	1895			193
罐头食品制造	145	42030		1123	636
调味品、发酵制品制造	146	10442		202	91
其他食品制造	149	15451	1	259	228
酒、饮料和精制茶制造业	15	148451		938	7321
酒的制造	151	17410		436	3571
饮料制造	152	33301			1370
精制茶加工	153	97740		502	2380
烟草制品业	16	5097		1484	1578
烟叶复烤	161	1668			15
卷烟制造	162	2872		1484	1388
其他烟草制品制造	169	557			175
纺织业	17	293011	2	193	9602
棉纺织及印染精加工	171	169882	1	4	7121
毛纺织及染整精加工	172	4911			123
麻纺织及染整精加工	173	481			
丝绢纺织及印染精加工	174	775			9
化纤织造及印染精加工	175	7742			105
针织或钩针编织物及其制品制造	176	63570			1390
家用纺织制成品制造	177	14205		177	46
非家用纺织制成品制造	178	31445	1	12	808
纺织服装、服饰业	18	595493		300	19830
机织服装制造	181	458641		284	14919
针织或钩针编织服装制造	182	96598		16	4193
服饰制造	183	40254			718
皮革、毛皮、羽毛及其制品和制鞋业	19	860917	90	92	61768
皮革鞣制加工	191	16769			395
皮革制品制造	192	100563		62	3829
毛皮鞣制及制品加工	193	491		12	17
羽毛(绒)加工及制品制造	194	1239			162
制鞋业	195	741855	90	18	57365

1992-1995年	1996年	1997年	1998年	1999年	2000年	2001年	2002年
							33
							33
590572	**146003**	**136439**	**180095**	**196067**	**267565**	**260777**	**325766**
27829	25179	6439	7145	6018	10013	10488	7682
779	21	576	133	479	908	749	430
454	182	1942	499	857	980	262	580
724	18	322	104	47	233	775	545
21	66	21	55		6	522	
1452	14539	546	964	317	173	333	692
17873	8552	1318	978	1567	5083	5914	3922
5391	1583	1482	3008	2157	1993	1118	1295
1135	218	232	1404	594	637	815	218
20131	13081	6602	8471	4707	9486	13825	11550
6851	4052	942	2607	26	1245	2393	1626
7798	1777	1604	533	2013	3679	1531	3971
205	685	858	539	298	1575	3791	487
1			1182		1	237	33
2968	4475	1477	2415	1535	1626	3964	4396
1345	843	919	791	135	876	1018	368
963	1249	802	404	700	484	891	669
10977	1911	5232	10667	3223	15313	4631	4928
1596	173	2296	614	405	455	855	959
4418	634	1289	1235	558	11813	148	1750
4963	1104	1647	8818	2260	3045	3628	2219
			239		928		
			239		928		
26325	5848	9507	8813	14934	18053	11687	22969
14213	2437	6385	4096	11051	14022	5262	15467
969	480	87	104	793	47	173	320
11					105		10
97		10				1	162
1493	117	102	92	740	309	117	794
6196	1452	1290	3028	1528	2540	3162	3958
773	547	284	119	635	169	670	852
2573	815	1349	1374	187	861	2302	1406
61451	7016	6335	15652	22457	22655	31004	33852
44626	6593	4849	10963	14577	18883	25373	27770
12904	279	1257	4384	7114	2749	4976	5067
3921	144	229	305	766	1023	655	1015
105816	17451	18504	32103	34063	72646	46459	56227
2132	101	440	89	1447	587	1108	1476
12942	2035	3566	2087	4126	8252	3691	3148
31				3		44	50
259	13		78		43	118	17
90452	15302	14498	29849	28487	63764	41498	51536

1-08 续表 2

行 业	代码	从业人员数（人）	1949年及以前	1950-1977年	1978-1991年
木材加工和木、竹、藤、棕、草制品业	20	149972		250	2570
木材加工	201	29347		151	174
人造板制造	202	51876			146
木制品制造	203	25978		32	773
竹、藤、棕、草等制品制造	204	42771		67	1477
家具制造业	21	90270	2	117	446
木质家具制造	211	53683	2	57	297
竹、藤家具制造	212	1578			1
金属家具制造	213	24738		60	24
塑料家具制造	214	1682			
其他家具制造	219	8589			124
造纸和纸制品业	22	138121		2314	5848
纸浆制造	221	1433		14	
造纸	222	40244		2108	1776
纸制品制造	223	96444		192	4072
印刷和记录媒介复制业	23	74630	505	1185	2559
印刷	231	72326	505	1168	2446
装订及印刷相关服务	232	2021		17	113
记录媒介复制	233	283			
文教、工美、体育和娱乐用品制造业	24	317657	48	284	19690
文教办公用品制造	241	9685		49	1356
乐器制造	242	2154			272
工艺美术品制造	243	232960	48	235	9005
体育用品制造	244	49226			3446
玩具制造	245	21662			5611
游艺器材及娱乐用品制造	246	1970			
石油加工及炼焦	25	8965			
化学原料和化学制品制造业	26	130111		4595	6127
基础化学原料制造	261	25219		1647	326
肥料制造	262	12681		1681	1239
农药制造	263	1548			
涂料、油墨、颜料及类似产品制造	264	21806		169	496
合成材料制造	265	14328			85
专用化学产品制造	266	25990		54	651
炸药、火工及焰火产品制造	267	2208		1024	6
日用化学产品制造	268	26331		20	3324
医药制造业	27	36033		1623	2892
化学药品原料药制造	271	4107			769
化学药品制剂制造	272	7092		1623	87
中药饮片加工	273	3435			105
中成药生产	274	8403			1025
兽用药品制造	275	2983			35
生物药品制造	276	7698			867
卫生材料及医药用品制造	277	2315			4
化学纤维制造业	28	38216		1069	2029
纤维素纤维原料及纤维制造	281	2838			
合成纤维制造	282	35378		1069	2029
橡胶和塑料制品业	29	247564		131	19841
橡胶制品业	291	43977		49	9131
塑料制品业	292	203587		82	10710
非金属矿物制品业	30	505631	1	747	14917

1992-1995年	1996年	1997年	1998年	1999年	2000年	2001年	2002年
4149	648	1093	2330	1939	4579	5471	5991
724	95	111	344	250	527	585	1043
1180	111	290	1069	944	2067	2782	2255
1655	170	452	637	283	445	1056	813
590	272	240	280	462	1540	1048	1880
4704	2384	2783	1852	4517	2131	4304	4311
1816	812	1760	1507	3556	1056	3321	2977
190			33		15	20	
1972	1202	780	137	870	925	750	813
21				3		151	17
705	370	243	175	88	135	62	504
14327	1704	5723	5198	6986	7317	3627	6330
2			1		270		468
5321	641	2185	1375	2223	1551	610	1249
9004	1063	3538	3822	4763	5496	3017	4613
8333	1659	2657	3581	3984	4430	3249	4109
8097	1564	2657	3475	3911	4319	3083	4052
236	95		28	22	111	25	57
			78	51		141	
30395	11641	10315	11338	8828	11484	12836	16799
1108	161	219	2	4	297	615	147
802						29	20
17344	9921	8676	7671	6747	9593	9320	13461
9660	1559	1233	3210	1719	1256	2446	2578
1481		187	455	358	338	426	575
							18
196	8	375	6	70	48	235	2235
6628	1931	4504	5948	3092	3771	9559	7312
735	248	2350	1880	323	701	922	1546
1168	44	5	579	40	548	823	740
194	102	1	62	50			
2136	574	316	857	392	247	1162	1392
174	108	149	1052	75	440	681	889
1340	299	1102	894	1376	580	2932	963
				20			25
881	556	581	624	816	1255	3039	1757
4014	1912	525	2605	1482	1288	2146	2449
		6			108	9	1295
386	1235	355	484	406	819	603	190
45					1	104	
398	143	76	969	1074	224	975	781
645	10	65				22	
2519	468		442	2	64	343	156
21	56	23	710		72	90	27
1342	14	1332	551	1156	204	1078	1732
426	12	136				115	132
916	2	1196	551	1156	204	963	1600
31074	3019	7682	5024	5850	5636	10698	14445
5824	769	1059	408	310	870	4016	2905
25250	2250	6623	4616	5540	4766	6682	11540
66298	11201	7841	17762	23559	25080	19446	32789

1-08 续表 3

行业	代码	从业人员数（人）	1949年及以前	1950-1977年	1978-1991年
水泥、石灰和石膏制造	301	25537		119	1066
石膏、水泥制品及类似制品制造	302	41995	1	5	350
砖瓦、石材等建筑材料制造	303	286353		75	9784
玻璃制造	304	10085			
玻璃制品制造	305	16754			
玻璃纤维和玻璃纤维增强塑料制品制造	306	2940		35	84
陶瓷制品制造	307	110031		455	2254
耐火材料制品制造	308	4619		16	1325
石墨及其他非金属矿物制品制造	309	7317		42	54
黑色金属冶炼和压延加工业	31	107936		10452	1463
炼铁	311	1517			2
炼钢	312	7035			1
黑色金属铸造	313	29713		5	736
钢压延加工	314	65851		10446	692
铁合金冶炼	315	3820		1	32
有色金属冶炼和压延加工业	32	55448		3427	4166
常用有色金属冶炼	321	8502			
贵金属冶炼	322	4987			
稀有稀土金属冶炼	323	5806			2569
有色金属合金制造	324	4946			4
有色金属铸造	325	1459			
有色金属压延加工	326	29748		3427	1593
金属制品业	33	177140	3	142	6426
结构性金属制品制造	331	45674		2	260
金属工具制造	332	17923	3	7	153
集装箱及金属包装容器制造	333	11200			360
金属丝绳及其制品制造	334	2776		35	3
建筑、安全用金属制品制造	335	41303		7	3932
金属表面处理及热处理加工	336	13330			241
搪瓷制品制造	337	8170		28	84
金属制日用品制造	338	15978		1	768
其他金属制品制造	339	20786		62	625
通用设备制造业	34	176684		4061	7000
锅炉及原动设备制造	341	5289		4	123
金属加工机械制造	342	18046		352	648
物料搬运设备制造	343	9068		62	344
泵、阀门、压缩机及类似机械制造	344	58648		811	2309
轴承、齿轮和传动部件制造	345	16885		2348	932
烘炉、风机、衡器、包装等设备制造	346	11851		68	1865
文化、办公用机械制造	347	23003		60	18
通用零部件制造	348	26515		321	370
其他通用设备制造业	349	7379		35	391
专用设备制造业	35	133547		3960	3648
采矿、冶金、建筑专用设备制造	351	32818		704	435
化工、木材、非金属加工专用设备制造	352	37588		275	1268
食品、饮料、烟草及饲料生产专用设备制造	353	3614		14	281
印刷、制药、日化及日用品生产专用设备制	354	7280		17	112
纺织、服装和皮革加工专用设备制造	355	12248		104	115
电子和电工机械专用设备制造	356	7570			139
农、林、牧、渔专用机械制造	357	8540		2	95
医疗仪器设备及器械制造	358	7717		90	1024
环保、社会公共服务及其他专用设备制造	359	16172		2754	179

1992-1995年	1996年	1997年	1998年	1999年	2000年	2001年	2002年
3872	225	13	136	304	275	569	522
2197	287	228	807	416	1196	735	1598
36730	8536	6107	7020	14497	15166	14759	16585
4585	336		62	384	198	21	233
2512	5		13	818	238	269	82
2	91	43			22	4	191
16112	1618	1280	9464	6488	6264	2908	12835
206	55	5		197	1149	124	276
82	48	165	260	455	572	57	467
5828	1508	539	6407	1733	4110	5048	6082
42		51	16		139		4
611			8			17	3214
1616	507	111	689	813	1440	635	1169
3536	933	293	5619	856	2080	4143	1680
23	68	84	75	64	451	253	15
9748	719	5341	321	319	4080	905	445
42			1	90	48	71	12
16	700				3487		
		1308					
702			42	94	344	546	132
			110				
8988	19	4033	168	135	201	288	301
10571	4132	2507	3651	5411	4348	10096	6265
1261	197	644	2185	1233	450	1469	1966
1867	90	737	232	490	588	3626	648
1647	1482	286	774	245	312		821
179			6	247	12	172	50
3043	1352	311	149	378	1305	1810	788
768	120	100	48	558	142	555	639
1				103	48	39	58
962	648	401	200	567	473	1558	387
843	243	28	57	1590	1018	867	908
27624	1684	4988	8036	8674	7039	8434	6858
172		182	966	41	250	470	335
298	202	412	91	279	187	199	377
2722	111	188	78	163	539	133	409
6253	767	1116	4374	6510	2742	3073	1751
1072	138	1417	805	159	744	769	770
887	119	619	182	253	1419	730	379
13528	4	90	865	691	539	1635	359
2030	233	964	545	553	577	1225	1360
662	110		130	25	42	200	1118
10304	2512	3731	3347	2803	6344	7978	5648
5553	241	1627	765	572	971	2216	1359
1654	233	322	630	734	3070	1540	2284
199		26	83	55	171		188
394	399	108	310	361	201	694	101
1054	9	849	31	242	939	713	893
232	51	210	252	18	2	434	210
114	816	140	357	212	521	1286	246
840	95	29	37	515	83	518	76
264	668	420	882	94	386	577	291

1-08 续表 4

行　　业	代码	从　业 人员数 (人)	1949年及以前	1950-1977年	1978-1991年
汽车制造业	36	119171		287	9773
汽车整车制造	361	13403			4950
改装汽车制造	362	4787			
低速载货汽车制造	363	270		61	
电车制造	364	35			
汽车车身、挂车制造	365	1728			211
汽车零部件及配件制造	366	98948		226	4612
铁路、船舶、航空航天和其他运输设备制造业	37	56538		2133	2319
铁路运输设备制造	371	415		167	
城市轨道交通设备制造	372	15		15	
船舶及相关装置制造	373	29817		1951	1227
航空、航天器及设备制造	374				
摩托车制造	375	22190			1090
自行车制造	376	3293			2
非公路休闲车及零配件制造	377	44			
潜水救捞及其他未列明运输设备制造	379	764			
电气机械和器材制造业	38	251146	6	2478	8951
电机制造	381	55114	6	27	2351
输配电及控制设备制造	382	48009		378	2169
电线、电缆、光缆及电工器材制造	383	18092		1817	350
电池制造	384	37482			2409
家用电力器具制造	385	25157		256	150
非电力家用器具制造	386	3631			12
照明器具制造	387	60100			1455
其他电气机械及器材制造	389	3561			55
计算机、通信和其他电子设备制造业	39	319479		6	21638
计算机制造	391	49291			375
通信设备制造	392	24357			2443
广播电视设备制造	393	11972			1
雷达及配套设备制造	394	15			
视听设备制造	395	20649			1907
电子器件制造	396	109859			3036
电子元件制造	397	87283		3	12415
其他电子设备制造	399	16053		3	1461
仪器仪表制造业	40	47152		15	4099
通用仪器仪表制造	401	8534		1	190
专用仪器仪表制造	402	2364		11	109
钟表与计时仪器制造	403	15426		3	257
光学仪器及眼镜制造	404	19595			3543
其他仪器仪表制造业	409	1233			
其他制造业	41	82581		4	7881
废弃资源综合利用业	42	7718			9
金属废料和碎屑加工处理	421	1827			1
非金属废料和碎屑加工处理	422	5891			8
金属制品、机械和设备修理业	43	14364		49	652
金属制品修理	431	596			42
通用设备修理	432	397		11	1
专用设备修理	433	798			59
铁路、船舶、航空航天等运输设备修理	434	10514		38	407
电气设备修理	435	221			15
仪器仪表修理	436	10			
其他机械和设备修理业	439	1828			128

1992-1995年	1996年	1997年	1998年	1999年	2000年	2001年	2002年
20279	9708	2799	1173	3138	4538	3787	4797
4802		988				39	
264	24				470	3	745
				89			
						182	35
15213	9684	1811	1173	3049	4068	3563	4017
3337	867	262	941	2923	2523	2474	4652
		70			15		
144	476	29	891	2039	17	2157	3352
3193	391	163	50	884	2442	250	1239
					13	66	
					36		
						1	61
22024	3319	6457	6596	8140	9004	11655	13969
4418	438	899	2420	3379	1597	1427	1260
4843	760	1291	704	1913	1035	3523	2981
1134	622	22	136	375	441	1067	1395
5681	757	3838	2232		333	1679	61
301	726		162	231	1532	966	5371
40	1			5	20		108
5550	15	407	942	1911	3864	2958	2692
57				326	182	35	101
35693	10419	8520	6022	12168	5181	12557	30542
2524	6301	7894	780	2544	852	2003	12673
1464	1088	192	650	584	1032	2589	7767
5414	250	2	599	1674	1	577	35
790	300		1195	8	99	1073	131
6222	788	73	456	4305	262	2431	3246
18789	1609	257	1821	1857	2702	3186	5376
490	83	102	521	1196	233	698	1314
5159	2210	1918	1131	1495	1274	2525	2410
1580	321	861	344	477	81	587	209
225			113	88	105	2	232
1568	345	101	255	484	45	1931	1342
1786	1531	956	419	446	1008	5	563
	13				35		64
10448	1865	703	3096	1749	3923	4422	8267
151	23	1143		307	44	93	106
45					7	12	82
106	23	1143		307	37	81	24
5417	430	82	89	342	95	60	15
6		1	6	76		44	
35							
8		14	3	1	34	10	
5216	430	49	80	254	55	6	
					5		
152		18		11	1		15

1-08 续表 5

行业	代码	从业人员数（人）	1949年及以前	1950-1977年	1978-1991年
电力、热力、燃气及水生产和供应业	D	**140485**	**4829**	**11092**	**22178**
电力、热力生产和供应业	44	112474	4454	8155	16748
电力生产	441	67104	3	2654	7089
电力供应	442	44338	4451	5501	9659
热力生产和供应	443	1032			
燃气生产和供应业	45	5384			958
燃气生产和供应业	450	5384			958
水的生产和供应业	46	22627	375	2937	4472
自来水生产和供应	461	19936	375	2937	4471
污水处理及其再生利用	462	2470			1
其他水的处理、利用与分配	469	221			
建筑业	E	**3110619**	**1**	**428022**	**166039**
房屋建筑业	47	1990471		386243	130300
房屋建筑业	470	1990471		386243	130300
土木工程建筑业	48	437646	1	38470	14747
铁路、道路、隧道和桥梁工程建筑	481	208126	1	23697	6215
水利和内河港口工程建筑	482	77336		10298	3006
海洋工程建筑	483	438			
工矿工程建筑	484	90286		1568	2019
架线和管道工程建筑	485	19885		2488	1013
其他土木工程建筑	489	41575		419	2494
建筑安装业	49	96675		3122	2997
电气安装	491	52993		734	1992
管道和设备安装	492	15956		488	569
其他建筑安装业	499	27726		1900	436
建筑装饰和其他建筑业	50	585827		187	17995
建筑装饰业	501	111027		82	6434
工程准备活动	502	147425		4	8868
提供施工设备服务	503	100886			184
其他未列明建筑业	509	226489		101	2509
批发和零售业	F	**1115988**	**149**	**19138**	**25544**
批发业	51	693729	133	11179	20779
农、林、牧产品批发	511	31774	3	487	623
食品、饮料及烟草制品批发	512	141721	111	2724	11487
纺织、服装及家庭用品批发	513	126919		732	1437
文化、体育用品及器材批发	514	25766	1	113	655
医药及医疗器材批发	515	20632		441	235
矿产品、建材及化工产品批发	516	176629	17	5606	4021
机械设备、五金产品及电子产品批发	517	118552		515	1063
贸易经纪与代理	518	23389	1	280	743
其他批发业	519	28347		281	515
零售业	52	422259	16	7959	4765
综合零售	521	102438	6	5123	1246
食品、饮料及烟草制品专门零售	522	63417	3	942	760
纺织、服装及日用品专门零售	523	41008		417	412
文化、体育用品及器材专门零售	524	17452	3	101	298
医药及医疗器材专门零售	525	19079		1094	251
汽车、摩托车、燃料及零配件专门零售	526	84398	2	39	417
家用电器及电子产品专门零售	527	42942		50	127
五金、家具及室内装饰材料专门零售	528	31223	1	119	746
货摊、无店铺及其他零售业	529	20302	1	74	508

1992-1995年	1996年	1997年	1998年	1999年	2000年	2001年	2002年
10605	**2792**	**1705**	**4548**	**2094**	**6217**	**3307**	**5440**
8805	2509	1413	4059	1543	5031	2974	4840
5210	2509	1366	3790	1341	4265	2909	4521
3485		47	44	202	766	65	319
110			225				
430	11			26	12	193	228
430	11			26	12	193	228
1370	272	292	489	525	1174	140	372
1244	272	292	442	525	1056	120	343
			47		98	20	29
126					20		
258646	**82803**	**71547**	**123514**	**43367**	**88707**	**99436**	**153674**
182950	54878	50233	91893	26292	49826	61880	123123
182950	54878	50233	91893	26292	49826	61880	123123
43442	8353	7550	18485	7245	10744	19733	12241
15075	4097	4510	16656	2336	7989	9697	5618
2895	2332	838	41	522	272	585	3876
26	123						
21355	1420	1130	1421	4028	2018	6778	1373
2259	96	273		107	12	2242	1017
1832	285	799	367	252	453	431	357
10801	12445	5051	3993	2507	3548	6308	7926
7900	7772	3685	2642	1059	3024	3466	2886
706	444	754	705	901	206	495	4542
2195	4229	612	646	547	318	2347	498
21453	7127	8713	9143	7323	24589	11515	10384
18810	6577	7986	6032	5157	3644	2399	3385
1055	14	55	10	319	94	146	2646
123	84		5	12	14622	8174	1
1465	452	672	3096	1835	6229	796	4352
20466	**11568**	**10343**	**19071**	**20609**	**31247**	**42137**	**40381**
13276	7827	6173	12128	12500	20846	18900	20874
287	97	181	500	943	478	761	1390
1598	1674	757	1346	2739	1994	2742	4202
2769	900	992	1331	1907	3186	4355	3025
417	183	272	332	562	761	1318	533
319	172	149	394	205	251	551	728
4137	2292	1901	5471	2944	9442	4833	5465
2525	1761	1404	2023	2700	3733	3323	3977
297	197	43	246	208	401	559	405
927	551	474	485	292	600	458	1149
7190	3741	4170	6943	8109	10401	23237	19507
457	252	991	2091	2504	1824	13434	7388
599	193	662	424	889	484	595	1122
786	141	303	327	568	895	968	877
594	299	201	170	580	380	314	680
509	32	36	25	350	161	1121	1275
2274	1635	1031	1778	1562	4030	4514	4662
945	352	420	1590	917	1549	1161	2506
493	295	283	326	319	650	570	529
533	542	243	212	420	428	560	468

1-08 续表 6

行业	代码	从业人员数（人）	1949年及以前	1950-1977年	1978-1991年
交通运输、仓储和邮政业	**G**	**351437**	**1436**	**29643**	**21073**
道路运输业	54	182109	238	20525	7909
城市公共交通运输	541	41135		3865	3327
公路旅客运输	542	42716		13903	2025
道路货物运输	543	75738	26	504	1745
道路运输辅助活动	544	22520	212	2253	812
水上运输业	55	30890		3199	1174
水上旅客运输	551	3539		148	453
水上货物运输	552	17152		3051	618
水上运输辅助活动	553	10199			103
航空运输业	56	15573			9129
航空客货运输	561	9495			8724
通用航空服务	562	1144			
航空运输辅助活动	563	4934			405
管道运输业	57				
管道运输业	570				
装卸搬运和运输代理业	58	71739		1128	1872
装卸搬运	581	17362		1102	1123
运输代理业	582	54377		26	749
仓储业	59	12816	3	672	724
谷物、棉花等农产品仓储	591	2382	3	203	278
其他仓储业	599	10434		469	446
邮政业	60	38310	1195	4119	265
邮政基本服务	601	22028	1195	4119	265
快递服务	602	16282			
住宿和餐饮业	**H**	**236725**		**3807**	**8130**
住宿业	61	121276		3215	7668
旅游饭店	611	86698		2556	6179
一般旅馆	612	29105		659	1349
其他住宿业	619	5473			140
餐饮业	62	115449		592	462
正餐服务	621	90586		589	401
快餐服务	622	17714			48
饮料及冷饮服务	623	3289			
其他餐饮业	629	3860		3	13
信息传输、软件和信息技术服务业	**I**	**154293**	**5**	**574**	**1522**
电信、广播电视和卫星传输服务	63	49939	1	569	979
电信	631	43002	1		7
广播电视传输服务	632	6644		485	966
卫星传输服务	633	293		84	6
互联网和相关服务	64	14763	1		321
互联网接入及相关服务	641	1201			
互联网信息服务	642	11840	1		321
其他互联网服务	649	1722			
软件和信息技术服务业	65	89591	3	5	222
软件开发	651	60286	1		80
信息系统集成服务	652	10578		5	7
信息技术咨询服务	653	8102			101
数据处理和存储服务	654	1857	1		4
集成电路设计	655	1194			
其他信息技术服务业	659	7574	1		30

1992-1995年	1996年	1997年	1998年	1999年	2000年	2001年	2002年
11699	**4082**	**12694**	**21354**	**11268**	**10270**	**18292**	**12698**
4750	2050	5216	4435	5228	6694	10651	6386
504	375	1229	649	941	652	622	492
528	973	676	1207	2816	332	1276	2203
1180	425	3005	1229	1209	5223	6371	3214
2538	277	306	1350	262	487	2382	477
2511	496	1245	740	1185	476	1002	2091
168	34	16	90	280	94	75	288
2117	240	516	297	323	197	346	1092
226	222	713	353	582	185	581	711
1015		75	2			281	265
423		75	2			6	
						34	6
592						241	259
2025	1479	6063	880	1386	1721	5277	3563
795	375	89	270	198	944	2405	868
1230	1104	5974	610	1188	777	2872	2695
493	57	95	777	532	367	503	375
94	27	4	244	242	160	221	50
399	30	91	533	290	207	282	325
905			14520	2937	1012	578	18
			14520	550	986		
905				2387	26	578	18
19758	**2482**	**3961**	**16515**	**4488**	**4590**	**4896**	**4880**
6025	1954	2044	2694	3739	2232	3628	3134
5339	1706	1382	2349	3447	1554	2773	2445
446	248	70	323	253	363	735	625
240		592	22	39	315	120	64
13733	528	1917	13821	749	2358	1268	1746
1485	514	1346	13750	726	2129	1028	1347
11823	6	568	14	4	90	109	310
6	2		50	14	112	97	37
419	6	3	7	5	27	34	52
1595	**1477**	**1221**	**2256**	**6271**	**20932**	**9677**	**8667**
246	201	7	822	2352	17420	5704	3540
25	67		605	2103	16613	4678	3514
215	134	7	217	249	807	840	26
6						186	
14	109	197	10	595	140	298	1197
	54					204	20
8	55	197	9	587	138	94	1130
6			1	8	2		47
1335	1167	1017	1424	3324	3372	3675	3930
1020	687	836	1090	2422	2463	2263	3170
228	106	79	100	887	668	1017	244
23	354	36	26	9	85	329	116
		16	51		134		176
					6	3	1
64	20	50	157	6	16	63	223

1-08 续表 7

行业	代码	从业人员数（人）	1949年及以前	1950-1977年	1978-1991年
房地产业	K	**267458**	**114**	**2635**	**6111**
房地产业	70	267458	114	2635	6111
房地产开发经营	701	101726			3553
物业管理	702	126952	66	440	558
房地产中介服务	703	20720		10	151
自有房地产经营活动	704	10843	48	2142	1238
其他房地产业	709	7217		43	611
租赁和商务服务业	L	**371771**	**1194**	**6085**	**26075**
租赁业	71	14357		14	54
机械设备租赁	711	13740		14	50
文化及日用品出租	712	617			4
商务服务业	72	357414	1194	6071	26021
企业管理服务	721	115732	859	5396	5461
法律服务	722	10554	8	21	1032
咨询与调查	723	46228	3	29	674
广告业	724	44520	1		301
知识产权服务	725	1849			33
人力资源服务	726	36027	6	91	3552
旅行社及相关服务	727	18672	315	167	883
安全保护服务	728	43808			12876
其他商务服务业	729	40024	2	367	1209
科学研究和技术服务业	M	**200627**	**110**	**12781**	**14846**
研究和试验发展	73	20708	8	3380	1691
自然科学研究和试验发展	731	2954		1524	97
工程和技术研究和试验发展	732	7869		239	219
农业科学研究和试验发展	733	5370		1339	622
医学研究和试验发展	734	2138		248	81
社会人文科学研究	735	2377	8	30	672
专业技术服务业	74	133947	92	8229	11203
气象服务	741	2206	72	773	307
地震服务	742	579		136	123
海洋服务	743	655		80	240
测绘服务	744	3981		417	167
质检技术服务	745	13677		1444	1396
环境与生态监测	746	2671		145	791
地质勘查	747	6169	10	734	1574
工程技术	748	73207	7	4206	6233
其他专业技术服务业	749	30802	3	294	372
科技推广和应用服务业	75	45972	10	1172	1952
技术推广服务	751	41702	9	928	1420
科技中介服务	752	2133		26	380
其他科技推广和应用服务业	759	2137	1	218	152
水利、环境和公共设施管理业	N	**78508**	**897**	**4642**	**11194**
水利管理业	76	9027	72	2173	2132
防洪除涝设施管理	761	1573		394	186
水资源管理	762	1923		532	209
天然水收集与分配	763	3218		1017	1151
水文服务	764	336		118	53
其他水利管理业	769	1977	72	112	533

1992-1995年	1996年	1997年	1998年	1999年	2000年	2001年	2002年
26705	**6907**	**12491**	**8168**	**6780**	**10847**	**12002**	**9540**
26705	6907	12491	8168	6780	10847	12002	9540
9091	1453	1464	3168	2598	3005	2470	2148
15357	4420	10171	4131	3418	6842	8564	5635
426	541	641	574	270	804	556	1029
1319	315	147	167	350	135	215	241
512	178	68	128	144	61	197	487
11250	**3716**	**3168**	**6312**	**23970**	**11508**	**9294**	**8385**
62	178	223	98	81	551	160	275
52	153	223	98	65	535	157	236
10	25			16	16	3	39
11188	3538	2945	6214	23889	10957	9134	8110
3895	1583	1229	1771	19648	1282	1842	1443
955	146	194	222	423	969	648	390
353	304	225	960	738	3183	1008	1187
973	190	560	916	956	946	872	1199
60	26		33	36	2	66	74
678	119	139	277	386	1697	132	343
1004	358	269	559	202	679	1157	550
2269	121	5	791	837	972	2207	2191
1001	691	324	685	663	1227	1202	733
8750	**3173**	**5058**	**2493**	**3595**	**4451**	**6009**	**6180**
454	106	153	188	82	306	102	111
119	7	2	22	1	8	24	2
93	23	71	112	11	39	3	40
90	54	39	26	14	141	65	17
10	12	2	20	4	29	2	39
142	10	39	8	52	89	8	13
7821	2848	4444	1907	3295	3552	5346	5543
48	39	25	40	70	32	69	168
29	9	42	14				82
							8
261	1	95	28	2	50	121	260
864	99	70	71	383	81	384	810
82	23	49	18	33	248	140	41
721	3	27	81	349	402	4	249
5435	2486	4021	1502	2337	2381	4036	3368
381	188	115	153	121	358	592	557
475	219	461	398	218	593	561	526
422	159	375	329	199	460	511	449
17	46	29	42	10	74	40	66
36	14	57	27	9	59	10	11
4673	**1553**	**952**	**2870**	**1871**	**4139**	**3107**	**2974**
503	59	188	261	61	202	286	230
28	35	42	118	34	27	41	30
218	12	20	38	1	23	204	92
190	5	51	40	11	34	9	93
	6	22		11	3		
67	1	53	65	4	115	32	15

1-08 续表 8

行　业	代码	从业人员数(人)	1949年及以前	1950-1977年	1978-1991年
生态保护和环境治理业	77	6389		133	396
生态保护	771	1306		133	285
环境治理业	772	5083			111
公共设施管理业	78	63092	825	2336	8666
市政设施管理	781	7682	779	499	397
环境卫生管理	782	22475		824	5532
城乡市容管理	783	3006			321
绿化管理	784	9373		166	386
公园和游览景区管理	785	20556	46	847	2030
居民服务、修理和其他服务业	**O**	**85125**	**20**	**938**	**1659**
居民服务业	79	35625	12	645	908
家庭服务	791	4535			
托儿所服务	792	622			41
洗染服务	793	1935			3
理发及美容服务	794	3262		42	67
洗浴服务	795	5036		40	114
保健服务	796	8911			30
婚姻服务	797	775			1
殡葬服务	798	5019	7	478	413
其他居民服务业	799	5530	5	85	239
机动车、电子产品和日用产品修理业	80	29219		266	533
汽车、摩托车修理与维护	801	23736		264	417
计算机和办公设备维修	802	2567			28
家用电器修理	803	1903			20
其他日用产品修理业	809	1013		2	68
其他服务业	81	20281	8	27	218
清洁服务	811	17610	8	2	116
其他未列明服务业	819	2671		25	102
教育	**P**	**595517**	**88341**	**120367**	**94478**
教育	82	595517	88341	120367	94478
学前教育	821	95959	1062	4225	9308
初等教育	822	183664	44458	46469	31217
中等教育	823	202786	28995	56915	42876
高等教育	824	61635	13590	8353	6452
特殊教育	825	2277	58	157	360
技能培训、教育辅助及其他教育	829	49196	178	4248	4265
卫生和社会工作	**Q**	**218688**	**55702**	**52296**	**29926**
卫生	83	208333	55569	51452	27913
医院	831	137311	53555	23837	18892
社区医疗与卫生院	832	40199	568	21831	4934
门诊部(所)	833	13734	17	1058	1369
计划生育技术服务活动	834	125			43
妇幼保健院(所、站)	835	8406	1390	1926	2270
专科疾病防治院(所、站)	836	2155		1624	138
疾病预防控制中心	837	4655	39	1141	149
其他卫生活动	839	1748		35	118
社会工作	84	10355	133	844	2013
提供住宿社会工作	841	6381	108	596	1086
不提供住宿社会工作	842	3974	25	248	927
文化、体育和娱乐业	**R**	**106746**	**1859**	**4262**	**9264**
新闻和出版业	85	9022	1178	125	2356

1992-1995年	1996年	1997年	1998年	1999年	2000年	2001年	2002年
180	53	27	161	65	451	249	498
141	29	9			31	96	53
39	24	18	161	65	420	153	445
3990	1441	737	2448	1745	3486	2572	2246
596	21	40	373	864	22	254	69
2422	1011	83	810	482	1119	758	383
35	173		451		62	34	176
575	89	292	118	117	488	993	788
362	147	322	696	282	1795	533	830
2356	**1991**	**680**	**1619**	**1600**	**3451**	**2840**	**2937**
933	472	235	686	566	1251	529	1072
9	1	56	4	36	254	47	98
			20	32	15		
98	32	49	2		106	8	20
22	10		45	155	90	136	216
304	127	10	115	52	60	18	141
30	126	1	26	24	98	54	80
	5		10			1	52
253	143	109	368	171	324	206	284
217	28	10	96	96	304	59	181
1137	344	274	474	953	831	865	1230
1094	289	263	426	794	665	773	1099
41	43	1	38	110	63	28	42
	10	7	10	49	39	61	65
2	2	3			64	3	24
286	1175	171	459	81	1369	1446	635
73	1175	100	459	33	1345	1418	587
213		71		48	24	28	48
32952	**7417**	**7057**	**7213**	**8510**	**10629**	**10738**	**19195**
32952	7417	7057	7213	8510	10629	10738	19195
3991	1328	1094	1924	1837	3156	2019	3013
7183	1982	3623	1988	1848	2609	2574	6589
16982	3678	2028	2591	3184	2284	4255	4006
3413		42	74	865	1622	1355	3977
398	260	27	80	112	77	13	61
985	169	243	556	664	881	522	1549
5581	**1427**	**987**	**2378**	**2472**	**2400**	**2856**	**4935**
5028	1323	819	2071	2322	2012	2762	4707
2860	672	135	1113	1266	868	1966	3328
914	299	46	344	382	304	384	668
564	113	111	217	198	474	373	335
					2		2
538	100	251	230	161	360		1
	17			3			9
		107		49		37	148
152	122	169	167	263	4	2	216
553	104	168	307	150	388	94	228
404	67	132	211	92	284	68	188
149	37	36	96	58	104	26	40
3945	**755**	**1675**	**1464**	**986**	**3035**	**1413**	**2027**
801	47	474	22	222	864	147	121

1-08 续表 9

行业	代码	从业人员数(人)	1949年及以前	1950-1977年	1978-1991年
新闻业	851	792	9	82	22
出版业	852	8230	1169	43	2334
广播、电视、电影和影视录音制作业	86	14727	46	697	1409
广播	861	3193		25	73
电视	862	4854		23	569
电影和影视节目制作	863	2509		27	63
电影和影视节目发行	864	412	1	113	19
电影放映	865	3680	45	509	685
录音制作	866	79			
文化艺术业	87	26224	635	3332	3904
文艺创作与表演	871	11401	129	1467	766
艺术表演场馆	872	693		92	17
图书馆与档案馆	873	2769	400	561	795
文物及非物质文化遗产保护	874	1765	44	84	327
博物馆	875	2219		342	732
烈士陵园、纪念馆	876	322	3	40	135
群众文化活动	877	4403	56	738	844
其他文化艺术业	879	2652	3	8	288
体育	88	13910		92	983
体育组织	881	6245		43	386
体育场馆	882	1527		45	28
休闲健身活动	883	5402		4	557
其他体育	889	736			12
娱乐业	89	42863		16	612
室内娱乐活动	891	38016		16	49
游乐园	892	2667			211
彩票活动	893	533			331
文化、娱乐、体育经纪代理	894	550			10
其他娱乐业	899	1097			11
公共管理、社会保障和社会组织	S	**914939**	**48452**	**96869**	**271003**
中国共产党机关	90	19012	2523	3213	5421
中国共产党机关	900	19012	2523	3213	5421
国家机构	91	418596	35379	53684	109851
国家权力机构	911	4085	176	443	1613
国家行政机构	912	387616	34065	45676	99401
人民法院和人民检察院	913	21826	1101	7116	6857
其他国家机构	919	5069	37	449	1980
人民政协、民主党派	92	4246	159	1260	1452
人民政协	921	2897	100	1036	1068
民主党派	922	1349	59	224	384
社会保障	93	6302	31	74	813
社会保障	930	6302	31	74	813
群众团体、社会团体和其他成员组织	94	270079	6763	9980	38609
群众团体	941	71646	896	3128	6910
社会团体	942	140014	367	2453	17722
基金会	943	1099		6	77
宗教组织	944	57320	5500	4393	13900
基层群众自治组织	95	196704	3597	28658	114857
社区自治组织	951	30724	347	1524	4194
村民自治组织	952	165980	3250	27134	110663

1992-1995年	1996年	1997年	1998年	1999年	2000年	2001年	2002年
48	4	2		10	30	20	36
753	43	472	22	212	834	127	85
356	216	307	457	55	593	68	206
133	21	58	10		10		18
158	182	209	360	42	573	45	37
30		40	61	9	1		32
							116
35	13		26	4	6	20	3
					3	3	
1094	316	385	609	280	955	162	695
288	164	90	284	51	522	77	191
78	16					11	209
48	45	108	55	61	46	1	43
103	8	23	27	97	30	12	62
76	9	94	62	4	237	22	25
5	7		52	2			25
468	60	58	73	65	99	34	122
28	7	12	56		21	5	18
974	64	104	85	147	114	527	330
296	58	35	25	95	98	280	119
96		23	2	16	7	37	44
582	6	46	34	36	9	210	167
			24				
720	112	405	291	282	509	509	675
350	97	351	159	230	451	466	619
8			41		42	10	
110		8	27	7	16	22	
	15			45			41
252		46	64			11	15
57782	**11169**	**19383**	**16122**	**18454**	**22794**	**15394**	**37291**
1040	283	439	113	190	332	132	1476
1040	283	439	113	190	332	132	1476
34725	5717	13027	8174	6121	9417	5712	22757
110	77	233	35	2	92	1	105
33272	5350	12288	8096	6075	8911	5687	21775
539	262	438	16		241	1	760
804	28	68	27	44	173	23	117
98	52	137	61	99	164	42	60
	8	129	41		149		26
98	44	8	20	99	15	42	34
929	235	42	132	125	639	322	226
929	235	42	132	125	639	322	226
15037	3453	3890	5961	9579	9821	7016	6087
1225	489	458	2223	2661	2199	2095	1451
8514	1259	2088	2311	4725	4599	3449	3228
49	41	20	18	9	28	6	22
5249	1664	1324	1409	2184	2995	1466	1386
5953	1429	1848	1681	2340	2421	2170	6685
1298	393	411	633	580	1232	1761	3148
4655	1036	1437	1048	1760	1189	409	3537

1-08 续表 10

行　　业	代码	2003年	2004年	2005年	2006年
总　计	**00**	**686148**	**807414**	**802452**	**841219**
农、林、牧、渔业	**A**	**768**	**653**	**700**	**723**
农业	01	123	67	92	253
谷物种植	011				
豆类、油料和薯类种植	012				
棉、麻、糖、烟草种植	013				
蔬菜、食用菌及园艺作物种植	014	91	65	12	3
水果种植	015	32	2	80	
坚果、含油果、香料和饮料作物种植	016				250
中药材种植	017				
其他农业	019				
林业	02	15		20	57
林木育种和育苗	021	15			57
造林和更新	022				
森林经营和管护	023			20	
木材和竹材采运	024				
林产品采集	025				
畜牧业	03			10	23
牲畜饲养	031			10	22
家禽饲养	032				1
其他畜牧业	039				
渔业	04				
水产养殖	041				
水产捕捞	042				
农、林、牧、渔服务业	05	630	586	578	390
农业服务业	051	353	383	219	243
林业服务业	052	94	35	246	60
畜牧服务业	053	14	31	35	5
渔业服务业	054	169	137	78	82
采矿业	**B**	**13712**	**14747**	**9854**	**6177**
煤炭开采和洗选业	06	10866	7598	5457	1230
烟煤和无烟煤开采洗选	061	10866	7564	5457	1204
褐煤开采洗选	062				
其他煤炭采选	069		34		26
石油和天然气开采业	07				
石油开采	071				
天然气开采	072				
黑色金属矿采选业	08	689	2615	786	488
铁矿采选	081	689	2553	785	488
锰矿、铬矿采选	082		62	1	
其他黑色金属矿采选	089				
有色金属矿采选业	09	141	1277	1796	1526
常用有色金属矿采选	091	72	947	1629	1252
贵金属矿采选	092	64	288	77	32
稀有稀土金属矿采选	093	5	42	90	242
非金属矿采选业	10	2016	3257	1815	2933
土砂石开采	101	1659	1423	1494	2552
化学矿开采	102		31		61
采盐	103				
石棉及其他非金属矿采选	109	357	1803	321	320

2007年	2008年	2009年	2010年	2011年	2012年	2013年	无开业年份
666512	**661981**	**583030**	**716393**	**695671**	**604577**	**493995**	**35222**
696	**2349**	**3477**	**4083**	**6405**	**5742**	**6276**	**8**
	30	18	99	322	29	7	
						5	
				38	15	2	
				269	1		
		18	99		13		
				15			
	30						
			48		77		
			48		8		
					69		
	46	182					
	46	182					
	259						
	259						
696	2014	3277	3936	6083	5636	6269	8
351	1683	2393	3034	4802	4361	4777	7
116	78	232	368	458	628	367	1
21	52	324	79	203	47	291	
208	201	328	455	620	600	834	
4139	**5197**	**3461**	**2833**	**3040**	**4128**	**2923**	**241**
1327	242	368	495	233	1822	305	85
1326	224	179	425	167	1686	294	84
			2				
1	18	189	68	66	136	11	1
390	1248	822	310	538	474	74	10
390	962	810	241	530	459	74	5
	253	12	69	8	8		5
	33				7		
1045	483	169	90	476	170	149	50
331	410	113	87	409	56	122	36
81	56	43			35		6
633	17	13	3	67	79	27	8
1377	3224	2096	1919	1789	1661	2366	96
954	2939	1823	1617	1517	1403	2097	70
36		3	1	72	203	104	
	48			81	3		1
387	237	270	301	119	52	165	25

1-08 续表 11

行业	代码	2003年	2004年	2005年	2006年
开采辅助活动	11				
煤炭开采和洗选辅助活动	111				
石油和天然气开采辅助活动	112				
其他开采辅助活动	119				
其他采矿业	12				
其他采矿业	120				
制造业	C	**339086**	**401075**	**313606**	**384416**
农副食品加工业	13	17074	12361	11952	14821
谷物磨制	131	796	543	371	633
饲料加工	132	798	1067	1451	1119
植物油加工	133	750	1240	441	78
制糖业	134			10	136
屠宰及肉类加工	135	1411	1034	1232	1271
水产品加工	136	9507	4961	5716	6954
蔬菜、水果和坚果加工	137	3471	2603	1696	4005
其他农副食品加工	139	341	913	1035	625
食品制造业	14	6000	13537	8649	9169
焙烤食品制造	141	1080	2248	2108	3483
糖果、巧克力及蜜饯制造	142	1955	6144	1869	2257
方便食品制造	143	156	1682	986	1175
乳制品制造	144	78	8	39	
罐头食品制造	145	1438	1922	2796	1226
调味品、发酵制品制造	146	548	379	412	243
其他食品制造	149	745	1154	439	785
酒、饮料和精制茶制造业	15	4660	9626	6600	8312
酒的制造	151	548	344	387	351
饮料制造	152	480	1491	849	1270
精制茶加工	153	3632	7791	5364	6691
烟草制品业	16	856		12	
烟叶复烤	161	474		12	
卷烟制造	162				
其他烟草制品制造	169	382			
纺织业	17	25967	22101	14096	29660
棉纺织及印染精加工	171	17118	13031	7811	19393
毛纺织及染整精加工	172	807	75	277	27
麻纺织及染整精加工	173				200
丝绢纺织及印染精加工	174		20	18	
化纤织造及印染精加工	175	138	469	109	493
针织或钩针编织物及其制品制造	176	3861	4700	4854	6425
家用纺织制成品制造	177	2554	444	299	587
非家用纺织制成品制造	178	1489	3362	728	2535
纺织服装、服饰业	18	37646	47035	30702	52108
机织服装制造	181	31321	35557	25374	39011
针织或钩针编织服装制造	182	5026	9804	3382	6968
服饰制造	183	1299	1674	1946	6129
皮革、毛皮、羽毛及其制品和制鞋业	19	56259	77173	44611	36579
皮革鞣制加工	191	81	4035	1770	1257
皮革制品制造	192	7246	5940	9740	6044
毛皮鞣制及制品加工	193		8		29
羽毛(绒)加工及制品制造	194		132		15
制鞋业	195	48932	67058	33101	29234

2007年	2008年	2009年	2010年	2011年	2012年	2013年	无开业年份
		6					
		6					
			19	4	1	29	
			19	4	1	29	
315805	**278473**	**235075**	**309036**	**267016**	**205012**	**157106**	**4000**
15581	13279	11643	13824	13195	11308	9299	284
362	197	639	303	189	244	361	5
334	960	2384	1159	2037	799	697	47
258	583	481	926	219	147	477	
193				251	20	5	
1337	1798	697	1629	1403	2013	1634	35
8136	6383	4668	6073	5599	5236	3468	88
3731	2560	2092	3084	2476	2066	1832	94
1230	798	682	650	1021	783	825	15
9456	5750	8648	8495	7674	6952	4220	166
2731	1811	3539	2948	1781	2424	1765	30
2405	1506	567	1458	1829	1467	599	23
1090	481	447	1975	792	1017	568	2
6	18		20	60		19	
1560	1113	2187	1432	2264	1169	307	1
401	339	528	187	242	288	283	4
1263	482	1380	475	706	587	679	106
10158	7232	6381	8914	7477	8213	5688	49
1252	392	563	259	472	989	462	31
1448	646	615	422	1588	485	791	1
7458	6194	5203	8233	5417	6739	4435	17
11778	11275	7124	15210	12362	7927	7448	130
5379	6278	2265	8252	5547	2822	1893	34
20	52	16	171	187	17	159	7
	9	6	26		88	26	
38		88	56	195	29	52	
53	182	597	518	282	262	742	28
2543	2432	2405	2665	3208	2743	3145	45
609	970	774	1538	1117	622	416	3
3136	1352	973	1984	1826	1344	1015	13
37677	30088	27802	30504	31319	27811	21968	281
33241	24984	21723	22890	22993	18833	13621	256
2819	3617	3190	4347	5826	5322	3348	10
1617	1487	2889	3267	2500	3656	4999	15
41352	26690	23806	41435	27815	21413	18433	132
108	365	121	96	316	454	391	
3465	5390	2948	4938	3636	4064	3402	12
	30	34		78	138	17	
59	74	10	91	39	99	10	20
37720	20831	20693	36310	23746	16658	14613	100

1-08 续表 12

行业	代码	2003年	2004年	2005年	2006年
木材加工和木、竹、藤、棕、草制品业	20	9604	14028	13698	19068
木材加工	201	1349	3032	2489	5181
人造板制造	202	3995	6170	4826	8740
木制品制造	203	1199	1333	3178	2166
竹、藤、棕、草等制品制造	204	3061	3493	3205	2981
家具制造业	21	8312	5363	5112	5612
木质家具制造	211	3065	2695	1931	3275
竹、藤家具制造	212	111	31		50
金属家具制造	213	4082	2178	2931	1247
塑料家具制造	214	704	229	75	16
其他家具制造	219	350	230	175	1024
造纸和纸制品业	22	6665	5078	8860	14382
纸浆制造	221	1	387	26	5
造纸	222	1088	1963	1495	2388
纸制品制造	223	5576	2728	7339	11989
印刷和记录媒介复制业	23	5941	5645	4456	4533
印刷	231	5819	5455	4207	4298
装订及印刷相关服务	232	122	190	239	235
记录媒介复制	233			10	
文教、工美、体育和娱乐用品制造业	24	15171	23226	19013	19700
文教办公用品制造	241	613	327	482	556
乐器制造	242	171	515		46
工艺美术品制造	243	12289	17372	14287	15018
体育用品制造	244	1303	3417	3614	2448
玩具制造	245	712	1085	540	1609
游艺器材及娱乐用品制造	246	83	510	90	23
石油加工及炼焦	25	858	166	86	148
化学原料和化学制品制造业	26	8111	5911	9648	10702
基础化学原料制造	261	886	770	1797	1973
肥料制造	262	94	437	159	863
农药制造	263	392	116	177	30
涂料、油墨、颜料及类似产品制造	264	2903	1236	2244	2169
合成材料制造	265	1564	275	801	955
专用化学产品制造	266	689	1118	1944	3095
炸药、火工及焰火产品制造	267	213	15		8
日用化学产品制造	268	1370	1944	2526	1609
医药制造业	27	2410	2543	1171	995
化学药品原料药制造	271		46	43	311
化学药品制剂制造	272	267		422	74
中药饮片加工	273	46	1059	297	
中成药生产	274	309	282	12	41
兽用药品制造	275	1540	281	126	123
生物药品制造	276	147	578	232	425
卫生材料及医药用品制造	277	101	297	39	21
化学纤维制造业	28	7309	2959	2095	5031
纤维素纤维原料及纤维制造	281	254	31	403	250
合成纤维制造	282	7055	2928	1692	4781
橡胶和塑料制品业	29	14068	19170	14108	18630
橡胶制品业	291	2756	3496	1509	1151
塑料制品业	292	11312	15674	12599	17479
非金属矿物制品业	30	30132	27566	22665	30103

2007年	2008年	2009年	2010年	2011年	2012年	2013年	无开业年份
14774	11039	10868	10835	6815	5448	4692	83
3131	2271	2148	1369	1587	1325	1433	28
5431	2864	2627	3010	1917	776	669	7
3205	2272	1999	1822	929	821	738	
3007	3632	4094	4634	2382	2526	1852	48
6257	4042	5467	7672	6746	4371	3714	51
4527	3007	3716	5335	3760	2519	2650	42
579	126	1	78	126	175	42	
774	453	1074	809	2034	1193	423	7
59	41	210	25	50	15	66	
318	415	466	1425	776	469	533	2
7613	6802	5183	9989	5960	3919	4260	36
47	34	19		70	1	88	
3002	2735	2101	3033	1200	461	1727	12
4564	4033	3063	6956	4690	3457	2445	24
2423	2549	3396	2735	2570	2692	1412	27
2290	2509	3307	2705	2519	2609	1305	26
133	40	89	30	48	83	107	1
				3			
21363	12795	17348	17284	14038	14913	8883	265
430	226	1600	511	412	231	311	28
	43	61	74	64	26	31	
17214	11084	11581	11508	11195	12329	6947	115
1323	875	2723	2604	1197	1649	875	91
1994	567	1383	2581	737	598	394	31
402			6	433	80	325	
2904	859	92	239	135	180	125	
8859	10524	5346	5061	3518	5201	3129	634
3357	1664	912	1495	546	502	204	435
129	2354	348	698	196	303	212	21
186	96	23	26	47	35	11	
1293	1359	592	561	646	502	549	11
1262	1899	1004	569	816	1032	482	16
1162	2318	1395	1134	836	1108	872	128
824	42	8		11	12		
646	792	1064	578	420	1707	799	23
888	742	1752	586	1395	1163	1399	53
106	184	523	59	95	281	271	1
9	8		73	27	23	1	
693	65		33	873		114	
29	140	1147		218	124	435	1
	6	4		21	34	71	
16	272	60	293	114	197	452	51
35	67	18	128	47	504	55	
1188	1777	8	5411	578	422	903	28
	14	1	905	1	110	48	
1188	1763	7	4506	577	312	855	28
11509	14084	12927	14652	11195	6745	6903	173
1200	1107	1272	2504	1077	1428	1079	57
10309	12977	11655	12148	10118	5317	5824	116
25438	25919	19537	33835	32555	21756	15965	519

1-08 续表 13

行业	代码	2003年	2004年	2005年	2006年
水泥、石灰和石膏制造	301	1499	786	2339	1088
石膏、水泥制品及类似制品制造	302	4018	2047	1598	2715
砖瓦、石材等建筑材料制造	303	17692	16949	10115	17733
玻璃制造	304	96	200	23	888
玻璃制品制造	305	356	676	664	1887
玻璃纤维和玻璃纤维增强塑料制品制造	306	41	462	13	344
陶瓷制品制造	307	5890	5769	7606	4652
耐火材料制品制造	308	97	124	14	124
石墨及其他非金属矿物制品制造	309	443	553	293	672
黑色金属冶炼和压延加工业	31	8039	3190	16041	4580
炼铁	311	492	3	232	
炼钢	312	2357	145		88
黑色金属铸造	313	1800	1938	1169	2740
钢压延加工	314	3316	1040	14317	1154
铁合金冶炼	315	74	64	323	598
有色金属冶炼和压延加工业	32	2456	1061	2029	2657
常用有色金属冶炼	321	147	302	167	251
贵金属冶炼	322	215			330
稀有稀土金属冶炼	323	435		90	31
有色金属合金制造	324	104	60	170	471
有色金属铸造	325	5	8	25	131
有色金属压延加工	326	1550	691	1577	1443
金属制品业	33	8243	11631	8447	16882
结构性金属制品制造	331	3258	3411	2515	4219
金属工具制造	332	864	662	780	954
集装箱及金属包装容器制造	333	236	855	137	1008
金属丝绳及其制品制造	334	385	325	208	422
建筑、安全用金属制品制造	335	1175	2304	2245	5348
金属表面处理及热处理加工	336	287	1365	313	2363
搪瓷制品制造	337	44	151	126	331
金属制日用品制造	338	505	1227	1091	1034
其他金属制品制造	339	1489	1331	1032	1203
通用设备制造业	34	9384	10761	9530	9475
锅炉及原动设备制造	341	75	157	1450	89
金属加工机械制造	342	1379	1048	1475	1609
物料搬运设备制造	343	770	969	107	483
泵、阀门、压缩机及类似机械制造	344	3807	3960	1452	2455
轴承、齿轮和传动部件制造	345	931	1236	551	869
烘炉、风机、衡器、包装等设备制造	346	374	422	748	763
文化、办公用机械制造	347	251	339	2033	587
通用零部件制造	348	1287	2103	1416	2108
其他通用设备制造业	349	510	527	298	512
专用设备制造业	35	8343	10601	7396	7734
采矿、冶金、建筑专用设备制造	351	3258	3541	654	1676
化工、木材、非金属加工专用设备制造	352	2869	2527	3117	1967
食品、饮料、烟草及饲料生产专用设备制造	353	227	91	99	549
印刷、制药、日化及日用品生产专用设备制	354	232	125	894	615
纺织、服装和皮革加工专用设备制造	355	296	2358	617	569
电子和电工机械专用设备制造	356	226	164	342	619
农、林、牧、渔专用机械制造	357	305	57	459	156
医疗仪器设备及器械制造	358	422	941	246	688
环保、社会公共服务及其他专用设备制造	359	508	797	968	895

2007年	2008年	2009年	2010年	2011年	2012年	2013年	无开业年份
2619	3585	1468	1477	2466	556	278	275
3378	3606	2835	3740	4507	3097	2562	72
12222	12641	11513	18176	17635	13559	8740	119
1691	224	86	267	393	282	116	
873	1597	592	3443	1233	868	609	19
	708	89	264	146	349	52	
3885	3143	2215	5752	5701	2365	3356	19
42	78	256	252	75	153	42	9
728	337	483	464	399	527	210	6
4672	6284	5538	10614	3478	1243	1068	19
1	137	9	206	28	93	62	
		365	26	2	9	192	
2474	4455	1986	1958	2217	730	519	6
1919	933	2858	8391	1029	341	273	2
278	759	320	33	202	70	22	11
2597	4669	2134	1196	5129	1494	521	34
898	2784	1263	54	2259	77	36	
156			7	19	57		
74	1257			8	31	3	
87	371	255	7	1284	205	57	11
55	91	98	165	434	312	25	
1327	166	518	963	1125	812	400	23
8861	10312	10618	13872	14340	12536	7753	93
3390	2872	3494	4216	3303	2675	2645	9
447	878	621	1199	1611	814	651	1
312	529	194	707	95	1087	110	3
6	160	105	157	152	100	52	
1621	1565	1673	3142	3401	4060	1641	53
781	1166	856	972	1301	518	224	13
387	680	689	1127	2074	1103	1097	
467	1157	826	1133	1028	872	667	6
1450	1305	2160	1219	1375	1307	666	8
9639	7671	7550	7446	8548	6962	5211	109
152	98	52	158	64	216	235	
1343	1258	908	2129	1546	1450	847	9
497	253	94	506	200	161	267	12
3212	2798	3860	1526	2706	1786	1359	21
603	978	668	638	736	354	163	4
303	260	517	506	578	430	396	33
1135	173	77	102	151	264	97	5
1455	1519	1213	1560	2093	1905	1656	22
939	334	161	321	474	396	191	3
7160	8212	6932	9190	7082	5341	5098	183
1520	2966	786	1149	1434	681	651	59
2041	1872	2832	3325	1859	1753	1407	9
171	477	253	265	151	150	161	3
875	408	283	219	273	315	338	6
411	568	589	332	591	338	626	4
467	332	489	882	886	650	879	86
339	458	653	976	849	222	277	
620	205	154	427	325	225	157	
716	926	893	1615	714	1007	602	16

1-08 续表 14

行业	代码	2003年	2004年	2005年	2006年
汽车制造业	36	4895	10121	7913	7524
汽车整车制造	361			89	206
改装汽车制造	362		241	115	425
低速载货汽车制造	363				120
电车制造	364				
汽车车身、挂车制造	365			223	528
汽车零部件及配件制造	366	4895	9880	7486	6245
铁路、船舶、航空航天和其他运输设备制造业	37	1262	2294	9913	3921
铁路运输设备制造	371				
城市轨道交通设备制造	372				
船舶及相关装置制造	373	547	1146	7164	2618
航空、航天器及设备制造	374				
摩托车制造	375	500	843	1671	1041
自行车制造	376	211	305	1078	132
非公路休闲车及零配件制造	377				
潜水救捞及其他未列明运输设备制造	379	4			130
电气机械和器材制造业	38	17625	15162	11688	18444
电机制造	381	5551	3311	2036	8384
输配电及控制设备制造	382	2030	3191	2575	4228
电线、电缆、光缆及电工器材制造	383	1256	1480	1560	821
电池制造	384	425	1286	1858	597
家用电力器具制造	385	3487	1848	1900	999
非电力家用器具制造	386	741	172	573	4
照明器具制造	387	4005	3353	1041	2952
其他电气机械及器材制造	389	130	521	145	459
计算机、通信和其他电子设备制造业	39	12716	34548	17462	24265
计算机制造	391	2866	2981	248	1539
通信设备制造	392	970	209	675	588
广播电视设备制造	393	16	622	330	203
雷达及配套设备制造	394				1
视听设备制造	395	2115	297		2706
电子器件制造	396	1875	25382	11019	14002
电子元件制造	397	4472	4422	3682	4563
其他电子设备制造	399	402	635	1508	663
仪器仪表制造业	40	3631	2654	2408	5849
通用仪器仪表制造	401	588	480	433	189
专用仪器仪表制造	402	19	112	101	25
钟表与计时仪器制造	403	2618	1484	629	1341
光学仪器及眼镜制造	404	405	553	1094	4165
其他仪器仪表制造业	409	1	25	151	129
其他制造业	41	4575	4459	2984	2730
废弃资源综合利用业	42	340	447	69	286
金属废料和碎屑加工处理	421	38	305	59	23
非金属废料和碎屑加工处理	422	302	142	10	263
金属制品、机械和设备修理业	43	534	658	192	516
金属制品修理	431	13		4	1
通用设备修理	432	16			89
专用设备修理	433	40	190	6	84
铁路、船舶、航空航天等运输设备修理	434	420	324	72	103
电气设备修理	435		35	92	6
仪器仪表修理	436				
其他机械和设备修理业	439	45	109	18	233

2007年	2008年	2009年	2010年	2011年	2012年	2013年	无开业年份
7548	4841	5140	4286	3899	1479	1064	182
1742			512			25	50
2064	1	81	321	23		10	
12		1		5		17	
	5		20	483	30	11	
3730	4835	5058	3433	3388	1449	1001	132
3126	1988	3702	3727	1569	2013	522	70
15		89			42	17	
1078	342	2076	884	785	607	245	42
1501	1282	1397	2565	537	948	176	27
531	82	139	272	247	142	72	1
						8	
1	282	1	6		274	4	
20919	26328	10721	12653	10485	8134	6248	140
3639	3257	2314	3209	2460	1734	949	48
4066	2276	2081	2247	2644	1864	1182	28
1710	892	733	1016	448	477	340	
1533	10792	347	837	1680	146	987	4
1245	929	2122	1001	983	545	394	9
378	890	93	253	194	38	81	28
8171	7091	2848	3951	1752	2987	2132	23
177	201	183	139	324	343	183	
17455	15826	9705	11942	20398	6749	5527	140
1299	852	2739	272	181	191	171	6
231	720	559	1341	538	414	293	10
276	119	521	899	292	133	8	
		10	4				
1247	6326	417	775	274	129	859	1
7628	3851	1930	3126	15345	3227	1606	49
5632	2991	2606	4390	3135	2030	1315	30
1142	967	923	1135	633	625	1275	44
1174	2094	2550	1335	1523	975	697	26
380	272	393	315	322	204	304	3
73	22	451	303	223	101	47	2
478	1197	201	452	401	90	201	3
111	578	958	251	552	513	140	18
132	25	547	14	25	67	5	
2493	3476	2196	4655	3671	5095	3839	50
597	964	271	442	717	1053	616	40
124	504	31	120	225	137	83	31
473	460	240	322	492	916	533	9
346	362	690	997	830	1504	501	3
	37	22	188	73	82	1	
38	15	11	57	55	46	23	
40	21	22	57	49	19	138	3
170	202	462	560	370	1151	145	
30		7	7	3	8	13	
10							
58	87	166	128	280	198	181	

1-08 续表 15

行　业	代码	2003年	2004年	2005年	2006年
电力、热力、燃气及水生产和供应业	D	**11609**	**10357**	**7962**	**9155**
电力、热力生产和供应业	44	8747	9872	5992	8446
电力生产	441	7660	4136	3450	4225
电力供应	442	943	5736	2459	4116
热力生产和供应	443	144		83	105
燃气生产和供应业	45	1076	1	320	298
燃气生产和供应业	450	1076	1	320	298
水的生产和供应业	46	1786	484	1650	411
自来水生产和供应	461	1619	426	929	307
污水处理及其再生利用	462	167	58	721	103
其他水的处理、利用与分配	469				1
建筑业	E	**146060**	**199825**	**289417**	**240630**
房屋建筑业	47	71480	138179	146473	97354
房屋建筑业	470	71480	138179	146473	97354
土木工程建筑业	48	26803	19098	72216	14561
铁路、道路、隧道和桥梁工程建筑	481	7576	11012	24947	7128
水利和内河港口工程建筑	482	2078	715	27352	544
海洋工程建筑	483	3		75	114
工矿工程建筑	484	14365	2052	18052	3235
架线和管道工程建筑	485	863	1359	504	1588
其他土木工程建筑	489	1918	3960	1286	1952
建筑安装业	49	5045	4839	2886	10789
电气安装	491	2960	1722	784	8419
管道和设备安装	492	483	1289	830	559
其他建筑安装业	499	1602	1828	1272	1811
建筑装饰和其他建筑业	50	42732	37709	67842	117926
建筑装饰业	501	3596	1532	2120	19325
工程准备活动	502	8341	2005	33169	40167
提供施工设备服务	503	598	2234	21253	17609
其他未列明建筑业	509	30197	31938	11300	40825
批发和零售业	F	**42339**	**44727**	**56214**	**62544**
批发业	51	25964	27086	29055	33579
农、林、牧产品批发	511	471	672	941	836
食品、饮料及烟草制品批发	512	3894	3053	4629	4923
纺织、服装及家庭用品批发	513	4589	6901	5846	7476
文化、体育用品及器材批发	514	1091	1315	977	961
医药及医疗器材批发	515	726	2370	2235	1689
矿产品、建材及化工产品批发	516	7157	5657	6563	8301
机械设备、五金产品及电子产品批发	517	5907	5424	6010	6322
贸易经纪与代理	518	842	625	625	1950
其他批发业	519	1287	1069	1229	1121
零售业	52	16375	17641	27159	28965
综合零售	521	4542	2156	12632	10530
食品、饮料及烟草制品专门零售	522	1421	3162	1820	5253
纺织、服装及日用品专门零售	523	1185	952	1129	2133
文化、体育用品及器材专门零售	524	571	549	264	869
医药及医疗器材专门零售	525	1452	1310	1245	826
汽车、摩托车、燃料及零配件专门零售	526	4095	5537	4435	3641
家用电器及电子产品专门零售	527	1883	2617	3570	3034
五金、家具及室内装饰材料专门零售	528	708	825	1347	1915
货摊、无店铺及其他零售业	529	518	533	717	764

2007年	2008年	2009年	2010年	2011年	2012年	2013年	无开业年份
6594	**5640**	**2683**	**3519**	**3201**	**2863**	**2005**	**90**
4683	4768	1842	2223	2066	1933	1310	61
1528	2293	1738	1984	1846	1483	1077	27
3129	2451	70	233	88	341	233	
26	24	34	6	132	109		34
1225	47	72	120	107	118	129	13
1225	47	72	120	107	118	129	13
686	825	769	1176	1028	812	566	16
558	585	524	949	822	704	425	11
112	235	229	205	206	99	135	5
16	5	16	22		9	6	
157934	**179250**	**113428**	**93412**	**104325**	**48413**	**21991**	**178**
81049	104122	61726	35826	63357	23778	9418	91
81049	104122	61726	35826	63357	23778	9418	91
13772	14943	17596	33717	23991	15307	4600	31
7801	5633	6612	11857	15016	12272	2373	8
962	2129	7086	3056	6918	1620	205	6
			34	42	12	9	
2329	5311	148	1538	48	27	71	
1610	588	1877	1213	469	200	107	
1070	1282	1873	16019	1498	1176	1835	17
1797	2338	3720	1423	2268	1846	1024	2
823	675	494	523	802	363	268	
272	1125	560	311	371	225	119	2
702	538	2666	589	1095	1258	637	
61316	57847	30386	22446	14709	7482	6949	54
2025	1275	3425	4143	4229	4561	4277	13
31153	7323	5616	4548	863	472	534	23
7251	21788	2830	400	2329	951	432	6
20887	27461	18515	13355	7288	1498	1706	12
61546	**65177**	**84096**	**104524**	**115704**	**122348**	**115059**	**1057**
38505	42072	52488	71821	74276	78259	75235	774
1164	1635	2128	3274	5159	4348	5336	60
5796	10350	11861	15140	14020	18496	18129	56
9727	7494	9795	13353	13646	14493	12840	125
1931	1656	1796	2422	2991	2712	2750	17
1188	1392	1646	1876	909	1283	1870	3
8846	8814	12018	18404	20474	17580	16370	316
7467	7746	9381	12604	11432	11816	11285	134
859	1263	1634	1928	2594	3733	3909	47
1527	1722	2229	2820	3051	3798	2746	16
23041	23105	31608	32703	41428	44089	39824	283
2819	3709	7406	4097	6522	6391	6258	60
2381	4442	4409	7312	8947	9254	8313	30
1614	2441	3404	3415	5678	7830	5460	73
658	897	1410	1537	2114	2922	2011	30
648	1485	1356	1546	1813	1486	1049	9
10721	4383	5923	5907	6110	6241	5426	35
2148	2170	4063	3252	4145	3043	3393	7
1367	2112	2356	4185	3762	4133	4152	30
685	1466	1281	1452	2337	2789	3762	9

1-08 续表 16

行业	代码	2003年	2004年	2005年	2006年
交通运输、仓储和邮政业	G	**22113**	**22306**	**21598**	**20854**
道路运输业	54	13328	16355	6334	12664
城市公共交通运输	541	848	7704	1976	6959
公路旅客运输	542	9493	1839	1031	478
道路货物运输	543	2627	3627	2656	5077
道路运输辅助活动	544	360	3185	671	150
水上运输业	55	986	1466	3790	2218
水上旅客运输	551		53	84	335
水上货物运输	552	614	1174	1630	1255
水上运输辅助活动	553	372	239	2076	628
航空运输业	56	4289	3	14	56
航空客货运输	561	32		14	55
通用航空服务	562	1061			
航空运输辅助活动	563	3196	3		1
管道运输业	57				
管道运输业	570				
装卸搬运和运输代理业	58	2632	3286	8365	4503
装卸搬运	581	756	431	216	875
运输代理业	582	1876	2855	8149	3628
仓储业	59	864	1164	552	725
谷物、棉花等农产品仓储	591	121	140		94
其他仓储业	599	743	1024	552	631
邮政业	60	14	32	2543	688
邮政基本服务	601		9		315
快递服务	602	14	23	2543	373
住宿和餐饮业	H	**6944**	**8099**	**9934**	**12087**
住宿业	61	4640	5091	6613	7430
旅游饭店	611	4122	3844	5335	5710
一般旅馆	612	484	1088	1171	1199
其他住宿业	619	34	159	107	521
餐饮业	62	2304	3008	3321	4657
正餐服务	621	1972	2320	2907	4241
快餐服务	622	189	594	279	178
饮料及冷饮服务	623	123	20	84	108
其他餐饮业	629	20	74	51	130
信息传输、软件和信息技术服务业	I	**16028**	**8180**	**5688**	**7397**
电信、广播电视和卫星传输服务	63	7889	1140	579	1018
电信	631	7882	1127	380	919
广播电视传输服务	632	7	7	199	99
卫星传输服务	633		6		
互联网和相关服务	64	596	1510	827	889
互联网接入及相关服务	641	5	19	95	161
互联网信息服务	642	576	1471	690	696
其他互联网服务	649	15	20	42	32
软件和信息技术服务业	65	7543	5530	4282	5490
软件开发	651	6570	3513	3047	3459
信息系统集成服务	652	463	372	481	411
信息技术咨询服务	653	124	427	73	1145
数据处理和存储服务	654	72	65	126	30
集成电路设计	655		609	19	26
其他信息技术服务业	659	314	544	536	419

2007年	2008年	2009年	2010年	2011年	2012年	2013年	无开业年份
16351	**16438**	**16639**	**17989**	**13951**	**12878**	**15300**	**511**
6961	9018	9727	9837	7529	7646	8534	94
690	3261	3591	1631	919	521	379	
420	365	628	925	483	757	358	
4979	4476	4835	5214	5641	5673	6714	88
872	916	673	2067	486	695	1083	6
1488	1870	1472	1125	1416	467	210	263
	14	125	252	1007		23	
1142	932	625	376	258	228	112	9
346	924	722	497	151	239	75	254
5	36	85	145	86	28	44	15
5	2	62	5	75		15	
			13		22	8	
	34	23	127	11	6	21	15
4627	3604	3772	3864	3523	3333	4807	29
396	2152	457	842	480	609	1963	16
4231	1452	3315	3022	3043	2724	2844	13
984	692	460	504	751	655	763	104
63	118	86	23	87	75	48	1
921	574	374	481	664	580	715	103
2286	1218	1123	2514	646	749	942	6
7			7	5	49	1	
2279	1218	1123	2507	641	700	941	6
8803	**15122**	**17029**	**20934**	**21651**	**24414**	**18060**	**141**
5236	6746	9072	11749	10510	10496	7228	132
3638	4115	6603	7689	6417	5528	3853	114
1342	2326	1996	3736	3548	4193	2939	12
256	305	473	324	545	775	436	6
3567	8376	7957	9185	11141	13918	10832	9
3085	7544	6554	7170	9869	12543	9061	5
222	541	586	1049	291	300	513	
75	119	472	567	499	311	589	4
185	172	345	399	482	764	669	
8999	**4599**	**8094**	**8643**	**11273**	**12010**	**9141**	**44**
3268	385	633	311	634	1891	349	1
3263	339	545	95	498	143	198	
5	46	88	211	136	1748	151	1
			5				
546	491	1411	825	1033	2163	1590	
169	31	73	46	86	110	128	
335	440	781	689	876	1675	1071	
42	20	557	90	71	378	391	
5185	3723	6050	7507	9606	7956	7202	43
4164	2366	3513	4359	6106	4614	4509	34
435	525	1049	706	1218	835	741	1
208	374	583	807	1019	1238	1019	6
98	41	85	282	240	172	264	
70	53	28	112	109	79	79	
210	364	792	1241	914	1018	590	2

1-08 续表 17

行业	代码	2003年	2004年	2005年	2006年
房地产业	K	**14647**	**10929**	**17791**	**13298**
房地产业	70	14647	10929	17791	13298
房地产开发经营	701	4238	4050	4019	5596
物业管理	702	7981	4930	12202	5842
房地产中介服务	703	989	1310	1002	1314
自有房地产经营活动	704	807	413	225	369
其他房地产业	709	632	226	343	177
租赁和商务服务业	L	**10249**	**30206**	**17570**	**16035**
租赁业	71	170	180	573	620
机械设备租赁	711	170	169	562	598
文化及日用品出租	712		11	11	22
商务服务业	72	10079	30026	16997	15415
企业管理服务	721	1542	10103	4190	3544
法律服务	722	482	232	456	347
咨询与调查	723	1743	2127	1961	2377
广告业	724	1000	1467	1944	3372
知识产权服务	725	129	149	111	56
人力资源服务	726	2571	10504	691	283
旅行社及相关服务	727	792	952	1211	693
安全保护服务	728	646	2484	4985	2719
其他商务服务业	729	1174	2008	1448	2024
科学研究和技术服务业	M	**8121**	**8364**	**8834**	**17799**
研究和试验发展	73	389	616	751	832
自然科学研究和试验发展	731	64	54	20	108
工程和技术研究和试验发展	732	65	289	317	443
农业科学研究和试验发展	733	123	26	67	76
医学研究和试验发展	734	56	242	54	122
社会人文科学研究	735	81	5	293	83
专业技术服务业	74	6809	7320	7169	15752
气象服务	741	70	30	9	74
地震服务	742	47	10	14	15
海洋服务	743	26		8	17
测绘服务	744	550	494	256	200
质检技术服务	745	728	1124	1035	769
环境与生态监测	746	36	20	111	104
地质勘查	747	117	40	59	216
工程技术	748	4481	4499	4625	3499
其他专业技术服务业	749	754	1103	1052	10858
科技推广和应用服务业	75	923	428	914	1215
技术推广服务	751	862	326	804	972
科技中介服务	752	26	24	39	170
其他科技推广和应用服务业	759	35	78	71	73
水利、环境和公共设施管理业	N	**2075**	**2263**	**2551**	**2435**
水利管理业	76	129	309	209	147
防洪除涝设施管理	761	15	26	16	14
水资源管理	762	16	103	51	26
天然水收集与分配	763	51	48	54	49
水文服务	764			58	2
其他水利管理业	769	47	132	30	56

2007年	2008年	2009年	2010年	2011年	2012年	2013年	无开业年份
15196	**11115**	**13747**	**22408**	**18800**	**14271**	**12761**	**195**
15196	11115	13747	22408	18800	14271	12761	195
6375	3899	5813	13933	10459	8555	5751	88
6657	5827	5904	5584	6039	3176	3139	69
1298	788	1458	1800	1648	1699	2392	20
627	276	177	663	375	400	191	3
239	325	395	428	279	441	1288	15
17228	**16614**	**20254**	**27538**	**31602**	**34882**	**38266**	**370**
1139	974	1118	1598	2043	2425	1812	9
1100	921	1083	1545	1961	2368	1671	9
39	53	35	53	82	57	141	
16089	15640	19136	25940	29559	32457	36454	361
4183	4366	5107	6809	8920	10918	11417	224
429	220	1209	547	695	604	325	
2493	2557	2543	3671	5129	6170	6747	46
2222	2617	3333	4662	5704	6226	5047	12
93	52	147	229	178	167	208	
1074	1626	1054	3878	1773	2115	3036	2
790	712	1233	1495	1816	1562	1251	22
2980	1141	149	189	942	926	4375	3
1825	2349	4361	4460	4402	3769	4048	52
5951	**8269**	**11079**	**14639**	**14693**	**18889**	**16460**	**83**
820	649	1104	1592	2578	2282	2487	27
3	79	139	90	148	197	240	6
260	289	301	812	1887	1039	1306	11
295	152	343	453	279	713	427	9
36	34	159	146	192	260	389	1
226	95	162	91	72	73	125	
3915	4353	5542	7472	6661	8211	6424	39
18	12	153	20	68	40	69	
15	23	3	5	10	2		
1	3	45	86	34	88	19	
98	96	183	156	177	182	187	
732	515	1124	714	353	501	480	
26	159	78	131	168	183	85	
147	68	25	1009	30	174	130	
1652	2171	2205	3099	3488	3982	3463	31
1226	1306	1726	2252	2333	3059	1991	8
1216	3267	4433	5575	5454	8396	7549	17
1087	2961	4148	5215	5023	7924	7102	17
93	219	74	157	300	118	183	
36	87	211	203	131	354	264	
2788	**3675**	**2866**	**4617**	**5433**	**4820**	**5834**	**279**
69	165	198	483	200	604	340	7
	27	39	258	37	183	23	
22	30	20	12	85	75	127	7
40	32	26	43	43	69	162	
			9	2	52		
7	76	113	161	33	225	28	

1-08 续表 18

行 业	代码	2003年	2004年	2005年	2006年
生态保护和环境治理业	77	271	464	364	178
生态保护	771	29	69	70	25
环境治理业	772	242	395	294	153
公共设施管理业	78	1675	1490	1978	2110
市政设施管理	781	658	166	285	124
环境卫生管理	782	43	115	674	1089
城乡市容管理	783	78	59	73	20
绿化管理	784	348	442	368	144
公园和游览景区管理	785	548	708	578	733
居民服务、修理和其他服务业	**O**	**3609**	**3339**	**3579**	**4893**
居民服务业	79	1504	1502	1147	1884
家庭服务	791	206	128	128	404
托儿所服务	792	23	26	10	44
洗染服务	793		148	112	167
理发及美容服务	794	122	86	53	118
洗浴服务	795	80	82	179	289
保健服务	796	284	695	264	248
婚姻服务	797	34	34	26	17
殡葬服务	798	338	191	306	360
其他居民服务业	799	417	112	69	237
机动车、电子产品和日用产品修理业	80	1066	1351	1382	1440
汽车、摩托车修理与维护	801	765	720	1096	1154
计算机和办公设备维修	802	203	311	142	107
家用电器修理	803	80	166	107	110
其他日用产品修理业	809	18	154	37	69
其他服务业	81	1039	486	1050	1569
清洁服务	811	871	416	905	1337
其他未列明服务业	819	168	70	145	232
教育	**P**	**19721**	**15571**	**16177**	**15387**
教育	82	19721	15571	16177	15387
学前教育	821	3376	2828	3884	4120
初等教育	822	3274	2901	2619	2807
中等教育	823	3918	3516	2952	2824
高等教育	824	5429	4024	2971	2368
特殊教育	825			113	
技能培训、教育辅助及其他教育	829	3724	2302	3638	3268
卫生和社会工作	**Q**	**3071**	**4918**	**3836**	**4346**
卫生	83	2856	4757	3643	4141
医院	831	1015	2528	2037	2407
社区医疗与卫生院	832	778	437	548	550
门诊部(所)	833	499	239	704	712
计划生育技术服务活动	834	3	22		
妇幼保健院(所、站)	835	28	576		120
专科疾病防治院(所、站)	836	3		3	
疾病预防控制中心	837	526	924	329	263
其他卫生活动	839	4	31	22	89
社会工作	84	215	161	193	205
提供住宿社会工作	841	154	116	130	74
不提供住宿社会工作	842	61	45	63	131
文化、体育和娱乐业	**R**	**2430**	**5700**	**2819**	**5879**
新闻和出版业	85	116	106	145	1168

2007年	2008年	2009年	2010年	2011年	2012年	2013年	无开业年份
215	230	189	256	240	316	1435	18
65	89	26	12	50	39	49	6
150	141	163	244	190	277	1386	12
2504	3280	2479	3878	4993	3900	4059	254
290	413	256	663	349	379	183	2
131	846	335	814	2890	600	1514	
308	223	34	146	189	183	441	
511	616	653	522	537	664	511	45
1264	1182	1201	1733	1028	2074	1410	207
4338	**4827**	**5761**	**7602**	**7533**	**10166**	**9363**	**24**
1597	2100	2313	2833	3509	5422	4499	6
225	142	344	291	279	701	1182	
21	50	56	176	33	35	40	
102	145	183	131	159	343	127	
189	126	146	237	551	353	498	
402	544	468	345	575	572	517	2
457	443	822	1279	1368	1277	1305	
16	46	75	64	98	103	193	
98	247	110	175	129	119	187	3
87	357	109	135	317	1919	450	1
1506	1602	2165	2959	2855	2881	3103	2
1302	1254	1765	2224	2332	2470	2568	2
58	130	139	429	299	113	242	
79	182	124	244	193	218	139	
67	36	137	62	31	80	154	
1235	1125	1283	1810	1169	1863	1761	16
1209	971	1170	1523	855	1572	1465	
26	154	113	287	314	291	296	16
14424	**13893**	**15137**	**22598**	**20308**	**21407**	**13926**	**71**
14424	13893	15137	22598	20308	21407	13926	71
3664	4864	5766	9541	10233	8843	5846	37
2781	2117	2589	3492	3741	3459	3340	4
1608	3839	3933	2839	2300	5311	1948	4
2976	479	635	2719	249		42	
164	50	102	33	8	101	103	
3231	2544	2112	3974	3777	3693	2647	26
3797	**8754**	**5185**	**5344**	**4907**	**6421**	**7125**	**24**
3352	8126	4419	4813	4284	5749	6194	21
1895	6140	2456	2515	1531	2614	3681	
673	840	1127	1086	1065	1146	1275	
396	759	457	823	1464	1740	1091	21
3		1	18	1	4	26	
1		147	195	44	68		
		19	70	177	37	55	
236	332	195	80		100		
148	55	17	26	2	40	66	
445	628	766	531	623	672	931	3
254	464	307	293	359	339	652	3
191	164	459	238	264	333	279	
4474	**5247**	**7205**	**8518**	**9639**	**12474**	**11596**	**80**
200	41	144	113	248	242	141	1

1-08 续表 19

行　业	代码	2003年	2004年	2005年	2006年
新闻业	851	6	55	29	28
出版业	852	110	51	116	1140
广播、电视、电影和影视录音制作业	86	99	3805	22	220
广播	861	78	2588	12	
电视	862		972		63
电影和影视节目制作	863	13	227	7	38
电影和影视节目发行	864			3	11
电影放映	865	5	18		108
录音制作	866	3			
文化艺术业	87	489	511	483	910
文艺创作与表演	871	309	223	216	384
艺术表演场馆	872			38	123
图书馆与档案馆	873	47	102	41	23
文物及非物质文化遗产保护	874	36	43	37	15
博物馆	875	6	64	7	212
烈士陵园、纪念馆	876			1	
群众文化活动	877	61	59	64	98
其他文化艺术业	879	30	20	79	55
体育	88	511	361	466	441
体育组织	881	314	125	155	126
体育场馆	882	77	28	22	126
休闲健身活动	883	120	166	287	107
其他体育	889		42	2	82
娱乐业	89	1215	917	1703	3140
室内娱乐活动	891	1209	899	1669	3014
游乐园	892		15	1	2
彩票活动	893	1	1		
文化、娱乐、体育经纪代理	894	3		27	39
其他娱乐业	899	2	2	6	85
公共管理、社会保障和社会组织	**S**	**23566**	**16155**	**14322**	**17164**
中国共产党机关	90	291	74	166	58
中国共产党机关	900	291	74	166	58
国家机构	91	10988	7925	5281	6910
国家权力机构	911	150		4	
国家行政机构	912	10098	7711	5201	6653
人民法院和人民检察院	913	613	131	8	243
其他国家机构	919	127	83	68	14
人民政协、民主党派	92	142	40	9	4
人民政协	921	54		3	
民主党派	922	88	40	6	4
社会保障	93	314	146	131	320
社会保障	930	314	146	131	320
群众团体、社会团体和其他成员组织	94	5297	6797	7649	7458
群众团体	941	1175	1747	1001	2044
社会团体	942	2974	4032	5392	4555
基金会	943	10	19	29	37
宗教组织	944	1138	999	1227	822
基层群众自治组织	95	6534	1173	1086	2414
社区自治组织	951	5957	882	821	2111
村民自治组织	952	577	291	265	303

2007年	2008年	2009年	2010年	2011年	2012年	2013年	无开业年份
69	21	6	12	134	94	75	
131	20	138	101	114	148	66	1
495	389	518	949	1696	917	1202	5
11	66	1	20	58	5	4	2
142	22	27	326	110	319	675	
170	73	196	130	1113	102	177	
48			13	18	11	59	
124	228	277	453	385	466	268	2
		17	7	12	14	19	1
411	1204	1803	1264	1858	2557	2349	18
255	575	1419	637	1053	1070	1227	4
		18		18	4	69	
32	80	9	70	102	47	53	
14	207	110	168	71	136	108	3
4	53	17	79	38	60	71	5
10	9	4	10	6	13		
50	171	66	104	321	366	426	
46	109	160	196	249	861	395	6
464	678	1083	1225	1720	1637	1856	48
194	216	386	658	1198	561	876	1
17	47	205	232	22	384	69	
243	409	427	321	384	643	597	47
10	6	65	14	116	49	314	
2904	2935	3657	4967	4117	7121	6048	8
2835	2495	3475	4125	3805	6525	5175	2
20	424	62	780	95	277	673	6
	2				8		
16	12	25	26	113	67	111	
33	2	95	36	104	244	89	
17449	**17342**	**17814**	**38156**	**36190**	**43439**	**30803**	**27826**
49	102	28	209	392	399	141	1941
49	102	28	209	392	399	141	1941
5046	5451	3727	7633	12043	15426	8018	25584
	3	39	1	40	98		863
4847	5335	3565	7346	11185	14673	7719	22687
159	50	92	197	763	153	275	1811
40	63	31	89	55	502	24	223
34	5	44	53	62	64	6	199
9		41	12	30	34	2	155
25	5	3	41	32	30	4	44
282	141	137	186	385	326	366	
282	141	137	186	385	326	366	
11094	10635	12434	28703	21697	22037	19986	96
2217	2259	3111	14786	6102	7380	6076	13
8129	7418	8418	11052	11814	12342	13098	75
298	89	62	67	88	41	83	
450	869	843	2798	3693	2274	729	8
944	1008	1444	1372	1611	5187	2286	6
617	554	668	502	730	1303	1052	6
327	454	776	870	881	3884	1234	

1-09 按行业(中类)、登记注册

行业	代码	法人单位数(个)	内资	国有	集体	股份合作	联营
总计	**00**	**373792**	**362382**	**37991**	**7087**	**1522**	**884**
农、林、牧、渔业	**A**	**2468**	**2452**	**311**	**45**	**10**	**2**
农业	01	39	38	12	1		
谷物种植	011	7	7	4			
豆类、油料和薯类种植	012	1	1	1			
棉、麻、糖、烟草种植	013						
蔬菜、食用菌及园艺作物种植	014	11	11	1			
水果种植	015	7	7	2	1		
坚果、含油果、香料和饮料作物种植	016	11	10	4			
中药材种植	017	1	1				
其他农业	019	1	1				
林业	02	21	20	15	1		
林木育种和育苗	021	6	5	3			
造林和更新	022	5	5	3	1		
森林经营和管护	023	9	9	9			
木材和竹材采运	024	1	1				
林产品采集	025						
畜牧业	03	9	9				
牲畜饲养	031	7	7				
家禽饲养	032	1	1				
其他畜牧业	039	1	1				
渔业	04	3	3	1			
水产养殖	041	2	2	1			
水产捕捞	042	1	1				
农、林、牧、渔服务业	05	2396	2382	283	43	10	2
农业服务业	051	1544	1536	118	16	7	2
林业服务业	052	331	329	126	11	1	
畜牧服务业	053	101	100	25	1	1	
渔业服务业	054	420	417	14	15	1	
采矿业	**B**	**2157**	**2131**	**45**	**132**	**32**	**17**
煤炭开采和洗选业	06	270	269	13	57	2	2
烟煤和无烟煤开采洗选	061	238	237	10	57		2
褐煤开采洗选	062	1	1				
其他煤炭采选	069	31	31	3		2	
石油和天然气开采业	07						
石油开采	071						
天然气开采	072						
黑色金属矿采选业	08	259	256	6	14	8	1
铁矿采选	081	241	238	5	14	7	1
锰矿、铬矿采选	082	15	15	1			
其他黑色金属矿采选	089	3	3			1	
有色金属矿采选业	09	261	254	5	11	6	2
常用有色金属矿采选	091	191	185		10	3	1
贵金属矿采选	092	28	28	2		2	1
稀有稀土金属矿采选	093	42	41	3	1	1	
非金属矿采选业	10	1359	1344	21	50	16	12

类型分组的法人单位数

国有联营	集体联营	国有与集体联营	其他联营	有限责任公司	国有独资	其他有限责任公司	股份有限公司	私营	私营独资
152	**360**	**66**	**306**	**60670**	**1081**	**59589**	**4681**	**179325**	**37580**
	1	**1**		**173**	**4**	**169**	**10**	**600**	**282**
				5		5		14	3
								1	
				2		2		8	2
								3	1
				3		3		1	
								1	
				1		1		1	
				1		1			
								1	
				3		3		6	
				3		3		4	
								1	
								1	
								2	
								1	
								1	
	1	1		164	4	160	10	577	279
	1	1		108	1	107	8	225	64
				22		22		63	15
				5		5	1	20	11
				29	3	26	1	269	189
	15		**2**	**301**	**15**	**286**	**47**	**1363**	**425**
	2			60	7	53	5	122	16
	2			58	7	51	5	99	8
								1	
				2		2		22	8
	1			34	1	33	8	160	26
	1			32	1	31	7	149	25
							1	11	1
				2		2			
	1		1	50	3	47	10	147	27
			1	23		23	8	122	22
	1			13	3	10		10	3
				14		14	2	15	2
	11		1	154	4	150	24	931	356

1-09 续表 1

行业	代码	法人单位数(个)	内资				
				国有	集体	股份合作	联营
土砂石开采	101	1189	1179	14	41	14	8
化学矿开采	102	20	18		1		
采盐	103	17	17	6	7		1
石棉及其他非金属矿采选	109	133	130	1	1	2	3
开采辅助活动	11	1	1				
煤炭开采和洗选辅助活动	111						
石油和天然气开采辅助活动	112						
其他开采辅助活动	119	1	1				
其他采矿业	12	7	7				
其他采矿业	120	7	7				
制造业	**C**	**86140**	**78277**	**292**	**918**	**454**	**153**
农副食品加工业	13	4024	3732	67	40	29	8
谷物磨制	131	347	339	8	6	2	1
饲料加工	132	362	336	4	3	6	2
植物油加工	133	168	156	2	1		
制糖业	134	21	18	1	3		
屠宰及肉类加工	135	434	412	31	10	7	2
水产品加工	136	1475	1381	17	12	3	1
蔬菜、水果和坚果加工	137	773	677	1	2	5	2
其他农副食品加工	139	444	413	3	3	6	
食品制造业	14	2562	2340	14	25	18	5
焙烤食品制造	141	688	642		5	5	
糖果、巧克力及蜜饯制造	142	431	389	1	2	3	
方便食品制造	143	319	292	3	2	1	
乳制品制造	144	22	19			1	
罐头食品制造	145	392	349	3	5	2	1
调味品、发酵制品制造	146	239	218	4	4	2	3
其他食品制造	149	471	431	3	7	4	1
酒、饮料和精制茶制造业	15	3285	3153	15	33	26	7
酒的制造	151	319	302	5	5	4	1
饮料制造	152	484	432		3	3	2
精制茶加工	153	2482	2419	10	25	19	4
烟草制品业	16	9	9	4			
烟叶复烤	161	5	5	2			
卷烟制造	162	2	2	1			
其他烟草制品制造	169	2	2	1			
纺织业	17	3828	3386	10	28	9	16
棉纺织及印染精加工	171	1006	813	2	17	2	11
毛纺织及染整精加工	172	81	71				
麻纺织及染整精加工	173	12	8				
丝绢纺织及印染精加工	174	38	36	1			
化纤织造及印染精加工	175	164	138		1		
针织或钩针编织物及其制品制造	176	1595	1516	3	3	6	3
家用纺织制成品制造	177	351	322	2	6	1	1
非家用纺织制成品制造	178	581	482	2	1		1
纺织服装、服饰业	18	7450	6293	6	26	17	8
机织服装制造	181	5486	4609	3	21	15	8

国有联营	集体联营	国有与集体联营	其他联营	有限责任公司	国有独资	其他有限责任公司	股份有限公司	私营	私营独资
	8			139	4	135	20	816	321
				3		3	1	12	3
	1							3	3
	2		1	12		12	3	100	29
				3		3		3	
				3		3		3	
12	**82**	**8**	**51**	**14905**	**60**	**14845**	**1094**	**55680**	**14703**
2	1	1	4	695	2	693	36	2443	790
1				40		40	2	252	118
	1	1		88		88	4	213	41
				41		41	5	88	21
				2		2	1	11	4
1			1	58		58	2	261	75
			1	259	2	257	9	945	330
			2	141		141	5	390	109
				66		66	8	283	92
1	1		3	383	1	382	36	1695	351
				97		97	6	507	88
				61		61	5	298	69
				50		50	7	192	42
				3		3	2	12	1
	1			48		48	6	245	62
			3	35		35	3	153	36
1				89	1	88	7	288	53
1	4		2	459	3	456	57	1947	811
	1			57		57	12	200	66
1			1	84	1	83	5	310	104
	3		1	318	2	316	40	1437	641
				5	1	4			
				3		3			
				1	1				
				1		1			
	10		6	801		801	31	2390	501
	7		4	119		119	10	631	99
				12		12	2	52	21
				2		2		6	1
				8		8		27	4
				32		32	1	101	20
	1		2	455		455	11	997	202
	1			59		59	2	233	55
	1			114		114	5	343	99
	4		4	1142	6	1136	93	4581	1068
	4		4	833	4	829	82	3314	832

1-09 续表 2

行业	代码	法人单位数（个）	内资	国有	集体	股份合作	联营
针织或钩针编织服装制造	182	902	712	2	3	1	
服饰制造	183	1062	972	1	2	1	
皮革、毛皮、羽毛及其制品和制鞋业	19	6506	5645		63	24	5
皮革鞣制加工	191	265	210			1	
皮革制品制造	192	1063	850		5	4	
毛皮鞣制及制品加工	193	28	26		1		
羽毛(绒)加工及制品制造	194	43	38		2		2
制鞋业	195	5107	4521		55	19	3
木材加工和木、竹、藤、棕、草制品业	20	3572	3465	12	66	24	11
木材加工	201	974	960	9	26	6	2
人造板制造	202	695	676	1	7	3	2
木制品制造	203	753	718	1	15	4	3
竹、藤、棕、草等制品制造	204	1150	1111	1	18	11	4
家具制造业	21	1736	1587	3	18	3	2
木质家具制造	211	1092	999	2	10	2	1
竹、藤家具制造	212	49	47				
金属家具制造	213	268	232	1	6	1	1
塑料家具制造	214	44	40				
其他家具制造	219	283	269		2		
造纸和纸制品业	22	2544	2362	4	39	21	8
纸浆制造	221	28	27				1
造纸	222	622	570	2	14	8	2
纸制品制造	223	1894	1765	2	25	13	5
印刷和记录媒介复制业	23	2350	2284	34	108	15	9
印刷	231	2219	2156	30	96	15	8
装订及印刷相关服务	232	125	123	4	12		1
记录媒介复制	233	6	5				
文教、工美、体育和娱乐用品制造业	24	5724	5075	7	49	38	5
文教办公用品制造	241	210	173	3	6	1	
乐器制造	242	39	33		1		
工艺美术品制造	243	4735	4321	4	39	37	3
体育用品制造	244	471	337		1		1
玩具制造	245	244	189		2		1
游艺器材及娱乐用品制造	246	25	22				
石油加工及炼焦	25	115	100				
化学原料和化学制品制造业	26	2820	2542	14	32	23	3
基础化学原料制造	261	367	331	2	6	5	
肥料制造	262	224	208	4	2	6	
农药制造	263	38	31				
涂料、油墨、颜料及类似产品制造	264	605	547	1	11		2
合成材料制造	265	355	310	3		1	
专用化学产品制造	266	667	621	2	7	7	1
炸药、火工及焰火产品制造	267	19	18	1			
日用化学产品制造	268	545	476	1	6	4	
医药制造业	27	362	304	3	4	3	2
化学药品原料药制造	271	45	39	1	1		
化学药品制剂制造	272	54	40				

				有限责任公司			股份有限公司	私营	
国有联营	集体联营	国有与集体联营	其他联营		国有独资	其他有限责任公司			私营独资
				121	1	120	4	552	87
				188	1	187	7	715	149
1	3		1	1009	3	1006	62	4224	1214
				51		51	3	148	17
				185	1	184	12	593	157
				4		4		19	8
1			1	4		4		29	5
	3			765	2	763	47	3435	1027
1	7	1	2	416		416	35	2604	953
1	1			152		152	8	673	286
	2			71		71	5	562	98
	2	1		97		97	10	545	170
	2		2	96		96	12	824	399
	2			308	2	306	15	1150	292
	1			200	1	199	13	710	228
				11		11		29	7
	1			28		28	2	183	23
				13		13		27	3
				56	1	55		201	31
1	4	1	2	420	2	418	31	1741	358
	1			6	1	5		17	3
	1	1		98		98	10	408	84
1	2		2	316	1	315	21	1316	271
	8		1	412	3	409	29	1585	307
	7		1	402	3	399	26	1495	285
	1			10		10	3	87	22
								3	
	4		1	1255	5	1250	66	3360	1158
				33		33	4	116	28
				4		4	1	27	8
	2		1	1093	3	1090	54	2825	1047
	1			79	2	77	4	243	40
	1			43		43	2	133	34
				3		3	1	16	1
				26		26	2	70	20
	2		1	530	2	528	42	1768	325
				81	1	80	2	223	27
				51	1	50	4	128	27
				11		11	1	16	1
	1		1	110		110	9	383	81
				77		77	3	214	25
	1			105		105	11	458	85
				1		1	4	11	4
				94		94	8	335	75
1		1		82	1	81	20	181	15
				12		12	3	22	1
				12	1	11	3	25	2

1-09 续表 3

行业	代码	法人单位数(个)					
			内资	国有	集体	股份合作	联营
中药饮片加工	273	30	27			1	
中成药生产	274	54	42	1	1	1	1
兽用药品制造	275	24	20		1	1	
生物药品制造	276	97	84	1			1
卫生材料及医药用品制造	277	58	52		1		
化学纤维制造业	28	181	120				
纤维素纤维原料及纤维制造	281	34	20				
合成纤维制造	282	147	100				
橡胶和塑料制品业	29	4537	4068	5	49	20	6
橡胶制品业	291	709	631	3	11	3	1
塑料制品业	292	3828	3437	2	38	17	5
非金属矿物制品业	30	10103	9672	23	125	83	27
水泥、石灰和石膏制造	301	339	325	9	15	4	3
石膏、水泥制品及类似制品制造	302	933	889	6	8	8	2
砖瓦、石材等建筑材料制造	303	6645	6397	6	82	61	12
玻璃制造	304	85	77				
玻璃制品制造	305	280	253		1		1
玻璃纤维和玻璃纤维增强塑料制品制造	306	67	64		2		
陶瓷制品制造	307	1458	1394	1	11	8	3
耐火材料制品制造	308	83	76		5	2	1
石墨及其他非金属矿物制品制造	309	213	197	1	1		5
黑色金属冶炼和压延加工业	31	898	831	1	12	6	1
炼铁	311	37	37	1	2	1	
炼钢	312	22	19				
黑色金属铸造	313	483	464		7	4	1
钢压延加工	314	300	256		1		
铁合金冶炼	315	56	55		2	1	
有色金属冶炼和压延加工业	32	434	395		1	1	
常用有色金属冶炼	321	59	55			1	
贵金属冶炼	322	14	14				
稀有稀土金属冶炼	323	15	12				
有色金属合金制造	324	80	71		1		
有色金属铸造	325	35	34				
有色金属压延加工	326	231	209				
金属制品业	33	4963	4663	10	38	21	9
结构性金属制品制造	331	1461	1391	3	7	7	3
金属工具制造	332	536	491		6	1	2
集装箱及金属包装容器制造	333	130	101		4	1	
金属丝绳及其制品制造	334	80	71		2	2	
建筑、安全用金属制品制造	335	902	854	1	7	2	
金属表面处理及热处理加工	336	291	275		3	2	
搪瓷制品制造	337	281	277	1			
金属制日用品制造	338	544	500	1	4	1	2
其他金属制品制造	339	738	703	4	5	5	2
通用设备制造业	34	3824	3550	16	53	16	3
锅炉及原动设备制造	341	118	112	1	7	2	
金属加工机械制造	342	785	746	4	5	1	1

国有联营	集体联营	国有与集体联营	其他联营	有限责任公司	国有独资	其他有限责任公司	股份有限公司	私营	私营独资
				10		10	1	13	
		1		11		11	5	21	2
				7		7		11	2
1				19		19	6	53	3
				11		11	2	36	5
				19		19	2	93	5
								19	2
				19		19	2	74	3
	4		2	778	2	776	45	3023	694
	1			131		131	9	454	73
	3		2	647	2	645	36	2569	621
1	14	1	11	1349	5	1344	104	7338	2661
1		1	1	58	2	56	5	217	66
	1		1	221	2	219	7	580	174
	9		3	753	1	752	57	5065	1982
				11		11		64	14
	1			59		59	7	175	29
				12		12		49	6
	2		1	191		191	22	998	348
	1			8		8	1	57	13
	1		4	36		36	5	133	29
			1	165		165	16	586	123
				5		5		27	13
				5		5	1	11	5
			1	76		76	8	342	75
				63		63	5	174	25
				16		16	2	32	5
				93	2	91	12	276	48
				17		17		36	4
				3		3	1	9	3
				7		7	2	3	
				12		12	5	52	11
				5		5	1	25	7
				49	2	47	3	151	23
1	4		4	1060	2	1058	58	3236	827
	3			317	2	315	19	975	185
1			1	116		116	4	330	106
				16		16	3	73	16
				11		11		52	17
				163		163	11	622	220
				77		77	6	175	28
				64		64	4	187	99
			2	133		133	5	332	67
	1		1	163		163	6	490	89
	3			649	4	645	56	2616	668
				25		25	2	68	17
	1			144	1	143	8	552	134

1-09 续表 4

行业	代码	法人单位数(个)					
			内资				
				国有	集体	股份合作	联营
物料搬运设备制造	343	148	134		2	1	
泵、阀门、压缩机及类似机械制造	344	753	692	1	9	3	
轴承、齿轮和传动部件制造	345	228	196		1	1	
烘炉、风机、衡器、包装等设备制造	346	328	297	1	7	1	
文化、办公用机械制造	347	85	61	2			
通用零部件制造	348	1109	1059	5	17	6	1
其他通用设备制造业	349	270	253	2	5	1	1
专用设备制造业	35	3637	3344	10	32	15	6
采矿、冶金、建筑专用设备制造	351	492	465	2	5	2	
化工、木材、非金属加工专用设备制造	352	1211	1124	3	6	4	2
食品、饮料、烟草及饲料生产专用设备制造	353	149	135	1	3		1
印刷、制药、日化及日用品生产专用设备制造	354	209	187		3	2	
纺织、服装和皮革加工专用设备制造	355	287	234	2	1	1	
电子和电工机械专用设备制造	356	401	372	1	3		1
农、林、牧、渔专用机械制造	357	233	222		6	3	2
医疗仪器设备及器械制造	358	173	151	1	2		
环保、社会公共服务及其他专用设备制造	359	482	454		3	3	
汽车制造业	36	1243	1022	4	7	4	
汽车整车制造	361	12	8				
改装汽车制造	362	26	22	1			
低速载货汽车制造	363	3	3	1			
电车制造	364	7	7				
汽车车身、挂车制造	365	21	19				
汽车零部件及配件制造	366	1174	963	2	7	4	
铁路、船舶、航空航天和其他运输设备制造业	37	735	680	6	9		3
铁路运输设备制造	371	7	7				
城市轨道交通设备制造	372	1	1		1		
船舶及相关装置制造	373	348	337	4	7		3
航空、航天器及设备制造	374						
摩托车制造	375	298	271		1		
自行车制造	376	61	52	1			
非公路休闲车及零配件制造	377	5					
潜水救捞及其他未列明运输设备制造	379	15	12	1			
电气机械和器材制造业	38	3812	3491	8	19	12	4
电机制造	381	1381	1334	3	2	2	1
输配电及控制设备制造	382	858	774	4	11	4	2
电线、电缆、光缆及电工器材制造	383	295	253		3	1	1
电池制造	384	137	114			1	
家用电力器具制造	385	359	339	1	2	2	
非电力家用器具制造	386	71	63				
照明器具制造	387	559	477			1	
其他电气机械及器材制造	389	152	137		1	1	
计算机、通信和其他电子设备制造业	39	2092	1719	5	7	9	2
计算机制造	391	122	87				1
通信设备制造	392	217	177	2	1	3	
广播电视设备制造	393	62	54				

国有联营	集体联营	国有与集体联营	其他联营	有限责任公司	国有独资	其他有限责任公司	股份有限公司	私营	私营独资
				21		21	3	106	12
				113	2	111	14	515	187
				39	1	38	7	141	22
				69		69	7	207	35
				18		18	1	37	6
	1			167		167	8	814	224
	1			53		53	6	176	31
2	2	1	1	685	1	684	64	2396	435
				85		85	10	346	59
	1		1	223	1	222	13	841	160
1				23		23	2	92	25
				47		47	4	128	19
				55		55	4	159	39
1				68		68	10	269	40
	1	1		41		41	6	145	42
				23		23	3	115	12
				120		120	12	301	39
				217	1	216	32	724	142
				4		4	1	3	
				7		7	2	10	
				2		2			
				2		2		5	1
				7		7		12	3
				195	1	194	29	694	138
	2		1	166	1	165	10	447	107
				2	1	1		4	
	2		1	59		59	8	227	43
				84		84	1	178	56
				19		19		31	5
				2		2	1	7	3
		1	3	857	4	853	64	2349	313
			1	319	1	318	18	882	152
		1	1	181		181	12	542	64
			1	56		56	4	177	20
				33	1	32	5	68	7
				87		87	8	218	27
				10		10		49	2
				137	2	135	14	318	30
				34		34	3	95	11
	1		1	447	5	442	46	1142	162
	1			20		20	2	59	13
				40	1	39	5	116	16
				13		13	3	36	

1-09 续表 5

行业	代码	法人单位数(个)	内资	国有	集体	股份合作	联营
雷达及配套设备制造	394	3	3				
视听设备制造	395	74	50				
电子器件制造	396	439	342	1	2	1	
电子元件制造	397	779	644	1	2	1	1
其他电子设备制造	399	396	362	1	2	4	
仪器仪表制造业	40	732	595	1	11	6	
通用仪器仪表制造	401	223	189	1	3	3	
专用仪器仪表制造	402	88	82		3	1	
钟表与计时仪器制造	403	190	157		4	1	
光学仪器及眼镜制造	404	194	134		1		
其他仪器仪表制造业	409	37	33			1	
其他制造业	41	1304	1112	2	12	7	2
废弃资源综合利用业	42	352	345	6	1		
金属废料和碎屑加工处理	421	80	77	1			
非金属废料和碎屑加工处理	422	272	268	5	1		
金属制品、机械和设备修理业	43	406	393	2	11	4	1
金属制品修理	431	22	22	1	2		
通用设备修理	432	36	36		3	1	
专用设备修理	433	53	52		1		
铁路、船舶、航空航天等运输设备修理	434	143	134		3	2	1
电气设备修理	435	19	16		1		
仪器仪表修理	436	1	1				
其他机械和设备修理业	439	132	132	1	1	1	
电力、热力、燃气及水生产和供应业	**D**	**6096**	**5992**	**274**	**607**	**149**	**70**
电力、热力生产和供应业	44	5247	5174	162	450	141	58
电力生产	441	5052	4983	133	435	139	58
电力供应	442	173	170	28	15	2	
热力生产和供应	443	22	21	1			
燃气生产和供应业	45	75	66	1		1	
燃气生产和供应业	450	75	66	1		1	
水的生产和供应业	46	774	752	111	157	7	12
自来水生产和供应	461	642	625	99	156	5	11
污水处理及其再生利用	462	117	112	12		2	1
其他水的处理、利用与分配	469	15	15		1		
建筑业	E	10122	10062	130	140	39	16
房屋建筑业	47	2514	2506	23	50	15	2
房屋建筑业	470	2514	2506	23	50	15	2
土木工程建筑业	48	2054	2045	64	34	13	4
铁路、道路、隧道和桥梁工程建筑	481	881	877	31	9	3	3
水利和内河港口工程建筑	482	228	226	17	7	2	1
海洋工程建筑	483	14	14		1		
工矿工程建筑	484	86	86	1	2		
架线和管道工程建筑	485	166	166	3	4	2	
其他土木工程建筑	489	679	676	12	11	6	
建筑安装业	49	1290	1281	17	18	4	
电气安装	491	495	488	5	6		

国有联营	集体联营	国有与集体联营	其他联营	有限责任公司	国有独资	其他有限责任公司	股份有限公司	私营	私营独资
								2	
				22		22	2	26	4
				102	1	101	17	211	19
			1	176	2	174	11	435	78
				74	1	73	6	257	32
				112		112	6	440	46
				34		34	3	139	18
				16		16	1	59	4
				26		26		121	13
				30		30	2	98	8
				6		6		23	3
	2			219	1	218	17	777	183
				94	1	93	2	222	60
				21		21	1	48	9
				73	1	72	1	174	51
		1		52		52	5	276	66
				5		5		14	1
				5		5		26	9
				8		8	2	38	9
		1		18		18	1	102	21
				3		3		11	3
								1	
				13		13	2	84	23
11	**38**	**8**	**13**	**703**	**92**	**611**	**148**	**3368**	**917**
7	33	7	11	513	66	447	130	3145	852
7	33	7	11	433	32	401	123	3103	846
				69	31	38	7	35	5
				11	3	8		7	1
				24	1	23	3	31	7
				24	1	23	3	31	7
4	5	1	2	166	25	141	15	192	58
3	5	1	2	111	20	91	12	148	51
1				51	5	46	3	38	6
				4		4		6	1
3	10	1	2	3202	52	3150	225	6110	438
	2			898	7	891	80	1399	68
	2			898	7	891	80	1399	68
1		1	2	752	35	717	49	1082	68
		1	2	339	20	319	20	460	20
1				101	9	92	5	87	6
				1		1		11	1
				26		26		56	2
				76	3	73	5	73	3
				209	3	206	19	395	36
				371	2	369	27	823	43
				151	1	150	10	310	8

1-09 续表 6

行业	代码	法人单位数(个)	内资	国有	集体	股份合作	联营
管道和设备安装	492	222	222	3	10	1	
其他建筑安装业	499	573	571	9	2	3	
建筑装饰和其他建筑业	50	4264	4230	26	38	7	10
建筑装饰业	501	2975	2946	8	19	3	3
工程准备活动	502	411	409	10	7	2	1
提供施工设备服务	503	199	198		2	1	
其他未列明建筑业	509	679	677	8	10	1	6
批发和零售业	**F**	**97491**	**96224**	**1039**	**1310**	**351**	**187**
批发业	51	66696	65693	752	751	223	98
农、林、牧产品批发	511	2283	2261	97	42	7	6
食品、饮料及烟草制品批发	512	9576	9427	201	63	28	11
纺织、服装及家庭用品批发	513	12152	11895	60	49	32	13
文化、体育用品及器材批发	514	2842	2786	23	17	12	2
医药及医疗器材批发	515	1087	1075	10	5	3	2
矿产品、建材及化工产品批发	516	18594	18386	199	440	66	37
机械设备、五金产品及电子产品批发	517	13764	13578	72	61	53	12
贸易经纪与代理	518	3165	3105	49	24	12	6
其他批发业	519	3233	3180	41	50	10	9
零售业	52	30795	30531	287	559	128	89
综合零售	521	2201	2154	36	266	10	18
食品、饮料及烟草制品专门零售	522	6070	6032	97	71	26	16
纺织、服装及日用品专门零售	523	3970	3924	16	41	9	8
文化、体育用品及器材专门零售	524	2039	2021	28	38	9	7
医药及医疗器材专门零售	525	1250	1249	27	18	5	6
汽车、摩托车、燃料及零配件专门零售	526	4936	4889	33	39	30	19
家用电器及电子产品专门零售	527	3986	3965	8	15	17	4
五金、家具及室内装饰材料专门零售	528	4145	4123	21	46	17	5
货摊、无店铺及其他零售业	529	2198	2174	21	25	5	6
交通运输、仓储和邮政业	**G**	**8976**	**8792**	**544**	**227**	**42**	**22**
道路运输业	54	4237	4204	279	117	30	10
城市公共交通运输	541	288	281	34	25	4	1
公路旅客运输	542	334	334	28	13	5	
道路货物运输	543	3023	3005	24	45	16	6
道路运输辅助活动	544	592	584	193	34	5	3
水上运输业	55	817	790	41	32	6	4
水上旅客运输	551	59	55	3	3	1	
水上货物运输	552	536	531	19	20	4	4
水上运输辅助活动	553	222	204	19	9	1	
航空运输业	56	52	50	8			1
航空客货运输	561	22	22				
通用航空服务	562	8	8	3			
航空运输辅助活动	563	22	20	5			1
管道运输业	57						
管道运输业	570						
装卸搬运和运输代理业	58	2865	2799	64	66	5	5
装卸搬运	581	372	359	11	52	1	4
运输代理业	582	2493	2440	53	14	4	1

国有联营	集体联营	国有与集体联营	其他联营	有限责任公司	国有独资	其他有限责任公司	股份有限公司	私营	私营独资
				62		62	3	140	10
				158	1	157	14	373	25
2	8			1181	8	1173	69	2806	259
1	2			763	1	762	55	2036	174
	1			138	4	134	3	237	32
				67		67	4	122	6
1	5			213	3	210	7	411	47
33	**73**	**14**	**67**	**21491**	**214**	**21277**	**1481**	**62824**	**9678**
22	38	7	31	14614	170	14444	925	43203	4859
1	1	1	3	346	20	326	32	1026	214
4	1		6	1901	36	1865	121	5291	655
3	4		6	2662	20	2642	192	8402	989
1			1	701	5	696	26	1921	130
			2	243	3	240	29	732	54
8	23	1	5	4679	55	4624	245	11795	1419
3	4	4	1	2603	17	2586	178	10080	747
2	1		3	778	5	773	64	1830	327
	4	1	4	701	9	692	38	2126	324
11	35	7	36	6877	44	6833	556	19621	4819
	10	3	5	456	4	452	46	1090	406
2	8		6	1277	17	1260	113	3753	846
	7		1	994	2	992	81	2513	647
	3		4	520	3	517	30	1270	236
1		1	4	197	2	195	18	820	446
6	2	2	9	1175	7	1168	119	3162	947
			4	930	1	929	64	2700	414
2	1	1	1	863	5	858	41	2896	595
	4		2	465	3	462	44	1417	282
7	**9**		**6**	**2266**	**91**	**2175**	**182**	**5081**	**632**
3	4		3	1194	39	1155	106	2255	328
1				108	15	93	17	84	16
				129	8	121	18	130	11
2	3		1	815	7	808	57	1901	259
	1		2	142	9	133	14	140	42
2	2			208	16	192	15	427	93
				16	1	15		23	1
2	2			116	7	109	8	322	78
				76	8	68	7	82	14
1				11	1	10	2	26	1
				4	1	3		16	
				2		2		3	
1				5		5	2	7	1
	3		2	600	14	586	42	1909	146
	3		1	79		79	4	176	36
			1	521	14	507	38	1733	110

1-09 续表 7

行业	代码	法人单位数(个)	内资	国有	集体	股份合作	联营
仓储业	59	627	571	114	12	1	1
谷物、棉花等农产品仓储	591	133	133	86	3		
其他仓储业	599	494	438	28	9	1	1
邮政业	60	378	378	38			1
邮政基本服务	601	46	46	32			
快递服务	602	332	332	6			1
住宿和餐饮业	**H**	**6430**	**6193**	**177**	**122**	**39**	**19**
住宿业	61	3122	3002	140	89	26	13
旅游饭店	611	1153	1055	78	18	10	6
一般旅馆	612	1716	1698	57	62	16	6
其他住宿业	619	253	249	5	9		1
餐饮业	62	3308	3191	37	33	13	6
正餐服务	621	2597	2517	32	27	9	3
快餐服务	622	248	226	3	3	3	2
饮料及冷饮服务	623	188	181				1
其他餐饮业	629	275	267	2	3	1	
信息传输、软件和信息技术服务业	**I**	**6636**	**6433**	**282**	**20**	**20**	**9**
电信、广播电视和卫星传输服务	63	531	520	186	5	2	5
电信	631	283	272	25	1	1	2
广播电视传输服务	632	238	238	157	4	1	2
卫星传输服务	633	10	10	4			1
互联网和相关服务	64	972	966	38	2	5	1
互联网接入及相关服务	641	90	90	2		1	
互联网信息服务	642	715	712	33	2	4	1
其他互联网服务	649	167	164	3			
软件和信息技术服务业	65	5133	4947	58	13	13	3
软件开发	651	3064	2919	12	2	7	1
信息系统集成服务	652	631	621	8	2	2	
信息技术咨询服务	653	729	716	25	2	3	1
数据处理和存储服务	654	163	161	4		1	
集成电路设计	655	68	60				
其他信息技术服务业	659	478	470	9	7		1
房地产业	**K**	**10048**	**9297**	**624**	**332**	**33**	**26**
房地产业	70	10048	9297	624	332	33	26
房地产开发经营	701	4040	3510	138	32	2	3
物业管理	702	2900	2779	118	45	16	8
房地产中介服务	703	1756	1733	23	7	9	3
自有房地产经营活动	704	941	870	184	235	5	10
其他房地产业	709	411	405	161	13	1	2
租赁和商务服务业	**L**	**29040**	**28739**	**2050**	**518**	**141**	**67**
租赁业	71	1874	1851	15	11	13	6
机械设备租赁	711	1801	1778	13	10	13	6
文化及日用品出租	712	73	73	2	1		
商务服务业	72	27166	26888	2035	507	128	61
企业管理服务	721	7895	7788	954	275	35	24

国有联营	集体联营	国有与集体联营	其他联营	有限责任公司	国有独资	其他有限责任公司	股份有限公司	私营	私营独资
1				149	20	129	10	260	31
				15	8	7	3	21	3
1				134	12	122	7	239	28
			1	104	1	103	7	204	33
				3	1	2		5	
			1	101		101	7	199	33
5	**11**		**3**	**1050**	**22**	**1028**	**91**	**4204**	**1859**
5	7		1	506	19	487	53	2002	864
4	2			247	17	230	28	623	158
	5		1	218	2	216	22	1210	629
1				41		41	3	169	77
	4		2	544	3	541	38	2202	995
	3			442	3	439	28	1732	786
	1		1	28		28	1	164	72
			1	28		28	1	128	56
				46		46	8	178	81
4	**4**		**1**	**1697**	**19**	**1678**	**146**	**3870**	**277**
4			1	87	11	76	27	136	29
1			1	77	11	66	17	120	23
2				9		9	9	13	5
1				1		1	1	3	1
	1			233	2	231	29	622	68
				23		23	2	62	6
	1			170	2	168	23	449	45
				40		40	4	111	17
	3			1377	6	1371	90	3112	180
	1			829	2	827	57	1851	73
				172		172	8	386	26
	1			178	3	175	13	453	49
				59		59	1	91	8
				14		14	1	41	3
	1			125	1	124	10	290	21
2	**13**	**3**	**8**	**3315**	**148**	**3167**	**243**	**4374**	**344**
2	13	3	8	3315	148	3167	243	4374	344
	1	1	1	1661	103	1558	102	1557	33
1	2		5	1018	26	992	77	1332	145
	2		1	431	2	429	37	1145	123
1	7	2		124	10	114	18	240	30
	1		1	81	7	74	9	100	13
16	**24**	**10**	**17**	**6917**	**233**	**6684**	**593**	**15525**	**1909**
1	2	1	2	515	2	513	29	1144	257
1	2	1	2	495	2	493	27	1099	253
				20		20	2	45	4
15	22	9	15	6402	231	6171	564	14381	1652
7	13	2	2	1886	175	1711	191	3238	306

1-09 续表 8

行业	代码	法人单位数(个)					
			内资				
				国有	集体	股份合作	联营
法律服务	722	905	903	163	7	6	4
咨询与调查	723	5675	5563	225	34	29	8
广告业	724	5396	5392	42	14	20	2
知识产权服务	725	234	232	9	1	2	
人力资源服务	726	1320	1315	247	41	6	5
旅行社及相关服务	727	1307	1293	89	12	8	5
安全保护服务	728	308	308	46	18	1	
其他商务服务业	729	4126	4094	260	105	21	13
科学研究和技术服务业	**M**	**12126**	**11958**	**2547**	**186**	**39**	**32**
研究和试验发展	73	1541	1505	313	21	6	8
自然科学研究和试验发展	731	171	166	21	2		2
工程和技术研究和试验发展	732	575	560	48	5	1	2
农业科学研究和试验发展	733	397	389	125	11	1	2
医学研究和试验发展	734	201	193	17	1	4	1
社会人文科学研究	735	197	197	102	2		1
专业技术服务业	74	6873	6788	1528	110	26	17
气象服务	741	139	139	115	2		
地震服务	742	85	85	76			
海洋服务	743	32	32	13		1	
测绘服务	744	243	243	49	8	3	1
质检技术服务	745	697	687	299	20		2
环境与生态监测	746	174	174	91	1	1	
地质勘查	747	136	135	50	5	3	
工程技术	748	3372	3339	638	43	12	9
其他专业技术服务业	749	1995	1954	197	31	6	5
科技推广和应用服务业	75	3712	3665	706	55	7	7
技术推广服务	751	3187	3146	564	43	5	4
科技中介服务	752	249	249	83	8		1
其他科技推广和应用服务业	759	276	270	59	4	2	2
水利、环境和公共设施管理业	**N**	**3028**	**2981**	**1062**	**105**	**8**	**6**
水利管理业	76	741	737	466	53	3	1
防洪除涝设施管理	761	128	128	92	3		
水资源管理	762	139	138	96	6		
天然水收集与分配	763	223	221	107	32	3	
水文服务	764	25	25	25			
其他水利管理业	769	226	225	146	12		1
生态保护和环境治理业	77	337	329	110	2		
生态保护	771	135	134	97			
环境治理业	772	202	195	13	2		
公共设施管理业	78	1950	1915	486	50	5	5
市政设施管理	781	275	270	102	11		2
环境卫生管理	782	293	292	116	12		1
城乡市容管理	783	100	100	36	2	1	
绿化管理	784	477	475	73	6	2	1
公园和游览景区管理	785	805	778	159	19	2	1

国有联营	集体联营	国有与集体联营	其他联营	有限责任公司	国有独资	其他有限责任公司	股份有限公司	私营	私营独资
	1		3	39		39	5	354	83
3	1	2	2	1272	8	1264	85	3565	366
			2	1445	7	1438	108	3508	393
				55		55	6	149	9
1		1	3	287	6	281	20	551	128
1		2	2	385	16	369	55	638	81
				89	7	82	5	97	15
3	7	2	1	944	12	932	89	2281	271
10	**13**	**1**	**8**	**1970**	**43**	**1927**	**167**	**4578**	**528**
4	3		1	226	1	225	14	684	100
1	1			36		36	1	79	15
2				98	1	97	8	362	30
1	1			51		51	3	134	31
	1			38		38	1	97	20
			1	3		3	1	12	4
3	7		7	1351	36	1315	116	3131	332
				5	1	4		4	
								1	
				2		2		13	3
	1			68	1	67	7	86	21
1	1			115	3	112	11	168	28
				17		17	2	43	4
				23	2	21	3	31	5
	3		6	778	28	750	62	1590	149
2	2		1	343	1	342	31	1195	122
3	3	1		393	6	387	37	763	96
1	2	1		294	4	290	29	628	73
1				21	1	20	1	55	7
1	1			78	1	77	7	80	16
1	**2**	**2**	**1**	**539**	**52**	**487**	**40**	**819**	**175**
	1			47	12	35	4	38	7
				11	7	4		2	
				12	3	9	2	6	1
				6		6		8	3
	1			18	2	16	2	22	3
				69	3	66	2	114	14
				11	1	10		7	
				58	2	56	2	107	14
1	1	2	1	423	37	386	34	667	154
1		1		69	12	57	6	55	7
		1		36	2	34	4	78	17
				18	1	17		29	6
	1			139	3	136	6	221	33
			1	161	19	142	18	284	91

1-09 续表 9

行业	代码	法人单位数(个)					
			内资				
				国有	集体	股份合作	联营
居民服务、修理和其他服务业	**O**	**5993**	**5937**	**214**	**115**	**35**	**13**
居民服务业	79	2282	2247	141	54	11	9
家庭服务	791	347	347	1	2	1	
托儿所服务	792	54	54	3	1		
洗染服务	793	116	116		1		
理发及美容服务	794	329	320		8	1	1
洗浴服务	795	230	218	2	3	2	
保健服务	796	444	439	1	1	4	1
婚姻服务	797	152	152	8	1		
殡葬服务	798	269	264	85	17	2	4
其他居民服务业	799	341	337	41	20	1	3
机动车、电子产品和日用产品修理业	80	2710	2694	28	44	16	2
汽车、摩托车修理与维护	801	2052	2042	19	33	12	2
计算机和办公设备维修	802	293	290	3	1	1	
家用电器修理	803	260	259	2	2	2	
其他日用产品修理业	809	105	103	4	8	1	
其他服务业	81	1001	996	45	17	8	2
清洁服务	811	730	727	7	10	4	1
其他未列明服务业	819	271	269	38	7	4	1
教育	**P**	**13974**	**13958**	**5421**	**412**	**58**	**58**
教育	82	13974	13958	5421	412	58	58
学前教育	821	4886	4878	628	112	31	20
初等教育	822	3815	3815	2471	198	5	17
中等教育	823	2019	2018	1447	62	4	6
高等教育	824	165	164	116	5		3
特殊教育	825	75	75	52	1		
技能培训、教育辅助及其他教育	829	3014	3008	707	34	18	12
卫生和社会工作	**Q**	**7483**	**7476**	**1655**	**786**	**13**	**29**
卫生	83	6227	6224	1212	727	12	20
医院	831	612	609	248	22	9	3
社区医疗与卫生院	832	1493	1493	663	300	2	7
门诊部(所)	833	3798	3798	50	401	1	9
计划生育技术服务活动	834	18	18	11	1		
妇幼保健院(所、站)	835	93	93	83			1
专科疾病防治院(所、站)	836	38	38	21	1		
疾病预防控制中心	837	97	97	91			
其他卫生活动	839	78	78	45	2		
社会工作	84	1256	1252	443	59	1	9
提供住宿社会工作	841	634	630	267	36	1	3
不提供住宿社会工作	842	622	622	176	23		6
文化、体育和娱乐业	**R**	**7234**	**7170**	**1300**	**89**	**37**	**22**
新闻和出版业	85	271	271	171	1		1
新闻业	851	90	90	71	1		
出版业	852	181	181	100			1
广播、电视、电影和影视录音制作业	86	486	485	197	6	3	4
广播	861	37	37	24	1		
电视	862	89	89	67	2		4

国有联营	集体联营	国有与集体联营	其他联营	有限责任公司	国有独资	其他有限责任公司	股份有限公司	私营	私营独资
2	**3**	**4**	**4**	**1096**	**10**	**1086**	**82**	**3857**	**1150**
2	3	2	2	360	6	354	33	1349	471
				92		92	8	232	32
								23	11
				29	1	28	1	76	19
			1	41		41	5	229	94
				30		30	5	160	76
			1	53		53	3	337	174
				28		28	4	97	23
2	1	1		38	4	34	2	50	14
	2	1		49	1	48	5	145	28
		2		498	3	495	36	1908	555
		2		375	1	374	28	1451	483
				52		52	5	211	23
				46		46	2	189	36
				25	2	23	1	57	13
			2	238	1	237	13	600	124
			1	178		178	8	475	101
			1	60	1	59	5	125	23
16	**10**	**5**	**27**	**333**	**4**	**329**	**36**	**2311**	**1289**
16	10	5	27	333	4	329	36	2311	1289
1	3	2	14	27	2	25	3	1322	961
5	5	3	4				1	29	19
3			3	1		1	1	37	21
2			1					5	3
								2	2
5	2		5	305	2	303	31	916	283
2	**14**	**1**	**12**	**53**		**53**	**2**	**1010**	**801**
1	10		9	40		40	1	959	778
	3			13		13	1	174	103
1	2		4	1		1		82	66
	5		4	22		22		684	597
								1	1
			1					2	1
								7	6
				4		4		9	4
1	4	1	3	13		13	1	51	23
	2	1		10		10		46	19
1	2		3	3		3	1	5	4
9	**3**	**2**	**8**	**581**	**18**	**563**	**65**	**3542**	**2073**
1				37	7	30	3	18	1
				6		6			
1				31	7	24	3	18	1
4				98	5	93	10	127	15
				4	1	3		3	
4				4	2	2	3	4	1

1-09 续表 10

行业	代码	法人单位数（个）					
			内资	国有	集体	股份合作	联营
电影和影视节目制作	863	122	122	8		1	
电影和影视节目发行	864	26	26	8			
电影放映	865	194	193	90	3	2	
录音制作	866	18	18				
文化艺术业	87	2011	2007	801	50	7	7
文艺创作与表演	871	469	468	87	12	4	1
艺术表演场馆	872	24	24	16	1		
图书馆与档案馆	873	249	249	206	2		
文物及非物质文化遗产保护	874	183	183	34	10	2	
博物馆	875	157	156	97		1	3
烈士陵园、纪念馆	876	45	45	30			
群众文化活动	877	543	543	264	23		2
其他文化艺术业	879	341	339	67	2		1
体育	88	930	899	104	15	4	5
体育组织	881	407	405	69	8	2	2
体育场馆	882	81	76	22	2		1
休闲健身活动	883	392	369	9	5	2	2
其他体育	889	50	49	4			
娱乐业	89	3536	3508	27	17	23	5
室内娱乐活动	891	3302	3283	8	14	23	5
游乐园	892	65	60	3	1		
彩票活动	893	16	16	11			
文化、娱乐、体育经纪代理	894	75	75	4	1		
其他娱乐业	899	78	74	1	1		
公共管理、社会保障和社会组织	**S**	**58350**	**58310**	**20024**	**1023**	**22**	**136**
中国共产党机关	90	1300	1300	1287	1		
中国共产党机关	900	1300	1300	1287	1		
国家机构	91	15835	15835	14248	161	3	17
国家权力机构	911	146	146	145	1		
国家行政机构	912	15263	15263	13703	159	3	17
人民法院和人民检察院	913	204	204	200			
其他国家机构	919	222	222	200	1		
人民政协、民主党派	92	281	281	266	1		
人民政协	921	130	130	127			
民主党派	922	151	151	139	1		
社会保障	93	584	584	485	2		
社会保障	930	584	584	485	2		
群众团体、社会团体和其他成员组织	94	23328	23288	3738	858	19	119
群众团体	941	3287	3261	1300	99	5	11
社会团体	942	12870	12863	2382	581	13	74
基金会	943	157	154	25	6		
宗教组织	944	7014	7010	31	172	1	34
基层群众自治组织	95	17022	17022				
社区自治组织	951	2470	2470				
村民自治组织	952	14552	14552				

国有联营	集体联营	国有与集体联营	其他联营	有限责任公司	国有独资	其他有限责任公司	股份有限公司	私营	私营独资
				39		39	5	57	5
				7		7		10	
				41	2	39	2	39	4
				3		3		14	5
2		1	4	141	3	138	12	365	130
1				49	1	48	4	158	90
				1		1		2	
				1		1		14	1
				8	2	6		13	4
1			2	2		2		14	5
								2	
		1	1	3		3	1	26	8
			1	77		77	7	136	22
1	1	1	2	73	1	72	9	293	98
	1	1		10		10	2	24	8
1				6	1	5		30	15
			2	47		47	3	213	72
				10		10	4	26	3
1	2		2	232	2	230	31	2739	1829
1	2		2	182	1	181	26	2619	1802
				20		20	4	29	8
								2	1
				19	1	18	1	47	7
				11		11		42	11
19	**35**	**6**	**76**	**78**	**4**	**74**	**29**	**209**	**100**
8	2	3	4						
8	2	3	4						
							1	1	1
							1	1	1
11	33	3	72	78	4	74	28	208	99
5	1	1	4	29	3	26	15	36	4
6	27	2	39	45	1	44	13	146	78
	5		29	4		4		26	17

1-09 续表 11

行业	代码	私营合伙	私营有限责任公司	私营股份有限公司	其他	港澳台商投资	与港澳台商合资经营
总计	**00**	**10076**	**127804**	**3865**	**70222**	**7410**	**1477**
农、林、牧、渔业	**A**	**59**	**248**	**11**	**1301**	**11**	**2**
农业	01	1	9	1	6	1	
谷物种植	011		1		2		
豆类、油料和薯类种植	012						
棉、麻、糖、烟草种植	013						
蔬菜、食用菌及园艺作物种植	014	1	5				
水果种植	015		2		1		
坚果、含油果、香料和饮料作物种植	016			1	2	1	
中药材种植	017		1				
其他农业	019				1		
林业	02		1		2	1	
林木育种和育苗	021				1	1	
造林和更新	022				1		
森林经营和管护	023						
木材和竹材采运	024		1				
林产品采集	025						
畜牧业	03		6				
牲畜饲养	031		4				
家禽饲养	032		1				
其他畜牧业	039		1				
渔业	04		2				
水产养殖	041		1				
水产捕捞	042		1				
农、林、牧、渔服务业	05	58	230	10	1293	9	2
农业服务业	051	22	132	7	1052	5	2
林业服务业	052	4	42	2	106	1	
畜牧服务业	053	3	6		47		
渔业服务业	054	29	50	1	88	3	
采矿业	**B**	**228**	**665**	**45**	**194**	**19**	**9**
煤炭开采和洗选业	06	6	97	3	8	1	
烟煤和无烟煤开采洗选	061	3	85	3	6	1	
褐煤开采洗选	062		1				
其他煤炭采选	069	3	11		2		
石油和天然气开采业	07						
石油开采	071						
天然气开采	072						
黑色金属矿采选业	08	19	101	14	25	2	2
铁矿采选	081	17	94	13	23	2	2
锰矿、铬矿采选	082	2	7	1	2		
其他黑色金属矿采选	089						
有色金属矿采选业	09	14	95	11	23	5	2
常用有色金属矿采选	091	9	82	9	18	4	1
贵金属矿采选	092	1	6				
稀有稀土金属矿采选	093	4	7	2	5	1	1
非金属矿采选业	10	189	369	17	136	11	5

与港澳台商合作经营	港澳台商独资	港澳台商投资股份有限公司	其他港澳台商投资	外商投资	中外合资经营	中外合作经营	外资企业	外商投资股份有限公司	其他外商投资
127	**5551**	**183**	**72**	**4000**	**1064**	**63**	**2567**	**161**	**145**
	7	**2**		**5**	**2**		**2**		**1**
		1							
		1							
	1								
	1								
	6	1		5	2		2		1
	3			3	1		1		1
	1			1			1		
				1	1				
	2	1							
	8	**1**	**1**	**7**	**3**		**3**		**1**
	1								
	1								
				1			1		
				1			1		
	3			2	2				
	3			2	2				
	4	1	1	4	1		2		1

1-09 续表 12

行业	代码	私营合伙	私营有限责任公司	私营股份有限公司	其他	港澳台商投资	与港澳台商合资经营
土砂石开采	101	168	314	13	127	8	2
化学矿开采	102	1	7	1	1	1	1
采盐	103						
石棉及其他非金属矿采选	109	20	48	3	8	2	2
开采辅助活动	11				1		
煤炭开采和洗选辅助活动	111						
石油和天然气开采辅助活动	112						
其他开采辅助活动	119				1		
其他采矿业	12		3		1		
其他采矿业	120		3		1		
制造业	**C**	**2897**	**37059**	**1021**	**4781**	**5210**	**920**
农副食品加工业	13	176	1433	44	414	178	50
谷物磨制	131	14	116	4	28	5	1
饲料加工	132	9	156	7	16	13	4
植物油加工	133	8	57	2	19	8	4
制糖业	134		7			1	
屠宰及肉类加工	135	18	162	6	41	15	3
水产品加工	136	78	524	13	135	62	24
蔬菜、水果和坚果加工	137	27	246	8	131	54	10
其他农副食品加工	139	22	165	4	44	20	4
食品制造业	14	117	1191	36	164	136	27
焙烤食品制造	141	28	384	7	22	35	6
糖果、巧克力及蜜饯制造	142	9	216	4	19	27	2
方便食品制造	143	19	124	7	37	15	4
乳制品制造	144	1	10		1	2	
罐头食品制造	145	29	151	3	39	21	5
调味品、发酵制品制造	146	4	108	5	14	11	
其他食品制造	149	27	198	10	32	25	10
酒、饮料和精制茶制造业	15	159	932	45	609	86	17
酒的制造	151	11	118	5	18	8	5
饮料制造	152	22	175	9	25	30	6
精制茶加工	153	126	639	31	566	48	6
烟草制品业	16						
烟叶复烤	161						
卷烟制造	162						
其他烟草制品制造	169						
纺织业	17	66	1779	44	101	323	26
棉纺织及印染精加工	171	15	508	9	21	139	9
毛纺织及染整精加工	172	1	30		5	9	1
麻纺织及染整精加工	173		4	1		2	
丝绢纺织及印染精加工	174	3	20			2	
化纤织造及印染精加工	175	1	77	3	3	22	
针织或钩针编织物及其制品制造	176	17	757	21	38	60	7
家用纺织制成品制造	177	10	165	3	18	20	4
非家用纺织制成品制造	178	19	218	7	16	69	5
纺织服装、服饰业	18	124	3322	67	420	887	73
机织服装制造	181	90	2341	51	333	667	54

与港澳台商合作经营	港澳台商独　资	港澳台商投资股份有限公司	其他港澳台商投资	外商投资	中外合资经　营	中外合作经　营	外资企业	外商投资股份有限公　司	其他外商投　资
	4	1	1	2			2		
				1	1				
				1					1
51	**4103**	**107**	**29**	**2653**	**694**	**32**	**1792**	**92**	**43**
	120	5	3	114	49	3	57	3	2
	4			3	2		1		
	8	1		13	6		7		
	3	1		4	1		3		
	1			2	2				
	11		1	7			5	1	1
	35	2	1	32	15	2	15		
	43		1	42	20	1	19	1	1
	15	1		11	3		7	1	
1	101	3	4	86	22		60	4	
	29			11	3		6	2	
	23	1	1	15	4		11		
	11			12	1		11		
	2			1			1		
	15		1	22	6		15	1	
	9	1	1	10	2		8		
1	12	1	1	15	6		8	1	
	59	9	1	46	17		24	3	2
	3			9	4		5		
	20	4		22	12		9	1	
	36	5	1	15	1		10	2	2
5	288	2	2	119	19	1	93	2	4
	130			54	7		44	1	2
	8			1			1		
	2			2			2		
1	1								
	22			4			4		
3	49	1		19	5		13	1	
	15	1		9	1		7		1
1	61		2	30	6	1	22		1
7	794	9	4	270	29	4	216	9	12
4	598	8	3	210	22	4	164	9	11

1-09 续表 13

行业	代码	私营合伙	私营有限责任公司	私营股份有限公司	其他	港澳台商投资	与港澳台商合资经营
针织或钩针编织服装制造	182	15	444	6	29	149	10
服饰制造	183	19	537	10	58	71	9
皮革、毛皮、羽毛及其制品和制鞋业	19	144	2791	75	258	623	88
皮革鞣制加工	191	4	122	5	7	44	4
皮革制品制造	192	22	403	11	51	165	12
毛皮鞣制及制品加工	193	2	8	1	2	2	1
羽毛(绒)加工及制品制造	194	2	22		1	4	
制鞋业	195	114	2236	58	197	408	71
木材加工和木、竹、藤、棕、草制品业	20	300	1314	37	297	73	23
木材加工	201	99	277	11	84	9	2
人造板制造	202	40	414	10	25	16	10
木制品制造	203	44	326	5	43	23	4
竹、藤、棕、草等制品制造	204	117	297	11	145	25	7
家具制造业	21	56	789	13	88	95	23
木质家具制造	211	33	442	7	61	60	13
竹、藤家具制造	212	6	16		7	2	1
金属家具制造	213	5	152	3	10	22	6
塑料家具制造	214	1	23			3	
其他家具制造	219	11	156	3	10	8	3
造纸和纸制品业	22	93	1261	29	98	131	37
纸浆制造	221	1	12	1	3	1	
造纸	222	23	290	11	28	37	7
纸制品制造	223	69	959	17	67	93	30
印刷和记录媒介复制业	23	74	1165	39	92	45	14
印刷	231	69	1102	39	84	42	13
装订及印刷相关服务	232	5	60		6	2	
记录媒介复制	233		3		2	1	1
文教、工美、体育和娱乐用品制造业	24	166	1963	73	295	446	68
文教办公用品制造	241	7	79	2	10	22	3
乐器制造	242		19			2	1
工艺美术品制造	243	141	1574	63	266	293	51
体育用品制造	244	10	190	3	9	85	7
玩具制造	245	8	86	5	8	41	5
游艺器材及娱乐用品制造	246		15		2	3	1
石油加工及炼焦	25	1	47	2	2	6	1
化学原料和化学制品制造业	26	97	1311	35	130	179	41
基础化学原料制造	261	18	172	6	12	23	7
肥料制造	262	4	95	2	13	12	6
农药制造	263	2	11	2	3	4	2
涂料、油墨、颜料及类似产品制造	264	17	279	6	31	42	5
合成材料制造	265	10	173	6	12	30	5
专用化学产品制造	266	27	336	10	30	24	8
炸药、火工及焰火产品制造	267	2	5		1	1	
日用化学产品制造	268	17	240	3	28	43	8
医药制造业	27	1	163	2	9	34	14
化学药品原料药制造	271		21			3	2
化学药品制剂制造	272		23			6	3

与港澳台商合作经营	港澳台商独资	港澳台商投资股份有限公司	其他港澳台商投资	外商投资	中外合资经营	中外合作经营	外资企业	外商投资股份有限公司	其他外商投资
3	134	1	1	41	6		35		
	62			19	1		17		1
3	525	6	1	238	42	4	181	7	4
	40			11	3		6	2	
	152	1		48	10	1	37		
	1								
	4			1			1		
3	328	5	1	178	29	3	137	5	4
	47	3		34	13		20		1
	7			5	2		2		1
	6			3	3				
	17	2		12	2		10		
	17	1		14	6		8		
1	69	2		54	13	1	37	1	2
1	44	2		33	8		23	1	1
	1								
	16			14	5	1	8		
	3			1			1		
	5			6			5		1
2	91	1		51	16	1	28	6	
	1								
1	29			15	5		8	2	
1	61	1		36	11	1	20	4	
	31			21	5		15		1
	29			21	5		15		1
	2								
2	365	9	2	203	59	3	128	10	3
	19			15	2		10	3	
	1			4			4		
2	236	4		121	45	3	64	7	2
	76	2		49	9		40		
	31	3	2	14	3		10		1
	2								
	5			9	6		3		
1	132	4	1	99	30	1	63	4	1
	15		1	13	6		6	1	
	5	1		4	2		2		
	2			3			3		
1	36			16	5		10	1	
	24	1		15	4		11		
	15	1		22	10	1	9	2	
	1								
	34	1		26	3		22		1
1	19			24	10	1	11	1	1
	1			3	2	1			
	3			8	3		4	1	

1-09 续表 14

行 业	代码	私营合伙	私营有限责任公司	私营股份有限公司	其 他	港澳台商投 资	与港澳台商合资经营
中药饮片加工	273		13		2	2	1
中成药生产	274		19		1	9	3
兽用药品制造	275		8	1		2	2
生物药品制造	276	1	49		4	9	2
卫生材料及医药用品制造	277		30	1	2	3	1
化学纤维制造业	28	3	83	2	6	49	4
纤维素纤维原料及纤维制造	281	1	16		1	11	
合成纤维制造	282	2	67	2	5	38	4
橡胶和塑料制品业	29	149	2124	56	142	322	59
橡胶制品业	291	19	355	7	19	40	5
塑料制品业	292	130	1769	49	123	282	54
非金属矿物制品业	30	583	3955	139	623	248	80
水泥、石灰和石膏制造	301	20	129	2	14	13	5
石膏、水泥制品及类似制品制造	302	60	330	16	57	34	10
砖瓦、石材等建筑材料制造	303	423	2564	96	361	135	43
玻璃制造	304	2	46	2	2	5	2
玻璃制品制造	305	1	142	3	10	13	7
玻璃纤维和玻璃纤维增强塑料制品制造	306	1	41	1	1	1	
陶瓷制品制造	307	56	577	17	160	34	9
耐火材料制品制造	308	4	40		2	3	1
石墨及其他非金属矿物制品制造	309	16	86	2	16	10	3
黑色金属冶炼和压延加工业	31	38	406	19	44	35	14
炼铁	311		12	2	1		
炼钢	312		6		2	1	
黑色金属铸造	313	23	230	14	26	10	5
钢压延加工	314	11	135	3	13	23	9
铁合金冶炼	315	4	23		2	1	
有色金属冶炼和压延加工业	32	18	205	5	12	23	10
常用有色金属冶炼	321	2	29	1	1	4	1
贵金属冶炼	322		6		1		
稀有稀土金属冶炼	323		3				
有色金属合金制造	324		41		1	3	1
有色金属铸造	325	4	14		3	1	
有色金属压延加工	326	12	112	4	6	15	8
金属制品业	33	110	2254	45	231	178	34
结构性金属制品制造	331	20	753	17	60	39	9
金属工具制造	332	16	203	5	32	29	7
集装箱及金属包装容器制造	333	1	55	1	4	18	9
金属丝绳及其制品制造	334	1	32	2	4	2	
建筑、安全用金属制品制造	335	22	372	8	48	24	1
金属表面处理及热处理加工	336	4	142	1	12	7	3
搪瓷制品制造	337	2	84	2	21	2	
金属制日用品制造	338	12	252	1	22	28	1
其他金属制品制造	339	32	361	8	28	29	4
通用设备制造业	34	100	1807	41	141	164	30
锅炉及原动设备制造	341	5	43	3	7	2	1
金属加工机械制造	342	18	393	7	31	24	1

与港澳台商合作经营	港澳台商独资	港澳台商投资股份有限公司	其他港澳台商投资	外商投资	中外合资经营	中外合作经营	外资企业	外商投资股份有限公司	其他外商投资
	1			1	1				
	6			3	1		2		
				2	2				
1	6			4	1		3		
	2			3			2		1
1	41	3		12	2		10		
	11			3			3		
1	30	3		9	2		7		
4	249	8	2	147	26	1	112	8	
	31	3	1	38	9		26	3	
4	218	5	1	109	17	1	86	5	
5	157	6		183	73		100	10	
1	7			1			1		
1	23			10	5		5		
3	85	4		113	51		56	6	
	2	1		3	1		2		
	6			14	4		8	2	
	1			2			2		
	24	1		30	10		19	1	
	2			4	2		2		
	7			6			5	1	
	20	1		32	13		19		
	1			2	1		1		
	4	1		9	2		7		
	14			21	10		11		
	1								
	13			16	4		12		
	3								
				3	1		2		
	2			6	1		5		
	1								
	7			7	2		5		
1	137	5	1	122	28	2	88	4	
1	28	1		31	9		21	1	
	22			16	2		12	2	
	7	2		11	3		8		
	2			7	2	1	3	1	
	22		1	24	6	1	17		
	4			9	1		8		
	2			2	1		1		
	26	1		16	2		14		
	24	1		6	2		4		
2	128	3	1	110	33	2	69	4	2
	1			4	1		3		
	23			15	4		9	1	1

1-09 续表 15

行　业	代码	私营合伙	私营有限责任公司	私营股份有限公司	其　他	港澳台商投　资	与港澳台商合资经营
物料搬运设备制造	343	6	83	5	1	7	1
泵、阀门、压缩机及类似机械制造	344	13	309	6	37	34	4
轴承、齿轮和传动部件制造	345	6	112	1	7	21	8
烘炉、风机、衡器、包装等设备制造	346	7	160	5	5	19	3
文化、办公用机械制造	347		30	1	3	14	1
通用零部件制造	348	37	543	10	41	31	10
其他通用设备制造业	349	8	134	3	9	12	1
专用设备制造业	35	79	1833	49	136	173	38
采矿、冶金、建筑专用设备制造	351	15	260	12	15	12	4
化工、木材、非金属加工专用设备制造	352	26	641	14	32	53	8
食品、饮料、烟草及饲料生产专用设备制造	353	10	57		13	9	1
印刷、制药、日化及日用品生产专用设备制造	354	2	106	1	3	16	6
纺织、服装和皮革加工专用设备制造	355	2	114	4	12	40	4
电子和电工机械专用设备制造	356	6	219	4	20	17	4
农、林、牧、渔专用机械制造	357	5	94	4	19	8	4
医疗仪器设备及器械制造	358	3	96	4	7	8	3
环保、社会公共服务及其他专用设备制造	359	10	246	6	15	10	4
汽车制造业	36	21	546	15	34	114	35
汽车整车制造	361		3			1	1
改装汽车制造	362		10		2	2	2
低速载货汽车制造	363						
电车制造	364		4				
汽车车身、挂车制造	365	1	8			2	1
汽车零部件及配件制造	366	20	521	15	32	109	31
铁路、船舶、航空航天和其他运输设备制造业	37	33	302	5	39	26	7
铁路运输设备制造	371		4		1		
城市轨道交通设备制造	372						
船舶及相关装置制造	373	16	164	4	29	5	1
航空、航天器及设备制造	374						
摩托车制造	375	15	106	1	7	13	4
自行车制造	376	2	24		1	3	2
非公路休闲车及零配件制造	377					4	
潜水救捞及其他未列明运输设备制造	379		4		1	1	
电气机械和器材制造业	38	78	1921	37	178	177	35
电机制造	381	33	690	7	107	28	9
输配电及控制设备制造	382	18	450	10	18	39	8
电线、电缆、光缆及电工器材制造	383	6	149	2	11	20	2
电池制造	384		59	2	7	18	5
家用电力器具制造	385	10	177	4	21	12	3
非电力家用器具制造	386	1	45	1	4	6	
照明器具制造	387	6	275	7	7	45	7
其他电气机械及器材制造	389	4	76	4	3	9	1
计算机、通信和其他电子设备制造业	39	28	922	30	61	217	40
计算机制造	391	4	41	1	5	22	6
通信设备制造	392	1	95	4	10	26	5
广播电视设备制造	393		36		2	3	

与港澳台商合作经营	港澳台商独资	港澳台商投资股份有限公司	其他港澳台商投资	外商投资	中外合资经营	中外合作经营	外资企业	外商投资股份有限公司	其他外商投资
	6			7	1	1	5		
	30			27	11		13	3	
	12	1		11	3		8		
2	13		1	12	4		8		
	13			10	2	1	7		
	19	2		19	4		15		
	11			5	3		1		1
2	124	7	2	120	27	1	79	7	6
1	7			15	5		7	1	2
	41	3	1	34	6		22	3	3
1	6	1		5			5		
	10			6			6		
	35		1	13	3		9		1
	11	2		12	1		10	1	
	4			3	1	1	1		
	4	1		14	2		11	1	
	6			18	9		8	1	
2	75	2		107	18	2	85	1	1
				3	3				
				2	1		1		
	1								
2	74	2		102	14	2	84	1	1
	18	1		29	8	1	19	1	
	3	1		6	1	1	3	1	
	9			14	3		11		
	1			6	2		4		
	4			1	1				
	1			2	1		1		
4	131	6	1	144	56	1	86	1	
2	17			19	10		9		
	29	1	1	45	21		24		
1	15	2		22	3		19		
	11	2		5	2		2	1	
	8	1		8	3		5		
	6			2	1		1		
1	37			37	14	1	22		
	8			6	2		4		
4	165	5	3	156	49	2	101	3	1
	16			13	3		10		
	21			14	6	1	7		
	3			5	5				

1-09 续表 16

行　　业	代码	私营合伙	私营有限责任公司	私营股份有限公司	其　他	港澳台商投　资	与港澳台商合资经营
雷达及配套设备制造	394		1	1	1		
视听设备制造	395		22			13	4
电子器件制造	396	5	181	6	8	52	13
电子元件制造	397	12	334	11	17	82	12
其他电子设备制造	399	6	212	7	18	19	
仪器仪表制造业	40	15	371	8	19	85	18
通用仪器仪表制造	401	4	112	5	6	18	6
专用仪器仪表制造	402	1	54		2	5	2
钟表与计时仪器制造	403	2	105	1	5	25	5
光学仪器及眼镜制造	404	6	82	2	3	37	5
其他仪器仪表制造业	409	2	18		3		
其他制造业	41	40	540	14	76	145	7
废弃资源综合利用业	42	10	143	9	20	4	3
金属废料和碎屑加工处理	421	3	30	6	6	3	2
非金属废料和碎屑加工处理	422	7	113	3	14	1	1
金属制品、机械和设备修理业	43	18	186	6	42	8	4
金属制品修理	431	2	11				
通用设备修理	432		16	1	1		
专用设备修理	433	3	25	1	3		
铁路、船舶、航空航天等运输设备修理	434	7	71	3	7	5	4
电气设备修理	435	2	6		1	3	
仪器仪表修理	436		1				
其他机械和设备修理业	439	4	56	1	30		
电力、热力、燃气及水生产和供应业	**D**	**1678**	**712**	**61**	**673**	**56**	**22**
电力、热力生产和供应业	44	1643	595	55	575	41	12
电力生产	441	1635	568	54	559	40	12
电力供应	442	8	22		14		
热力生产和供应	443		5	1	2	1	
燃气生产和供应业	45	3	19	2	6	5	4
燃气生产和供应业	450	3	19	2	6	5	4
水的生产和供应业	46	32	98	4	92	10	6
自来水生产和供应	461	29	65	3	83	7	5
污水处理及其再生利用	462	1	30	1	5	3	1
其他水的处理、利用与分配	469	2	3		4		
建筑业	E	125	5326	221	200	46	26
房屋建筑业	47	22	1249	60	39	4	3
房屋建筑业	470	22	1249	60	39	4	3
土木工程建筑业	48	21	954	39	47	8	
铁路、道路、隧道和桥梁工程建筑	481	10	411	19	12	3	
水利和内河港口工程建筑	482	2	74	5	6	2	
海洋工程建筑	483		10		1		
工矿工程建筑	484		51	3	1		
架线和管道工程建筑	485	2	66	2	3		
其他土木工程建筑	489	7	342	10	24	3	
建筑安装业	49	12	739	29	21	5	5
电气安装	491	7	286	9	6	3	3

与港澳台商合作经营	港澳台商独资	港澳台商投资股份有限公司	其他港澳台商投资	外商投资	中外合资经营	中外合作经营	外资企业	外商投资股份有限公司	其他外商投资
	9			11	2		9		
2	37			45	13	1	30	1	
1	63	4	2	53	16		34	2	1
1	16	1	1	15	4		11		
	65	2		52	16	1	35		
	12			16	6		10		
	3			1			1		
	20			8	1		7		
	30	2		23	7	1	15		
				4	2		2		
3	131	3	1	47	6		38	3	
		1		3	1		2		
		1							
				3	1		2		
	3	1		5	4		1		
				1			1		
	1			4	4				
	2	1							
2	**29**	**3**		**48**	**26**	**1**	**18**	**3**	
2	24	3		32	16		13	3	
2	23	3		29	14		12	3	
				3	2		1		
	1								
	1			4	4				
	1			4	4				
	4			12	6	1	5		
	2			10	5	1	4		
	2			2	1		1		
3	14	3		14	8	1	3	1	1
	1			4	3	1			
	1			4	3	1			
2	4	2		1	1				
2	1			1	1				
	2								
	1	2							
				4	2		1	1	
				4	2		1	1	

1-09 续表 17

行业	代码	私营合伙	私营有限责任公司	私营股份有限公司	其他	港澳台商投资	与港澳台商合资经营
管道和设备安装	492	3	119	8	3		
其他建筑安装业	499	2	334	12	12	2	2
建筑装饰和其他建筑业	50	70	2384	93	93	29	18
建筑装饰业	501	56	1745	61	59	25	17
工程准备活动	502	7	192	6	11	2	
提供施工设备服务	503	4	106	6	2	1	1
其他未列明建筑业	509	3	341	20	21	1	
批发和零售业	**F**	**1890**	**49963**	**1293**	**7541**	**756**	**159**
批发业	51	1049	36428	867	5127	607	124
农、林、牧产品批发	511	44	729	39	705	15	1
食品、饮料及烟草制品批发	512	159	4347	130	1811	95	17
纺织、服装及家庭用品批发	513	169	7097	147	485	156	28
文化、体育用品及器材批发	514	30	1736	25	84	40	10
医药及医疗器材批发	515	17	646	15	51	7	1
矿产品、建材及化工产品批发	516	281	9882	213	925	118	23
机械设备、五金产品及电子产品批发	517	234	8892	207	519	109	30
贸易经纪与代理	518	54	1402	47	342	36	5
其他批发业	519	61	1697	44	205	31	9
零售业	52	841	13535	426	2414	149	35
综合零售	521	73	589	22	232	17	3
食品、饮料及烟草制品专门零售	522	126	2699	82	679	26	1
纺织、服装及日用品专门零售	523	111	1703	52	262	27	7
文化、体育用品及器材专门零售	524	41	966	27	119	12	3
医药及医疗器材专门零售	525	61	300	13	158	1	1
汽车、摩托车、燃料及零配件专门零售	526	184	1960	71	312	21	7
家用电器及电子产品专门零售	527	92	2127	67	227	13	5
五金、家具及室内装饰材料专门零售	528	94	2151	56	234	14	2
货摊、无店铺及其他零售业	529	59	1040	36	191	18	6
交通运输、仓储和邮政业	**G**	**287**	**4034**	**128**	**428**	**110**	**47**
道路运输业	54	96	1762	69	213	23	7
城市公共交通运输	541	6	59	3	8	3	2
公路旅客运输	542	10	100	9	11		
道路货物运输	543	63	1526	53	141	13	3
道路运输辅助活动	544	17	77	4	53	7	2
水上运输业	55	115	212	7	57	17	14
水上旅客运输	551	1	21		9	4	4
水上货物运输	552	107	133	4	38	3	2
水上运输辅助活动	553	7	58	3	10	10	8
航空运输业	56	1	23	1	2		
航空客货运输	561	1	15		2		
通用航空服务	562		2	1			
航空运输辅助活动	563		6				
管道运输业	57						
管道运输业	570						
装卸搬运和运输代理业	58	54	1667	42	108	40	18
装卸搬运	581	12	120	8	32	4	3
运输代理业	582	42	1547	34	76	36	15

与港澳台商合作经营	港澳台商独　资	港澳台商投资股份有限公司	其他港澳台商投资	外商投资	中外合资经　营	中外合作经　营	外资企业	外商投资股份有限公　司	其他外商投　资
1	9	1		5	2		2		1
1	6	1		4	2		1		1
	2								
	1			1			1		
13	**541**	**27**	**16**	**511**	**108**	**8**	**329**	**31**	**35**
9	444	22	8	396	79	4	258	27	28
	14			7	2		4		1
1	71	4	2	54	11	2	39	2	
3	120	5		101	13	1	69	10	8
	30			16	3		12	1	
	5	1		5			3	1	1
2	88	3	2	90	19		58	8	5
3	71	2	3	77	21	1	48	2	5
	27	3	1	24	2		12	3	7
	18	4		22	8		13		1
4	97	5	8	115	29	4	71	4	7
1	11	1	1	30	2	1	26	1	
	20	1	4	12	2		8	1	1
	17	1	2	19	2	1	14		2
	8	1		6	2		4		
	14			26	17	1	5	1	2
1	7			8	2	1	5		
1	11			8	1		6	1	
1	9	1	1	6	1		3		2
10	**50**	**1**	**2**	**74**	**37**	**4**	**25**	**3**	**5**
6	9	1		10	5	2	1	1	1
1				4	3	1			
4	6			5	2		1	1	1
1	3	1		1		1			
1	2			10	7		2	1	
1				2	1			1	
	2			8	6		2		
				2	1	1			
				2	1	1			
1	19		2	26	12		11	1	2
	1			9	6		2		1
1	18		2	17	6		9	1	1

1-09 续表 18

行 业	代码	私营合伙	私营有限责任公司	私营股份有限公司	其 他	港澳台商投 资	与港澳台商合资经营
仓储业	59	11	211	7	24	30	8
谷物、棉花等农产品仓储	591	2	16		5		
其他仓储业	599	9	195	7	19	30	8
邮政业	60	10	159	2	24		
邮政基本服务	601		5		6		
快递服务	602	10	154	2	18		
住宿和餐饮业	**H**	**456**	**1812**	**77**	**491**	**133**	**33**
住宿业	61	244	848	46	173	66	18
旅游饭店	611	62	385	18	45	54	15
一般旅馆	612	154	406	21	107	10	2
其他住宿业	619	28	57	7	21	2	1
餐饮业	62	212	964	31	318	67	15
正餐服务	621	172	751	23	244	49	10
快餐服务	622	19	68	5	22	9	2
饮料及冷饮服务	623	11	59	2	23	3	1
其他餐饮业	629	10	86	1	29	6	2
信息传输、软件和信息技术服务业	**I**	**99**	**3406**	**88**	**389**	**97**	**21**
电信、广播电视和卫星传输服务	63	10	91	6	72	6	
电信	631	9	84	4	29	6	
广播电视传输服务	632	1	5	2	43		
卫星传输服务	633		2				
互联网和相关服务	64	19	520	15	36	3	1
互联网接入及相关服务	641		55	1			
互联网信息服务	642	11	381	12	30	1	
其他互联网服务	649	8	84	2	6	2	1
软件和信息技术服务业	65	70	2795	67	281	88	20
软件开发	651	43	1701	34	160	71	15
信息系统集成服务	652	6	344	10	43	2	1
信息技术咨询服务	653	9	387	8	41	7	1
数据处理和存储服务	654	4	77	2	5	1	
集成电路设计	655	1	35	2	4	2	1
其他信息技术服务业	659	7	251	11	28	5	2
房地产业	**K**	**75**	**3786**	**169**	**350**	**554**	**135**
房地产业	70	75	3786	169	350	554	135
房地产开发经营	701	4	1439	81	15	397	108
物业管理	702	29	1108	50	165	83	14
房地产中介服务	703	31	965	26	78	15	3
自有房地产经营活动	704	6	195	9	54	54	9
其他房地产业	709	5	79	3	38	5	1
租赁和商务服务业	**L**	**855**	**12362**	**399**	**2928**	**169**	**40**
租赁业	71	56	799	32	118	17	9
机械设备租赁	711	55	760	31	115	17	9
文化及日用品出租	712	1	39	1	3		
商务服务业	72	799	11563	367	2810	152	31
企业管理服务	721	191	2636	105	1185	49	13

与港澳台商合作经营	港澳台商独　资	港澳台商投资股份有限公司	其他港澳台商投资	外商投资	中外合资经，营	中外合作经　营	外资企业	外商投资股份有限公　司	其他外商投　资
2	20			26	12	1	11		2
2	20			26	12	1	11		2
6	**89**	**4**	**1**	**104**	**37**	**6**	**49**	**4**	**8**
4	40	4		54	24	6	18	1	5
4	31	4		44	20	6	14	1	3
	8			8	4		3		1
	1			2			1		1
2	49		1	50	13		31	3	3
1	37		1	31	10		17	3	1
1	6			13	1		11		1
	2			4	1		2		1
	4			2	1		1		
	68	**6**	**2**	**106**	**29**	**1**	**68**	**3**	**5**
	4	2		5	1		3	1	
	4	2		5	1		3	1	
	2			3			3		
	1			2			2		
	1			1			1		
	62	4	2	98	28	1	62	2	5
	51	3	2	74	23	1	45	2	3
	1			8	2		5		1
	5	1		6	1		5		
	1			1			1		
	1			6	2		4		
	3			3			2		1
23	**379**	**13**	**4**	**197**	**55**	**3**	**122**	**9**	**8**
23	379	13	4	197	55	3	122	9	8
16	263	10		133	41	3	81	5	3
2	62	3	2	38	9		23	2	4
1	11			8	3		5		
3	41		1	17	2		12	2	1
1	2		1	1			1		
5	**112**	**4**	**8**	**132**	**27**	**1**	**76**	**10**	**18**
	8			6	3		3		
	8			6	3		3		
5	104	4	8	126	24	1	73	10	18
3	26	2	5	58	8	1	34	5	10

1-09 续表 19

行业	代码	私营合伙	私营有限责任公司	私营股份有限公司	其他	港澳台商投资	与港澳台商合资经营
法律服务	722	215	55	1	325	1	
咨询与调查	723	125	3011	63	345	70	8
广告业	724	91	2936	88	253	2	1
知识产权服务	725	22	117	1	10	1	
人力资源服务	726	43	364	16	158	1	
旅行社及相关服务	727	28	496	33	101	7	2
安全保护服务	728	7	74	1	52		
其他商务服务业	729	77	1874	59	381	21	7
科学研究和技术服务业	**M**	**158**	**3763**	**129**	**2439**	**87**	**19**
研究和试验发展	73	31	541	12	233	20	7
自然科学研究和试验发展	731	1	60	3	25	4	2
工程和技术研究和试验发展	732	11	316	5	36	8	3
农业科学研究和试验发展	733	9	93	1	62	5	1
医学研究和试验发展	734	8	67	2	34	3	1
社会人文科学研究	735	2	5	1	76		
专业技术服务业	74	100	2611	88	509	45	9
气象服务	741		4		13		
地震服务	742		1		8		
海洋服务	743		10		3		
测绘服务	744	5	57	3	21		
质检技术服务	745	7	125	8	72	3	
环境与生态监测	746	1	37	1	19		
地质勘查	747	2	22	2	20	1	
工程技术	748	44	1344	53	207	18	7
其他专业技术服务业	749	41	1011	21	146	23	2
科技推广和应用服务业	75	27	611	29	1697	22	3
技术推广服务	751	24	508	23	1579	19	3
科技中介服务	752		46	2	80		
其他科技推广和应用服务业	759	3	57	4	38	3	
水利、环境和公共设施管理业	**N**	**40**	**584**	**20**	**402**	**34**	**15**
水利管理业	76	5	25	1	125	2	2
防洪除涝设施管理	761		2		20		
水资源管理	762	1	3	1	16		
天然水收集与分配	763	2	3		65	2	2
水文服务	764						
其他水利管理业	769	2	17		24		
生态保护和环境治理业	77	1	97	2	32	4	3
生态保护	771		7		19		
环境治理业	772	1	90	2	13	4	3
公共设施管理业	78	34	462	17	245	28	10
市政设施管理	781	2	45	1	25	2	1
环境卫生管理	782	2	58	1	45	1	
城乡市容管理	783	2	20	1	14		
绿化管理	784	8	176	4	27	2	2
公园和游览景区管理	785	20	163	10	134	23	7

与港澳台商合作经营	港澳台商独资	港澳台商投资股份有限公司	其他港澳台商投资	外商投资	中外合资经营	中外合作经营	外资企业	外商投资股份有限公司	其他外商投资
	1			1	1				
	57	2	3	42	5		30	2	5
	1			2	1		1		
	1			1	1				
	1			4	1		1	1	1
1	4			7	1		3	2	1
1	13			11	6		4		1
1	**64**	**1**	**2**	**81**	**24**		**43**	**4**	**10**
1	11		1	16	10		4		2
	2			1					1
1	3		1	7	5		1		1
	4			3	1		2		
	2			5	4		1		
	36			40	9		23	3	5
	3			7	2		4	1	
	1								
	11			15	3		8		4
	21			18	4		11	2	1
	17	1	1	25	5		16	1	3
	15	1		22	5		15	1	1
	2		1	3			1		2
2	**14**	**2**	**1**	**13**	**5**	**1**	**6**		**1**
				2			2		
				1			1		
				1			1		
	1			4	2	1	1		
				1		1			
	1			3	2		1		
2	13	2	1	7	3		3		1
	1			3	1		2		
		1							
2	12	1	1	4	2		1		1

1-09 续表 20

行　业	代码	私营合伙	私营有限责任公司	私营股份有限公司	其　他	港澳台商投　资	与港澳台商合资经营
居民服务、修理和其他服务业	O	**254**	**2364**	**89**	**525**	**42**	**9**
居民服务业	79	118	734	26	290	28	7
家庭服务	791	10	180	10	11		
托儿所服务	792	6	6		27		
洗染服务	793	3	50	4	9		
理发及美容服务	794	16	117	2	35	8	1
洗浴服务	795	16	67	1	16	10	2
保健服务	796	45	114	4	39	4	1
婚姻服务	797	5	66	3	14		
殡葬服务	798	9	27		66	3	2
其他居民服务业	799	8	107	2	73	3	1
机动车、电子产品和日用产品修理业	80	97	1215	41	162	11	2
汽车、摩托车修理与维护	801	82	849	37	122	7	1
计算机和办公设备维修	802	7	179	2	17	2	1
家用电器修理	803	6	146	1	16	1	
其他日用产品修理业	809	2	41	1	7	1	
其他服务业	81	39	415	22	73	3	
清洁服务	811	28	330	16	44	1	
其他未列明服务业	819	11	85	6	29	2	
教育	P	**396**	**594**	**32**	**5329**	**11**	**1**
教育	82	396	594	32	5329	11	1
学前教育	821	292	65	4	2735	8	1
初等教育	822	9		1	1094		
中等教育	823	9	5	2	460		
高等教育	824		2		35		
特殊教育	825				20		
技能培训、教育辅助及其他教育	829	86	522	25	985	3	
卫生和社会工作	Q	**108**	**93**	**8**	**3928**	**5**	
卫生	83	93	80	8	3253	1	
医院	831	35	30	6	139	1	
社区医疗与卫生院	832	13	3		438		
门诊部(所)	833	44	41	2	2631		
计划生育技术服务活动	834				5		
妇幼保健院(所、站)	835	1			7		
专科疾病防治院(所、站)	836		1		9		
疾病预防控制中心	837				6		
其他卫生活动	839		5		18		
社会工作	84	15	13		675	4	
提供住宿社会工作	841	14	13		267	4	
不提供住宿社会工作	842	1			408		
文化、体育和娱乐业	R	**431**	**974**	**64**	**1534**	**46**	**15**
新闻和出版业	85		16	1	40		
新闻业	851				12		
出版业	852		16	1	28		
广播、电视、电影和影视录音制作业	86	9	94	9	40	1	
广播	861		2	1	5		
电视	862		3		5		

与港澳台商合作经营	港澳台商独资	港澳台商投资股份有限公司	其他港澳台商投资	外商投资	中外合资经营	中外合作经营	外资企业	外商投资股份有限公司	其他外商投资
3	**25**	**4**	**1**	**14**	**2**	**2**	**10**		
2	16	3		7	1	2	4		
	6	1		1			1		
1	6	1		2	1		1		
	3			1			1		
1				2		2			
	1	1		1			1		
1	6	1	1	5	1		4		
	5	1		3	1		2		
	1			1			1		
			1						
1				1			1		
	3			2			2		
	1			2			2		
	2								
1	**9**			**5**	**1**		**2**	**1**	**1**
1	9			5	1		2	1	1
	7								
				1			1		
				1					1
1	2			3	1		1	1	
	4		**1**	**2**		**2**			
	1			2		2			
	1			2		2			
	3		1						
	3		1						
5	**25**		**1**	**18**	**5**	**1**	**9**		**3**
	1								

1-09 续表 21

行业	代码	私营合伙	私营有限责任公司	私营股份有限公司	其他	港澳台商投资	与港澳台商合资经营
电影和影视节目制作	863	2	45	5	12		
电影和影视节目发行	864		9	1	1		
电影放映	865	7	26	2	16	1	
录音制作	866		9		1		
文化艺术业	87	23	197	15	624	2	
文艺创作与表演	871	14	51	3	153		
艺术表演场馆	872		2		4		
图书馆与档案馆	873		11	2	26		
文物及非物质文化遗产保护	874	1	8		116		
博物馆	875	1	7	1	39	1	
烈士陵园、纪念馆	876	1	1		13		
群众文化活动	877	2	15	1	224		
其他文化艺术业	879	4	102	8	49	1	
体育	88	15	174	6	396	23	4
体育组织	881	2	14		288	2	
体育场馆	882	3	12		15	5	2
休闲健身活动	883	10	125	6	88	16	2
其他体育	889		23		5		
娱乐业	89	384	493	33	434	20	11
室内娱乐活动	891	375	411	31	406	14	8
游乐园	892	1	19	1	3	3	1
彩票活动	893		1		3		
文化、娱乐、体育经纪代理	894	3	36	1	3		
其他娱乐业	899	5	26		19	3	2
公共管理、社会保障和社会组织	**S**	**40**	**59**	**10**	**36789**	**24**	**4**
中国共产党机关	90				12		
中国共产党机关	900				12		
国家机构	91				1406		
国家权力机构	911						
国家行政机构	912				1381		
人民法院和人民检察院	913				4		
其他国家机构	919				21		
人民政协、民主党派	92				14		
人民政协	921				3		
民主党派	922				11		
社会保障	93				95		
社会保障	930				95		
群众团体、社会团体和其他成员组织	94	40	59	10	18240	24	4
群众团体	941	2	25	5	1766	16	3
社会团体	942	33	30	5	9609	5	
基金会	943				123	1	
宗教组织	944	5	4		6742	2	1
基层群众自治组织	95				17022		
社区自治组织	951				2470		
村民自治组织	952				14552		

与港澳台商合作经营	港澳台商独　资	港澳台商投资股份有限公司	其他港澳台商投资	外商投资	中外合资经　营	中外合作经　营	外资企业	外商投资股份有限公　司	其他外商投　资
	1								
	2			2			1		1
				1			1		
	1								
	1			1					1
3	15		1	8	2	1	4		1
	2								
1	2								
2	11		1	7	1	1	4		1
				1	1				
2	7			8	3		4		1
1	5			5	2		2		1
	2			2	1		1		
1				1			1		
2	**10**	**5**	**3**	**16**	**1**		**10**		**5**
2	10	5	3	16	1		10		5
	8	5		10			9		1
1	1		3	2	1				1
1				2			1		1
	1			2					2

1-10 按行业(中类)、登记注册类型

行业	代码	从业人员数(人)	内资				
				国有	集体	股份合作	联营
总计	**00**	**13732695**	**11556302**	**1424660**	**179251**	**63149**	**21935**
农、林、牧、渔业	**A**	**42397**	**41957**	**7951**	**260**	**81**	**28**
农业	01	1508	1358	307	1		
谷物种植	011	146	146	108			
豆类、油料和薯类种植	012	58	58	58			
棉、麻、糖、烟草种植	013						
蔬菜、食用菌及园艺作物种植	014	244	244	18			
水果种植	015	398	398	36	1		
坚果、含油果、香料和饮料作物种植	016	617	467	87			
中药材种植	017	15	15				
其他农业	019	30	30				
林业	02	4656	4608	4449	5		
林木育种和育苗	021	195	147	82			
造林和更新	022	195	195	184	5		
森林经营和管护	023	4183	4183	4183			
木材和竹材采运	024	83	83				
林产品采集	025						
畜牧业	03	402	402				
牲畜饲养	031	327	327				
家禽饲养	032	1	1				
其他畜牧业	039	74	74				
渔业	04	585	585	26			
水产养殖	041	285	285	26			
水产捕捞	042	300	300				
农、林、牧、渔服务业	05	35246	35004	3169	254	81	28
农业服务业	051	24743	24570	1522	88	52	28
林业服务业	052	3879	3874	1273	80	7	
畜牧服务业	053	1462	1442	204	5	12	
渔业服务业	054	5162	5118	170	81	10	
采矿业	**B**	**117414**	**114435**	**7932**	**11700**	**455**	**1352**
煤炭开采和洗选业	06	49251	48591	2687	8050	16	124
烟煤和无烟煤开采洗选	061	48601	47941	2580	8050		124
褐煤开采洗选	062	2	2				
其他煤炭采选	069	648	648	107		16	
石油和天然气开采业	07						
石油开采	071						
天然气开采	072						
黑色金属矿采选业	08	13904	13805	680	1157	108	13
铁矿采选	081	13183	13084	451	1157	107	13
锰矿、铬矿采选	082	680	680	229			
其他黑色金属矿采选	089	41	41			1	
有色金属矿采选业	09	11807	11044	156	531	69	53
常用有色金属矿采选	091	8698	8003		530	56	1
贵金属矿采选	092	1477	1477	29		12	52
稀有稀土金属矿采选	093	1632	1564	127	1	1	
非金属矿采选业	10	42360	40903	4409	1962	262	1162

分组的法人单位从业人员数

国有联营	集体联营	国有与集体联营	其他联营	有限责任公司	国有独资	其他有限责任公司	股份有限公司	私营	私营独资
5268	**8623**	**1620**	**6424**	**3012153**	**156894**	**2855259**	**403021**	**5527616**	**513301**
	1	**27**		**3057**	**22**	**3035**	**168**	**7178**	**2717**
				396		396		309	21
								5	
				34		34		192	19
								92	2
				362		362		5	
								15	
				57		57		83	
				57		57			
								83	
				54		54		348	
				54		54		273	
								1	
								74	
								559	
								259	
								300	
	1	27		2550	22	2528	168	5879	2696
	1	27		1212	3	1209	131	2189	564
				249		249		698	269
				57		57	2	455	324
				1032	19	1013	35	2537	1539
	1346		**6**	**28909**	**10397**	**18512**	**10834**	**50543**	**7299**
	124			17041	8873	8168	9177	11447	355
	124			16968	8873	8095	9177	11016	319
								2	
				73		73		429	36
	13			3347	651	2696	636	6974	433
	13			3307	651	2656	613	6549	412
							23	425	21
				40		40			
	52		1	3018	278	2740	285	6745	456
			1	793		793	275	6219	410
	52			1276	278	998		108	43
				949		949	10	418	3
	1157		5	5458	595	4863	736	25337	6055

1-10 续表 1

行业	代码	从业人员数（人）	内资				
				国有	集体	股份合作	联营
土砂石开采	101	29904	29590	403	1433	230	267
化学矿开采	102	720	599		1		
采盐	103	4452	4452	4005	303		81
石棉及其他非金属矿采选	109	7284	6262	1	225	32	814
开采辅助活动	11	6	6				
煤炭开采和洗选辅助活动	111						
石油和天然气开采辅助活动	112						
其他开采辅助活动	119	6	6				
其他采矿业	12	86	86				
其他采矿业	120	86	86				
制造业	**C**	**5623958**	**3660252**	**26584**	**24798**	**23070**	**6412**
农副食品加工业	13	251959	210545	994	929	813	81
谷物磨制	131	9280	8611	138	72	305	13
饲料加工	132	20122	16707	28	88	47	40
植物油加工	133	8377	6780	3	3		
制糖业	134	1378	1194	57	31		
屠宰及肉类加工	135	34870	31842	479	266	79	6
水产品加工	136	113671	94363	239	347	145	8
蔬菜、水果和坚果加工	137	49838	38192	3	6	25	14
其他农副食品加工	139	14423	12856	47	116	212	
食品制造业	14	182956	139446	569	578	814	84
焙烤食品制造	141	45773	32985		54	208	
糖果、巧克力及蜜饯制造	142	46535	35529	26	126	49	
方便食品制造	143	20830	14230	22	18	3	
乳制品制造	144	1895	1772			204	
罐头食品制造	145	42030	33247	65	118	217	2
调味品、发酵制品制造	146	10442	7956	432	13	8	8
其他食品制造	149	15451	13727	24	249	125	74
酒、饮料和精制茶制造业	15	148451	109201	594	813	1167	158
酒的制造	151	17410	10461	155	22	117	1
饮料制造	152	33301	10742		11	36	15
精制茶加工	153	97740	87998	439	780	1014	142
烟草制品业	16	5097	5097	1686			
烟叶复烤	161	1668	1668	27			
卷烟制造	162	2872	2872	1484			
其他烟草制品制造	169	557	557	175			
纺织业	17	293011	197855	152	937	816	1909
棉纺织及印染精加工	171	169882	109449	2	252	44	1775
毛纺织及染整精加工	172	4911	2711				
麻纺织及染整精加工	173	481	156				
丝绢纺织及印染精加工	174	775	717	8			
化纤织造及印染精加工	175	7742	3983		25		
针织或钩针编织物及其制品制造	176	63570	51804	12	249	572	119
家用纺织制成品制造	177	14205	11296	117	402	200	3
非家用纺织制成品制造	178	31445	17739	13	9		12
纺织服装、服饰业	18	595493	332019	10830	337	1194	180
机织服装制造	181	458641	251546	3345	289	1062	180

国有联营	集体联营	国有与集体联营	其他联营	有限责任公司	国有独资	其他有限责任公司	股份有限公司	私营	私营独资
	267			5083	595	4488	709	19964	3817
				170		170	5	422	7
	81							63	63
	809		5	205		205	22	4888	2168
				45		45		40	
				45		45		40	
235	**2582**	**389**	**3206**	**912618**	**14314**	**898304**	**153405**	**2432444**	**277789**
17	9	31	24	69289	85	69204	5825	124776	12070
13				1377		1377	7	6507	1383
	9	31		7547		7547	369	8496	591
				2449		2449	588	3562	280
				60		60	340	706	25
4			2	19472		19472	656	10363	925
			8	21632	85	21547	293	68280	5687
			14	14795		14795	2507	18319	1921
				1957		1957	1065	8543	1258
74	2		8	36257	104	36153	4727	92534	8124
				10288		10288	67	21919	1705
				8657		8657	869	25270	2905
				3395		3395	1863	8053	687
				230		230	243	1094	42
	2			6741		6741	272	24835	1822
			8	2746		2746	355	4054	299
74				4200	104	4096	1058	7309	664
11	140		7	22762	156	22606	4682	66551	16843
	1			2270		2270	2531	5210	549
11			4	2651	35	2616	110	7722	1290
	139		3	17841	121	17720	2041	53619	15004
				3411	1388	2023			
				1641		1641			
				1388	1388				
				382		382			
	135		1774	44557		44557	5402	141691	8701
	67		1708	23207		23207	4665	78755	1472
				255		255	93	2306	835
				15		15		141	20
				80		80		629	84
				1058		1058	25	2859	219
	53		66	13615		13615	264	35681	3976
	3			2231		2231	41	8140	585
	12			4096		4096	314	13180	1510
	4		176	73076	2473	70603	7482	234129	22088
	4		176	60113	2448	57665	7318	175380	17027

1-10 续表 2

行业	代码	从业人员数(人)	内资	国有	集体	股份合作	联营
针织或钩针编织服装制造	182	96598	53432	7480	43	72	
服饰制造	183	40254	27041	5	5	60	
皮革、毛皮、羽毛及其制品和制鞋业	19	860917	444201		1669	1128	166
皮革鞣制加工	191	16769	8281			25	
皮革制品制造	192	100563	42160		43	245	
毛皮鞣制及制品加工	193	491	443		12		
羽毛(绒)加工及制品制造	194	1239	1072		53		128
制鞋业	195	741855	392245		1561	858	38
木材加工和木、竹、藤、棕、草制品业	20	149972	137938	81	1720	1252	59
木材加工	201	29347	25729	75	363	401	17
人造板制造	202	51876	49628	4	638	16	2
木制品制造	203	25978	22691	1	154	678	5
竹、藤、棕、草等制品制造	204	42771	39890	1	565	157	35
家具制造业	21	90270	63677	97	272	19	30
木质家具制造	211	53683	38120	37	153	7	10
竹、藤家具制造	212	1578	1450				
金属家具制造	213	24738	16037	60	98	12	20
塑料家具制造	214	1682	851				
其他家具制造	219	8589	7219		21		
造纸和纸制品业	22	138121	99619	22	1704	1113	460
纸浆制造	221	1433	1430				1
造纸	222	40244	30934	2	725	739	362
纸制品制造	223	96444	67255	20	979	374	97
印刷和记录媒介复制业	23	74630	68496	1270	1307	313	131
印刷	231	72326	66361	1220	1183	313	119
装订及印刷相关服务	232	2021	1993	50	124		12
记录媒介复制	233	283	142				
文教、工美、体育和娱乐用品制造业	24	317657	192758	127	1510	1779	1281
文教办公用品制造	241	9685	6025	67	63	40	
乐器制造	242	2154	624		19		
工艺美术品制造	243	232960	159749	60	1373	1739	838
体育用品制造	244	49226	15375		8		374
玩具制造	245	21662	9284		47		69
游艺器材及娱乐用品制造	246	1970	1701				
石油加工及炼焦	25	8965	6026				
化学原料和化学制品制造业	26	130111	105551	2540	828	534	20
基础化学原料制造	261	25219	21053	2041	414	219	
肥料制造	262	12681	10180	121	2	91	
农药制造	263	1548	963				
涂料、油墨、颜料及类似产品制造	264	21806	18711	243	133		4
合成材料制造	265	14328	10577	97		14	
专用化学产品制造	266	25990	22877	35	222	109	16
炸药、火工及焰火产品制造	267	2208	2202	2			
日用化学产品制造	268	26331	18988	1	57	101	
医药制造业	27	36033	26342	66	91	53	102
化学药品原料药制造	271	4107	3177	1	21		
化学药品制剂制造	272	7092	5110				

国有联营	集体联营	国有与集体联营	其他联营	有限责任公司	国有独资	其他有限责任公司	股份有限公司	私营	私营独资
				7286	19	7267	15	37984	2587
				5677	6	5671	149	20765	2474
12	38		116	116713	176	116537	6498	309557	37630
				952		952	667	6616	407
				9906	34	9872	559	30073	4405
				83		83		307	153
12			116	54		54		830	62
	38			105718	142	105576	5272	271731	32603
10	23	1	25	16911		16911	2010	112104	17998
10	7			4070		4070	308	19601	4131
	2			4790		4790	838	42925	2352
	4	1		3939		3939	431	16982	2652
	10		25	4112		4112	433	32596	8863
	30			11506	22	11484	2990	47705	5196
	10			8356	6	8350	1751	27163	4049
				135		135		1222	74
	20			1247		1247	1239	13085	336
				419		419		432	88
				1349	16	1333		5803	649
70	219	147	24	23088	280	22808	7462	64497	6667
	1			502	1	501		924	21
	215	147		6776		6776	5415	16593	1744
70	3		24	15810	279	15531	2047	46980	4902
	113		18	15081	412	14669	1410	47891	3573
	101		18	14935	412	14523	1343	46272	3274
	12			146		146	67	1527	299
								92	
	979		302	56853	28	56825	2629	123559	22411
				923		923	87	4795	599
				70		70	8	527	65
	536		302	47949	16	47933	1677	101320	20311
	374			5776	12	5764	793	8385	847
	69			2022		2022	61	6963	559
				113		113	3	1569	30
				1555		1555	46	4383	181
	19		1	26240	2228	24012	9369	63733	5490
				6194	868	5326	506	11513	342
				4533	1360	3173	1194	4171	326
				341		341	8	476	1
	3		1	4152		4152	2140	11206	1119
				3780		3780	184	6016	456
	16			4115		4115	2071	15997	1358
				212		212	1846	130	47
				2913		2913	1420	14224	1841
4		98		8917	484	8433	6153	10786	111
				710		710	1700	745	5
				3024	484	2540	909	1177	20

1-10 续表 3

行业	代码	从业人员数(人)					
			内资	国有	集体	股份合作	联营
中药饮片加工	273	3435	3082			1	
中成药生产	274	8403	5805	12	62	21	98
兽用药品制造	275	2983	1790		4	31	
生物药品制造	276	7698	6024	53			4
卫生材料及医药用品制造	277	2315	1354		4		
化学纤维制造业	28	38216	16818				
纤维素纤维原料及纤维制造	281	2838	629				
合成纤维制造	282	35378	16189				
橡胶和塑料制品业	29	247564	148638	82	1173	653	64
橡胶制品业	291	43977	21024	52	383	194	15
塑料制品业	292	203587	127614	30	790	459	49
非金属矿物制品业	30	505631	428634	885	4687	6825	827
水泥、石灰和石膏制造	301	25537	22379	354	844	459	290
石膏、水泥制品及类似制品制造	302	41995	35371	372	136	61	21
砖瓦、石材等建筑材料制造	303	286353	248434	148	2127	5945	414
玻璃制造	304	10085	4430				
玻璃制品制造	305	16754	10080		9		3
玻璃纤维和玻璃纤维增强塑料制品制造	306	2940	2533		35		
陶瓷制品制造	307	110031	95120	10	590	345	31
耐火材料制品制造	308	4619	3937		934	15	5
石墨及其他非金属矿物制品制造	309	7317	6350	1	12		63
黑色金属冶炼和压延加工业	31	107936	77225	32	185	207	18
炼铁	311	1517	1517	32	2	83	
炼钢	312	7035	4087				
黑色金属铸造	313	29713	27694		136	82	18
钢压延加工	314	65851	40110		10		
铁合金冶炼	315	3820	3817		37	42	
有色金属冶炼和压延加工业	32	55448	44893		23	42	
常用有色金属冶炼	321	8502	8313			42	
贵金属冶炼	322	4987	4987				
稀有稀土金属冶炼	323	5806	3021				
有色金属合金制造	324	4946	3404		23		
有色金属铸造	325	1459	1104				
有色金属压延加工	326	29748	24064				
金属制品业	33	177140	133314	419	1475	633	126
结构性金属制品制造	331	45674	38375	28	57	163	11
金属工具制造	332	17923	14375		70	5	70
集装箱及金属包装容器制造	333	11200	3900		142	123	
金属丝绳及其制品制造	334	2776	2402		38	96	
建筑、安全用金属制品制造	335	41303	27767	50	1054	135	
金属表面处理及热处理加工	336	13330	10010		50	14	
搪瓷制品制造	337	8170	7876	28			
金属制日用品制造	338	15978	11441	48	24	25	6
其他金属制品制造	339	20786	17168	265	40	72	39
通用设备制造业	34	176684	123220	377	1716	786	429
锅炉及原动设备制造	341	5289	4154	3	64	65	
金属加工机械制造	342	18046	14924	58	99	26	40

国有联营	集体联营	国有与集体联营	其他联营	有限责任公司	国有独资	其他有限责任公司	股份有限公司	私营	私营独资
				1372		1372	210	1378	
		98		1436		1436	1882	2293	17
				1168		1168		587	11
4				980		980	1062	3884	12
				227		227	390	722	46
				2832		2832	2566	11399	41
								628	34
				2832		2832	2566	10771	7
	45		19	39721	717	39004	3285	101835	10229
	15			4502		4502	846	14759	1295
	30		19	35219	717	34502	2439	87076	8934
12	312	2	501	69029	775	68254	16290	319652	44287
12		2	276	6879	576	6303	874	12551	1649
	6		15	11222	143	11079	624	21946	2262
	283		131	37788	56	37732	5079	191872	31575
				589		589		3836	186
	3			3589		3589	109	6182	479
				566		566		1732	349
	11		20	6235		6235	9488	74691	7250
			5	205		205	5	2754	240
	9		54	1956		1956	111	4088	297
			18	40316		40316	1987	34053	2450
				511		511		888	232
				3305		3305	172	598	29
			18	4963		4963	795	21386	1817
				30483		30483	790	8742	202
				1054		1054	230	2439	170
				18174	1981	16193	5204	21314	816
				6569		6569		1701	68
				1037		1037	3239	710	62
				1438		1438	1308	275	
				426		426	539	2415	95
				340		340	75	622	246
				8364	1981	6383	43	15591	345
21	17		88	34902	69	34833	2329	90647	16250
	11			9673	69	9604	520	27085	2615
21			49	6687		6687	63	7169	1101
				290		290	284	3023	319
				561		561		1643	183
				4970		4970	619	20155	5787
				3539		3539	182	6099	779
				2283		2283	126	5139	2961
			6	3066		3066	208	7945	1294
	6		33	3833		3833	327	12389	1211
	429			27488	1059	26429	4695	85998	13223
				1236		1236	863	1862	176
	40			3083	87	2996	158	11161	1631

1-10 续表 4

行业	代码	从业人员数(人)	内资	国有	集体	股份合作	联营
物料搬运设备制造	343	9068	5703		10	2	
泵、阀门、压缩机及类似机械制造	344	58648	45471	44	362	599	
轴承、齿轮和传动部件制造	345	16885	11845		6	12	
烘炉、风机、衡器、包装等设备制造	346	11851	8374	5	174	10	
文化、办公用机械制造	347	23003	4040	63			
通用零部件制造	348	26515	22729	169	718	35	376
其他通用设备制造业	349	7379	5980	35	283	37	13
专用设备制造业	35	133547	101057	388	692	1304	46
采矿、冶金、建筑专用设备制造	351	32818	25995	179	70	110	
化工、木材、非金属加工专用设备制造	352	37588	26920	46	305	121	14
食品、饮料、烟草及饲料生产专用设备制造	353	3614	3247	1	57		3
印刷、制药、日化及日用品生产专用设备制造	354	7280	5256		53	63	
纺织、服装和皮革加工专用设备制造	355	12248	7350	93	1	1	
电子和电工机械专用设备制造	356	7570	6467	1	47		1
农、林、牧、渔专用机械制造	357	8540	7782		37	956	28
医疗仪器设备及器械制造	358	7717	3583	68	41		
环保、社会公共服务及其他专用设备制造	359	16172	14457		81	53	
汽车制造业	36	119171	51579	75	281	630	
汽车整车制造	361	13403	2059				
改装汽车制造	362	4787	3716	1			
低速载货汽车制造	363	270	270	61			
电车制造	364	35	35				
汽车车身、挂车制造	365	1728	1483				
汽车零部件及配件制造	366	98948	44016	13	281	630	
铁路、船舶、航空航天和其他运输设备制造业	37	56538	48856	2930	471		22
铁路运输设备制造	371	415	415				
城市轨道交通设备制造	372	15	15		15		
船舶及相关装置制造	373	29817	28845	2672	368		22
航空、航天器及设备制造	374						
摩托车制造	375	22190	17274		88		
自行车制造	376	3293	1697	1			
非公路休闲车及零配件制造	377	44					
潜水救捞及其他未列明运输设备制造	379	764	610	257			
电气机械和器材制造业	38	251146	159947	290	649	274	92
电机制造	381	55114	40024	6	25	11	1
输配电及控制设备制造	382	48009	34230	36	502	191	87
电线、电缆、光缆及电工器材制造	383	18092	10577		36	18	4
电池制造	384	37482	16623			1	
家用电力器具制造	385	25157	13924	248	26	41	
非电力家用器具制造	386	3631	2421				
照明器具制造	387	60100	39673			5	
其他电气机械及器材制造	389	3561	2475		60	7	
计算机、通信和其他电子设备制造业	39	319479	111409	800	109	325	46
计算机制造	391	49291	8849				1
通信设备制造	392	24357	9281	2	20	50	
广播电视设备制造	393	11972	5657				

国有联营	集体联营	国有与集体联营	其他联营	有限责任公司	国有独资	其他有限责任公司	股份有限公司	私营	私营独资
				603		603	265	4822	202
				10216	709	9507	875	32737	6959
				2952	263	2689	1457	7264	793
				1822		1822	938	5334	322
				2411		2411	7	1556	95
	376			4234		4234	98	16725	2774
	13			931		931	34	4537	271
4	10	22	10	20575	1	20574	9465	65922	6810
				3824		3824	4805	16773	1182
	4		10	5858	1	5857	599	19362	2014
3				413		413	16	2234	473
				1171		1171	57	3898	381
				2300		2300	340	4517	405
1				823		823	278	4996	614
	6	22		2077		2077	64	3914	814
				713		713	73	2652	182
				3396		3396	3233	7576	745
				14033	5	14028	4656	31394	1846
				626		626	988	445	
				1091		1091	814	1806	
				209		209			
				14		14		21	5
				743		743		740	22
				11350	5	11345	2854	28382	1819
	14		8	15353	167	15186	4165	25590	2202
				182	167	15		191	
	14		8	6647		6647	3824	15073	1054
				7640		7640	340	9164	1070
				847		847		848	71
				37		37	1	314	7
		50	42	46826	1028	45798	12493	96193	4342
			1	10371	5	10366	858	27817	1702
		50	37	8752		8752	2878	21555	1200
			4	3156		3156	1892	5417	315
				8714	757	7957	2131	5684	161
				3439		3439	1083	7701	307
				167		167		2234	28
				11684	266	11418	3642	23955	493
				543		543	9	1830	136
	1		45	40525	623	39902	14229	54580	2802
	1			3628		3628	3205	1891	134
				1819	131	1688	1404	5925	319
				2129		2129	1033	2492	

1-10 续表 5

行　　业	代码	从 业 人员数 （人）	内　资	国　有	集　体	股份合作	联　营
雷达及配套设备制造	394	15	15				
视听设备制造	395	20649	4408				
电子器件制造	396	109859	30030	787	18	8	
电子元件制造	397	87283	40508	2	26	239	45
其他电子设备制造	399	16053	12661	9	45	28	
仪器仪表制造业	40	47152	22435	1	383	170	
通用仪器仪表制造	401	8534	5391	1	66	122	
专用仪器仪表制造	402	2364	1712		26	15	
钟表与计时仪器制造	403	15426	8328		79	13	
光学仪器及眼镜制造	404	19595	5967		212		
其他仪器仪表制造业	409	1233	1037			20	
其他制造业	41	82581	38362	3	111	59	43
废弃资源综合利用业	42	7718	7413	1203	20		
金属废料和碎屑加工处理	421	1827	1663	34			
非金属废料和碎屑加工处理	422	5891	5750	1169	20		
金属制品、机械和设备修理业	43	14364	7681	71	128	167	38
金属制品修理	431	596	596	68	12		
通用设备修理	432	397	397		15	12	
专用设备修理	433	798	756		16		
铁路、船舶、航空航天等运输设备修理	434	10514	3944		67	153	38
电气设备修理	435	221	150		6		
仪器仪表修理	436	10	10				
其他机械和设备修理业	439	1828	1828	3	12	2	
电力、热力、燃气及水生产和供应业	**D**	**140485**	**131389**	**27480**	**6482**	**1210**	**1697**
电力、热力生产和供应业	44	112474	108563	21234	4758	1105	1570
电力生产	441	67104	63351	5943	4014	1068	1570
电力供应	442	44338	44214	15275	744	37	
热力生产和供应	443	1032	998	16			
燃气生产和供应业	45	5384	2521	186		34	
燃气生产和供应业	450	5384	2521	186		34	
水的生产和供应业	46	22627	20305	6060	1724	71	127
自来水生产和供应	461	19936	18361	5876	1716	37	104
污水处理及其再生利用	462	2470	1723	184		34	23
其他水的处理、利用与分配	469	221	221		8		
建筑业	**E**	**3110619**	**3102859**	**80202**	**32725**	**25014**	**2692**
房屋建筑业	47	1990471	1988197	58786	29586	24096	27
房屋建筑业	470	1990471	1988197	58786	29586	24096	27
土木工程建筑业	48	437646	436825	17652	1456	528	945
铁路、道路、隧道和桥梁工程建筑	481	208126	208087	9644	78	95	91
水利和内河港口工程建筑	482	77336	77319	4486	205	160	854
海洋工程建筑	483	438	438		6		
工矿工程建筑	484	90286	90286	1568	18		
架线和管道工程建筑	485	19885	19885	20	565	18	
其他土木工程建筑	489	41575	40810	1934	584	255	
建筑安装业	49	96675	96069	1646	890	322	
电气安装	491	52993	52443	522	610		

国有联营	集体联营	国有与集体联营	其他联营	有限责任公司			股份有限公司	私营	
					国有独资	其他有限责任公司			私营独资
								14	
				3237		3237	24	1147	111
				13250	237	13013	2734	13181	306
			45	13528	233	13295	5508	20775	1404
				2934	22	2912	321	9155	528
				5894		5894	291	15567	837
				959		959	207	3977	181
				436		436	62	1167	71
				1598		1598		6613	445
				2293		2293	22	3412	120
				608		608		398	20
	43			7234	48	7186	4822	25362	3313
				2427	5	2422	6	3620	616
				648		648	5	960	71
				1779	5	1774	1	2660	545
		38		1073		1073	237	5422	642
				116		116		400	8
				62		62		295	67
				118		118	230	348	83
		38		486		486	4	3161	158
				15		15		123	5
								10	
				276		276	3	1085	321
932	**271**	**208**	**286**	**52489**	**21987**	**30502**	**8836**	**27823**	**5279**
872	226	204	268	42714	19386	23328	7523	25219	4820
872	226	204	268	16918	4167	12751	5164	24354	4768
				25030	14894	10136	2359	659	46
				766	325	441		206	6
				1527	45	1482	196	490	50
				1527	45	1482	196	490	50
60	45	4	18	8248	2556	5692	1117	2114	409
37	45	4	18	7199	2459	4740	1066	1607	370
23				900	97	803	51	463	38
				149		149		44	1
890	**1711**	**6**	**85**	**1164473**	**31135**	**1133338**	**112490**	**1683172**	**23801**
	27			759978	12978	747000	93153	1021850	5796
	27			759978	12978	747000	93153	1021850	5796
854		6	85	123125	14713	108412	6892	285797	15165
		6	85	68302	11806	56496	3896	125814	14488
854				23692	76	23616	1416	46464	68
				31		31		389	6
				11361		11361		77338	11
				12708	2559	10149	289	6232	12
				7031	272	6759	1291	29560	580
				36971	1817	35154	5530	50511	608
				19553	9	19544	3475	28211	72

1-10 续表 6

行业	代码	从业人员数(人)					
			内资	国有	集体	股份合作	联营
管道和设备安装	492	15956	15956	782	272	280	
其他建筑安装业	499	27726	27670	342	8	42	
建筑装饰和其他建筑业	50	585827	581768	2118	793	68	1720
建筑装饰业	501	111027	107208	1572	368	44	27
工程准备活动	502	147425	147398	185	297	13	10
提供施工设备服务	503	100886	100708		6	5	
其他未列明建筑业	509	226489	226454	361	122	6	1683
批发和零售业	**F**	**1115988**	**1044414**	**30148**	**19429**	**3189**	**1982**
批发业	51	693729	672110	23104	10954	2006	1120
农、林、牧产品批发	511	31774	31100	1424	573	62	148
食品、饮料及烟草制品批发	512	141721	138178	13990	772	370	105
纺织、服装及家庭用品批发	513	126919	119020	1066	624	280	97
文化、体育用品及器材批发	514	25766	24478	304	190	148	11
医药及医疗器材批发	515	20632	20228	267	47	15	12
矿产品、建材及化工产品批发	516	176629	173609	3700	7306	548	398
机械设备、五金产品及电子产品批发	517	118552	114945	1141	708	381	105
贸易经纪与代理	518	23389	23040	645	225	99	63
其他批发业	519	28347	27512	567	509	103	181
零售业	52	422259	372304	7044	8475	1183	862
综合零售	521	102438	68625	1346	5650	233	358
食品、饮料及烟草制品专门零售	522	63417	61762	1587	678	152	92
纺织、服装及日用品专门零售	523	41008	38220	444	592	35	40
文化、体育用品及器材专门零售	524	17452	17194	500	300	61	34
医药及医疗器材专门零售	525	19079	18747	1051	121	23	38
汽车、摩托车、燃料及零配件专门零售	526	84398	75206	1572	332	292	206
家用电器及电子产品专门零售	527	42942	41787	59	203	237	20
五金、家具及室内装饰材料专门零售	528	31223	30879	249	283	109	31
货摊、无店铺及其他零售业	529	20302	19884	236	316	41	43
交通运输、仓储和邮政业	**G**	**351437**	**337409**	**57437**	**7290**	**986**	**296**
道路运输业	54	182109	178533	21849	3183	654	181
城市公共交通运输	541	41135	39467	5153	750	141	16
公路旅客运输	542	42716	42716	6918	285	84	
道路货物运输	543	75738	74128	792	1403	338	120
道路运输辅助活动	544	22520	22222	8986	745	91	45
水上运输业	55	30890	28540	2578	1287	277	34
水上旅客运输	551	3539	3292	520	64	43	
水上货物运输	552	17152	17038	706	1131	174	34
水上运输辅助活动	553	10199	8210	1352	92	60	
航空运输业	56	15573	15329	3267			3
航空客货运输	561	9495	9495				
通用航空服务	562	1144	1144	1073			
航空运输辅助活动	563	4934	4690	2194			3
管道运输业	57						
管道运输业	570						
装卸搬运和运输代理业	58	71739	65552	3982	2422	54	47
装卸搬运	581	17362	13830	2389	1788	25	46
运输代理业	582	54377	51722	1593	634	29	1

国有联营	集体联营	国有与集体联营	其他联营	有限责任公司			股份有限公司	私营	
					国有独资	其他有限责任公司			私营独资
				3782		3782	710	10122	179
				13636	1808	11828	1345	12178	357
36	1684			244399	1627	242772	6915	325014	2232
16	11			43713	289	43424	1944	59085	1280
	10			58856	65	58791	60	87900	432
				44327		44327	3445	52905	40
20	1663			97503	1273	96230	1466	125124	480
506	**875**	**166**	**435**	**295739**	**12567**	**283172**	**33040**	**572711**	**62669**
343	453	135	189	174895	10289	164606	18678	375458	32573
4	1	56	87	4435	649	3786	214	9081	1529
75	3		27	30822	2538	28284	1794	56361	6028
30	51		16	33257	416	32841	3999	76974	6128
5			6	6724	54	6670	317	16310	991
			12	7253	106	7147	811	10877	398
149	221	4	24	52721	5888	46833	8177	95149	8487
41	10	52	2	25789	418	25371	1973	81273	5097
39	16		8	6865	126	6739	582	12478	1759
	151	23	7	7029	94	6935	811	16955	2156
163	422	31	246	120844	2278	118566	14362	197253	30096
	289	11	58	26858	448	26410	5143	26915	5154
9	38		45	17835	502	17333	1202	29166	4839
	22		18	10326	5	10321	485	25028	3765
	11		23	5404	550	4854	197	10045	1321
10		4	24	5710	30	5680	927	9898	2577
139	8	8	51	29089	655	28434	4134	37758	4901
			20	12468	5	12463	1526	25465	2677
5	15	8	3	7227	73	7154	354	21287	3422
	39		4	5927	10	5917	394	11691	1440
61	**177**		**58**	**131258**	**27366**	**103892**	**23975**	**109060**	**8276**
19	115		47	81273	22085	59188	10449	57429	4277
16				29408	13618	15790	961	2591	273
				23338	7630	15708	6862	4984	127
3	112		5	20732	273	20459	1700	47786	3517
	3		42	7795	564	7231	926	2068	360
15	19			11963	2857	9106	789	10078	1836
				822	70	752		1591	2
15	19			6517	2204	4313	381	6888	1254
				4624	583	4041	408	1599	580
3				9524	263	9261	1946	428	7
				9016	263	8753		318	
				14		14		57	
3				494		494	1946	53	7
	43		4	18188	1037	17151	10113	29470	1499
	43		3	2952		2952	270	5579	660
			1	15236	1037	14199	9843	23891	839

1-10 续表 7

行业	代码	从业人员数（人）					
			内资				
				国有	集体	股份合作	联营
仓储业	59	12816	11145	2945	398	1	24
谷物、棉花等农产品仓储	591	2382	2382	1803	22		
其他仓储业	599	10434	8763	1142	376	1	24
邮政业	60	38310	38310	22816			7
邮政基本服务	601	22028	22028	21319			
快递服务	602	16282	16282	1497			7
住宿和餐饮业	H	**236725**	**195662**	**12029**	**2382**	**1071**	**984**
住宿业	61	121276	100684	9615	1463	770	907
旅游饭店	611	86698	67325	7422	589	547	269
一般旅馆	612	29105	28394	2054	738	223	64
其他住宿业	619	5473	4965	139	136		574
餐饮业	62	115449	94978	2414	919	301	77
正餐服务	621	90586	84196	1844	878	200	55
快餐服务	622	17714	4515	547	25	91	18
饮料及冷饮服务	623	3289	2909				4
其他餐饮业	629	3860	3358	23	16	10	
信息传输、软件和信息技术服务业	I	**154293**	**136655**	**9188**	**699**	**300**	**76**
电信、广播电视和卫星传输服务	63	49939	43256	7891	148	133	39
电信	631	43002	36319	3946	8	25	4
广播电视传输服务	632	6644	6644	3855	140	108	29
卫星传输服务	633	293	293	90			6
互联网和相关服务	64	14763	14256	638	11	34	18
互联网接入及相关服务	641	1201	1201	86		15	
互联网信息服务	642	11840	11794	531	11	19	18
其他互联网服务	649	1722	1261	21			
软件和信息技术服务业	65	89591	79143	659	540	133	19
软件开发	651	60286	51750	262	29	87	10
信息系统集成服务	652	10578	10130	89	65	15	
信息技术咨询服务	653	8102	7710	166	11	21	7
数据处理和存储服务	654	1857	1832	17		10	
集成电路设计	655	1194	470				
其他信息技术服务业	659	7574	7251	125	435		2
房地产业	K	**267458**	**239323**	**20582**	**5150**	**407**	**318**
房地产业	70	267458	239323	20582	5150	407	318
房地产开发经营	701	101726	88587	3902	537	24	17
物业管理	702	126952	114485	11881	1484	188	135
房地产中介服务	703	20720	19397	227	76	137	34
自有房地产经营活动	704	10843	9765	2205	2712	36	108
其他房地产业	709	7217	7089	2367	341	22	24
租赁和商务服务业	L	**371771**	**366405**	**41720**	**14794**	**1305**	**909**
租赁业	71	14357	13959	92	117	131	20
机械设备租赁	711	13740	13342	72	102	131	20
文化及日用品出租	712	617	617	20	15		
商务服务业	72	357414	352446	41628	14677	1174	889
企业管理服务	721	115732	113429	15256	3028	304	180

国有联营	集体联营	国有与集体联营	其他联营	有限责任公司	国有独资	其他有限责任公司	股份有限公司	私营	私营独资
24				4335	1003	3332	587	2668	187
				355	188	167	61	118	7
24				3980	815	3165	526	2550	180
			7	5975	121	5854	91	8987	470
				130	121	9		323	
			7	5845		5845	91	8664	470
714	**249**		**21**	**52461**	**3354**	**49107**	**4250**	**114180**	**28915**
714	188		5	34251	2861	31390	3434	47087	10144
140	129			25560	2638	22922	2842	28342	3224
	59		5	7645	223	7422	546	15987	5820
574				1046		1046	46	2758	1100
	61		16	18210	493	17717	816	67093	18771
	55			16147	493	15654	711	60142	16041
	6		12	864		864	18	2731	963
			4	496		496	13	1978	847
				703		703	74	2242	920
38	**37**		**1**	**46664**	**3863**	**42801**	**15907**	**59476**	**2036**
38			1	18212	3512	14700	10132	6106	366
3			1	17744	3512	14232	8676	5786	323
29				329		329	1454	264	38
6				139		139	2	56	5
	18			3390	108	3282	748	9043	326
				526		526	30	544	30
	18			2437	108	2329	700	7761	218
				427		427	18	738	78
	19			25062	243	24819	5027	44327	1344
	10			16649	6	16643	3013	29668	656
				3611		3611	1418	4229	206
	7			2004	231	1773	96	5120	270
				969		969	5	763	40
				69		69	3	311	25
	2			1760	6	1754	492	4236	147
25	**76**	**74**	**143**	**105704**	**11556**	**94148**	**5281**	**94861**	**3550**
25	76	74	143	105704	11556	94148	5281	94861	3550
	1	10	6	45214	4663	40551	2316	36379	455
10	5		120	51661	6525	45136	2294	42786	2142
	20		14	6146	18	6128	255	11918	684
15	29	64		1424	259	1165	290	2230	180
	21		3	1259	91	1168	126	1548	89
73	**191**	**550**	**95**	**114482**	**13961**	**100521**	**22259**	**147108**	**20473**
2	6	6	6	4271	23	4248	388	8238	1026
2	6	6	6	4086	23	4063	378	7868	1017
				185		185	10	370	9
71	185	544	89	110211	13938	96273	21871	138870	19447
29	116	20	15	42622	5050	37572	14103	27484	1896

1-10 续表 8

行业	代码	从业人员数(人)	内资	国有	集体	股份合作	联营
法律服务	722	10554	10547	1106	34	84	26
咨询与调查	723	46228	44967	2039	362	275	507
广告业	724	44520	44378	805	88	142	13
知识产权服务	725	1849	1795	57	5	18	
人力资源服务	726	36027	35908	2743	282	61	30
旅行社及相关服务	727	18672	17976	1811	307	81	21
安全保护服务	728	43808	43808	12742	8599	25	
其他商务服务业	729	40024	39638	5069	1972	184	112
科学研究和技术服务业	**M**	**200627**	**196298**	**44911**	**3122**	**847**	**232**
研究和试验发展	73	20708	20101	6913	272	48	54
自然科学研究和试验发展	731	2954	2914	1669	6		22
工程和技术研究和试验发展	732	7869	7616	1071	28	15	18
农业科学研究和试验发展	733	5370	5267	2432	161	5	8
医学研究和试验发展	734	2138	1927	349	20	28	5
社会人文科学研究	735	2377	2377	1392	57		1
专业技术服务业	74	133947	131563	32687	2533	460	123
气象服务	741	2206	2206	1944	23		
地震服务	742	579	579	540			
海洋服务	743	655	655	430		18	
测绘服务	744	3981	3981	1015	149	35	6
质检技术服务	745	13677	13425	6212	281		27
环境与生态监测	746	2671	2671	1624	2	6	
地质勘查	747	6169	6127	4216	275	24	
工程技术	748	73207	71831	15118	1138	314	57
其他专业技术服务业	749	30802	30088	1588	665	63	33
科技推广和应用服务业	75	45972	44634	5311	317	339	55
技术推广服务	751	41702	40416	4152	249	337	28
科技中介服务	752	2133	2133	632	44		7
其他科技推广和应用服务业	759	2137	2085	527	24	2	20
水利、环境和公共设施管理业	**N**	**78508**	**77173**	**37791**	**1548**	**58**	**71**
水利管理业	76	9027	8930	6249	474	24	3
防洪除涝设施管理	761	1573	1573	1082	31		
水资源管理	762	1923	1910	1353	47		
天然水收集与分配	763	3218	3165	2160	295	24	
水文服务	764	336	336	336			
其他水利管理业	769	1977	1946	1318	101		3
生态保护和环境治理业	77	6389	6115	1270	21		
生态保护	771	1306	1197	914			
环境治理业	772	5083	4918	356	21		
公共设施管理业	78	63092	62128	30272	1053	34	68
市政设施管理	781	7682	7501	4113	84		35
环境卫生管理	782	22475	22393	15824	486		12
城乡市容管理	783	3006	3006	2053	48	10	
绿化管理	784	9373	9366	2525	49	9	13
公园和游览景区管理	785	20556	19862	5757	386	15	8

国有联营	集体联营	国有与集体联营	其他联营	有限责任公司			股份有限公司	私营	
					国有独资	其他有限责任公司			私营独资
	5		21	332		332	41	5695	842
5	10	484	8	11585	85	11500	675	27385	1886
			13	13029	158	12871	898	27895	2350
				389		389	37	1208	41
2		8	20	9772	1517	8255	3188	18382	9803
4		11	6	6689	436	6253	1521	6814	495
				16281	5652	10629	149	5303	222
31	54	21	6	9512	1040	8472	1259	18704	1912
80	**86**	**5**	**61**	**49846**	**2403**	**47443**	**4485**	**57337**	**4115**
30	23		1	3234	10	3224	332	6841	661
7	15			211		211	25	639	80
18				2095	10	2085	172	3851	221
5	3			560		560	124	1310	168
	5			348		348	5	949	171
			1	20		20	6	92	21
21	42		60	42687	2351	40336	3447	43483	2888
				28	1	27		39	
								3	
				10		10		189	24
	6			1124	34	1090	56	1172	207
14	13			2968	434	2534	216	2650	290
				201		201	5	608	105
				531	204	327	81	233	47
	18		39	23613	1658	21955	2687	26397	1408
7	5		21	14212	20	14192	402	12192	807
29	21	5		3925	42	3883	706	7013	566
17	6	5		3116	32	3084	640	5928	471
7				169	8	161	1	455	29
5	15			640	2	638	65	630	66
32	**16**	**15**	**8**	**12095**	**2724**	**9371**	**2551**	**16208**	**2006**
	3			862	89	773	91	416	74
				321	42	279		14	
				221	21	200	80	57	5
				149		149		84	9
	3			171	26	145	11	261	60
				1384	163	1221	255	2934	155
				103	1	102		53	
				1281	162	1119	255	2881	155
32	13	15	8	9849	2472	7377	2205	12858	1777
32		3		1569	644	925	135	778	56
		12		920	167	753	59	2288	164
				270	15	255		412	58
	13			2591	107	2484	47	3882	344
			8	4499	1539	2960	1964	5498	1155

1-10 续表 9

行业	代码	从业人员数(人)	内资				
				国有	集体	股份合作	联营
居民服务、修理和其他服务业	**O**	**85125**	**83197**	**3543**	**1504**	**631**	**92**
居民服务业	79	35625	34338	2046	813	362	76
家庭服务	791	4535	4535	12	6	20	
托儿所服务	792	622	622	53	20		
洗染服务	793	1935	1935		17		
理发及美容服务	794	3262	3092		55	10	5
洗浴服务	795	5036	4675	14	42	193	
保健服务	796	8911	8600	1	12	98	3
婚姻服务	797	775	775	39	1		
殡葬服务	798	5019	4843	1562	339	35	58
其他居民服务业	799	5530	5261	365	321	6	10
机动车、电子产品和日用产品修理业	80	29219	28626	659	525	188	14
汽车、摩托车修理与维护	801	23736	23212	374	388	149	14
计算机和办公设备维修	802	2567	2517	257	8	9	
家用电器修理	803	1903	1893	14	11	29	
其他日用产品修理业	809	1013	1004	14	118	1	
其他服务业	81	20281	20233	838	166	81	2
清洁服务	811	17610	17579	266	113	46	1
其他未列明服务业	819	2671	2654	572	53	35	1
教育	**P**	**595517**	**594966**	**360146**	**20358**	**1537**	**2032**
教育	82	595517	594966	360146	20358	1537	2032
学前教育	821	95959	95568	21744	2569	666	355
初等教育	822	183664	183664	133766	7600	146	524
中等教育	823	202786	202709	146002	4842	359	806
高等教育	824	61635	61593	45111	4545		208
特殊教育	825	2277	2277	1733	5		
技能培训、教育辅助及其他教育	829	49196	49155	11790	797	366	139
卫生和社会工作	**Q**	**218688**	**217056**	**145780**	**14176**	**1826**	**646**
卫生	83	208333	206791	142335	13746	1820	591
医院	831	137311	135769	103989	2386	1768	314
社区医疗与卫生院	832	40199	40199	22607	10179	37	217
门诊部(所)	833	13734	13734	491	1149	15	25
计划生育技术服务活动	834	125	125	91	8		
妇幼保健院(所、站)	835	8406	8406	7870			35
专科疾病防治院(所、站)	836	2155	2155	1706	3		
疾病预防控制中心	837	4655	4655	4332			
其他卫生活动	839	1748	1748	1249	21		
社会工作	84	10355	10265	3445	430	6	55
提供住宿社会工作	841	6381	6291	2692	234	6	20
不提供住宿社会工作	842	3974	3974	753	196		35
文化、体育和娱乐业	**R**	**106746**	**103642**	**28488**	**1870**	**386**	**377**
新闻和出版业	85	9022	9022	5202	5		23
新闻业	851	792	792	598	5		
出版业	852	8230	8230	4604			23
广播、电视、电影和影视录音制作业	86	14727	14708	9705	97	28	211
广播	861	3193	3193	2973	66		
电视	862	4854	4854	4012	16		211

国有联营	集体联营	国有与集体联营	其他联营	有限责任公司	国有独资	其他有限责任公司	股份有限公司	私营	私营独资
20	**24**	**38**	**10**	**18622**	**460**	**18162**	**1291**	**52726**	**12932**
20	24	24	8	7923	321	7602	457	19887	6888
				1302		1302	159	3017	634
								290	144
				500	107	393	4	1388	253
			5	443		443	53	2316	923
				812		812	60	3317	1451
			3	1245		1245	122	6362	3162
				148		148	28	512	84
20	18	20		1272	156	1116	22	908	93
	6	4		2201	58	2143	9	1777	144
		14		5397	32	5365	704	19844	4936
		14		4513	20	4493	543	16167	4596
				305		305	137	1738	80
				376		376	23	1337	188
				203	12	191	1	602	72
			2	5302	107	5195	130	12995	1108
			1	4321		4321	121	12196	1015
			1	981	107	874	9	799	93
999	**183**	**59**	**791**	**7122**	**91**	**7031**	**789**	**43850**	**22693**
999	183	59	791	7122	91	7031	789	43850	22693
19	27	22	287	405	18	387	54	23070	16333
323	120	37	44				65	1619	978
471			335	40		40	161	3077	1529
157			51					781	225
								61	61
29	36		74	6677	73	6604	509	15242	3567
121	**405**	**4**	**116**	**1505**		**1505**	**404**	**15069**	**8975**
119	381		91	1304		1304	403	14325	8606
	314			922		922	403	8408	4126
119	55		43	1		1		682	433
	12		13	355		355		4952	3947
								1	1
			35					188	68
								54	25
				26		26		40	6
2	24	4	25	201		201	1	744	369
	16	4		133		133		660	289
2	8		25	68		68	1	84	80
293	**24**	**17**	**43**	**14162**	**658**	**13504**	**1051**	**39757**	**18915**
23				1874	267	1607	21	234	3
				114		114			
23				1760	267	1493	21	234	3
211				1952	131	1821	416	1698	68
				23	10	13		19	
211				221	83	138	142	12	1

1-10 续表 10

行业	代码	从业人员数（人）	内资	国有	集体	股份合作	联营
电影和影视节目制作	863	2509	2509	1138		1	
电影和影视节目发行	864	412	412	145			
电影放映	865	3680	3661	1437	15	27	
录音制作	866	79	79				
文化艺术业	87	26224	26199	10305	1358	139	43
文艺创作与表演	871	11401	11384	2769	344	131	16
艺术表演场馆	872	693	693	518	4		
图书馆与档案馆	873	2769	2769	2378	18		
文物及非物质文化遗产保护	874	1765	1765	345	69	6	
博物馆	875	2219	2218	1684		2	8
烈士陵园、纪念馆	876	322	322	259			
群众文化活动	877	4403	4403	1953	541		11
其他文化艺术业	879	2652	2645	399	382		8
体育	88	13910	12202	2670	273	54	71
体育组织	881	6245	6225	2020	151	11	13
体育场馆	882	1527	1393	546	15		36
休闲健身活动	883	5402	3852	54	107	43	22
其他体育	889	736	732	50			
娱乐业	89	42863	41511	606	137	165	29
室内娱乐活动	891	38016	37408	37	77	165	29
游乐园	892	2667	2184	34	18		
彩票活动	893	533	533	506			
文化、娱乐、体育经纪代理	894	550	550	27	2		
其他娱乐业	899	1097	836	2	40		
公共管理、社会保障和社会组织	**S**	**914939**	**913210**	**482748**	**10964**	**776**	**1739**
中国共产党机关	90	19012	19012	18867	22		
中国共产党机关	900	19012	19012	18867	22		
国家机构	91	418596	418596	396073	1815	116	516
国家权力机构	911	4085	4085	4084	1		
国家行政机构	912	387616	387616	365861	1813	116	516
人民法院和人民检察院	913	21826	21826	21317			
其他国家机构	919	5069	5069	4811	1		
人民政协、民主党派	92	4246	4246	4128	19		
人民政协	921	2897	2897	2855			
民主党派	922	1349	1349	1273	19		
社会保障	93	6302	6302	5272	8		
社会保障	930	6302	6302	5272	8		
群众团体、社会团体和其他成员组织	94	270079	268350	58408	9100	660	1223
群众团体	941	71646	69986	32668	1842	533	146
社会团体	942	140014	139983	25334	6044	125	778
基金会	943	1099	1084	125	47		
宗教组织	944	57320	57297	281	1167	2	299
基层群众自治组织	95	196704	196704				
社区自治组织	951	30724	30724				
村民自治组织	952	165980	165980				

国有联营	集体联营	国有与集体联营	其他联营	有限责任公司	国有独资	其他有限责任公司	股份有限公司	私营	私营独资
				438		438	249	614	21
				69		69		180	
				1186	38	1148	25	810	30
				15		15		63	16
19		10	14	2090	228	1862	116	5277	2932
16				1124	63	1061	36	3794	2694
				61		61		44	
				10		10		195	15
				191	165	26		140	31
3			5	6		6		102	34
								11	
		10	1	12		12	31	121	34
			8	686		686	49	870	124
36	6	7	22	1671	15	1656	80	2756	567
	6	7		98		98	7	205	36
36				215	15	200		248	118
			22	1057		1057	50	1984	401
				301		301	23	319	12
4	18		7	6575	17	6558	418	29792	15345
4	18		7	4859	11	4848	339	28331	15051
				1439		1439	78	598	62
								3	1
				152	6	146	1	345	23
				125		125		515	208
249	**369**	**62**	**1059**	**947**	**36**	**911**	**2005**	**4113**	**861**
112	29	20	355						
112	29	20	355						
							8	1	1
							8	1	1
137	340	42	704	947	36	911	1997	4112	860
94	17	1	34	540	35	505	1420	2540	305
43	294	41	400	397	1	396	577	1489	491
	29		270	10		10		83	64

1-10 续表 11

行业	代码						
		私营合伙	私营有限责任公司	私营股份有限公司	其他	港澳台商投资	与港澳台商合资经营
总计	**00**	**143762**	**4670819**	**199734**	**924517**	**1333851**	**286587**
农、林、牧、渔业	**A**	**515**	**3803**	**143**	**23234**	**360**	**32**
农业	01	45	238	5	345	150	
谷物种植	011		5		33		
豆类、油料和薯类种植	012						
棉、麻、糖、烟草种植	013						
蔬菜、食用菌及园艺作物种植	014	45	128				
水果种植	015		90		269		
坚果、含油果、香料和饮料作物种植	016			5	13	150	
中药材种植	017		15				
其他农业	019				30		
林业	02		83		14	48	
林木育种和育苗	021				8	48	
造林和更新	022				6		
森林经营和管护	023						
木材和竹材采运	024		83				
林产品采集	025						
畜牧业	03		348				
牲畜饲养	031		273				
家禽饲养	032		1				
其他畜牧业	039		74				
渔业	04		559				
水产养殖	041		259				
水产捕捞	042		300				
农、林、牧、渔服务业	05	470	2575	138	22875	162	32
农业服务业	051	130	1377	118	19348	117	32
林业服务业	052	27	397	5	1567	1	
畜牧服务业	053	21	110		707		
渔业服务业	054	292	691	15	1253	44	
采矿业	**B**	**3740**	**38337**	**1167**	**2710**	**2687**	**1341**
煤炭开采和洗选业	06	163	10833	96	49	660	
烟煤和无烟煤开采洗选	061	109	10492	96	26	660	
褐煤开采洗选	062		2				
其他煤炭采选	069	54	339		23		
石油和天然气开采业	07						
石油开采	071						
天然气开采	072						
黑色金属矿采选业	08	249	6023	269	890	61	61
铁矿采选	081	235	5641	261	887	61	61
锰矿、铬矿采选	082	14	382	8	3		
其他黑色金属矿采选	089						
有色金属矿采选业	09	421	5484	384	187	608	73
常用有色金属矿采选	091	357	5096	356	129	540	5
贵金属矿采选	092	6	59				
稀有稀土金属矿采选	093	58	329	28	58	68	68
非金属矿采选业	10	2907	15957	418	1577	1358	1207

与港澳台商合作经营	港澳台商独资	港澳台商投资股份有限公司	其他港澳台商投资	外商投资	中外合资经营	中外合作经营	外资企业	外商投资股份有限公司	其他外商投资企业
8271	**990812**	**35680**	**12501**	**842542**	**236788**	**9107**	**564294**	**27734**	**4619**
	173	**155**		**80**	**23**		**39**		**18**
		150							
		150							
	48								
	48								
	125	5		80	23		39		18
	85			56	3		35		18
	1			4			4		
				20	20				
	39	5							
	1259	**72**	**15**	**292**	**190**		**95**		**7**
	660								
	660								
				38			38		
				38			38		
	535			155	155				
	535			155	155				
	64	72	15	99	35		57		7

1-10 续表 12

行业	代码	私营合伙	私营有限责任公司	私营股份有限公司	其他	港澳台商投资	与港澳台商合资经营
土砂石开采	101	2631	13196	320	1501	257	106
化学矿开采	102	9	311	95	1	86	86
采盐	103						
石棉及其他非金属矿采选	109	267	2450	3	75	1015	1015
开采辅助活动	11				6		
煤炭开采和洗选辅助活动	111						
石油和天然气开采辅助活动	112						
其他开采辅助活动	119				6		
其他采矿业	12		40		1		
其他采矿业	120		40		1		
制造业	**C**	**62756**	**2014391**	**77508**	**80921**	**1212914**	**248460**
农副食品加工业	13	3631	105868	3207	7838	21655	8826
谷物磨制	131	245	4791	88	192	232	4
饲料加工	132	154	7205	546	92	1193	531
植物油加工	133	301	2964	17	175	1110	772
制糖业	134		681			21	
屠宰及肉类加工	135	198	9033	207	521	1522	130
水产品加工	136	1872	58917	1804	3419	11617	6114
蔬菜、水果和坚果加工	137	533	15541	324	2523	5229	1171
其他农副食品加工	139	328	6736	221	916	731	104
食品制造业	14	2898	76337	5175	3883	29947	7296
焙烤食品制造	141	392	19649	173	449	11446	3937
糖果、巧克力及蜜饯制造	142	246	21792	327	532	8355	98
方便食品制造	143	371	6810	185	876	3420	803
乳制品制造	144	4	1048		1	103	
罐头食品制造	145	1478	17675	3860	997	4806	1878
调味品、发酵制品制造	146	77	3553	125	340	725	
其他食品制造	149	330	5810	505	688	1092	580
酒、饮料和精制茶制造业	15	3534	43608	2566	12474	16660	4696
酒的制造	151	294	4344	23	155	1525	1205
饮料制造	152	219	6115	98	197	7643	2492
精制茶加工	153	3021	33149	2445	12122	7492	999
烟草制品业	16						
烟叶复烤	161						
卷烟制造	162						
其他烟草制品制造	169						
纺织业	17	1394	129627	1969	2391	74139	8517
棉纺织及印染精加工	171	414	75639	1230	749	48266	6707
毛纺织及染整精加工	172	6	1465		57	1920	30
麻纺织及染整精加工	173		115	6		305	
丝绢纺织及印染精加工	174	42	503			58	
化纤织造及印染精加工	175	1	2574	65	16	3045	
针织或钩针编织物及其制品制造	176	350	30933	422	1292	9389	1045
家用纺织制成品制造	177	177	7362	16	162	1694	240
非家用纺织制成品制造	178	404	11036	230	115	9462	495
纺织服装、服饰业	18	3114	205048	3879	4791	209448	20891
机织服装制造	181	1925	153688	2740	3859	164733	19332

与港澳台商合作经营	港澳台商独资	港澳台商投资股份有限公司	其他港澳台商投资	外商投资	中外合资经营	中外合作经营	外资企业	外商投资股份有限公司	其他外商投资
	64	72	15	57			57		
				35	35				
				7					7
6126	**935214**	**21351**	**1763**	**750792**	**205382**	**4499**	**513966**	**23884**	**3061**
	12216	504	109	19759	8487	394	9717	395	766
	228			437	433		4		
	651	11		2222	853		1369		
	31	307		487	20		467		
	21			163	163				
	1333		59	1506			514	336	656
	5326	176	1	7691	3901	390	3400		
	4009		49	6417	2854	4	3435	14	110
	617	10		836	263		528	45	
82	20097	2399	73	13563	3679		8985	899	
	7509			1342	152		302	888	
	6185	2035	37	2651	859		1792		
	2617			3180	78		3102		
	103			20			20		
	2923		5	3977	1961		2006	10	
	399	304	22	1761	320		1441		
82	361	60	9	632	309		322	1	
	11715	233	16	22590	12300		10187	80	23
	320			5424	110		5314		
	5019	132		14916	12176		2701	39	
	6376	101	16	2250	14		2172	41	23
104	65312	77	129	21017	3274	69	16922	313	439
	41559			12167	2494		8933	311	429
	1890			280			280		
	305			20			20		
1	57								
	3045			714			714		
93	8234	17		2377	349		2026	2	
	1394	60		1215	15		1199		1
10	8828		129	4244	416	69	3750		9
1683	182035	4512	327	54026	5405	860	45769	727	1265
800	139842	4507	252	42362	4087	860	35503	727	1185

1-10 续表 13

行　　业	代码	私营合伙	私营有限责任公司	私营股份有限公司	其 他	港澳台商投　资	与港澳台商合资经营
针织或钩针编织服装制造	182	806	33625	966	552	34319	1055
服饰制造	183	383	17735	173	380	10396	504
皮革、毛皮、羽毛及其制品和制鞋业	19	4840	255984	11103	8470	272553	55766
皮革鞣制加工	191	73	6044	92	21	5594	575
皮革制品制造	192	1032	22980	1656	1334	49858	5783
毛皮鞣制及制品加工	193	38	110	6	41	48	17
羽毛(绒)加工及制品制造	194	22	746		7	160	
制鞋业	195	3675	226104	9349	7067	216893	49391
木材加工和木、竹、藤、棕、草制品业	20	7389	85160	1557	3801	6716	2721
木材加工	201	1884	13284	302	894	961	116
人造板制造	202	1144	38681	748	415	1850	1610
木制品制造	203	838	13216	276	501	2305	301
竹、藤、棕、草等制品制造	204	3523	19979	231	1991	1600	694
家具制造业	21	1243	39824	1442	1058	17053	4123
木质家具制造	211	663	21368	1083	643	10971	2377
竹、藤家具制造	212	141	1007		93	128	120
金属家具制造	213	198	12319	232	276	4273	1118
塑料家具制造	214	2	342			826	
其他家具制造	219	239	4788	127	46	855	508
造纸和纸制品业	22	2491	54197	1142	1273	25589	6538
纸浆制造	221	13	883	7	3	3	
造纸	222	731	13840	278	322	6550	1196
纸制品制造	223	1747	39474	857	948	19036	5342
印刷和记录媒介复制业	23	993	42110	1215	1093	4606	1668
印刷	231	935	40848	1215	976	4437	1527
装订及印刷相关服务	232	58	1170		67	28	
记录媒介复制	233		92		50	141	141
文教、工美、体育和娱乐用品制造业	24	4562	93425	3161	5020	72342	11428
文教办公用品制造	241	191	3954	51	50	2152	312
乐器制造	242		462			308	61
工艺美术品制造	243	3770	75150	2089	4793	40568	9508
体育用品制造	244	390	7069	79	39	22546	792
玩具制造	245	211	5251	942	122	6499	732
游艺器材及娱乐用品制造	246		1539		16	269	23
石油加工及炼焦	25	8	4188	6	42	272	33
化学原料和化学制品制造业	26	1277	55216	1750	2287	15152	5434
基础化学原料制造	261	278	10814	79	166	2710	1823
肥料制造	262	86	3709	50	68	1768	1612
农药制造	263	5	438	32	138	454	410
涂料、油墨、颜料及类似产品制造	264	106	9745	236	833	2031	182
合成材料制造	265	88	5393	79	486	2615	447
专用化学产品制造	266	291	13132	1216	312	1353	452
炸药、火工及焰火产品制造	267	33	50		12	6	
日用化学产品制造	268	390	11935	58	272	4215	508
医药制造业	27	1	10569	105	174	6045	2919
化学药品原料药制造	271		740			658	650
化学药品制剂制造	272		1157			400	236

与港澳台商合作经营	港澳台商独　资	港澳台商投资股份有限公司	其他港澳台商投资	外商投资	中外合资经　营	中外合作经　营	外资企业	外商投资股份有限公　司	其他外商投　资
883	32301	5	75	8847	1310		7537		
	9892			2817	8		2729		80
128	215897	552	210	144163	20240	497	118322	5012	92
	5019			2894	1180		598	1116	
	44047	28		8545	2124	120	6301		
	31								
	160			7			7		
128	166640	524	210	132717	16936	377	111416	3896	92
	3886	109		5318	3891		1424		3
	845			2657	2467		187		3
	240			398	398				
	1944	60		982	146		836		
	857	49		1281	880		401		
11	11199	1720		9540	3416	20	6046	35	23
11	6863	1720		4592	1010		3533	35	14
	8								
	3155			4428	2406	20	2002		
	826			5			5		
	347			515			506		9
93	18932	26		12913	7340	4	5178	391	
	3								
45	5309			2760	1244		1487	29	
48	13620	26		10153	6096	4	3691	362	
	2938			1528	396		1124		8
	2910			1528	396		1124		8
	28								
208	60192	464	50	52557	19888	76	31293	1211	89
	1840			1508	260		1139	109	
	247			1222			1222		
208	30778	74		32643	18851	76	12546	1102	68
	21525	229		11305	609		10696		
	5556	161	50	5879	168		5690		21
	246								
	239			2667	2276		391		
203	8769	683	63	9408	2552	23	6363	443	27
	824		63	1456	204		1249	3	
	155	1		733	701		32		
	44			131			131		
203	1646			1064	331		683	50	
	1506	662		1136	367		769		
	884	17		1760	771	23	576	390	
	6								
	3704	3		3128	178		2923		27
1	3125			3646	1135	96	2394	1	20
	8			272	176	96			
	164			1582	160		1421	1	

1-10 续表 14

行业	代码	私营合伙	私营有限责任公司	私营股份有限公司	其他	港澳台商投资	与港澳台商合资经营
中药饮片加工	273		1378		121	313	308
中成药生产	274		2276		1	2392	925
兽用药品制造	275		511	65		548	548
生物药品制造	276	1	3871		41	1575	202
卫生材料及医药用品制造	277		636	40	11	159	50
化学纤维制造业	28	264	10806	288	21	20139	1700
纤维素纤维原料及纤维制造	281	10	584		1	2046	
合成纤维制造	282	254	10222	288	20	18093	1700
橡胶和塑料制品业	29	2716	84882	4008	1825	61144	11782
橡胶制品业	291	211	13131	122	273	10685	1250
塑料制品业	292	2505	71751	3886	1552	50459	10532
非金属矿物制品业	30	12068	250176	13121	10439	46271	14976
水泥、石灰和石膏制造	301	177	10027	698	128	2787	179
石膏、水泥制品及类似制品制造	302	787	18415	482	989	5780	2367
砖瓦、石材等建筑材料制造	303	8660	143229	8408	5061	20105	7996
玻璃制造	304	43	3582	25	5	4635	2393
玻璃制品制造	305	3	5652	48	188	1808	1126
玻璃纤维和玻璃纤维增强塑料制品制造	306	16	1350	17	200	257	
陶瓷制品制造	307	2092	62434	2915	3730	9977	747
耐火材料制品制造	308	62	2452		19	133	10
石墨及其他非金属矿物制品制造	309	228	3035	528	119	789	158
黑色金属冶炼和压延加工业	31	579	28726	2298	427	16815	15265
炼铁	311		490	166	1		
炼钢	312		569		12	1	
黑色金属铸造	313	417	17051	2101	314	928	601
钢压延加工	314	109	8400	31	85	15883	14664
铁合金冶炼	315	53	2216		15	3	
有色金属冶炼和压延加工业	32	577	15001	4920	136	4128	1077
常用有色金属冶炼	321	5	1563	65	1	189	11
贵金属冶炼	322		648		1		
稀有稀土金属冶炼	323		275				
有色金属合金制造	324		2320		1	117	105
有色金属铸造	325	96	280		67	355	
有色金属压延加工	326	476	9915	4855	66	3467	961
金属制品业	33	1886	71404	1107	2783	17792	5366
结构性金属制品制造	331	246	23873	351	838	2165	492
金属工具制造	332	267	5721	80	311	1947	567
集装箱及金属包装容器制造	333	35	2609	60	38	3970	2875
金属丝绳及其制品制造	334	35	1377	48	64	26	
建筑、安全用金属制品制造	335	423	13598	347	784	3159	67
金属表面处理及热处理加工	336	64	5206	50	126	979	470
搪瓷制品制造	337	46	2090	42	300	65	
金属制日用品制造	338	212	6438	1	119	2876	378
其他金属制品制造	339	558	10492	128	203	2605	517
通用设备制造业	34	2153	67879	2743	1731	17755	2923
锅炉及原动设备制造	341	73	1510	103	61	129	53
金属加工机械制造	342	264	9120	146	299	1862	45

与港澳台商合作经营	港澳台商独　资	港澳台商投资股份有限公司	其他港澳台商投资	外商投资	中外合资经　营	中外合作经　营	外资企业	外商投资股份有限公　司	其他外商投　资
	5			40	40				
	1467			206	106		100		
				645	645				
1	1372			99	8		91		
	109			802			782		20
5	14104	4330		1259	61		1198		
	2046			163			163		
5	12058	4330		1096	61		1035		
1087	48104	158	13	37782	8171	8	26989	2614	
	9373	61	1	12268	6703		5548	17	
1087	38731	97	12	25514	1468	8	21441	2597	
100	29764	1431		30726	13574		15400	1752	
10	2598			371			371		
8	3405			844	533		311		
82	11898	129		17814	8990		8416	408	
	966	1276		1020	16		1004		
	682			4866	2307		1230	1329	
	257			150			150		
	9204	26		4934	1285		3637	12	
	123			549	443		106		
	631			178			175	3	
	1525	25		13896	10833		3063		
	1			2947	2357		590		
	302	25		1091	191		900		
	1219			9858	8285		1573		
	3								
	3051			6427	3931		2496		
	178								
				2785	2569		216		
	12			1425	89		1336		
	355								
	2506			2217	1273		944		
16	11197	661	552	26034	8596	203	17120	115	
16	1568	89		5134	2463		2611	60	
	1380			1601	680		887	34	
	569	526		3330	723		2607		
	26			348	135	16	176	21	
	2540		552	10377	4183	187	6007		
	509			2341	73		2268		
	65			229	1		228		
	2457	41		1661	217		1444		
	2083	5		1013	121		892		
14	14681	136	1	35709	5220	1397	25246	3800	46
	76			1006	19		987		
	1817			1260	275		958	6	21

1-10 续表 15

行业	代码						
						港澳台商投资	与港澳台商合资经营
		私营合伙	私营有限责任公司	私营股份有限公司	其他		
物料搬运设备制造	343	67	4468	85	1	556	172
泵、阀门、压缩机及类似机械制造	344	362	24345	1071	638	3483	400
轴承、齿轮和传动部件制造	345	418	6043	10	154	2315	1224
烘炉、风机、衡器、包装等设备制造	346	148	3904	960	91	1615	338
文化、办公用机械制造	347		1411	50	3	4414	7
通用零部件制造	348	754	12958	239	374	2167	669
其他通用设备制造业	349	67	4120	79	110	1214	15
专用设备制造业	35	1038	55767	2307	2665	14398	4584
采矿、冶金、建筑专用设备制造	351	176	15010	405	234	1871	871
化工、木材、非金属加工专用设备制造	352	362	16837	149	615	4798	1437
食品、饮料、烟草及饲料生产专用设备制造	353	162	1599		523	138	50
印刷、制药、日化及日用品生产专用设备制造	354	60	3436	21	14	1420	487
纺织、服装和皮革加工专用设备制造	355	25	3560	527	98	3276	390
电子和电工机械专用设备制造	356	51	4070	261	321	821	365
农、林、牧、渔专用机械制造	357	44	2984	72	706	430	399
医疗仪器设备及器械制造	358	58	2081	331	36	1124	557
环保、社会公共服务及其他专用设备制造	359	100	6190	541	118	520	28
汽车制造业	36	515	28237	796	510	30478	7150
汽车整车制造	361		445			1328	1328
改装汽车制造	362		1806		4	953	953
低速载货汽车制造	363						
电车制造	364		16				
汽车车身、挂车制造	365	103	615			245	210
汽车零部件及配件制造	366	412	25355	796	506	27952	4659
铁路、船舶、航空航天和其他运输设备制造业	37	724	22339	325	325	2258	1282
铁路运输设备制造	371		191		42		
城市轨道交通设备制造	372						
船舶及相关装置制造	373	266	13541	212	239	228	120
航空、航天器及设备制造	374						
摩托车制造	375	424	7557	113	42	1713	897
自行车制造	376	34	743		1	285	265
非公路休闲车及零配件制造	377					8	
潜水救捞及其他未列明运输设备制造	379		307		1	24	
电气机械和器材制造业	38	1156	87548	3147	3130	59878	15849
电机制造	381	517	24984	614	935	10793	2754
输配电及控制设备制造	382	250	19064	1041	229	4915	662
电线、电缆、光缆及电工器材制造	383	74	5004	24	54	4637	1115
电池制造	384		5516	7	93	18099	1665
家用电力器具制造	385	120	6223	1051	1386	10088	8415
非电力家用器具制造	386	10	2175	21	20	639	
照明器具制造	387	144	22972	346	387	9845	1226
其他电气机械及器材制造	389	41	1610	43	26	862	12
计算机、通信和其他电子设备制造业	39	384	48413	2981	795	95539	17221
计算机制造	391	38	1693	26	124	20614	3727
通信设备制造	392	6	4909	691	61	3339	1024
广播电视设备制造	393		2492		3	5228	

与港澳台商合作经营	港澳台商独　资	港澳台商投资股份有限公司	其他港澳台商投资	外商投资	中外合资经　营	中外合作经　营	外资企业	外商投资股份有限公　司	其他外商投　资
	384			2809	114	1382	1313		
	3083			9694	2034		3866	3794	
	1058	33		2725	1599		1126		
14	1262		1	1862	254		1608		
	4407			14549	655	15	13879		
	1395	103		1619	118		1501		
	1199			185	152		8		25
587	9108	92	27	18092	3137	200	13574	1006	175
582	418			4952	477		3555	822	98
	3336	20	5	5870	1101		4560	156	53
5	27	56		229			229		
	933			604			604		
	2864		22	1622	331		1267		24
	448	8		282	1		273	8	
	31			328	60	200	68		
	559	8		3010	379		2614	17	
	492			1195	788		404	3	
40	22757	531		37114	14464	250	22158	200	42
				10016	10016				
				118	115		3		
	35								
40	22722	531		26980	4333	250	22155	200	42
	946	30		5424	1903	5	3358	158	
	78	30		744	43	5	538	158	
	816			3203	1577		1626		
	20			1311	167		1144		
	8			36	36				
	24			130	80		50		
185	43104	680	60	31321	15848	98	15296	79	
58	7981			4297	2980		1317		
	4186	7	60	8864	4059		4805		
115	2796	611		2878	105		2773		
	16432	2		2760	2393		288	79	
	1613	60		1145	904		241		
	639			571	13		558		
12	8607			10582	5354	98	5130		
	850			224	40		184		
337	76643	1206	132	112531	20426	276	87773	4013	43
	16887			19828	1611		18217		
	2315			11737	8620	30	3087		
	5228			1087	1087				

1-10 续表 16

行业	代码	私营合伙	私营有限责任公司	私营股份有限公司	其他	港澳台商投资	与港澳台商合资经营
雷达及配套设备制造	394		4	10	1		
视听设备制造	395		1036			12282	4547
电子器件制造	396	36	11609	1230	52	25713	4762
电子元件制造	397	225	18431	715	385	27346	3161
其他电子设备制造	399	79	8239	309	169	1017	
仪器仪表制造业	40	220	14261	249	129	12542	1596
通用仪器仪表制造	401	42	3529	225	59	750	313
专用仪器仪表制造	402	8	1088		6	626	230
钟表与计时仪器制造	403	28	6130	10	25	6230	368
光学仪器及眼镜制造	404	134	3144	14	28	4936	685
其他仪器仪表制造业	409	8	370		11		
其他制造业	41	740	20945	364	728	35130	599
废弃资源综合利用业	42	107	2821	76	137	246	141
金属废料和碎屑加工处理	421	44	795	50	16	164	59
非金属废料和碎屑加工处理	422	63	2026	26	121	82	82
金属制品、机械和设备修理业	43	254	4025	501	545	6224	6093
金属制品修理	431	13	379				
通用设备修理	432		220	8	13		
专用设备修理	433	43	215	7	44		
铁路、船舶、航空航天等运输设备修理	434	134	2386	483	35	6153	6093
电气设备修理	435	21	97		6	71	
仪器仪表修理	436		10				
其他机械和设备修理业	439	43	718	3	447		
电力、热力、燃气及水生产和供应业	**D**	**11544**	**10399**	**601**	**5372**	**5325**	**3459**
电力、热力生产和供应业	44	11219	8647	533	4440	1952	289
电力生产	441	11100	7986	500	4320	1918	289
电力供应	442	119	494		110		
热力生产和供应	443		167	33	10	34	
燃气生产和供应业	45	19	386	35	88	2322	2295
燃气生产和供应业	450	19	386	35	88	2322	2295
水的生产和供应业	46	306	1366	33	844	1051	875
自来水生产和供应	461	279	931	27	756	379	257
污水处理及其再生利用	462	5	414	6	68	672	618
其他水的处理、利用与分配	469	22	21		20		
建筑业	**E**	**1724**	**1576173**	**81474**	**2091**	**6825**	**5704**
房屋建筑业	47	374	983428	32252	721	1657	1651
房屋建筑业	470	374	983428	32252	721	1657	1651
土木工程建筑业	48	610	244386	25636	430	820	
铁路、道路、隧道和桥梁工程建筑	481	512	108981	1833	167	38	
水利和内河港口工程建筑	482	26	43004	3366	42	17	
海洋工程建筑	483		383		12		
工矿工程建筑	484		57199	20128	1		
架线和管道工程建筑	485	23	6151	46	53		
其他土木工程建筑	489	49	28668	263	155	765	
建筑安装业	49	203	47580	2120	199	500	500
电气安装	491	142	26633	1364	72	444	444

与港澳台商合作经营	港澳台商独资	港澳台商投资股份有限公司	其他港澳台商投资	外商投资	中外合资经营	中外合作经营	外资企业	外商投资股份有限公司	其他外商投资
	7735			3959	647		3312		
27	20924			54116	5351	246	44512	4007	
241	22679	1203	62	19429	2773		16607	6	43
69	875	3	70	2375	337		2038		
	10798	148		12175	2365	23	9787		
	437			2393	1015		1378		
	396			26			26		
	5862			868	30		838		
	4103	148		8692	1135	23	7534		
				196	185		11		
1242	32755	533	1	9089	2102		6347	640	
		105		59	55		4		
		105							
				59	55		4		
	125	6		459	417		42		
				42			42		
	60			417	417				
	65	6							
40	**1782**	**44**		**3771**	**2193**	**101**	**768**	**709**	
40	1579	44		1959	670		580	709	
40	1545	44		1835	576		550	709	
				124	94		30		
	34								
	27			541	541				
	27			541	541				
	176			1271	982	101	188		
	122			1196	952	101	143		
	54			75	30		45		
24	**294**	**803**		**935**	**434**	**435**	**21**	**43**	**2**
	6			617	182	435			
	6			617	182	435			
24	38	758		1	1				
24	14			1	1				
	17								
	7	758							
				106	61		2	43	
				106	61		2	43	

1-10 续表 17

行业	代码	私营合伙	私营有限责任公司	私营股份有限公司	其他	港澳台商投资	与港澳台商合资经营
管道和设备安装	492	26	9553	364	8		
其他建筑安装业	499	35	11394	392	119	56	56
建筑装饰和其他建筑业	50	537	300779	21466	741	3848	3553
建筑装饰业	501	363	54958	2484	455	3612	3375
工程准备活动	502	81	86308	1079	77	27	
提供施工设备服务	503	55	52548	262	20	178	178
其他未列明建筑业	509	38	106965	17641	189	31	
批发和零售业	**F**	**13972**	**482779**	**13291**	**88176**	**40107**	**4528**
批发业	51	7652	327008	8225	65895	11891	2758
农、林、牧产品批发	511	283	6805	464	15163	436	5
食品、饮料及烟草制品批发	512	1103	47850	1380	33964	2117	135
纺织、服装及家庭用品批发	513	1315	67918	1613	2723	4509	914
文化、体育用品及器材批发	514	175	14615	529	474	582	213
医药及医疗器材批发	515	141	10026	312	946	211	7
矿产品、建材及化工产品批发	516	2173	82705	1784	5610	1332	329
机械设备、五金产品及电子产品批发	517	1744	72932	1500	3575	1905	917
贸易经纪与代理	518	351	10057	311	2083	188	40
其他批发业	519	367	14100	332	1357	611	198
零售业	52	6320	155771	5066	22281	28216	1770
综合零售	521	1176	19683	902	2122	22197	293
食品、饮料及烟草制品专门零售	522	745	22412	1170	11050	1501	13
纺织、服装及日用品专门零售	523	720	19996	547	1270	1642	335
文化、体育用品及器材专门零售	524	271	8269	184	653	125	34
医药及医疗器材专门零售	525	587	6663	71	979	332	332
汽车、摩托车、燃料及零配件专门零售	526	1125	30953	779	1823	1033	494
家用电器及电子产品专门零售	527	732	21422	634	1809	893	48
五金、家具及室内装饰材料专门零售	528	550	16864	451	1339	171	47
货摊、无店铺及其他零售业	529	414	9509	328	1236	322	174
交通运输、仓储和邮政业	**G**	**4307**	**94151**	**2326**	**7107**	**8384**	**5936**
道路运输业	54	1636	49835	1681	3515	2495	1280
城市公共交通运输	541	82	2183	53	447	1071	961
公路旅客运输	542	211	4193	453	245		
道路货物运输	543	1149	41978	1142	1257	1136	281
道路运输辅助活动	544	194	1481	33	1566	288	38
水上运输业	55	1367	6786	89	1534	1232	1206
水上旅客运输	551	6	1583		252	247	247
水上货物运输	552	1336	4248	50	1207	34	25
水上运输辅助活动	553	25	955	39	75	951	934
航空运输业	56	13	398	10	161		
航空客货运输	561	13	305		161		
通用航空服务	562		47	10			
航空运输辅助活动	563		46				
管道运输业	57						
管道运输业	570						
装卸搬运和运输代理业	58	1097	26389	485	1276	3904	3285
装卸搬运	581	268	4526	125	781	2087	2086
运输代理业	582	829	21863	360	495	1817	1199

与港澳台商合作经营	港澳台商独资	港澳台商投资股份有限公司	其他港澳台商投资	外商投资	中外合资经营	中外合作经营	外资企业	外商投资股份有限公司	其他外商投资
	250	45		211	190		19		2
	192	45		207	190		15		2
	27								
	31			4			4		
141	**15928**	**9571**	**9939**	**31467**	**10898**	**384**	**18636**	**1022**	**527**
118	8340	594	81	9728	2340	37	5888	980	483
	431			238	75		137		26
10	1893	32	47	1426	176	24	1215	11	
38	3095	462		3390	936	12	1760	557	125
	369			706	146		420	140	
	185	19		193			16	156	21
16	963	21	3	1688	488		906	65	229
54	894	14	26	1702	396	1	1251	15	39
	127	16	5	161	9		83	36	33
	383	30		224	114		100		10
23	7588	8977	9858	21739	8558	347	12748	42	44
2	3130	8955	9817	11616	674	129	10800	13	
	1470	1	17	154	12		134	3	5
	1286	1	20	1146	140	36	968		2
	73	18		133	11		122		
	539			8159	7663	166	290	22	18
9	836			262	12	16	234		
7	117			173	40		129	4	
5	137	2	4	96	6		71		19
336	**2055**	**12**	**45**	**5644**	**4277**	**422**	**830**	**46**	**69**
155	1048	12		1081	522	346	191	12	10
110				597	261	336			
19	836			474	261		191	12	10
26	212	12		10		10			
9	17			1118	1047		41	30	
9				80	50			30	
	17			1038	997		41		
				244	241	3			
				244	241	3			
6	568		45	2283	1865		371	4	43
	1			1445	1227		180		38
6	567		45	838	638		191	4	5

1-10 续表 18

行业	代码	私营合伙	私营有限责任公司	私营股份有限公司	其他	港澳台商投资	与港澳台商合资经营
仓储业	59	58	2374	49	187	753	165
谷物、棉花等农产品仓储	591	10	101		23		
其他仓储业	599	48	2273	49	164	753	165
邮政业	60	136	8369	12	434		
邮政基本服务	601		323		256		
快递服务	602	136	8046	12	178		
住宿和餐饮业	**H**	**11267**	**70475**	**3523**	**8305**	**20131**	**4983**
住宿业	61	4972	30074	1897	3157	12020	4159
旅游饭店	611	2520	21365	1233	1754	11228	3894
一般旅馆	612	2035	7637	495	1137	322	141
其他住宿业	619	417	1072	169	266	470	124
餐饮业	62	6295	40401	1626	5148	8111	824
正餐服务	621	5732	36865	1504	4219	4817	399
快餐服务	622	291	1443	34	221	2473	7
饮料及冷饮服务	623	171	881	79	418	330	9
其他餐饮业	629	101	1212	9	290	491	409
信息传输、软件和信息技术服务业	**I**	**776**	**52346**	**4318**	**4345**	**6470**	**752**
电信、广播电视和卫星传输服务	63	135	5384	221	595	4032	
电信	631	130	5316	17	130	4032	
广播电视传输服务	632	5	17	204	465		
卫星传输服务	633		51				
互联网和相关服务	64	151	6318	2248	374	11	5
互联网接入及相关服务	641		510	4			
互联网信息服务	642	95	5207	2241	317	5	
其他互联网服务	649	56	601	3	57	6	5
软件和信息技术服务业	65	490	40644	1849	3376	2427	747
软件开发	651	277	27172	1563	2032	2003	632
信息系统集成服务	652	68	3843	112	703	23	18
信息技术咨询服务	653	54	4735	61	285	79	1
数据处理和存储服务	654	41	675	7	68	19	
集成电路设计	655	7	273	6	87	10	8
其他信息技术服务业	659	43	3946	100	201	293	88
房地产业	**K**	**718**	**85922**	**4671**	**7020**	**19745**	**8082**
房地产业	70	718	85922	4671	7020	19745	8082
房地产开发经营	701	73	33602	2249	198	9923	3079
物业管理	702	393	38284	1967	4056	7946	4276
房地产中介服务	703	182	10753	299	604	853	487
自有房地产经营活动	704	18	1901	131	760	941	183
其他房地产业	709	52	1382	25	1402	82	57
租赁和商务服务业	**L**	**9309**	**113328**	**3998**	**23828**	**2349**	**676**
租赁业	71	412	6482	318	702	300	178
机械设备租赁	711	404	6145	302	685	300	178
文化及日用品出租	712	8	337	16	17		
商务服务业	72	8897	106846	3680	23126	2049	498
企业管理服务	721	1311	23445	832	10452	951	347

与港澳台商合作经营	港澳台商独资	港澳台商投资股份有限公司	其他港澳台商投资	外商投资	中外合资经营	中外合作经营	外资企业	外商投资股份有限公司	其他外商投资
166	422			918	602	73	227		16
166	422			918	602	73	227		16
861	**13168**	**1031**	**88**	**20932**	**5452**	**1694**	**13458**	**151**	**177**
656	6174	1031		8572	4656	1694	2090	4	128
656	5647	1031		8145	4519	1694	1826	4	102
	181			389	137		235		17
	346			38			29		9
205	6994		88	12360	796		11368	147	49
189	4141		88	1573	697		722	147	7
16	2450			10726	82		10617		27
	321			50	16		19		15
	82			11	1		10		
	5168	**547**	**3**	**11168**	**4587**	**23**	**5329**	**1134**	**95**
	3588	444		2651	1197		326	1128	
	3588	444		2651	1197		326	1128	
	6			496			496		
	5			41			41		
	1			455			455		
	1574	103	3	8021	3390	23	4507	6	95
	1267	101	3	6533	3243	23	3247	6	14
	5			425	52		314		59
	76	2		313	14		299		
	19			6			6		
	2			714	81		633		
	205			30			8		22
405	**10804**	**435**	**19**	**8390**	**1644**	**45**	**6183**	**330**	**188**
405	10804	435	19	8390	1644	45	6183	330	188
332	6181	331		3216	823	45	1983	256	109
34	3525	104	7	4521	559		3859	27	76
5	361			470	244		226		
29	727		2	137	18		69	47	3
5	10		10	46			46		
36	**1537**	**45**	**55**	**3017**	**499**	**1**	**1865**	**353**	**299**
	122			98	82		16		
	122			98	82		16		
36	1415	45	55	2919	417	1	1849	353	299
7	546	15	36	1352	191	1	888	28	244

1-10 续表 19

行业	代码	私营合伙	私营有限责任公司	私营股份有限公司	其他	港澳台商投资	与港澳台商合资经营
法律服务	722	4258	592	3	3229	4	
咨询与调查	723	867	23987	645	2139	778	54
广告业	724	594	24129	822	1508	15	6
知识产权服务	725	224	929	14	81	22	
人力资源服务	726	357	8114	108	1450	18	
旅行社及相关服务	727	358	5635	326	732	63	8
安全保护服务	728	343	4347	391	709		
其他商务服务业	729	585	15668	539	2826	198	83
科学研究和技术服务业	**M**	**1574**	**49866**	**1782**	**35518**	**2002**	**955**
研究和试验发展	73	217	5819	144	2407	460	237
自然科学研究和试验发展	731	1	533	25	342	36	12
工程和技术研究和试验发展	732	49	3510	71	366	183	81
农业科学研究和试验发展	733	50	1057	35	667	94	3
医学研究和试验发展	734	68	700	10	223	147	141
社会人文科学研究	735	49	19	3	809		
专业技术服务业	74	1099	38135	1361	6143	1276	701
气象服务	741		39		172		
地震服务	742		3		36		
海洋服务	743		165		8		
测绘服务	744	31	917	17	424		
质检技术服务	745	79	2159	122	1071	19	
环境与生态监测	746	1	469	33	225		
地质勘查	747	11	170	5	767	42	
工程技术	748	681	23450	858	2507	793	690
其他专业技术服务业	749	296	10763	326	933	422	11
科技推广和应用服务业	75	258	5912	277	26968	266	17
技术推广服务	751	247	5029	181	25966	250	17
科技中介服务	752		351	75	825		
其他科技推广和应用服务业	759	11	532	21	177	16	
水利、环境和公共设施管理业	**N**	**422**	**13437**	**343**	**6851**	**895**	**608**
水利管理业	76	38	291	13	811	53	53
防洪除涝设施管理	761		14		125		
水资源管理	762	13	26	13	152		
天然水收集与分配	763	12	63		453	53	53
水文服务	764						
其他水利管理业	769	13	188		81		
生态保护和环境治理业	77	13	2722	44	251	139	117
生态保护	771		53		127		
环境治理业	772	13	2669	44	124	139	117
公共设施管理业	78	371	10424	286	5789	703	438
市政设施管理	781	8	713	1	787	143	140
环境卫生管理	782	23	2096	5	2804	82	
城乡市容管理	783	13	301	40	213		
绿化管理	784	32	3483	23	250	7	7
公园和游览景区管理	785	295	3831	217	1735	471	291

与港澳台商合作经营	港澳台商独资	港澳台商投资股份有限公司	其他港澳台商投资	外商投资	中外合资经营	中外合作经营	外资企业	外商投资股份有限公司	其他外商投资
	4			3	3				
	675	30	19	483	17		427	9	30
	9			127	47		80		
	22			32	32				
	18			101	3		34	44	20
24	31			633	6		353	272	2
5	110			188	118		67		3
63	**957**	**8**	**19**	**2327**	**693**		**1504**	**46**	**84**
63	144		16	147	115		10		22
	24			4					4
63	23		16	70	46		6		18
	91			9	6		3		
	6			64	63		1		
	575			1108	492		533	45	38
	19			233	82		148	3	
	42								
	103			583	374		174		35
	411			292	36		211	42	3
	238	8	3	1072	86		961	1	24
	225	8		1036	86		938	1	11
	13		3	36			23		13
31	**162**	**91**	**3**	**440**	**44**	**109**	**285**		**2**
				44			44		
				13			13		
				31			31		
	22			135	6	109	20		
				109		109			
	22			26	6		20		
31	140	91	3	261	38		221		2
	3			38	16		22		
		82							
31	137	9	3	223	22		199		2

1-10 续表 20

行业	代码	私营合伙	私营有限责任公司	私营股份有限公司	其他	港澳台商投资	与港澳台商合资经营
居民服务、修理和其他服务业	**O**	**3571**	**34942**	**1281**	**4788**	**1046**	**263**
居民服务业	79	2181	10332	486	2774	712	168
家庭服务	791	127	2095	161	19		
托儿所服务	792	86	60		259		
洗染服务	793	18	985	132	26		
理发及美容服务	794	152	1233	8	210	168	15
洗浴服务	795	484	1370	12	237	210	47
保健服务	796	912	2201	87	757	223	76
婚姻服务	797	12	378	38	47		
殡葬服务	798	249	566		647	88	28
其他居民服务业	799	141	1444	48	572	23	2
机动车、电子产品和日用产品修理业	80	1080	13286	542	1295	302	95
汽车、摩托车修理与维护	801	1001	10060	510	1064	263	90
计算机和办公设备维修	802	37	1606	15	63	26	5
家用电器修理	803	31	1114	4	103	10	
其他日用产品修理业	809	11	506	13	65	3	
其他服务业	81	310	11324	253	719	32	
清洁服务	811	252	10716	213	515	15	
其他未列明服务业	819	58	608	40	204	17	
教育	**P**	**8456**	**11515**	**1186**	**159132**	**405**	**49**
教育	82	8456	11515	1186	159132	405	49
学前教育	821	5413	1226	98	46705	391	49
初等教育	822	573		68	39944		
中等教育	823	488	723	337	47422		
高等教育	824		556		10948		
特殊教育	825				478		
技能培训、教育辅助及其他教育	829	1982	9010	683	13635	14	
卫生和社会工作	**Q**	**2561**	**2677**	**856**	**37650**	**328**	
卫生	83	2325	2538	856	32267	238	
医院	831	1567	1889	826	17579	238	
社区医疗与卫生院	832	224	25		6476		
门诊部(所)	833	414	561	30	6747		
计划生育技术服务活动	834				25		
妇幼保健院(所、站)	835	120			313		
专科疾病防治院(所、站)	836		29		392		
疾病预防控制中心	837				323		
其他卫生活动	839		34		412		
社会工作	84	236	139		5383	90	
提供住宿社会工作	841	232	139		2546	90	
不提供住宿社会工作	842	4			2837		
文化、体育和娱乐业	**R**	**5661**	**13959**	**1222**	**17551**	**2376**	**741**
新闻和出版业	85		223	8	1663		
新闻业	851				75		
出版业	852		223	8	1588		
广播、电视、电影和影视录音制作业	86	123	1254	253	601	19	
广播	861		17	2	112		
电视	862		11		240		

与港澳台商合作经营	港澳台商独资	港澳台商投资股份有限公司	其他港澳台商投资	外商投资	中外合资经营	中外合作经营	外资企业	外商投资股份有限公司	其他外商投资
83	**567**	**123**	**10**	**882**	**79**	**88**	**715**		
80	440	24		575	16	88	471		
	149	4		2			2		
20	138	5		151	16		135		
	147			88			88		
60				88		88			
	6	15		246			246		
3	95	99	10	291	63		228		
	74	99		261	63		198		
	21			24			24		
			10						
3				6			6		
	32			16			16		
	15			16			16		
	17								
12	**344**			**146**	**10**		**78**	**16**	**42**
12	344			146	10		78	16	42
	342								
				77			77		
				42					42
12	2			27	10		1	16	
	316		**12**	**1304**		**1304**			
	238			1304		1304			
	238			1304		1304			
	78		12						
	78		12						
106	**1013**		**516**	**728**	**375**	**2**	**337**		**14**
	19								

1-10 续表 21

行业	代码	私营合伙	私营有限责任公司	私营股份有限公司	其他	港澳台商投资	与港澳台商合资经营
电影和影视节目制作	863	6	356	231	69		
电影和影视节目发行	864		175	5	18		
电影放映	865	117	648	15	161	19	
录音制作	866		47		1		
文化艺术业	87	369	1846	130	6871	2	
文艺创作与表演	871	301	768	31	3170		
艺术表演场馆	872		44		66		
图书馆与档案馆	873		148	32	168		
文物及非物质文化遗产保护	874	4	105		1014		
博物馆	875	5	51	12	416	1	
烈士陵园、纪念馆	876	1	10		52		
群众文化活动	877	12	68	7	1734		
其他文化艺术业	879	46	652	48	251	1	
体育	88	194	1923	72	4627	1523	335
体育组织	881	80	89		3720	20	
体育场馆	882	18	112		333	134	108
休闲健身活动	883	96	1415	72	535	1369	227
其他体育	889		307		39		
娱乐业	89	4975	8713	759	3789	832	406
室内娱乐活动	891	4864	7660	756	3571	555	363
游乐园	892	4	531	1	17	224	8
彩票活动	893		2		24		
文化、娱乐、体育经纪代理	894	19	301	2	23		
其他娱乐业	899	88	219		154	53	35
公共管理、社会保障和社会组织	**S**	**889**	**2319**	**44**	**409918**	**1502**	**18**
中国共产党机关	90				123		
中国共产党机关	900				123		
国家机构	91				20076		
国家权力机构	911						
国家行政机构	912				19310		
人民法院和人民检察院	913				509		
其他国家机构	919				257		
人民政协、民主党派	92				99		
人民政协	921				42		
民主党派	922				57		
社会保障	93				1013		
社会保障	930				1013		
群众团体、社会团体和其他成员组织	94	889	2319	44	191903	1502	18
群众团体	941	32	2189	14	30297	1470	15
社会团体	942	844	124	30	105239	18	
基金会	943				912	4	
宗教组织	944	13	6		55455	10	3
基层群众自治组织	95				196704		
社区自治组织	951				30724		
村民自治组织	952				165980		

与港澳台商合作经营	港澳台商独资	港澳台商投资股份有限公司	其他港澳台商投资	外商投资	中外合资经营	中外合作经营	外资企业	外商投资股份有限公司	其他外商投资
	19								
	2			23			17		6
				17			17		
	1								
	1			6					6
28	644		516	185	128	2	53		2
	20								
2	24								
26	600		516	181	124	2	53		2
				4	4				
78	348			520	247		267		6
60	132			53	24		23		6
	216			259	223		36		
18				208			208		
7	**71**	**1392**	**14**	**227**	**8**		**185**		**34**
7	71	1392	14	227	8		185		34
	63	1392		190			184		6
3	1		14	13	8				5
4				11			1		10
	7			13					13

1-11 按从业人员组距、开业(成立)时间、

分组	法人单位数(个)	内资	国有	集体	股份合作	联营	国有联营
总计	**373792**	**362382**	**37991**	**7087**	**1522**	**884**	**152**
按从业人员组距分组							
7人及以下	187076	184641	16908	3662	694	475	66
8-19人	95921	94358	8936	1710	410	233	46
20-49人	49761	47911	5823	1051	244	105	24
50-99人	20717	19092	3546	404	86	33	7
100-299人	14139	11959	2271	212	72	26	5
300-499人	2814	2020	240	25	7	5	1
500-999人	1989	1386	156	11	7	5	3
1000-4999人	1172	844	103	11	1	2	
5000-9999人	143	116	6				
10000人以上	60	55	2	1	1		
按开业(成立)时间分组							
1949年及以前	2721	2719	1274	86		8	1
1950-1977年	11395	11391	5004	1308	19	58	15
1978-1991年	28636	28097	9010	1350	52	122	26
1992-1995年	12036	10378	2623	671	110	73	12
1996年	3977	3717	719	137	22	25	4
1997年	4364	4064	1125	106	26	12	3
1998年	5614	5314	997	157	41	12	5
1999年	5704	5405	760	148	32	25	6
2000年	8933	8513	1100	199	51	24	3
2001年	8559	8031	783	167	44	27	5
2002年	10661	10062	1673	149	48	25	6
2003年	12827	12071	1162	169	58	33	3
2004年	12660	11821	871	179	58	25	4
2005年	14210	13581	866	181	51	27	5
2006年	16804	15976	939	211	80	42	4
2007年	15451	14809	845	226	56	30	2
2008年	19215	18774	1047	321	75	48	7
2009年	23428	23067	950	195	78	37	2
2010年	32085	31589	1163	245	111	49	6
2011年	37443	36954	1272	292	146	50	10
2012年	40848	40330	1673	300	155	65	11
2013年	43847	43402	1183	285	204	65	12
无开业年份	2374	2317	952	5	5	2	

登记注册类型分组的法人单位数

集体联营	国有与集体联营	其他联营	有限责任公司	国有独资	其他有限责任公司	股份有限公司	私营	私营独资
360	**66**	**306**	**60670**	**1081**	**59589**	**4681**	**179325**	**37580**
200	29	180	28803	264	28539	2071	91562	20882
94	19	74	15368	239	15129	1182	46545	10073
43	11	27	8854	219	8635	683	24219	5052
9	5	12	3702	121	3581	280	9341	1195
9	1	11	2587	142	2445	235	5573	335
2	1	1	579	32	547	81	980	34
2			436	35	401	79	639	4
1		1	270	25	245	60	386	3
			52	3	49	8	50	1
			19	1	18	2	30	1
4	2	1	11	1	10	2	10	5
26	5	12	151	41	110	39	208	93
56	8	32	459	81	378	59	1484	574
40	6	15	1057	64	993	136	3072	849
13	3	5	518	18	500	55	1466	318
2	2	5	543	31	512	63	1412	241
3	1	3	769	58	711	78	2223	510
5	3	11	816	61	755	93	2476	457
11	3	7	1194	36	1158	113	3885	1045
10	1	11	1289	34	1255	161	4135	959
12		7	1379	36	1343	142	4902	990
10	3	17	1904	55	1849	171	6625	1417
14	2	5	2051	36	2015	196	7097	1235
6	1	15	2275	43	2232	180	8067	1645
19	6	13	2748	51	2697	215	9686	2050
20	3	5	2620	40	2580	203	8936	1675
18	1	22	3084	88	2996	262	10881	2616
14	3	18	4342	60	4282	368	13541	3054
13	3	27	6411	62	6349	420	18498	3725
20	3	17	7847	50	7797	529	21580	4398
22	4	28	8601	77	8524	589	23103	4578
21	3	29	10092	53	10039	590	25310	5007
1		1	509	5	504	17	728	139

1-11 续表

分 组	私营合伙	私营有限责任公司	私营股份有限公司	其 他	港澳台商投资	与港澳台商合资经营	与港澳台商合作经营
总 计	**10076**	**127804**	**3865**	**70222**	**7410**	**1477**	**127**
按从业人员组距分组							
7人及以下	5119	63728	1833	40466	1646	271	39
8-19人	2963	32541	968	19974	1002	198	36
20-49人	1504	17069	594	6932	1195	251	23
50-99人	363	7553	230	1700	1061	230	12
100-299人	113	4984	141	983	1407	302	11
300-499人	11	896	39	103	510	108	1
500-999人	3	592	40	53	367	59	5
1000-4999人		368	15	11	204	55	
5000-9999人		46	3		16	3	
10000人以上		27	2		2		
按开业(成立)时间分组							
1949年及以前	1	3	1	1328	2	1	
1950-1977年	47	62	6	4604	3	2	
1978-1991年	235	650	25	15561	386	67	19
1992-1995年	283	1877	63	2636	1168	282	26
1996年	96	1019	33	775	179	44	5
1997年	101	1044	26	777	209	40	9
1998年	163	1509	41	1037	193	49	1
1999年	148	1809	62	1055	182	30	1
2000年	267	2478	95	1947	260	39	1
2001年	278	2806	92	1425	336	55	4
2002年	334	3482	96	1744	372	67	3
2003年	430	4652	126	1949	485	77	3
2004年	453	5263	146	1344	504	79	7
2005年	473	5756	193	1934	408	95	6
2006年	621	6833	182	2055	523	107	4
2007年	449	6636	176	1893	383	59	5
2008年	611	7429	225	3056	295	53	4
2009年	683	9513	291	3556	213	39	
2010年	884	13541	348	4692	340	71	5
2011年	973	15733	476	5238	302	63	8
2012年	1181	16824	520	5844	334	77	8
2013年	1314	18366	623	5673	289	76	6
无开业年份	51	519	19	99	44	5	2

港澳台商独资	港澳台商投资股份有限公司	其他港澳台商投资	外商投资	中外合资经营	中外合作经营	外资企业	外商投资股份有限公司	其他外商投资
5551	**183**	**72**	**4000**	**1064**	**63**	**2567**	**161**	**145**
1245	58	33	789	167	9	492	53	68
719	34	15	561	150	11	336	30	34
881	31	9	655	205	13	383	29	25
786	23	10	564	149	9	380	16	10
1079	13	2	773	213	12	532	12	4
392	9		284	73	5	197	6	3
295	6	2	236	59	2	167	7	1
141	8		124	46	2	68	8	
11	1	1	11	1		10		
2			3	1		2		
1								
		1	1	1				
285	14	1	153	40	10	92	7	4
835	21	4	490	164	13	286	19	8
121	8	1	81	31	2	44	2	2
154	5	1	91	26	2	60	3	
137	4	2	107	31	2	64	9	1
145	2	4	117	24	1	83	7	2
215	1	4	160	35	3	114	7	1
266	9	2	192	50	2	132	5	3
294	6	2	227	57	4	156	6	4
394	7	4	271	70	1	187	7	6
408	7	3	335	65	7	245	8	10
297	6	4	221	53	2	151	7	8
400	10	2	305	74	1	218	6	6
301	13	5	259	72	1	163	9	14
227	10	1	146	38	6	91	7	4
169	4	1	148	34	1	98	5	10
244	11	9	156	46	1	89	11	9
210	14	7	187	48	1	117	9	12
229	14	6	184	53	1	90	18	22
183	17	7	156	49	2	82	7	16
36		1	13	3		5	2	3

1-12 按从业人员组距、开业(成立)时间、

分 组	从业人员数(人)	内资					
			国有	集体	股份合作	联营	
							国有联营
总 计	**13732695**	**11556302**	**1424660**	**179251**	**63149**	**21935**	**5268**
按从业人员组距分组							
7人及以下	661918	654216	58838	12445	2572	1644	237
8-19人	1138536	1118732	108766	21037	4890	2814	580
20-49人	1487045	1427564	184568	31742	7378	2979	627
50-99人	1417998	1302345	246599	27486	5906	2239	507
100-299人	2317776	1938524	356925	35100	11813	3928	766
300-499人	1069574	767672	90840	9972	2663	1864	331
500-999人	1373600	956951	106390	8173	4450	3547	2220
1000-4999人	2239402	1629165	191795	21923	2477	2920	
5000-9999人	1012719	816494	41567				
10000人以上	1014127	944639	38372	11373	21000		
按开业(成立)时间分组							
1949年及以前	203782	203709	170419	4422		118	15
1950-1977年	856649	854888	325919	58171	24986	778	239
1978-1991年	983443	795482	296520	36853	3242	6160	1418
1992-1995年	1074581	693824	95394	16882	7462	2335	339
1996年	290755	231661	17226	2784	1985	259	77
1997年	291399	229256	25013	1695	1308	842	752
1998年	417496	347378	51031	2481	2014	140	63
1999年	355151	291647	27685	3657	1436	277	112
2000年	509082	390190	31657	2805	1249	1917	850
2001年	505250	378904	19123	2840	2106	297	141
2002年	650493	504423	46756	4026	614	596	429
2003年	686148	542278	30400	5255	1154	783	13
2004年	807414	628153	30998	4474	880	590	56
2005年	802452	656945	19191	4647	637	548	34
2006年	841219	676174	27089	3816	1535	787	23
2007年	666512	556938	19608	3497	907	311	9
2008年	661981	594002	20882	2884	1302	573	78
2009年	583030	549760	18444	3097	1656	483	17
2010年	716393	669862	33999	3339	1184	837	224
2011年	695671	661422	31557	3373	1905	407	52
2012年	604577	586330	32843	4934	2554	2104	212
2013年	493995	478189	24544	3306	3019	789	115
无开业年份	35222	34887	28362	13	14	4	

登记注册类型分组的法人单位从业人员数

集体联营	国有与集体联营	其他联营	有限责任公司	国有独资	其他有限责任公司	股份有限公司	私营	私营独资
8623	**1620**	**6424**	**3012153**	**156894**	**2855259**	**403021**	**5527616**	**513301**
685	122	600	101898	996	100902	7355	324499	69621
1157	209	868	183785	2806	180979	14088	552431	120501
1268	319	765	264439	6969	257470	20324	715854	147217
590	342	800	254877	8433	246444	18921	634629	78725
1246	147	1769	428494	23840	404654	41083	912101	50626
750	481	302	223024	12312	210712	30702	370353	13373
1327			301377	24196	277181	56121	441426	2512
1600		1320	540459	44386	496073	124182	731547	7850
			368438	20516	347922	57426	349063	8793
			345362	12440	332922	32819	495713	14083
71	24	8	1985	188	1797	1206	161	11
386	73	80	232812	30764	202048	41810	108287	852
2393	281	2068	118278	16484	101794	26798	124954	11741
869	139	988	158499	20971	137528	49939	326908	18857
109	32	41	79020	3834	75186	5675	115341	5706
22	20	48	50836	5919	44917	13753	125760	4189
63	6	8	102292	4808	97484	14293	163216	22533
36	28	101	78849	3410	75439	19756	143975	7656
893	32	142	120799	11320	109479	15171	193596	14198
63	2	91	105456	3193	102263	16351	214318	15387
101		66	130655	1747	128908	53344	245636	14370
329	75	366	158326	6206	152120	33413	285556	18955
470	17	47	187134	10317	176817	20185	360743	31751
113	56	345	172341	6417	165924	10882	423039	22719
574	108	82	223857	4085	219772	11531	379570	26572
229	13	60	145531	4727	140804	10402	350269	25828
346	9	140	195801	7178	188623	6657	325742	33722
256	13	197	149022	5239	143783	9235	320144	39932
121	28	464	180299	2677	177622	11086	372171	46150
199	20	136	168949	4796	164153	14679	371705	52387
764	500	628	134126	1892	132234	9659	320134	50909
213	144	317	114772	708	114064	7099	252962	48280
3		1	2514	14	2500	97	3429	596

1-12 续表

分组	私营合伙	私营有限责任公司	私营股份有限公司	其他	港澳台商投资	与港澳台商合资经营	与港澳台商合作经营
总计	**143762**	**4670819**	**199734**	**924517**	**1333851**	**286587**	**8271**
按从业人员组距分组							
7人及以下	19358	228711	6809	144965	5073	957	136
8-19人	35431	385041	11458	230921	12664	2502	423
20-49人	43126	507999	17512	200280	38435	8023	787
50-99人	23400	517169	15335	111688	75920	16611	795
100-299人	16741	820312	24422	149080	245784	52555	2021
300-499人	3895	337317	15768	38254	194462	40627	388
500-999人	1811	408173	28930	35467	254909	41696	3721
1000-4999人		693651	30046	13862	371027	102020	
5000-9999人		322916	17354		114794	21596	
10000人以上		449530	32100		20783		
按开业(成立)时间分组							
1949年及以前	8	141	1	25398	73	66	
1950-1977年	688	100035	6712	62125	332	324	
1978-1991年	3761	105540	3912	182677	110044	27319	3243
1992-1995年	5383	271672	30996	36405	227512	60420	1275
1996年	1259	99592	8784	9371	31573	10787	422
1997年	1921	116597	3053	10049	35449	8908	340
1998年	3433	133260	3990	11911	44041	12689	10
1999年	3169	127871	5279	16012	35642	6750	5
2000年	4599	162372	12427	22996	58994	8051	68
2001年	4048	189991	4892	18413	80054	12789	247
2002年	5321	217304	8641	22796	83708	17677	818
2003年	6722	256146	3733	27391	94352	17862	39
2004年	6002	313559	9431	23149	97729	14843	764
2005年	6997	378374	14949	25660	99289	28445	381
2006年	10278	334656	8064	27989	112913	21291	85
2007年	7653	295627	21161	26413	70505	12085	81
2008年	9976	272732	9312	40161	53304	7249	72
2009年	10335	256529	13348	47679	20637	5439	
2010年	12171	304548	9302	66947	34168	5852	177
2011年	12664	298705	7949	68847	22688	1868	132
2012年	14412	246915	7898	79976	11738	3566	60
2013年	12571	186322	5789	71698	8838	2295	42
无开业年份	391	2331	111	454	268	12	10

港澳台商独资	港澳台商投资股份有限公司	其他港澳台商投资	外商投资	中外合资经营	中外合作经营	外资企业	外商投资股份有限公司	其他外商投资
990812	**35680**	**12501**	**842542**	**236788**	**9107**	**564294**	**27734**	**4619**
3678	200	102	2629	548	23	1675	164	219
9152	410	177	7140	1881	138	4340	359	422
28315	1004	306	21046	6769	354	12136	968	819
56266	1557	691	39733	10433	677	26887	1059	677
188817	2051	340	133468	36566	1967	92359	1896	680
150054	3393		107440	27551	1795	74681	2267	1146
203740	4684	1068	161740	40835	1501	113513	5235	656
255581	13426		239210	95366	2652	125406	15786	
74426	8955	9817	81431	6007		75424		
20783			48705	10832		37873		
7								
		8	1429	1429				
76678	2288	516	77917	31092	2515	43115	1165	30
161813	3997	7	153245	42032	2446	95144	13462	161
19810	495	59	27521	7119	352	19240	796	14
25916	273	12	26694	5288	186	21050	170	
30596	731	15	26077	4678	346	19204	1838	11
28694	129	64	27862	5254	98	20399	2099	12
49817	399	659	59898	21516	441	36193	1747	1
54814	12131	73	46292	16759	232	29109	122	70
62335	2664	214	62362	13943	354	47879	81	105
72976	3340	135	49518	15773	145	32209	1128	263
80699	1373	50	81532	9585	157	70755	506	529
59321	1184	9958	46218	6446	210	38306	247	1009
90648	870	19	52132	18599	62	32574	224	673
55294	2866	179	39069	18818	129	18572	1354	196
45055	924	4	14675	3018	1360	10095	189	13
14935	261	2	12633	2236	12	10101	113	171
27095	794	250	12363	6450	2	5380	422	109
19975	517	196	11561	4532	20	6260	182	567
7835	230	47	6509	1053	23	4726	327	380
6254	214	33	6968	1131	17	3972	1547	301
245		1	67	37		11	15	4

1-13 按登记注册类型分组的法人单位数及从业人员数

分组	法人单位				
	单位数(个)	单产业法人	多产业法人	从业人员数(人)	女性
总 计	**373792**	**353302**	**20490**	**13732695**	**4966478**
内资	**362382**	**342289**	**20093**	**11556302**	**3920827**
国有	37991	34159	3832	1424660	551478
集体	7087	6346	741	179251	57894
股份合作	1522	1490	32	63149	22430
联营	884	854	30	21935	8453
国有联营	152	148	4	5268	1957
集体联营	360	337	23	8623	2828
国有与集体联营	66	64	2	1620	562
其他联营	306	305	1	6424	3106
有限责任公司	60670	58666	2004	3012153	893440
国有独资公司	1081	955	126	156894	39218
其他有限责任公司	59589	57711	1878	2855259	854222
股份有限公司	4681	4430	251	403021	111016
私营	179325	175439	3886	5527616	1892503
私营独资	37580	37238	342	513301	232502
私营合伙	10076	9980	96	143762	62403
私营有限责任公司	127804	124462	3342	4670819	1539420
私营股份有限公司	3865	3759	106	199734	58178
其他	70222	60905	9317	924517	383613
港澳台商投资	**7410**	**7149**	**261**	**1333851**	**662584**
与港澳台商合资经营	1477	1413	64	286587	128610
与港澳台商合作经营	127	123	4	8271	4326
港澳台商独资	5551	5370	181	990812	507650
港澳台商投资股份有限公司	183	174	9	35680	14411
其他港澳台商投资	72	69	3	12501	7587
外商投资	**4000**	**3864**	**136**	**842542**	**383067**
中外合资经营	1064	1019	45	236788	94626
中外合作经营	63	58	5	9107	4267
外资企业	2567	2486	81	564294	269377
外商投资股份有限公司	161	157	4	27734	12714
其他外商投资	145	144	1	4619	2083

1-14　按设区市、行业(门类)分组的有证照个体经营户数和从业人员数

行　业	有证照户数(户)	有证照从业人员数(人)
总　计	**813733**	**2627431**
按设区市分组		
福州市	116959	427334
#平潭	4592	14185
厦门市	77461	240377
莆田市	49105	157260
三明市	58054	209256
泉州市	171464	560322
漳州市	141068	422243
南平市	64908	200565
龙岩市	70402	237538
宁德市	64312	172536
按行业(门类)分组		
农、林、牧、渔业	272	1710
采矿业	442	3493
制造业	30109	202697
电力、热力、燃气及水生产和供应业	292	1233
建筑业	1769	8134
批发和零售业	472167	1448503
交通运输、仓储和邮政业	165545	331211
住宿和餐饮业	67781	335047
信息传输、软件和信息技术服务业	1514	4642
金融业		
房地产业	2979	14367
租赁和商务服务业	7165	24729
科学研究和技术服务业	3073	13172
水利、环境和公共设施管理业	75	649
居民服务、修理和其他服务业	49325	192535
教育	1854	9456
卫生和社会工作	5447	16696
文化、体育和娱乐业	3924	19157

第2篇

小微企业篇

2-01 按地区、开业(成立)时间

地 区	法人单位数(个)	1949年及以前	1950-1977年	1978-1991年	1992-1995年	1996年	1997年	1998年	1999年	2000年	2001年
全 省	**270633**	**51**	**1644**	**4107**	**6386**	**2378**	**2313**	**3481**	**3715**	**6068**	**6233**
福州市	**54375**	**11**	**393**	**879**	**1386**	**451**	**473**	**710**	**724**	**1169**	**1038**
鼓楼区	14468	2	65	219	394	111	135	212	195	310	290
台江区	6059	1	32	52	93	37	29	58	60	80	99
仓山区	6681	1	30	93	141	46	49	51	77	128	124
马尾区	1722		5	32	67	27	18	32	24	36	59
晋安区	7171	1	24	88	145	47	49	74	85	102	110
闽侯县	3497	4	32	64	107	27	30	50	44	64	75
连江县	1599		28	48	43	21	22	30	25	29	30
罗源县	885		14	26	23	14	15	16	17	28	20
闽清县	1238		53	55	39	24	17	30	36	38	37
永泰县	918		23	44	32	14	12	15	18	30	30
平潭县	2543		19	35	29	6	9	16	19	25	19
福清市	4247	1	37	65	169	36	43	49	57	210	66
长乐市	3347	1	31	58	104	41	45	77	67	89	79
厦门市	**59164**	**11**	**58**	**410**	**913**	**596**	**564**	**682**	**762**	**1026**	**1222**
思明区	24216	11	22	186	390	327	261	330	368	452	516
海沧区	3850		4	22	56	26	31	37	52	44	61
湖里区	17212		7	90	161	129	130	161	177	265	342
集美区	5952		6	45	120	40	45	48	87	133	134
同安区	4847		12	52	123	51	67	75	52	102	109
翔安区	3087		7	15	63	23	30	31	26	30	60
莆田市	**13567**	**3**	**66**	**190**	**321**	**116**	**102**	**144**	**137**	**162**	**244**
城厢区	2993		11	44	67	30	22	28	28	37	55
涵江区	2323	2	17	54	110	34	25	35	41	41	58
荔城区	3414		8	22	59	24	20	33	17	36	48
秀屿区	1890	1	13	20	28	8	15	17	20	18	28
仙游县	2947		17	50	57	20	20	31	31	30	55
三明市	**16266**	**3**	**158**	**369**	**387**	**128**	**153**	**252**	**252**	**562**	**508**
梅列区	2643		5	24	42	20	21	36	46	88	78
三元区	1713		15	38	55	11	20	32	25	63	68
明溪县	619		9	12	4	2	5	2	4	22	12
清流县	631		6	24	22	3	4	11	10	15	33
宁化县	1013		18	27	18	9	4	10	7	12	18
大田县	1721		15	55	51	10	11	15	20	40	54
尤溪县	1578		18	38	37	14	16	14	15	134	60
沙县	1696	2	25	43	57	19	24	23	21	78	43
将乐县	922	1	17	19	15	3	6	11	8	15	31
泰宁县	712		3	15	14	5	5	11	8	12	23
建宁县	698		6	19	10	9	8	15	10	10	16
永安市	2320		21	55	62	23	29	72	78	73	72
泉州市	**58462**	**3**	**257**	**976**	**1938**	**565**	**557**	**847**	**992**	**1704**	**1840**
鲤城区	4603	1	26	80	123	52	65	71	104	150	161
丰泽区	7304		12	75	193	67	53	89	118	163	172
洛江区	1343		4	7	27	4	9	34	14	25	49
泉港区	1775		6	7	16	9	23	23	26	150	101
惠安县	4465	1	37	96	293	82	68	102	104	131	139

分组的小微企业法人单位数

2002年	2003年	2004年	2005年	2006年	2007年	2008年	2009年	2010年	2011年	2012年	2013年	无开业年份
7040	**9520**	**10055**	**11305**	**13661**	**12598**	**15577**	**19744**	**27277**	**32208**	**34843**	**39038**	**1391**
1253	**1798**	**1958**	**2286**	**2576**	**2667**	**3097**	**4060**	**5226**	**6485**	**7205**	**8324**	**206**
327	520	604	720	796	790	906	1206	1508	1648	1676	1832	2
113	185	183	208	230	300	326	448	616	877	914	1117	1
142	236	241	283	308	300	438	567	675	806	877	1064	4
63	58	73	89	82	89	86	121	221	196	197	147	
147	211	245	307	353	413	448	617	768	958	1045	929	5
101	114	116	121	181	173	193	239	318	352	509	540	43
33	55	55	52	61	83	109	100	105	174	200	288	8
29	33	55	31	37	44	43	54	90	93	89	112	2
37	36	44	61	64	39	66	92	98	104	132	131	5
28	31	34	26	41	30	52	64	83	83	98	129	1
25	33	50	60	79	89	79	85	179	384	559	736	8
104	135	132	210	180	183	220	312	346	517	526	629	20
104	151	126	118	164	134	131	155	219	293	383	670	107
1534	**2040**	**2506**	**2706**	**3332**	**3186**	**3645**	**4420**	**6399**	**7336**	**7686**	**8060**	**70**
648	859	1090	1110	1333	1312	1485	1838	2562	3030	3085	2988	13
86	114	135	152	212	225	224	268	378	506	519	656	42
462	547	790	880	1063	925	1106	1338	1952	2120	2187	2377	3
135	187	209	248	283	341	397	461	688	739	798	798	10
147	163	179	184	292	234	268	307	511	579	642	697	1
56	170	103	132	149	149	165	208	308	362	455	544	1
210	**288**	**281**	**397**	**563**	**542**	**743**	**969**	**1588**	**1884**	**1947**	**2465**	**205**
45	63	71	81	103	111	134	189	256	337	456	693	132
51	66	60	77	146	121	183	172	242	271	245	266	6
44	72	64	96	119	136	179	235	446	540	549	666	1
21	17	25	50	73	70	82	124	322	339	276	271	52
49	70	61	93	122	104	165	249	322	397	421	569	14
511	**665**	**620**	**638**	**869**	**721**	**1079**	**1143**	**1625**	**1659**	**1798**	**2080**	**86**
99	116	78	99	124	117	147	193	291	333	327	356	3
59	73	81	55	107	85	113	106	147	144	209	204	3
19	32	27	23	39	35	41	49	69	63	64	85	1
13	30	22	31	35	19	53	39	58	61	59	81	2
26	34	32	27	45	34	58	80	119	116	118	199	2
44	73	62	68	100	81	123	110	155	169	194	266	5
52	70	74	76	86	46	110	96	148	157	166	147	4
53	64	46	61	75	75	112	118	193	197	175	173	19
30	38	44	48	70	57	68	54	90	78	95	124	
23	27	25	26	46	44	47	60	64	75	98	81	
21	14	22	40	44	32	67	70	80	70	60	75	
72	94	107	84	98	96	140	168	211	196	233	289	47
1924	**2426**	**2291**	**2563**	**2773**	**2501**	**2978**	**3811**	**5168**	**6414**	**7365**	**8258**	**311**
144	175	194	202	214	161	222	305	492	516	561	569	15
253	263	289	284	304	308	283	403	555	774	950	1684	12
34	85	59	52	63	48	61	65	96	146	202	187	72
51	50	71	88	93	81	75	174	144	173	203	211	
111	194	155	231	239	256	253	228	294	384	433	566	68

2-01 续表

地 区	法人单位数(个)	1949年及以前	1950-1977年	1978-1991年	1992-1995年	1996年	1997年	1998年	1999年	2000年	2001年
安溪县	4333		29	71	113	44	25	68	53	144	110
永春县	1425		45	75	58	10	23	40	34	78	34
德化县	1910		15	38	68	25	28	37	51	47	37
石狮市	7706		2	48	129	57	47	77	94	221	288
晋江市	15440	1	53	404	725	113	143	177	169	414	547
南安市	8158		28	75	193	102	73	129	225	181	202
漳州市	**24071**	**8**	**228**	**452**	**532**	**191**	**194**	**266**	**315**	**486**	**414**
芗城区	5446	1	39	112	86	41	54	83	86	119	103
龙文区	2057		5	10	38	16	22	26	28	36	34
云霄县	1486	4	22	38	23	11	10	11	21	32	26
漳浦县	3390		27	47	91	26	23	30	46	74	70
诏安县	718		12	23	25	4	7	8	12	17	13
长泰县	2178		20	28	31	10	9	17	13	23	23
东山县	1082	1	26	55	49	12	9	12	22	19	20
南靖县	1642		11	21	41	10	21	17	23	54	33
平和县	1435		21	16	9	6	8	11	6	29	11
华安县	791		5	26	16	10	2	13	10	23	18
龙海市	3846	2	40	76	123	45	29	38	48	60	63
南平市	**15730**	**4**	**224**	**363**	**327**	**135**	**95**	**214**	**207**	**327**	**366**
延平区	3501	2	44	85	108	46	35	72	51	93	101
顺昌县	797		25	37	30	15	3	22	21	25	23
浦城县	1016		35	46	26	8	8	17	14	20	27
光泽县	547		10	22	18	6	3	8	5	11	16
松溪县	883	1	12	26	16	8	6	11	9	16	27
政和县	785		9	19	20	6	3	14	10	10	9
邵武市	1546		26	46	34	18	12	18	32	35	39
武夷山市	3297		15	30	24	8	10	21	23	57	44
建瓯市	1780		22	28	33	12	12	17	22	39	46
建阳市	1578	1	26	24	18	8	3	14	20	21	34
龙岩市	**12126**	**5**	**109**	**237**	**316**	**97**	**100**	**210**	**155**	**349**	**307**
新罗区	4135		16	49	98	30	34	84	70	110	97
长汀县	1487		23	43	34	14	8	27	23	37	36
永定县	1150		13	26	46	10	11	21	15	41	21
上杭县	1292		11	37	35	7	16	21	7	27	39
武平县	1064		17	17	29	11	12	20	7	31	31
连城县	1820	5	20	39	41	14	7	23	19	75	53
漳平市	1178		9	26	33	11	12	14	14	28	30
宁德市	**16872**	**3**	**151**	**231**	**266**	**99**	**75**	**156**	**171**	**283**	**294**
蕉城区	4466		24	38	49	16	20	29	35	63	58
霞浦县	1606		22	36	23	8	5	13	15	27	21
古田县	1429	1	28	50	48	20	9	28	14	34	37
屏南县	626		7	12	11	5	3	6	6	21	12
寿宁县	539	1	22	16	9	4	2	10	7	5	9
周宁县	266		7	8	6	4	4	3	4	2	5
柘荣县	585		3	8	8	4	4	6	16	13	12
福安市	4773	1	23	34	37	21	9	29	57	69	81
福鼎市	2582		15	29	75	17	19	32	17	49	59

2002年	2003年	2004年	2005年	2006年	2007年	2008年	2009年	2010年	2011年	2012年	2013年	无开业年份
123	138	118	169	161	201	288	340	449	535	661	485	8
53	44	65	65	54	39	78	86	95	101	151	192	5
51	61	45	75	79	96	65	106	226	265	214	274	7
217	298	308	453	569	331	452	530	684	831	1093	969	8
616	813	693	637	609	589	730	923	1312	1625	1783	2252	112
271	305	294	307	388	391	471	651	821	1064	1114	869	4
466	**669**	**827**	**1000**	**1299**	**1018**	**1307**	**1725**	**2280**	**2918**	**3207**	**3914**	**355**
136	186	243	237	284	258	308	352	512	639	685	869	13
34	57	60	85	124	86	133	164	218	241	283	352	5
21	28	39	67	98	71	88	100	167	175	177	226	31
63	89	120	125	209	135	158	184	297	404	506	623	43
14	15	26	24	29	34	31	33	59	90	76	129	37
34	53	79	78	93	87	142	287	166	289	269	380	47
27	24	22	40	68	52	40	81	106	126	106	161	4
20	36	46	74	111	58	77	95	149	193	264	270	18
9	37	32	35	51	50	104	138	156	187	253	261	5
28	18	24	41	50	30	38	48	81	102	112	74	22
80	126	136	194	182	157	188	243	369	472	476	569	130
433	**637**	**569**	**570**	**827**	**676**	**893**	**1289**	**1632**	**1756**	**1965**	**2163**	**58**
119	178	157	158	211	135	216	251	314	333	384	406	2
21	49	40	26	41	28	34	65	69	72	66	84	1
35	49	36	38	47	37	43	59	103	108	116	141	3
24	24	35	24	24	22	28	33	55	39	53	86	1
27	51	34	52	64	39	82	80	74	53	81	113	1
24	22	21	27	42	32	49	42	71	79	111	163	2
42	62	52	69	109	109	80	108	157	133	151	205	9
47	77	58	77	121	108	178	446	416	478	524	531	4
59	75	77	59	91	104	102	107	212	232	226	186	19
35	50	59	40	77	62	81	98	161	229	253	248	16
391	**498**	**545**	**559**	**651**	**568**	**797**	**939**	**1165**	**1293**	**1356**	**1434**	**45**
132	187	213	164	241	216	238	285	381	486	468	530	6
45	58	56	57	87	70	110	118	159	134	166	180	2
47	47	40	71	53	49	74	75	115	117	125	123	10
41	61	63	65	64	53	68	91	98	138	160	168	22
35	36	49	37	44	48	75	96	100	95	128	143	3
47	69	67	96	92	65	123	160	180	215	205	204	1
44	40	57	69	70	67	109	114	132	108	104	86	1
318	**499**	**458**	**586**	**771**	**719**	**1038**	**1388**	**2194**	**2463**	**2314**	**2340**	**55**
78	79	86	148	179	153	211	299	581	762	706	834	18
22	26	17	36	71	65	101	135	159	206	288	303	7
36	47	38	41	42	43	83	85	158	203	181	203	
17	21	21	20	33	19	41	57	107	74	68	64	1
12	21	18	26	24	15	41	48	52	65	60	71	1
8	12	3	7	16	15	17	18	27	34	40	26	
16	30	16	23	23	28	25	42	68	73	87	74	6
69	191	158	180	247	289	362	502	716	687	593	413	5
60	72	101	105	136	92	157	202	326	359	291	352	17

2-02 按地区、开业(成立)时间分组的

地 区	从 业 人员数 (人)	1949年及以前	1950-1977年	1978-1991年	1992-1995年	1996年	1997年	1998年	1999年	2000年	2001年
全 省	**5917136**	**3872**	**66255**	**166864**	**274613**	**79674**	**82669**	**120364**	**123920**	**180853**	**198748**
福州市	**1213677**	**2770**	**20776**	**36286**	**61319**	**15258**	**16982**	**23613**	**24632**	**31686**	**36682**
鼓楼区	309958	340	1572	7366	11232	2731	5370	5493	5815	8389	7250
台江区	124889	2351	1586	1691	4879	729	716	976	2440	1805	1826
仓山区	129874	6	884	3913	7326	1908	1851	2763	4075	3504	5232
马尾区	60343		153	1965	3487	669	463	1414	932	2994	3162
晋安区	133255	2	1126	5027	7796	2364	1867	1826	2063	2734	4187
闽侯县	97510	58	1380	3564	4986	1345	1357	2087	1400	2678	3605
连江县	36864		1564	1866	2406	450	495	587	687	1058	639
罗源县	27298		407	750	832	488	904	420	703	1161	679
闽清县	48308		715	1348	1010	950	700	1495	2245	904	1596
永泰县	29615		5980	467	522	268	296	380	161	658	564
平潭县	36837		1818	610	764	312	77	343	224	238	129
福清市	98599	1	1977	4188	10818	1703	1001	2073	1667	3223	4870
长乐市	80327	12	1614	3531	5261	1341	1885	3756	2220	2340	2943
厦门市	**1177440**	**160**	**3130**	**35947**	**38184**	**17229**	**17194**	**23225**	**19973**	**46679**	**40277**
思明区	444399	160	988	19656	10890	7768	5436	7943	7413	23012	17746
海沧区	71846		275	1409	3279	1351	1591	1404	2087	1590	2035
湖里区	345454		88	8014	7830	3729	3640	7062	4700	12023	9853
集美区	141003		503	2932	8607	1720	2431	2455	2996	4971	5257
同安区	108016		1059	3479	5711	1816	2229	3254	1808	4051	3604
翔安区	66722		217	457	1867	845	1867	1107	969	1032	1782
莆田市	**270907**	**5**	**1992**	**8610**	**15307**	**3577**	**3626**	**4572**	**4959**	**4896**	**7470**
城厢区	56445		364	3074	4646	1120	973	979	1248	1314	1619
涵江区	62156	2	171	2558	5796	1125	1133	1204	1896	1160	2050
荔城区	54306		106	568	2470	634	423	1334	256	1061	1911
秀屿区	38177	3	652	1150	621	137	667	424	857	518	634
仙游县	59823		699	1260	1774	561	430	631	702	843	1256
三明市	**352497**	**192**	**5211**	**9172**	**10497**	**3751**	**4343**	**5895**	**5263**	**9796**	**13742**
梅列区	36063		26	1269	734	365	706	738	881	1586	1764
三元区	40184		424	1049	1758	308	863	1495	729	2278	3351
明溪县	13544		135	186	36	146	200	7	89	449	463
清流县	17212		1327	704	695	24	242	391	79	270	153
宁化县	24285		291	303	278	94	103	291	120	302	385
大田县	35252		453	1466	2327	140	127	421	439	667	1200
尤溪县	40004		139	453	507	650	224	170	267	915	997
沙县	40160	4	1086	1215	1634	641	752	424	779	1186	2952
将乐县	22147	188	529	596	652	470	56	359	100	566	447
泰宁县	16479		66	457	215	129	56	392	120	437	397
建宁县	15981		28	143	91	235	233	385	59	334	222
永安市	51186		707	1331	1570	549	781	822	1601	806	1411
泉州市	**1492783**	**310**	**11148**	**39119**	**100025**	**22908**	**26270**	**38325**	**40567**	**54282**	**61616**
鲤城区	92163	219	568	3342	4099	1336	2498	1481	4010	3534	4225
丰泽区	108133		166	4209	7573	1774	1653	2535	2989	4601	3537
洛江区	36561		37	334	1547	401	495	877	244	1709	2002
泉港区	32541		352	225	678	112	739	950	786	874	2439
惠安县	176207	1	1274	3619	19044	4525	4263	5851	5071	6354	6128

小微企业法人单位从业人员数

2002年	2003年	2004年	2005年	2006年	2007年	2008年	2009年	2010年	2011年	2012年	2013年	无开业年份
225854	**311364**	**345423**	**321481**	**447249**	**357679**	**385586**	**381553**	**502208**	**490603**	**450733**	**392472**	**7099**
38866	**53002**	**83302**	**68337**	**92971**	**81056**	**75527**	**88266**	**103339**	**92742**	**86232**	**79184**	**849**
8422	10787	31988	13830	29948	15589	21072	25867	45686	18150	17032	16021	8
2188	3074	3003	13808	20121	20440	3457	10999	6715	7508	7027	7530	20
5593	10438	10164	8169	6450	6469	6295	9068	9091	10953	8008	7704	10
2586	2394	3668	3701	3868	4620	5237	2491	4441	6284	3766	2048	
3416	6151	9333	8109	6481	6926	12110	11905	9687	10896	9797	9421	31
3771	4873	4707	4417	5935	8132	7422	6548	7837	8197	7377	5557	277
1192	2049	1871	1110	1455	2400	2853	2741	2576	2518	2936	3354	57
977	1751	3125	873	1180	2373	1152	1622	1158	2435	2666	1630	12
2422	2164	1442	1823	2866	1902	1112	1858	1745	7489	8103	4407	12
563	277	2405	611	1142	872	1780	3900	1890	1128	2222	3525	4
533	658	1002	1110	2885	1807	1864	1715	3360	4587	6388	6347	66
3189	3938	4717	7407	4800	6146	7793	6393	5062	6230	5446	5887	70
4014	4448	5877	3369	5840	3380	3380	3159	4091	6367	5464	5753	282
41922	**79685**	**74680**	**66943**	**136064**	**79250**	**87794**	**68379**	**92532**	**82849**	**68069**	**57129**	**146**
13371	27841	16940	24023	61273	40054	37405	24345	23209	32913	23350	18608	55
3706	3930	3794	7375	6091	3988	3853	4148	6144	4947	5020	3776	53
10906	32824	37938	20427	39093	15539	26999	21074	25302	20920	20002	17485	6
5164	5132	6625	6150	13468	9346	9900	7477	23344	9127	7378	5991	29
5730	6835	5374	5649	10740	6072	6072	5887	7983	7747	7291	5623	2
3045	3123	4009	3319	5399	4251	3565	5448	6550	7195	5028	5646	1
5804	**8125**	**11562**	**10246**	**14060**	**15876**	**19104**	**19004**	**30667**	**29572**	**28281**	**22666**	**926**
972	1703	2764	1977	3014	2737	3883	3116	4801	4499	5659	5555	428
1727	2394	3268	2034	3818	4570	4554	4021	5179	5445	4639	3345	67
913	1179	2518	2244	2598	3032	3422	4209	6733	7234	6393	5067	1
402	663	1172	1671	2295	2983	2840	2171	6902	5212	3537	2300	366
1790	2186	1840	2320	2335	2554	4405	5487	7052	7182	8053	6399	64
15240	**18577**	**17214**	**18534**	**20971**	**22015**	**30130**	**22849**	**32229**	**29783**	**27798**	**28372**	**923**
1791	1640	1480	2014	2877	1833	1681	3579	3034	2771	2706	2560	28
2296	1667	2828	2672	2886	1793	3918	1925	2076	1316	1738	2801	13
650	767	748	429	820	869	1158	806	1032	1368	1269	1847	70
258	809	507	977	1164	738	2150	894	1148	1959	1396	1325	2
648	1144	1118	810	1159	1828	1465	1250	2223	2697	3244	4522	10
1215	1698	1160	2160	1748	2437	2671	1233	3090	3605	3744	3149	102
2426	2842	1970	2316	2548	1608	2886	3442	5471	3860	4082	2193	38
1651	2385	1490	1288	2093	2897	2552	2317	4817	3791	2193	1751	262
686	869	718	1117	1100	2781	2476	729	1822	1848	2156	1882	
469	853	810	681	1168	1852	1450	1415	1358	1500	1452	1202	
301	375	725	929	1069	866	2440	1415	1523	1711	1734	1163	
2849	3528	3660	3141	2339	2513	5283	3844	4635	3357	2084	3977	398
73569	**88700**	**83285**	**78989**	**98880**	**76618**	**75046**	**80110**	**106037**	**115504**	**120828**	**99614**	**1033**
3580	5102	5180	5361	5483	5069	4206	5536	6512	7912	7012	5830	68
5299	7207	5249	5938	6246	4735	4876	6264	7377	7956	8784	9128	37
1060	5364	3107	2521	2795	2408	1935	1114	1568	2662	2806	1442	133
1445	1197	1763	2189	2087	1382	1073	1906	2686	3485	2836	3337	
7007	7596	8768	9661	26374	11319	9944	6967	8026	8409	7030	8864	112

2-02 续表

地区	从业人员数（人）	1949年及以前	1950-1977年	1978-1991年	1992-1995年	1996年	1997年	1998年	1999年	2000年	2001年
安溪县	91392		789	1711	3203	940	371	1742	1728	3368	3645
永春县	51139		2721	2107	1395	123	1665	1006	951	2421	1370
德化县	43150		876	1419	2625	835	1257	1168	1781	2464	1241
石狮市	145547		2	2992	7244	2195	2166	3566	4225	3660	4781
晋江市	430912	90	1844	15516	41891	5445	7213	8653	7705	17226	23406
南安市	285038		2519	3645	10726	5222	3950	10496	11077	8071	8842
漳州市	**495749**	**31**	**11293**	**17049**	**17564**	**7156**	**5787**	**9552**	**7889**	**11502**	**12501**
芗城区	90041	3	1327	7716	2704	1633	1559	2513	1719	2419	2633
龙文区	40894		247	433	2247	609	614	640	1267	1350	1139
云霄县	32384	16	375	841	675	83	141	269	358	530	757
漳浦县	66946		4307	1053	2520	1396	342	2558	1463	1512	2404
诏安县	26995		526	788	839	117	182	568	203	451	463
长泰县	41610		417	839	915	342	357	337	353	301	785
东山县	22547	8	1080	1109	1624	766	346	248	366	457	902
南靖县	32746		504	662	1307	149	504	835	502	1542	917
平和县	35526		836	537	146	105	437	146	29	258	177
华安县	18168		332	732	209	384	24	319	133	281	265
龙海市	87892	4	1342	2339	4378	1572	1281	1119	1496	2401	2059
南平市	**296215**	**378**	**3720**	**6731**	**7668**	**2539**	**3104**	**5489**	**6732**	**5943**	**11280**
延平区	69120	264	938	2912	2753	812	1196	2043	1279	1367	3798
顺昌县	13943		189	357	448	292	121	676	449	488	685
浦城县	22702		339	521	366	142	135	344	383	394	515
光泽县	9358		119	268	210	207	30	153	58	121	239
松溪县	16760	2	233	479	264	182	231	249	341	189	865
政和县	20127		357	87	509	176	55	230	301	249	277
邵武市	38000		311	637	587	78	507	569	1422	529	1510
武夷山市	34766		179	499	907	304	427	331	390	1015	504
建瓯市	40724		621	483	1210	211	370	532	1122	1147	1873
建阳市	30715	112	434	488	414	135	32	362	987	444	1014
龙岩市	**303119**	**14**	**4737**	**5775**	**13764**	**2838**	**2730**	**5545**	**3767**	**8849**	**7296**
新罗区	104854		982	3109	4663	1703	783	2893	2200	4181	2995
长汀县	36934		314	724	487	196	89	1071	285	577	586
永定县	28330		1697	574	1106	372	139	158	181	536	315
上杭县	42502		338	283	4406	45	1218	787	292	1359	1638
武平县	26696		402	168	1211	129	62	316	201	633	444
连城县	43295	14	679	408	1060	181	174	193	254	1124	737
漳平市	20508		325	509	831	212	265	127	354	439	581
宁德市	**314749**	**12**	**4248**	**8175**	**10285**	**4418**	**2633**	**4148**	**10138**	**7220**	**7884**
蕉城区	69574		860	1723	3308	1447	311	671	4143	1930	1543
霞浦县	33768		828	1059	867	196	83	202	369	379	462
古田县	31485	3	711	1974	898	426	625	685	281	911	902
屏南县	13428		80	93	214	51	271	62	168	395	638
寿宁县	13441	8	300	295	112	65	8	235	166	65	464
周宁县	5842		51	141	149	56	168	20	167	14	61
柘荣县	10988		39	105	103	126	172	280	775	116	151
福安市	80962	1	1073	1515	1264	993	268	1146	3461	2268	2494
福鼎市	55261		306	1270	3370	1058	727	847	608	1142	1169

2002年	2003年	2004年	2005年	2006年	2007年	2008年	2009年	2010年	2011年	2012年	2013年	无开业年份
3129	4778	2793	4686	4466	6200	4947	7087	9223	8807	11089	6648	42
2529	1459	3671	3018	1659	2531	2104	1253	4454	4076	5957	4630	39
2211	1809	1502	1912	2355	2307	1465	2316	3904	3479	2868	3069	287
7219	9104	8108	11419	13774	8406	7706	7777	8830	10212	12350	9787	24
26383	31848	27375	20460	19116	16720	18365	20402	27150	31023	31839	31008	234
13707	13236	15769	11824	14525	15541	18425	19488	26307	27483	28257	15871	57
15026	**18118**	**23479**	**25519**	**31035**	**27101**	**35199**	**34473**	**50218**	**48087**	**43185**	**42258**	**1727**
3818	5297	4615	4420	4917	4070	7735	4501	6277	8042	6205	5877	41
889	2115	1302	2218	2214	2185	2844	2455	7486	2931	3121	2575	13
431	329	2213	1722	2647	1642	1533	1846	4320	2900	3502	5117	137
1725	1309	4100	2408	4842	3533	4001	3874	4728	5598	6036	6710	527
402	939	1212	760	1297	2275	1905	1364	2922	4106	2013	3440	223
2458	1756	2112	2130	2244	2255	3791	4178	3990	5216	3313	3391	130
967	396	1007	1442	1599	2220	729	1879	1921	1182	1163	1109	27
779	889	1136	1862	2138	1778	2366	2070	4238	3681	2798	2041	48
288	1162	689	716	1511	1572	3796	3316	3856	4357	5765	5807	20
391	88	505	1266	1353	941	993	1675	2340	2107	2988	718	124
2878	3838	4588	6575	6273	4630	5506	7315	8140	7967	6281	5473	437
16672	**18922**	**17799**	**17751**	**17869**	**17329**	**17746**	**23246**	**23583**	**26666**	**24527**	**20005**	**516**
5076	4556	4375	4214	3384	2529	4134	4870	4316	6436	4682	3117	69
518	1180	1268	787	857	669	1161	755	888	842	595	717	1
2052	1386	1010	845	794	774	821	2922	1681	2979	2003	2238	58
435	521	787	498	426	352	684	632	1316	649	1012	640	1
935	1547	681	1228	979	1217	1086	1203	1246	1352	1087	1154	10
847	745	1126	1063	1671	726	1458	1657	1985	1692	2565	2288	63
1952	2479	1655	2350	3063	3056	2452	3988	3265	2327	3153	2029	81
1419	1906	1413	2511	1991	1448	2323	4111	2656	3694	3448	3243	47
2476	3128	2935	2055	2310	4420	1792	1651	3986	3901	2510	1855	136
962	1474	2549	2200	2394	2138	1835	1457	2244	2794	3472	2724	50
8601	**13269**	**18486**	**17505**	**16480**	**20749**	**23139**	**21708**	**29263**	**32669**	**25337**	**20144**	**454**
4166	4550	9112	5213	6117	6827	6639	6658	10155	9118	6854	5879	57
787	1077	1554	1776	3450	2242	2666	2927	4389	5602	3501	2625	9
678	2732	923	4567	1341	3858	1347	1500	2254	1770	1139	1077	66
848	2339	2203	2530	1326	1829	6257	1445	1888	4968	4150	2048	305
204	376	2177	409	903	1147	1984	2960	3837	3793	2900	2428	12
1310	1594	1407	1315	2375	2696	2235	4273	4965	5966	5299	5034	2
608	601	1110	1695	968	2150	2011	1945	1775	1452	1494	1053	3
10154	**12966**	**15616**	**17657**	**18919**	**17685**	**21901**	**23518**	**34340**	**32731**	**26476**	**23100**	**525**
1906	1689	2653	2436	3551	2132	4138	4343	7280	9443	7089	6919	59
638	941	584	1334	1594	2843	2200	2829	2817	4803	4978	3693	69
876	1582	2357	888	1032	1081	2324	1401	4650	2723	2667	2488	
740	381	581	918	936	825	1174	887	2109	1232	870	795	8
1043	1053	420	602	1291	178	1083	1430	1040	1337	698	1546	2
457	210	305	58	560	231	225	1269	344	438	578	340	
177	457	730	629	295	941	449	903	1035	1165	1248	1008	84
1940	5076	4885	7430	4761	6032	6674	6396	8435	6802	4475	3529	44
2377	1577	3101	3362	4899	3422	3634	4060	6630	4788	3873	2782	259

2-03 按地区、登记注册类型分组的

地　区	法　人 单位数 (个)	内　资	国　有	集　体	股份合作	联　营	国有联营
全　省	**270633**	**261456**	**3836**	**4218**	**1379**	**583**	**87**
福州市	**54375**	**52673**	**835**	**1156**	**253**	**172**	**31**
鼓楼区	14468	14119	323	196	31	18	11
台江区	6059	6000	68	99	27	9	2
仓山区	6681	6457	48	221	35	23	3
马尾区	1722	1552	34	29	5	8	3
晋安区	7171	7034	90	103	24	8	2
闽侯县	3497	3270	28	103	26	28	2
连江县	1599	1542	29	81	1	2	1
罗源县	885	859	14	27	1	2	
闽清县	1238	1213	42	91	5	17	1
永泰县	918	904	37	44	25	10	4
平潭县	2543	2475	33	24	36	3	
福清市	4247	4004	46	79	30	24	1
长乐市	3347	3244	43	59	7	20	1
厦门市	**59164**	**56327**	**440**	**232**	**93**	**36**	**6**
思明区	24216	23367	227	129	26	20	5
海沧区	3850	3558	16	7	8	3	1
湖里区	17212	16522	120	20	17	1	
集美区	5952	5531	25	26	24	7	
同安区	4847	4438	38	29	13	3	
翔安区	3087	2911	14	21	5	2	
莆田市	**13567**	**13238**	**185**	**234**	**74**	**36**	**2**
城厢区	2993	2938	46	40	24	10	
涵江区	2323	2165	42	65	10	4	
荔城区	3414	3375	35	23	18	6	1
秀屿区	1890	1855	36	40	1	6	
仙游县	2947	2905	26	66	21	10	1
三明市	**16266**	**16093**	**383**	**467**	**109**	**40**	**7**
梅列区	2643	2631	58	38	6	2	
三元区	1713	1692	47	51	1	7	
明溪县	619	612	27	19	1	1	
清流县	631	620	24	12	15	1	
宁化县	1013	997	14	36	2	3	
大田县	1721	1696	37	58	32	5	1
尤溪县	1578	1562	21	42	9	3	1
沙县	1696	1679	30	58	14	3	1
将乐县	922	905	14	31	2	5	1
泰宁县	712	710	25	11	2	2	1
建宁县	698	693	44	9	3	1	1
永安市	2320	2296	42	102	22	7	1
泉州市	**58462**	**55926**	**538**	**606**	**304**	**110**	**12**
鲤城区	4603	4373	74	84	26	11	1
丰泽区	7304	7020	73	45	53	6	1
洛江区	1343	1232	15	4	8	4	
泉港区	1775	1729	23	30	4		
惠安县	4465	4202	74	69	74	13	3

小微企业法人单位数

			有限责任公司			股份有限公司	私营	
集体联营	国有与集体联营	其他联营		国有独资	其他有限责任公司			私营独资
276	**46**	**174**	**57054**	**839**	**56215**	**4259**	**171122**	**34880**
80	**12**	**49**	**9575**	**148**	**9427**	**982**	**36950**	**6630**
2	1	4	2597	50	2547	262	9995	735
4	2	1	642	10	632	100	4878	429
16		4	844	6	838	90	4636	1074
3	1	1	278	9	269	20	1154	126
5		1	761	14	747	111	5673	521
17	3	6	594	7	587	79	2217	717
1			34	11	23	30	1350	367
2			364	12	352	10	358	48
4	1	11	28	4	24	16	941	259
3	2	1	155	8	147	23	522	281
2	1		1262	9	1253	129	808	244
15	1	7	1141	2	1139	86	2365	1264
6		13	875	6	869	26	2053	565
12	**3**	**15**	**11586**	**122**	**11464**	**357**	**42632**	**1921**
9	2	4	4329	65	4264	132	18163	674
1		1	479	16	463	18	2981	143
		1	2097	18	2079	74	14139	340
		7	1795	8	1787	59	3454	239
1	1	1	1525	7	1518	45	2681	398
1		1	1361	8	1353	29	1214	127
20	**2**	**12**	**7088**	**114**	**6974**	**177**	**4511**	**2640**
8		2	2160	13	2147	45	458	172
1	1	2	1181	48	1133	24	690	481
1	1	3	1592	10	1582	51	1456	948
3		3	1168	35	1133	14	443	208
7		2	987	8	979	43	1464	831
28	**2**	**3**	**1629**	**68**	**1561**	**241**	**11612**	**2296**
2			309	13	296	32	2137	124
7			89	6	83	6	1457	196
1			43	6	37	3	432	176
1			181		181	14	321	115
1	2		40	4	36	21	718	230
4			170	3	167	31	1149	359
1		1	148	6	142	20	1100	247
2			210	6	204	17	1221	260
4			57	5	52	10	665	194
1			9	3	6	11	547	64
			65	5	60	10	430	142
4		2	308	11	297	66	1435	189
44	**8**	**46**	**10746**	**95**	**10651**	**1222**	**36919**	**10599**
6	1	3	1039	12	1027	114	2774	764
3	1	1	2153	24	2129	188	3952	885
2		2	189	4	185	27	920	174
			1262	6	1256	12	260	135
3	2	5	1070	3	1067	118	2343	1213

2-03 续表 1

地 区	法 人 单位数 (个)	内 资					
			国 有	集 体	股份合作	联 营	
							国有联营
安溪县	4333	4270	38	49	32	18	1
永春县	1425	1366	58	105	15	10	1
德化县	1910	1889	25	46	24	7	1
石狮市	7706	7344	40	28	12	12	1
晋江市	15440	14492	69	89	36	23	2
南安市	8158	8009	49	57	20	6	1
漳州市	**24071**	**22927**	**504**	**497**	**160**	**38**	**10**
芗城区	5446	5303	115	84	48	4	1
龙文区	2057	1970	26	16	8	2	1
云霄县	1486	1415	49	58	1	1	
漳浦县	3390	3145	55	35	43	4	
诏安县	718	676	31	22	6	3	1
长泰县	2178	2037	43	45	7	1	
东山县	1082	1033	51	55	2	5	3
南靖县	1642	1541	20	39	21	7	
平和县	1435	1411	20	31	1	2	1
华安县	791	775	10	27	5	4	
龙海市	3846	3621	84	85	18	5	3
南平市	**15730**	**15577**	**397**	**438**	**209**	**60**	**8**
延平区	3501	3462	85	120	39	16	3
顺昌县	797	782	23	66	10	5	1
浦城县	1016	1004	37	27	21	4	
光泽县	547	536	30	21	1	2	
松溪县	883	881	12	9	13	6	
政和县	785	778	28	12	27	1	
邵武市	1546	1529	66	62	12	5	2
武夷山市	3297	3268	52	26	32	12	1
建瓯市	1780	1772	22	48	48	7	
建阳市	1578	1565	42	47	6	2	1
龙岩市	**12126**	**11905**	**260**	**289**	**122**	**48**	**5**
新罗区	4135	4080	84	90	33	14	2
长汀县	1487	1430	28	48	32	10	
永定县	1150	1120	31	34	1	4	
上杭县	1292	1277	26	21	4	3	1
武平县	1064	1053	36	25	18	3	1
连城县	1820	1805	37	32	23	9	1
漳平市	1178	1140	18	39	11	5	
宁德市	**16872**	**16790**	**294**	**299**	**55**	**43**	**6**
蕉城区	4466	4437	77	45	14	13	1
霞浦县	1606	1597	42	39	3	1	1
古田县	1429	1423	23	80	6	10	2
屏南县	626	618	19	17	5	2	
寿宁县	539	539	26	24	2	1	
周宁县	266	261	16	12	2	1	
柘荣县	585	583	22	4	2		
福安市	4773	4756	42	28	11	13	2
福鼎市	2582	2576	27	50	10	2	

集体联营	国有与集体联营	其他联营	有限责任公司			股份有限公司	私营	
				国有独资	其他有限责任公司			私营独资
4	1	12	862	5	857	112	1639	1021
6		3	101	7	94	23	873	274
2		4	315	7	308	43	1164	416
8		3	1226	6	1220	92	4982	1467
8	1	12	1523	17	1506	381	11564	2178
2	2	1	1006	4	1002	112	6448	2072
21	**4**	**3**	**5227**	**100**	**5127**	**329**	**14133**	**3813**
2		1	602	13	589	115	4110	446
		1	229	9	220	23	1611	190
1			638	1	637	27	580	221
3		1	1258	12	1246	26	1361	732
2			305	7	298	15	221	60
1			573	8	565	12	1158	872
2			142	3	139	11	736	285
5	2		237	7	230	11	1018	280
1			441	2	439	34	396	200
2	2		220	8	212	15	351	181
2			582	30	552	40	2591	346
32	**5**	**15**	**3081**	**72**	**3009**	**482**	**9053**	**2550**
8	1	4	1168	16	1152	174	1589	407
3		1	95	6	89	23	443	132
4			124	4	120	22	640	285
1		1	64	6	58		392	106
5		1	111	1	110	13	396	232
	1		108	6	102	16	371	184
1	1	1	222	4	218	25	999	191
6	2	3	430	11	419	119	2386	516
3		4	305	10	295	72	950	230
1			454	8	446	18	887	267
21	**7**	**15**	**2618**	**70**	**2548**	**277**	**6425**	**1896**
6	2	4	1283	38	1245	77	2337	231
3	3	4	405	4	401	69	557	303
3		1	202	11	191	10	772	363
1		1	191	7	184	23	881	369
1		1	147	3	144	17	626	185
4	1	3	87	3	84	37	725	294
3	1	1	303	4	299	44	527	151
18	**3**	**16**	**5504**	**50**	**5454**	**192**	**8887**	**2535**
7	1	4	2670	18	2652	32	1380	341
			89	6	83	13	1232	386
5		3	305	3	302	8	890	359
	1	1	187	2	185	13	239	94
		1	199	1	198	13	232	131
1			65		65	10	131	48
			171	2	169	4	343	109
4	1	6	1192	9	1183	83	2754	453
1		1	626	9	617	16	1686	614

2-03 续表 2

地　区	私营合伙	私营有限责任公司	私营股份有限公司	其　他	港澳台商投　　资	与港澳台商合资经营	与港澳台商合作经营
全　省	**9286**	**123306**	**3650**	**19005**	**6002**	**1169**	**105**
福州市	**2009**	**27474**	**837**	**2750**	**999**	**293**	**23**
鼓楼区	230	8838	192	697	212	64	6
台江区	146	4179	124	177	40	10	3
仓山区	181	3287	94	560	129	26	2
马尾区	46	960	22	24	87	22	
晋安区	210	4812	130	264	94	29	1
闽侯县	156	1292	52	195	119	36	3
连江县	148	826	9	15	34	11	
罗源县	44	240	26	83	17	7	
闽清县	168	499	15	73	7	2	1
永泰县	78	155	8	88	8	3	
平潭县	217	301	46	180	59	27	3
福清市	282	743	76	233	138	34	3
长乐市	103	1342	43	161	55	22	1
厦门市	**705**	**39427**	**579**	**951**	**1711**	**331**	**29**
思明区	248	17097	144	341	506	111	14
海沧区	56	2747	35	46	151	44	2
湖里区	99	13468	232	54	405	77	10
集美区	111	3036	68	141	267	37	1
同安区	154	2063	66	104	279	37	
翔安区	37	1016	34	265	103	25	2
莆田市	**377**	**1370**	**124**	**933**	**219**	**36**	**8**
城厢区	68	200	18	155	31	3	4
涵江区	66	134	9	149	120	12	3
荔城区	111	349	48	194	26	8	1
秀屿区	23	186	26	147	14	3	
仙游县	109	501	23	288	28	10	
三明市	**1198**	**7791**	**327**	**1612**	**116**	**39**	**3**
梅列区	51	1929	33	49	4	2	
三元区	66	1151	44	34	16	7	1
明溪县	13	243		86	3	2	
清流县	45	150	11	52	11	3	1
宁化县	102	348	38	163	9	4	
大田县	202	525	63	214	19	6	
尤溪县	254	579	20	219	14	2	1
沙县	176	767	18	126	11	6	
将乐县	114	334	23	121	9	4	
泰宁县	49	427	7	103	2		
建宁县	26	251	11	131	3		
永安市	100	1087	59	314	15	3	
泉州市	**1547**	**24044**	**729**	**5481**	**1842**	**225**	**23**
鲤城区	62	1881	67	251	162	16	2
丰泽区	192	2731	144	550	218	31	4
洛江区	14	714	18	65	83	16	
泉港区	11	107	7	138	32	4	
惠安县	82	969	79	441	164	30	2

港澳台商独　资	港澳台商投资股份有限公司	其他港澳台商投资	外商投资	中外合资经　营	中外合作经　营	外资企业	外商投资股份有限公　司	其他外商投　资
4514	**152**	**62**	**3175**	**841**	**51**	**2020**	**135**	**128**
639	**31**	**13**	**703**	**212**	**17**	**404**	**41**	**29**
133	5	4	137	38	3	76	8	12
23	1	3	19	7		7	3	2
94	7		95	29	2	58	3	3
59	3	3	83	30	3	43	6	1
59	3	2	43	11	1	28	1	2
76	3	1	108	26		71	6	5
22	1		23	5	1	17		
9	1		9	4		4	1	
4			18	8	1	8	1	
5			6	2	1	2	1	
27	2		9	6		1	1	1
97	4		105	29	2	64	7	3
31	1		48	17	3	25	3	
1289	**35**	**27**	**1126**	**286**	**11**	**753**	**38**	**38**
367	8	6	343	78	6	225	16	18
98	5	2	141	42		83	9	7
298	12	8	285	79	4	189	7	6
224	1	4	154	29		120	2	3
229	6	7	130	28	1	96	3	2
73	3		73	30		40	1	2
165	**6**	**4**	**110**	**22**	**2**	**73**	**5**	**8**
24			24	5		16		3
102	3		38	6	1	28	1	2
15	2		13	2	1	8	2	
10	1		21	4		14	1	2
14		4	14	5		7	1	1
61	**11**	**2**	**57**	**25**	**6**	**21**	**3**	**2**
1	1		8	4		3	1	
7	1		5	2		2		1
	1		4	3		1		
7								
5			7	4	2	1		
9	3	1	6	2		4		
9	1	1	2	1			1	
4	1		6	2	2	1	1	
5			8	3		4		1
1	1							
2	1		2		2			
11	1		9	4		5		
1547	**38**	**9**	**694**	**143**	**10**	**467**	**34**	**40**
139	5		68	14		45	1	8
179	4		66	13	1	46	6	
64	1	2	28	7	1	18	1	1
28			14	4		10		
127	4	1	99	34	1	52	4	8

2-03 续表 3

地 区	私营合伙	私营有限责任公司	私营股份有限公司	其 他	港澳台商投资	与港澳台商合资经营	与港澳台商合作经营
安溪县	282	293	43	1520	34	8	1
永春县	115	467	17	181	46	9	2
德化县	152	563	33	265	9	2	
石狮市	117	3317	81	952	251	28	4
晋江市	365	8866	155	807	725	66	7
南安市	155	4136	85	311	118	15	1
漳州市	**686**	**9298**	**336**	**2039**	**811**	**155**	**13**
芗城区	109	3438	117	225	97	31	2
龙文区	53	1339	29	55	58	15	
云霄县	34	317	8	61	51	7	2
漳浦县	93	515	21	363	191	16	3
诏安县	39	114	8	73	30	6	1
长泰县	38	237	11	198	89	12	1
东山县	18	423	10	31	27	3	
南靖县	95	620	23	188	86	25	
平和县	23	162	11	486	20	4	2
华安县	82	83	5	143	13	2	1
龙海市	102	2050	93	216	149	34	1
南平市	**924**	**5261**	**318**	**1857**	**96**	**41**	
延平区	156	942	84	271	25	14	
顺昌县	62	240	9	117	13	6	
浦城县	164	167	24	129	9	4	
光泽县	51	208	27	26	7	4	
松溪县	58	93	13	321			
政和县	65	112	10	215	1		
邵武市	108	663	37	138	9	3	
武夷山市	41	1785	44	211	20	7	
建瓯市	156	528	36	320	5	1	
建阳市	63	523	34	109	7	2	
龙岩市	**925**	**3410**	**194**	**1866**	**161**	**35**	**2**
新罗区	120	1922	64	162	39	15	
长汀县	98	131	25	281	49	5	1
永定县	111	289	9	66	22	6	1
上杭县	154	338	20	128	6	4	
武平县	153	276	12	181	7	3	
连城县	170	229	32	855	8		
漳平市	119	225	32	193	30	2	
宁德市	**915**	**5231**	**206**	**1516**	**47**	**14**	**4**
蕉城区	92	928	19	206	20	6	
霞浦县	153	651	42	178	3	1	1
古田县	179	321	31	101	2		
屏南县	39	98	8	136			
寿宁县	50	45	6	42			
周宁县	18	59	6	24	4	3	
柘荣县	32	192	10	37	2	1	
福安市	202	2044	55	633	11	3	3
福鼎市	150	893	29	159	5		

港澳台商独资	港澳台商投资股份有限公司	其他港澳台商投资	外商投资	中外合资经营	中外合作经营	外资企业	外商投资股份有限公司	其他外商投资
22	3		29	11	1	16		1
35			13	2	1	10		
7			12	3		8	1	
213	5	1	111	11	2	79	7	12
635	12	5	223	38	3	162	12	8
98	4		31	6		21	2	2
616	**22**	**5**	**333**	**87**	**3**	**228**	**9**	**6**
63	1		46	14		30	1	1
42		1	29	12	1	15	1	
38	4		20	3		17		
170	2		54	11		41	1	1
22	1		12	6		5	1	
71	4	1	52	8		43		1
22	1	1	22	6	1	13	2	
58	3		15	5		10		
13	1		4	1		2		1
10			3			1	2	
107	5	2	76	21	1	51	1	2
53	**2**		**57**	**22**	**1**	**32**	**2**	
10	1		14	6		7	1	
6	1		2	1		1		
5			3	1		2		
3			4	2		1	1	
			2	2				
1			6	2		4		
6			8	2		6		
13			9	4		5		
4			3	1		2		
5			6	1	1	4		
118	**5**	**1**	**60**	**26**	**1**	**29**	**2**	**2**
21	3		16	9	1	5	1	
41	1	1	8	1		6	1	
15			8	4		4		
2			9	5		3		1
4			4	2		2		
8			7	1		6		
27	1		8	4		3		1
26	**2**	**1**	**35**	**18**		**13**	**1**	**3**
13	1		9	5		4		
1			6	3		2	1	
2			4			3		1
			8	7		1		
1			1			1		
		1						
5			6	3		1		2
4	1		1			1		

2-04 按地区、登记注册类型分组的

地区	从业人员数(人)	内资	国有	集体	股份合作	联营	国有联营
全省	**5917136**	**5360358**	**116322**	**87380**	**28512**	**10078**	**1965**
福州市	**1213677**	**1119270**	**27111**	**27810**	**4499**	**3883**	**1255**
鼓楼区	309958	300963	7794	4779	351	1113	988
台江区	124889	123473	5056	1569	338	81	28
仓山区	129874	115424	1431	5327	599	220	32
马尾区	60343	49048	901	923	63	489	36
晋安区	133255	126085	3567	4198	272	152	77
闽侯县	97510	81273	967	3821	542	263	9
连江县	36864	32645	1522	1375	15	5	2
罗源县	27298	25841	368	753	53	34	
闽清县	48308	45070	737	1193	89	311	8
永泰县	29615	28933	465	622	555	89	53
平潭县	36837	35765	1388	853	538	107	
福清市	98599	79628	2179	1294	506	231	10
长乐市	80327	75122	736	1103	578	788	12
厦门市	**1177440**	**1046603**	**19250**	**4908**	**1010**	**517**	**137**
思明区	444399	424791	8660	1584	174	145	63
海沧区	71846	51781	714	356	214	84	74
湖里区	345454	316701	6080	1272	170	5	
集美区	141003	113365	1540	740	279	115	
同安区	108016	84030	1803	653	124	157	
翔安区	66722	55935	453	303	49	11	
莆田市	**270907**	**249060**	**6586**	**5163**	**1602**	**498**	**18**
城厢区	56445	53778	3078	1160	394	176	
涵江区	62156	50795	967	1317	355	58	
荔城区	54306	51942	748	379	614	40	6
秀屿区	38177	35679	914	1049	8	154	
仙游县	59823	56866	879	1258	231	70	12
三明市	**352497**	**342127**	**7638**	**9035**	**1439**	**509**	**54**
梅列区	36063	35612	922	581	114	9	
三元区	40184	39396	1407	555	2	37	
明溪县	13544	13299	542	203	16	5	
清流县	17212	16056	558	183	160	20	
宁化县	24285	23423	261	429	12	36	
大田县	35252	33706	969	2208	492	82	11
尤溪县	40004	39106	349	344	36	137	6
沙县	40160	38511	643	1169	219	56	1
将乐县	22147	20773	263	824	17	57	12
泰宁县	16479	16438	390	98	71	11	6
建宁县	15981	15568	492	128	33	2	2
永安市	51186	50239	842	2313	267	57	16
泉州市	**1492783**	**1287436**	**16418**	**12259**	**12182**	**2003**	**207**
鲤城区	92163	73422	1436	2391	257	517	4
丰泽区	108133	91996	3256	698	804	91	4
洛江区	36561	28222	195	26	51	10	
泉港区	32541	29747	446	590	103		
惠安县	176207	149703	1377	1737	6707	104	36

小微企业法人单位从业人员数

集体联营	国有与集体联营	其他联营	有限责任公司	国有独资	其他有限责任公司	股份有限公司	私营	私营独资
4002	**1359**	**2752**	**1371261**	**40945**	**1330316**	**106303**	**3415188**	**435201**
1381	**196**	**1051**	**244339**	**6922**	**237417**	**22426**	**759994**	**80548**
6	8	111	81009	1726	79283	7036	191138	16952
35	14	4	12419	825	11594	1478	101211	3500
155		33	20364	464	19900	1567	82351	11857
401	50	2	8412	801	7611	498	37336	1476
70		5	16974	577	16397	3029	94957	5556
171	66	17	13236	218	13018	2062	57488	10333
3			2660	703	1957	99	26883	4079
34			10811	479	10332	1200	11156	834
47	12	244	3671	123	3548	260	38086	2539
22	11	3	5624	478	5146	339	20385	3089
103	4		18393	305	18088	1658	10682	2687
165	31	25	30143	32	30111	2392	39757	12058
169		607	20623	191	20432	808	48564	5588
65	**157**	**158**	**323697**	**7551**	**316146**	**14708**	**674333**	**18650**
47	10	25	136330	4599	131731	8529	266936	5930
7		3	10782	736	10046	690	38516	855
		5	95842	1170	94672	2365	210310	3011
		115	28277	281	27996	1595	79346	2651
1	147	9	27683	411	27272	754	51919	5022
10		1	24783	354	24429	775	27306	1181
339	**6**	**135**	**149004**	**1469**	**147535**	**4433**	**70548**	**32247**
166		10	35852	157	35695	969	10153	2581
2	4	52	32857	423	32434	700	12586	7492
6	2	26	29343	197	29146	811	17795	10146
124		30	19936	550	19386	428	11029	3646
41		17	31016	142	30874	1525	18985	8382
404	**32**	**19**	**38094**	**3716**	**34378**	**4085**	**265251**	**24519**
9			6000	1343	4657	363	27296	672
37			6036	358	5678	300	30777	1112
5			1197	253	944	99	10642	2403
20			5179		5179	138	8828	963
4	32		612	166	446	529	18235	4436
71			2164	37	2127	428	24409	3484
130		1	3202	240	2962	490	33037	2854
55			3989	76	3913	196	31323	2524
45			1509	483	1026	184	17051	2364
5			982	376	606	287	13165	766
			1265	167	1098	135	12218	1678
23		18	5959	217	5742	936	38270	1263
490	**619**	**687**	**254383**	**2006**	**252377**	**29441**	**896488**	**164026**
16	481	16	19102	208	18894	2544	45056	7666
75	4	8	28935	772	28163	3014	52589	9205
6		4	5561	66	5495	670	21102	2625
			21472	92	21380	1019	4308	2041
3	15	50	54178	58	54120	3374	76509	20752

2-04 续表 1

地区	从业人员数(人)	内资	国有	集体	股份合作	联营	国有联营
安溪县	91392	86570	909	1014	678	216	70
永春县	51139	44435	1720	1821	236	417	28
德化县	43150	41588	1276	1018	409	97	5
石狮市	145547	118568	920	337	234	69	14
晋江市	430912	351027	3237	1670	1911	325	25
南安市	285038	272158	1646	957	792	157	21
漳州市	**495749**	**429955**	**14461**	**9600**	**2113**	**519**	**99**
芗城区	90041	81824	2677	1557	644	24	5
龙文区	40894	36139	321	259	174	26	20
云霄县	32384	27427	793	567	11	1	
漳浦县	66946	52862	4915	594	462	16	
诏安县	26995	23693	745	922	106	43	20
长泰县	41610	33554	551	633	107	7	
东山县	22547	20494	1844	813	26	52	10
南靖县	32746	27346	501	945	253	164	
平和县	35526	33907	374	836	5	18	13
华安县	18168	17113	111	867	19	133	
龙海市	87892	75596	1629	1607	306	35	31
南平市	**296215**	**287573**	**7785**	**6211**	**2475**	**822**	**72**
延平区	69120	67155	1482	1684	823	149	15
顺昌县	13943	13140	577	633	117	37	1
浦城县	22702	21859	851	203	256	250	
光泽县	9358	8847	238	211	6	76	
松溪县	16760	16538	432	181	113	30	
政和县	20127	19618	391	209	354	60	
邵武市	38000	36804	799	1033	117	73	32
武夷山市	34766	33764	1494	234	238	89	21
建瓯市	40724	40394	372	1171	404	52	
建阳市	30715	29454	1149	652	47	6	3
龙岩市	**303119**	**288045**	**6910**	**7052**	**2333**	**963**	**46**
新罗区	104854	100990	2304	3818	1164	526	20
长汀县	36934	32065	648	600	289	104	
永定县	28330	27106	999	535	12	25	
上杭县	42502	41453	920	286	43	14	10
武平县	26696	25998	678	578	298	23	12
连城县	43295	42034	687	355	435	204	4
漳平市	20508	18399	674	880	92	67	
宁德市	**314749**	**310289**	**10163**	**5342**	**859**	**364**	**77**
蕉城区	69574	67868	3577	701	131	135	24
霞浦县	33768	33188	1475	996	124	23	23
古田县	31485	30886	494	1223	73	63	18
屏南县	13428	13199	259	143	144	13	
寿宁县	13441	13441	532	351	9	7	
周宁县	5842	5684	449	69	38	23	
柘荣县	10988	10941	321	80	38		
福安市	80962	80169	2253	786	200	78	12
福鼎市	55261	54913	803	993	102	22	

集体联营	国有与集体联营	其他联营	有限责任公司	国有独资	其他有限责任公司	股份有限公司	私营	私营独资
47	5	94	19834	103	19731	4565	33721	17032
171		218	3405	106	3299	1265	34020	4928
58		34	6197	98	6099	1122	26852	5438
36		19	20501	60	20441	2045	90673	12004
44	14	242	35648	339	35309	5083	294983	30531
34	100	2	39550	104	39446	4740	216675	51804
299	**99**	**22**	**115612**	**8714**	**106898**	**8422**	**250004**	**40487**
14		5	18064	5898	12166	1559	55929	3891
		6	5991	687	5304	382	28511	2033
1			10379	1	10378	1757	12997	2495
5		11	20782	355	20427	345	20411	9447
23			11283	88	11195	666	8299	1141
7			11574	453	11121	867	17757	8393
42			2716	116	2600	406	14352	2759
149	15		4596	347	4249	134	19094	2051
5			11833	23	11810	835	8351	3108
49	84		6447	334	6113	559	7073	1517
4			11947	412	11535	912	57230	3652
462	**111**	**177**	**64832**	**3945**	**60887**	**10579**	**174494**	**27170**
51	38	45	22836	1311	21525	4752	32384	4130
33		3	2410	99	2311	364	8085	1150
250			4023	42	3981	533	13488	3553
1		75	1153	182	971		6889	1030
22		8	2359	10	2349	228	9545	3215
	60		3841	332	3509	207	12105	2884
39	1	1	8858	495	8363	416	24199	1744
32	12	24	6216	694	5522	1447	22403	3652
31		21	7385	305	7080	1924	24982	2569
3			5751	475	5276	708	20414	3243
393	**107**	**417**	**70509**	**4707**	**65802**	**7438**	**162652**	**21774**
175	29	302	23257	3234	20023	1333	66712	2815
15	16	73	16215	478	15737	1686	9718	3807
24		1	7361	486	6875	1757	15931	2628
3		1	6917	201	6716	779	31034	4222
6		5	6928	156	6772	205	15133	1833
115	56	29	3828	73	3755	1017	16324	4727
55	6	6	6003	79	5924	661	7800	1742
169	**32**	**86**	**110791**	**1915**	**108876**	**4771**	**161424**	**25780**
45	25	41	35845	536	35309	489	23791	3636
			3082	668	2414	207	23376	5086
36		9	11783	34	11749	250	16057	3488
	3	10	2640	130	2510	209	8302	833
		7	6094	5	6089	1046	4968	2112
23			2819		2819	251	1491	330
			3771	92	3679	46	6479	1059
46	4	16	18566	226	18340	1919	51362	3767
19		3	26191	224	25967	354	25598	5469

2-04 续表 2

地 区	私营合伙	私营有限责任公司	私营股份有限公司	其 他	港澳台商投 资	与港澳台商合资经营	与港澳台商合作经营
全 省	**120576**	**2780328**	**79083**	**225314**	**363805**	**76122**	**3339**
福州市	**27050**	**637435**	**14961**	**29208**	**50830**	**17209**	**639**
鼓楼区	2928	167592	3666	7743	5238	1998	60
台江区	1183	95607	921	1321	936	384	46
仓山区	1853	67315	1326	3565	7802	1817	45
马尾区	814	33481	1565	426	6116	1478	
晋安区	2402	85160	1839	2936	5070	1468	25
闽侯县	2777	43229	1149	2894	7085	2834	47
连江县	2323	20023	458	86	2454	678	
罗源县	688	9149	485	1466	928	489	
闽清县	2246	33165	136	723	928	230	200
永泰县	1126	16064	106	854	314	188	
平潭县	2623	4595	777	2146	884	488	28
福清市	4681	21815	1203	3126	10206	3890	155
长乐市	1406	40240	1330	1922	2869	1267	33
厦门市	**7604**	**637535**	**10544**	**8180**	**76158**	**16464**	**1312**
思明区	2326	256501	2179	2433	11075	3111	367
海沧区	695	36585	381	425	9945	3378	240
湖里区	1135	203506	2658	657	16207	4168	450
集美区	1413	73239	2043	1473	17090	2701	13
同安区	1591	43924	1382	937	15606	1999	
翔安区	444	23780	1901	2255	6235	1107	242
莆田市	**5969**	**30064**	**2268**	**11226**	**15713**	**3073**	**212**
城厢区	680	6626	266	1996	1522	195	156
涵江区	1512	3404	178	1955	8457	746	53
荔城区	1274	5839	536	2212	1874	856	3
秀屿区	756	6085	542	2161	1690	449	
仙游县	1747	8110	746	2902	2170	827	
三明市	**13699**	**220028**	**7005**	**16076**	**7755**	**3139**	**41**
梅列区	317	26093	214	327	252	166	
三元区	448	28732	485	282	695	342	16
明溪县	72	8167		595	70	51	
清流县	458	7310	97	990	1156	584	15
宁化县	1707	11240	852	3309	650	316	
大田县	2430	15915	2580	2954	923	126	
尤溪县	3776	26199	208	1511	678	88	10
沙县	1738	26781	280	916	1251	832	
将乐县	1084	12938	665	868	968	330	
泰宁县	538	11806	55	1434	41		
建宁县	487	9932	121	1295	398		
永安市	644	34915	1448	1595	673	304	
泉州市	**25954**	**686287**	**20221**	**64262**	**149002**	**17998**	**641**
鲤城区	489	35664	1237	2119	14280	1096	57
丰泽区	1776	39674	1934	2609	12628	1506	103
洛江区	390	17627	460	607	6156	1105	
泉港区	122	2027	118	1809	2230	225	
惠安县	1920	51267	2570	5717	15705	3931	2

港澳台商独资	港澳台商投资股份有限公司	其他港澳台商投资	外商投资	中外合资经营	中外合作经营	外资企业	外商投资股份有限公司	其他外商投资
277801	**4966**	**1577**	**192973**	**51800**	**3156**	**130582**	**5146**	**2289**
31879	**917**	**186**	**43577**	**13574**	**1457**	**25553**	**2515**	**478**
3079	63	38	3757	1220	448	1850	79	160
420	56	30	480	189		120	131	40
5751	189		6648	2091	219	3996	294	48
4524	43	71	5179	1936	134	2819	284	6
3421	114	42	2100	552	20	1502	5	21
4021	178	5	9152	2526		6358	117	151
1771	5		1765	155	145	1465		
394	45		529	152		374	3	
498			2310	1458	98	715	39	
126			368	90	32	221	25	
353	15		188	168		15	4	1
5978	183		8765	2172	104	4971	1467	51
1543	26		2336	865	257	1147	67	
56986	**1063**	**333**	**54679**	**14575**	**484**	**38424**	**701**	**495**
7473	51	73	8533	2551	286	5228	307	161
6234	88	5	10120	2949		6919	206	46
11083	383	123	12546	3311	129	8807	139	160
14256	89	31	10548	2099		8398	23	28
13070	436	101	8380	1804	69	6413	25	69
4870	16		4552	1861		2659	1	31
12041	**309**	**78**	**6134**	**1723**	**27**	**4187**	**68**	**129**
1171			1145	431		664		50
7569	89		2904	828	15	2046	10	5
820	195		490	2	12	425	51	
1216	25		808	185		572	4	47
1265		78	787	277		480	3	27
4132	**307**	**136**	**2615**	**1302**	**308**	**910**	**80**	**15**
76	10		199	130		29	40	
335	2		93	48		37		8
	19		175	150		25		
557								
334			212	71	25	116		
729	19	49	623	196		427		
388	105	87	220	190			30	
417	2		398	113	268	7	10	
638			406	266		133		7
18	23							
288	110		15		15			
352	17		274	138		136		
128228	**1506**	**629**	**56345**	**11653**	**814**	**41770**	**1204**	**904**
12815	312		4461	648		3629	15	169
10968	51		3509	894	10	2319	286	
4976	5	70	2183	309	60	1811	2	1
2005			564	169		395		
11588	168	16	10799	4258	15	6345	167	14

2-04 续表 3

地 区	私营合伙	私营有限责任公司	私营股份有限公司	其 他	港澳台商投资	与港澳台商合资经营	与港澳台商合作经营
安溪县	4513	10190	1986	25633	2115	500	60
永春县	1672	27233	187	1551	5276	812	3
德化县	2026	18478	910	4617	748	369	
石狮市	2721	74191	1757	3789	20045	2094	72
晋江市	6604	252874	4974	8170	59419	4852	339
南安市	3721	157062	4088	7641	10400	1508	5
漳州市	**7221**	**197453**	**4843**	**29224**	**45786**	**12080**	**324**
芗城区	830	50338	870	1370	6045	2241	16
龙文区	361	25628	489	475	2629	1196	
云霄县	345	10045	112	922	3243	802	39
漳浦县	1023	9726	215	5337	10221	1197	30
诏安县	694	6035	429	1629	2244	518	82
长泰县	548	8407	409	2058	5259	734	45
东山县	255	11249	89	285	1263	225	
南靖县	867	15793	383	1659	4407	1795	
平和县	224	4894	125	11655	1452	146	93
华安县	564	4978	14	1904	930	144	8
龙海市	1510	50360	1708	1930	8093	3082	11
南平市	**11685**	**128132**	**7507**	**20375**	**5130**	**2168**	
延平区	1385	25035	1834	3045	1258	936	
顺昌县	525	6283	127	917	754	374	
浦城县	1739	6999	1197	2255	560	126	
光泽县	758	4374	727	274	301	88	
松溪县	1113	4727	490	3650			
政和县	1526	7501	194	2451	139		
邵武市	892	21136	427	1309	757	213	
武夷山市	444	17934	373	1643	470	122	
建瓯市	2540	18370	1503	4104	227	22	
建阳市	763	15773	635	727	664	287	
龙岩市	**10104**	**124580**	**6194**	**30188**	**11083**	**3129**	**127**
新罗区	1585	61235	1077	1876	3046	1697	
长汀县	1537	3708	666	2805	4170	302	121
永定县	950	12141	212	486	698	339	6
上杭县	1404	22531	2877	1460	484	373	
武平县	1562	11657	81	2155	418	312	
连城县	1942	8884	771	19184	762		
漳平市	1124	4424	510	2222	1505	106	
宁德市	**11290**	**118814**	**5540**	**16575**	**2348**	**862**	**43**
蕉城区	940	18886	329	3199	1223	372	
霞浦县	2203	15684	403	3905	196	73	7
古田县	1890	8843	1836	943	295		
屏南县	797	6556	116	1489			
寿宁县	801	1773	282	434			
周宁县	229	853	79	544	128	116	
柘荣县	267	4729	424	206	47	31	
福安市	2244	44078	1273	5005	354	270	36
福鼎市	1919	17412	798	850	105		

港澳台商独资	港澳台商投资股份有限公司	其他港澳台商投资	外商投资	中外合资经营	中外合作经营	外资企业	外商投资股份有限公司	其他外商投资
1476	79		2707	1075	200	1352		80
4461			1428	17	20	1391		
379			814	22		784	8	
17685	189	5	6934	639	73	5722	141	359
53159	531	538	20466	3377	436	16181	382	90
8716	171		2480	245		1841	203	191
32633	**585**	**164**	**20008**	**4357**	**40**	**15059**	**363**	**189**
3787	1		2172	513		1628	10	21
1428		5	2126	917	20	1110	79	
2371	31		1714	30		1684		
8929	65		3863	253		3455	45	110
1598	46		1058	430		603	25	
4219	198	63	2797	510		2285		2
1022	15	1	790	142	16	490	142	
2445	167		993	491		502		
1207	6		167	49		98		20
778			125			77	48	
4849	56	95	4203	1022	4	3127	14	36
2957	**5**		**3512**	**1794**	**16**	**1621**	**81**	
321	1		707	251		377	79	
376	4		49	46		3		
434			283	169		114		
213			210	126		82	2	
			222	222				
139			370	130		240		
544			439	293		146		
348			532	303		229		
205			103	30		73		
377			597	224	16	357		
7525	**267**	**35**	**3991**	**1949**	**10**	**1916**	**71**	**45**
1207	142		818	540	10	225	43	
3705	7	35	699	5		666	28	
353			526	317		209		
111			565	389		134		42
106			280	128		152		
762			499	45		454		
1281	118		604	525		76		3
1420	**7**	**16**	**2112**	**873**		**1142**	**63**	**34**
845	6		483	204		279		
116			384	141		180	63	
295			304			294		10
			229	200		29		
12			30			30		
		16						
48			439	328		87		24
104	1		243			243		

2-05 按地区、营业状态分组的小微企业法人单位数

地 区	法人单位数(个)	营业	停业(歇业)	筹建	当年关闭	当年破产	其他
全 省	**270633**	**222534**	**19413**	**13994**	**8953**	**586**	**5153**
福州市	**54375**	**47663**	**2062**	**2476**	**1478**	**50**	**646**
鼓楼区	14468	13778	356	188	45	1	100
台江区	6059	5602	166	252	10		29
仓山区	6681	5114	241	289	758	17	262
马尾区	1722	1546	137	27	6		6
晋安区	7171	6738	217	132	29	3	52
闽侯县	3497	2994	125	315	20	2	41
连江县	1599	1246	102	213	33	2	3
罗源县	885	736	75	36	28	1	9
闽清县	1238	1053	73	80	16	8	8
永泰县	918	814	34	27	36	1	6
平潭县	2543	1855	266	242	96	6	78
福清市	4247	3626	139	253	190	4	35
长乐市	3347	2561	131	422	211	5	17
厦门市	**59164**	**52720**	**3065**	**2324**	**528**	**51**	**476**
思明区	24216	21505	1473	768	315	21	134
海沧区	3850	2965	232	338	81	4	230
湖里区	17212	16333	290	540	17	1	31
集美区	5952	5228	313	312	78	1	20
同安区	4847	4373	295	164	5		10
翔安区	3087	2316	462	202	32	24	51
莆田市	**13567**	**10863**	**1022**	**1094**	**513**	**25**	**50**
城厢区	2993	2530	126	301	17	4	15
涵江区	2323	1811	166	121	219	5	1
荔城区	3414	2661	421	287	34	5	6
秀屿区	1890	1585	70	198	17	2	18
仙游县	2947	2276	239	187	226	9	10
三明市	**16266**	**12314**	**1174**	**723**	**1544**	**81**	**430**
梅列区	2643	1827	308	114	350	18	26
三元区	1713	1302	133	86	161	1	30
明溪县	619	495	25	21	67	3	8
清流县	631	491	14	17	94	7	8
宁化县	1013	827	49	34	58	4	41
大田县	1721	1214	213	119	135	21	19
尤溪县	1578	1199	68	61	153	1	96
沙县	1696	1247	145	95	159	9	41
将乐县	922	708	43	24	60	6	81
泰宁县	712	626	24	23	37	2	
建宁县	698	572	27	11	53	5	30
永安市	2320	1806	125	118	217	4	50
泉州市	**58462**	**45207**	**6103**	**2730**	**1544**	**138**	**2740**
鲤城区	4603	3625	406	142	351	7	72
丰泽区	7304	5637	649	667	25	1	325
洛江区	1343	952	68	231	20	1	71
泉港区	1775	1270	390	24	62	5	24
惠安县	4465	3220	358	267	282	25	313

2-05　续表

地　区	法人单位数(个)	营业	停业(歇业)	筹建	当年关闭	当年破产	其他
安溪县	4333	4111	75	21	55	3	68
永春县	1425	1143	38	68	51	3	122
德化县	1910	1567	152	94	20	3	74
石狮市	7706	4886	1930	106	99	10	675
晋江市	15440	11104	1812	908	546	77	993
南安市	8158	7692	225	202	33	3	3
漳州市	**24071**	**18030**	**2163**	**2588**	**915**	**47**	**328**
芗城区	5446	4295	459	350	278	11	53
龙文区	2057	1564	285	158	39	1	10
云霄县	1486	914	119	189	216	6	42
漳浦县	3390	2378	396	439	139	4	34
诏安县	718	581	16	115	4		2
长泰县	2178	1771	74	267	41	8	17
东山县	1082	822	155	76	19		10
南靖县	1642	1136	137	243	36	5	85
平和县	1435	1211	98	69	50	1	6
华安县	791	649	39	81	8	5	9
龙海市	3846	2709	385	601	85	6	60
南平市	**15730**	**11905**	**1858**	**1085**	**597**	**101**	**184**
延平区	3501	2492	583	215	139	13	59
顺昌县	797	584	149	42	12		10
浦城县	1016	853	78	69	6	1	9
光泽县	547	389	87	49	12	1	9
松溪县	883	740	93	22	11	1	16
政和县	785	640	33	68	28	11	5
邵武市	1546	1036	270	147	76	9	8
武夷山市	3297	2653	199	133	231	56	25
建瓯市	1780	1442	124	130	54	8	22
建阳市	1578	1076	242	210	28	1	21
龙岩市	**12126**	**10191**	**604**	**375**	**816**	**37**	**103**
新罗区	4135	3792	162	114	47	2	18
长汀县	1487	1138	75	49	210	2	13
永定县	1150	903	113	65	49	8	12
上杭县	1292	1103	41	64	57	9	18
武平县	1064	886	50	39	77	3	9
连城县	1820	1450	91	24	220	8	27
漳平市	1178	919	72	20	156	5	6
宁德市	**16872**	**13641**	**1362**	**599**	**1018**	**56**	**196**
蕉城区	4466	4165	192	74	16	5	14
霞浦县	1606	1291	133	105	65	5	7
古田县	1429	1223	83	67	40	7	9
屏南县	626	482	55	13	41	3	32
寿宁县	539	452	37	40	3	1	6
周宁县	266	241	11	8	1		5
柘荣县	585	428	60	32	60	2	3
福安市	4773	3424	595	113	531	25	85
福鼎市	2582	1935	196	147	261	8	35

2-06 按地区、营业状态分组的小微企业法人单位从业人员数

地区	从业人员数(人)						
		营业	停业(歇业)	筹建	当年关闭	当年破产	其他
全 省	**5917136**	**5696709**	**77538**	**76649**	**36241**	**2327**	**27672**
福州市	**1213677**	**1175264**	**10836**	**14554**	**5071**	**160**	**7792**
鼓楼区	309958	304066	1990	1051	525	1	2325
台江区	124889	122523	688	1397	49		232
仓山区	129874	122234	1285	1473	2191	35	2656
马尾区	60343	59056	846	398	16		27
晋安区	133255	130297	1120	1038	66	4	730
闽侯县	97510	94658	605	1806	63	42	336
连江县	36864	34786	784	1215	70		9
罗源县	27298	25860	237	820	123		258
闽清县	48308	47108	404	713	29	29	25
永泰县	29615	28740	311	241	256	1	66
平潭县	36837	32887	1244	1610	418	21	657
福清市	98599	95567	653	1469	673	20	217
长乐市	80327	77482	669	1323	592	7	254
厦门市	**1177440**	**1153506**	**9103**	**10425**	**1429**	**201**	**2776**
思明区	444399	435840	3488	3726	537	133	675
海沧区	71846	68426	995	1182	196	9	1038
湖里区	345454	341634	830	2204	217		569
集美区	141003	137283	1694	1502	330	9	185
同安区	108016	106137	821	820	60		178
翔安区	66722	64186	1275	991	89	50	131
莆田市	**270907**	**259742**	**5191**	**4170**	**1498**	**36**	**270**
城厢区	56445	54044	1200	956	102	8	135
涵江区	62156	60017	1116	570	429	4	20
荔城区	54306	52117	1165	792	207	13	12
秀屿区	38177	36314	635	1051	111	2	64
仙游县	59823	57250	1075	801	649	9	39
三明市	**352497**	**334433**	**5691**	**6882**	**3807**	**181**	**1503**
梅列区	36063	33125	1145	923	771	19	80
三元区	40184	38660	683	443	323	2	73
明溪县	13544	12722	151	450	194	7	20
清流县	17212	16862	51	72	202	7	18
宁化县	24285	22601	374	680	301	16	313
大田县	35252	32278	965	1484	293	62	170
尤溪县	40004	37942	601	727	448	1	285
沙县	40160	37957	717	759	421	42	264
将乐县	22147	21443	303	192	103	6	100
泰宁县	16479	16118	94	225	40	2	
建宁县	15981	15363	151	72	330	5	60
永安市	51186	49362	456	855	381	12	120
泉州市	**1492783**	**1444538**	**20643**	**10852**	**6913**	**681**	**9156**
鲤城区	92163	89020	1029	590	1274	26	224
丰泽区	108133	102654	1866	2877	108	1	627
洛江区	36561	35568	165	609	50	1	168
泉港区	32541	31045	915	157	293	42	89
惠安县	176207	169693	2601	757	1343	50	1763

2-06　续表

地　区	从业人员数(人)						
		营业	停业(歇业)	筹建	当年关闭	当年破产	其他
安溪县	91392	88699	657	109	802	21	1104
永春县	51139	50090	207	477	141	18	206
德化县	43150	41258	671	609	50	294	268
石狮市	145547	139759	3152	857	250	10	1519
晋江市	430912	416793	6267	2742	1831	144	3135
南安市	285038	279959	3113	1068	771	74	53
漳州市	**495749**	**469791**	**6606**	**13101**	**3960**	**306**	**1985**
芗城区	90041	84559	1700	1664	1420	169	529
龙文区	40894	39029	593	766	347	1	158
云霄县	32384	30005	362	1191	577	16	233
漳浦县	66946	63304	981	1883	366	84	328
诏安县	26995	25321	167	1492	10		5
长泰县	41610	39679	196	1288	368	8	71
东山县	22547	21471	480	339	191		66
南靖县	32746	31064	271	1012	136	6	257
平和县	35526	34512	384	434	175	1	20
华安县	18168	17736	126	280	7	6	13
龙海市	87892	83111	1346	2752	363	15	305
南平市	**296215**	**275836**	**8470**	**8363**	**1943**	**304**	**1299**
延平区	69120	63858	2645	1721	506	20	370
顺昌县	13943	12994	538	238	90		83
浦城县	22702	21672	488	476	5	4	57
光泽县	9358	8684	295	308	28	1	42
松溪县	16760	15961	416	204	85	3	91
政和县	20127	18699	142	1048	75	47	116
邵武市	38000	34312	1742	1733	142	9	62
武夷山市	34766	32382	662	717	537	208	260
建瓯市	40724	38554	822	1028	175	11	134
建阳市	30715	28720	720	890	300	1	84
龙岩市	**303119**	**285770**	**4361**	**3832**	**8230**	**288**	**638**
新罗区	104854	100393	1131	1048	2134	1	147
长汀县	36934	32949	682	632	2530	34	107
永定县	28330	26982	444	426	429	8	41
上杭县	42502	41242	287	675	196	33	69
武平县	26696	25513	400	410	337	4	32
连城县	43295	40769	686	537	967	179	157
漳平市	20508	17922	731	104	1637	29	85
宁德市	**314749**	**297829**	**6637**	**4470**	**3390**	**170**	**2253**
蕉城区	69574	67705	825	690	232	42	80
霞浦县	33768	31628	1027	727	299	13	74
古田县	31485	30579	466	307	77	7	49
屏南县	13428	12542	301	198	225	13	149
寿宁县	13441	12765	263	315	8	15	75
周宁县	5842	5669	76	34			63
柘荣县	10988	10323	171	388	65		41
福安市	80962	74383	2670	1021	1284	48	1556
福鼎市	55261	52235	838	790	1200	32	166

2-07 按行业(中类)、开业(成立)时间

行业	代码	法人单位数(个)	1949年及以前	1950-1977年	1978-1991年
总计	00	**270633**	**51**	**1644**	**4107**
农、林、牧、渔业	A	**1366**		**34**	**29**
农业	01	28		8	1
谷物种植	011	6		4	1
豆类、油料和薯类种植	012				
棉、麻、糖、烟草种植	013				
蔬菜、食用菌及园艺作物种植	014	9		1	
水果种植	015	5		1	
坚果、含油果、香料和饮料作物种植	016	7		2	
中药材种植	017	1			
其他农业	019				
林业	02	9		4	1
林木育种和育苗	021	4		1	
造林和更新	022	2		1	1
森林经营和管护	023	3		2	
木材和竹材采运	024				
林产品采集	025				
畜牧业	03	5			
牲畜饲养	031	4			
家禽饲养	032	1			
其他畜牧业	039				
渔业	04	1		1	
水产养殖	041	1		1	
水产捕捞	042				
农、林、牧、渔服务业	05	1323		21	27
农业服务业	051	809		15	12
林业服务业	052	137		1	5
畜牧服务业	053	37		3	
渔业服务业	054	340		2	10
采矿业	B	**2105**		**22**	**63**
煤炭开采和洗选业	06	242		4	17
烟煤和无烟煤开采洗选	061	210		4	15
褐煤开采洗选	062	1			
其他煤炭采选	069	31			2
石油和天然气开采业	07				
石油开采	071				
天然气开采	072				
黑色金属矿采选业	08	253		2	11
铁矿采选	081	235		1	10
锰矿、铬矿采选	082	15		1	1
其他黑色金属矿采选	089	3			
有色金属矿采选业	09	255		1	5
常用有色金属矿采选	091	187		1	4
贵金属矿采选	092	27			
稀有稀土金属矿采选	093	41			1
非金属矿采选业	10	1347		15	30
土砂石开采	101	1183		7	27

分组的小微企业法人单位数

1992-1995年	1996年	1997年	1998年	1999年	2000年	2001年	2002年
6386	**2378**	**2313**	**3481**	**3715**	**6068**	**6233**	**7040**
18	**6**	**4**	**13**	**14**	**31**	**16**	**23**
1							1
1							1
							1
							1
17	6	4	13	14	31	16	21
7	4	1	4	6	15	10	10
4	2		1	1	3		3
1		2		1	1		2
5		1	8	6	12	6	6
81	**37**	**24**	**37**	**42**	**81**	**74**	**76**
17	3		4	3	6	5	2
17	3		4	2	4	5	1
				1	2		1
10	2	5	5	3	14	10	9
10	2	4	4	3	14	9	8
			1			1	1
		1					
9	5	3	3	10	16	13	14
8	4	1	1	6	14	11	11
1	1	1		2			2
		1	2	2	2	2	1
45	27	16	25	26	45	46	50
42	23	12	22	25	41	41	44

2-07 续表 1

行业	代码	法人单位数(个)	1949年及以前	1950-1977年	1978-1991年
化学矿开采	102	20			
采盐	103	15		8	3
石棉及其他非金属矿采选	109	129			
开采辅助活动	11	1			
煤炭开采和洗选辅助活动	111				
石油和天然气开采辅助活动	112				
其他开采辅助活动	119	1			
其他采矿业	12	7			
其他采矿业	120	7			
制造业	**C**	**82713**	**14**	**262**	**1630**
农副食品加工业	13	3867		24	89
谷物磨制	131	341		8	9
饲料加工	132	352			7
植物油加工	133	160			2
制糖业	134	20			2
屠宰及肉类加工	135	421		8	12
水产品加工	136	1391		6	40
蔬菜、水果和坚果加工	137	740		1	12
其他农副食品加工	139	442		1	5
食品制造业	14	2431	1	12	56
焙烤食品制造	141	655		1	7
糖果、巧克力及蜜饯制造	142	396		2	7
方便食品制造	143	303		3	4
乳制品制造	144	21			2
罐头食品制造	145	361		1	15
调味品、发酵制品制造	146	228		3	12
其他食品制造	149	467	1	2	9
酒、饮料和精制茶制造业	15	3192		12	64
酒的制造	151	306		5	7
饮料制造	152	467			11
精制茶加工	153	2419		7	46
烟草制品业	16	4			2
烟叶复烤	161	3			1
卷烟制造	162				
其他烟草制品制造	169	1			1
纺织业	17	3615	2	4	74
棉纺织及印染精加工	171	854	1	2	25
毛纺织及染整精加工	172	78			3
麻纺织及染整精加工	173	12			
丝绢纺织及印染精加工	174	38			2
化纤织造及印染精加工	175	159			2
针织或钩针编织物及其制品制造	176	1570			24
家用纺织制成品制造	177	341		1	2
非家用纺织制成品制造	178	563	1	1	16
纺织服装、服饰业	18	7045		5	134
机织服装制造	181	5159		4	93
针织或钩针编织服装制造	182	833		1	30
服饰制造	183	1053			11

1992-1995年	1996年	1997年	1998年	1999年	2000年	2001年	2002年
1					1	1	1
2	4	4	3	1	3	4	5
							1
							1
3208	**934**	**946**	**1410**	**1471**	**2320**	**2485**	**2902**
148	57	74	97	84	114	117	105
19	3	4	13	14	14	16	11
20	6	20	14	16	15	7	16
2	1	4	3	1	3		3
1	2	1	2		1	2	
9	5	16	18	8	8	8	4
55	19	13	14	19	42	45	34
30	15	13	23	14	18	23	17
12	6	3	10	12	13	16	20
133	38	36	64	43	81	82	87
17	9	5	11	5	8	9	11
29	9	12	11	8	17	14	17
8	3	5	7	3	9	8	13
1			2		1	3	1
31	6	6	12	11	15	15	20
18	4	3	6	5	12	10	9
29	7	5	15	11	19	23	16
100	34	33	56	57	107	70	83
20	8	8	5	10	18	10	7
23	8	10	11	17	18	13	22
57	18	15	40	30	71	47	54
			1				
			1				
147	55	57	82	71	109	119	157
47	12	14	24	19	30	27	47
5	2	2	2	1	3	2	3
1					1		1
2		1				1	2
8	4	4	4	5	7	7	8
53	24	23	36	35	39	49	53
11	4	6	5	5	10	7	15
20	9	7	11	6	19	26	28
254	51	55	84	108	218	229	256
170	36	40	62	76	161	174	195
47	5	9	15	16	27	30	23
37	10	6	7	16	30	25	38

2-07 续表 2

行业	代码	法人单位数(个)	1949年及以前	1950-1977年	1978-1991年
皮革、毛皮、羽毛及其制品和制鞋业	19	5885	1	7	117
皮革鞣制加工	191	253			4
皮革制品制造	192	995		3	16
毛皮鞣制及制品加工	193	28		1	1
羽毛(绒)加工及制品制造	194	43			6
制鞋业	195	4566	1	3	90
木材加工和木、竹、藤、棕、草制品业	20	3513		16	65
木材加工	201	966		5	25
人造板制造	202	665			5
木制品制造	203	746		3	19
竹、藤、棕、草等制品制造	204	1136		8	16
家具制造业	21	1672	2	3	22
木质家具制造	211	1056	2	2	13
竹、藤家具制造	212	48			1
金属家具制造	213	245		1	3
塑料家具制造	214	43			
其他家具制造	219	280			5
造纸和纸制品业	22	2456		8	53
纸浆制造	221	27		2	
造纸	222	595		2	16
纸制品制造	223	1834		4	37
印刷和记录媒介复制业	23	2322	4	29	110
印刷	231	2191	4	26	101
装订及印刷相关服务	232	125		3	9
记录媒介复制	233	6			
文教、工美、体育和娱乐用品制造业	24	5532	1	13	116
文教办公用品制造	241	206		4	6
乐器制造	242	37			3
工艺美术品制造	243	4599	1	9	95
体育用品制造	244	437			4
玩具制造	245	229			8
游艺器材及娱乐用品制造	246	24			
石油加工及炼焦	25	109			
化学原料和化学制品制造业	26	2747		13	60
基础化学原料制造	261	350			7
肥料制造	262	214		6	2
农药制造	263	37			
涂料、油墨、颜料及类似产品制造	264	595		2	13
合成材料制造	265	347			3
专用化学产品制造	266	656		1	18
炸药、火工及焰火产品制造	267	15			1
日用化学产品制造	268	533		4	16
医药制造业	27	329		1	15
化学药品原料药制造	271	42			1
化学药品制剂制造	272	46		1	2
中药饮片加工	273	27			2

1992-1995年	1996年	1997年	1998年	1999年	2000年	2001年	2002年
323	80	64	89	77	157	210	260
9	1	8	4	7	8	5	29
33	8	6	20	19	32	27	36
1				1		2	2
5	1		1		2	4	2
275	70	50	64	50	115	172	191
72	32	30	46	51	114	113	129
18	5	8	12	12	26	28	31
14	3	8	12	11	24	27	32
19	8	6	12	13	18	22	30
21	16	8	10	15	46	36	36
42	18	16	34	20	34	43	38
26	15	9	24	10	18	21	23
3			2		1	2	
8	2	4	3	3	8	13	7
1				1		3	2
4	1	3	5	6	7	4	6
105	33	56	53	48	81	74	92
2			1		1		1
27	11	19	12	14	23	16	18
76	22	37	40	34	57	58	73
136	46	51	60	60	104	95	103
126	41	51	57	55	96	91	99
10	5		2	3	8	3	4
			1	2		1	
236	48	60	92	93	142	141	195
17	4	4	1	1	5	5	9
2						2	1
181	38	50	76	81	118	114	166
15	6	2	9	9	13	12	12
21		4	6	2	6	8	6
							1
4	1	1	1	2	2	4	6
97	46	49	80	76	110	107	104
8	5	10	9	9	12	16	12
2	2	2	11	3	12	11	9
5	1	1	1	1			
29	8	12	16	21	24	22	27
6	6	3	10	5	14	13	8
20	10	11	18	26	24	25	30
				1			1
27	14	10	15	10	24	20	17
13	9	4	5	3	13	16	10
		1			4	2	
4	3			1	4	2	3
2					1	1	

2-07 续表 3

行　业	代码	法人单位数(个)	1949年及以前	1950-1977年	1978-1991年
中成药生产	274	46			5
兽用药品制造	275	21			2
生物药品制造	276	91			2
卫生材料及医药用品制造	277	56			1
化学纤维制造业	28	154			2
纤维素纤维原料及纤维制造	281	34			
合成纤维制造	282	120			2
橡胶和塑料制品业	29	4386		11	84
橡胶制品业	291	687		4	14
塑料制品业	292	3699		7	70
非金属矿物制品业	30	9847	1	22	210
水泥、石灰和石膏制造	301	315		5	10
石膏、水泥制品及类似制品制造	302	917	1	1	8
砖瓦、石材等建筑材料制造	303	6525		5	172
玻璃制造	304	78			
玻璃制品制造	305	271			
玻璃纤维和玻璃纤维增强塑料制品制造	306	67		2	1
陶瓷制品制造	307	1384		5	15
耐火材料制品制造	308	80		1	2
石墨及其他非金属矿物制品制造	309	210		3	2
黑色金属冶炼和压延加工业	31	844		2	18
炼铁	311	36			2
炼钢	312	18			1
黑色金属铸造	313	464		1	12
钢压延加工	314	273			
铁合金冶炼	315	53		1	3
有色金属冶炼和压延加工业	32	404			2
常用有色金属冶炼	321	55			
贵金属冶炼	322	11			
稀有稀土金属冶炼	323	12			
有色金属合金制造	324	77			1
有色金属铸造	325	35			
有色金属压延加工	326	214			1
金属制品业	33	4891	1	10	51
结构性金属制品制造	331	1441		1	12
金属工具制造	332	528	1	2	3
集装箱及金属包装容器制造	333	119			4
金属丝绳及其制品制造	334	80		1	1
建筑、安全用金属制品制造	335	888		1	13
金属表面处理及热处理加工	336	286			3
搪瓷制品制造	337	281		1	2
金属制日用品制造	338	539		1	6
其他金属制品制造	339	729		3	7
通用设备制造业	34	3740		23	75
锅炉及原动设备制造	341	116		2	5
金属加工机械制造	342	781		4	15
物料搬运设备制造	343	145		1	2

1992-1995年	1996年	1997年	1998年	1999年	2000年	2001年	2002年
	2	1	3	1	2	6	2
1	1	1				1	
4	1		2	1	1	1	4
2	2	1			1	3	1
13	3	6	6	5	2	8	6
4	1	2				2	2
9	2	4	6	5	2	6	4
176	51	43	73	82	126	159	180
25	7	8	10	12	23	21	28
151	44	35	63	70	103	138	152
558	135	112	189	232	266	267	357
33	6	2	10	8	7	14	11
28	5	5	7	11	21	14	13
419	93	79	132	157	177	200	271
2	1		1	2	2	1	4
5	1		2	5	9	7	3
1	2	1			1	1	2
58	23	21	34	36	36	24	42
6	2	1		6	1	2	5
6	2	3	3	7	12	4	6
24	13	11	15	15	29	22	34
2		1	1		3		1
1			1			2	2
12	5	6	5	12	16	10	18
7	6	3	5	2	9	8	12
2	2	1	3	1	1	2	1
9	2	3	7	8	14	11	9
1			1	2	2	2	1
1					2		
		1					
1			4	2	3	3	1
			1				
6	2	2	1	4	7	6	7
114	43	26	49	74	97	116	138
31	9	5	18	18	13	27	42
16	4	4	12	12	17	9	29
4	7	2	1	5	5		7
6			1	4	2	3	2
19	6	5	4	10	14	30	15
5	3	1	2	4	8	8	8
1				4	2	3	3
11	7	4	6	12	15	19	12
21	7	5	5	5	21	17	20
116	29	45	48	64	98	117	144
5		3	2	2	4	5	7
18	6	12	6	9	15	13	17
1	2	4	2	4	7	4	8

2-07 续表 4

行业	代码	法人单位数(个)	1949年及以前	1950-1977年	1978-1991年
泵、阀门、压缩机及类似机械制造	344	719		4	12
轴承、齿轮和传动部件制造	345	216		1	8
烘炉、风机、衡器、包装等设备制造	346	323		3	2
文化、办公用机械制造	347	69		1	2
通用零部件制造	348	1104		5	25
其他通用设备制造业	349	267		2	4
专用设备制造业	35	3580		16	46
采矿、冶金、建筑专用设备制造	351	472		2	10
化工、木材、非金属加工专用设备制造	352	1199		4	8
食品、饮料、烟草及饲料生产专用设备制造	353	148		2	2
印刷、制药、日化及日用品生产专用设备制造	354	206		1	3
纺织、服装和皮革加工专用设备制造	355	280		3	4
电子和电工机械专用设备制造	356	401			8
农、林、牧、渔专用机械制造	357	230		2	5
医疗仪器设备及器械制造	358	167		2	
环保、社会公共服务及其他专用设备制造	359	477			6
汽车制造业	36	1164		3	27
汽车整车制造	361	6			
改装汽车制造	362	22			
低速载货汽车制造	363	3		1	
电车制造	364	7			
汽车车身、挂车制造	365	20			1
汽车零部件及配件制造	366	1106		2	26
铁路、船舶、航空航天和其他运输设备制造业	37	696		6	9
铁路运输设备制造	371	7		1	
城市轨道交通设备制造	372	1		1	
船舶及相关装置制造	373	327		4	3
航空、航天器及设备制造	374				
摩托车制造	375	282			4
自行车制造	376	59			2
非公路休闲车及零配件制造	377	5			
潜水救捞及其他未列明运输设备制造	379	15			
电气机械和器材制造业	38	3660	1	13	39
电机制造	381	1351	1	2	11
输配电及控制设备制造	382	829		7	17
电线、电缆、光缆及电工器材制造	383	283		2	2
电池制造	384	117			1
家用电力器具制造	385	347		2	1
非电力家用器具制造	386	67			1
照明器具制造	387	515			3
其他电气机械及器材制造	389	151			3
计算机、通信和其他电子设备制造业	39	1923		3	23
计算机制造	391	99			3
通信设备制造	392	203			4
广播电视设备制造	393	52			1
雷达及配套设备制造	394	3			
视听设备制造	395	60			

1992-1995年	1996年	1997年	1998年	1999年	2000年	2001年	2002年
20	4	4	14	19	28	28	21
12	2	2	4	4	5	11	11
20	3	4	4	6	11	12	14
5	2	1	1	1	2	3	2
27	9	15	12	18	22	37	57
8	1		3	1	4	4	7
85	24	33	48	52	77	96	110
17	2	5	5	9	13	17	17
25	9	8	13	15	26	29	50
5		3	3	4	4		7
5	4	4	8	4	4	4	3
7	1	1	3	3	9	12	10
10	2	2	4	5	2	9	5
6	1	4	1	2	11	8	8
1	1	2	2	4	4	1	2
9	4	4	9	6	4	16	8
59	17	12	15	18	33	50	47
						1	
1	1				4	1	1
				1			
						1	1
58	16	12	15	17	29	47	45
19	4	5	7	14	16	11	20
		1			1		
8	1	2	6	8	3	6	7
11	3	2	1	6	9	3	10
					2	1	
					1		
						1	3
72	24	20	44	47	77	93	98
10	5	4	14	24	26	30	27
25	11	9	14	7	21	24	26
11	4	1	4	5	9	6	14
1		1	2		5	10	5
7	2		4	2	2	6	6
1	1			1	2		3
15	1	5	6	6	7	15	12
2				2	5	2	5
57	21	15	31	23	37	47	60
4	1	3	1	1	1	5	5
12	4	2	5	4	6	7	10
3	1	1	2		1	2	1
7			1	1	2	3	3

2-07 续表 5

行　业	代码	法人单位数（个）	1949年及以前	1950-1977年	1978-1991年
电子器件制造	396	389			3
电子元件制造	397	727		2	9
其他电子设备制造	399	390		1	3
仪器仪表制造业	40	700		3	15
通用仪器仪表制造	401	219		1	5
专用仪器仪表制造	402	87		1	3
钟表与计时仪器制造	403	181		1	4
光学仪器及眼镜制造	404	177			3
其他仪器仪表制造业	409	36			
其他制造业	41	1253		1	32
废弃资源综合利用业	42	351			2
金属废料和碎屑加工处理	421	80			1
非金属废料和碎屑加工处理	422	271			1
金属制品、机械和设备修理业	43	401		2	18
金属制品修理	431	22			1
通用设备修理	432	36		1	1
专用设备修理	433	53			3
铁路、船舶、航空航天等运输设备修理	434	138		1	6
电气设备修理	435	19			2
仪器仪表修理	436	1			
其他机械和设备修理业	439	132			5
电力、热力、燃气及水生产和供应业	**D**	**6024**	**5**	**191**	**561**
电力、热力生产和供应业	44	5188	3	170	463
电力生产	441	5037	1	164	445
电力供应	442	129	2	6	18
热力生产和供应	443	22			
燃气生产和供应业	45	71			1
燃气生产和供应业	450	71			1
水的生产和供应业	46	765	2	21	97
自来水生产和供应	461	634	2	21	96
污水处理及其再生利用	462	116			1
其他水的处理、利用与分配	469	15			
建筑业	**E**	**9230**	**1**	**90**	**124**
房屋建筑业	47	1979		64	51
房屋建筑业	470	1979		64	51
土木工程建筑业	48	1848	1	13	17
铁路、道路、隧道和桥梁工程建筑	481	774	1	3	4
水利和内河港口工程建筑	482	199		5	5
海洋工程建筑	483	12			
工矿工程建筑	484	58			1
架线和管道工程建筑	485	143			1
其他土木工程建筑	489	662		5	6
建筑安装业	49	1229		4	11
电气安装	491	458		2	9
管道和设备安装	492	211		1	1
其他建筑安装业	499	560		1	1
建筑装饰和其他建筑业	50	4174		9	45

1992-1995年	1996年	1997年	1998年	1999年	2000年	2001年	2002年
5	1	1	3	4	4	6	10
16	11	7	12	8	15	12	19
10	3	1	7	5	8	12	12
29	7	9	9	19	13	17	23
7	5	4	3	9	2	8	4
3			2	3	4	1	5
6	1	2	2	3	4	7	6
13		3	2	4	2	1	7
	1				1		1
49	11	12	21	12	39	41	44
6	1	2		6	5	7	5
1					1	1	3
5	1	2		6	4	6	2
12	1	6	4	7	5	3	2
1		1	1	2		1	
3							
1		1	1	1	2	1	
4	1	3	2	2	1	1	
					1		
3		1		2	1		2
341	**147**	**106**	**185**	**150**	**272**	**297**	**405**
302	130	90	159	130	234	278	386
283	130	87	154	125	230	272	380
18		3	4	5	4	6	6
1			1				
	1			2	3	1	3
	1			2	3	1	3
39	16	16	26	18	35	18	16
37	16	16	25	18	30	17	15
			1		4	1	1
2					1		
304	**138**	**103**	**125**	**134**	**139**	**165**	**239**
64	9	13	11	10	8	19	65
64	9	13	11	10	8	19	65
44	28	16	19	21	19	30	44
23	13	6	9	6	7	5	15
6	3	2	2	4	3	3	7
1							
		1	1	2	2	3	4
3	2	2		5	1	6	3
11	10	5	7	4	6	13	15
55	33	19	28	28	39	48	42
23	12	8	15	9	19	23	15
15	5	1	4	6	4	3	9
17	16	10	9	13	16	22	18
141	68	55	67	75	73	68	88

2-07 续表 6

行业	代码	法人单位数(个)	1949年及以前	1950-1977年	1978-1991年
建筑装饰业	501	2932		5	34
工程准备活动	502	403		1	8
提供施工设备服务	503	191			1
其他未列明建筑业	509	648		3	2
批发和零售业	**F**	**94835**	**14**	**732**	**859**
批发业	51	65184	7	452	488
农、林、牧产品批发	511	2235	1	41	40
食品、饮料及烟草制品批发	512	9370		73	80
纺织、服装及家庭用品批发	513	11796		23	51
文化、体育用品及器材批发	514	2799	1	2	20
医药及医疗器材批发	515	992		5	4
矿产品、建材及化工产品批发	516	18103	4	243	172
机械设备、五金产品及电子产品批发	517	13578		24	65
贸易经纪与代理	518	3138	1	19	22
其他批发业	519	3173		22	34
零售业	52	29651	7	280	371
综合零售	521	1906	1	179	81
食品、饮料及烟草制品专门零售	522	5982	1	51	73
纺织、服装及日用品专门零售	523	3876		18	34
文化、体育用品及器材专门零售	524	2008	1	5	28
医药及医疗器材专门零售	525	1165		8	21
汽车、摩托车、燃料及零配件专门零售	526	4544	2	5	48
家用电器及电子产品专门零售	527	3909		2	8
五金、家具及室内装饰材料专门零售	528	4109	1	6	48
货摊、无店铺及其他零售业	529	2152	1	6	30
交通运输、仓储和邮政业	**G**	**8574**	**2**	**99**	**160**
道路运输业	54	3970	1	42	80
城市公共交通运输	541	262		11	23
公路旅客运输	542	319		10	13
道路货物运输	543	2979		15	36
道路运输辅助活动	544	410	1	6	8
水上运输业	55	792		19	24
水上旅客运输	551	57		2	2
水上货物运输	552	528		17	16
水上运输辅助活动	553	207			6
航空运输业	56	44			
航空客货运输	561	20			
通用航空服务	562	7			
航空运输辅助活动	563	17			
管道运输业	57				
管道运输业	570				
装卸搬运和运输代理业	58	2830		20	33
装卸搬运	581	356		19	13
运输代理业	582	2474		1	20
仓储业	59	593	1	18	22
谷物、棉花等农产品仓储	591	116	1	11	12
其他仓储业	599	477		7	10

1992-1995年	1996年	1997年	1998年	1999年	2000年	2001年	2002年
125	55	46	54	62	53	46	57
4	2	4	1	5	8	5	16
4	2	1	1	3	3	2	1
8	9	4	11	5	9	15	14
1130	**628**	**615**	**902**	**1007**	**1733**	**1745**	**1822**
700	423	409	611	681	1129	1174	1249
31	9	12	30	43	52	48	45
78	57	44	65	93	135	111	128
69	46	50	64	102	175	215	170
26	17	17	24	35	51	54	42
13	5	8	9	11	9	18	17
260	150	139	207	205	354	384	411
157	102	113	160	145	236	239	310
33	15	8	25	25	67	46	52
33	22	18	27	22	50	59	74
430	205	206	291	326	604	571	573
30	12	11	20	23	57	34	42
45	18	23	31	50	78	50	50
33	19	12	24	23	62	67	61
31	12	21	15	17	37	39	56
10	5	2	5	11	22	16	31
145	48	54	93	80	156	149	145
40	36	30	36	57	83	90	81
56	33	36	49	43	63	77	69
40	22	17	18	22	46	49	38
166	**88**	**76**	**114**	**137**	**179**	**222**	**237**
64	37	41	59	72	90	105	115
11	5	7	7	11	16	8	8
8	9	7	15	16	15	19	11
30	18	24	29	37	52	71	81
15	5	3	8	8	7	7	15
34	16	8	8	17	22	21	32
4	1	1	2	2	2	3	9
26	10	3	6	9	13	12	18
4	5	4		6	7	6	5
1		1	1			3	2
1		1	1			1	
						1	1
						1	1
50	29	16	25	30	44	74	64
16	8	2	4	3	5	11	7
34	21	14	21	27	39	63	57
16	6	10	17	13	15	14	20
5	2	1	6	7	5	4	3
11	4	9	11	6	10	10	17

2-07 续表 7

行业	代码	法人单位数（个）	1949年及以前	1950-1977年	1978-1991年
邮政业	60	345			1
邮政基本服务	601	23			1
快递服务	602	322			
住宿和餐饮业	**H**	**6093**		**31**	**114**
住宿业	61	2905		21	86
旅游饭店	611	981		6	27
一般旅馆	612	1683		15	54
其他住宿业	619	241			5
餐饮业	62	3188		10	28
正餐服务	621	2499		9	20
快餐服务	622	233			5
饮料及冷饮服务	623	186			
其他餐饮业	629	270		1	3
信息传输、软件和信息技术服务业	**I**	**6135**	**5**		**11**
电信、广播电视和卫星传输服务	63	264	1		3
电信	631	216	1		1
广播电视传输服务	632	43			2
卫星传输服务	633	5			
互联网和相关服务	64	914	1		1
互联网接入及相关服务	641	88			
互联网信息服务	642	667	1		1
其他互联网服务	649	159			
软件和信息技术服务业	65	4957	3		7
软件开发	651	2970	1		4
信息系统集成服务	652	609			
信息技术咨询服务	653	692			2
数据处理和存储服务	654	157	1		
集成电路设计	655	67			
其他信息技术服务业	659	462	1		1
房地产业	**K**	**7636**	**1**	**13**	**115**
房地产业	70	7636	1	13	115
房地产开发经营	701	2922			81
物业管理	702	2769	1	10	25
房地产中介服务	703	1689		1	6
其他房地产业	709	256		2	3
租赁和商务服务业	**L**	**25683**	**5**	**101**	**207**
租赁业	71	1834		5	5
机械设备租赁	711	1762		5	5
文化及日用品出租	712	72			
商务服务业	72	23849	5	96	202
企业管理服务	721	6405	2	77	97
法律服务	722	349			5
咨询与调查	723	5314		2	15
广告业	724	5326	1		6
知识产权服务	725	222			2
人力资源服务	726	1021	1	1	20
旅行社及相关服务	727	1234	1	5	19
安全保护服务	728	247			13
其他商务服务业	729	3731		11	25

1992-1995年	1996年	1997年	1998年	1999年	2000年	2001年	2002年
1			4	5	8	5	4
			4	2	5		
1				3	3	5	4
116	**43**	**38**	**70**	**56**	**112**	**96**	**107**
77	23	27	38	31	46	44	52
39	12	18	18	17	22	18	20
33	11	9	19	11	22	25	31
5			1	3	2	1	1
39	20	11	32	25	66	52	55
34	17	10	27	23	52	38	38
2	1		3	1	5	6	7
1	1		1	1	6	4	4
2	1	1	1		3	4	6
27	**19**	**13**	**45**	**52**	**89**	**105**	**113**
6	1		9	9	15	9	4
3	1		4	8	14	6	2
2			5	1	1	2	2
1						1	
2	3	1	3	5	10	14	13
	1					1	2
1	2	1	2	4	8	13	9
1			1	1	2		2
19	15	12	33	38	64	82	96
13	9	5	20	28	33	47	61
2	2	2	4	6	15	20	13
3	3	2	2	1	8	9	9
		1	4		2		3
					1	1	1
1	1	2	3	3	5	5	9
379	**101**	**116**	**138**	**170**	**252**	**204**	**216**
379	101	116	138	170	252	204	216
263	49	53	71	79	112	69	75
92	44	53	51	70	108	101	102
15	6	8	12	15	26	24	29
9	2	2	4	6	6	10	10
317	**115**	**149**	**246**	**256**	**488**	**427**	**397**
4	9	7	15	11	25	20	14
3	7	7	15	10	23	19	12
1	2			1	2	1	2
313	106	142	231	245	463	407	383
106	29	46	64	57	68	75	83
15	5	6	6	6	24	23	10
35	13	15	37	48	153	77	70
62	25	41	71	68	90	90	87
3	1		1	2	1	3	6
15	3	6	8	8	13	18	22
21	9	12	18	20	51	53	41
5	2		3	3	7	11	10
51	19	16	23	33	56	57	54

2-07 续表 8

行业	代码	法人单位数(个)	1949年及以前	1950-1977年	1978-1991年
科学研究和技术服务业	M	**8467**		**17**	**102**
研究和试验发展	73	1018		2	6
自然科学研究和试验发展	731	129			1
工程和技术研究和试验发展	732	501			2
农业科学研究和试验发展	733	225			2
医学研究和试验发展	734	151		2	1
社会人文科学研究	735	12			
专业技术服务业	74	5160		14	70
气象服务	741	31			2
地震服务	742	1			
海洋服务	743	17			1
测绘服务	744	184			3
质检技术服务	745	392		5	5
环境与生态监测	746	76		1	1
地质勘查	747	87		1	6
工程技术	748	2655		3	39
其他专业技术服务业	749	1717		4	13
科技推广和应用服务业	75	2289		1	26
技术推广服务	751	1991			21
科技中介服务	752	108		1	1
其他科技推广和应用服务业	759	190			4
水利、环境和公共设施管理业	N	**1656**		**7**	**21**
水利管理业	76	157		7	13
防洪除涝设施管理	761	18		1	
水资源管理	762	36		1	2
天然水收集与分配	763	44		4	11
水文服务	764	1			
其他水利管理业	769	58		1	
生态保护和环境治理业	77	202			1
生态保护	771	27			
环境治理业	772	175			1
公共设施管理业	78	1297			7
市政设施管理	781	162			1
环境卫生管理	782	134			1
城乡市容管理	783	51			
绿化管理	784	396			2
公园和游览景区管理	785	554			3
居民服务、修理和其他服务业	O	**5423**	**1**	**24**	**65**
居民服务业	79	1890		10	16
家庭服务	791	335			
托儿所服务	792	9			1
洗染服务	793	110			1
理发及美容服务	794	312		3	2
洗浴服务	795	210		1	
保健服务	796	420			1

1992-1995年	1996年	1997年	1998年	1999年	2000年	2001年	2002年
136	**52**	**39**	**71**	**93**	**128**	**155**	**195**
18	4	4	6	6	20	6	8
3		1		1	3	1	2
8	2	1	2	1	5	1	2
4	1	2	2	3	8	4	1
3	1		1	1	3		3
			1		1		
92	33	28	51	76	77	121	155
2		1	1	2		1	3
							1
3				1	3	2	10
6	3	2	3	6	4	8	28
	1		1	1	3		3
1		1	2	1	5		
60	19	18	30	53	38	75	77
20	10	6	14	12	24	35	33
26	15	7	14	11	31	28	32
21	11	7	9	10	25	21	26
3	3		1		4	4	4
2	1		4	1	2	3	2
34	**13**	**22**	**24**	**21**	**29**	**36**	**44**
9		3	4	1	7	5	5
			3	1		2	
4			1		2	2	3
3		1			2		2
2		2			3	1	
3	1	3	2	5	5	5	6
1	1	1			2		2
2		2	2	5	3	5	4
22	12	16	18	15	17	26	33
1	1	1	1	3	1	5	3
3		2	2	1	4		3
2					2		1
6	4	7	5	6	7	10	10
10	7	6	10	5	3	11	16
89	**41**	**43**	**59**	**71**	**113**	**106**	**130**
28	10	14	22	17	37	29	37
3	1	2	1	1	5	4	6
				1			
2	1	2	1		5	1	2
2	1		1	5	6	8	9
10	5	2	3	1	4	1	6
1		1	1	2	8	5	1

2-07 续表 9

行 业	代码	法人单位数(个)	1949年及以前	1950-1977年	1978-1991年
婚姻服务	797	138			
殡葬服务	798	110		1	3
其他居民服务业	799	246		5	8
机动车、电子产品和日用产品修理业	80	2639		12	41
汽车、摩托车修理与维护	801	1998		11	29
计算机和办公设备维修	802	284			1
家用电器修理	803	254			3
其他日用产品修理业	809	103		1	8
其他服务业	81	894	1	2	8
清洁服务	811	672	1		4
其他未列明服务业	819	222		2	4
卫生和社会工作	**Q**	**58**			
社会工作	84	58			
提供住宿社会工作	841	41			
不提供住宿社会工作	842	17			
文化、体育和娱乐业	**R**	**4635**	**3**	**21**	**46**
新闻和出版业	85	82			14
新闻业	851	8			
出版业	852	74			14
广播、电视、电影和影视录音制作业	86	304	3	17	15
广播	861	9			
电视	862	14			
电影和影视节目制作	863	114		1	1
电影和影视节目发行	864	21		2	1
电影放映	865	129	3	14	13
录音制作	866	17			
文化艺术业	87	576		2	10
文艺创作与表演	871	245		2	9
艺术表演场馆	872	3			
图书馆与档案馆	873	17			
文物及非物质文化遗产保护	874	23			
博物馆	875	13			
烈士陵园、纪念馆	876	1			
群众文化活动	877	43			1
其他文化艺术业	879	231			
体育	88	430			2
体育组织	881	35			
体育场馆	882	41			
休闲健身活动	883	313			2
其他体育	889	41			
娱乐业	89	3243		2	5
室内娱乐活动	891	3051		2	4
游乐园	892	54			
彩票活动	893	2			
文化、娱乐、体育经纪代理	894	71			
其他娱乐业	899	65			1

1992-1995年	1996年	1997年	1998年	1999年	2000年	2001年	2002年
			1			1	6
4		5	9	2	3	2	2
6	2	2	5	5	6	7	5
51	28	21	32	49	62	67	74
46	23	17	24	39	51	56	56
4	2	1	5	7	4	4	5
	2	2	3	3	3	6	10
1	1	1			4	1	3
10	3	8	5	5	14	10	19
5	3	3	5	3	9	8	14
5		5		2	5	2	5
2		**2**	**3**	**4**	**2**	**4**	**3**
2		2	3	4	2	4	3
		1	1	1		2	2
2		1	2	3	2	2	1
38	**16**	**17**	**39**	**37**	**100**	**96**	**131**
5				2	2	2	2
5				2	2	2	2
5	1	1	5	5	4	2	4
					1		
2				1			
2		1	4	1	1		1
							3
1	1		1	3	1	1	
					1	1	
5	3	2	10		18	10	9
4	3	2	6		11	3	2
			1		1		2
			1		1	1	
					1	1	
					1	1	2
1			2		3	4	3
5	3	2	5	2	5	6	13
1	1				2	2	1
2						1	1
2	2	2	2	2	3	3	11
			3				
18	9	12	19	28	71	76	103
16	8	9	15	26	70	73	101
1			1		1	1	
	1			2			1
1		3	3			2	1

2-07 续表 10

行业	代码	2003年	2004年	2005年	2006年
总计	00	**9520**	**10055**	**11305**	**13661**
农、林、牧、渔业	A	**26**	**26**	**42**	**42**
农业	01	1	2	2	2
谷物种植	011				
豆类、油料和薯类种植	012				
棉、麻、糖、烟草种植	013				
蔬菜、食用菌及园艺作物种植	014		1	1	1
水果种植	015	1	1	1	
坚果、含油果、香料和饮料作物种植	016				1
中药材种植	017				
其他农业	019				
林业	02	1		1	
林木育种和育苗	021	1			
造林和更新	022				
森林经营和管护	023			1	
木材和竹材采运	024				
林产品采集	025				
畜牧业	03			1	2
牲畜饲养	031			1	1
家禽饲养	032				1
其他畜牧业	039				
渔业	04				
水产养殖	041				
水产捕捞	042				
农、林、牧、渔服务业	05	24	24	38	38
农业服务业	051	9	11	23	16
林业服务业	052	4	4	9	7
畜牧服务业	053				1
渔业服务业	054	11	9	6	14
采矿业	B	**92**	**143**	**162**	**153**
煤炭开采和洗选业	06	9	55	41	9
烟煤和无烟煤开采洗选	061	9	54	41	7
褐煤开采洗选	062				
其他煤炭采选	069		1		2
石油和天然气开采业	07				
石油开采	071				
天然气开采	072				
黑色金属矿采选业	08	10	18	20	20
铁矿采选	081	10	17	19	20
锰矿、铬矿采选	082		1	1	
其他黑色金属矿采选	089				
有色金属矿采选业	09	12	19	21	29
常用有色金属矿采选	091	8	13	17	24
贵金属矿采选	092	3	4	1	2
稀有稀土金属矿采选	093	1	2	3	3
非金属矿采选业	10	61	51	80	95
土砂石开采	101	52	48	72	84

2007年	2008年	2009年	2010年	2011年	2012年	2013年	无开业年份
12598	**15577**	**19744**	**27277**	**32208**	**34843**	**39038**	**1391**
27	**81**	**100**	**153**	**182**	**193**	**301**	**5**
		1		3	4	2	
						1	
				2	2	1	
					1		
		1			1		
				1			
			1		1		
			1		1		
	1						
	1						
27	80	99	152	179	188	299	5
13	51	67	95	120	129	187	4
4	4	11	11	14	23	25	1
	1	5	4	3	3	10	
10	24	16	42	42	33	77	
111	**175**	**144**	**140**	**131**	**132**	**161**	**24**
7	10	10	12	5	12	9	2
6	9	4	7	4	7	6	1
			1				
1	1	6	4	1	5	3	1
13	30	18	13	16	17	5	2
13	26	17	12	15	15	5	1
	3	1	1	1	1		1
	1				1		
17	17	11	8	16	14	8	4
12	13	7	7	12	6	5	2
2	1	3			3		1
3	3	1	1	4	5	3	1
74	118	104	106	93	88	136	16
63	105	90	91	79	78	126	11

2-07 续表 11

行业	代码				
		2003年	2004年	2005年	2006年
化学矿开采	102		2		2
采盐	103				
石棉及其他非金属矿采选	109	9	1	8	9
开采辅助活动	11				
煤炭开采和洗选辅助活动	111				
石油和天然气开采辅助活动	112				
其他开采辅助活动	119				
其他采矿业	12				
其他采矿业	120				
制造业	**C**	**3796**	**3984**	**4077**	**5040**
农副食品加工业	13	170	147	170	205
谷物磨制	131	18	18	17	30
饲料加工	132	14	15	21	22
植物油加工	133	9	8	9	4
制糖业	134			1	1
屠宰及肉类加工	135	24	18	10	30
水产品加工	136	57	43	55	68
蔬菜、水果和坚果加工	137	31	26	31	31
其他农副食品加工	139	17	19	26	19
食品制造业	14	97	107	91	134
焙烤食品制造	141	19	23	15	34
糖果、巧克力及蜜饯制造	142	18	12	20	22
方便食品制造	143	9	8	11	25
乳制品制造	144	1	1	1	
罐头食品制造	145	23	22	16	24
调味品、发酵制品制造	146	6	10	12	9
其他食品制造	149	21	31	16	20
酒、饮料和精制茶制造业	15	93	104	135	198
酒的制造	151	12	7	11	25
饮料制造	152	20	21	29	40
精制茶加工	153	61	76	95	133
烟草制品业	16			1	
烟叶复烤	161			1	
卷烟制造	162				
其他烟草制品制造	169				
纺织业	17	205	186	185	236
棉纺织及印染精加工	171	69	41	58	59
毛纺织及染整精加工	172	7	3	5	4
麻纺织及染整精加工	173				1
丝绢纺织及印染精加工	174		3	2	
化纤织造及印染精加工	175	3	9	6	9
针织或钩针编织物及其制品制造	176	81	77	79	106
家用纺织制成品制造	177	15	16	15	22
非家用纺织制成品制造	178	30	37	20	35
纺织服装、服饰业	18	369	375	366	438
机织服装制造	181	279	302	281	340
针织或钩针编织服装制造	182	53	41	34	45
服饰制造	183	37	32	51	53

2007年	2008年	2009年	2010年	2011年	2012年	2013年	无开业年份
2		2	1	1	4	2	
	1			1	1		1
9	12	12	14	12	5	8	4
		1					
		1					
			1	1	1	3	
			1	1	1	3	
4392	**4903**	**5658**	**7507**	**8581**	**8180**	**8329**	**684**
183	222	274	282	396	413	459	37
8	22	19	23	19	23	32	1
12	16	24	25	32	23	21	6
9	17	10	14	23	12	26	
1				2	3	1	
22	22	21	35	37	48	54	4
66	79	110	93	152	180	190	11
40	41	55	63	85	79	84	8
25	25	35	29	46	45	51	7
124	126	146	179	236	266	264	28
28	33	45	55	87	112	106	15
26	16	17	28	45	32	31	3
14	22	18	33	25	36	37	2
1	1		1	3		2	
15	16	21	28	22	28	13	1
11	10	18	11	15	18	24	2
29	28	27	23	39	40	51	5
192	213	271	332	329	322	374	13
9	14	14	20	24	28	38	6
27	26	20	22	41	37	50	1
156	173	237	290	264	257	286	6
168	158	155	273	319	335	482	36
43	38	28	61	65	63	71	10
1	4	2	8	6	3	11	1
	1	1	2		1	3	
2		4	4	6	4	5	
4	8	5	11	20	13	19	3
67	66	67	105	113	173	282	18
19	18	21	32	47	32	36	2
32	23	27	50	62	46	55	2
287	365	490	628	679	750	847	57
222	297	356	471	511	527	524	38
35	21	50	71	77	86	108	9
30	47	84	86	91	137	215	10

2-07 续表 12

行　业	代码	2003年	2004年	2005年	2006年
皮革、毛皮、羽毛及其制品和制鞋业	19	308	268	325	345
皮革鞣制加工	191	3	13	29	40
皮革制品制造	192	44	48	74	65
毛皮鞣制及制品加工	193		1		2
羽毛(绒)加工及制品制造	194		1		1
制鞋业	195	261	205	222	237
木材加工和木、竹、藤、棕、草制品业	20	166	187	207	311
木材加工	201	45	52	51	84
人造板制造	202	39	56	48	82
木制品制造	203	32	31	48	64
竹、藤、棕、草等制品制造	204	50	48	60	81
家具制造业	21	69	67	88	98
木质家具制造	211	41	43	53	60
竹、藤家具制造	212	1	3		3
金属家具制造	213	13	9	23	14
塑料家具制造	214	1	2	2	2
其他家具制造	219	13	10	10	19
造纸和纸制品业	22	114	109	130	153
纸浆制造	221	1	1	2	2
造纸	222	28	37	32	31
纸制品制造	223	85	71	96	120
印刷和记录媒介复制业	23	147	205	166	137
印刷	231	141	194	157	127
装订及印刷相关服务	232	6	11	8	10
记录媒介复制	233			1	
文教、工美、体育和娱乐用品制造业	24	246	242	232	310
文教办公用品制造	241	13	12	14	11
乐器制造	242	3	2		3
工艺美术品制造	243	203	188	181	249
体育用品制造	244	16	27	20	32
玩具制造	245	10	13	16	14
游艺器材及娱乐用品制造	246	1		1	1
石油加工及炼焦	25	6	6	3	9
化学原料和化学制品制造业	26	152	126	156	195
基础化学原料制造	261	23	20	16	21
肥料制造	262	9	8	10	14
农药制造	263	2	1	2	1
涂料、油墨、颜料及类似产品制造	264	34	30	43	35
合成材料制造	265	23	18	20	23
专用化学产品制造	266	25	28	40	56
炸药、火工及焰火产品制造	267	2	2		1
日用化学产品制造	268	34	19	25	44
医药制造业	27	15	14	27	22
化学药品原料药制造	271		2	3	4
化学药品制剂制造	272	3		7	2
中药饮片加工	273	1	2	7	

2007年	2008年	2009年	2010年	2011年	2012年	2013年	无开业年份
299	335	357	527	611	505	591	29
15	17	11	5	9	13	23	
57	51	56	84	90	100	119	7
	1	2		3	8	3	
2	3	1	3	4	5	1	1
225	263	287	435	505	379	445	21
263	249	262	327	295	273	282	23
59	59	64	83	93	95	94	17
70	42	40	54	40	27	28	3
61	59	60	70	63	51	57	
73	89	98	120	99	100	103	3
99	90	119	167	207	185	182	29
62	58	83	98	136	123	114	22
3	4	1	7	8	6	3	
15	12	14	20	26	23	19	5
4	2	4	4	6	2	7	
15	14	17	38	31	31	39	2
151	129	164	228	261	192	208	14
3	1	2		5	1	2	
44	36	43	53	51	34	43	5
104	92	119	175	205	157	163	9
84	108	125	135	170	131	108	8
77	103	119	131	162	126	100	7
7	5	6	4	7	5	8	1
				1			
291	275	349	516	631	624	621	58
8	5	13	21	24	13	15	1
	1	1	5	5	4	5	
243	241	289	425	519	542	546	44
26	22	30	45	51	43	36	7
11	6	16	17	28	20	11	6
3			3	4	2	8	
10	9	8	4	12	11	10	
165	191	160	198	207	214	214	27
29	26	26	30	29	21	15	6
6	20	10	13	12	30	20	2
2	2	3	3	6	4	2	
28	43	41	43	43	32	45	4
29	20	20	26	43	27	27	3
42	48	37	46	43	47	53	8
1	3	1		1	1		
28	29	22	37	30	52	52	4
11	14	14	26	28	34	31	4
3	1	3	2	3	5	7	1
1	1		4	3	4	1	
2	2		2	2		3	

2-07 续表 13

行 业	代码	2003年	2004年	2005年	2006年
中成药生产	274	3	1	1	2
兽用药品制造	275	1	1	1	2
生物药品制造	276	4	2	5	10
卫生材料及医药用品制造	277	3	6	3	2
化学纤维制造业	28	7	10	12	8
纤维素纤维原料及纤维制造	281	2	2	6	1
合成纤维制造	282	5	8	6	7
橡胶和塑料制品业	29	207	233	232	255
橡胶制品业	291	38	38	36	30
塑料制品业	292	169	195	196	225
非金属矿物制品业	30	421	465	455	566
水泥、石灰和石膏制造	301	12	16	16	16
石膏、水泥制品及类似制品制造	302	32	30	32	56
砖瓦、石材等建筑材料制造	303	316	341	322	396
玻璃制造	304	2	4	1	2
玻璃制品制造	305	7	15	20	15
玻璃纤维和玻璃纤维增强塑料制品制造	306	3	4	1	5
陶瓷制品制造	307	39	41	50	60
耐火材料制品制造	308	3	4	2	4
石墨及其他非金属矿物制品制造	309	7	10	11	12
黑色金属冶炼和压延加工业	31	60	59	41	54
炼铁	311	1	1	4	
炼钢	312		1		2
黑色金属铸造	313	36	42	21	29
钢压延加工	314	22	14	13	18
铁合金冶炼	315	1	1	3	5
有色金属冶炼和压延加工业	32	20	24	20	36
常用有色金属冶炼	321	5	3	4	5
贵金属冶炼	322	1			
稀有稀土金属冶炼	323	3		1	2
有色金属合金制造	324	2	4	3	8
有色金属铸造	325	1	1	2	3
有色金属压延加工	326	8	16	10	18
金属制品业	33	176	206	227	285
结构性金属制品制造	331	59	56	68	74
金属工具制造	332	24	22	16	32
集装箱及金属包装容器制造	333	4	5	5	7
金属丝绳及其制品制造	334	3	6	5	8
建筑、安全用金属制品制造	335	27	40	27	41
金属表面处理及热处理加工	336	8	17	22	24
搪瓷制品制造	337	2	6	7	10
金属制日用品制造	338	19	23	45	38
其他金属制品制造	339	30	31	32	51
通用设备制造业	34	168	194	172	232
锅炉及原动设备制造	341	4	6	5	9
金属加工机械制造	342	30	36	39	43
物料搬运设备制造	343	12	16	3	7

2007年	2008年	2009年	2010年	2011年	2012年	2013年	无开业年份
2	1	3		4	3	3	1
	1	1		2	3	3	
1	6	5	11	9	12	8	2
2	2	2	7	5	7	6	
6	5	3	11	11	12	14	4
	1	1	3	1	4	2	
6	4	2	8	10	8	12	4
258	260	289	417	433	393	385	39
43	41	41	67	61	66	66	8
215	219	248	350	372	327	319	31
455	631	710	915	1020	897	920	43
14	19	18	17	30	29	20	2
61	61	79	110	126	108	103	5
278	437	495	547	605	517	546	20
4	7	2	12	11	14	6	
9	21	19	35	34	35	25	4
	11	6	9	8	7	2	
77	61	74	156	182	151	193	6
3	4	5	8	6	8	4	3
9	10	12	21	18	28	21	3
49	94	57	63	67	55	56	6
1	4	1	3	2	3	6	
			2	2	2	2	
36	49	30	32	32	28	29	3
7	36	22	24	27	20	17	1
5	5	4	2	4	2	2	2
25	21	25	27	49	47	39	6
5	4	4	2	6	6	2	
1			2	2	2		
1	1			1	1	1	
4	5	5	2	9	10	8	2
2	5	3	3	5	7	2	
12	6	13	18	26	21	26	4
262	327	362	511	655	616	518	27
86	97	101	150	198	189	182	5
18	33	37	61	66	64	45	1
8	9	8	12	7	10	7	2
1	9	5	6	8	5	4	
48	45	62	103	136	135	101	6
17	27	33	34	25	17	17	3
12	16	23	37	64	50	38	
23	38	34	51	61	60	49	5
49	53	59	57	90	86	75	5
229	225	233	331	432	388	341	36
4	9	5	11	8	11	9	
51	42	55	86	110	88	80	6
12	6	2	12	17	10	10	3

2-07 续表 14

行 业	代码	2003年	2004年	2005年	2006年
泵、阀门、压缩机及类似机械制造	344	33	39	32	40
轴承、齿轮和传动部件制造	345	14	16	15	5
烘炉、风机、衡器、包装等设备制造	346	12	9	13	26
文化、办公用机械制造	347	4	5	5	4
通用零部件制造	348	47	63	46	80
其他通用设备制造业	349	12	4	14	18
专用设备制造业	35	166	173	173	228
采矿、冶金、建筑专用设备制造	351	33	21	23	28
化工、木材、非金属加工专用设备制造	352	51	64	63	84
食品、饮料、烟草及饲料生产专用设备制造	353	8	4	6	9
印刷、制药、日化及日用品生产专用设备制造	354	9	6	10	18
纺织、服装和皮革加工专用设备制造	355	13	23	13	15
电子和电工机械专用设备制造	356	16	17	10	28
农、林、牧、渔专用机械制造	357	9	4	14	9
医疗仪器设备及器械制造	358	11	16	9	8
环保、社会公共服务及其他专用设备制造	359	16	18	25	29
汽车制造业	36	71	82	57	75
汽车整车制造	361			1	1
改装汽车制造	362		2	1	1
低速载货汽车制造	363				1
电车制造	364				
汽车车身、挂车制造	365			1	4
汽车零部件及配件制造	366	71	80	54	68
铁路、船舶、航空航天和其他运输设备制造业	37	29	23	34	43
铁路运输设备制造	371				
城市轨道交通设备制造	372				
船舶及相关装置制造	373	14	8	15	23
航空、航天器及设备制造	374				
摩托车制造	375	12	15	16	16
自行车制造	376	2		3	2
非公路休闲车及零配件制造	377				
潜水救捞及其他未列明运输设备制造	379	1			2
电气机械和器材制造业	38	139	160	142	204
电机制造	381	53	51	57	72
输配电及控制设备制造	382	40	46	30	54
电线、电缆、光缆及电工器材制造	383	14	10	10	26
电池制造	384	4	10	5	3
家用电力器具制造	385	14	18	15	19
非电力家用器具制造	386	3	1	1	1
照明器具制造	387	5	17	19	23
其他电气机械及器材制造	389	6	7	5	6
计算机、通信和其他电子设备制造业	39	67	78	102	128
计算机制造	391	3	3	8	3
通信设备制造	392	10	9	9	14
广播电视设备制造	393	2	5		1
雷达及配套设备制造	394				1
视听设备制造	395		3		8

2007年	2008年	2009年	2010年	2011年	2012年	2013年	无开业年份
49	59	59	58	73	64	54	5
15	14	15	19	16	13	10	4
13	18	17	29	31	45	28	3
2	3	4	4	6	4	7	1
62	58	63	91	132	113	110	12
21	16	13	21	39	40	33	2
200	207	285	354	384	380	410	33
28	25	36	43	43	47	43	5
70	72	109	126	125	115	128	5
6	14	12	10	17	14	16	2
10	15	16	17	18	23	20	4
14	14	15	20	28	20	48	4
22	22	26	39	50	60	58	6
7	15	26	26	27	21	24	
12	7	10	19	17	20	19	
31	23	35	54	59	60	54	7
61	58	71	92	122	96	80	18
1						1	1
1	1	2	2	1		3	
1		1		1		4	
	1		2	3	4	2	
58	56	68	88	117	92	70	17
43	47	73	104	68	57	58	6
1		1			1	1	
24	24	42	38	29	32	27	3
12	20	23	56	31	13	17	2
5	2	6	9	8	8	8	1
						4	
1	1	1	1		3	1	
228	273	326	435	470	405	315	35
78	115	129	191	202	161	80	8
56	46	63	84	95	77	71	6
24	21	21	25	25	20	29	
4	4	14	10	14	8	13	3
22	29	36	39	44	47	27	5
5	7	8	7	7	6	8	4
33	39	45	63	65	60	67	9
6	12	10	16	18	26	20	
125	115	157	206	217	189	182	40
7	7	4	7	11	12	6	4
9	11	18	15	17	19	15	3
5	6	7	1	5	6	2	
		1	1				
7	4	4	5	4	3	4	1

2-07 续表 15

行　业	代码	2003年	2004年	2005年	2006年
电子器件制造	396	12	14	17	31
电子元件制造	397	27	28	43	46
其他电子设备制造	399	13	16	25	24
仪器仪表制造业	40	33	42	43	43
通用仪器仪表制造	401	8	12	10	7
专用仪器仪表制造	402	2	3	5	4
钟表与计时仪器制造	403	14	15	16	12
光学仪器及眼镜制造	404	8	9	10	16
其他仪器仪表制造业	409	1	3	2	4
其他制造业	41	46	61	61	57
废弃资源综合利用业	42	13	15	9	11
金属废料和碎屑加工处理	421	3	3	6	2
非金属废料和碎屑加工处理	422	10	12	3	9
金属制品、机械和设备修理业	43	16	16	15	24
金属制品修理	431	2		1	1
通用设备修理	432	2			3
专用设备修理	433	1	4	1	5
铁路、船舶、航空航天等运输设备修理	434	5	4	4	8
电气设备修理	435		1	5	1
仪器仪表修理	436				
其他机械和设备修理业	439	6	7	4	6
电力、热力、燃气及水生产和供应业	**D**	**577**	**468**	**388**	**436**
电力、热力生产和供应业	44	539	441	354	385
电力生产	441	531	431	351	374
电力供应	442	7	10	2	9
热力生产和供应	443	1		1	2
燃气生产和供应业	45	8	1	2	7
燃气生产和供应业	450	8	1	2	7
水的生产和供应业	46	30	26	32	44
自来水生产和供应	461	25	22	28	37
污水处理及其再生利用	462	5	4	4	6
其他水的处理、利用与分配	469				1
建筑业	**E**	**269**	**326**	**333**	**356**
房屋建筑业	47	34	58	65	74
房屋建筑业	470	34	58	65	74
土木工程建筑业	48	55	69	56	59
铁路、道路、隧道和桥梁工程建筑	481	23	30	21	22
水利和内河港口工程建筑	482	6	1	5	6
海洋工程建筑	483	1		1	1
工矿工程建筑	484	3	3	1	5
架线和管道工程建筑	485	7	7	5	5
其他土木工程建筑	489	15	28	23	20
建筑安装业	49	63	74	60	57
电气安装	491	31	25	21	23
管道和设备安装	492	6	15	14	11
其他建筑安装业	499	26	34	25	23
建筑装饰和其他建筑业	50	117	125	152	166

2007年	2008年	2009年	2010年	2011年	2012年	2013年	无开业年份
22	20	23	57	47	45	55	9
49	43	70	80	82	69	64	15
26	24	30	40	51	35	36	8
40	40	37	61	66	73	72	6
16	13	13	24	21	20	25	2
4	3	5	9	11	9	9	1
10	13	9	8	19	10	17	2
7	8	9	15	14	26	19	1
3	3	1	5	1	8	2	
48	68	82	91	106	200	154	17
14	25	23	23	46	72	62	4
5	10	3	6	14	11	8	2
9	15	20	17	32	61	54	2
22	23	31	44	54	45	50	1
	3	1	2	2	2	1	
3	3	1	4	7	4	4	
1	3	3	5	8	4	7	1
10	7	11	21	18	15	14	
1		2	1	1	2	2	
1							
6	7	13	11	18	18	22	
198	**260**	**227**	**243**	**161**	**202**	**193**	**11**
160	215	175	196	111	133	128	6
157	211	168	188	103	122	125	5
2	3	5	6	4	6	3	
1	1	2	2	4	5		1
2	3	4	6	4	9	13	1
2	3	4	6	4	9	13	1
36	42	48	41	46	60	52	4
28	27	31	27	34	47	32	3
7	14	15	12	12	10	18	1
1	1	2	2		3	2	
399	**447**	**590**	**763**	**1208**	**1372**	**1563**	**42**
86	112	134	152	251	351	338	10
86	112	134	152	251	351	338	10
85	92	125	187	254	272	330	12
34	32	40	76	103	146	152	3
11	16	17	24	28	21	23	1
			3	2	1	2	
5	5	2	5	7	2	6	
9	8	11	16	18	14	20	
26	31	55	63	96	88	127	8
61	52	69	72	142	152	119	1
24	17	25	23	58	43	33	
12	13	9	17	24	21	19	1
25	22	35	32	60	88	67	
167	191	262	352	561	597	776	19

2-07 续表 16

行业	代码	2003年	2004年	2005年	2006年
建筑装饰业	501	66	65	83	93
工程准备活动	502	25	26	28	32
提供施工设备服务	503	2	8	11	10
其他未列明建筑业	509	24	26	30	31
批发和零售业	F	**2623**	**2689**	**3300**	**3994**
批发业	51	1880	1956	2336	2792
农、林、牧产品批发	511	54	43	64	80
食品、饮料及烟草制品批发	512	161	200	219	292
纺织、服装及家庭用品批发	513	313	322	445	512
文化、体育用品及器材批发	514	96	114	98	105
医药及医疗器材批发	515	44	57	65	65
矿产品、建材及化工产品批发	516	560	541	638	826
机械设备、五金产品及电子产品批发	517	439	486	568	640
贸易经纪与代理	518	101	76	83	122
其他批发业	519	112	117	156	150
零售业	52	743	733	964	1202
综合零售	521	48	48	58	90
食品、饮料及烟草制品专门零售	522	88	73	138	177
纺织、服装及日用品专门零售	523	76	87	110	126
文化、体育用品及器材专门零售	524	61	51	49	84
医药及医疗器材专门零售	525	42	36	58	53
汽车、摩托车、燃料及零配件专门零售	526	175	152	188	211
家用电器及电子产品专门零售	527	122	129	162	183
五金、家具及室内装饰材料专门零售	528	86	106	132	201
货摊、无店铺及其他零售业	529	45	51	69	77
交通运输、仓储和邮政业	G	**313**	**396**	**414**	**520**
道路运输业	54	159	179	174	217
城市公共交通运输	541	13	13	12	15
公路旅客运输	542	12	20	27	21
道路货物运输	543	120	121	122	167
道路运输辅助活动	544	14	25	13	14
水上运输业	55	32	40	76	85
水上旅客运输	551		1	3	7
水上货物运输	552	19	30	54	66
水上运输辅助活动	553	13	9	19	12
航空运输业	56	5	1	2	3
航空客货运输	561	2		2	2
通用航空服务	562	1			
航空运输辅助活动	563	2	1		1
管道运输业	57				
管道运输业	570				
装卸搬运和运输代理业	58	92	140	143	169
装卸搬运	581	11	13	10	19
运输代理业	582	81	127	133	150
仓储业	59	23	32	10	29
谷物、棉花等农产品仓储	591	7	8		5
其他仓储业	599	16	24	10	24

2007年	2008年	2009年	2010年	2011年	2012年	2013年	无开业年份
92	98	156	249	414	456	615	8
33	30	31	29	45	30	36	4
16	16	20	16	28	26	17	3
26	47	55	58	74	85	108	4
4030	**5429**	**7487**	**10799**	**12880**	**14111**	**15952**	**354**
2901	3843	5169	7708	8804	9598	10599	275
64	125	169	222	310	358	380	14
343	579	782	1221	1348	1620	1726	15
479	645	936	1367	1711	1895	2153	53
123	174	198	307	402	405	481	7
51	61	116	86	103	94	150	1
815	978	1403	2239	2530	2376	2536	132
725	891	1082	1617	1656	1845	2053	25
126	175	214	301	392	546	667	22
175	215	269	348	352	459	453	6
1129	1586	2318	3091	4076	4513	5353	79
52	88	134	162	214	238	278	6
186	290	497	698	1014	1147	1197	7
136	205	287	410	581	650	832	23
78	102	137	202	275	347	352	8
59	86	104	109	137	157	192	1
193	215	313	395	520	581	659	17
186	257	404	461	491	468	578	5
159	252	310	475	586	589	723	9
80	91	132	179	258	336	542	3
457	**521**	**628**	**883**	**876**	**911**	**1124**	**51**
206	238	277	408	425	438	531	12
11	14	12	21	15	13	16	
18	11	22	26	14	13	12	
150	186	208	318	366	379	439	10
27	27	35	43	30	33	64	2
72	66	51	50	34	44	35	6
	1	6	5	4		2	
60	53	28	25	16	26	20	1
12	12	17	20	14	18	13	5
1	2	4	3	5	3	6	1
1	1	3	1	2		2	
			1		2	1	
	1	1	1	3	1	3	1
145	167	232	301	307	334	403	12
18	26	26	35	26	30	49	5
127	141	206	266	281	304	354	7
20	31	35	50	61	50	82	18
2	7	8	4	2	6	9	1
18	24	27	46	59	44	73	17

2-07 续表 17

行业	代码	2003年	2004年	2005年	2006年
邮政业	60	2	4	9	17
邮政基本服务	601		1		4
快递服务	602	2	3	9	13
住宿和餐饮业	H	**139**	**140**	**203**	**274**
住宿业	61	69	74	107	151
旅游饭店	611	35	25	28	48
一般旅馆	612	30	42	73	94
其他住宿业	619	4	7	6	9
餐饮业	62	70	66	96	123
正餐服务	621	54	55	80	96
快餐服务	622	9	3	8	10
饮料及冷饮服务	623	4	3	3	7
其他餐饮业	629	3	5	5	10
信息传输、软件和信息技术服务业	I	**190**	**219**	**234**	**306**
电信、广播电视和卫星传输服务	63	13	14	19	9
电信	631	13	11	16	7
广播电视传输服务	632		1	3	2
卫星传输服务	633		2		
互联网和相关服务	64	26	22	39	52
互联网接入及相关服务	641	1	2	4	6
互联网信息服务	642	23	19	29	41
其他互联网服务	649	2	1	6	5
软件和信息技术服务业	65	151	183	176	245
软件开发	651	107	116	116	159
信息系统集成服务	652	17	20	25	27
信息技术咨询服务	653	10	23	14	34
数据处理和存储服务	654	5	4	6	3
集成电路设计	655		4	3	5
其他信息技术服务业	659	12	16	12	17
房地产业	K	**319**	**306**	**364**	**410**
房地产业	70	319	306	364	410
房地产开发经营	701	90	124	130	163
物业管理	702	149	111	149	133
房地产中介服务	703	62	60	75	107
其他房地产业	709	18	11	10	7
租赁和商务服务业	L	**535**	**718**	**868**	**1076**
租赁业	71	18	29	54	74
机械设备租赁	711	18	27	52	71
文化及日用品出租	712		2	2	3
商务服务业	72	517	689	814	1002
企业管理服务	721	110	127	143	194
法律服务	722	14	10	14	19
咨询与调查	723	100	138	187	227
广告业	724	116	151	206	262
知识产权服务	725	9	13	11	9
人力资源服务	726	37	63	41	28
旅行社及相关服务	727	49	63	53	74
安全保护服务	728	8	8	15	20
其他商务服务业	729	74	116	144	169

2007年	2008年	2009年	2010年	2011年	2012年	2013年	无开业年份
13	17	29	71	44	42	67	2
1			2	1	1	1	
12	17	29	69	43	41	66	2
246	**370**	**446**	**643**	**836**	**980**	**1011**	**22**
124	176	213	323	388	438	379	18
40	48	72	98	118	131	127	14
76	111	121	202	232	258	211	3
8	17	20	23	38	49	41	1
122	194	233	320	448	542	632	4
99	148	182	249	358	430	477	3
8	20	19	22	30	32	42	
6	10	12	21	28	30	43	1
9	16	20	28	32	50	70	
284	**328**	**431**	**612**	**799**	**933**	**1310**	**10**
15	17	23	19	24	29	25	
15	14	21	13	21	22	23	
	3	2	5	3	7	2	
			1				
32	40	52	91	119	163	225	
5	5	5	7	13	15	21	
24	31	36	70	92	118	142	
3	4	11	14	14	30	62	
237	271	356	502	656	741	1060	10
149	162	207	310	384	418	615	6
32	35	52	53	87	89	107	1
23	36	56	67	88	113	187	2
8	6	8	14	23	31	38	
3	3	3	9	6	12	16	
22	29	30	49	68	78	97	1
413	**362**	**483**	**783**	**789**	**742**	**933**	**27**
413	362	483	783	789	742	933	27
173	106	149	303	300	267	257	8
136	166	177	235	261	247	334	14
89	73	149	222	203	201	303	3
15	17	8	23	25	27	39	2
1132	**1426**	**2049**	**2739**	**3444**	**4048**	**4850**	**90**
92	134	166	180	289	326	354	3
89	126	161	174	276	317	342	3
3	8	5	6	13	9	12	
1040	1292	1883	2559	3155	3722	4496	87
255	303	401	688	931	1110	1393	46
10	6	54	28	34	36	24	
232	275	361	558	737	859	1159	16
259	314	440	608	678	879	867	5
12	7	19	32	27	28	36	
38	55	85	85	127	174	171	2
49	66	103	115	113	135	157	7
8	8	14	12	28	23	48	1
177	258	406	433	480	478	641	10

2-07 续表 18

行　业	代码	2003年	2004年	2005年	2006年
科学研究和技术服务业	M	**260**	**278**	**380**	**376**
研究和试验发展	73	16	31	24	35
自然科学研究和试验发展	731	2	4	3	5
工程和技术研究和试验发展	732	6	16	14	18
农业科学研究和试验发展	733	4	4	5	6
医学研究和试验发展	734	4	7	2	6
社会人文科学研究	735				
专业技术服务业	74	208	218	291	274
气象服务	741	8	3		1
地震服务	742				
海洋服务	743			1	2
测绘服务	744	12	16	18	18
质检技术服务	745	21	19	38	27
环境与生态监测	746		1	4	4
地质勘查	747	5	4	8	6
工程技术	748	113	121	150	122
其他专业技术服务业	749	49	54	72	94
科技推广和应用服务业	75	36	29	65	67
技术推广服务	751	30	20	54	52
科技中介服务	752	3	3	2	7
其他科技推广和应用服务业	759	3	6	9	8
水利、环境和公共设施管理业	N	**56**	**48**	**77**	**53**
水利管理业	76	7	4	9	7
防洪除涝设施管理	761	1		1	1
水资源管理	762	2		3	3
天然水收集与分配	763	3	1	3	2
水文服务	764				
其他水利管理业	769	1	3	2	1
生态保护和环境治理业	77	6	9	15	10
生态保护	771			1	1
环境治理业	772	6	9	14	9
公共设施管理业	78	43	35	53	36
市政设施管理	781	9	5	5	4
环境卫生管理	782	3	2	6	6
城乡市容管理	783	1	3	1	1
绿化管理	784	14	14	17	9
公园和游览景区管理	785	16	11	24	16
居民服务、修理和其他服务业	O	**165**	**164**	**211**	**263**
居民服务业	79	53	65	62	78
家庭服务	791	9	8	8	13
托儿所服务	792				
洗染服务	793		5	4	6
理发及美容服务	794	8	10	7	17
洗浴服务	795	7	9	12	10
保健服务	796	9	14	10	14

2007年	2008年	2009年	2010年	2011年	2012年	2013年	无开业年份
320	**444**	**588**	**886**	**1020**	**1345**	**1554**	**28**
34	48	75	84	113	212	258	8
3	7	12	10	13	26	30	2
20	27	29	38	58	113	136	2
5	7	21	27	25	44	47	3
5	6	11	8	17	28	41	1
1	1	2	1		1	4	
212	258	316	503	599	677	873	14
	1			4	2		
				1			
1	1		3	3	2	2	
11	7	10	19	16	12	23	
17	19	19	36	36	45	45	
1	6	4	10	16	7	12	
9	8	4	2	7	9	8	
107	120	172	229	305	359	439	6
66	96	107	204	211	241	344	8
74	138	197	299	308	456	423	6
62	120	173	269	285	397	372	6
8	8	7	11	9	9	20	
4	10	17	19	14	50	31	
68	**90**	**129**	**170**	**197**	**241**	**257**	**19**
5	7	8	16	11	23	6	
	1			3	3	1	
1		1	2	3	4	2	
2	1	1	2	1	5		
					1		
2	5	6	12	4	10	3	
13	10	20	17	23	28	18	2
3	1	2	2	2	3	4	1
10	9	18	15	21	25	14	1
50	73	101	137	163	190	233	17
13	14	16	15	19	26	19	
4	8	12	15	16	20	26	
2	3	3	6	12	5	9	
12	13	27	42	51	63	73	4
19	35	43	59	65	76	106	13
236	**384**	**412**	**553**	**652**	**749**	**884**	**8**
69	121	136	190	242	290	360	4
7	19	26	37	33	55	97	
	1		4			2	
6	9	8	11	10	21	15	
12	23	18	28	53	40	59	
15	15	19	14	15	34	25	2
13	17	39	55	75	79	75	

2-07 续表 19

行业	代码	2003年	2004年	2005年	2006年
婚姻服务	797	4	4	5	5
殡葬服务	798	8	7	8	4
其他居民服务业	799	8	8	8	9
机动车、电子产品和日用产品修理业	80	91	81	114	147
汽车、摩托车修理与维护	801	59	61	81	109
计算机和办公设备维修	802	17	9	11	16
家用电器修理	803	12	7	15	13
其他日用产品修理业	809	3	4	7	9
其他服务业	81	21	18	35	38
清洁服务	811	15	11	22	31
其他未列明服务业	819	6	7	13	7
卫生和社会工作	**Q**	**2**	**1**	**3**	**2**
社会工作	84	2	1	3	2
提供住宿社会工作	841	1	1	3	2
不提供住宿社会工作	842	1			
文化、体育和娱乐业	**R**	**158**	**149**	**249**	**360**
新闻和出版业	85	2	2	4	2
新闻业	851				
出版业	852	2	2	4	2
广播、电视、电影和影视录音制作业	86	4	6	4	11
广播	861			1	
电视	862				2
电影和影视节目制作	863	2	5	2	4
电影和影视节目发行	864			1	1
电影放映	865	1	1		4
录音制作	866	1			
文化艺术业	87	12	11	19	18
文艺创作与表演	871	7	4	9	9
艺术表演场馆	872			1	
图书馆与档案馆	873	1		1	
文物及非物质文化遗产保护	874			1	
博物馆	875	1	1		1
烈士陵园、纪念馆	876				
群众文化活动	877	1	2	3	2
其他文化艺术业	879	2	4	4	6
体育	88	15	11	20	17
体育组织	881			2	2
体育场馆	882	4	2	2	1
休闲健身活动	883	11	8	15	13
其他体育	889		1	1	1
娱乐业	89	125	119	202	312
室内娱乐活动	891	122	117	196	301
游乐园	892			1	
彩票活动	893		1		
文化、娱乐、体育经纪代理	894	1		3	6
其他娱乐业	899	2	1	2	5

2007年	2008年	2009年	2010年	2011年	2012年	2013年	无开业年份
3	9	11	14	21	18	36	
4	14	3	6	8	6	10	1
9	14	12	21	27	37	41	1
123	181	211	265	305	316	366	2
92	131	155	189	232	247	288	2
14	19	27	40	41	23	34	
14	23	20	26	29	34	29	
3	8	9	10	3	12	15	
44	82	65	98	105	143	158	2
39	64	51	76	85	108	115	
5	18	14	22	20	35	43	2
1	**2**	**2**	**3**	**4**	**10**	**7**	**1**
1	2	2	3	4	10	7	1
1	2	1	3	3	9	7	1
		1		1	1		
284	**355**	**370**	**400**	**448**	**694**	**609**	**15**
2	2	7	5	6	15	7	1
	1			3	3	1	
2	1	7	5	3	12	6	1
16	15	20	27	38	42	55	4
2				1	1	2	1
1	1	1				6	
7	5	9	11	15	17	25	
3			2	1	3	4	
3	9	8	13	18	17	15	2
		2	1	3	4	3	1
12	31	34	61	74	100	130	5
8	18	15	22	29	31	50	1
						2	
		1	2	2	4	2	
	1	1	5	1	6	4	1
			2		2	3	1
			1				
	3	2	5	11	5	4	
4	9	15	24	31	52	65	2
14	43	45	33	49	62	75	3
	8	2	1	6	4	3	
1	4	3	4	4	5	7	
12	28	36	27	34	43	54	3
1	3	4	1	5	10	11	
240	264	264	274	281	475	342	2
233	251	249	262	252	440	303	1
3	6	8	6	6	9	10	1
	1						
2	4	4	4	12	12	19	
2	2	3	2	11	14	10	

2-08 按行业(中类)、开业(成立)时间分组的

行业	代码	从业人员数(人)	1949年及以前	1950-1977年	1978-1991年
总　计	**00**	**5917136**	**3872**	**66255**	**166864**
农、林、牧、渔业	**A**	**17857**		**1136**	**188**
农业	01	794		198	5
谷物种植	011	118		108	5
豆类、油料和薯类种植	012				
棉、麻、糖、烟草种植	013				
蔬菜、食用菌及园艺作物种植	014	108		18	
水果种植	015	71		14	
坚果、含油果、香料和饮料作物种植	016	482		58	
中药材种植	017	15			
其他农业	019				
林业	02	183		87	5
林木育种和育苗	021	75		4	
造林和更新	022	47		42	5
森林经营和管护	023	61		41	
木材和竹材采运	024				
林产品采集	025				
畜牧业	03	53			
牲畜饲养	031	52			
家禽饲养	032	1			
其他畜牧业	039				
渔业	04	26		26	
水产养殖	041	26		26	
水产捕捞	042				
农、林、牧、渔服务业	05	16801		825	178
农业服务业	051	11447		693	51
林业服务业	052	1921		9	42
畜牧服务业	053	410		117	
渔业服务业	054	3023		6	85
采矿业	**B**	**71898**		**2847**	**3939**
煤炭开采和洗选业	06	20923		592	1980
烟煤和无烟煤开采洗选	061	20273		592	1978
褐煤开采洗选	062	2			
其他煤炭采选	069	648			2
石油和天然气开采业	07				
石油开采	071				
天然气开采	072				
黑色金属矿采选业	08	9896		274	939
铁矿采选	081	9175		45	937
锰矿、铬矿采选	082	680		229	2
其他黑色金属矿采选	089	41			
有色金属矿采选业	09	8877		1	280
常用有色金属矿采选	091	6754		1	176
贵金属矿采选	092	1027			
稀有稀土金属矿采选	093	1096			104
非金属矿采选业	10	32110		1980	740
土砂石开采	101	26389		282	618

小微企业法人单位从业人员数

1992-1995年	1996年	1997年	1998年	1999年	2000年	2001年	2002年
274613	**79674**	**82669**	**120364**	**123920**	**180853**	**198748**	**225854**
316	**181**	**26**	**115**	**110**	**262**	**73**	**228**
150							6
150							6
							9
							9
166	181	26	115	110	262	73	213
29	40	1	25	39	102	31	110
87	141		8	1	34		43
8		17		4	2		6
42		8	82	66	124	42	54
3941	**1195**	**874**	**1235**	**1765**	**1982**	**2513**	**2791**
1835	308		320	83	127	143	57
1835	308		320	51	118	143	2
				32	9		55
706	97	28	427	128	382	522	316
706	97	27	421	128	382	499	314
			6			23	2
		1					
336	395	509	11	525	440	393	790
310	285	255	9	422	437	383	651
26	110	8		63			138
		246	2	40	3	10	1
1064	395	337	477	1029	1033	1455	1595
931	362	300	459	1028	916	1272	1472

2-08 续表 1

行　　业	代码	从　业人员数（人）	1949年及以前	1950-1977年	1978-1991年
化学矿开采	102	720			
采盐	103	1953		1698	122
石棉及其他非金属矿采选	109	3048			
开采辅助活动	11	6			
煤炭开采和洗选辅助活动	111				
石油和天然气开采辅助活动	112				
其他开采辅助活动	119	6			
其他采矿业	12	86			
其他采矿业	120	86			
制造业	**C**	**2885423**	**658**	**8478**	**71446**
农副食品加工业	13	138804		457	3219
谷物磨制	131	6902		92	170
饲料加工	132	13478			197
植物油加工	133	5393			9
制糖业	134	1038			72
屠宰及肉类加工	135	13814		184	176
水产品加工	136	53603		142	1533
蔬菜、水果和坚果加工	137	31418		11	838
其他农副食品加工	139	13158		28	224
食品制造业	14	87312	1	568	1524
焙烤食品制造	141	18894		3	80
糖果、巧克力及蜜饯制造	142	18351		31	250
方便食品制造	143	9636		12	46
乳制品制造	144	1127			193
罐头食品制造	145	20014		61	636
调味品、发酵制品制造	146	6141		202	91
其他食品制造	149	13149	1	259	228
酒、饮料和精制茶制造业	15	82006		269	1966
酒的制造	151	7519		127	52
饮料制造	152	11999			493
精制茶加工	153	62488		142	1421
烟草制品业	16	441			190
烟叶复烤	161	266			15
卷烟制造	162				
其他烟草制品制造	169	175			175
纺织业	17	142663	2	193	4391
棉纺织及印染精加工	171	49954	1	4	2440
毛纺织及染整精加工	172	3369			123
麻纺织及染整精加工	173	481			
丝绢纺织及印染精加工	174	775			9
化纤织造及印染精加工	175	5569			105
针织或钩针编织物及其制品制造	176	51529			860
家用纺织制成品制造	177	9535		177	46
非家用纺织制成品制造	178	21451	1	12	808
纺织服装、服饰业	18	304094		300	6453
机织服装制造	181	228596		284	4278
针织或钩针编织服装制造	182	44691		16	1923
服饰制造	183	30807			252

1992-1995年	1996年	1997年	1998年	1999年	2000年	2001年	2002年
42					80	86	1
91	33	37	18	1	37	97	122
							33
							33
179574	**47064**	**51215**	**72692**	**72762**	**100247**	**123018**	**140139**
7797	2992	4626	4290	4020	5524	4902	4193
466	21	186	133	479	319	421	430
454	182	1242	499	857	980	262	580
264	18	322	104	47	233		192
21	66	21	55		6	182	
597	107	546	628	317	173	333	132
3589	1423	595	649	779	2006	2259	2036
2140	957	1482	1214	947	1170	630	605
266	218	232	1008	594	637	815	218
5924	2136	1779	3668	2299	2536	4492	4548
1043	557	366	1104	26	261	419	472
1447	444	689	533	335	609	1106	846
205	147	230	539	298	105	159	487
1			414		1	237	33
1572	404	406	603	805	770	1117	1673
693	139	19	71	135	306	563	368
963	445	69	404	700	484	891	669
3251	1572	1137	1661	2144	2842	2333	3564
416	173	177	284	405	455	494	470
865	634	563	363	558	496	148	875
1970	765	397	1014	1181	1891	1691	2219
			239				
			239				
9687	3007	3053	4577	4160	4567	6418	9260
3073	854	942	2056	1985	1400	2134	3696
667	480	87	104	8	47	173	320
11					105		10
97		10				1	162
492	117	102	92	740	309	117	468
4000	970	1290	1800	1115	1676	2239	2664
444	208	284	119	125	169	60	534
903	378	338	406	187	861	1694	1406
16411	1903	3406	5929	6128	11163	15047	13953
12065	1480	2700	4585	4373	8868	13002	11244
2830	279	477	1039	989	1272	1390	1694
1516	144	229	305	766	1023	655	1015

2-08 续表 2

行业	代码	从业人员数（人）	1949年及以前	1950-1977年	1978-1991年
皮革、毛皮、羽毛及其制品和制鞋业	19	284101	90	92	5296
皮革鞣制加工	191	9289			94
皮革制品制造	192	49237		62	513
毛皮鞣制及制品加工	193	491		12	17
羽毛(绒)加工及制品制造	194	1239			162
制鞋业	195	223845	90	18	4510
木材加工和木、竹、藤、棕、草制品业	20	121187		250	1970
木材加工	201	23770		151	174
人造板制造	202	39895			146
木制品制造	203	21694		32	773
竹、藤、棕、草等制品制造	204	35828		67	877
家具制造业	21	55817	2	117	446
木质家具制造	211	35134	2	57	297
竹、藤家具制造	212	1056			1
金属家具制造	213	11236		60	24
塑料家具制造	214	983			
其他家具制造	219	7408			124
造纸和纸制品业	22	79514		432	2536
纸浆制造	221	1047		14	
造纸	222	20548		226	657
纸制品制造	223	57919		192	1879
印刷和记录媒介复制业	23	58862	505	790	2559
印刷	231	56558	505	773	2446
装订及印刷相关服务	232	2021		17	113
记录媒介复制	233	283			
文教、工美、体育和娱乐用品制造业	24	185553	48	284	5070
文教办公用品制造	241	7421		49	213
乐器制造	242	1282			272
工艺美术品制造	243	144068	48	235	3791
体育用品制造	244	20886			258
玩具制造	245	10436			536
游艺器材及娱乐用品制造	246	1460			
石油加工及炼焦	25	2560			
化学原料和化学制品制造业	26	86449		761	2761
基础化学原料制造	261	15066			326
肥料制造	262	5883		518	110
农药制造	263	1158			
涂料、油墨、颜料及类似产品制造	264	15794		169	496
合成材料制造	265	10891			85
专用化学产品制造	266	20737		54	651
炸药、火工及焰火产品制造	267	362			6
日用化学产品制造	268	16558		20	1087
医药制造业	27	15079		128	733
化学药品原料药制造	271	1883			165
化学药品制剂制造	272	2643		128	87
中药饮片加工	273	1486			105

1992-1995年	1996年	1997年	1998年	1999年	2000年	2001年	2002年
23969	4691	4411	6058	5844	10388	14308	16244
589	101	440	89	758	587	668	1476
2517	125	269	1040	1734	2589	1252	1405
31				3		44	50
259	13		78		43	118	17
20573	4452	3702	4851	3349	7169	12226	13296
1728	648	770	1815	1626	2980	4793	5590
223	95	111	344	250	527	585	1043
439	111	290	554	631	1193	2104	1854
476	170	129	637	283	445	1056	813
590	272	240	280	462	815	1048	1880
1936	576	795	1852	1413	1413	1775	1996
1221	361	352	1507	960	659	792	1062
190			33		15	20	
266	206	200	137	362	604	750	413
21				3		151	17
238	9	243	175	88	135	62	504
5506	1704	3021	2717	1893	3904	2958	4132
2			1		270		468
1188	641	1218	825	808	1239	610	844
4316	1063	1803	1891	1085	2395	2348	2820
4922	1102	2004	2654	2211	4430	2598	2833
4686	1007	2004	2548	2138	4319	2432	2776
236	95		28	22	111	25	57
			78	51		141	
12458	2145	3059	5612	4081	6056	6262	9316
1108	161	219	2	4	297	615	147
310						29	20
8785	1802	2358	4273	3230	4868	4886	7783
1399	182	295	882	839	553	306	1163
856		187	455	8	338	426	185
							18
196	8	35	6	70	48	235	45
4659	1931	1965	3248	1955	3372	4357	4157
735	248	663	616	323	701	619	673
95	44	5	579	40	548	196	420
194	102	1	62	50			
1560	574	316	471	392	247	761	762
174	108	149	390	75	440	681	548
1020	299	250	506	697	580	944	963
				20			25
881	556	581	624	358	856	1156	766
730	572	170	567	203	980	1306	488
		6			108	9	
386	332			1	511	104	190
45					1	104	

2-08 续表 3

行业	代码	从业人员数（人）	1949年及以前	1950-1977年	1978-1991年
中成药生产	274	3908			280
兽用药品制造	275	805			35
生物药品制造	276	3119			57
卫生材料及医药用品制造	277	1235			4
化学纤维制造业	28	11276			62
纤维素纤维原料及纤维制造	281	2838			
合成纤维制造	282	8438			62
橡胶和塑料制品业	29	135755		131	4376
橡胶制品业	291	19312		49	745
塑料制品业	292	116443		82	3631
非金属矿物制品业	30	337156	1	360	9000
水泥、石灰和石膏制造	301	12270		119	396
石膏、水泥制品及类似制品制造	302	34347	1	5	350
砖瓦、石材等建筑材料制造	303	219643		75	7412
玻璃制造	304	2920			
玻璃制品制造	305	11081			
玻璃纤维和玻璃纤维增强塑料制品制造	306	2940		35	84
陶瓷制品制造	307	45615		68	691
耐火材料制品制造	308	2203		16	13
石墨及其他非金属矿物制品制造	309	6137		42	54
黑色金属冶炼和压延加工业	31	35824		6	386
炼铁	311	1044			2
炼钢	312	766			1
黑色金属铸造	313	20299		5	351
钢压延加工	314	11018			
铁合金冶炼	315	2697		1	32
有色金属冶炼和压延加工业	32	16766			184
常用有色金属冶炼	321	2090			
贵金属冶炼	322	718			
稀有稀土金属冶炼	323	894			
有色金属合金制造	324	3544			4
有色金属铸造	325	1459			
有色金属压延加工	326	8061			180
金属制品业	33	132902	3	142	2626
结构性金属制品制造	331	36246		2	260
金属工具制造	332	11641	3	7	153
集装箱及金属包装容器制造	333	5369			360
金属丝绳及其制品制造	334	2776		35	3
建筑、安全用金属制品制造	335	28001		7	532
金属表面处理及热处理加工	336	10018			241
搪瓷制品制造	337	8170		28	84
金属制日用品制造	338	14040		1	368
其他金属制品制造	339	16641		62	625
通用设备制造业	34	109288		1068	3268
锅炉及原动设备制造	341	3600		4	123
金属加工机械制造	342	16220		352	648
物料搬运设备制造	343	6418		62	344

1992-1995年	1996年	1997年	1998年	1999年	2000年	2001年	2002年
	143	76	517	200	224	975	115
5	10	65				22	
273	31		50	2	64	2	156
21	56	23			72	90	27
1342	14	480	551	237	204	765	413
426	12	136				115	132
916	2	344	551	237	204	650	281
9884	2688	2263	3539	3284	3806	6345	6956
1815	438	487	408	310	870	1008	875
8069	2250	1776	3131	2974	2936	5337	6081
30393	8264	6991	7391	12039	12715	12871	18724
2288	225	13	136	304	275	569	522
1861	287	228	807	416	751	735	572
21218	6425	5257	5026	8928	8143	9386	13816
310	6		62	7	198	21	233
1547	5		13	306	238	269	82
2	91	43			22	4	191
2879	1122	1280	1087	1426	2471	1706	2565
206	55	5		197	45	124	276
82	48	165	260	455	572	57	467
1697	885	539	627	1012	1155	1382	1644
42		51	16		139		4
21			8			17	257
744	507	111	377	813	687	635	687
867	310	293	151	135	325	477	681
23	68	84	75	64	4	253	15
918	19	89	321	319	841	444	445
42			1	90	48	71	12
16					248		
		37					
89			42	94	344	85	132
			110				
771	19	52	168	135	201	288	301
5393	2453	1735	2143	2801	2879	5145	5243
1261	197	264	1429	796	450	485	1584
888	90	345	232	490	278	68	648
195	761	286	22	245	312		181
179			6	247	12	172	50
1190	394	311	149	378	753	1810	788
189	120	100	48	97	142	555	639
1				103	48	39	58
647	648	401	200	189	473	1558	387
843	243	28	57	256	411	458	908
6598	1134	2363	3586	2144	4130	4999	5047
172		182	108	41	250	470	335
298	202	412	91	279	187	199	377
72	111	188	78	163	539	133	409

2-08 续表 4

行　　业	代码	从业人员数（人）	1949年及以前	1950-1977年	1978-1991年
泵、阀门、压缩机及类似机械制造	344	30162		160	834
轴承、齿轮和传动部件制造	345	10343		6	229
烘炉、风机、衡器、包装等设备制造	346	8955		68	311
文化、办公用机械制造	347	3020		60	18
通用零部件制造	348	24722		321	370
其他通用设备制造业	349	5848		35	391
专用设备制造业	35	95540		516	1876
采矿、冶金、建筑专用设备制造	351	16317		14	435
化工、木材、非金属加工专用设备制造	352	30393		275	520
食品、饮料、烟草及饲料生产专用设备制造	353	3314		14	281
印刷、制药、日化及日用品生产专用设备制	354	5867		17	112
纺织、服装和皮革加工专用设备制造	355	9131		104	115
电子和电工机械专用设备制造	356	7570			139
农、林、牧、渔专用机械制造	357	6744		2	95
医疗仪器设备及器械制造	358	4558		90	
环保、社会公共服务及其他专用设备制造	359	11646			179
汽车制造业	36	54018		287	1263
汽车整车制造	361	559			
改装汽车制造	362	1751			
低速载货汽车制造	363	270		61	
电车制造	364	35			
汽车车身、挂车制造	365	1376			211
汽车零部件及配件制造	366	50027		226	1052
铁路、船舶、航空航天和其他运输设备制造业	37	27278		531	915
铁路运输设备制造	371	415		167	
城市轨道交通设备制造	372	15		15	
船舶及相关装置制造	373	9994		349	243
航空、航天器及设备制造	374				
摩托车制造	375	13809			670
自行车制造	376	2237			2
非公路休闲车及零配件制造	377	44			
潜水救捞及其他未列明运输设备制造	379	764			
电气机械和器材制造业	38	118713	6	722	2741
电机制造	381	34474	6	27	636
输配电及控制设备制造	382	32654		378	1544
电线、电缆、光缆及电工器材制造	383	10114		61	48
电池制造	384	6142			85
家用电力器具制造	385	9653		256	150
非电力家用器具制造	386	1894			12
照明器具制造	387	20615			211
其他电气机械及器材制造	389	3167			55
计算机、通信和其他电子设备制造业	39	83052		6	2551
计算机制造	391	4251			375
通信设备制造	392	9253			95
广播电视设备制造	393	2602			1
雷达及配套设备制造	394	15			
视听设备制造	395	3173			

1992-1995年	1996年	1997年	1998年	1999年	2000年	2001年	2002年
1246	217	544	1972	1005	1505	1215	989
1072	138	106	430	159	257	769	770
887	119	277	182	253	739	730	379
522	4	90	50	1	34	58	27
1667	233	564	545	218	577	1225	1360
662	110		130	25	42	200	401
3609	1322	1482	2235	2493	3979	5196	4601
1106	241	103	325	572	971	1271	1359
880	233	322	630	734	1025	1236	1652
199		26	83	55	171		188
394	399	108	310	51	201	171	101
369	9	124	31	242	619	713	478
232	51	210	252	18	2	434	210
114	1	140	21	212	521	641	246
51	95	29	37	515	83	153	76
264	293	420	546	94	386	577	291
5766	1206	804	456	1478	1949	2656	2280
						39	
264	24				470	3	70
				89			
						182	35
5502	1182	804	456	1389	1479	2432	2175
984	469	262	170	868	333	401	1104
		70			15		
144	78	29	120	346	17	84	414
840	391	163	50	522	252	250	629
					13	66	
					36		
						1	61
3602	1347	1814	2507	4340	3741	4533	5305
621	438	561	905	2569	1171	896	1260
1221	760	824	704	659	1035	1529	1708
490	62	22	136	375	441	333	787
2			411		333	899	61
301	71		162	231	212	203	280
40	1			5	20		108
870	15	407	189	175	347	638	1000
57				326	182	35	101
4004	1406	871	2089	1529	2236	2904	4113
412	29	245	1	184	7	31	332
819	134	192	230	239	664	334	909
91	250	2	198		1	171	35
439			11	8	99	243	131

2-08 续表 5

行业	代码	从业人员数（人）	1949年及以前	1950-1977年	1978-1991年
电子器件制造	396	20109			470
电子元件制造	397	32261		3	1312
其他电子设备制造	399	11388		3	298
仪器仪表制造业	40	26129		15	929
通用仪器仪表制造	401	6544		1	190
专用仪器仪表制造	402	1987		11	109
钟表与计时仪器制造	403	9715		3	257
光学仪器及眼镜制造	404	7185			373
其他仪器仪表制造业	409	698			
其他制造业	41	43256		4	1841
废弃资源综合利用业	42	6594			9
金属废料和碎屑加工处理	421	1827			1
非金属废料和碎屑加工处理	422	4767			8
金属制品、机械和设备修理业	43	7434		49	305
金属制品修理	431	596			42
通用设备修理	432	397		11	1
专用设备修理	433	798			59
铁路、船舶、航空航天等运输设备修理	434	3584		38	60
电气设备修理	435	221			15
仪器仪表修理	436	10			
其他机械和设备修理业	439	1828			128
电力、热力、燃气及水生产和供应业	**D**	**95240**	**2917**	**5041**	**15964**
电力、热力生产和供应业	44	76134	2542	3723	11306
电力生产	441	56696	3	2088	4826
电力供应	442	18406	2539	1635	6480
热力生产和供应	443	1032			
燃气生产和供应业	45	2312			186
燃气生产和供应业	450	2312			186
水的生产和供应业	46	16794	375	1318	4472
自来水生产和供应	461	14721	375	1318	4471
污水处理及其再生利用	462	1852			1
其他水的处理、利用与分配	469	221			
建筑业	**E**	**980666**	**1**	**24407**	**29395**
房屋建筑业	47	392738		22771	12541
房屋建筑业	470	392738		22771	12541
土木工程建筑业	48	142400	1	835	3871
铁路、道路、隧道和桥梁工程建筑	481	65649	1	225	570
水利和内河港口工程建筑	482	25716		191	2189
海洋工程建筑	483	207			
工矿工程建筑	484	10138			8
架线和管道工程建筑	485	7400			24
其他土木工程建筑	489	33290		419	1080
建筑安装业	49	53915		614	1085
电气安装	491	27616		499	798
管道和设备安装	492	10251		23	280
其他建筑安装业	499	16048		92	7
建筑装饰和其他建筑业	50	391613		187	11898

1992-1995年	1996年	1997年	1998年	1999年	2000年	2001年	2002年
360	1	73	456	215	262	756	825
1393	909	257	672	441	970	671	1332
490	83	102	521	442	233	698	549
2611	364	487	808	1096	286	1370	1650
450	321	314	344	477	81	587	209
225			113	88	105	2	232
575	30	101	255	484	45	776	582
1361		72	96	47	20	5	563
	13				35		64
3057	478	703	1287	426	1651	2070	2174
151	23	19		307	44	93	106
45					7	12	82
106	23	19		307	37	81	24
391	5	82	89	342	95	60	15
6		1	6	76		44	
35							
8		14	3	1	34	10	
190	5	49	80	254	55	6	
					5		
152		18		11	1		15
7309	**2205**	**1705**	**2384**	**2094**	**3688**	**3307**	**5440**
6413	1922	1413	1895	1543	3209	2974	4840
4674	1922	1366	1626	1341	3148	2909	4521
1629		47	44	202	61	65	319
110			225				
	11			26	12	193	228
	11			26	12	193	228
896	272	292	489	525	467	140	372
770	272	292	442	525	349	120	343
			47		98	20	29
126					20		
39019	**9905**	**9421**	**14366**	**13504**	**28882**	**21308**	**25609**
16527	716	2240	5886	4330	967	11059	12919
16527	716	2240	5886	4330	967	11059	12919
5592	2285	2553	664	2808	1113	2323	3377
3210	1058	817	399	2136	349	35	1025
1258	846	838	41	522	272	585	1324
26							
		14	12	2	27	337	534
215	96	273		107	12	935	137
883	285	611	212	41	453	431	357
2859	2194	1497	1538	1690	3212	3349	4372
1284	861	1083	684	529	2688	1487	1405
476	444	70	208	614	206	495	2469
1099	889	344	646	547	318	1367	498
14041	4710	3131	6278	4676	23590	4577	4941

2-08 续表 6

行业	代码	从业人员数（人）	1949年及以前	1950-1977年	1978-1991年
建筑装饰业	501	83904		82	2368
工程准备活动	502	99836		4	8868
提供施工设备服务	503	60665			6
其他未列明建筑业	509	147208		101	656
批发和零售业	**F**	**785872**	**38**	**13827**	**9399**
批发业	51	563333	22	8656	5718
农、林、牧产品批发	511	28466	3	487	396
食品、饮料及烟草制品批发	512	106557		1378	919
纺织、服装及家庭用品批发	513	97063		513	652
文化、体育用品及器材批发	514	22459	1	12	307
医药及医疗器材批发	515	13137		260	86
矿产品、建材及化工产品批发	516	143645	17	4930	1850
机械设备、五金产品及电子产品批发	517	106107		515	995
贸易经纪与代理	518	21171	1	280	179
其他批发业	519	24728		281	334
零售业	52	222539	16	5171	3681
综合零售	521	21029	6	3585	1007
食品、饮料及烟草制品专门零售	522	44139	3	714	659
纺织、服装及日用品专门零售	523	26124		349	292
文化、体育用品及器材专门零售	524	14116	3	49	222
医药及医疗器材专门零售	525	8854		192	143
汽车、摩托车、燃料及零配件专门零售	526	36045	2	39	279
家用电器及电子产品专门零售	527	28691		50	72
五金、家具及室内装饰材料专门零售	528	27534	1	119	653
货摊、无店铺及其他零售业	529	16007	1	74	354
交通运输、仓储和邮政业	**G**	**188612**	**11**	**3309**	**6927**
道路运输业	54	97594	8	1416	4095
城市公共交通运输	541	14319		426	1821
公路旅客运输	542	13809		517	758
道路货物运输	543	59258		339	1154
道路运输辅助活动	544	10208	8	134	362
水上运输业	55	22895		1138	790
水上旅客运输	551	2203		148	92
水上货物运输	552	13470		990	595
水上运输辅助活动	553	7222			103
航空运输业	56	1676			
航空客货运输	561	611			
通用航空服务	562	250			
航空运输辅助活动	563	815			
管道运输业	57				
管道运输业	570				
装卸搬运和运输代理业	58	47409		492	1377
装卸搬运	581	10225		466	628
运输代理业	582	37184		26	749
仓储业	59	9412	3	263	661
谷物、棉花等农产品仓储	591	2194	3	175	268
其他仓储业	599	7218		88	393

1992-1995年	1996年	1997年	1998年	1999年	2000年	2001年	2002年
13393	4160	2404	3167	4206	2645	2399	2015
305	14	55	10	319	94	146	1925
123	84		5	12	14622	1236	1
220	452	672	3096	139	6229	796	1000
11781	**6789**	**6330**	**9252**	**11142**	**15619**	**16178**	**18701**
8219	5006	4386	6597	7615	10666	11177	13686
287	97	181	432	542	432	405	441
970	972	576	900	1201	1563	1202	1624
589	619	581	656	1213	1773	1954	2139
339	183	202	289	459	561	866	511
157	30	117	119	104	126	198	502
2879	1547	1387	1851	2131	2895	3345	4038
2033	1129	1107	1813	1488	2563	2425	3286
297	197	43	223	208	371	347	405
668	232	192	314	269	382	435	740
3562	1783	1944	2655	3527	4953	5001	5015
240	132	182	193	187	389	332	401
483	153	238	276	491	420	371	426
253	141	105	207	173	457	545	510
217	89	123	170	500	268	314	478
60	32	36	25	108	161	110	247
1075	374	495	907	868	1590	1446	1369
426	352	239	339	574	842	880	774
435	221	283	326	319	524	570	457
373	289	243	212	307	302	433	353
7570	**3071**	**3156**	**5021**	**6331**	**5242**	**9101**	**8180**
2354	1396	1726	2671	3204	2573	4652	4249
504	375	284	313	941	652	622	483
528	357	676	902	899	332	1276	560
732	425	676	1214	1208	1246	2387	2778
590	239	90	242	156	343	367	428
2068	491	441	387	1077	474	1002	973
168	34	16	90	280	94	75	288
1674	240	207	297	323	197	346	610
226	217	218		474	183	581	75
263		75	2			281	265
263		75	2			6	
						34	6
						241	259
1640	1127	819	880	1386	1345	2237	2300
424	375	89	270	198	568	252	101
1216	752	730	610	1188	777	1985	2199
340	57	95	736	513	364	351	375
94	27	4	203	223	157	221	50
246	30	91	533	290	207	130	325

2-08 续表 7

行业	代码	从业人员数(人)	1949年及以前	1950-1977年	1978-1991年
邮政业	60	9626			4
邮政基本服务	601	1289			4
快递服务	602	8337			
住宿和餐饮业	**H**	**136017**		**1191**	**2797**
住宿业	61	67264		865	2376
旅游饭店	611	37589		242	1512
一般旅馆	612	25838		623	724
其他住宿业	619	3837			140
餐饮业	62	68753		326	421
正餐服务	621	59293		323	360
快餐服务	622	3331			48
饮料及冷饮服务	623	2820			
其他餐饮业	629	3309		3	13
信息传输、软件和信息技术服务业	**I**	**72841**	**5**		**163**
电信、广播电视和卫星传输服务	63	4636	1		18
电信	631	3793	1		2
广播电视传输服务	632	779			16
卫星传输服务	633	64			
互联网和相关服务	64	8941	1		18
互联网接入及相关服务	641	999			
互联网信息服务	642	6759	1		18
其他互联网服务	649	1183			
软件和信息技术服务业	65	59264	3		127
软件开发	651	37094	1		80
信息系统集成服务	652	7695			
信息技术咨询服务	653	6030			17
数据处理和存储服务	654	1829	1		
集成电路设计	655	625			
其他信息技术服务业	659	5991	1		30
房地产业	**K**	**152209**	**66**	**493**	**2346**
房地产业	70	152209	66	493	2346
房地产开发经营	701	56476			1701
物业管理	702	77240	66	440	509
房地产中介服务	703	14773		10	116
其他房地产业	709	3720		43	20
租赁和商务服务业	**L**	**293937**	**123**	**4301**	**19757**
租赁业	71	13716		14	50
机械设备租赁	711	13103		14	50
文化及日用品出租	712	613			
商务服务业	72	280221	123	4287	19707
企业管理服务	721	64939	4	3832	1891
法律服务	722	4706			149
咨询与调查	723	42941		12	405
广告业	724	43065	1		195
知识产权服务	725	1789			28
人力资源服务	726	32693	1	10	3063
旅行社及相关服务	727	14905	117	165	494
安全保护服务	728	41671			12699
其他商务服务业	729	33512		268	783

1992-1995年	1996年	1997年	1998年	1999年	2000年	2001年	2002年
905			345	151	486	578	18
			345	124	460		
905				27	26	578	18
3919	**1195**	**1378**	**2457**	**1889**	**2786**	**2444**	**2854**
2743	850	897	1507	1145	1286	1423	1588
2068	624	827	1172	858	1048	970	899
438	226	70	323	248	228	448	625
237			12	39	10	5	64
1176	345	481	950	744	1500	1021	1266
1150	331	478	879	726	1271	787	1126
9	6		14	4	90	103	51
6	2		50	14	112	97	37
11	6	3	7		27	34	52
363	**712**	**328**	**827**	**1170**	**2291**	**1837**	**1898**
43	64		118	323	1157	241	23
17	64		46	204	1141	177	21
20			72	119	16	17	2
6						47	
9	109	7	10	45	140	104	148
	54					10	20
3	55	7	9	37	138	94	81
6			1	8	2		47
311	539	321	699	802	994	1492	1727
189	356	144	369	709	607	833	969
37	100	79	100	78	146	449	244
21	63	32	22	9	85	144	114
		16	51		134		176
					6	3	1
64	20	50	157	6	16	63	223
8267	**3805**	**3557**	**3546**	**4831**	**5811**	**5986**	**4666**
8267	3805	3557	3546	4831	5811	5986	4666
4249	748	670	1165	1555	1967	1077	1164
3651	2971	2701	2148	2958	3326	4455	2763
242	61	153	139	270	494	296	619
125	25	33	94	48	24	158	120
7143	**1779**	**2485**	**5167**	**4384**	**9616**	**6974**	**7090**
62	172	223	98	81	550	160	275
52	147	223	98	65	534	157	236
10	25			16	16	3	39
7081	1607	2262	5069	4303	9066	6814	6815
2144	314	868	1423	822	897	1023	1098
283	55	105	102	138	520	292	163
290	290	165	917	610	2983	847	694
973	180	560	916	946	812	871	1178
55	26		31	36	2	66	74
172	63	52	50	326	1659	100	307
393	352	264	486	178	679	830	522
2260	121		783	837	972	2000	2182
511	206	248	361	410	542	785	597

2-08 续表 8

行业	代码	从业人员数(人)	1949年及以前	1950-1977年	1978-1991年
科学研究和技术服务业	M	**101127**		**376**	**2234**
研究和试验发展	73	9315		72	116
自然科学研究和试验发展	731	1018			46
工程和技术研究和试验发展	732	4598			64
农业科学研究和试验发展	733	2050			4
医学研究和试验发展	734	1518		72	2
社会人文科学研究	735	131			
专业技术服务业	74	67215		296	2004
气象服务	741	327			104
地震服务	742	3			
海洋服务	743	218			33
测绘服务	744	2115			87
质检技术服务	745	6110		27	56
环境与生态监测	746	987		21	29
地质勘查	747	1422		15	289
工程技术	748	39315		101	1320
其他专业技术服务业	749	16718		132	86
科技推广和应用服务业	75	24597		8	114
技术推广服务	751	22012			73
科技中介服务	752	1087		8	17
其他科技推广和应用服务业	759	1498			24
水利、环境和公共设施管理业	N	**22175**		**158**	**375**
水利管理业	76	2285		158	231
防洪除涝设施管理	761	242		10	
水资源管理	762	656		50	18
天然水收集与分配	763	655		95	213
水文服务	764	40			
其他水利管理业	769	692		3	
生态保护和环境治理业	77	2597			1
生态保护	771	251			
环境治理业	772	2346			1
公共设施管理业	78	17293			143
市政设施管理	781	2361			19
环境卫生管理	782	1860			10
城乡市容管理	783	617			
绿化管理	784	4728			25
公园和游览景区管理	785	7727			89
居民服务、修理和其他服务业	O	**60874**	**8**	**370**	**859**
居民服务业	79	24992		167	228
家庭服务	791	3580			
托儿所服务	792	105			6
洗染服务	793	1655			3
理发及美容服务	794	3044		42	63
洗浴服务	795	3947		40	
保健服务	796	7634			30

1992-1995年	1996年	1997年	1998年	1999年	2000年	2001年	2002年
2694	**802**	**837**	**1263**	**2026**	**1739**	**3129**	**3965**
200	46	75	89	30	164	38	71
37		2		1	7	4	2
79	20	71	60	11	39	2	29
74	18	2	8	14	81	32	1
10	8		20	4	29		39
			1		8		
2215	600	725	1054	1826	1224	2807	3540
13		8	18	11		15	15
							8
42				2	23	16	192
164	54	9	58	164	21	113	681
	23		10	9	68		12
63		22	81	8	142		
1659	449	611	762	1511	735	2238	2096
274	74	75	125	121	235	425	536
279	156	37	120	170	351	284	354
244	107	37	80	162	279	250	323
6	43		13		53	24	20
29	6		27	8	19	10	11
629	**242**	**327**	**344**	**311**	**409**	**691**	**1126**
245		21	44	7	92	97	164
			40	7		28	
174			4		23	65	82
49		5			20		82
22		16			49	4	
37	14	22	9	65	46	153	157
1	14	4			21		43
36		18	9	65	25	153	114
347	228	284	291	239	271	441	805
31	21	10	23	34	1	116	46
78		7	5	9	91		47
16					38		5
62	79	240	55	117	101	116	288
160	128	27	208	79	40	209	419
1343	**531**	**635**	**1123**	**1240**	**1477**	**1425**	**2018**
531	181	200	621	357	642	409	622
9	1	56	4	36	96	47	98
				4			
98	32	49	2		106	8	19
22	10		45	145	84	136	75
169	113	10	115	52	60	16	141
30		1	26	24	98	54	80

2-08 续表 9

行业	代码	从业人员数(人)	1949年及以前	1950-1977年	1978-1991年
婚姻服务	797	738			
殡葬服务	798	2106		6	42
其他居民服务业	799	2183		79	84
机动车、电子产品和日用产品修理业	80	26707		191	532
汽车、摩托车修理与维护	801	21929		189	416
计算机和办公设备维修	802	2013			28
家用电器修理	803	1783			20
其他日用产品修理业	809	982		2	68
其他服务业	81	9175	8	12	99
清洁服务	811	7518	8		72
其他未列明服务业	819	1657		12	27
卫生和社会工作	**Q**	**389**			
社会工作	84	389			
提供住宿社会工作	841	294			
不提供住宿社会工作	842	95			
文化、体育和娱乐业	**R**	**51999**	**45**	**321**	**1075**
新闻和出版业	85	1489			510
新闻业	851	143			
出版业	852	1346			510
广播、电视、电影和影视录音制作业	86	4301	45	283	279
广播	861	59			
电视	862	169			
电影和影视节目制作	863	1210		27	5
电影和影视节目发行	864	322		54	7
电影放映	865	2463	45	202	267
录音制作	866	78			
文化艺术业	87	7813		31	201
文艺创作与表演	871	5092		31	181
艺术表演场馆	872	105			
图书馆与档案馆	873	226			
文物及非物质文化遗产保护	874	243			
博物馆	875	82			
烈士陵园、纪念馆	876	10			
群众文化活动	877	391			20
其他文化艺术业	879	1664			
体育	88	4508			33
体育组织	881	340			
体育场馆	882	376			
休闲健身活动	883	3330			33
其他体育	889	462			
娱乐业	89	33888		7	52
室内娱乐活动	891	31934		7	42
游乐园	892	655			
彩票活动	893	3			
文化、娱乐、体育经纪代理	894	537			
其他娱乐业	899	759			10

1992-1995年	1996年	1997年	1998年	1999年	2000年	2001年	2002年
			10			1	52
100		74	336	9	106	89	33
103	25	10	83	87	92	58	124
666	333	274	460	805	725	834	1230
623	289	263	412	646	559	743	1099
41	32	1	38	110	63	28	42
	10	7	10	49	39	60	65
2	2	3			64	3	24
146	17	161	42	78	110	182	166
71	17	100	42	33	87	161	121
75		61		45	23	21	45
48		**14**	**5**	**19**	**7**	**8**	**17**
48		14	5	19	7	8	17
		1	1	10		3	15
48		13	4	9	7	5	2
697	**198**	**381**	**567**	**342**	**795**	**756**	**1132**
108				12	32	49	23
108				12	32	49	23
61	13	40	31	19	17	22	148
					10		
19				6			
30		40	24	9	1		32
							116
12	13		7	4	3	19	
					3	3	
159	64	41	230		306	91	121
155	64	41	155		260	71	45
			5		16		11
			14		21	10	
					1	4	
					3	1	47
4			56		5	5	18
15	9	46	55	36	34	122	192
4	3				27	60	4
3						5	28
8	6	46	31	36	7	57	160
			24				
354	112	254	251	275	406	472	648
328	97	208	146	230	364	451	592
8			41		42	10	
	15			45			41
18		46	64			11	15

2-08 续表 10

行业	代码	2003年	2004年	2005年	2006年
总计	00	**311364**	**345423**	**321481**	**447249**
农、林、牧、渔业	A	**483**	**290**	**325**	**540**
农业	01	32	22	34	253
谷物种植	011				
豆类、油料和薯类种植	012				
棉、麻、糖、烟草种植	013				
蔬菜、食用菌及园艺作物种植	014		20	12	3
水果种植	015	32	2	22	
坚果、含油果、香料和饮料作物种植	016				250
中药材种植	017				
其他农业	019				
林业	02	15		20	
林木育种和育苗	021	15			
造林和更新	022				
森林经营和管护	023			20	
木材和竹材采运	024				
林产品采集	025				
畜牧业	03			10	23
牲畜饲养	031			10	22
家禽饲养	032				1
其他畜牧业	039				
渔业	04				
水产养殖	041				
水产捕捞	042				
农、林、牧、渔服务业	05	436	268	261	264
农业服务业	051	257	141	142	130
林业服务业	052	58	35	77	48
畜牧服务业	053				5
渔业服务业	054	121	92	42	81
采矿业	B	**3458**	**9244**	**8327**	**4744**
煤炭开采和洗选业	06	976	6128	4825	570
烟煤和无烟煤开采洗选	061	976	6094	4825	544
褐煤开采洗选	062				
其他煤炭采选	069		34		26
石油和天然气开采业	07				
石油开采	071				
天然气开采	072				
黑色金属矿采选业	08	689	733	786	488
铁矿采选	081	689	671	785	488
锰矿、铬矿采选	082		62	1	
其他黑色金属矿采选	089				
有色金属矿采选业	09	141	871	901	1188
常用有色金属矿采选	091	72	541	734	914
贵金属矿采选	092	64	288	77	32
稀有稀土金属矿采选	093	5	42	90	242
非金属矿采选业	10	1652	1512	1815	2498
土砂石开采	101	1295	1423	1494	2117

2007年	2008年	2009年	2010年	2011年	2012年	2013年	无开业年份
357679	**385586**	**381553**	**502208**	**490603**	**450733**	**392472**	**7099**
393	**986**	**1587**	**1777**	**3001**	**2314**	**3519**	**7**
		5		53	29	7	
						5	
				38	15	2	
					1		
		5			13		
				15			
			48		8		
			48		8		
	11						
	11						
393	975	1582	1729	2948	2277	3512	7
230	743	1180	1144	2136	1667	2550	6
86	47	193	201	311	318	181	1
	6	44	28	33	22	118	
77	179	165	356	468	270	663	
2719	**5197**	**2976**	**2833**	**3040**	**3114**	**2923**	**241**
443	242	368	495	233	808	305	85
442	224	179	425	167	672	294	84
			2				
1	18	189	68	66	136	11	1
390	1248	337	310	538	474	74	10
390	962	325	241	530	459	74	5
	253	12	69	8	8		5
	33				7		
509	483	169	90	476	170	149	50
331	410	113	87	409	56	122	36
81	56	43			35		6
97	17	13	3	67	79	27	8
1377	3224	2096	1919	1789	1661	2366	96
954	2939	1823	1617	1517	1403	2097	70

2-08 续表 11

行业	代码	2003年	2004年	2005年	2006年
化学矿开采	102		31		61
采盐	103				
石棉及其他非金属矿采选	109	357	58	321	320
开采辅助活动	11				
煤炭开采和洗选辅助活动	111				
石油和天然气开采辅助活动	112				
其他开采辅助活动	119				
其他采矿业	12				
其他采矿业	120				
制造业	C	**175716**	**187711**	**164306**	**199641**
农副食品加工业	13	7944	7703	7926	7979
谷物磨制	131	796	543	371	633
饲料加工	132	798	635	895	796
植物油加工	133	750	240	441	78
制糖业	134			10	136
屠宰及肉类加工	135	722	714	576	1271
水产品加工	136	2690	2772	3313	3070
蔬菜、水果和坚果加工	137	1847	1886	1285	1370
其他农副食品加工	139	341	913	1035	625
食品制造业	14	4501	4707	4577	6431
焙烤食品制造	141	621	1008	573	1415
糖果、巧克力及蜜饯制造	142	1528	685	1361	1587
方便食品制造	143	156	169	676	1175
乳制品制造	144	78	8	39	
罐头食品制造	145	1438	1304	1077	1226
调味品、发酵制品制造	146	248	379	412	243
其他食品制造	149	432	1154	439	785
酒、饮料和精制茶制造业	15	2668	3697	4169	5755
酒的制造	151	246	344	387	351
饮料制造	152	480	704	497	931
精制茶加工	153	1942	2649	3285	4473
烟草制品业	16			12	
烟叶复烤	161			12	
卷烟制造	162				
其他烟草制品制造	169				
纺织业	17	12003	10140	8986	11623
棉纺织及印染精加工	171	5520	2796	3957	3336
毛纺织及染整精加工	172	352	75	277	27
麻纺织及染整精加工	173				200
丝绢纺织及印染精加工	174		20	18	
化纤织造及印染精加工	175	138	469	109	493
针织或钩针编织物及其制品制造	176	3423	4398	3598	5209
家用纺织制成品制造	177	1081	444	299	587
非家用纺织制成品制造	178	1489	1938	728	1771
纺织服装、服饰业	18	19995	20723	16729	19209
机织服装制造	181	16480	16723	13488	14415
针织或钩针编织服装制造	182	2216	3028	1639	3026
服饰制造	183	1299	972	1602	1768

2007年	2008年	2009年	2010年	2011年	2012年	2013年	无开业年份
36		3	1	72	203	104	
	48			81	3		1
387	237	270	301	119	52	165	25
		6					
		6					
			19	4	1	29	
			19	4	1	29	
182841	**176674**	**168842**	**222915**	**208660**	**180885**	**145939**	**4000**
9437	9034	8265	9597	10452	9734	8429	284
362	197	181	303	189	244	361	5
334	960	661	413	1190	799	697	47
258	583	481	530	219	147	477	
193				251	20	5	
1337	1032	697	707	753	2013	764	35
3382	3728	3802	3910	4353	4016	3468	88
2341	1736	1761	3084	2476	1712	1832	94
1230	798	682	650	1021	783	825	15
4743	3657	4800	7202	6424	6409	4220	166
601	1136	1142	2067	1781	2424	1765	30
972	528	567	1458	1829	924	599	23
362	481	447	1563	792	1017	568	2
6	18		20	60		19	
1138	673	1188	1432	1014	1169	307	1
401	339	528	187	242	288	283	4
1263	482	928	475	706	587	679	106
6322	5624	6080	7543	6856	6816	5688	49
482	392	563	259	472	477	462	31
465	646	615	422	967	485	791	1
5375	4586	4902	6862	5417	5854	4435	17
6918	6645	5915	9442	7797	7171	6578	130
2660	2611	1913	3233	1886	2066	1357	34
20	52	16	171	187	17	159	7
	9	6	26		88	26	
38		88	56	195	29	52	
53	182	85	518	282	262	408	28
2223	2432	2405	2665	2629	2743	3145	45
609	523	774	1219	792	622	416	3
1315	836	628	1554	1826	1344	1015	13
17510	16346	19166	22032	23556	25886	21968	281
13424	13326	13517	16336	17223	16908	13621	256
2469	1533	2760	3598	3833	5322	3348	10
1617	1487	2889	2098	2500	3656	4999	15

2-08 续表 12

行　　业	代码				
		2003年	2004年	2005年	2006年
皮革、毛皮、羽毛及其制品和制鞋业	19	19745	19235	16853	16747
皮革鞣制加工	191	81	1061	887	607
皮革制品制造	192	2960	3229	4511	4045
毛皮鞣制及制品加工	193		8		29
羽毛(绒)加工及制品制造	194		132		15
制鞋业	195	16704	14805	11455	12051
木材加工和木、竹、藤、棕、草制品业	20	7243	10077	10353	13596
木材加工	201	1349	1839	2489	2829
人造板制造	202	3113	4507	3443	5941
木制品制造	203	704	1333	1216	2166
竹、藤、棕、草等制品制造	204	2077	2398	3205	2660
家具制造业	21	3433	3414	3839	4169
木质家具制造	211	1967	2350	1931	2258
竹、藤家具制造	212	111	31		50
金属家具制造	213	1000	574	1658	821
塑料家具制造	214	5	229	75	16
其他家具制造	219	350	230	175	1024
造纸和纸制品业	22	5742	3757	4706	4807
纸浆制造	221	1	1	26	5
造纸	222	1088	1416	1060	828
纸制品制造	223	4653	2340	3620	3974
印刷和记录媒介复制业	23	4713	4872	3476	3783
印刷	231	4591	4682	3227	3548
装订及印刷相关服务	232	122	190	239	235
记录媒介复制	233			10	
文教、工美、体育和娱乐用品制造业	24	10722	11393	9201	12294
文教办公用品制造	241	613	327	482	556
乐器制造	242	171	135		46
工艺美术品制造	243	8732	8406	7039	8867
体育用品制造	244	711	1815	1050	1910
玩具制造	245	412	710	540	892
游艺器材及娱乐用品制造	246	83		90	23
石油加工及炼焦	25	260	166	86	148
化学原料和化学制品制造业	26	4946	4516	6093	7695
基础化学原料制造	261	400	770	988	829
肥料制造	262	94	127	159	428
农药制造	263	2	116	177	30
涂料、油墨、颜料及类似产品制造	264	1369	1236	1313	1137
合成材料制造	265	809	275	801	955
专用化学产品制造	266	689	788	1944	2699
炸药、火工及焰火产品制造	267	213	15		8
日用化学产品制造	268	1370	1189	711	1609
医药制造业	27	872	1219	1171	995
化学药品原料药制造	271		46	43	311
化学药品制剂制造	272	267		422	74
中药饮片加工	273	46	88	297	

2007年	2008年	2009年	2010年	2011年	2012年	2013年	无开业年份
15762	15323	13036	21693	20277	17305	16602	132
108	365	121	96	316	454	391	
3077	3932	2616	3373	3270	3304	3402	12
	30	34		78	138	17	
59	74	10	91	39	99	10	20
12518	10922	10255	18133	16574	13310	12782	100
13288	9293	8065	10064	6815	5448	4692	83
2398	2271	1350	1369	1587	1325	1433	28
5117	2397	1676	3010	1917	776	669	7
3205	1947	1999	1822	929	821	738	
2568	2678	3040	3863	2382	2526	1852	48
4674	3252	3849	4957	4439	4021	3398	51
3466	2217	2833	2973	2974	2519	2334	42
57	126	1	78	126	175	42	
774	453	339	809	513	843	423	7
59	41	210	25	50	15	66	
318	415	466	1072	776	469	533	2
4996	4020	3643	6948	5660	3421	2975	36
47	34	19		70	1	88	
1282	1499	1069	1850	900	461	827	12
3667	2487	2555	5098	4690	2959	2060	24
2054	2221	2569	2410	2570	2147	1412	27
1921	2181	2480	2380	2519	2064	1305	26
133	40	89	30	48	83	107	1
				3			
14188	9969	12469	14889	13688	13201	8883	265
430	226	479	511	412	231	311	28
	43	61	74	64	26	31	
11566	8258	9424	11193	10845	10617	6947	115
1323	875	1658	1855	1197	1649	875	91
467	567	847	1250	737	598	394	31
402			6	433	80	325	
139	347	92	239	135	180	125	
6002	7772	3990	4680	3518	4308	3129	634
1844	1237	912	1495	546	502	204	435
129	994	348	317	196	303	212	21
186	96	23	26	47	35	11	
771	1359	592	561	646	502	549	11
1262	934	608	569	816	714	482	16
1162	2318	1095	1134	836	1108	872	128
2	42	8		11	12		
646	792	404	578	420	1132	799	23
580	742	393	586	725	793	1073	53
106	184	198	59	95	281	271	1
9	8		73	27	23	1	
385	65		33	203		114	

2-08 续表 13

行业	代码	2003年	2004年	2005年	2006年
中成药生产	274	309	282	12	41
兽用药品制造	275	2	281	126	123
生物药品制造	276	147	225	232	425
卫生材料及医药用品制造	277	101	297	39	21
化学纤维制造业	28	704	1286	629	856
纤维素纤维原料及纤维制造	281	254	31	403	250
合成纤维制造	282	450	1255	226	606
橡胶和塑料制品业	29	8519	8432	7030	8449
橡胶制品业	291	1318	1082	954	1151
塑料制品业	292	7201	7350	6076	7298
非金属矿物制品业	30	18533	19638	14562	20098
水泥、石灰和石膏制造	301	785	786	398	728
石膏、水泥制品及类似制品制造	302	1459	1461	1268	2011
砖瓦、石材等建筑材料制造	303	12300	13799	9785	12721
玻璃制造	304	96	200	23	128
玻璃制品制造	305	356	676	664	929
玻璃纤维和玻璃纤维增强塑料制品制造	306	41	462	13	344
陶瓷制品制造	307	2956	1922	2104	2811
耐火材料制品制造	308	97	124	14	124
石墨及其他非金属矿物制品制造	309	443	208	293	302
黑色金属冶炼和压延加工业	31	2960	2792	2296	2411
炼铁	311	19	3	232	
炼钢	312		145		88
黑色金属铸造	313	1800	1938	869	907
钢压延加工	314	1067	642	872	1154
铁合金冶炼	315	74	64	323	262
有色金属冶炼和压延加工业	32	1223	1061	985	1781
常用有色金属冶炼	321	147	302	167	251
贵金属冶炼	322	215			
稀有稀土金属冶炼	323	435		90	31
有色金属合金制造	324	104	60	170	471
有色金属铸造	325	5	8	25	131
有色金属压延加工	326	317	691	533	897
金属制品业	33	6456	7839	6644	8743
结构性金属制品制造	331	2207	2107	1882	2246
金属工具制造	332	864	662	780	593
集装箱及金属包装容器制造	333	236	319	137	71
金属丝绳及其制品制造	334	385	325	208	422
建筑、安全用金属制品制造	335	852	1664	1075	1817
金属表面处理及热处理加工	336	287	1033	313	1026
搪瓷制品制造	337	44	151	126	331
金属制日用品制造	338	505	697	1091	1034
其他金属制品制造	339	1076	881	1032	1203
通用设备制造业	34	5996	8206	6422	7313
锅炉及原动设备制造	341	75	157	619	89
金属加工机械制造	342	787	1048	1475	1059
物料搬运设备制造	343	770	969	107	483

2007年	2008年	2009年	2010年	2011年	2012年	2013年	无开业年份
29	140	113		218	124	109	1
	6	4		21	34	71	
16	272	60	293	114	197	452	51
35	67	18	128	47	134	55	
430	339	8	1437	578	422	491	28
	14	1	905	1	110	48	
430	325	7	532	577	312	443	28
9098	8428	8370	11157	10168	6745	5914	173
779	1107	966	1309	1077	1428	1079	57
8319	7321	7404	9848	9091	5317	4835	116
16761	21366	17545	27048	26852	20397	15088	519
293	1114	742	555	913	556	278	275
3073	2924	2835	3740	4507	2739	2245	72
9372	12340	10247	16061	15915	12558	8740	119
268	224	86	267	393	282	116	
512	873	592	1290	1233	868	609	19
	708	89	264	146	349	52	
2938	2768	2215	4155	3271	2365	2796	19
42	78	256	252	75	153	42	9
263	337	483	464	399	527	210	6
2849	4492	3430	1642	1289	1243	1068	19
1	137	9	206	28	93	62	
			26	2	9	192	
2056	3003	1986	842	726	730	519	6
514	933	1115	535	331	341	273	2
278	419	320	33	202	70	22	11
1437	1015	1004	728	2273	1124	521	34
394	202	133	54	63	77	36	
156			7	19	57		
74	185			8	31	3	
87	371	255	7	956	205	57	11
55	91	98	165	434	312	25	
671	166	518	495	793	442	400	23
7532	9670	9499	13872	13382	11190	7419	93
2915	2872	2775	4216	3303	2675	2311	9
447	551	621	1199	1256	814	651	1
312	529	194	707	95	294	110	3
6	160	105	157	152	100	52	
1299	1565	1673	3142	3401	3507	1641	53
781	1166	856	972	698	518	224	13
387	680	689	1127	2074	1103	1097	
467	842	826	1133	1028	872	667	6
918	1305	1760	1219	1375	1307	666	8
6861	6295	6228	7108	8240	6962	5211	109
152	98	52	158	64	216	235	
1343	912	908	1791	1546	1450	847	9
497	253	94	506	200	161	267	12

2-08 续表 14

行业	代码	2003年	2004年	2005年	2006年
泵、阀门、压缩机及类似机械制造	344	1336	1824	1452	1923
轴承、齿轮和传动部件制造	345	606	1236	551	478
烘炉、风机、衡器、包装等设备制造	346	374	422	428	763
文化、办公用机械制造	347	251	339	395	274
通用零部件制造	348	1287	2103	1097	1732
其他通用设备制造业	349	510	108	298	512
专用设备制造业	35	6021	6347	6270	6367
采矿、冶金、建筑专用设备制造	351	1454	803	654	1046
化工、木材、非金属加工专用设备制造	352	2351	2527	1991	1967
食品、饮料、烟草及饲料生产专用设备制造	353	227	91	99	249
印刷、制药、日化及日用品生产专用设备制	354	232	125	894	615
纺织、服装和皮革加工专用设备制造	355	296	1386	617	569
电子和电工机械专用设备制造	356	226	164	342	619
农、林、牧、渔专用机械制造	357	305	57	459	156
医疗仪器设备及器械制造	358	422	397	246	251
环保、社会公共服务及其他专用设备制造	359	508	797	968	895
汽车制造业	36	3533	6313	4429	4754
汽车整车制造	361			89	206
改装汽车制造	362		241	115	70
低速载货汽车制造	363				120
电车制造	364				
汽车车身、挂车制造	365			223	528
汽车零部件及配件制造	366	3533	6072	4002	3830
铁路、船舶、航空航天和其他运输设备制造业	37	1262	1097	2639	1496
铁路运输设备制造	371				
城市轨道交通设备制造	372				
船舶及相关装置制造	373	547	254	1017	643
航空、航天器及设备制造	374				
摩托车制造	375	500	843	1295	591
自行车制造	376	211		327	132
非公路休闲车及零配件制造	377				
潜水救捞及其他未列明运输设备制造	379	4			130
电气机械和器材制造业	38	6329	8890	5534	9529
电机制造	381	2604	2986	2036	2544
输配电及控制设备制造	382	1658	2716	1430	3445
电线、电缆、光缆及电工器材制造	383	537	640	313	821
电池制造	384	425	425	456	47
家用电力器具制造	385	501	612	498	687
非电力家用器具制造	386	241	172	15	4
照明器具制造	387	233	818	641	1916
其他电气机械及器材制造	389	130	521	145	65
计算机、通信和其他电子设备制造业	39	4428	5045	4190	6469
计算机制造	391	59	250	248	139
通信设备制造	392	970	209	303	588
广播电视设备制造	393	16	622		203
雷达及配套设备制造	394				1
视听设备制造	395		297		577

2007年	2008年	2009年	2010年	2011年	2012年	2013年	无开业年份
1936	2068	2538	1526	2706	1786	1359	21
603	678	668	638	428	354	163	4
303	260	517	506	578	430	396	33
28	173	77	102	151	264	97	5
1455	1519	1213	1560	2093	1905	1656	22
544	334	161	321	474	396	191	3
6245	5590	6932	7531	6306	5341	5098	183
1185	794	786	1149	658	681	651	59
2041	1872	2832	2277	1859	1753	1407	9
171	477	253	265	151	150	161	3
295	408	283	219	273	315	338	6
411	568	589	332	591	338	626	4
467	332	489	882	886	650	879	86
339	458	653	976	849	222	277	
620	205	154	427	325	225	157	
716	476	893	1004	714	1007	602	16
3052	2961	2140	3117	2849	1479	1064	182
150						25	50
58	1	81	321	23		10	
12		1		5		17	
	5		20	131	30	11	
2832	2955	2058	2776	2690	1449	1001	132
2727	1686	3352	3408	1569	1413	522	70
15		89			42	17	
1078	342	1726	884	785	607	245	42
1102	980	1397	2246	537	348	176	27
531	82	139	272	247	142	72	1
						8	
1	282	1	6		274	4	
9268	9630	8566	10586	7952	5872	5759	140
2379	2571	2314	2759	2460	1734	949	48
2340	1792	2081	2247	1905	1468	1182	28
1142	892	733	1016	448	477	340	
303	19	347	515	677	146	987	4
889	929	1072	1001	650	545	394	9
31	558	93	253	194	38	81	28
2007	2668	1743	2656	1294	1121	1643	23
177	201	183	139	324	343	183	
5788	6022	5331	8231	8687	4053	2959	140
407	500	211	272	181	191	171	6
231	720	559	802	538	414	293	10
276	119	182	2	292	133	8	
		10	4				
284	78	417	165	274	129	20	1

2-08 续表 15

行业	代码	2003年	2004年	2005年	2006年
电子器件制造	396	679	1456	446	2054
电子元件制造	397	2302	1576	2645	2244
其他电子设备制造	399	402	635	548	663
仪器仪表制造业	40	2297	1440	1647	2612
通用仪器仪表制造	401	275	480	433	189
专用仪器仪表制造	402	19	112	101	25
钟表与计时仪器制造	403	1597	574	629	1341
光学仪器及眼镜制造	404	405	249	333	928
其他仪器仪表制造业	409	1	25	151	129
其他制造业	41	2103	2601	2591	2730
废弃资源综合利用业	42	340	447	69	286
金属废料和碎屑加工处理	421	38	305	59	23
非金属废料和碎屑加工处理	422	302	142	10	263
金属制品、机械和设备修理业	43	225	658	192	516
金属制品修理	431	13		4	1
通用设备修理	432	16			89
专用设备修理	433	40	190	6	84
铁路、船舶、航空航天等运输设备修理	434	111	324	72	103
电气设备修理	435		35	92	6
仪器仪表修理	436				
其他机械和设备修理业	439	45	109	18	233
电力、热力、燃气及水生产和供应业	D	**8019**	**5602**	**4404**	**4764**
电力、热力生产和供应业	44	6937	5117	3557	4055
电力生产	441	6566	4136	3450	3107
电力供应	442	227	981	24	843
热力生产和供应	443	144		83	105
燃气生产和供应业	45	387	1	320	298
燃气生产和供应业	450	387	1	320	298
水的生产和供应业	46	695	484	527	411
自来水生产和供应	461	528	426	424	307
污水处理及其再生利用	462	167	58	103	103
其他水的处理、利用与分配	469				1
建筑业	E	**54778**	**63615**	**58524**	**143210**
房屋建筑业	47	12772	19901	27591	43236
房屋建筑业	470	12772	19901	27591	43236
土木工程建筑业	48	4699	7289	4968	4061
铁路、道路、隧道和桥梁工程建筑	481	2557	2973	2486	3175
水利和内河港口工程建筑	482	728	425	63	69
海洋工程建筑	483	3		75	6
工矿工程建筑	484	468	61	1218	55
架线和管道工程建筑	485	343	1126	460	260
其他土木工程建筑	489	600	2704	666	496
建筑安装业	49	4125	3738	2886	9158
电气安装	491	2213	1287	784	8066
管道和设备安装	492	483	1049	830	559
其他建筑安装业	499	1429	1402	1272	533
建筑装饰和其他建筑业	50	33182	32687	23079	86755

2007年	2008年	2009年	2010年	2011年	2012年	2013年	无开业年份
1076	947	837	2817	4589	841	900	49
2372	2691	2192	3034	2180	1720	1315	30
1142	967	923	1135	633	625	252	44
1174	1537	1250	1335	1523	975	697	26
380	272	393	315	322	204	304	3
73	22	74	303	223	101	47	2
478	640	201	452	401	90	201	3
111	578	570	251	552	513	140	18
132	25	12	14	25	67	5	
2063	2072	1894	1994	2533	5095	3839	50
597	964	271	442	717	1053	616	40
124	504	31	120	225	137	83	31
473	460	240	322	492	916	533	9
346	362	690	997	830	681	501	3
	37	22	188	73	82	1	
38	15	11	57	55	46	23	
40	21	22	57	49	19	138	3
170	202	462	560	370	328	145	
30		7	7	3	8	13	
10							
58	87	166	128	280	198	181	
2251	**5239**	**2683**	**2724**	**2542**	**2863**	**2005**	**90**
1849	4367	1842	1919	1407	1933	1310	61
1528	2293	1738	1680	1187	1483	1077	27
295	2050	70	233	88	341	233	
26	24	34	6	132	109		34
44	47	72	120	107	118	129	13
44	47	72	120	107	118	129	13
358	825	769	685	1028	812	566	16
230	585	524	458	822	704	425	11
112	235	229	205	206	99	135	5
16	5	16	22		9	6	
76931	**90599**	**65267**	**80219**	**69536**	**40028**	**21964**	**178**
35977	37837	31873	29321	38098	16667	9418	91
35977	37837	31873	29321	38098	16667	9418	91
9099	13503	8845	27682	18132	14096	4573	31
5289	5513	3446	7292	9363	11376	2346	8
432	2010	3135	2560	6712	1305	205	6
			34	42	12	9	
1379	4191	148	1538	48	27	71	
929	588	551	568	469	200	107	
1070	1201	1565	15690	1498	1176	1835	17
1797	1398	1990	1423	2118	1846	1024	2
823	675	494	523	802	363	268	
272	185	560	311	371	225	119	2
702	538	936	589	945	1258	637	
30058	37861	22559	21793	11188	7419	6949	54

2-08 续表 16

行业	代码	2003年	2004年	2005年	2006年
建筑装饰业	501	3116	1101	2120	18391
工程准备活动	502	8341	2005	6852	34867
提供施工设备服务	503	598	2234	4369	9649
其他未列明建筑业	509	21127	27347	9738	23848
批发和零售业	**F**	**24830**	**25638**	**30046**	**36165**
批发业	51	18416	19826	22228	26009
农、林、牧产品批发	511	450	467	843	785
食品、饮料及烟草制品批发	512	2094	2196	2624	3639
纺织、服装及家庭用品批发	513	3259	4261	4167	4872
文化、体育用品及器材批发	514	1043	1264	831	859
医药及医疗器材批发	515	442	857	1283	1122
矿产品、建材及化工产品批发	516	4783	4649	5569	7118
机械设备、五金产品及电子产品批发	517	4428	4691	5097	5629
贸易经纪与代理	518	842	519	605	967
其他批发业	519	1075	922	1209	1018
零售业	52	6414	5812	7818	10156
综合零售	521	417	590	702	916
食品、饮料及烟草制品专门零售	522	665	460	988	1567
纺织、服装及日用品专门零售	523	597	782	845	982
文化、体育用品及器材专门零售	524	481	331	264	708
医药及医疗器材专门零售	525	556	269	572	454
汽车、摩托车、燃料及零配件专门零售	526	1688	1247	1450	1784
家用电器及电子产品专门零售	527	1001	957	1334	1514
五金、家具及室内装饰材料专门零售	528	601	747	1032	1535
货摊、无店铺及其他零售业	529	408	429	631	696
交通运输、仓储和邮政业	**G**	**7730**	**9766**	**11449**	**12757**
道路运输业	54	3352	5885	5228	5928
城市公共交通运输	541	444	851	1060	943
公路旅客运输	542	322	1237	1031	478
道路货物运输	543	2240	3015	2656	4361
道路运输辅助活动	544	346	782	481	146
水上运输业	55	924	945	3221	2218
水上旅客运输	551		53	84	335
水上货物运输	552	614	814	1630	1255
水上运输辅助活动	553	310	78	1507	628
航空运输业	56	280	3	14	56
航空客货运输	561	32		14	55
通用航空服务	562	167			
航空运输辅助活动	563	81	3		1
管道运输业	57				
管道运输业	570				
装卸搬运和运输代理业	58	2578	2343	2709	3284
装卸搬运	581	717	431	206	538
运输代理业	582	1861	1912	2503	2746
仓储业	59	582	558	194	583
谷物、棉花等农产品仓储	591	116	140		93
其他仓储业	599	466	418	194	490

2007年	2008年	2009年	2010年	2011年	2012年	2013年	无开业年份
1533	1275	2709	3740	4229	4561	4277	13
16652	7323	5616	4548	863	472	534	23
7251	13547	2810	400	2329	951	432	6
4622	15716	11424	13105	3767	1435	1706	12
37025	**48503**	**66589**	**90156**	**98312**	**104916**	**103579**	**1057**
27738	36789	47880	66645	70274	73496	71510	774
886	1397	2126	3236	5096	4296	5121	60
4648	8758	10755	14030	13642	16539	16271	56
4486	6008	8198	12117	12605	13923	12353	125
1317	1481	1738	2291	2845	2598	2445	17
820	788	1522	1175	853	1051	1522	3
6954	8114	10809	16937	19111	16408	16007	316
6365	7499	8959	12345	10959	11461	11186	134
833	1197	1612	1860	2568	3711	3859	47
1429	1547	2161	2654	2595	3509	2746	16
9287	11714	18709	23511	28038	31420	32069	283
436	846	1533	1550	2123	2277	2925	60
1566	2341	3688	5757	7361	8518	6964	30
1124	1127	2295	3182	3402	3933	4750	73
529	671	1242	1261	1964	2191	2011	30
598	770	784	861	792	1113	962	9
1599	1793	2648	3308	3898	4236	3915	35
1632	1886	3523	3096	3221	2889	3083	7
1174	1729	2016	3287	3522	4021	3932	30
629	551	980	1209	1755	2242	3527	9
11098	**10785**	**13096**	**15911**	**12335**	**12606**	**12649**	**511**
6629	5147	6257	8585	6959	7423	7763	94
690	482	770	839	919	521	379	
420	365	628	925	483	757	358	
4665	3706	4280	5204	5171	5666	6047	88
854	594	579	1617	386	479	979	6
1488	1316	1472	1110	420	467	210	263
	14	125	252	32		23	
1142	932	625	376	254	228	112	9
346	370	722	482	134	239	75	254
5	36	85	138	86	28	44	15
5	2	62	5	75		15	
			13		22	8	
	34	23	120	11	6	21	15
2301	3024	3752	3864	3511	3333	3078	29
396	1572	437	842	480	609	610	16
1905	1452	3315	3022	3031	2724	2468	13
231	498	407	504	713	643	637	104
63	100	61	23	49	75	48	1
168	398	346	481	664	568	589	103

2-08 续表 17

行业	代码	2003年	2004年	2005年	2006年
邮政业	60	14	32	83	688
邮政基本服务	601		9		315
快递服务	602	14	23	83	373
住宿和餐饮业	H	**4838**	**3924**	**4730**	**6652**
住宿业	61	2699	2241	2400	3440
旅游饭店	611	2181	1389	1321	2071
一般旅馆	612	484	693	1020	1199
其他住宿业	619	34	159	59	170
餐饮业	62	2139	1683	2330	3212
正餐服务	621	1807	1544	2124	2796
快餐服务	622	189	45	71	178
饮料及冷饮服务	623	123	20	84	108
其他餐饮业	629	20	74	51	130
信息传输、软件和信息技术服务业	I	**3851**	**3593**	**2888**	**4604**
电信、广播电视和卫星传输服务	63	243	169	127	157
电信	631	243	161	117	126
广播电视传输服务	632		2	10	31
卫星传输服务	633		6		
互联网和相关服务	64	353	235	490	859
互联网接入及相关服务	641	5	19	95	161
互联网信息服务	642	341	196	353	666
其他互联网服务	649	7	20	42	32
软件和信息技术服务业	65	3255	3189	2271	3588
软件开发	651	2295	1917	1459	2532
信息系统集成服务	652	463	372	368	411
信息技术咨询服务	653	114	425	73	376
数据处理和存储服务	654	69	65	125	30
集成电路设计	655		40	19	26
其他信息技术服务业	659	314	370	227	213
房地产业	K	**8745**	**6918**	**8555**	**7419**
房地产业	70	8745	6918	8555	7419
房地产开发经营	701	1409	2159	1950	2265
物业管理	702	6073	3836	5665	4066
房地产中介服务	703	827	702	775	940
其他房地产业	709	436	221	165	148
租赁和商务服务业	L	**9001**	**20045**	**15448**	**14482**
租赁业	71	169	177	573	616
机械设备租赁	711	169	166	562	594
文化及日用品出租	712		11	11	22
商务服务业	72	8832	19868	14875	13866
企业管理服务	721	1190	1378	3245	2725
法律服务	722	249	119	250	221
咨询与调查	723	1494	1853	1848	2282
广告业	724	1000	1466	1813	3036
知识产权服务	725	129	149	111	56
人力资源服务	726	2475	10408	664	246
旅行社及相关服务	727	658	564	599	693
安全保护服务	728	640	2484	4984	2694
其他商务服务业	729	997	1447	1361	1913

2007年	2008年	2009年	2010年	2011年	2012年	2013年	无开业年份
444	764	1123	1710	646	712	917	6
7			7	5	12	1	
437	764	1123	1703	641	700	916	6
6455	**8029**	**10376**	**14516**	**17124**	**20549**	**15773**	**141**
3282	3741	4848	7419	7328	9131	5923	132
1997	1428	2379	3882	3670	4371	2566	114
1234	2008	1996	3217	3116	3985	2921	12
51	305	473	320	542	775	436	6
3173	4288	5528	7097	9796	11418	9850	9
2691	3456	4587	5968	8643	10046	8195	5
222	541	393	363	291	300	413	
75	119	203	367	499	311	589	4
185	172	345	399	363	761	653	
4379	**4442**	**5741**	**7154**	**8831**	**8835**	**8906**	**23**
310	365	212	149	353	362	201	
310	338	152	92	248	138	195	
	27	60	52	105	224	6	
			5				
542	490	498	796	897	1664	1526	
169	31	73	38	86	110	128	
331	439	323	681	740	1176	1070	
42	20	102	77	71	378	328	
3527	3587	5031	6209	7581	6809	7179	23
2520	2363	2774	3561	4697	4198	4507	14
435	411	1021	509	914	827	730	1
202	355	572	802	728	851	1019	6
90	41	85	272	240	170	264	
70	53	28	112	109	79	79	
210	364	551	953	893	684	580	2
8014	**7436**	**9634**	**15408**	**13926**	**11766**	**10822**	**192**
8014	7436	9634	15408	13926	11766	10822	192
2859	1630	2794	8031	6712	6923	5360	88
4155	4765	5418	5496	5608	2990	3111	69
802	785	1266	1527	1385	1444	1900	20
198	256	156	354	221	409	451	15
14319	**13723**	**16977**	**25383**	**28270**	**31889**	**35231**	**350**
1128	970	1097	1292	1961	2255	1784	9
1089	917	1062	1239	1879	2198	1643	9
39	53	35	53	82	57	141	
13191	12753	15880	24091	26309	29634	33447	341
2502	2817	3828	6036	7380	9223	10093	206
192	55	698	406	286	261	162	
2417	2479	2401	3514	4897	5912	6586	45
2206	2477	3290	4455	5477	6184	5017	12
89	52	142	229	154	152	208	
279	1565	1001	3784	1549	1970	2947	2
780	665	865	1482	1530	1386	1181	22
2969	438	138	165	942	924	3436	3
1757	2205	3517	4020	4094	3622	3817	51

2-08 续表 18

行 业	代码	2003年	2004年	2005年	2006年
科学研究和技术服务业	M	**5033**	**4695**	**5979**	**5473**
研究和试验发展	73	208	279	207	463
自然科学研究和试验发展	731	64	33	20	90
工程和技术研究和试验发展	732	55	150	129	237
农业科学研究和试验发展	733	40	12	41	29
医学研究和试验发展	734	49	84	17	107
社会人文科学研究	735				
专业技术服务业	74	4485	4079	5098	4145
气象服务	741	50	19		12
地震服务	742				
海洋服务	743			8	17
测绘服务	744	207	238	247	200
质检技术服务	745	576	438	736	485
环境与生态监测	746		10	85	52
地质勘查	747	99	40	58	102
工程技术	748	2836	2519	3099	2362
其他专业技术服务业	749	717	815	865	915
科技推广和应用服务业	75	340	337	674	865
技术推广服务	751	294	248	584	650
科技中介服务	752	23	21	19	144
其他科技推广和应用服务业	759	23	68	71	71
水利、环境和公共设施管理业	N	**960**	**1034**	**1430**	**727**
水利管理业	76	89	78	104	75
防洪除涝设施管理	761	6		12	4
水资源管理	762	16		51	26
天然水收集与分配	763	36	15	37	15
水文服务	764				
其他水利管理业	769	31	63	4	30
生态保护和环境治理业	77	98	210	292	156
生态保护	771			26	8
环境治理业	772	98	210	266	148
公共设施管理业	78	773	746	1034	496
市政设施管理	781	105	114	42	18
环境卫生管理	782	38	27	87	81
城乡市容管理	783	8	59	1	4
绿化管理	784	225	251	368	115
公园和游览景区管理	785	397	295	536	278
居民服务、修理和其他服务业	O	**2265**	**2145**	**2727**	**3137**
居民服务业	79	1050	899	1006	1201
家庭服务	791	206	128	128	292
托儿所服务	792				
洗染服务	793		36	112	167
理发及美容服务	794	122	78	53	118
洗浴服务	795	77	82	173	187
保健服务	796	284	365	261	223

2007年	2008年	2009年	2010年	2011年	2012年	2013年	无开业年份
4101	**5277**	**6726**	**9766**	**10414**	**12498**	**12017**	**83**
317	452	687	908	1054	1758	2054	27
3	72	77	86	75	195	198	6
245	269	192	427	578	852	1078	11
31	48	239	289	218	481	379	9
33	25	138	104	183	215	378	1
5	38	41	2		15	21	
2794	3019	3662	5610	6030	6295	5668	39
	1			50	11		
				3			
1	3		48	27	54	19	
83	90	131	146	136	106	169	
257	298	254	629	260	421	409	
11	74	76	120	142	164	81	
138	56	25	3	30	135	116	
1445	1366	2000	2518	3360	3380	2917	31
859	1131	1176	2146	2022	2024	1957	8
990	1806	2377	3248	3330	4445	4295	17
900	1620	2132	2969	3089	4040	3914	17
57	147	38	119	119	72	144	
33	39	207	160	122	333	237	
921	**1285**	**1472**	**2418**	**2081**	**2986**	**2129**	**120**
22	53	125	149	114	396	21	
	6			18	109	2	
9		20	6	82	22	8	
10	12	6	11	3	46		
					40		
3	35	99	132	11	179	11	
147	137	166	245	189	297	138	18
26	6	16	12	6	37	25	6
121	131	150	233	183	260	113	12
752	1095	1181	2024	1778	2293	1970	102
272	299	243	167	342	316	142	
45	74	226	274	167	242	352	
15	19	8	123	117	113	91	
157	170	266	454	527	595	472	45
263	533	438	1006	625	1027	913	57
3218	**3890**	**5038**	**6127**	**6333**	**7190**	**7751**	**24**
1254	1501	2063	2446	2678	3263	3667	6
101	142	344	288	279	590	735	
	20		53			22	
102	145	137	131	52	329	127	
189	119	146	233	537	329	498	
402	267	451	326	335	562	367	2
294	441	796	1158	1072	1101	1296	

2-08 续表 19

行业	代码	2003年	2004年	2005年	2006年
婚姻服务	797	27	34	22	17
殡葬服务	798	232	125	208	91
其他居民服务业	799	102	51	49	106
机动车、电子产品和日用产品修理业	80	1010	1002	1362	1367
汽车、摩托车修理与维护	801	710	716	1084	1081
计算机和办公设备维修	802	203	68	134	107
家用电器修理	803	80	64	107	110
其他日用产品修理业	809	17	154	37	69
其他服务业	81	205	244	359	569
清洁服务	811	161	196	242	513
其他未列明服务业	819	44	48	117	56
卫生和社会工作	**Q**	**6**	**4**	**26**	**10**
社会工作	84	6	4	26	10
提供住宿社会工作	841	5	4	26	10
不提供住宿社会工作	842	1			
文化、体育和娱乐业	**R**	**1651**	**1199**	**2317**	**2924**
新闻和出版业	85	45	7	102	59
新闻业	851				
出版业	852	45	7	102	59
广播、电视、电影和影视录音制作业	86	21	51	22	175
广播	861			12	
电视	862				63
电影和影视节目制作	863	13	33	7	19
电影和影视节目发行	864			3	11
电影放映	865	5	18		82
录音制作	866	3			
文化艺术业	87	242	81	271	269
文艺创作与表演	871	178	59	133	176
艺术表演场馆	872			38	
图书馆与档案馆	873	32		13	
文物及非物质文化遗产保护	874			1	
博物馆	875	2	4		1
烈士陵园、纪念馆	876				
群众文化活动	877	5	8	13	38
其他文化艺术业	879	25	10	73	54
体育	88	162	206	282	188
体育组织	881			7	24
体育场馆	882	61	25	13	10
休闲健身活动	883	101	139	261	86
其他体育	889		42	1	68
娱乐业	89	1181	854	1640	2233
室内娱乐活动	891	1178	851	1606	2109
游乐园	892			1	
彩票活动	893		1		
文化、娱乐、体育经纪代理	894	1		27	39
其他娱乐业	899	2	2	6	85

2007年	2008年	2009年	2010年	2011年	2012年	2013年	无开业年份
15	46	75	64	87	95	193	
67	231	21	92	78	52	111	3
84	90	93	101	238	205	318	1
1313	1486	2131	2732	2687	2561	3004	2
1109	1142	1731	2178	2271	2153	2513	2
58	130	139	248	193	113	237	
79	178	124	244	192	215	130	
67	36	137	62	31	80	124	
651	903	844	949	968	1366	1080	16
629	771	734	769	801	1120	870	
22	132	110	180	167	246	210	16
25	**12**	**13**	**27**	**22**	**75**	**48**	**3**
25	12	13	27	22	75	48	3
25	12	12	27	18	74	48	3
		1		4	1		
2989	**3509**	**4536**	**4874**	**6176**	**8219**	**7217**	**79**
6	21	91	66	124	189	44	1
	6			47	70	20	
6	15	91	66	77	119	24	1
360	195	307	502	587	573	545	5
11				15	5	4	2
7	1	5				68	
170	73	196	130	157	91	153	
48			13	18	11	41	
124	121	89	353	385	452	260	2
		17	6	12	14	19	1
220	496	551	773	1201	1200	1247	18
187	373	400	436	733	676	734	4
						67	
		2	50	40	39	18	
	10	8	52	35	56	33	3
			9		27	29	5
			10				
	16	4	30	167	17	22	
33	97	137	186	226	385	344	6
130	363	491	274	574	534	715	47
	70	16	2	101	15	7	
17	46	18	36	20	25	69	
103	242	392	234	341	445	555	47
10	5	65	2	112	49	84	
2273	2434	3096	3259	3690	5723	4666	8
2204	2316	2949	3087	3388	5381	4398	2
20	102	46	118	89	54	118	6
	2						
16	12	24	26	113	67	111	
33	2	77	28	100	221	39	

2-09 按行业(中类)、登记注册类型

行业	代码	法人单位数(个)	内资	国有	集体	股份合作	联营
总计	**00**	**270633**	**261456**	**3836**	**4218**	**1379**	**583**
农、林、牧、渔业	**A**	**1366**	**1353**	**58**	**33**	**9**	**2**
农业	01	28	27	10	1		
谷物种植	011	6	6	4			
豆类、油料和薯类种植	012						
棉、麻、糖、烟草种植	013						
蔬菜、食用菌及园艺作物种植	014	9	9	1			
水果种植	015	5	5	2	1		
坚果、含油果、香料和饮料作物种植	016	7	6	3			
中药材种植	017	1	1				
其他农业	019						
林业	02	9	8	6	1		
林木育种和育苗	021	4	3	2			
造林和更新	022	2	2	1	1		
森林经营和管护	023	3	3	3			
木材和竹材采运	024						
林产品采集	025						
畜牧业	03	5	5				
牲畜饲养	031	4	4				
家禽饲养	032	1	1				
其他畜牧业	039						
渔业	04	1	1	1			
水产养殖	041	1	1	1			
水产捕捞	042						
农、林、牧、渔服务业	05	1323	1312	41	31	9	2
农业服务业	051	809	802	20	11	6	2
林业服务业	052	137	136	16	7	1	
畜牧服务业	053	37	37	2		1	
渔业服务业	054	340	337	3	13	1	
采矿业	**B**	**2105**	**2082**	**41**	**126**	**32**	**16**
煤炭开采和洗选业	06	242	242	11	52	2	2
烟煤和无烟煤开采洗选	061	210	210	8	52		2
褐煤开采洗选	062	1	1				
其他煤炭采选	069	31	31	3		2	
石油和天然气开采业	07						
石油开采	071						
天然气开采	072						
黑色金属矿采选业	08	253	250	6	13	8	1
铁矿采选	081	235	232	5	13	7	1
锰矿、铬矿采选	082	15	15	1			
其他黑色金属矿采选	089	3	3			1	
有色金属矿采选业	09	255	249	5	11	6	2

分组的小微企业法人单位数

国有联营	集体联营	国有与集体联营	其他联营	有限责任公司	国有独资	其他有限责任公司	股份有限公司	私营	私营独资
87	**276**	**46**	**174**	**57054**	**839**	**56215**	**4259**	**171122**	**34880**
	1	**1**		**144**	**4**	**140**	**7**	**526**	**253**
				4		4		11	3
								1	
				2		2		6	2
								2	1
				2		2		1	
								1	
				2		2		3	
				2		2		2	
								1	
	1	1		138	4	134	7	512	250
	1	1		90	1	89	6	199	50
				22		22		56	14
				3		3	1	9	6
				23	3	20		248	180
	14		**2**	**283**	**7**	**276**	**44**	**1347**	**424**
	2			49	1	48	4	114	16
	2			47	1	46	4	91	8
								1	
				2		2		22	8
	1			31		31	7	160	26
	1			29		29	6	149	25
							1	11	1
				2		2			
	1		1	48	3	45	10	144	27

2-09 续表 1

行业	代码	法人单位数(个)	内资	国有	集体	股份合作	联营
常用有色金属矿采选	091	187	182		10	3	1
贵金属矿采选	092	27	27	2		2	1
稀有稀土金属矿采选	093	41	40	3	1	1	
非金属矿采选业	10	1347	1333	19	50	16	11
土砂石开采	101	1183	1173	14	41	14	8
化学矿开采	102	20	18		1		
采盐	103	15	15	4	7		1
石棉及其他非金属矿采选	109	129	127	1	1	2	2
开采辅助活动	11	1	1				
煤炭开采和洗选辅助活动	111						
石油和天然气开采辅助活动	112						
其他开采辅助活动	119	1	1				
其他采矿业	12	7	7				
其他采矿业	120	7	7				
制造业	**C**	**82713**	**76441**	**281**	**912**	**443**	**149**
农副食品加工业	13	3867	3616	67	40	28	8
谷物磨制	131	341	334	8	6	1	1
饲料加工	132	352	331	4	3	6	2
植物油加工	133	160	151	2	1		
制糖业	134	20	17	1	3		
屠宰及肉类加工	135	421	402	31	10	7	2
水产品加工	136	1391	1316	17	12	3	1
蔬菜、水果和坚果加工	137	740	654	1	2	5	2
其他农副食品加工	139	442	411	3	3	6	
食品制造业	14	2431	2250	13	25	18	5
焙烤食品制造	141	655	619		5	5	
糖果、巧克力及蜜饯制造	142	396	365	1	2	3	
方便食品制造	143	303	284	3	2	1	
乳制品制造	144	21	18			1	
罐头食品制造	145	361	326	3	5	2	1
调味品、发酵制品制造	146	228	211	3	4	2	3
其他食品制造	149	467	427	3	7	4	1
酒、饮料和精制茶制造业	15	3192	3091	15	33	25	7
酒的制造	151	306	298	5	5	4	1
饮料制造	152	467	429		3	3	2
精制茶加工	153	2419	2364	10	25	18	4
烟草制品业	16	4	4	3			
烟叶复烤	161	3	3	2			
卷烟制造	162						
其他烟草制品制造	169	1	1	1			
纺织业	17	3615	3270	10	28	9	15
棉纺织及印染精加工	171	854	724	2	17	2	10
毛纺织及染整精加工	172	78	71				

国有联营	集体联营	国有与集体联营	其他联营	有限责任公司	国有独资	其他有限责任公司	股份有限公司	私营	私营独资
			1	23		23	8	119	22
	1			12	3	9		10	3
				13		13	2	15	2
	10		1	152	3	149	23	926	355
	8			137	3	134	19	813	321
				3		3	1	12	3
	1							3	3
	1		1	12		12	3	98	28
				3		3		3	
				3		3		3	
12	**80**	**8**	**49**	**14373**	**49**	**14324**	**980**	**54543**	**14674**
2	1	1	4	656	2	654	30	2373	790
1				40		40	2	248	118
	1	1		84		84	4	212	41
				39		39	4	86	21
				2		2		11	4
1			1	53		53	1	257	75
			1	245	2	243	9	894	330
			2	127		127	3	383	109
				66		66	7	282	92
1	1		3	356	1	355	31	1638	350
				92		92	6	489	87
				55		55	3	282	69
				47		47	6	188	42
				3		3	2	11	1
	1			41		41	6	229	62
			3	32		32	2	151	36
1				86	1	85	6	288	53
1	4		2	442	3	439	56	1911	805
	1			55		55	11	199	66
1			1	83	1	82	5	308	104
	3		1	304	2	302	40	1404	635
				1		1			
				1		1			
	10		5	775		775	27	2307	501
	7		3	99		99	6	568	99
				12		12	2	52	21

2-09 续表 2

行业	代码	法人单位数(个)					
			内资				
				国有	集体	股份合作	联营
麻纺织及染整精加工	173	12	8				
丝绢纺织及印染精加工	174	38	36	1			
化纤织造及印染精加工	175	159	137		1		
针织或钩针编织物及其制品制造	176	1570	1503	3	3	6	3
家用纺织制成品制造	177	341	316	2	6	1	1
非家用纺织制成品制造	178	563	475	2	1		1
纺织服装、服饰业	18	7045	6142	3	26	16	8
机织服装制造	181	5159	4490	2	21	14	8
针织或钩针编织服装制造	182	833	684		3	1	
服饰制造	183	1053	968	1	2	1	
皮革、毛皮、羽毛及其制品和制鞋业	19	5885	5365		62	24	5
皮革鞣制加工	191	253	207			1	
皮革制品制造	192	995	833		5	4	
毛皮鞣制及制品加工	193	28	26		1		
羽毛(绒)加工及制品制造	194	43	38		2		2
制鞋业	195	4566	4261		54	19	3
木材加工和木、竹、藤、棕、草制品业	20	3513	3415	12	64	22	11
木材加工	201	966	954	9	26	5	2
人造板制造	202	665	649	1	6	3	2
木制品制造	203	746	713	1	15	3	3
竹、藤、棕、草等制品制造	204	1136	1099	1	17	11	4
家具制造业	21	1672	1550	3	18	3	2
木质家具制造	211	1056	978	2	10	2	1
竹、藤家具制造	212	48	46				
金属家具制造	213	245	218	1	6	1	1
塑料家具制造	214	43	40				
其他家具制造	219	280	268		2		
造纸和纸制品业	22	2456	2312	4	39	20	8
纸浆制造	221	27	26				1
造纸	222	595	556	2	14	7	2
纸制品制造	223	1834	1730	2	25	13	5
印刷和记录媒介复制业	23	2322	2260	34	108	15	9
印刷	231	2191	2132	30	96	15	8
装订及印刷相关服务	232	125	123	4	12		1
记录媒介复制	233	6	5				
文教、工美、体育和娱乐用品制造业	24	5532	4984	7	48	38	3
文教办公用品制造	241	206	171	3	6	1	
乐器制造	242	37	33		1		
工艺美术品制造	243	4599	4245	4	38	37	1
体育用品制造	244	437	330		1		1
玩具制造	245	229	184		2		1
游艺器材及娱乐用品制造	246	24	21				
石油加工及炼焦	25	109	96				

国有联营	集体联营	国有与集体联营	其他联营	有限责任公司	国有独资	其他有限责任公司	股份有限公司	私营	私营独资
				2		2		6	1
				8		8		27	4
				32		32	1	100	20
	1		2	451		451	11	989	202
	1			58		58	2	228	55
	1			113		113	5	337	99
	4		4	1110	5	1105	88	4472	1067
	4		4	807	3	804	77	3229	832
				117	1	116	4	530	86
				186	1	185	7	713	149
1	3		1	918	3	915	55	4047	1209
				51		51	2	146	17
				181	1	180	12	581	157
				4		4		19	8
1			1	4		4		29	5
	3			678	2	676	41	3272	1022
1	7	1	2	407		407	34	2568	952
1	1			151		151	8	669	286
	2			68		68	4	540	97
	2	1		94		94	10	544	170
	2		2	94		94	12	815	399
	2			299	2	297	13	1124	292
	1			193	1	192	12	697	228
				11		11		28	7
	1			27		27	1	171	23
				13		13		27	3
				55	1	54		201	31
1	4	1	2	407	2	405	26	1710	356
	1			6	1	5		16	3
	1	1		93		93	7	403	84
1	2		2	308	1	307	19	1291	269
	8		1	406	3	403	28	1568	307
	7		1	396	3	393	25	1478	285
	1			10		10	3	87	22
								3	
	3			1226	5	1221	65	3303	1156
				33		33	4	114	28
				4		4	1	27	8
	1			1068	3	1065	54	2778	1045
	1			75	2	73	3	241	40
	1			43		43	2	128	34
				3		3	1	15	1
				25		25	2	67	20

2-09 续表 3

行业	代码	法人单位数(个)					
			内资				
				国有	集体	股份合作	联营
化学原料和化学制品制造业	26	2747	2487	12	32	23	3
基础化学原料制造	261	350	317		6	5	
肥料制造	262	214	202	4	2	6	
农药制造	263	37	31				
涂料、油墨、颜料及类似产品制造	264	595	537	1	11		2
合成材料制造	265	347	305	3		1	
专用化学产品制造	266	656	612	2	7	7	1
炸药、火工及焰火产品制造	267	15	14	1			
日用化学产品制造	268	533	469	1	6	4	
医药制造业	27	329	283	3	4	3	2
化学药品原料药制造	271	42	37	1	1		
化学药品制剂制造	272	46	34				
中药饮片加工	273	27	25			1	
中成药生产	274	46	37	1	1	1	1
兽用药品制造	275	21	19		1	1	
生物药品制造	276	91	80	1			1
卫生材料及医药用品制造	277	56	51		1		
化学纤维制造业	28	154	106				
纤维素纤维原料及纤维制造	281	34	20				
合成纤维制造	282	120	86				
橡胶和塑料制品业	29	4386	3990	5	49	20	6
橡胶制品业	291	687	621	3	11	3	1
塑料制品业	292	3699	3369	2	38	17	5
非金属矿物制品业	30	9847	9485	23	124	81	27
水泥、石灰和石膏制造	301	315	306	9	15	4	3
石膏、水泥制品及类似制品制造	302	917	878	6	8	8	2
砖瓦、石材等建筑材料制造	303	6525	6312	6	82	59	12
玻璃制造	304	78	75				
玻璃制品制造	305	271	248		1		1
玻璃纤维和玻璃纤维增强塑料制品制造	306	67	64		2		
陶瓷制品制造	307	1384	1333	1	11	8	3
耐火材料制品制造	308	80	74		4	2	1
石墨及其他非金属矿物制品制造	309	210	195	1	1		5
黑色金属冶炼和压延加工业	31	844	789	1	12	6	1
炼铁	311	36	36	1	2	1	
炼钢	312	18	17				
黑色金属铸造	313	464	446		7	4	1
钢压延加工	314	273	238		1		
铁合金冶炼	315	53	52		2	1	
有色金属冶炼和压延加工业	32	404	372		1	1	
常用有色金属冶炼	321	55	51			1	
贵金属冶炼	322	11	11				
稀有稀土金属冶炼	323	12	10				

国有联营	集体联营	国有与集体联营	其他联营	有限责任公司	国有独资	其他有限责任公司	股份有限公司	私营	私营独资
	2		1	515		515	30	1744	324
				76		76	1	217	27
				49		49	2	126	27
				11		11	1	16	1
	1		1	108		108	8	377	80
				74		74	3	213	25
	1			103		103	8	454	85
				1		1		11	4
				93		93	7	330	75
1		1		74		74	12	176	15
				12		12	1	22	1
				8		8	1	25	2
				9		9	1	12	
		1		10		10	3	19	2
				6		6		11	2
1				18		18	5	51	3
				11		11	1	36	5
				16		16		84	5
								19	2
				16		16		65	3
	4		2	744	1	743	42	2982	693
	1			128		128	9	447	73
	3		2	616	1	615	33	2535	620
1	14	1	11	1316	4	1312	96	7196	2656
1		1	1	50	1	49	4	207	65
	1		1	217	2	215	6	575	174
	9		3	740	1	739	53	4999	1981
				10		10		63	14
	1			55		55	7	174	29
				12		12		49	6
	2		1	189		189	20	941	345
			1	8		8	1	56	13
	1		4	35		35	5	132	29
			1	147		147	15	563	122
				4		4		27	13
				4		4	1	10	5
			1	72		72	8	328	74
				52		52	4	168	25
				15		15	2	30	5
				81		81	10	267	48
				14		14		35	4
				1		1		9	3
				6		6	1	3	

2-09 续表 4

行业	代码	法人单位数（个）	内资	国有	集体	股份合作	联营
有色金属合金制造	324	77	70		1		
有色金属铸造	325	35	34				
有色金属压延加工	326	214	196				
金属制品业	33	4891	4631	10	37	21	9
结构性金属制品制造	331	1441	1378	3	7	7	3
金属工具制造	332	528	486		6	1	2
集装箱及金属包装容器制造	333	119	101		4	1	
金属丝绳及其制品制造	334	80	71		2	2	
建筑、安全用金属制品制造	335	888	848	1	6	2	
金属表面处理及热处理加工	336	286	274		3	2	
搪瓷制品制造	337	281	277	1			
金属制日用品制造	338	539	499	1	4	1	2
其他金属制品制造	339	729	697	4	5	5	2
通用设备制造业	34	3740	3504	16	53	15	2
锅炉及原动设备制造	341	116	111	1	7	2	
金属加工机械制造	342	781	744	4	5	1	1
物料搬运设备制造	343	145	133		2	1	
泵、阀门、压缩机及类似机械制造	344	719	669	1	9	2	
轴承、齿轮和传动部件制造	345	216	188		1	1	
烘炉、风机、衡器、包装等设备制造	346	323	294	1	7	1	
文化、办公用机械制造	347	69	57	2			
通用零部件制造	348	1104	1057	5	17	6	
其他通用设备制造业	349	267	251	2	5	1	1
专用设备制造业	35	3580	3314	10	32	14	6
采矿、冶金、建筑专用设备制造	351	472	452	2	5	2	
化工、木材、非金属加工专用设备制造	352	1199	1121	3	6	4	2
食品、饮料、烟草及饲料生产专用设备制造	353	148	134	1	3		1
印刷、制药、日化及日用品生产专用设备制造	354	206	186		3	2	
纺织、服装和皮革加工专用设备制造	355	280	230	2	1	1	
电子和电工机械专用设备制造	356	401	372	1	3		1
农、林、牧、渔专用机械制造	357	230	219		6	2	2
医疗仪器设备及器械制造	358	167	150	1	2		
环保、社会公共服务及其他专用设备制造	359	477	450		3	3	
汽车制造业	36	1164	992	4	7	3	
汽车整车制造	361	6	6				
改装汽车制造	362	22	19	1			
低速载货汽车制造	363	3	3	1			
电车制造	364	7	7				
汽车车身、挂车制造	365	20	18				
汽车零部件及配件制造	366	1106	939	2	7	3	
铁路、船舶、航空航天和其他运输设备制造业	37	696	650	4	9		3
铁路运输设备制造	371	7	7				
城市轨道交通设备制造	372	1	1		1		

国有联营	集体联营	国有与集体联营	其他联营	有限责任公司	国有独资	其他有限责任公司	股份有限公司	私营	私营独资
				12		12	5	51	11
				5		5	1	25	7
				43		43	3	144	23
1	4		4	1053	2	1051	57	3213	827
	3			312	2	310	19	967	185
1			1	114		114	4	327	106
				16		16	3	73	16
				11		11		52	17
				163		163	11	617	220
				77		77	6	174	28
				64		64	4	187	99
			2	133		133	5	331	67
	1		1	163		163	5	485	89
	2			634	3	631	53	2590	666
				25		25	1	68	17
	1			144	1	143	8	550	134
				21		21	3	105	12
				105	1	104	14	501	185
				35	1	34	6	138	22
				69		69	6	205	35
				15		15	1	36	6
				167		167	8	813	224
	1			53		53	6	174	31
2	2	1	1	677	1	676	58	2382	435
				82		82	7	339	59
	1		1	221	1	220	12	841	160
1				23		23	2	92	25
				47		47	4	127	19
				54		54	3	157	39
1				68		68	10	269	40
	1	1		40		40	6	144	42
				23		23	3	114	12
				119		119	11	299	39
				208	1	207	28	708	142
				3		3		3	
				6		6	1	9	
				2		2			
				2		2		5	1
				6		6		12	3
				189	1	188	27	679	138
	2		1	155	1	154	7	433	106
				2	1	1		4	

2-09 续表 5

行业	代码	法人单位数（个）	内资				
				国有	集体	股份合作	联营
船舶及相关装置制造	373	327	317	2	7		3
航空、航天器及设备制造	374						
摩托车制造	375	282	261		1		
自行车制造	376	59	52	1			
非公路休闲车及零配件制造	377	5					
潜水救捞及其他未列明运输设备制造	379	15	12	1			
电气机械和器材制造业	38	3660	3415	8	19	12	4
电机制造	381	1351	1319	3	2	2	1
输配电及控制设备制造	382	829	760	4	11	4	2
电线、电缆、光缆及电工器材制造	383	283	249		3	1	1
电池制造	384	117	105			1	
家用电力器具制造	385	347	332	1	2	2	
非电力家用器具制造	386	67	61				
照明器具制造	387	515	452			1	
其他电气机械及器材制造	389	151	137		1	1	
计算机、通信和其他电子设备制造业	39	1923	1650	4	7	9	2
计算机制造	391	99	82				1
通信设备制造	392	203	172	2	1	3	
广播电视设备制造	393	52	47				
雷达及配套设备制造	394	3	3				
视听设备制造	395	60	46				
电子器件制造	396	389	319		2	1	
电子元件制造	397	727	623	1	2	1	1
其他电子设备制造	399	390	358	1	2	4	
仪器仪表制造业	40	700	585	1	11	6	
通用仪器仪表制造	401	219	188	1	3	3	
专用仪器仪表制造	402	87	82		3	1	
钟表与计时仪器制造	403	181	154		4	1	
光学仪器及眼镜制造	404	177	129		1		
其他仪器仪表制造业	409	36	32			1	
其他制造业	41	1253	1099	2	12	7	2
废弃资源综合利用业	42	351	344	5	1		
金属废料和碎屑加工处理	421	80	77	1			
非金属废料和碎屑加工处理	422	271	267	4	1		
金属制品、机械和设备修理业	43	401	390	2	11	4	1
金属制品修理	431	22	22	1	2		
通用设备修理	432	36	36		3	1	
专用设备修理	433	53	52		1		
铁路、船舶、航空航天等运输设备修理	434	138	131		3	2	1
电气设备修理	435	19	16		1		
仪器仪表修理	436	1	1				
其他机械和设备修理业	439	132	132	1	1	1	

国有联营	集体联营	国有与集体联营	其他联营	有限责任公司	国有独资	其他有限责任公司	股份有限公司	私营	私营独资
	2		1	54		54	6	216	42
				78		78		175	56
				19		19		31	5
				2		2	1	7	3
		1	3	832	3	829	56	2308	313
			1	314	1	313	17	873	152
		1	1	176		176	10	535	64
			1	54		54	3	176	20
				28		28	4	65	7
				85		85	7	215	27
				10		10		47	2
				131	2	129	12	302	30
				34		34	3	95	11
	1		1	423	5	418	33	1111	162
	1			18		18		58	13
				39	1	38	3	114	16
				11		11	1	33	
								2	
				19		19	2	25	4
				95	1	94	14	199	19
			1	168	2	166	7	426	78
				73	1	72	6	254	32
				108		108	6	434	46
				34		34	3	138	18
				16		16	1	59	4
				26		26		118	13
				27		27	2	96	8
				5		5		23	3
	2			216	1	215	15	769	183
				94	1	93	2	222	60
				21		21	1	48	9
				73	1	72	1	174	51
		1		52		52	5	273	66
				5		5		14	1
				5		5		26	9
				8		8	2	38	9
		1		18		18	1	99	21
				3		3		11	3
								1	
				13		13	2	84	23

2-09 续表 6

行　业	代码	法　人 单位数 (个)	内　资	国　有	集　体	股份合作	联　营
电力、热力、燃气及水生产和供应业	D	**6024**	**5927**	**266**	**607**	**149**	**69**
电力、热力生产和供应业	44	5188	5117	155	450	141	57
电力生产	441	5037	4970	132	435	139	57
电力供应	442	129	126	22	15	2	
热力生产和供应	443	22	21	1			
燃气生产和供应业	45	71	65	1		1	
燃气生产和供应业	450	71	65	1		1	
水的生产和供应业	46	765	745	110	157	7	12
自来水生产和供应	461	634	618	98	156	5	11
污水处理及其再生利用	462	116	112	12		2	1
其他水的处理、利用与分配	469	15	15		1		
建筑业	E	**9230**	**9179**	**100**	**128**	**37**	**15**
房屋建筑业	47	1979	1975	13	42	13	2
房屋建筑业	470	1979	1975	13	42	13	2
土木工程建筑业	48	1848	1840	50	31	13	4
铁路、道路、隧道和桥梁工程建筑	481	774	770	26	9	3	3
水利和内河港口工程建筑	482	199	197	12	7	2	1
海洋工程建筑	483	12	12		1		
工矿工程建筑	484	58	58		2		
架线和管道工程建筑	485	143	143	2	1	2	
其他土木工程建筑	489	662	660	10	11	6	
建筑安装业	49	1229	1220	15	17	4	
电气安装	491	458	451	5	5		
管道和设备安装	492	211	211	1	10	1	
其他建筑安装业	499	560	558	9	2	3	
建筑装饰和其他建筑业	50	4174	4144	22	38	7	9
建筑装饰业	501	2932	2906	6	19	3	3
工程准备活动	502	403	401	10	7	2	1
提供施工设备服务	503	191	191		2	1	
其他未列明建筑业	509	648	646	6	10	1	5
批发和零售业	F	**94835**	**93733**	**945**	**1268**	**348**	**180**
批发业	51	65184	64263	683	735	221	93
农、林、牧产品批发	511	2235	2216	90	42	7	6
食品、饮料及烟草制品批发	512	9370	9228	174	63	28	11
纺织、服装及家庭用品批发	513	11796	11571	52	49	30	12
文化、体育用品及器材批发	514	2799	2746	22	17	12	2
医药及医疗器材批发	515	992	982	10	5	3	2
矿产品、建材及化工产品批发	516	18103	17913	185	429	66	34
机械设备、五金产品及电子产品批发	517	13578	13406	71	56	53	12
贸易经纪与代理	518	3138	3078	43	24	12	6
其他批发业	519	3173	3123	36	50	10	8
零售业	52	29651	29470	262	533	127	87
综合零售	521	1906	1899	35	247	10	17
食品、饮料及烟草制品专门零售	522	5982	5947	90	69	26	16

国有联营	集体联营	国有与集体联营	其他联营	有限责任公司	国有独资	其他有限责任公司	股份有限公司	私营	私营独资
10	**38**	**8**	**13**	**656**	**70**	**586**	**139**	**3368**	**917**
6	33	7	11	471	46	425	123	3145	852
6	33	7	11	425	29	396	120	3103	846
				35	14	21	3	35	5
				11	3	8		7	1
				23	1	22	3	31	7
				23	1	22	3	31	7
4	5	1	2	162	23	139	13	192	58
3	5	1	2	107	18	89	10	148	51
1				51	5	46	3	38	6
				4		4		6	1
3	**9**	**1**	**2**	**2853**	**41**	**2812**	**196**	**5650**	**434**
	2			688	5	683	60	1118	66
	2			688	5	683	60	1118	66
1		1	2	673	29	644	45	977	66
		1	2	300	15	285	19	398	18
1				90	9	81	3	76	6
				1		1		9	1
				20		20		35	2
				60	2	58	5	70	3
				202	3	199	18	389	36
				342	1	341	24	797	43
				134	1	133	8	293	8
				59		59	3	134	10
				149		149	13	370	25
2	7			1150	6	1144	67	2758	259
1	2			748		748	54	2014	174
	1			135	4	131	3	232	32
				64		64	4	118	6
1	4			203	2	201	6	394	47
29	**71**	**13**	**67**	**20497**	**157**	**20340**	**1413**	**61591**	**9646**
19	37	6	31	14067	122	13945	891	42468	4848
1	1	1	3	329	9	320	31	1010	214
4	1		6	1834	26	1808	118	5197	654
2	4		6	2549	16	2533	183	8211	986
1			1	684	5	679	26	1899	129
			2	193	1	192	24	695	54
6	22	1	5	4484	39	4445	234	11558	1416
3	4	4	1	2542	14	2528	176	9980	746
2	1		3	771	4	767	63	1817	326
	4		4	681	8	673	36	2101	323
10	34	7	36	6430	35	6395	522	19123	4798
	9	3	5	346	2	344	37	980	393
2	8		6	1247	14	1233	111	3722	845

2-09 续表 7

行业	代码	法人单位数(个)	内资	国有	集体	股份合作	联营
纺织、服装及日用品专门零售	523	3876	3840	15	39	9	8
文化、体育用品及器材专门零售	524	2008	1990	25	37	9	7
医药及医疗器材专门零售	525	1165	1165	20	18	5	6
汽车、摩托车、燃料及零配件专门零售	526	4544	4518	27	39	29	18
家用电器及电子产品专门零售	527	3909	3892	8	14	17	4
五金、家具及室内装饰材料专门零售	528	4109	4088	21	46	17	5
货摊、无店铺及其他零售业	529	2152	2131	21	24	5	6
交通运输、仓储和邮政业	**G**	**8574**	**8403**	**316**	**221**	**41**	**22**
道路运输业	54	3970	3940	115	114	29	10
城市公共交通运输	541	262	257	29	25	4	1
公路旅客运输	542	319	319	23	13	5	
道路货物运输	543	2979	2962	20	44	15	6
道路运输辅助活动	544	410	402	43	32	5	3
水上运输业	55	792	767	27	32	6	4
水上旅客运输	551	57	53	2	3	1	
水上货物运输	552	528	523	16	20	4	4
水上运输辅助活动	553	207	191	9	9	1	
航空运输业	56	44	42	4			1
航空客货运输	561	20	20				
通用航空服务	562	7	7	2			
航空运输辅助活动	563	17	15	2			1
管道运输业	57						
管道运输业	570						
装卸搬运和运输代理业	58	2830	2769	57	65	5	5
装卸搬运	581	356	348	8	51	1	4
运输代理业	582	2474	2421	49	14	4	1
仓储业	59	593	540	97	10	1	1
谷物、棉花等农产品仓储	591	116	116	73	1		
其他仓储业	599	477	424	24	9	1	1
邮政业	60	345	345	16			1
邮政基本服务	601	23	23	11			
快递服务	602	322	322	5			1
住宿和餐饮业	**H**	**6093**	**5926**	**135**	**118**	**38**	**17**
住宿业	61	2905	2829	106	87	25	11
旅游饭店	611	981	924	58	18	9	5
一般旅馆	612	1683	1667	45	60	16	6
其他住宿业	619	241	238	3	9		
餐饮业	62	3188	3097	29	31	13	6
正餐服务	621	2499	2435	26	26	9	3
快餐服务	622	233	219	1	2	3	2
饮料及冷饮服务	623	186	180				1
其他餐饮业	629	270	263	2	3	1	

国有联营	集体联营	国有与集体联营	其他联营	有限责任公司	国有独资	其他有限责任公司	股份有限公司	私营	私营独资
	7		1	968	2	966	81	2460	644
	3		4	511	3	508	30	1252	236
1		1	4	161	2	159	14	784	445
5	2	2	9	999	3	996	105	2993	947
			4	902	1	901	60	2661	412
2	1	1	1	852	5	847	40	2874	595
	4		2	444	3	441	44	1397	281
7	**9**		**6**	**2196**	**76**	**2120**	**169**	**5043**	**627**
3	4		3	1153	31	1122	100	2232	325
1				89	8	81	17	84	16
				123	7	116	14	130	11
2	3		1	805	7	798	56	1880	257
	1		2	136	9	127	13	138	41
2	2			201	13	188	15	425	93
				16	1	15		22	1
2	2			112	5	107	8	321	78
				73	7	66	7	82	14
1				10	1	9		26	1
				3	1	2		16	
				2		2		3	
1				5		5		7	1
	3		2	590	13	577	39	1901	145
	3		1	78		78	4	171	35
			1	512	13	499	35	1730	110
1				141	17	124	9	260	31
				14	8	6	3	21	3
1				127	9	118	6	239	28
			1	101	1	100	6	199	32
				3	1	2		5	
			1	98		98	6	194	32
4	**10**		**3**	**970**	**16**	**954**	**87**	**4099**	**1835**
4	6		1	443	14	429	49	1945	849
4	1			194	12	182	24	577	150
	5		1	209	2	207	22	1205	626
				40		40	3	163	73
	4		2	527	2	525	38	2154	986
	3			427	2	425	28	1688	779
	1		1	27		27	1	161	71
			1	28		28	1	128	56
				45		45	8	177	80

2-09 续表 8

行业	代码	法人单位数（个）					
			内资				
				国有	集体	股份合作	联营
信息传输、软件和信息技术服务业	**I**	**6135**	**5957**	**56**	**15**	**18**	**5**
电信、广播电视和卫星传输服务	63	264	261	31	2	1	2
电信	631	216	213	15	1	1	1
广播电视传输服务	632	43	43	16	1		
卫星传输服务	633	5	5				1
互联网和相关服务	64	914	909	5	2	5	1
互联网接入及相关服务	641	88	88	2		1	
互联网信息服务	642	667	664	3	2	4	1
其他互联网服务	649	159	157				
软件和信息技术服务业	65	4957	4787	20	11	12	2
软件开发	651	2970	2836	6	2	7	1
信息系统集成服务	652	609	601	3	2	2	
信息技术咨询服务	653	692	680	8	2	2	
数据处理和存储服务	654	157	155			1	
集成电路设计	655	67	60				
其他信息技术服务业	659	462	455	3	5		1
房地产业	**K**	**7636**	**7130**	**253**	**88**	**27**	**16**
房地产业	70	7636	7130	253	88	27	16
房地产开发经营	701	2922	2552	108	30	2	3
物业管理	702	2769	2658	96	42	15	8
房地产中介服务	703	1689	1670	11	7	9	3
其他房地产业	709	256	250	38	9	1	2
租赁和商务服务业	**L**	**25683**	**25395**	**772**	**401**	**137**	**56**
租赁业	71	1834	1811	14	11	13	6
机械设备租赁	711	1762	1739	13	10	13	6
文化及日用品出租	712	72	72	1	1		
商务服务业	72	23849	23584	758	390	124	50
企业管理服务	721	6405	6305	432	196	34	19
法律服务	722	349	347	6	1	5	1
咨询与调查	723	5314	5204	49	28	29	7
广告业	724	5326	5322	37	14	19	2
知识产权服务	725	222	220	2	1	2	
人力资源服务	726	1021	1016	54	36	6	3
旅行社及相关服务	727	1234	1222	67	9	8	5
安全保护服务	728	247	247	30	18	1	
其他商务服务业	729	3731	3701	81	87	20	13
科学研究和技术服务业	**M**	**8467**	**8307**	**337**	**125**	**36**	**17**
研究和试验发展	73	1018	984	25	12	5	2
自然科学研究和试验发展	731	129	124	3	1		
工程和技术研究和试验发展	732	501	487	8	5	1	1
农业科学研究和试验发展	733	225	217	7	5	1	1
医学研究和试验发展	734	151	144	7	1	3	
社会人文科学研究	735	12	12				
专业技术服务业	74	5160	5080	282	78	25	12

国有联营	集体联营	国有与集体联营	其他联营	有限责任公司	国有独资	其他有限责任公司	股份有限公司	私营	私营独资
1	**3**		**1**	**1634**	**11**	**1623**	**120**	**3797**	**271**
1			1	59	4	55	17	130	27
			1	52	4	48	11	115	21
				7		7	5	12	5
1							1	3	1
	1			229	2	227	26	609	66
				22		22	2	61	6
	1			168	2	166	20	438	44
				39		39	4	110	16
	2			1346	5	1341	77	3058	178
	1			807	2	805	49	1813	73
				165		165	5	381	26
				177	2	175	13	447	47
				59		59	1	90	8
				14		14	1	41	3
	1			124	1	123	8	286	21
1	**6**	**1**	**8**	**2642**	**88**	**2554**	**196**	**3685**	**306**
1	6	1	8	2642	88	2554	196	3685	306
	1	1	1	1162	59	1103	75	1157	30
1	2		5	980	20	960	76	1307	144
	2		1	420	2	418	36	1124	120
	1		1	80	7	73	9	97	12
13	**21**	**9**	**13**	**6803**	**219**	**6584**	**576**	**15188**	**1811**
1	2	1	2	511	2	509	29	1128	251
1	2	1	2	491	2	489	27	1083	247
				20		20	2	45	4
12	19	8	11	6292	217	6075	547	14060	1560
5	11	2	1	1838	165	1673	182	3205	300
			1	36		36	5	216	46
3	1	2	1	1257	8	1249	85	3513	352
			2	1428	7	1421	106	3480	384
				55		55	6	146	8
			3	283	6	277	19	534	120
1		2	2	378	15	363	51	624	78
				87	7	80	5	97	15
3	7	2	1	930	9	921	88	2245	257
4	**9**		**4**	**1884**	**34**	**1850**	**154**	**4444**	**491**
1	1			222	1	221	12	647	83
				35		35	1	76	13
1				96	1	95	7	351	27
	1			51		51	2	124	25
				37		37	1	89	16
				3		3	1	7	2
2	6		4	1276	27	1249	107	3059	320

2-09 续表 9

行业	代码	法人单位数(个)					
			内资				
				国有	集体	股份合作	联营
气象服务	741	31	31	20	2		
地震服务	742	1	1				
海洋服务	743	17	17			1	
测绘服务	744	184	184	7	7	3	1
质检技术服务	745	392	382	60	17		2
环境与生态监测	746	76	76	6		1	
地质勘查	747	87	86	18	3	3	
工程技术	748	2655	2626	143	32	11	6
其他专业技术服务业	749	1717	1677	28	17	6	3
科技推广和应用服务业	75	2289	2243	30	35	6	3
技术推广服务	751	1991	1951	22	25	4	1
科技中介服务	752	108	108	4	6		
其他科技推广和应用服务业	759	190	184	4	4	2	2
水利、环境和公共设施管理业	**N**	**1656**	**1614**	**115**	**47**	**8**	**2**
水利管理业	76	157	153	35	15	3	
防洪除涝设施管理	761	18	18	3			
水资源管理	762	36	35	8	4		
天然水收集与分配	763	44	42	14	7	3	
水文服务	764	1	1	1			
其他水利管理业	769	58	57	9	4		
生态保护和环境治理业	77	202	195	8	2		
生态保护	771	27	27	6			
环境治理业	772	175	168	2	2		
公共设施管理业	78	1297	1266	72	30	5	2
市政设施管理	781	162	158	21	9		
环境卫生管理	782	134	133	9	3		1
城乡市容管理	783	51	51	3	1	1	
绿化管理	784	396	394	10	6	2	1
公园和游览景区管理	785	554	530	29	11	2	
居民服务、修理和其他服务业	**O**	**5423**	**5371**	**56**	**90**	**31**	**10**
居民服务业	79	1890	1858	19	34	9	6
家庭服务	791	335	335	1	2	1	
托儿所服务	792	9	9				
洗染服务	793	110	110		1		
理发及美容服务	794	312	304		7	1	1
洗浴服务	795	210	199	2	2	1	
保健服务	796	420	415		1	4	
婚姻服务	797	138	138	1			
殡葬服务	798	110	105	10	5	1	2
其他居民服务业	799	246	243	5	16	1	3
机动车、电子产品和日用产品修理业	80	2639	2624	21	44	15	2
汽车、摩托车修理与维护	801	1998	1989	15	33	12	2

国有联营	集体联营	国有与集体联营	其他联营	有限责任公司	国有独资	其他有限责任公司	股份有限公司	私营	私营独资
				5	1	4		4	
								1	
				2		2		13	3
	1			64	1	63	7	84	20
1	1			109	2	107	11	165	27
				17		17	2	41	3
				22	1	21	2	30	5
	3		3	719	21	698	55	1547	147
1	1		1	338	1	337	30	1174	115
1	2			386	6	380	35	738	88
	1			288	4	284	27	607	67
				21	1	20	1	54	6
1	1			77	1	76	7	77	15
	1	**1**		**505**	**42**	**463**	**35**	**776**	**165**
				44	12	32	3	37	6
				9	7	2		2	
				12	3	9	2	6	1
				6		6		7	2
				17	2	15	1	22	3
				66	2	64	1	109	14
				11	1	10		7	
				55	1	54	1	102	14
	1	1		395	28	367	31	630	145
				65	10	55	6	51	7
		1		34	1	33	3	71	17
				17	1	16		27	6
	1			133	3	130	6	214	32
				146	13	133	16	267	83
1	**3**	**3**	**3**	**1059**	**8**	**1051**	**80**	**3716**	**1085**
1	3	1	1	347	5	342	32	1278	438
				91		91	7	224	29
								8	3
				28		28	1	73	18
			1	40		40	5	219	89
				29		29	5	148	72
				51		51	3	326	167
				28		28	4	97	23
1	1			33	4	29	2	42	9
	2	1		47	1	46	5	141	28
		2		492	3	489	35	1868	530
		2		370	1	369	28	1419	461

2-09 续表 10

行　业	代码	法人单位数(个)					
			内　资	国　有	集　体	股份合作	联　营
计算机和办公设备维修	802	284	281	1	1	1	
家用电器修理	803	254	253	2	2	1	
其他日用产品修理业	809	103	101	3	8	1	
其他服务业	81	894	889	16	12	7	2
清洁服务	811	672	669	5	8	3	1
其他未列明服务业	819	222	220	11	4	4	1
卫生和社会工作	**Q**	**58**	**56**	**6**	**7**		**2**
社会工作	84	58	56	6	7		2
提供住宿社会工作	841	41	39		2		1
不提供住宿社会工作	842	17	17	6	5		1
文化、体育和娱乐业	**R**	**4635**	**4582**	**99**	**32**	**25**	**5**
新闻和出版业	85	82	82	24			1
新闻业	851	8	8	2			
出版业	852	74	74	22			1
广播、电视、电影和影视录音制作业	86	304	303	47	3	3	
广播	861	9	9				
电视	862	14	14	3	2		
电影和影视节目制作	863	114	114	2		1	
电影和影视节目发行	864	21	21	4			
电影放映	865	129	128	38	1	2	
录音制作	866	17	17				
文化艺术业	87	576	573	14	15		1
文艺创作与表演	871	245	244	8	5		
艺术表演场馆	872	3	3				
图书馆与档案馆	873	17	17	1			
文物及非物质文化遗产保护	874	23	23	3	1		
博物馆	875	13	13				
烈士陵园、纪念馆	876	1	1				
群众文化活动	877	43	43	1	8		
其他文化艺术业	879	231	229	1	1		1
体育	88	430	405	10	5	1	
体育组织	881	35	33	4			
体育场馆	882	41	37	1	2		
休闲健身活动	883	313	295	3	3	1	
其他体育	889	41	40	2			
娱乐业	89	3243	3219	4	9	21	3
室内娱乐活动	891	3051	3032	1	7	21	3
游乐园	892	54	51		1		
彩票活动	893	2	2				
文化、娱乐、体育经纪代理	894	71	71	2	1		
其他娱乐业	899	65	63	1			

国有联营	集体联营	国有与集体联营	其他联营	有限责任公司	国有独资	其他有限责任公司	股份有限公司	私营	私营独资
				52		52	4	207	22
				45		45	2	185	34
				25	2	23	1	57	13
			2	220		220	13	570	117
			1	164		164	8	446	95
			1	56		56	5	124	22
	1	**1**		**8**		**8**	**1**	**23**	**11**
	1	1		8		8	1	23	11
		1		7		7		22	10
	1			1		1	1	1	1
2			**3**	**547**	**17**	**530**	**62**	**3326**	**1930**
1				33	7	26	3	18	1
				6		6			
1				27	7	20	3	18	1
				95	5	90	8	125	15
				4	1	3		3	
				3	2	1	2	4	1
				39		39	5	56	5
				7		7		10	
				39	2	37	1	38	4
				3		3		14	5
			1	134	2	132	12	324	104
				46	1	45	4	136	75
				1		1		2	
				1		1		14	1
				7	1	6		12	4
				2		2		10	2
								1	
				2		2	1	21	4
			1	75		75	7	128	18
				66	1	65	9	268	83
				8		8	2	13	2
				5	1	4		24	10
				44		44	3	206	68
				9		9	4	25	3
1			2	219	2	217	30	2591	1727
1			2	172	1	171	26	2475	1701
				17		17	3	28	8
								2	1
				19	1	18	1	45	6
				11		11		41	11

2-09 续表 11

行业	代码	私营合伙	私营有限责任公司	私营股份有限公司	其他	港澳台商投资	与港澳台商合资经营
总计	00	**9286**	**123306**	**3650**	**19005**	**6002**	**1169**
农、林、牧、渔业	A	**51**	**212**	**10**	**574**	**10**	**2**
农业	01		7	1	1	1	
谷物种植	011		1		1		
豆类、油料和薯类种植	012						
棉、麻、糖、烟草种植	013						
蔬菜、食用菌及园艺作物种植	014		4				
水果种植	015		1				
坚果、含油果、香料和饮料作物种植	016			1		1	
中药材种植	017		1				
其他农业	019						
林业	02				1	1	
林木育种和育苗	021				1	1	
造林和更新	022						
森林经营和管护	023						
木材和竹材采运	024						
林产品采集	025						
畜牧业	03		3				
牲畜饲养	031		2				
家禽饲养	032		1				
其他畜牧业	039						
渔业	04						
水产养殖	041						
水产捕捞	042						
农、林、牧、渔服务业	05	51	202	9	572	8	2
农业服务业	051	19	123	7	468	4	2
林业服务业	052	4	37	1	34	1	
畜牧服务业	053	2	1		21		
渔业服务业	054	26	41	1	49	3	
采矿业	B	**228**	**650**	**45**	**193**	**16**	**8**
煤炭开采和洗选业	06	6	89	3	8		
烟煤和无烟煤开采洗选	061	3	77	3	6		
褐煤开采洗选	062		1				
其他煤炭采选	069	3	11		2		
石油和天然气开采业	07						
石油开采	071						
天然气开采	072						
黑色金属矿采选业	08	19	101	14	24	2	2
铁矿采选	081	17	94	13	22	2	2
锰矿、铬矿采选	082	2	7	1	2		
其他黑色金属矿采选	089						
有色金属矿采选业	09	14	92	11	23	4	2

与港澳台商合作经营	港澳台商独资	港澳台商投资股份有限公司	其他港澳台商投资	外商投资	中外合资经营	中外合作经营	外资企业	外商投资股份有限公司	其他外商投资
105	**4514**	**152**	**62**	**3175**	**841**	**51**	**2020**	**135**	**128**
	6	**2**		**3**	**1**		**1**		**1**
		1							
		1							
	1								
	1								
	5	1		3	1		1		1
	2			3	1		1		1
	1								
	2	1							
	6	**1**	**1**	**7**	**3**		**3**		**1**
				1			1		
				1			1		
	2			2	2				

2-09 续表 12

行业	代码	私营合伙	私营有限责任公司	私营股份有限公司	其他	港澳台商投资	与港澳台商合资经营
常用有色金属矿采选	091	9	79	9	18	3	1
贵金属矿采选	092	1	6				
稀有稀土金属矿采选	093	4	7	2	5	1	1
非金属矿采选业	10	189	365	17	136	10	4
土砂石开采	101	168	311	13	127	8	2
化学矿开采	102	1	7	1	1	1	1
采盐	103						
石棉及其他非金属矿采选	109	20	47	3	8	1	1
开采辅助活动	11				1		
煤炭开采和洗选辅助活动	111						
石油和天然气开采辅助活动	112						
其他开采辅助活动	119				1		
其他采矿业	12		3		1		
其他采矿业	120		3		1		
制造业	C	**2886**	**36010**	**973**	**4760**	**4204**	**727**
农副食品加工业	13	176	1364	43	414	158	43
谷物磨制	131	14	112	4	28	5	1
饲料加工	132	9	155	7	16	12	4
植物油加工	133	8	55	2	19	6	3
制糖业	134		7			1	
屠宰及肉类加工	135	18	158	6	41	14	3
水产品加工	136	78	474	12	135	50	19
蔬菜、水果和坚果加工	137	27	239	8	131	50	9
其他农副食品加工	139	22	164	4	44	20	4
食品制造业	14	116	1137	35	164	109	22
焙烤食品制造	141	28	367	7	22	26	5
糖果、巧克力及蜜饯制造	142	9	200	4	19	20	2
方便食品制造	143	19	120	7	37	10	2
乳制品制造	144	1	9		1	2	
罐头食品制造	145	28	137	2	39	16	3
调味品、发酵制品制造	146	4	106	5	14	10	
其他食品制造	149	27	198	10	32	25	10
酒、饮料和精制茶制造业	15	158	906	42	602	69	12
酒的制造	151	11	117	5	18	4	2
饮料制造	152	22	173	9	25	23	5
精制茶加工	153	125	616	28	559	42	5
烟草制品业	16						
烟叶复烤	161						
卷烟制造	162						
其他烟草制品制造	169						
纺织业	17	66	1698	42	99	251	18
棉纺织及印染精加工	171	15	447	7	20	92	2
毛纺织及染整精加工	172	1	30		5	6	1

与港澳台商合作经营	港澳台商独资	港澳台商投资股份有限公司	其他港澳台商投资	外商投资	中外合资经营	中外合作经营	外资企业	外商投资股份有限公司	其他外商投资
	2			2	2				
	4	1	1	4	1		2		1
	4	1	1	2			2		
				1	1				
				1					1
46	**3313**	**90**	**28**	**2068**	**539**	**29**	**1386**	**75**	**39**
	108	4	3	93	39	3	48	2	1
	4			2	1		1		
	7	1		9	4		5		
	3			3	1		2		
	1			2	2				
	10		1	5			5		
	28	2	1	25	11	2	12		
	40		1	36	17	1	16	1	1
	15	1		11	3		7	1	
1	81	1	4	72	17		52	3	
	21			10	3		6	1	
	17		1	11	2		9		
	8			9	1		8		
	2			1			1		
	12		1	19	4		14	1	
	9		1	7	1		6		
1	12	1	1	15	6		8	1	
	47	9	1	32	14		13	3	2
	2			4	4				
	14	4		15	9		5	1	
	31	5	1	13	1		8	2	2
5	224	2	2	94	17	1	72	1	3
	90			38	5		32		1
	5			1			1		

2-09 续表 13

行业	代码	私营合伙	私营有限责任公司	私营股份有限公司	其他	港澳台商投资	与港澳台商合资经营
麻纺织及染整精加工	173		4	1		2	
丝绢纺织及印染精加工	174	3	20			2	
化纤织造及印染精加工	175	1	76	3	3	19	
针织或钩针编织物及其制品制造	176	17	749	21	37	50	6
家用纺织制成品制造	177	10	160	3	18	18	4
非家用纺织制成品制造	178	19	212	7	16	62	5
纺织服装、服饰业	18	123	3217	65	419	694	57
机织服装制造	181	90	2257	50	332	511	38
针织或钩针编织服装制造	182	14	425	5	29	115	10
服饰制造	183	19	535	10	58	68	9
皮革、毛皮、羽毛及其制品和制鞋业	19	143	2624	71	254	386	41
皮革鞣制加工	191	4	120	5	7	39	3
皮革制品制造	192	22	393	9	50	122	7
毛皮鞣制及制品加工	193	2	8	1	2	2	1
羽毛(绒)加工及制品制造	194	2	22		1	4	
制鞋业	195	113	2081	56	194	219	30
木材加工和木、竹、藤、棕、草制品业	20	298	1281	37	297	68	20
木材加工	201	99	273	11	84	8	2
人造板制造	202	40	393	10	25	14	8
木制品制造	203	44	325	5	43	22	4
竹、藤、棕、草等制品制造	204	115	290	11	145	24	6
家具制造业	21	56	764	12	88	77	19
木质家具制造	211	33	430	6	61	49	11
竹、藤家具制造	212	6	15		7	2	1
金属家具制造	213	5	140	3	10	17	5
塑料家具制造	214	1	23			2	
其他家具制造	219	11	156	3	10	7	2
造纸和纸制品业	22	92	1234	28	98	107	31
纸浆制造	221	1	11	1	3	1	
造纸	222	23	285	11	28	28	6
纸制品制造	223	68	938	16	67	78	25
印刷和记录媒介复制业	23	74	1148	39	92	41	12
印刷	231	69	1085	39	84	38	11
装订及印刷相关服务	232	5	60		6	2	
记录媒介复制	233		3		2	1	1
文教、工美、体育和娱乐用品制造业	24	166	1910	71	294	388	59
文教办公用品制造	241	7	77	2	10	21	3
乐器制造	242		19			2	1
工艺美术品制造	243	141	1530	62	265	259	44
体育用品制造	244	10	188	3	9	69	6
玩具制造	245	8	82	4	8	34	4
游艺器材及娱乐用品制造	246		14		2	3	1
石油加工及炼焦	25	1	44	2	2	6	1

与港澳台商合作经营	港澳台商独资	港澳台商投资股份有限公司	其他港澳台商投资	外商投资	中外合资经营	中外合作经营	外资企业	外商投资股份有限公司	其他外商投资
	2			2			2		
1	1								
	19			3			3		
3	40	1		17	5		11	1	
	13	1		7	1		5		1
1	54		2	26	6	1	18		1
5	623	5	4	209	23	3	165	8	10
3	463	4	3	158	17	3	121	8	9
2	101	1	1	34	5		29		
	59			17	1		15		1
3	336	5	1	134	27	3	97	3	4
	36			7	1		5	1	
	114	1		40	9	1	30		
	1								
	4			1			1		
3	181	4	1	86	17	2	61	2	4
	45	3		30	10		19		1
	6			4	1		2		1
	6			2	2				
	16	2		11	2		9		
	17	1		13	5		8		
1	56	1		45	11	1	30	1	2
1	36	1		29	8		19	1	1
	1								
	12			10	3	1	6		
	2			1			1		
	5			5			4		1
2	73	1		37	8	1	22	6	
	1								
1	21			11	3		6	2	
1	51	1		26	5	1	16	4	
	29			21	5		15		1
	27			21	5		15		1
	2								
2	316	9	2	160	43	3	102	9	3
	18			14	2		9	3	
	1			2			2		
2	209	4		95	29	3	55	6	2
	61	2		38	9		29		
	25	3	2	11	3		7		1
	2								
	5			7	5		2		

2-09 续表 14

行业	代码	私营合伙	私营有限责任公司	私营股份有限公司	其他	港澳台商投资	与港澳台商合资经营
化学原料和化学制品制造业	26	97	1290	33	128	170	36
基础化学原料制造	261	18	166	6	12	21	5
肥料制造	262	4	93	2	13	10	4
农药制造	263	2	11	2	3	3	1
涂料、油墨、颜料及类似产品制造	264	17	274	6	30	42	5
合成材料制造	265	10	172	6	11	28	5
专用化学产品制造	266	27	334	8	30	24	8
炸药、火工及焰火产品制造	267	2	5		1	1	
日用化学产品制造	268	17	235	3	28	41	8
医药制造业	27	1	158	2	9	26	10
化学药品原料药制造	271		21			2	1
化学药品制剂制造	272		23			6	3
中药饮片加工	273		12		2	1	
中成药生产	274		17		1	6	2
兽用药品制造	275		8	1		1	1
生物药品制造	276	1	47		4	7	2
卫生材料及医药用品制造	277		30	1	2	3	1
化学纤维制造业	28	3	74	2	6	37	3
纤维素纤维原料及纤维制造	281	1	16		1	11	
合成纤维制造	282	2	58	2	5	26	3
橡胶和塑料制品业	29	148	2088	53	142	270	52
橡胶制品业	291	19	348	7	19	37	4
塑料制品业	292	129	1740	46	123	233	48
非金属矿物制品业	30	582	3829	129	622	208	69
水泥、石灰和石膏制造	301	20	121	1	14	9	5
石膏、水泥制品及类似制品制造	302	60	325	16	56	30	8
砖瓦、石材等建筑材料制造	303	423	2503	92	361	118	37
玻璃制造	304	2	45	2	2	1	
玻璃制品制造	305	1	141	3	10	11	6
玻璃纤维和玻璃纤维增强塑料制品制造	306	1	41	1	1	1	
陶瓷制品制造	307	55	528	13	160	26	9
耐火材料制品制造	308	4	39		2	3	1
石墨及其他非金属矿物制品制造	309	16	86	1	16	9	3
黑色金属冶炼和压延加工业	31	38	387	16	44	33	12
炼铁	311		12	2	1		
炼钢	312		5		2	1	
黑色金属铸造	313	23	220	11	26	10	5
钢压延加工	314	11	129	3	13	21	7
铁合金冶炼	315	4	21		2	1	
有色金属冶炼和压延加工业	32	17	198	4	12	21	10
常用有色金属冶炼	321	2	28	1	1	4	1
贵金属冶炼	322		6		1		
稀有稀土金属冶炼	323		3				

与港澳台商合作经营	港澳台商独资	港澳台商投资股份有限公司	其他港澳台商投资	外商投资	中外合资经营	中外合作经营	外资企业	外商投资股份有限公司	其他外商投资
1	129	3	1	90	27	1	58	3	1
	15		1	12	6		5	1	
	5	1		2			2		
	2			3			3		
1	36			16	5		10	1	
	23			14	4		10		
	15	1		20	9	1	9	1	
	1								
	32	1		23	3		19		1
1	15			20	9	1	8	1	1
	1			3	2	1			
	3			6	3		2	1	
	1			1	1				
	4			3	1		2		
				1	1				
1	4			4	1		3		
	2			2			1		1
1	32	1		11	2		9		
	11			3			3		
1	21	1		8	2		6		
3	205	8	2	126	24	1	95	6	
	29	3	1	29	7		19	3	
3	176	5	1	97	17	1	76	3	
5	129	5		154	61		84	9	
1	3								
1	21			9	4		5		
3	74	4		95	42		48	5	
	1			2	1		1		
	5			12	3		7	2	
	1			2			2		
	16	1		25	10		14	1	
	2			3	1		2		
	6			6			5	1	
	20	1		22	8		14		
	1								
	4	1		8	2		6		
	14			14	6		8		
	1								
	11			11	2		9		
	3								
				2			2		

2-09 续表 15

行业	代码	私营合伙	私营有限责任公司	私营股份有限公司	其他	港澳台商投资	与港澳台商合资经营
有色金属合金制造	324		40		1	3	1
有色金属铸造	325	4	14		3	1	
有色金属压延加工	326	11	107	3	6	13	8
金属制品业	33	110	2231	45	231	160	26
结构性金属制品制造	331	20	745	17	60	39	9
金属工具制造	332	16	200	5	32	28	7
集装箱及金属包装容器制造	333	1	55	1	4	11	4
金属丝绳及其制品制造	334	1	32	2	4	2	
建筑、安全用金属制品制造	335	22	367	8	48	21	1
金属表面处理及热处理加工	336	4	141	1	12	5	2
搪瓷制品制造	337	2	84	2	21	2	
金属制日用品制造	338	12	251	1	22	25	
其他金属制品制造	339	32	356	8	28	27	3
通用设备制造业	34	99	1786	39	141	149	27
锅炉及原动设备制造	341	5	43	3	7	2	1
金属加工机械制造	342	18	391	7	31	23	1
物料搬运设备制造	343	6	82	5	1	7	1
泵、阀门、压缩机及类似机械制造	344	13	298	5	37	31	4
轴承、齿轮和传动部件制造	345	5	110	1	7	19	7
烘炉、风机、衡器、包装等设备制造	346	7	159	4	5	18	2
文化、办公用机械制造	347		29	1	3	9	1
通用零部件制造	348	37	542	10	41	29	9
其他通用设备制造业	349	8	132	3	9	11	1
专用设备制造业	35	79	1821	47	135	158	31
采矿、冶金、建筑专用设备制造	351	15	253	12	15	9	2
化工、木材、非金属加工专用设备制造	352	26	641	14	32	48	5
食品、饮料、烟草及饲料生产专用设备制造	353	10	57		12	9	1
印刷、制药、日化及日用品生产专用设备制造	354	2	105	1	3	14	5
纺织、服装和皮革加工专用设备制造	355	2	113	3	12	38	4
电子和电工机械专用设备制造	356	6	219	4	20	17	4
农、林、牧、渔专用机械制造	357	5	93	4	19	8	4
医疗仪器设备及器械制造	358	3	96	3	7	6	2
环保、社会公共服务及其他专用设备制造	359	10	244	6	15	9	4
汽车制造业	36	21	531	14	34	92	29
汽车整车制造	361		3				
改装汽车制造	362		9		2	1	1
低速载货汽车制造	363						
电车制造	364		4				
汽车车身、挂车制造	365	1	8			2	1
汽车零部件及配件制造	366	20	507	14	32	89	27
铁路、船舶、航空航天和其他运输设备制造业	37	33	289	5	39	23	5
铁路运输设备制造	371		4		1		
城市轨道交通设备制造	372						

与港澳台商合作经营	港澳台商独资	港澳台商投资股份有限公司	其他港澳台商投资	外商投资	中外合资经营	中外合作经营	外资企业	外商投资股份有限公司	其他外商投资
	2			4	1		3		
	1								
	5			5	1		4		
1	129	4		100	20	2	74	4	
1	28	1		24	5		18	1	
	21			14	1		11	2	
	6	1		7	2		5		
	2			7	2	1	3	1	
	20			19	4	1	14		
	3			7	1		6		
	2			2	1		1		
	24	1		15	2		13		
	23	1		5	2		3		
2	116	3	1	87	29	1	52	3	2
	1			3	1		2		
	22			14	4		8	1	1
	6			5	1		4		
	27			19	9		8	2	
	11	1		9	2		7		
2	13		1	11	4		7		
	8			3	1	1	1		
	18	2		18	4		14		
	10			5	3		1		1
1	117	7	2	108	26	1	69	6	6
	7			11	5		4		2
	39	3	1	30	5		19	3	3
1	6	1		5			5		
	9			6			6		
	33		1	12	3		8		1
	11	2		12	1		10	1	
	4			3	1	1	1		
	3	1		11	2		8	1	
	5			18	9		8	1	
2	60	1		80	11	2	65	1	1
				2	1		1		
	1								
2	59	1		78	10	2	64	1	1
	17	1		23	6	1	15	1	

2-09 续表 16

行业	代码	私营合伙	私营有限责任公司	私营股份有限公司	其他	港澳台商投资	与港澳台商合资经营
船舶及相关装置制造	373	16	154	4	29	5	1
航空、航天器及设备制造	374						
摩托车制造	375	15	103	1	7	10	2
自行车制造	376	2	24		1	3	2
非公路休闲车及零配件制造	377					4	
潜水救捞及其他未列明运输设备制造	379		4		1	1	
电气机械和器材制造业	38	78	1883	34	176	133	23
电机制造	381	33	682	6	107	20	5
输配电及控制设备制造	382	18	444	9	18	34	8
电线、电缆、光缆及电工器材制造	383	6	148	2	11	14	
电池制造	384		56	2	7	8	3
家用电力器具制造	385	10	175	3	20	8	
非电力家用器具制造	386	1	43	1	4	5	
照明器具制造	387	6	259	7	6	36	6
其他电气机械及器材制造	389	4	76	4	3	8	1
计算机、通信和其他电子设备制造业	39	28	894	27	61	169	30
计算机制造	391	4	40	1	5	13	4
通信设备制造	392	1	94	3	10	22	4
广播电视设备制造	393		33		2	2	
雷达及配套设备制造	394		1	1	1		
视听设备制造	395		21			7	1
电子器件制造	396	5	171	4	8	43	11
电子元件制造	397	12	325	11	17	63	10
其他电子设备制造	399	6	209	7	18	19	
仪器仪表制造业	40	15	365	8	19	73	17
通用仪器仪表制造	401	4	111	5	6	18	6
专用仪器仪表制造	402	1	54		2	4	2
钟表与计时仪器制造	403	2	102	1	5	19	5
光学仪器及眼镜制造	404	6	80	2	3	32	4
其他仪器仪表制造业	409	2	18		3		
其他制造业	41	40	532	14	76	118	7
废弃资源综合利用业	42	10	143	9	20	4	3
金属废料和碎屑加工处理	421	3	30	6	6	3	2
非金属废料和碎屑加工处理	422	7	113	3	14	1	1
金属制品、机械和设备修理业	43	18	184	5	42	6	2
金属制品修理	431	2	11				
通用设备修理	432		16	1	1		
专用设备修理	433	3	25	1	3		
铁路、船舶、航空航天等运输设备修理	434	7	69	2	7	3	2
电气设备修理	435	2	6		1	3	
仪器仪表修理	436		1				
其他机械和设备修理业	439	4	56	1	30		

与港澳台商合作经营	港澳台商独资	港澳台商投资股份有限公司	其他港澳台商投资	外商投资	中外合资经营	中外合作经营	外资企业	外商投资股份有限公司	其他外商投资
	3	1		5	1	1	2	1	
	8			11	1		10		
	1			4	2		2		
	4			1	1				
	1			2	1		1		
4	100	5	1	112	41	1	69	1	
2	13			12	4		8		
	24	1	1	35	16		19		
1	12	1		20	3		17		
	3	2		4	1		2	1	
	7	1		7	2		5		
	5			1	1				
1	29			27	12	1	14		
	7			6	2		4		
4	128	4	3	104	32	2	67	2	1
	9			4	1		3		
	18			9	3	1	5		
	2			3	3				
	6			7	1		6		
2	30			27	8	1	18		
1	47	3	2	41	12		26	2	1
1	16	1	1	13	4		9		
	54	2		42	14	1	27		
	12			13	5		8		
	2			1			1		
	14			8	1		7		
	26	2		16	6	1	9		
				4	2		2		
2	105	3	1	36	3		31	2	
		1		3	1		2		
		1							
				3	1		2		
	3	1		5	4		1		
				1			1		
	1			4	4				
	2	1							

2-09 续表 17

行业	代码	私营合伙	私营有限责任公司	私营股份有限公司	其他	港澳台商投资	与港澳台商合资经营
电力、热力、燃气及水生产和供应业	**D**	**1678**	**712**	**61**	**673**	**52**	**19**
电力、热力生产和供应业	44	1643	595	55	575	40	12
电力生产	441	1635	568	54	559	39	12
电力供应	442	8	22		14		
热力生产和供应	443		5	1	2	1	
燃气生产和供应业	45	3	19	2	6	3	2
燃气生产和供应业	450	3	19	2	6	3	2
水的生产和供应业	46	32	98	4	92	9	5
自来水生产和供应	461	29	65	3	83	7	5
污水处理及其再生利用	462	1	30	1	5	2	
其他水的处理、利用与分配	469	2	3		4		
建筑业	**E**	**125**	**4895**	**196**	**200**	**38**	**19**
房屋建筑业	47	22	986	44	39	1	
房屋建筑业	470	22	986	44	39	1	
土木工程建筑业	48	21	853	37	47	7	
铁路、道路、隧道和桥梁工程建筑	481	10	351	19	12	3	
水利和内河港口工程建筑	482	2	64	4	6	2	
海洋工程建筑	483		8		1		
工矿工程建筑	484		31	2	1		
架线和管道工程建筑	485	2	63	2	3		
其他土木工程建筑	489	7	336	10	24	2	
建筑安装业	49	12	715	27	21	5	5
电气安装	491	7	270	8	6	3	3
管道和设备安装	492	3	113	8	3		
其他建筑安装业	499	2	332	11	12	2	2
建筑装饰和其他建筑业	50	70	2341	88	93	25	14
建筑装饰业	501	56	1724	60	59	22	14
工程准备活动	502	7	187	6	11	2	
提供施工设备服务	503	4	103	5	2		
其他未列明建筑业	509	3	327	17	21	1	
批发和零售业	**F**	**1877**	**48810**	**1258**	**7491**	**674**	**136**
批发业	51	1045	35729	846	5105	560	113
农、林、牧产品批发	511	44	715	37	701	13	1
食品、饮料及烟草制品批发	512	159	4255	129	1803	91	17
纺织、服装及家庭用品批发	513	168	6916	141	485	137	25
文化、体育用品及器材批发	514	30	1716	24	84	39	10
医药及医疗器材批发	515	17	611	13	50	6	1
矿产品、建材及化工产品批发	516	279	9658	205	923	109	20
机械设备、五金产品及电子产品批发	517	233	8795	206	516	101	26
贸易经纪与代理	518	54	1390	47	342	36	5
其他批发业	519	61	1673	44	201	28	8
零售业	52	832	13081	412	2386	114	23
综合零售	521	69	501	17	227	4	1
食品、饮料及烟草制品专门零售	522	125	2674	78	666	24	1

与港澳台商合作经营	港澳台商独资	港澳台商投资股份有限公司	其他港澳台商投资	外商投资	中外合资经营	中外合作经营	外资企业	外商投资股份有限公司	其他外商投资
2	**28**	**3**		**45**	**24**	**1**	**18**	**2**	
2	23	3		31	16		13	2	
2	22	3		28	14		12	2	
				3	2		1		
	1								
	1			3	3				
	1			3	3				
	4			11	5	1	5		
	2			9	4	1	4		
	2			2	1		1		
3	**14**	**2**		**13**	**7**	**1**	**3**	**1**	**1**
	1			3	2	1			
	1			3	2	1			
2	4	1		1	1				
2	1			1	1				
	2								
	1	1							
				4	2		1	1	
				4	2		1	1	
1	9	1		5	2		2		1
1	6	1		4	2		1		1
	2								
	1			1			1		
13	**485**	**25**	**15**	**428**	**85**	**6**	**274**	**29**	**34**
9	409	21	8	361	69	4	236	25	27
	12			6	2		3		1
1	67	4	2	51	10	2	37	2	
3	105	4		88	10	1	60	9	8
	29			14	2		11	1	
	4	1		4			3		1
2	82	3	2	81	16		53	8	4
3	67	2	3	71	19	1	44	2	5
	27	3	1	24	2		12	3	7
	16	4		22	8		13		1
4	76	4	7	67	16	2	38	4	7
1	2			3			2	1	
	18	1	4	11	2		7	1	1

2-09 续表 18

行业	代码	私营合伙	私营有限责任公司	私营股份有限公司	其他	港澳台商投资	与港澳台商合资经营
纺织、服装及日用品专门零售	523	111	1655	50	260	20	4
文化、体育用品及器材专门零售	524	41	948	27	119	12	3
医药及医疗器材专门零售	525	59	267	13	157		
汽车、摩托车、燃料及零配件专门零售	526	183	1794	69	308	13	2
家用电器及电子产品专门零售	527	91	2092	66	226	11	5
五金、家具及室内装饰材料专门零售	528	94	2129	56	233	14	2
货摊、无店铺及其他零售业	529	59	1021	36	190	16	5
交通运输、仓储和邮政业	**G**	**283**	**4005**	**128**	**395**	**103**	**42**
道路运输业	54	94	1744	69	187	21	6
城市公共交通运输	541	6	59	3	8	2	1
公路旅客运输	542	10	100	9	11		
道路货物运输	543	62	1508	53	136	12	3
道路运输辅助活动	544	16	77	4	32	7	2
水上运输业	55	115	210	7	57	16	13
水上旅客运输	551	1	20		9	4	4
水上货物运输	552	107	132	4	38	3	2
水上运输辅助活动	553	7	58	3	10	9	7
航空运输业	56	1	23	1	1		
航空客货运输	561	1	15		1		
通用航空服务	562		2	1			
航空运输辅助活动	563		6				
管道运输业	57						
管道运输业	570						
装卸搬运和运输代理业	58	53	1661	42	107	37	15
装卸搬运	581	12	116	8	31	1	
运输代理业	582	41	1545	34	76	36	15
仓储业	59	11	211	7	21	29	8
谷物、棉花等农产品仓储	591	2	16		4		
其他仓储业	599	9	195	7	17	29	8
邮政业	60	9	156	2	22		
邮政基本服务	601		5		4		
快递服务	602	9	151	2	18		
住宿和餐饮业	**H**	**444**	**1747**	**73**	**462**	**88**	**21**
住宿业	61	240	813	43	163	40	8
旅游饭店	611	59	353	15	39	30	6
一般旅馆	612	154	404	21	104	9	1
其他住宿业	619	27	56	7	20	1	1
餐饮业	62	204	934	30	299	48	13
正餐服务	621	164	723	22	228	35	9
快餐服务	622	19	66	5	22	6	2
饮料及冷饮服务	623	11	59	2	22	2	1
其他餐饮业	629	10	86	1	27	5	1

与港澳台商合作经营	港澳台商独资	港澳台商投资股份有限公司	其他港澳台商投资	外商投资	中外合资经营	中外合作经营	外资企业	外商投资股份有限公司	其他外商投资
	13	1	2	16	1	1	12		2
	8	1		6	2		4		
	11			13	7		3	1	2
1	5			6	2	1	3		
1	11			7	1		5	1	
1	8	1	1	5	1		2		2
9	**49**	**1**	**2**	**68**	**32**	**3**	**25**	**3**	**5**
6	8	1		9	5	1	1	1	1
1				3	3				
4	5			5	2		1	1	1
1	3	1		1		1			
1	2			9	6		2	1	
1				2	1			1	
	2			7	5		2		
				2	1	1			
				2	1	1			
1	19		2	24	10		11	1	2
	1			7	4		2		1
1	18		2	17	6		9	1	1
1	20			24	10	1	11		2
1	20			24	10	1	11		2
3	**62**	**1**	**1**	**79**	**25**	**3**	**39**	**4**	**8**
2	29	1		36	13	3	14	1	5
2	21	1		27	9	3	11	1	3
	8			7	4		2		1
				2			1		1
1	33		1	43	12		25	3	3
	25		1	29	9		16	3	1
1	3			8	1		6		1
	1			4	1		2		1
	4			2	1		1		

2-09 续表 19

行业	代码	私营合伙	私营有限责任公司	私营股份有限公司	其他	港澳台商投资	与港澳台商合资经营
信息传输、软件和信息技术服务业	**I**	**95**	**3348**	**83**	**312**	**87**	**19**
电信、广播电视和卫星传输服务	63	10	88	5	19	1	
电信	631	9	81	4	17	1	
广播电视传输服务	632	1	5	1	2		
卫星传输服务	633		2				
互联网和相关服务	64	18	512	13	32	3	1
互联网接入及相关服务	641		54	1			
互联网信息服务	642	10	374	10	28	1	
其他互联网服务	649	8	84	2	4	2	1
软件和信息技术服务业	65	67	2748	65	261	83	18
软件开发	651	41	1667	32	151	67	13
信息系统集成服务	652	5	340	10	43	2	1
信息技术咨询服务	653	9	383	8	31	7	1
数据处理和存储服务	654	4	76	2	4	1	
集成电路设计	655	1	35	2	4	2	1
其他信息技术服务业	659	7	247	11	28	4	2
房地产业	**K**	**67**	**3175**	**137**	**223**	**373**	**85**
房地产业	70	67	3175	137	223	373	85
房地产开发经营	701	4	1062	61	15	278	71
物业管理	702	27	1088	48	134	77	11
房地产中介服务	703	31	948	25	60	13	2
其他房地产业	709	5	77	3	14	5	1
租赁和商务服务业	**L**	**743**	**12240**	**394**	**1462**	**162**	**40**
租赁业	71	54	791	32	99	17	9
机械设备租赁	711	53	752	31	96	17	9
文化及日用品出租	712	1	39	1	3		
商务服务业	72	689	11449	362	1363	145	31
企业管理服务	721	189	2612	104	399	46	13
法律服务	722	127	43		77	1	
咨询与调查	723	117	2982	62	236	68	8
广告业	724	91	2917	88	236	2	1
知识产权服务	725	22	115	1	8	1	
人力资源服务	726	39	359	16	81	1	
旅行社及相关服务	727	27	488	31	80	7	2
安全保护服务	728	7	74	1	9		
其他商务服务业	729	70	1859	59	237	19	7
科学研究和技术服务业	**M**	**144**	**3684**	**125**	**1310**	**83**	**17**
研究和试验发展	73	24	529	11	59	18	6
自然科学研究和试验发展	731		60	3	8	4	2
工程和技术研究和试验发展	732	10	309	5	18	7	3
农业科学研究和试验发展	733	7	91	1	26	5	1
医学研究和试验发展	734	5	66	2	6	2	
社会人文科学研究	735	2	3		1		
专业技术服务业	74	95	2557	87	241	43	8

与港澳台商合作经营	港澳台商独　资	港澳台商投资股份有限公司	其他港澳台商投资	外商投资	中外合资经　营	中外合作经　营	外资企业	外商投资股份有限公　司	其他外商投　资
	61	**5**	**2**	**91**	**25**	**1**	**58**	**2**	**5**
		1		2			2		
		1		2			2		
	2			2			2		
	1			2			2		
	1								
	59	4	2	87	25	1	54	2	5
	49	3	2	67	20	1	41	2	3
	1			6	2		3		1
	5	1		5	1		4		
	1			1			1		
	1			5	2		3		
	2			3			2		1
14	**260**	**11**	**3**	**133**	**40**	**3**	**78**	**6**	**6**
14	260	11	3	133	40	3	78	6	6
10	189	8		92	30	3	53	4	2
2	59	3	2	34	8		20	2	4
1	10			6	2		4		
1	2		1	1			1		
4	**108**	**4**	**6**	**126**	**27**	**1**	**73**	**9**	**16**
	8			6	3		3		
	8			6	3		3		
4	100	4	6	120	24	1	70	9	16
3	24	2	4	54	8	1	32	5	8
	1			1	1				
	56	2	2	42	5		30	2	5
	1			2	1		1		
	1			1	1				
	1			4	1		1	1	1
1	4			5	1		2	1	1
	12			11	6		4		1
1	**62**	**1**	**2**	**77**	**23**		**42**	**4**	**8**
1	10		1	16	10		4		2
	2			1					1
1	2		1	7	5		1		1
	4			3	1		2		
	2			5	4		1		
	35			37	8		23	3	3

2-09 续表 20

行 业	代码	私营合伙	私营有限责任公司	私营股份有限公司	其 他	港澳台商投资	与港澳台商合资经营
气象服务	741		4				
地震服务	742		1				
海洋服务	743		10		1		
测绘服务	744	5	56	3	11		
质检技术服务	745	7	123	8	18	3	
环境与生态监测	746		37	1	9		
地质勘查	747	1	22	2	8	1	
工程技术	748	42	1306	52	113	17	6
其他专业技术服务业	749	40	998	21	81	22	2
科技推广和应用服务业	75	25	598	27	1010	22	3
技术推广服务	751	22	497	21	977	19	3
科技中介服务	752		46	2	22		
其他科技推广和应用服务业	759	3	55	4	11	3	
水利、环境和公共设施管理业	**N**	**37**	**555**	**19**	**126**	**31**	**13**
水利管理业	76	5	25	1	16	2	2
防洪除涝设施管理	761		2		4		
水资源管理	762	1	3	1	3		
天然水收集与分配	763	2	3		5	2	2
水文服务	764						
其他水利管理业	769	2	17		4		
生态保护和环境治理业	77	1	92	2	9	4	3
生态保护	771		7		3		
环境治理业	772	1	85	2	6	4	3
公共设施管理业	78	31	438	16	101	25	8
市政设施管理	781	2	41	1	6	1	
环境卫生管理	782	2	51	1	12	1	
城乡市容管理	783	1	19	1	2		
绿化管理	784	7	171	4	22	2	2
公园和游览景区管理	785	19	156	9	59	21	6
居民服务、修理和其他服务业	**O**	**232**	**2310**	**89**	**329**	**41**	**9**
居民服务业	79	101	713	26	133	27	7
家庭服务	791	9	176	10	9		
托儿所服务	792		5		1		
洗染服务	793	3	48	4	7		
理发及美容服务	794	16	112	2	31	7	1
洗浴服务	795	12	63	1	12	10	2
保健服务	796	44	111	4	30	4	1
婚姻服务	797	5	66	3	8		
殡葬服务	798	6	27		10	3	2
其他居民服务业	799	6	105	2	25	3	1
机动车、电子产品和日用产品修理业	80	92	1205	41	147	11	2
汽车、摩托车修理与维护	801	80	841	37	110	7	1

与港澳台商合作经营	港澳台商独资	港澳台商投资股份有限公司	其他港澳台商投资	外商投资	中外合资经营	中外合作经营	外资企业	外商投资股份有限公司	其他外商投资
	3			7	2		4	1	
	1								
	11			12	2		8		2
	20			18	4		11	2	1
	17	1	1	24	5		15	1	3
	15	1		21	5		14	1	1
	2		1	3			1		2
2	**13**	**2**	**1**	**11**	**5**		**5**		**1**
				2			2		
				1			1		
				1			1		
	1			3	2		1		
	1			3	2		1		
2	12	2	1	6	3		2		1
	1			3	1		2		
		1							
2	11	1	1	3	2				1
3	**24**	**4**	**1**	**11**	**2**	**2**	**7**		
2	15	3		5	1	2	2		
	5	1		1			1		
1	6	1		1	1				
	3			1			1		
1				2		2			
	1	1							
1	6	1	1	4	1		3		
	5	1		2	1		1		

2-09 续表 21

行业	代码						
						港澳台商投资	与港澳台商合资经营
		私营合伙	私营有限责任公司	私营股份有限公司	其他		
计算机和办公设备维修	802	5	178	2	15	2	1
家用电器修理	803	5	145	1	16	1	
其他日用产品修理业	809	2	41	1	6	1	
其他服务业	81	39	392	22	49	3	
清洁服务	811	28	307	16	34	1	
其他未列明服务业	819	11	85	6	15	2	
卫生和社会工作	**Q**	**1**	**11**		**9**	**2**	
社会工作	84	1	11		9	2	
提供住宿社会工作	841	1	11		7	2	
不提供住宿社会工作	842				2		
文化、体育和娱乐业	**R**	**395**	**942**	**59**	**486**	**38**	**12**
新闻和出版业	85		16	1	3		
新闻业	851						
出版业	852		16	1	3		
广播、电视、电影和影视录音制作业	86	9	93	8	22	1	
广播	861		2	1	2		
电视	862		3				
电影和影视节目制作	863	2	45	4	11		
电影和影视节目发行	864		9	1			
电影放映	865	7	25	2	9	1	
录音制作	866		9				
文化艺术业	87	17	188	15	73	1	
文艺创作与表演	871	11	47	3	45		
艺术表演场馆	872		2				
图书馆与档案馆	873		11	2	1		
文物及非物质文化遗产保护	874		8				
博物馆	875	1	6	1	1		
烈士陵园、纪念馆	876		1				
群众文化活动	877	2	14	1	10		
其他文化艺术业	879	3	99	8	16	1	
体育	88	13	166	6	46	18	2
体育组织	881		11		6	2	
体育场馆	882	3	11		5	4	1
休闲健身活动	883	10	122	6	35	12	1
其他体育	889		22				
娱乐业	89	356	479	29	342	18	10
室内娱乐活动	891	348	398	28	327	14	8
游乐园	892	1	18	1	2	2	1
彩票活动	893		1				
文化、娱乐、体育经纪代理	894	3	36		3		
其他娱乐业	899	4	26		10	2	1

与港澳台商合作经营	港澳台商独资	港澳台商投资股份有限公司	其他港澳台商投资	外商投资	中外合资经营	中外合作经营	外资企业	外商投资股份有限公司	其他外商投资
	1			1			1		
			1						
1				1			1		
	3			2			2		
	1			2			2		
	2								
	2								
	2								
	2								
5	**21**			**15**	**3**	**1**	**8**		**3**
	1								
	1								
	1			2			1		1
				1			1		
	1			1					1
3	13			7	1	1	4		1
	2								
1	2								
2	9			6		1	4		1
				1	1				
2	6			6	2		3		1
1	5			5	2		2		1
	1			1			1		
1									

2-10 按行业(中类)、登记注册类型分组的

行业	代码	从业人员数(人)	内资	国有	集体	股份合作	联营
总计	00	**5917136**	**5360358**	**116322**	**87380**	**28512**	**10078**
农、林、牧、渔业	A	**17857**	**17521**	**1557**	**156**	**65**	**28**
农业	01	794	644	226	1		
谷物种植	011	118	118	108			
豆类、油料和薯类种植	012						
棉、麻、糖、烟草种植	013						
蔬菜、食用菌及园艺作物种植	014	108	108	18			
水果种植	015	71	71	36	1		
坚果、含油果、香料和饮料作物种植	016	482	332	64			
中药材种植	017	15	15				
其他农业	019						
林业	02	183	135	122	5		
林木育种和育苗	021	75	27	19			
造林和更新	022	47	47	42	5		
森林经营和管护	023	61	61	61			
木材和竹材采运	024						
林产品采集	025						
畜牧业	03	53	53				
牲畜饲养	031	52	52				
家禽饲养	032	1	1				
其他畜牧业	039						
渔业	04	26	26	26			
水产养殖	041	26	26	26			
水产捕捞	042						
农、林、牧、渔服务业	05	16801	16663	1183	150	65	28
农业服务业	051	11447	11354	755	44	36	28
林业服务业	052	1921	1920	311	35	7	
畜牧服务业	053	410	410	83		12	
渔业服务业	054	3023	2979	34	71	10	
采矿业	B	**71898**	**70942**	**3789**	**8549**	**455**	**549**
煤炭开采和洗选业	06	20923	20923	1043	5359	16	124
烟煤和无烟煤开采洗选	061	20273	20273	936	5359		124
褐煤开采洗选	062	2	2				
其他煤炭采选	069	648	648	107		16	
石油和天然气开采业	07						
石油开采	071						
天然气开采	072						
黑色金属矿采选业	08	9896	9797	680	697	108	13
铁矿采选	081	9175	9076	451	697	107	13
锰矿、铬矿采选	082	680	680	229			
其他黑色金属矿采选	089	41	41			1	
有色金属矿采选业	09	8877	8520	156	531	69	53

小微企业法人单位从业人员数

国有联营	集体联营	国有与集体联营	其他联营	有限责任公司	国有独资	其他有限责任公司	股份有限公司	私营	私营独资
1965	4002	1359	2752	1371261	40945	1330316	106303	3415188	435201
	1	27		1555	22	1533	58	4592	1989
				297		297		115	21
								5	
				34		34		56	19
								34	2
				263		263		5	
								15	
				19		19		34	
				19		19		33	
								1	
	1	27		1239	22	1217	58	4443	1968
	1	27		764	3	761	56	1734	320
				249		249		595	255
				33		33	2	54	33
				193	19	174		2060	1360
	543		6	13825	676	13149	857	40693	5554
	124			6427	167	6260	125	7780	355
	124			6354	167	6187	125	7349	319
								2	
				73		73		429	36
	13			814		814	106	6974	433
	13			774		774	83	6549	412
							23	425	21
				40		40			
	52		1	2032	278	1754	285	5207	456

2-10 续表 1

行　业	代码	从　业人员数(人)	内　资	国　有	集　体	股份合作	联　营
常用有色金属矿采选	091	6754	6465		530	56	1
贵金属矿采选	092	1027	1027	29		12	52
稀有稀土金属矿采选	093	1096	1028	127	1	1	
非金属矿采选业	10	32110	31610	1910	1962	262	359
土砂石开采	101	26389	26075	403	1433	230	267
化学矿开采	102	720	599		1		
采盐	103	1953	1953	1506	303		81
石棉及其他非金属矿采选	109	3048	2983	1	225	32	11
开采辅助活动	11	6	6				
煤炭开采和洗选辅助活动	111						
石油和天然气开采辅助活动	112						
其他开采辅助活动	119	6	6				
其他采矿业	12	86	86				
其他采矿业	120	86	86				
制造业	**C**	**2885423**	**2389234**	**7732**	**21211**	**17398**	**3890**
农副食品加工业	13	138804	121840	994	929	513	81
谷物磨制	131	6902	6546	138	72	5	13
饲料加工	132	13478	12439	28	88	47	40
植物油加工	133	5393	4848	3	3		
制糖业	134	1038	854	57	31		
屠宰及肉类加工	135	13814	12633	479	266	79	6
水产品加工	136	53603	47509	239	347	145	8
蔬菜、水果和坚果加工	137	31418	25420	3	6	25	14
其他农副食品加工	139	13158	11591	47	116	212	
食品制造业	14	87312	75577	219	578	814	84
焙烤食品制造	141	18894	16285		54	208	
糖果、巧克力及蜜饯制造	142	18351	15961	26	126	49	
方便食品制造	143	9636	8660	22	18	3	
乳制品制造	144	1127	1004			204	
罐头食品制造	145	20014	17009	65	118	217	2
调味品、发酵制品制造	146	6141	5233	82	13	8	8
其他食品制造	149	13149	11425	24	249	125	74
酒、饮料和精制茶制造业	15	82006	77500	594	813	702	158
酒的制造	151	7519	7349	155	22	117	1
饮料制造	152	11999	9533		11	36	15
精制茶加工	153	62488	60618	439	780	549	142
烟草制品业	16	441	441	202			
烟叶复烤	161	266	266	27			
卷烟制造	162						
其他烟草制品制造	169	175	175	175			
纺织业	17	142663	111877	152	937	816	589
棉纺织及印染精加工	171	49954	36057	2	252	44	455
毛纺织及染整精加工	172	3369	2711				

国有联营	集体联营	国有与集体联营	其他联营	有限责任公司	国有独资	其他有限责任公司	股份有限公司	私营	私营独资
			1	793		793	275	4681	410
	52			826	278	548		108	43
				413		413	10	418	3
	354		5	4507	231	4276	341	20692	4310
	267			4132	231	3901	314	17795	3817
				170		170	5	422	7
	81							63	63
	6		5	205		205	22	2412	423
				45		45		40	
				45		45		40	
235	**1682**	**389**	**1584**	**506746**	**3392**	**503354**	**38409**	**1723055**	**263634**
17	9	31	24	30109	85	30024	1293	80083	12070
13				1377		1377	7	4742	1383
	9	31		3908		3908	369	7867	591
				1668		1668	205	2794	280
				60		60		706	25
4			2	2665		2665	6	8611	925
			8	11298	85	11213	293	31760	5687
			14	7176		7176	217	15456	1921
				1957		1957	196	8147	1258
74	2		8	14448	104	14344	1123	54428	7824
				2853		2853	67	12654	1405
				2860		2860	11	12357	2905
				1696		1696	198	5847	687
				230		230	243	326	42
	2			2702		2702	272	12636	1822
			8	1476		1476	7	3299	299
74				2631	104	2527	325	7309	664
11	140		7	14056	156	13900	2563	47560	12500
	1			1579		1579	412	4908	549
11			4	2266	35	2231	110	6898	1290
	139		3	10211	121	10090	2041	35754	10661
				239		239			
				239		239			
	135		454	22964		22964	944	84173	8701
	67		388	4083		4083	207	30715	1472
				255		255	93	2306	835

2-10 续表 2

行业	代码	从业人员数(人)	内资				
				国有	集体	股份合作	联营
麻纺织及染整精加工	173	481	156				
丝绢纺织及印染精加工	174	775	717	8			
化纤织造及印染精加工	175	5569	3649		25		
针织或钩针编织物及其制品制造	176	51529	45671	12	249	572	119
家用纺织制成品制造	177	9535	8746	117	402	200	3
非家用纺织制成品制造	178	21451	14170	13	9		12
纺织服装、服饰业	18	304094	219657	350	337	544	180
机织服装制造	181	228596	163606	345	289	412	180
针织或钩针编织服装制造	182	44691	30523		43	72	
服饰制造	183	30807	25528	5	5	60	
皮革、毛皮、羽毛及其制品和制鞋业	19	284101	233309		1183	1128	166
皮革鞣制加工	191	9289	6708			25	
皮革制品制造	192	49237	34267		43	245	
毛皮鞣制及制品加工	193	491	443		12		
羽毛(绒)加工及制品制造	194	1239	1072		53		128
制鞋业	195	223845	190819		1075	858	38
木材加工和木、竹、藤、棕、草制品业	20	121187	115559	81	1062	267	59
木材加工	201	23770	23005	75	363	63	17
人造板制造	202	39895	38876	4	325	16	2
木制品制造	203	21694	19948	1	154	31	5
竹、藤、棕、草等制品制造	204	35828	33730	1	220	157	35
家具制造业	21	55817	45101	97	272	19	30
木质家具制造	211	35134	27763	37	153	7	10
竹、藤家具制造	212	1056	928				
金属家具制造	213	11236	8693	60	98	12	20
塑料家具制造	214	983	851				
其他家具制造	219	7408	6866		21		
造纸和纸制品业	22	79514	67155	22	1704	792	460
纸浆制造	221	1047	1044				1
造纸	222	20548	17764	2	725	418	362
纸制品制造	223	57919	48347	20	979	374	97
印刷和记录媒介复制业	23	58862	54282	1270	1307	313	131
印刷	231	56558	52147	1220	1183	313	119
装订及印刷相关服务	232	2021	1993	50	124		12
记录媒介复制	233	283	142				
文教、工美、体育和娱乐用品制造业	24	185553	143052	127	889	1779	455
文教办公用品制造	241	7421	4904	67	63	40	
乐器制造	242	1282	624		19		
工艺美术品制造	243	144068	118182	60	752	1739	12
体育用品制造	244	20886	11185		8		374
玩具制造	245	10436	6966		47		69
游艺器材及娱乐用品制造	246	1460	1191				
石油加工及炼焦	25	2560	1895				

国有联营	集体联营	国有与集体联营	其他联营	有限责任公司	国有独资	其他有限责任公司	股份有限公司	私营	私营独资
				15		15		141	20
				80		80		629	84
				1058		1058	25	2525	219
	53		66	11855		11855	264	31947	3976
	3			1912		1912	41	5909	585
	12			3706		3706	314	10001	1510
	4		176	45342	117	45225	2410	166154	21776
	4		176	34998	92	34906	2246	121728	17027
				5436	19	5417	15	24405	2275
				4908	6	4902	149	20021	2474
12	38		116	45136	176	44960	2081	178606	35348
				952		952	17	5693	407
				8052	34	8018	559	24389	4405
				83		83		307	153
12			116	54		54		830	62
	38			35995	142	35853	1505	147387	30321
10	23	1	25	12379		12379	1269	96641	17601
10	7			3610		3610	308	17675	4131
	2			3660		3660	97	34357	1955
	4	1		2166		2166	431	16659	2652
	10		25	2943		2943	433	27950	8863
	30			7790	22	7768	958	34877	5196
	10			5568	6	5562	660	20685	4049
				135		135		700	74
	20			672		672	298	7257	336
				419		419		432	88
				996	16	980		5803	649
70	219	147	24	14528	280	14248	1151	47225	5896
	1			502	1	501		538	21
	215	147		2915		2915	176	12844	1744
70	3		24	11111	279	10832	975	33843	4131
	113		18	11859	412	11447	924	37385	3573
	101		18	11713	412	11301	857	35766	3274
	12			146		146	67	1527	299
								92	
	455			37168	28	37140	1843	96527	21457
				923		923	87	3674	599
				70		70	8	527	65
	12			30978	16	30962	1677	78927	19357
	374			3062	12	3050	7	7695	847
	69			2022		2022	61	4645	559
				113		113	3	1059	30
				724		724	46	1083	181

2-10 续表 3

行业	代码	从业人员数(人)	内资				
				国有	集体	股份合作	联营
化学原料和化学制品制造业	26	86449	73267	499	828	534	20
基础化学原料制造	261	15066	13188		414	219	
肥料制造	262	5883	5591	121	2	91	
农药制造	263	1158	963				
涂料、油墨、颜料及类似产品制造	264	15794	12699	243	133		4
合成材料制造	265	10891	8472	97		14	
专用化学产品制造	266	20737	18513	35	222	109	16
炸药、火工及焰火产品制造	267	362	356	2			
日用化学产品制造	268	16558	13485	1	57	101	
医药制造业	27	15079	12359	66	91	53	102
化学药品原料药制造	271	1883	1557	1	21		
化学药品制剂制造	272	2643	1872				
中药饮片加工	273	1486	1441			1	
中成药生产	274	3908	3119	12	62	21	98
兽用药品制造	275	805	778		4	31	
生物药品制造	276	3119	2608	53			4
卫生材料及医药用品制造	277	1235	984		4		
化学纤维制造业	28	11276	6503				
纤维素纤维原料及纤维制造	281	2838	629				
合成纤维制造	282	8438	5874				
橡胶和塑料制品业	29	135755	107974	82	1173	653	64
橡胶制品业	291	19312	15684	52	383	194	15
塑料制品业	292	116443	92290	30	790	459	49
非金属矿物制品业	30	337156	307410	885	3793	5765	827
水泥、石灰和石膏制造	301	12270	11681	354	844	459	290
石膏、水泥制品及类似制品制造	302	34347	30624	372	136	61	21
砖瓦、石材等建筑材料制造	303	219643	203690	148	2127	4885	414
玻璃制造	304	2920	2630				
玻璃制品制造	305	11081	8143		9		3
玻璃纤维和玻璃纤维增强塑料制品制造	306	2940	2533		35		
陶瓷制品制造	307	45615	40630	10	590	345	31
耐火材料制品制造	308	2203	1939		40	15	5
石墨及其他非金属矿物制品制造	309	6137	5540	1	12		63
黑色金属冶炼和压延加工业	31	35824	32168	32	185	207	18
炼铁	311	1044	1044	32	2	83	
炼钢	312	766	765				
黑色金属铸造	313	20299	18885		136	82	18
钢压延加工	314	11018	8780		10		
铁合金冶炼	315	2697	2694		37	42	
有色金属冶炼和压延加工业	32	16766	13663		23	42	
常用有色金属冶炼	321	2090	1901			42	
贵金属冶炼	322	718	718				
稀有稀土金属冶炼	323	894	678				

国有联营	集体联营	国有与集体联营	其他联营	有限责任公司	国有独资	其他有限责任公司	股份有限公司	私营	私营独资
	19		1	17400		17400	1243	51218	5089
				3172		3172	20	9197	342
				2044		2044	31	3234	326
				341		341	8	476	1
	3		1	3127		3127	606	8119	718
				2521		2521	184	5566	456
	16			3495		3495	224	14100	1358
				212		212		130	47
				2488		2488	170	10396	1841
4		98		3487		3487	1496	6890	111
				710		710	80	745	5
				690		690	5	1177	20
				401		401	210	708	
		98		715		715	556	1654	17
				156		156		587	11
4				588		588	625	1297	12
				227		227	20	722	46
				1708		1708		4774	41
								628	34
				1708		1708		4146	7
	45		19	22639	20	22619	1873	79665	9794
	15			3012		3012	846	10909	1295
	30		19	19627	20	19607	1027	68756	8499
12	312	2	501	52975	395	52580	4165	228899	41921
12		2	276	2631	196	2435	204	6771	967
	6		15	9615	143	9472	185	19583	2262
	283		131	31054	56	30998	2996	157005	31245
				212		212		2413	186
	3			1957		1957	109	5877	479
				566		566		1732	349
	11		20	5124		5124	555	30245	5896
			5	205		205	5	1650	240
	9		54	1611		1611	111	3623	297
			18	6863		6863	1287	23149	2138
				38		38		888	232
				348		348	172	233	29
			18	2698		2698	795	14842	1505
				3065		3065	90	5530	202
				714		714	230	1656	170
				3321		3321	694	9447	816
				661		661		1197	68
				7		7		710	62
				366		366	37	275	

2-10 续表 4

行　业	代码	从业人员数(人)	内资				
				国有	集体	股份合作	联营
有色金属合金制造	324	3544	3076		23		
有色金属铸造	325	1459	1104				
有色金属压延加工	326	8061	6186				
金属制品业	33	132902	115438	419	547	633	126
结构性金属制品制造	331	36246	32588	28	57	163	11
金属工具制造	332	11641	9414		70	5	70
集装箱及金属包装容器制造	333	5369	3900		142	123	
金属丝绳及其制品制造	334	2776	2402		38	96	
建筑、安全用金属制品制造	335	28001	24080	50	126	135	
金属表面处理及热处理加工	336	10018	9407		50	14	
搪瓷制品制造	337	8170	7876	28			
金属制日用品制造	338	14040	11126	48	24	25	6
其他金属制品制造	339	16641	14645	265	40	72	39
通用设备制造业	34	109288	93595	377	1716	300	53
锅炉及原动设备制造	341	3600	3296	3	64	65	
金属加工机械制造	342	16220	14240	58	99	26	40
物料搬运设备制造	343	6418	5258		10	2	
泵、阀门、压缩机及类似机械制造	344	30162	27079	44	362	113	
轴承、齿轮和传动部件制造	345	10343	7985		6	12	
烘炉、风机、衡器、包装等设备制造	346	8955	6866	5	174	10	
文化、办公用机械制造	347	3020	2074	63			
通用零部件制造	348	24722	21953	169	718	35	
其他通用设备制造业	349	5848	4844	35	283	37	13
专用设备制造业	35	95540	79786	388	692	489	46
采矿、冶金、建筑专用设备制造	351	16317	14926	179	70	110	
化工、木材、非金属加工专用设备制造	352	30393	25771	46	305	121	14
食品、饮料、烟草及饲料生产专用设备制造	353	3314	2947	1	57		3
印刷、制药、日化及日用品生产专用设备制造	354	5867	4733		53	63	
纺织、服装和皮革加工专用设备制造	355	9131	5370	93	1	1	
电子和电工机械专用设备制造	356	7570	6467	1	47		1
农、林、牧、渔专用机械制造	357	6744	5986		37	141	28
医疗仪器设备及器械制造	358	4558	3280	68	41		
环保、社会公共服务及其他专用设备制造	359	11646	10306		81	53	
汽车制造业	36	54018	35501	75	281	40	
汽车整车制造	361	559	559				
改装汽车制造	362	1751	1355	1			
低速载货汽车制造	363	270	270	61			
电车制造	364	35	35				
汽车车身、挂车制造	365	1376	1131				
汽车零部件及配件制造	366	50027	32151	13	281	40	
铁路、船舶、航空航天和其他运输设备制造业	37	27278	24319	344	471		22
铁路运输设备制造	371	415	415				
城市轨道交通设备制造	372	15	15		15		

国有联营	集体联营	国有与集体联营	其他联营	有限责任公司	国有独资	其他有限责任公司	股份有限公司	私营	私营独资
				426		426	539	2087	95
				340		340	75	622	246
				1521		1521	43	4556	345
21	17		88	28707	69	28638	2026	80197	16250
	11			7391	69	7322	520	23580	2615
21			49	2774		2774	63	6121	1101
				290		290	284	3023	319
				561		561		1643	183
				4970		4970	619	17396	5787
				3539		3539	182	5496	779
				2283		2283	126	5139	2961
			6	3066		3066	208	7630	1294
	6		33	3833		3833	24	10169	1211
	53			18789	408	18381	1846	68783	12291
				1236		1236	5	1862	176
	40			3083	87	2996	158	10477	1631
				603		603	265	4377	202
				4761	58	4703	875	20286	6027
				1361	263	1098	146	6306	793
				1822		1822	258	4506	322
				758		758	7	1243	95
				4234		4234	98	16325	2774
	13			931		931	34	3401	271
4	10	22	10	16864	1	16863	1292	57650	6810
				2400		2400	69	11864	1182
	4		10	5072	1	5071	236	19362	2014
3				413		413	16	2234	473
				1171		1171	57	3375	381
				1780		1780	20	3377	405
1				823		823	278	4996	614
	6	22		1432		1432	64	3578	814
				713		713	73	2349	182
				3060		3060	479	6515	745
				8854	5	8849	1387	24354	1846
				114		114		445	
				736		736	23	591	
				209		209			
				14		14		21	5
				391		391		740	22
				7390	5	7385	1364	22557	1819
	14		8	8568	167	8401	97	14492	1852
				182	167	15		191	

2-10 续表 5

行业	代码	从业人员数(人)	内资				
				国有	集体	股份合作	联营
船舶及相关装置制造	373	9994	9381	86	368		22
航空、航天器及设备制造	374						
摩托车制造	375	13809	12201		88		
自行车制造	376	2237	1697	1			
非公路休闲车及零配件制造	377	44					
潜水救捞及其他未列明运输设备制造	379	764	610	257			
电气机械和器材制造业	38	118713	100349	290	649	274	92
电机制造	381	34474	31698	6	25	11	1
输配电及控制设备制造	382	32654	27625	36	502	191	87
电线、电缆、光缆及电工器材制造	383	10114	7574		36	18	4
电池制造	384	6142	5004			1	
家用电力器具制造	385	9653	9000	248	26	41	
非电力家用器具制造	386	1894	1574				
照明器具制造	387	20615	15399			5	
其他电气机械及器材制造	389	3167	2475		60	7	
计算机、通信和其他电子设备制造业	39	83052	60419	13	109	325	46
计算机制造	391	4251	2707				1
通信设备制造	392	9253	6618	2	20	50	
广播电视设备制造	393	2602	2044				
雷达及配套设备制造	394	15	15				
视听设备制造	395	3173	2088				
电子器件制造	396	20109	14630		18	8	
电子元件制造	397	32261	22788	2	26	239	45
其他电子设备制造	399	11388	9529	9	45	28	
仪器仪表制造业	40	26129	17503	1	383	170	
通用仪器仪表制造	401	6544	5078	1	66	122	
专用仪器仪表制造	402	1987	1712		26	15	
钟表与计时仪器制造	403	9715	6676		79	13	
光学仪器及眼镜制造	404	7185	3535		212		
其他仪器仪表制造业	409	698	502			20	
其他制造业	41	43256	28846	3	111	59	43
废弃资源综合利用业	42	6594	6289	79	20		
金属废料和碎屑加工处理	421	1827	1663	34			
非金属废料和碎屑加工处理	422	4767	4626	45	20		
金属制品、机械和设备修理业	43	7434	6600	71	128	167	38
金属制品修理	431	596	596	68	12		
通用设备修理	432	397	397		15	12	
专用设备修理	433	798	756		16		
铁路、船舶、航空航天等运输设备修理	434	3584	2863		67	153	38
电气设备修理	435	221	150		6		
仪器仪表修理	436	10	10				
其他机械和设备修理业	439	1828	1828	3	12	2	

国有联营	集体联营	国有与集体联营	其他联营	有限责任公司	国有独资	其他有限责任公司	股份有限公司	私营	私营独资
	14		8	2265		2265	96	6305	704
				5237		5237		6834	1070
				847		847		848	71
				37		37	1	314	7
		50	42	25783	271	25512	2416	69266	4342
			1	6966	5	6961	124	23630	1702
		50	37	6851		6851	1111	18618	1200
			4	2211		2211	136	5115	315
				1278		1278	310	3322	161
				2750		2750	428	5357	307
				167		167		1387	28
				5017	266	4751	298	10007	493
				543		543	9	1830	136
	1		45	20733	623	20110	1136	37262	2802
	1			1052		1052		1530	134
				1447	131	1316	30	5008	319
				788		788	2	1251	
								14	
				1217		1217	24	847	111
				6853	237	6616	449	7250	306
			45	7465	233	7232	310	14316	1404
				1911	22	1889	321	7046	528
				3765		3765	291	12764	837
				959		959	207	3664	181
				436		436	62	1167	71
				1598		1598		4961	445
				699		699	22	2574	120
				73		73		398	20
	43			6048	48	6000	312	21542	3313
				2427	5	2422	6	3620	616
				648		648	5	960	71
				1779	5	1774	1	2660	545
		38		1073		1073	237	4341	642
				116		116		400	8
				62		62		295	67
				118		118	230	348	83
		38		486		486	4	2080	158
				15		15		123	5
								10	
				276		276	3	1085	321

2-10 续表 6

行业	代码	从业人员数(人)	内资	国有	集体	股份合作	联营
电力、热力、燃气及水生产和供应业	D	**95240**	**90874**	**20349**	**6482**	**1210**	**905**
电力、热力生产和供应业	44	76134	73447	14594	4758	1105	778
电力生产	441	56696	54167	5618	4014	1068	778
电力供应	442	18406	18282	8960	744	37	
热力生产和供应	443	1032	998	16			
燃气生产和供应业	45	2312	1832	186		34	
燃气生产和供应业	450	2312	1832	186		34	
水的生产和供应业	46	16794	15595	5569	1724	71	127
自来水生产和供应	461	14721	13651	5385	1716	37	104
污水处理及其再生利用	462	1852	1723	184		34	23
其他水的处理、利用与分配	469	221	221		8		
建筑业	E	**980666**	**978112**	**4063**	**6005**	**1537**	**1092**
房屋建筑业	47	392738	392280	216	3862	619	27
房屋建筑业	470	392738	392280	216	3862	619	27
土木工程建筑业	48	142400	142329	2602	915	528	945
铁路、道路、隧道和桥梁工程建筑	481	65649	65610	1381	78	95	91
水利和内河港口工程建筑	482	25716	25699	423	205	160	854
海洋工程建筑	483	207	207		6		
工矿工程建筑	484	10138	10138		18		
架线和管道工程建筑	485	7400	7400	20	24	18	
其他土木工程建筑	489	33290	33275	778	584	255	
建筑安装业	49	53915	53309	892	435	322	
电气安装	491	27616	27066	522	155		
管道和设备安装	492	10251	10251	28	272	280	
其他建筑安装业	499	16048	15992	342	8	42	
建筑装饰和其他建筑业	50	391613	390194	353	793	68	120
建筑装饰业	501	83904	82547	60	368	44	27
工程准备活动	502	99836	99809	185	297	13	10
提供施工设备服务	503	60665	60665		6	5	
其他未列明建筑业	509	147208	147173	108	122	6	83
批发和零售业	F	**785872**	**772398**	**12662**	**16685**	**3036**	**1695**
批发业	51	563333	552283	9343	10211	1913	1007
农、林、牧产品批发	511	28466	28121	1154	573	62	148
食品、饮料及烟草制品批发	512	106557	104641	2813	772	370	105
纺织、服装及家庭用品批发	513	97063	94014	699	624	187	77
文化、体育用品及器材批发	514	22459	21316	281	190	148	11
医药及医疗器材批发	515	13137	13055	267	47	15	12
矿产品、建材及化工产品批发	516	143645	141813	2269	6798	548	328
机械设备、五金产品及电子产品批发	517	106107	104338	1120	473	381	105
贸易经纪与代理	518	21171	20822	359	225	99	63
其他批发业	519	24728	24163	381	509	103	158
零售业	52	222539	220115	3319	6474	1123	688
综合零售	521	21029	20941	537	4250	233	262
食品、饮料及烟草制品专门零售	522	44139	43860	1056	541	152	92

国有联营	集体联营	国有与集体联营	其他联营	有限责任公司	国有独资	其他有限责任公司	股份有限公司	私营	私营独资
140	**271**	**208**	**286**	**25788**	**9327**	**16461**	**2945**	**27823**	**5279**
80	226	204	268	20104	8181	11923	2449	25219	4820
80	226	204	268	11890	2211	9679	2125	24354	4768
				7448	5645	1803	324	659	46
				766	325	441		206	6
				838	45	793	196	490	50
				838	45	793	196	490	50
60	45	4	18	4846	1101	3745	300	2114	409
37	45	4	18	3797	1004	2793	249	1607	370
23				900	97	803	51	463	38
				149		149		44	1
890	**111**	**6**	**85**	**335648**	**1480**	**334168**	**21670**	**606006**	**5055**
	27			121110	295	120815	12056	253669	1148
	27			121110	295	120815	12056	253669	1148
854		6	85	42259	1098	41161	2911	91739	1067
		6	85	18316	679	17637	1331	44151	390
854				13116	76	13040	211	10688	68
				31		31		158	6
				1599		1599		8520	11
				3956	71	3885	289	3040	12
				5241	272	4969	1080	25182	580
				14100	9	14091	1201	36160	608
				7283	9	7274	242	18792	72
				2590		2590	710	6363	179
				4227		4227	249	11005	357
36	84			158179	78	158101	5502	224438	2232
16	11			32489		32489	1776	47328	1280
	10			26103	65	26038	60	73064	432
				29319		29319	3445	27870	40
20	63			70268	13	70255	221	76176	480
359	**758**	**143**	**435**	**178182**	**2603**	**175579**	**13260**	**464842**	**60224**
274	432	112	189	125026	1543	123483	8974	330849	31841
4	1	56	87	2838	230	2608	180	8022	1529
75	3		27	19622	439	19183	1331	46194	5768
10	51		16	23577	137	23440	2246	63881	6017
5			6	5661	54	5607	317	14234	879
			12	2934	13	2921	494	8360	398
100	200	4	24	38072	480	37592	2010	86358	8383
41	10	52	2	21322	112	21210	1574	75905	5050
39	16		8	5428	27	5401	493	12072	1734
	151		7	5572	51	5521	329	15823	2083
85	326	31	246	53156	1060	52096	4286	133993	28383
	193	11	58	3728	150	3578	238	9944	4047
9	38		45	10152	224	9928	893	23634	4786

2-10 续表 7

行业	代码	从业人员数（人）	内资				
				国有	集体	股份合作	联营
纺织、服装及日用品专门零售	523	26124	25569	311	361	35	40
文化、体育用品及器材专门零售	524	14116	13858	300	224	61	34
医药及医疗器材专门零售	525	8854	8854	297	121	23	38
汽车、摩托车、燃料及零配件专门零售	526	36045	35444	274	332	232	128
家用电器及电子产品专门零售	527	28691	28532	59	148	237	20
五金、家具及室内装饰材料专门零售	528	27534	27268	249	283	109	31
货摊、无店铺及其他零售业	529	16007	15789	236	214	41	43
交通运输、仓储和邮政业	**G**	**188612**	**180589**	**13617**	**7229**	**949**	**296**
道路运输业	54	97594	95803	6375	3176	617	181
城市公共交通运输	541	14319	13903	2272	750	141	16
公路旅客运输	542	13809	13809	1564	285	84	
道路货物运输	543	59258	58181	579	1401	301	120
道路运输辅助活动	544	10208	9910	1960	740	91	45
水上运输业	55	22895	21594	1377	1287	277	34
水上旅客运输	551	2203	1956	159	64	43	
水上货物运输	552	13470	13356	236	1131	174	34
水上运输辅助活动	553	7222	6282	982	92	60	
航空运输业	56	1676	1432	200			3
航空客货运输	561	611	611				
通用航空服务	562	250	250	179			
航空运输辅助活动	563	815	571	21			3
管道运输业	57						
管道运输业	570						
装卸搬运和运输代理业	58	47409	43949	1320	2383	54	47
装卸搬运	581	10225	9420	87	1749	25	46
运输代理业	582	37184	34529	1233	634	29	1
仓储业	59	9412	8185	2339	383	1	24
谷物、棉花等农产品仓储	591	2194	2194	1643	7		
其他仓储业	599	7218	5991	696	376	1	24
邮政业	60	9626	9626	2006			7
邮政基本服务	601	1289	1289	813			
快递服务	602	8337	8337	1193			7
住宿和餐饮业	**H**	**136017**	**129297**	**5441**	**2093**	**872**	**284**
住宿业	61	67264	63142	4542	1445	571	207
旅游饭店	611	37589	34097	3062	589	348	143
一般旅馆	612	25838	25370	1364	720	223	64
其他住宿业	619	3837	3675	116	136		
餐饮业	62	68753	66155	899	648	301	77
正餐服务	621	59293	57170	875	612	200	55
快餐服务	622	3331	3061	1	20	91	18
饮料及冷饮服务	623	2820	2709				4
其他餐饮业	629	3309	3215	23	16	10	

国有联营	集体联营	国有与集体联营	其他联营	有限责任公司	国有独资	其他有限责任公司	股份有限公司	私营	私营独资
	22		18	7183	5	7178	485	15992	3543
	11		23	4166	550	3616	197	8223	1321
10		4	24	1717	30	1687	236	5539	2458
61	8	8	51	9154	13	9141	987	22890	4901
			20	7136	5	7131	559	18984	2541
5	15	8	3	5981	73	5908	297	19034	3422
	39		4	3939	10	3929	394	9753	1364
61	**177**		**58**	**60110**	**4469**	**55641**	**5622**	**87513**	**7923**
19	115		47	33492	2614	30878	3815	46047	3944
16				6725	831	5894	961	2591	273
				5896	946	4950	751	4984	127
3	112		5	16617	273	16344	1691	36408	3187
	3		42	4254	564	3690	412	2064	357
15	19			7553	443	7110	789	8743	1836
				822	70	752		616	2
15	19			3665	143	3522	381	6528	1254
				3066	230	2836	408	1599	580
3				800	263	537		428	7
				292	263	29		318	
				14		14		57	
3				494		494		53	7
	43		4	12726	685	12041	833	25311	1489
	43		3	2457		2457	270	4006	650
			1	10269	685	9584	563	21305	839
24				2519	343	2176	109	2668	187
				347	188	159	61	118	7
24				2172	155	2017	48	2550	180
			7	3020	121	2899	76	4316	460
				130	121	9		323	
			7	2890		2890	76	3993	460
140	**123**		**21**	**30960**	**1316**	**29644**	**2795**	**80171**	**26874**
140	62		5	16324	1263	15061	1979	35648	8954
140	3			9931	1040	8891	1387	17594	2370
	59		5	5552	223	5329	546	15781	5806
				841		841	46	2273	778
	61		16	14636	53	14583	816	44523	17920
	55			13241	53	13188	711	37942	15212
	6		12	315		315	18	2377	957
			4	496		496	13	1978	847
				584		584	74	2226	904

2-10 续表 8

行 业	代码	从业人员数(人)	内资	国有	集体	股份合作	联营
信息传输、软件和信息技术服务业	I	**72841**	**69597**	**1844**	**253**	**182**	**37**
电信、广播电视和卫星传输服务	63	4636	4557	1443	16	25	7
电信	631	3793	3714	1103	8	25	1
广播电视传输服务	632	779	779	340	8		
卫星传输服务	633	64	64				6
互联网和相关服务	64	8941	8889	106	11	34	18
互联网接入及相关服务	641	999	999	86		15	
互联网信息服务	642	6759	6713	20	11	19	18
其他互联网服务	649	1183	1177				
软件和信息技术服务业	65	59264	56151	295	226	123	12
软件开发	651	37094	34596	108	29	87	10
信息系统集成服务	652	7695	7535	54	65	15	
信息技术咨询服务	653	6030	5914	75	11	11	
数据处理和存储服务	654	1829	1804			10	
集成电路设计	655	625	470				
其他信息技术服务业	659	5991	5832	58	121		2
房地产业	K	**152209**	**140903**	**6699**	**2071**	**369**	**210**
房地产业	70	152209	140903	6699	2071	369	210
房地产开发经营	701	56476	49466	2176	402	24	17
物业管理	702	77240	73308	3824	1397	186	135
房地产中介服务	703	14773	14537	125	76	137	34
其他房地产业	709	3720	3592	574	196	22	24
租赁和商务服务业	L	**293937**	**290004**	**27011**	**12842**	**1281**	**837**
租赁业	71	13716	13318	88	117	131	20
机械设备租赁	711	13103	12705	72	102	131	20
文化及日用品出租	712	613	613	16	15		
商务服务业	72	280221	276686	26923	12725	1150	817
企业管理服务	721	64939	63301	9386	1871	296	138
法律服务	722	4706	4699	47	7	74	8
咨询与调查	723	42941	41827	496	334	275	505
广告业	724	43065	42923	686	88	137	13
知识产权服务	725	1789	1735	36	5	18	
人力资源服务	726	32693	32574	985	261	61	20
旅行社及相关服务	727	14905	14821	1374	160	81	21
安全保护服务	728	41671	41671	12476	8599	25	
其他商务服务业	729	33512	33135	1437	1400	183	112
科学研究和技术服务业	M	**101127**	**98678**	**6774**	**1605**	**436**	**128**
研究和试验发展	73	9315	8869	253	103	42	11
自然科学研究和试验发展	731	1018	978	57	3		
工程和技术研究和试验发展	732	4598	4365	50	28	15	8
农业科学研究和试验发展	733	2050	1947	34	52	5	3
医学研究和试验发展	734	1518	1448	112	20	22	
社会人文科学研究	735	131	131				
专业技术服务业	74	67215	65770	6258	1315	335	94

国有联营	集体联营	国有与集体联营	其他联营	有限责任公司	国有独资	其他有限责任公司	股份有限公司	私营	私营独资
6	**30**		**1**	**22307**	**428**	**21879**	**1927**	**39716**	**1795**
6			1	1049	262	787	336	1559	148
			1	905	262	643	135	1428	105
				144		144	199	75	38
6							2	56	5
	18			2665	108	2557	266	5575	307
				332		332	30	536	30
	18			1910	108	1802	218	4317	215
				423		423	18	722	62
	12			18593	58	18535	1325	32582	1340
	10			11393	6	11387	978	20238	656
				2750		2750	44	3904	206
				1819	46	1773	96	3718	266
				969		969	5	753	40
				69		69	3	311	25
	2			1593	6	1587	199	3658	147
10	**47**	**10**	**143**	**57377**	**2943**	**54434**	**3933**	**67287**	**3223**
10	47	10	143	57377	2943	54434	3933	67287	3223
	1	10	6	23872	1462	22410	1280	21497	426
10	5		120	28181	1372	26809	2278	35012	2140
	20		14	4093	18	4075	249	9437	571
	21		3	1231	91	1140	126	1341	86
62	**158**	**542**	**75**	**86810**	**11872**	**74938**	**9837**	**140891**	**19703**
2	6	6	6	4243	23	4220	388	7773	1012
2	6	6	6	4058	23	4035	378	7403	1003
				185		185	10	370	9
60	152	536	69	82567	11849	70718	9449	133118	18691
20	88	20	10	20384	3354	17030	2624	25482	1842
			8	321		321	41	3401	512
5	10	484	6	11498	85	11413	675	26790	1812
			13	12056	158	11898	763	27728	2307
				389		389	37	1190	29
			20	9062	1517	7545	3184	18303	9759
4		11	6	5259	321	4938	719	6688	481
				14650	5652	8998	149	5303	222
31	54	21	6	8948	762	8186	1257	18233	1727
31	**61**		**36**	**24156**	**685**	**23471**	**2293**	**47296**	**3936**
8	3			2092	10	2082	126	5680	566
				208		208	25	626	68
8				957	10	947	71	3057	205
	3			560		560	19	1017	133
				347		347	5	905	145
				20		20	6	75	15
18	40		36	18668	633	18035	1823	35279	2831

2-10 续表 9

行　业	代码	从业人员数(人)	内资	国有	集体	股份合作	联营
气象服务	741	327	327	237	23		
地震服务	742	3	3				
海洋服务	743	218	218			18	
测绘服务	744	2115	2115	151	119	35	6
质检技术服务	745	6110	5858	1301	208		27
环境与生态监测	746	987	987	95		6	
地质勘查	747	1422	1380	633	40	24	
工程技术	748	39315	38738	3442	686	189	33
其他专业技术服务业	749	16718	16144	399	239	63	28
科技推广和应用服务业	75	24597	24039	263	187	59	23
技术推广服务	751	22012	21506	148	124	57	3
科技中介服务	752	1087	1087	69	39		
其他科技推广和应用服务业	759	1498	1446	46	24	2	20
水利、环境和公共设施管理业	**N**	**22175**	**21443**	**2266**	**612**	**58**	**25**
水利管理业	76	2285	2188	794	170	24	
防洪除涝设施管理	761	242	242	119			
水资源管理	762	656	643	227	41		
天然水收集与分配	763	655	602	225	90	24	
水文服务	764	40	40	40			
其他水利管理业	769	692	661	183	39		
生态保护和环境治理业	77	2597	2432	184	21		
生态保护	771	251	251	77			
环境治理业	772	2346	2181	107	21		
公共设施管理业	78	17293	16823	1288	421	34	25
市政设施管理	781	2361	2320	354	76		
环境卫生管理	782	1860	1778	101	89		12
城乡市容管理	783	617	617	61	25	10	
绿化管理	784	4728	4721	249	49	9	13
公园和游览景区管理	785	7727	7387	523	182	15	
居民服务、修理和其他服务业	**O**	**60874**	**59527**	**835**	**992**	**444**	**53**
居民服务业	79	24992	24096	296	386	202	37
家庭服务	791	3580	3580	12	6	20	
托儿所服务	792	105	105				
洗染服务	793	1655	1655		17		
理发及美容服务	794	3044	2884		51	10	5
洗浴服务	795	3947	3721	14	34	43	
保健服务	796	7634	7323		12	98	
婚姻服务	797	738	738	18			
殡葬服务	798	2106	1930	195	64	25	22
其他居民服务业	799	2183	2160	57	202	6	10
机动车、电子产品和日用产品修理业	80	26707	26304	344	525	179	14
汽车、摩托车修理与维护	801	21929	21595	249	388	149	14

国有联营	集体联营	国有与集体联营	其他联营	有限责任公司	国有独资	其他有限责任公司	股份有限公司	私营	私营独资
				28	1	27		39	
								3	
				10		10		189	24
	6			731	34	697	56	955	197
14	13			1746	102	1644	216	2250	282
				201		201	5	596	94
				347	20	327	67	223	47
	18		15	11759	456	11303	1083	20452	1401
4	3		21	3846	20	3826	396	10572	786
5	18			3396	42	3354	344	6337	539
	3			2590	32	2558	278	5299	449
				169	8	161	1	454	28
5	15			637	2	635	65	584	62
	13	**12**		**7168**	**973**	**6195**	**576**	**9600**	**1523**
				613	89	524	88	413	71
				82	42	40		14	
				221	21	200	80	57	5
				149		149		81	6
				161	26	135	8	261	60
				901	22	879	5	1261	155
				103	1	102		53	
				798	21	777	5	1208	155
	13	12		5654	862	4792	483	7926	1297
				1197	293	904	135	484	56
		12		466	38	428	34	889	164
				112	15	97		402	58
	13			1653	107	1546	47	2462	339
				2226	409	1817	267	3689	680
4	**24**	**18**	**7**	**12455**	**246**	**12209**	**1188**	**40917**	**11261**
4	24	4	5	5314	214	5100	454	16279	5481
				1192		1192	156	2180	188
								101	46
				393		393	4	1226	249
			5	435		435	53	2135	872
				710		710	60	2635	1155
				1093		1093	122	5565	2672
				148		148	28	512	84
4	18			781	156	625	22	708	71
	6	4		562	58	504	9	1217	144
		14		4713	32	4681	604	18775	4694
		14		3830	20	3810	543	15467	4369

2-10 续表 10

行 业	代码	从业人员数（人）	内 资	国 有	集 体	股份合作	联 营
计算机和办公设备维修	802	2013	1963	68	8	9	
家用电器修理	803	1783	1773	14	11	20	
其他日用产品修理业	809	982	973	13	118	1	
其他服务业	81	9175	9127	195	81	63	2
清洁服务	811	7518	7487	76	58	28	1
其他未列明服务业	819	1657	1640	119	23	35	1
卫生和社会工作	**Q**	**389**	**363**	**15**	**63**		**7**
社会工作	84	389	363	15	63		7
提供住宿社会工作	841	294	268		9		4
不提供住宿社会工作	842	95	95	15	54		3
文化、体育和娱乐业	**R**	**51999**	**50876**	**1668**	**532**	**220**	**42**
新闻和出版业	85	1489	1489	467			23
新闻业	851	143	143	29			
出版业	852	1346	1346	438			23
广播、电视、电影和影视录音制作业	86	4301	4282	831	19	28	
广播	861	59	59				
电视	862	169	169	18	16		
电影和影视节目制作	863	1210	1210	35		1	
电影和影视节目发行	864	322	322	73			
电影放映	865	2463	2444	705	3	27	
录音制作	866	78	78				
文化艺术业	87	7813	7789	209	342		8
文艺创作与表演	871	5092	5075	130	127		
艺术表演场馆	872	105	105				
图书馆与档案馆	873	226	226	16			
文物及非物质文化遗产保护	874	243	243	51	10		
博物馆	875	82	82				
烈士陵园、纪念馆	876	10	10				
群众文化活动	877	391	391	2	203		
其他文化艺术业	879	1664	1657	10	2		8
体育	88	4508	4117	140	111	38	
体育组织	881	340	320	37			
体育场馆	882	376	345	28	15		
休闲健身活动	883	3330	2994	30	96	38	
其他体育	889	462	458	45			
娱乐业	89	33888	33199	21	60	154	11
室内娱乐活动	891	31934	31326	2	40	154	11
游乐园	892	655	602		18		
彩票活动	893	3	3				
文化、娱乐、体育经纪代理	894	537	537	17	2		
其他娱乐业	899	759	731	2			

国有联营	集体联营	国有与集体联营	其他联营	有限责任公司	国有独资	其他有限责任公司	股份有限公司	私营	私营独资
				305		305	37	1479	72
				375		375	23	1227	181
				203	12	191	1	602	72
			2	2428		2428	130	5863	1086
			1	1861		1861	121	5067	996
			1	567		567	9	796	90
	3	**4**		**45**		**45**	**1**	**209**	**89**
	3	4		45		45	1	209	89
		4		41		41		196	76
	3			4		4	1	13	13
27			**15**	**8129**	**513**	**7616**	**932**	**34577**	**17139**
23				725	267	458	21	234	3
				114		114			
23				611	267	344	21	234	3
				1549	131	1418	303	1397	68
				23	10	13		19	
				86	83	3	37	12	1
				438		438	249	420	21
				69		69		180	
				918	38	880	17	703	30
				15		15		63	16
			8	1433	83	1350	116	4376	2519
				620	63	557	36	3005	2362
				61		61		44	
				10		10		195	15
				46	20	26		136	31
				6		6		71	6
								10	
				9		9	31	100	15
			8	681		681	49	815	90
				941	15	926	80	2459	502
				80		80	7	101	24
				43	15	28		224	95
				629		629	50	1933	371
				189		189	23	201	12
4			7	3481	17	3464	412	26111	14047
4			7	2984	11	2973	339	24998	13754
				220		220	72	276	62
								3	1
				152	6	146	1	342	22
				125		125		492	208

2-10 续表 11

行　业	代码	私营合伙	私营有限责任公司	私营股份有限公司	其　他	港澳台商投　资	与港澳台商合资经营
总　计	**00**	**120576**	**2780328**	**79083**	**225314**	**363805**	**76122**
农、林、牧、渔业	**A**	**393**	**2071**	**139**	**9510**	**280**	**32**
农业	01		89	5	5	150	
谷物种植	011		5		5		
豆类、油料和薯类种植	012						
棉、麻、糖、烟草种植	013						
蔬菜、食用菌及园艺作物种植	014		37				
水果种植	015		32				
坚果、含油果、香料和饮料作物种植	016			5		150	
中药材种植	017		15				
其他农业	019						
林业	02				8	48	
林木育种和育苗	021				8	48	
造林和更新	022						
森林经营和管护	023						
木材和竹材采运	024						
林产品采集	025						
畜牧业	03		34				
牲畜饲养	031		33				
家禽饲养	032		1				
其他畜牧业	039						
渔业	04						
水产养殖	041						
水产捕捞	042						
农、林、牧、渔服务业	05	393	1948	134	9497	82	32
农业服务业	051	117	1179	118	7937	37	32
林业服务业	052	27	312	1	723	1	
畜牧服务业	053	6	15		226		
渔业服务业	054	243	442	15	611	44	
采矿业	**B**	**3740**	**30232**	**1167**	**2225**	**664**	**384**
煤炭开采和洗选业	06	163	7166	96	49		
烟煤和无烟煤开采洗选	061	109	6825	96	26		
褐煤开采洗选	062		2				
其他煤炭采选	069	54	339		23		
石油和天然气开采业	07						
石油开采	071						
天然气开采	072						
黑色金属矿采选业	08	249	6023	269	405	61	61
铁矿采选	081	235	5641	261	402	61	61
锰矿、铬矿采选	082	14	382	8	3		
其他黑色金属矿采选	089						
有色金属矿采选业	09	421	3946	384	187	202	73

与港澳台商合作经营	港澳台商独资	港澳台商投资股份有限公司	其他港澳台商投资	外商投资	中外合资经营	中外合作经营	外资企业	外商投资股份有限公司	其他外商投资
3339	277801	4966	1577	192973	51800	3156	130582	5146	2289
	93	155		56	3		35		18
		150							
		150							
	48								
	48								
	45	5		56	3		35		18
	5			56	3		35		18
	1								
	39	5							
	193	72	15	292	190		95		7
			38				38		
				38			38		
	129			155	155				

2-10 续表 12

行业	代码	私营合伙	私营有限责任公司	私营股份有限公司	其他	港澳台商投资	与港澳台商合资经营
常用有色金属矿采选	091	357	3558	356	129	134	5
贵金属矿采选	092	6	59				
稀有稀土金属矿采选	093	58	329	28	58	68	68
非金属矿采选业	10	2907	13057	418	1577	401	250
土砂石开采	101	2631	11027	320	1501	257	106
化学矿开采	102	9	311	95	1	86	86
采盐	103						
石棉及其他非金属矿采选	109	267	1719	3	75	58	58
开采辅助活动	11				6		
煤炭开采和洗选辅助活动	111						
石油和天然气开采辅助活动	112						
其他开采辅助活动	119				6		
其他采矿业	12		40		1		
其他采矿业	120		40		1		
制造业	**C**	**58087**	**1365258**	**36076**	**70793**	**328401**	**63574**
农副食品加工业	13	3631	62727	1655	7838	10094	3893
谷物磨制	131	245	3026	88	192	232	4
饲料加工	132	154	6576	546	92	637	531
植物油加工	133	301	2196	17	175	411	380
制糖业	134		681			21	
屠宰及肉类加工	135	198	7281	207	521	667	130
水产品加工	136	1872	23949	252	3419	4013	1970
蔬菜、水果和坚果加工	137	533	12678	324	2523	3382	774
其他农副食品加工	139	328	6340	221	916	731	104
食品制造业	14	2576	42614	1414	3883	6960	1864
焙烤食品制造	141	392	10684	173	449	2120	742
糖果、巧克力及蜜饯制造	142	246	8879	327	532	1408	98
方便食品制造	143	371	4604	185	876	335	107
乳制品制造	144	4	280		1	103	
罐头食品制造	145	1156	9559	99	997	1481	337
调味品、发酵制品制造	146	77	2798	125	340	421	
其他食品制造	149	330	5810	505	688	1092	580
酒、饮料和精制茶制造业	15	2852	31043	1165	11054	3012	1060
酒的制造	151	294	4042	23	155	60	42
饮料制造	152	219	5291	98	197	1575	650
精制茶加工	153	2339	21710	1044	10702	1377	368
烟草制品业	16						
烟叶复烤	161						
卷烟制造	162						
其他烟草制品制造	169						
纺织业	17	1394	73039	1039	1302	22714	1455
棉纺织及印染精加工	171	414	28529	300	299	10130	113
毛纺织及染整精加工	172	6	1465		57	378	30

与港澳台商合作经营	港澳台商独资	港澳台商投资股份有限公司	其他港澳台商投资	外商投资	中外合资经营	中外合作经营	外资企业	外商投资股份有限公司	其他外商投资
	129			155	155				
	64	72	15	99	35		57		7
	64	72	15	57			57		
				35	35				
				7					7
2405	**257570**	**3641**	**1211**	**167788**	**42440**	**2069**	**118002**	**4018**	**1259**
	5895	197	109	6870	2618	394	3689	59	110
	228			124	120		4		
	95	11		402	52		350		
	31			134	20		114		
	21			163	163				
	478		59	514			514		
	1866	176	1	2081	804	390	887		
	2559		49	2616	1196	4	1292	14	110
	617	10		836	263		528	45	
82	4881	60	73	4775	956		3773	46	
	1378			489	152		302	35	
	1273		37	982	39		943		
	228			641	78		563		
	103			20			20		
	1139		5	1524	368		1146	10	
	399		22	487	10		477		
82	361	60	9	632	309		322	1	
	1703	233	16	1494	756		635	80	23
	18			110	110				
	793	132		891	632		220	39	
	892	101	16	493	14		415	41	23
104	**20949**	**77**	**129**	**8072**	**1284**	**69**	**6671**	**2**	**46**
	10017			3767	504		3227		36
	348			280			280		

2-10 续表 13

行业	代码	私营合伙	私营有限责任公司	私营股份有限公司	其他	港澳台商投资	与港澳台商合资经营
麻纺织及染整精加工	173		115	6		305	
丝绢纺织及印染精加工	174	42	503			58	
化纤织造及印染精加工	175	1	2240	65	16	1645	
针织或钩针编织物及其制品制造	176	350	27199	422	653	4574	577
家用纺织制成品制造	177	177	5131	16	162	503	240
非家用纺织制成品制造	178	404	7857	230	115	5121	495
纺织服装、服饰业	18	2614	139580	2184	4340	64217	4844
机织服装制造	181	1925	100826	1950	3408	50116	3285
针织或钩针编织服装制造	182	306	21763	61	552	10471	1055
服饰制造	183	383	16991	173	380	3630	504
皮革、毛皮、羽毛及其制品和制鞋业	19	4538	134930	3790	5009	37479	4770
皮革鞣制加工	191	73	5121	92	21	2133	210
皮革制品制造	192	1032	18429	523	979	10842	881
毛皮鞣制及制品加工	193	38	110	6	41	48	17
羽毛(绒)加工及制品制造	194	22	746		7	160	
制鞋业	195	3373	110524	3169	3961	24296	3662
木材加工和木、竹、藤、棕、草制品业	20	6650	70833	1557	3801	3924	1439
木材加工	201	1884	11358	302	894	460	116
人造板制造	202	1144	30510	748	415	948	708
木制品制造	203	838	12893	276	501	1296	301
竹、藤、棕、草等制品制造	204	2784	16072	231	1991	1220	314
家具制造业	21	1243	27946	492	1058	6751	2071
木质家具制造	211	663	15840	133	643	4483	1406
竹、藤家具制造	212	141	485		93	128	120
金属家具制造	213	198	6491	232	276	1625	504
塑料家具制造	214	2	342			127	
其他家具制造	219	239	4788	127	46	388	41
造纸和纸制品业	22	2006	38639	684	1273	9677	3224
纸浆制造	221	13	497	7	3	3	
造纸	222	731	10091	278	322	2044	761
纸制品制造	223	1262	28051	399	948	7630	2463
印刷和记录媒介复制业	23	993	31604	1215	1093	3052	1006
印刷	231	935	30342	1215	976	2883	865
装订及印刷相关服务	232	58	1170		67	28	
记录媒介复制	233		92		50	141	141
文教、工美、体育和娱乐用品制造业	24	4562	68208	2300	4264	29871	4930
文教办公用品制造	241	191	2833	51	50	1420	312
乐器制造	242		462			308	61
工艺美术品制造	243	3770	54036	1764	4037	18426	3654
体育用品制造	244	390	6379	79	39	6537	471
玩具制造	245	211	3469	406	122	2911	409
游艺器材及娱乐用品制造	246		1029		16	269	23
石油加工及炼焦	25	8	888	6	42	272	33

与港澳台商合作经营	港澳台商独　资	港澳台商投资股份有限公司	其他港澳台商投资	外商投资	中外合资经　营	中外合作经　营	外资企业	外商投资股份有限公　司	其他外商投　资
	305			20			20		
1	57								
	1645			275			275		
93	3887	17		1284	349		933	2	
	203	60		286	15		270		1
10	4487		129	2160	416	69	1666		9
299	58618	129	327	20220	2246	142	17051	269	512
125	46330	124	252	14874	1852	142	12179	269	432
174	9162	5	75	3697	386		3311		
	3126			1649	8		1561		80
128	32195	176	210	13313	3569	167	9370	115	92
	1923			448	190		218	40	
	9933	28		4128	1074	120	2934		
	31								
	160			7			7		
128	20148	148	210	8730	2305	47	6211	75	92
	2376	109		1704	809		892		3
	344			305	115		187		3
	240			71	71				
	935	60		450	146		304		
	857	49		878	477		401		
11	4668	1		3965	1153	20	2734	35	23
11	3065	1		2888	1010		1829	35	14
	8								
	1121			918	143	20	755		
	127			5			5		
	347			154			145		9
93	6334	26		2682	605	4	1682	391	
	3								
45	1238			740	181		530	29	
48	5093	26		1942	424	4	1152	362	
	2046			1528	396		1124		8
	2018			1528	396		1124		8
	28								
208	24219	464	50	12630	3695	76	8292	478	89
	1108			1097	260		728	109	
	247			350			350		
208	14490	74		7460	2658	76	4289	369	68
	5837	229		3164	609		2555		
	2291	161	50	559	168		370		21
	246								
	239			393	342		51		

2-10 续表 14

行业	代码	私营合伙	私营有限责任公司	私营股份有限公司	其他	港澳台商投资	与港澳台商合资经营
化学原料和化学制品制造业	26	1277	43828	1024	1525	8521	2067
基础化学原料制造	261	278	8498	79	166	1241	354
肥料制造	262	86	2772	50	68	260	104
农药制造	263	5	438	32	138	64	20
涂料、油墨、颜料及类似产品制造	264	106	7059	236	467	2031	182
合成材料制造	265	88	4943	79	90	1624	447
专用化学产品制造	266	291	11961	490	312	1353	452
炸药、火工及焰火产品制造	267	33	50		12	6	
日用化学产品制造	268	390	8107	58	272	1942	508
医药制造业	27	1	6673	105	174	1635	815
化学药品原料药制造	271		740			54	46
化学药品制剂制造	272		1157			400	236
中药饮片加工	273		708		121	5	
中成药生产	274		1637		1	583	259
兽用药品制造	275		511	65		22	22
生物药品制造	276	1	1284		41	412	202
卫生材料及医药用品制造	277		636	40	11	159	50
化学纤维制造业	28	264	4181	288	21	3814	27
纤维素纤维原料及纤维制造	281	10	584		1	2046	
合成纤维制造	282	254	3597	288	20	1768	27
橡胶和塑料制品业	29	2401	65494	1976	1825	17859	4549
橡胶制品业	291	211	9281	122	273	1372	55
塑料制品业	292	2190	56213	1854	1552	16487	4494
非金属矿物制品业	30	11439	169892	5647	10101	16086	6423
水泥、石灰和石膏制造	301	177	5611	16	128	589	179
石膏、水泥制品及类似制品制造	302	787	16052	482	651	3215	1303
砖瓦、石材等建筑材料制造	303	8660	112606	4494	5061	7984	3412
玻璃制造	304	43	2159	25	5	206	
玻璃制品制造	305	3	5347	48	188	885	614
玻璃纤维和玻璃纤维增强塑料制品制造	306	16	1350	17	200	257	
陶瓷制品制造	307	1463	22384	502	3730	2398	747
耐火材料制品制造	308	62	1348		19	133	10
石墨及其他非金属矿物制品制造	309	228	3035	63	119	419	158
黑色金属冶炼和压延加工业	31	579	19556	876	427	2487	937
炼铁	311		490	166	1		
炼钢	312		204		12	1	
黑色金属铸造	313	417	12241	679	314	928	601
钢压延加工	314	109	5188	31	85	1555	336
铁合金冶炼	315	53	1433		15	3	
有色金属冶炼和压延加工业	32	207	8084	340	136	1970	1077
常用有色金属冶炼	321	5	1059	65	1	189	11
贵金属冶炼	322		648		1		
稀有稀土金属冶炼	323		275				

与港澳台商合作经营	港澳台商独资	港澳台商投资股份有限公司	其他港澳台商投资	外商投资	中外合资经营	中外合作经营	外资企业	外商投资股份有限公司	其他外商投资
203	6167	21	63	4661	1350	23	3206	55	27
	824		63	637	204		430	3	
	155	1		32			32		
	44			131			131		
203	1646			1064	331		683	50	
	1177			795	367		428		
	884	17		871	270	23	576	2	
	6								
	1431	3		1131	178		926		27
1	819			1085	495	96	473	1	20
	8			272	176	96			
	164			371	160		210	1	
	5			40	40				
	324			206	106		100		
				5	5				
1	209			99	8		91		
	109			92			72		20
5	3664	118		959	61		898		
	2046			163			163		
5	1618	118		796	61		735		
295	12844	158	13	9922	2041	8	7660	213	
	1255	61	1	2256	573		1666	17	
295	11589	97	12	7666	1468	8	5994	196	
100	9408	155		13660	5213		7014	1433	
10	400								
8	1904			508	197		311		
82	4361	129		7969	3536		4344	89	
	206			84	16		68		
	271			2053	154		570	1329	
	257			150			150		
	1625	26		2587	1285		1290	12	
	123			131	25		106		
	261			178			175	3	
	1525	25		1169	363		806		
	1								
	302	25		486	191		295		
	1219			683	172		511		
	3								
	893			1133	367		766		
	178								
				216			216		

2-10 续表 15

行　业	代码	私营合伙	私营有限责任公司	私营股份有限公司	其　他	港澳台商投　资	与港澳台商合资经营
有色金属合金制造	324		1992		1	117	105
有色金属铸造	325	96	280		67	355	
有色金属压延加工	326	106	3830	275	66	1309	961
金属制品业	33	1886	60954	1107	2783	9750	1630
结构性金属制品制造	331	246	20368	351	838	2165	492
金属工具制造	332	267	4673	80	311	1586	567
集装箱及金属包装容器制造	333	35	2609	60	38	722	387
金属丝绳及其制品制造	334	35	1377	48	64	26	
建筑、安全用金属制品制造	335	423	10839	347	784	1842	67
金属表面处理及热处理加工	336	64	4603	50	126	186	9
搪瓷制品制造	337	46	2090	42	300	65	
金属制日用品制造	338	212	6123	1	119	1568	
其他金属制品制造	339	558	8272	128	203	1590	108
通用设备制造业	34	1828	53359	1305	1731	10002	1909
锅炉及原动设备制造	341	73	1510	103	61	129	53
金属加工机械制造	342	264	8436	146	299	1270	45
物料搬运设备制造	343	67	4023	85	1	556	172
泵、阀门、压缩机及类似机械制造	344	362	13778	119	638	2048	400
轴承、齿轮和传动部件制造	345	93	5410	10	154	1453	849
烘炉、风机、衡器、包装等设备制造	346	148	3562	474	91	1295	18
文化、办公用机械制造	347		1098	50	3	919	7
通用零部件制造	348	754	12558	239	374	1513	350
其他通用设备制造业	349	67	2984	79	110	819	15
专用设备制造业	35	1038	48213	1589	2365	8169	2094
采矿、冶金、建筑专用设备制造	351	176	10101	405	234	623	205
化工、木材、非金属加工专用设备制造	352	362	16837	149	615	2748	467
食品、饮料、烟草及饲料生产专用设备制造	353	162	1599		223	138	50
印刷、制药、日化及日用品生产专用设备制造	354	60	2913	21	14	530	177
纺织、服装和皮革加工专用设备制造	355	25	2835	112	98	2591	390
电子和电工机械专用设备制造	356	51	4070	261	321	821	365
农、林、牧、渔专用机械制造	357	44	2648	72	706	430	399
医疗仪器设备及器械制造	358	58	2081	28	36	143	13
环保、社会公共服务及其他专用设备制造	359	100	5129	541	118	145	28
汽车制造业	36	515	21581	412	510	9014	3377
汽车整车制造	361		445				
改装汽车制造	362		591		4	278	278
低速载货汽车制造	363						
电车制造	364		16				
汽车车身、挂车制造	365	103	615			245	210
汽车零部件及配件制造	366	412	19914	412	506	8491	2889
铁路、船舶、航空航天和其他运输设备制造业	37	724	11591	325	325	1077	500
铁路运输设备制造	371		191		42		
城市轨道交通设备制造	372						

与港澳台商合作经营	港澳台商独资	港澳台商投资股份有限公司	其他港澳台商投资	外商投资	中外合资经营	中外合作经营	外资企业	外商投资股份有限公司	其他外商投资
	12			351	89		262		
	355								
	348			566	278		288		
16	7874	230		7714	1206	203	6190	115	
16	1568	89		1493	216		1217	60	
	1019			641	30		577	34	
	240	95		747	83		664		
	26			348	135	16	176	21	
	1775			2079	330	187	1562		
	177			425	73		352		
	65			229	1		228		
	1527	41		1346	217		1129		
	1477	5		406	121		285		
14	7942	136	1	5691	1683	15	3886	61	46
	76			175.	19		156		
	1225			710	275		408	6	21
	384			604	114		490		
	1648			1035	579		401	55	
	571	33		905	170		735		
14	1262		1	794	254		540		
	912			27	2	15	10		
	1060	103		1256	118		1138		
	804			185	152		8		25
5	5951	92	27	7585	2389	200	4637	184	175
	418			768	477		193		98
	2256	20	5	1874	353		1312	156	53
5	27	56		229			229		
	353			604			604		
	2179		22	1170	331		815		24
	448	8		282	1		273	8	
	31			328	60	200	68		
	122	8		1135	379		739	17	
	117			1195	788		404	3	
40	5372	225		9503	1123	250	7888	200	42
				118	115		3		
	35								
40	5337	225		9385	1008	250	7885	200	42
	547	30		1882	376	5	1343	158	

2-10 续表 16

行业	代码	私营合伙	私营有限责任公司	私营股份有限公司	其他	港澳台商投资	与港澳台商合资经营
船舶及相关装置制造	373	266	5123	212	239	228	120
航空、航天器及设备制造	374						
摩托车制造	375	424	5227	113	42	532	115
自行车制造	376	34	743		1	285	265
非公路休闲车及零配件制造	377					8	
潜水救捞及其他未列明运输设备制造	379		307		1	24	
电气机械和器材制造业	38	1156	62569	1199	1579	9558	2325
电机制造	381	517	21247	164	935	1694	564
输配电及控制设备制造	382	250	16643	525	229	2323	662
电线、电缆、光缆及电工器材制造	383	74	4702	24	54	685	
电池制造	384		3154	7	93	702	303
家用电力器具制造	385	120	4861	69	150	271	
非电力家用器具制造	386	10	1328	21	20	307	
照明器具制造	387	144	9024	346	72	3108	784
其他电气机械及器材制造	389	41	1610	43	26	468	12
计算机、通信和其他电子设备制造业	39	384	32459	1617	795	13605	3063
计算机制造	391	38	1332	26	124	1162	428
通信设备制造	392	6	4370	313	61	1519	379
广播电视设备制造	393		1251		3	216	
雷达及配套设备制造	394		4	10	1		
视听设备制造	395		736			605	220
电子器件制造	396	36	6664	244	52	2975	833
电子元件制造	397	225	11972	715	385	6111	1203
其他电子设备制造	399	79	6130	309	169	1017	
仪器仪表制造业	40	220	11458	249	129	5254	1208
通用仪器仪表制造	401	42	3216	225	59	750	313
专用仪器仪表制造	402	8	1088		6	249	230
钟表与计时仪器制造	403	28	4478	10	25	2171	368
光学仪器及眼镜制造	404	134	2306	14	28	2084	297
其他仪器仪表制造业	409	8	370		11		
其他制造业	41	740	17125	364	728	10956	599
废弃资源综合利用业	42	107	2821	76	137	246	141
金属废料和碎屑加工处理	421	44	795	50	16	164	59
非金属废料和碎屑加工处理	422	63	2026	26	121	82	82
金属制品、机械和设备修理业	43	254	3369	76	545	375	244
金属制品修理	431	13	379				
通用设备修理	432		220	8	13		
专用设备修理	433	43	215	7	44		
铁路、船舶、航空航天等运输设备修理	434	134	1730	58	35	304	244
电气设备修理	435	21	97		6	71	
仪器仪表修理	436		10				
其他机械和设备修理业	439	43	718	3	447		

与港澳台商合作经营	港澳台商独资	港澳台商投资股份有限公司	其他港澳台商投资	外商投资	中外合资经营	中外合作经营	外资企业	外商投资股份有限公司	其他外商投资
	78	30		385	43	5	179	158	
	417			1076	50		1026		
	20			255	167		88		
	8			36	36				
	24			130	80		50		
185	6916	72	60	8806	3089	98	5540	79	
58	1072			1082	599		483		
	1594	7	60	2706	1288		1418		
115	567	3		1855	105		1750		
	397	2		436	69		288	79	
	211	60		382	141		241		
	307			13	13				
12	2312			2108	834	98	1176		
	456			224	40		184		
337	9958	115	132	9028	2262	276	6441	6	43
	734			382	38		344		
	1140			1116	373	30	713		
	216			342	342				
	385			480	37		443		
27	2115			2504	516	246	1742		
241	4493	112	62	3362	619		2694	6	43
69	875	3	70	842	337		505		
	3898	148		3372	1144	23	2205		
	437			716	354		362		
	19			26			26		
	1803			868	30		838		
	1639	148		1566	575	23	968		
				196	185		11		
279	9544	533	1	3454	377		3039	38	
		105		59	55		4		
		105							
				59	55		4		
	125	6		459	417		42		
				42			42		
	60			417	417				
	65	6							

2-10 续表 17

行业	代码	私营合伙	私营有限责任公司	私营股份有限公司	其他	港澳台商投资	与港澳台商合资经营
电力、热力、燃气及水生产和供应业	D	**11544**	**10399**	**601**	**5372**	**2167**	**888**
电力、热力生产和供应业	44	11219	8647	533	4440	1365	289
电力生产	441	11100	7986	500	4320	1331	289
电力供应	442	119	494		110		
热力生产和供应	443		167	33	10	34	
燃气生产和供应业	45	19	386	35	88	369	342
燃气生产和供应业	450	19	386	35	88	369	342
水的生产和供应业	46	306	1366	33	844	433	257
自来水生产和供应	461	279	931	27	756	379	257
污水处理及其再生利用	462	5	414	6	68	54	
其他水的处理、利用与分配	469	22	21		20		
建筑业	E	**1724**	**583743**	**15484**	**2091**	**1784**	**1413**
房屋建筑业	47	374	243719	8428	721	6	
房屋建筑业	470	374	243719	8428	721	6	
土木工程建筑业	48	610	87465	2597	430	70	
铁路、道路、隧道和桥梁工程建筑	481	512	41416	1833	167	38	
水利和内河港口工程建筑	482	26	10167	427	42	17	
海洋工程建筑	483		152		12		
工矿工程建筑	484		8481	28	1		
架线和管道工程建筑	485	23	2959	46	53		
其他土木工程建筑	489	49	24290	263	155	15	
建筑安装业	49	203	34401	948	199	500	500
电气安装	491	142	18213	365	72	444	444
管道和设备安装	492	26	5794	364	8		
其他建筑安装业	499	35	10394	219	119	56	56
建筑装饰和其他建筑业	50	537	218158	3511	741	1208	913
建筑装饰业	501	363	44059	1626	455	1150	913
工程准备活动	502	81	71472	1079	77	27	
提供施工设备服务	503	55	27704	71	20		
其他未列明建筑业	509	38	74923	735	189	31	
批发和零售业	F	**12898**	**381695**	**10025**	**82036**	**8104**	**1990**
批发业	51	7383	284907	6718	64960	6733	1593
农、林、牧产品批发	511	283	5925	285	15144	216	5
食品、饮料及烟草制品批发	512	1103	38121	1202	33434	1298	135
纺织、服装及家庭用品批发	513	1177	55682	1005	2723	2077	460
文化、体育用品及器材批发	514	175	12736	444	474	512	213
医药及医疗器材批发	515	141	7612	209	926	45	7
矿产品、建材及化工产品批发	516	2062	74452	1461	5430	997	209
机械设备、五金产品及电子产品批发	517	1724	67662	1469	3458	1059	347
贸易经纪与代理	518	351	9676	311	2083	188	40
其他批发业	519	367	13041	332	1288	341	177
零售业	52	5515	96788	3307	17076	1371	397
综合零售	521	756	4946	195	1749	32	3
食品、饮料及烟草制品专门零售	522	672	17578	598	7340	184	13

与港澳台商合作经营	港澳台商独资	港澳台商投资股份有限公司	其他港澳台商投资	外商投资	中外合资经营	中外合作经营	外资企业	外商投资股份有限公司	其他外商投资
40	**1195**	**44**		**2199**	**1258**	**101**	**768**	**72**	
40	992	44		1322	670		580	72	
40	958	44		1198	576		550	72	
				124	94		30		
	34								
	27			111	111				
	27			111	111				
	176			766	477	101	188		
	122			691	447	101	143		
	54			75	30		45		
24	**294**	**53**		**770**	**269**	**435**	**21**	**43**	**2**
	6			452	17	435			
	6			452	17	435			
24	38	8		1	1				
24	14			1	1				
	17								
	7	8							
				106	61		2	43	
				106	61		2	43	
	250	45		211	190		19		2
	192	45		207	190		15		2
	27								
	31			4			4		
141	**5665**	**186**	**122**	**5370**	**1186**	**89**	**3347**	**411**	**337**
118	4777	164	81	4317	911	37	2707	369	293
	211			129	75		28		26
10	1074	32	47	618	133	24	450	11	
38	1547	32		972	116	12	617	102	125
	299			631	103		388	140	
	19	19		37			16		21
16	748	21	3	835	145		586	65	39
54	618	14	26	710	216	1	439	15	39
	127	16	5	161	9		83	36	33
	134	30		224	114		100		10
23	888	22	41	1053	275	52	640	42	44
2	27			56			43	13	
	153	1	17	95	12		75	3	5

2-10 续表 18

行业	代码	私营合伙	私营有限责任公司	私营股份有限公司	其他	港澳台商投资	与港澳台商合资经营
纺织、服装及日用品专门零售	523	720	11352	377	1162	312	56
文化、体育用品及器材专门零售	524	271	6447	184	653	125	34
医药及医疗器材专门零售	525	418	2592	71	883		
汽车、摩托车、燃料及零配件专门零售	526	1046	16414	529	1447	290	74
家用电器及电子产品专门零售	527	668	15201	574	1389	79	48
五金、家具及室内装饰材料专门零售	528	550	14611	451	1284	171	47
货摊、无店铺及其他零售业	529	414	7647	328	1169	178	122
交通运输、仓储和邮政业	G	**3942**	**73322**	**2326**	**5253**	**4202**	**2439**
道路运输业	54	1629	38793	1681	2100	1046	364
城市公共交通运输	541	82	2183	53	447	155	45
公路旅客运输	542	211	4193	453	245		
道路货物运输	543	1143	30936	1142	1064	603	281
道路运输辅助活动	544	193	1481	33	344	288	38
水上运输业	55	1367	5451	89	1534	737	711
水上旅客运输	551	6	608		252	247	247
水上货物运输	552	1336	3888	50	1207	34	25
水上运输辅助活动	553	25	955	39	75	456	439
航空运输业	56	13	398	10	1		
航空客货运输	561	13	305		1		
通用航空服务	562		47	10			
航空运输辅助活动	563		46				
管道运输业	57						
管道运输业	570						
装卸搬运和运输代理业	58	744	22593	485	1275	1818	1199
装卸搬运	581	268	2963	125	780	1	
运输代理业	582	476	19630	360	495	1817	1199
仓储业	59	58	2374	49	142	601	165
谷物、棉花等农产品仓储	591	10	101		18		
其他仓储业	599	48	2273	49	124	601	165
邮政业	60	131	3713	12	201		
邮政基本服务	601		323		23		
快递服务	602	131	3390	12	178		
住宿和餐饮业	H	**9860**	**41451**	**1986**	**6681**	**3277**	**869**
住宿业	61	4802	20753	1139	2426	2094	575
旅游饭店	611	2398	12351	475	1043	1783	445
一般旅馆	612	2035	7445	495	1120	187	6
其他住宿业	619	369	957	169	263	124	124
餐饮业	62	5058	20698	847	4255	1183	294
正餐服务	621	4495	17510	725	3534	998	277
快餐服务	622	291	1095	34	221	41	7
饮料及冷饮服务	623	171	881	79	218	61	9
其他餐饮业	629	101	1212	9	282	83	1

与港澳台商合作经营	港澳台商独　资	港澳台商投资股份有限公司	其他港澳台商投资	外商投资	中外合资经　营	中外合作经　营	外资企业	外商投资股份有限公　司	其他外商投　资
	235	1	20	243	20	36	185		2
	73	18		133	11		122		
	216			311	174		97	22	18
9	22			80	12	16	52		
7	117			95	40		51	4	
5	45	2	4	40	6		15		19
184	**1522**	**12**	**45**	**3821**	**2790**	**86**	**830**	**46**	**69**
155	515	12		745	522	10	191	12	10
110				261	261				
19	303			474	261		191	12	10
26	212	12		10		10			
9	17			564	493		41	30	
9				80	50			30	
	17			484	443		41		
				244	241	3			
				244	241	3			
6	568		45	1642	1224		371	4	43
	1			804	586		180		38
6	567		45	838	638		191	4	5
14	422			626	310	73	227		16
14	422			626	310	73	227		16
94	**2224**	**2**	**88**	**3443**	**1152**	**217**	**1746**	**151**	**177**
78	1439	2		2028	662	217	1017	4	128
78	1258	2		1709	525	217	861	4	102
	181			281	137		127		17
				38			29		9
16	785		88	1415	490		729	147	49
	633		88	1125	391		580	147	7
16	18			229	82		120		27
	52			50	16		19		15
	82			11	1		10		

2-10 续表 19

行　　业	代码	私营合伙	私营有限责任公司	私营股份有限公司	其　他	港澳台商投　　资	与港澳台商合资经营
信息传输、软件和信息技术服务业	**I**	**761**	**36416**	**744**	**3331**	**1254**	**303**
电信、广播电视和卫星传输服务	63	135	1244	32	122	45	
电信	631	130	1176	17	109	45	
广播电视传输服务	632	5	17	15	13		
卫星传输服务	633		51				
互联网和相关服务	64	144	4982	142	214	11	5
互联网接入及相关服务	641		502	4			
互联网信息服务	642	88	3879	135	200	5	
其他互联网服务	649	56	601	3	14	6	5
软件和信息技术服务业	65	482	30190	570	2995	1198	298
软件开发	651	272	19026	284	1753	938	183
信息系统集成服务	652	65	3521	112	703	23	18
信息技术咨询服务	653	54	3337	61	184	79	1
数据处理和存储服务	654	41	665	7	67	19	
集成电路设计	655	7	273	6	87	10	8
其他信息技术服务业	659	43	3368	100	201	129	88
房地产业	**K**	**666**	**60824**	**2574**	**2957**	**7980**	**2285**
房地产业	70	666	60824	2574	2957	7980	2285
房地产开发经营	701	73	19600	1398	198	5063	1711
物业管理	702	359	31533	980	2295	2713	510
房地产中介服务	703	182	8513	171	386	122	7
其他房地产业	709	52	1178	25	78	82	57
租赁和商务服务业	**L**	**7330**	**109882**	**3976**	**10495**	**1896**	**676**
租赁业	71	409	6034	318	558	300	178
机械设备租赁	711	401	5697	302	541	300	178
文化及日用品出租	712	8	337	16	17		
商务服务业	72	6921	103848	3658	9937	1596	498
企业管理服务	721	1303	21516	821	3120	654	347
法律服务	722	2512	377		800	4	
咨询与调查	723	796	23538	644	1254	631	54
广告业	724	594	24005	822	1452	15	6
知识产权服务	725	224	923	14	60	22	
人力资源服务	726	345	8091	108	698	18	
旅行社及相关服务	727	333	5555	319	519	63	8
安全保护服务	728	343	4347	391	469		
其他商务服务业	729	471	15496	539	1565	189	83
科学研究和技术服务业	**M**	**1505**	**40300**	**1555**	**15990**	**1184**	**297**
研究和试验发展	73	191	4782	141	562	299	96
自然科学研究和试验发展	731		533	25	59	36	12
工程和技术研究和试验发展	732	42	2739	71	179	163	81
农业科学研究和试验发展	733	46	803	35	257	94	3
医学研究和试验发展	734	54	696	10	37	6	
社会人文科学研究	735	49	11		30		
专业技术服务业	74	1066	30203	1179	1998	619	184

与港澳台商合作经营	港澳台商独　资	港澳台商投资股份有限公司	其他港澳台商投资	外商投资	中外合资经　营	中外合作经　营	外资企业	外商投资股份有限公　司	其他外商投　资
	800	**148**	**3**	**1990**	**648**	**23**	**1218**	**6**	**95**
		45		34			34		
		45		34			34		
	6			41			41		
	5			41			41		
	1								
	794	103	3	1915	648	23	1143	6	95
	651	101	3	1560	501	23	1016	6	14
	5			137	52		26		59
	76	2		37	14		23		
	19			6			6		
	2			145	81		64		
	41			30			8		22
137	**5155**	**386**	**17**	**3326**	**796**	**45**	**2079**	**270**	**136**
137	5155	386	17	3326	796	45	2079	270	136
93	2977	282		1947	470	45	1129	243	60
34	2058	104	7	1219	232		884	27	76
5	110			114	94		20		
5	10		10	46			46		
31	**1100**	**45**	**44**	**2037**	**499**	**1**	**1358**	**83**	**96**
	122			98	82		16		
	122			98	82		16		
31	978	45	44	1939	417	1	1342	83	96
7	251	15	34	984	191	1	723	28	41
	4			3	3				
	537	30	10	483	17		427	9	30
	9			127	47		80		
	22			32	32				
	18			101	3		34	44	20
24	31			21	6		11	2	2
	106			188	118		67		3
63	**797**	**8**	**19**	**1265**	**418**		**724**	**46**	**77**
63	124		16	147	115		10		22
	24			4					4
63	3		16	70	46		6		18
	91			9	6		3		
	6			64	63		1		
	435			826	217		533	45	31

2-10 续表 20

行　业	代码	私营合伙	私营有限责任公司	私营股份有限公司	其　他	港澳台商投　资	与港澳台商合资经营
气象服务	741		39				
地震服务	742		3				
海洋服务	743		165		1		
测绘服务	744	31	710	17	62		
质检技术服务	745	79	1767	122	110	19	
环境与生态监测	746		469	33	84		
地质勘查	747	1	170	5	46	42	
工程技术	748	665	17710	676	1094	276	173
其他专业技术服务业	749	290	9170	326	601	282	11
科技推广和应用服务业	75	248	5315	235	13430	266	17
技术推广服务	751	237	4474	139	13007	250	17
科技中介服务	752		351	75	355		
其他科技推广和应用服务业	759	11	490	21	68	16	
水利、环境和公共设施管理业	**N**	**309**	**7435**	**333**	**1138**	**600**	**316**
水利管理业	76	38	291	13	86	53	53
防洪除涝设施管理	761		14		27		
水资源管理	762	13	26	13	17		
天然水收集与分配	763	12	63		33	53	53
水文服务	764						
其他水利管理业	769	13	188		9		
生态保护和环境治理业	77	13	1049	44	60	139	117
生态保护	771		53		18		
环境治理业	772	13	996	44	42	139	117
公共设施管理业	78	258	6095	276	992	408	146
市政设施管理	781	8	419	1	74	3	
环境卫生管理	782	23	697	5	187	82	
城乡市容管理	783	5	299	40	7		
绿化管理	784	30	2070	23	239	7	7
公园和游览景区管理	785	192	2610	207	485	316	139
居民服务、修理和其他服务业	**O**	**3021**	**25354**	**1281**	**2643**	**1036**	**263**
居民服务业	79	1666	8646	486	1128	702	168
家庭服务	791	118	1713	161	14		
托儿所服务	792		55		4		
洗染服务	793	18	827	132	15		
理发及美容服务	794	152	1103	8	195	158	15
洗浴服务	795	328	1140	12	225	210	47
保健服务	796	904	1902	87	433	223	76
婚姻服务	797	12	378	38	32		
殡葬服务	798	71	566		113	88	28
其他居民服务业	799	63	962	48	97	23	2
机动车、电子产品和日用产品修理业	80	1045	12494	542	1150	302	95
汽车、摩托车修理与维护	801	975	9613	510	955	263	90

与港澳台商合作经营	港澳台商独资	港澳台商投资股份有限公司	其他港澳台商投资	外商投资	中外合资经营	中外合作经营	外资企业	外商投资股份有限公司	其他外商投资
	19			233	82		148	3	
	42								
	103			301	99		174		28
	271			292	36		211	42	3
	238	8	3	292	86		181	1	24
	225	8		256	86		158	1	11
	13		3	36			23		13
31	**159**	**91**	**3**	**132**	**44**		**86**		**2**
				44			44		
				13			13		
				31			31		
	22			26	6		20		
	22			26	6		20		
31	137	91	3	62	38		22		2
	3			38	16		22		
		82							
31	134	9	3	24	22				2
83	**557**	**123**	**10**	**311**	**79**	**88**	**144**		
80	430	24		194	16	88	90		
	139	4		2			2		
20	138	5		16	16				
	147			88			88		
60				88		88			
	6	15							
3	95	99	10	101	63		38		
	74	99		71	63		8		

2-10 续表 21

行业	代码	私营合伙	私营有限责任公司	私营股份有限公司	其他	港澳台商投资	与港澳台商合资经营
计算机和办公设备维修	802	29	1363	15	57	26	5
家用电器修理	803	30	1012	4	103	10	
其他日用产品修理业	809	11	506	13	35	3	
其他服务业	81	310	4214	253	365	32	
清洁服务	811	252	3606	213	275	15	
其他未列明服务业	819	58	608	40	90	17	
卫生和社会工作	**Q**	**12**	**108**		**23**	**26**	
社会工作	84	12	108		23	26	
提供住宿社会工作	841	12	108		18	26	
不提供住宿社会工作	842				5		
文化、体育和娱乐业	**R**	**4784**	**11838**	**816**	**4776**	**950**	**393**
新闻和出版业	85		223	8	19		
新闻业	851						
出版业	852		223	8	19		
广播、电视、电影和影视录音制作业	86	123	1147	59	155	19	
广播	861		17	2	17		
电视	862		11				
电影和影视节目制作	863	6	356	37	67		
电影和影视节目发行	864		175	5			
电影放映	865	117	541	15	71	19	
录音制作	866		47				
文化艺术业	87	257	1470	130	1305	1	
文艺创作与表演	871	198	414	31	1157		
艺术表演场馆	872		44				
图书馆与档案馆	873		148	32	5		
文物及非物质文化遗产保护	874		105				
博物馆	875	5	48	12	5		
烈士陵园、纪念馆	876		10				
群众文化活动	877	12	66	7	46		
其他文化艺术业	879	42	635	48	92	1	
体育	88	114	1771	72	348	330	12
体育组织	881		77		95	20	
体育场馆	882	18	111		35	31	5
休闲健身活动	883	96	1394	72	218	279	7
其他体育	889		189				
娱乐业	89	4290	7227	547	2949	600	381
室内娱乐活动	891	4202	6496	546	2798	555	363
游乐园	892	4	209	1	16	17	8
彩票活动	893		2				
文化、娱乐、体育经纪代理	894	19	301		23		
其他娱乐业	899	65	219		112	28	10

与港澳台商合作经营	港澳台商独　资	港澳台商投资股份有限公司	其他港澳台商投资	外商投资	中外合资经　营	中外合作经　营	外资企业	外商投资股份有限公　司	其他外商投　资
	21			24			24		
			10						
3				6			6		
	32			16			16		
	15			16			16		
	17								
	26								
	26								
	26								
106	**451**			**173**	**28**	**2**	**129**		**14**
	19								
	19								
	1			23			17		6
				17			17		
	1			6					6
28	290			61	4	2	53		2
	20								
2	24								
26	246			57		2	53		2
				4	4				
78	141			89	24		59		6
60	132			53	24		23		6
	9			36			36		
18									

2-11 按行业(中类)、营业状态分组的小微企业法人单位数

行业	代码	法人单位数(个)	营业	停业(歇业)	筹建	当年关闭	当年破产	其他
总　计	**00**	**270633**	**222534**	**19413**	**13994**	**8953**	**586**	**5153**
农、林、牧、渔业	**A**	**1366**	**1097**	**95**	**104**	**50**	**3**	**17**
农业	01	28	27		1			
谷物种植	011	6	6					
豆类、油料和薯类种植	012							
棉、麻、糖、烟草种植	013							
蔬菜、食用菌及园艺作物种植	014	9	8		1			
水果种植	015	5	5					
坚果、含油果、香料和饮料作物种植	016	7	7					
中药材种植	017	1	1					
其他农业	019							
林业	02	9	9					
林木育种和育苗	021	4	4					
造林和更新	022	2	2					
森林经营和管护	023	3	3					
木材和竹材采运	024							
林产品采集	025							
畜牧业	03	5	4	1				
牲畜饲养	031	4	4					
家禽饲养	032	1		1				
其他畜牧业	039							
渔业	04	1	1					
水产养殖	041	1	1					
水产捕捞	042							
农、林、牧、渔服务业	05	1323	1056	94	103	50	3	17
农业服务业	051	809	625	62	77	34	1	10
林业服务业	052	137	101	11	11	10	1	3
畜牧服务业	053	37	32	1	2	2		
渔业服务业	054	340	298	20	13	4	1	4
采矿业	**B**	**2105**	**1464**	**284**	**89**	**205**	**10**	**53**
煤炭开采和洗选业	06	242	180	24	7	21	1	9
烟煤和无烟煤开采洗选	061	210	163	19	3	16	1	8
褐煤开采洗选	062	1	1					
其他煤炭采选	069	31	16	5	4	5		1
石油和天然气开采业	07							
石油开采	071							
天然气开采	072							
黑色金属矿采选业	08	253	185	38	8	17	2	3
铁矿采选	081	235	173	38	6	14	2	2
锰矿、铬矿采选	082	15	10		2	2		1
其他黑色金属矿采选	089	3	2			1		
有色金属矿采选业	09	255	145	60	11	30	1	8
常用有色金属矿采选	091	187	106	47	6	22		6
贵金属矿采选	092	27	18	4	2	3		
稀有稀土金属矿采选	093	41	21	9	3	5	1	2
非金属矿采选业	10	1347	951	161	60	136	6	33
土砂石开采	101	1183	841	137	49	121	6	29

2-11　续表 1

行　　业	代码	法　人 单位数 (个)						
			营业	停业 (歇业)	筹建	当年 关闭	当年 破产	其他
化学矿开采	102	20	12	5	1	2		
采盐	103	15	13		1	1		
石棉及其他非金属矿采选	109	129	85	19	9	12		4
开采辅助活动	11	1				1		
煤炭开采和洗选辅助活动	111							
石油和天然气开采辅助活动	112							
其他开采辅助活动	119	1				1		
其他采矿业	12	7	3	1	3			
其他采矿业	120	7	3	1	3			
制造业	**C**	**82713**	**66682**	**6423**	**4272**	**3241**	**259**	**1836**
农副食品加工业	13	3867	3118	286	246	136	7	74
谷物磨制	131	341	282	28	14	11	2	4
饲料加工	132	352	284	25	26	11		6
植物油加工	133	160	127	12	12	4	1	4
制糖业	134	20	17	2	1			
屠宰及肉类加工	135	421	350	24	23	13		11
水产品加工	136	1391	1140	107	75	39	3	27
蔬菜、水果和坚果加工	137	740	583	61	58	26		12
其他农副食品加工	139	442	335	27	37	32	1	10
食品制造业	14	2431	1901	199	173	93	7	58
焙烤食品制造	141	655	504	41	82	14	2	12
糖果、巧克力及蜜饯制造	142	396	331	25	12	20	1	7
方便食品制造	143	303	258	13	17	11		4
乳制品制造	144	21	17	1	2	1		
罐头食品制造	145	361	267	48	9	18	4	15
调味品、发酵制品制造	146	228	178	28	9	9		4
其他食品制造	149	467	346	43	42	20		16
酒、饮料和精制茶制造业	15	3192	2720	165	113	136	22	36
酒的制造	151	306	224	27	28	22	1	4
饮料制造	152	467	386	34	20	20	1	6
精制茶加工	153	2419	2110	104	65	94	20	26
烟草制品业	16	4	3	1				
烟叶复烤	161	3	2	1				
卷烟制造	162							
其他烟草制品制造	169	1	1					
纺织业	17	3615	2913	252	251	137	8	54
棉纺织及印染精加工	171	854	721	56	44	20		13
毛纺织及染整精加工	172	78	62	8	4	1	1	2
麻纺织及染整精加工	173	12	10	1	1			
丝绢纺织及印染精加工	174	38	34	2	1			1
化纤织造及印染精加工	175	159	122	12	13	8		4
针织或钩针编织物及其制品制造	176	1570	1232	97	134	83	4	20
家用纺织制成品制造	177	341	255	34	32	14	1	5
非家用纺织制成品制造	178	563	477	42	22	11	2	9
纺织服装、服饰业	18	7045	4951	1093	341	329	23	308
机织服装制造	181	5159	3590	826	209	268	20	246
针织或钩针编织服装制造	182	833	603	123	56	23	1	27
服饰制造	183	1053	758	144	76	38	2	35

2-11 续表 2

行业	代码	法人单位数(个)	营业	停业(歇业)	筹建	当年关闭	当年破产	其他
皮革、毛皮、羽毛及其制品和制鞋业	19	5885	4630	623	173	247	26	186
皮革鞣制加工	191	253	156	56	4	29	1	7
皮革制品制造	192	995	815	85	36	39	3	17
毛皮鞣制及制品加工	193	28	21	3	3			1
羽毛(绒)加工及制品制造	194	43	34	4	3		2	
制鞋业	195	4566	3604	475	127	179	20	161
木材加工和木、竹、藤、棕、草制品业	20	3513	2822	256	120	200	24	91
木材加工	201	966	758	72	42	61	7	26
人造板制造	202	665	547	47	16	38	4	13
木制品制造	203	746	618	52	24	37	2	13
竹、藤、棕、草等制品制造	204	1136	899	85	38	64	11	39
家具制造业	21	1672	1295	137	121	79	6	34
木质家具制造	211	1056	820	80	75	56	2	23
竹、藤家具制造	212	48	33	8	1	5	1	
金属家具制造	213	245	180	25	22	11	2	5
塑料家具制造	214	43	32	4	4	1		2
其他家具制造	219	280	230	20	19	6	1	4
造纸和纸制品业	22	2456	2033	167	108	98	6	44
纸浆制造	221	27	17	3	2	4		1
造纸	222	595	493	54	21	16		11
纸制品制造	223	1834	1523	110	85	78	6	32
印刷和记录媒介复制业	23	2322	2101	88	39	52	1	41
印刷	231	2191	1982	83	36	49	1	40
装订及印刷相关服务	232	125	114	5	3	2		1
记录媒介复制	233	6	5			1		
文教、工美、体育和娱乐用品制造业	24	5532	4432	433	294	210	14	149
文教办公用品制造	241	206	153	20	13	5		15
乐器制造	242	37	31	1	4			1
工艺美术品制造	243	4599	3707	353	229	193	11	106
体育用品制造	244	437	352	37	24	6		18
玩具制造	245	229	168	20	24	6	3	8
游艺器材及娱乐用品制造	246	24	21	2				1
石油加工及炼焦	25	109	82	11	7	6	2	1
化学原料和化学制品制造业	26	2747	2184	222	170	112	7	52
基础化学原料制造	261	350	276	26	23	16	4	5
肥料制造	262	214	150	28	11	14	1	10
农药制造	263	37	26	3	5	2		1
涂料、油墨、颜料及类似产品制造	264	595	489	41	25	28	1	11
合成材料制造	265	347	279	27	28	3		10
专用化学产品制造	266	656	520	51	46	33		6
炸药、火工及焰火产品制造	267	15	14	1				
日用化学产品制造	268	533	430	45	32	16	1	9
医药制造业	27	329	247	30	28	12		12
化学药品原料药制造	271	42	33	2	3	3		1
化学药品制剂制造	272	46	34	7	3			2
中药饮片加工	273	27	22	3		2		

2-11　续表 3

行　　业	代码	法　人 单位数 (个)	营业	停业 (歇业)	筹建	当年 关闭	当年 破产	其他
中成药生产	274	46	38	2	4	1		1
兽用药品制造	275	21	13	2	6			
生物药品制造	276	91	62	11	8	2		8
卫生材料及医药用品制造	277	56	45	3	4	4		
化学纤维制造业	28	154	121	10	15	3	1	4
纤维素纤维原料及纤维制造	281	34	25	1	2	2		4
合成纤维制造	282	120	96	9	13	1	1	
橡胶和塑料制品业	29	4386	3735	245	215	125	8	58
橡胶制品业	291	687	594	36	35	12	1	9
塑料制品业	292	3699	3141	209	180	113	7	49
非金属矿物制品业	30	9847	8275	548	384	368	54	218
水泥、石灰和石膏制造	301	315	219	30	14	44	2	6
石膏、水泥制品及类似制品制造	302	917	723	70	72	30	1	21
砖瓦、石材等建筑材料制造	303	6525	5654	279	174	257	41	120
玻璃制造	304	78	69	3	5	1		
玻璃制品制造	305	271	208	18	31	9	1	4
玻璃纤维和玻璃纤维增强塑料制品制造	306	67	60	4	1			2
陶瓷制品制造	307	1384	1118	119	66	17	4	60
耐火材料制品制造	308	80	65	6	4	2	2	1
石墨及其他非金属矿物制品制造	309	210	159	19	17	8	3	4
黑色金属冶炼和压延加工业	31	844	668	73	38	51	2	12
炼铁	311	36	26	4	2	3		1
炼钢	312	18	11	3	2	2		
黑色金属铸造	313	464	386	32	14	25	1	6
钢压延加工	314	273	204	27	17	19	1	5
铁合金冶炼	315	53	41	7	3	2		
有色金属冶炼和压延加工业	32	404	328	19	36	15		6
常用有色金属冶炼	321	55	45	2	3	5		
贵金属冶炼	322	11	9		1	1		
稀有稀土金属冶炼	323	12	10		2			
有色金属合金制造	324	77	62	4	8	2		1
有色金属铸造	325	35	32	1	2			
有色金属压延加工	326	214	170	12	20	7		5
金属制品业	33	4891	4080	308	263	142	7	91
结构性金属制品制造	331	1441	1191	78	107	29	3	33
金属工具制造	332	528	401	53	23	36	1	14
集装箱及金属包装容器制造	333	119	99	7	7	5		1
金属丝绳及其制品制造	334	80	69	3	4	3		1
建筑、安全用金属制品制造	335	888	765	48	47	15		13
金属表面处理及热处理加工	336	286	243	15	13	12		3
搪瓷制品制造	337	281	268	8	4			1
金属制日用品制造	338	539	440	35	30	19	1	14
其他金属制品制造	339	729	604	61	28	23	2	11
通用设备制造业	34	3740	3121	237	204	122	10	46
锅炉及原动设备制造	341	116	100	6	3	3		4
金属加工机械制造	342	781	638	63	39	23	2	16
物料搬运设备制造	343	145	122	11	9	3		

2-11 续表 4

行业	代码	法人单位数(个)	营业	停业(歇业)	筹建	当年关闭	当年破产	其他
泵、阀门、压缩机及类似机械制造	344	719	646	27	27	15	1	3
轴承、齿轮和传动部件制造	345	216	182	11	9	10		4
烘炉、风机、衡器、包装等设备制造	346	323	268	22	23	8		2
文化、办公用机械制造	347	69	53	5	6	5		
通用零部件制造	348	1104	900	79	63	41	6	15
其他通用设备制造业	349	267	212	13	25	14	1	2
专用设备制造业	35	3580	2957	225	236	95	7	60
采矿、冶金、建筑专用设备制造	351	472	383	25	40	17	2	5
化工、木材、非金属加工专用设备制造	352	1199	1053	66	36	33	2	9
食品、饮料、烟草及饲料生产专用设备制造	353	148	124	12	10			2
印刷、制药、日化及日用品生产专用设备制造	354	206	169	9	15	6		7
纺织、服装和皮革加工专用设备制造	355	280	221	23	22	7		7
电子和电工机械专用设备制造	356	401	315	24	41	12		9
农、林、牧、渔专用机械制造	357	230	176	21	21	8	2	2
医疗仪器设备及器械制造	358	167	132	13	13	3		6
环保、社会公共服务及其他专用设备制造	359	477	384	32	38	9	1	13
汽车制造业	36	1164	923	87	87	41	3	23
汽车整车制造	361	6	5		1			
改装汽车制造	362	22	15	4	3			
低速载货汽车制造	363	3	3					
电车制造	364	7	2	1	3	1		
汽车车身、挂车制造	365	20	17		3			
汽车零部件及配件制造	366	1106	881	82	77	40	3	23
铁路、船舶、航空航天和其他运输设备制造业	37	696	557	57	37	32	2	11
铁路运输设备制造	371	7	5	1	1			
城市轨道交通设备制造	372	1	1					
船舶及相关装置制造	373	327	263	27	17	12		8
航空、航天器及设备制造	374							
摩托车制造	375	282	227	25	9	17	2	2
自行车制造	376	59	47	4	6	2		
非公路休闲车及零配件制造	377	5	1		4			
潜水救捞及其他未列明运输设备制造	379	15	13			1		1
电气机械和器材制造业	38	3660	2801	310	259	233	5	52
电机制造	381	1351	1013	131	60	135	3	9
输配电及控制设备制造	382	829	687	44	57	26	1	14
电线、电缆、光缆及电工器材制造	383	283	225	24	20	10		4
电池制造	384	117	78	13	10	10	1	5
家用电力器具制造	385	347	270	32	27	14		4
非电力家用器具制造	386	67	39	11	10	1		6
照明器具制造	387	515	376	41	64	27		7
其他电气机械及器材制造	389	151	113	14	11	10		3
计算机、通信和其他电子设备制造业	39	1923	1522	123	160	68	4	46
计算机制造	391	99	73	9	10	3	1	3
通信设备制造	392	203	174	14	8	1	1	5
广播电视设备制造	393	52	37	10	4	1		
雷达及配套设备制造	394	3	1			1	1	
视听设备制造	395	60	48	6	5	1		

2-11　续表 5

行　　业	代码	法　人单位数(个)	营业	停业(歇业)	筹建	当年关闭	当年破产	其他
电子器件制造	396	389	305	9	47	19		9
电子元件制造	397	727	579	45	51	32	1	19
其他电子设备制造	399	390	305	30	35	10		10
仪器仪表制造业	40	700	562	57	40	22	2	17
通用仪器仪表制造	401	219	176	20	9	8	1	5
专用仪器仪表制造	402	87	72	6	5			4
钟表与计时仪器制造	403	181	136	16	14	10	1	4
光学仪器及眼镜制造	404	177	152	11	9	2		3
其他仪器仪表制造业	409	36	26	4	3	2		1
其他制造业	41	1253	987	100	71	53	1	41
废弃资源综合利用业	42	351	275	34	26	12		4
金属废料和碎屑加工处理	421	80	52	10	11	4		3
非金属废料和碎屑加工处理	422	271	223	24	15	8		1
金属制品、机械和设备修理业	43	401	338	27	17	12		7
金属制品修理	431	22	19	2		1		
通用设备修理	432	36	31	5				
专用设备修理	433	53	45		4	3		1
铁路、船舶、航空航天等运输设备修理	434	138	119	11	2	3		3
电气设备修理	435	19	17		1	1		
仪器仪表修理	436	1	1					
其他机械和设备修理业	439	132	106	9	10	4		3
电力、热力、燃气及水生产和供应业	**D**	**6024**	**5587**	**140**	**94**	**93**	**8**	**102**
电力、热力生产和供应业	44	5188	4865	105	46	78	7	87
电力生产	441	5037	4730	101	42	73	7	84
电力供应	442	129	118	4	2	2		3
热力生产和供应	443	22	17		2	3		
燃气生产和供应业	45	71	49	6	10	3	1	2
燃气生产和供应业	450	71	49	6	10	3	1	2
水的生产和供应业	46	765	673	29	38	12		13
自来水生产和供应	461	634	572	17	24	9		12
污水处理及其再生利用	462	116	90	10	13	3		
其他水的处理、利用与分配	469	15	11	2	1			1
建筑业	**E**	**9230**	**7752**	**541**	**677**	**156**	**10**	**94**
房屋建筑业	47	1979	1610	112	202	22	2	31
房屋建筑业	470	1979	1610	112	202	22	2	31
土木工程建筑业	48	1848	1549	113	145	22	3	16
铁路、道路、隧道和桥梁工程建筑	481	774	637	56	69	4	1	7
水利和内河港口工程建筑	482	199	173	10	11	3	1	1
海洋工程建筑	483	12	11		1			
工矿工程建筑	484	58	51	3	2	1		1
架线和管道工程建筑	485	143	122	5	12	3		1
其他土木工程建筑	489	662	555	39	50	11	1	6
建筑安装业	49	1229	1098	55	46	22	1	7
电气安装	491	458	418	17	13	7		3
管道和设备安装	492	211	189	10	9	3		
其他建筑安装业	499	560	491	28	24	12	1	4
建筑装饰和其他建筑业	50	4174	3495	261	284	90	4	40

2-11 续表 6

行　　业	代码	法人单位数(个)	营业	停业(歇业)	筹建	当年关闭	当年破产	其他
建筑装饰业	501	2932	2486	163	196	60	2	25
工程准备活动	502	403	324	42	20	9	1	7
提供施工设备服务	503	191	162	13	10	6		
其他未列明建筑业	509	648	523	43	58	15	1	8
批发和零售业	**F**	**94835**	**78451**	**7033**	**4421**	**2975**	**154**	**1801**
批发业	51	65184	53713	5145	3145	1922	94	1165
农、林、牧产品批发	511	2235	1822	183	96	87	7	40
食品、饮料及烟草制品批发	512	9370	7857	681	422	269	12	129
纺织、服装及家庭用品批发	513	11796	9509	1097	669	247	13	261
文化、体育用品及器材批发	514	2799	2427	181	121	34	1	35
医药及医疗器材批发	515	992	881	36	36	26		13
矿产品、建材及化工产品批发	516	18103	14722	1464	934	652	40	291
机械设备、五金产品及电子产品批发	517	13578	11920	709	504	261	10	174
贸易经纪与代理	518	3138	2132	399	236	212	5	154
其他批发业	519	3173	2443	395	127	134	6	68
零售业	52	29651	24738	1888	1276	1053	60	636
综合零售	521	1906	1505	161	82	96	7	55
食品、饮料及烟草制品专门零售	522	5982	5069	343	246	209	21	94
纺织、服装及日用品专门零售	523	3876	3044	307	248	151	9	117
文化、体育用品及器材专门零售	524	2008	1682	121	98	55	2	50
医药及医疗器材专门零售	525	1165	1022	44	17	45	4	33
汽车、摩托车、燃料及零配件专门零售	526	4544	3841	257	201	167	6	72
家用电器及电子产品专门零售	527	3909	3391	235	100	115	4	64
五金、家具及室内装饰材料专门零售	528	4109	3447	280	150	149	5	78
货摊、无店铺及其他零售业	529	2152	1737	140	134	66	2	73
交通运输、仓储和邮政业	**G**	**8574**	**7213**	**532**	**456**	**243**	**37**	**93**
道路运输业	54	3970	3302	256	224	132	11	45
城市公共交通运输	541	262	235	7	7	11	1	1
公路旅客运输	542	319	298	10		7		4
道路货物运输	543	2979	2455	198	190	90	9	37
道路运输辅助活动	544	410	314	41	27	24	1	3
水上运输业	55	792	674	70	25	7	6	10
水上旅客运输	551	57	48	5	1	1	1	1
水上货物运输	552	528	459	40	10	5	5	9
水上运输辅助活动	553	207	167	25	14	1		
航空运输业	56	44	38	3	2	1		
航空客货运输	561	20	19	1				
通用航空服务	562	7	7					
航空运输辅助活动	563	17	12	2	2	1		
管道运输业	57							
管道运输业	570							
装卸搬运和运输代理业	58	2830	2469	145	114	62	15	25
装卸搬运	581	356	277	44	14	17	3	1
运输代理业	582	2474	2192	101	100	45	12	24
仓储业	59	593	432	46	75	29	1	10
谷物、棉花等农产品仓储	591	116	93	7	4	7		5
其他仓储业	599	477	339	39	71	22	1	5

2-11　续表 7

行　　业	代码	法　人 单位数 (个)	营业	停业 (歇业)	筹建	当年 关闭	当年 破产	其他
邮政业	60	345	298	12	16	12	4	3
邮政基本服务	601	23	20			2		1
快递服务	602	322	278	12	16	10	4	2
住宿和餐饮业	**H**	**6093**	**5283**	**261**	**224**	**183**	**20**	**122**
住宿业	61	2905	2590	98	122	52	7	36
旅游饭店	611	981	808	51	76	24	3	19
一般旅馆	612	1683	1561	41	36	25	4	16
其他住宿业	619	241	221	6	10	3		1
餐饮业	62	3188	2693	163	102	131	13	86
正餐服务	621	2499	2117	130	71	104	11	66
快餐服务	622	233	198	10	5	11		9
饮料及冷饮服务	623	186	163	8	6	7		2
其他餐饮业	629	270	215	15	20	9	2	9
信息传输、软件和信息技术服务业	**I**	**6135**	**5213**	**334**	**388**	**117**	**5**	**78**
电信、广播电视和卫星传输服务	63	264	201	25	10	20	1	7
电信	631	216	167	19	10	14		6
广播电视传输服务	632	43	30	5		6	1	1
卫星传输服务	633	5	4	1				
互联网和相关服务	64	914	736	66	64	24	3	21
互联网接入及相关服务	641	88	72	7	5	2		2
互联网信息服务	642	667	555	47	35	14	2	14
其他互联网服务	649	159	109	12	24	8	1	5
软件和信息技术服务业	65	4957	4276	243	314	73	1	50
软件开发	651	2970	2591	131	189	32		27
信息系统集成服务	652	609	542	24	30	7		6
信息技术咨询服务	653	692	558	49	57	20		8
数据处理和存储服务	654	157	135	8	10	2	1	1
集成电路设计	655	67	57		6	3		1
其他信息技术服务业	659	462	393	31	22	9		7
房地产业	**K**	**7636**	**6215**	**593**	**426**	**210**	**5**	**187**
房地产业	70	7636	6215	593	426	210	5	187
房地产开发经营	701	2922	2338	253	154	62	2	113
物业管理	702	2769	2264	208	172	80	2	43
房地产中介服务	703	1689	1432	99	76	61	1	20
其他房地产业	709	256	181	33	24	7		11
租赁和商务服务业	**L**	**25683**	**20679**	**1980**	**1732**	**820**	**37**	**435**
租赁业	71	1834	1462	160	90	96	3	23
机械设备租赁	711	1762	1398	156	89	93	3	23
文化及日用品出租	712	72	64	4	1	3		
商务服务业	72	23849	19217	1820	1642	724	34	412
企业管理服务	721	6405	4619	699	720	187	7	173
法律服务	722	349	326	12	2	7		2
咨询与调查	723	5314	4339	393	367	133	5	77
广告业	724	5326	4677	260	176	162	6	45
知识产权服务	725	222	202	9	5	2		4
人力资源服务	726	1021	805	89	57	51	4	15
旅行社及相关服务	727	1234	994	71	93	45	5	26
安全保护服务	728	247	212	9	12	11	1	2
其他商务服务业	729	3731	3043	278	210	126	6	68

2-11 续表 8

行业	代码	法人单位数(个)	营业	停业(歇业)	筹建	当年关闭	当年破产	其他
科学研究和技术服务业	M	**8467**	**6986**	**476**	**605**	**232**	**10**	**158**
研究和试验发展	73	1018	756	82	130	25	1	24
自然科学研究和试验发展	731	129	83	14	20	8	1	3
工程和技术研究和试验发展	732	501	401	27	53	11		9
农业科学研究和试验发展	733	225	157	27	31	5		5
医学研究和试验发展	734	151	107	13	23	1		7
社会人文科学研究	735	12	8	1	3			
专业技术服务业	74	5160	4312	263	336	150	7	92
气象服务	741	31	31					
地震服务	742	1				1		
海洋服务	743	17	13	3		1		
测绘服务	744	184	164	6	8	2		4
质检技术服务	745	392	329	22	21	12	1	7
环境与生态监测	746	76	64	4	5	1		2
地质勘查	747	87	64	11	4	5		3
工程技术	748	2655	2241	126	176	73	2	37
其他专业技术服务业	749	1717	1406	91	122	55	4	39
科技推广和应用服务业	75	2289	1918	131	139	57	2	42
技术推广服务	751	1991	1693	104	116	41	1	36
科技中介服务	752	108	83	11	8	3		3
其他科技推广和应用服务业	759	190	142	16	15	13	1	3
水利、环境和公共设施管理业	N	**1656**	**1227**	**144**	**181**	**61**	**4**	**39**
水利管理业	76	157	121	14	9	10		3
防洪除涝设施管理	761	18	12	2	1	2		1
水资源管理	762	36	28	1	4	2		1
天然水收集与分配	763	44	36	5	2	1		
水文服务	764	1			1			
其他水利管理业	769	58	45	6	1	5		1
生态保护和环境治理业	77	202	166	15	10	5		6
生态保护	771	27	21	1	2	3		
环境治理业	772	175	145	14	8	2		6
公共设施管理业	78	1297	940	115	162	46	4	30
市政设施管理	781	162	131	15	9	3		4
环境卫生管理	782	134	112	4	8	7		3
城乡市容管理	783	51	38	9	4			
绿化管理	784	396	308	30	35	11	1	11
公园和游览景区管理	785	554	351	57	106	25	3	12
居民服务、修理和其他服务业	O	**5423**	**4611**	**327**	**192**	**203**	**9**	**81**
居民服务业	79	1890	1584	123	73	70	4	36
家庭服务	791	335	279	18	19	15		4
托儿所服务	792	9	9					
洗染服务	793	110	93	6	3	5	1	2
理发及美容服务	794	312	261	17	8	18		8
洗浴服务	795	210	175	21	6	7		1
保健服务	796	420	363	26	13	14	1	3

2-11　续表 9

行　业	代码	法　人 单位数 (个)	营业	停业 (歇业)	筹建	当年 关闭	当年 破产	其他
婚姻服务	797	138	112	15	7	2		2
殡葬服务	798	110	98	3	6	2		1
其他居民服务业	799	246	194	17	11	7	2	15
机动车、电子产品和日用产品修理业	80	2639	2311	125	69	99	4	31
汽车、摩托车修理与维护	801	1998	1766	87	46	74	2	23
计算机和办公设备维修	802	284	248	15	9	10	1	1
家用电器修理	803	254	215	15	9	11	1	3
其他日用产品修理业	809	103	82	8	5	4		4
其他服务业	81	894	716	79	50	34	1	14
清洁服务	811	672	548	55	30	29	1	9
其他未列明服务业	819	222	168	24	20	5		5
卫生和社会工作	**Q**	**58**	**33**	**7**	**10**	**4**		**4**
社会工作	84	58	33	7	10	4		4
提供住宿社会工作	841	41	20	5	9	4		3
不提供住宿社会工作	842	17	13	2	1			1
文化、体育和娱乐业	**R**	**4635**	**4041**	**243**	**123**	**160**	**15**	**53**
新闻和出版业	85	82	72	3	5	1		1
新闻业	851	8	8					
出版业	852	74	64	3	5	1		1
广播、电视、电影和影视录音制作业	86	304	244	26	16	9	3	6
广播	861	9	6	1	1	1		
电视	862	14	12	1		1		
电影和影视节目制作	863	114	87	10	9	2	2	4
电影和影视节目发行	864	21	17	3	1			
电影放映	865	129	112	9	3	2	1	2
录音制作	866	17	10	2	2	3		
文化艺术业	87	576	457	44	40	20	2	13
文艺创作与表演	871	245	208	16	11	5	1	4
艺术表演场馆	872	3	3					
图书馆与档案馆	873	17	17					
文物及非物质文化遗产保护	874	23	16	3	2	1	1	
博物馆	875	13	8	2	2	1		
烈士陵园、纪念馆	876	1	1					
群众文化活动	877	43	34	2	1	5		1
其他文化艺术业	879	231	170	21	24	8		8
体育	88	430	343	28	27	21	2	9
体育组织	881	35	26	5	2	2		
体育场馆	882	41	34	2	1	1	1	2
休闲健身活动	883	313	253	19	18	17	1	5
其他体育	889	41	30	2	6	1		2
娱乐业	89	3243	2925	142	35	109	8	24
室内娱乐活动	891	3051	2790	118	16	99	8	20
游乐园	892	54	36	7	8	2		1
彩票活动	893	2		1				1
文化、娱乐、体育经纪代理	894	71	56	6	4	3		2
其他娱乐业	899	65	43	10	7	5		

2-12 按行业(中类)、营业状态分组的小微企业法人单位从业人员数

行业	代码	从业人员数(人)	营业	停业(歇业)	筹建	当年关闭	当年破产	其他
总计	00	**5917136**	**5696709**	**77538**	**76649**	**36241**	**2327**	**27672**
农、林、牧、渔业	A	**17857**	**16490**	**504**	**693**	**108**	**3**	**59**
农业	01	794	792		2			
谷物种植	011	118	118					
豆类、油料和薯类种植	012							
棉、麻、糖、烟草种植	013							
蔬菜、食用菌及园艺作物种植	014	108	106		2			
水果种植	015	71	71					
坚果、含油果、香料和饮料作物种植	016	482	482					
中药材种植	017	15	15					
其他农业	019							
林业	02	183	183					
林木育种和育苗	021	75	75					
造林和更新	022	47	47					
森林经营和管护	023	61	61					
木材和竹材采运	024							
林产品采集	025							
畜牧业	03	53	52	1				
牲畜饲养	031	52	52					
家禽饲养	032	1		1				
其他畜牧业	039							
渔业	04	26	26					
水产养殖	041	26	26					
水产捕捞	042							
农、林、牧、渔服务业	05	16801	15437	503	691	108	3	59
农业服务业	051	11447	10551	192	597	62	1	44
林业服务业	052	1921	1604	214	54	40	1	8
畜牧服务业	053	410	399	7	2	2		
渔业服务业	054	3023	2883	90	38	4	1	7
采矿业	B	**71898**	**67784**	**1771**	**739**	**1370**	**32**	**202**
煤炭开采和洗选业	06	20923	19738	333	205	612	1	34
烟煤和无烟煤开采洗选	061	20273	19151	295	193	604	1	29
褐煤开采洗选	062	2	2					
其他煤炭采选	069	648	585	38	12	8		5
石油和天然气开采业	07							
石油开采	071							
天然气开采	072							
黑色金属矿采选业	08	9896	9586	141	104	47	2	16
铁矿采选	081	9175	8884	141	91	42	2	15
锰矿、铬矿采选	082	680	662		13	4		1
其他黑色金属矿采选	089	41	40			1		
有色金属矿采选业	09	8877	8231	345	124	141	1	35
常用有色金属矿采选	091	6754	6315	253	80	73		33
贵金属矿采选	092	1027	973	17	9	28		
稀有稀土金属矿采选	093	1096	943	75	35	40	1	2
非金属矿采选业	10	32110	30152	948	301	564	28	117
土砂石开采	101	26389	24663	820	257	525	28	96

2-12　续表 1

行　　业	代码	从业人员数(人)	营业	停业(歇业)	筹建	当年关闭	当年破产	其他
化学矿开采	102	720	705	8	5	2		
采盐	103	1953	1949		1	3		
石棉及其他非金属矿采选	109	3048	2835	120	38	34		21
开采辅助活动	11	6				6		
煤炭开采和洗选辅助活动	111							
石油和天然气开采辅助活动	112							
其他开采辅助活动	119	6				6		
其他采矿业	12	86	77	4	5			
其他采矿业	120	86	77	4	5			
制造业	**C**	**2885423**	**2797274**	**30781**	**28585**	**18422**	**1292**	**9069**
农副食品加工业	13	138804	133695	1902	2058	743	12	394
谷物磨制	131	6902	6701	86	90	15	2	8
饲料加工	132	13478	12763	79	455	150		31
植物油加工	133	5393	5146	63	69	83	1	31
制糖业	134	1038	832	58	148			
屠宰及肉类加工	135	13814	13406	86	207	55		60
水产品加工	136	53603	52123	752	402	136	8	182
蔬菜、水果和坚果加工	137	31418	30068	706	503	84		57
其他农副食品加工	139	13158	12656	72	184	220	1	25
食品制造业	14	87312	84241	1157	906	687	31	290
焙烤食品制造	141	18894	18376	135	218	55	2	108
糖果、巧克力及蜜饯制造	142	18351	18009	110	72	133	2	25
方便食品制造	143	9636	9512	22	71	23		8
乳制品制造	144	1127	1106	1	19	1		
罐头食品制造	145	20014	19180	379	51	296	27	81
调味品、发酵制品制造	146	6141	5628	360	73	76		4
其他食品制造	149	13149	12430	150	402	103		64
酒、饮料和精制茶制造业	15	82006	79151	740	739	522	84	770
酒的制造	151	7519	7051	149	198	103	1	17
饮料制造	152	11999	11306	141	136	156	1	259
精制茶加工	153	62488	60794	450	405	263	82	494
烟草制品业	16	441	426	15				
烟叶复烤	161	266	251	15				
卷烟制造	162							
其他烟草制品制造	169	175	175					
纺织业	17	142663	139383	1414	1058	385	129	294
棉纺织及印染精加工	171	49954	49106	366	358	75		49
毛纺织及染整精加工	172	3369	3257	74	34	1	1	2
麻纺织及染整精加工	173	481	468	10	3			
丝绢纺织及印染精加工	174	775	761	9	3			2
化纤织造及印染精加工	175	5569	5440	52	58	13		6
针织或钩针编织物及其制品制造	176	51529	50417	373	343	214	46	136
家用纺织制成品制造	177	9535	9030	283	163	42	1	16
非家用纺织制成品制造	178	21451	20904	247	96	40	81	83
纺织服装、服饰业	18	304094	293384	4270	2521	2273	59	1587
机织服装制造	181	228596	220231	3283	1866	2055	48	1113
针织或钩针编织服装制造	182	44691	43665	445	406	74	2	99
服饰制造	183	30807	29488	542	249	144	9	375

2-12 续表 2

行　　业	代码	从　业 人员数 (人)	营业	停业 (歇业)	筹建	当年 关闭	当年 破产	其他
皮革、毛皮、羽毛及其制品和制鞋业	19	284101	278697	3205	862	903	29	405
皮革鞣制加工	191	9289	9159	71	7	40	1	11
皮革制品制造	192	49237	48513	228	292	165	2	37
毛皮鞣制及制品加工	193	491	457	16	17			1
羽毛(绒)加工及制品制造	194	1239	1170	36	31		2	
制鞋业	195	223845	219398	2854	515	698	24	356
木材加工和木、竹、藤、棕、草制品业	20	121187	117055	1506	818	1409	77	322
木材加工	201	23770	22769	522	132	244	36	67
人造板制造	202	39895	39073	234	134	411	4	39
木制品制造	203	21694	20858	201	152	361	2	120
竹、藤、棕、草等制品制造	204	35828	34355	549	400	393	35	96
家具制造业	21	55817	54076	850	355	434	58	44
木质家具制造	211	35134	34113	530	231	227	3	30
竹、藤家具制造	212	1056	998	49	2	6	1	
金属家具制造	213	11236	10845	85	75	170	53	8
塑料家具制造	214	983	957	15	7	2		2
其他家具制造	219	7408	7163	171	40	29	1	4
造纸和纸制品业	22	79514	77084	863	722	650	6	189
纸浆制造	221	1047	1016	12	2	16		1
造纸	222	20548	19775	456	103	172		42
纸制品制造	223	57919	56293	395	617	462	6	146
印刷和记录媒介复制业	23	58862	58002	269	180	217	1	193
印刷	231	56558	55729	255	169	212	1	192
装订及印刷相关服务	232	2021	1993	14	11	2		1
记录媒介复制	233	283	280			3		
文教、工美、体育和娱乐用品制造业	24	185553	180040	1944	1742	1190	17	620
文教办公用品制造	241	7421	6956	75	296	20		74
乐器制造	242	1282	1254	1	26			1
工艺美术品制造	243	144068	139800	1710	1089	1009	13	447
体育用品制造	244	20886	20380	117	205	152		32
玩具制造	245	10436	10195	38	126	9	4	64
游艺器材及娱乐用品制造	246	1460	1455	3				2
石油加工及炼焦	25	2560	2255	57	34	13	23	178
化学原料和化学制品制造业	26	86449	82104	1288	1863	978	34	182
基础化学原料制造	261	15066	13973	284	606	154	26	23
肥料制造	262	5883	5147	159	47	519	1	10
农药制造	263	1158	1111	3	40	3		1
涂料、油墨、颜料及类似产品制造	264	15794	15354	127	124	108	1	80
合成材料制造	265	10891	10468	147	231	4		41
专用化学产品制造	266	20737	19545	402	649	134		7
炸药、火工及焰火产品制造	267	362	361	1				
日用化学产品制造	268	16558	16145	165	166	56	6	20
医药制造业	27	15079	14430	246	273	39		91
化学药品原料药制造	271	1883	1854	11	14	3		1
化学药品制剂制造	272	2643	2522	90	16			15
中药饮片加工	273	1486	1452	18		16		

2-12 续表 3

行业	代码	从业人员数(人)	营业	停业(歇业)	筹建	当年关闭	当年破产	其他
中成药生产	274	3908	3839	35	26	1		7
兽用药品制造	275	805	704	6	95			
生物药品制造	276	3119	2857	79	111	4		68
卫生材料及医药用品制造	277	1235	1202	7	11	15		
化学纤维制造业	28	11276	10989	20	238	3	1	25
纤维素纤维原料及纤维制造	281	2838	2767	1	43	2		25
合成纤维制造	282	8438	8222	19	195	1	1	
橡胶和塑料制品业	29	135755	132666	951	1181	552	31	374
橡胶制品业	291	19312	18923	60	176	23	10	120
塑料制品业	292	116443	113743	891	1005	529	21	254
非金属矿物制品业	30	337156	327803	2540	2967	2441	549	856
水泥、石灰和石膏制造	301	12270	10499	112	350	1265	2	42
石膏、水泥制品及类似制品制造	302	34347	33256	249	582	101	1	158
砖瓦、石材等建筑材料制造	303	219643	215644	1150	1179	1016	230	424
玻璃制造	304	2920	2857	3	59	1		
玻璃制品制造	305	11081	10677	80	257	30	1	36
玻璃纤维和玻璃纤维增强塑料制品制造	306	2940	2885	13	40			2
陶瓷制品制造	307	45615	44004	738	416	18	294	145
耐火材料制品制造	308	2203	2144	25	12	2	16	4
石墨及其他非金属矿物制品制造	309	6137	5837	170	72	8	5	45
黑色金属冶炼和压延加工业	31	35824	34829	478	186	239	1	91
炼铁	311	1044	961	6	18	56		3
炼钢	312	766	737	25	2	2		
黑色金属铸造	313	20299	19860	245	38	73	1	82
钢压延加工	314	11018	10721	128	113	50		6
铁合金冶炼	315	2697	2550	74	15	58		
有色金属冶炼和压延加工业	32	16766	15473	78	1144	29		42
常用有色金属冶炼	321	2090	2051	2	19	18		
贵金属冶炼	322	718	710		7	1		
稀有稀土金属冶炼	323	894	883		11			
有色金属合金制造	324	3544	2998	6	536	3		1
有色金属铸造	325	1459	1080	20	359			
有色金属压延加工	326	8061	7751	50	212	7		41
金属制品业	33	132902	128919	1335	1673	601	20	354
结构性金属制品制造	331	36246	34814	351	753	167	6	155
金属工具制造	332	11641	11174	112	223	107	1	24
集装箱及金属包装容器制造	333	5369	5194	21	48	105		1
金属丝绳及其制品制造	334	2776	2699	13	16	40		8
建筑、安全用金属制品制造	335	28001	27349	262	250	57		83
金属表面处理及热处理加工	336	10018	9911	26	65	12		4
搪瓷制品制造	337	8170	7936	171	62			1
金属制日用品制造	338	14040	13625	123	184	60	10	38
其他金属制品制造	339	16641	16217	256	72	53	3	40
通用设备制造业	34	109288	106446	970	1018	670	17	167
锅炉及原动设备制造	341	3600	3545	24	6	8		17
金属加工机械制造	342	16220	15623	248	101	204	6	38
物料搬运设备制造	343	6418	6270	84	61	3		

2-12 续表 4

行业	代码	从业人员数(人)	营业	停业(歇业)	筹建	当年关闭	当年破产	其他
泵、阀门、压缩机及类似机械制造	344	30162	29682	193	236	42	1	8
轴承、齿轮和传动部件制造	345	10343	10023	74	40	183		23
烘炉、风机、衡器、包装等设备制造	346	8955	8518	131	293	10		3
文化、办公用机械制造	347	3020	2950	6	21	43		
通用零部件制造	348	24722	24176	190	190	139	9	18
其他通用设备制造业	349	5848	5659	20	70	38	1	60
专用设备制造业	35	95540	92216	937	1220	812	80	275
采矿、冶金、建筑专用设备制造	351	16317	15704	94	222	240	3	54
化工、木材、非金属加工专用设备制造	352	30393	29742	369	135	123	3	21
食品、饮料、烟草及饲料生产专用设备制造	353	3314	3242	40	21			11
印刷、制药、日化及日用品生产专用设备制造	354	5867	5731	33	81	11		11
纺织、服装和皮革加工专用设备制造	355	9131	8897	39	66	109		20
电子和电工机械专用设备制造	356	7570	6999	136	356	53		26
农、林、牧、渔专用机械制造	357	6744	6268	66	140	229	1	40
医疗仪器设备及器械制造	358	4558	4427	38	73	9		11
环保、社会公共服务及其他专用设备制造	359	11646	11206	122	126	38	73	81
汽车制造业	36	54018	52948	210	488	312	4	56
汽车整车制造	361	559	509		50			
改装汽车制造	362	1751	1711	13	27			
低速载货汽车制造	363	270	270					
电车制造	364	35	13	12	9	1		
汽车车身、挂车制造	365	1376	1369		7			
汽车零部件及配件制造	366	50027	49076	185	395	311	4	56
铁路、船舶、航空航天和其他运输设备制造业	37	27278	26271	287	273	427	1	19
铁路运输设备制造	371	415	383	15	17			
城市轨道交通设备制造	372	15	15					
船舶及相关装置制造	373	9994	9647	116	185	31		15
航空、航天器及设备制造	374							
摩托车制造	375	13809	13273	143	53	336	1	3
自行车制造	376	2237	2155	13	10	59		
非公路休闲车及零配件制造	377	44	36		8			
潜水救捞及其他未列明运输设备制造	379	764	762			1		1
电气机械和器材制造业	38	118713	114139	1245	2033	764	8	524
电机制造	381	34474	33406	479	250	303	3	33
输配电及控制设备制造	382	32654	31386	181	493	200	1	393
电线、电缆、光缆及电工器材制造	383	10114	9892	99	106	12		5
电池制造	384	6142	5179	285	598	64	4	12
家用电力器具制造	385	9653	9416	68	125	24		20
非电力家用器具制造	386	1894	1745	29	83	19		18
照明器具制造	387	20615	20135	76	309	69		26
其他电气机械及器材制造	389	3167	2980	28	69	73		17
计算机、通信和其他电子设备制造业	39	83052	81065	523	984	251	4	225
计算机制造	391	4251	4085	13	107	3	1	42
通信设备制造	392	9253	9164	61	21	1	1	5
广播电视设备制造	393	2602	2551	14	12	25		
雷达及配套设备制造	394	15	10			4	1	
视听设备制造	395	3173	2929	14	230			

2-12　续表 5

行　　业	代码	从　业 人员数 (人)						
			营业	停业 (歇业)	筹建	当年 关闭	当年 破产	其他
电子器件制造	396	20109	19663	23	251	84		88
电子元件制造	397	32261	31505	351	243	113	1	48
其他电子设备制造	399	11388	11158	47	120	21		42
仪器仪表制造业	40	26129	24536	938	187	328	3	137
通用仪器仪表制造	401	6544	6309	113	27	30	2	63
专用仪器仪表制造	402	1987	1907	27	17			36
钟表与计时仪器制造	403	9715	8655	769	47	238	1	5
光学仪器及眼镜制造	404	7185	6997	20	90	58		20
其他仪器仪表制造业	409	698	668	9	6	2		13
其他制造业	41	43256	41673	253	539	425	13	353
废弃资源综合利用业	42	6594	6252	137	174	27		4
金属废料和碎屑加工处理	421	1827	1659	26	133	6		3
非金属废料和碎屑加工处理	422	4767	4593	111	41	21		1
金属制品、机械和设备修理业	43	7434	7026	153	149	98		8
金属制品修理	431	596	586	2		8		
通用设备修理	432	397	382	15				
专用设备修理	433	798	625		117	55		1
铁路、船舶、航空航天等运输设备修理	434	3584	3440	109	7	25		3
电气设备修理	435	221	214		7			
仪器仪表修理	436	10	10					
其他机械和设备修理业	439	1828	1769	27	18	10		4
电力、热力、燃气及水生产和供应业	**D**	**95240**	**92829**	**723**	**925**	**219**	**22**	**522**
电力、热力生产和供应业	44	76134	74280	604	616	190	21	423
电力生产	441	56696	55212	393	497	168	21	405
电力供应	442	18406	18145	211	14	18		18
热力生产和供应	443	1032	923		105	4		
燃气生产和供应业	45	2312	2206	25	74	3	1	3
燃气生产和供应业	450	2312	2206	25	74	3	1	3
水的生产和供应业	46	16794	16343	94	235	26		96
自来水生产和供应	461	14721	14378	64	165	23		91
污水处理及其再生利用	462	1852	1755	28	66	3		
其他水的处理、利用与分配	469	221	210	2	4			5
建筑业	**E**	**980666**	**966684**	**4995**	**4591**	**469**	**18**	**3909**
房屋建筑业	47	392738	384909	2492	1798	134	1	3404
房屋建筑业	470	392738	384909	2492	1798	134	1	3404
土木工程建筑业	48	142400	140483	593	1187	43	12	82
铁路、道路、隧道和桥梁工程建筑	481	65649	64683	301	617	7	10	31
水利和内河港口工程建筑	482	25716	25497	155	41	5	1	17
海洋工程建筑	483	207	204		3			
工矿工程建筑	484	10138	10113	3	4	1		17
架线和管道工程建筑	485	7400	7323	13	53	8		3
其他土木工程建筑	489	33290	32663	121	469	22	1	14
建筑安装业	49	53915	53094	337	294	129	1	60
电气安装	491	27616	27487	91	29	4		5
管道和设备安装	492	10251	10167	21	28	35		
其他建筑安装业	499	16048	15440	225	237	90	1	55
建筑装饰和其他建筑业	50	391613	388198	1573	1312	163	4	363

2-12 续表 6

行 业	代码	从业人员数(人)	营业	停业(歇业)	筹建	当年关闭	当年破产	其他
建筑装饰业	501	83904	82045	644	938	108	2	167
工程准备活动	502	99836	99453	224	75	14	1	69
提供施工设备服务	503	60665	60390	199	59	17		
其他未列明建筑业	509	147208	146310	506	240	24	1	127
批发和零售业	**F**	**785872**	**734773**	**19868**	**16936**	**8513**	**473**	**5309**
批发业	51	563333	526901	14995	11968	5567	291	3611
农、林、牧产品批发	511	28466	26614	501	689	382	16	264
食品、饮料及烟草制品批发	512	106557	101233	2345	1883	673	57	366
纺织、服装及家庭用品批发	513	97063	90925	2757	2002	644	59	676
文化、体育用品及器材批发	514	22459	21407	476	377	105		94
医药及医疗器材批发	515	13137	12378	120	345	76		218
矿产品、建材及化工产品批发	516	143645	132231	5031	3389	2021	89	884
机械设备、五金产品及电子产品批发	517	106107	100911	2007	1718	851	20	600
贸易经纪与代理	518	21171	18449	952	896	512	30	332
其他批发业	519	24728	22753	806	669	303	20	177
零售业	52	222539	207872	4873	4968	2946	182	1698
综合零售	521	21029	19427	515	534	411	6	136
食品、饮料及烟草制品专门零售	522	44139	41384	1011	878	515	79	272
纺织、服装及日用品专门零售	523	26124	23780	712	863	411	13	345
文化、体育用品及器材专门零售	524	14116	13119	333	379	153	6	126
医药及医疗器材专门零售	525	8854	8466	97	80	127	15	69
汽车、摩托车、燃料及零配件专门零售	526	36045	33992	670	689	459	29	206
家用电器及电子产品专门零售	527	28691	27271	564	323	355	5	173
五金、家具及室内装饰材料专门零售	528	27534	25641	718	563	379	27	206
货摊、无店铺及其他零售业	529	16007	14792	253	659	136	2	165
交通运输、仓储和邮政业	**G**	**188612**	**182146**	**2295**	**2880**	**700**	**106**	**485**
道路运输业	54	97594	94788	727	1479	423	58	119
城市公共交通运输	541	14319	13864	12	386	18	26	13
公路旅客运输	542	13809	13688	23		91		7
道路货物运输	543	59258	57403	550	933	258	29	85
道路运输辅助活动	544	10208	9833	142	160	56	3	14
水上运输业	55	22895	21464	855	386	25	20	145
水上旅客运输	551	2203	2136	45	14	1	1	6
水上货物运输	552	13470	12490	749	50	23	19	139
水上运输辅助活动	553	7222	6838	61	322	1		
航空运输业	56	1676	1644	4	27	1		
航空客货运输	561	611	610	1				
通用航空服务	562	250	250					
航空运输辅助活动	563	815	784	3	27	1		
管道运输业	57							
管道运输业	570							
装卸搬运和运输代理业	58	47409	46176	476	436	185	16	120
装卸搬运	581	10225	9894	203	53	71	3	1
运输代理业	582	37184	36282	273	383	114	13	119
仓储业	59	9412	8626	206	435	46	1	98
谷物、棉花等农产品仓储	591	2194	2062	28	5	8		91
其他仓储业	599	7218	6564	178	430	38	1	7

2-12　续表 7

行　　业	代码	从　业 人员数 (人)	营业	停业 (歇业)	筹建	当年 关闭	当年 破产	其他
邮政业	60	9626	9448	27	117	20	11	3
邮政基本服务	601	1289	1286			2		1
快递服务	602	8337	8162	27	117	18	11	2
住宿和餐饮业	**H**	**136017**	**129010**	**1640**	**2616**	**1483**	**127**	**1141**
住宿业	61	67264	63359	709	1945	425	74	752
旅游饭店	611	37589	34963	268	1369	246	38	705
一般旅馆	612	25838	24691	419	483	166	36	43
其他住宿业	619	3837	3705	22	93	13		4
餐饮业	62	68753	65651	931	671	1058	53	389
正餐服务	621	59293	56732	773	548	867	49	324
快餐服务	622	3331	3237	25	30	18		21
饮料及冷饮服务	623	2820	2690	64	22	42		2
其他餐饮业	629	3309	2992	69	71	131	4	42
信息传输、软件和信息技术服务业	**I**	**72841**	**69376**	**1011**	**1720**	**256**	**9**	**469**
电信、广播电视和卫星传输服务	63	4636	4419	84	45	48	1	39
电信	631	3793	3641	74	45	24		9
广播电视传输服务	632	779	718	6		24	1	30
卫星传输服务	633	64	60	4				
互联网和相关服务	64	8941	8291	208	244	55	7	136
互联网接入及相关服务	641	999	960	9	21	2		7
互联网信息服务	642	6759	6318	174	138	28	6	95
其他互联网服务	649	1183	1013	25	85	25	1	34
软件和信息技术服务业	65	59264	56666	719	1431	153	1	294
软件开发	651	37094	35453	443	935	76		187
信息系统集成服务	652	7695	7381	78	172	18		46
信息技术咨询服务	653	6030	5689	94	185	37		25
数据处理和存储服务	654	1829	1753	15	42	3	1	15
集成电路设计	655	625	590		20	5		10
其他信息技术服务业	659	5991	5800	89	77	14		11
房地产业	**K**	**152209**	**141419**	**3484**	**3925**	**634**	**13**	**2734**
房地产业	70	152209	141419	3484	3925	634	13	2734
房地产开发经营	701	56476	49797	2431	2367	236		1645
物业管理	702	77240	74576	659	850	246	13	896
房地产中介服务	703	14773	13825	254	401	145		148
其他房地产业	709	3720	3221	140	307	7		45
租赁和商务服务业	**L**	**293937**	**276258**	**6015**	**7479**	**2118**	**108**	**1959**
租赁业	71	13716	12673	427	308	255	3	50
机械设备租赁	711	13103	12092	401	307	250	3	50
文化及日用品出租	712	613	581	26	1	5		
商务服务业	72	280221	263585	5588	7171	1863	105	1909
企业管理服务	721	64939	57365	2572	3594	559	16	833
法律服务	722	4706	4657	28	5	14		2
咨询与调查	723	42941	40086	868	1278	267	26	416
广告业	724	43065	41046	789	622	394	11	203
知识产权服务	725	1789	1743	22	14	2		8
人力资源服务	726	32693	32056	254	222	114	5	42
旅行社及相关服务	727	14905	13838	244	607	86	12	118
安全保护服务	728	41671	41555	16	48	29	1	22
其他商务服务业	729	33512	31239	795	781	398	34	265

2-12 续表 8

行　业	代码	从业人员数(人)	营业	停业(歇业)	筹建	当年关闭	当年破产	其他
科学研究和技术服务业	M	**101127**	**95289**	**1687**	**2845**	**546**	**23**	**737**
研究和试验发展	73	9315	8150	257	788	51	7	62
自然科学研究和试验发展	731	1018	865	26	91	26	7	3
工程和技术研究和试验发展	732	4598	4178	97	281	19		23
农业科学研究和试验发展	733	2050	1712	87	225	5		21
医学研究和试验发展	734	1518	1285	46	171	1		15
社会人文科学研究	735	131	110	1	20			
专业技术服务业	74	67215	64078	999	1329	377	13	419
气象服务	741	327	327					
地震服务	742	3				3		
海洋服务	743	218	201	15		2		
测绘服务	744	2115	2057	18	24	7		9
质检技术服务	745	6110	5873	79	105	20	1	32
环境与生态监测	746	987	947	13	23	1		3
地质勘查	747	1422	1314	32	12	43		21
工程技术	748	39315	37615	477	817	167	8	231
其他专业技术服务业	749	16718	15744	365	348	134	4	123
科技推广和应用服务业	75	24597	23061	431	728	118	3	256
技术推广服务	751	22012	20701	359	618	102	2	230
科技中介服务	752	1087	1014	28	27	3		15
其他科技推广和应用服务业	759	1498	1346	44	83	13	1	11
水利、环境和公共设施管理业	N	**22175**	**19849**	**667**	**1027**	**184**	**15**	**433**
水利管理业	76	2285	1996	150	91	30		18
防洪除涝设施管理	761	242	204	17	12	3		6
水资源管理	762	656	608	13	16	18		1
天然水收集与分配	763	655	598	31	22	4		
水文服务	764	40			40			
其他水利管理业	769	692	586	89	1	5		11
生态保护和环境治理业	77	2597	2431	57	64	8		37
生态保护	771	251	221	8	16	6		
环境治理业	772	2346	2210	49	48	2		37
公共设施管理业	78	17293	15422	460	872	146	15	378
市政设施管理	781	2361	2149	81	48	5		78
环境卫生管理	782	1860	1778	7	23	12		40
城乡市容管理	783	617	563	36	18			
绿化管理	784	4728	4354	73	149	22	12	118
公园和游览景区管理	785	7727	6578	263	634	107	3	142
居民服务、修理和其他服务业	O	**60874**	**57759**	**1032**	**954**	**690**	**64**	**375**
居民服务业	79	24992	23679	472	331	298	44	168
家庭服务	791	3580	3360	36	58	114		12
托儿所服务	792	105	105					
洗染服务	793	1655	1586	44	12	7	1	5
理发及美容服务	794	3044	2902	19	27	62		34
洗浴服务	795	3947	3766	117	21	42		1
保健服务	796	7634	7238	171	147	50	1	27

2-12　续表 9

行　　业	代码	从　业人员数（人）	营业	停业（歇业）	筹建	当年关闭	当年破产	其他
婚姻服务	797	738	682	31	21	2		2
殡葬服务	798	2106	2079	7	16	3		1
其他居民服务业	799	2183	1961	47	29	18	42	86
机动车、电子产品和日用产品修理业	80	26707	25606	299	373	324	19	86
汽车、摩托车修理与维护	801	21929	21172	210	241	224	5	77
计算机和办公设备维修	802	2013	1876	38	75	22	1	1
家用电器修理	803	1783	1623	40	31	72	13	4
其他日用产品修理业	809	982	935	11	26	6		4
其他服务业	81	9175	8474	261	250	68	1	121
清洁服务	811	7518	7043	150	160	61	1	103
其他未列明服务业	819	1657	1431	111	90	7		18
卫生和社会工作	**Q**	**389**	**281**	**41**	**50**	**8**		**9**
社会工作	84	389	281	41	50	8		9
提供住宿社会工作	841	294	195	37	46	8		8
不提供住宿社会工作	842	95	86	4	4			1
文化、体育和娱乐业	**R**	**51999**	**49488**	**1024**	**684**	**521**	**22**	**260**
新闻和出版业	85	1489	1435	33	8	5		8
新闻业	851	143	143					
出版业	852	1346	1292	33	8	5		8
广播、电视、电影和影视录音制作业	86	4301	4092	107	62	26	3	11
广播	861	59	51	1	2	5		
电视	862	169	159	9		1		
电影和影视节目制作	863	1210	1143	25	30	3	2	7
电影和影视节目发行	864	322	300	13	9			
电影放映	865	2463	2377	54	17	10	1	4
录音制作	866	78	62	5	4	7		
文化艺术业	87	7813	7294	194	172	28	2	123
文艺创作与表演	871	5092	4847	100	68	7	1	69
艺术表演场馆	872	105	105					
图书馆与档案馆	873	226	226					
文物及非物质文化遗产保护	874	243	212	25	4	1	1	
博物馆	875	82	57	7	17	1		
烈士陵园、纪念馆	876	10	10					
群众文化活动	877	391	375	6	3	6		1
其他文化艺术业	879	1664	1462	56	80	13		53
体育	88	4508	4086	82	225	72	9	34
体育组织	881	340	280	28	4	28		
体育场馆	882	376	354	3	1	2	8	8
休闲健身活动	883	3330	3020	47	199	41	1	22
其他体育	889	462	432	4	21	1		4
娱乐业	89	33888	32581	608	217	390	8	84
室内娱乐活动	891	31934	30883	535	102	329	8	77
游乐园	892	655	552	20	78	4		1
彩票活动	893	3		2				1
文化、娱乐、体育经纪代理	894	537	488	10	20	14		5
其他娱乐业	899	759	658	41	17	43		

2-13 按登记注册类型、营业状态分组的小微企业法人单位数

登记注册类型	法人单位数(个)	营业	停业(歇业)	筹建	当年关闭	当年破产	其他
总 计	**270633**	**222534**	**19413**	**13994**	**8953**	**586**	**5153**
内资	**261456**	**214577**	**18793**	**13611**	**8850**	**579**	**5046**
国有	3836	3153	407	83	102	6	85
集体	4218	3569	426	34	112	7	70
股份合作	1379	1180	90	56	37	5	11
联营	583	453	68	14	33	2	13
国有联营	87	68	12	3	2		2
集体联营	276	220	34	4	12	1	5
国有与集体联营	46	42	2	1	1		
其他联营	174	123	20	6	18	1	6
有限责任公司	57054	46600	4216	4145	1289	107	697
国有独资公司	839	735	43	41	2	1	17
其他有限责任公司	56215	45865	4173	4104	1287	106	680
股份有限公司	4259	3300	285	234	114	8	318
私营	171122	143501	11301	8377	5337	328	2278
私营独资	34880	27539	3255	1243	2024	136	683
私营合伙	9286	7870	532	405	345	24	110
私营有限责任公司	123306	105029	7305	6505	2859	161	1447
私营股份有限公司	3650	3063	209	224	109	7	38
其他	19005	12821	2000	668	1826	116	1574
港澳台商投资	**6002**	**5150**	**446**	**263**	**75**	**5**	**63**
与港澳台商合资经营	1169	1030	62	55	8	1	13
与港澳台商合作经营	105	84	10	6	2		3
港澳台商独资	4514	3862	353	190	60	4	45
港澳台商投资股份有限公司	152	121	16	9	4		2
其他港澳台商投资	62	53	5	3	1		
外商投资	**3175**	**2807**	**174**	**120**	**28**	**2**	**44**
中外合资经营	841	739	44	41	5	1	11
中外合作经营	51	46	4		1		
外资企业	2020	1820	104	56	16	1	23
外商投资股份有限公司	135	108	13	9	3		2
其他外商投资	128	94	9	14	3		8

2-14　按登记注册类型、营业状态分组的小微企业法人单位从业人员数

登记注册类型	从业人员数（人）	营业	停业(歇业)	筹建	当年关闭	当年破产	其他
总　计	**5917136**	**5696709**	**77538**	**76649**	**36241**	**2327**	**27672**
内资	**5360358**	**5149460**	**73706**	**73225**	**35256**	**2319**	**26392**
国有	116322	110010	2734	1627	562	5	1384
集体	87380	82678	2876	210	1247	16	353
股份合作	28512	27223	429	317	448	14	81
联营	10078	9341	225	61	376	4	71
国有联营	1965	1858	68	19	5		15
集体联营	4002	3802	101	18	45	3	33
国有与集体联营	1359	1345	9	4	1		
其他联营	2752	2336	47	20	325	1	23
有限责任公司	1371261	1317801	18211	23791	6308	420	4730
国有独资公司	40945	39434	271	684	48	36	472
其他有限责任公司	1330316	1278367	17940	23107	6260	384	4258
股份有限公司	106303	100562	1503	2234	748	42	1214
私营	3415188	3297430	41137	40779	20029	1538	14275
私营独资	435201	411217	9438	5128	6754	604	2060
私营合伙	120576	113750	2196	2398	1586	90	556
私营有限责任公司	2780328	2697022	28254	31829	10921	838	11464
私营股份有限公司	79083	75441	1249	1424	768	6	195
其他	225314	204415	6591	4206	5538	280	4284
港澳台商投资	**363805**	**357268**	**2696**	**2287**	**702**	**7**	**845**
与港澳台商合资经营	76122	74961	407	560	85		109
与港澳台商合作经营	3339	3251	30	33	2		23
港澳台商独资	277801	272944	2114	1638	606	7	492
港澳台商投资股份有限公司	4966	4635	54	52	4		221
其他港澳台商投资	1577	1477	91	4	5		
外商投资	**192973**	**189981**	**1136**	**1137**	**283**	**1**	**435**
中外合资经营	51800	50815	357	529	2		97
中外合作经营	3156	3120	32		4		
外资企业	130582	128990	697	404	266	1	224
外商投资股份有限公司	5146	5037	31	71	3		4
其他外商投资	2289	2019	19	133	8		110

第3篇

文化及相关产业篇

A.概况

3-A-01　文化及相关产业单位及从业人员情况

分　组	法人单位		产业活动单位		个体经营户	
	单位数（个）	从业人员（人）	单位数（个）	从业人员（人）	户数（个）	从业人员（人）
合　计	**34194**	**773361**	**1831**	**15477**	**32683**	**120492**
一、按单位性质分组						
经营性文化产业	28390	703998	599	10370	32683	120492
公益性文化事业	5804	69363	1232	5107		
二、按行业类别分组						
文化制造业	8283	459191	43	1273	2966	15376
文化批零业	4979	45142	266	2078	19937	62504
文化服务业	20932	269028	1522	12126	9780	42612
三、按活动性质分组						
文化产品的生产	27641	572936	1634	13270	10273	49259
文化相关产品的生产	6553	200425	197	2207	22410	71233

注：产业活动单位仅指非文化法人所属的文化产业活动单位，个体经营户仅指有证照的个体经营户(以下各表同)。

3-A-02　分设区市文化及相关产业单位及从业人员情况

地　区	法人单位		产业活动单位		个体经营户	
	单位数（个）	从业人员（人）	单位数（个）	从业人员（人）	户　数（个）	从业人员（人）
全　省	**34194**	**773361**	**1831**	**15477**	**32683**	**120492**
福州市	7817	178941	358	3671	5379	21067
#平潭	251	2971	25	201	165	541
厦门市	7048	130113	151	1930	4341	13217
莆田市	2783	56450	66	360	3857	14644
三明市	1688	27975	171	1104	2652	10781
泉州市	6740	231037	226	2267	5040	19890
漳州市	3058	59272	187	1023	3771	14011
南平市	1818	39601	119	1816	2507	8997
龙岩市	1607	24894	298	2169	2566	9926
宁德市	1635	25078	255	1137	2570	7959

注：产业活动单位仅指非文化法人所属的文化产业活动单位。

3-A-03 分地区文化及相关产业法人单位分布情况

单位：个

地区	法人单位数	#三上单位	文化制造业	#规模以上	文化批零业	#限额以上	文化服务业	#规模以上
全省	**34194**	**1897**	**8283**	**1152**	**4979**	**279**	**20932**	**466**
福州市	**7817**	**420**	**1291**	**157**	**1217**	**74**	**5309**	**189**
鼓楼区	2804	167	48	7	514	36	2242	124
台江区	722	30	16	1	215	17	491	12
仓山区	850	34	232	28	116	2	502	4
马尾区	170	24	24	6	21	6	125	12
晋安区	729	30	112	13	147	6	470	11
闽侯县	961	71	606	70	88		267	1
连江县	186	12	24	4	7	3	155	5
罗源县	79	1	10	1	3		66	
闽清县	135	7	50	6	3	1	82	
永泰县	172	14	42	3	10	1	120	10
福清市	505	19	81	13	51	2	373	4
长乐市	253	9	38	5	6		209	4
平潭县	251	2	8		36		207	2
厦门市	**7048**	**297**	**856**	**86**	**1507**	**43**	**4685**	**168**
思明区	3901	177	162	13	876	22	2863	142
海沧区	419	27	100	17	95	6	224	4
湖里区	1535	42	196	19	346	10	993	13
集美区	507	26	131	18	114	4	262	4
同安区	436	15	190	9	49	1	197	5
翔安区	250	10	77	10	27		146	
莆田市	**2783**	**265**	**1457**	**227**	**559**	**34**	**767**	**4**
城厢区	409	28	46	12	101	13	262	3
涵江区	229	17	69	13	36	4	124	
荔城区	568	32	166	21	233	10	169	1
秀屿区	392	83	240	78	91	5	61	
仙游县	1185	105	936	103	98	2	151	
三明市	**1688**	**91**	**192**	**63**	**159**	**11**	**1337**	**17**
梅列区	323	7	12	2	54	3	257	2
三元区	150	6	19	4	20	1	111	1
明溪县	76	3	15	2	4		57	1
清流县	93	3	7	1	5		81	2
宁化县	119	5	11	2	8		100	3
大田县	121	2	9	2	1		111	
尤溪县	142	14	26	12	9	2	107	
沙县	156	14	28	12	13		115	2
将乐县	141	8	23	5	10	1	108	2
泰宁县	102	10	9	6	14	2	79	2
建宁县	78	4	13	4	6		59	
永安市	187	15	20	11	15	2	152	2
泉州市	**6740**	**419**	**3098**	**355**	**712**	**41**	**2930**	**23**
鲤城区	650	36	184	25	110	3	356	8
丰泽区	1275	32	369	14	194	10	712	8
洛江区	161	20	82	20	11		68	
泉港区	153	6	23	6	14		116	
惠安县	744	65	521	65	42		181	

3-A-03　续表　　　　单位：个

地　区	法　人单位数	#三上单位	文　化制造业	#规模以上	文　化批零业	#限额以上	文　化服务业	#规模以上
安溪县	387	58	222	55	17	2	148	1
永春县	179	18	35	18	10		134	
德化县	972	73	827	63	60	9	85	1
石狮市	531	20	155	14	80	5	296	1
晋江市	1182	65	493	51	126	12	563	2
南安市	506	26	187	24	48		271	2
漳州市	**3058**	**149**	**699**	**102**	**397**	**23**	**1962**	**24**
芗城区	953	22	132	13	211	3	610	6
龙文区	292	17	60	8	46	4	186	5
云霄县	198	13	48	11	18	2	132	
漳浦县	327	11	99	9	23		205	2
诏安县	148	11	50	9	11	2	87	
长泰县	178	20	71	14	19	4	88	2
东山县	188	8	15	2	10	1	163	5
南靖县	162	6	34	4	18	1	110	1
平和县	150	4	18	4	7		125	
华安县	74	9	16	7	12	2	46	
龙海市	388	28	156	21	22	4	210	3
南平市	**1818**	**103**	**351**	**87**	**99**	**7**	**1368**	**9**
延平区	360	4	26	2	32	1	302	1
顺昌县	85		5				80	
浦城县	133	23	32	22	5	1	96	
光泽县	128	2	48	1	8		72	1
松溪县	95	7	33	7	5		57	
政和县	117	21	31	19	3	2	83	
邵武市	177	22	38	17	14	2	125	3
武夷山市	307	4	28	1	18		261	3
建瓯市	204	5	61	5	5		138	
建阳市	212	15	49	13	9	1	154	1
龙岩市	**1607**	**69**	**145**	**25**	**139**	**33**	**1323**	**11**
新罗区	581	26	36	4	80	17	465	5
长汀县	192	5	23	3	13	2	156	
永定县	205	4	13	2	6	1	186	1
上杭县	188	7	18	1	15	5	155	1
武平县	141	12	23	7	5	4	113	1
连城县	148	8	21	2	9	4	118	2
漳平市	152	7	11	6	11		130	1
宁德市	**1635**	**84**	**194**	**50**	**190**	**13**	**1251**	**21**
蕉城区	654	13	41	7	99		514	6
霞浦县	145	12	26	6	6	2	113	4
古田县	116	9	14	6	10	3	92	
屏南县	70	4	5	3	3		62	1
寿宁县	83	9	26	7	3	2	54	
周宁县	66	3	10	2	3		53	1
柘荣县	83	2	12	2	3		68	
福安市	209	12	27	5	36	3	146	4
福鼎市	209	20	33	12	27	3	149	5

3-A-04 分地区文化及相关产业法人单位基本情况

地 区	法人单位数(个)	年末从业人员(人)	营业收入(万元)	#主营业务收入	营业税金及附加(万元)	#主营业务税金及附加	非企业单位支出(费用)(万元)	资产总计(万元)
全 省	**34194**	**773361**	**30376137**	**30106382**	**337435**	**325971**	**717682**	**28170641**
福州市	**7817**	**178941**	**6689812**	**6600980**	**95402**	**89335**	**186077**	**7932266**
鼓楼区	2804	49467	2037705	2001908	27056	24959	119639	4056371
台江区	722	10179	446231	438022	8645	8129	7038	413244
仓山区	850	20182	659834	643574	12066	10282	12828	688392
马尾区	170	9566	965873	963565	10601	10592	3629	844126
晋安区	729	15017	906406	896573	14234	13811	15631	512400
闽侯县	961	40962	902564	899539	11660	10641	4241	558823
连江县	186	4495	96067	95811	2405	2363	5114	215272
罗源县	79	1379	13597	13441	324	316	2025	23358
闽清县	135	2920	64188	64183	956	955	1711	41242
永泰县	172	2257	50040	49622	951	926	2809	59552
福清市	505	13655	326252	315248	3787	3757	1494	268689
长乐市	253	5891	194989	193951	2104	2096	4988	192885
平潭县	251	2971	26066	25543	614	509	4932	57911
厦门市	**7048**	**130113**	**5480797**	**5412032**	**49108**	**47237**	**145347**	**6001962**
思明区	3901	55607	1658440	1641251	30072	29236	120057	2510259
海沧区	419	8904	600551	593276	3063	3045	2548	669574
湖里区	1535	33711	1181754	1172708	10538	10343	2808	1218891
集美区	507	9039	217906	215572	1989	1769	13587	489496
同安区	436	11558	217781	215001	2576	2034	4861	445170
翔安区	250	11294	1604365	1574225	870	809	1488	668572
莆田市	**2783**	**56450**	**3976114**	**3958512**	**32042**	**31327**	**30613**	**2317111**
城厢区	409	5093	264753	263399	2848	2614	9010	191696
涵江区	229	5908	572418	571179	1864	1852	1114	193195
荔城区	568	9741	715166	713280	4314	4310	16588	530175
秀屿区	392	7120	678001	666826	11572	11523	653	316727
仙游县	1185	28588	1745775	1743828	11444	11028	3248	1085318
三明市	**1688**	**27975**	**1046367**	**1040465**	**13225**	**12802**	**43486**	**1183549**
梅列区	323	3239	41336	40746	1072	999	12957	73844
三元区	150	1727	37327	36525	1039	1038	2682	55498
明溪县	76	1472	35287	35121	2210	2208	1695	59053
清流县	93	910	15858	15771	333	332	1641	127811
宁化县	119	1486	23678	23607	723	721	2478	63114
大田县	121	1152	22072	21936	190	189	2167	21429
尤溪县	142	3712	202096	201984	927	922	3390	108850
沙县	156	3538	276774	276489	1144	1129	1356	142043
将乐县	141	2321	73504	73410	1645	1645	2045	45956
泰宁县	102	2527	85976	82893	2102	1784	682	253079
建宁县	78	3161	114236	114026	608	606	1086	111071
永安市	187	2730	118222	117957	1233	1229	11307	121802
泉州市	**6740**	**231037**	**7965392**	**7926298**	**95433**	**94116**	**101863**	**4956841**
鲤城区	650	15184	497381	496080	5860	5794	10231	352481
丰泽区	1275	22760	467646	465659	9560	9423	54468	584857
洛江区	161	10407	573609	572882	3210	3141	830	190582
泉港区	153	3282	228233	227570	2190	2179	747	88250
惠安县	744	24582	1105675	1103606	15935	15922	1827	705829

3-A-04　续表

地　区	法　人单位数（个）	年末从业人　员（人）	营业收入（万元）	#主营业务收入	营业税金及附加（万元）	#主营业务税金及附加	非企业单位支出(费用)（万元）	资产总计（万元）
安溪县	387	27823	1003998	1001186	11813	11767	1224	394040
永春县	179	7470	198622	198419	1215	1209	4091	51757
德化县	972	62873	1189582	1187194	18847	18290	3018	536544
石狮市	531	15065	539936	538894	4057	4016	5084	360439
晋江市	1182	27936	1730586	1705701	14682	14368	12006	1359596
南安市	506	13655	430125	429109	8064	8008	8337	332466
漳州市	**3058**	**59272**	**2439830**	**2412746**	**18385**	**17842**	**38485**	**2493408**
芗城区	953	14627	318534	313921	4188	4138	15132	339324
龙文区	292	4160	175710	175171	1955	1894	4494	182336
云霄县	198	6635	221719	221354	1398	1391	1653	119399
漳浦县	327	4014	115404	107583	1077	944	1497	225298
诏安县	148	4780	138810	137475	2398	2379	1819	143034
长泰县	178	3902	125007	124823	1507	1501	1031	179420
东山县	188	2605	33882	32297	599	563	4848	48744
南靖县	162	3978	532486	527087	1067	1065	1892	642565
平和县	150	2427	56513	54507	640	634	1641	53618
华安县	74	1989	92802	92792	1046	1046	1249	49034
龙海市	388	10155	628963	625735	2509	2286	3231	510634
南平市	**1818**	**39601**	**1219921**	**1214536**	**12103**	**11972**	**49653**	**1333604**
延平区	360	5533	171680	169394	765	708	5075	425357
顺昌县	85	515	1206	1111	133	133	775	10032
浦城县	133	3703	114363	114235	376	372	2903	58024
光泽县	128	1659	14615	14542	416	341	1819	43796
松溪县	95	1960	47651	47621	737	644	21604	33399
政和县	117	4142	160882	160649	1302	1301	859	96453
邵武市	177	9793	414821	414175	4468	4381	3422	235269
武夷山市	307	5456	66766	65640	2024	2223	8653	199882
建瓯市	204	2999	62981	62620	713	703	1574	65179
建阳市	212	3841	164955	164549	1167	1167	2969	166214
龙岩市	**1607**	**24894**	**809697**	**804382**	**13004**	**12832**	**84578**	**1233658**
新罗区	581	7822	463793	461959	7195	7106	11693	366599
长汀县	192	3247	42108	41483	565	544	3596	57974
永定县	205	2094	26148	25957	409	388	1878	306550
上杭县	188	3714	98427	96401	2704	2699	60810	202087
武平县	141	2021	53091	52955	812	777	2795	134864
连城县	148	2435	49912	49862	554	554	1512	102937
漳平市	152	3561	76218	75765	765	764	2293	62646
宁德市	**1635**	**25078**	**748207**	**736431**	**8733**	**8507**	**37580**	**718241**
蕉城区	654	7108	148679	145291	3086	3010	10212	174323
霞浦县	145	2749	62526	61756	863	815	11077	66034
古田县	116	1934	121410	121346	657	654	1302	28937
屏南县	70	1861	54950	54747	492	482	945	49150
寿宁县	83	1588	40183	40177	648	648	802	18437
周宁县	66	891	9879	6943	201	145	2111	41839
柘荣县	83	1035	17427	17345	407	394	4087	13187
福安市	209	2580	103434	99584	923	916	1089	98442
福鼎市	209	5332	189719	189241	1457	1443	5955	227892

3-A-05 按类别分文化及相关产业企业基本情况

类 别	企业单位数(个)	年末从业人员(人)	营业收入(万元)	#主营业务收入	营业税金及附加(万元)	#主营业务税金及附加	资产总计(万元)
总 计	**28390**	**703998**	**30376137**	**30106382**	**337435**	**325971**	**26668480**
机制纸及纸板制造	38	9418	904135	878650	3257	3252	975899
手工纸制造	13	330	20697	20697	328	328	12308
书、报刊印刷	143	8158	412542	408696	3182	3004	280041
本册印制	51	1841	61767	61760	243	242	42926
包装装潢及其他印刷	1533	54003	2273165	2233327	22466	19966	1759895
装订及印刷相关服务	125	2021	44540	44330	959	906	41499
记录媒介复制	6	283	14157	14157	19	19	34487
文具、笔、墨水墨汁制造	159	8063	394303	393381	6809	6713	196497
乐器制造	39	2154	35124	34975	836	836	37245
雕塑工艺品制造	2325	75500	3415716	3407145	39791	39532	2086349
金属工艺品制造	484	36684	1200262	1198590	13550	12600	565653
漆器工艺品制造	153	15009	985823	983781	6121	5811	500170
花画工艺品制造	89	4003	129659	129175	833	832	75719
天然植物纤维编织工艺品制造	263	16031	514840	513950	4821	4736	243080
抽纱刺绣工艺品制造	96	2464	30484	30443	954	947	41515
地毯、挂毯制造	10	1511	127263	127169	233	232	72462
珠宝首饰及有关物品制造	237	9103	1700982	1687495	7255	7212	704541
其他工艺美术品制造	1054	68990	2188058	2180958	18193	17991	1040605
玩具制造	243	21542	611652	600915	5267	5253	482806
露天游乐场所游乐设备、游艺用品及室内游艺器材及其他娱乐用品制造	21	1189	30458	30456	280	280	14443
油墨及类似产品制造	52	1724	129040	128867	1327	1309	80060
颜料制造	12	765	113903	113866	313	310	53873
信息化学品制造	9	1083	350576	345871	778	768	377099
焰火、鞭炮产品制造	10	108	13049	12928	38	31	2738
园林、陈设艺术及其他陶瓷制品制造	864	62519	1168048	1166110	17378	17309	439156
幻灯及投影设备制造	3	992	132303	132303	608	608	67511
照相机及器材制造	18	12712	365931	363054	1442	1434	408707
复印和胶印设备制造	12	1493	76136	75509	387	372	69138
印刷专用设备制造	45	2152	85484	85060	591	573	105197
照明灯具制造	34	3815	205419	204116	1330	1311	111158
广播电视节目制作及发射设备制造	6	61	836	836	15	15	928
广播电视接收设备及器材制造	32	9938	532676	532676	1779	1779	328931
应用电视设备及其他广播电视设备制造	19	1272	38059	37949	192	192	60545
电视机制造	21	10306	1673557	1670272	1226	1225	782826
音响设备制造	36	4810	170795	170374	677	677	95235
影视录放设备制造	17	5533	701419	696501	1407	1407	697134
其他电子设备制造	11	1611	93976	93976	37	37	27745
家用电器批发	164	2294	314839	314024	1136	1122	124255
文具用品批发	713	5310	640534	639257	3287	3240	548767
图书批发	80	1392	89062	85484	933	698	187475
报刊批发	12	253	2148	2148	53	53	4239
音像制品及电子出版物批发	29	309	7568	7498	106	105	13705
首饰、工艺品及收藏品批发	1383	12662	1055317	1048093	7414	7239	1142369
其他文化用品批发	306	2638	244502	243892	1228	1194	179903
电气设备批发	5	30	2506	2506	7	7	2039
通讯及广播电视设备批发	72	627	29085	28950	436	428	15364
贸易代理	61	677	164691	163123	536	535	81853
拍卖	45	376	8791	8787	315	311	25426
文具用品零售	378	2250	84660	84478	1257	1242	76874
图书、报刊零售	137	2281	353818	342780	2363	1386	468711

3-A-05 续表

类 别	企业单位数(个)	年末从业人员(人)	营业收入(万元)	#主营业务收入	营业税金及附加(万元)	#主营业务税金及附加	资产总计(万元)
音像制品及电子出版物零售	26	208	11465	11433	158	158	11422
珠宝首饰零售	373	3595	297031	296668	5572	5557	234285
工艺美术品及收藏品零售	705	5625	709362	707986	7961	7851	304540
乐器零售	67	525	18422	18071	207	188	16728
照相器材零售	34	213	11362	11280	53	53	15803
其他文化用品零售	102	743	27063	26790	326	311	37076
家用视听设备零售	287	3134	186624	186295	2004	1987	127613
其他电信服务	15	289	11916	11916	233	233	12955
有线、无线广播电视及卫星传输服务	58	4094	74555	70172	1753	1663	171182
互联网信息服务	674	11371	339296	337148	5833	5805	353295
软件开发	558	13655	656107	651664	10644	10575	983365
数字内容服务	99	2949	85813	84905	967	958	170506
娱乐及体育设备、图书出租	21	192	2340	2335	49	49	2456
广告业	5316	44082	1507810	1487617	35045	33447	1455708
知识产权服务	100	820	13554	13439	316	311	9785
会议及展览服务	564	5878	254220	250710	5914	5892	609652
其他未列明商务服务业	790	6252	82327	81408	1954	2138	333054
社会人文科学研究	15	171	973	973	21	21	2962
工程勘察设计	1246	21052	634196	627650	13424	13206	852799
专业化设计服务	1024	11784	208514	204596	6858	6820	444000
摄影扩印服务	272	2289	20502	20265	469	456	16246
野生动植物保护	5	153	10973	10854	369	369	23788
公园管理	32	612	8393	8134	355	322	36924
游览景区管理	553	13408	181953	162275	6625	5917	1743530
文化艺术培训	87	696	3988	3677	79	78	5894
其他未列明教育	43	357	2221	2208	76	76	3329
新闻业	9	148	2827	2827	59	59	7873
图书出版	23	674	52856	47111	539	273	244536
报纸出版	34	5010	128221	123746	3250	3243	239865
期刊出版	25	367	10025	9691	138	129	11219
音像制品、电子出版物及其他出版	13	206	5357	4924	67	67	8674
广播	8	2600	92450	91672	3360	3360	157513
电视	16	780	32388	31534	1026	1025	81132
电影和影视节目制作	107	2324	49851	48617	1130	1130	233689
电影和影视节目发行	22	366	15115	14048	578	509	23084
电影放映	136	3027	90629	79878	4232	3683	158104
录音制作	17	76	434	434	42	42	1208
文艺创作与表演	216	5309	42185	41865	808	771	156639
艺术表演场馆、图书馆和档案馆	20	331	3583	3539	127	125	2854
文物及非物质文化遗产保护	25	445	8789	8707	909	903	658397
博物馆、烈士陵园、纪念馆	18	109	1576	1576	34	34	13474
群众文化活动	38	312	2880	2869	154	149	6294
其他文化艺术业	214	1516	21700	20781	751	647	79143
歌舞厅娱乐活动	799	22179	326098	320845	22081	21448	273827
电子游艺厅娱乐活动	70	570	7760	7708	379	317	24230
网吧活动	1574	7632	108434	105964	3518	3418	92327
其他室内娱乐活动	72	1857	22524	21894	1222	1212	34264
游乐园	51	2373	29749	29111	1309	921	340667
文化娱乐经纪人	18	114	1455	1455	22	22	2651
其他文化艺术经纪代理	49	404	5812	5792	103	102	15816
其他娱乐业	58	672	7352	7238	272	270	34463
专业性团体(的服务)	24	160	751	749	66	66	539

3-A-06 按类别分文化事业(其他)单位基本情况

类 别	事业(其他)单位数(个)	年末从业人员(人)	支出(费用)(万元)	年末资产(万元)
总 计	**5804**	**69363**	**717682**	**1502161**
有线、无线广播电视及卫星传输服务	181	2370	24869	83299
互联网信息服务	32	289	4543	67382
软件开发	6	36	235	827
广告业	72	401	2058	2684
知识产权服务	10	52	2350	757
会议及展览服务	40	402	12633	29657
其他未列明商务服务业	11	84	93	238
社会人文科学研究	182	2206	39048	46810
工程勘察设计	35	472	5960	4476
专业化设计服务	16	172	3325	3622
摄影扩印服务	6	32	17	10
野生动植物保护	10	112	3205	3268
公园管理	84	3306	54888	111520
游览景区管理	133	2830	37137	138109
文化艺术培训	172	1340	8207	10972
其他未列明教育	43	439	3182	1814
新闻业	80	640	6202	3722
图书、报纸、期刊音像制品及其他出版	85	1921	46394	70224
广播	29	593	8267	9694
电视	73	4074	94545	212511
电影和影视节目制作与发行	19	231	3389	9106
电影放映、录音制作与音像制品出租	60	660	7006	15977
文艺创作与表演	252	6047	40269	109397
艺术表演场馆	21	588	7795	30659
图书馆	98	1531	26225	77344
档案馆	134	1012	23755	20464
文物及非物质文化遗产保护	151	1247	10593	37201
博物馆	141	2121	59291	77047
烈士陵园、纪念馆	43	311	5011	20709
群众文化活动	501	4084	70263	160609
其他文化艺术业	127	1136	7142	7485
歌舞厅、电子游艺厅娱乐活动	133	2639	237	247
网吧活动	600	2753	1309	1676
其他室内娱乐活动	44	338	531	582
游乐园	13	87	891	8
文化娱乐经纪人与其他文化艺术经纪代理	7	29	182	141
其他娱乐业	19	217	108	514
专业性团体(的服务)	2141	22561	96525	131401

B.文化制造业

3-B-01 按类别分文化制造业企业主要指标

类别	企业单位数（个）	年末从业人员（人）	营业收入（万元）	#主营业务收入	营业税金及附加（万元）	#主营业务税金及附加	资产总计（万元）	实收资本（万元）
总计	**8283**	**459191**	**20946836**	**20810318**	**164922**	**160048**	**12916118**	**1924428**
机制纸及纸板制造	38	9418	904135	878650	3257	3252	975899	2107
手工纸制造	13	330	20697	20697	328	328	12308	19650
书、报刊印刷	143	8158	412542	408696	3182	3004	280041	22722
本册印制	51	1841	61767	61760	243	242	42926	5478
包装装潢及其他印刷	1533	54003	2273165	2233327	22466	19966	1759895	331523
装订及印刷相关服务	125	2021	44540	44330	959	906	41499	18722
记录媒介复制	6	283	14157	14157	19	19	34487	9055
文具、笔、墨水、墨汁制造	159	8063	394303	393381	6809	6713	196497	42038
中乐器、西乐器、电子乐器或其他乐器及零件制造	39	2154	35124	34975	836	836	37245	5900
雕塑工艺品制造	2325	75500	3415716	3407145	39791	39532	2086349	581736
金属工艺品制造	484	36684	1200262	1198590	13550	12600	565653	90881
漆器工艺品制造	153	15009	985823	983781	6121	5811	500170	23688
花画工艺品制造	89	4003	129659	129175	833	832	75719	17137
天然植物纤维编织工艺品制造	263	16031	514840	513950	4821	4736	243080	44725
抽纱刺绣工艺品制造	96	2464	30484	30443	954	947	41515	25954
地毯、挂毯制造	10	1511	127263	127169	233	232	72462	1191
珠宝首饰及有关物品制造	237	9103	1700982	1687495	7255	7212	704541	62266
其他工艺美术品制造	1054	68990	2188058	2180958	18193	17991	1040605	231516
玩具制造	243	21542	611652	600915	5267	5253	482806	77309
露天游乐场所游乐设备、游艺用品及室内游艺器材及其他娱乐用品制造	21	1189	30458	30456	280	280	14443	5741
油墨及类似产品制造	52	1724	129040	128867	1327	1309	80060	7249
颜料制造	12	765	113903	113866	313	310	53873	1895
信息化学品制造	9	1083	350576	345871	778	768	377099	3513
焰火、鞭炮产品制造	10	108	13049	12928	38	31	2738	1564
园林、陈设艺术及其他陶瓷制品制造	864	62519	1168048	1166110	17378	17309	439156	108712
幻灯及投影设备制造	3	992	132303	132303	608	608	67511	1566
照相机及器材制造	18	12712	365931	363054	1442	1434	408707	10456
复印和胶印设备制造	12	1493	76136	75509	387	372	69138	35830
印刷专用设备制造	45	2152	85484	85060	591	573	105197	13080
照明灯具制造	34	3815	205419	204116	1330	1311	111158	6470
广播电视节目制作及发射设备制造	6	61	836	836	15	15	928	851
广播电视接收设备及器材制造	32	9938	532676	532676	1779	1779	328931	5757
应用电视设备及其他广播电视设备制造	19	1272	38059	37949	192	192	60545	12508
电视机制造	21	10306	1673557	1670272	1226	1225	782826	65665
音响设备制造	36	4810	170795	170374	677	677	95235	6647
影视录放设备制造	17	5533	701419	696501	1407	1407	697134	22356
其他电子设备制造	11	1611	93976	93976	37	37	27745	970

3-B-02 分设区市文化制造业企业主要指标

地区	企业单位数(个)	年末从业人员(人)	营业收入(万元)	#主营业务收入	营业税金及附加(万元)	#主营业务税金及附加	资产总计(万元)	实收资本(万元)
全省	**8283**	**459191**	**20946836**	**20810318**	**164922**	**160048**	**12916118**	**1924428**
福州市	1291	76428	2745003	2715294	28770	26153	1869853	351423
#平潭	8	65	378	378	9	9	550	511
厦门市	856	54168	3139274	3092193	8507	8279	2323236	211897
莆田市	1457	43534	3339494	3331770	23736	23341	1594201	343359
三明市	192	12893	833372	833226	4408	4400	404373	28526
泉州市	3098	192469	6987433	6956713	75807	74736	3704088	586536
漳州市	699	36435	2015836	2005365	10431	10124	1736928	219918
南平市	351	24743	1085168	1082222	8256	8034	838340	114685
龙岩市	145	8618	239221	236853	1600	1591	217517	45795
宁德市	194	9903	562036	556682	3406	3390	227583	22289

3-B-03 规模以上文化制造业企业基本情况

分组	企业单位数(个)	年末从业人员(人)	资产总计(万元)	营业收入(万元)	#主营业务收入	营业税金及附加(万元)
总计	**1152**	**307260**	**9487400**	**17832951**	**17731877**	**101732**
按企业规模分组						
大型	28	71863	2459818	4124927	4103991	9921
中型	234	131917	3360458	6191716	6162926	36433
小型	870	103326	3625570	7423622	7372298	54090
微型	20	154	41554	92686	92662	1288
按登记注册类型分组						
内资企业	867	180750	4956117	10361805	10313241	74035
国有企业	2	294	6933	10108	9864	44
集体企业	2	666	1342	19043	19043	77
股份合作企业	8	1385	41107	61227	61227	747
联营企业	3	1041	19750	88396	88396	102
有限责任公司	291	47812	1639679	3349182	3338525	22461
股份有限公司	12	4401	558821	321745	318857	1596
私营公司	545	124016	2659018	6462475	6427701	48697
其他企业	4	1135	29467	49629	49629	312
港、澳、台商投资企业	183	67722	2445663	4931901	4919769	15418
外商投资企业	102	58788	2085621	2539246	2498867	12279
按企业控股情况分组						
国有控股	15	4335	414675	255268	250941	683
集体控股	8	2486	52096	88644	87813	741
私人控股	815	180478	4478061	9996526	9959237	72746
港澳台商控股	165	63218	2321699	4687988	4676638	14192
外商控股	92	47014	1928203	2286824	2247357	10713
其他	57	9729	292666	517701	509891	2658

3-B-03　续表

分　组	#主营业务	营业利润（万元）	应　交增值税（万元）	工业总产值（当年价格）（万元）	工业销售产值（当年价格）（万元）	#出口交货值
总　计	**98008**	**1348409**	**441725**	**18252342**	**17731899**	**7306236**
按企业规模分组						
大型	9913	182573	103798	4214849	4091718	2776049
中型	35127	678277	194940	6462883	6164636	2613850
小型	51681	483495	141492	7484159	7384101	1885771
微型	1288	4064	1495	90452	91445	30568
按登记注册类型分组						
内资企业	70426	824781	244759	10486915	10315664	2668480
国有企业	44	-90	396	9847	9700	
集体企业	77	1012	684	19293	19043	
股份合作企业	747	3220	23	61325	61227	45575
联营企业	102	21660	693	88729	88396	81337
有限责任公司	21859	324884	74381	3400731	3346126	393428
股份有限公司	1596	21850	5469	342176	327535	5166
私营公司	45691	447238	162585	6513250	6413440	2114173
其他企业	312	5008	528	51565	50198	28801
港、澳、台商投资企业	15312	353243	138442	5023665	4897302	2952997
外商投资企业	12270	170385	58525	2741762	2518934	1684759
按企业控股情况分组						
国有控股	595	12685	4020	259747	255249	373
集体控股	649	12547	5990	90945	90074	9994
私人控股	69391	784285	243180	10132217	9949345	2664582
港澳台商控股	14172	322187	129780	4766918	4653520	2881306
外商控股	10704	155086	48055	2482375	2268042	1573018
其他	2497	61619	10699	520141	515669	176964

3-B-04 按类别分规模以上文化制造业企业基本情况

类别	企业单位数(个)	#亏损企业	年末从业人员(人)	#女性	资产总计(万元)	营业收入(万元)	营业成本(万元)	营业税金及附加(万元)	利润总额(万元)
总计	**1152**	**68**	**307260**	**143256**	**9487400**	**17832951**	**15266631**	**101732**	**1268828**
雕塑工艺品制造	265	6	40907	14091	1128247	2379236	2018447	22488	168805
金属工艺品制造	81	3	26955	10562	393727	1007578	786785	10065	125553
漆器工艺品制造	61		13065	5432	458680	948072	804662	5520	69173
花画工艺品制造	13	4	2095	1303	45675	98553	83726	383	3856
天然植物纤维编织工艺品制造	46		10112	5022	161534	421152	341761	2553	37124
地毯、挂毯制造	4	2	1376	900	71179	124959	110046	201	13013
珠宝首饰及有关物品制造	48		6208	3406	556954	1599129	1458414	6617	88828
其他工艺美术品制造	138	3	45304	23043	614975	1829898	1508873	10397	138528
陈设艺术陶瓷制品制造	68	1	41565	22370	189996	878939	749868	7906	47810
印刷和记录媒介复制	210	28	35546	14989	1428620	2154804	1832173	13821	168959
文具制造	18		3686	2194	105594	274039	237590	4668	11903
笔的制造	7		1330	633	26129	64238	57295	369	1829
乐器制造	5	2	1436	765	27942	22515	19524	167	416
玩具制造	52	6	16188	9916	345104	526343	466640	2726	18661
游艺用品及室内游艺器材及其他娱乐用品制造	5		482	248	7521	24593	19098	138	1472
电视机制造	8	3	9862	3768	659673	1670198	1591817	1197	30491
音响设备制造	8	4	3808	2657	77286	159080	140560	587	3704
影视录放设备制造	10		5337	2587	663827	697509	534639	1333	90259
文化用纸的制造	28		9163	3906	971453	898581	774552	3238	120287
手工纸制造	3	1	118	58	7347	16157	12326	174	294
油墨及类似产品制造	17		1137	320	64468	113655	95187	1052	8282
文化用油墨颜料的制造	4	1	595	153	50802	109683	93885	264	9430
文化用化学品的制造	4		1037	367	371604	349426	311191	656	23100
装饰用灯和影视舞台灯制造	11		3144	1621	97419	190979	152218	1102	14814
电子快译通、电子记事本、电子词典等电子设备制造	2		1172	670	25065	87390	81790	17	4177
印刷专用、广播电视设备制造	23	1	11005	6401	441793	618707	491268	1939	52584
文化、办公用机械制造	13	3	14627	5874	494788	567540	492297	2155	15479

3-B-05　分设区市规模以上文化制造业企业基本情况

地　区	企　业单位数（个）	#亏损企业	年末从业人　员（人）	#女性	资产总计（万元）	营业收入（万元）	营业成本（万元）	营业税金及附加（万元）	利润总额（万元）
全　省	**1152**	**68**	**307260**	**143256**	**9487400**	**17832951**	**15266631**	**101732**	**1268828**
福州市	157	11	50491	24744	1272922	2284917	1940297	17963	120447
#平潭									
厦门市	86	33	37206	15983	1933447	2830972	2598620	5632	73904
莆田市	227	3	27516	12168	940719	2616461	2223839	17209	218156
三明市	63	1	10507	4291	325712	790207	706663	3322	35646
泉州市	355	6	125717	59316	2677425	5814398	4860803	42294	480001
漳州市	102	11	24855	12815	1357332	1791710	1469480	6186	218055
南平市	87	2	18767	7207	678260	1015970	889236	6348	61485
龙岩市	25	1	4987	3340	125773	179355	152916	764	12760
宁德市	50		7214	3392	175811	508962	424778	2016	48373

3-B-06 按类别分规模以上文化

类别	企业单位数(个)	固定资产原价	本年折旧	主营业务收入
总计	**1152**	**3634209**	**278572**	**17731877**
雕塑工艺品制造	265	370504	30639	2378474
金属工艺品制造	81	175503	10182	1007132
漆器工艺品制造	61	87857	4722	947779
花画工艺品制造	13	25184	1992	98319
天然植物纤维编织工艺品制造	46	61164	2958	421120
地毯、挂毯制造	4	41475	4362	124866
珠宝首饰及有关物品制造	48	87630	5343	1587588
其他工艺美术品制造	138	230591	15728	1829118
陈设艺术陶瓷制品制造	68	97267	2720	878939
印刷和记录媒介复制业	210	658507	49686	2120278
文具制造	18	35186	2279	273300
笔的制造	7	13568	771	64203
乐器制造	5	17397	853	22444
玩具制造	52	171080	8391	516741
游艺器材及娱乐用品制造	5	2716	153	24593
电视机制造	8	126790	26284	1666938
音响设备制造	8	44943	3357	158729
影视录放设备制造	10	76100	4977	692591
文化用纸及手工纸制造	31	733079	48717	889640
文化用油墨颜料化学品的制造	25	126905	8315	567956
装饰用灯和影视舞台灯及文化用电子设备制造	13	37883	2968	278368
印刷专用设备制造	7	45458	4599	64539
广播电视设备制造	16	78324	8931	553828
文化、办公用机械制造	13	289100	29648	564396

3-B-07 分设区市规模以上

地区	企业单位数(个)	固定资产原价	本年折旧	主营业务收入	主营业务成本
全省	**1152**	**3634209**	**278572**	**17731877**	**15162901**
福州市	157	464005	26149	2260587	1907931
#平潭					
厦门市	86	749962	75824	2787235	2563742
莆田市	227	207691	16651	2615821	2220767
三明市	63	185466	17625	790140	706663
泉州市	355	1072889	77713	5791305	4836183
漳州市	102	326858	27383	1785447	1465412
南平市	87	526628	28082	1013744	886493
龙岩市	25	46488	3591	178691	150954
宁德市	50	54221	5556	508906	424756

制造业企业主要财务指标

单位：万元

主营业务成本	主营业务税金及附加	营业利润	应付职工薪酬	应交增值税	工业总产值(当年价格)	工业销售产值(当年价格)	#出口交货值
15162901	**98008**	**1348409**	**1395476**	**441725**	**18252342**	**17731899**	**7306236**
2015034	22395	169337	170762	50665	2425355	2365930	422109
786546	9131	124541	117887	34806	1029462	1020806	419733
803406	5216	88158	88033	16302	969555	944346	162506
83686	383	3896	8777	3593	99653	98750	56059
341761	2551	39732	44955	11071	427745	419733	172023
110046	201	12962	8192	1891	127749	127645	90680
1452510	6598	124856	30414	14827	1590366	1587538	575425
1507298	10365	157217	194326	50366	1847433	1823710	1438112
749868	7901	47729	179799	30448	887037	871808	730093
1797227	11549	167490	144052	67152	2159965	2127614	114854
236943	4668	36280	12038	3359	278660	274672	81660
57273	369	1832	6249	1475	66421	64310	183
19473	167	302	4752	687	23476	22358	13909
455581	2723	18147	61537	15394	561219	517503	348394
19098	138	1542	1423	1103	25060	24508	1217
1589001	1197	15702	56525	5745	1692795	1679759	1263713
140377	587	3413	20617	2997	158720	158396	131321
531590	1333	91672	26577	55595	720149	683651	504951
762284	3408	118855	40097	33095	1050364	894212	32662
500228	1955	34658	16525	5615	589687	577563	125322
234008	1100	18843	20070	8968	280737	278210	17384
53134	131	5082	5247	1456	65853	64702	366
426215	1796	52987	54187	16797	558636	529744	138355
490314	2146	13176	82436	8321	616248	574433	465204

文化制造业企业主要财务指标

单位：万元

主营业务税金及附加	营业利润	应付职工薪酬	应交增值税	工业总产值(当年价格)	工业销售产值(当年价格)	#出口交货值
98008	**1348409**	**1395476**	**441725**	**18252342**	**17731899**	**7306236**
15500	124730	244024	70841	2366584	2273632	1219530
5463	48529	203652	21160	2823108	2795688	1889969
16905	315986	157239	46663	2643856	2616714	413816
3322	38476	31188	18911	817750	788330	26305
41606	478336	537415	138068	6031713	5772436	2905874
6183	217298	99052	103119	1820457	1774500	651550
6251	63613	79880	29909	1050597	1019431	90190
764	13429	15609	3786	182832	179850	45392
2015	48013	27418	9269	515445	511320	63611

3-B-08 规模以上文化制造业企业科技活动情况

分组	有R&D活动企业（个）	R&D人员全时当量（人年）	R&D经费内部支出（万元）	R&D项目数（个）	新产品项目数（个）	开发新产品经费（万元）	新产品销售收入（万元）	#出口	专利申请（件）	#发明专利	有效发明专利（件）
总计	**103**	**3747**	**132151**	**443**	**423**	**132216**	**2679174**	**1544936**	**1204**	**203**	**316**
按企业规模分组											
大型	14	1966	70364	193	224	78542	1919439	1354136	880	119	100
中型	46	1378	53647	153	125	47780	680893	178034	285	72	208
小型	43	403	8140	97	74	5895	78842	12765	39	12	8
微型											
按设区市分组											
福州市	26	635	24338	68	68	24707	312034	104170	95	43	180
#平潭											
厦门市	9	1238	42469	86	103	50797	1492003	1078692	217	116	79
莆田市	10	246	13657	101	108	18671	195931	10747	672	3	5
三明市	7	149	5080	16	15	5246	25566	9737	3		7
泉州市	26	509	17724	53	36	9993	194771	46957	38	8	9
漳州市	10	810	24730	82	63	20080	419731	281281	161	20	29
南平市	6	64	1334	21	19	1113	19342	11054	18	13	7
龙岩市	6	69	2253	6	3	1134	1008				
宁德市	3	27	568	10	8	477	18787	2300			

3-B-09　规模以下文化制造业企业主要财务指标

分　组	单位数（个）	从业人员（人）	#女性	主营业务收入（万元）	主营业务税金及附加（万元）	资产总计（万元）	实收资本（万元）
总　计	**7131**	**151931**	**70745**	**3078441**	**62040**	**3428718**	**1924428**
按登记注册类型分组							
内资企业	6760	136049	61690	2862261	57991	2917637	1580260
国有企业	23	623	263	18842	194	21724	7179
集体企业	119	1980	1055	28039	714	17287	6748
股份合作企业	42	943	437	14383	286	11372	6590
联营企业	8	171	118	1971	50	903	525
有限责任公司	1396	27037	11672	687410	12179	821195	466788
股份有限公司	98	2312	1157	45882	1497	44916	27162
私营公司	4599	95343	43154	1934723	39980	1892323	1004788
其他企业	475	7640	3834	131010	3092	107917	60479
港、澳、台商投资企业	253	10626	6060	142435	2758	347440	240555
外商投资企业	118	5256	2995	73746	1291	163642	103614
按企业控股情况分组							
国有控股	30	758	320	21641	316	26910	12359
集体控股	134	2354	1252	31791	829	21430	9207
私人控股	6155	126524	57394	2675957	53672	2745830	1528251
港澳台商控股	215	9234	5389	122038	2406	335682	189615
外商控股	95	3564	1993	56323	994	127567	77129
其他	502	9497	4397	170691	3825	171300	107868

3-B-10　分设区市规模以下文化制造业企业主要财务指标

地　区	企业单位数（个）	年末从业人员（人）	#女性	营业收入（万元）	#主营业务收入	营业税金及附加（万元）	#主营业务税金及附加	资产总计（万元）	实收资本（万元）
全　省	**7131**	**151931**	**70745**	**3113884**	**3078441**	**63190**	**62040**	**3428718**	**1924428**
福州市	1134	25937	12645	460085	454707	10807	10653	596931	351423
#平潭	8	65	37	378	378	9	9	550	511
厦门市	770	16962	7918	308302	304958	2876	2816	389790	211897
莆田市	1230	16018	6181	723032	715949	6528	6436	653482	343359
三明市	129	2386	990	43166	43086	1086	1078	78661	28526
泉州市	2743	66752	30926	1173035	1165408	33513	33131	1026663	586536
漳州市	597	11580	5524	224127	219918	4245	3942	379596	219918
南平市	264	5976	3392	69198	68477	1909	1782	160079	114685
龙岩市	120	3631	1985	59866	58162	836	827	91744	45795
宁德市	144	2689	1184	53074	47777	1390	1375	51772	22289

3-B-11 按类别分规模以下文化制造业企业主要财务指标

类　别	企　业 单位数 (个)	年末从业 人　员 (人)		主营业务 收　入 (万元)	主营业务 税金及附加 (万元)	资产总计 (万元)	实收资本 (万元)
			#女性				
总　计	**7131**	**151931**	**70745**	**3078441**	**62040**	**3428718**	**1924428**
雕塑工艺品制造	2060	34593	12400	1028671	17137	958102	581736
金属工艺品制造	403	9729	4223	191458	3469	171927	90881
漆器工艺品制造	92	1944	972	36002	594	41490	23688
花画工艺品制造	76	1908	1291	30856	449	30044	17137
天然植物纤维编织工艺品制造	217	5919	3140	92831	2185	81547	44725
抽纱刺绣工艺品制造	96	2464	1543	30443	947	41515	25954
地毯、挂毯制造	6	135	74	2304	32	1282	1191
珠宝首饰及有关物品制造	189	2895	1485	99907	614	147587	62266
其他工艺美术品制造	916	23686	12046	351840	7626	425630	231516
陈设艺术陶瓷制品制造	796	20954	11179	287171	9407	249160	108712
书、报刊印刷	109	2355	1046	48528	728	50020	22722
本册印制	49	525	293	8287	140	9373	5478
包装装潢及其他印刷	1361	25769	11024	539072	10811	616360	331523
装订及印刷相关服务	124	1969	924	42934	893	39279	18722
记录媒介复制	5	142	33	3171	16	15198	9055
文教办公用品制造	134	3047	1724	55879	1676	64774	42038
乐器制造	34	718	395	12532	669	9303	5900
玩具制造	191	5354	3248	84174	2530	137703	77309
游艺器材及娱乐用品制造	16	707	507	5863	142	6922	5741
电视机制造	13	444	154	3334	28	123153	65665
音响设备制造	28	1002	552	11645	90	17949	6647
影视录放设备制造	7	196	101	3910	74	33307	22356
焰火、鞭炮产品制造	10	108	47	12928	31	2738	1564
文化用纸的制造	10	255	137	5167	19	4446	2107
手工纸制造	10	212	81	4541	155	4960	19650
油墨及类似产品制造	35	587	237	15293	275	15593	7249
文化用油墨颜料的制造	8	170	61	4204	47	3071	1895
文化用化学品的制造	5	46	15	1150	112	5495	3513
装饰用灯和影视舞台灯制造	23	671	314	13137	228	13739	6470
电子快译通、电子记事本、电子词典等电子设备制造	9	439	181	6586	20	2681	970
印刷专用设备制造	38	962	338	20521	442	24584	13080
广播电视节目制作及发射设备制造	6	61	29	836	15	928	851
广播电视接收设备及器材制造	18	684	347	7447	88	14022	5757
应用电视设备及其他广播电视设备制造	17	711	368	9350	86	14272	12508
文化、办公用机械制造	20	570	236	6470	268	50567	47852

C.文化批发和零售业

3-C-01　按类别分文化批发和零售业企业主要指标

类　别	企　业单位数(个)	年　末从业人员(人)	营业收入(万元)	#主营业务收入	营业税金及附加(万元)	#主营业务税金及附加	资产总计(万元)	实收资本(万元)
总　计	**4979**	**45142**	**4258850**	**4229544**	**35352**	**33665**	**3618449**	**1078048**
家用电器批发	164	2294	314839	314024	1136	1122	124255	30510
文具用品批发	713	5310	640534	639257	3287	3240	548767	139128
图书批发	80	1392	89062	85484	933	698	187475	21858
报刊批发	12	253	2148	2148	53	53	4239	2099
音像制品及电子出版物批发	29	309	7568	7498	106	105	13705	9510
首饰、工艺品及收藏品批发	1383	12662	1055317	1048093	7414	7239	1142369	418891
其他文化用品批发	306	2638	244502	243892	1228	1194	179903	63785
电气设备批发	5	30	2506	2506	7	7	2039	612
通讯及广播电视设备批发	72	627	29085	28950	436	428	15364	12674
贸易代理	61	677	164691	163123	536	535	81853	16241
拍卖	45	376	8791	8787	315	311	25426	20234
文具用品零售	378	2250	84660	84478	1257	1242	76874	36514
图书、报刊零售	137	2281	353818	342780	2363	1386	468711	18840
音像制品及电子出版物零售	26	208	11465	11433	158	158	11422	3251
珠宝首饰零售	373	3595	297031	296668	5572	5557	234285	96691
工艺美术品及收藏品零售	705	5625	709362	707986	7961	7851	304540	127144
乐器零售	67	525	18422	18071	207	188	16728	4972
照相器材零售	34	213	11362	11280	53	53	15803	7053
其他文化用品零售	102	743	27063	26790	326	311	37076	14228
家用视听设备零售	287	3134	186624	186295	2004	1987	127613	33812

3-C-02　分设区市文化批发和零售业企业主要指标

地　区	企　业单位数(个)	年　末从业人员(人)	营业收入(万元)	#主营业务收入	营业税金及附加(万元)	#主营业务税金及附加	资产总计(万元)	实收资本(万元)
全　省	**4979**	**45142**	**4258850**	**4229544**	**35352**	**33665**	**3618449**	**1078048**
福州市	1217	13651	1683254	1665113	15098	13718	1501852	301477
#平潭	36	244	2594	2593	12	12	6845	5923
厦门市	1507	12536	1015329	1012100	4192	4132	820425	280391
莆田市	559	4517	531187	525158	4752	4689	486573	215299
三明市	159	1286	72084	71808	1225	1171	69526	29336
泉州市	712	5807	549923	549454	5748	5693	421634	133127
漳州市	397	2907	195837	195216	1783	1754	152082	51186
南平市	99	926	32333	32307	429	428	26123	13896
龙岩市	139	1524	100093	99741	1432	1389	52081	21539
宁德市	190	1988	78810	78645	692	690	88153	31797

3-C-03 限额以上文化批发和零售业企业基本情况

分组	企业单位数(个)	年末从业人员(人)	资产总计(万元)	营业收入(万元)	#主营业务收入	主营业务税金及附加(万元)	应交增值税(万元)
总计	**279**	**10837**	**1429106**	**2600025**	**2585128**	**15249**	**27318**
按登记注册类型分组							
内资企业	272	9924	1355030	2399393	2384495	15020	25084
#有限责任公司	94	3678	697884	835243	822093	4898	13323
私营公司	163	5436	602935	1389512	1388270	9784	11119
港、澳、台商投资企业	3	525	34039	104901	104901	86	1782
外商投资企业	4	388	40038	95732	95732	142	451
按企业控股情况分组							
#国有控股	14	1635	514927	468183	455460	1094	6499
私人控股	230	7432	781925	1825047	1823131	13497	17090
外商控股	5	424	42047	98247	98247	155	550
其他	24	669	78884	100310	100117	301	1983

3-C-04 按类别分限额以上文化批发和零售业企业基本情况

类别	企业单位数(个)	年末从业人员(人)	资产总计(万元)	营业收入(万元)	#主营业务收入	主营业务税金及附加(万元)	营业利润(万元)	应交增值税(万元)
总计	**279**	**10837**	**1429106**	**2600025**	**2585128**	**15249**	**102422**	**27318**
批发业	115	5158	710831	1401870	1398272	3798	28517	8954
#首饰、工艺品及收藏品批发	45	2221	200233	499421	499305	2518	16127	3999
文具用品批发	29	512	179707	317053	316633	592	3043	1582
其他文化用品批发	17	620	82649	171398	171142	162	3429	971
零售业	164	5679	718275	1198155	1186855	11452	73905	18364
#工艺美术品及收藏品零售	47	1423	94211	534563	534487	5936	49538	4729
文具用品零售	14	254	30637	27714	27638	161	890	655
家用视听设备零售	43	1357	70468	110097	109967	490	3212	1316
珠宝首饰零售	39	1297	74767	190949	190943	3934	6593	5681

3-C-05　分设区市限额以上文化批发和零售业企业基本情况

地　区	企　业单位数（个）	年末从业人　员（人）	资产总计（万元）	营业收入（万元）	#主营业务收入	营业税金及附加（万元）	#主营业务税金及附加	营业利润（万元）	应　交增值税（万元）
全　省	**279**	**10837**	**1429106**	**2600025**	**2585128**	**16439**	**15249**	**102422**	**27318**
福州市	74	4165	796399	1312067	1298931	9392	8306	66479	18722
#平潭									
厦门市	43	2986	260244	607818	606374	2626	2626	1940	4097
莆田市	34	547	47431	144888	144849	1569	1536	14802	678
三明市	11	255	20530	40062	40061	449	396	2877	402
泉州市	41	864	192385	291150	291032	1199	1195	6731	1232
漳州市	23	569	35086	79109	78982	300	286	4381	782
南平市	7	288	5115	16858	16858	237	237	429	197
龙岩市	33	623	18991	56244	56244	551	551	3716	466
宁德市	13	540	52926	51829	51797	117	117	1068	742

3-C-06　按类别分限额以上文化批发和零售业企业主要财务指标

单位：万元

类　别	企　业单位数（个）	固定资产原价	本年折旧	主营业务收入	主营业务成本	主营业务税金及附加	营业利润	营业外收　入	#补贴收入	应付职工薪酬	应　交增值税
总　计	**279**	**197758**	**9447**	**2585128**	**2254997**	**15249**	**102422**	**3841**	**1657**	**77934**	**27318**
批发业	115	63267	2509	1398272	1294866	3798	28517	2570	1490	31082	8954
#首饰、工艺品及收藏品批发	45	35299	1033	499305	451177	2518	16127	1016	421	11552	3999
文具用品批发	29	6382	366	316633	300808	592	3043	14	4	2484	1582
其他文化用品批发	17	4053	654	171142	158067	162	3429	318	307	3353	971
零售业	164	134492	6938	1186855	960130	11452	73905	1271	167	46852	18364
#工艺美术品及收藏品零售	47	14703	3311	534487	403908	5936	49538	19	18	4526	4729
文具用品零售	14	1701	68	27638	25027	161	890	6	1	980	655
家用视听设备零售	43	5729	244	109967	96779	490	3212	168	142	4545	1316
珠宝首饰零售	39	4384	392	190943	166273	3934	6593	5	1	4877	5681

3-C-07 分设区市限额以上文化批发和零售业企业主要财务指标

单位：万元

地区	企业单位数(个)	固定资产原价	本年折旧	主营业务收入	主营业务成本	主营业务税金及附加	营业利润	营业外收入	#补贴收入	应付职工薪酬	应交增值税
全省	**279**	**197758**	**9447**	**2585128**	**2254997**	**15249**	**102422**	**3841**	**1657**	**77934**	**27318**
福州市	74	124928	6410	1298931	1085860	8306	66479	1784	241	49136	18722
#平潭											
厦门市	43	30706	1487	606374	562812	2626	1940	1554	947	16151	4097
莆田市	34	3286	237	144849	123863	1536	14802	2	2	1957	678
三明市	11	1581	147	40061	33509	396	2877	127	127	758	402
泉州市	41	24895	679	291032	268708	1195	6731	306	303	3548	1232
漳州市	23	3374	176	78982	71480	286	4381	12	11	1884	782
南平市	7	1205	60	16858	14440	237	429			829	197
龙岩市	33	3312	106	56244	47116	551	3716	56	26	1894	466
宁德市	13	4471	145	51797	47208	117	1068	1		1777	742

3-C-08 限额以下文化批发和零售业企业主要财务指标

分组	企业单位数(个)	年末从业人员(人)	#女性	营业收入(万元)	#主营业务收入	主营业务税金及附加(万元)	资产总计(万元)	实收资本(万元)
总计	**4700**	**34305**	**16396**	**1658825**	**1644416**	**18416**	**2189343**	**1078048**
按登记注册类型分组								
内资企业	4642	33547	15943	1637851	1624209	18210	2147364	1038914
国有企业	51	708	338	37277	36817	335	57328	24551
集体企业	57	428	208	12971	12754	188	19463	4967
股份合作企业	21	206	110	9607	9384	122	5870	6075
联营企业	9	38	13	547	547	4	521	365
有限责任公司	1148	8893	4000	518787	509943	4960	813422	348266
股份有限公司	58	538	274	19907	19893	431	46031	25162
私营公司	3086	21543	10418	993686	989860	11548	1151628	598380
其他企业	212	1193	582	45067	45011	623	53101	31148
港、澳、台商投资企业	43	525	330	14876	14108	194	28913	27016
外商投资企业	15	233	123	6099	6099	12	13066	12119
按企业控股情况分组								
国有控股	70	942	443	71937	69660	614	90027	48169
集体控股	73	562	259	19546	19319	219	22311	7033
私人控股	4125	29255	13867	1445229	1433657	15854	1878454	897896
港澳台商控股	36	331	198	10935	10925	55	21277	21850
外商控股	12	128	74	6124	6124	8	9622	8015
其他	384	3087	1555	105054	104731	1666	167653	95085

3-C-09　按类别分限额以下文化批发和零售业企业主要财务指标

类　别	企　业单位数（个）	年　末从业人员（人）	#女性	营业收入（万元）	#主营业务收入	主营业务税金及附加（万元）	资产总计（万元）	实收资本（万元）
总　计	**4700**	**34305**	**16396**	**1658825**	**1644416**	**18416**	**2189343**	**1078048**
批发业	**2755**	**21410**	**9958**	**1157173**	**1145489**	**11135**	**1614565**	**735542**
#首饰、工艺品及收藏品批发	1338	10441	5175	555896	548789	4722	942136	418891
文具用品批发	684	4798	2126	323481	322624	2648	369060	139129
其他文化用品批发	289	2018	826	73104	72750	1032	97254	63785
零售业	**1945**	**12895**	**6438**	**501653**	**498927**	**7281**	**574778**	**342506**
#工艺美术品及收藏品零售	658	4202	1882	174799	173499	1915	210330	127144
文具用品零售	364	1996	934	56946	56840	1081	46237	36514
珠宝首饰零售	334	2298	1491	106082	105725	1623	159518	96691
家用视听设备零售	244	1777	746	76528	76328	1498	57146	33812

3-C-10　分设区市限额以下文化批发和零售业企业主要财务指标

地　区	企　业单位数（个）	年　末从业人员（人）	#女性	营业收入（万元）	#主营业务收入	营业税金及附加（万元）	#主营业务税金及附加	资产总计（万元）	实收资本（万元）
全　省	**4700**	**34305**	**16396**	**1658825**	**1644416**	**18913**	**18416**	**2189343**	**1078048**
福州市	1143	9486	4479	371187	366182	5707	5413	705453	301478
#平潭	36	244	133	2594	2593	12	12	6845	5923
厦门市	1464	9550	4864	407511	405726	1566	1506	560182	280391
莆田市	525	3970	1723	386299	380309	3183	3153	439142	215299
三明市	148	1031	517	32022	31748	776	776	48996	29336
泉州市	671	4943	2366	258773	258423	4549	4498	229249	133127
漳州市	374	2338	1029	116728	116234	1484	1468	116996	51186
南平市	92	638	334	15476	15450	191	191	21008	13896
龙岩市	106	901	498	43849	43498	882	838	33091	21539
宁德市	177	1448	586	26981	26848	575	573	35227	31797

D.文化服务业

3-D-01 按类别分文化服务业单位主要指标

类 别	单位数(个)	规上企业	规下企业	事业单位	其他单位	年末从业人员(人)	规上企业	规下企业	事业单位	其他单位
总 计	**20932**	**466**	**14662**	**2052**	**3752**	**269028**	**49973**	**149692**	**32826**	**36537**
电信、广播电视和卫星传输服务	254	9	64	159	22	6753	1448	2935	2180	190
互联网信息服务	706	29	645	28	4	11660	4843	6528	279	10
软件开发	564	42	516	2	4	13691	6042	7613	8	28
数字内容服务	99	20	79			2949	1600	1349		
文化用品出租	22		21	1		196		192	4	
广告业	5388	93	5223	5	67	44483	3726	40356	119	282
知识产权服务	110		100	8	2	872		820	39	13
会议及展览服务	604	23	541	19	21	6280	1620	4258	297	105
其他未列明商务服务业	801	8	782	2	9	6336	257	5995	16	68
社会人文科学研究	197		15	89	93	2377		171	1231	975
工程勘察设计	1281	59	1187	18	17	21524	6586	14466	383	89
专业化设计服务	1040	12	1012	8	8	11956	886	10898	146	26
摄影扩印服务	278	1	271		6	2321	15	2274		32
野生动植物保护	15	1	4	9	1	265	109	44	101	11
公园管理	116	2	30	65	19	3918	207	405	3188	118
游览景区管理	686	34	519	73	60	16238	5496	7912	2073	757
文化艺术培训	259		87	19	153	2036		696	369	971
其他未列明教育	86		43	3	40	796		357	44	395
新闻业	89		9	74	6	788		148	613	27
出版业	180	24	71	73	12	8178	4976	1281	1858	63
广播	37	1	7	25	4	3193	2561	39	542	51
电视	89	3	13	70	3	4854	443	337	4060	14
电影和影视节目制作	122	7	100	5	10	2509	568	1756	147	38
电影和影视节目发行	26	2	20	4		412	70	296	46	
电影放映	194	15	121	43	15	3680	982	2045	536	117
录音制作	18		17		1	79		76		3
文艺创作与表演	468	5	211	86	166	11356	706	4603	2866	3181
艺术表演场馆	24	1	2	17	4	693	61	44	542	46
图书馆	101		3	87	11	1565		34	1458	73
档案馆	148		14	127	7	1204		192	983	29
文物及非物质文化遗产保护	176	1	24	31	120	1692	145	300	298	949
博物馆	157		16	110	31	2219		98	1942	179
烈士陵园、纪念馆	45		2	30	13	322		11	269	42
群众文化活动	539		38	317	184	4396		312	2469	1615
其他文化艺术业	341		214	74	53	2652		1516	435	701
歌舞厅娱乐活动	909	58	741		110	24737	4039	18140		2558
电子游艺厅娱乐活动	93	1	69		23	651	39	531		81
网吧活动	2174	4	1570	1	599	10385	72	7560	3	2750
其他室内娱乐活动	116	5	67	8	36	2195	632	1225	41	297
游乐园	64	5	46	2	11	2460	1803	570	19	68
文化娱乐经纪人	23		18		5	130		114		16
其他文化艺术经纪代理	51	1	48	1	1	417	41	363	3	10
其他娱乐业	77		58		19	889		672		217
专业性团体(的服务)	2165		24	359	1782	22721		160	3219	19342

3-D-02　分设区市文化服务业单位主要指标

地　区	单位数（个）	规上企业	规下企业	事业单位	其他单位	年末从业人员（人）	规上企业	规下企业	事业单位	其他单位
全　省	**20932**	**466**	**14662**	**2052**	**3752**	**269028**	**49973**	**149692**	**32826**	**36537**
福州市	5309	189	3920	424	776	88862	22905	48486	8296	9175
#平潭	207	2	169	14	22	2662	65	2019	341	237
厦门市	4685	168	4045	114	358	63409	17569	38915	4634	2291
莆田市	767	4	532	84	147	8399	169	5215	1202	1813
三明市	1337	17	773	271	276	13796	1462	7247	2925	2162
泉州市	2930	23	1999	225	683	32761	858	20019	4743	7141
漳州市	1962	24	1259	272	407	19930	1902	10735	3201	4092
南平市	1368	9	681	307	371	13932	2304	5688	2979	2961
龙岩市	1323	11	712	167	433	14752	1431	6943	2864	3514
宁德市	1251	21	741	188	301	13187	1373	6444	1982	3388

3-D-03　分设区市文化服务业企业基本情况

地　区	企业单位数（个）	#规上企业	年末从业人员（人）	#规上企业	资产总计（万元）	#规上企业
全　省	**15128**	**466**	**199665**	**49973**	**10133913**	**4846304**
福州市	4109	189	71391	22905	4088156	2495951
#平潭	171	2	2084	65	39234	231
厦门市	4213	168	56484	17569	2605456	1343371
莆田市	536	4	5384	169	203101	23956
三明市	790	17	8709	1462	615230	231426
泉州市	2022	23	20877	858	591808	47068
漳州市	1283	24	12637	1902	510409	133885
南平市	690	9	7992	2304	382496	113140
龙岩市	723	11	8374	1431	798807	413002
宁德市	762	21	7817	1373	338451	44506

3-D-04 按类别分文化服务业企业主要指标

类别	企业单位数(个)	年末从业人员(人)	营业收入(万元)	#主营业务收入	营业税金及附加(万元)	#主营业务税金及附加	资产总计(万元)
总计	**15128**	**199665**	**5170451**	**5066521**	**137161**	**132258**	**10133913**
电信、广播电视和卫星传输服务	73	4383	86470	82088	1986	1896	184138
互联网信息服务	674	11371	339296	337148	5833	5805	353295
软件开发	558	13655	656107	651664	10644	10575	983365
数字内容服务	99	2949	85813	84905	967	958	170506
文化及日用品出租	21	192	2340	2335	49	49	2456
广告业	5316	44082	1507810	1487617	35045	33447	1455708
知识产权服务	100	820	13554	13439	316	311	9785
会议及展览服务	564	5878	254220	250710	5914	5892	609652
其他未列明商务服务业	790	6252	82327	81408	1954	2138	333054
社会人文科学研究	15	171	973	973	21	21	2962
工程勘察设计	1246	21052	634196	627650	13424	13206	852799
专业化设计服务	1024	11784	208514	204596	6858	6820	444000
摄影扩印服务	272	2289	20502	20265	469	456	16246
野生动植物保护	5	153	10973	10854	369	369	23788
公园管理	32	612	8393	8134	355	322	36924
游览景区管理	553	13408	181953	162275	6625	5917	1743530
文化艺术培训	87	696	3988	3677	79	78	5894
其他未列明教育	43	357	2221	2208	76	76	3329
新闻业	9	148	2827	2827	59	59	7873
出版业	95	6257	196459	185472	3995	3712	504295
广播	8	2600	92450	91672	3360	3360	157513
电视	16	780	32388	31534	1026	1025	81132
电影和影视节目制作	107	2324	49851	48617	1130	1130	233689
电影和影视节目发行	22	366	15115	14048	578	509	23084
电影放映	136	3027	90629	79878	4232	3683	158104
录音制作	17	76	434	434	42	42	1208
文艺创作与表演	216	5309	42185	41865	808	771	156639
艺术表演场馆、图书馆	6	139	2426	2416	65	65	1723
档案馆	14	192	1157	1123	62	60	1132
文物及非物质文化遗产保护	25	445	8789	8707	909	903	658397
博物馆、烈士陵园、纪念馆	18	109	1576	1576	34	34	13474
群众文化活动	38	312	2880	2869	154	149	6294
其他文化艺术业	214	1516	21700	20781	751	647	79143
歌舞厅娱乐活动	799	22179	326098	320845	22081	21448	273827
电子游艺厅娱乐活动	70	570	7760	7708	379	317	24230
网吧活动	1574	7632	108434	105964	3518	3418	92327
其他室内娱乐活动	72	1857	22524	21894	1222	1212	34264
游乐园	51	2373	29749	29111	1309	921	340667
文化娱乐经纪人	18	114	1455	1455	22	22	2651
其他文化艺术经纪代理	49	404	5812	5792	103	102	15816
其他娱乐业	58	672	7352	7238	272	270	34463
专业性团体(的服务)	24	160	751	749	66	66	539

3-D-05　分设区市文化服务业企业主要指标

地　区	企　业单位数（个）	年　末从业人员（人）	营业收入（万元）	#主营业务收入	营业税金及附加（万元）	#主营业务税金及附加	资产总计（万元）
全　省	**15128**	**199665**	**5170451**	**5066521**	**137161**	**132258**	**10133913**
福州市	4109	71391	2261555	2220572	51533	49464	4088156
#平潭	171	2084	23093	22571	594	488	39234
厦门市	4213	56484	1326195	1307739	36409	34826	2605456
莆田市	536	5384	105433	101585	3554	3297	203101
三明市	790	8709	140910	135430	7592	7232	615230
泉州市	2022	20877	428036	420131	13878	13687	591808
漳州市	1283	12637	228157	212165	6171	5963	510409
南平市	690	7992	102419	100007	3418	3511	382496
龙岩市	723	8374	470384	467787	9971	9852	798807
宁德市	762	7817	107361	101103	4634	4427	338451

3-D-06　按类别分规模以上文化服务业企业基本情况

类　别	企　业单位数（个）	#亏损企业	年末从业人员（人）	#女性	资产总计（万元）	营业收入（万元）	#主营业务收入	主营业务税金及附加（万元）
总　计	**466**	**121**	**49973**	**20631**	**4846304**	**2174823**	**2124982**	**48727**
互联网信息服务	29	9	4843	2162	197261	237879	236918	3658
文化软件服务	60	22	7270	2521	760571	448620	445107	4717
广告业	93	18	3726	1810	429614	406385	405010	5725
会展服务	23	9	1620	639	400760	160052	156668	3052
文化创意设计服务	73	6	7844	2437	268692	285459	280685	7401
公园和游览景区管理	36	16	5703	2350	821377	100552	88065	3122
出版业	25	5	5028	1950	474710	172959	163353	3322
广播电视电影服务	28	9	4624	2075	389584	204766	194474	7043
文化艺术业	7	4	912	425	621888	15131	15034	1135
娱乐业	74	19	6626	3514	323808	99393	97684	8503
其它重点服务业	18	4	1777	748	158040	43628	41984	1049

3-D-07 规模以上文化服务业企业基本情况

分组	企业单位数（个）	#亏损企业	年末从业人员（人）	#女性	资产总计（万元）	营业收入（万元）	#主营业务收入	主营业务税金及附加（万元）
总计	**466**	**121**	**49973**	**20631**	**4846304**	**2174823**	**2124982**	**48727**
按登记注册类型分组								
内资企业	444	117	46252	19466	4471250	2021779	1972862	47313
#国有企业	40	8	8360	3062	776383	366634	358860	8525
有限责任公司	161	43	15886	6713	2389972	731385	702200	17768
股份有限公司	26	7	4877	1784	405620	186583	183425	3077
私营公司	211	56	15536	7220	810662	697816	690957	17185
港、澳、台商投资企业	12	3	1022	287	175794	64504	64488	372
外商投资企业	10	1	2699	878	199260	88541	87632	1043
按企业控股情况分组								
国有控股	102	25	16950	6372	2460180	742633	714281	15821
集体控股	8	4	534	250	25763	17385	16085	392
私人控股	290	78	23308	10558	1520836	1061110	1047804	23963
港澳台商控股	9	2	754	168	156583	60278	60262	265
外商控股	7	1	2384	808	193083	73629	72794	917
其他	46	9	5275	2203	419519	191236	187057	7022

3-D-08 分设区市规模以上文化服务业企业基本情况

地区	企业单位数（个）	#亏损企业	年末从业人员（人）	#女性	资产总计（万元）	营业收入（万元）	#主营业务收入	主营业务税金及附加（万元）
全省	**466**	**121**	**49973**	**20631**	**4846304**	**2174823**	**2124982**	**48727**
福州市	189	40	22905	9128	2495951	1196924	1177123	22510
#平潭	2		65	29	231	597	597	37
厦门市	168	56	17569	7278	1343371	800878	788566	20318
莆田市	4	1	169	83	23956	4313	3748	59
三明市	17	2	1462	796	231426	19910	16814	786
泉州市	23	5	858	393	47068	31579	30847	1054
漳州市	24	4	1902	971	133885	33885	24982	983
南平市	9	4	2304	695	113140	36350	35963	1571
龙岩市	11	3	1431	706	413002	27199	26677	614
宁德市	21	6	1373	581	44506	23784	20263	833

3-D-09　按类别分规模以上文化服务业企业主要财务指标

单位：万元

类　别	企业单位数（个）	固定资产原　价	本年折旧	主营业务收　入	主营业务成　本	主营业务税金及附加	应付职工薪　酬	应　交增值税
总　计	**466**	**1280757**	**69108**	**2124982**	**1245060**	**48727**	**361633**	**34400**
互联网信息服务	29	35435	3720	236918	78040	3658	29991	1378
文化软件服务	60	77059	8179	445107	191152	4717	69191	6832
广告业	93	31581	3484	405010	320008	5725	26515	5944
会展服务	23	198135	5284	156668	118552	3052	14942	339
文化创意设计服务	73	38878	3424	280685	190690	7401	86574	7643
公园和游览景区管理	36	258196	13475	88065	31780	3122	21850	260
出版业	25	131122	5638	163353	104359	3322	46529	4760
广播电视电影服务	28	133378	3551	194474	144928	7043	32935	6732
文化艺术业	7	21883	991	15034	6076	1135	4558	4
娱乐业	74	194761	7357	97684	38450	8503	20934	239
其它重点服务业	18	160330	14004	41984	21024	1049	7614	269

3-D-10　分设区市规模以上文化服务业企业主要财务指标

单位：万元

地　区	企　业单位数（个）	固定资产原　价	本年折旧	主营业务收　入	主营业务成　本	主营业务税金及附加	应付职工薪　酬	应　交增值税
全　省	**466**	**1280757**	**69108**	**2124982**	**1245060**	**48727**	**361633**	**34400**
福州市	189	447219	19049	1177123	760556	22510	194171	24806
#平潭	2	63	20	597	326	37	201	10
厦门市	168	532903	21948	788566	410048	20318	133265	8055
莆田市	4	2487	228	3748	1934	59	770	94
三明市	17	88761	3785	16814	6374	786	4479	289
泉州市	23	14280	783	30847	19765	1054	3727	720
漳州市	24	31558	2459	24982	10869	983	6715	211
南平市	9	45119	2633	35963	11587	1571	9181	11
龙岩市	11	82983	15861	26677	12694	614	5160	15
宁德市	21	35448	2362	20263	11233	833	4167	199

3-D-11 规模以下文化服务业企业主要财务指标

分 组	企 业 单位数 (个)	年 末 从业人员 (人)	#女性	主营业务 收 入 (万元)	主营业务 税金及附加 (万元)	资产总计 (万元)
总 计	**14662**	**149692**	**61712**	**2941539**	**83531**	**5287608**
按登记注册类型分组						
内资企业	14523	147249	60668	2902425	82019	5107025
国有企业	251	7559	2814	427537	7222	589868
集体企业	74	844	334	6438	330	147727
股份合作企业	63	694	266	5887	181	13693
联营企业	18	325	112	3124	78	23772
有限责任公司	3195	33433	13179	715189	20903	1585725
股份有限公司	291	3852	1584	68683	2183	96062
私营公司	9765	92117	38726	1497879	45342	2369998
其他企业	866	8425	3653	177689	5780	280179
港、澳、台商投资企业	95	1584	688	29355	1248	139318
外商投资企业	44	859	356	9759	265	41265
按企业控股情况分组						
国有控股	352	10669	4077	532039	9446	1081709
集体控股	155	2122	874	24495	780	180464
私人控股	12815	121467	50511	1965990	60653	3376894
港澳台商控股	85	1389	608	27209	1172	121064
外商控股	37	761	342	9926	273	51372
其他	1218	13284	5300	381881	11207	476106

3-D-12　按类别分规模以下文化服务业企业主要财务指标

类　别	企　业单位数(个)	年　末从业人员(人)	#女性	营业收入(万元)	营业税金及附加(万元)	资产总计(万元)
总　计	**14662**	**149692**	**61712**	**2941539**	**83531**	**5287608**
新闻业	9	148	86	2827	59	7873
出版业	71	1281	525	23569	443	47517
广播	7	39	6	976	5	951
电视	13	337	120	4921	180	31567
电影和影视节目制作	100	1756	752	19369	610	109877
电影和影视节目发行	20	296	162	9539	470	20729
电影放映	121	2045	786	36471	1399	100815
录音制作	17	76	23	434	42	1208
文化艺术业	310	5594	2657	43521	847	215770
社会人文科学研究	15	171	70	973	21	2962
专业性团体	24	160	103	750	66	539
文化艺术培训	344	2569	1313	26665	801	88367
互联网信息服务	645	6528	2531	100230	2146	156034
增值电信服务(文化部分)	13	139	40	5259	103	5924
有线广播电视传输服务	43	2626	796	46245	1139	52034
无线广播电视传输服务	8	170	91	1967	50	1344
广告业	5223	40356	15932	1082607	27722	1026094
软件开发	516	7613	2362	251800	5716	270614
数字内容服务	79	1349	533	20620	139	77601
工程勘察设计	1187	14466	4696	390092	8906	657994
专业化设计服务	1012	10898	3944	180511	4681	415198
公园管理	30	405	161	6579	241	29156
游览景区管理	519	7912	3095	75765	2875	929921
野生动植物保护	4	44	26	501	13	6389
歌舞厅娱乐活动	741	18140	9884	258068	14356	229463
电子游艺厅娱乐活动	69	531	271	7648	302	24224
网吧活动	1570	7560	3059	103793	3370	88967
其他室内娱乐活动	67	1225	574	16228	670	19598
游乐园	46	570	216	4462	153	81534
其他娱乐业	58	672	297	7238	270	34463
摄影扩印服务	271	2274	1185	20093	444	16168
版权和文化软件服务	100	820	365	13439	311	9785
文化娱乐经纪人	18	114	54	1455	22	2651
其他文化艺术经纪代理	48	363	147	3432	66	13537
文化用品出租	21	192	40	2336	49	2456
会议及展览服务	541	4258	1997	94043	2839	208892
其他未列明文化服务业	782	5995	2813	77117	2008	299392

3-D-13 分设区市规模以下文化服务业企业主要财务指标

地区	企业单位数(个)	年末从业人员(人)	#女性	营业收入(万元)	#主营业务收入	营业税金及附加(万元)	#主营业务税金及附加	资产总计(万元)	实收资本(万元)
全省	**14662**	**149692**	**61712**	**2995628**	**2941539**	**86268**	**83531**	**5287608**	**2880155**
福州市	3920	48486	20271	1064632	1043449	28232	26954	1592204	811750
#平潭	169	2019	952	22496	21975	556	451	39003	23209
厦门市	4045	38915	15668	525317	519173	15433	14508	1262085	788515
莆田市	532	5215	2000	101120	97837	3339	3238	179145	84991
三明市	773	7247	2999	121000	118617	6490	6445	383804	243532
泉州市	1999	20019	8076	396457	389283	12824	12633	544739	309093
漳州市	1259	10735	4404	194272	187184	5039	4980	376523	197749
南平市	681	5688	2527	66069	64044	1847	1940	269356	174557
龙岩市	712	6943	3087	443184	441111	9358	9239	385806	169175
宁德市	741	6444	2680	83577	80841	3707	3594	293945	100793

3-D-14 按类别分文化服务业事业单位主要财务指标

类别	单位数(个)	年末从业人员(人)	#女性	非企业单位支出(费用)(万元)	年末资产(万元)
总计	**2052**	**32826**	**13467**	**614387**	**1294287**
新闻业	74	613	249	6016	3601
出版业	73	1858	773	46161	69961
广播	25	542	191	8113	9513
电视	70	4060	1620	94504	212415
电影和影视节目制作与发行	9	193	65	3389	9106
电影放映	43	536	165	6778	15310
文艺创作与表演	86	2866	1369	35898	104930
艺术表演场馆	17	542	229	7581	30475
图书馆	87	1458	940	25841	76942
档案馆	127	983	516	23608	20314
文物及非物质文化遗产保护	31	298	136	5799	15572
博物馆	110	1942	960	58515	70763
烈士陵园、纪念馆	30	269	132	3592	17112
群众文化活动	317	2469	1224	68056	153955
社会人文科学研究	89	1231	452	34791	36651
专业性团体	359	3219	1024	26974	21656
文化艺术培训	96	848	376	11423	14558
互联网信息服务	28	279	95	4524	67352
有线广播电视传输服务	127	1692	539	18537	66098
无线广播电视传输服务	32	488	103	5006	14210
广告业、软件开发	7	127	44	2180	3354
工程勘察设计	18	383	110	5632	4308
专业化设计服务	8	146	38	3214	3572
公园管理	65	3188	1223	53717	105695
游览景区管理	73	2073	658	35321	115844
野生动植物管理	9	101	20	3205	3268
会议及展览服务	19	297	147	12318	26720
其他	23	125	69	3696	1033

3-D-15　分设区市文化服务业事业单位主要财务指标

地　区	单位数(个)	年末从业人员(人)	#女性	非企业单位支出(费用)(万元)	年末资产(万元)
全　省	**2052**	**32826**	**13467**	**614387**	**1294286**
福州市	424	8296	3371	153516	430796
#平潭	14	341	145	4345	9721
厦门市	114	4634	2055	135828	233986
莆田市	84	1202	513	28124	26811
三明市	271	2925	1150	39284	85387
泉州市	225	4743	2014	88167	187259
漳州市	272	3201	1303	32983	73777
南平市	307	2979	1080	26244	76114
龙岩市	167	2864	1194	79797	135264
宁德市	188	1982	787	30444	44893

3-D-16　分设区市文化服务业其他单位主要财务指标

地　区	单位数(个)	年末从业人员(人)	#女性	非企业单位支出(费用)(万元)	年末资产(万元)
全　省	**3752**	**36537**	**14348**	**103296**	**207874**
福州市	776	9175	3949	32562	41608
#平潭	22	237	122	587	1560
厦门市	358	2291	940	9519	18859
莆田市	147	1813	576	2489	6425
三明市	276	2162	660	4202	9034
泉州市	683	7141	2795	13696	52053
漳州市	407	4092	1231	5503	20213
南平市	371	2961	1196	23409	10532
龙岩市	433	3514	1412	4781	29988
宁德市	301	3388	1589	7136	19162

3-D-17 按类别分文化服务业其他单位主要财务指标

类别	单位数(个)	年末从业人员(人)	#女性	非企业单位支出(费用)(万元)	年末资产(万元)
总计	**3752**	**36537**	**14348**	**103296**	**207874**
新闻业	6	27	12	186	122
出版业	12	63	27	234	264
广播、电视、电影和影视录音制作	33	223	86	415	935
文艺创作与表演	166	3181	1421	4371	4467
艺术表演场馆、图书馆、档案馆	22	148	68	746	737
文物及非物质文化遗产保护	120	949	232	4795	21628
博物馆	31	179	66	777	6283
烈士陵园、纪念馆	13	42	10	1419	3598
群众文化活动	184	1615	437	2207	6654
社会人文科学研究	93	975	267	4258	10160
学术理论社会团体和文化团体	1782	19342	7318	69551	109746
文化艺术培训	246	2067	1061	7109	5713
有线、无线广播电视传输、互联网信息服务	26	200	44	1346	3019
广告业、软件开发	71	310	113	114	157
工程勘察设计	17	89	33	328	168
专业化设计服务	8	26	8	111	50
公园管理	19	118	44	1172	5825
游览景区及野生动植物管理	61	768	202	1816	22265
歌舞厅娱乐活动	110	2558	1299	238	247
电子游艺厅娱乐活动	23	81	38		
网吧活动	599	2750	1168	1289	1674
其他室内娱乐活动	36	297	138	287	462
游乐园	11	68	34		
其他娱乐业	19	217	129	108	514
摄影扩印服务	6	32	20	17	10
版权和文化软件服务、文化娱乐经纪人	8	39	6	17	3
其他文化艺术经纪代理					
会议及展览服务	21	105	32	315	2937
其他未列明文化服务业	9	68	35	75	237

E.文化产业个体经营户

3-E-01　按类别分文化产业个体经营户基本情况

类　别	户数 (个)	年末从业人员 (人)
总　计	**32683**	**120492**
文化用纸的制造	6	37
印刷	305	1461
装订及印刷相关服务	80	282
记录媒介复制	34	154
文化办公用品制造	19	126
乐器制造	4	25
工艺美术品制造	2396	12392
玩具制造	40	451
游艺器材及娱乐用品制造	6	22
文化用油墨颜料及化学品的制造	6	39
焰火、鞭炮产品的制造	8	19
陈设艺术陶瓷制品制造	49	320
文化专用设备的制造	10	41
印刷专用设备制造	3	7
文化用家用电器批发	26	99
其它文化用品批发	1107	4458
广播电视电影设备和舞台照明设备批发	31	147
文化贸易代理与拍卖服务	3	7
文化用品零售	15955	48401
家用视听设备零售	2815	9392
增值电信服务(文化部分)	76	271
广播电视传输服务	5	16
互联网信息服务	25	127
软件开发	2	11
文化出租服务	119	310
广告业	2249	8395
其他文化辅助服务及社会人文科学研究	1834	5758
工程勘察设计	55	267
专业化设计服务	2698	11754
公园和游览景区管理	18	87
文化艺术培训服务	225	1058
电影和影视节目制作、电影放映及录音制作	20	126
文艺创作与表演	100	1006
艺术表演场馆	17	74
图书馆与档案馆	10	77
文物及非物质文化遗产保护	4	41
群众文化活动	15	66
其他文化艺术业	44	143
室内娱乐活动	2130	12441
游乐园	41	192
其他娱乐业	93	392

注：仅包括有证照的个体经营户(下表同)。

3-E-02 分设区市文化产业个体经营户基本情况

地 区	户数 (个)	年末从业人员 (人)
全 省	**32683**	**120492**
福州市	5379	21067
#平潭	165	541
厦门市	4341	13217
莆田市	3857	14644
三明市	2652	10781
泉州市	5040	19890
漳州市	3771	14011
南平市	2507	8997
龙岩市	2566	9926
宁德市	2570	7959

F.分行业情况

3-F-01　全省文化产业法人单位分行业主要经济指标

行　业	单位数(个)	年末从业人员(人)	主营业务收入(万元)	主营业务税金及附加(万元)	非企业单位支出(费用)(万元)	资产总计(万元)
总　计	**34194**	**773361**	**30106382**	**325971**	**717682**	**28170641**
一、新闻出版发行服务	553	13409	637643	6171	52596	1271666
新闻服务	89	788	2827	59	6202	11596
出版服务	180	8178	185472	3712	46394	574519
发行服务	284	4443	449344	2400		685552
二、广播电视电影服务	486	14727	266184	9749	113198	902009
广播电视服务	126	8047	123207	4385	102812	460850
电影和影视录音服务	360	6680	142977	5363	10386	441159
三、文化艺术服务	4706	54029	86943	2870	397308	1661438
文艺创作与表演服务	492	12049	43668	829	48064	297693
图书馆与档案馆服务	249	2769	1735	67	49980	99665
文化遗产保护服务	378	4233	10283	938	74895	806827
群众文化服务	539	4396	2869	149	70263	166902
文化研究和社团服务	2362	25098	1722	86	135574	181713
文化艺术培训服务	345	2832	5884	154	11390	22010
其他文化艺术服务	341	2652	20781	647	7142	86628
四、文化信息传输服务	960	18413	419236	7700	29412	688113
互联网信息服务	706	11660	337148	5805	4543	420677
增值电信服务(文化部分)	15	289	11916	233		12955
广播电视传输服务	239	6464	70172	1663	24869	254481
五、文化创意和设计服务	8372	94603	3056431	65006	11578	3917986
广告服务	5388	44483	1487617	33447	2058	1458392
文化软件服务	663	16640	736569	11534	235	1154697
建筑设计服务	1281	21524	627650	13206	5960	857275
专业设计服务	1040	11956	204596	6820	3325	447622
六、文化休闲娱乐服务	4528	64059	694288	34649	98323	2876198
景区游览服务	817	20421	181263	6607	95230	2057138
娱乐休闲服务	3433	41317	492760	27586	3076	802804
摄影扩印服务	278	2321	20265	456	17	16256
七、工艺美术品的生产	8036	313696	13477564	127849		7450444
工艺美术品的制造	4711	229295	10258707	89893		5330093

3-F-01 续表

行　业	单位数(个)	年末从业人员(人)	主营业务收入(万元)	主营业务税金及附加(万元)	非企业单位支出(费用)(万元)	资产总计(万元)
园林、陈设艺术及其他陶瓷制品的制造	864	62519	1166110	17309		439156
工艺美术品的销售	2461	21882	2052748	20648		1681195
八、文化产品生产的辅助生产	3575	81590	3289320	33496	15266	3270344
版权服务	110	872	13439	311	2350	10542
印刷复制服务	1858	66306	2762270	24136		2158849
文化经纪代理服务	74	547	7247	124	182	18608
文化贸易代理与拍卖服务	106	1053	171910	846		107279
文化出租服务	22	196	2335	49	9	2465
会展服务	604	6280	250710	5892	12633	639309
其他文化辅助生产	801	6336	81408	2138	93	333292
九、文化用品的生产	2766	89558	6919931	33074		5074085
办公用品的制造	159	8063	393381	6713		196497
乐器的制造	39	2154	34975	836		37245
玩具的制造	243	21542	600915	5253		482806
游艺器材及娱乐用品的制造	21	1189	30456	280		14443
视听设备的制造	74	20649	2537147	3309		1575194
焰火、鞭炮产品的制造	10	108	12928	31		2738
文化用纸的制造	51	9748	899348	3581		988206
文化用油墨颜料的制造	64	2489	242732	1619		133934
文化用化学品的制造	9	1083	345871	768		377099
其他文化用品的制造	45	5426	298091	1348		138903
文具乐器照相器材的销售	1192	8298	753086	4722		658173
文化用家电的销售	451	5428	500318	3109		251868
其他文化用品的销售	408	3381	270681	1505		216979
十、文化专用设备的生产	212	29277	1258842	5407		1058359
印刷专用设备的制造	45	2152	85060	573		105197
广播电视电影专用设备的制造	57	11271	571461	1986		390403
其他文化专用设备的制造	33	15197	570865	2414		545356
广播电视电影专用设备的批发	72	627	28950	428		15364
舞台照明设备的批发	5	30	2506	7		2039

3-F-02 福州市文化产业法人单位分行业主要经济指标

行业	单位数(个)	年末从业人员(人)	主营业务收入(万元)	主营业务税金及附加(万元)	非企业单位支出(费用)(万元)	资产总计(万元)
总计	**7817**	**178941**	**6600980**	**89335**	**186077**	**7932266**
一、新闻出版发行服务	223	5933	462245	3111	7709	938760
二、广播电视电影服务	104	5784	186331	6473	7139	458792
三、文化艺术服务	1009	16843	24103	1263	129370	956722
四、文化信息传输服务	210	3896	67865	1800	12346	209854
五、文化创意和设计服务	2664	39557	1524072	27794	4846	2037562
六、文化休闲娱乐服务	851	14479	167646	8267	23430	393636
七、工艺美术品的生产	1381	54876	2267631	23707		1343211
八、文化产品生产的辅助生产	731	16487	570267	5581	1238	576391
九、文化用品的生产	606	16293	1004756	9823		792349
十、文化专用设备的生产	38	4793	326064	1516		224987

3-F-03 厦门市文化产业法人单位分行业主要经济指标

行业	单位数(个)	年末从业人员(人)	主营业务收入(万元)	主营业务税金及附加(万元)	非企业单位支出(费用)(万元)	资产总计(万元)
总计	**7048**	**130113**	**5412032**	**47237**	**145347**	**6001962**
一、新闻出版发行服务	80	3528	100870	1894	1307	181090
二、广播电视电影服务	56	2317	40025	1420	49925	166880
三、文化艺术服务	588	5435	10842	354	48669	169782
四、文化信息传输服务	298	7732	246336	3774		293064
五、文化创意和设计服务	2476	29782	692155	14465	2790	1063409
六、文化休闲娱乐服务	451	9237	92846	8423	32462	454633
七、工艺美术品的生产	1120	17549	621076	4756		722785
八、文化产品生产的辅助生产	1174	19752	644621	7347	10196	1122591
九、文化用品的生产	755	22305	2604085	3384		1431718
十、文化专用设备的生产	50	12476	359176	1421		396010

3-F-04 莆田市文化产业法人单位分行业主要经济指标

行业	单位数(个)	年末从业人员(人)	主营业务收入(万元)	主营业务税金及附加(万元)	非企业单位支出(费用)(万元)	资产总计(万元)
总计	**2783**	**56450**	**3958512**	**31327**	**30613**	**2317111**
一、新闻出版发行服务	16	246	5145	215	409	4253
二、广播电视电影服务	18	799	7019	179	9108	41736
三、文化艺术服务	199	1929	8568	204	17947	24917
四、文化信息传输服务	38	892	17940	598	677	31221
五、文化创意和设计服务	208	1605	34204	1450	2	68821
六、文化休闲娱乐服务	263	2795	28595	716	2453	57119
七、工艺美术品的生产	1856	43031	3427334	26292		1882679
八、文化产品生产的辅助生产	80	2417	212167	787	17	74102
九、文化用品的生产	99	2365	209643	831		124799
十、文化专用设备的生产	6	371	7897	55		7464

3-F-05 三明市文化产业法人单位分行业主要经济指标

行业	单位数(个)	年末从业人员(人)	主营业务收入(万元)	主营业务税金及附加(万元)	非企业单位支出(费用)(万元)	资产总计(万元)
总计	**1688**	**27975**	**1040465**	**12802**	**43486**	**1183549**
一、新闻出版发行服务	30	330	4026	53	2490	7687
二、广播电视电影服务	32	609	1395	176	3081	18041
三、文化艺术服务	411	3255	7458	180	24174	91261
四、文化信息传输服务	41	485	1923	70	2793	16168
五、文化创意和设计服务	356	3046	54481	2768	1914	113042
六、文化休闲娱乐服务	444	6030	67510	3951	8781	425746
七、工艺美术品的生产	138	7109	415402	2674		225895
八、文化产品生产的辅助生产	114	2779	235876	1760	252	117411
九、文化用品的生产	105	4001	237854	1074		158401
十、文化专用设备的生产	17	331	14542	97		9898

3-F-06　泉州市文化产业法人单位分行业主要经济指标

行　　业	单位数(个)	年末从业人员(人)	主营业务收入(万元)	主营业务税金及附加(万元)	非企业单位支出(费用)(万元)	资产总计(万元)
总　计	**6740**	**231037**	**7926298**	**94116**	**101863**	**4956841**
一、新闻出版发行服务	98	1940	46062	591	30710	106909
二、广播电视电影服务	79	1696	20977	999	17097	95678
三、文化艺术服务	780	8606	14212	380	43465	108612
四、文化信息传输服务	131	1843	40143	860	3059	62169
五、文化创意和设计服务	1035	9094	214053	6763	567	239225
六、文化休闲娱乐服务	725	9063	103698	3686	6633	192033
七、工艺美术品的生产	2504	148232	5068367	55869		2225857
八、文化产品生产的辅助生产	838	27979	1187398	14480	333	806368
九、文化用品的生产	498	14427	814737	8929		844767
十、文化专用设备的生产	52	8157	416651	1561		275225

3-F-07　漳州市文化产业法人单位分行业主要经济指标

行　　业	单位数(个)	年末从业人员(人)	主营业务收入(万元)	主营业务税金及附加(万元)	非企业单位支出(费用)(万元)	资产总计(万元)
总　计	**3058**	**59272**	**2412746**	**17842**	**38485**	**2493408**
一、新闻出版发行服务	40	584	12103	232	5852	21516
二、广播电视电影服务	50	1021	3993	157	5543	40408
三、文化艺术服务	472	5226	2659	71	17226	36572
四、文化信息传输服务	101	1737	25678	289	3030	31348
五、文化创意和设计服务	587	3791	82276	2054	409	82479
六、文化休闲娱乐服务	634	7325	84444	3139	4230	383673
七、工艺美术品的生产	478	14819	473564	5223		403685
八、文化产品生产的辅助生产	312	6408	245872	1625	2195	290627
九、文化用品的生产	363	16923	1410894	4699		1134433
十、文化专用设备的生产	21	1438	71263	351		68667

3-F-08 南平市文化产业法人单位分行业主要经济指标

行 业	单位数(个)	年末从业人员(人)	主营业务收入(万元)	主营业务税金及附加(万元)	非企业单位支出(费用)(万元)	资产总计(万元)
总 计	**1818**	**39601**	**1214536**	**11972**	**49653**	**1333604**
一、新闻出版发行服务	25	231	2824	38	799	6932
二、广播电视电影服务	68	856	1123	45	5921	36363
三、文化艺术服务	493	4504	13082	332	30898	45090
四、文化信息传输服务	71	675	2760	105	2905	10785
五、文化创意和设计服务	296	1715	19759	608	501	27367
六、文化休闲娱乐服务	343	5291	51435	2080	8572	226438
七、工艺美术品的生产	288	18832	711405	6117		407077
八、文化产品生产的辅助生产	126	2001	85409	845	56	162106
九、文化用品的生产	98	5159	315174	1603		375516
十、文化专用设备的生产	10	337	11566	199		35931

3-F-09 龙岩市文化产业法人单位分行业主要经济指标

行 业	单位数(个)	年末从业人员(人)	主营业务收入(万元)	主营业务税金及附加(万元)	非企业单位支出(费用)(万元)	资产总计(万元)
总 计	**1607**	**24894**	**804382**	**12832**	**84578**	**1233658**
一、新闻出版发行服务	14	342	3527	14	515	2587
二、广播电视电影服务	36	694	2584	49	5138	19220
三、文化艺术服务	388	4037	4093	28	69875	199177
四、文化信息传输服务	29	515	7505	158	2457	20766
五、文化创意和设计服务	360	3338	398443	7331	396	235894
六、文化休闲娱乐服务	472	5609	49811	2162	6163	482437
七、工艺美术品的生产	104	2845	100137	986		74711
八、文化产品生产的辅助生产	93	2284	64138	610	33	68448
九、文化用品的生产	101	4129	130948	1330		97650
十、文化专用设备的生产	10	1101	43197	164		32767

3-F-10 宁德市文化产业法人单位分行业主要经济指标

行业	单位数（个）	年末从业人员（人）	主营业务收入（万元）	主营业务税金及附加（万元）	非企业单位支出(费用)（万元）	资产总计（万元）
总计	**1635**	**25078**	**736431**	**8507**	**37580**	**718241**
一、新闻出版发行服务	27	275	842	23	2805	1932
二、广播电视电影服务	43	951	2738	252	10245	24891
三、文化艺术服务	366	4194	1926	58	15686	29307
四、文化信息传输服务	41	638	9085	48	2146	12736
五、文化创意和设计服务	390	2675	36988	1772	154	50188
六、文化休闲娱乐服务	345	4230	48303	2225	5598	260483
七、工艺美术品的生产	167	6403	392648	2225		164544
八、文化产品生产的辅助生产	107	1483	43573	461	945	52302
九、文化用品的生产	141	3956	191841	1402		114450
十、文化专用设备的生产	8	273	8487	41		7410

3-F-11 平潭综合实验区文化产业法人单位分行业主要经济指标

行业	单位数（个）	年末从业人员（人）	主营业务收入（万元）	主营业务税金及附加（万元）	非企业单位支出(费用)（万元）	资产总计（万元）
总计	**251**	**2971**	**25543**	**509**	**4932**	**57911**
一、新闻出版发行服务	6	127	106	2	2095	958
二、广播电视电影服务	2	34			215	740
三、文化艺术服务	34	387	1316	21	689	6456
四、文化信息传输服务	10	87	1118	1	301	1432
五、文化创意和设计服务	97	868	9593	122		16292
六、文化休闲娱乐服务	53	1096	9165	341	1631	24426
七、工艺美术品的生产	27	212	2246	7		5837
八、文化产品生产的辅助生产	13	118	1670	10		698
九、文化用品的生产	9	42	328	5		1071

附　录

主要指标解释及分类规定

主要指标解释

法人单位　是指有权拥有资产、承担负债，并独立从事社会经济活动（或与其他单位进行交易）的组织。法人单位应同时具备以下条件：

1. 依法成立，有自己的名称、组织机构和场所，能够独立承担民事责任；

2. 独立拥有（或授权使用）资产或者经费，承担负债，有权与其他单位签订合同；

3. 具有包括资产负债表在内的账户，或者能够根据需要编制账户。

法人单位包括五种类型：企业法人、事业单位法人、机关法人、社会团体和其他成员组织法人、其他法人。

企业法人　是指依据《中华人民共和国公司登记管理条例》、《中华人民共和国企业法人登记管理条例》等国家法律和法规，经各级工商行政管理机关登记注册，领取《企业法人营业执照》的企业。包括：

1. 公司制企业法人；

2. 非公司制企业法人；

3. 依据《中华人民共和国个人独资企业法》、《中华人民共和国合伙企业法》，经各级工商行政管理机关登记注册，领取《营业执照》的个人独资企业、合伙企业。

事业单位法人　是指经国务院或地方县级以上机构编制管理部门批准，经国家或地方县级以上事业单位登记管理部门登记或备案，领取《事业单位法人证书》，取得法人资格的事业单位。包括：

1. 各级党委、政府直属事业单位；

2. 中共中央、国务院直属事业单位举办的事业单位；

3. 各级人大、政协机关，人民法院、人民检察院和各民主党派机关举办的事业单位；

4. 各级党委部门和政府部门举办的事业单位；

5. 使用财政性经费的群众团体举办的事业单位；

6. 国有企业及其他组织利用国有资产举办的事业单位；

7. 依照法律或有关规定，应当由各级登记管理机关登记的其他事业单位。

机关法人　是指各级政党机关和国家机关。包括：

1. 县级以上各级中国共产党委员会及其所属各工作部门；

2. 县级以上各级人民代表大会机关；

3. 县级以上各级人民政府及其所属各工作部门，以及地区行政行署；

4. 县级以上各级政治协商会议机关；

5. 县级以上各级人民法院、检察院机关；

6. 县级以上各民主党派机关；

7. 乡、镇中国共产党委员会和人民政府。

社会团体法人　是指依据《社会团体登记管理条例》，经国家或县级以上民政部门登记注册或备案、领取《社会团体法人登记证书》的各类社会团体，以及由机构编制管理部门管理其编制的群众团体。包括：

1. 社会团体法人；

2. 群众团体法人。

其他法人　是指除上述类型以外的法人，是依据《中华人民共和国居民委员会组织法》、《中华人民共和国村民委员会组织法》、《基金会管理条例》、《农民专业合作社登记管理条例》及其他法律、法规，依法成立，具备法人条件的单位。包括：

1. 居民委员会和村民委员会；

2. 基金会；

3. 领取《民办非企业单位（法人）登记证书》的民办非企业单位；

4. 宗教组织和活动场所；

5. 农民专业合作社；

6. 其他未列明法人单位。

单产业法人　是指仅包含一个产业活动单位的法人单位，称为单产业法人单位，该法人单位同时也是一个产业活动单位；

多产业法人　是指由两个及以上产业活动单位组成的法人单位，称为多产业法人单位，这些产业活动单位接受法人单位的管理和控制。

从业人员期末人数　指报告期末最后一日 24 时在本单位工作，并取得工资或其他形式劳动报酬的人员数。该指标为时点指标，不包括最后一日当天及以前已经与单位解除劳动合同关系的人员，是在岗职工、劳务派遣人员及其他从业人员之和。从业人员不包括：

1. 离开本单位仍保留劳动关系，并定期领取生活费的人员；

2. 利用课余时间打工的学生及在本单位实习的各类在校学生；

3. 本单位因劳务外包而使用的人员，如：建筑业整建制使用的人员。

资产总计　指企业过去的交易或者事项形成的、由企业拥有或者控制的、预期会给企业带来经济利益的资源。资产一般按流动性（资产的变现或耗用时间长短）分为流动资产和非流动资产。其中流动资产可分为货币资金、交易性金融资产、应收票据、应收账款、预付款项、其他应收款、存货等；非流动资产可分为长期股权投资、固定资产、无形资产及其他非流动资产等。

分类规定

登记注册类型 指企业或企业产业活动单位的登记注册类型，工商行政管理部门对企业（单位）登记注册的类型分为以下几种：

1. 国有企业：指企业全部资产归国家所有，并按《中华人民共和国企业法人登记管理条例》规定登记注册的非公司制的经济组织。不包括有限责任公司中的国有独资公司。

2. 集体企业：指企业资产归集体所有，并按《中华人民共和国企业法人登记管理条例》规定登记注册的经济组织。

3. 股份合作企业：指以合作制为基础，由企业职工共同出资入股，吸收一定比例的社会资产投资组建，实行自主经营，自负盈亏，共同劳动，民主管理，按劳分配与按股分红相结合的一种集体经济组织。

4. 联营企业：指两个及两个以上相同或不同所有制性质的企业法人或事业单位法人，按自愿、平等、互利的原则，共同投资组成的经济组织。联营企业包括国有联营企业、集体联营企业、国有与集体联营企业和其他联营企业。

国有联营企业 指所有联营单位均为国有。

集体联营企业 指所有联营单位均为集体。

国有与集体联营企业 指联营单位既有国有也有集体。

其他联营企业 指上述三种联营企业之外的其他联营形式的企业。

5. 有限责任公司：指根据《中华人民共和国公司登记管理条例》规定登记注册，由两个以上，五十个以下的股东共同出资，每个股东以其所认缴的出资额对公司承担有限责任，公司以其全部资产对其债务承担责任的经济组织。有限责任公司包括国有独资公司以及其他有限责任公司。

国有独资公司 指国家授权的投资机构或者国家授权的部门单独投资设立的有限责任公司。

其他有限责任公司 指国有独资公司以外的其他有限责任公司。

6. 股份有限公司：指根据《中华人民共和国公司登记管理条例》规定登记注册，其全部注册资本由等额股份构成并通过发行股票筹集资本，股东以其认购的股份对公司承担有限责任，公司以其全部资产对其债务承担责任的经济组织。

7. 私营企业：指由自然人投资设立或由自然人控股，以雇佣劳动为基础的营利性经济组织。包括按照《公司法》、《合伙企业法》、《私营企业暂行条例》以及《个人独资企业法》规定登记注册的私营独资企业、私营合伙企业、私营有限责任公司、私营股份有限公司和个人独资企业。

私营独资企业 指按《私营企业暂行条例》的规定，由一名自然人投资经营，以雇佣劳动为基础，投资者对企业债务承担无限责任的企业。

私营合伙企业 指按《合伙企业法》或《私营企业暂行条例》的规定，由两个以上自然人按照协议共同投资、共同经营、共负盈亏，以雇佣劳动为基础，对债务承担无限责任的企业。

私营有限责任公司 指按《公司法》、《私营企业暂行条例》的规定，由两个以上自然人投资或由单个自然人控股的有限责任公司。

私营股份有限公司 指按《公司法》的规定，由五个以上自然人投资，或由单个自然人控股的股份有限公司。

个人独资企业 指按《个人独资企业法》、《个人独资企业登记管理办法》的规定，由一个自然人投资，财产为投资人个人所有，投资人以其个人财产对企业债务承担无限责任的经营实体。个人独资企业填表时归入私营独资企业。

8. 其他内资企业：指上述第 1 条至第 7 条之外的其他内资经济组织。

9. 与港澳台商合资经营企业：指港澳台地区投资者与内地的企业依照《中华人民共和国中外合资经营企业法》及有关法律的规定，按合同规定的比例投资设立，分享利润和分担风险的企业。

10. 与港澳台商合作经营企业：指港澳台地区投资者与内地企业依照《中华人民共和国中外合作经营企业法》及有关法律的规定，依照合作合同的约定进行投资或提供条件设立，分配利润、分担风险和亏损的企业。

11. 港澳台商独资经营企业：指依照《中华人民共和国外资企业法》及有关法律的规定，在内地由港澳台地区投资者全额投资设立的企业。

12. 港澳台商投资股份有限公司：指根据国家有关规定，经商务部（原外经贸部）批准设立，并且其中港、澳、台商的股本占公司注册资本的比例达 25%以上的股份有限公司。凡其中港、澳、台商的股本占公司注册资本的比例小于 25%的，属于内资中的股份有限公司。

13. 其他港、澳、台商投资企业：指在中国境内参照《外国企业或个人在中国境内设立合伙企业管理办法》和《外商投资合伙企业登记管理规定》，依法设立的港、澳、台商投资合伙企业。

14. 中外合资经营企业：指外国企业或外国人与中国内地企业依照《中华人民共和国中外合资经营企业法》及有关法律的规定，按合同规定的比例投资设立，分享利润和分担风险的企业。

15. 中外合作经营企业：指外国企业或外国人与中国内地企业依照《中华人民共和国中外合作经营企业法》及有关法律的规定，依照合作合同的约定进行投资或提供条件设立，分配利润、分担风险和亏损的企业。

16. 外资企业：指依照《中华人民共和国外资企业法》及有关法律的规定，在中国内地由外国投资者全额投资设立的企业。

17. 外商投资股份有限公司：指根据国家有关规定，经商务部（原外经贸部）批准设立，并且其中外资的股本占公司注册资本的比例达25%以上的股份有限公司。凡其中外资股本占公司注册资本的比例小于25%的，属于内资中的股份有限公司。

18. 其他外商投资企业：指在中国境内依照《外国企业或个人在中国境内设立合伙企业管理办法》和《外商投资合伙企业登记管理规定》，依法设立的外商投资合伙企业。

统计上大中小微型企业划分办法

一、根据工业和信息化部、国家统计局、国家发展改革委、财政部《关于印发中小企业划型标准规定的通知》（工信部联企业〔2011〕300号），结合统计工作的实际情况，特制定本办法。

二、本办法适用对象为在中华人民共和国境内依法设立的各种组织形式的法人企业或单位。个体工商户参照本办法进行划分。

三、本办法适用范围包括：农、林、牧、渔业，采矿业，制造业，电力、热力、燃气及水生产和供应业，建筑业，批发和零售业，交通运输、仓储和邮政业，住宿和餐饮业，信息传输、软件和信息技术服务业，房地产业，租赁和商务服务业，科学研究和技术服务业，水利、环境和公共设施管理业，居民服务、修理和其他服务业，文化、体育和娱乐业等15个行业门类以及社会工作行业大类。

四、本办法按照行业门类、大类、中类和组合类别，依据从业人员、营业收入、资产总额等指标或替代指标，将我国的企业划分为大型、中型、小型、微型等四种类型。具体划分标准见附表。

五、企业划分由政府综合统计部门根据统计年报每年确定一次，定报统计原则上不进行调整。

六、本办法自印发之日起执行，国家统计局2003年印发的《统计上大中小型企业划分办法（暂行）》（国统字〔2003〕17号）同时废止。

附表：

统计上大中小微型企业划分标准

行业名称	指标名称	计量单位	大型	中型	小型	微型
农、林、牧、渔业	营业收入(Y)	万元	Y≥20000	500≤Y＜20000	50≤Y＜500	Y＜50
工业*	从业人员(X)	人	X≥1000	300≤X＜1000	20≤X＜300	X＜20
	营业收入(Y)	万元	Y≥40000	2000≤Y＜40000	300≤Y＜2000	Y＜300
建筑业	营业收入(Y)	万元	Y≥80000	6000≤Y＜80000	300≤Y＜6000	Y＜300
	资产总额(Z)	万元	Z≥80000	5000≤Z＜80000	300≤Z＜5000	Z＜300
批发业	从业人员(X)	人	X≥200	20≤X＜200	5≤X＜20	X＜5
	营业收入(Y)	万元	Y≥40000	5000≤Y＜40000	1000≤Y＜5000	Y＜1000
零售业	从业人员(X)	人	X≥300	50≤X＜300	10≤X＜50	X＜10
	营业收入(Y)	万元	Y≥20000	500≤Y＜20000	100≤Y＜500	Y＜100
交通运输业*	从业人员(X)	人	X≥1000	300≤X＜1000	20≤X＜300	X＜20
	营业收入(Y)	万元	Y≥30000	3000≤Y＜30000	200≤Y＜3000	Y＜200
仓储业	从业人员(X)	人	X≥200	100≤X＜200	20≤X＜100	X＜20
	营业收入(Y)	万元	Y≥30000	1000≤Y＜30000	100≤Y＜1000	Y＜100
邮政业	从业人员(X)	人	X≥1000	300≤X＜1000	20≤X＜300	X＜20
	营业收入(Y)	万元	Y≥30000	2000≤Y＜30000	100≤Y＜2000	Y＜100
住宿业	从业人员(X)	人	X≥300	100≤X＜300	10≤X＜100	X＜10
	营业收入(Y)	万元	Y≥10000	2000≤Y＜10000	100≤Y＜2000	Y＜100

续表

行业名称	指标名称	计量单位	大型	中型	小型	微型
餐饮业	从业人员(X)	人	X≥300	100≤X＜300	10≤X＜100	X＜10
	营业收入(Y)	万元	Y≥10000	2000≤Y＜10000	100≤Y＜2000	Y＜100
信息传输业*	从业人员(X)	人	X≥2000	100≤X＜2000	10≤X＜100	X＜10
	营业收入(Y)	万元	Y≥100000	1000≤Y＜100000	100≤Y＜1000	Y＜100
软件和信息技术服务业	从业人员(X)	人	X≥300	100≤X＜300	10≤X＜100	X＜10
	营业收入(Y)	万元	Y≥10000	1000≤Y＜10000	50≤Y＜1000	Y＜50
房地产开发经营	营业收入(Y)	万元	Y≥200000	1000≤Y＜200000	100≤Y＜1000	Y＜100
	资产总额(Z)	万元	Z≥10000	5000≤Z＜10000	2000≤Z＜5000	Z＜2000
物业管理	从业人员(X)	人	X≥1000	300≤X＜1000	100≤X＜300	X＜100
	营业收入(Y)	万元	Y≥5000	1000≤Y＜5000	500≤Y＜1000	Y＜500
租赁和商务服务业	从业人员(X)	人	X≥300	100≤X＜300	10≤X＜100	X＜10
	资产总额(Z)	万元	Z≥120000	8000≤Z＜120000	100≤Z＜8000	Z＜100
其他未列明行业*	从业人员(X)	人	X≥300	100≤X＜300	10≤X＜100	X＜10

说明:

1. 大型、中型和小型企业须同时满足所列指标的下限，否则下划一档；微型企业只须满足所列指标中的一项即可。

2. 附表中各行业的范围以《国民经济行业分类》（GB/T4754-2011）为准。带*的项为行业组合类别，其中，工业包括采矿业，制造业，电力、热力、燃气及水生产和供应业；交通运输业包括道路运输业，水上运输业，航空运输业，管道运输业，装卸搬运和运输代理业，不包括铁路运输业；信息传输业包括电信、广播电视和卫星传输服务，互联网和相关服务；其他未列明行业包括科学研究和技术服务业，水利、环境和公共设施管理业，居民服务、修理和其他服务业，社会工作，文化、体育和娱乐业，以及房地产中介服务，其他房地产业等，不包括自有房地产经营活动。

3. 企业划分指标以现行统计制度为准。(1) 从业人员，是指期末从业人员数，没有期末从业人员数的，采用全年平均人员数代替。(2) 营业收入，工业、建筑业、限额以上批发和零售业、限额以上住宿和餐饮业以及其他设置主营业务收入指标的行业，采用主营业务收入；限额以下批发与零售业企业采用商品销售额代替；限额以下住宿与餐饮业企业采用营业额代替；农、林、牧、渔业企业采用营业总收入代替；其他未设置主营业务收入的行业，采用营业收入指标。(3) 资产总额，采用资产总计代替。

文化及相关产业分类(2012)

一、目的和作用

（一）为深入贯彻落实党的十七届六中全会关于深化文化体制改革、推动社会主义文化大发展大繁荣的精神，建立科学可行的文化及相关产业统计制度，制定本分类。

（二）本分类为界定我国文化及相关单位的生产活动提供依据，为当前的社会主义文化建设、文化宏观管理提供参考，为文化及相关产业统计提供统一的定义和范围。

二、定义和范围

（一）定义

本分类规定的文化及相关产业是指为社会公众提供文化产品和文化相关产品的生产活动的集合。

（二）范围

根据以上定义，我国文化及相关产业的范围包括：

1. 以文化为核心内容，为直接满足人们的精神需要而进行的创作、制造、传播、展示等文化产品（包括货物和服务）的生产活动；

2. 为实现文化产品生产所必需的辅助生产活动；

3. 作为文化产品实物载体或制作（使用、传播、展示）工具的文化用品的生产活动(包括制造和销售)；

4. 为实现文化产品生产所需专用设备的生产活动(包括制造和销售)。

三、分类原则

（一）以《国民经济行业分类》为基础

本分类以《国民经济行业分类》（GB/T 4754—2011）为基础，根据文化及相关单位生产活动的特点，将行业分类中相关的类别重新组合，是《国民经济行业分类》的派生分类。

（二）兼顾部门管理需要和可操作性

根据我国文化体制改革和发展的实际，本分类在考虑文化生产活动特点的同时，兼顾政府部门管理的需要；立足于现行的统计制度和方法，充分考虑分类的可操作性。

（三）与国际分类标准相衔接

本分类借鉴了联合国教科文组织的《文化统计框架—2009》的分类方法，在定义和覆盖范围上可与其衔接。

四、分类方法

本分类依据上述分类原则，将文化及相关产业分为五层。

第一层包括文化产品的生产、文化相关产品的生产两部分，用“第一部分”、“第二部分”表示；

第二层根据管理需要和文化生产活动的自身特点分为10个大类，用“一”、“二”……“十”表示；

第三层依照文化生产活动的相近性分为50个中类，在每个大类下分别用“(一)”、“(二)”、“(三)”……表示；

第四层共有120个小类，是文化及相关产业的具体活动类别，直接用《国民经济行业分类》（GB/T 4754—2011）相对应行业小类的名称和代码表示。对于含有部分文化生产活动的小类，在其名称后用“*”标出。

第五层为带“*”小类下设置的延伸层。通过在类别名称前加“—”表示，不设代码和顺序号，其包含的活动内容在表2中加以说明。

表1　文化及相关产业的类别名称和行业代码

类　别　名　称	国民经济行业代码
第一部分　文化产品的生产	
一、新闻出版发行服务	
（一）新闻服务	
新闻业	8510
（二）出版服务	
图书出版	8521
报纸出版	8522
期刊出版	8523
音像制品出版	8524
电子出版物出版	8525
其他出版业	8529
（三）发行服务	
图书批发	5143
报刊批发	5144
音像制品及电子出版物批发	5145
图书、报刊零售	5243
音像制品及电子出版物零售	5244
二、广播电视电影服务	
（一）广播电视服务	
广播	8610
电视	8620
（二）电影和影视录音服务	
电影和影视节目制作	8630
电影和影视节目发行	8640
电影放映	8650
录音制作	8660
三、文化艺术服务	
（一）文艺创作与表演服务	
文艺创作与表演	8710
艺术表演场馆	8720
（二）图书馆与档案馆服务	
图书馆	8731
档案馆	8732
（三）文化遗产保护服务	
文物及非物质文化遗产保护	8740
博物馆	8750
烈士陵园、纪念馆	8760
（四）群众文化服务	
群众文化活动	8770
（五）文化研究和社团服务	
社会人文科学研究	7350
专业性团体（的服务）*	9421
—学术理论社会团体的服务	
—文化团体的服务	

续表 1

类　别　名　称	国民经济行业代码
（六）文化艺术培训服务	
文化艺术培训	8293
其他未列明教育 *	8299
—美术、舞蹈、音乐辅导服务	
（七）其他文化艺术服务	
其他文化艺术业	8790
四、文化信息传输服务	
（一）互联网信息服务	
互联网信息服务	6420
（二）增值电信服务（文化部分）	
其他电信服务 *	6319
—增值电信服务(文化部分)	
（三）广播电视传输服务	
有线广播电视传输服务	6321
无线广播电视传输服务	6322
卫星传输服务 *	6330
—传输、覆盖与接收服务	
—设计、安装、调试、测试、监测等服务	
五、文化创意和设计服务	
（一）广告服务	
广告业	7240
（二）文化软件服务	
软件开发 *	6510
—多媒体、动漫游戏软件开发	
数字内容服务 *	6591
—数字动漫、游戏设计制作	
（三）建筑设计服务	
工程勘察设计 *	7482
—房屋建筑工程设计服务	
—室内装饰设计服务	
—风景园林工程专项设计服务	
（四）专业设计服务	
专业化设计服务	7491
六、文化休闲娱乐服务	
（一）景区游览服务	
公园管理	7851
游览景区管理	7852
野生动物保护 *	7712
—动物园和海洋馆、水族馆管理服务	
野生植物保护 *	7713
—植物园管理服务	
（二）娱乐休闲服务	
歌舞厅娱乐活动	8911
电子游艺厅娱乐活动	8912
网吧活动	8913
其他室内娱乐活动	8919
游乐园	8920
其他娱乐业	8990

续表 2

类别名称	国民经济行业代码
（三）摄影扩印服务	
摄影扩印服务	7492
七、工艺美术品的生产	
（一）工艺美术品的制造	
雕塑工艺品制造	2431
金属工艺品制造	2432
漆器工艺品制造	2433
花画工艺品制造	2434
天然植物纤维编织工艺品制造	2435
抽纱刺绣工艺品制造	2436
地毯、挂毯制造	2437
珠宝首饰及有关物品制造	2438
其他工艺美术品制造	2439
（二）园林、陈设艺术及其他陶瓷制品的制造	
园林、陈设艺术及其他陶瓷制品制造 *	3079
—陈设艺术陶瓷制品制造	
（三）工艺美术品的销售	
首饰、工艺品及收藏品批发	5146
珠宝首饰零售	5245
工艺美术品及收藏品零售	5246
第二部分　文化相关产品的生产	
八、文化产品生产的辅助生产	
（一）版权服务	
知识产权服务 *	7250
—版权和文化软件服务	
（二）印刷复制服务	
书、报刊印刷	2311
本册印制	2312
包装装潢及其他印刷	2319
装订及印刷相关服务	2320
记录媒介复制	2330
（三）文化经纪代理服务	
文化娱乐经纪人	8941
其他文化艺术经纪代理	8949
（四）文化贸易代理与拍卖服务	
贸易代理 *	5181
—文化贸易代理服务	
拍卖 *	5182
—艺（美）术品、文物、古董、字画拍卖服务	
（五）文化出租服务	
娱乐及体育设备出租 *	7121
—视频设备、照相器材和娱乐设备的出租服务	
图书出租	7122
音像制品出租	7123
（六）会展服务	
会议及展览服务	7292
（七）其他文化辅助生产	
其他未列明商务服务业 *	7299
—公司礼仪和模特服务	

续表 3

类 别 名 称	国民经济行业代码
—大型活动组织服务	
—票务服务	
九、文化用品的生产	
（一）办公用品的制造	
文具制造	2411
笔的制造	2412
墨水、墨汁制造	2414
（二）乐器的制造	
中乐器制造	2421
西乐器制造	2422
电子乐器制造	2423
其他乐器及零件制造	2429
（三）玩具的制造	
玩具制造	2450
（四）游艺器材及娱乐用品的制造	
露天游乐场所游乐设备制造	2461
游艺用品及室内游艺器材制造	2462
其他娱乐用品制造	2469
（五）视听设备的制造	
电视机制造	3951
音响设备制造	3952
影视录放设备制造	3953
（六）焰火、鞭炮产品的制造	
焰火、鞭炮产品制造	2672
（七）文化用纸的制造	
机制纸及纸板制造 *	2221
—文化用机制纸及纸板制造	
手工纸制造	2222
（八）文化用油墨颜料的制造	
油墨及类似产品制造	2642
颜料制造 *	2643
—文化用颜料制造	
（九）文化用化学品的制造	
信息化学品制造 *	2664
—文化用信息化学品的制造	
（十）其他文化用品的制造	
照明灯具制造 *	3872
—装饰用灯和影视舞台灯制造	
其他电子设备制造 *	3990
—电子快译通、电子记事本、电子词典等制造	
（十一）文具乐器照相器材的销售	
文具用品批发	5141
文具用品零售	5241
乐器零售	5247
照相器材零售	5248

续表 4

类 别 名 称	国民经济行业代码
（十二）文化用家电的销售	
家用电器批发 *	
—文化用家用电器批发	
家用视听设备零售	5271
（十三）其他文化用品的销售	
其他文化用品批发	5149
其他文化用品零售	5249
十、文化专用设备的生产	
（一）印刷专用设备的制造	
印刷专用设备制造	3542
（二）广播电视电影专用设备的制造	
广播电视节目制作及发射设备制造	3931
广播电视接收设备及器材制造	3932
应用电视设备及其他广播电视设备制造	3939
电影机械制造	3471
（三）其他文化专用设备的制造	
幻灯及投影设备制造	3472
照相机及器材制造	3473
复印和胶印设备制造	3474
（四）广播电视电影专用设备的批发	
通讯及广播电视设备批发 *	5178
—广播电视电影专用设备批发	
（五）舞台照明设备的批发	
电气设备批发 *	5176
—舞台照明设备的批发	

表 2　对延伸层文化生产活动内容的说明

序号	类别名称及代码		文化生产活动的内容
	小类	延伸层	
1	专业性团体（的服务）（9421）	学术理论社会团体的服务	包括党的理论研究、史学研究、思想工作研究、社会人文科学研究等团体的服务。
		文化团体的服务	包括新闻、图书、报刊、音像、版权、广播、电视、电影、演员、作家、文学艺术、美术家、摄影家、文物、博物馆、图书馆、文化馆、游乐园、公园、文艺理论研究、民族文化等团体的服务。
2	其他未列明教育（8299）	美术、舞蹈、音乐辅导服务	包括美术、舞蹈和音乐等辅导服务。
3	其他电信服务（6319）	增值电信服务(文化部分)	包括手机报、个性化铃音、网络广告等业务服务。
4	卫星传输服务（6330）	传输、覆盖与接收服务	包括卫星广播电视信号的传输、覆盖与接收服务。
		设计、安装、调试、测试、监测等服务	包括卫星广播电视传输、覆盖、接收系统的设计、安装、调试、测试、监测等服务。
5	软件开发（6510）	多媒体、动漫游戏软件开发	包括应用软件开发及经营中的多媒体软件和动漫游戏软件开发及经营活动。
6	数字内容服务（6591）	数字动漫、游戏设计制作	包括数字动漫制作和游戏设计制作等服务。
7	工程勘察设计（7482）	房屋建筑工程设计服务	包括房屋（住宅、商业用房、公用事业用房、其他房屋）建筑工程设计服务。
		室内装饰设计服务	包括住宅室内装饰设计服务和其他室内装饰设计服务。
		风景园林工程专项设计服务	包括各类风景园林工程专项设计服务。
8	野生动物保护（7712）	动物园和海洋馆、水族馆管理服务	包括动物园管理服务，放养动物园管理服务，鸟类动物园管理服务，海洋馆、水族馆管理服务。
9	野生植物保护（7713）	植物园管理服务	包括各类植物园管理服务。
10	园林、陈设艺术及其他陶瓷制品制造（3079）	陈设艺术陶瓷制品制造	包括室内陈设艺术陶瓷制品、工艺陶瓷制品、陶瓷壁画、陶瓷制塑像和其他陈设艺术陶瓷制品的制造。
11	知识产权服务（7250）	版权和文化软件服务	版权服务包括版权代理服务，版权鉴定服务，版权咨询服务，海外作品登记服务，涉外音像合同认证服务，著作权使用报酬收转服务，版权贸易服务和其他版权服务。文化软件服务指与文化有关的软件服务，包括软件代理、软件著作权登记、软件鉴定等服务。
12	贸易代理（5181）	文化贸易代理服务	包括文化用品、图书、音像、文化用家用电器和广播电视器材等国际国内贸易代理服务。
13	拍卖（5182）	艺（美）术品、文物、古董、字画拍卖服务	包括艺（美）术品拍卖服务，文物拍卖服务，古董、字画拍卖服务。
14	娱乐及体育设备出租（7121）	视频设备、照相器材和娱乐设备的出租服务	包括视频设备出租服务，照相器材出租服务，娱乐设备出租服务。
15	其他未列明商务服务业（7299）	公司礼仪和模特服务	公司礼仪服务包括开业典礼、庆典及其他重大活动的礼仪服务。模特服务包括服装模特、艺术模特和其他模特等服务。
		大型活动组织服务	包括文艺晚会策划组织服务，大型庆典活动策划组织服务，艺术、模特大赛策划组织服务，艺术节、电影节等策划组织服务，民间活动策划组织服务，公益演出、展览等活动的策划组织服务，其他大型活动的策划组织服务。
		票务服务	包括电影票务服务，文艺演出票务服务，展览、博览会票务服务。

续表

序号	类别名称及代码		文化生产活动的内容
	小类	延伸层	
16	机制纸及纸板制造 (2221)	文化用机制纸及纸板制造	包括未涂布印刷书写用纸制造，涂布类印刷用纸制造，感应纸及纸板制造。
17	颜料制造 (2643)	文化用颜料制造	包括水彩颜料、水粉颜料、油画颜料、国画颜料、调色料、其他艺术用颜料、美工塑型用膏等制造。
18	信息化学品制造 (2664)	文化用信息化学品的制造	包括感光胶片的制造，摄影感光纸、纸板及纺织物制造，摄影用化学制剂、复印机用化学制剂制造，空白磁带、空白磁盘、空盘制造。
19	照明灯具制造 (3872)	装饰用灯和影视舞台灯制造	包括装饰用灯（圣诞树用成套灯具、其他装饰用灯）和影视舞台灯的制造。
20	其他电子设备制造 (3990)	电子快译通、电子记事本、电子词典等制造	包括电子快译通、电子记事本、电子词典等电子设备的制造。
21	家用电器批发 (5137)	文化用家用电器批发	包括电视机、摄录像设备、便携式收录放设备、音响设备等的批发。
22	通讯及广播电视设备批发 (5178)	广播电视电影专用设备批发	包括广播设备、电视设备、电影设备、广播电视卫星设备等的批发。
23	电气设备批发 (5176)	舞台照明设备的批发	包括各类舞台照明设备的批发。

福建经济普查年鉴 2013

Fujian Economic Census Yearbook

第二产业卷

福建省第三次全国经济普查领导小组办公室　编

图书在版编目（CIP）数据

福建经济普查年鉴. 2013 / 福建省第三次全国经济普查领导小组办公室编. -- 北京 : 中国统计出版社, 2016.1
ISBN 978-7-5037-7752-3

Ⅰ. ①福… Ⅱ. ①福… Ⅲ. ①经济－普查－福建省－2013－年鉴 Ⅳ. ①F127.45-54

中国版本图书馆 CIP 数据核字（2016）第 027328 号

福建经济普查年鉴—2013/第二产业卷

作　　者/福建省第三次全国经济普查领导小组办公室
责任编辑/赵淑焕
封面设计/黄俊杰　李雪燕
出版发行/中国统计出版社
通信地址/北京市丰台区西三环南路甲 6 号　邮政编码/100073
电　　话/邮购（010）63376909　书店（010）68783171
网　　址/http://www.zgtjcbs.com/
印　　刷/河北天普润印刷厂
经　　销/新华书店
开　　本/880mm×1230mm　1/16
字　　数/1144 千字
印　　张/36.5
版　　别/2016 年 8 月第 1 版
版　　次/2016 年 8 月第 1 次印刷
定　　价/680.00 元

本书附同版本 CD-ROM 一张，光盘内容以书面文字为准。
如有印装差错，由本社发行部调换。

编者说明

为便于社会各界分享我省第三次全国经济普查成果，方便使用和开发利用普查资料，我们将经济普查资料编辑整理，汇编成《福建经济普查年鉴—2013》一书。全书共三卷，即综合卷、第二产业卷和第三产业卷，并随书配送同版本光盘一张。《综合卷》分三篇：第一篇为“综合篇”，第二篇为“小微企业篇”，第三篇为“文化及相关产业篇”。《第二产业卷》分三篇：第一篇为“工业企业生产经营及财务状况”，第二篇为“规模以上工业企业科技情况”，第三篇是“建筑业企业生产经营及财务状况”。《第三产业卷》分六篇：第一篇为“批发和零售业基本情况及财务状况”，第二篇为“住宿和餐饮业基本情况及财务状况”，第三篇为“房地产开发经营业生产经营及财务状况”，第四篇为“重点服务业企业财务状况”，第五篇为 “行政事业、社团及其他单位财务状况”，第六篇为“企业信息化和电子商务交易情况”。

为使读者能够更好地使用本资料，现对有关问题做如下说明：

一、第三次全国经济普查的标准时点为2013年12月31日，时期资料为2013年度；

二、每卷后附有该卷详细的指标解释，使用时请仔细阅读；

三、综合卷中综合篇和小微企业篇汇总表，均不包括金融业、铁路运输业和一些无分组标识的数据；

四、第三产业卷中重点服务业企业财务状况分行业、分地区、分登记注册类型、分控股情况主要指标汇总口径为“机构类型”为“企业”或者“执行会计标准类别”为“企业会计制度”的法人单位。行政事业、社团及其他单位财务状况分行业、分地区主要指标汇总口径为“机构类型”不等于“企业”并且“执行会计标准类别”不等于“企业会计制度”的法人单位。

五、本资料建筑业按法人单位注册地，其他行业按法人单位经营地进行汇总；

六、本资料对部分数据由于单位取舍不同或四舍五入而产生的差数均未作调整；

七、表中空格表示该项统计指标数值为零、数据不详或无该项数据，“#”表示其中的主要项。

八、由于经济普查年鉴汇总口径与经济普查公报不完全一致，可能会造成我省经济普查年鉴数据与经济普查公报数据存在差异。

我们希望此书的面世，能使社会各界对我省第三次全国经济普查有一个全面概括的了解，更愿本书的内容，能为社会经济研究工作者提供有价值的参考。

第三次全国经济普查资料是全省普查工作者共同辛勤工作的成果，也是广大普查对象积极支持配合的结果。在此，我们向全省所有普查工作者、普查对象和所有参与和支持普查工作的人员致以崇高的敬意和衷心的感谢！

第二产业卷　目录

第一篇　工业企业生产经营及财务状况

A.全部工业

1-A-01　工业企业法人按行业（小类）分组的主要经济指标 ………… 2
1-A-02　工业企业法人按登记注册类型分组的主要经济指标 ………… 38
1-A-03　分地区工业企业主要经济指标 ………… 39

B.规模以上工业(按企业规模)

1-B-01　工业企业生产经营主要指标发展速度 ………… 41
1-B-02　工业企业主要财务指标发展速度 ………… 43
1-B-03　按总产值分组的主要经济指标 ………… 45
1-B-04　按增加值分组的主要经济指标 ………… 45
1-B-05　按资产总额分组的主要经济指标 ………… 46
1-B-06　按主营业务收入分组的主要经济指标 ………… 46
1-B-07　按利税总额分组的主要经济指标 ………… 47
1-B-08　按从业人员平均人数分组的主要经济指标 ………… 47
1-B-09　大中型工业企业产值指标 ………… 48
1-B-10　大中型工业企业主要财务指标 ………… 50
1-B-11　法人单位产品生产、销售、库存情况 ………… 54
1-B-12　主要工业产品生产能力 ………… 68

C.规模以上工业(按行业和产业)

1-C-01　工业企业生产经营主要指标 ………… 69
1-C-02　工业企业主要财务指标 ………… 86
1-C-03　三大主导产业生产经营主要指标 ………… 154
1-C-04　三大主导产业主要财务指标 ………… 155
1-C-05　工业园区企业生产经营主要指标 ………… 157
1-C-06　工业园区主要财务指标 ………… 158
1-C-07　高技术产业生产经营主要指标 ………… 160
1-C-08　高技术产业主要财务指标 ………… 162

D.规模以上工业(按登记注册类型)

1-D-01　国有控股工业企业生产经营主要指标 ………… 164
1-D-02　国有控股工业企业主要财务指标 ………… 166
1-D-03　国有工业企业生产指标 ………… 168
1-D-04　国有工业企业主要财务指标 ………… 170
1-D-05　集体工业企业产值指标 ………… 172
1-D-06　集体工业企业主要财务指标 ………… 174

1-D-07 “三资”工业企业生产经营主要指标……176
1-D-08 “三资”工业企业主要财务指标……178
1-D-09 工业企业经济效益综合指数……182
1-D-10 工业企业从业人员数和劳动生产率……184
1-D-11 工业企业主要经济效益指标……188
1-D-12 国有控股工业企业主要经济效益指标……192
1-D-13 国有工业企业主要经济效益指标……196
1-D-14 集体工业企业主要经济效益指标……200
1-D-15 “三资”工业企业主要经济效益指标……204

E.规模以上工业(按区域)

1-E-01 福州市工业企业主要生产经营、效益指标……208
1-E-02 厦门市工业企业主要生产经营、效益指标……216
1-E-03 莆田市工业企业主要生产经营、效益指标……224
1-E-04 三明市工业企业主要生产经营、效益指标……232
1-E-05 泉州市工业企业主要生产经营、效益指标……240
1-E-06 漳州市工业企业主要生产经营、效益指标……248
1-E-07 南平市工业企业主要生产经营、效益指标……256
1-E-08 龙岩市工业企业主要生产经营、效益指标……264
1-E-09 宁德市工业企业主要生产经营、效益指标……272
1-E-10 各市、县工业总产值……280
1-E-11 各市、县工业企业从业人员平均人数……282
1-E-12 各市、县工业企业劳动生产率……284
1-E-13 各市、县工业企业主要财务指标……286
1-E-14 各市、县国有控股工业企业主要财务指标……290
1-E-15 各市、县国有工业企业主要财务指标……294
1-E-16 各市、县集体工业企业主要财务指标……298
1-E-17 各市、县“三资”工业企业主要财务指标……302
1-E-18 各市、县工业企业主要经济效益指标……306
1-E-19 各市、县国有控股工业企业主要经济效益指标……308
1-E-20 各市、县国有工业企业主要经济效益指标……310
1-E-21 各市、县集体工业企业主要经济效益指标……312
1-E-22 各市、县“三资”工业企业主要经济效益指标……314

第二篇　规模以上工业企业科技情况

A.企业 R&D 及相关活动主要指标

2-A-01 企业 R&D 及相关活动主要指标……318
2-A-02 分登记注册类型企业 R&D 及相关活动主要指标……320
2-A-03 制造业企业 R&D 及相关活动主要指标……324
2-A-04 分设区市企业 R&D 及相关活动主要指标……332

B.基本情况

2-B-01　企业基本情况……336
2-B-02　大中型企业基本情况……338
2-B-03　内资企业基本情况……340
2-B-04　港澳台商投资企业基本情况……341
2-B-05　外商投资企业基本情况……342
2-B-06　分地区企业基本情况……343

C.企业 R&D 人员情况

2-C-01　企业 R&D 人员情况……345
2-C-02　大中型企业 R&D 人员情况……347
2-C-03　内资企业 R&D 人员情况……349
2-C-04　港澳台商投资企业 R&D 人员情况……350
2-C-05　外商投资企业 R&D 人员情况……351
2-C-06　分地区企业 R&D 人员情况……352

D.企业 R&D 经费支出情况

2-D-01　企业 R&D 经费内部支出情况……354
2-D-02　大中型企业 R&D 经费内部支出情况……356
2-D-03　内资企业 R&D 经费内部支出情况……358
2-D-04　港澳台商投资企业 R&D 经费内部支出情况……359
2-D-05　外商投资企业 R&D 经费内部支出情况……360
2-D-06　分地区企业 R&D 经费内部支出情况……361
2-D-07　企业 R&D 经费外部支出情况……363
2-D-08　大中型企业 R&D 经费外部支出情况……365
2-D-09　内资企业 R&D 经费外部支出情况……367
2-D-10　港澳台商投资企业 R&D 经费外部支出情况……368
2-D-11　外商投资企业 R&D 经费外部支出情况……369
2-D-12　分地区企业 R&D 经费外部支出情况……370

E.企业 R&D 项目情况

2-E-01　企业全部 R&D 项目情况……372
2-E-02　大中型企业全部 R&D 项目情况……374
2-E-03　内资企业全部 R&D 项目情况……376
2-E-04　港澳台商投资企业全部 R&D 项目情况……377
2-E-05　外商投资企业全部 R&D 项目情况……378
2-E-06　分地区企业全部 R&D 项目情况……379

F.企业办研发机构情况

2-F-01　企业办研发机构情况……381
2-F-02　大中型企业办研发机构情况……383
2-F-03　内资企业办研发机构情况……385
2-F-04　港澳台商投资企业办研发机构情况……386
2-F-05　外商投资企业办研发机构情况……387

2-F-06 分地区企业办研发机构情况 …… 388

G.企业新产品开发及销售情况

2-G-01 企业新产品开发及销售情况 …… 390
2-G-02 大中型企业新产品开发及销售情况 …… 392
2-G-03 内资企业新产品开发及销售情况 …… 394
2-G-04 港澳台商投资企业新产品开发及销售情况 …… 395
2-G-05 外商投资企业新产品开发及销售情况 …… 396
2-G-06 分地区企业新产品开发及销售情况 …… 397

H.企业自主知识产权及相关情况

2-H-01 企业自主知识产权及相关情况 …… 399
2-H-02 大中型企业自主知识产权及相关情况 …… 401
2-H-03 内资企业自主知识产权及相关情况 …… 403
2-H-04 港澳台商投资企业自主知识产权及相关情况 …… 404
2-H-05 外商投资企业自主知识产权及相关情况 …… 405
2-H-06 分地区企业自主知识产权及相关情况 …… 406

I.企业政府相关政策落实情况

2-I-01 企业政府相关政策落实情况 …… 408
2-I-02 大中型企业政府相关政策落实情况 …… 410
2-I-03 内资企业政府相关政策落实情况 …… 412
2-I-04 港澳台商投资企业政府相关政策落实情况 …… 413
2-I-05 外商投资企业政府相关政策落实情况 …… 414
2-I-06 分地区企业政府相关政策落实情况 …… 415

J.企业技术获取和技术改造情况

2-J-01 企业技术获取和技术改造情况 …… 417
2-J-02 大中型企业技术获取和技术改造情况 …… 419
2-J-03 内资企业技术获取和技术改造情况 …… 421
2-J-04 港澳台商投资企业技术获取和技术改造情况 …… 422
2-J-05 外商投资企业技术获取和技术改造情况 …… 423
2-J-06 分地区企业技术获取和技术改造情况 …… 424

第三篇 建筑业企业生产经营及财务状况

A.全社会建筑业企业

3-A-01 分设区市全社会建筑业企业个数 …… 428
3-A-02 分设区市全社会建筑业企业年末从业人员 …… 428
3-A-03 分设区市全社会建筑业企业资产总计 …… 429
3-A-04 分设区市全社会建筑业企业实收资本 …… 429
3-A-05 分行业全社会建筑业企业个数 …… 430
3-A-06 分行业全社会建筑业企业年末从业人员 …… 431
3-A-07 分行业全社会建筑业企业资产总计 …… 432

3-A-08　分行业全社会建筑业企业实收资本……433

B.总承包和专业承包建筑业企业

3-B-1.01　按经济类型划分的总承包和专业承包企业主要经济指标……434
3-B-1.02　总承包和专业承包企业主要经济指标完成情况……435
3-B-1.03　总承包和专业承包企业签订合同情况……436
3-B-1.04　总承包和专业承包企业承包工程完成情况……438
3-B-1.05　总承包和专业承包企业建筑业总产值和竣工产值……440
3-B-1.06　总承包和专业承包企业房屋建筑面积……442
3-B-1.07　按主要用途分的总承包和专业承包企业房屋建筑竣工面积……444
3-B-1.08　按主要用途分的总承包和专业承包企业房屋建筑竣工价值……448
3-B-1.09　总承包和专业承包企业施工机械设备情况……452
3-B-1.10　总承包和专业承包企业建筑材料消耗情况……454
3-B-1.11　总承包和专业承包企业主要生产效益指标……456
3-B-1.12　总承包和专业承包企业营业额……458
3-B-1.13　总承包和专业承包企业资产构成……460
3-B-1.14　总承包和专业承包企业固定资产情况……462
3-B-1.15　总承包和专业承包企业负债及所有者权益……464
3-B-1.16　总承包和专业承包企业实收资本……466
3-B-1.17　总承包和专业承包企业收入情况……468
3-B-1.18　总承包和专业承包企业费用情况……470
3-B-1.19　总承包和专业承包企业利润及税金情况……472
3-B-1.20　总承包和专业承包企业应收工程款及企业亏损情况……474
3-B-1.21　总承包和专业承包企业主要经济效益指标……476
3-B-2.01　按经济类型划分的总承包企业主要经济指标……478
3-B-2.02　总承包企业主要经济指标完成情况……479
3-B-2.03　总承包企业签订合同情况……480
3-B-2.04　总承包企业承包工程完成情况……482
3-B-2.05　总承包建筑业总产值和竣工产值……484
3-B-2.06　总承包企业房屋建筑面积……486
3-B-2.07　按主要用途分的总承包企业房屋建筑竣工面积……488
3-B-2.08　按主要用途分的总承包企业房屋建筑竣工价值……492
3-B-2.09　总承包企业施工机械设备情况……496
3-B-2.10　总承包企业建筑材料消耗情况……498
3-B-2.11　总承包企业主要生产效益指标……500
3-B-2.12　总承包企业营业额……502
3-B-2.13　总承包企业资产构成……504
3-B-2.14　总承包企业固定资产情况……506
3-B-2.15　总承包企业负债及所有者权益……508
3-B-2.16　总承包企业实收资本……510
3-B-2.17　总承包企业收入情况……512

3-B-2.18 总承包企业费用情况 …… 514
3-B-2.19 总承包企业利润及税金情况 …… 516
3-B-2.20 总承包企业应收工程款及企业亏损情况 …… 518
3-B-2.21 总承包企业主要经济效益指标 …… 520
3-B-3.01 按经济类型划分的专业承包企业主要经济指标 …… 522
3-B-3.02 专业承包企业主要经济指标完成情况 …… 523
3-B-3.03 专业承包企业签订合同情况 …… 524
3-B-3.04 专业承包企业承包工程完成情况 …… 526
3-B-3.05 专业承包建筑业总产值和竣工产值 …… 528
3-B-3.06 专业承包企业房屋建筑面积 …… 530
3-B-3.07 按主要用途分的专业承包企业房屋建筑竣工面积 …… 532
3-B-3.08 按主要用途分的专业承包企业房屋建筑竣工价值 …… 536
3-B-3.09 专业承包企业施工机械设备情况 …… 540
3-B-3.10 专业承包企业建筑材料消耗情况 …… 542
3-B-3.11 专业承包业主要生产效益指标 …… 544
3-B-3.12 专业承包企业营业额 …… 546
3-B-3.13 专业承包企业资产构成 …… 548
3-B-3.14 专业承包企业固定资产情况 …… 550
3-B-3.15 专业承包企业负债及所有者权益 …… 552
3-B-3.16 专业承包企业实收资本 …… 554
3-B-3.17 专业承包企业收入情况 …… 556
3-B-3.18 专业承包企业费用情况 …… 558
3-B-3.19 专业承包企业利润及税金情况 …… 560
3-B-3.20 专业承包企业应收工程款及企业亏损情况 …… 562
3-B-3.21 专业承包企业主要经济效益指标 …… 564

C.劳务分包建筑业企业

3-C-01 劳务分包建筑业企业生产经营情况 …… 566
3-C-02 劳务分包建筑业企业个数和人员情况 …… 567

附　录

主要指标解释 …… 571

第1篇

工业企业生产经营及财务状况

A. 全部工业

1-A-01 工业企业法人按

行　　业	单位数（个）	从业人员数（人）	营业收入（万元）
总　计	**94388**	**5881794**	**366965719**
采矿业	**2157**	**117414**	**5772449**
煤炭开采和洗选业	270	49251	1293971
烟煤和无烟煤开采洗选	238	48601	1281671
烟煤和无烟煤开采洗选	238	48601	1281671
褐煤开采洗选	1	2	66
褐煤开采洗选	1	2	66
其他煤炭采选	31	648	12235
其他煤炭采选	31	648	12235
石油和天然气开采业			
石油开采			
石油开采			
天然气开采			
天然气开采			
黑色金属矿采选业	259	13904	1323225
铁矿采选	241	13183	1241271
铁矿采选	241	13183	1241271
锰矿、铬矿采选	15	680	81683
锰矿、铬矿采选	15	680	81683
其他黑色金属矿采选	3	41	270
其他黑色金属矿采选	3	41	270
有色金属矿采选业	261	11807	885598
常用有色金属矿采选	191	8698	647656
铜矿采选	13	259	21000
铅锌矿采选	150	7843	609926
镍钴矿采选			
锡矿采选	3	156	13079
锑矿采选			
铝矿采选	6	63	474
镁矿采选	1	35	936
其他常用有色金属矿采选	18	342	2240
贵金属矿采选	28	1477	75083
金矿采选	19	783	34712
银矿采选	7	243	8618
其他贵金属矿采选	2	451	31753
稀有稀土金属矿采选	42	1632	162859
钨钼矿采选	18	1032	108073
稀土金属矿采选	13	180	19607
放射性金属矿采选			
其他稀有金属矿采选	11	420	35178
非金属矿采选业	1359	42360	2268019
土砂石开采	1189	29904	1641708
石灰石、石膏开采	158	7100	514794
建筑装饰用石开采	476	10780	457829
耐火土石开采	93	3685	357858
粘土及其他土砂石开采	462	8339	311228

行业（小类）分组的主要经济指标

#主营业务收入	营业税金及附加(万元)	#主营业务税金及附加	资产总计(万元)	实收资本(万元)
363237157	**4735207**	**4676259**	**302703313**	**83874684**
5689988	**114037**	**113237**	**4381466**	**1263881**
1269880	25322	24971	1294717	326336
1257643	24833	24482	1244864	312658
1257643	24833	24482	1244864	312658
66	4	4	2300	1000
66	4	4	2300	1000
12171	486	486	47553	12679
12171	486	486	47553	12679
1316859	20042	19888	1076329	304033
1235677	19403	19257	1055268	298335
1235677	19403	19257	1055268	298335
80912	625	617	20256	5528
80912	625	617	20256	5528
270	14	14	805	170
270	14	14	805	170
881439	16305	16263	657021	226467
647319	11905	11867	318287	115979
21000	218	218	17125	10030
609612	11596	11559	279932	94923
13079	26	26	9735	3436
454	15	15	3608	890
936	3	3	242	120
2237	46	46	7645	6580
74135	789	784	156436	45427
34661	162	162	76604	34700
8609	139	134	21402	5727
30866	488	488	58430	5000
159984	3612	3612	182298	65061
106172	3092	3092	149547	51360
19595	310	310	12848	6845
34217	210	210	19903	6856
2220174	52310	52058	1350683	404990
1594292	38173	37952	862240	329865
471486	16368	16365	177803	84442
455940	8941	8845	256353	86681
357853	5109	5095	133016	35404
309013	7756	7647	295068	123338

1-A-01 续表 1

行 业	单位数（个）	从业人员数（人）	营业收入（万元）
化学矿开采	20	720	56776
化学矿开采	20	720	56776
采盐	17	4452	16792
采盐	17	4452	16792
石棉及其他非金属矿采选	133	7284	552743
石棉、云母矿采选	5	33	244
石墨、滑石采选	17	2887	218962
宝石、玉石采选	3	32	801
其他未列明非金属矿采选	108	4332	332734
开采辅助活动	1	6	180
煤炭开采和洗选辅助活动			
煤炭开采和洗选辅助活动			
石油和天然气开采辅助活动			
石油和天然气开采辅助活动			
其他开采辅助活动	1	6	180
其他开采辅助活动	1	6	180
其他采矿业	7	86	1456
其他采矿业	7	86	1456
其他采矿业	7	86	1456
制造业	**86135**	**5623895**	**339029493**
农副食品加工业	4024	251959	22172682
谷物磨制	347	9280	1460765
谷物磨制	347	9280	1460765
饲料加工	362	20122	3695590
饲料加工	362	20122	3695590
植物油加工	168	8377	2990822
食用植物油加工	154	7950	2946535
非食用植物油加工	14	427	44288
制糖业	21	1378	82813
制糖业	21	1378	82813
屠宰及肉类加工	434	34870	2003768
牲畜屠宰	148	6065	656991
禽类屠宰	14	17491	688747
肉制品及副产品加工	272	11314	658030
水产品加工	1475	113671	8093070
水产品冷冻加工	723	76031	5151774
鱼糜制品及水产品干腌制加工	239	22458	1626739
水产饲料制造	61	3580	810440
鱼油提取及制品制造	6	189	28050
其他水产品加工	446	11413	476067
蔬菜、水果和坚果加工	773	49838	2892191
蔬菜加工	614	44044	2495809
水果和坚果加工	159	5794	396382
其他农副食品加工	444	14423	953663
淀粉及淀粉制品制造	73	3076	442802
豆制品制造	99	3325	137400

#主营业务收入	营业税金及附加(万元)	#主营业务税金及附加	资产总计(万元)	实收资本(万元)
56776	634	634	40840	13480
56776	634	634	40840	13480
16475	625	624	308122	18049
16475	625	624	308122	18049
552631	12879	12848	139482	43596
244	19	19	1675	302
218962	2733	2733	46069	4513
801	31	31	402	228
332623	10095	10065	91336	38554
180	5	5	5	5
180	5	5	5	5
180	5	5	5	5
1456	52	52	2711	2050
1456	52	52	2711	2050
1456	52	52	2711	2050
335581521	**4155914**	**4102980**	**256273862**	**73037720**
22061359	77508	75175	13111390	2983805
1456053	6815	6781	676384	198033
1456053	6815	6781	676384	198033
3666158	5118	4754	1538548	349718
3666158	5118	4754	1538548	349718
2987892	2989	2986	2404262	261561
2943605	2971	2969	2377268	240976
44288	17	17	26994	20584
82005	708	708	107463	53249
82005	708	708	107463	53249
1976398	10067	10013	2233953	376255
652655	2114	2091	363232	114747
667386	2223	2223	1230501	82296
656357	5730	5700	640220	179212
8062427	36189	34437	3858962	935538
5132070	25152	24556	2616797	525775
1619459	7391	6236	646693	176014
809141	1280	1280	335158	126683
26792	62	62	22103	17555
474965	2303	2303	238212	89511
2878198	10975	10865	1690447	590870
2482565	7764	7659	1450526	505670
395633	3210	3207	239921	85200
952228	4647	4630	601370	218580
442766	1362	1361	257761	53818
137039	1374	1372	71436	25652

1-A-01 续表 2

行　　业	单位数 (个)	从业人员数 (人)	营业收入 (万元)
蛋品加工	26	1741	120541
其他未列明农副食品加工	246	6281	252920
食品制造业	2562	182956	10091451
焙烤食品制造	688	45773	2051374
糕点、面包制造	444	25690	890961
饼干及其他焙烤食品制造	244	20083	1160413
糖果、巧克力及蜜饯制造	431	46535	2418895
糖果、巧克力制造	238	29973	1515944
蜜饯制作	193	16562	902951
方便食品制造	319	20830	1082063
米、面制品制造	182	7312	306593
速冻食品制造	110	8616	446604
方便面及其他方便食品制造	27	4902	328867
乳制品制造	22	1895	142106
乳制品制造	22	1895	142106
罐头食品制造	392	42030	2549636
肉、禽类罐头制造	33	1973	81516
水产品罐头制造	23	3450	152694
蔬菜、水果罐头制造	302	34994	2184141
其他罐头食品制造	34	1613	131285
调味品、发酵制品制造	239	10442	738802
味精制造	20	1555	141231
酱油、食醋及类似制品制造	94	3968	225165
其他调味品、发酵制品制造	125	4919	372406
其他食品制造	471	15451	1108576
营养食品制造	43	1943	139449
保健食品制造	53	2170	190579
冷冻饮品及食用冰制造	69	1773	65871
盐加工	9	578	32772
食品及饲料添加剂制造	117	5053	497885
其他未列明食品制造	180	3934	182020
酒、饮料和精制茶制造业	3280	148388	8331041
酒的制造	319	17410	1050740
酒精制造	6	55	15863
白酒制造	78	2672	138911
啤酒制造	31	9811	608659
黄酒制造	131	3393	172519
葡萄酒制造	16	201	11998
其他酒制造	57	1278	102791
饮料制造	484	33301	2621967
碳酸饮料制造	29	4191	222389
瓶(罐)装饮用水制造	278	5214	169183
果菜汁及果菜汁饮料制造	54	5605	516156
含乳饮料和植物蛋白饮料制造	23	11739	1209753
固体饮料制造	15	1262	91247
茶饮料及其他饮料制造	85	5290	413239

#主营业务收入	营业税金及附加(万元)	#主营业务税金及附加	资产总计(万元)	实收资本(万元)
120541	121	121	49278	9647
251883	1790	1775	222896	129463
10018281	54366	53440	6614685	1935586
2021352	11116	10990	1319412	460742
875320	5350	5267	886488	344910
1146031	5766	5723	432924	115831
2415755	14864	14439	1418410	356536
1513757	8901	8887	883732	242005
901998	5963	5552	534678	114531
1071119	5720	5677	730806	235333
304741	2074	2064	220459	82627
444008	2229	2198	348737	87405
322370	1418	1415	161610	65302
142101	702	702	110785	28829
142101	702	702	110785	28829
2541353	10228	10121	1285252	342439
80642	493	485	110669	50958
152171	1042	1025	95901	24377
2181094	8245	8164	972798	253341
127446	447	446	105884	13763
734310	6357	6241	823790	205528
139187	2527	2457	445215	77667
224321	2172	2167	125964	38347
370803	1658	1616	252611	89514
1092290	5377	5271	926230	306180
136840	739	739	160921	50023
190479	494	459	155991	50925
65816	531	529	52240	23996
31895	144	138	18021	9485
485623	1823	1791	430384	116801
181638	1647	1616	108673	54950
8280911	142839	139239	5332741	1650442
1036147	72323	72288	1092984	313968
15725	456	456	7899	649
138587	12476	12476	160291	68884
595302	54733	54710	697057	155979
171939	2870	2869	144925	54210
11985	446	445	11082	8020
102609	1343	1332	71730	26226
2609748	15682	15498	1735207	540470
222183	2292	2291	167107	71263
168438	2171	2034	144820	177434
515550	3635	3624	413494	92302
1202870	5158	5123	505891	71902
91139	559	559	121332	24672
409569	1868	1868	382562	102899

1-A-01 续表 3

行业	单位数 (个)	从业人员数 (人)	营业收入 (万元)
精制茶加工	2477	97677	4658334
精制茶加工	2477	97677	4658334
烟草制品业	9	5097	2501751
烟叶复烤	5	1668	43259
烟叶复烤	5	1668	43259
卷烟制造	2	2872	2431590
卷烟制造	2	2872	2431590
其他烟草制品制造	2	557	26902
其他烟草制品制造	2	557	26902
纺织业	3828	293011	19531604
棉纺织及印染精加工	1006	169882	12775141
棉纺纱加工	455	90222	7275664
棉织造加工	345	37995	3041863
棉印染精加工	206	41665	2457613
毛纺织及染整精加工	81	4911	146777
毛条和毛纱线加工	21	1319	30334
毛织造加工	46	2227	89134
毛染整精加工	14	1365	27309
麻纺织及染整精加工	12	481	20339
麻纤维纺前加工和纺纱	7	345	18196
麻织造加工	3	110	1890
麻染整精加工	2	26	254
丝绢纺织及印染精加工	38	775	33910
缫丝加工	3	64	1081
绢纺和丝织加工	8	207	22997
丝印染精加工	27	504	9833
化纤织造及印染精加工	164	7742	375123
化纤织造加工	128	5866	349920
化纤织物染整精加工	36	1876	25203
针织或钩针编织物及其制品制造	1595	63570	3841601
针织或钩针编织物织造	1099	39505	2026012
针织或钩针编织物印染精加工	82	4760	153728
针织或钩针编织品制造	414	19305	1661861
家用纺织制成品制造	351	14205	633234
床上用品制造	115	3750	206026
毛巾类制品制造	19	1479	33591
窗帘、布艺类产品制造	48	2024	77566
其他家用纺织制成品制造	169	6952	316052
非家用纺织制成品制造	581	31445	1705479
非织造布制造	125	9748	828504
绳、索、缆制造	72	2250	100104
纺织带和帘子布制造	208	9905	363277
篷、帆布制造	82	5709	235674
其他非家用纺织制成品制造	94	3833	177919
纺织服装、服饰业	7450	595493	18496998
机织服装制造	5486	458641	15108166
机织服装制造	5486	458641	15108166

#主营业务收入	营业税金及附加(万元)	#主营业务税金及附加	资产总计(万元)	实收资本(万元)
4635016	54835	51453	2504550	796003
4635016	54835	51453	2504550	796003
2367712	1297407	1297328	2304870	374021
38983	387	308	318366	238271
38983	387	308	318366	238271
2301886	1296830	1296830	1946965	120750
2301886	1296830	1296830	1946965	120750
26844	190	190	39539	15001
26844	190	190	39539	15001
19371405	98095	96547	14838291	5114925
12706765	41951	41573	8730030	2577958
7226296	16697	16662	4865968	1253978
3026893	13310	13085	1805487	605492
2453576	11943	11826	2058575	718488
145306	3694	3692	114619	48573
29084	424	424	30358	15765
88951	3060	3058	51739	24558
27272	210	210	32523	8250
20339	127	127	16794	3496
18196	94	94	14030	2653
1890	28	28	2628	788
254	5	5	136	55
33891	206	204	79195	16454
1081	19	19	830	740
22997	62	62	17948	4361
9813	125	123	60417	11353
355194	2608	2594	590735	278800
330337	2341	2337	467183	240284
24857	266	257	123552	38516
3804115	32016	31505	3437734	1512077
1992053	19060	18822	1941822	946341
153361	1296	1247	122109	54963
1658701	11661	11436	1373803	510772
630840	5908	5430	391522	190348
205719	1763	1763	128845	47218
32086	288	277	18253	4333
77469	1190	737	72989	65227
315567	2666	2653	171435	73570
1674956	11586	11422	1477662	487219
818877	5435	5335	688379	206908
99892	1575	1570	46241	21041
362987	2588	2575	463179	130210
218469	1133	1111	134423	58329
174730	855	831	145440	70731
18401895	173050	168874	14125898	3837907
15065551	140942	137357	11273379	2920302
15065551	140942	137357	11273379	2920302

1-A-01 续表 4

行　业	单位数（个）	从业人员数（人）	营业收入（万元）
针织或钩针编织服装制造	902	96598	2342732
针织或钩针编织服装制造	902	96598	2342732
服饰制造	1062	40254	1046100
服饰制造	1062	40254	1046100
皮革、毛皮、羽毛及其制品和制鞋业	6506	860917	30043074
皮革鞣制加工	265	16769	998423
皮革鞣制加工	265	16769	998423
皮革制品制造	1063	100563	3564766
皮革服装制造	63	6312	146462
皮箱、包(袋)制造	832	78591	2891454
皮手套及皮装饰制品制造	39	4811	195056
其他皮革制品制造	129	10849	331795
毛皮鞣制及制品加工	28	491	6091
毛皮鞣制加工	3	42	1133
毛皮服装加工	16	284	1792
其他毛皮制品加工	9	165	3166
羽毛(绒)加工及制品制造	43	1239	396205
羽毛(绒)加工	25	858	372662
羽毛(绒)制品加工	18	381	23543
制鞋业	5107	741855	25077589
纺织面料鞋制造	761	65449	2137423
皮鞋制造	1529	466949	16797274
塑料鞋制造	792	71343	2489055
橡胶鞋制造	1014	92386	2466678
其他制鞋业	1011	45728	1187159
木材加工和木、竹、藤、棕、草制品业	3572	149972	7927931
木材加工	974	29347	1288242
锯材加工	490	14827	643931
木片加工	223	5422	192893
单板加工	98	5733	328336
其他木材加工	163	3365	123082
人造板制造	695	51876	3887552
胶合板制造	438	30643	2186579
纤维板制造	28	3673	416636
刨花板制造	44	2853	306709
其他人造板制造	185	14707	977628
木制品制造	753	25978	1054526
建筑用木料及木材组件加工	210	6518	251858
木门窗、楼梯制造	72	3633	133424
地板制造	23	980	84913
木制容器制造	120	2497	73722
软木制品及其他木制品制造	328	12350	510609
竹、藤、棕、草等制品制造	1150	42771	1697611
竹制品制造	1119	42252	1684831
藤制品制造	13	150	2303

#主营业务收入	营业税金及附加（万元）	#主营业务税金及附加	资产总计（万元）	实收资本（万元）
2298835	19128	18861	1437969	535787
2298835	19128	18861	1437969	535787
1037508	12980	12656	1414550	381818
1037508	12980	12656	1414550	381818
29938557	266620	257741	17381578	4375715
997858	6321	6062	935091	298543
997858	6321	6062	935091	298543
3553862	33800	32224	1892384	473908
146391	1789	1758	172170	29267
2883391	27197	26893	1367044	316614
195030	2046	822	110470	29667
329051	2768	2751	242700	98360
6086	257	257	5995	3504
1133	9	9	688	316
1787	49	49	3483	2479
3166	198	198	1824	709
395566	1333	1319	103151	21119
372036	1086	1072	94572	17659
23530	247	247	8579	3460
24985184	224909	217880	14444956	3578641
2132434	21419	21222	1243637	387753
16755561	132327	127066	9946580	2078473
2467840	28845	27929	1115953	324482
2450236	29560	29281	1496878	492385
1179114	12758	12382	641908	295548
7906531	62076	61452	3981994	1366982
1285043	11689	11639	790135	286951
642244	5034	5028	375430	147563
192115	2582	2577	103622	43482
328037	3055	3033	176498	49409
122648	1017	1001	134585	46496
3876142	22793	22548	1608950	536175
2184931	11284	11150	754935	235550
410765	1785	1785	360592	115773
304280	1696	1666	167084	53849
976166	8027	7947	326339	131003
1051788	10651	10492	733774	266944
251643	1966	1906	246930	70704
133326	1208	1181	116442	35208
84910	233	233	44932	25717
73360	1171	1162	60915	22074
508549	6073	6010	264554	113241
1693559	16942	16772	849135	276913
1680844	16693	16525	842165	273823
2303	46	45	2038	1236

1-A-01 续表 5

行 业	单位数(个)	从业人员数(人)	营业收入(万元)
棕制品制造	2	123	2483
草及其他制品制造	16	246	7994
家具制造业	1736	90270	3808991
木质家具制造	1092	53683	2508184
木质家具制造	1092	53683	2508184
竹、藤家具制造	49	1578	54047
竹、藤家具制造	49	1578	54047
金属家具制造	268	24738	903488
金属家具制造	268	24738	903488
塑料家具制造	44	1682	121457
塑料家具制造	44	1682	121457
其他家具制造	283	8589	221816
其他家具制造	283	8589	221816
造纸和纸制品业	2544	138121	8839204
纸浆制造	28	1433	61560
木竹浆制造	23	1341	58648
非木竹浆制造	5	92	2912
造纸	622	40244	3063317
机制纸及纸板制造	378	34031	2708935
手工纸制造	67	1523	40168
加工纸制造	177	4690	314214
纸制品制造	1894	96444	5714328
纸和纸板容器制造	1076	55372	3112699
其他纸制品制造	818	41072	2601629
印刷和记录媒介复制业	2350	74630	2963319
印刷	2219	72326	2904622
书、报刊印刷	378	12512	485284
本册印制	177	3394	88974
包装装潢及其他印刷	1664	56420	2330363
装订及印刷相关服务	125	2021	44540
装订及印刷相关服务	125	2021	44540
记录媒介复制	6	283	14157
记录媒介复制	6	283	14157
文教、工美、体育和娱乐用品制造业	5724	317657	13117438
文教办公用品制造	210	9685	462284
文具制造	130	6254	323278
笔的制造	27	1801	70887
教学用模型及教具制造	18	704	25235
墨水、墨汁制造	2	8	139
其他文教办公用品制造	33	918	42746
乐器制造	39	2154	35124
中乐器制造	13	645	9839
西乐器制造	16	872	13694
电子乐器制造	4	507	8373
其他乐器及零件制造	6	130	3218
工艺美术品制造	4735	232960	10625951

#主营业务收入	营业税金及附加（万元）	#主营业务税金及附加	资产总计（万元）	实收资本（万元）
2482			1212	470
7929	203	203	3719	1384
3796961	31755	31447	3164429	1273515
2498640	22634	22452	1800400	815621
2498640	22634	22452	1800400	815621
53982	514	488	57458	33979
53982	514	488	57458	33979
902218	5920	5891	966713	283073
902218	5920	5891	966713	283073
121370	264	264	64275	29370
121370	264	264	64275	29370
220752	2423	2353	275583	111472
220752	2423	2353	275583	111472
8602520	59825	57637	8518185	2051985
61556	188	188	123221	41574
58647	177	177	117663	40046
2909	12	12	5557	1528
3021552	14164	14105	3702240	795289
2670808	11243	11228	3277630	661425
40164	1313	1312	46327	40412
310580	1608	1565	378282	93452
5519411	45473	43344	4692725	1215122
2966181	23047	21112	2132771	581891
2553230	22426	22232	2559954	633231
2917828	29512	26703	2337746	821485
2859342	28534	25778	2261760	788098
480415	4469	4250	375650	122196
88819	861	840	68683	31930
2290108	23204	20689	1817426	633972
44330	959	906	41499	18872
44330	959	906	41499	18872
14157	19	19	34487	14515
14157	19	19	34487	14515
13063030	116852	114747	7322834	2491005
461032	7230	7133	254633	94446
322422	6255	6159	154713	52100
70820	549	549	41644	21095
25203	158	157	19838	4725
139	5	5	140	100
42448	263	263	38297	16427
34975	836	836	37245	21757
9835	60	60	8038	5933
13585	676	676	15311	5385
8337	81	81	11978	9627
3218	20	20	1919	812
10591571	93311	91356	5429519	1795449

1-A-01 续表 6

行 业	单位数(个)	从业人员数(人)	营业收入(万元)
雕塑工艺品制造	2336	76331	3493470
金属工艺品制造	486	37031	1221691
漆器工艺品制造	160	16138	1075677
花画工艺品制造	89	4003	129659
天然植物纤维编织工艺品制造	264	16255	529052
抽纱刺绣工艺品制造	96	2464	30484
地毯、挂毯制造	11	2035	166261
珠宝首饰及有关物品制造	237	9103	1700982
其他工艺美术品制造	1056	69600	2278674
体育用品制造	471	49226	1304547
球类制造	60	6127	112414
体育器材及配件制造	163	20356	547923
训练健身器材制造	84	11756	432243
运动防护用具制造	27	1999	30348
其他体育用品制造	137	8988	181619
玩具制造	244	21662	613801
玩具制造	244	21662	613801
游艺器材及娱乐用品制造	25	1970	75731
露天游乐场所游乐设备制造	4	765	44874
游艺用品及室内游艺器材制造	11	526	19507
其他娱乐用品制造	10	679	11350
石油加工、炼焦和核燃料加工业	115	8965	6605469
精炼石油产品制造	108	8383	6461044
原油加工及石油制品制造	95	7847	6401209
人造原油制造	13	536	59835
炼焦	7	582	144425
炼焦	7	582	144425
核燃料加工			
核燃料加工			
化学原料和化学制品制造业	2820	130111	14084254
基础化学原料制造	367	25219	3193590
无机酸制造	43	3640	540889
无机碱制造	11	3171	229523
无机盐制造	59	4343	455981
有机化学原料制造	78	6675	1069744
其他基础化学原料制造	176	7390	897453
肥料制造	224	12681	919357
氮肥制造	21	7101	470394
磷肥制造	10	844	125325
钾肥制造	2	70	9724
复混肥料制造	58	2468	196670
有机肥料及微生物肥料制造	116	1798	101530
其他肥料制造	17	400	15713
农药制造	38	1548	66578
化学农药制造	18	925	39829
生物化学农药及微生物农药制造	20	623	26749

	营业税金及附加 (万元)		资产总计 (万元)	实收资本 (万元)
#主营业务收入		#主营业务税金及附加		
3484899	40603	40344	2117894	829242
1220019	13722	12772	577048	152016
1073635	6565	6158	538299	147026
129175	833	832	75719	40864
528163	4822	4738	244882	78216
30443	954	947	41515	25954
166168	350	350	79085	12246
1687495	7255	7212	704541	123337
2271574	18206	18003	1050539	386548
1296671	9856	9817	1090564	380722
112284	933	915	98199	34942
545385	4456	4442	444043	165672
428178	2190	2188	380189	104040
30337	268	268	28415	14242
180487	2009	2004	139719	61826
603064	5269	5255	483702	186487
603064	5269	5255	483702	186487
75717	350	350	27170	12143
44862	65	65	12580	2953
19505	168	168	9573	6138
11350	117	117	5017	3051
6548576	537784	537756	5199149	1713582
6404151	537399	537371	5107571	1710172
6344642	535510	535483	5046852	1687750
59509	1889	1889	60719	22422
144425	385	385	91578	3410
144425	385	385	91578	3410
13718476	65671	64528	14589052	4611489
3170819	13687	13632	5852625	1662778
535531	4661	4633	323180	65191
216178	559	559	558899	79775
455770	2943	2934	316118	93482
1066711	1527	1520	4032489	1175244
896628	3997	3986	621938	249086
901132	3459	3433	941093	301861
457327	2536	2511	451458	127041
120507	64	64	283969	81572
9724	119	119	6764	5026
196397	241	241	116107	36629
101464	353	352	71899	44779
15713	145	145	10896	6815
66394	501	501	119661	44317
39814	100	100	54067	13416
26580	401	401	65594	30901

1-A-01 续表 7

行 业	单位数(个)	从业人员数(人)	营业收入(万元)
涂料、油墨、颜料及类似产品制造	605	21806	1843817
涂料制造	462	16598	1340566
油墨及类似产品制造	52	1724	129040
颜料制造	47	1622	157132
染料制造	14	645	89380
密封用填料及类似品制造	30	1217	127700
合成材料制造	355	14328	4402999
初级形态塑料及合成树脂制造	177	8530	1597187
合成橡胶制造	63	1419	176970
合成纤维单(聚合)体制造	17	1832	2425377
其他合成材料制造	98	2547	203465
专用化学产品制造	667	25990	2335891
化学试剂和助剂制造	177	6492	463680
专项化学用品制造	86	2121	281760
林产化学产品制造	224	9487	796478
信息化学品制造	35	2976	421233
环境污染处理专用药剂材料制造	26	701	24453
动物胶制造	6	83	3174
其他专用化学产品制造	113	4130	345114
炸药、火工及焰火产品制造	19	2208	98507
炸药及火工产品制造	9	2100	85458
焰火、鞭炮产品制造	10	108	13049
日用化学产品制造	545	26331	1223515
肥皂及合成洗涤剂制造	98	3116	166353
化妆品制造	95	6052	194493
口腔清洁用品制造	12	504	21484
香料、香精制造	134	4297	237606
其他日用化学产品制造	206	12362	603578
医药制造业	362	36033	2181475
化学药品原料药制造	45	4107	239462
化学药品原料药制造	45	4107	239462
化学药品制剂制造	54	7092	662816
化学药品制剂制造	54	7092	662816
中药饮片加工	30	3435	229544
中药饮片加工	30	3435	229544
中成药生产	54	8403	526570
中成药生产	54	8403	526570
兽用药品制造	24	2983	144022
兽用药品制造	24	2983	144022
生物药品制造	97	7698	318309
生物药品制造	97	7698	318309
卫生材料及医药用品制造	58	2315	60752
卫生材料及医药用品制造	58	2315	60752
化学纤维制造业	181	38216	7066790
纤维素纤维原料及纤维制造	34	2838	163358
化纤浆粕制造	8	1428	48733
人造纤维(纤维素纤维)制造	26	1410	114625

#主营业务收入	营业税金及附加（万元）	#主营业务税金及附加	资产总计（万元）	实收资本（万元）
1836590	12204	11989	912718	271167
1333759	9163	9008	655568	204591
128867	1327	1309	80060	30194
157079	607	603	74251	17238
89380	324	322	57480	7085
127506	783	747	45359	12059
4119071	10317	10151	3684619	1121213
1590522	6565	6547	1101563	346185
175439	388	387	161612	60384
2155303	2066	2066	2231360	627487
197807	1299	1151	190084	87157
2319411	13443	13296	1881122	795758
455763	3036	3006	413127	149856
280968	1338	1337	253962	112066
795808	5096	5036	475983	131485
416447	1254	1237	545870	306641
24240	204	204	19271	9869
2936	8	8	1094	831
343249	2507	2469	171815	85010
97857	920	907	99466	35205
84929	882	877	96729	33641
12928	38	31	2738	1564
1207202	11139	10618	1097748	379191
165979	1203	1202	95387	41850
194290	1915	1881	237862	102379
21484	72	72	25281	17148
223400	1148	1133	282284	87092
602049	6801	6330	456933	130721
2174488	16775	16451	2655851	718819
238976	952	952	363996	82640
238976	952	952	363996	82640
661795	5530	5236	547952	151546
661795	5530	5236	547952	151546
229307	2132	2132	157580	31534
229307	2132	2132	157580	31534
524264	4551	4550	756565	172804
524264	4551	4550	756565	172804
143520	757	757	136219	38393
143520	757	757	136219	38393
315874	2222	2221	609646	209805
315874	2222	2221	609646	209805
60751	631	603	83893	32096
60751	631	603	83893	32096
6916004	11973	11971	7105124	2310450
163283	795	793	431807	161374
48658	55	53	300615	97539
114625	740	740	131192	63834

1-A-01 续表 8

行　业	单位数(个)	从业人员数(人)	营业收入(万元)
合成纤维制造	147	35378	6903432
锦纶纤维制造	28	8984	2517733
涤纶纤维制造	75	21144	4054108
腈纶纤维制造	1	53	1120
维纶纤维制造	3	1523	70700
丙纶纤维制造	6	1168	112653
氨纶纤维制造	4	991	97859
其他合成纤维制造	30	1515	49259
橡胶和塑料制品业	4537	247564	15104492
橡胶制品业	709	43977	3049712
轮胎制造	83	19503	2087339
橡胶板、管、带制造	95	3332	143576
橡胶零件制造	161	7979	231171
再生橡胶制造	26	1591	184623
日用及医用橡胶制品制造	39	1306	54027
其他橡胶制品制造	305	10266	348977
塑料制品业	3828	203587	12054780
塑料薄膜制造	375	16104	1558289
塑料板、管、型材制造	308	17317	1486757
塑料丝、绳及编织品制造	283	8754	390433
泡沫塑料制造	290	11162	414230
塑料人造革、合成革制造	164	33346	3801322
塑料包装箱及容器制造	373	9917	361262
日用塑料制品制造	618	38993	1388379
塑料零件制造	265	10495	465357
其他塑料制品制造	1152	57499	2188749
非金属矿物制品业	10103	505631	26539324
水泥、石灰和石膏制造	339	25537	3086892
水泥制造	219	22879	2904041
石灰和石膏制造	120	2658	182852
石膏、水泥制品及类似制品制造	933	41995	3457828
水泥制品制造	701	35929	3157176
砼结构构件制造	25	937	64483
石棉水泥制品制造	19	917	35377
轻质建筑材料制造	105	1930	69167
其他水泥类似制品制造	83	2282	131625
砖瓦、石材等建筑材料制造	6645	286353	14369396
粘土砖瓦及建筑砌块制造	1244	34452	993137
建筑陶瓷制品制造	508	70622	4610565
建筑用石加工	4418	171625	8292226
防水建筑材料制造	58	889	90233
隔热和隔音材料制造	32	1337	79968
其他建筑材料制造	385	7428	303267
玻璃制造	85	10085	1011995
平板玻璃制造	40	5146	723007
其他玻璃制造	45	4939	288988

#主营业务收入	营业税金及附加(万元)	#主营业务税金及附加	资产总计(万元)	实收资本(万元)
6752721	11178	11178	6673317	2149077
2516522	1519	1519	2472839	836498
3906105	7856	7856	3816802	1207683
1120	34	34	883	325
69482	334	334	111623	42957
112646	684	684	111650	10393
97854	167	167	114608	27604
48990	584	584	44913	23615
14843671	111362	108374	10754886	3309456
3017991	36256	35738	2807209	762527
2082748	27195	27132	2125277	483163
143375	1275	1265	90601	42076
230683	1780	1774	181354	83550
169313	3065	2787	61877	13368
53786	319	318	36847	23214
338086	2624	2463	311253	117156
11825681	75106	72635	7947677	2546929
1431046	8774	8100	1332505	369230
1478881	8425	7757	931701	366206
388370	3074	3064	209641	78206
412088	4616	4493	369633	132425
3749194	11563	11518	1889319	408513
358521	4064	3908	315279	162734
1375895	13160	13008	1181270	365500
461702	6052	5689	330127	132497
2169984	15379	15098	1388203	531619
26317222	309711	302222	21058727	6580200
3072810	14826	13451	3089965	870983
2890906	13565	12197	2987084	828503
181904	1261	1254	102881	42479
3453048	31758	31373	2666552	789743
3153424	28757	28377	2316584	643950
63929	377	375	79702	21872
35367	283	283	40761	16990
68894	588	588	119390	48537
131433	1753	1750	110116	58394
14333682	216382	211598	10186170	3471523
988968	12251	11885	741437	341916
4594763	51324	50478	2406753	672658
8279856	148973	145453	6438216	2176113
87485	574	572	55619	31868
79880	616	609	51398	17715
302731	2644	2601	492747	231253
915145	4149	4139	1921839	535720
642741	2650	2643	1621869	413595
272404	1498	1497	299971	122126

1-A-01 续表 9

行　　业	单位数(个)	从业人员数(人)	营业收入(万元)
玻璃制品制造	280	16754	890819
技术玻璃制品制造	47	4345	306951
光学玻璃制造	38	4841	212165
玻璃仪器制造	2	8	20
日用玻璃制品制造	63	1851	49654
玻璃包装容器制造	4	1396	124254
玻璃保温容器制造	6	91	1812
制镜及类似品加工	16	700	18435
其他玻璃制品制造	104	3522	177529
玻璃纤维和玻璃纤维增强塑料制品制造	67	2940	156316
玻璃纤维及制品制造	15	1070	35954
玻璃纤维增强塑料制品制造	52	1870	120362
陶瓷制品制造	1458	110031	2628432
卫生陶瓷制品制造	76	9523	427252
特种陶瓷制品制造	179	9166	211089
日用陶瓷制品制造	322	26016	670572
园林、陈设艺术及其他陶瓷制品制造	881	65326	1319519
耐火材料制品制造	83	4619	299625
石棉制品制造	12	721	31927
云母制品制造	6	129	16634
耐火陶瓷制品及其他耐火材料制造	65	3769	251064
石墨及其他非金属矿物制品制造	213	7317	638021
石墨及碳素制品制造	39	1600	125799
其他非金属矿物制品制造	174	5717	512222
黑色金属冶炼和压延加工业	898	107936	17138275
炼铁	37	1517	99180
炼铁	37	1517	99180
炼钢	22	7035	1536501
炼钢	22	7035	1536501
黑色金属铸造	483	29713	3153107
黑色金属铸造	483	29713	3153107
钢压延加工	300	65851	11796613
钢压延加工	300	65851	11796613
铁合金冶炼	56	3820	552876
铁合金冶炼	56	3820	552876
有色金属冶炼和压延加工业	434	55448	9678084
常用有色金属冶炼	59	8502	2185914
铜冶炼	13	1498	1154478
铅锌冶炼	8	721	77023
镍钴冶炼	5	4946	811722
锡冶炼	3	74	8462
锑冶炼			
铝冶炼	15	611	80797
镁冶炼			
其他常用有色金属冶炼	15	652	53432

#主营业务收入	营业税金及附加(万元)	#主营业务税金及附加	资产总计(万元)	实收资本(万元)
887557	6067	5661	867198	235289
306823	1880	1880	189524	65494
212012	876	872	331357	53247
20			650	650
49379	498	495	57351	19668
123580	544	536	90617	22500
1812	18	18	5375	1496
18293	156	156	19634	6949
175638	2095	1705	172689	65286
156080	1129	1129	73425	33886
35954	630	630	13131	9504
120127	499	499	60293	24382
2612526	29622	29130	1494256	451390
424828	1878	1636	407073	85914
209986	2634	2511	164383	63832
660130	6886	6827	419631	132849
1317581	18225	18155	503169	168795
252407	2004	1999	259901	44931
31927	596	596	9952	4444
16634	99	99	9070	1968
203846	1309	1304	240880	38520
633966	3775	3741	499420	146736
122217	961	961	88036	32194
511749	2814	2781	411384	114542
16960069	57054	56818	11881979	2700860
94785	441	441	65727	15793
94785	441	441	65727	15793
1491840	4437	4437	928372	123709
1491840	4437	4437	928372	123709
3151468	18760	18660	1028038	329176
3151468	18760	18660	1028038	329176
11669207	31826	31694	9600503	2178466
11669207	31826	31694	9600503	2178466
552769	1589	1587	259339	53716
552769	1589	1587	259339	53716
9614536	41186	40960	9959432	1946309
2183128	1875	1833	1761362	267280
1153934	317	317	675692	141000
77023	159	159	120485	25226
811722	1075	1075	914845	84769
8462	35	35	968	296
78842	85	85	23929	10487
53144	203	161	25443	5502

1-A-01 续表 10

行业	单位数(个)	从业人员数(人)	营业收入(万元)
贵金属冶炼	14	4987	1236429
金冶炼	10	4764	1231697
银冶炼	1	5	2
其他贵金属冶炼	3	218	4731
稀有稀土金属冶炼	15	5806	1000922
钨钼冶炼	10	4631	861846
稀土金属冶炼	4	1172	139076
其他稀有金属冶炼	1	3	
有色金属合金制造	80	4946	469764
有色金属合金制造	80	4946	469764
有色金属铸造	35	1459	71766
有色金属铸造	35	1459	71766
有色金属压延加工	231	29748	4713288
铜压延加工	59	3670	1367717
铝压延加工	88	21925	2819111
贵金属压延加工	6	204	7836
稀有稀土金属压延加工	9	1203	96506
其他有色金属压延加工	69	2746	422118
金属制品业	4963	177140	9404281
结构性金属制品制造	1461	45674	2350431
金属结构制造	994	33128	1739204
金属门窗制造	467	12546	611227
金属工具制造	536	17923	786377
切削工具制造	116	5150	328438
手工具制造	41	4379	41689
农用及园林用金属工具制造	17	248	16854
刀剪及类似日用金属工具制造	104	2173	54674
其他金属工具制造	258	5973	344723
集装箱及金属包装容器制造	130	11200	1764177
集装箱制造	11	2174	150398
金属压力容器制造	18	714	22255
金属包装容器制造	101	8312	1591524
金属丝绳及其制品制造	80	2776	217075
金属丝绳及其制品制造	80	2776	217075
建筑、安全用金属制品制造	902	41303	1826958
建筑、家具用金属配件制造	325	11410	473714
建筑装饰及水暖管道零件制造	416	22148	857584
安全、消防用金属制品制造	91	5048	341505
其他建筑、安全用金属制品制造	70	2697	154156
金属表面处理及热处理加工	291	13330	702078
金属表面处理及热处理加工	291	13330	702078
搪瓷制品制造	281	8170	208222
生产专用搪瓷制品制造	4	68	1710
建筑装饰搪瓷制品制造	15	398	8050
搪瓷卫生洁具制造	255	7479	192343
搪瓷日用品及其他搪瓷制品制造	7	225	6119

#主营业务收入	营业税金及附加(万元)	#主营业务税金及附加	资产总计(万元)	实收资本(万元)
1236356	22574	22574	3559609	260093
1231624	22527	22527	3556973	258372
2			2	1
4731	47	47	2634	1720
962687	5504	5488	1327482	208186
824752	5429	5413	1070648	160316
137936	76	76	255834	46870
			1001	1000
466325	3772	3699	457793	141097
466325	3772	3699	457793	141097
71735	860	860	176775	99661
71735	860	860	176775	99661
4694305	6601	6506	2676411	969993
1361333	1778	1777	395488	102254
2807206	3185	3099	1976640	589703
7836	13	13	8029	3600
95899	413	413	105026	29052
422031	1211	1204	191229	245385
9281169	68434	67098	7549943	2724718
2329153	19943	19738	2060901	784422
1721118	13646	13530	1572859	648511
608034	6296	6208	488042	135911
776459	5820	5776	461595	185170
320835	2165	2149	179514	57610
41478	550	534	46468	16409
16801	79	79	10097	4503
54476	459	450	43434	22898
342869	2567	2562	182083	83750
1738427	5852	5837	1461818	348989
147296	499	499	99665	42959
21212	136	136	25530	17201
1569918	5216	5201	1336622	288829
216419	667	647	146330	56319
216419	667	647	146330	56319
1789089	13998	13721	1574180	548585
472292	2968	2720	411986	148353
830072	6284	6257	783190	261981
334723	3929	3929	279889	92167
152002	817	814	99115	46084
700214	6282	6217	502620	254173
700214	6282	6217	502620	254173
203103	1982	1952	173921	57407
1710	11	11	144	90
6292	118	118	9263	3344
189066	1730	1701	159960	52532
6034	122	122	4554	1441

1-A-01 续表 11

行　业	单位数（个）	从业人员数（人）	营业收入（万元）
金属制日用品制造	544	15978	655175
金属制厨房用器具制造	57	1229	40758
金属制餐具和器皿制造	57	3976	228113
金属制卫生器具制造	36	755	21229
其他金属制日用品制造	394	10018	365075
其他金属制品制造	738	20786	893787
锻件及粉末冶金制品制造	182	4518	258414
交通及公共管理用金属标牌制造	27	447	16571
其他未列明金属制品制造	529	15821	618803
通用设备制造业	3824	176684	9738281
锅炉及原动设备制造	118	5289	313105
锅炉及辅助设备制造	40	2072	167175
内燃机及配件制造	37	2251	91391
汽轮机及辅机制造	8	269	15842
水轮机及辅机制造	12	347	22796
风能原动设备制造			
其他原动设备制造	21	350	15901
金属加工机械制造	785	18046	911791
金属切削机床制造	101	3842	247036
金属成形机床制造	43	1810	137607
铸造机械制造	182	3610	199611
金属切割及焊接设备制造	45	912	31274
机床附件制造	41	1881	72738
其他金属加工机械制造	373	5991	223525
物料搬运设备制造	148	9068	952234
轻小型起重设备制造	25	1537	47503
起重机制造	35	2276	195829
生产专用车辆制造	20	1929	341958
连续搬运设备制造	13	478	22975
电梯、自动扶梯及升降机制造	42	1260	55385
其他物料搬运设备制造	13	1588	288584
泵、阀门、压缩机及类似机械制造	753	58648	3310184
泵及真空设备制造	104	6187	417504
气体压缩机械制造	39	2966	244984
阀门和旋塞制造	524	45567	2479532
液压和气压动力机械及元件制造	86	3928	168163
轴承、齿轮和传动部件制造	228	16885	943962
轴承制造	117	9982	460781
齿轮及齿轮减、变速箱制造	83	5603	397538
其他传动部件制造	28	1300	85643
烘炉、风机、衡器、包装等设备制造	328	11851	673634
烘炉、熔炉及电炉制造	10	88	1682
风机、风扇制造	43	1354	108528
气体、液体分离及纯净设备制造	58	1533	82196
制冷、空调设备制造	76	3509	183894
风动和电动工具制造	34	2468	116002

#主营业务收入	营业税金及附加(万元)	#主营业务税金及附加	资产总计(万元)	实收资本(万元)
640325	5789	5560	477366	247307
40015	613	603	64932	48926
227249	755	752	134053	61096
21119	133	133	29117	13383
351942	4288	4072	249264	123902
887980	8101	7651	691212	242345
255962	1904	1833	130099	51667
16498	331	331	14994	6785
615520	4668	4314	546119	144557
9648585	70859	69742	8938653	2719098
301481	2219	2189	402194	90311
160154	1535	1505	272132	49700
90623	241	241	87334	18275
15536	66	66	8785	2204
22794	158	158	11235	4736
12374	220	220	22708	15396
902456	10060	9945	812980	316627
246410	2205	2186	205678	54707
136343	507	492	180666	82271
198416	3632	3589	156131	60176
31111	230	224	32886	11910
72697	622	620	55059	20008
217479	2865	2835	182560	87555
936920	6868	6730	834502	316234
44499	471	464	91101	24776
189934	715	699	210582	71333
337164	1662	1659	287096	112055
22960	111	111	18975	7140
54319	524	414	110698	58775
288045	3386	3383	116049	42155
3291947	20038	19884	3101862	751632
416894	2232	2221	305149	71533
244644	1553	1552	180119	27143
2465841	15144	15037	2391860	547218
164568	1110	1074	224734	105738
932590	5676	5630	826944	212489
451622	2462	2461	491398	109970
395402	2237	2191	292981	83963
85566	978	978	42564	18556
669512	4828	4743	664247	203450
1662	68	68	636	275
108269	483	483	85860	29165
81252	844	805	140385	41778
181999	1217	1212	253026	64755
115606	666	657	85194	35066

1-A-01 续表 12

行 业	单位数(个)	从业人员数(人)	营业收入(万元)
喷枪及类似器具制造	8	120	4378
衡器制造	29	1009	53423
包装专用设备制造	70	1770	123532
文化、办公用机械制造	85	23003	1130571
电影机械制造			
幻灯及投影设备制造	3	992	132303
照相机及器材制造	18	12712	365931
复印和胶印设备制造	12	1493	76136
计算器及货币专用设备制造	35	7647	551071
其他文化、办公用机械制造	17	159	5129
通用零部件制造	1109	26515	1019602
金属密封件制造	30	1218	44695
紧固件制造	127	4938	199870
弹簧制造	52	983	36780
机械零部件加工	705	12706	417982
其他通用零部件制造	195	6670	320275
其他通用设备制造业	270	7379	483197
其他通用设备制造业	270	7379	483197
专用设备制造业	3637	133547	7639608
采矿、冶金、建筑专用设备制造	492	32818	2612311
矿山机械制造	121	3621	196391
石油钻采专用设备制造	4	181	14442
建筑工程用机械制造	171	16545	1774470
海洋工程专用设备制造	8	169	4904
建筑材料生产专用机械制造	162	10167	462201
冶金专用设备制造	26	2135	159903
化工、木材、非金属加工专用设备制造	1211	37588	1338582
炼油、化工生产专用设备制造	27	1764	193241
橡胶加工专用设备制造	29	1938	172499
塑料加工专用设备制造	44	1719	92294
木材加工机械制造	65	1512	99877
模具制造	1001	29661	737574
其他非金属加工专用设备制造	45	994	43097
食品、饮料、烟草及饲料生产专用设备制造	149	3614	140728
食品、酒、饮料及茶生产专用设备制造	84	2145	77010
农副食品加工专用设备制造	52	959	33401
烟草生产专用设备制造	6	430	25447
饲料生产专用设备制造	7	80	4870
印刷、制药、日化及日用品生产专用设备制造	209	7280	498022
制浆和造纸专用设备制造	25	1628	202546
印刷专用设备制造	45	2152	85484
日用化工专用设备制造	29	569	18654
制药专用设备制造	5	356	48940
照明器具生产专用设备制造	28	1040	61852
玻璃、陶瓷和搪瓷制品生产专用设备制造	17	408	50523
其他日用品生产专用设备制造	60	1127	30024

#主营业务收入	营业税金及附加（万元）	#主营业务税金及附加	资产总计（万元）	实收资本（万元）
4378	85	85	4272	1708
53263	425	416	27212	10525
123082	1038	1017	67663	20178
1125079	4711	4623	850433	288775
132303	608	608	67511	22666
363054	1442	1434	408707	130492
75509	387	372	69138	47357
549210	2218	2153	292300	77992
5003	56	56	12777	10269
1009880	12806	12437	863272	345450
40174	256	256	56042	13259
198939	2070	2060	180957	61096
36442	432	395	47447	15202
414606	7442	7124	382446	172051
319720	2606	2601	196380	83842
478720	3651	3560	582220	194131
478720	3651	3560	582220	194131
7556780	63469	60924	7998855	2180073
2581820	14438	13536	2998489	504802
195897	2034	2027	141639	58221
14442	7	7	17296	1410
1754686	7306	6470	2184251	274774
4602	36	36	3840	2853
454981	3620	3584	546657	140144
157212	1436	1412	104807	27401
1326689	14367	14012	1358524	510242
192691	2232	2232	134698	24592
171454	855	855	192306	32707
89983	1222	1090	45275	15225
99808	482	480	29392	12432
730059	8760	8542	918218	399837
42695	816	814	38634	25448
139111	1515	1477	129569	47551
75651	1036	1007	59419	24095
33181	257	247	30488	14491
25410	187	187	38424	8237
4870	35	35	1238	728
487028	4246	3906	340752	130319
202440	888	887	100394	16963
85060	591	573	105197	32940
18605	738	419	35925	14941
48940	870	868	9152	1355
54207	400	400	30596	14382
50517	190	190	14478	2153
27260	569	568	45011	47585

1-A-01 续表 13

行　业	单位数(个)	从业人员数(人)	营业收入(万元)
纺织、服装和皮革加工专用设备制造	287	12248	659270
纺织专用设备制造	173	8561	460353
皮革、毛皮及其制品加工专用设备制造	33	1504	128298
缝制机械制造	78	2171	70395
洗涤机械制造	3	12	224
电子和电工机械专用设备制造	401	7570	289748
电工机械专用设备制造	192	3476	173417
电子工业专用设备制造	209	4094	116331
农、林、牧、渔专用机械制造	233	8540	545481
拖拉机制造	21	1037	97375
机械化农业及园艺机具制造	63	2214	209883
营林及木竹采伐机械制造	2	4	10
畜牧机械制造	3	97	125
渔业机械制造	19	762	22689
农林牧渔机械配件制造	71	2015	76497
棉花加工机械制造	1	1	
其他农、林、牧、渔业机械制造	53	2410	138902
医疗仪器设备及器械制造	173	7717	431003
医疗诊断、监护及治疗设备制造	26	592	16426
口腔科用设备及器具制造	19	562	23330
医疗实验室及医用消毒设备和器具制造	9	202	4364
医疗、外科及兽医用器械制造	30	1428	145661
机械治疗及病房护理设备制造	22	622	51375
假肢、人工器官及植(介)入器械制造	29	2368	116482
其他医疗设备及器械制造	38	1943	73365
环保、社会公共服务及其他专用设备制造	482	16172	1124463
环境保护专用设备制造	177	9960	852454
地质勘查专用设备制造	3	29	1884
邮政专用机械及器材制造	2	38	1259
商业、饮食、服务专用设备制造	5	50	1014
社会公共安全设备及器材制造	57	2037	144355
交通安全、管制及类似专用设备制造	14	323	17858
水资源专用机械制造	23	399	15029
其他专用设备制造	201	3336	90610
汽车制造业	1243	119171	9746676
汽车整车制造	12	13403	2942269
汽车整车制造	12	13403	2942269
改装汽车制造	26	4787	531554
改装汽车制造	26	4787	531554
低速载货汽车制造	3	270	21103
低速载货汽车制造	3	270	21103
电车制造	7	35	212
电车制造	7	35	212
汽车车身、挂车制造	21	1728	199935
汽车车身、挂车制造	21	1728	199935
汽车零部件及配件制造	1174	98948	6051603
汽车零部件及配件制造	1174	98948	6051603

#主营业务收入	营业税金及附加(万元)	#主营业务税金及附加	资产总计(万元)	实收资本(万元)
653378	5087	4553	586198	188283
456247	3282	3096	415553	149822
127047	392	384	112673	13236
69860	1405	1064	57462	24715
224	9	9	510	510
287937	3012	2951	320111	189330
173183	1751	1738	185536	117891
114753	1261	1213	134575	71439
541072	9458	9394	309199	103618
94637	1284	1229	47366	10063
209172	1029	1027	126401	41271
10			110	80
125	1	1	6178	6125
22227	197	194	13889	10802
76156	808	804	67338	16949
138745	6139	6139	47918	18328
423478	1824	1807	235157	95587
15682	101	96	17620	7579
22710	278	277	21450	3977
4363	62	62	10789	6208
145013	178	169	32550	19799
51298	226	226	40901	20932
112846	488	488	62436	11023
71565	491	489	49412	26068
1116267	9521	9287	1720855	410341
845194	6645	6462	1447923	284133
1884	17	17	2845	1710
1259	8	8	438	600
996	23	23	496	523
144320	1040	1039	106282	28131
17858	219	219	12861	7473
14875	171	171	21935	11715
89881	1399	1349	128075	76056
9556639	141166	140671	7725000	2273369
2877457	106645	106510	2202067	594258
2877457	106645	106510	2202067	594258
519566	985	985	449456	125775
519566	985	985	449456	125775
20139	67	67	25857	6603
20139	67	67	25857	6603
212	3	3	4112	2438
212	3	3	4112	2438
192319	1152	1152	235532	51366
192319	1152	1152	235532	51366
5946946	32313	31952	4807977	1492930
5946946	32313	31952	4807977	1492930

1-A-01 续表 14

行　　业	单位数(个)	从业人员数(人)	营业收入(万元)
铁路、船舶、航空航天和其他运输设备制造业	735	56538	3417672
铁路运输设备制造	7	415	24360
铁路机车车辆及动车组制造			
窄轨机车车辆制造			
铁路机车车辆配件制造	1	70	1050
铁路专用设备及器材、配件制造	3	273	21317
其他铁路运输设备制造	3	72	1993
城市轨道交通设备制造	1	15	142
城市轨道交通设备制造	1	15	142
船舶及相关装置制造	348	29817	2260375
金属船舶制造	194	22103	1833076
非金属船舶制造	41	803	14366
娱乐船和运动船制造	18	1528	73618
船用配套设备制造	46	2674	202679
船舶改装与拆除	47	2696	135596
航标器材及其他相关装置制造	2	13	1040
航空、航天器及设备制造			
飞机制造			
航天器制造			
航空、航天相关设备制造			
其他航空航天器制造			
摩托车制造	298	22190	1015418
摩托车整车制造	5	1927	175807
摩托车零部件及配件制造	293	20263	839611
自行车制造	61	3293	104558
脚踏自行车及残疾人座车制造	24	2285	56191
助动自行车制造	37	1008	48367
非公路休闲车及零配件制造	5	44	592
非公路休闲车及零配件制造	5	44	592
潜水救捞及其他未列明运输设备制造	15	764	12228
潜水及水下救捞装备制造	4	51	971
其他未列明运输设备制造	11	713	11257
电气机械和器材制造业	3812	251146	16286644
电机制造	1381	55114	4599700
发电机及发电机组制造	483	27671	2925129
电动机制造	814	22457	1400998
微电机及其他电机制造	84	4986	273573
输配电及控制设备制造	858	48009	3176371
变压器、整流器和电感器制造	143	11862	573792
电容器及其配套设备制造	25	891	30959
配电开关控制设备制造	220	17825	1812694
电力电子元器件制造	345	11878	429402
光伏设备及元器件制造	50	2297	117088
其他输配电及控制设备制造	75	3256	212437
电线、电缆、光缆及电工器材制造	295	18092	1722195

#主营业务收入	营业税金及附加(万元)	#主营业务税金及附加	资产总计(万元)	实收资本(万元)
3408415	22706	22471	3274961	714560
24340	183	183	15871	5250
1050	71	71	1657	352
21297	84	84	11090	3168
1993	29	29	3124	1730
142	1	1	45	14
142	1	1	45	14
2255643	10524	10417	2534580	449418
1829050	5546	5459	2289024	331340
14326	157	155	11470	13236
73084	1016	1016	88758	37168
202677	2845	2827	64049	25722
135465	957	956	78168	38863
1040	3	3	3110	3090
1010928	11055	10928	580179	203154
175353	3938	3936	78989	45400
835575	7117	6992	501190	157755
104550	831	830	131974	52561
56191	572	572	39766	11947
48359	259	258	92207	40613
592	3	3	1105	281
592	3	3	1105	281
12221	109	109	11208	3883
971	14	14	1227	451
11251	95	95	9980	3432
15960387	100826	98465	13746876	3874860
4566241	38933	37855	3378889	935366
2906747	31405	30621	1956416	508352
1390128	5866	5575	1233510	365369
269366	1663	1660	188963	61644
3128825	21112	20978	3276349	888278
557666	2919	2907	537245	176685
30900	250	239	39356	12999
1788871	13080	13035	1626769	366176
425361	2928	2879	645083	173791
116415	835	835	265934	87335
209611	1099	1084	161962	71291
1690330	6987	6884	1188127	337432

1-A-01 续表 15

行　业	单位数(个)	从业人员数(人)	营业收入(万元)
电线、电缆制造	197	13438	1498716
光纤、光缆制造	9	514	17855
绝缘制品制造	33	2184	102159
其他电工器材制造	56	1956	103466
电池制造	137	37482	2180981
锂离子电池制造	54	24305	1345976
镍氢电池制造	13	816	33775
其他电池制造	70	12361	801230
家用电力器具制造	359	25157	1330351
家用制冷电器具制造	15	180	4210
家用空气调节器制造	14	1778	115807
家用通风电器具制造	17	698	20572
家用厨房电器具制造	52	6555	306357
家用清洁卫生电器具制造	30	785	85868
家用美容、保健电器具制造	144	10864	652105
家用电力器具专用配件制造	33	2011	46429
其他家用电力器具制造	54	2286	99002
非电力家用器具制造	71	3631	507086
燃气、太阳能及类似能源家用器具制造	62	2835	469929
其他非电力家用器具制造	9	796	37157
照明器具制造	559	60100	2636839
电光源制造	123	35337	1503099
照明灯具制造	354	17632	865034
灯用电器附件及其他照明器具制造	82	7131	268706
其他电气机械及器材制造	152	3561	133121
电气信号设备装置制造	36	1047	61116
其他未列明电气机械及器材制造	116	2514	72005
计算机、通信和其他电子设备制造业	2092	319479	30232462
计算机制造	122	49291	7935861
计算机整机制造	13	10201	3788034
计算机零部件制造	50	7371	559019
计算机外围设备制造	24	23687	3211413
其他计算机制造	35	8032	377396
通信设备制造	217	24357	3250732
通信系统设备制造	111	8297	416291
通信终端设备制造	106	16060	2834441
广播电视设备制造	62	11972	621930
广播电视节目制作及发射设备制造	6	61	836
广播电视接收设备及器材制造	32	9938	532676
应用电视设备及其他广播电视设备制造	24	1973	88417
雷达及配套设备制造	3	15	248
雷达及配套设备制造	3	15	248
视听设备制造	74	20649	2545771
电视机制造	21	10306	1673557
音响设备制造	36	4810	170795
影视录放设备制造	17	5533	701419

#主营业务收入	营业税金及附加(万元)	#主营业务税金及附加	资产总计(万元)	实收资本(万元)
1468247	5748	5653	966990	276928
17828	141	141	18043	5048
101016	493	484	114780	27646
103239	606	605	88314	27810
2166006	6793	6779	1710424	422866
1338445	2301	2287	1055374	230834
33775	203	203	35931	12365
793787	4288	4288	619118	179667
1170254	6882	6683	1127456	388763
4160	78	69	7372	4092
115807	318	318	55127	15034
17690	116	116	24957	10793
300889	2722	2719	292643	159494
85491	970	941	64129	12042
500927	2131	1973	541594	111052
46319	262	262	44123	48774
98970	285	285	97511	27482
506801	4117	3981	729191	118646
469691	3951	3815	689581	108141
37110	166	166	39610	10505
2599249	14543	13860	2195884	709053
1479924	7264	6806	1179391	329890
854486	4827	4602	657171	246572
264839	2453	2452	359322	132590
132681	1460	1445	140557	74457
60958	421	417	33522	17659
71723	1039	1027	107035	56798
30040544	80678	78523	19507854	4404020
7901222	15473	15405	4696076	501073
3785529	1400	1356	1845653	41354
544234	3930	3912	564150	131302
3201008	6287	6287	1675900	182880
370450	3855	3851	610374	145537
3233958	7748	7672	1910361	333298
412175	3932	3882	420262	101767
2821783	3816	3790	1490100	231531
621659	2314	2314	431636	97323
836	15	15	928	851
532676	1779	1779	328931	57489
88147	520	520	101778	38983
197	1	1	359	300
197	1	1	359	300
2537147	3310	3309	1575194	308478
1670272	1226	1225	782826	212130
170374	677	677	95235	39744
696501	1407	1407	697134	56603

1-A-01 续表 16

行　业	单位数(个)	从业人员数(人)	营业收入(万元)
电子器件制造	439	109859	11527715
电子真空器件制造	26	536	7043
半导体分立器件制造	18	965	46420
集成电路制造	34	7426	694850
光电子器件及其他电子器件制造	361	100932	10779403
电子元件制造	779	87283	3814841
电子元件及组件制造	709	71244	2755315
印制电路板制造	70	16039	1059526
其他电子设备制造	396	16053	535364
其他电子设备制造	396	16053	535364
仪器仪表制造业	732	47152	1759507
通用仪器仪表制造	223	8534	383002
工业自动控制系统装置制造	99	2915	132965
电工仪器仪表制造	59	2776	115316
绘图、计算及测量仪器制造	12	163	5780
实验分析仪器制造	19	489	14737
试验机制造	4	76	3137
供应用仪表及其他通用仪器制造	30	2115	111067
专用仪器仪表制造	88	2364	78121
环境监测专用仪器仪表制造	14	165	6849
运输设备及生产用计数仪表制造	7	244	11077
导航、气象及海洋专用仪器制造	5	59	776
农林牧渔专用仪器仪表制造	1	16	521
地质勘探和地震专用仪器制造	2	258	16539
教学专用仪器制造	6	140	8243
核子及核辐射测量仪器制造			
电子测量仪器制造	32	1139	27220
其他专用仪器制造	21	343	6896
钟表与计时仪器制造	190	15426	708959
钟表与计时仪器制造	190	15426	708959
光学仪器及眼镜制造	194	19595	554101
光学仪器制造	48	6150	306229
眼镜制造	146	13445	247871
其他仪器仪表制造业	37	1233	35324
其他仪器仪表制造业	37	1233	35324
其他制造业	1304	82581	2698285
日用杂品制造	791	69296	2225889
鬃毛加工、制刷及清扫工具制造	19	723	31608
其他日用杂品制造	772	68573	2194281
煤制品制造	73	1051	77537
煤制品制造	73	1051	77537
核辐射加工			
核辐射加工			
其他未列明制造业	440	12234	394858
其他未列明制造业	440	12234	394858
废弃资源综合利用业	352	7718	642424

#主营业务收入	营业税金及附加（万元）	#主营业务税金及附加	资产总计（万元）	实收资本（万元）
11446413	23004	22493	7376770	2019571
6964	77	77	19541	14653
43691	152	146	75862	31147
687210	2211	2211	602940	132755
10708548	20563	20059	6678427	1841016
3766785	24395	22930	2972268	946048
2711328	21755	20305	2228882	773011
1055458	2640	2625	743386	173037
533163	4435	4399	545188	197929
533163	4435	4399	545188	197929
1747745	11772	11522	1496599	590346
378874	2851	2794	403492	135395
132210	912	880	125876	53537
113055	1030	1019	139040	38187
5750	48	48	2215	1064
14531	105	97	20950	10615
3133	19	18	5806	3972
110195	737	733	109605	28020
77510	963	948	98464	64785
6783	56	56	38190	26458
11053	310	310	11943	5492
776	44	44	5412	5265
521	8	8	210	50
16488	164	164	10216	6000
8243	97	97	7197	5338
26749	195	181	20899	13205
6896	89	88	4396	2977
708164	3263	3254	408259	172652
708164	3263	3254	408259	172652
547956	4504	4336	561360	205791
303730	2195	2180	254208	66950
244227	2309	2155	307152	138842
35240	191	190	25024	11723
35240	191	190	25024	11723
2687403	19941	19544	2399441	951897
2217789	12887	12634	1663025	705643
31383	318	301	22242	16955
2186406	12570	12334	1640784	688688
77401	534	531	52660	16829
77401	534	531	52660	16829
392213	4064	3923	683756	167941
392213	4064	3923	683756	167941
639002	8533	8524	415934	160466

1-A-01 续表 17

行　　业	单位数 (个)	从业人员数 (人)	营业收入 (万元)
金属废料和碎屑加工处理	80	1827	261498
金属废料和碎屑加工处理	80	1827	261498
非金属废料和碎屑加工处理	272	5891	380926
非金属废料和碎屑加工处理	272	5891	380926
金属制品、机械和设备修理业	406	14364	1240005
金属制品修理	22	596	16243
金属制品修理	22	596	16243
通用设备修理	36	397	9099
通用设备修理	36	397	9099
专用设备修理	53	798	23121
专用设备修理	53	798	23121
铁路、船舶、航空航天等运输设备修理	143	10514	1132963
铁路运输设备修理	2	64	1622
船舶修理	127	4622	267205
航空航天器修理	8	5747	862778
其他运输设备修理	6	81	1358
电气设备修理	19	221	5980
电气设备修理	19	221	5980
仪器仪表修理	1	10	231
仪器仪表修理	1	10	231
其他机械和设备修理业	132	1828	52368
其他机械和设备修理业	132	1828	52368
电力、热力、燃气及水生产和供应业	**6096**	**140485**	**22163777**
电力、热力生产和供应业	5247	112474	19543835
电力生产	5052	67104	6820294
火力发电	32	7434	4746719
水力发电	4934	55819	1567376
核力发电	2	1180	216028
风力发电	36	836	203677
太阳能发电	7	78	2375
其他电力生产	41	1757	84118
电力供应	173	44338	12655954
电力供应	173	44338	12655954
热力生产和供应	22	1032	67586
热力生产和供应	22	1032	67586
燃气生产和供应业	75	5384	1994512
燃气生产和供应业	75	5384	1994512
燃气生产和供应业	75	5384	1994512
水的生产和供应业	774	22627	625430
自来水生产和供应	642	19936	511431
自来水生产和供应	642	19936	511431
污水处理及其再生利用	117	2470	108754
污水处理及其再生利用	117	2470	108754
其他水的处理、利用与分配	15	221	5245
其他水的处理、利用与分配	15	221	5245

#主营业务收入	营业税金及附加（万元）	#主营业务税金及附加	资产总计（万元）	实收资本（万元）
260331	3035	3032	129763	35139
260331	3035	3032	129763	35139
378670	5498	5491	286171	125327
378670	5498	5491	286171	125327
1234822	6108	6088	980905	275774
16043	162	162	14530	8901
16043	162	162	14530	8901
7781	252	242	16135	5495
7781	252	242	16135	5495
23051	290	290	19706	9371
23051	290	290	19706	9371
1130495	3938	3932	890869	223962
1622	36	36	969	500
266556	3702	3697	326539	60718
860961	161	161	562849	162469
1357	39	39	511	275
5936	74	71	7509	3895
5936	74	71	7509	3895
231	1	1	112	100
231	1	1	112	100
51285	1391	1389	32043	24049
51285	1391	1389	32043	24049
21965648	**465255**	**460042**	**42047985**	**9573083**
19424017	448659	445962	36748039	7576842
6738581	74635	73927	24884937	6564488
4678185	27109	26996	8786567	2741700
1556521	44058	43494	6516729	2292678
215729	1819	1810	5092549	939761
202892	960	938	3840311	382074
2375	34	34	19801	3879
82879	655	655	628979	204397
12617982	373555	371566	11731076	967296
12617982	373555	371566	11731076	967296
67454	469	469	132027	45057
67454	469	469	132027	45057
1947129	7803	7098	1901554	516626
1947129	7803	7098	1901554	516626
1947129	7803	7098	1901554	516626
594501	8793	6982	3398392	1479616
480976	8009	6254	2955289	1277066
480976	8009	6254	2955289	1277066
108568	729	672	413485	180215
108568	729	672	413485	180215
4957	56	56	29618	22334
4957	56	56	29618	22334

1-A-02 工业企业法人按登记注册类型分组的主要经济指标

登记注册类型	单位数(个)	从业人员数(人)	营业收入(万元)	#主营业务收入	营业税金及附加(万元)	#主营业务税金及附加	资产总计(万元)	实收资本(万元)
总计	**94388**	**5881794**	**366965719**	**363237157**	**4735207**	**4676259**	**302703313**	**83874684**
内资企业	86395	3906013	227513300	225367816	3433105	3387438	190121704	52665719
国有企业	611	61996	4151107	4044041	778191	777752	6160488	1639261
集体企业	1657	42980	1649044	1591957	26595	26168	1024751	284925
股份合作企业	635	24735	1099619	1092272	12694	12579	953173	318813
联营企业	240	9461	682690	681456	6515	6430	699551	278027
国有联营企业	23	1167	154334	153323	2709	2646	515246	225412
集体联营企业	135	4199	105527	105446	2953	2931	55694	19315
国有与集体联营企业	16	597	15962	15958	181	180	32853	10713
其他联营企业	66	3498	406867	406730	673	673	95758	22587
有限责任公司	15909	994016	76856338	76186668	1312356	1300623	75685220	18680879
国有独资公司	167	46698	12811910	12662398	912941	910108	18397652	2056745
其他有限责任公司	15742	947318	64044428	63524270	399414	390516	57287568	16624134
股份有限公司	1289	173075	13358253	12721961	109252	107317	22053150	3830203
私营企业	60411	2510810	126910762	126264099	1146475	1116470	80796215	26424299
私营独资企业	16045	290367	7476673	7432347	130533	128661	5474363	2464019
私营合伙企业	4803	78040	1868477	1858444	41923	41381	1693692	884796
私营有限责任公司	38436	2063127	113241154	112672723	938424	911368	70403248	22133222
私营股份有限公司	1127	79276	4324457	4300586	35595	35060	3224913	942262
其他企业	5643	88940	2805486	2785363	41028	40098	2749155	1209312
港、澳、台商投资企业	5285	1220926	76414407	75421669	411247	400462	63371837	17368036
合资经营企业(港或澳、台资)	951	253260	17130734	16870880	125410	119983	14935303	3675393
合作经营企业(港或澳、台资)	53	6166	239843	237401	2136	2100	142103	77761
港、澳、台商独资经营企业	4140	938255	54584066	54190248	274707	269431	43820348	12524523
港、澳、台商投资股份有限公司	111	21467	4393741	4057192	7542	7496	4407100	1056657
其他港澳台投资企业	30	1778	66023	65948	1452	1452	66984	33701
外商投资企业	2708	754855	63038013	62447671	890854	888360	49209772	13840930
中外合资经营企业	723	207765	25328069	24992838	700807	699900	20216161	4987827
中外合作经营企业	33	4600	553304	551124	3231	3230	344503	153417
外资企业	1813	514829	34343478	34107182	175860	174315	24988060	6972909
外商投资股份有限公司	95	24593	2652885	2637629	9752	9742	3512004	1671514
其他外商投资企业	44	3068	160277	158898	1204	1172	149044	55263

1-A-03 分地区工业企业主要经济指标

地 区	单位数(个)	从业人员数(人)	营业收入(万元)	#主营业务收入	营业税金及附加(万元)	#主营业务税金及附加	资产总计(万元)	实收资本(万元)
全 省	**94388**	**5881794**	**366965719**	**363237157**	**4735207**	**4676259**	**302703313**	**83874684**
福州市	**11770**	**862865**	**69681898**	**68907288**	**605453**	**594363**	**55383033**	**16429487**
鼓楼区	262	21927	2598922	2586506	68977	68567	3377978	574479
台江区	94	6309	1582155	1576951	66288	66006	1675059	126443
仓山区	2296	156790	6850704	6740446	64357	59886	4110334	1167482
马尾区	461	74351	8290058	8179289	22408	22317	5525177	1641996
晋安区	798	77285	3522000	3502564	42650	40912	1876058	698457
闽侯县	2184	121694	7341816	7253451	151170	149877	5382862	2054703
连江县	679	48129	3934795	3908323	26812	26223	2950474	863967
罗源县	439	29045	3805121	3644776	22394	22234	3521435	790535
闽清县	768	33355	1465714	1461169	14467	13811	1254215	503444
永泰县	330	10420	475078	473979	3775	3766	527311	156662
平潭县	159	4502	309751	308771	3009	2993	684500	195673
福清市	1387	149763	12669596	12516333	60236	59796	10923958	3342011
长乐市	1913	129295	16836187	16754731	58910	57975	13573671	4313635
厦门市	**13039**	**849107**	**54123566**	**52682840**	**808380**	**799893**	**49955312**	**13683299**
思明区	1095	65437	3564429	3252250	56005	54256	5064472	1413087
海沧区	1368	118150	9956092	9484226	579311	578516	10506993	3000904
湖里区	3337	217115	16777367	16646180	59893	59234	11138641	2212309
集美区	3051	190969	8759071	8551316	59022	57367	10041715	2794873
同安区	2825	143380	5580823	5329897	33688	30916	6180029	2126420
翔安区	1363	114056	9485784	9418970	20462	19603	7023462	2135706
莆田市	**5469**	**346456**	**21934852**	**21855831**	**173299**	**169465**	**16708648**	**4194635**
城厢区	558	41453	2552440	2536464	36637	35515	1798501	485275
涵江区	1224	115537	7516688	7512260	62176	61607	2996464	718724
荔城区	1287	87981	4392769	4381022	26769	25724	2097453	700938
秀屿区	706	39335	3779486	3741660	27488	27077	5091452	1461043
仙游县	1694	62150	3693468	3684425	20229	19542	4724778	828654
三明市	**6142**	**297203**	**26499083**	**26235878**	**179813**	**178365**	**15203005**	**4386915**
梅列区	344	25723	3894463	3778710	30793	30607	2985019	597652
三元区	592	29967	2297052	2281801	25835	25773	1380613	554708
明溪县	264	9861	780336	779510	4598	4593	349245	91314
清流县	278	16055	818689	812472	5415	5372	496340	133747
宁化县	401	16186	914768	912728	7280	7263	481208	204522
大田县	787	32841	2380665	2375094	20608	20288	1236866	372905
尤溪县	932	36246	2125505	2122308	9064	8983	1552160	432933
沙县	644	36988	4386837	4349293	14730	14424	2219346	578222
将乐县	438	17094	1404415	1403154	14106	14061	721375	219984
泰宁县	242	9845	721778	720842	5508	5491	432115	168125
建宁县	325	14423	859547	859318	8947	8908	351256	100976
永安市	895	51974	5915028	5840649	32928	32603	2997462	931825
泉州市	**30055**	**2172978**	**105617925**	**105025001**	**1610323**	**1585980**	**81792826**	**22507621**
鲤城区	1771	131819	6962702	6938500	43554	42576	6611021	1319161
丰泽区	1630	76486	3869601	3853431	102613	102136	3766977	728562
洛江区	739	59613	2793154	2790401	20681	19405	1464036	427788
泉港区	453	32348	10364835	10307608	564305	563988	7819293	2123587
惠安县	2904	205127	10952609	10931432	117889	116270	7680545	1408656

1-A-03 续表

地 区	单位数(个)	从业人员数(人)	营业收入(万元)	#主营业务收入	营业税金及附加(万元)	#主营业务税金及附加	资产总计(万元)	实收资本(万元)
安溪县	1961	135941	6027302	5990359	73598	71042	3640700	974473
永春县	772	101238	3732760	3727539	57540	56583	1754289	510078
德化县	1442	93798	2166618	2152798	31770	31156	1313128	404565
石狮市	3158	217805	8942147	8919962	68452	67324	7640964	2010647
晋江市	9773	758762	33726594	33394538	334334	326556	27803460	8426502
南安市	5452	360041	16079604	16018433	195587	188944	12298415	4173600
漳州市	**10210**	**576335**	**35123725**	**34968131**	**201919**	**198008**	**32402332**	**9833360**
芗城区	1128	85397	5539605	5519922	54263	53799	4383818	929181
龙文区	683	43843	2206897	2196394	14677	14588	1890968	492460
云霄县	733	42701	1826067	1819652	8034	7876	1254501	475954
漳浦县	1620	57430	3088154	3077056	16947	16563	5283820	1753469
诏安县	418	41943	1985971	1981054	17799	17756	1120115	344865
长泰县	1378	55591	3458671	3447029	15218	15171	2844173	1055561
东山县	335	37200	1912709	1902170	7010	7008	1527120	303913
南靖县	928	33951	2879974	2858399	12953	12838	2341298	657665
平和县	357	19381	1090346	1089628	6500	6454	718438	204660
华安县	409	18693	1265550	1264565	9121	8965	1153820	342858
龙海市	2221	140205	9869779	9812262	39396	36988	9884261	3272774
南平市	**5851**	**249345**	**13764308**	**13662859**	**130209**	**128638**	**11963988**	**3778705**
延平区	1042	47290	3121052	3074106	31236	30915	3464559	870220
顺昌县	347	12675	660519	652543	3697	3645	662828	174950
浦城县	489	17990	968643	966057	4103	4089	823164	259161
光泽县	276	20325	634264	610990	3782	3590	1184407	85901
松溪县	467	13218	475874	473677	4667	4517	341843	121309
政和县	400	16011	474982	470864	5257	5242	574174	242256
邵武市	732	41163	2896789	2892214	33641	33113	1603629	682165
武夷山市	765	14245	783120	780675	7311	7139	651156	205045
建瓯市	705	33072	1735646	1731519	16538	16489	1214364	463102
建阳市	628	33356	2013420	2010213	19977	19901	1443866	674596
龙岩市	**4823**	**239948**	**16355183**	**16164202**	**887961**	**885192**	**19053684**	**4621140**
新罗区	1078	83432	6950823	6799570	810101	809156	7529793	1727779
长汀县	792	41227	1473058	1470107	4427	4417	1397016	445918
永定县	561	22889	1191072	1180641	6494	5557	1652288	719564
上杭县	648	21533	3466177	3447383	29161	29099	5218983	827956
武平县	510	21091	999202	996903	11865	11819	909003	244725
连城县	695	28184	1150909	1148736	16509	15782	786421	256579
漳平市	539	21592	1123941	1120862	9405	9362	1560180	398619
宁德市	**7029**	**287557**	**23865180**	**23735126**	**137852**	**136355**	**20240483**	**4439524**
蕉城区	667	42766	2888066	2871313	30747	30238	2982858	594639
霞浦县	906	29729	1348474	1344960	7739	7536	890798	237376
古田县	718	23354	1565008	1563643	8423	8288	611493	151427
屏南县	289	11037	716122	715214	7593	7528	645658	136319
寿宁县	307	10646	942955	942015	6104	6074	508485	149743
周宁县	101	5802	670206	667981	3206	3198	313466	81645
柘荣县	337	9332	1048652	1048113	7795	7780	336445	103692
福安市	2381	80343	8246780	8216188	30914	30554	6621824	1548497
福鼎市	1323	74548	6438918	6365700	35331	35160	7329456	1436186

B. 规模以上工业（按企业规模）

1-B-01　工业企业生产经营主要指标发展速度

单位：%

项　　目	工业总产值	工业增加值
总　　计	**114.5**	**113.2**
#国有控股企业	107.4	106
#亏损企业	103.1	104
一、按轻重工业分组		
轻工业	114.5	113
重工业	114.5	113.4
二、按登记类型分组		
内　资	118.5	116.5
国有企业	113.7	110
集体企业	94.7	93.4
股份合作企业	110.7	109.4
联营企业	111.7	110.1
有限责任公司	121.6	119.7
股份有限公司	107.6	106.5
私营企业	119.7	118
其他企业	115.6	118.2
港澳台商投资企业	111.6	110.6
外商投资企业	106.7	106.2
三、按规模分组		
大型企业	108.8	107.4
中型企业	113	112.3
小型企业	121.3	119.8
微型企业	102	102.7
四、按行业分组		
1. 采矿业	105.8	104.5
煤炭开采和洗选业	97.4	97.3
石油和天然气开采业		
黑色金属矿采选业	103.7	103.3
有色金属矿采选业	105.7	105.4
非金属矿采选业	113.5	113.2
开采辅助活动		
其他采矿业		
2. 制造业	114.7	113.6
农副食品加工业	115.4	114.2

1-B-01 续表 单位：%

项　目	工业总产值	工业增加值
食品制造业	112.9	112.1
酒、饮料和精制茶制造业	113.7	112.8
烟草制品业	104	103.7
纺织业	123.7	122.6
纺织服装、服饰业	105.2	104.7
皮革、毛皮、羽毛及其制品和制鞋业	112	111.4
木材加工和木、竹、藤、棕、草制品业	118.3	117.4
家具制造业	115.8	115.3
造纸和纸制品业	117.1	116.4
印刷和记录媒介复制业	119.5	118.2
文教、工美、体育和娱乐用品制造业	125	123.5
石油加工、炼焦和核燃料加工业	90.3	89.6
化学原料和化学制品制造业	115.1	114.3
医药制造业	116.1	116.5
化学纤维制造业	121.2	119.8
橡胶和塑料制品业	112.9	112.1
非金属矿物制品业	117.1	116
黑色金属冶炼和压延加工业	120	118.9
有色金属冶炼和压延加工业	120.1	117.1
金属制品业	117.8	116.7
通用设备制造业	109.9	109.2
专用设备制造业	120.3	119.7
汽车制造业	109.6	109
铁路、船舶、航空航天和其他运输设备制造业	111.2	110.5
电气机械和器材制造业	117.7	116.6
计算机、通信和其他电子设备制造业	112	111.4
仪器仪表制造业	114.6	113.7
其他制造业	108.3	107.4
废弃资源综合利用业	132.9	129.7
金属制品、机械和设备修理业	110.4	110.5
3. 电力、燃气及水的生产和供应业	113.5	112.6
电力、热力生产和供应业	112	111
燃气生产和供应业	134.8	132.5
水的生产和供应业	106	105.5

1-B-02　工业企业主要财务指标发展速度

单位：%

项　　目	资产总计	主营业务收　入	主营业务成　本	利润总额	税金总额	利税总额	亏损企业亏损额
总　　计	**114.3**	**112.3**	**112.9**	**109.4**	**115.0**	**111.6**	**102.9**
#国有控股	111.4	104.8	103.9	112.7	105.9	108.1	98.4
一、按轻重工业分组							
轻工业	115.1	114.0	115.4	108.3	116.8	111.5	120.3
重工业	113.8	110.9	110.9	110.6	113.3	111.7	96.9
二、按登记类型分组							
内资	115.6	117.0	117.7	114.3	117.4	115.6	129.4
国有企业	115.2	113.2	112.9	117.0	110.0	111.9	99.7
集体企业	99.7	93.5	95.1	79.6	96.0	87.9	99.7
股份合作企业	132.2	111.8	113.2	108.0	112.9	109.6	126.5
联营企业	99.2	113.9	120.5	267.7	99.3	169.0	48.4
有限责任公司	115.2	118.9	118.9	121.7	117.9	120.2	125.2
股份有限公司	110.7	104.4	107.4	77.3	110.1	84.2	251.8
私营企业	118.1	118.7	119.4	119.1	123.7	120.7	83.1
其他企业	120.6	121.2	122.9	113.3	139.6	123.8	221.9
港、澳、台商投资企业	116.1	108.7	109.4	97.1	123.5	104.8	150.4
外商投资企业	108.7	103.5	103.5	112.1	100.3	107.0	70.7
三、按规模分组							
大型企业	109.3	104.0	105.1	89.2	104.9	96.1	100.1
中型企业	110.5	112.1	112.6	112.9	114.0	113.2	131.4
小型企业	123.1	119.5	119.4	126.1	130.3	127.6	85.0
四、按行业分组							
1. 采矿业	104.7	103.2	104.5	92.1	99.0	95.4	119.9
煤炭开采和洗选业	100.1	88.9	92.4	56.2	86.8	72.3	176.9
石油和天然气开采业							
黑色金属矿采选业	105.5	107.1	104.9	120.5	108.3	114.3	85.7
有色金属矿采选业	102.0	94.8	97.0	94.0	84.8	90.2	272.8
非金属矿采选业	112.0	118.4	119.2	116.1	118.2	117.1	84.0
开采辅助活动							
其他采矿业							
2. 制造业	115.1	112.4	113.1	106.8	114.9	109.9	102.7
农副食品加工业	112.0	115.7	115.5	120.2	135.9	126.0	115.4
食品制造业	115.8	115.2	115.7	118.6	120.3	119.1	96.6

1-B-02 续表 单位：%

项目	资产总计	主营业务收入	主营业务成本	利润总额	税金总额	利税总额	亏损企业亏损额
酒、饮料和精制茶制造业	115.7	117.7	118.5	105.4	122.8	112.0	83.3
烟草制品业	117.1	105.0	104.7	101.6	104.3	103.9	
纺织业	113.7	122.5	123.5	109.8	119.3	112.2	69.7
纺织服装、服饰业	109.4	106.5	109.6	89.1	104.9	93.4	130.6
皮革、毛皮、羽毛及其制品和制鞋业	111.1	107.1	109.5	104.5	112.5	107.0	128.3
木材加工和木、竹、藤、棕、草制品业	109.4	116.6	116.0	122.0	122.2	122.1	52.6
家具制造业	123.9	115.4	115.2	118.7	129.6	122.3	27.5
造纸和纸制品业	126.9	113.9	114.6	107.9	127.6	115.1	244.3
印刷和记录媒介复制业	119.2	118.6	121.5	90.9	130.9	102.6	208.6
文教、工美、体育和娱乐用品制造业	121.8	123.8	126.3	117.2	123.5	119.0	134.7
石油加工、炼焦和核燃料加工业	103.2	84.3	82.8		81.0	86.1	73.8
化学原料和化学制品制造业	149.5	119.9	117.3	100.5	195.6	139.6	165.9
医药制造业	120.0	119.8	120.3	114.6	130.6	118.6	55.1
化学纤维制造业	125.1	123.1	124.1	86.2	106.5	89.7	185.6
橡胶和塑料制品业	111.2	113.5	113.5	112.8	119.1	114.6	82.7
非金属矿物制品业	117.4	117.0	117.1	122.0	115.3	119.7	79.5
黑色金属冶炼和压延加工业	109.5	109.5	108.8	115.3	113.6	114.3	81.1
有色金属冶炼和压延加工业	108.0	109.5	115.9	60.1	100.2	65.3	118.1
金属制品业	119.6	115.8	116.6	123.1	113.5	119.6	59.1
通用设备制造业	114.7	106.5	107.0	110.7	99.8	107.2	75.6
专用设备制造业	108.7	116.2	117.0	116.9	121.1	118.3	404.7
汽车制造业	107.9	111.3	110.6	106.0	115.1	109.8	57.6
铁路、船舶、航空航天和其他运输设备制造业	115.5	111.6	112.9	106.6	108.1	107.1	67.6
电气机械和器材制造业	110.9	114.3	115.1	114.7	130.6	119.3	79.4
计算机、通信和其他电子设备制造业	116.2	106.6	107.3	94.3	105.6	96.5	102.7
仪器仪表制造业	110.5	108.4	108.6	115.3	118.6	116.3	125.1
其他制造业	107.0	111.5	111.8	106.7	127.9	113.8	537.1
废弃资源综合利用业	118.4	127.4	129.5	129.5	153.3	144.6	89.8
金属制品、机械和设备修理业	107.6	110.4	109.8	147.9	129.9	144.0	60.5
3. 电力、燃气及水的生产和供应业	110.8	114.6	112.2	161.6	124.6	145.1	103.1
电力、热力生产和供应业	110.7	112.6	110.2	173.2	123.8	148.6	112.7
燃气生产和供应业	118.5	139.2	139.3	122.0	143.6	125.2	3.3
水的生产和供应业	106.4	110.3	110.1	183.0	113.6	149.6	65.1

1-B-03　按总产值分组的主要经济指标

单位：万元

项　　目	企业数(个)	工业总产值(当年价)	工业增加值	资产总额	主营业务收　入	利税总额	从业人员平均人数(人)
总　计	**16115**	**338533617**	**89400092**	**249593686**	**331110999**	**36212007**	**4239007**
100亿元以上	18	39248051	9112792	26112407	38611116	3716902	122205
50亿元-100亿元	35	23153017	5565960	18571460	22662751	2662005	128761
10亿元-50亿元	361	66608299	17364167	62112207	64377585	8400216	568349
5亿元-10亿元	758	51489301	13497757	31136839	50363726	5820737	614415
1亿元-5亿元	5171	110774346	30262324	72076707	108427835	11837501	1638571
5000万元-1亿元	4201	30250628	8699509	20635138	29642987	2488502	638516
3000万元-5000万元	2776	10837014	3125733	10230915	10680407	843122	297215
1000万元-3000万元	2616	6114715	1755167	7603563	6134713	442833	220770
500万元-1000万元	57	44597	12859	437318	67327	372	3428
500万元以下	122	13649	3823	677132	142552	-183	6777

1-B-04　按增加值分组的主要经济指标

单位：万元

项　　目	企业数(个)	工业总产值(当年价)	工业增加值	资产总额	主营业务收　入	利税总额	从业人员平均人数(人)
总　计	**16115**	**338533617**	**89400092**	**249593686**	**331110999**	**36212007**	**4239007**
20亿元以上	24	39891343	11446483	32113656	39490394	5456659	134345
10亿元-20亿元	45	23356748	6123464	19896253	23055707	3063861	155002
5亿元-10亿元	106	27446525	7389029	28676200	25895465	3459531	251302
1亿元-5亿元	1516	104385783	28125778	67349930	101862927	12118801	1217484
5000万元-1亿元	1922	51742244	13439413	35356647	50421287	5393034	744485
3000万元-5000万元	2194	33212031	8457036	19373079	32356162	2848678	521141
1000万元-3000万元	6471	47058251	11865837	32208233	46129051	3366511	885709
500万元-1000万元	3264	9743341	2421539	10272639	9681196	615842	284349
500万元以下	573	1697351	131515	4347050	2218810	-110908	45190

1-B-05 按资产总额分组的主要经济指标

单位：万元

项　　目	企业数(个)	工业总产值(当年价)	工业增加值	资产总额	主营业务收　入	利税总额	从业人员平均人数(人)
总　计	**16115**	**338533617**	**89400092**	**249593686**	**331110999**	**36212007**	**4239007**
100亿元以上	13	25623072	6311960	34133145	26232827	2988775	68195
50亿元-100亿元	31	21537702	4857538	21568001	20788852	2725579	90608
10亿元-50亿元	285	56680483	15206874	62430580	54788127	6679667	509012
5亿元-10亿元	422	32586733	8662997	29211235	31621799	3738879	380138
1亿元-5亿元	2879	88410399	23251512	60659331	85929204	9494985	1272558
5000万元-1亿元	2962	43876526	11767131	21186278	42947552	4623977	680139
3000万元-5000万元	2600	25563682	7023159	10180513	25073082	2398877	441324
1000万元-3000万元	4600	31818216	8793563	8752440	31352516	2673723	583236
500万元-1000万元	1637	9071877	2577641	1250836	9026547	713843	162655
500万元以下	686	3364926	947717	221326	3350493	173703	51142

1-B-06 按主营业务收入分组的主要经济指标

单位：万元

项　　目	企业数(个)	工业总产值(当年价)	工业增加值	资产总额	主营业务收　入	利税总额	从业人员平均人数(人)
总　计	**16115**	**338533617**	**89400092**	**249593686**	**331110999**	**36212007**	**4239007**
100亿元以上	18	38709084	9074414	25885830	39067585	3792126	130787
50亿元-100亿元	31	21299525	5231023	18534182	21153315	2511161	105563
10亿元-50亿元	351	66964226	17334188	61951405	64607799	8334800	565929
5亿元-10亿元	741	51575280	13402517	30482880	50411473	5766880	611080
1亿元-5亿元	5046	110748016	30228082	70052605	108005518	11959520	1628299
5000万元-1亿元	4212	31090982	8925024	20993562	30356882	2553376	649438
3000万元-5000万元	2807	11387191	3274096	11931207	10986847	863536	302987
1000万元-3000万元	2774	6675108	1907421	8377552	6468666	457962	236664
500万元-1000万元	54	44005	14440	230834	41676	-8409	3312
500万元以下	81	40199	8887	1153630	11237	-18944	4948

1-B-07　按利税总额分组的主要经济指标

单位：万元

项　　目	企业数（个）	工业总产值（当年价）	工业增加值	资产总额	主营业务收　入	利税总额	从业人员平均人数（人）
总　计	**16115**	**338533617**	**89400092**	**249593686**	**331110999**	**36212007**	**4239007**
1亿元以上	578	123564181	33837525	103507109	120653392	18557261	848301
5000万元-1亿元	880	45555188	12378328	28354788	44557315	6120081	549630
3000万元-5000万元	892	30684507	7952410	19583625	29910230	3443897	413482
1000万元-3000万元	3096	59049229	15333440	35353688	57946905	5331847	932276
500万元-1000万元	2641	25867554	6892616	15999314	25267071	1892268	487493
100万元-500万元	5428	32999908	8697111	22099968	32291465	1447518	670956
50万元-100万元	1058	5296624	1391320	3488875	5147814	79751	98024
10万元-50万元	656	3368366	913878	2702438	3269453	19827	56654
10万元以下	886	12148060	2003464	18503880	12067355	-680443	182191

1-B-08　按从业人员平均人数分组的主要经济指标

单位：万元

项　　目	企业数（个）	工业总产值（当年价）	工业增加值	资产总额	主营业务收　入	利税总额	从业人员平均人数（人）
总　计	**16115**	**338533617**	**89400092**	**249593686**	**331110999**	**36212007**	**4239007**
1万人以上	10	16405414	3449615	14337835	16974530	1323961	126776
5000人-10000人	33	18582996	4751068	8739335	18474772	1482907	222160
3000人-5000人	70	16634249	4466468	16919267	17003976	1932382	261332
1000人-3000人	483	58466696	16535717	56560198	55587810	7747739	744372
500人-1000人	1148	53429995	14681038	41326229	51752512	6447488	794449
100人-500人	7746	130517783	33979070	84561890	127732106	13772062	1704468
50人-100人	4205	31465213	8098485	18013008	30759959	2569539	310133
10人-50人	2240	12212898	3236295	8005851	12018474	875765	75149
10人以下	180	818373	202336	1130074	806861	60165	168

1-B-09 大中型工业企业产值指标

单位：万元

项目	工业总产值	工业销售产值	#出口交货值	工业增加值
总计	**212238553**	**205998728**	**49955646**	**56699993**
#国有控股企业	37052392	36562354	1356387	10462094
#亏损企业	16523231	16119816	2427342	3222028
一、按轻重工业分组				
轻工业	100308741	97013389	26263384	29843039
重工业	111929812	108985339	23692263	26856955
二、按登记类型分组				
内资	101914335	99300494	10857242	27812187
国有企业	3461021	3414454	300979	1628536
集体企业	270658	267620	20960	104987
股份合作企业	306256	301030	37859	92915
联营企业	492670	491007	81337	231084
有限责任公司	45180276	43941061	2888549	11430982
股份有限公司	9345242	9171026	1496938	2607245
私营企业	41701425	40640261	5951920	11336823
其他企业	1156787	1074036	78699	379615
港、澳、台商投资企业	57236109	55103648	19695534	15479583
外商投资企业	53088109	51594586	19402870	13408224
三、按规模分组				
大型企业	105431151	102293685	28321833	27567792
中型企业	106807402	103705042	21633814	29132201
四、按行业分组				
1. 采矿业	1483426	1451354	232	733414
煤炭开采和洗选业	521530	527427		355672
石油和天然气开采业				
黑色金属矿采选业	369279	341517		121877
有色金属矿采选业	170098	163063		91009
非金属矿采选业	422519	419347	232	164856
开采辅助活动				
其他采矿业				
2. 制造业	194152333	187973811	49955414	51658854
农副食品加工业	9512536	9213594	2782743	2042162
食品制造业	5846117	5742773	887017	1597709

1-B-09　续表　　单位：万元

项　　目	工业总产值	工业销售产值	#出口交货值	工业增加值
酒、饮料和精制茶制造业	3806640	3745780	76289	1334446
烟草制品业	2417209	2441721	1777	1966418
纺织业	11259167	10914125	833681	2750406
纺织服装、服饰业	10539106	10185042	3098879	3433475
皮革、毛皮、羽毛及其制品和制鞋业	21417535	20927623	7138610	6869080
木材加工和木、竹、藤、棕、草制品业	1697065	1650900	210838	496657
家具制造业	1726708	1700957	735269	452084
造纸和纸制品业	5151977	4643191	128965	1435928
印刷和记录媒介复制业	820255	801429	91224	219028
文教、工美、体育和娱乐用品制造业	5300480	5170800	2799149	1562684
石油加工、炼焦和核燃料加工业	6221451	6164867		1484745
化学原料和化学制品制造业	5892368	5642543	532419	1207493
医药制造业	1317335	1222878	196434	452326
化学纤维制造业	5955806	5458248	374329	1305851
橡胶和塑料制品业	7682472	7577336	1457014	2266260
非金属矿物制品业	9764574	9572804	1733552	2954264
黑色金属冶炼和压延加工业	12055431	11427428	105650	2374341
有色金属冶炼和压延加工业	6998541	6456842	532646	1391062
金属制品业	3191845	3124658	980805	782704
通用设备制造业	4820623	4648801	1220700	1350662
专用设备制造业	2594322	2440986	384546	576325
汽车制造业	6557731	6430562	925269	1511768
铁路、船舶、航空航天和其他运输设备制造业	2246395	2175991	902687	627559
电气机械和器材制造业	9285998	8852342	3006048	2572517
计算机、通信和其他电子设备制造业	27001211	26618373	16961808	5842253
仪器仪表制造业	806213	799113	551510	227723
其他制造业	1519595	1480734	704857	403771
废弃资源综合利用业	5030	5030		4117
金属制品、机械和设备修理业	740600	736343	600700	163037
3. 电力、燃气及水的生产和供应业	16602794	16573563		4307725
电力、热力生产和供应业	15201399	15175614		3866027
燃气生产和供应业	1186530	1183077		326927
水的生产和供应业	214866	214872		114771

1-B-10 大中型工业企业

项目	企业单位数(个)	#亏损企业	资产合计	流动资产合计	固定资产合计
总计	**3441**	**187**	**169996618**	**86039442**	**54197802**
#国有控股企业	182	49	49255163	14537531	22765976
#亏损企业	187	187	19335447	7687750	7278956
一、按轻重工业分组					
轻工业	2344	94	68935326	40940255	18963750
重工业	1097	93	101061292	45099186	35234051
二、按登记类型分组					
内资	1865	96	87258890	37922553	32501592
国有企业	20	4	3161582	1242325	921938
集体企业	12	1	190196	111183	46730
股份合作企业	12		101336	55833	38007
联营企业	6	1	551889	67387	318128
有限责任公司	577	49	42219442	14139825	19856414
股份有限公司	124	15	18530725	9425762	3948552
私营企业	1098	25	21547693	12217779	7102827
其他企业	16	1	956027	662461	268996
港、澳、台商投资企业	993	50	44717310	25715364	10928773
外商投资企业	583	41	38020417	22401524	10767437
三、按规模分组					
大型企业	443	26	90280840	43621199	28323669
中型企业	2998	161	79715777	42418243	25874133
四、按行业分组					
1. 采矿业	51	5	1768863	473922	749277
煤炭开采和洗选业	27	3	742812	273306	209088
石油和天然气开采业					
黑色金属矿采选业	6	1	487247	85411	278813
有色金属矿采选业	6		132790	33441	86094
非金属矿采选业	12	1	406014	81764	175283
开采辅助活动					
其他采矿业					
2. 制造业	3319	156	143612874	81253234	39161191
农副食品加工业	154	1	6447935	4416701	1454291
食品制造业	128	1	3629346	1650087	898825

主要财务指标

单位：万元

主营业务收入	主营业务成本	营业费用、管理费用、财务费用合计	利润总额	亏损企业亏损总额	本年应交增值税	税金总额	本年应付职工薪酬	全部从业人员平均人数（人）
207461034	**175941751**	**16478402**	**14620502**	**798301**	**6645887**	**9901101**	**13942855**	**2777549**
37195077	31362675	2601689	1604758	416621	1505069	3907996	1680196	204900
16535800	15584239	1193142	-798301	798301	347331	911705	855082	163575
97474313	79856249	8693844	8124503	153013	3458279	5306027	8404137	1851955
109986720	96085502	7784558	6495998	645288	3187609	4595074	5538718	925594
99964651	84563642	7338387	7313510	281416	3772856	5915632	6511065	1305009
3337545	2209560	194638	252071	4025	209689	976701	167253	19824
270531	234039	12833	16323	192	16467	19526	23658	6694
301030	242135	26649	31155		12090	14156	30215	6283
492032	382569	36403	69540	7	26351	30417	18526	4104
43725144	37700436	2868281	2622710	148130	1733640	2771771	2417044	440912
9903510	8120272	1190276	987448	101551	358580	438265	767912	130420
40779117	34604969	2946717	3292018	15957	1355566	1599629	3036815	686662
1155742	1069662	62591	42245	11555	60473	65169	49643	10110
55422074	46573373	4661798	4383656	186793	1667853	1953008	4110580	878896
52074309	44804737	4478218	2923336	330092	1205178	2032461	3321210	593644
103466514	87519812	8633556	6382025	443828	3054586	5727135	6412070	1142321
103994520	88421940	7844846	8238477	354473	3591301	4173966	7530785	1635228
1464114	1102654	169030	167201	4785	105610	136832	204020	46736
545897	429097	81576	27553	3921	57115	68023	123008	28846
353388	255021	44679	50174	192	17153	22756	30998	4557
140014	98678	12421	27758		11131	14452	16376	3080
424816	319858	30354	61716	673	20211	31601	33637	10253
189382714	160158720	15481758	13381135	744453	5877283	8705292	13174922	2673744
9202650	8179602	422962	668207	822	493928	516391	462831	110723
5646115	4544165	628028	484095	535	216052	241914	394327	92395

1-B-10 续表

项 目	企 业 单位数 (个)	#亏损企业	资产合计	流动资产 合 计	固定资产 合 计
酒、饮料和精制茶制造业	87	4	2482020	1361155	769791
烟草制品业	5		2254734	1381838	667734
纺织业	208	10	7093212	3786115	2466272
纺织服装、服饰业	387	7	7467030	4935528	1915056
皮革、毛皮、羽毛及其制品和制鞋业	576	17	12022762	7959116	2435679
木材加工和木、竹、藤、棕、草制品业	59	1	942907	539806	301372
家具制造业	62	2	1038824	648146	226634
造纸和纸制品业	87	7	5387024	3019497	1589542
印刷和记录媒介复制业	27	1	525758	259869	160379
文教、工美、体育和娱乐用品制造业	186	10	2427743	1599177	601992
石油加工、炼焦和核燃料加工业	6	1	4802541	1606664	2239582
化学原料和化学制品制造业	73	8	8124402	3250299	1768171
医药制造业	33	1	1623420	895381	476373
化学纤维制造业	27	5	5363206	2373869	2313126
橡胶和塑料制品业	150	11	5388573	2923414	1706333
非金属矿物制品业	255	14	8439493	3897542	3048291
黑色金属冶炼和压延加工业	53	5	8579072	3753507	3629198
有色金属冶炼和压延加工业	29	5	8405432	3778573	2100218
金属制品业	69	4	2518265	1508796	621687
通用设备制造业	83	6	4406770	2755607	1028958
专用设备制造业	56	2	3624070	2635205	637546
汽车制造业	79	4	4513847	2749518	1160145
铁路、船舶、航空航天和其他运输设备制造业	36	2	2002316	1341127	470516
电气机械和器材制造业	149	5	6699476	4537418	1259157
计算机、通信和其他电子设备制造业	167	18	15009116	10480881	2557919
仪器仪表制造业	32	2	633480	397539	177244
其他制造业	50	2	1238832	679261	199218
废弃资源综合利用业	1		11058	10005	1037
金属制品、机械和设备修理业	5		510212	121594	278907
3. 电力、燃气及水的生产和供应业	71	26	24614880	4312285	14287334
电力、热力生产和供应业	59	22	21813650	3586407	12664720
燃气生产和供应业	4		1351932	470140	640630
水的生产和供应业	8	4	1449298	255738	981984

单位：万元

主营业务收入	主营业务成本	营业费用、管理费用、财务费用合计	利润总额	亏损企业亏损总额	本年应交增值税	税金总额	本年应付职工薪酬	全部从业人员平均人数(人)
4347400	3104768	681217	477524	2826	182148	274543	363679	66112
2357623	692473	148082	230865		258550	1555791	91619	4325
10859839	9541202	689603	770395	7493	229925	264014	731728	145819
10100419	8204013	898193	993573	4420	362324	428489	1130265	272911
21236954	17514090	1969780	1796030	32769	699525	851536	2319769	555178
1643674	1401891	106484	119194	1978	49178	56833	127730	27797
1704961	1411773	170954	136200	643	51420	61209	153717	33057
4572856	3782792	421146	526686	8908	187890	215473	261792	57742
801430	675323	66074	62112	5	27189	31370	63179	15158
5170295	4296382	423455	433517	4116	136857	166900	615295	128700
6177181	5515149	234897	-175136	206948	132868	666827	64193	6377
5738027	4771124	444332	166135	115783	205676	222041	223089	43453
1191283	709257	301023	188188	514	56033	65249	120331	20738
5523586	4773541	522796	261913	57190	80856	88779	125019	26743
7625044	6261826	579115	912724	10760	276455	332986	537820	108833
9662360	7976904	914733	945176	32373	313318	382796	760930	164967
11376372	10547232	437910	411038	39863	604917	636517	491619	72060
7002581	6268311	382652	469637	27396	89651	120727	259376	37199
3152701	2708970	201374	243833	2436	86389	103301	204483	40416
4707673	3856731	474169	436856	7378	115962	136000	335210	69110
2814202	2383593	286500	137065	69423	92282	105077	210069	37674
6399574	5401372	542759	389773	4735	242276	361371	373126	67727
2086316	1827106	125998	117472	8056	50309	60140	160121	27577
8692251	7254780	789590	940095	7442	316017	372669	770125	127884
26549322	23935812	2346174	1074785	79494	243015	295511	1451523	243004
802208	685948	74643	41049	200	15410	20313	94494	22709
1490965	1262722	135441	89466	9949	52093	58878	186746	39337
11157	7381	2371	658		976	1286	6142	1132
735699	662490	59306	32011		7797	10364	84577	6887
16614205	14680378	827615	1072165	49063	662995	1058977	563913	57069
15202969	13548382	725368	846283	43615	614576	1003132	487693	48593
1176615	947984	47896	214243		37581	42661	30128	2985
234622	184012	54350	11639	5448	10838	13184	46092	5491

1-B-11 法人单位产品生产、销售、库存情况

产品名称	计量单位	本年生产量	年初库存量	本年销售量	企业自用及其他	年末库存量	产销率(%)
铁矿石原矿	吨	12286671	327337.43	9058915.2	3265409.8	289683.01	73.7
铁矿石成品矿	吨	6024189.2	165627.03	6025488.8	3256	161071.37	100.0
铁精矿	吨	3415459.1	76224.76	3415508.1		76175.73	100.0
锰矿石成品矿	吨	224988	7259	219198	4483	8566	97.4
铜金属含量	吨	34212.64	214.03	34076.42		350.25	99.6
铅金属含量	吨	193540.02	7582.04	192944.49		8177.57	99.7
锌金属含量	吨	291329.28	10038.02	290777.39		10589.91	99.8
锡金属含量	吨	1011.1	119	1011.19		118.91	100.0
稀有稀土金属矿	吨	8902.77	627.74	8751.23		779.28	98.3
钨精矿折合量(折三氧化钨65%)	吨	3423.97	78.3	3459.97		42.3	101.1
钼精矿折合量(折纯钼45%)	吨	5478.8	549.44	5291.26		736.98	96.6
石灰石	吨	89785378	41573	89754814	766	71371	100.0
水泥用石灰石	吨	56088944	41573	56058380	766	71371	99.9
建筑用天然石料	立方米	15380508	191764.99	15292387	1424	278462.28	99.4
天然大理石荒料	立方米	28000	3000	26000	1000	4000	92.9
天然花岗石荒料	立方米	1455750	106142	1414969		146923	97.2
萤石	吨	1155782.1	33667.24	1050213.8	100316	38919.55	90.9
高岭土(瓷土)	吨	2430461	93596	2191510	198067	134480	90.2
砂石	吨	6972294.3	151037.87	6970368.3		152963.92	100.0
石英砂	吨	2690051.3	137509.87	2683733.3		143827.92	99.8
化学矿	吨	1644585.2	58474.32	1521171.4	100316	81572.2	92.5
硫铁矿石(折含硫35%)	吨	218338.1	22596.08	203032.53		37901.65	93.0
磷矿石(折含五氧化二磷30%)	吨	73332		72598		734	99.0
钾矿	吨	187133	2211	185327		4017	99.0
原盐	吨	183059	76648	170202		89505	93.0
天然石墨	吨	1226716	17630	1228461		15885	100.1
小麦粉	吨	1433904	139476	1428274	2531	142575	99.6
大米	吨	2065908.6	59109.81	2061706.5	7843	55468.92	99.8
饲料	吨	9056224.7	152911.4	8839269.7	113793.04	256073.39	97.6
配合饲料	吨	7118502.3	85234.08	6907289.7	96097.04	200349.68	97.0
混合饲料	吨	651097.82	25108.5	632623.81	16962.73	26619.78	97.2
宠物食品	吨	9591	333.95	9527		397.95	99.3
食用植物油	吨	1614426.4	132342.2	1578577.6	6246.24	161944.76	97.8
精制食用植物油	吨	1167163.4	78422.1	1149645.9	4994.24	90945.37	98.5
成品糖	吨	38682.4	1677.55	40359.95			104.3
鲜、冷藏肉	吨	821317.68	97922.68	822953.47	24.1	96262.79	100.2
冻肉	吨	28698.62	2451	27551.13	8	3590.49	96.0
熟肉制品	吨	100878.6	5624.63	100450.74	3.4	6049.09	99.6
冷冻水产品	吨	1456735.6	196677.54	1424599	6631.32	222182.89	97.8
冷冻蔬菜	吨	1617285.7	81811.24	1604602.2	13663.6	80831.21	99.2
淀粉及淀粉制品	吨	990901.15	101093.65	969748.06	4031.45	118215.29	97.9
豆腐及豆制品	吨	344766.33	11238.76	344431.98	1	11572.11	99.9
糕点	吨	264716.29	6227.53	260127.72	2623.39	8192.71	98.3
面包	吨	348596.12	6517.85	347805.04	518.01	6790.92	99.8
饼干	吨	356564.17	8629.71	356758.6	139.25	8296.03	100.1
膨化食品	吨	70202	2518	69651		3069	99.2
焙烤松脆食品	吨	33237.7	14289.5	33334.7		14192.5	100.3
糖果	吨	645385.6	55173.6	640119.35	65	60374.85	99.2
速冻食品	吨	242249.38	41842.2	243574.27	2	40515.31	100.5
速冻米面食品	吨	38044	13436.36	37718.9		13761.46	99.1

1-B-11　续表 1

产品名称	计量单位	本年生产量	年初库存量	本年销售量	企业自用及其他	年末库存量	产销率(%)
方便面	吨	207525	3287	207295	165	3352	99.9
乳制品	吨	262361.42	3473.17	262393.87	184.33	3256.39	100.0
液体乳	吨	218317.84	1052.25	218181.4	184	1004.69	99.9
灭菌乳	吨	37530.84	880.25	37525.4	111	774.69	100.0
巴氏杀菌乳	吨	47382	48	47359	7	64	100.0
酸牛乳	吨	7712	46	7695	6	57	99.8
其他液体乳	吨	125693	78	125602	60	109	99.9
固体及半固体乳制品	吨	44043.58	2420.92	44212.47	0.33	2251.7	100.4
乳粉	吨	44043.58	2420.92	44212.47	0.33	2251.7	100.4
罐头	吨	2554918.3	252110.27	2534065.6	7640.4	265322.51	99.2
味精(谷氨酸钠)	吨	36037	2601	35207	1355	2076	97.7
酱油	吨	172564.68	53294.73	170446.97		55412.44	98.8
醋及醋代用品	吨	65430	4296	64265	600	4861	98.2
食醋	吨	45921	2912	45625		3208	99.4
复合调味品	吨	64900.47	1208.13	62924.54	150	3034.06	97.0
鸡精	吨	5669	7	5272		404	93.0
食品用氨基酸	吨	5416	2	5374		44	99.2
营养、保健食品	吨	139832.67	92.4	136652.21	34.65	3238.21	97.7
蜂蜜营养制品	吨	3464.67	75	3430	23	86.67	99.0
冷冻饮品	吨	23400	15	23409		6	100.0
食用盐	吨	110949.48	3215.6	110610.08		3555	99.7
食品添加剂	吨	96658.89	3016.68	95814.05	147.8	3713.72	99.1
饲料添加剂	吨	9372.78	305	9238.78		439	98.6
饮料酒	千升	2321701.2	71606.92	2296510.2	4138.86	92659.1	98.9
白酒(折65度，商品量)	千升	66328.63	9698.08	61635.42	556.88	13834.41	92.9
啤酒	千升	2000081.4	30172.24	1996924.3	1228.36	32100.98	99.8
黄酒	千升	61870.22	16993.7	58498.84	2115.62	18249.46	94.6
葡萄酒	千升	305	78	312		71	102.3
果酒及配制酒	千升	2600	118	2045	220	453	78.7
软饮料	吨	5154479.7	191089.08	5163177	28282.43	154109.32	100.2
碳酸型饮料(汽水)	吨	440988.26	35945.28	458083.51	14	18836.03	103.9
包装饮用水	吨	1843542.9	47819.65	1836933.2	2224.4	52204.9	99.6
果汁和蔬菜汁类饮料	吨	1007522.5	40031.89	1008532.1	264	38758.24	100.1
蛋白饮料	吨	138353.73	13.33	137091.33	1252	23.73	99.1
植物蛋白饮料	吨	91565.73	13.33	90303.33	1252	23.73	98.6
固体饮料	吨	35761	7078	31501	39	11299	88.1
茶饮料	吨	134641	1795	133799		2637	99.4
精制茶	吨	239639.68	41319.49	232681.18	9893.55	38384.44	97.1
复烤烟叶	吨	59715.2	113.64	59828.84			100.2
卷烟	万支	9486172	93473	9304179	24060	251406	98.1
一类烟	万支	731174	14846	709482	5904	30634	97.0
二类烟	万支	1706544	19824	1663999	7560	54809	97.5
三类烟	万支	3792631	38215	3737326	4721	88799	98.5
四类烟	万支	2937651	16184	2925636	1990	26209	99.6
五类烟	万支	318172	4404	267736	3885	50955	84.1
纱	吨	3422645.8	125476.94	3366060.8	44014.9	138047.03	98.3
棉纱	吨	616675.98	38956.01	599570.51	9690.57	46370.91	97.2
棉混纺纱	吨	1177187.5	34537.05	1141173.7	27330.73	43220.15	96.9
化学纤维纱	吨	1628782.3	51983.88	1625316.6	6993.6	48455.97	99.8

1-B-11 续表 2

产品名称	计量单位	本年生产量	年初库存量	本年销售量	企业自用及其他	年末库存量	产销率(%)
棉线	吨	619	23	583		59	94.2
缝纫线	吨	1286.51	558.71	900.59		944.63	70.0
布	万米	563138.29	58374.63	546956.44	6363.67	68192.81	97.1
其中：色织布(含牛仔布)	万米	948	91.77	938.96	7.42	93.39	99.0
其中：棉布	万米	85706.97	11391.43	84842.09	714.69	11541.62	99.0
棉混纺布	万米	220001.78	20828.26	214568.12	3179.53	23082.39	97.5
化学纤维短纤布	万米	257429.54	26154.94	247546.23	2469.45	33568.8	96.2
印染布	万米	407460.81	50692.18	412270	2470.83	43412.16	101.2
漂白布	万米	1406.5	45.5	1395.3		56.7	99.2
染色布	万米	374911.1	39594.83	377281.78	1870.83	35353.32	100.6
印花布	万米	31143.21	11051.85	33592.92	600	8002.14	107.9
绒线(俗称毛线)	吨	2377	357	2541		193	106.9
毛纱	吨	1343.39	126.05	1303.14		166.3	97.0
化纤长丝机织物	万米	102662.66	21981	99998.98	4032	20612.68	97.4
合成纤维长丝机织物	万米	53280.64	8893	55611.96	43	6518.68	104.4
人造纤维长丝机织物	万米	284	41	273		52	96.1
其他化纤长丝机织物	万米	11075	117	6294	3989	909	56.8
蚕丝被	万条	9.21	0.47	9.14	0.08	0.46	99.2
被罩	万个	1.72	1	1.72		1	100.0
床罩	万个	47	2	46.27		2.73	98.4
毯子	条	10830590	96780	10577910		349460	97.7
棉被	万条	17.25	3.33	18.25		2.33	105.8
毛巾	万条	4310.43	429.39	4296.29		443.53	99.7
无纺布(无纺织物)	吨	255078.32	32030.99	247889.74	9657.93	29561.64	97.2
纤维纺制线、绳、索、缆	吨	12475.5	1113.51	12334.88	49	1205.13	98.9
帘子布	吨	54033	3244	52614		4663	97.4
帐篷	万顶	158.69	22.22	152.48	0.01	28.42	96.1
服装	万件	371993.93	35799.5	362677.57	2964.33	42151.53	97.5
梭织服装	万件	128463.02	20253.47	124857.44	2350.23	21497.38	97.2
羽绒服装	万件	1179.53	66.22	1220.43	0.75	24.57	103.5
西服套装	万件	1057.1	93.62	1058.32		92.4	100.1
衬衫	万件	1654.02	136.72	1651.18		128.12	99.8
运动服类服装	万件	2154.51	78.09	2148.47		84.13	99.7
针织服装	万件	243342.8	15548.73	237668.88	614.1	20608.55	97.7
针织运动类服装	万件	6131.21	357.98	6024.11	73.91	391.17	98.3
针织袜	万双	1118.5		1102.5		16	98.6
针织手套	万双	17439.19	676.1	17251.89	20	843.4	98.9
帽子	万个	830.19	14.53	825.28		19.44	99.4
成品革	平方米	161978395	3590269	161150076	5000	4413587.9	99.5
轻革	平方米	114433805	2785513.7	113790621		3428697.4	99.4
皮革服装	万件	938.71	22.36	923.78		37.29	98.4
衣箱、提箱及类似容器	万个	3338.28	136.4	3306.08		168.6	99.0
手提包(袋)、背包	万个	83416.15	9391.82	68770.71	17359.8	6677.46	82.4
鞋	万双	966431.35	58743.63	953125.08	7651.34	64396.38	98.6
纺织面鞋	万双	110239.6	15313.03	119584.95	133.73	5831.77	108.5
皮革鞋靴	万双	663283.05	37104.07	646224.01	4579.11	49584	97.4
塑料鞋	万双	114186.25	3733.16	111291.62	395.99	6231.8	97.5
胶鞋	万双	80210.98	2566.29	77540.07	2542.51	2694.69	96.7
人造板	立方米	15039743	729651.79	14936544	42560.01	790290.56	99.3
胶合板	立方米	8969251.9	278104.53	8961116.8	636	285603.6	99.9

1-B-11　续表 3

产品名称	计量单位	本年生产量	年初库存量	本年销售量	企业自用及其他	年末库存量	产销率(%)
纤维板	立方米	2306650.4	140998.46	2268423.9	15888.01	163336.93	98.3
刨花板	立方米	2371296.2	253649.38	2318463.1	25411	281071.53	97.8
人造板表面装饰板	平方米	14866498	1794.1	14867704		588.41	100.0
细木工板	立方米	1330827.5	49556.42	1319802.9	625	59956	99.2
实木木地板	平方米	1698388.3	68264.95	1652074	6	114573.29	97.3
复合木地板	平方米	6885096	606149	6879731	88270	523244	99.9
竹地板	平方米	30687410	843648.27	30301079	22540	1207439.3	98.7
家具	件	143312627	3049035.9	142879952	56499	3425212.3	99.7
木质家具	件	36525938	1326935.9	36445851	25824	1381199.3	99.8
金属家具	件	95244263	1558036	94932144	450	1869705	99.7
软体家具	件	703597	12064	702361	50	13250	99.8
纸浆(原生浆及废纸浆)	吨	330108.5	29602	60518	272517.5	26675	18.3
机制纸及纸板(外购原纸加工除外)	吨	6328563	364995.94	6252603.8	34923.5	406031.62	98.8
未涂布印刷书写用纸	吨	327736.41	34077.21	328716.01	1088	32009.61	100.3
新闻纸	吨	151447	9818	148161	1088	12016	97.8
涂布类印刷用纸	吨	92202	7051	91671		7582	99.4
卫生用纸原纸	吨	307834	25180.7	300505.86	9614.5	22894.34	97.6
包装用纸及纸板	吨	957536.25	49757.81	924516.75	4793	77984.31	96.6
箱纸板	吨	751506.25	5856.81	721748.75	1124	34490.31	96.0
包装纸	吨	1245	63	1255	5	48	100.8
纸制品	吨	5987481.6	289303.06	5870478.4	15123.3	391182.98	98.0
瓦楞纸箱	吨	2884649.4	79426.19	2844530.6	3355.5	116189.47	98.6
卫生用纸制品	吨	918942.5	125673.11	878242.38	1800.8	164572.43	95.6
单色印刷品	令	3340198	16457	3326796		29859	99.6
多色印刷品	对开色令	6283982.9	325084.06	6374286.5	301	234479.46	101.4
本册	万本	3986.69	1	3981.69		6	99.9
自来水笔	万支	5213		5213			100.0
圆珠笔	万支	57070	282	56515	19	818	99.0
记号笔	万支	84914	141	84931	12	112	100.0
中乐器	把(件)	289761	58432	316447		31746	109.2
西乐器	把	193632	26886	208663		11855	107.8
电子乐器	台	852180	25663	861110		16733	101.0
机制地毯、挂毯	平方米	761541.8	34621	758729.5		37433.3	99.6
人发制假发	个	3553120		3553120			100.0
室内训练健身器材	台	8981206	281151	8791654		470703	97.9
硫酸(折100%)	吨	1553463.1	60400.78	1441430.9	138782.69	33650.25	92.8
盐酸(氯化氢，含量31%)	吨	108361.28	805.59	97342.86	10935	889.01	89.8
磷酸(含量85%)	吨	58720		57394		1326	97.7
烧碱(折100%)	吨	236455.38	2500.91	167525.89	68710.54	2719.86	70.8
离子膜法烧碱(折100%)	吨	210586.57	1771.99	146129.86	63508.84	2719.86	69.4
纯碱(碳酸钠)	吨	6358	27801	26212	242	7705	412.3
碳化钙(电石，折300升/千克)	吨	29924	2214	29959		2179	100.1
碳化硅	吨	9903.94	507.89	10185.36		226.47	102.8
乙烯	吨	714130	6099		712778	7451	
纯苯	吨	317218	6808	314018	120	9888	99.0
甲醛	吨	298942.65	11180.45	300133.63		9989.47	100.4
精甲醇	吨	329102	1241.11	328750		1593.11	99.9
过氧化氢(双氧水)	吨	148199.98	2120.62	149182.75		1137.85	100.7
氧化钨	吨	238	16	248		6	104.2

1-B-11 续表 4

产品名称	计量单位	本年生产量	年初库存量	本年销售量	企业自用及其他	年末库存量	产销率(%)
硅	吨	96705.77	2135.52	96874.38		1966.91	100.2
合成氨(无水氨)	吨	912288.18	10872.31	266188.25	650011.93	6960.31	29.2
农用氮、磷、钾化学肥料(折纯)	吨	572777.03	20061.4	571369.31	4950	16519.12	99.8
氮肥(折含氮100%)	吨	418032.4	13222.17	412163.15	4950	14141.42	98.6
尿素(折含氮100%)	吨	304538.02	5662.16	298268.49	4950	6981.69	97.9
磷肥(折五氧化二磷100%)	吨	14464	2054	14346		2172	99.2
复合肥、复混合肥	吨	981658	66402.04	967583.87	10316.9	70159.27	98.6
钾肥(折氯化钾100%)	吨	29744.15	1018.6	30586.65		176.1	102.8
化学农药原药(折有效成分100%)	吨	1941.24	0.71	1916.59	24.58	0.78	98.7
杀菌剂原药	吨	1941.24	0.71	1916.59	24.58	0.78	98.7
涂料	吨	651304.58	58029.58	652679.8	1397.35	55257.01	100.2
建筑涂料	吨	34851.29	22	33583	1252	38.29	96.4
油墨	吨	42119.47	2683.09	42239.04		2563.52	100.3
颜料	吨	44963.1	2396	42509.82		4849.28	94.5
初级形态塑料	吨	1887727.1	77307.72	1892469.3	3690.73	68874.77	100.3
低密度聚乙烯树脂(LDPE)	吨	27295.47	1706	28051.47		950	102.8
高密度聚乙烯树脂(HDPE)	吨	237208	7075	238960		5323	100.7
线型低密度聚乙烯树脂(LLDPE)	吨	517788	15445	521612		11621	100.7
聚丙烯树脂	吨	428048	8035	431676		4407	100.8
聚氯乙烯树脂	吨	17489	6335	17489		6335	100.0
聚苯乙烯树脂	吨	46194.63	12	41588		4618.63	90.0
ABS树脂	吨	1110.85	100.05	1114.91		95.99	100.4
合成橡胶	吨	1019.5	2	1016.5		5	99.7
合成纤维单体	吨	1779201	4160	1767316		16045	99.3
合成纤维聚合物	吨	815268.6	50243.27	678883.67	118272.94	68355.26	83.3
聚酯	吨	512551.8	33453.27	488184.87	7.94	57812.26	95.2
化学试剂	吨	534492.55	38070.49	505970.77	31344.3	35247.97	94.7
催化剂	吨	7462	64	6764		762	90.6
橡胶助剂	吨	18428	181	18354		255	99.6
塑料助剂	吨	100215.86	5685.35	95512.81	95	10293.4	95.3
表面活性剂	吨	78116	12801	72990		17927	93.4
活性炭	吨	365072.35	21657.01	364771.45	469.91	21488	99.9
单晶硅	千克	433890	4752	432539		6103	99.7
多晶硅	千克	497977	32178	492090		38065	98.8
感光胶片	万平方米	615.24	59.7	614.24		60.7	99.8
摄影感光纸	万平方米	4506.98	47.65	4487.33		67.3	99.6
炸药	吨	106356	2166	106421		2101	100.1
肥(香)皂	吨	25	4	28		1	112.0
合成洗涤剂	吨	130431	885	128494		2822	98.5
牙膏(折65克标准支)	万支	648.3	432.97	786.75	1	293.52	121.4
香料	吨	8817.98	387.86	8810.79		395.05	99.9
香精	吨	5207.6	389.94	5082.01		515.53	97.6
食品用香精	吨	622	35	599		58	96.3
化学药品原药	吨	22459.52	2472.78	20945.09	264.59	3722.62	93.3
抗菌素(抗感染药)	吨	10261.64	1041.79	8953.83	264.59	2085.01	87.3
消化系统用药	吨	218	11	206		23	94.5
解热镇痛药	吨	106	8	98		16	92.5
维生素类	吨	365	93	378		80	103.6
中枢神经系统用药	吨	293.42		293.42			100.0

1-B-11　续表 5

产品名称	计量单位	本年生产量	年初库存量	本年销售量	企业自用及其他	年末库存量	产销率(%)
激素类药	吨	98	18	107		9	109.2
抗肿瘤药	吨	1091.69	136.14	1039.08		188.75	95.2
调解水、电解质、酸碱平衡药	吨	5285	265	5190		360	98.2
制剂用辅料及附加剂	吨	4740.77	899.85	4679.76		960.86	98.7
中成药	吨	38306.68	16652.61	38458.24	14.57	16486.48	100.4
兽用药品	吨	23322.26	3471.27	24811.11		1982.42	106.4
化学纤维用浆粕	吨	96188	14310	88446		22052	92.0
化学纤维	吨	3866321.43	259585.88	3792474.15	8896.24	324536.92	98.1
人造纤维(纤维素纤维)	吨	910.69	25.38	690.84		245.23	75.9
合成纤维	吨	3865410.74	259560.5	3791783.31	8896.24	324291.69	98.1
锦纶纤维	吨	630154.92	18427.08	617386.45	778.24	30417.31	98.0
涤纶纤维	吨	3095746.72	238972.24	3038180.93	7121	289417.03	98.1
涤纶短纤维	吨	681921	49245	684420		46746	100.4
涤纶长丝	吨	1031826.25	74055.92	1022232.21		83649.96	99.1
维纶纤维	吨	28655.03	1079.08	29039.52	5	689.59	101.3
氨纶纤维	吨	33567.05	837.1	31809.39		2594.76	94.8
橡胶轮胎外胎	条	54205488	4483627	55791778	10885	2886452	102.9
其中：子午线轮胎外胎	条	21070837	1139910	20845261	10885	1354601	98.9
汽车子午线轮胎外胎	条	20911579	1139910	20695692	10885	1344912	99.0
其中：汽车橡胶轮胎外胎	条	35490008	2195622	35296682	10885	2378063	99.5
专用车辆橡胶轮胎外胎	条	19335		19335			100.0
非机动车橡胶轮胎外胎	条	11055330	1576800	12347852		284278	111.7
摩托车橡胶轮胎外胎	条	7640815	711205	8127909		224111	106.4
塑料制品	吨	3766427.54	269424.36	3709037.73	5158.69	321655.48	98.5
塑料薄膜	吨	593436.27	34947.11	604812.22	896.5	22674.66	101.9
农用薄膜	吨	6520	1	6519		2	100.0
泡沫塑料	吨	54743.52	3626.52	54748.64	2	3619.4	100.0
塑料人造革、合成革	吨	918929.19	30158.79	912418.55	754.94	35914.49	99.3
日用塑料制品	吨	289157.2	22507.27	285685.14	270	25709.33	98.8
硅酸盐水泥熟料	吨	48815922.9	1113883.2	14377916.7	35055050	496839.73	29.5
窑外分解窑水泥熟料	吨	46184066.9	1052413.2	13495004.7	33269818	471657.73	29.2
水泥	吨	75678048.1	1070786.4	75175503.9	158232.45	1415098.1	99.3
强度等级42.5水泥(含R型)	吨	28283970.8	323347.32	28298333.2	181.25	308803.61	100.1
强度等级52.5水泥(含R型)	吨	924846.35	22249	926616.91	53	20425.44	100.2
石灰	吨	3180741.75	4735	3176400.75	484	8592	99.9
商品混凝土	立方米	47964450.3	39218	47823073.8	114116.5	66478	99.7
水泥混凝土排水管	千米	1439.34	1526.56	1433.72	100	1432.18	99.6
钢筋混凝土排水管	千米	51	9	49		11	96.1
水泥混凝土压力管	千米	44	21	44		21	100.0
水泥混凝土电杆	根	1108957	122035	1147237	52009	31746	103.5
预应力混凝土桩	米	29457584	1410204	28887682.2	213242	1766863.8	98.1
水泥混凝土预制构件	立方米	507828.41		507789.71	38.7		100.0
石膏板	万平方米	646.63		539.05		107.58	83.4
砖	万块	824411.33	17676.25	807721.09	6665.33	27701.16	98.0
烧结粘土砖	万块	62904.2	292	61732.5		1463.7	98.1
瓦	万片	10309	1638	10258.04	29.96	1659	99.5
瓷质砖	平方米	1069136074	64272210	1055938256	2430045.8	75039982	98.8
炻瓷砖	平方米	463800889	36872096	444980351	9191934	46500701	95.9
细炻砖	平方米	223754770	6275846.1	216312780		13717836	96.7

1-B-11 续表 6

产品名称	计量单位	本年生产量	年初库存量	本年销售量	企业自用及其他	年末库存量	产销率(%)
炻质砖	平方米	503898432	40916748	495955842	3040459	45818880	98.4
陶质砖	平方米	302824967	19762973	288810101	8481344	25296495	95.4
天然大理石建筑板材	平方米	93988978	11910196	91076329	593006.4	14229839	96.9
天然花岗石建筑板材	平方米	304119715	9860281.8	301179007	984149.61	11816840	99.0
建筑防水卷材及制品	平方米	4555756	25400	4552756		28400	99.9
沥青和改性沥青防水卷材	平方米	1553256		1553256			100.0
隔热、隔音人造矿物材料及其制品	吨	74648	249	72771	308	1818	97.5
平板玻璃	重量箱	47009348	3755626.4	45844268	1178288	3742418.1	97.5
钢化玻璃	平方米	29794916	447164.54	29533316	1342	707422.97	99.1
夹层玻璃	平方米	12699338	113798.99	12092631	519652	200853.91	95.2
中空玻璃	平方米	11839969	115008.38	11773860		181117.34	99.4
日用玻璃制品	吨	68340	4317	68771		3886	100.6
玻璃包装容器	吨	480563.41	91032.31	508200.47		63395.25	105.8
玻璃纤维纱	吨	43835.69	950	43735.69	800	250	99.8
纤维增强塑料制品	吨	54647.12	3454.16	54946.41	1600	1554.87	100.5
卫生陶瓷制品	件	20527021	1829928	20046931	1637	2308381	97.7
日用陶瓷制品	件	341773332	47373782	333857478	51426	55238210	97.7
石棉制品	吨	21343	2165	21107		2401	98.9
耐火材料制品	吨	426894.5	12025.15	429739.5	56	9124.15	100.7
石墨及炭素制品	吨	278148.41	8096.76	238162.82		48082.35	85.6
生铁	吨	6138358	10950.77	815568.86	5320240	13499.91	13.3
粗钢	吨	17054067	82648.12	4573900.5	12380938	181876.71	26.8
铸铁件	吨	3625893.7	52191.49	3583769	6517.44	87798.72	98.8
铸钢件	吨	1047724.6	17685.6	1034862.5	6124	24423.73	98.8
钢材	吨	27848263	1000357.2	27650567	30487	1167566.4	99.3
中小型型钢	吨	1362741.6	43005.52	1356173.1		49574.02	99.5
棒材	吨	4329039	127165	4282928	3123	170153	98.9
钢筋	吨	8997740.5	281072.7	8909930.6		368882.56	99.0
线材(盘条)	吨	5589021.6	40910.14	5535503.4	4175	90253.33	99.0
特厚板	吨	202872	3153	204253		1772	100.7
厚钢板	吨	565619	6898	564286		8231	99.8
中板	吨	354419	7915	354766		7568	100.1
热轧薄板	吨	6618	68	6500	74	112	98.2
冷轧薄板	吨	700430.45	64692	714879.45		50243	102.1
热轧薄宽钢带	吨	943379	150035	1030434		62980	109.2
冷轧薄宽钢带	吨	149008	14239.26	149038		14209.26	100.0
热轧窄钢带	吨	1616045	30429	1615823		30651	100.0
冷轧窄钢带	吨	515199	31360	435056		111503	84.4
镀层板(带)	吨	442194.85	25010	442454.85	859	23891	100.1
涂层板(带)	吨	201031.3	4910.87	200607.54	12	5322.63	99.8
电工钢板(带)	吨	2516		2516			100.0
无缝钢管	吨	19899	1165.74	19498		1566.74	98.0
焊接钢管	吨	1090189.2	120889.4	1077402.9		133675.72	98.8
其他钢材	吨	760300.83	47438.59	748517.33	22244	36978.09	98.5
用外购国产钢材再加工生产钢材	吨	7436283.9	373597.59	6088563.4	1317128	404190.15	81.9
用外购钢材再加工生产钢材	吨	7139405.9	367963.59	5791606.3	1317128	398635.15	81.1
铁合金	吨	353652.58	60199.08	355680.54	855.79	57315.33	100.6
电炉硅铁(折合含硅75%)	吨	38709	20496	38709	3	20493	100.0
锰硅合金(折合含锰硅量合计82%)	吨	91999.26	6029.75	96758.16	393	877.85	105.2

1-B-11　续表 7

产品名称	计量单位	本年生产量	年初库存量	本年销售量	企业自用及其他	年末库存量	产销率(%)
十种有色金属	吨	387729.21	7993	307893.27	85713	2115.94	79.4
精炼铜(电解铜)	吨	211695.87	6064	217708.03		51.84	102.8
铅	吨	1500		1500			100.0
锌	吨	25573.34	1929	25438.24		2064.1	99.5
原铝(电解铝)	吨	148960		63247	85713		42.5
黄金	千克	22153.06	1281.42	22499.54		934.94	101.6
白银(银锭)	千克	54276.16	10804.33	55880.49		9200	103.0
稀有金属	千克	9856130	1252059	9628890		1479299	97.7
钨	千克	9856130	1252059	9628890		1479299	97.7
铜合金	吨	4912	29	4906		35	99.9
铝合金	吨	167980.41	4505.23	161746.53	799.7	9939.41	96.3
锌合金	吨	23495	470	23473		492	99.9
铜材	吨	207570.01	14599.67	199101.12		23068.56	95.9
铜盘条(电工用铜线坯)	吨	49321	86	48894		513	99.1
铝材	吨	1229577	88430.87	1152125.6	84883.53	80998.74	93.7
锡材	吨	360	12	368		4	102.2
钢结构	吨	1478806.1	89316.69	1461590	4150	102382.79	98.8
金属门窗及类似制品	吨	302910.1	30742.46	313268.85	287.28	20096.43	103.4
金属制门及其框架、门槛	吨	111689.78	12171.74	108800.78	200	14860.74	97.4
金属制窗及窗框	吨	1458	87	1502		43	103.0
金属切削工具	万件	10719.23	2383.42	10368.13	0.5	2734.02	96.7
日常用剪刀	万把	3472.83	686.16	3553.26		605.73	102.3
日常用刀	万把	431.74	47.5	431.74		47.5	100.0
金属集装箱	立方米	3199268.6	317044	3407629.8		108682.8	106.5
金属包装容器	吨	2983926.7	186681.77	2905348.2	253.62	265006.69	97.4
金属丝	吨	37840.78	474.37	37342.76	376	596.39	98.7
钢丝	吨	5506	266	5050	372	350	91.7
钢丝绳	吨	2190	417	1617	84	906	73.8
钢绞线	吨	5335	430	4409	1070	286	82.6
裸电线	吨	15300.1	102	15177		225.1	99.2
裸铜线	吨	15300.1	102	15177		225.1	99.2
锁具	万把	11211		7890		3321	70.4
保险箱、柜、库门及钱箱	个	7656		7605		51	99.3
不锈钢日用制品	吨	41719.57	6055.65	42030.58		5744.64	100.7
锻件	吨	329432.84	5610.01	329777.79		5265.06	100.1
粉末冶金零件	吨	67285.02	6661.14	68005.24		5940.92	101.1
焊条	吨	5793.5	590.55	5617	15	752.05	97.0
工业锅炉	蒸发量吨	4979	19	4903		95	98.5
锅炉用辅助设备及装置	台	12156	25	10328		1853	85.0
发动机	千瓦	2284118	223436	2249218		258336	98.5
发动机	台	251901	8809	250341		10369	99.4
汽轮机	千瓦	43975		43975			100.0
工业用汽轮机	千瓦	43975		43975			100.0
水轮机	千瓦	645000		618500		26500	95.9
金属切削机床	台	7349	475	7234	2	588	98.4
数控金属切削机床	台	1942	193	1919		216	98.8
金属成形机床	台	14412	1153	14350	1	1214	99.6
数控金属成形机床(数控锻压设备)	台	383	46	379		50	99.0
铸造机械	台	2460	263	2485	7	231	101.0
铸造机械	吨	130930	9250	123091	570	16519	94.0

1-B-11 续表 8

产品名称	计量单位	本年生产量	年初库存量	本年销售量	企业自用及其他	年末库存量	产销率(%)
机床数控装置	套	55	50	95		10	172.7
金属非切削、成形加工机械	台	163	2	163		2	100.0
轻小型起重设备	吨	18875	139	18888		126	100.1
轻小型起重设备	台	935	7	920		22	98.4
起重机	吨	39000	3168	39306	125	2737	100.8
起重机	台	3092	249	3126	2	213	101.1
桥式起重机	吨	3340	423	3381		382	101.2
桥式起重机	台	1175	158	1190		143	101.3
门式起重机(龙门起重机)	吨	21000	2515	21132	125	2258	100.6
门式起重机(龙门起重机)	台	58	62	60	2	58	103.4
工业车辆	台	15594	684	15628	188	462	100.2
电动车辆(电动叉车)	台	11140	273	11033	163	217	99.0
内燃叉车	台	4454	411	4595	25	245	103.2
连续搬运设备	吨	72564	4461	67667		9358	93.3
连续搬运设备	台	4586	269	4586		269	100.0
输送机械(输送机和提升机)	吨	45970	2721	45547		3144	99.1
输送机械(输送机和提升机)	台	3949	211	3954		206	100.1
带式输送机	吨	10954	2408	10458		2904	95.5
带式输送机	台	853	201	873		181	102.3
装卸机械	吨	26594	1740	22120		6214	83.2
装卸机械	台	637	58	632		63	99.2
电梯、自动扶梯及升降机	台	1899	70	1885		84	99.3
电梯	台	885	60	890		55	100.6
乘客电梯	台	150		150			100.0
载货电梯	台		3	3			
升降机	台	1014	10	995		29	98.1
施工升降机	台	1014	10	995		29	98.1
立体(高架)仓库存储系统	台(套)	26793	150	26771		172	99.9
机械式停车设备	台(套)	408055	16115	395806		28364	97.0
泵	台	7160630	245908	6989086	238	417214	97.6
真空泵	台	233883	3057	233883		3057	100.0
气体压缩机	台	948444	4096	949753		2787	100.1
非制冷设备用压缩机	台	948444	4096	949753		2787	100.1
空气压缩机	台	215224	4096	216533		2787	100.6
阀门	吨	330359.4	45402.66	322726.38	5111	47924.68	97.7
龙头	只(套)	61826513	2240167	61666164	153382	2247134	99.7
水龙头(水嘴)	只(套)	4713551	182774	4578168	150000	168157	97.1
液压元件	件	11703162	527639	11233515	371676	625610	96.0
滚动轴承	万套	15583.76	23696.43	15630.91	88.18	23561.1	100.3
滚子轴承	万套	526.7	56.7	512.6		70.8	97.3
齿轮传动轴	万套	191		181		10	94.8
齿轮	吨	45617.4	7010.28	45655.67	12	6960.01	100.1
齿轮传动装置(齿轮箱)	台(套)	605533	20927	605304		21156	100.0
离合器	万件	1953.63	1	1902		52.63	97.4
钢铁铰接链(工业链条)	吨	36860	1409	36599		1670	99.3
联轴器	万件	15.02		15		0.02	99.9
风机	台	3541367	50000	3455384		135983	97.6
轴流式通风机	台	3541265	50000	3455282		135983	97.6

1-B-11　续表 9

产品名称	计量单位	本年生产量	年初库存量	本年销售量	企业自用及其他	年末库存量	产销率(%)
气体分离及液化设备	台	40		40			100.0
工商用制冷、空调设备	台(套)	53457	928	53457		928	100.0
工商用制冷设备	台(套)	48444	928	48444		928	100.0
工商用空调设备	台(套)	5013		5013			100.0
车用空调设备	台(套)	5013		5013			100.0
风动手提工具	台	174480	1014	175113		381	100.4
电动手提式工具	台	2012463	48946	1994307		67102	99.1
喷涂机	台	147	17	130		34	88.4
衡器(秤)	台	59762	616	59641		737	99.8
包装专用设备	台	11062.45	939.03	8767.42	1252	1982.06	79.3
影像投影仪	台	461924	15030	452685	506	23763	98.0
照相机	台	1575366	18849	1565204	2640	26371	99.4
数码照相机	台	1564203	17100	1554916	2640	23747	99.4
复印和胶版印制设备	台	21941	34	21713		262	99.0
静电复印设备	台	21500	32	21272		260	98.9
多功能一体机	台	21500	32	21272		260	98.9
银行专用机器	台	4		4			100.0
自动柜员机(ATM机)	台	4		4			100.0
金属密封件	万件	2459	229	2452		236	99.7
机械密封件	万件	122755.18	4665.12	119320.29		8100.01	97.2
金属紧固件	吨	280717	26209	284593	8	22325	101.4
弹簧	吨	8859.17	816.06	8855.15	2	818.08	100.0
矿山专用设备	台	14584.48	1882	12831.48	1816	1819	88.0
矿物破碎机械	台	1606	605	1001	600	610	62.3
矿物筛分、洗选设备	台	1871	1021	1004	1200	688	53.7
建筑工程用机械	台	41669	5448	41053	57	6007	98.5
挖掘、铲土运输机械	台	38400	5210	37906	57	5647	98.7
挖掘机	台	2801	1203	2705		1299	96.6
装载机	台	34438	3932	34050	51	4269	98.9
压实机械	台	1388	148	1353		183	97.5
桩工机械	台	121	2	121		2	100.0
公共工程用机械	台	87	15	92		10	105.7
筑路机械	台	87	15	92		10	105.7
建筑材料及制品专用生产机械	吨	45132.5	4118.5	46356.5	10	2884.5	102.7
建筑材料及制品专用生产机械	台	6283	588	6364	1	506	101.3
混凝土机械	台	1673	73	1581		165	94.5
冶金专用设备	台	5880.2	731.8	5797.5	69.5	745	98.6
冶金专用设备	吨	237718.44	18065.97	228269.19	1726	25789.22	96.0
金属轧制设备	吨	101012.44	6741.97	99050.19	941	7763.22	98.1
金属轧制设备	台	741.2	16.8	737.5	1.5	19	99.5
炼油、化工生产专用设备	台	219	25	180		64	82.2
炼油、化工生产专用设备	吨	200	20	144		76	72.0
橡胶加工专用设备	台	4122	7	4108		21	99.7
橡胶成型压力机	台	318	2	320			100.6
橡胶硫化设备	台	1651	5	1650		6	99.9
塑料加工专用设备	台	180	20	177		23	98.3
塑料加工专用设备	吨	1760	265	1789		236	101.6
木材加工、处理机械	台	24488	2418	25469	505	932	104.0
模具	套	204351	8052	204332.87	27.7	8042.43	100.0

1-B-11 续表 10

产品名称	计量单位	本年生产量	年初库存量	本年销售量	企业自用及其他	年末库存量	产销率(%)
金属、硬质合金用模具	套	6594		6158	15.7	420.3	93.4
塑料用模具	套	382		382			100.0
橡胶用模具	套	5700	638	6338			111.2
食品制造机械	台	20539	5204	18325		7418	89.2
农产品加工专用设备	台	433	178	419	18	174	96.8
农产品初加工机械	台	3117	256	3049		324	97.8
烟草加工机械	台	24015	16748	26635	280	13848	110.9
饲料生产专用设备	台	6101	85	5505		681	90.2
制浆和造纸专用设备	台	868	33	835		66	96.2
印刷专用设备	吨	1939.2	530	2027		442.2	104.5
印刷专用设备	台	1643	393	1736		300	105.7
印刷机设备	吨	1939.2	530	2027		442.2	104.5
印刷机设备	台	1643	393	1736		300	105.7
照明器具生产专用设备	台	67478	603	60661		7420	89.9
纺织专用设备	台	24053	6321	24326		6048	101.1
织机	台	2631	330	2787		174	105.9
服装、鞋帽加工机械	台	123365	2168	122524		3009	99.3
电工机械专用设备	台	168886	3726	169786		2826	100.5
电线、电缆专用生产机械	台	246	2	245		3	99.6
电子工业专用设备	台	59365	1321	47068	12	13606	79.3
拖拉机	台	4806	84	4823		67	100.4
大型拖拉机	台	797	21	797		21	100.0
小型拖拉机	台	4009	63	4026		46	100.4
机械化农业及园艺机具	台	189556	6600	190732		5424	100.6
土壤耕整机械	台	30480	1643	31479		644	103.3
耕地机械	台	14264	766	14723		307	103.2
整地机械	台	16216	877	16756		337	103.3
渔业捕捞养殖机械	台	5577	265	5160		682	92.5
医疗仪器设备及器械	台	2229075	30549	2217810	4810	37004	99.5
一次性注射器	万支	484896	813	484859		850	100.0
环境污染防治专用设备	台(套)	3388	196	3310	5	269	97.7
大气污染防治设备	台(套)	1978	112	1927	5	158	97.4
水质污染防治设备	台(套)	185	26	144		67	77.8
固体废弃物处理设备	台(套)	1225	58	1239		44	101.1
自动售货机、售票机	台	4350	11	4069		292	93.5
灭火器	台	786040	30500	769540		47000	97.9
工业机器人	套	55	32	63		24	114.5
金属处理机械	台	1058	8	1060		6	100.2
汽车	辆	206143	12801	207234	80	11630	100.5
其中：基本型乘用车(轿车)	辆	114140	5279	115182	14	4223	100.9
轿车(1升＜排量≤1.6升)	辆	99263	4671	101436	8	2490	102.2
轿车(1.6升＜排量≤2.0升)	辆	14708	553	13554	4	1703	92.2
轿车(2.0升＜排量≤2.5升)	辆	169	55	192	2	30	113.6
多功能乘用车(MPV)	辆	13089	1093	13060	31	1091	99.8
运动型多用途乘用车(SUV)	辆	866	68	858	4	72	99.1
客车	辆	63673	5791	63830	31	5603	100.2
大型客车(车长＞10米)	辆	13582	948	13359		1171	98.4
中型客车(7米＜车长≤10米)	辆	14728	1887	14862	5	1748	100.9
轻型客车(车长≤7米)	辆	35363	2956	35609	26	2684	100.7

1-B-11　续表 11

产品名称	计量单位	本　年 生产量	年　初 库存量	本　年 销售量	企业自用 及 其 他	年　末 库存量	产销率 (%)
载货汽车	辆	14375	570	14304		641	99.5
重型载货车	辆	2432	85	2430		87	99.9
中型载货车	辆	3766	102	3756		112	99.7
轻型载货车	辆	8177	383	8118		442	99.3
改装汽车	辆	15626	1147	15383		1390	98.4
低速载货汽车	辆	4680	25	4680		25	100.0
民用钢质船舶	载重吨	908003.7	94991	997843.2		5151.51	109.9
民用钢质船舶	艘	399	6	404		1	101.3
钢质机动货船	载重吨	497467	93032	585967		4532	117.8
钢质机动货船	艘	100	3	102		1	102.0
散货船	载重吨	341843	93032	430343		4532	125.9
散货船	艘	24	3	26		1	108.3
钢质机动非货船	载重吨	409608.7	1959	410948.2		619.51	100.3
钢质机动非货船	艘	289	3	292			101.0
渔船	载重吨	65019.2	709	65728.2			101.1
渔船	艘	195	2	197			101.0
钢质非机动船	载重吨	928		928			100.0
钢质非机动船	艘	10		10			100.0
船用螺旋桨桨叶	吨	12490		12487.6		2.4	100.0
摩托车整车	辆	305266	33454	298969		39751	97.9
两轮摩托车	辆	305266	33454	298969		39751	97.9
两轮脚踏自行车	辆	40225	2865	36445		6645	90.6
山地自行车	辆	8563	586	8654		495	101.1
残疾人座车	辆	28954	1114	29759		309	102.8
电动自行车	辆	127221	1960	125428		3753	98.6
发电机组(发电设备)	千瓦	1037150	398865	888715		547300	85.7
发电机组(发电设备)	台(套)	56	136	127		65	226.8
水轮发电机组	千瓦	1037150	398865	888715		547300	85.7
水轮发电机组	台(套)	56	136	127		65	226.8
内燃发电机组	千瓦	1197139	27123	1163304	1263	59694.5	97.2
内燃发电机组	台(套)	560693.5	14631	538663	181	36480.5	96.1
电动机	千瓦	15188100	1390719	14624366	641	1953812	96.3
直流电动机	千瓦	160913	3089	159859		4143	99.3
交流电动机	千瓦	9752033	1256658	9260131	641	1747919	95.0
微电机	千瓦	251837.8	1	251837.8		1	100.0
微电机	万台	216543.5	1	216543.5		1	100.0
变压器	千伏安	10418211	4333089	11281357		3469943	108.3
变压器	台	2053941	268299	1783836		538404	86.8
电力变压器	千伏安	6660003	2218045	7604944		1273104	114.2
电力变压器	台	8156	1340	8342		1154	102.3
电力变压器，额定容量≥8000kVA	千伏安	4817894	1917427	5697648		1037673	118.3
电力变压器，额定容量≥8000kVA	台	4504	1096	4838		762	107.4
电力变压器，额定容量≥8000kVA，电	千伏安	1386994	336327	1492148		231172.6	107.6
电力变压器，额定容量≥8000kVA，电	台	4392	1065	4725		732	107.6
电力变压器，额定容量≥8000kVA，110	千伏安	3430900	1581100	4205500		806500	122.6
电力变压器，额定容量≥8000kVA，110	台	112	31	113		30	100.9
电力变压器，额定容量≤5000kVA	千伏安	1842109	300618	1907296		235431	103.5
电力变压器，额定容量≤5000kVA	台	3652	244	3504		392	95.9
干式变压器	千伏安	1313695	183095	1219940		276850	92.9
干式变压器	台	1262	241	1189		314	94.2

1-B-11 续表 12

产品名称	计量单位	本年生产量	年初库存量	本年销售量	企业自用及其他	年末库存量	产销率(%)
互感器	台	101695	15487	105299		11883	103.5
高压开关板	面	34477	1446	34947		976	101.4
低压开关板	面	72973	1512	56280		18205	77.1
高压开关设备(11万伏以上)	台	51697	180	51002		875	98.7
隔离开关	台	27092	180	26397		875	97.4
接地开关	台	19344		19344			100.0
配电或电器控制设备	台(套、面)	176391	9475	158953	24	26889	90.1
高压电路开关、保护电器装置	台(套、面)	22441	1058	21996	24	1479	98.0
低压开关、保护控制装置	台(套、面)	46500	5459	45730		6229	98.3
电力控制或电力分配装置	台(套、面)	107450	2958	91227		19181	84.9
绝缘电线	吨	27003.73	1464.22	27823.95		644	103.0
通信及电子网络用电缆	对千米	26226	1596	22204		5618	84.7
电力电缆	千米	153909.94	23826.63	152597.54		25139.03	99.1
绝缘制品	吨	10193.06	491.37	10387.65		296.78	101.9
蓄电池	千伏安时	121597681	6699054	122658595	26	5638114.3	100.9
蓄电池	只(自然只)	377870801	13584569	380887943	755843	9811584	100.8
锂原电池(组)	万只	15110	200	15110		200	100.0
锂离子电池	只(自然只)	351310130	12232049	354071138	755817	8715224	100.8
锂离子电池	千伏安时	114495301	6200615.9	115445800		5250117	100.8
铅酸蓄电池	千伏安时	4238640.9	248393.12	4209574.8	26	277433.25	99.3
铅酸蓄电池	只(自然只)	23696932	1102475	23813585	26	985796	100.5
电动自行车用铅酸蓄电池	千伏安时	1950772	88487	1945354		93905	99.7
电动自行车用铅酸蓄电池	只(自然只)	8413060	372224	8389224		396060	99.7
原电池及原电池组(非扣式)	万只	304972.11	20575.48	298624.31		26923.28	97.9
碱性锌锰原电池(组)	万只	9614.68	331.71	9609.13		337.26	99.9
物理电池	千瓦	192516.61	11056.1	180891.58		22681.13	94.0
物理电池	只(自然只)	22452631	2146186	20483940		4114877	91.2
太阳能电池(光伏电池)	千瓦	94335.61	9290.1	87166.58		16459.13	92.4
太阳能电池(光伏电池)	只(自然只)	22354450	2144420	20390215		4108655	91.2
家用空气湿度调节装置	台	122775	3985	120078		6682	97.8
家用房间空气清洁装置	台	52352	1045	43752		9645	83.6
家用电风扇	台	1307302	49576	1281200		75678	98.0
电饭锅	个	12932	3031	9100		6863	70.4
家用电热烘烤器具	个	10763270	55061	10748879		69452	99.9
家用水及饮料加热器具	台	27766	990	27953		803	100.7
电冷热饮水机	台	27766	990	27953		803	100.7
微波炉	台		377	377			
家用食品加工电动器具	台	1500000	52000	1500000		52000	100.0
家用电热水器	台	562129	24970	569449		17650	101.3
家用燃气用具	台	9360144	266013	9224283		401874	98.5
家用燃气灶具	台	260319	1032	260319		1032	100.0
太阳能热水器	平方米	106993	4786	103576	500	7703	96.8
电光源	万只	94008.19	15070.14	94136.07	5885.8	9056.46	100.1
白炽灯泡	万只	4113	945	4606		452	112.0
荧光灯	万只	54265.29	1980.51	54336.81	0.87	1908.12	100.1
灯具及照明装置	套(台、个)	72125851	1312492	70820459	136504	2481380	98.2
室内照明灯具	套(台、个)	1887147	72415	1834355	50	125157	97.2
户外照明用灯具及装置	套(台、个)	85974	2199	84973		3200	98.8

1-B-11　续表 13

产品名称	计量单位	本　年 生产量	年　初 库存量	本　年 销售量	企业自用 及 其 他	年　末 库存量	产销率 (%)
车辆专用照明、信号及其装置	套(台、个)	3718414	279124	1751958.5	1916124.5	329455	47.1
电子计算机整机	台	16100154	434301	16102724	50385	381346	100.0
计算机工作站	台	170680		170156	524		99.7
微型计算机设备	台	12847582	229718	12871586	46199	159515	100.2
笔记本计算机	台	8547275	229718	8580341	37137	159515	100.4
服务器	台	923		923			100.0
显示器	台	31370351	299934	31456390	3661	210234	100.3
平板显示器	台	28119155	266506	28195838	3661	186162	100.3
打印机	台	1331294	70083	1322402	129	78846	99.3
路由器	台	166958	35459	157339		45078	94.2
程控交换机	线	63514	116774	144816		35472	228.0
数字程控交换机	线	63514	116774	144816		35472	228.0
卫星导航定位接收机	部	8517	950	8000		1467	93.9
微波通信设备	部	46121	620	46268	65	408	100.3
电话单机	部	6093813	209912	6094454	3529	205742	100.0
移动通信基站设备	信道	15968		14168		1800	88.7
移动通信手持机(手机)	台	38541352	956269	39377100	1153	119368	102.2
彩色电视机	台	8931723	133227	8723367	96628	244955	97.7
液晶(LCD)电视机	台	3974220	93034	3909727	85121	72406	98.4
数字激光音、视盘机	台	1228460	85529	1293183		20806	105.3
电视接收机顶盒	台	13382493	106697	13298798	42551	147841	99.4
半导体分立器件	万只	51	5	50		6	98.0
集成电路	万块	4691.6	35.25	4725.55		1.3	100.7
光电子器件	万只(片、套)	4160119	668843.36	4106017.9	6371.97	716572.49	98.7
发光二极管(LED管)	万只	3201712.4	636327.96	3230788.2	703.15	606549.07	100.9
液晶显示屏	万片	67837	215	67480		572	99.5
液晶显示模组	万套	1946.52	9	1949.52		6	100.2
电子元件	万只	2071344.8	183750.17	2055370.2	203.3	199521.42	99.2
电声器件	万只	73329	174	72483		1020	98.8
印制电路板	平方米	42396530	2668930.2	40648799	82	4416579.3	95.9
工业自动调节仪表与控制系统	台(套)	1056982	86602	1105549		38035	104.6
工业自动控制系统	台(套)	386		386			100.0
电工仪器仪表	台	9133423	563071	9034702	270098	391694	98.9
工业仪表	台(个)	211479	45360	229204		27635	108.4
温度测量仪表	台	130845	39834	147623		23056	112.8
流量测量仪表	台(个)	80634	5526	81581		4579	101.2
分析仪器及装置	台(套)	808	272	860		220	106.4
水表	个	80634	5526	81581		4579	101.2
钟	只	96638914	1378338	97078737		938515	100.5
表	只	49676283	1943649	49808543		1811389	100.3
光学仪器	台(个)	2702015	26853	2706747	4365	17756	100.2
眼镜成镜	副	88879824	9222007	88662878	5492	9433461	99.8
伞类制品	把	517661851	26026199	512282230	22047	31383773	99.0
拉链	万米	285730.27	11677.6	284055.45		13352.42	99.4
打火机	万个	16189.13	448.93	16188.41		449.65	100.0
船舶修理	载重吨	4176401	49011	4075388	980	149044	97.6
自来水生产量	万立方米	153723.48	2052	126443.92	24810.56	4521	82.3
自来水供应量	万立方米	58732.34		49650.14	9082.2		84.5

1-B-12 主要工业产品生产能力

产品编码	产品名称	计量单位	2013年初生产能力	2013年末生产能力
0600010	原煤	吨	22076249.91	20154488.00
1620010	卷烟	万支	15363000.00	15052500.00
1700010	棉纺锭／纺纱量	锭／吨	9570913.57	10170094.65
1700020	气流纺锭／纺纱量	头／吨	58247.00	75785.00
1712010	棉布织机／布	台／万米	46320.76	47449.76
2511010	原油加工能力／原油加工量	吨/吨	12016626.00	18016626.00
2520010	焦炭	吨	2300000.00	1900000.00
2612010	烧碱(折100%)	吨	360000.00	410000.00
2620020	农用氮、磷、钾化学肥料总计(折纯)	吨	821658.00	795068.00
2651010	初级形态塑料	吨	1874934.00	1920728.00
2800020	化学纤维	吨	3324408.70	4726566.68
3011010	硅酸盐水泥熟料	吨	53664900.00	53945400.00
3011030	水泥	吨	87528223.00	88628200.00
3041010	平板玻璃	重量箱	48056000.00	49902000.00
3110010	生铁	吨	7026076.00	6913219.00
3120010	粗钢	吨	19312220.48	22015643.00
3140010	钢材	吨	30860783.15	33963399.55
3150010	铁合金	吨	421631.00	467856.00
3216020	原铝(电解铝)	吨	150000.00	150000.00
3421010	金属切削机床	台	12597.00	13867.00
3513020	挖掘机	台	9837.00	10008.00
3610010	汽车	辆	289500.00	385000.00
3610030	其中：基本型乘用车(轿车)	辆	130000.00	150000.00
3610180	载货汽车	辆	17000.00	29000.00
3731010	民用钢质船舶	载重吨	1545023.00	1585936.20
3911030	微型计算机设备	台	11095240.00	14865240.00
3922040	移动通信手持机(手机)	台	22932760.00	25728760.00
3951010	彩色电视机	台	19882221.00	21414258.00
4410010	发电设备容量总计／发电量	万千瓦/万千瓦小时	3411.08	3549.36
4411010	其中：火电设备容量／发电量	万千瓦/万千瓦小时	2548.00	2544.65
4412010	水电设备容量／发电量	万千瓦/万千瓦小时	750.73	770.34
4413010	核电设备容量／发电量	万千瓦/万千瓦小时		108.90
4414010	风电设备容量／发电量	万千瓦/万千瓦小时	112.35	125.47

C.规模以上工业（按行业和产业）

1-C-01　工业企业生产经营主要指标

单位：万元

项　　目	工业总产值	工业销售产值	#出口交货值	工业增加值
总　　计	**338533617**	**329886766**	**64468917**	**89400092**
#亏损企业	23612582	22963996	3521939	4861035
一、按轻重工业分组				
轻工业	160786638	156403577	35968598	45729731
重工业	177746979	173483188	28500319	43670361
二、按注册类型分组				
内资企业	200211745	195824877	18207854	53432633
国有企业	3880998	3827343	300979	1761570
集体企业	1312996	1295884	46543	462140
股份合作企业	942844	929778	284952	267190
联营企业	613938	611418	81337	262970
国有联营企业	138466	138465		138465
集体联营企业	78418	78166	9994	25772
国有与集体联营企业	10998	10776		2994
其他联营企业	386057	384011	71343	95739
有限责任公司	72133857	70488778	4366140	18408828
国有独资公司	12639739	12668939	86916	3436041
其他有限责任公司	59494119	57819839	4279224	14972787
股份有限公司	11839911	11586418	1643494	3334182
私营企业	107988658	105678611	11356752	28469948
私营独资企业	2556492	2523547	189333	711192
私营合作企业	713661	706129	61264	199629
私营有限责任公司	100721352	98532251	10657632	26489423
私营股份有限公司	3997153	3916685	448523	1069703
其他企业	1498545	1406646	127657	465806
港、澳、台商投资企业	75379181	72876294	23925561	20013635
合资经营企业	17151518	16449306	4825273	4468185
合作经营企业	225511	215684	43472	56243
港澳台商独资经营企业	53763843	52288943	18606414	14640195
港澳台商投资股份有限公司	4197617	3883096	426483	839982
外商投资企业	62942691	61185595	22335502	15953824
中外合资经营企业	25246362	24428933	5481507	5979196
中外合作经营企业	471693	453644	164477	154757
外资企业	34405128	33563440	15725171	9028486
外商投资股份有限公司	2684855	2606295	944390	761376
三、按规模分组				
大型企业	105431151	102293685	28321833	27567792
中型企业	106807402	103705042	21633814	29132201
小型企业	124102307	121703547	14156926	32120567
微型企业	2192757	2184492	356344	579532
四、按行业分组				
采矿业	5162572	5101188	37869	2195187
煤炭开采和洗选业	1181052	1195189		713392
烟煤和无烟煤开采洗选	1181052	1195189		713392
褐煤开采洗选				
其他煤炭采选				

1-C-01 续表 1

单位：万元

项目	工业总产值	工业销售产值	#出口交货值	工业增加值
石油和天然气开采业				
石油开采				
天然气开采				
黑色金属矿采选业	1276473	1240565		424756
铁矿采选	1199005	1163061		404530
锰矿、铬矿采选	77468	77503		20226
其他黑色金属矿采选				
有色金属矿采选业	861336	835281		369064
常用有色金属矿采选	619922	615490		252428
铜矿采选	21526	21526		9343
铅锌矿采选	585318	580885		237760
镍钴矿采选				
锡矿采选	13078	13079		5325
锑矿采选				
铝矿采选				
镁矿采选				
其他常用有色金属矿采选				
贵金属矿采选	59842	59458		38669
金矿采选	23488	23352		16893
银矿采选	5353	5240		3555
其他贵金属矿采选	31002	30866		18221
稀有稀土金属矿采选	181572	160333		77967
钨钼矿采选	143799	125649		61747
稀土金属矿采选	2352	2352		1010
放射性金属矿采选				
其他稀有金属矿采选	35421	32332		15210
非金属矿采选业	1843711	1830154	37868	687975
土砂石开采	1235754	1233263	22546	481314
石灰石、石膏开采	427046	428388		177836
建筑装饰用石开采	246665	246483		79927
耐火土石开采	353923	349271	22546	133409
粘土及其他土砂石开采	208120	209122		90141
化学矿开采	63506	61306	15090	21282
采盐	12881	11798	232	7793
石棉及其他非金属矿采选	531570	523787		177586
石棉、云母矿采选				
石墨、滑石采选	221822	216127		72981
宝石、玉石采选				
其他未列明非金属矿采选	309749	307660		104605
开采辅助活动				
煤炭开采和洗选辅助活动				
石油和天然气开采辅助活动				
其他开采辅助活动				
其他采矿业				
制造业	312411868	303887646	64431048	81405821
农副食品加工业	21387578	20881397	4373696	4654451
谷物磨制	1365340	1361152		273500

1-C-01　续表 2　　　　单位：万元

项　　目	工业总产值	工业销售产值	#出口交货值	工业增加值
饲料加工	3548106	3502866	165	756811
植物油加工	3086176	2969069		386207
食用植物油加工	3042287	2925382		380717
非食用植物油加工	43889	43686		5491
制糖业	46744	50328		11504
屠宰及肉类加工	1920068	1886674	44179	357838
牲畜屠宰	616619	612997		116845
禽类屠宰	747801	722835	26419	125898
肉制品及副产品加工	555648	550842	17760	115095
水产品加工	7856187	7603816	3441841	1951568
水产品冷冻加工	5111035	4950550	2930585	1303574
鱼糜制品及水产品干腌制加工	1608173	1535997	440169	383651
水产饲料制造	793121	780839	2582	183461
鱼油提取及制品制造	25775	24731	3795	5554
其他水产品加工	318084	311699	64711	75328
蔬菜、水果和坚果加工	2709621	2665580	807547	709589
蔬菜加工	2383485	2343375	701071	626800
水果和坚果加工	326136	322205	106476	82789
其他农副食品加工	855336	841912	79964	207433
淀粉及淀粉制品制造	402640	396750	599	94020
豆制品制造	124975	124205		40393
蛋品加工	118424	116575	5411	22265
其他未列明农副食品加工	209298	204383	73955	50755
食品制造业	9490138	9314541	1401733	2553573
焙烤食品制造	1888829	1929117	15429	529605
糕点、面包制造	792422	833224	1675	222865
饼干及其他焙烤食品制造	1096407	1095892	13754	306739
糖果、巧克力及蜜饯制造	2317499	2231205	231028	615950
糖果、巧克力制造	1428701	1375277	102195	357574
蜜饯制作	888797	855928	128833	258376
方便食品制造	1012811	985977	78063	252228
米、面制品制造	261335	257293	43107	66941
速冻食品制造	425382	413037	3831	92624
方便面及其他方便食品制造	326093	315647	31125	92663
乳制品制造	151114	142992		43931
罐头食品制造	2441345	2386971	857510	686288
肉、禽类罐头制造	66952	67211	23249	17648
水产品罐头制造	146352	142180	110717	42712
蔬菜、水果罐头制造	2125532	2065264	721064	595125
其他罐头食品制造	102509	112317	2480	30802
调味品、发酵制品制造	708426	685064	31670	193919
味精制造	140128	138603	8335	41167
酱油、食醋及类似制品制造	218212	209626	557	59116
其他调味品、发酵制品制造	350086	336835	22778	93635
其他食品制造	970113	953215	188034	231654
营养食品制造	124646	126573		34495
保健食品制造	171975	171044	4626	53281

1-C-01 续表 3 单位: 万元

项 目	工业总产值	工业销售产值		工业增加值
			#出口交货值	
冷冻饮品及食用冰制造	51583	50388		12270
盐加工	26125	29298		6239
食品及饲料添加剂制造	450853	438411	165742	95584
其他未列明食品制造	144931	137502	17665	29784
酒、饮料和精制茶制造业	7066369	6920422	120489	2316808
酒的制造	998609	970333	4255	418507
酒精制造	15540	15540		6513
白酒制造	144826	128476	227	57636
啤酒制造	573684	578602	4028	264912
黄酒制造	167567	157019		58385
葡萄酒制造	5175	5175		2169
其他酒制造	91818	85522		28893
饮料制造	1907785	1903779	29557	635645
碳酸饮料制造	233341	232409		82159
瓶(罐)装饮用水制造	120060	119831		40004
果菜汁及果菜汁饮料制造	503239	493968		167236
含乳饮料和植物蛋白饮料制造	580275	582218	815	202355
固体饮料制造	101279	90038	19295	28521
茶饮料及其他饮料制造	369590	385316	9447	115370
精制茶加工	4159974	4046310	86676	1262656
烟草制品业	2425174	2449686	1777	1974897
烟叶复烤	34269	34269		34105
卷烟制造	2363638	2388573	1777	1930725
其他烟草制品制造	27266	26844		10067
纺织业	18409799	17863073	1215861	4412267
棉纺织及印染精加工	12835092	12430944	407500	3075732
棉纺纱加工	7353078	7112185	243378	1712691
棉织造加工	3042494	2944410	77261	721109
棉印染精加工	2439520	2374350	86860	641932
毛纺织及染整精加工	84475	81252	48026	23645
毛条和毛纱线加工	23378	23819	874	6604
毛织造加工	43516	39851	29571	11799
毛染整精加工	17581	17581	17581	5242
麻纺织及染整精加工	18404	17638		2346
麻纤维纺前加工和纺纱	18404	17638		2346
麻织造加工				
麻染整精加工				
丝绢纺织及印染精加工	24149	24128	19452	1330
缫丝加工				
绢纺和丝织加工	22063	22063	19452	1215
丝印染精加工	2086	2065		115
化纤织造及印染精加工	312529	290323	5968	62542
化纤织造加工	303052	280846	5968	60646
化纤织物染整精加工	9477	9477		1896
针织或钩针编织物及其制品制造	3081992	3032688	235781	737779
针织或钩针编织物织造	1470828	1451256	168630	350038

1-C-01　续表 4　　单位：万元

项　目	工业总产值	工业销售产值	#出口交货值	工业增加值
针织或钩针编织物印染精加工	105725	105918		31964
针织或钩针编织品制造	1505439	1475514	67151	355777
家用纺织制成品制造	534235	521341	160755	140381
床上用品制造	180123	171782	68330	45159
毛巾类制品制造	24871	23279	5200	8078
窗帘、布艺类产品制造	63391	61950	4829	20488
其他家用纺织制成品制造	265850	264330	82395	66656
非家用纺织制成品制造	1518923	1464759	338380	368513
非织造布制造	827020	781395	68318	190762
绳、索、缆制造	75378	76194	3613	21252
纺织带和帘子布制造	276934	275499	31987	68136
篷、帆布制造	199943	193573	143431	49033
其他非家用纺织制成品制造	139649	138098	91031	39331
纺织服装、服饰业	15491350	15068837	4635968	4856721
机织服装制造	13177429	12790215	3699107	4117959
针织或钩针编织服装制造	1847061	1811105	876207	526779
服饰制造	466859	467517	60655	211983
皮革、毛皮、羽毛及其制品和制鞋业	26725889	26181178	8475814	8371628
皮革鞣制加工	932089	895629	37286	220453
皮革制品制造	3108523	3037108	1393540	912373
皮革服装制造	102692	104341	42035	40783
皮箱、包(袋)制造	2590950	2522485	1178695	760576
皮手套及皮装饰制品制造	177181	176327	91742	51568
其他皮革制品制造	237700	233955	81069	59445
毛皮鞣制及制品加工				
毛皮鞣制加工				
毛皮服装加工				
其他毛皮制品加工				
羽毛(绒)加工及制品制造	386964	384239	1885	77463
羽毛(绒)加工	367522	364854	1885	73571
羽毛(绒)制品加工	19441	19385		3892
制鞋业	22298313	21864203	7043103	7161340
纺织面料鞋制造	1727831	1697992	551350	520919
皮鞋制造	16099858	15758279	4739678	5311256
塑料鞋制造	2148196	2113496	857899	679676
橡胶鞋制造	1636598	1609880	350295	454197
其他制鞋业	685830	684556	543881	195290
木材加工和木、竹、藤、棕、草制品业	7209042	7062893	497555	2060471
木材加工	1081166	1057534	33778	289991
锯材加工	544347	536686	9139	145158
木片加工	140081	138785		39644
单板加工	305976	294780	143	80175
其他木材加工	90762	87283	24496	25015
人造板制造	3808550	3733634	86653	1032985
胶合板制造	2105749	2077854	42844	575118
纤维板制造	442559	421896	568	118064

1-C-01 续表 5 单位：万元

项目	工业总产值	工业销售产值	#出口交货值	工业增加值
刨花板制造	302290	291374		83506
其他人造板制造	957952	942511	43241	256297
木制品制造	884845	867346	178434	263663
建筑用木料及木材组件加工	202269	201114	26860	58654
木门窗、楼梯制造	118925	116148	42985	35933
地板制造	83466	80582	10580	19212
木制容器制造	44332	41114	873	13211
软木制品及其他木制品制造	435854	428390	97136	136653
竹、藤、棕、草等制品制造	1434482	1404379	198689	473831
竹制品制造	1425192	1395868	196235	470763
藤制品制造				
棕制品制造	2454	2454	2454	811
草及其他制品制造	6835	6056		2258
家具制造业	3354117	3304017	1231537	904644
木质家具制造	2219471	2193975	543359	614107
竹、藤家具制造	54891	43843		13574
金属家具制造	835239	828237	534064	228583
塑料家具制造	116783	110971	101636	15052
其他家具制造	127732	126991	52478	33328
造纸和纸制品业	8492542	7919367	316455	2330726
纸浆制造	64401	60384		13311
木竹浆制造	61651	57634		12742
非木竹浆制造	2750	2750		568
造纸	3040335	2833033	95128	872020
机制纸及纸板制造	2777544	2570378	93074	779861
手工纸制造	16377	15363	2054	4697
加工纸制造	246413	247293		87462
纸制品制造	5387806	5025950	221327	1445396
纸和纸板容器制造	2725384	2672705	36324	735016
其他纸制品制造	2662423	2353245	185003	710379
印刷和记录媒介复制业	2171276	2139033	114854	616300
印刷	2158895	2126652	114854	611451
书、报刊印刷	366121	364330	782	94065
本册印制	53476	53476	45482	12462
包装装潢及其他印刷	1739298	1708847	68589	504924
装订及印刷相关服务	1395	1395		696
记录媒介复制	10985	10985		4153
文教、工美、体育和娱乐用品制造业	11019245	10813552	4654194	3147863
文教办公用品制造	399762	394249	97986	106885
文具制造	278660	274672	81660	81309
笔的制造	66421	64310	183	17183
教学用模型及教具制造	19881	19703	8830	5316
墨水、墨汁制造				
其他文教办公用品制造	34800	35565	7313	3076
乐器制造	23476	22358	13909	7268
中乐器制造	6679	6523	4028	2013

1-C-01　续表 6　　单位：万元

项　目	工业总产值	工业销售产值	#出口交货值	工业增加值
西乐器制造	8903	7893	2101	2601
电子乐器制造	7894	7943	7781	2654
其他乐器及零件制造				
工艺美术品制造	8858286	8724055	3454753	2543909
雕塑工艺品制造	2502804	2443008	441851	718447
金属工艺品制造	1050863	1042161	419733	317491
漆器工艺品制造	1060012	1034200	162506	318307
花画工艺品制造	99653	98750	56059	29879
天然植物纤维编织工艺品制造	441969	433946	186236	120411
抽纱刺绣工艺品制造				
地毯、挂毯制造	170232	170127	90680	41688
珠宝首饰及有关物品制造	1590366	1587538	575425	426378
其他工艺美术品制造	1942388	1914326	1522263	571309
体育用品制造	1106555	1086001	712795	321767
球类制造	90413	89741	68534	29628
体育器材及配件制造	476177	463463	262054	154234
训练健身器材制造	398925	393832	313261	96387
运动防护用具制造	20124	19177	15322	6597
其他体育用品制造	120917	119788	53623	34921
玩具制造	561219	517503	348394	146405
游艺器材及娱乐用品制造	69948	69386	26358	21630
露天游乐场所游乐设备制造	44888	44877	25140	14146
游艺用品及室内游艺器材制造	17456	16998	1217	5133
其他娱乐用品制造	7603	7510		2351
石油加工、炼焦和核燃料加工业	6550837	6485298	1200	1570476
精炼石油产品制造	6409488	6351171	1200	1535687
原油加工及石油制品制造	6347953	6291186	1200	1520943
人造原油制造	61535	59984		14744
炼焦	141349	134128		34789
核燃料加工				
化学原料和化学制品制造业	13212508	12782584	963374	2784753
基础化学原料制造	3191056	3065492	118884	760489
无机酸制造	530408	518858	22794	127280
无机碱制造	244060	238717	5678	48553
无机盐制造	427723	421484	34653	107279
有机化学原料制造	1139920	1046215	48528	256079
其他基础化学原料制造	848945	840218	7232	221299
肥料制造	879736	863763	43451	201047
氮肥制造	473428	463978	9742	105334
磷肥制造	118696	118479	33709	28325
钾肥制造	8961	9206		2048
复混肥料制造	181067	174612		41886
有机肥料及微生物肥料制造	85041	84956		18661
其他肥料制造	12544	12532		4794
农药制造	57268	51337		14788
化学农药制造	33949	30203		8355
生物化学农药及微生物农药制造	23319	21134		6432

1-C-01 续表 7 单位：万元

项 目	工业总产值	工业销售产值	#出口交货值	工业增加值
涂料、油墨、颜料及类似产品制造	1695359	1652969	66249	414513
涂料制造	1229247	1198749	27679	312889
油墨及类似产品制造	115821	114331	23248	28393
颜料制造	152747	146454	15321	31121
染料制造	79968	75889		18081
密封用填料及类似品制造	117577	117546		24030
合成材料制造	4061118	3882858	227871	571410
初级形态塑料及合成树脂制造	1566739	1524356	24040	300153
合成橡胶制造	155627	158302		-7848
合成纤维单(聚合)体制造	2169788	2033524	195040	255332
其他合成材料制造	168964	166676	8791	23773
专用化学产品制造	2190542	2146668	270710	490680
化学试剂和助剂制造	409269	402188	43408	97284
专项化学用品制造	262839	253681	4975	52897
林产化学产品制造	779245	761171	118896	181693
信息化学品制造	404563	398762	99233	72307
环境污染处理专用药剂材料制造	20229	18786	3484	3369
动物胶制造	2086	2086		467
其他专用化学产品制造	312311	309995	715	82662
炸药、火工及焰火产品制造	88025	88250		45758
炸药及火工产品制造	88025	88250		45758
焰火、鞭炮产品制造				
日用化学产品制造	1049405	1031248	236208	286068
肥皂及合成洗涤剂制造	134836	131268	50158	34135
化妆品制造	156798	153577	95797	47718
口腔清洁用品制造	18721	18692	515	5331
香料、香精制造	203406	194934	61021	46200
其他日用化学产品制造	535644	532778	28717	152683
医药制造业	2273360	2141974	206698	771764
化学药品原料药制造	308118	264034	61740	66141
化学药品制剂制造	671237	644237	280	202521
中药饮片加工	230350	216657	791	67787
中成药生产	533042	514706	29401	233538
兽用药品制造	166537	151117	63843	60208
生物药品制造	309720	300336	28252	120799
卫生材料及医药用品制造	54358	50888	22391	20770
化学纤维制造业	7322033	6807684	388419	1599943
纤维素纤维原料及纤维制造	153736	153488	1024	63659
化纤浆粕制造	46191	46191	1024	13186
人造纤维(纤维素纤维)制造	107545	107298		50473
合成纤维制造	7168298	6654196	387396	1536284
锦纶纤维制造	2780223	2557698	147768	583025
涤纶纤维制造	4074736	3789116	214861	865244
腈纶纤维制造				
维纶纤维制造	66150	66979	9662	20959

1-C-01 续表 8

单位：万元

项目	工业总产值	工业销售产值	#出口交货值	工业增加值
丙纶纤维制造	113154	112882	5781	32153
氨纶纤维制造	104001	97801	1000	26950
其他合成纤维制造	30033	29721	8324	7954
橡胶和塑料制品业	13492849	13270933	1967073	3716986
橡胶制品业	2698110	2763160	658772	940671
轮胎制造	1967380	2054220	507921	714629
橡胶板、管、带制造	109417	104601	41059	31057
橡胶零件制造	173943	168665	53076	56548
再生橡胶制造	173249	164392	3941	47599
日用及医用橡胶制品制造	46078	45309	10585	13498
其他橡胶制品制造	228043	225973	42190	77340
塑料制品业	10794738	10507773	1308301	2776315
塑料薄膜制造	1297435	1277000	81929	266866
塑料板、管、型材制造	1440233	1358593	31584	355403
塑料丝、绳及编织品制造	301762	288378	31977	73666
泡沫塑料制造	292685	289783	15498	71573
塑料人造革、合成革制造	3804074	3735301	34036	1014732
塑料包装箱及容器制造	235581	233801	14005	64552
日用塑料制品制造	1217540	1189977	559134	358668
塑料零件制造	379955	374620	14086	102895
其他塑料制品制造	1825476	1760320	526054	467960
非金属矿物制品业	23048877	22667519	3128915	6524097
水泥、石灰和石膏制造	3052600	3022658		796379
水泥制造	2895630	2865884		755426
石灰和石膏制造	156970	156774		40953
石膏、水泥制品及类似制品制造	3238780	3214240		807707
水泥制品制造	3015586	2993293		753545
砼结构构件制造	59678	61002		11533
石棉水泥制品制造	34830	34032		9068
轻质建筑材料制造	32467	29808		8097
其他水泥类似制品制造	96220	96106		25464
砖瓦、石材等建筑材料制造	12028850	11763839	1612594	3387131
粘土砖瓦及建筑砌块制造	622831	616962		175785
建筑陶瓷制品制造	4557930	4401742	152977	1231482
建筑用石加工	6468899	6371842	1435314	1878788
防水建筑材料制造	85064	84465		22232
隔热和隔音材料制造	73398	73290	11440	21146
其他建筑材料制造	220729	215539	12864	57696
玻璃制造	891690	788476	258209	373055
平板玻璃制造	572350	525121	137979	262410
其他玻璃制造	319340	263355	120230	110645
玻璃制品制造	804413	793225	239264	241400
技术玻璃制品制造	282294	281790	536	81222
光学玻璃制造	200993	197058	177449	60428
玻璃仪器制造				
日用玻璃制品制造	29623	28178	11751	9143

1-C-01 续表 9

单位：万元

项　　目	工业总产值	工业销售产值	#出口交货值	工业增加值
玻璃包装容器制造	130164	132144		39135
玻璃保温容器制造				
制镜及类似品加工	11186	10611		3357
其他玻璃制品制造	150154	143445	49528	48115
玻璃纤维和玻璃纤维增强塑料制品制造	132117	130339	1775	31101
玻璃纤维及制品制造	23418	23411		5327
玻璃纤维增强塑料制品制造	108700	106928	1775	25774
陶瓷制品制造	2050971	2133427	1004312	694017
卫生陶瓷制品制造	266492	397259	48909	92702
特种陶瓷制品制造	169121	165055	42319	57671
日用陶瓷制品制造	577301	552159	142522	192149
园林、陈设艺术及其他陶瓷制品制造	1038057	1018954	770562	351496
耐火材料制品制造	239618	229628	7765	61389
石棉制品制造	26517	24604		6794
云母制品制造	16788	16539		4301
耐火陶瓷制品及其他耐火材料制造	196313	188484	7765	50294
石墨及其他非金属矿物制品制造	609836	591688	4997	131918
石墨及碳素制品制造	123104	106558	3523	27899
其他非金属矿物制品制造	486732	485130	1474	104019
黑色金属冶炼和压延加工业	17457002	16771490	197194	3445830
炼铁	92820	91091		11703
炼钢	1688993	1565594		305063
黑色金属铸造	3079690	3037830	32035	663362
钢压延加工	12061848	11539772	165159	2375949
铁合金冶炼	533652	537204		89753
有色金属冶炼和压延加工业	9557606	8966036	729802	1849616
常用有色金属冶炼	2641558	2254411	13191	345947
铜冶炼	1174954	1177437	13191	44303
铅锌冶炼	79615	77023		7502
镍钴冶炼	1234171	853732		262779
锡冶炼	7468	7465		978
锑冶炼				
铝冶炼	96701	90103		20945
镁冶炼				
其他常用有色金属冶炼	48648	48651		9441
贵金属冶炼	668672	664991	3376	324288
金冶炼	665067	661386		322540
银冶炼				
其他贵金属冶炼	3605	3605	3376	1748
稀有稀土金属冶炼	1073713	974732	266994	206035
钨钼冶炼	845327	823989	266994	160123
稀土金属冶炼	228386	150743		45911
其他稀有金属冶炼				
有色金属合金制造	461823	455136	86842	106875
有色金属铸造	53839	53639		13454
有色金属压延加工	4658002	4563128	359400	853017

1-C-01　续表 10　　　　单位：万元

项　　目	工业总产值	工业销售产值	#出口交货值	工业增加值
铜压延加工	1350579	1322522	28841	241957
铝压延加工	2808057	2741549	303138	498663
贵金属压延加工	6287	6287		1151
稀有稀土金属压延加工	94598	93684	27334	26377
其他有色金属压延加工	398481	399087	86	84869
金属制品业	7623205	7413016	1307278	1844052
结构性金属制品制造	1895581	1836060	154126	437277
金属结构制造	1411871	1359062	143285	320658
金属门窗制造	483710	476998	10841	116619
金属工具制造	636165	619815	147078	163432
切削工具制造	299260	286494	126439	67247
手工具制造	16985	15765	7949	4364
农用及园林用金属工具制造	12538	12521	6927	3221
刀剪及类似日用金属工具制造	43053	42645	1108	12283
其他金属工具制造	264329	262390	4655	76318
集装箱及金属包装容器制造	1691564	1672867	134457	398985
集装箱制造	145262	147109	110122	27992
金属压力容器制造	14247	14247	196	3361
金属包装容器制造	1532055	1511510	24140	367632
金属丝绳及其制品制造	206745	175669	10598	21375
建筑、安全用金属制品制造	1429075	1385099	577968	340064
建筑、家具用金属配件制造	359886	353051	140018	96454
建筑装饰及水暖管道零件制造	619371	612954	433131	136430
安全、消防用金属制品制造	317833	289691		70660
其他建筑、安全用金属制品制造	131984	129403	4819	36521
金属表面处理及热处理加工	591988	583954	58466	161734
搪瓷制品制造	20173	20173		4039
生产专用搪瓷制品制造				
建筑装饰搪瓷制品制造				
搪瓷卫生洁具制造	20173	20173		4039
搪瓷日用品及其他搪瓷制品制造				
金属制日用品制造	456017	452157	83198	141366
金属制厨房用器具制造	19108	18686	4027	5924
金属制餐具和器皿制造	206461	207824	55562	66478
金属制卫生器具制造	11047	11047		3425
其他金属制日用品制造	219401	214600	23608	65539
其他金属制品制造	695898	667223	141387	175781
锻件及粉末冶金制品制造	217486	206991	2674	52166
交通及公共管理用金属标牌制造	12215	9945		3085
其他未列明金属制品制造				
通用设备制造业	8454746	8205741	1483437	2293997
锅炉及原动设备制造	259733	256180	77176	70494
锅炉及辅助设备制造	144926	144660	74287	43253
内燃机及配件制造	78292	76230	2889	17890
汽轮机及辅机制造	10994	10994		2984
水轮机及辅机制造	21771	21214		5350

1-C-01 续表 11

单位：万元

项 目	工业总产值	工业销售产值	#出口交货值	工业增加值
风能原动设备制造				
其他原动设备制造	3750	3082		1018
金属加工机械制造	655523	643533	36643	186249
金属切削机床制造	221202	215338	15637	60167
金属成形机床制造	129580	127024	18015	34106
铸造机械制造	116594	115972	697	30884
金属切割及焊接设备制造	11216	11816		3187
机床附件制造	66696	64091	1665	19652
其他金属加工机械制造	110234	109292	628	38253
物料搬运设备制造	852305	816774	127869	250717
轻小型起重设备制造	33062	32317	1282	9727
起重机制造	188730	184741	66999	45146
生产专用车辆制造	273688	257403	45552	110262
连续搬运设备制造	19152	18810		5635
电梯、自动扶梯及升降机制造	45600	44098	4149	11237
其他物料搬运设备制造	292073	279405	9887	68711
泵、阀门、压缩机及类似机械制造	3000203	2907239	391159	781245
泵及真空设备制造	422333	390178	230741	106775
气体压缩机械制造	233635	234660	68082	70050
阀门和旋塞制造	2195477	2135687	91651	566602
液压和气压动力机械及元件制造	148758	146715	686	37818
轴承、齿轮和传动部件制造	852294	842078	156591	212807
轴承制造	410253	401332	133941	106623
齿轮及齿轮减、变速箱制造	362129	361426	6731	86854
其他传动部件制造	79912	79321	15920	19329
烘炉、风机、衡器、包装等设备制造	578584	563137	126128	139725
烘炉、熔炉及电炉制造				
风机、风扇制造	92196	90130	1445	26331
气体、液体分离及纯净设备制造	56650	60008	4135	14687
制冷、空调设备制造	171779	162177	22540	45109
风动和电动工具制造	107110	104832	84802	17479
喷枪及类似器具制造	2082	2082		503
衡器制造	42960	42092	2703	8617
包装专用设备制造	105807	101815	10504	27000
文化、办公用机械制造	1179687	1113702	528202	365737
电影机械制造				
幻灯及投影设备制造	161625	141437	74101	31458
照相机及器材制造	382317	359512	339615	121500
复印和胶印设备制造	72307	73484	51488	17154
计算器及货币专用设备制造	563439	539269	62998	195626
其他文化、办公用机械制造				
通用零部件制造	663233	655755	28631	176137
金属密封件制造	35415	35415	4	4773
紧固件制造	159912	157066	2818	46752
弹簧制造	23367	23203		6206
机械零部件加工	175945	173377	206	42445
其他通用零部件制造	268594	266694	25604	75961

1-C-01　续表 12　　单位：万元

项　　目	工业总产值	工业销售产值	#出口交货值	工业增加值
其他通用设备制造业	413184	407345	11039	110887
专用设备制造业	6297955	6045315	659011	1495906
采矿、冶金、建筑专用设备制造	2208236	2133012	198244	440391
矿山机械制造	165858	161978	4850	36101
石油钻采专用设备制造	13263	13263		2645
建筑工程用机械制造	1416797	1387021	157252	254641
海洋工程专用设备制造				
建筑材料生产专用机械制造	451542	413882	36142	104747
冶金专用设备制造	160776	156868		42258
化工、木材、非金属加工专用设备制造	963296	937170	77290	285050
炼油、化工生产专用设备制造	191902	188486		50471
橡胶加工专用设备制造	159714	159524	4880	39237
塑料加工专用设备制造	79523	72512		23769
木材加工机械制造	90191	89848		24311
模具制造	405480	391721	72410	136467
其他非金属加工专用设备制造	36485	35079		10796
食品、饮料、烟草及饲料生产专用设备制造	97831	94289	1081	33710
食品、酒、饮料及茶生产专用设备制造	38147	38147		11884
农副食品加工专用设备制造	25546	25504	1081	8803
烟草生产专用设备制造	29577	26309		11451
饲料生产专用设备制造	4562	4329		1572
印刷、制药、日化及日用品生产专用设备制造	443430	417103	90180	117908
制浆和造纸专用设备制造	216448	196395	15284	56436
印刷专用设备制造	65853	64702	366	18466
日用化工专用设备制造	4500	6006		1197
制药专用设备制造	46176	46176		13205
照明器具生产专用设备制造	48845	46719	37345	13243
玻璃、陶瓷和搪瓷制品生产专用设备制造	49211	44255	37186	12066
其他日用品生产专用设备制造	12397	12852		3297
纺织、服装和皮革加工专用设备制造	580937	543419	41754	135714
纺织专用设备制造	420398	384983	29826	99369
皮革、毛皮及其制品加工专用设备制造	119620	118155	10100	26786
缝制机械制造	40919	40281	1828	9559
洗涤机械制造				
电子和电工机械专用设备制造	153408	153390	11758	28762
电工机械专用设备制造	122156	121168	6471	22902
电子工业专用设备制造	31252	32221	5287	5860
农、林、牧、渔专用机械制造	514850	499154	46013	122390
拖拉机制造	93687	90743		24122
机械化农业及园艺机具制造	214144	206092	34031	46157
营林及木竹采伐机械制造				
畜牧机械制造				
渔业机械制造	20992	18832	10043	5575
农林牧渔机械配件制造	55436	54805	1939	15609
棉花加工机械制造				
其他农、林、牧、渔业机械制造	130591	128682		30927

1-C-01 续表 13 单位：万元

项目	工业总产值	工业销售产值	#出口交货值	工业增加值
医疗仪器设备及器械制造	390485	382487	140051	127855
医疗诊断、监护及治疗设备制造	9353	9339	723	3062
口腔科用设备及器具制造	23917	22330		7424
医疗实验室及医用消毒设备和器具制造				
医疗、外科及兽医用器械制造	141041	141065	19932	48262
机械治疗及病房护理设备制造	47552	45851	5310	15569
假肢、人工器官及植(介)入器械制造	111639	108119	83838	34857
其他医疗设备及器械制造	56984	55783	30249	18682
环保、社会公共服务及其他专用设备制造	945484	885294	52639	204126
环境保护专用设备制造	769329	717782	41904	158395
地质勘查专用设备制造				
邮政专用机械及器材制造				
商业、饮食、服务专用设备制造				
社会公共安全设备及器材制造	113019	106160		32099
交通安全、管制及类似专用设备制造	14558	14558		3143
水资源专用机械制造	11691	10579	6796	2524
其他专用设备制造	36887	36215	3939	7964
汽车制造业	9411133	9201834	1206123	2204848
汽车整车制造	2971265	2912056	245831	536869
改装汽车制造	539365	523697	22606	97200
低速载货汽车制造	20139	20139		4256
电车制造				
汽车车身、挂车制造	191166	189576		39173
汽车零部件及配件制造	5689198	5556366	937685	1527351
铁路、船舶、航空航天和其他运输设备制造业	3449684	3333858	956414	955394
铁路运输设备制造	19876	21239		4613
铁路机车车辆及动车组制造				
窄轨机车车辆制造				
铁路机车车辆配件制造				
铁路专用设备及器材、配件制造	19876	21239		4613
其他铁路运输设备制造				
城市轨道交通设备制造				
船舶及相关装置制造	2377574	2279437	738573	667448
金属船舶制造	1982942	1890959	720346	550863
非金属船舶制造	2425	2425		681
娱乐船和运动船制造	73274	71830	18227	23230
船用配套设备制造	200117	196186		62717
船舶改装与拆除	118816	118037		29958
航标器材及其他相关装置制造				
航空、航天器及设备制造				
飞机制造				
航天器制造				
航空、航天相关设备制造				
其他航空航天器制造				
摩托车制造	955162	940030	177150	255421

1-C-01　续表 14　　　　单位：万元

项　　目	工业总产值	工业销售产值	#出口交货值	工业增加值
摩托车整车制造	174306	172423	143347	34038
摩托车零部件及配件制造	780856	767607	33804	221383
自行车制造	88493	84572	32632	25152
脚踏自行车及残疾人座车制造	49732	46295	30139	15235
助动自行车制造	38761	38277	2493	9917
非公路休闲车及零配件制造				
潜水救捞及其他未列明运输设备制造	8580	8580	8059	2760
潜水及水下救捞装备制造				
其他未列明运输设备制造	8580	8580	8059	2760
电气机械和器材制造业	15574698	15005450	4180238	4174735
电机制造	4483968	4213015	1869540	1190581
发电机及发电机组制造	2968495	2732422	1175223	801555
电动机制造	1261168	1230186	522906	329690
微电机及其他电机制造	254305	250407	171412	59337
输配电及控制设备制造	2951646	2832906	296244	869582
变压器、整流器和电感器制造	514127	514028	101620	138428
电容器及其配套设备制造	22240	21955	5029	6552
配电开关控制设备制造	1813904	1708000	108035	568009
电力电子元器件制造	322767	318110	38136	86000
光伏设备及元器件制造	109761	106149	40715	27925
其他输配电及控制设备制造	168846	164665	2709	42669
电线、电缆、光缆及电工器材制造	1706356	1645426	98258	289577
电线、电缆制造	1513663	1454712	59713	243794
光纤、光缆制造	14813	14836		2514
绝缘制品制造	98159	97429	18131	23761
其他电工器材制造	79721	78450	20414	19508
电池制造	2290170	2223576	389360	647465
锂离子电池制造	1415721	1368718	339006	392086
镍氢电池制造	31494	29494	10017	9444
其他电池制造	842955	825364	40337	245936
家用电力器具制造	1094832	1072912	386989	281036
家用制冷电器具制造				
家用空气调节器制造	114627	113739	39188	27834
家用通风电器具制造	10959	10858	10328	2813
家用厨房电器具制造	291588	283475	179554	63778
家用清洁卫生电器具制造	78677	77311	1304	27971
家用美容、保健电器具制造	477789	471233	124451	123923
家用电力器具专用配件制造	32141	30176		14573
其他家用电力器具制造	89052	86121	32164	20144
非电力家用器具制造	490477	490425	71776	135146
燃气、太阳能及类似能源家用器具制造	457529	457477	38828	126253
其他非电力家用器具制造	32948	32948	32948	8893
照明器具制造	2467776	2441350	1051545	738923
电光源制造	1464453	1453670	781662	446121
照明灯具制造	767331	757088	178439	224089
灯用电器附件及其他照明器具制造	235991	230593	91444	68712

1-C-01　续表 15　　　　单位：万元

项　　目	工业总产值	工业销售产值		工业增加值
			#出口交货值	
其他电气机械及器材制造	89473	85840	16527	22424
电气信号设备装置制造	54029	52160	10613	13360
其他未列明电气机械及器材制造	35444	33679	5914	9065
计算机、通信和其他电子设备制造业	29985315	29490961	17461901	6555143
计算机制造	8022099	7917454	3930940	1050379
计算机整机制造	3765898	3766339	880045	484458
计算机零部件制造	563002	535171	280991	125702
计算机外围设备制造	3215684	3181695	2755080	275750
其他计算机制造	477515	434248	14825	164469
通信设备制造	3132963	3156607	506036	377512
通信系统设备制造	383232	375729	23084	101196
通信终端设备制造	2749731	2780878	482953	276316
广播电视设备制造	606592	576893	142215	173710
广播电视节目制作及发射设备制造				
广播电视接收设备及器材制造	526798	497879	138355	150143
应用电视设备及其他广播电视设备制造	79794	79014	3860	23567
雷达及配套设备制造				
视听设备制造	2571664	2521805	1899985	657300
电视机制造	1692795	1679759	1263713	410431
音响设备制造	158720	158396	131321	48712
影视录放设备制造	720149	683651	504951	198157
电子器件制造	11512353	11333155	9919863	3088442
电子真空器件制造	3134	3062		841
半导体分立器件制造	41715	37716	2213	11192
集成电路制造	699034	691885	213311	189790
光电子器件及其他电子器件制造	10768470	10600492	9704340	2886619
电子元件制造	3738793	3597508	1001751	1098409
电子元件及组件制造	2647521	2553474	781097	817591
印制电路板制造	1091272	1044034	220654	280818
其他电子设备制造	400851	387539	61111	109392
仪器仪表制造业	1554526	1529599	867477	443540
通用仪器仪表制造	322880	309892	47660	88346
工业自动控制系统装置制造	96305	93993	18189	22598
电工仪器仪表制造	95315	92710	17042	31601
绘图、计算及测量仪器制造	3946	3928		1080
实验分析仪器制造	11224	10361	2602	3071
试验机制造	2872	2872		786
供应用仪表及其他通用仪器制造	113218	106029	9827	29211
专用仪器仪表制造	48829	45860	2511	16442
环境监测专用仪器仪表制造	6142	6005		2068
运输设备及生产用计数仪表制造	5985	5985		2015
导航、气象及海洋专用仪器制造				
农林牧渔专用仪器仪表制造				
地质勘探和地震专用仪器制造	16539	16539		7373
教学专用仪器制造	2002	2002		674
核子及核辐射测量仪器制造				

1-C-01　续表 16　　单位：万元

项　　目	工业总产值	工业销售产值	#出口交货值	工业增加值
电子测量仪器制造	15306	12654	2511	3350
其他专用仪器制造	2855	2675		961
钟表与计时仪器制造	643303	639355	411151	199820
光学仪器及眼镜制造	508411	504068	404153	128111
光学仪器制造	291701	290904	260434	56600
眼镜制造	216710	213164	143719	71511
其他仪器仪表制造业	31105	30423	2001	10821
其他制造业	2263552	2214264	892021	591157
日用杂品制造	1952467	1902153	871768	515412
鬃毛加工、制刷及清扫工具制造	23769	25849	7118	6823
其他日用杂品制造	1928699	1876304	864651	508589
煤制品制造	55382	55139		18103
核辐射加工				
其他未列明制造业				
废弃资源综合利用业	514300	517180		139800
金属废料和碎屑加工处理	235250	237666		35971
非金属废料和碎屑加工处理	279050	279514		103829
金属制品、机械和设备修理业	1125166	1119008	794543	243438
金属制品修理	8551	6795	6029	1995
通用设备修理				
专用设备修理	11787	11643	8814	3271
铁路、船舶、航空航天等运输设备修理	1104828	1100571	779700	238172
铁路运输设备修理				
船舶修理	243530	239272		63612
航空航天器修理	861298	861298	779700	174560
其他运输设备修理				
电气设备修理				
仪器仪表修理				
其他机械和设备修理业				
电力、热力、燃气及水生产和供应业	20959177	20897931		5799084
电力、热力生产和供应业	18671215	18617051		5126212
电力生产	6081923	6035344		2525925
火力发电	4742716	4702297		1865996
水力发电	867458	864402		460788
核力发电	215729	215729		92815
风力发电	184850	184039		76768
太阳能发电	2215	2207		920
其他电力生产	68956	66670		28637
电力供应	12532752	12525956		2579338
热力生产和供应	56541	55751		20949
燃气生产和供应业	1920353	1916298		478374
水的生产和供应业	367609	364583		194498
自来水生产和供应	306192	303167		166410
污水处理及其再生利用	61417	61417		28088
其他水的处理、利用与分配				

1-C-02 工业企业

项　目	企　业单位数(个)	#亏损企业	资产总计	流动资产合　计	#应收账款
总　计	**16115**	**1213**	**249593686**	**129045258**	**33499489**
#亏损企业	1213	1213	29746504	12895996	2415034
一、按轻重工业分组					
轻工业	9011	580	102190730	61177290	15666450
重工业	7104	633	147402955	67867969	17833039
二、按注册类型分组					
内资企业	11851	744	144563025	67947476	16212148
国有企业	59	9	4023767	1494772	92177
集体企业	140	9	550333	331166	95680
股份合作企业	85	5	456905	206181	74939
联营企业	18	3	596995	95777	18744
国有联营企业	2		497910	44149	7522
集体联营企业	6		16435	6990	1727
国有与集体联营企业	3	2	9525	4537	2125
其他联营企业	7	1	73125	40101	7370
有限责任公司	3046	242	62081217	22541074	4576177
国有独资公司	114	27	15916207	3082595	252321
其他有限责任公司	2932	215	46165010	19458479	4323855
股份有限公司	268	23	21151411	10764954	2408536
私营企业	8183	451	54551247	31777890	8863554
私营独资企业	298	6	727807	340728	106262
私营合作企业	91	4	206259	103413	31161
私营有限责任公司	7602	433	51003028	29835632	8301953
私营股份有限公司	192	8	2614153	1498117	424179
其他企业	52	2	1151151	735663	82342
港、澳、台商投资企业	2712	269	58222339	34089533	9758912
合资经营企业	564	52	14059021	7746342	2159447
合作经营企业	14	1	103296	54532	18703
港澳台商独资经营企业	2106	212	39722579	24152691	7177002
港澳台商投资股份有限公司	25	4	4303247	2118132	397895
外商投资企业	1552	200	46808322	27008249	7528430
中外合资经营企业	438	57	19551645	10264313	2552655
中外合作经营企业	12		321020	217472	56345
外资企业	1071	140	23650864	14931978	4343486
外商投资股份有限公司	25	3	3183544	1547343	558828
三、按规模分组					
大型企业	443	26	90280840	43621199	10680204
中型企业	2998	161	79715777	42418243	10553031
小型企业	12184	951	76325855	41687455	11890152
微型企业	490	75	3271214	1318362	376102
四、按行业分组					
采矿业	469	37	3166462	1132026	162289
煤炭开采和洗选业	159	9	1054347	398626	52344
烟煤和无烟煤开采洗选	159	9	1054347	398626	52344
褐煤开采洗选					
其他煤炭采选					

主要财务指标

单位：万元

产成品	固定资产合计	#固定资产原价	累计折旧	负债合计	#流动负债合计	所有者权益	#实收资本
12445454	**79272747**	**118067476**	**44812893**	**135842344**	**103729057**	**112181767**	**56629057**
1224348	10499435	16065214	6395882	20563865	14350493	9093581	8985514
6526984	27662095	40820494	15373309	50641892	42727633	50834628	24122867
5918470	51610653	77246982	29439584	85200452	61001424	61347139	32506190
7265569	51349881	72787883	26077575	79818794	58079537	63743919	29742405
39903	1453078	2401621	987255	1857824	1127470	2165408	801085
16000	143122	263199	125451	277314	249989	265138	61553
30960	95679	146378	58215	238959	191578	215425	71464
10548	333341	968285	648315	131645	48394	465348	236312
60	291428	896463	618383	91776	20169	406132	219989
2499	8964	11116	2152	5961	5961	10474	5664
520	4950	13206	8259	2832	2653	6693	3095
7469	27999	47500	19522	31075	19611	42050	7564
2301145	27836000	37973817	12659466	38082684	24790725	23771729	12822507
66571	10258934	14458541	5649564	10450016	6061388	5449161	1961691
2234574	17577066	23515276	7009902	27632667	18729337	18322568	10860817
766192	4877941	7211980	2693621	10402748	7659608	10711419	3352934
4066643	16244417	22109524	7538959	28036803	23327050	25789136	12161504
51778	278897	352247	100671	235584	173290	464248	141584
18810	80359	110843	36203	67958	55711	130946	38337
3785941	15197951	20687303	7086596	26516877	22037358	23802172	11375377
210114	687211	959132	315489	1216385	1060691	1391770	606206
34178	366303	1713080	1366294	790818	684725	360316	235047
2958585	14101311	23287679	9915807	29823516	24993722	28063565	14602789
742512	3029898	4850841	1985404	8192289	6812412	5777272	3232548
3646	27498	44766	19407	64506	48754	38789	18796
2011906	10052753	16553055	7040888	19185652	16148363	20291968	10349717
198970	979937	1830666	869781	2370684	1982064	1931870	988990
2221300	13821556	21991914	8819511	26200034	20655798	20374283	12283863
974629	6614053	9699876	3266045	13120462	9579115	6417392	4620787
18954	96200	192371	99725	119526	110428	199594	134211
1135230	5844408	10155634	4531130	11794589	10215698	11681615	6075922
84176	1247122	1917964	916314	1116695	706956	2027949	1417299
3833378	28323669	41414036	15263264	53191693	38054220	36996167	15784304
4100474	25874133	41432417	17149202	41107800	33904532	38227966	19342145
4422968	24052429	34212368	12172176	39614145	31232308	36048865	20841068
88635	1022517	1008655	228250	1928706	537997	908769	661540
92660	1282123	1758131	628967	1372029	1083147	1776782	674670
20177	348276	525425	199394	497448	399511	555347	228962
20177	348276	525425	199394	497448	399511	555347	228962

1-C-02 续表 1

项　目	企业单位数（个）	#亏损企业	资产总计	流动资产合计	#应收账款
石油和天然气开采业					
石油开采					
天然气开采					
黑色金属矿采选业	81	12	838542	266672	32433
铁矿采选	77	12	821769	254309	31383
锰矿、铬矿采选	4		16773	12363	1051
其他黑色金属矿采选					
有色金属矿采选业	69	5	426522	172483	22291
常用有色金属矿采选	56	4	187975	108506	14379
铜矿采选	3		3443	1008	340
铅锌矿采选	51	3	174851	101448	13887
镍钴矿采选					
锡矿采选	2	1	9682	6050	153
锑矿采选					
铝矿采选					
镁矿采选					
其他常用有色金属矿采选					
贵金属矿采选	6		94074	19395	1149
金矿采选	4		31138	13445	1130
银矿采选	1		4506	1818	
其他贵金属矿采选	1		58430	4132	18
稀有稀土金属矿采选	7	1	144472	44582	6763
钨钼矿采选	3		129972	33788	6461
稀土金属矿采选	2	1	1815	1663	362
放射性金属矿采选					
其他稀有金属矿采选	2		12685	9132	-60
非金属矿采选业	160	11	847051	294245	55220
土砂石开采	121	9	421473	188462	37691
石灰石、石膏开采	28	2	122315	37149	10049
建筑装饰用石开采	18		56673	32748	5474
耐火土石开采	44	4	99252	63580	11552
粘土及其他土砂石开采	31	3	143232	54985	10616
化学矿开采	9		35133	16411	3976
采盐	3	1	289049	52452	1794
石棉及其他非金属矿采选	27	1	101396	36919	11760
石棉、云母矿采选					
石墨、滑石采选	8		44849	13445	2674
宝石、玉石采选					
其他未列明非金属矿采选	19	1	56547	23475	9086
开采辅助活动					
煤炭开采和洗选辅助活动					
石油和天然气开采辅助活动					
其他开采辅助活动					
其他采矿业					
制造业	15340	1118	211842000	121658650	32321132
农副食品加工业	962	57	11113624	7522547	1453276
谷物磨制	97	3	473978	307641	60605

单位：万元

产成品	固定资产合计	#固定资产原价	累计折旧	负债合计	#流动负债合计	所有者权益	#实收资本
23511	387921	445054	153486	410219	262308	427868	161918
22383	384245	429574	141511	405068	259223	416247	158696
1127	3676	15480	11976	5152	3084	11621	[illegible]222
18382	193594	276122	96293	181395	163713	241977	[illegible]
10345	49862	65144	21527	83792	76199	102091	[illegible]
81	1633	2081	448	899	282	2049	641
10064	44687	58985	20542	77529	70559	95824	49320
201	3541	4078	537	5364	5358	4218	3384
1278	51839	56021	10526	44995	44995	48022	20247
1089	8109	14809	4854	8835	8835	22303	13690
188	2688	4072	1770	976	976	2473	1557
	41042	37141	3901	35184	35184	23246	5000
6759	91894	154957	64241	52608	42519	91864	46060
2265	88892	147379	59665	48203	39119	81770	41705
	30	54	24	1024	1021	791	200
4494	2972	7524	4552	3382	2379	9303	4156
30591	352333	511530	179794	282966	257615	551591	164139
16206	163886	304566	158076	198285	180464	220182	119108
373	76711	128805	57052	45842	42657	73879	54422
2401	14147	78506	65407	25875	18119	30392	8294
9126	28666	40823	14847	58930	55497	40322	19075
4306	44362	56431	20771	67638	64192	75590	37317
2858	8560	12218	3838	12356	12247	21880	12014
1746	125944	128465	2614	43469	37527	245580	11688
9781	53943	66282	15267	28856	27377	63949	21328
2677	24614	32488	9460	11832	11832	25429	4075
7105	29329	33794	5806	17024	15545	38520	17253
12338607	56929237	84692586	31803002	112232727	92357325	98078757	48748211
1027481	2584475	3427921	1076194	6690367	6026319	4353123	1989965
41123	133035	184631	60741	170396	153431	295124	133708

1-C-02 续表 2

项目	企业单位数(个)	#亏损企业	资产总计	流动资产合计	#应收账款
饲料加工	127	10	1337283	1029486	142850
植物油加工	41	3	2313973	1939123	120851
食用植物油加工	38	3	2306197	1934924	120239
非食用植物油加工	3		7776	4199	612
制糖业	4	1	60919	23926	6669
屠宰及肉类加工	76	4	1806126	727870	107635
牲畜屠宰	21	1	314398	140322	33772
禽类屠宰	7	1	1067505	336356	29042
肉制品及副产品加工	48	2	424223	251191	44821
水产品加工	346	27	3343783	2412164	716737
水产品冷冻加工	204	14	2301527	1754736	559625
鱼糜制品及水产品干腌制加工	88	11	594078	363082	81965
水产饲料制造	31	1	312570	212972	47131
鱼油提取及制品制造	2		9897	4810	3245
其他水产品加工	21	1	125711	76564	24770
蔬菜、水果和坚果加工	205	6	1354842	794284	212517
蔬菜加工	175	6	1220984	701875	188375
水果和坚果加工	30		133858	92409	24142
其他农副食品加工	66	3	422720	288053	85413
淀粉及淀粉制品制造	18	1	230744	183108	51407
豆制品制造	12		40891	21004	5476
蛋品加工	6	1	46713	27535	8563
其他未列明农副食品加工	30	1	104372	56406	19967
食品制造业	525	34	5439669	2746253	603724
焙烤食品制造	100	9	1014010	385943	76630
糕点、面包制造	45	2	655384	197633	42741
饼干及其他焙烤食品制造	55	7	358626	188309	33890
糖果、巧克力及蜜饯制造	118	2	1268032	675770	196860
糖果、巧克力制造	43	2	774500	401143	108341
蜜饯制作	75		493532	274628	88519
方便食品制造	56	3	571600	319103	73286
米、面制品制造	21		113916	55260	12624
速冻食品制造	24	3	307808	189294	48411
方便面及其他方便食品制造	11		149875	74550	12251
乳制品制造	8	1	82336	49561	3678
罐头食品制造	131	9	1139661	716271	144689
肉、禽类罐头制造	4	1	100999	55162	6563
水产品罐头制造	10		85909	64773	22876
蔬菜、水果罐头制造	110	8	856940	563044	110007
其他罐头食品制造	7		95812	33292	5244
调味品、发酵制品制造	43	5	705319	255140	43065
味精制造	6	1	400075	78357	14932
酱油、食醋及类似制品制造	15		103710	51844	11539
其他调味品、发酵制品制造	22	4	201534	124939	16595
其他食品制造	69	5	658710	344465	65516
营养食品制造	4		105719	32392	4292
保健食品制造	10	1	110674	64988	14231

单位：万元

产成品	固定资产合计	#固定资产原价	累计折旧	负债合计	#流动负债合计	所有者权益	#实收资本
50824	215000	288940	99542	890612	874362	437294	239096
171039	264754	328528	97305	1942323	1725141	370028	203754
170968	262420	325836	96115	1940896	1723713	363680	201451
71	2335	2692	1190	1428	1428	6349	2303
2006	18923	49673	30770	24378	24378	36542	34438
89562	839931	1044297	253251	1043053	914883	761094	228743
25063	116294	160814	60604	121603	93564	191791	93275
44204	585438	671809	101369	655492	576652	412013	41981
20295	138199	211674	91277	265958	244667	157290	93487
518754	663484	850722	266016	1768690	1580961	1545508	653869
400061	392134	486876	137349	1314941	1168782	968843	362363
86828	179421	239658	86771	239101	214358	345415	146429
13854	48600	76291	28847	154124	138383	157919	106490
174	3714	4594	880	5272	5272	4626	4125
17838	39615	43303	12169	55252	54167	68705	34462
120352	354579	484087	159761	603700	523489	732813	411533
106914	322744	441008	147749	538061	461456	668563	376177
13438	31835	43079	12012	65639	62033	64250	35356
33821	94769	197045	108808	247215	229675	174720	84826
11291	37343	122175	86072	169373	156474	61370	31874
2866	12820	15543	3337	16133	15458	24759	7226
5815	14554	19728	5222	16029	13843	30684	8487
13848	30052	39598	14177	45681	43899	57907	37239
397936	1431693	2151842	853780	2415780	2150739	3001407	1368734
27515	302464	374112	118154	355241	327992	656525	334621
12495	172059	184833	51156	204737	195912	449132	262003
15021	130406	189278	66998	150504	132081	207393	72619
76179	323352	455432	146446	590665	513682	668856	262029
41766	220669	332497	116384	355969	314560	414598	170391
34414	102684	122935	30061	234696	199122	254258	91638
52658	183857	262291	87963	279574	256190	288295	150318
7653	50694	72095	22944	41137	40711	72079	31345
39690	73415	91561	25238	171716	152365	133074	61663
5316	59748	98635	39782	66722	63114	83143	57310
2746	18734	32555	15179	35916	26475	46390	17853
172093	286541	589767	324973	649719	582422	487733	270292
14649	37093	50538	14265	63605	62965	37394	43527
12721	19768	18382	4921	59176	53118	26733	20460
140227	189592	471201	295489	449290	395331	405441	196969
4497	40088	49646	10298	77648	71008	18165	9335
26000	129704	213025	96002	218902	178675	485323	158452
4212	40591	59015	28598	90162	67545	309214	68719
7619	37559	51925	16043	39832	39164	63878	28547
14168	51554	102086	51360	88908	71966	112230	61186
40744	187041	224661	65063	285762	265302	368286	175169
2976	30983	32868	5025	65847	64806	38918	29432
4509	24942	31617	7527	38208	37523	69678	26351

1-C-02 续表 3

项目	企业单位数(个)	#亏损企业	资产总计	流动资产合计	#应收账款
冷冻饮品及食用冰制造	4		17135	10213	2254
盐加工	4		14854	7403	3345
食品及饲料添加剂制造	38	3	369044	200609	37045
其他未列明食品制造	9	1	41285	28861	4351
酒、饮料和精制茶制造业	511	11	4135460	2267456	458979
酒的制造	56	3	936091	469366	31540
酒精制造	1		4831	2623	1950
白酒制造	15		117774	85803	7080
啤酒制造	13	3	680023	302594	7856
黄酒制造	20		100715	57844	8526
葡萄酒制造	1		843	843	262
其他酒制造	6		31906	19660	5867
饮料制造	74	3	1547744	801508	122786
碳酸饮料制造	7	1	125682	55796	4890
瓶(罐)装饮用水制造	18		58537	28486	6254
果菜汁及果菜汁饮料制造	25		396103	165329	50001
含乳饮料和植物蛋白饮料制造	5		491964	317357	11688
固体饮料制造	3		118795	53115	10503
茶饮料及其他饮料制造	16	2	356663	181425	39449
精制茶加工	381	5	1651625	996582	304653
烟草制品业	6		2304707	1410955	52246
烟叶复烤	3		318209	121097	30323
卷烟制造	2		1946965	1263959	11345
其他烟草制品制造	1		39533	25899	10578
纺织业	879	70	11958980	6379219	1364033
棉纺织及印染精加工	447	40	7914822	4221280	787230
棉纺纱加工	167	23	4329282	2236989	275916
棉织造加工	166	13	1693365	982698	238144
棉印染精加工	114	4	1892175	1001593	273170
毛纺织及染整精加工	8	3	44818	16848	4676
毛条和毛纱线加工	6	3	25454	11800	2130
毛织造加工	1		17427	3357	1726
毛染整精加工	1		1937	1691	820
麻纺织及染整精加工	2		13827	7706	2718
麻纤维纺前加工和纺纱	2		13827	7706	2718
麻织造加工					
麻染整精加工					
丝绢纺织及印染精加工	2		27571	20779	7615
缫丝加工					
绢纺和丝织加工	1		15879	14276	6802
丝印染精加工	1		11691	6503	814
化纤织造及印染精加工	26	3	324171	202969	30970
化纤织造加工	23	3	313889	199626	29064
化纤织物染整精加工	3		10282	3342	1906
针织或钩针编织物及其制品制造	236	10	2176859	1093916	310165
针织或钩针编织物织造	117	8	1065808	540988	147966

单位：万元

产成品	固定资产合计	#固定资产原价	累计折旧	负债合计	#流动负债合计	所有者权益	#实收资本
938	6307	9657	3586	5124	5079	12011	7716
463	6392	9348	3037	5369	5369	9485	8192
21164	107508	127534	42646	155080	136905	213457	87604
10695	10909	13637	3242	16135	15621	24738	15875
276272	1312386	1969074	772603	1738751	1547546	2368579	896813
29238	370578	631733	294667	473046	434369	463045	224034
				1755		3076	69
8621	24983	33503	11118	39278	36779	78496	39107
5703	306845	558746	274644	367802	346946	312221	143873
12280	33037	32801	7556	51619	41390	49096	28924
435				653		190	500
2199	5713	6683	1350	11941	9255	19966	11562
70867	493356	790975	327634	743772	680959	799318	331301
8409	46369	98433	54821	57954	56869	66951	57214
3391	22583	33572	13295	22755	22545	35730	21703
12098	152231	180059	53399	186614	180459	206440	81253
29925	91017	151478	63846	224057	222022	267906	63753
9065	30260	48152	17892	65703	30487	53092	22728
7979	150896	279281	124382	186688	168578	169199	84650
176167	448452	546366	150302	521933	432218	1106217	341478
36683	688590	1181977	527912	751367	751367	1553340	374010
641	145847	213244	101923	21074	21074	297135	238260
35730	530215	949404	419189	710141	710141	1236824	120750
311	12528	19329	6801	20152	20152	19382	15000
810802	3998474	5769517	2119975	5969856	5019432	5893585	3362640
553190	2680454	4055467	1626035	3953900	3291769	3904610	2078336
296280	1552061	2035861	684537	2334031	1897658	1967886	893061
166141	495255	870986	399510	805679	711007	876824	531151
90770	633138	1148621	541989	814189	683104	1059899	654124
2182	20743	37629	16886	19612	19142	24317	18882
771	6428	15632	9204	10895	10426	13670	12760
1411	14070	21129	7059	7515	7515	9912	5622
	245	868	622	1202	1202	735	500
1192	3913	6170	2390	5821	4151	8006	2400
1192	3913	6170	2390	5821	4151	8006	2400
68	1975	2487	782	17625	16885	9945	9100
68	1285	1459	444	12696	12696	3183	2300
	690	1028	338	4929	4189	6762	6800
39163	99701	152440	66464	178660	132168	145110	145939
39163	94628	146478	65271	173978	127486	139510	138791
	5073	5962	1192	4682	4682	5600	7148
132951	851365	1069624	267181	1008251	849557	1137899	701484
77081	380156	466233	119674	501724	412829	549038	357946

1-C-02 续表 4

项目	企业单位数(个)	#亏损企业	资产总计	流动资产合计	#应收账款
针织或钩针编织物印染精加工	5		49511	40308	19488
针织或钩针编织品制造	114	2	1061540	512620	142711
家用纺织制成品制造	41	3	234840	153396	47693
床上用品制造	7	1	86304	53396	20844
毛巾类制品制造	2		11830	5686	1835
窗帘、布艺类产品制造	6	1	46402	30821	2133
其他家用纺织制成品制造	26	1	90304	63494	22881
非家用纺织制成品制造	117	11	1222073	662326	172965
非织造布制造	53	7	626222	396784	99240
绳、索、缆制造	6	1	23955	14548	2381
纺织带和帘子布制造	27	1	370798	124234	37109
篷、帆布制造	15	1	107850	83116	23026
其他非家用纺织制成品制造	16	1	93249	43644	11209
纺织服装、服饰业	1211	74	10375272	6937620	2078417
机织服装制造	969	52	8842764	5861254	1795412
针织或钩针编织服装制造	213	15	1042310	683580	180610
服饰制造	29	7	490198	392786	102395
皮革、毛皮、羽毛及其制品和制鞋业	1288	58	14686547	9511748	3365157
皮革鞣制加工	62	6	718362	465181	105077
皮革制品制造	211	10	1447377	831047	237702
皮革服装制造	6		138941	104449	65133
皮箱、包(袋)制造	183	8	1055462	552192	111560
皮手套及皮装饰制品制造	8	1	95595	86481	43650
其他皮革制品制造	14	1	157379	87925	17360
毛皮鞣制及制品加工					
毛皮鞣制加工					
毛皮服装加工					
其他毛皮制品加工					
羽毛(绒)加工及制品制造	13		91582	81018	24745
羽毛(绒)加工	12		87236	77608	22345
羽毛(绒)制品加工	1		4346	3411	2400
制鞋业	1002	42	12429227	8134502	2997632
纺织面料鞋制造	107	9	921168	467173	171992
皮鞋制造	599	18	9491733	6413392	2400522
塑料鞋制造	166	7	845133	548866	202900
橡胶鞋制造	102	6	950683	548864	185887
其他制鞋业	28	2	220509	156207	36332
木材加工和木、竹、藤、棕、草制品业	719	26	2913107	1656907	405774
木材加工	107	3	499308	299836	59980
锯材加工	57		221500	123538	27976
木片加工	15		54575	31390	7820
单板加工	30	3	133643	86610	11089
其他木材加工	5		89590	58298	13096
人造板制造	329	13	1361543	746449	173568
胶合板制造	191	7	629348	355568	95202
纤维板制造	15	1	331512	168004	16980

单位：万元

产成品	固定资产合计	#固定资产原价	累计折旧	负债合计	#流动负债合计	所有者权益	#实收资本
5816	9203	16564	7362	23962	23432	25549	17105
50054	462007	586827	140146	482565	413296	563312	326433
17719	52564	78696	26921	117085	108072	117648	62853
4119	17864	28115	10460	34457	31285	51772	22811
2464	1868	4491	2651	6038	4548	5793	1563
3273	12914	15380	2577	33412	29404	12989	9328
7863	19918	30711	11234	43178	42835	47095	29151
64337	287759	367004	113316	668903	597688	546049	343645
29763	192515	238931	69322	322179	292048	300166	176479
4103	8731	12623	4090	16641	16381	7314	5904
14041	53926	77119	25240	235588	202377	134870	71190
11505	12996	15422	5044	60852	60399	45473	42667
4925	19591	22909	9620	33643	26483	58227	47405
858145	2493230	3603266	1222759	4078516	3347827	6197170	2171359
722325	2145873	3067604	1010884	3408080	2734978	5355165	1781191
50451	267263	388935	137586	528343	477875	496292	325796
85370	80095	146727	74289	142093	134974	345712	64372
753194	3054891	4790217	1879111	6814915	5889954	7759133	2916528
47765	139185	202739	71873	310317	272461	400681	179645
45273	411056	587170	186177	724271	630126	709581	265642
3685	30492	35863	5372	53411	53264	85529	12291
30287	341773	487430	152681	517538	424037	524453	179141
2625	8199	15414	7215	64985	64488	30610	20294
8676	30592	48463	20910	88337	88337	68989	53916
16340	10037	16863	7028	47603	47457	43979	15904
15754	9180	15768	6690	44252	44106	42984	15404
586	856	1095	338	3351	3351	995	500
643816	2494614	3983445	1614033	5732724	4939911	6604892	2455337
28230	330761	432053	117643	431050	368650	485394	213520
530978	1691639	2810506	1213250	4224144	3610750	5190043	1798377
42831	194350	295394	107785	468260	442439	374664	168912
28148	238898	380895	149375	496367	408977	449103	187853
13630	38965	64597	25979	112902	109095	105688	86676
280879	910793	1386566	569148	1416116	1135820	1458076	760068
46861	159166	210877	76002	289671	207133	206884	104329
25986	79782	126548	48905	143157	129897	77688	50289
2598	18094	19424	4002	23796	16209	29909	11326
10041	40464	37654	16574	83512	30669	48903	26114
8236	20825	27251	6521	39207	30358	50384	16600
137509	449110	761179	343212	642830	536996	699681	401124
59707	197426	317295	135338	287264	254162	330836	180045
27244	114372	213029	107991	172947	120524	156008	92238

1-C-02 续表 5

项 目	企业单位数(个)	#亏损企业	资产总计	流动资产合计	#应收账款
刨花板制造	17	2	156343	90275	21682
其他人造板制造	106	3	244340	132601	39705
木制品制造	101	3	508993	315583	80185
建筑用木料及木材组件加工	24	1	173829	104634	11004
木门窗、楼梯制造	13		98301	59877	22752
地板制造	7		35157	22982	6013
木制容器制造	8	1	26393	24019	4342
软木制品及其他木制品制造	49	1	175313	104071	36073
竹、藤、棕、草等制品制造	182	7	543264	295040	92040
竹制品制造	180	6	540400	293539	91564
藤制品制造					
棕制品制造	1	1	1162	688	60
草及其他制品制造	1		1701	812	417
家具制造业	292	24	2265539	1454495	297644
木质家具制造	181	10	1207932	743915	173280
竹、藤家具制造	6		42472	12168	3327
金属家具制造	81	9	823857	557573	90990
塑料家具制造	4		45712	27679	9591
其他家具制造	20	5	145568	113160	20456
造纸和纸制品业	444	37	7414546	4237344	970719
纸浆制造	4	2	108286	71211	5379
木竹浆制造	3	2	104728	68246	4429
非木竹浆制造	1		3558	2965	950
造纸	138	14	3439034	1692546	329116
机制纸及纸板制造	128	12	3135267	1519735	304089
手工纸制造	3	1	7347	2996	705
加工纸制造	7	1	296420	169815	24323
纸制品制造	302	21	3867225	2473588	636224
纸和纸板容器制造	182	10	1753086	1051242	389211
其他纸制品制造	120	11	2114139	1422345	247014
印刷和记录媒介复制业	212	26	1431324	780148	229488
印刷	210	26	1409815	771212	228044
书、报刊印刷	34	5	230022	115853	43605
本册印制	2		33553	14897	3031
包装装潢及其他印刷	174	21	1146240	640462	181408
装订及印刷相关服务	1		2220	1934	629
记录媒介复制	1		19289	7002	815
文教、工美、体育和娱乐用品制造业	870	38	4949978	3177677	813321
文教办公用品制造	31		173256	106440	27358
文具制造	18		105594	68191	21703
笔的制造	7		26129	9713	2700
教学用模型及教具制造	3		14395	8851	1212
墨水、墨汁制造					
其他文教办公用品制造	3		27138	19685	1744
乐器制造	5	2	27942	18626	2354
中乐器制造	2		5380	2659	620

单位：万元

产成品	固定资产合计	#固定资产原价	累计折旧	负债合计	#流动负债合计	所有者权益	#实收资本
33880	59249	110030	52894	79195	78889	76400	47066
16679	78063	120825	46989	103425	83422	136437	81776
35560	140226	198809	72091	239915	226103	260940	131996
13128	41038	55544	18598	98013	95563	75502	35518
3105	30941	46064	15334	47108	45751	50434	26199
3736	10444	12307	2102	9595	9527	24806	16690
4719	2228	1933	358	17457	16919	8926	5909
10873	55576	82961	35699	67742	58344	101271	47680
60949	162291	215702	77844	243701	165589	290571	122619
60678	161307	214059	76789	241749	164171	289660	122099
114	415	922	507	756	756	407	420
158	569	722	548	1197	662	505	100
123138	442247	651695	244011	1231946	1045974	989358	678835
83471	268232	374259	124310	625432	548756	567700	420781
2283	9682	12428	2746	13434	13434	29038	23003
26306	122802	212026	97631	485978	385925	309431	183209
3386	17324	28086	10783	13938	13251	31631	19550
7692	24207	24898	8542	93164	84608	51558	32292
351499	2136169	3287026	1311209	4615399	3459475	2769112	1433154
3816	32251	123510	93926	99422	99373	8864	38480
3816	31885	123125	93907	96679	96630	8050	37980
	366	385	19	2743	2743	815	500
181374	1316302	1920128	705843	2192112	1312578	1250577	654392
176997	1192839	1769347	677767	2034333	1203382	1104623	589710
750	2378	2906	1216	5356	3437	1956	3666
3628	121086	147876	26860	152423	105759	143997	61016
166309	787616	1243388	511440	2323865	2047524	1509670	740283
64926	392270	667618	293733	1004371	867540	727996	367502
101383	395346	575769	217707	1319495	1179984	781675	372780
55214	435934	663015	266089	771206	644746	648387	335575
55191	423471	648968	264187	763322	636862	640815	329965
11331	83646	140898	64193	111950	91112	116831	49153
985	12003	15671	3942	22112	8050	11242	10388
42874	327822	492400	196052	629261	537701	512742	270423
	272	646	375	1473	1473	747	150
23	12191	13400	1528	6411	6411	6825	5460
379349	1181076	1687537	594447	2379172	2069044	2536026	1128287
12340	33480	54463	24314	102140	90529	70478	43564
9213	14848	35186	20582	61545	54804	44043	23551
2267	13013	13568	1016	15905	11036	9643	7705
157	2258	2895	929	7521	7521	6874	2700
702	3361	2815	1787	17168	17168	9918	9608
2070	7943	17397	9598	7022	5400	20920	15857
309	2291	3529	1381	969	969	4411	4129

1-C-02 续表 6

项目	企业单位数(个)	#亏损企业	资产总计	流动资产合计	#应收账款
西乐器制造	2	1	10729	8075	1611
电子乐器制造	1	1	11833	7893	123
其他乐器及零件制造					
工艺美术品制造	678	18	3528576	2273355	588562
雕塑工艺品制造	274	6	1157971	657037	153735
金属工艺品制造	83	3	405121	240079	68585
漆器工艺品制造	68	1	496809	360023	52894
花画工艺品制造	13	4	45675	24816	6027
天然植物纤维编织工艺品制造	47		163335	89577	23378
抽纱刺绣工艺品制造					
地毯、挂毯制造	5	1	77802	48352	8447
珠宝首饰及有关物品制造	48		556954	450491	145427
其他工艺美术品制造	140	3	624909	402981	130070
体育用品制造	96	12	855049	578520	137156
球类制造	13	1	77532	45868	12204
体育器材及配件制造	37	1	348331	218663	53015
训练健身器材制造	25	5	337970	250401	53132
运动防护用具制造	8	3	15810	10282	4119
其他体育用品制造	13	2	75407	53307	14687
玩具制造	52	6	345104	188830	53287
游艺器材及娱乐用品制造	8		20051	11906	4603
露天游乐场所游乐设备制造	3		12530	6722	3098
游艺用品及室内游艺器材制造	3		5162	3689	1016
其他娱乐用品制造	2		2358	1495	490
石油加工、炼焦和核燃料加工业	27	4	4974889	1701973	103578
精炼石油产品制造	25	4	4883633	1662156	101853
原油加工及石油制品制造	21	3	4828784	1635846	99413
人造原油制造	4	1	54849	26309	2440
炼焦	2		91256	39818	1724
核燃料加工					
化学原料和化学制品制造业	678	63	11878223	5435799	1283703
基础化学原料制造	140	20	4754296	1440823	215418
无机酸制造	18	4	284902	159873	42558
无机碱制造	6	1	558269	117348	35793
无机盐制造	30	3	280959	150778	38571
有机化学原料制造	32	5	3171937	852195	39684
其他基础化学原料制造	54	7	458230	160630	58813
肥料制造	49	8	856698	336550	58069
氮肥制造	12	5	448400	196916	25908
磷肥制造	2	1	277744	53505	12675
钾肥制造	1		6283	4320	693
复混肥料制造	18	1	91028	65926	14712
有机肥料及微生物肥料制造	15	1	27708	15545	3934
其他肥料制造	1		5535	337	148
农药制造	9	1	83392	39102	10812
化学农药制造	5		42726	13970	2042
生物化学农药及微生物农药制造	4	1	40667	25132	8770

单位：万元

产成品	固定资产合计	#固定资产原价	累计折旧	负债合计	#流动负债合计	所有者权益	#实收资本
1088	2475	5319	2844	4507	4104	6223	2634
674	3177	8550	5373	1546	327	10286	9094
292997	832511	1112086	352074	1676068	1417683	1827751	714972
110193	270252	375317	128267	572492	447442	579913	246123
15315	141361	183470	47278	142826	108936	259823	61135
74212	83212	93698	19912	201292	195032	290720	123338
3623	15586	25184	12365	17375	9398	28300	23727
13103	58269	61934	12766	69973	66776	92319	33491
8204	28402	46601	18561	15332	9823	62470	11055
23499	78761	87630	16916	366813	352993	184702	61071
44849	156670	238252	96010	289964	227282	329504	155032
54489	195303	324320	134803	439039	415103	410431	238614
5346	12938	26037	13977	45662	45624	31870	19741
29469	89474	143298	54565	140254	129522	205583	105651
15847	68352	106358	41627	213847	204609	121154	79175
492	4394	9328	5109	5703	5397	9990	9249
3336	20146	39300	19524	33572	29952	41835	24798
15631	105341	171080	71749	143895	130110	197531	108979
1822	6498	8191	1909	11008	10218	8914	6302
996	4185	5475	1436	8147	7375	4275	2903
738	1450	1661	282	1977	1958	3186	2348
88	864	1055	191	885	885	1454	1050
165923	2285428	3272252	995323	3941375	1688318	1032060	1576457
158085	2233990	3220807	989333	3906390	1653334	975789	1573157
152689	2222637	3203890	983667	3893240	1642194	934090	1555657
5396	11353	16917	5666	13150	11140	41699	17500
7838	51438	51444	5990	34985	34985	56271	3300
462334	2868718	5625442	3001064	6755839	4870617	5072798	3189414
133940	788421	1228269	495653	3103695	1832680	1636125	1127928
11207	101328	173887	81934	131572	128568	153330	44636
2638	154703	206283	75282	336473	151104	221796	79249
11319	110656	153262	54481	145145	117961	128967	77983
92276	155991	255849	104901	2246336	1229922	922874	775418
16500	265743	438988	179054	244170	205126	209159	150642
25333	432231	673832	263709	493891	362766	358161	250709
9011	204240	405357	221113	247010	232094	201390	124529
1625	199343	220217	21114	192498	79847	85246	79200
40	1757	10357	8601	769	769	5514	4976
12050	15392	23181	8494	45760	42347	42934	24509
2571	7071	10292	3856	7628	7483	17767	12185
36	4428	4428	531	226	226	5309	5309
12698	28829	20119	3657	43242	41723	40150	21875
9654	17551	9225	676	24767	24767	17959	8050
3043	11278	10894	2981	18475	16956	22192	13825

1-C-02 续表 7

项　目	企业单位数(个)	#亏损企业	资产总计	流动资产合计	#应收账款
涂料、油墨、颜料及类似产品制造	126	5	711865	410788	151246
涂料制造	91	4	496862	270330	100156
油墨及类似产品制造	17		64468	47625	18080
颜料制造	8	1	62512	42952	12175
染料制造	4		51063	21676	9908
密封用填料及类似品制造	6		36960	28206	10926
合成材料制造	85	13	3209326	1859569	381903
初级形态塑料及合成树脂制造	63	7	857719	562296	198045
合成橡胶制造	5	1	144927	31330	5257
合成纤维单(聚合)体制造	5	3	2106628	1218071	158785
其他合成材料制造	12	2	100053	47872	19817
专用化学产品制造	187	13	1467365	888417	348730
化学试剂和助剂制造	50	2	329603	187983	63534
专项化学用品制造	14	1	119920	79090	29846
林产化学产品制造	84	5	412785	221545	39876
信息化学品制造	13	4	505265	336098	191851
环境污染处理专用药剂材料制造	2		9114	5556	2643
动物胶制造	1		431	420	341
其他专用化学产品制造	23	1	90247	57725	20640
炸药、火工及焰火产品制造	5		93015	17504	5524
炸药及火工产品制造	5		93015	17504	5524
焰火、鞭炮产品制造					
日用化学产品制造	77	3	702265	443048	112002
肥皂及合成洗涤剂制造	15	1	59135	34868	7486
化妆品制造	16	1	151756	95584	22029
口腔清洁用品制造	2		4830	3937	1024
香料、香精制造	20	1	137085	86537	18041
其他日用化学产品制造	24		349460	222122	63422
医药制造业	118	6	2263742	1286515	284817
化学药品原料药制造	13	1	331654	144163	27585
化学药品制剂制造	23	3	504547	304658	72293
中药饮片加工	16	1	140459	107907	35591
中成药生产	33		640045	412939	56764
兽用药品制造	9		125108	50055	14402
生物药品制造	16	1	475111	236734	64004
卫生材料及医药用品制造	8		46818	30060	14177
化学纤维制造业	92	9	6608171	3135601	410007
纤维素纤维原料及纤维制造	13		125082	82720	28947
化纤浆粕制造	2		25578	13840	7786
人造纤维(纤维素纤维)制造	11		99503	68880	21160
合成纤维制造	79	9	6483090	3052881	381060
锦纶纤维制造	16	2	2377445	1197139	148406
涤纶纤维制造	50	6	3766209	1711416	207953
腈纶纤维制造					
维纶纤维制造	2	1	109992	23127	4522

单位：万元

产成品	固定资产合计	#固定资产原价	累计折旧	负债合计	#流动负债合计	所有者权益	#实收资本
42873	193825	259958	84202	290113	237851	413674	162903
26447	157339	208610	63792	198817	164828	292151	117505
5156	11391	18503	7853	23076	22385	39977	22945
9203	15581	19516	6294	31644	28075	30391	11288
1071	3027	6291	3400	14232	532	36786	2055
996	6488	7039	2863	22344	22031	14368	9110
112041	815802	2588983	1794363	2012898	1687636	1191381	818186
54596	224072	295867	92588	468697	442390	384446	211632
2488	80229	94713	14483	121351	64788	23105	49720
48616	493151	2175540	1682389	1370843	1130914	735785	529111
6342	18350	22863	4902	52007	49544	48045	27723
87173	378498	570797	253408	508740	446278	945229	566945
17894	91293	129163	59993	153458	134587	173567	91967
11471	26975	38654	16450	43140	40309	76780	44963
36492	131762	145598	42980	150850	123831	253939	97959
15700	99577	154921	60264	123931	113785	378577	292863
1250	3240	4770	1529	2472	2472	6642	2287
29	11	71	60	343	343	88	88
4337	25640	97620	72130	34546	30952	55637	36817
1317	54213	62660	20028	26458	21885	66557	32110
1317	54213	62660	20028	26458	21885	66557	32110
46960	176900	220824	86045	276803	239797	421522	208758
3369	14951	19040	8064	29059	25285	30036	17139
6402	43780	49835	19840	65674	62250	84231	58538
167	870	1247	377	2880	2880	1950	1500
12976	33840	56771	24701	75104	60467	61771	49090
24046	83458	93931	33063	104087	88915	243534	82491
136984	624579	942122	428978	875310	721227	1371748	487506
37589	146934	274019	132858	151563	112638	171654	61360
23627	130078	175895	88456	224190	217852	279262	132917
28511	16271	36715	21543	79343	75939	59056	25494
27005	111051	167387	68278	187311	139889	451974	107214
6476	63708	115958	55864	55082	43630	70026	29550
10975	141155	146230	50757	157285	112022	313553	125743
2801	15382	25918	11222	20536	19257	26223	5228
358816	2687307	3989199	1447681	4153312	3096034	2431041	2074587
3421	28477	55975	28429	42594	24674	81958	38071
2057	10802	31200	20514	10485	4212	14731	1776
1364	17675	24774	7915	32109	20462	67227	36295
355395	2658830	3933224	1419253	4110719	3071360	2349083	2036517
129357	1038071	1464679	543911	1672147	989388	694274	794349
215755	1456498	2192601	743838	2212228	1911557	1541981	1168142
1519	67684	146534	84050	98602	73583	11391	41927

1-C-02 续表 8

项　　目	企业单位数(个)	#亏损企业	资产总计	流动资产合计	#应收账款
丙纶纤维制造	4		108913	80086	15274
氨纶纤维制造	2		104583	33209	3873
其他合成纤维制造	5		15947	7905	1032
橡胶和塑料制品业	695	79	9018761	5059421	1303669
橡胶制品业	82	7	2508100	1018038	317981
轮胎制造	17		2101515	791927	241018
橡胶板、管、带制造	9	1	47273	20711	9617
橡胶零件制造	20	5	128000	79211	25349
再生橡胶制造	3		52862	25914	6965
日用及医用橡胶制品制造	4		15017	7449	2091
其他橡胶制品制造	29	1	163434	92827	32941
塑料制品业	613	72	6510661	4041383	985688
塑料薄膜制造	65	8	1208327	655097	58129
塑料板、管、型材制造	70	4	804295	489624	175099
塑料丝、绳及编织品制造	38	2	124319	68501	23200
泡沫塑料制造	52	7	239364	166026	64298
塑料人造革、合成革制造	107	10	1830766	1177797	290031
塑料包装箱及容器制造	38	5	165905	79448	22676
日用塑料制品制造	97	15	976442	608788	161751
塑料零件制造	34	5	205760	147963	29332
其他塑料制品制造	112	16	955482	648139	161174
非金属矿物制品业	1700	89	16160769	7879451	2067107
水泥、石灰和石膏制造	104	20	2796157	944970	165788
水泥制造	87	19	2740852	923247	157824
石灰和石膏制造	17	1	55305	21723	7964
石膏、水泥制品及类似制品制造	243	24	2077115	1274686	494169
水泥制品制造	216	21	1903049	1177578	470833
砼结构构件制造	7	1	45549	27852	7910
石棉水泥制品制造	6		38350	26132	3765
轻质建筑材料制造	6	1	43689	17302	4832
其他水泥类似制品制造	8	1	46478	25822	6828
砖瓦、石材等建筑材料制造	1064	21	7226267	3766326	1011092
粘土砖瓦及建筑砌块制造	99	5	285742	129346	43973
建筑陶瓷制品制造	228	1	2191965	1145042	382292
建筑用石加工	697	11	4349268	2253297	531803
防水建筑材料制造	8	1	23999	16532	4697
隔热和隔音材料制造	8		41191	15699	5378
其他建筑材料制造	24	3	334102	206411	42948
玻璃制造	18	5	1891403	682765	84842
平板玻璃制造	5	2	1607126	594380	64497
其他玻璃制造	13	3	284277	88385	20345
玻璃制品制造	46	8	494599	242199	81109
技术玻璃制品制造	15	4	146090	84811	24424
光学玻璃制造	8	2	133725	60105	15229
玻璃仪器制造					
日用玻璃制品制造	7	1	18338	12217	5944

单位：万元

产成品	固定资产合计	#固定资产原价	累计折旧	负债合计	#流动负债合计	所有者权益	#实收资本
1627	22316	16649	8161	53125	40633	55788	9172
6674	68348	105794	37446	64487	46069	40096	17594
464	5914	6968	1846	10130	10130	5553	5333
507628	2674668	4100208	1633289	4328777	3738770	4607256	2287359
111473	1063231	1680157	669760	933544	673782	1570392	603872
78590	916863	1443857	568228	765554	525601	1335915	467770
3205	22549	31396	10754	18443	15871	28830	18847
11728	37459	89424	52788	50470	46944	77340	55704
8355	21619	25266	6035	30791	25717	22070	6830
1764	6507	10768	4914	8736	7427	6235	6175
7830	58235	79446	27042	59550	52223	100002	48546
396155	1611437	2420052	963529	3395233	3064988	3036864	1683487
44768	363722	439678	135687	675471	615934	530927	277184
83575	176788	311526	157886	287689	230575	482649	295363
5731	26439	38296	14383	42887	32727	77246	36920
12876	43452	62708	28426	113305	104831	123908	55498
76386	478895	659519	211930	1081466	1026007	749086	365675
6812	60484	104604	45776	58453	52482	103080	68008
52867	201965	351155	157054	514677	440896	435187	240244
15738	34636	55361	22964	137663	113133	67166	48550
97402	225056	397205	189424	483624	448403	467617	296044
1055107	5332973	7581391	2566829	7882216	6703005	8104371	3913127
44259	1462861	1977920	609114	1637271	1382385	1139339	668736
42771	1431554	1935829	596337	1620912	1366244	1100666	647357
1488	31306	42092	12777	16359	16141	38673	21378
60965	540514	863413	371421	1166563	1030899	891781	476064
52491	483287	788004	348050	1063230	937105	821165	431202
574	14674	16581	5611	35279	33733	10163	9821
1298	9296	10220	1790	20202	19775	18139	15815
5247	13768	18910	5144	22174	19711	21515	8693
1356	19490	29697	10827	25678	20574	20799	10533
745505	2049700	2951941	1029606	2866035	2423770	4241165	1788596
16672	127241	145816	28983	127956	110057	156363	99185
311872	930008	1452441	562990	607534	560598	1560416	530988
398460	903443	1235900	407967	1921868	1583540	2335161	1029168
1376	4414	5113	699	8894	8894	14721	6755
2135	16603	33420	16790	19103	11241	22079	9888
14991	67990	79252	12178	180680	149441	152425	112613
45292	592542	916531	328517	971105	759608	920273	517172
41876	495164	733327	240249	851214	641855	755912	405047
3416	97378	183205	88268	119890	117753	164361	112126
21454	224959	287023	70421	263685	233152	226374	111445
4247	52200	61143	10298	93473	90616	52299	28639
4908	66849	91195	30554	55644	36076	73939	35054
1462	5485	6828	1517	6913	6913	11346	7496

1-C-02 续表 9

项 目	企业单位数(个)	#亏损企业	资产总计	流动资产合计	#应收账款
玻璃包装容器制造	4	1	90617	44993	23247
玻璃保温容器制造					
制镜及类似品加工	2		12162	8324	1423
其他玻璃制品制造	10		93667	31749	10842
玻璃纤维和玻璃纤维增强塑料制品制造	17	2	46179	31766	14244
玻璃纤维及制品制造	5		4298	2379	1210
玻璃纤维增强塑料制品制造	12	2	41881	29387	13034
陶瓷制品制造	143	6	1018923	548620	128349
卫生陶瓷制品制造	11	2	364089	247504	34647
特种陶瓷制品制造	24		83999	44317	13487
日用陶瓷制品制造	33	3	323238	132968	43048
园林、陈设艺术及其他陶瓷制品制造	75	1	247596	123832	37168
耐火材料制品制造	20		239516	163432	44011
石棉制品制造	4		5440	1754	540
云母制品制造	2		7657	1183	582
耐火陶瓷制品及其他耐火材料制造	14		226418	160496	42889
石墨及其他非金属矿物制品制造	45	3	370610	224687	43505
石墨及碳素制品制造	12	1	75197	43553	7177
其他非金属矿物制品制造	33	2	295413	181135	36327
黑色金属冶炼和压延加工业	340	40	11453669	5277202	711115
炼铁	6	4	52390	31833	3063
炼钢	8	1	918975	503575	72599
黑色金属铸造	172	13	838493	463217	151814
钢压延加工	127	16	9410888	4113065	429436
铁合金冶炼	27	6	232923	165512	54204
有色金属冶炼和压延加工业	150	25	9559792	4539654	555965
常用有色金属冶炼	26	8	1739873	1026878	44512
铜冶炼	5	3	666827	336068	6347
铅锌冶炼	5	2	120485	87625	7490
镍钴冶炼	4	1	914845	575178	19124
锡冶炼	1		712	567	154
锑冶炼					
铝冶炼	7	1	20286	13292	7064
镁冶炼					
其他常用有色金属冶炼	4	1	16718	14147	4333
贵金属冶炼	6		3553151	1497697	122611
金冶炼	5		3552185	1496935	122269
银冶炼					
其他贵金属冶炼	1		965	762	342
稀有稀土金属冶炼	12	3	1324882	669829	120618
钨钼冶炼	9	1	1069048	492700	108470
稀土金属冶炼	3	2	255834	177129	12148
其他稀有金属冶炼					
有色金属合金制造	26	2	326579	210403	55396
有色金属铸造	3	2	69169	48909	-1909
有色金属压延加工	77	10	2546139	1085938	214737

单位：万元

产成品	固定资产合计	#固定资产原价	累计折旧	负债合计	#流动负债合计	所有者权益	#实收资本
8258	39519	58845	19334	66920	66474	23697	22500
269	2589	3094	505	9496	2853	2665	1860
2311	58317	65917	8214	31238	30221	62429	15895
3197	11221	13903	3883	22108	21731	23961	14273
633	1819	2142	634	1778	1652	2520	1088
2564	9401	11761	3249	20330	20080	21441	13185
96991	313725	386414	97112	577170	510526	431367	214885
54546	70377	73652	14256	263951	228492	97913	61675
6318	24689	28920	7408	40149	39065	42845	15292
17803	110073	136754	31791	160139	136743	159368	83305
18325	108587	147088	43657	112931	106226	131241	54613
7556	33120	48737	16173	163481	159633	76035	35262
25	1540	1675	134	3482	1482	1959	1829
146	1509	1645	136	3309	3309	4349	1168
7386	30071	45418	15903	156691	154842	69728	32266
29887	104332	135508	40583	214799	181301	154078	86695
10438	29122	37410	13865	38988	32361	36210	26284
19449	75211	98099	26718	175812	148940	117869	60411
731479	4115748	5694338	1759801	7472674	6319818	3812793	2441847
4544	17865	36646	18781	37918	33927	14472	9200
14704	414608	548113	149635	713744	657514	205229	119564
77358	310202	452969	173595	445637	413852	387682	205569
616135	3322647	4591656	1401297	6133407	5085374	3115016	2063778
18738	50427	64954	16493	141969	129151	90393	43737
529394	2385353	3177728	867233	5209848	3918540	4346269	1715128
79278	486916	539745	73754	1455163	1043814	284710	255836
7574	268793	298133	43858	529069	376478	137758	135331
9101	29545	30687	5014	99921	99910	20564	25226
60128	180174	200623	21391	810742	554679	104103	84769
66	145	200	55	382	382	330	50
1877	5688	5294	1122	10919	8235	9367	8460
533	2571	4807	2316	4130	4130	12588	2000
14461	340768	494481	157323	1148998	708258	2404152	257632
14461	340566	494166	157211	1148598	707857	2403588	257032
	203	315	112	401	401	565	600
235408	257796	338977	98880	827475	626070	497407	206186
99625	201775	292132	91563	666985	468262	402063	159316
135783	56021	46845	7318	160489	157808	95344	46870
27197	77555	115715	50683	187307	170675	139271	81835
1458	7005	7216	1019	46353	39586	22816	23868
171593	1215313	1681594	485573	1544552	1330137	997912	889771

1-C-02 续表 10

项　　目	企　业单位数(个)	#亏损企业	资产总计	流动资产合　　计	#应收账款
铜压延加工	27	6	351219	238912	57107
铝压延加工	29	2	1928669	717229	130519
贵金属压延加工	1		5229	2913	239
稀有稀土金属压延加工	2		102132	56551	12960
其他有色金属压延加工	18	2	158890	70333	13912
金属制品业	512	56	4982682	3032153	876229
结构性金属制品制造	174	15	1206528	717013	231565
金属结构制造	128	13	980029	593808	193361
金属门窗制造	46	2	226499	123205	38204
金属工具制造	48	4	258484	155804	38572
切削工具制造	20	1	137757	76853	21579
手工具制造	3	2	3415	2407	393
农用及园林用金属工具制造	2		7807	5814	2489
刀剪及类似日用金属工具制造	7		18954	8376	2568
其他金属工具制造	16	1	90552	62354	11543
集装箱及金属包装容器制造	41	6	1373340	821715	213385
集装箱制造	4		95144	56287	16308
金属压力容器制造	2	1	16901	11600	6745
金属包装容器制造	35	5	1261295	753828	190332
金属丝绳及其制品制造	17	2	99857	66222	28011
建筑、安全用金属制品制造	86	10	1074119	703063	173874
建筑、家具用金属配件制造	31	4	246012	134694	44767
建筑装饰及水暖管道零件制造	30	5	546925	389095	71139
安全、消防用金属制品制造	15	1	226650	146131	48270
其他建筑、安全用金属制品制造	10		54532	33143	9697
金属表面处理及热处理加工	26		345221	185191	53499
搪瓷制品制造	1		3362	2604	399
生产专用搪瓷制品制造					
建筑装饰搪瓷制品制造					
搪瓷卫生洁具制造	1		3362	2604	399
搪瓷日用品及其他搪瓷制品制造					
金属制日用品制造	44	11	206731	121129	42569
金属制厨房用器具制造	6	2	16532	5053	2103
金属制餐具和器皿制造	15	7	95631	65566	19261
金属制卫生器具制造	1		13482	8495	3440
其他金属制日用品制造	22	2	81087	42015	17765
其他金属制品制造	75	8	415040	259413	94356
锻件及粉末冶金制品制造	25		77455	52912	22903
交通及公共管理用金属标牌制造	2		7082	3851	2525
其他未列明金属制品制造					
通用设备制造业	523	54	6877455	4351025	1208154
锅炉及原动设备制造	23	6	327695	162225	48262
锅炉及辅助设备制造	10	4	241061	107996	30176
内燃机及配件制造	8	1	67045	42929	13916
汽轮机及辅机制造	1		4652	2977	1726
水轮机及辅机制造	3		8378	4813	1900

单位：万元

产成品	固定资产合计	#固定资产原价	累计折旧	负债合计	#流动负债合计	所有者权益	#实收资本
43191	86631	113537	28308	226568	216674	123706	83061
103567	1023523	1417861	401272	1169771	984982	756186	550763
611	2316	3581	1265	2809	2809	2420	1000
17641	32603	56056	23662	52034	51264	50097	26900
6583	70240	90558	31066	93370	74408	65502	228048
254917	1278027	1854306	709051	2313597	1993510	2536969	1378130
71657	316704	430760	140221	616065	543765	582622	372315
55396	259538	361019	123208	498710	441588	475031	329259
16261	57167	69741	17013	117354	102178	107590	43056
17596	85828	136165	58278	122624	116571	134673	73199
9284	50493	83340	39738	52428	51698	84869	35622
179	819	1530	711	2181	2181	1234	1564
116	317	348	222	5014	4486	2793	3190
2048	9666	12488	3062	8036	7423	10490	4824
5970	24532	38459	14545	54965	50783	35287	27999
37340	242813	352211	118463	697256	556877	576081	307785
3856	28129	43217	15089	48672	47898	46472	39745
1080	1833	2881	1048	9489	9489	7411	12350
32404	212850	306112	102326	639095	499490	522198	255690
6482	16634	26359	11388	51200	50213	48506	26015
56293	275554	348431	107977	391828	351247	667820	295692
11931	100650	130258	39208	103902	93177	133304	65843
20850	111763	146748	45686	189313	175392	357612	151494
15866	45727	50944	16886	70037	54345	151324	64815
7645	17414	20481	6197	28576	28334	25580	13540
17134	151889	259095	111357	156791	132303	188219	115919
406	758	843	85	450	450	2912	1722
406	758	843	85	450	450	2912	1722
6434	58759	101334	45534	79218	59943	127335	89025
707	5070	5799	1825	4013	2662	12519	8313
1893	20034	43690	24422	43306	27850	52263	35952
	4560	7373	2813	9891	9891	3591	3008
3834	29096	44472	16474	22009	19540	58962	41752
41577	129088	199109	115748	198165	182143	208801	96457
7709	20963	83564	62834	32961	26987	43173	23087
905	2431	3808	1377	2571	2571	4511	1500
493584	1628509	2466615	973231	3219804	2593290	3603548	1629316
9095	99948	140702	41253	192940	126316	130403	57560
1606	71592	103786	29535	144912	78701	92387	39613
6048	21163	27892	9314	38426	38054	28030	10721
345	1673	1789	126	3561	3561	1091	400
524	2476	4111	2198	3012	3012	5366	2650

1-C-02 续表 11

项　　目	企业单位数(个)	#亏损企业	资产总计	流动资产合计	#应收账款
风能原动设备制造					
其他原动设备制造	1	1	6558	3510	544
金属加工机械制造	66	3	449324	278723	57063
金属切削机床制造	19		161672	111661	11532
金属成形机床制造	10	1	148801	95602	26520
铸造机械制造	14	1	56506	27020	6471
金属切割及焊接设备制造	2		17316	15017	4716
机床附件制造	6		27045	11019	2791
其他金属加工机械制造	15	1	37985	18405	5033
物料搬运设备制造	40	7	704293	498224	134855
轻小型起重设备制造	6	2	64904	37097	8498
起重机制造	14	3	174000	121785	29179
生产专用车辆制造	5	1	282729	214421	55576
连续搬运设备制造	2		12431	7354	3913
电梯、自动扶梯及升降机制造	6	1	58091	46848	9221
其他物料搬运设备制造	7		112138	70719	28469
泵、阀门、压缩机及类似机械制造	136	8	2658546	1697671	457886
泵及真空设备制造	25	1	244060	139529	35517
气体压缩机械制造	8		161959	76909	20063
阀门和旋塞制造	82	2	2073384	1392886	378754
液压和气压动力机械及元件制造	21	5	179143	88346	23553
轴承、齿轮和传动部件制造	62	9	700032	397231	93822
轴承制造	26	2	420229	210941	39412
齿轮及齿轮减、变速箱制造	25	3	246454	166476	44014
其他传动部件制造	11	4	33349	19814	10396
烘炉、风机、衡器、包装等设备制造	41	1	489544	303959	118622
烘炉、熔炉及电炉制造					
风机、风扇制造	5		54775	42669	34809
气体、液体分离及纯净设备制造	6		96924	54069	23521
制冷、空调设备制造	11		211587	126035	32802
风动和电动工具制造	7		65847	45823	18137
喷枪及类似器具制造	1		1826	1544	482
衡器制造	4		21811	18333	5012
包装专用设备制造	7	1	36773	15486	3860
文化、办公用机械制造	32	5	783956	522265	108853
电影机械制造					
幻灯及投影设备制造	2		65569	55773	16071
照相机及器材制造	7	2	396448	206371	17998
复印和胶印设备制造	4	1	32772	25304	6746
计算器及货币专用设备制造	19	2	289168	234817	68038
其他文化、办公用机械制造					
通用零部件制造	91	12	441960	275007	94929
金属密封件制造	3	1	43193	28623	12041
紧固件制造	23	1	148018	98435	35494
弹簧制造	4		15585	10422	3012
机械零部件加工	28	8	106552	70555	18375
其他通用零部件制造	33	2	128612	66971	26007

单位：万元

产成品	固定资产合计	#固定资产原价	累计折旧	负债合计	#流动负债合计	所有者权益	#实收资本
573	3045	3125	81	3029	2988	3529	4176
35194	114063	169122	67554	230906	200356	217614	142197
12409	29307	50521	24094	81626	74487	80025	33826
13447	47187	66874	25112	71461	53540	76831	70969
3684	21163	25674	7364	20771	17264	35732	14877
2945	737	1399	662	9898	9876	7418	2702
853	7073	11505	4636	13871	13425	13165	11138
1856	8596	13150	5687	33280	31765	4443	8685
46679	166499	295014	135665	325520	282453	378749	253343
565	24317	32760	8825	48025	47090	16855	13473
15751	26928	54922	29215	110993	83182	63007	53694
12627	65710	143353	82241	110822	102479	171907	108884
312	5077	6230	1154	6596	6596	5835	2498
6628	8472	10775	2383	18276	16751	39815	34660
10797	35996	46973	11849	30807	26355	81331	40135
241562	608437	767803	230134	1307297	980464	1331079	517955
10904	71174	84783	26734	146736	141692	101253	41232
4597	72378	104427	32777	73950	45431	86300	15993
216598	407348	501657	148878	1021733	737100	1030594	389698
9464	57537	76935	21746	64877	56242	112933	71033
49334	165346	254377	105609	257620	220986	441900	154135
38969	88311	125030	51808	155747	128671	264021	79621
9314	69341	110934	42415	86520	78543	159934	60296
1052	7693	18414	11386	15354	13772	17946	14218
15314	110468	165537	66061	167790	149486	320326	102968
986	6668	10220	4597	27943	27091	25600	10336
2575	36506	37713	6938	38139	36079	58785	17337
6045	30065	42086	15817	52188	44002	159316	37938
4172	13445	41901	28455	27951	23950	37890	24890
538	272	306	95	753	753	1073	318
680	2829	3896	1072	12883	12789	8928	6700
318	20684	29414	9087	7933	4823	28733	5449
52921	176773	354059	183534	323770	320199	456198	228520
5879	5467	11665	6198	26239	26197	39330	21100
32058	133033	264459	132710	157741	157741	238707	120035
1850	5102	12976	8649	12639	11664	20133	11527
13134	33172	64960	35977	127151	124598	158028	75858
30876	121384	237750	120599	208859	171873	211364	126569
644	2352	3892	1540	22766	2939	3174	1600
17130	36788	69716	33100	68353	64695	77238	41412
272	3400	4395	1548	11909	11909	3676	3647
9753	26313	68832	44297	50912	45464	54270	31110
3078	52532	90915	40114	54919	46866	73006	48801

1-C-02 续表 12

项目	企业单位数(个)	#亏损企业	资产总计	流动资产合计	#应收账款
其他通用设备制造业	32	3	322107	215721	93862
专用设备制造业	448	26	6066651	4050718	1256457
采矿、冶金、建筑专用设备制造	109	4	2731263	1914047	682365
矿山机械制造	21		74031	38464	12527
石油钻采专用设备制造	1		16224	1787	1617
建筑工程用机械制造	46	4	2082405	1560396	599892
海洋工程专用设备制造					
建筑材料生产专用机械制造	32		461281	264061	58007
冶金专用设备制造	9		97323	49340	10322
化工、木材、非金属加工专用设备制造	105	3	693772	417515	133750
炼油、化工生产专用设备制造	9		110635	60786	15664
橡胶加工专用设备制造	9		166177	124692	29141
塑料加工专用设备制造	7		31340	21056	6459
木材加工机械制造	10		18431	7775	1720
模具制造	65	2	337967	193043	77953
其他非金属加工专用设备制造	5	1	29223	10164	2814
食品、饮料、烟草及饲料生产专用设备制造	16	1	80270	41131	13307
食品、酒、饮料及茶生产专用设备制造	4		23918	10202	2308
农副食品加工专用设备制造	9	1	20102	8401	1777
烟草生产专用设备制造	2		36015	22367	9140
饲料生产专用设备制造	1		235	161	83
印刷、制药、日化及日用品生产专用设备制造	23	2	236503	129256	27184
制浆和造纸专用设备制造	6	1	91906	53079	10408
印刷专用设备制造	7		80613	34890	7509
日用化工专用设备制造	1		18965	8099	1185
制药专用设备制造	1		7917	2473	781
照明器具生产专用设备制造	4	1	20123	15824	3734
玻璃、陶瓷和搪瓷制品生产专用设备制造	1		10488	10409	2134
其他日用品生产专用设备制造	3		6491	4483	1433
纺织、服装和皮革加工专用设备制造	56	3	455478	316992	116800
纺织专用设备制造	42	2	320231	207270	87853
皮革、毛皮及其制品加工专用设备制造	4		104149	90608	23193
缝制机械制造	10	1	31098	19114	5754
洗涤机械制造					
电子和电工机械专用设备制造	18	3	92015	50555	12591
电工机械专用设备制造	9		62081	30260	6915
电子工业专用设备制造	9	3	29934	20296	5676
农、林、牧、渔专用机械制造	38	1	206820	110181	30052
拖拉机制造	9	1	39191	18516	5159
机械化农业及园艺机具制造	12		102983	56822	13142
营林及木竹采伐机械制造					
畜牧机械制造					
渔业机械制造	2		8565	4624	1467
农林牧渔机械配件制造	4		21116	11021	5549
棉花加工机械制造					
其他农、林、牧、渔业机械制造	11		34966	19198	4737

单位：万元

产成品	固定资产合　计	#固定资产原　价	累计折旧	负债合计	#流动负债合　计	所有者权　益	#实收资本
12608	65592	82251	22821	205102	141156	115916	46069
390295	1276855	1843957	750705	3279125	2631436	2751602	1039697
232676	630246	748983	242282	1463314	1071419	1250369	364540
4496	23451	28048	12979	41595	32458	32420	17091
52	1175	1255	80	3907		12317	350
177030	481154	524725	150763	1171481	816516	896517	228656
44155	91000	124147	38883	199655	175774	258538	95124
6943	33467	70808	39578	46677	46671	50577	23319
25943	191427	368306	196842	403366	377738	286721	143107
3970	30308	104167	76957	72693	71112	36405	12622
1318	24979	56272	34097	114818	109801	50720	19231
2774	8339	11443	3280	15362	12637	15915	8806
1330	7373	8396	1490	9050	7888	9035	6072
15571	110094	176160	78087	175836	160924	161030	87714
980	10335	11869	2932	15607	15376	13616	8663
6174	29496	38605	14247	32563	28265	47134	15797
553	13108	21690	8591	10913	6615	13004	1363
539	9598	10645	2283	6746	6746	12784	7968
5007	6757	6234	3370	14823	14823	21192	6366
75	33	36	4	81	81	154	100
23026	68560	126105	67343	125431	83082	111072	43359
12955	35452	36131	9183	62602	46822	29304	12144
2334	24473	45458	21429	26805	20259	53808	19860
422	864	1268	404	16885	645	2080	2080
	3667	29496	25829	4016	4016	3902	120
584	3885	3406	373	8807	8721	11316	7090
6620	80	10180	10101	2561		7928	465
112	141	166	26	3756	2620	2735	1600
32799	104343	193427	104204	252644	192233	199492	116793
18198	81077	119870	50227	151104	114171	167012	99921
11227	11943	63468	51572	86916	64710	17205	7284
3374	11323	10089	2404	14625	13352	15274	9588
4803	33396	44625	11687	29600	25882	59790	24751
3855	26238	34162	7961	14752	11598	44708	14474
948	7159	10463	3726	14848	14284	15082	10278
15380	69533	106351	38634	99351	85305	104179	47375
2254	12175	17722	5547	21108	20927	17848	6929
8194	32391	55887	25229	55754	46534	45998	22655
952	1941	1993	120	1982	40	6583	5784
511	9789	13983	4194	11127	11127	9989	1850
3469	13237	16766	3544	9379	6677	23762	10158

1-C-02 续表 13

项　　目	企业单位数(个)	#亏损企业	资产总计	流动资产合计	#应收账款
医疗仪器设备及器械制造	29	3	185043	119423	41815
医疗诊断、监护及治疗设备制造	3		10691	4734	1509
口腔科用设备及器具制造	1		18344	9608	2725
医疗实验室及医用消毒设备和器具制造					
医疗、外科及兽医用器械制造	5		24190	17547	6184
机械治疗及病房护理设备制造	5	1	32431	19795	6284
假肢、人工器官及植(介)入器械制造	6		59412	40765	14714
其他医疗设备及器械制造	9	2	39974	26975	10398
环保、社会公共服务及其他专用设备制造	54	6	1385486	951618	198593
环境保护专用设备制造	32	4	1265597	894731	179999
地质勘查专用设备制造					
邮政专用机械及器材制造					
商业、饮食、服务专用设备制造					
社会公共安全设备及器材制造	6		72483	31872	7394
交通安全、管制及类似专用设备制造	2	1	5680	3828	3259
水资源专用机械制造	2		14144	4716	2073
其他专用设备制造	12	1	27583	16471	5868
汽车制造业	358	38	6947308	4234939	1405932
汽车整车制造	10	3	2193874	1454040	490670
改装汽车制造	13	3	410930	288171	122952
低速载货汽车制造	3		25857	16025	3557
电车制造					
汽车车身、挂车制造	7	1	222808	111664	13322
汽车零部件及配件制造	325	31	4093838	2365039	775432
铁路、船舶、航空航天和其他运输设备制造业	180	12	2883901	1714400	312731
铁路运输设备制造	2		9392	7912	5159
铁路机车车辆及动车组制造					
窄轨机车车辆制造					
铁路机车车辆配件制造					
铁路专用设备及器材、配件制造	2		9392	7912	5159
其他铁路运输设备制造					
城市轨道交通设备制造					
船舶及相关装置制造	67	7	2326801	1356233	182526
金属船舶制造	44	4	2143889	1261252	155179
非金属船舶制造	1		301	98	37
娱乐船和运动船制造	5	1	71820	39098	5260
船用配套设备制造	7	2	50758	24442	10654
船舶改装与拆除	10		60034	31343	11396
航标器材及其他相关装置制造					
航空、航天器及设备制造					
飞机制造					
航天器制造					
航空、航天相关设备制造					
其他航空航天器制造					
摩托车制造	97	5	470804	303199	109357

单位：万元

产成品	固定资产合计	#固定资产原价	累计折旧	负债合计	#流动负债合计	所有者权益	#实收资本
14333	38803	61133	26184	58982	53498	125061	56435
826	2864	3966	1102	5059	4516	5632	2000
1590	5786	10353	4566	8201	8201	10143	2503
1391	4649	7439	2791	4016	4016	19174	6305
1319	5173	2891	638	10333	7244	22098	16427
6154	11808	22017	10209	19051	18570	40362	8650
3053	8523	14467	6879	12322	10951	27652	20551
35161	111050	156423	49282	813875	714015	567784	227539
31614	75826	101160	28011	767173	670172	497862	200974
2077	22343	37912	15780	22809	20670	47267	10476
	1040	1863	823	3435	3435	2246	660
1034	3639	4964	1325	6722	6721	7423	6212
437	8203	10525	3342	13737	13017	12986	9217
411346	1742204	2705454	1101413	3814719	3224942	3110505	1818129
85263	574638	889879	361864	1582852	1323408	611022	586258
34068	43091	55306	16256	231115	202136	179815	94427
3075	9079	8818	3199	14359	11769	11498	6603
5985	77893	97879	24920	89711	83658	132097	40137
282955	1037503	1653571	695174	1896682	1603970	2176073	1090704
59199	930552	938164	285582	1903404	1514153	975995	402619
428	1382	1785	487	7181	7181	2211	1668
428	1382	1785	487	7181	7181	2211	1668
22613	770074	666428	167878	1602522	1225394	722126	247625
12447	712189	593665	146643	1510547	1145926	631346	187130
18	203	255	52	274	274	27	10
8722	24797	29165	9997	32517	31176	39292	24090
1235	12012	17988	6176	33184	22134	17428	12176
193	20873	25354	5009	26001	25885	34033	24219
32747	135935	239665	108173	257929	249820	211023	126085

1-C-02 续表 14

项　　目	企　业 单位数 (个)	#亏损企业	资产总计	流动资产 合　　计	#应收账款
摩托车整车制造	3		76854	53640	16853
摩托车零部件及配件制造	94	5	393950	249559	92504
自行车制造	12		69018	43955	14520
脚踏自行车及残疾人座车制造	7		29199	19848	11194
助动自行车制造	5		39819	24107	3326
非公路休闲车及零配件制造					
潜水救捞及其他未列明运输设备制造	2		7886	3101	1170
潜水及水下救捞装备制造					
其他未列明运输设备制造	2		7886	3101	1170
电气机械和器材制造业	740	58	11240803	7647940	2699001
电机制造	231	16	2510689	1642636	502878
发电机及发电机组制造	115	6	1557144	976173	316436
电动机制造	104	8	799236	559659	158117
微电机及其他电机制造	12	2	154309	106805	28325
输配电及控制设备制造	168	13	2622994	1905339	815993
变压器、整流器和电感器制造	39	4	473805	364154	146136
电容器及其配套设备制造	2		22044	8544	4646
配电开关控制设备制造	74	2	1496750	1162570	515970
电力电子元器件制造	28	3	311404	211815	94425
光伏设备及元器件制造	10	2	220401	88885	27468
其他输配电及控制设备制造	15	2	98590	69370	27348
电线、电缆、光缆及电工器材制造	71	10	1050719	685236	263711
电线、电缆制造	55	9	877683	577874	223177
光纤、光缆制造	2		5792	4126	1142
绝缘制品制造	10	1	100879	77681	30578
其他电工器材制造	4		66365	25556	8815
电池制造	52	4	1578135	1014026	220811
锂离子电池制造	16	2	997678	612927	155563
镍氢电池制造	3		28105	22487	8383
其他电池制造	33	2	552352	378612	56865
家用电力器具制造	51	2	994385	703998	185230
家用制冷电器具制造					
家用空气调节器制造	3		48229	37008	21903
家用通风电器具制造	3	1	13585	6051	749
家用厨房电器具制造	7		270825	225720	35100
家用清洁卫生电器具制造	4		55032	36630	13148
家用美容、保健电器具制造	27		501018	324701	92695
家用电力器具专用配件制造	3	1	34647	18268	8807
其他家用电力器具制造	4		71050	55619	12828
非电力家用器具制造	13	1	676379	552840	327527
燃气、太阳能及类似能源家用器具制造	12	1	644298	527263	321752
其他非电力家用器具制造	1		32081	25576	5775
照明器具制造	144	11	1761299	1114901	373663
电光源制造	53	3	1090423	728642	255045
照明灯具制造	68	5	443735	268283	80983
灯用电器附件及其他照明器具制造	23	3	227141	117975	37636

单位：万元

产成品	固定资产合计	#固定资产原价	累计折旧	负债合计	#流动负债合计	所有者权益	#实收资本
8169	20172	55031	34859	62765	62765	14089	25200
24578	115763	184634	73314	195164	187055	196934	100886
3128	19773	26665	8810	30227	26606	38510	25141
1701	6955	10343	4647	15487	14138	13431	7192
1426	12819	16322	4163	14740	12468	25079	17948
283	3388	3621	234	5546	5153	2126	2100
283	3388	3621	234	5546	5153	2126	2100
563764	2045483	2949407	1071480	5685211	5169987	5476697	2649846
114439	451110	613384	231136	1472204	1385652	1021774	560811
69130	247512	333312	128870	935293	888277	611755	360663
39280	165521	186114	46386	454955	425155	337667	156677
6029	38077	93958	55881	81956	72219	72353	43471
120313	328679	492349	185027	1329796	1232324	1258356	620394
32297	65130	98043	40492	215820	206809	257073	148705
436	1439	1638	762	7673	7316	14372	1100
64529	153609	251384	105319	839518	804452	652015	294793
9991	38294	62379	28057	121392	118261	190011	80069
5085	49418	54813	5806	95112	53767	99992	56295
7975	20790	24092	4590	50281	41719	44893	39432
73604	234458	308865	102242	565558	551938	476457	254545
66473	200946	264777	87862	496282	482861	373668	220663
25	714	1132	419	3187	3187	2339	1500
4960	22350	29933	11067	30115	30004	70127	17681
2146	10448	13022	2895	35975	35886	30323	14702
105663	416758	580773	172913	817747	636163	758223	354155
64518	280839	358486	81253	639838	468841	357573	191827
5975	3022	7541	4572	12613	10886	15491	8500
35171	132897	214747	87089	165296	156437	385158	153827
63237	143440	277064	142847	355738	330020	633947	298866
6937	10929	17313	6786	23184	20133	25045	8192
713	6375	12079	5709	4051	3996	9401	7286
19275	26849	112717	87355	103320	85585	167497	137171
10122	15879	19227	8216	19629	18644	35403	7520
19083	55976	78849	24552	171256	169279	325205	84146
	15731	23490	7760	3318	1408	31329	43022
7106	11702	13389	2469	30980	30976	40068	11530
3446	47117	68558	21872	325845	314682	350319	76991
3446	41538	58690	17583	306882	295727	337200	69205
	5579	9868	4289	18963	18955	13118	7786
81252	414202	594309	208824	800523	702135	951286	471070
50661	246262	361619	128580	516505	473151	573119	273240
17807	119952	162938	49098	208995	163784	227696	114819
12784	47988	69752	31146	75023	65201	150471	83011

1-C-02 续表 15

项　目	企业单位数(个)	#亏损企业	资产总计	流动资产合计	#应收账款
其他电气机械及器材制造	10	1	46203	28965	9189
电气信号设备装置制造	4		15828	10288	1774
其他未列明电气机械及器材制造	6	1	30375	18677	7416
计算机、通信和其他电子设备制造业	474	73	17988036	12002512	5059210
计算机制造	39	3	4583165	3517512	1655844
计算机整机制造	5		1840112	1259520	547981
计算机零部件制造	14	1	496029	401287	135918
计算机外围设备制造	14	2	1661800	1450354	897710
其他计算机制造	6		585225	406350	74236
通信设备制造	52	9	1736090	1486708	755323
通信系统设备制造	20	2	313883	262685	126416
通信终端设备制造	32	7	1422207	1224024	628907
广播电视设备制造	20	3	401145	295700	153668
广播电视节目制作及发射设备制造					
广播电视接收设备及器材制造	14	1	314908	243075	131115
应用电视设备及其他广播电视设备制造	6	2	86236	52625	22553
雷达及配套设备制造					
视听设备制造	26	6	1400786	1123226	588478
电视机制造	8	3	659673	515176	335596
音响设备制造	8	3	77286	44011	20662
影视录放设备制造	10		663827	564039	232220
电子器件制造	129	19	6952181	3762485	1312828
电子真空器件制造	1		3709	1730	431
半导体分立器件制造	6	2	48108	25398	4475
集成电路制造	17	3	569840	427918	104237
光电子器件及其他电子器件制造	105	14	6330525	3307439	1203685
电子元件制造	174	30	2604383	1601418	526018
电子元件及组件制造	132	23	1890678	1162893	391568
印制电路板制造	42	7	713705	438525	134450
其他电子设备制造	34	3	310286	215462	67052
仪器仪表制造业	134	7	1137882	767221	238466
通用仪器仪表制造	34	1	259402	203385	78204
工业自动控制系统装置制造	11		64210	48099	15462
电工仪器仪表制造	7		87706	69317	28208
绘图、计算及测量仪器制造	1		633	525	339
实验分析仪器制造	4		14787	9919	3084
试验机制造	1		4849	3562	418
供应用仪表及其他通用仪器制造	10	1	87218	71964	30694
专用仪器仪表制造	9	1	62417	48268	11544
环境监测专用仪器仪表制造	2		35352	28618	5766
运输设备及生产用计数仪表制造	1		6833	5194	864
导航、气象及海洋专用仪器制造					
农林牧渔专用仪器仪表制造					
地质勘探和地震专用仪器制造	2		10216	8218	4462
教学专用仪器制造	1	1	469	333	78
核子及核辐射测量仪器制造					

单位：万元

产成品	固定资产合计	#固定资产原价	累计折旧	负债合计	#流动负债合计	所有者权益	#实收资本
1811	9719	14106	6620	17801	17073	26335	13015
1406	4243	4831	2754	5181	5034	8579	4395
405	5476	9275	3866	12620	12038	17755	8620
672449	3325441	5411244	2205645	10787672	9556604	7142033	3495157
147083	265352	511290	251642	2994730	2780720	1585998	422716
29798	33060	94713	63614	1430431	1292379	409681	36842
12140	50109	74202	26911	305967	300779	190062	81776
67969	124254	264375	141047	1058667	1037710	602795	172053
37176	57930	77999	20070	199665	149851	383460	132045
53460	130095	210572	91951	1357285	1312720	368410	246144
13439	30711	53915	23372	155595	151352	147737	53327
40021	99384	156657	68579	1201690	1161368	220673	192816
14814	68205	87044	21156	212732	185138	188413	76907
11421	48308	63499	16596	163355	138186	151554	51732
3393	19898	23545	4560	49377	46952	36859	25175
84714	159359	247833	107886	1099084	1042364	299027	213810
15819	80171	126790	55489	482079	457308	176986	146466
2176	28772	44943	17734	38379	33951	38907	33097
66718	50416	76100	34662	578626	551105	83134	34247
208589	1962199	3110496	1185468	3831086	3103433	3086399	1742474
172	1666	1993	735	2415	2415	1294	1008
4776	10821	14840	4060	36308	32682	7440	9493
22762	91554	196919	107216	288646	285076	281194	109369
180878	1858158	2896744	1073457	3503717	2783259	2796471	1622604
136702	692174	1180015	526989	1146564	1004673	1450718	723818
97410	499575	912740	436928	733979	672296	1151156	566765
39293	192599	267276	90061	412585	332377	299562	157053
27088	48056	63995	20553	146192	127557	163068	69288
75758	258801	401357	157136	472442	408716	648380	373034
15804	33493	57004	24442	108104	104109	151295	56727
4697	9770	15535	6696	20598	19803	43612	13429
2346	11337	20790	9454	36296	34978	51409	11696
62	92	239	147	363	363	270	50
519	3025	3636	612	7094	5219	7690	6474
	1274	1713	439	581	581	4268	3120
8180	7996	15091	7095	43172	43167	44046	21959
1469	10712	14070	3873	18747	15353	43535	37857
968	5206	7540	2334	9079	7686	26273	24005
	215	278	64	3480	1480	3353	2176
323	1737	1802	580	2938	2938	7278	6000
	6	14	8	153	153	180	300

1-C-02 续表 16

项　　目	企业单位数(个)	#亏损企业	资产总计	流动资产合计	#应收账款
电子测量仪器制造	2		8587	5220	96
其他专用仪器制造	1		961	685	277
钟表与计时仪器制造	48	3	343485	209836	50648
光学仪器及眼镜制造	39	2	459178	295634	95880
光学仪器制造	14		230777	142705	55814
眼镜制造	25	2	228401	152929	40065
其他仪器仪表制造业	4		13400	10098	2190
其他制造业	184	15	1687989	992056	306171
日用杂品制造	158	10	1331658	739450	211300
鬃毛加工、制刷及清扫工具制造	3		12101	5632	1468
其他日用杂品制造	155	10	1319557	733819	209832
煤制品制造	6		36561	20188	7801
核辐射加工					
其他未列明制造业					
废弃资源综合利用业	45	6	270180	169556	26253
金属废料和碎屑加工处理	12	3	103316	73850	10416
非金属废料和碎屑加工处理	33	3	166864	95706	15837
金属制品、机械和设备修理业	23	3	852345	298144	119791
金属制品修理	1		3044	2521	32
通用设备修理					
专用设备修理	2		6181	5643	445
铁路、船舶、航空航天等运输设备修理	20	3	843120	289980	119314
铁路运输设备修理					
船舶修理	13	1	285065	38301	7149
航空航天器修理	7	2	558054	251679	112165
其他运输设备修理					
电气设备修理					
仪器仪表修理					
其他机械和设备修理业					
电力、热力、燃气及水生产和供应业	306	58	34585224	6254583	1016068
电力、热力生产和供应业	249	46	30728335	5123625	882961
电力生产	159	14	19005138	3523814	797869
火力发电	21		8260029	2241770	551627
水力发电	110	12	3936294	510673	83838
核力发电	1		5051127	430802	59540
风力发电	16	1	1329263	241959	83327
太阳能发电	1		4163	3023	204
其他电力生产	10	1	424261	95587	19334
电力供应	83	32	11616827	1570480	80202
热力生产和供应	7		106370	29331	4890
燃气生产和供应业	18	1	1775832	663166	106050
水的生产和供应业	39	11	2081058	467792	27057
自来水生产和供应	34	10	1911959	433296	24161
污水处理及其再生利用	5	1	169099	34496	2897
其他水的处理、利用与分配					

单位：万元

产成品	固定资产合计	#固定资产原价	累计折旧	负债合计	#流动负债合计	所有者权益	#实收资本
	3345	4051	707	2664	2664	5922	4875
178	204	385	181	432	432	529	500
23269	101030	128647	37917	141327	119826	201629	141030
34456	111968	198888	89755	196588	161776	246197	132420
8697	58124	89112	31064	100484	90921	127939	50192
25759	53844	109776	58691	96104	70855	118258	82228
760	1598	2747	1149	7676	7651	5724	5000
93181	288170	458943	185443	675712	642467	999862	596802
73492	239266	380004	155225	507176	482594	812367	518609
871	4042	4460	1005	2311	2211	9490	8267
72622	235224	375544	154220	504865	480382	802877	510341
1407	12168	19077	7068	25436	17214	11124	7829
20200	74367	84892	17481	162245	153524	104113	68058
5979	26849	26991	5427	76300	76300	27016	17336
14221	47519	57901	12054	85945	77224	77097	50721
5657	436097	625918	208401	426058	324128	423425	196034
22	523	432	85	1672	486	1371	100
251	445	657	212	3094	2259	3088	2300
5384	435130	624828	208105	421292	321382	418966	193634
3653	180696	188654	23251	164333	162601	117871	34895
1730	254434	436175	184853	256959	158781	301096	158739
14187	21061388	31616759	12380923	22237588	10288585	12326229	7206175
6661	19004499	28956452	11504872	20325815	9087977	10387418	5854734
1213	10819874	16913320	6281434	12457450	3994336	6536036	4900340
	5493456	9535543	4099253	4946515	1924176	3313514	2468762
337	2642379	4511462	1939496	2218142	858060	1721548	1063866
	1605126	1647383	42257	4087805	928190	963322	932000
	858109	1028528	179135	927002	194229	387213	306206
567	962	711	176	2512	2058	1650	2002
310	219842	189693	21117	275473	87624	148788	127504
5448	8113719	11940126	5189900	7807807	5045841	3805571	922475
	70906	103006	33538	60558	47800	45811	31920
3443	766420	1020990	254847	1061135	751989	709253	452386
4083	1290469	1639317	621205	850639	448619	1229557	899055
4083	1184309	1458979	543940	793795	418929	1117306	822142
	106159	180338	77265	56843	29690	112252	76914

1-C-02 续表 17

项 目	主营业务收入	#主营业务成本	#主营业务税金及附加	销售费用	管理费用
总 计	**331110999**	**282398323**	**4000828**	**8733071**	**13115332**
#亏损企业	23244844	21827931	589071	431846	983011
一、按轻重工业分组					
轻工业	156768712	131250344	2158832	5040961	6309471
重工业	174342287	151147979	1841996	3692111	6805861
二、按注册类型分组					
内资企业	196176725	167268542	2774014	4524173	7111497
国有企业	3770842	2555766	771078	29381	170977
集体企业	1299669	1124807	17849	24313	56945
股份合作企业	931994	800920	7615	16910	31244
联营企业	612297	478841	4382	5641	25508
国有联营企业	138466	75386	2098	16	60
集体联营企业	78166	66725	1925	1335	1389
国有与集体联营企业	10633	9509	37	50	872
其他联营企业	385032	327222	321	4240	23187
有限责任公司	70149972	60198001	1193744	1340620	2301004
国有独资公司	12615606	10765506	909151	101320	273419
其他有限责任公司	57534366	49432495	284592	1239300	2027585
股份有限公司	12311392	10076396	96862	436488	725153
私营企业	105615457	90686345	672941	2646615	3764808
私营独资企业	2531019	2109292	25479	73353	85530
私营合作企业	690884	579024	9891	22324	25850
私营有限责任公司	98491154	84766828	613214	2426693	3484404
私营股份有限公司	3902400	3231201	24356	124244	169024
其他企业	1485102	1347468	9544	24205	35859
港、澳、台商投资企业	73334559	62198136	353912	2274326	3003476
合资经营企业	16474633	13616171	103860	522542	654726
合作经营企业	224488	198773	1797	3576	7752
港澳台商独资经营企业	52582648	44795107	241139	1671537	2098095
港澳台商投资股份有限公司	4013525	3551309	6695	76382	242030
外商投资企业	61599714	52931645	872902	1934573	3000360
中外合资经营企业	24823101	21288549	696593	770549	870513
中外合作经营企业	534823	404647	3001	42517	28558
外资企业	33508628	28939199	164031	1055965	1994121
外商投资股份有限公司	2600196	2177189	9161	62173	104346
三、按规模分组					
大型企业	103466514	87519812	2664468	3136075	4485593
中型企业	103994520	88421940	565425	2672656	4004070
小型企业	121500515	104575097	759403	2887566	4543791
微型企业	2149450	1881475	11533	36775	81878
四、按行业分组					
采矿业	5101169	4111563	93624	159069	324346
煤炭开采和洗选业	1217080	939699	21645	37576	133815
烟煤和无烟煤开采洗选	1217080	939699	21645	37576	133815
褐煤开采洗选					
其他煤炭采选					

单位：万元

财务费用	#利息支出	营业利润	利润总额	亏损企业亏损总额	本年应交增值税	本年应付职工薪酬	全部从业人员年平均人数（人）
3552892	**3694897**	**22410636**	**22249955**	**1134938**	**9918037**	**20046352**	**4239007**
455322	499351	-1106399	-1134938	1134938	474706	1359631	285935
1505911	1417558	11620327	11683450	287143	4842628	11555452	2656911
2046980	2277339	10790309	10566505	847795	5075408	8490900	1582096
2560024	2431325	13630732	13301921	442554	6371942	11009735	2391259
46862	48481	287588	289046	5826	238595	198012	25757
4555	3874	74956	72468	2133	61767	84995	21848
6221	5474	67614	69961	1701	19088	73733	15930
13284	13681	105118	85525	318	28532	22664	5427
9779	10308	51905	52597		20835	7394	795
402	277	5313	5313		4575	5592	2094
5	6	161	647	311	1108	799	204
3099	3090	47739	26969	7	2016	8879	2334
1140466	1111032	4649369	4486664	233628	2491527	3613031	708181
283275	288101	514519	495244	61121	504174	495216	52840
857191	822931	4134851	3991420	172508	1987353	3117815	655341
248716	294667	1174406	1252402	106879	459297	872110	150614
1073357	928234	7210541	6984101	76523	3004426	6081440	1449609
13243	8307	218703	218639	499	68715	157557	37874
2936	2228	47215	47906	122	22253	43205	10855
1022710	886369	6593912	6355680	74732	2793540	5595019	1342868
34468	31331	350712	361876	1171	119918	285659	58012
26563	25882	61140	61755	15546	68710	63751	13893
657548	748772	5337929	5417570	276033	2087013	5109947	1121894
172194	240023	1262468	1298629	44495	578988	1165078	238579
2550	1821	14446	14190	162	5380	17684	5198
411842	427126	3865872	3905920	135236	1420039	3811393	858364
70827	79768	191574	195234	96141	82028	113024	18940
335319	514801	3441975	3530464	416351	1459082	3926670	725854
189794	286740	1012987	1050706	261332	623753	1223125	204502
-1163	905	59767	61480		18297	26619	3792
102558	179863	2152242	2206596	133308	737298	2534682	494469
42052	45373	213853	207837	21711	79365	136977	21319
1011888	1258981	6332741	6382025	443828	3054586	6412070	1142321
1168120	1241935	8305805	8238477	354473	3591301	7530785	1635228
1340035	1164574	7685244	7538790	308867	3220737	5987481	1443309
32848	29407	86846	90663	27770	51413	116016	18149
34982	32590	379639	381147	9613	264831	372526	89086
8298	8247	79880	80728	4235	100403	185014	45365
8298	8247	79880	80728	4235	100403	185014	45365

1-C-02 续表 18

项目	主营业务收入	#主营业务成本	#主营业务税金及附加	销售费用	管理费用
石油和天然气开采业					
石油开采					
天然气开采					
黑色金属矿采选业	1253468	1043895	16925	36246	67870
铁矿采选	1175023	974255	16506	35278	64766
锰矿、铬矿采选	78446	69640	419	968	3104
其他黑色金属矿采选					
有色金属矿采选业	809750	665823	13702	14379	41274
常用有色金属矿采选	613519	529609	10098	14055	26084
铜矿采选	20339	15176	186	1480	2346
铅锌矿采选	580102	502312	9886	12307	23221
镍钴矿采选					
锡矿采选	13079	12121	26	268	517
锑矿采选					
铝矿采选					
镁矿采选					
其他常用有色金属矿采选					
贵金属矿采选	59859	35255	624	162	8978
金矿采选	23352	9329	68	79	4997
银矿采选	5641	2640	68	68	741
其他贵金属矿采选	30866	23286	488	16	3240
稀有稀土金属矿采选	136372	100960	2980	162	6213
钨钼矿采选	102600	71477	2769	101	5190
稀土金属矿采选	2352	1313	24	14	72
放射性金属矿采选					
其他稀有金属矿采选	31420	28171	187	47	951
非金属矿采选业	1820871	1462146	41353	70868	81386
土砂石开采	1230027	984029	28073	45580	59874
石灰石、石膏开采	433917	339925	14997	18298	24165
建筑装饰用石开采	246484	212861	4301	3382	5456
耐火土石开采	341651	292057	4451	9901	15971
粘土及其他土砂石开采	207975	139185	4324	13999	14281
化学矿开采	55925	38710	630	8307	3564
采盐	11085	8147	429	359	2615
石棉及其他非金属矿采选	523834	431260	12220	16623	15334
石棉、云母矿采选					
石墨、滑石采选	216127	171374	2695	8479	7148
宝石、玉石采选					
其他未列明非金属矿采选	307707	259887	9525	8144	8186
开采辅助活动					
煤炭开采和洗选辅助活动					
石油和天然气开采辅助活动					
其他开采辅助活动					
其他采矿业					
制造业	305100535	260243641	3484739	8437941	12313899
农副食品加工业	20841192	18497009	63715	415710	450521
谷物磨制	1351530	1229750	5545	24669	37576

单位：万元

财务费用	#利息支出	营业利润	利润总额	亏损企业亏损总额	本年应交增值税	本年应付职工薪酬	全部从业人员年平均人数（人）
10179	10608	79264	79108	2088	48624	57986	11133
10127	10385	74812	74743	2088	46447	54288	10554
51	223	4452	4365		2177	3698	579
5741	5711	69586	69700	388	32925	41838	9318
2402	1839	30990	31709	338	19001	27703	7188
553	135	599	599		306	339	95
1841	1705	30340	31060	201	18681	27013	6966
9		51	51	137	14	351	127
1136	1539	13150	12318		4217	7186	951
11	21	8887	8674		563	3069	389
-1		2128	2339		509	518	110
1126	1518	2135	1306		3145	3598	452
2203	2332	25446	25672	50	9707	6949	1179
2327	2332	21553	21773		8731	5277	837
7		924	936	50	321	198	22
-130		2970	2963		655	1474	320
10764	8025	150910	151611	2903	82880	87688	23270
7659	6297	104547	104220	1947	64145	56824	13777
801	729	35837	36067	206	27165	22074	5209
1553	883	18573	18450		10311	8510	2351
2000	1804	16352	15756	1051	15890	11737	3050
3306	2882	33784	33948	690	10779	14503	3167
779	822	3753	3751		2713	2239	626
54		-940	81	673	1000	6214	2716
2273	906	43549	43559	283	15021	22412	6151
1324	379	24092	24066		4318	11765	2682
949	527	19457	19492	283	10703	10647	3469
2860568	2951017	20334486	20190010	1054772	8741568	18912607	4070102
190101	214283	1317185	1326727	24489	760331	785511	195128
9485	9907	68414	69357	539	17754	27352	6489

1-C-02 续表 19

项　　目	主营业务收入	#主营业务成本	#主营业务税金及附加	销售费用	管理费用
饲料加工	3533737	3223452	3891	64639	68349
植物油加工	2945351	2755811	2288	29992	36173
食用植物油加工	2901664	2714093	2274	29084	35729
非食用植物油加工	43686	41718	14	908	444
制糖业	49910	40699	561	813	3972
屠宰及肉类加工	1832713	1647467	8462	48021	49225
牲畜屠宰	613209	549541	1620	10466	11483
禽类屠宰	665250	632784	2218	13895	15506
肉制品及副产品加工	554253	465142	4624	23661	22235
水产品加工	7621794	6633923	31084	135608	153185
水产品冷冻加工	4947971	4317996	22350	74494	90533
鱼糜制品及水产品干腌制加工	1553967	1299806	5879	39341	41036
水产饲料制造	787587	734838	1242	14373	12658
鱼油提取及制品制造	24731	23161	46	743	701
其他水产品加工	307538	258123	1568	6658	8256
蔬菜、水果和坚果加工	2642629	2209327	8839	93469	80875
蔬菜加工	2315111	1936881	6410	80512	67778
水果和坚果加工	327518	272447	2429	12958	13097
其他农副食品加工	863528	756581	3046	18498	21167
淀粉及淀粉制品制造	428029	383052	983	6995	8111
豆制品制造	117478	92264	1092	2468	3216
蛋品加工	116575	105880	93	4183	2842
其他未列明农副食品加工	201446	175386	878	4852	6998
食品制造业	9200873	7570755	42136	476857	359552
焙烤食品制造	1830622	1428676	7920	127568	77204
糕点、面包制造	745093	556077	3271	65948	34416
饼干及其他焙烤食品制造	1085529	872599	4650	61620	42788
糖果、巧克力及蜜饯制造	2232691	1824229	12062	131186	97940
糖果、巧克力制造	1369887	1093076	7188	102521	69906
蜜饯制作	862804	731154	4874	28665	28034
方便食品制造	976982	796155	4170	78070	27754
米、面制品制造	248572	218017	1387	4896	6657
速冻食品制造	412863	334871	1550	25635	14229
方便面及其他方便食品制造	315547	243267	1233	47538	6868
乳制品制造	131621	104577	651	12317	4541
罐头食品制造	2390045	2067681	8490	61661	67939
肉、禽类罐头制造	69562	64905	443	11059	6320
水产品罐头制造	140532	125715	795	1809	4478
蔬菜、水果罐头制造	2067560	1788632	6991	43562	49913
其他罐头食品制造	112390	88429	260	5231	7228
调味品、发酵制品制造	678685	567987	5154	31164	36573
味精制造	135731	122549	2448	5397	6525
酱油、食醋及类似制品制造	206557	153102	1753	19014	15835
其他调味品、发酵制品制造	336397	292336	954	6753	14213
其他食品制造	960229	781450	3690	34891	47600
营养食品制造	124837	87832	670	12655	7803
保健食品制造	171894	122204	340	6724	11631

单位：万元

财务费用		营业利润	利润总额	亏损企业亏损总额	本年应交增值税	本年应付职工薪酬	全部从业人员年平均人数（人）
	#利息支出						
3967	18830	183025	191076	5216	173462	77660	16422
8523	53595	131349	133104	3659	87432	31478	6517
8488	53568	130782	131304	3659	87341	30369	6232
35	27	567	1799		92	1109	285
954	896	3821	4378	2495	2375	4202	1109
42074	40248	62063	64123	1004	26337	107104	28129
8436	7898	32032	32678	72	7944	18401	4073
24857	24751	1024	1650	822	4484	61578	16268
8781	7599	29008	29795	110	13910	27125	7788
89996	62580	566024	564865	9322	377757	354191	90924
73801	48505	376112	378664	4953	302421	260719	66212
8935	8028	142591	140150	3594	39148	70333	18108
4766	4164	19963	18400	208	31827	14115	3297
221	270	220	334		162	409	110
2273	1614	27138	27318	567	4198	8616	3197
27862	22571	241536	238484	1264	57448	145351	37046
24606	20037	219712	215941	1264	49627	135241	33843
3257	2534	21824	22543		7821	10110	3203
7240	5656	60952	61340	992	17767	38173	8492
2473	2264	29549	29636	153	11667	7921	2258
840	859	18713	18520		1963	12964	1802
881	624	2695	3096	328	734	7196	1582
3046	1909	9995	10088	511	3403	10093	2850
84526	77104	696062	701583	25277	300929	580448	138849
11375	10317	171057	169721	2601	78037	127969	34524
7267	5732	73435	73236	697	32699	61035	17642
4108	4586	97622	96485	1904	45338	66934	16882
24503	22039	152199	153330	66	62614	138898	36806
16980	15826	88942	89025	66	41773	103365	22524
7524	6213	63258	64305		20841	35533	14282
6524	6997	64526	67063	101	30131	78338	15725
2276	2155	13970	13617		6127	21376	4179
4061	3843	32501	34319	101	11019	30161	7076
188	1000	18055	19127		12985	26801	4470
584	191	8994	9231	199	4136	9152	1465
28278	24887	160798	163794	17662	80075	158576	34166
3018	1465	-16393	-14832	16217	4204	8488	1486
2052	1611	6189	6230		11793	11286	3067
20453	19458	161377	162746	1445	61503	133083	28471
2756	2353	9625	9650		2575	5719	1142
6843	6141	36190	36238	1160	22404	29772	7509
1811	1787	6823	6141	8	4999	4330	1278
2645	2221	12796	12933		6442	15656	2986
2387	2134	16571	17164	1152	10963	9786	3245
6418	6532	102299	102207	3488	23532	37743	8654
869	963	30679	28658		7530	6177	1187
734	817	28965	29458	17	2923	4655	1236

1-C-02 续表 20

项目	主营业务收入	#主营业务成本	#主营业务税金及附加	销售费用	管理费用
冷冻饮品及食用冰制造	50513	40530	215	3275	2291
盐加工	29612	26325	46	818	1593
食品及饲料添加剂制造	444485	387581	1403	9017	20936
其他未列明食品制造	138888	116979	1016	2402	3347
酒、饮料和精制茶制造业	7507592	5682786	123170	583492	363071
酒的制造	983618	643770	70018	104501	89490
酒精制造	15540	14448	448	104	201
白酒制造	126458	91791	11817	6736	7697
啤酒制造	592380	349853	54597	78492	67950
黄酒制造	152886	117179	2162	10677	8742
葡萄酒制造	5155	4897	9	99	75
其他酒制造	91200	65602	985	8393	4826
饮料制造	2508121	1927417	13830	318517	94154
碳酸饮料制造	212559	146165	2152	46949	9589
瓶(罐)装饮用水制造	121666	103644	1075	5214	4211
果菜汁及果菜汁饮料制造	500324	390442	3450	37378	27847
含乳饮料和植物蛋白饮料制造	1197598	925324	5066	169009	32872
固体饮料制造	89720	68858	538	3025	5681
茶饮料及其他饮料制造	386256	292985	1550	56942	13955
精制茶加工	4015853	3111599	39323	160474	179426
烟草制品业	2366631	696124	1297318	20045	124922
烟叶复烤	37902	21337	298	3382	13380
卷烟制造	2301886	657403	1296830	15939	105848
其他烟草制品制造	26844	17383	190	724	5695
纺织业	17805670	15706036	59352	246487	570830
棉纺织及印染精加工	12368132	10990701	35210	155388	396376
棉纺纱加工	7064399	6283964	14223	84566	245327
棉织造加工	2937496	2629606	10774	33002	72309
棉印染精加工	2366237	2077131	10213	37820	78739
毛纺织及染整精加工	80989	69478	1325	1278	3257
毛条和毛纱线加工	23557	21609	224	136	1244
毛织造加工	39851	31923	1039	898	1529
毛染整精加工	17581	15946	62	244	485
麻纺织及染整精加工	17638	15665	72	418	586
麻纤维纺前加工和纺纱	17638	15665	72	418	586
麻织造加工					
麻染整精加工					
丝绢纺织及印染精加工	24128	22172	59	714	500
缫丝加工					
绢纺和丝织加工	22063	20557	53	679	355
丝印染精加工	2065	1615	6	36	145
化纤织造及印染精加工	286829	253503	1065	3494	14446
化纤织造加工	277352	245520	1033	3095	13966
化纤织物染整精加工	9477	7983	33	398	480
针织或钩针编织物及其制品制造	3037930	2617984	10654	45689	88340
针织或钩针编织物织造	1464164	1281189	4464	22767	44411

单位：万元

财务费用	#利息支出	营业利润	利润总额	亏损企业亏损总额	本年应交增值税	本年应付职工薪酬	全部从业人员年平均人数（人）
670	597	3691	3722		1652	2207	659
26	6	1292	1327		314	2064	403
3537	3762	23062	24425	3469	6982	19427	3815
582	387	14611	14618	2	4131	3214	1354
37528	44225	726736	724806	8034	260557	515745	104484
4676	7856	77601	83293	4829	50394	82205	14311
11	11	201	201		556	84	28
1404	1219	6525	6916		4511	8353	1879
71	3811	45472	50645	4829	39989	59696	9661
2288	1914	13118	13247		3580	11562	2081
17	17	56	56		5	76	36
886	883	12229	12229		1754	2434	626
6901	15041	162088	163877	2486	83711	162769	27547
821	802	7917	8826	1170	9908	26438	3602
1342	1496	6107	5852		2418	5800	1803
4627	5513	51293	51715		12734	30363	4945
-4659	834	69575	73784		41085	68922	11660
3884	3568	7449	7898		1624	4019	1136
887	2828	19748	15803	1316	15942	27227	4401
25951	21328	487047	477635	718	126453	270772	62626
8432	9488	236030	231299		259807	95227	4821
-898	19	2983	3096		4007	9706	1580
8984	9115	230477	225607		254875	81145	2865
346	354	2570	2596		925	4376	376
251935	219330	1132820	1143972	22625	350624	1029574	223291
173785	152867	759460	768527	14365	246261	716523	153412
110275	94184	468331	474974	8490	122146	419391	81146
30875	27281	152840	153790	3946	66814	142849	34490
32635	31402	138288	139763	1929	57302	154283	37776
1322	1074	5086	5001	890	1816	9725	2282
534	504	497	411	890	738	3794	1016
719	569	3743	3743		563	4595	801
69		847	847		516	1336	465
76	65	858	858		620	976	300
76	65	858	858		620	976	300
336	222	350	454		103	823	202
149	35	274	378			577	142
187	187	76	76		103	246	60
4708	4884	12485	12798	1357	6842	17058	4177
4668	4883	11941	12248	1357	6505	15821	3763
40		544	550		337	1237	414
51260	44137	236642	236524	2252	42835	149927	33875
22875	17888	98326	98566	2170	22258	79010	19270

1-C-02 续表 21

项目	主营业务收入	#主营业务成本	#主营业务税金及附加	销售费用	管理费用
针织或钩针编织物印染精加工	105227	90410	331	1239	2971
针织或钩针编织品制造	1468539	1246386	5859	21683	40957
家用纺织制成品制造	524642	453516	3083	13632	19367
床上用品制造	172366	147590	1007	3439	4422
毛巾类制品制造	23169	18637	82	1361	1741
窗帘、布艺类产品制造	61836	56031	158	1090	1761
其他家用纺织制成品制造	267272	231258	1836	7743	11442
非家用纺织制成品制造	1465382	1283017	7886	25875	47959
非织造布制造	783186	684917	4307	11908	24225
绳、索、缆制造	79218	68261	1329	819	1199
纺织带和帘子布制造	269845	233687	979	5653	11757
篷、帆布制造	190726	165010	863	4849	6708
其他非家用纺织制成品制造	142407	131142	408	2646	4070
纺织服装、服饰业	14993812	12443438	90016	543348	592664
机织服装制造	12678329	10532151	77261	438553	507770
针织或钩针编织服装制造	1824143	1591893	9372	36241	69303
服饰制造	491340	319394	3383	68553	15591
皮革、毛皮、羽毛及其制品和制鞋业	26518112	22099268	182467	984065	1143483
皮革鞣制加工	895719	785145	3306	13943	33067
皮革制品制造	3055527	2600543	22811	65721	137102
皮革服装制造	106341	79345	683	5448	4839
皮箱、包(袋)制造	2541987	2156110	20621	51008	117902
皮手套及皮装饰制品制造	176326	157151	638	2961	4962
其他皮革制品制造	230873	207937	868	6304	9399
毛皮鞣制及制品加工					
毛皮鞣制加工					
毛皮服装加工					
其他毛皮制品加工					
羽毛(绒)加工及制品制造	384337	328512	623	4764	17673
羽毛(绒)加工	364952	310305	554	4637	17527
羽毛(绒)制品加工	19385	18207	69	127	146
制鞋业	22182529	18385068	155728	899637	955641
纺织面料鞋制造	1697690	1431777	13998	37906	70545
皮鞋制造	16084336	13066203	113079	756878	715889
塑料鞋制造	2111792	1859025	17620	52850	84599
橡胶鞋制造	1610962	1417508	9142	39098	58453
其他制鞋业	677749	610556	1888	12905	26154
木材加工和木、竹、藤、棕、草制品业	7047568	6082450	42346	163492	235454
木材加工	1058847	884490	7058	26505	41592
锯材加工	536542	458136	2763	12719	22818
木片加工	138692	109197	1490	4773	5494
单板加工	296255	251691	2599	7656	10184
其他木材加工	87358	65467	206	1356	3096
人造板制造	3710167	3270632	19582	75612	113247
胶合板制造	2067871	1818428	9411	40618	64614
纤维板制造	408935	358108	1758	4746	11821

单位：万元

财务费用	#利息支出	营业利润	利润总额	亏损企业亏损总额	本年应交增值税	本年应付职工薪酬	全部从业人员年平均人数（人）
968	781	9278	9287		3427	8045	1515
27417	25468	129038	128672	82	17151	62872	13090
3656	2785	28072	29165	996	11737	46289	8557
665	615	11641	12388	219	2111	7974	1819
133	63	1720	1897		654	3236	855
813	565	1958	2089	221	770	14434	1280
2046	1543	12754	12791	556	8201	20645	4603
16793	13297	89867	90647	2766	40410	88253	20486
9303	7278	52365	52971	1228	27272	35111	8004
423	415	7238	6485	375	3291	7418	1273
5107	3851	11254	11944	303	3822	22842	5271
673	719	17629	17854	46	1993	13438	3831
1288	1033	1382	1393	814	4032	9444	2107
101871	98195	1297670	1301194	10393	490479	1574695	393020
88144	84947	1107619	1113789	7992	425573	1281526	316351
14412	11118	101741	100671	1300	38926	241745	64894
-685	2131	88310	86735	1100	25980	51424	11775
204460	181816	2131634	2086346	37823	845881	2757340	660480
7171	6735	62290	62876	2799	26565	59190	12870
46041	29193	178849	179548	4753	94206	308872	73194
1307	1286	14583	14570		6430	18785	3894
39903	25164	152987	152782	817	76005	242061	57134
2460	1261	8239	8869	159	5440	20064	5051
2372	1483	3042	3326	3778	6332	27962	7115
665	712	32379	32361		6358	3058	708
524	571	31684	31667		5774	2926	656
141	141	695	694		584	132	52
150583	145176	1858116	1811561	30271	718751	2386220	573708
11714	8089	124159	123714	9931	47071	157662	40844
91795	98022	1514863	1493234	16016	511905	1730380	421246
20263	18310	107762	91925	819	94489	294240	51442
22373	18460	85739	75569	3478	42000	142659	40519
4438	2294	25594	27118	28	23286	61280	19657
67992	61102	425448	429599	4976	190443	376448	97136
12501	11161	71715	72164	262	24158	62587	15110
5767	4892	33627	33534		11986	28649	8141
1196	1063	13358	13358		4455	9635	2035
4703	4193	13344	12440	262	6348	20452	3883
835	1012	11386	12833		1370	3851	1051
32790	30636	197398	201607	3191	101519	172010	43771
16134	14800	113699	113802	460	49391	95463	24944
7978	8008	29278	31447	589	18881	16700	3567

1-C-02 续表 22

项 目	主营业务收入	#主营业务成本	#主营业务税金及附加	销售费用	管理费用
刨花板制造	293819	263579	1520	12240	10791
其他人造板制造	939544	830517	6893	18008	26021
木制品制造	869362	733720	5461	23553	35282
建筑用木料及木材组件加工	202793	167000	1115	5976	8201
木门窗、楼梯制造	118764	94617	883	3615	5159
地板制造	80524	72337	110	1095	2142
木制容器制造	40841	35557	358	860	1200
软木制品及其他木制品制造	426440	364209	2996	12007	18580
竹、藤、棕、草等制品制造	1409192	1193608	10245	37823	45333
竹制品制造	1400791	1185774	10113	37621	45130
藤制品制造					
棕制品制造	2454	2141		146	131
草及其他制品制造	5947	5693	131	56	73
家具制造业	3295398	2756565	21998	124343	157563
木质家具制造	2196607	1823941	16984	86254	109741
竹、藤家具制造	39092	29302	173	2872	2650
金属家具制造	823088	697052	4290	26960	35121
塑料家具制造	110557	100879	50	2706	2499
其他家具制造	126054	105390	502	5551	7553
造纸和纸制品业	7835183	6632299	43166	234983	311482
纸浆制造	57925	51525	88	1404	3838
木竹浆制造	55175	48946	81	1404	3689
非木竹浆制造	2750	2579	7		149
造纸	2832512	2481742	10315	50274	112770
机制纸及纸板制造	2569327	2245783	9559	48557	93601
手工纸制造	16157	12269	174	760	1256
加工纸制造	247029	223690	582	957	17913
纸制品制造	4944745	4099032	32763	183305	194874
纸和纸板容器制造	2642577	2234705	15669	84416	98561
其他纸制品制造	2302168	1864327	17094	98889	96313
印刷和记录媒介复制业	2131589	1806408	11679	47741	91374
印刷	2119209	1795426	11663	46781	89712
书、报刊印刷	360169	308269	2276	6872	16270
本册印制	53474	47614	102	1834	1802
包装装潢及其他印刷	1705566	1439542	9285	38076	71639
装订及印刷相关服务	1395	1204	13	55	87
记录媒介复制	10985	9779	3	905	1576
文教、工美、体育和娱乐用品制造业	10822152	9187694	72893	314826	399690
文教办公用品制造	392556	343614	5188	10887	12724
文具制造	273300	236943	4668	7998	9009
笔的制造	64203	57273	369	1186	1923
教学用模型及教具制造	19482	17469	79	420	634
墨水、墨汁制造					
其他文教办公用品制造	35572	31929	72	1283	1158
乐器制造	22444	19473	167	661	1758
中乐器制造	6520	5754	31	119	460

单位：万元

财务费用	#利息支出	营业利润	利润总额	亏损企业亏损总额	本年应交增值税	本年应付职工薪酬	全部从业人员年平均人数(人)
1603	1592	5069	8016	2072	9745	13041	2363
7076	6236	49352	48342	71	23502	46805	12897
10292	8925	59585	59368	834	24410	53708	14540
2959	2796	16624	16313	661	6245	14349	3238
1860	1478	9452	9457		2838	10217	2657
577	574	4659	4657		1017	2318	705
470	277	2273	2268	161	563	2231	838
4426	3801	26577	26673	12	13748	24592	7102
12409	10380	96751	96460	688	40356	88144	23715
12368	10342	96606	96370	626	40168	87651	23565
7	4	29	-63	63		355	112
34	34	116	152		188	138	38
41146	30516	216764	218722	4484	90930	261028	61888
27558	21125	156408	157012	2975	57536	162128	36920
714	679	3301	3301		1284	2782	962
11613	7775	47481	47905	878	28151	78892	19775
454	110	3423	3938		335	4938	1131
807	827	6151	6566	631	3624	12288	3100
104202	116826	683870	698609	17787	281830	418650	98972
2093	2087	-430	-231	2346	913	6392	1215
1957	1958	-486	-287	2346	841	6140	1145
136	129	56	56		72	252	70
57165	69579	229010	241865	10694	123238	115895	30815
54344	66749	217259	229999	10669	112158	109258	28883
137	121	294	294	11	90	510	105
2684	2709	11457	11572	15	10990	6127	1827
44945	45159	455291	456974	4746	157680	296363	66942
33713	27207	188285	190672	2627	85741	165675	39124
11232	17952	267006	266302	2120	71939	130688	27818
23898	21930	165366	169632	5119	68027	144634	35381
23645	21683	164567	168833	5119	67072	144091	35155
2987	2942	22706	24023	595	7173	25458	5794
977	434	911	1144		1141	3444	1040
19681	18307	140950	143666	4524	58758	115189	28321
-1		147	147		109	391	86
253	247	652	652		846	152	140
90980	70904	795415	779110	8727	241794	936896	210107
5363	4694	14914	15019		5250	23416	5768
3322	3054	11780	11903		3359	12038	3619
1311	1128	1832	1829		1475	6249	1224
471	426	422	424		265	1895	495
259	86	881	862		152	3235	430
80	28	302	416	169	694	4752	1453
38	3	97	85		24	1045	448

1-C-02 续表 23

项　　目	主营业务收　　入	#主营业务成　　本	#主营业务税金及附加	销售费用	管理费用
西乐器制造	7885	6641	67	476	324
电子乐器制造	8039	7078	68	66	974
其他乐器及零件制造					
工艺美术品制造	8726810	7382232	58295	257331	291503
雕塑工艺品制造	2455778	2079945	23199	66701	82707
金属工艺品制造	1028561	805556	9303	40121	42133
漆器工艺品制造	1037633	882721	5564	28542	27418
花画工艺品制造	98319	83686	383	3786	5436
天然植物纤维编织工艺品制造	435332	354042	2552	24129	19649
抽纱刺绣工艺品制造					
地毯、挂毯制造	163864	141134	318	2605	3131
珠宝首饰及有关物品制造	1587588	1452510	6598	24624	16827
其他工艺美术品制造	1919734	1582638	10378	66824	94203
体育用品制造	1094147	927303	6318	30853	66164
球类制造	91748	77669	705	3144	5922
体育器材及配件制造	466340	387142	2937	14294	22756
训练健身器材制造	394689	343738	1614	9161	24879
运动防护用具制造	20057	16769	138	872	2395
其他体育用品制造	121313	101986	924	3382	10212
玩具制造	516741	455581	2723	11737	24275
游艺器材及娱乐用品制造	69455	59491	203	3359	3266
露天游乐场所游乐设备制造	44862	40393	65	1923	1451
游艺用品及室内游艺器材制造	17333	12725	123	1229	1579
其他娱乐用品制造	7260	6373	15	207	236
石油加工、炼焦和核燃料加工业	6509097	5805333	537268	32947	156198
精炼石油产品制造	6365012	5670638	536885	32237	154877
原油加工及石油制品制造	6306485	5620866	535011	30658	151379
人造原油制造	58527	49772	1874	1579	3498
炼焦	144085	134695	383	710	1320
核燃料加工					
化学原料和化学制品制造业	12882211	11012874	50600	347103	419584
基础化学原料制造	3049079	2288683	11650	56935	86656
无机酸制造	517067	446032	4248	18337	21568
无机碱制造	214155	195193	534	2826	13392
无机盐制造	444006	383753	2749	11900	11408
有机化学原料制造	1027860	532276	976	7330	13356
其他基础化学原料制造	845991	731429	3144	16541	26932
肥料制造	853957	762588	3042	25930	36533
氮肥制造	454755	410002	2482	13991	21145
磷肥制造	115068	102012	11	3031	5174
钾肥制造	9262	8273	117	390	368
复混肥料制造	178043	157744	123	5359	5746
有机肥料及微生物肥料制造	84298	74957	185	2350	3333
其他肥料制造	12532	9600	124	809	768
农药制造	52811	43108	283	1610	2523
化学农药制造	31462	26746	56	991	842
生物化学农药及微生物农药制造	21349	16362	228	619	1680

单位：万元

财务费用	#利息支出	营业利润	利润总额	亏损企业亏损总额	本年应交增值税	本年应付职工薪酬	全部从业人员年平均人数（人）
28	25	355	391	110	403	1892	492
14		-150	-60	60	267	1816	513
75384	56024	702547	681358	3458	189536	688932	148953
24199	15469	175031	175314	1577	53267	174934	41633
8428	4954	125581	126549	273	35274	119829	27315
8538	7577	93700	74715	7	16736	102627	13864
1065	762	3896	3856	842	3680	8777	2153
4216	3689	40273	37648		11407	46053	10195
1291	1336	17534	17585	354	2937	10438	1899
11031	7824	88909	88828		14827	30414	6064
16618	14413	157622	156865	405	51408	195859	45830
4755	6891	57292	61360	1375	28709	154505	36653
835	495	2714	3068	25	2611	15805	4669
3508	2568	34162	34692	23	13271	70523	15861
-1830	2253	18017	20660	168	6272	45877	9802
201	9	-318	-223	450	257	4620	1351
2041	1567	2717	3163	709	6299	17681	4970
4767	2821	18147	18661	3724	15484	61537	16070
632	446	2213	2296		2123	3755	1210
523	338	671	824		1020	2332	738
83	83	1140	1069		886	1088	342
26	26	403	403		217	335	130
73574	126392	-151283	-156500	207020	143301	71524	7645
73151	125969	-157471	-162687	207020	123842	69161	7128
72558	125365	-158748	-168843	206974	118797	67441	6677
593	604	1278	6156	46	5045	1720	451
423	423	6187	6187		19459	2364	517
178763	257827	515548	528501	134993	384663	436598	94256
58401	133749	112062	111253	13644	115328	103815	20699
4910	4680	23955	24078	2637	24821	14353	2949
10403	10075	-7479	-7786	9241	2728	13977	3108
8164	7613	23831	24447	300	12106	13783	3572
24583	101253	25817	26029	689	53617	34462	5272
10341	10128	45938	44485	777	22057	27240	5798
22137	22671	15143	19081	14124	28703	42587	10129
10175	10861	2448	6025	12805	17007	28079	6988
9971	9938	-673	-685	965	105	4750	687
-43		157	1034		978	239	41
1551	1472	8991	8531	330	9410	6230	1515
461	379	3011	2966	24	576	2228	688
21	21	1210	1210		627	1061	210
562	479	3934	3996	114	2140	4170	1094
143	85	1973	1964		615	2363	712
419	394	1961	2032	114	1525	1807	382

1-C-02 续表 24

项目	主营业务收入	#主营业务成本	#主营业务税金及附加	销售费用	管理费用
涂料、油墨、颜料及类似产品制造	1649916	1387719	9138	63805	74484
涂料制造	1200784	998170	6846	51637	61240
油墨及类似产品制造	113573	95153	1034	5037	2984
颜料制造	137621	118781	473	1639	4471
染料制造	79828	65446	163	2727	2244
密封用填料及类似品制造	118109	110169	623	2766	3544
合成材料制造	4017285	3816611	8716	50559	89046
初级形态塑料及合成树脂制造	1540891	1339906	5848	32525	55782
合成橡胶制造	158303	164671	96	655	7520
合成纤维单(聚合)体制造	2153078	2167575	2011	13835	16403
其他合成材料制造	165013	144460	761	3544	9341
专用化学产品制造	2142585	1852222	9771	60820	86714
化学试剂和助剂制造	405598	332610	2176	16788	18996
专项化学用品制造	255707	218841	799	4269	12194
林产化学产品制造	751885	653495	3734	21274	27189
信息化学品制造	398118	352608	985	12092	15349
环境污染处理专用药剂材料制造	18785	15845	73	510	1260
动物胶制造	2086	2003	2	37	15
其他专用化学产品制造	310406	276820	2003	5849	11712
炸药、火工及焰火产品制造	83820	49790	840	3965	9653
炸药及火工产品制造	83820	49790	840	3965	9653
焰火、鞭炮产品制造					
日用化学产品制造	1032759	812154	7160	83479	33976
肥皂及合成洗涤剂制造	135960	123424	674	2659	4354
化妆品制造	153011	127578	1058	5045	7527
口腔清洁用品制造	18692	15166	41	677	593
香料、香精制造	192523	169200	492	4471	7510
其他日用化学产品制造	532573	376786	4894	70629	13992
医药制造业	2099804	1429751	14374	221749	162838
化学药品原料药制造	229349	189629	843	3392	16073
化学药品制剂制造	653761	431921	5070	91064	50003
中药饮片加工	217263	176551	1771	7659	9557
中成药生产	513761	323801	4106	47002	42613
兽用药品制造	142251	103068	753	13444	12162
生物药品制造	292643	166366	1440	56125	28955
卫生材料及医药用品制造	50777	38416	391	3063	3475
化学纤维制造业	6868533	6007744	11184	56619	399338
纤维素纤维原料及纤维制造	152978	140760	481	6215	7614
化纤浆粕制造	45930	45076	17	62	2028
人造纤维(纤维素纤维)制造	107048	95684	464	6153	5586
合成纤维制造	6715555	5866984	10703	50404	391724
锦纶纤维制造	2511567	2138085	1497	19009	120711
涤纶纤维制造	3894781	3467629	7783	27538	253434
腈纶纤维制造					
维纶纤维制造	69482	58551	334	1001	11574

单位：万元

财务费用	#利息支出	营业利润	利润总额	亏损企业亏损总额	本年应交增值税	本年应付职工薪酬	全部从业人员年平均人数（人）
10831	8633	117205	118286	357	51386	70981	14661
7028	5988	87478	88378	203	42943	56364	11489
917	279	8238	8282		1651	5648	1135
1575	1127	10929	11069	154	2888	4002	903
154	135	9095	9095		2428	1359	337
1157	1105	1465	1461		1475	3608	797
60650	70767	24862	27442	99447	105396	49333	9811
18290	19810	88642	89632	4404	50314	28199	6587
7706	7040	-22130	-21651	22640	192	4565	621
33029	42511	-47698	-46586	71462	49788	9860	1575
1626	1406	6048	6047	941	5102	6710	1028
16308	13307	134405	139804	1922	50234	82054	18312
3799	3119	29054	29993	234	12615	18596	4468
1324	1424	18286	18633	3	7408	6644	1110
8405	7163	42165	45100	346	17502	30128	7333
1295	229	26915	28096	1017	4027	15823	2298
73	40	1024	1040		490	1236	258
10	10	20	20		22	70	34
1402	1321	16941	16921	322	8169	9557	2811
-139		19428	19293		8040	12486	2094
-139		19428	19293		8040	12486	2094
10014	8221	88510	89346	5386	23437	71173	17456
1462	1191	5451	5426	33	3268	8378	1981
1526	1232	10013	10340	120	3260	16507	4789
149	147	1997	1997		668	1512	387
3208	3195	5416	5837	5233	3673	9120	2324
3670	2457	65633	65747		12569	35655	7975
28959	26901	264435	262583	3496	85347	157788	30135
4367	3521	15417	16025	514	1870	11208	3434
10546	10454	63022	64575	2813	21163	33145	6568
1431	1450	20667	20605	93	8692	15920	3017
5189	5490	93241	94026		27245	43410	7627
3218	1947	16922	14629		7319	15846	2763
3030	3240	50778	48267	76	17880	30682	5255
1179	799	4388	4457		1177	7577	1471
130225	120129	305452	323941	59987	100379	163979	35336
2516	2184	7270	7270		4581	8974	1576
1702	1639	1205	1205		1255	1516	418
814	545	6065	6065		3326	7458	1158
127710	117945	298181	316671	59987	95798	155006	33760
43195	44662	194519	197589	503	21774	44249	8137
75638	66305	89177	101877	53880	67389	90031	20690
4313	3898	-6415	-4062	5604	2241	9216	1924

1-C-02 续表 25

项　　目	主营业务收　　入	#主营业务成　　本	#主营业务税金及附加	销售费用	管理费用
丙纶纤维制造	112173	89499	675	1547	2666
氨纶纤维制造	97831	87699	166	844	2551
其他合成纤维制造	29721	25521	248	465	789
橡胶和塑料制品业	13327340	11262591	81305	334275	530946
橡胶制品业	2769089	2171561	32431	105729	86605
轮胎制造	2058983	1575573	26768	86956	53771
橡胶板、管、带制造	103474	89037	656	878	2402
橡胶零件制造	168680	141131	1051	5065	11568
再生橡胶制造	164392	135912	2611	4466	4357
日用及医用橡胶制品制造	44267	38229	220	826	1468
其他橡胶制品制造	229292	191679	1124	7539	13039
塑料制品业	10558251	9091030	48874	228546	444341
塑料薄膜制造	1309502	1179328	6233	24045	42876
塑料板、管、型材制造	1382871	1163955	6134	46524	53858
塑料丝、绳及编织品制造	297889	264439	1661	4665	10171
泡沫塑料制造	288032	250570	2345	6466	11542
塑料人造革、合成革制造	3722620	3191204	10983	59305	143219
塑料包装箱及容器制造	235302	194913	1705	6149	11800
日用塑料制品制造	1184966	972698	8308	41659	69611
塑料零件制造	375308	329258	4322	8107	18946
其他塑料制品制造	1761761	1544665	7184	31627	82318
非金属矿物制品业	22763869	19019952	196802	694225	910246
水泥、石灰和石膏制造	2992564	2677113	11826	44343	99720
水泥制造	2837489	2536613	11170	40257	95873
石灰和石膏制造	155074	140500	656	4086	3847
石膏、水泥制品及类似制品制造	3177680	2665962	25268	115006	124494
水泥制品制造	2963181	2478605	23529	108744	113806
砼结构构件制造	58842	53114	332	1703	2287
石棉水泥制品制造	33362	30027	228	781	1502
轻质建筑材料制造	26413	21881	85	831	2783
其他水泥类似制品制造	95881	82336	1093	2947	4115
砖瓦、石材等建筑材料制造	11835663	9694614	133352	398157	451383
粘土砖瓦及建筑砌块制造	609710	511986	4861	17000	27391
建筑陶瓷制品制造	4425230	3606717	47344	164321	174760
建筑用石加工	6429565	5275632	79417	200497	229884
防水建筑材料制造	80186	69225	417	1097	3135
隔热和隔音材料制造	75355	59691	517	2850	4199
其他建筑材料制造	215617	171363	795	12392	12014
玻璃制造	890470	710396	3608	24826	69878
平板玻璃制造	631247	506858	2462	18457	55318
其他玻璃制造	259223	203538	1145	6369	14560
玻璃制品制造	785253	663033	3926	21242	38407
技术玻璃制品制造	282556	230320	1248	5927	9251
光学玻璃制造	197961	179003	614	1120	12715
玻璃仪器制造					
日用玻璃制品制造	28948	23950	243	934	1929

单位：万元

财务费用		营业利润	利润总额	亏损企业亏损总额	本年应交增值税	本年应付职工薪酬	全部从业人员年平均人数（人）
	#利息支出						
1699	1307	15376	15571		3267	4736	1128
2390	1654	3361	3521		557	3666	930
475	120	2164	2176		570	3107	951
96276	107542	1243977	1269477	23265	439309	809513	172605
7226	24267	406815	407509	3763	116858	155457	31653
-213	18133	355563	367171		99208	99986	18297
848	792	6826	6608	17	2786	5931	1440
1280	919	7192	8097	3723	4086	22508	5164
1925	1437	18276	7426		3734	3830	1070
244	190	2810	2829		1054	2673	713
3143	2796	16148	15377	24	5990	20530	4969
89049	83275	837162	861968	19502	322451	654056	140952
13059	13881	71654	91524	7619	22269	49926	10995
9444	8276	97218	94769	548	31679	66001	12877
2490	2039	13753	15206	140	5846	15731	4503
3116	2622	15637	15729	923	7758	20605	5353
33665	32172	416273	415468	3200	162866	155015	32054
2596	2285	18025	18046	608	8116	13434	4006
11143	9432	94222	97281	1886	29967	137074	27894
2730	2447	15158	15375	876	13933	25506	6065
10807	10122	95222	98569	3703	40017	170764	37205
273195	246653	1890734	1896621	61912	707282	1551943	334156
58999	57789	110391	117825	17654	106200	102423	21751
58106	57133	105227	113013	16568	100947	96713	20361
893	656	5164	4812	1086	5254	5710	1390
30578	28165	214162	211852	9304	120423	164479	30245
27965	26049	206346	203613	8571	112345	155226	27743
768	678	1408	1546	89	2013	2310	515
370	140	314	486		432	2362	733
632	632	-206	144	55	534	1614	438
844	665	6299	6063	588	5099	2968	816
97368	88401	1120138	1116612	4759	334564	816167	176103
4433	3818	41820	42608	504	15091	33273	8795
31451	25593	438005	431989	464	150669	286156	61319
57954	55295	609091	610315	1582	157878	478597	101989
355	145	6934	6918	360	1037	1737	451
526	283	7382	7903		2194	3045	976
2651	3266	16906	16879	1850	7695	13360	2573
39883	34836	200234	205421	21981	23548	57965	9150
35171	32309	154783	160224	21519	14632	37179	5134
4712	2527	45451	45197	462	8916	20786	4016
9622	8735	46951	46832	3527	24179	53865	13327
3360	3606	23738	23440	207	10109	7805	2279
1193	966	2382	2241	2079	3606	29695	7308
834	501	1101	1028	568	898	3115	838

1-C-02 续表 26

项 目	主营业务收入	#主营业务成本	#主营业务税金及附加	销售费用	管理费用
玻璃包装容器制造	123580	105314	536	7423	9368
玻璃保温容器制造					
制镜及类似品加工	10845	8367	103	406	621
其他玻璃制品制造	141364	116079	1182	5433	4522
玻璃纤维和玻璃纤维增强塑料制品制造	130978	110205	394	2705	7374
玻璃纤维及制品制造	23411	21521	75	340	430
玻璃纤维增强塑料制品制造	107567	88683	319	2365	6943
陶瓷制品制造	2142994	1793271	14641	73266	93009
卫生陶瓷制品制造	390376	319283	1280	16846	23530
特种陶瓷制品制造	165275	137565	900	5083	6415
日用陶瓷制品制造	561356	465678	3808	19045	22570
园林、陈设艺术及其他陶瓷制品制造	1025986	870745	8653	32292	40494
耐火材料制品制造	232875	205125	1311	5536	8051
石棉制品制造	24304	22358	163	509	625
云母制品制造	16539	14765	99	256	644
耐火陶瓷制品及其他耐火材料制造	192031	168001	1049	4771	6782
石墨及其他非金属矿物制品制造	575393	500233	2476	9144	17931
石墨及碳素制品制造	109930	97247	692	1353	3862
其他非金属矿物制品制造	465464	402985	1784	7791	14069
黑色金属冶炼和压延加工业	16728041	15252802	52134	160428	324706
炼铁	81478	80186	142	812	2324
炼钢	1489540	1416727	4359	4102	11136
黑色金属铸造	3035775	2723777	15733	56832	87104
钢压延加工	11581350	10544445	30615	93998	210086
铁合金冶炼	539898	487667	1285	4684	14057
有色金属冶炼和压延加工业	9509966	8576903	38776	94446	260843
常用有色金属冶炼	2172120	1996250	1466	9764	18022
铜冶炼	1150278	1148065	54	3607	6747
铅锌冶炼	77023	71991	159	216	2658
镍钴冶炼	811722	657956	1075	4964	5447
锡冶炼	7465	6627	14	222	226
锑冶炼					
铝冶炼	76981	67292	58	455	1929
镁冶炼					
其他常用有色金属冶炼	48651	44319	105	301	1015
贵金属冶炼	1234359	982566	22525	576	54757
金冶炼	1230814	979431	22509	436	54610
银冶炼					
其他贵金属冶炼	3545	3135	15	140	148
稀有稀土金属冶炼	961640	855054	5486	8242	45950
钨钼冶炼	823705	724791	5410	7434	40676
稀土金属冶炼	137936	130263	76	808	5274
其他稀有金属冶炼					
有色金属合金制造	452400	395356	3276	9244	14720
有色金属铸造	53637	52240	252	343	405
有色金属压延加工	4635810	4295437	5772	66276	126988

单位：万元

财务费用		营业利润	利润总额	亏损企业亏损总额	本年应交增值税	本年应付职工薪酬	全部从业人员年平均人数（人）
	#利息支出						
2661	2466	3376	3708	674	3922	6372	1443
190	151	1159	1159		147	752	194
1384	1046	15196	15256		5497	6127	1265
2426	1041	5744	5710	169	4849	6229	1629
11	9	1323	1311		106	968	392
2415	1032	4421	4399	169	4743	5261	1237
26514	20483	140381	140609	3577	65609	313489	72952
6298	5607	22749	23538	2588	12045	38999	7579
1899	1690	13599	12202		6941	20810	5225
8506	7680	39793	40550	679	11916	59956	17484
9810	5506	64240	64321	310	34707	193724	42664
1974	1911	15865	15998		5728	18503	4175
146	5	504	504		540	1588	383
53	2	668	668		114	501	110
1775	1904	14693	14826		5075	16414	3682
5831	5294	36868	35762	942	22183	18822	4824
2092	1625	7496	5923	183	3430	4054	1168
3739	3669	29372	29839	759	18753	14768	3656
203129	176190	689238	562282	56967	730100	595863	99117
1621	1626	-2645	-2364	2387	1758	2723	1004
23086	23365	62996	58795	5	94758	53889	7394
25724	22410	127758	108729	4722	83585	129106	23710
149061	125437	474910	370682	48982	538268	394293	63585
3637	3352	26219	26440	872	11733	15852	3424
114948	144966	734982	568333	39890	124232	306506	48516
32717	32359	-117452	12813	21105	26317	54197	7372
15900	15246	-21534	-17404	17865	410	22148	1438
333	186	1600	1600	1318	956	2523	865
16090	16536	126189	21963	1878	16827	25585	4114
3	3	374	374		231	306	35
269	264	8035	3492	23	6328	1754	426
122	123	2789	2788	21	1564	1880	494
-1987	24603	318567	317868		16381	59533	4882
-2038	24588	318511	317829		16366	58741	4724
51	15	56	38		15	792	158
28714	26169	88508	90338	1251	26038	39002	5565
25939	23416	75115	75235	3	14178	32053	4434
2775	2753	13393	15103	1248	11860	6949	1131
7331	5756	22235	23563	1180	5736	15588	3696
524	295	-127	-128	140	90	424	176
47650	55783	188347	123878	16214	49670	137762	26825

1-C-02 续表 27

项　目	主营业务收　入	#主营业务成　本	#主营业务税金及附加	销售费用	管理费用
铜压延加工	1342665	1242440	1537	6806	8227
铝压延加工	2790886	2607378	2825	55039	105118
贵金属压延加工	6287	4401		69	1187
稀有稀土金属压延加工	93284	76270	393	2013	5918
其他有色金属压延加工	402687	364949	1018	2349	6538
金属制品业	7483853	6546706	38905	149295	266580
结构性金属制品制造	1874937	1606360	12819	44914	71981
金属结构制造	1394998	1205978	8806	29913	51855
金属门窗制造	479939	400382	4014	15001	20126
金属工具制造	617674	527648	2820	19290	26557
切削工具制造	288311	227095	1534	13740	18525
手工具制造	15819	12817	237	1094	1142
农用及园林用金属工具制造	12521	11684	20	190	470
刀剪及类似日用金属工具制造	39610	34376	228	1376	1364
其他金属工具制造	261414	241676	801	2889	5055
集装箱及金属包装容器制造	1690943	1545600	5035	24321	35918
集装箱制造	145074	130145	480	5179	5213
金属压力容器制造	13286	10425	18	747	1006
金属包装容器制造	1532583	1405030	4537	18395	29699
金属丝绳及其制品制造	177713	161398	257	2110	4098
建筑、安全用金属制品制造	1398008	1190080	7986	25563	66651
建筑、家具用金属配件制造	351672	293544	1155	6593	20898
建筑装饰及水暖管道零件制造	619442	538478	3080	10474	34139
安全、消防用金属制品制造	296262	243763	3276	6980	9257
其他建筑、安全用金属制品制造	130633	114296	475	1516	2358
金属表面处理及热处理加工	591317	512916	4478	8801	14321
搪瓷制品制造	20058	18775	84	967	988
生产专用搪瓷制品制造					
建筑装饰搪瓷制品制造					
搪瓷卫生洁具制造	20058	18775	84	967	988
搪瓷日用品及其他搪瓷制品制造					
金属制日用品制造	451483	404088	2727	8865	16237
金属制厨房用器具制造	18668	15183	160	1017	1015
金属制餐具和器皿制造	207440	197205	467	2716	5397
金属制卫生器具制造	11047	10281	16		612
其他金属制日用品制造	214328	181420	2085	5131	9213
其他金属制品制造	661720	579842	2700	14467	29830
锻件及粉末冶金制品制造	203276	177475	803	5051	7846
交通及公共管理用金属标牌制造	11238	7683	225	44	669
其他未列明金属制品制造					
通用设备制造业	8241823	6839184	44180	271099	425216
锅炉及原动设备制造	258539	225247	1339	4800	17209
锅炉及辅助设备制造	144238	123491	1145	1880	10013
内燃机及配件制造	79011	68792	84	2563	5619
汽轮机及辅机制造	10994	10637	19	40	34
水轮机及辅机制造	21214	19467	89	279	628

单位：万元

财务费用	#利息支出	营业利润	利润总额	亏损企业亏损总额	本年应交增值税	本年应付职工薪酬	全部从业人员年平均人数（人）
7757	6803	75133	7065	9396	15665	15039	3098
36295	46186	79068	96468	6172	24019	104304	20724
2		629	629			411	103
1318	1330	7740	8716		2083	8084	1062
2278	1463	25778	11000	646	7903	9924	1838
51173	52862	479024	484118	11810	184088	399523	89859
15413	13630	117341	118481	4022	57198	100814	24582
12531	10948	84084	85227	3879	42790	78448	18657
2882	2682	33257	33254	143	14408	22366	5925
6292	5347	42253	42997	667	15193	29607	7718
3672	3118	26063	26715	589	5085	15945	3664
228	190	310	304	45	388	710	234
2		266	274		162	364	109
300	278	2052	1850		1053	3051	1105
2090	1761	13562	13855	33	8506	9537	2606
14005	14421	69972	72955	1523	32760	51838	10561
865	-62	4379	4100		3394	16190	2207
873	738	217	217	57	157	1542	391
12267	13744	65377	68639	1466	29210	34106	7963
1624	1465	9352	9529	125	4007	6018	1601
2786	5899	117815	120008	3143	25893	114185	22903
2320	2078	31819	31859	1405	9655	28868	5908
-1684	1858	39146	41265	1721	5499	66753	12337
1191	1426	34809	35026	17	6263	12873	2920
959	537	12040	11858		4476	5690	1738
791	3601	56065	56607		24515	30424	5820
1	1	1002	1002		709	846	229
1	1	1002	1002		709	846	229
2529	1561	29053	26158	1946	7707	25460	6537
123	52	1108	1105	280	250	1717	445
1447	940	537	582	1579	1333	10267	3044
90	91	119	119		165	816	213
869	478	27290	24353	87	5960	12660	2835
7733	6938	36171	36381	384	16106	40333	9908
2152	1784	11058	10816		6146	8011	2065
36	35	2798	2800		653	613	165
87755	86230	656603	669885	13181	208566	531350	115450
4611	4464	11757	12067	959	5808	22881	3765
3094	2845	9922	10445	293	3705	11540	1594
1385	1403	1674	1462	19	1680	9906	1798
62	62	202	202		61	401	122
157	149	605	605		363	798	219

1-C-02 续表 28

项　　目	主营业务收　　入	#主营业务成　　本	#主营业务税金及附加	销售费用	管理费用
风能原动设备制造					
其他原动设备制造	3082	2860	2	39	915
金属加工机械制造	637867	532951	5007	14616	29227
金属切削机床制造	220551	182907	1851	4187	9049
金属成形机床制造	127026	106770	387	3208	8715
铸造机械制造	106611	90224	1471	2727	4693
金属切割及焊接设备制造	11795	9442	29	433	1065
机床附件制造	64052	55121	456	1369	2567
其他金属加工机械制造	107833	88487	814	2693	3138
物料搬运设备制造	887377	701856	5364	50678	48662
轻小型起重设备制造	31658	27853	178	1348	2874
起重机制造	179356	155739	601	2456	11321
生产专用车辆制造	333697	230568	1590	39028	22545
连续搬运设备制造	18810	15068	22	501	1747
电梯、自动扶梯及升降机制造	44050	35910	202	1938	2938
其他物料搬运设备制造	279807	236719	2773	5408	7238
泵、阀门、压缩机及类似机械制造	2902674	2368874	16083	101344	126621
泵及真空设备制造	390171	339963	1831	7639	13188
气体压缩机械制造	234800	185272	1422	7361	12418
阀门和旋塞制造	2138867	1724002	12096	83082	92154
液压和气压动力机械及元件制造	138837	119637	734	3263	8860
轴承、齿轮和传动部件制造	841348	730809	3649	17249	36346
轴承制造	396338	347229	1591	5736	17476
齿轮及齿轮减、变速箱制造	365696	312536	1224	8616	15935
其他传动部件制造	79313	71045	835	2898	2935
烘炉、风机、衡器、包装等设备制造	566343	442317	3044	26789	31196
烘炉、熔炉及电炉制造					
风机、风扇制造	90861	71166	334	313	3631
气体、液体分离及纯净设备制造	60361	39114	415	5336	7030
制冷、空调设备制造	163802	116353	897	9126	11118
风动和电动工具制造	104839	94274	468	5277	3012
喷枪及类似器具制造	2082	1770	8		256
衡器制造	42547	33341	261	4191	2998
包装专用设备制造	101850	86300	661	2548	3152
文化、办公用机械制造	1102535	925601	4200	34551	90302
电影机械制造					
幻灯及投影设备制造	131857	105280	606	5192	11779
照相机及器材制造	359076	316043	1341	2343	37219
复印和胶印设备制造	73462	68992	200	1098	2781
计算器及货币专用设备制造	538140	435287	2054	25918	38523
其他文化、办公用机械制造					
通用零部件制造	648396	560238	4041	14770	31550
金属密封件制造	31679	28239	64	141	1449
紧固件制造	163116	135720	1142	4820	9235
弹簧制造	23276	20334	79	388	1119
机械零部件加工	171748	154345	1511	2513	6395
其他通用零部件制造	258578	221601	1245	6908	13353

单位：万元

财务费用	#利息支出	营业利润	利润总额	亏损企业亏损总额	本年应交增值税	本年应付职工薪酬	全部从业人员年平均人数(人)
-86	6	-647	-647	647		236	32
5053	8180	55311	56535	329	16985	34274	7782
2348	3440	23432	23297		10210	9211	2709
-382	2826	11316	12115	153	970	7478	1446
1157	827	5172	5197	132	1664	4962	1053
291	284	422	662		254	1306	218
425	204	3467	3753		2894	7626	1341
1213	599	11502	11513	44	993	3691	1015
4502	6312	79587	82512	1702	20908	42294	6652
220	208	96	236	814	444	3180	752
2776	1658	7637	7790	334	1259	11074	1750
-2528	347	44391	46968	513	11880	16177	1788
443	425	1077	1033		207	1054	269
1151	1154	2019	1968	41	693	2957	650
2439	2521	24367	24517		6425	7852	1443
43340	38329	300166	297032	3586	73258	149321	39046
5227	4561	22240	17713	77	9690	23077	4628
2912	1263	26198	25904		5992	10494	2501
33505	31109	247418	248659	34	53941	105166	29247
1696	1395	4311	4756	3476	3635	10584	2670
8286	8802	56492	56652	3455	25742	60847	12453
3872	4858	29238	30467	203	10379	38837	7385
3987	3533	26162	25063	2776	12739	18086	4192
427	411	1092	1122	477	2624	3925	876
5475	3385	54942	56735	92	11877	35473	7148
131	124	17839	17872		3045	1511	431
950	838	7859	8909		1118	5273	741
1633	1640	18045	18489		2846	11911	2675
1326	40	1466	1775		1004	10661	1998
19	28	29	29		69	64	28
533	515	1245	1263		419	3307	506
883	201	8461	8399	92	3377	2746	769
3477	4635	48789	59252	1666	24287	121468	23793
-2185	43	10635	11396		4013	7536	951
3742	3025	1820	3250	662	4182	69327	14280
337	89	721	833	418	515	5573	1231
1582	1478	35613	43773	586	15577	39031	7331
7477	6782	32326	31549	1194	20195	45504	10567
535	551	1667	1741	56	642	2322	311
1619	1647	10879	10903	35	7185	15470	3287
593	588	775	744		617	1087	300
1590	1485	5774	5320	1096	4078	10113	3145
3140	2511	13231	12841	7	7672	16513	3524

1-C-02 续表 29

项　　目	主营业务收　　入	#主营业务成　　本	#主营业务税金及附加	销售费用	管理费用
其他通用设备制造业	396745	351290	1452	6302	14104
专用设备制造业	6438077	5378319	40482	201327	327201
采矿、冶金、建筑专用设备制造	2434325	2066440	10919	94439	110316
矿山机械制造	161757	144309	1431	2402	6493
石油钻采专用设备制造	13263	12701	2	4	58
建筑工程用机械制造	1704668	1469786	5817	64415	67409
海洋工程专用设备制造					
建筑材料生产专用机械制造	402521	309913	2425	24472	30540
冶金专用设备制造	152116	129731	1244	3146	5816
化工、木材、非金属加工专用设备制造	945857	781790	7186	23358	56915
炼油、化工生产专用设备制造	190359	152041	2202	2570	15229
橡胶加工专用设备制造	159343	137493	662	3790	5942
塑料加工专用设备制造	74649	58290	501	1991	2352
木材加工机械制造	90325	76609	363	4962	2850
模具制造	398215	331413	2856	9293	28302
其他非金属加工专用设备制造	32965	25944	603	753	2240
食品、饮料、烟草及饲料生产专用设备制造	90713	72463	455	3592	4803
食品、酒、饮料及茶生产专用设备制造	38207	31755	238	1053	1838
农副食品加工专用设备制造	25345	21316	95	965	1325
烟草生产专用设备制造	22834	15788	109	1184	1417
饲料生产专用设备制造	4329	3605	13	391	223
印刷、制药、日化及日用品生产专用设备制造	417244	359973	2146	9146	17148
制浆和造纸专用设备制造	196395	177493	813	3132	5560
印刷专用设备制造	64539	53134	131	2374	3168
日用化工专用设备制造	6006	5197	7	50	350
制药专用设备制造	46176	38954	621		2975
照明器具生产专用设备制造	47095	41061	303	430	1534
玻璃、陶瓷和搪瓷制品生产专用设备制造	44255	33456	80	2523	2801
其他日用品生产专用设备制造	12779	10678	192	637	761
纺织、服装和皮革加工专用设备制造	559927	473660	2936	15915	24510
纺织专用设备制造	402350	334973	2266	13503	19144
皮革、毛皮及其制品加工专用设备制造	117632	105188	219	1634	3154
缝制机械制造	39945	33499	452	778	2212
洗涤机械制造					
电子和电工机械专用设备制造	154325	126596	904	5621	8454
电工机械专用设备制造	121271	99650	798	4211	5074
电子工业专用设备制造	33053	26946	106	1410	3380
农、林、牧、渔专用机械制造	489828	387625	8343	14145	20812
拖拉机制造	90319	73404	1163	3537	4022
机械化农业及园艺机具制造	196457	157062	869	5888	7350
营林及木竹采伐机械制造					
畜牧机械制造					
渔业机械制造	19013	14774	146	491	375
农林牧渔机械配件制造	54805	45612	202	1245	4228
棉花加工机械制造					
其他农、林、牧、渔业机械制造	129234	96773	5963	2983	4837

单位：万元

财务费用	#利息支出	营业利润	利润总额	亏损企业亏损总额	本年应交增值税	本年应付职工薪酬	全部从业人员年平均人数(人)
5535	5342	17234	17552	197	9508	19289	4244
85831	76615	387755	406059	79067	192771	396196	79657
40363	38476	75593	84982	73333	58270	146690	26603
1805	1773	4402	4405		2724	7165	2005
14	14	417	417		20	73	131
32235	32276	25560	33134	73333	39478	93523	15060
4514	2769	33152	35127		7914	37292	7599
1795	1645	12062	11899		8134	8637	1808
11445	10283	63002	63937	365	29409	75419	17540
4084	3884	12284	12254		8196	7407	1625
2890	2743	8805	7991		3874	5727	1476
475	383	5217	5252		1260	3303	806
309	313	9372	9252		1999	2463	834
3522	2890	24123	25669	147	13449	54394	12312
164	71	3202	3519	219	630	2125	487
1670	1231	5936	6029	148	6694	6609	1585
432	102	2642	2692		888	2034	587
706	589	906	906	148	521	2056	615
506	515	2317	2360		5203	2469	355
26	25	71	71		82	50	28
3445	2182	38342	37857	578	18037	22647	4077
1732	1100	18708	17348	514	10394	10944	1215
697	424	5082	5092		1456	5247	1178
45	46	357	357		8	102	53
322	322	3305	3305		2753	1264	284
427	200	3190	4055	65	653	3211	961
142		7189	7189		2135	774	132
81	90	511	511		638	1106	254
9092	7303	33482	34406	834	18836	35903	7995
5201	3704	25788	26690	823	14340	29108	5944
2959	3037	5333	5633		3806	3541	1110
932	562	2361	2083	11	690	3254	941
1760	1617	11087	11439	495	5799	10332	1908
1525	1402	11049	11234		5075	6214	986
235	215	38	206	495	724	4118	922
4885	4155	42562	44582	627	17645	26125	5632
2005	1669	6630	5796	627	4429	3206	782
2240	2017	11574	13352		3417	6958	1494
69	8	3160	3160		725	1000	323
287	287	1834	2910		3189	5348	1052
284	174	19365	19365		5886	9614	1981

1-C-02 续表 30

项　　目	主营业务收　　入	#主营业务成　　本	#主营业务税金及附加	销售费用	管理费用
医疗仪器设备及器械制造	384573	319665	1231	10856	20383
医疗诊断、监护及治疗设备制造	11632	6905	57	851	1380
口腔科用设备及器具制造	19532	13267	205	1841	1955
医疗实验室及医用消毒设备和器具制造					
医疗、外科及兽医用器械制造	141065	128072	113	661	2983
机械治疗及病房护理设备制造	45851	40325	162	1680	1959
假肢、人工器官及植(介)入器械制造	108965	83473	387	3184	5531
其他医疗设备及器械制造	57529	47624	307	2638	6575
环保、社会公共服务及其他专用设备制造	961285	790107	6362	24256	63861
环境保护专用设备制造	794263	652626	5384	20342	51119
地质勘查专用设备制造					
邮政专用机械及器材制造					
商业、饮食、服务专用设备制造					
社会公共安全设备及器材制造	106160	87737	270	1921	7322
交通安全、管制及类似专用设备制造	14579	12042	63	403	1104
水资源专用机械制造	10579	9146	120	210	791
其他专用设备制造	35705	28557	526	1380	3525
汽车制造业	9172672	7754350	131354	313817	407493
汽车整车制造	2876459	2451926	106510	161740	117873
改装汽车制造	514931	443499	977	15570	16164
低速载货汽车制造	20139	17572	67	292	361
电车制造					
汽车车身、挂车制造	187491	163569	962	4348	7603
汽车零部件及配件制造	5573653	4677784	22838	131867	265492
铁路、船舶、航空航天和其他运输设备制造业	3206850	2792166	18608	47304	127606
铁路运输设备制造	21297	19382	84	146	767
铁路机车车辆及动车组制造					
窄轨机车车辆制造					
铁路机车车辆配件制造					
铁路专用设备及器材、配件制造	21297	19382	84	146	767
其他铁路运输设备制造					
城市轨道交通设备制造					
船舶及相关装置制造	2152415	1887922	8490	20860	80800
金属船舶制造	1762715	1560035	4362	16299	66972
非金属船舶制造	2425	2300	9		99
娱乐船和运动船制造	71338	61827	981	788	3501
船用配套设备制造	195957	165843	2720	1992	3157
船舶改装与拆除	119980	97917	418	1780	7072
航标器材及其他相关装置制造					
航空、航天器及设备制造					
飞机制造					
航天器制造					
航空、航天相关设备制造					
其他航空航天器制造					
摩托车制造	938764	808213	9314	24076	39561

单位：万元

财务费用	#利息支出	营业利润	利润总额	亏损企业亏损总额	本年应交增值税	本年应付职工薪酬	全部从业人员年平均人数（人）
1850	835	32021	33135	407	6824	27541	5383
84	51	2354	2492		474	1034	361
220	220	2044	2044		878	780	302
307		9000	9551		1049	4245	1097
504	395	1137	1286	227	286	1314	294
362	34	16650	16761		3124	13733	1921
373	135	836	1002	180	1012	6436	1408
11323	10533	85730	89692	2281	31258	44930	8934
10327	9919	75201	79141	2076	28532	35966	7108
410	422	8418	8418		1374	4298	744
132	33	599	599	7	244	502	105
135	6	178	179			881	237
319	153	1334	1355	199	1108	3283	740
62984	68862	553618	578745	22809	320966	543254	104765
9024	14613	31968	48098	1996	63611	135468	13007
3847	3752	42460	43137	1112	12222	27122	5024
-11	53	1774	1800		526	753	269
2235	2684	18751	19081	1069	5776	8007	1483
47889	47761	458666	466628	18632	238831	371904	84982
35499	31725	212843	178827	15859	82471	224749	43397
118	133	849	836		871	755	255
118	133	849	836		871	755	255
25040	22925	149775	115402	15343	42814	138545	23202
22438	20414	112912	84812	13255	36346	104151	18391
		17	17		61	55	25
688	896	3893	4201	1908	2081	7968	1354
642	351	21631	21420	181	2290	15735	1941
1272	1264	11323	4952		2037	10636	1491
7548	6788	57662	57998	516	37159	73035	17286

1-C-02 续表 31

项　　目	主营业务收　　入	#主营业务成　　本	#主营业务税金及附加	销售费用	管理费用
摩托车整车制造	174602	154931	3923	2661	4363
摩托车零部件及配件制造	764162	653281	5391	21415	35198
自行车制造	85885	69282	688	1988	5997
脚踏自行车及残疾人座车制造	48077	37729	491	1124	4434
助动自行车制造	37808	31553	197	864	1563
非公路休闲车及零配件制造					
潜水救捞及其他未列明运输设备制造	8489	7367	32	234	481
潜水及水下救捞装备制造					
其他未列明运输设备制造	8489	7367	32	234	481
电气机械和器材制造业	14778435	12438760	83784	481724	687321
电机制造	4178065	3711362	33608	118588	126805
发电机及发电机组制造	2704684	2419397	29040	85040	83738
电动机制造	1227014	1075522	3218	22577	36956
微电机及其他电机制造	246367	216443	1350	10971	6112
输配电及控制设备制造	2817887	2171887	16901	141703	161373
变压器、整流器和电感器制造	515282	432272	2329	13939	36285
电容器及其配套设备制造	21955	17495	100	321	1526
配电开关控制设备制造	1693132	1247613	11616	102025	91567
电力电子元器件制造	315363	257034	1377	19015	18941
光伏设备及元器件制造	106378	83178	724	4664	7569
其他输配电及控制设备制造	165778	134295	754	1739	5484
电线、电缆、光缆及电工器材制造	1596908	1415077	5776	30529	53691
电线、电缆制造	1409231	1260847	4937	25345	40347
光纤、光缆制造	14836	12469	28	536	1155
绝缘制品制造	94393	75987	418	2556	8470
其他电工器材制造	78449	65773	394	2093	3719
电池制造	2120367	1777866	6360	62299	97092
锂离子电池制造	1303976	1119478	2004	12724	72849
镍氢电池制造	29135	24673	167	452	1646
其他电池制造	787256	633715	4188	49122	22597
家用电力器具制造	1078726	909791	5496	38689	70415
家用制冷电器具制造					
家用空气调节器制造	114155	89453	292	4593	5949
家用通风电器具制造	13575	12467	38	228	751
家用厨房电器具制造	286793	243309	2440	9701	24962
家用清洁卫生电器具制造	77261	54279	826	8037	7491
家用美容、保健电器具制造	472414	412289	1601	13268	26118
家用电力器具专用配件制造	32311	25531	92	794	1492
其他家用电力器具制造	82218	72463	208	2070	3652
非电力家用器具制造	490521	411122	3623	4557	24377
燃气、太阳能及类似能源家用器具制造	457620	382715	3498	3932	23707
其他非电力家用器具制造	32901	28407	125	625	669
照明器具制造	2409506	1976233	11400	82092	146993
电光源制造	1441909	1190446	6175	44551	85445
照明灯具制造	742345	603870	3501	29592	42688
灯用电器附件及其他照明器具制造	225252	181916	1724	7949	18860

单位：万元

财务费用	#利息支出	营业利润	利润总额	亏损企业亏损总额	本年应交增值税	本年应付职工薪酬	全部从业人员年平均人数（人）
1695	1575	6715	6799		5002	7531	1927
5853	5213	50947	51199	516	32157	65504	15359
2616	1806	4351	4369		1350	11177	2310
1725	1084	1568	1612		529	9606	1855
890	723	2783	2758		821	1571	455
177	73	206	222		277	1238	344
177	73	206	222		277	1238	344
130968	129413	1316064	1298842	21799	455426	1068545	195234
54192	54834	382530	340016	3540	107845	243082	39656
31509	37371	294784	279939	763	72822	164295	21835
22416	16903	73988	56776	1657	33618	57117	13924
267	560	13759	3302	1121	1405	21670	3897
14259	13141	328735	332699	10869	106255	216221	32840
4687	4080	35989	37263	6102	13623	39851	9684
276	257	2261	2267		221	1480	333
5093	5858	250898	252897	1090	77413	133303	14222
1277	1325	24851	26053	1834	9673	28505	5417
2145	967	9080	9708	410	1396	6044	1430
781	654	5656	4511	1433	3928	7038	1754
19198	19882	75696	80688	1013	37647	73429	15130
18243	18729	63192	67316	645	32738	52777	11577
39	39	542	542		263	1622	368
-453	153	7801	8351	367	2136	14874	2080
1369	960	4161	4479		2510	4156	1105
12480	18916	213652	220810	1152	52062	197396	32041
10528	12815	134218	140091	984	21102	138186	20315
381	332	1695	1815		824	2122	714
1571	5769	77739	78904	168	30135	57088	11012
7759	7727	66393	66733	88	31246	93051	20393
2483	1118	7239	7209		7576	7690	1396
67	16	8	231	68	296	1160	435
2122	817	15152	17821		2886	21844	6114
1790	1789	5415	5425		7678	2224	418
208	3122	29720	29718		10425	51472	9150
448	447	3829	3829	20	1048	2577	1340
641	418	5029	2501		1338	6084	1540
2380	1263	44450	47900	57	3396	11199	2708
1585	642	42114	45310	57	1443	8677	2087
795	620	2336	2589		1953	2522	621
20384	13514	194388	199751	5010	115295	228312	50932
10794	7005	124907	129425	418	83955	154630	33423
7277	4616	55438	55382	1435	24821	51648	11506
2314	1893	14044	14944	3157	6519	22033	6003

1-C-02 续表 32

项　目	主营业务收入	#主营业务成本	#主营业务税金及附加	销售费用	管理费用
其他电气机械及器材制造	86457	65423	622	3268	6576
电气信号设备装置制造	52054	37725	305	2248	3512
其他未列明电气机械及器材制造	34402	27699	317	1020	3065
计算机、通信和其他电子设备制造业	29340916	26313220	68401	747842	1827375
计算机制造	7869118	7082963	14879	372485	314291
计算机整机制造	3782234	3415244	1335	178717	144869
计算机零部件制造	528900	478258	3735	5633	20939
计算机外围设备制造	3197439	2997861	6164	54108	81421
其他计算机制造	360546	191600	3645	134027	67062
通信设备制造	3158951	2806551	6228	105146	175920
通信系统设备制造	376080	280926	2787	24128	40482
通信终端设备制造	2782870	2525625	3441	81018	135437
广播电视设备制造	604027	465970	2124	30022	36307
广播电视节目制作及发射设备制造					
广播电视接收设备及器材制造	525229	406349	1691	24159	29160
应用电视设备及其他广播电视设备制造	78797	59622	434	5863	7147
雷达及配套设备制造					
视听设备制造	2518258	2260968	3118	46528	76477
电视机制造	1666938	1589001	1197	30256	34296
音响设备制造	158729	140377	587	3036	10737
影视录放设备制造	692591	531590	1333	13236	31445
电子器件制造	11269408	10370538	20570	113963	1019052
电子真空器件制造	3062	2498	40	55	162
半导体分立器件制造	37027	25975	44	941	2030
集成电路制造	677918	547654	2060	19533	51368
光电子器件及其他电子器件制造	10551402	9794411	18426	93434	965491
电子元件制造	3532920	3009748	18959	66953	179403
电子元件及组件制造	2492528	2129034	16551	49533	139832
印制电路板制造	1040392	880714	2408	17420	39571
其他电子设备制造	388235	316481	2524	12745	25926
仪器仪表制造业	1521618	1282097	7914	43940	93607
通用仪器仪表制造	309558	231375	2018	17314	24083
工业自动控制系统装置制造	93976	74304	557	2883	5379
电工仪器仪表制造	92080	67581	656	5748	5587
绘图、计算及测量仪器制造	3928	3569	31	69	57
实验分析仪器制造	10896	7414	75	1142	1873
试验机制造	2872	2245	12	41	742
供应用仪表及其他通用仪器制造	105807	76261	688	7432	10445
专用仪器仪表制造	48360	37261	316	3513	4439
环境监测专用仪器仪表制造	6005	4044	48	813	701
运输设备及生产用计数仪表制造	6006	4748	39	226	557
导航、气象及海洋专用仪器制造					
农林牧渔专用仪器仪表制造					
地质勘探和地震专用仪器制造	16488	11889	164	1717	1669
教学专用仪器制造	2002	1802	1	23	183
核子及核辐射测量仪器制造					

单位：万元

财务费用	#利息支出	营业利润	利润总额	亏损企业亏损总额	本年应交增值税	本年应付职工薪酬	全部从业人员年平均人数(人)
317	139	10220	10245	71	1681	5856	1534
171	110	8057	7980		718	1417	512
145	29	2164	2266	71	964	4439	1022
53612	112713	1119786	1201885	112098	298760	1668496	290822
-36793	4291	239462	256643	1396	62306	431163	47081
-56497	-11074	100142	109702		9357	180349	9940
4881	3477	24025	25568	40	24832	25473	6272
10655	7501	59500	67870	1356	7743	127697	23538
4168	4386	55795	53503		20374	97644	7331
2854	7146	60750	77506	2193	25315	184468	23888
2927	2023	23430	30393	178	11564	50597	6139
-73	5123	37320	47113	2015	13751	133871	17749
8962	6221	52830	47355	3780	17152	58952	10668
6768	4225	49305	42788	216	15506	51871	9399
2194	1997	3524	4567	3564	1646	7080	1269
20711	21737	110518	124454	12189	64381	103719	20049
-924	3729	15702	30491	10562	5745	56525	10402
1507	870	3143	3704	1627	3041	20617	4267
20128	17138	91672	90259		55595	26577	5380
32621	48649	342343	386165	78026	57481	512564	106631
225	224	81	81		46	229	133
1741	1275	5063	5104	2328	497	2200	575
5032	3187	52812	58846	1223	17021	45585	7204
25624	43963	284387	322135	74476	39918	464551	98719
22611	22073	285229	280331	14284	63613	335864	74518
14238	14405	189746	182982	11441	46939	271482	60644
8373	7668	95483	97350	2843	16674	64382	13874
2647	2596	28656	29430	230	8512	41767	7987
12563	10457	98443	103378	711	33742	145124	36067
2904	2390	32460	33730	107	13888	25706	5407
825	337	9943	10524		1661	7965	1574
741	760	12554	13460		5686	7419	1757
22	24	180	180		116	224	75
162	163	271	363		521	1527	242
-1		-168	38		100	237	51
1156	1106	9680	9165	107	5804	8334	1708
684	636	2030	2383	7	1534	4515	1135
54	14	273	273		217	450	81
-25		413	413		326	695	136
621	607	363	602		750	1467	267
		-7	-7	7	9	169	54

1-C-02 续表 33

项　目	主营业务收　入	#主营业务成　本	#主营业务税金及附加	销售费用	管理费用
电子测量仪器制造	15185	12554	46	734	938
其他专用仪器制造	2675	2224	19		391
钟表与计时仪器制造	639564	567663	1849	12038	23127
光学仪器及眼镜制造	493914	419355	3582	10294	40294
光学仪器制造	291462	252757	1998	3481	21744
眼镜制造	202452	166598	1583	6812	18549
其他仪器仪表制造业	30223	26444	149	782	1665
其他制造业	2227374	1895566	10982	65977	100801
日用杂品制造	1915226	1658961	7915	38627	69911
鬃毛加工、制刷及清扫工具制造	25849	21677	191	1402	833
其他日用杂品制造	1889377	1637283	7724	37225	69078
煤制品制造	55378	43367	330	5898	3564
核辐射加工					
其他未列明制造业					
废弃资源综合利用业	514978	465193	4487	8794	16729
金属废料和碎屑加工处理	237950	219097	2530	3216	4272
非金属废料和碎屑加工处理	277028	246096	1957	5578	12457
金属制品、机械和设备修理业	1119308	1009302	2944	9643	68669
金属制品修理	6795	3408	5	2250	929
通用设备修理					
专用设备修理	11643	9722	65	747	595
铁路、船舶、航空航天等运输设备修理	1100871	996172	2874	6646	67146
铁路运输设备修理					
船舶修理	240157	194942	2714	6265	9760
航空航天器修理	860714	801230	161	381	57386
其他运输设备修理					
电气设备修理					
仪器仪表修理					
其他机械和设备修理业					
电力、热力、燃气及水生产和供应业	20909295	18043119	422465	136061	477087
电力、热力生产和供应业	18610188	16140421	413663	69063	405850
电力生产	5999487	4431061	43103	3960	119244
火力发电	4676142	3663009	26724	881	64382
水力发电	859728	542987	13078	3029	36543
核力发电	215729	109724	1810		8703
风力发电	175198	72376	895		4509
太阳能发电	2207	1657	25		444
其他电力生产	70482	41309	570	50	4663
电力供应	12552883	11666085	370379	65103	284166
热力生产和供应	57819	43275	181		2440
燃气生产和供应业	1916628	1615131	6397	34620	25350
水的生产和供应业	382479	287567	2406	32379	45888
自来水生产和供应	321449	244641	2406	32379	38398
污水处理及其再生利用	61030	42926			7489
其他水的处理、利用与分配					

单位：万元

财务费用	#利息支出	营业利润	利润总额	亏损企业亏损总额	本年应交增值税	本年应付职工薪酬	全部从业人员年平均人数（人）
33	14	947	1062		97	1305	502
1	1	42	42		136	429	95
5036	4053	45974	45639	397	13140	42109	11702
3655	3108	17153	20798	200	3952	69207	16970
1640	1753	9463	11686		1105	24756	6763
2014	1355	7690	9112	200	2847	44451	10207
284	270	827	827		1228	3588	853
26299	19975	134640	136561	11429	68430	249539	57056
21626	15577	120469	121197	1656	55575	219417	51983
149	10	1721	1704		1327	2178	489
21477	15567	118748	119493	1656	54248	217239	51494
546	537	5869	5868		1234	1785	478
3112	3472	15842	20271	1222	29716	17453	4019
1569	1357	4720	4750	864	16305	4648	1039
1543	2116	11122	15521	358	13410	12805	2980
4632	6375	41786	44603	7526	10387	98468	8453
14	5	23	23		9	66	43
-1		515	515		450	1083	170
4619	6370	41248	44065	7526	9928	97319	8240
2110	2035	26832	26484	61	6240	14499	2575
2509	4335	14417	17581	7465	3688	82821	5665
657342	711290	1696511	1678798	70553	911637	761220	79819
638326	677070	1393398	1355429	61547	851188	652958	66112
446644	485367	1034581	1038864	7768	465873	211021	22749
225583	262834	769306	760624		323000	98497	7010
99924	99515	172216	174403	5508	102078	90646	13046
68947	70011	27213	31322		18086	8952	1078
40428	43375	51523	54569	1181	17051	7314	578
120	135	-38	65		24	162	41
11642	9497	14362	17881	1079	5635	5451	996
190356	190658	349658	307213	53779	383833	436162	42660
1325	1045	9159	9352		1482	5775	703
8555	19778	282789	289237	7	42702	39934	4271
10461	14442	20325	34132	8999	17747	68328	9436
8038	12291	12073	24774	8977	17213	61502	8626
2423	2151	8252	9358	22	534	6826	810

1-C-03 三大主导产业生产经营主要指标

单位：万元

项　目	工业总产值	工业销售产值	#出口交货值	工业增加值
总　　计	**124054655**	**120691282**	**32236485**	**29883209**
#亏损企业	14204153	13742659	2284977	2904012
一、按轻重工业分组				
轻工业	26253394	25314351	7106933	6854759
重工业	97801261	95376931	25129552	23028450
二、按登记类型分组				
内资	52322095	50875091	5331717	13133633
国有企业	648014	629903	300257	198873
集体企业	252033	246294	4116	67287
股份合作企业	161454	158376	20913	45739
联营企业	2431	2431		853
有限责任公司	14768269	14376168	1183836	3621711
股份有限公司	5103052	4952927	1174408	1241630
私营企业	30530432	29731178	2624680	7697429
其他企业	856410	777815	23508	260112
港、澳、台商投资企业	32629766	31393728	11692430	7382406
外商投资企业	39102794	38422463	15212338	9367170
三、按规模分组				
大型企业	49962665	48827726	20725488	11427165
中型企业	33034369	31842436	7172348	8491732
小微型企业	41057620	40021120	4338650	9964313
四、按行业分组				
电子信息	29985315	29490961	17461901	6555143
机械装备	53491113	51853822	11454519	13655908
石油化工	40578227	39346499	3320066	9672158

1-C-04　三大主导产业主要财务指标

单位：万元

项　　目	企　业单位数（个）	#亏损企业	资产合计	流动资产合　　计	固定资产合　　计	主营业务收　　入	主营业务成　　本
总　　计	**4884**	**482**	**91457106**	**53431845**	**23438090**	**120890733**	**104442644**
#亏损企业	482	482	17025287	7805109	5778640	14180605	13269947
一、按轻重工业分组							
轻工业	1123	106	18840868	11318515	5321754	25215537	21570132
重工业	3761	376	72616238	42113330	18116336	95675196	82872512
二、按登记类型分组							
内资	3461	280	38217261	22594345	9753137	51063072	43688119
国有企业	11	1	1083589	355508	76913	568368	513407
集体企业	24	3	118782	97421	15281	246240	214495
股份合作企业	12	1	80671	42064	24830	158376	130343
联营企业	1		497	148	349	2431	2032
有限责任公司	893	86	9890452	5380151	2894110	14303417	12244595
股份有限公司	101	10	8024366	5164926	1403999	5235695	4309265
私营企业	2406	177	18161803	10980776	5070374	29686883	25429821
其他企业	13	2	857102	573352	267282	861663	844161
港、澳、台商投资企业	786	98	26060285	14705800	6086484	31470592	27403341
外商投资企业	637	104	27179560	16131700	7598469	38357069	33351184
三、按规模分组							
大型企业	142	16	37006363	21203760	9214599	48987582	42593896
中型企业	790	52	26589908	15478169	7004691	32016202	27444545
小微型企业	3952	414	27860835	16749916	7218800	39886950	34404204
四、按行业分组							
电子信息	474	73	17988036	12002512	3325441	29340916	26313220
机械装备	2918	254	40989026	26096540	9596528	51962636	44040884
石油化工	1492	155	32480044	15332794	10516121	39587180	34088541

1-C-04 续表

单位：万元

项　　目	营业费用、管理费用、财务费用合计	利润总额	亏损企业亏损总额	本年应交增值税	税金总额	本年应付职工薪酬	全部从业人员平均人数(人)
总　计	**9777920**	**6931760**	**710124**	**2854829**	**3980692**	**6557318**	**1273546**
#亏损企业	994373	-710124	710124	270026	822951	622689	126636
一、按轻重工业分组							
轻工业	2187119	1643634	95553	614756	712869	1610220	341233
重工业	7590801	5288126	614571	2240073	3267823	4947099	932313
二、按登记类型分组							
内资	4194979	3464098	215852	1462807	1733214	2838205	618525
国有企业	44556	29995	463	20261	21443	42202	6242
集体企业	17117	14823	352	9273	10824	17785	3963
股份合作企业	17784	9103	627	6087	7426	12226	3143
联营企业	86	413		107	143	614	401
有限责任公司	1166022	1008647	90997	392518	454306	822715	181050
股份有限公司	652734	385600	85903	176650	205260	394990	60631
私营企业	2254469	2009675	21964	810960	982713	1536050	359755
其他企业	42211	5843	15546	46951	51100	11622	3340
港、澳、台商投资企业	2190123	1741823	169155	684199	805546	1649517	328392
外商投资企业	3392819	1725838	325116	707823	1441932	2069597	326629
三、按规模分组							
大型企业	4125783	2104241	403945	921679	1677578	2537283	404401
中型企业	2555867	2474334	165898	943632	1097800	2096565	423993
小微型企业	3096270	2353185	140281	989518	1205315	1923471	445152
四、按行业分组							
电子信息	2628828	1201885	112098	298760	369030	1668496	290822
机械装备	4393244	3764456	172761	1488417	1861182	3407208	672882
石油化工	2755848	1965419	425265	1067652	1750480	1481614	309842

1-C-05　工业园区企业生产经营主要指标

单位：万元

项　　目	工业总产值	工业销售产值	#出口交货值	工业增加值
总　　计	**133761641**	**130233955**	**33276988**	**33143509**
#亏损企业	15539083	15220480	2207398	2879330
一、按轻重工业分组				
轻工业	48040251	46521983	12124371	13550270
重工业	85721390	83711972	21152617	19593240
二、按规模分组				
大型企业	57460202	55876315	20568415	13848177
中型企业	37241283	35996194	7906096	9479856
小微型企业	39060157	38361447	4802477	9815477
三、按行业分组				
1. 采矿业	487235	492479		182558
煤炭开采和洗选业	191017	200601		67639
石油和天然气开采业				
黑色金属矿采选业	76535	75767		19572
有色金属矿采选业	67067	66443		27824
非金属矿采选业	152617	149668		67523
开采辅助活动				
其他采矿业				
2. 制造业	129806027	126287323	33276988	31718658
农副食品加工业	7081034	6904293	1211319	1506211
食品制造业	2792891	2704134	369252	765917
酒、饮料和精制茶制造业	1641435	1630214	15485	599089
烟草制品业	1069753	1121972	1287	834946
纺织业	4886160	4709105	373624	1191994
纺织服装、服饰业	2350124	2321694	509474	861593
皮革、毛皮、羽毛及其制品和制鞋业	4923409	4874891	2213290	1715752
木材加工和木、竹、藤、棕、草制品业	1968692	1915716	174788	545896
家具制造业	1535458	1516454	575360	412381
造纸和纸制品业	2912875	2647587	48365	744063
印刷和记录媒介复制业	638900	638116	44477	194996
文教、工美、体育和娱乐用品制造业	3502041	3427662	1698777	959114
石油加工、炼焦和核燃料加工业	5975141	5920068		1456620
化学原料和化学制品制造业	6638345	6470419	599687	1137032
医药制造业	1120534	1023502	157229	343472
化学纤维制造业	3435394	3084110	253298	739924
橡胶和塑料制品业	6084971	6021943	1379004	1765943
非金属矿物制品业	4963953	5071776	529403	1417308
黑色金属冶炼和压延加工业	8015291	7524077	43703	1709375
有色金属冶炼和压延加工业	6997180	6467417	535764	1357905
金属制品业	3100774	3036199	807245	731968
通用设备制造业	2858024	2769390	745099	734131
专用设备制造业	3205218	3086887	415695	709030
汽车制造业	6314103	6203177	597259	1408127
铁路、船舶、航空航天和其他运输设备制造业	1664538	1655730	897149	431966
电气机械和器材制造业	7534529	7293018	1927304	1935626
计算机、通信和其他电子设备制造业	25187895	24854813	16448822	5118734
仪器仪表制造业	855758	848631	578459	233793
其他制造业	396095	392047	126246	107199
废弃资源综合利用业	116702	113544		35872
金属制品、机械和设备修理业	38811	38738	127	12682
3. 电力、燃气及水的生产和供应业	3468378	3454154		1242293
电力、热力生产和供应业	2449811	2435605		964222
燃气生产和供应业	1005102	1005084		270753
水的生产和供应业	13465	13465		7318

1-C-06 工业园区

项目	企业单位数(个)	#亏损企业	资产合计	流动资产合计	固定资产合计
总计	**4573**	**545**	**100300010**	**56260508**	**29150949**
#亏损企业	545	545	17514274	7963854	5787713
一、按轻重工业分组					
轻工业	2244	247	31584204	19703071	8392330
重工业	2329	298	68715806	36557437	20758620
二、按规模分组					
大型企业	153	15	42920433	24411092	11384876
中型企业	855	65	29271624	16475195	9270996
小微型企业	3565	465	28107952	15374221	8495077
三、按行业分组					
1. 采矿业	39	3	170629	95939	47641
煤炭开采和洗选业	10	2	59003	35587	10835
石油和天然气开采业					
黑色金属矿采选业	8		45894	29595	11307
有色金属矿采选业	7	1	23919	13198	4384
非金属矿采选业	14		41814	17559	21115
开采辅助活动					
其他采矿业					
2. 制造业	4499	541	94994424	55057958	25421375
农副食品加工业	235	15	4576484	2921492	1224838
食品制造业	128	11	1539556	847134	427032
酒、饮料和精制茶制造业	65	4	1253904	740917	354330
烟草制品业	2		971829	620914	277413
纺织业	217	32	2721712	1404098	1007243
纺织服装、服饰业	238	32	2074314	1583280	356323
皮革、毛皮、羽毛及其制品和制鞋业	179	18	2493284	1716481	466067
木材加工和木、竹、藤、棕、草制品业	156	12	1240971	703624	390035
家具制造业	128	9	935835	559772	221148
造纸和纸制品业	121	15	2781775	1790384	727372
印刷和记录媒介复制业	72	13	557192	321942	169594
文教、工美、体育和娱乐用品制造业	251	23	1738967	1242195	357949
石油加工、炼焦和核燃料加工业	9	3	4806060	1580553	2255324
化学原料和化学制品制造业	288	37	5441077	2781844	1797743
医药制造业	53	3	1036068	542782	355837
化学纤维制造业	23	4	2569783	1120881	1057768
橡胶和塑料制品业	267	40	4923951	2712830	1520460
非金属矿物制品业	327	31	4012863	1777522	1565207
黑色金属冶炼和压延加工业	125	16	5344934	2807784	1560751
有色金属冶炼和压延加工业	76	14	7957903	3679598	1875945
金属制品业	221	34	2428047	1504723	621316
通用设备制造业	214	30	2343012	1490077	559098
专用设备制造业	185	20	4065003	2849122	786156
汽车制造业	151	21	4870699	2913616	1183999
铁路、船舶、航空航天和其他运输设备制造业	53	6	1518411	1103318	283084
电气机械和器材制造业	328	31	5232427	3584382	998393
计算机、通信和其他电子设备制造业	260	51	14296197	9442113	2634018
仪器仪表制造业	61	5	594822	395772	150425
其他制造业	48	9	359114	261934	60591
废弃资源综合利用业	13	2	76544	39001	23753
金属制品、机械和设备修理业	5		231688	17873	152164
3. 电力、燃气及水的生产和供应业	35	1	5134957	1106611	3681934
电力、热力生产和供应业	28		4081997	762722	3141262
燃气生产和供应业	3	1	998568	334921	501521
水的生产和供应业	4		54391	8968	39152

主要财务指标

单位：万元

主营业务收　入	主营业务成　本	营业费用、管理费用、财务费用合计	利润总额	亏损企业亏损总额	本年应交增值税	税金总额	本年应付职工薪酬	全部从业人员平均人数（人）
131227485	**113160856**	**10018208**	**7487526**	**743199**	**3633363**	**5336543**	**6772475**	**1345363**
15371665	14288796	1052943	-743199	743199	236434	791390	649979	131246
46926155	39261361	3986362	3108735	138876	1521955	2295053	3149064	692775
84301331	73899495	6031845	4378791	604324	2111408	3041491	3623411	652588
56905309	49236782	4504743	2775881	415744	1381804	2757409	2763117	463706
36020745	30828726	2683545	2621814	163577	1240236	1376801	2264585	467042
38301431	33095348	2829920	2089831	163879	1011323	1202333	1744773	414615
487529	405772	43749	31549	189	19155	27407	15983	4240
200601	183064	13708	4770	139	5039	6481	4479	1509
75363	63259	7622	3611		1889	2465	3283	527
66443	54561	3767	7159	50	1975	2947	1741	602
145122	104889	18653	16009		10252	15515	6481	1602
127326128	110111372	9749495	6844606	743003	3418810	5093782	6668154	1334473
6895310	6253193	353779	339190	7772	305492	321292	276744	69281
2697924	2217992	285504	180286	4955	78487	88965	188855	34165
2251830	1678180	377243	155697	1826	90761	134260	149290	25870
1053911	345223	68751	106015		105798	641795	38423	1759
4749791	4204598	261732	266743	9589	116927	132027	253019	54935
2342987	1816338	263156	246520	2650	87276	105489	281634	67967
4854078	4009121	326029	498623	10180	141683	184241	535969	126196
1926995	1657409	135688	129673	2953	49953	58537	93127	25179
1515302	1275945	142732	105846	608	36796	44137	117400	26417
2576975	2170909	208770	210135	7594	115421	127689	122768	25829
633956	544020	49041	39042	3160	21305	24443	46800	11024
3441328	2995124	256103	168788	6958	66454	88551	270062	62251
5929261	5294885	232836	-193004	207011	135137	669527	54747	3047
6520843	5893668	459416	199346	105815	132987	153200	187594	39307
996732	663081	224835	113694	2994	37003	43106	71665	14294
3031463	2548506	346991	117429	44681	32412	34577	58224	11751
6108089	5074250	440764	677269	13322	236257	278117	395707	83812
5030100	4198629	454929	350905	22049	193998	227265	290332	62503
7404567	6676578	256098	277984	14004	453681	474883	243046	45767
6973955	6262998	355569	453083	36914	83288	114562	205403	26330
3040807	2659068	201667	191476	8637	74016	89081	198595	43193
2751710	2337836	263677	160196	7127	49924	61973	180025	35947
3466743	2900299	363635	168376	77729	94725	113811	220470	41180
6146940	5177499	541706	367418	11996	208813	327280	303249	52247
1553826	1385812	92274	78854	2338	30353	37313	96582	16513
7233223	6073850	603736	539620	10090	239057	268204	473664	86607
24801928	22605975	2033972	840140	108154	168750	209270	1173978	206973
847985	739671	74235	32738	674	15019	19010	74393	19154
391340	316970	58512	12224	10969	10070	12972	52280	12043
118138	99049	11362	9852	256	6748	7964	9444	1756
38095	34700	4752	449		222	240	4667	1176
3413828	2643712	224965	611371	7	195398	215354	88339	6650
2396134	1812926	208744	421285		160746	176655	73556	5458
1004229	822733	12688	187933	7	33965	37945	11794	698
13465	8052	3533	2153		687	755	2988	494

1-C-07 高技术产业生产经营主要指标

单位：万元

项　目	工业总产值	工业销售产值	#出口交货值	工业增加值
高技术产业合计	**35245280**	**34565313**	**19114674**	**8086617**
#国有控股企业	1542565	1475983	162485	510503
#亏损企业	1950375	1860266	1220466	372721
一、按轻重工业分组				
轻工业	5871255	5659019	2361219	1769699
重工业	29374025	28906295	16753455	6316918
二、按登记类型分组	**6415019**	**6225466**	**869679**	**1963453**
内资	149474	149474		41731
国有企业	15689	15179		5051
集体企业	10666	10498		3631
股份合作企业				
联营企业				
有限责任公司	2147915	2099742	301391	630504
股份有限公司	1572202	1498884	274954	520254
私营企业	2519074	2451690	293334	762283
其他企业				
港、澳、台商投资企业	10768026	10501384	7360573	2236145
外商投资企业	18062236	17838464	10884421	3887019
三、按规模分组	**22592764**	**22310334**	**15325951**	**4488449**
大型企业	7454455	7229060	2934384	2272627
中型企业	5198061	5025919	854339	1325541
小微型企业				
四、按行业分组	**404563**	**398762**	**99233**	**72307**
核燃料加工				
信息化学品制造	2273360	2141974	206698	771764
医药制造业	979354	908271	62020	268662
其中：化学药品制造	533042	514706	29401	233538
中成药生产				
生物药品制造	309720	300336	28252	120799

1-C-07 续表

单位：万元

项目	工业总产值	工业销售产值	#出口交货值	工业增加值
航空航天器及设备制造	861298	861298	779700	174560
1. 飞机制造				
2. 航天器制造				
3. 航空、航天相关设备制造				
4. 其他飞行器制造				
5. 航空航天器修理	861298	861298	779700	174560
电子及通信设备制造业	21963216	21573507	13530960	5504764
1. 通信设备制造	3132963	3156607	506036	377512
其中：通信系统设备制造	383232	375729	23084	101196
通信终端设备制造	2749731	2780878	482953	276316
2. 广播电视设备制造	606592	576893	142215	173710
3. 雷达及配套设备制造				
4. 视听设备制造	2571664	2521805	1899985	657300
5. 电子器件制造	11512353	11333155	9919863	3088442
电子真空器件制造	3134	3062		841
半导体分立器件制造	41715	37716	2213	11192
集成电路制造	699034	691885	213311	189790
光电子器件及其他电子器件制造	10768470	10600492	9704340	2886619
6. 电子元件制造	3738793	3597508	1001751	1098409
7. 其他电子设备制造	400851	387539	61111	109392
电子计算机及办公设备制造业	8657844	8530206	4045426	1263158
1. 计算机整机制造	3765898	3766339	880045	484458
2. 计算机零部件制造	563002	535171	280991	125702
3. 计算机外围设备制造	3215684	3181695	2755080	275750
4. 其他计算机制造	477515	434248	14825	164469
5. 办公设备制造	635746	612753	114485	212779
医疗设备及仪器仪表制造业	1084998	1059566	452658	300065
1. 医疗设备及器械制造	390485	382487	140051	127855
2. 仪器仪表制造	694513	677079	312607	172209

1-C-08 高技术产业

项目	企业单位数(个)	#亏损企业	资产合计	流动资产合计	固定资产合计
高技术产业合计	**725**	**93**	**22388077**	**14660805**	**4485034**
#国有控股企业	31	2	2222705	1157771	432047
#亏损企业	93	93	2929726	1220879	943387
一、按轻重工业分组					
轻工业	196	18	4171511	2789286	861015
重工业	529	75	18216566	11871519	3624019
二、按登记类型分组					
内资	430	34	6820619	3960652	1362411
国有企业	2		21866	15012	3952
集体企业	3		7882	6748	727
股份合作企业	2		8444	4562	813
联营企业					
有限责任公司	142	14	2564045	1292841	571998
股份有限公司	34	1	2454875	1534661	384841
私营企业	247	19	1763506	1106828	400080
其他企业					
港、澳、台商投资企业	157	28	6505615	4478576	1406960
外商投资企业	138	31	9061843	6221577	1715663
三、按规模分组					
大型企业	47	6	11609370	8111577	2065986
中型企业	183	15	6245491	4071174	1245168
小微型企业	495	72	4533216	2478054	1173879
四、按行业分组					
核燃料加工					
信息化学品制造	13	4	505265	336098	99577
医药制造业	118	6	2263742	1286515	624579
其中：化学药品制造	36	4	836201	448820	277012
中成药生产	33		640045	412939	111051
生物药品制造	16	1	475111	236734	141155
航空航天器及设备制造	7	2	558054	251679	254434
1. 飞机制造					
2. 航天器制造					
3. 航空、航天相关设备制造					
4. 其他飞行器制造					
5. 航空航天器修理	7	2	558054	251679	254434
电子及通信设备制造业	435	70	13404871	8485000	3060088
1. 通信设备制造	52	9	1736090	1486708	130095
其中：通信系统设备制造	20	2	313883	262685	30711
通信终端设备制造	32	7	1422207	1224024	99384
2. 广播电视设备制造	20	3	401145	295700	68205
3. 雷达及配套设备制造					
4. 视听设备制造	26	6	1400786	1123226	159359
5. 电子器件制造	129	19	6952181	3762485	1962199
电子真空器件制造	1		3709	1730	1666
半导体分立器件制造	6	2	48108	25398	10821
集成电路制造	17	3	569840	427918	91554
光电子器件及其他电子器件制造	105	14	6330525	3307439	1858158
6. 电子元件制造	174	30	2604383	1601418	692174
7. 其他电子设备制造	34	3	310286	215462	48056
电子计算机及办公设备制造业	62	6	4905105	3777633	303626
1. 计算机整机制造	5		1840112	1259520	33060
2. 计算机零部件制造	14	1	496029	401287	50109
3. 计算机外围设备制造	14	2	1661800	1450354	124254
4. 其他计算机制造	6		585225	406350	57930
5. 办公设备制造	23	3	321940	260121	38274
医疗设备及仪器仪表制造业	90	5	751039	523880	142730
1. 医疗设备及器械制造	29	3	185043	119423	38803
2. 仪器仪表制造	61	2	565996	404456	103927

主要财务指标

单位：万元

主营业务收　入	主营业务成　本	营业费用、管理费用、财务费用合计	利润总额	亏损企业亏损总额	本年应交增值税	税金总额	本年应付职工薪酬	全部从业人员平均人数（人）
34375329	**30268589**	**3317248**	**1636512**	**125600**	**432492**	**526615**	**2055636**	**357023**
1370597	955483	348486	154975	10485	56608	65508	225432	25117
1764961	1691547	199963	-125600	125600	27418	32116	173071	39667
5614236	4514663	660590	464777	17095	172644	193971	333652	64129
28761092	25753926	2656657	1171735	108505	259848	332644	1721984	292894
6133415	4739186	840983	625691	17044	171088	213345	560542	109844
145563	124700	8043	12251		4908	5477	4530	853
15179	13133	1291	509		389	446	1002	296
10498	8758	656	922		335	514	599	273
2067912	1632697	300197	174838	14032	54331	64967	208670	42240
1449479	1004691	234506	235600	550	38843	54681	139437	20320
2444785	1955207	296289	201571	2461	72282	87260	206304	45862
10517542	9563695	602796	388976	33144	122921	140922	561511	112659
17724371	15965708	1873469	621845	75412	138483	172348	933583	134520
22243176	20318505	2022857	686765	70211	161640	198501	1179573	179224
7193089	5775433	793244	687928	10611	163353	193443	564444	109486
4939065	4174652	501147	261819	44778	107498	134671	311620	68313
398118	352608	28736	28096	1017	4027	5012	15823	2298
2099804	1429751	413546	262583	3496	85347	100022	157788	30135
883110	621550	175445	80600	3327	23033	29240	44353	10002
513761	323801	94804	94026		27245	31352	43410	7627
292643	166366	88110	48267	76	17880	19320	30682	5255
860714	801230	60277	17581	7465	3688	3849	82821	5665
860714	801230	60277	17581	7465	3688	3849	82821	5665
21471799	19230257	1978846	945242	110702	236454	291800	1237333	243741
3158951	2806551	283919	77506	2193	25315	31570	184468	23888
376080	280926	67537	30393	178	11564	14362	50597	6139
2782870	2525625	216382	47113	2015	13751	17208	133871	17749
604027	465970	75290	47355	3780	17152	19276	58952	10668
2518258	2260968	143716	124454	12189	64381	67499	103719	20049
11269408	10370538	1165636	386165	78026	57481	78470	512564	106631
3062	2498	442	81		46	86	229	133
37027	25975	4712	5104	2328	497	541	2200	575
677918	547654	75934	58846	1223	17021	19081	45585	7204
10551402	9794411	1084549	322135	74476	39918	58763	464551	98719
3532920	3009748	268966	280331	14284	63613	83949	335864	74518
388235	316481	41318	29430	230	8512	11036	41767	7987
8480720	7587241	720222	301249	2400	78398	95626	475767	55643
3782234	3415244	267089	109702		9357	10737	180349	9940
528900	478258	31453	25568	40	24832	28567	25473	6272
3197439	2997861	146184	67870	1356	7743	13906	127697	23538
360546	191600	205257	53503		20374	24019	97644	7331
611602	504279	70239	44606	1004	16092	18396	44605	8562
1064176	867502	115622	81761	520	24578	30307	86105	19541
384573	319665	33088	33135	407	6824	8055	27541	5383
679603	547837	82533	48626	114	17755	22252	58564	14158

D. 规模以上工业（按登记注册类型）

1-D-01 国有控股工业企业生产经营主要指标

单位：万元

项目	工业总产值	工业销售产值	#出口交货值	工业增加值
总计	**41481438**	**40974028**	**1492717**	**11816204**
#亏损企业	8851754	8799220	89453	1897738
一、按轻重工业分组				
轻工业	4202804	4203301	92298	2524376
重工业	37278634	36770727	1400419	9291828
二、按规模分组				
大型企业	26517809	26108060	1136456	7415854
中型企业	10534583	10454294	219931	3046239
小微型企业	4429046	4411674	136330	1354110
三、按行业分组				
1. 采矿业	771204	759138	232	452829
煤炭开采和洗选业	342808	348747		250375
石油和天然气开采业				
黑色金属矿采选业	209443	196015		77461
有色金属矿采选业	128747	122631		79782
非金属矿采选业	90207	91746	232	45211
开采辅助活动				
其他采矿业				
2. 制造业	22343331	21904519	1492485	6474015
农副食品加工业	238093	245270	363	17761
食品制造业	105668	109565	13939	27739
酒、饮料和精制茶制造业	105081	102769	1913	43193
烟草制品业	2425174	2449686	1777	1974897
纺织业	130201	114360	3009	19817
纺织服装、服饰业	18146	18702		6415
皮革、毛皮、羽毛及其制品和制鞋业	116423	115393	8477	43281
木材加工和木、竹、藤、棕、草制品业	164281	149687	568	40265

1-D-01　续表　　　　单位：万元

项　目	工业总产值	工业销售产值	#出口交货值	工业增加值
家具制造业				
造纸和纸制品业	321464	311751	15350	63848
印刷和记录媒介复制业	116217	114759		40655
文教、工美、体育和娱乐用品制造业				
石油加工、炼焦和核燃料加工业	5769249	5723692	1200	1406385
化学原料和化学制品制造业	915616	896642	48945	163014
医药制造业	230700	224698	27203	113900
化学纤维制造业	27470	30103	3345	8172
橡胶和塑料制品业	9787	9568	410	2517
非金属矿物制品业	658264	651505	121	167043
黑色金属冶炼和压延加工业	3881598	3761232	3816	645784
有色金属冶炼和压延加工业	2046044	1940493	304824	515978
金属制品业	33982	33811	4617	4297
通用设备制造业	171268	165622	42561	46592
专用设备制造业	433548	424916	74450	16502
汽车制造业	1915276	1862253	64426	389948
铁路、船舶、航空航天和其他运输设备制造业	1003360	1004696	721322	291705
电气机械和器材制造业	185810	186498	26930	34001
计算机、通信和其他电子设备制造业	1272031	1211829	122923	375630
仪器仪表制造业	20027	20027		5857
其他制造业				
废弃资源综合利用业	28556	24994		8821
金属制品、机械和设备修理业				
3. 电力、燃气及水的生产和供应业	18366903	18310370		4889360
电力、热力生产和供应业	16964913	16914858		4428574
燃气生产和供应业	1149032	1145579		318775
水的生产和供应业	252959	249933		142011

1-D-02 国有控股工业

项　　目	企　业单位数(个)	#亏损企业	资产合计	流动资产合　计	固定资产合　计
总　计	**454**	**97**	**58963086**	**16900124**	**28389421**
#亏损企业	97	97	11802044	3765752	4933829
一、按轻重工业分组					
轻工业	109	24	6422984	2778369	2557228
重工业	345	73	52540102	14121756	25832193
二、按规模分组					
大型企业	41	6	35417387	11143615	14882763
中型企业	141	43	13837776	3393916	7883213
小微型企业	272	48	9707922	2362593	5623445
三、按行业分组					
1. 采矿业	42	6	1712028	472211	678403
煤炭开采和洗选业	16	2	654727	228228	172895
石油和天然气开采业					
黑色金属矿采选业	5		497034	98461	259308
有色金属矿采选业	8		162320	52122	89527
非金属矿采选业	13	4	397947	93400	156673
开采辅助活动					
其他采矿业					
2. 制造业	228	46	27677434	12026379	8863445
农副食品加工业	9	3	59048	30033	23791
食品制造业	9		427421	78296	61803
酒、饮料和精制茶制造业	10	3	113027	30850	77527
烟草制品业	6		2304707	1410955	688590
纺织业	2		113778	66739	28481
纺织服装、服饰业	5		17317	11914	5383
皮革、毛皮、羽毛及其制品和制鞋业	3		41768	29528	11641
木材加工和木、竹、藤、棕、草制品业	3	1	221165	118303	73227
家具制造业					
造纸和纸制品业	7	3	706672	226438	368312
印刷和记录媒介复制业	13	3	127232	56256	48574
文教、工美、体育和娱乐用品制造业					
石油加工、炼焦和核燃料加工业	5	1	4676479	1529618	2194152
化学原料和化学制品制造业	22	8	1679552	338783	606467
医药制造业	6		438929	311145	38886
化学纤维制造业	1	1	67177	9560	43097
橡胶和塑料制品业	2	1	17890	15508	2314
非金属矿物制品业	33	8	665650	321261	252546
黑色金属冶炼和压延加工业	7	2	3848067	1062473	1837296
有色金属冶炼和压延加工业	9		5511193	2276879	1049221
金属制品业	3		28590	18668	7842
通用设备制造业	12	2	458869	227621	96002
专用设备制造业	9	2	1415707	1112345	283725
汽车制造业	8	3	1632536	964190	457280
铁路、船舶、航空航天和其他运输设备制造业	8		1049896	760864	180207
电气机械和器材制造业	12	3	318871	182985	54520
计算机、通信和其他电子设备制造业	20	2	1687216	801676	359675
仪器仪表制造业	2		24256	21574	398
其他制造业					
废弃资源综合利用业	2		24421	11917	12488
金属制品、机械和设备修理业					
3. 电力、燃气及水的生产和供应业	184	45	29573624	4401534	18847573
电力、热力生产和供应业	154	36	26434942	3536806	17090462
燃气生产和供应业	4		1344746	463460	639856
水的生产和供应业	26	9	1793936	401269	1117255

企业主要财务指标

单位：万元

主营业务收　　入	主营业务成　　本	营业费用、管理费用、财务费用合计	利润总额	亏损企业亏损总额	本年应交增 值 税	税金总额	本年应付职工薪酬	全部从业人员平均人数（人）
41608046	**34822540**	**3064133**	**2079805**	**471871**	**1737485**	**4169423**	**1955465**	**240742**
9116641	8305531	639884	-471871	471871	221428	768577	368844	49533
4163180	2196491	428712	357558	27912	329318	1647100	315523	47033
37444866	32626048	2635421	1722247	443959	1408167	2522324	1639942	193709
26752866	22436569	1755934	723899	289878	1031273	3371699	1069593	116763
10442212	8926106	845754	880859	126742	473796	536297	610603	88137
4412968	3459864	462444	475047	55250	232417	261427	275269	35842
767782	543834	132208	90037	4183	81122	97837	148417	30123
368240	286499	60363	18944	2086	42652	49570	102933	22110
209654	148883	38901	22480		16460	21222	20499	2411
98831	57928	13066	26104		12282	15007	11558	1795
91058	50525	19879	22509	2096	9727	12038	13427	3807
22514486	18368229	1798380	663825	402332	867462	2871287	1119568	140956
257274	253414	5729	-424	2036	343	406	3872	1099
116829	102197	15351	4839		5375	6043	14773	2670
103567	84454	8920	2316	4573	8368	18416	11087	2107
2366631	696124	153399	231299		259807	1557204	95227	4821
114360	105018	7847	3371		3280	3750	12233	2476
18403	11161	4122	2518		2246	2549	5173	2489
115387	90456	11111	13501		5654	6326	22885	6963
149687	140691	13242	1023	197	3927	4419	3967	1044
312676	318991	66920	-2495	5046	6576	7843	28430	6206
110141	89919	10742	14426	388	4010	4580	15193	2363
5723815	5105256	228563	-205648	206948	110729	644277	51362	2202
881731	811876	111572	-18938	50129	34046	36354	60845	9882
223195	106491	46236	69098		13544	15579	27489	3651
30802	25284	12730	-5604	5604	1263	1480	7374	1484
9553	5773	3915	-94	109	838	966	4500	743
667072	582392	65318	28928	7284	27551	30496	36004	5476
3828097	3530321	147632	39422	23419	209701	218485	161241	20288
2415491	2067223	165747	386641		42509	70210	112150	13607
46691	43264	2159	1309		401	450	3418	430
169209	140486	27875	6206	5741	3680	4414	26428	4921
745525	663710	116893	-66887	69423	12038	14292	47019	5955
1824093	1522450	191221	26098	1024	57354	158927	96828	8075
928991	834362	52905	48410		6269	7391	55079	7225
199214	174414	28465	3157	9927	5609	7047	19027	3029
1107928	822243	295146	79132	10485	39220	45715	189368	20266
20045	16699	1716	1225		1126	1260	1855	268
28080	23561	2905	996		1998	2412	6743	1216
18325778	15910477	1133545	1325943	65357	788902	1200300	687480	69663
16908010	14777604	1019555	1096097	58119	738208	1141442	603766	59068
1144420	922702	44171	213246		35946	41081	28556	2744
273348	210172	69819	16599	7238	14748	17776	55159	7851

1-D-03 国有工业企业生产指标

单位：万元

项目	工业总产值	工业销售产值	#出口交货值	工业增加值
总计	**3880998**	**3827343**	**300979**	**1761570**
#亏损企业	140656	127728	232	44789
一、按轻重工业分组				
轻工业	1393509	1363703	491	1135667
重工业	2487488	2463640	300489	625903
二、按规模分组				
大型企业	2212159	2170685	300748	1331315
中型企业	1248862	1243768	232	297220
小微型企业	419976	412889		133034
三、按行业分组				
1. 采矿业	98619	99685	232	65855
煤炭开采和洗选业	67909	69939		50062
石油和天然气开采业				
黑色金属矿采选业	12431	12590		6152
有色金属矿采选业	4932	4892		2118
非金属矿采选业	13347	12264	232	7523
开采辅助活动				
其他采矿业				
2. 制造业	2022009	1974451	300748	1322036
农副食品加工业	4181	4181		838
食品制造业	3379	3087		1561
酒、饮料和精制茶制造业	9098	7546		2761
烟草制品业	1321152	1293445	491	1105846
纺织业				
纺织服装、服饰业				
皮革、毛皮、羽毛及其制品和制鞋业				
木材加工和木、竹、藤、棕、草制品业				

1-D-03　续表　　　　单位：万元

项　目	工业总产值	工业销售产值	#出口交货值	工业增加值
家具制造业				
造纸和纸制品业				
印刷和记录媒介复制业	9847	9700		2789
文教、工美、体育和娱乐用品制造业				
石油加工、炼焦和核燃料加工业				
化学原料和化学制品制造业	132644	114716		36079
医药制造业				
化学纤维制造业				
橡胶和塑料制品业				
非金属矿物制品业	21308	21560		5251
黑色金属冶炼和压延加工业				
有色金属冶炼和压延加工业				
金属制品业	4974	4841		1256
通用设备制造业				
专用设备制造业	4123	4073		1084
汽车制造业	5458	5458		1153
铁路、船舶、航空航天和其他运输设备制造业	352854	352854	300257	118102
电气机械和器材制造业	530	530		136
计算机、通信和其他电子设备制造业	147431	147431		41062
仪器仪表制造业				
其他制造业				
废弃资源综合利用业	5030	5030		4117
金属制品、机械和设备修理业				
3. 电力、燃气及水的生产和供应业	1760370	1753206		373679
电力、热力生产和供应业	1730721	1723557		355931
燃气生产和供应业	2820	2820		703
水的生产和供应业	26829	26829		17046

1-D-04 国有工业企业

项目	企业单位数(个)	#亏损企业	资产合计	流动资产合计	固定资产合计
总计	**59**	**9**	**4023767**	**1494772**	**1453078**
#亏损企业	9	9	834089	112256	183845
一、按轻重工业分组					
轻工业	18	3	1235300	775490	349980
重工业	41	6	2788467	719282	1103098
二、按规模分组					
大型企业	5	1	1995281	949666	473154
中型企业	15	3	1166301	292659	448784
小微型企业	39	5	862185	252447	531140
三、按行业分组					
1. 采矿业	11	2	408997	104874	142526
煤炭开采和洗选业	5		67435	27841	4691
石油和天然气开采业					
黑色金属矿采选业	2		43815	21181	6393
有色金属矿采选业	1		4207	1474	2733
非金属矿采选业	3	2	293539	54379	128709
开采辅助活动					
其他采矿业					
2. 制造业	22	4	2145874	1053357	357763
农副食品加工业	2	1	2860	1937	731
食品制造业	1		4303	2160	1361
酒、饮料和精制茶制造业	2		2480	640	1840
烟草制品业	1		1014670	668944	265330
纺织业					
纺织服装、服饰业					
皮革、毛皮、羽毛及其制品和制鞋业					
木材加工和木、竹、藤、棕、草制品业					
家具制造业					
造纸和纸制品业					
印刷和记录媒介复制业	2	1	6933	4831	2071
文教、工美、体育和娱乐用品制造业					
石油加工、炼焦和核燃料加工业					
化学原料和化学制品制造业	3	1	667068	35907	4799
医药制造业					
化学纤维制造业					
橡胶和塑料制品业					
非金属矿物制品业	2	1	19982	9332	8482
黑色金属冶炼和压延加工业					
有色金属冶炼和压延加工业					
金属制品业	1		5974	3902	1093
通用设备制造业					
专用设备制造业	2		8194	7608	66
汽车制造业	1		14446	8400	6046
铁路、船舶、航空航天和其他运输设备制造业	2		359725	284576	55482
电气机械和器材制造业	1		9046	2767	5541
计算机、通信和其他电子设备制造业	1		19136	12348	3886
仪器仪表制造业					
其他制造业					
废弃资源综合利用业	1		11058	10005	1037
金属制品、机械和设备修理业					
3. 电力、燃气及水的生产和供应业	26	3	1468896	336541	952789
电力、热力生产和供应业	18	2	1267584	244804	875068
燃气生产和供应业	1		12905	3101	5535
水的生产和供应业	7	1	188407	88636	72186

主要财务指标

单位：万元

主营业务收　入	主营业务成　本	营业费用、管理费用、财务费用合计	利润总额	亏损企业亏损总额	本年应交增 值 税	税金总额	本年应付职工薪酬	全部从业人员平均人数(人)
3770842	**2555766**	**247220**	**289046**	**5826**	**238595**	**1009742**	**198012**	**25757**
109644	110787	20032	-5826	5826	15488	16181	21892	4220
1354098	398006	79607	126102	1182	153738	915228	62301	4489
2416744	2157760	167613	162944	4644	84857	94514	135711	21268
2110228	1120920	149993	152667	463	176766	939749	109603	8247
1227317	1088640	44645	99405	3562	32923	36952	57650	11577
433297	346206	52582	36975	1801	28906	33041	30759	5933
100112	68774	27647	3798	1141	8665	10742	19918	5588
69478	50255	16897	1844		4699	5470	8927	2188
14358	7130	5395	2139		2042	2531	3707	507
4892	3736	621	246		631	920	253	102
11384	7653	4735	-431	1141	1293	1822	7031	2791
1904865	893575	121822	154390	946	172730	935563	100458	10055
4202	4183	226	-139	139	52	62	228	63
6283	4735	1721	64		319	365	2778	367
8354	7491	574	281		19	27	632	260
1274818	329564	68785	122189		150002	911025	47098	1482
9864	8425	1677	-111	343	396	440	866	298
78470	76326	18287	-110	463	12998	13022	12994	2294
21821	18389	1912	1454	2	706	917	513	211
4841	4410	359	39		199	223	763	170
4055	3157	434	517		640	654	242	94
5458	5122	121	166		58	78	171	61
328631	298013	17157	17421		1830	2340	22989	2596
3392	2891	496	193		231	261	718	242
143520	123488	7703	11769		4306	4865	4326	785
11157	7381	2371	658		976	1286	6142	1132
1765865	1593417	97751	130858	3739	57201	63437	77637	10114
1734245	1565904	92131	127329	3038	55439	61227	68267	8464
2820	2474	1435	620		49	200	928	187
28800	25039	4185	2909	701	1713	2010	8441	1463

1-D-05 集体工业企业产值指标

单位：万元

项 目	工业总产值	工业销售产值	#出口交货值	工业增加值
总 计	1312996	1295884	46543	462140
#亏损企业	89998	88476	934	27703
一、按轻重工业分组				
轻工业	302779	297262	42427	85233
重工业	1010217	998622	4116	376907
二、按规模分组				
大型企业				
中型企业	270658	267620	20960	104987
小微型企业	1042338	1028265	25583	357153
三、按行业分组				
1. 采矿业	529557	526574		255522
煤炭开采和洗选业	231263	231001		136666
石油和天然气开采业				
黑色金属矿采选业	116020	116022		45007
有色金属矿采选业	70170	70170		31768
非金属矿采选业	112105	109381		42082
开采辅助活动				
其他采矿业				
2. 制造业	637899	623771	46543	180774
农副食品加工业	21229	21080		4456
食品制造业	15446	14061		3945
酒、饮料和精制茶制造业	41288	41288		11481
烟草制品业				
纺织业	35148	35045	18946	8563
纺织服装、服饰业	2521	2521	2521	719
皮革、毛皮、羽毛及其制品和制鞋业	61798	59673	20960	17955
木材加工和木、竹、藤、棕、草制品业	50280	48099		16467

1-D-05　续表　　单位：万元

项　　目	工业总产值	工业销售产值	#出口交货值	工业增加值
家具制造业				
造纸和纸制品业	63208	61723		18675
印刷和记录媒介复制业				
文教、工美、体育和娱乐用品制造业	19293	19043		5821
石油加工、炼焦和核燃料加工业				
化学原料和化学制品制造业	24496	24918	3182	5726
医药制造业	4715	4715		2066
化学纤维制造业				
橡胶和塑料制品业	26690	26707		7423
非金属矿物制品业	70942	70229		23339
黑色金属冶炼和压延加工业				
有色金属冶炼和压延加工业				
金属制品业	51540	51540		15352
通用设备制造业	47153	47015		13073
专用设备制造业				
汽车制造业	3106	2813	934	834
铁路、船舶、航空航天和其他运输设备制造业	9314	9314		2614
电气机械和器材制造业	78762	73524		19280
计算机、通信和其他电子设备制造业	4271	4271		1255
仪器仪表制造业	6702	6192		1731
其他制造业				
废弃资源综合利用业				
金属制品、机械和设备修理业				
3. 电力、燃气及水的生产和供应业	145539	145539		25845
电力、热力生产和供应业	145539	145539		25845
燃气生产和供应业				
水的生产和供应业				

1-D-06 集体工业企业

项目	企业单位数(个)	#亏损企业	资产合计	流动资产合计	固定资产合计
总计	140	9	550333	331166	143122
#亏损企业	9	9	27229	21181	4971
一、按轻重工业分组					
轻工业	29	2	81325	49257	14148
重工业	111	7	469008	281909	128974
二、按规模分组					
大型企业					
中型企业	12	1	190196	111183	46730
小微型企业	128	8	360137	219983	96393
三、按行业分组					
1. 采矿业	69	3	121658	69538	41913
煤炭开采和洗选业	51	1	86675	46641	32734
石油和天然气开采业					
黑色金属矿采选业	4	2	6696	4755	1111
有色金属矿采选业	4		10463	8628	1640
非金属矿采选业	10		17825	9514	6428
开采辅助活动					
其他采矿业					
2. 制造业	65	5	360604	238184	69194
农副食品加工业	3		2258	578	1517
食品制造业	2		4652	2775	1193
酒、饮料和精制茶制造业	3		2996	1650	1347
烟草制品业					
纺织业	4		13633	3810	394
纺织服装、服饰业	1		3122	668	
皮革、毛皮、羽毛及其制品和制鞋业	3		21057	15685	1994
木材加工和木、竹、藤、棕、草制品业	4		34654	10671	23867
家具制造业					
造纸和纸制品业	8	2	19842	15646	3241
印刷和记录媒介复制业					
文教、工美、体育和娱乐用品制造业	2		1342	675	218
石油加工、炼焦和核燃料加工业					
化学原料和化学制品制造业	4		20580	17934	1897
医药制造业	1		4888	4281	200
化学纤维制造业					
橡胶和塑料制品业	4		6585	4904	1651
非金属矿物制品业	10		133378	84325	19943
黑色金属冶炼和压延加工业					
有色金属冶炼和压延加工业					
金属制品业	2		7150	3155	3485
通用设备制造业	5	1	17650	14042	3581
专用设备制造业					
汽车制造业	2	2	3291	2947	328
铁路、船舶、航空航天和其他运输设备制造业	1		578	392	186
电气机械和器材制造业	4		59954	51581	3625
计算机、通信和其他电子设备制造业	1		388	275	114
仪器仪表制造业	1		2606	2192	413
其他制造业					
废弃资源综合利用业					
金属制品、机械和设备修理业					
3. 电力、燃气及水的生产和供应业	6	1	68071	23444	32016
电力、热力生产和供应业	6	1	68071	23444	32016
燃气生产和供应业					
水的生产和供应业					

主要财务指标

单位：万元

主营业务收入	主营业务成本	营业费用、管理费用、财务费用合计	利润总额	亏损企业亏损总额	本年应交增值税	税金总额	本年应付职工薪酬	全部从业人员平均人数（人）
1299669	1124807	85813	72468	2133	61767	79635	84995	21848
88234	86866	3410	-2133	2133	1200	1612	5935	1733
298376	262939	15320	16712	822	11919	14462	20115	4555
1001293	861868	70493	55755	1311	49848	65173	64879	17293
270531	234039	12833	16323	192	16467	19526	23658	6694
1029138	890768	72981	56144	1941	45300	60110	61337	15154
530625	446448	43504	28711	246	32208	44788	34758	10649
235053	179671	27349	24546	13	24594	29337	23729	7955
116022	111313	3338	342	233	2146	3078	3373	1010
70169	64806	4037	444		746	1626	1946	483
109381	90658	8780	3379		4722	10747	5710	1201
625171	548125	37296	36203	1173	25124	29771	46859	10574
21080	18573	1080	772		49	695	1690	398
13550	11892	422	1180		243	343	541	152
41288	34972	4251	669		1994	2204	2096	492
34319	32177	859	892		311	470	1636	476
2521	2100	125	290		382	426	382	
59752	51373	1704	4133		3920	4305	4097	633
51012	42569	1891	4479		2414	2999	4323	822
61917	57211	3902	4657	822	2194	2556	4360	1130
19043	17511	543	1012		684	761	2717	644
24918	22170	1725	1543		894	1008	1928	398
4715	3622	796	83		135	164	480	62
26707	22456	2739	1365		1706	1906	1725	396
69735	61630	4606	3214		3526	4025	6753	1802
51540	47056	561	3885		1410	1582	3107	1017
46851	41516	3716	1721	236	3457	3938	6004	1066
2541	1915	490	-116	116	100	112	439	202
9314	8840	345	102		262	289	707	185
73906	61031	7046	5897		1191	1707	3353	465
4271	4129	83	44		108	123	68	25
6192	5383	412	382		146	159	455	209
143873	130234	5013	7554	713	4434	5076	3378	625
143873	130234	5013	7554	713	4434	5076	3378	625

1-D-07 “三资”工业企业生产经营主要指标

单位：万元

项　　目	工业总产值	工业销售产值	#出口交货值	工业增加值
总　　计	**138321872**	**134061888**	**46261063**	**35967460**
#亏损企业	13220421	12883812	2863705	2780701
一、按轻重工业分组				
轻工业	68362975	65898444	23092885	19573664
重工业	69958897	68163445	23168178	16393795
二、按登记注册类型分组				
港、澳、台商投资企业	75379181	72876294	23925561	20013635
合资经营企业	17151518	16449306	4825273	4468185
合作经营企业	225511	215684	43472	56243
港澳台商独资经营企业	53763843	52288943	18606414	14640195
港澳台商投资股份有限公司	4197617	3883096	426483	839982
外商投资企业	62942691	61185595	22335502	15953824
中外合资经营企业	25246362	24428933	5481507	5979196
中外合作经营企业	471693	453644	164477	154757
外资企业	34405128	33563440	15725171	9028486
外商投资股份有限公司	2684855	2606295	944390	761376
三、按规模分组				
大型企业	64287167	62199220	24730786	16386717
中型企业	46037051	44499014	14367618	12501089
小微型企业	27997654	27363655	7162659	7079653
四、按行业分组				
1. 采矿业	232736	228958	8248	92484
煤炭开采和洗选业	17720	16786		11495
石油和天然气开采业				
黑色金属矿采选业	11198	11198		3778
有色金属矿采选业	108476	106723		45564
非金属矿采选业	95342	94252	8248	31648
开采辅助活动				
其他采矿业				
2. 制造业	135770539	131522942	46252815	34972373
农副食品加工业	5469405	5292189	1670255	1169463
食品制造业	2867859	2791312	426424	808240
酒、饮料和精制茶制造业	2454159	2415327	38724	910077

1-D-07　续表　　单位：万元

项　　目	工业总产值	工业销售产值	#出口交货值	工业增加值
烟草制品业				
纺织业	5548315	5408901	889657	1398742
纺织服装、服饰业	9127814	8853732	3388905	2938071
皮革、毛皮、羽毛及其制品和制鞋业	15693060	15309488	5983811	4988204
木材加工和木、竹、藤、棕、草制品业	607702	588994	210215	197089
家具制造业	1310491	1289683	815642	324231
造纸和纸制品业	3440546	2990182	161668	996464
印刷和记录媒介复制业	282520	279995	21486	96549
文教、工美、体育和娱乐用品制造业	4215445	4116328	2825407	1179372
石油加工、炼焦和核燃料加工业	5943890	5890630	1200	1440394
化学原料和化学制品制造业	4585000	4366248	528256	743948
医药制造业	588878	559910	100912	185640
化学纤维制造业	4748549	4299016	366097	1034807
橡胶和塑料制品业	6324244	6249364	1638897	1783106
非金属矿物制品业	4673290	4462544	1404198	1426622
黑色金属冶炼和压延加工业	4657876	4315922	160359	877177
有色金属冶炼和压延加工业	1516290	1477253	449176	302787
金属制品业	3351825	3301515	1071883	812126
通用设备制造业	3224101	3125076	1103020	942102
专用设备制造业	1769622	1729475	316531	493017
汽车制造业	6654065	6481152	932323	1548688
铁路、船舶、航空航天和其他运输设备制造业	313907	307020	113272	85443
电气机械和器材制造业	7038154	6723218	2551472	2017238
计算机、通信和其他电子设备制造业	25873082	25445483	16796401	5377912
仪器仪表制造业	1033686	1025556	705717	289708
其他制造业	1548690	1509558	801208	418861
废弃资源综合利用业	35640	45434		5210
金属制品、机械和设备修理业	872437	872437	779700	181088
3. 电力、燃气及水的生产和供应业	2318596	2309988		902603
电力、热力生产和供应业	1724551	1722057		728173
燃气生产和供应业	494588	490552		127514
水的生产和供应业	99457	97380		46916

1-D-08 “三资”工业企业

项　　目	企　业单位数(个)	#亏损企业	资产合计	流动资产合　计	固定资产合　计
总　计	**4264**	**469**	**105030661**	**61097782**	**27922867**
#亏损企业	469	469	15106166	6227406	5675702
一、按轻重工业分组					
轻工业	2870	271	48315193	30812839	11369658
重工业	1394	198	56715467	30284944	16553209
二、按登记注册类型分组					
港、澳、台商投资企业	2712	269	58222339	34089533	14101311
合资经营企业	564	52	14059021	7746342	3029898
合作经营企业	14	1	103296	54532	27498
港澳台商独资经营企业	2106	212	39722579	24152691	10052753
港澳台商投资股份有限公司	25	4	4303247	2118132	979937
外商投资企业	1552	200	46808322	27008249	13821556
中外合资经营企业	438	57	19551645	10264313	6614053
中外合作经营企业	12		321020	217472	96200
外资企业	1071	140	23650864	14931978	5844408
外商投资股份有限公司	25	3	3183544	1547343	1247122
三、按规模分组					
大型企业	246	14	44815725	25880692	11219005
中型企业	1330	77	37922003	22236196	10477205
小微型企业	2688	378	22292933	12980894	6226656
四、按行业分组					
1. 采矿业	15	5	84117	35568	33638
煤炭开采和洗选业	1	1	28802	2442	16031
石油和天然气开采业					
黑色金属矿采选业	2	1	7529	2456	4753
有色金属矿采选业	7	1	29789	21709	3942
非金属矿采选业	5	2	17997	8961	8912
开采辅助活动					
其他采矿业					
2. 制造业	4214	460	100257375	59241776	25667117
农副食品加工业	165	24	3475324	2695197	533165
食品制造业	114	17	1515567	884982	434834
酒、饮料和精制茶制造业	68	8	2101634	1112209	684517

主要财务指标

单位：万元

主营业务收　入	主营业务成　本	营业费用、管理费用、财务费用合计	利润总额	亏损企业亏损总额	本年应交增 值 税	税金总额	本年应付职工薪酬	全部从业人员平均人数（人）
134934274	**115129780**	**11205601**	**8948034**	**692384**	**3546095**	**4784419**	**9036617**	**1847748**
12853960	11956951	950959	-692384	692384	221494	778672	672077	145047
66679949	55621015	6096309	5172173	203058	2031996	2392579	5587917	1263089
68254324	59508765	5109293	3775861	489325	1514099	2391840	3448700	584659
73334559	62198136	5935350	5417570	276033	2087013	2450507	5109947	1121894
16474633	13616171	1349461	1298629	44495	578988	688115	1165078	238579
224488	198773	13878	14190	162	5380	7177	17684	5198
52582648	44795107	4181475	3905920	135236	1420039	1665492	3811393	858364
4013525	3551309	389238	195234	96141	82028	88723	113024	18940
61599714	52931645	5270252	3530464	416351	1459082	2333912	3926670	725854
24823101	21288549	1830856	1050706	261332	623753	1321166	1223125	204502
534823	404647	69913	61480		18297	21299	26619	3792
33508628	28939199	3152644	2206596	133308	737298	902431	2534682	494469
2600196	2177189	208571	207837	21711	79365	88527	136977	21319
63018727	53426744	5797525	3853250	329733	1446567	2310635	3960410	709999
44477655	37951365	3342491	3453742	187152	1426464	1674834	3471380	762541
27437891	23751671	2065586	1641042	175499	673064	798950	1604827	375208
228075	189269	17814	11852	2180	5928	12501	10059	2761
15890	11627	5861	-1834	1834	1911	2180	2074	660
11198	9655	913	567	55	107	149	242	77
106719	90168	4997	5168	7	1747	3971	3407	859
94268	77819	6044	7950	284	2163	6201	4336	1165
132407425	113072110	11074200	8575402	683933	3406373	4625309	8949079	1837679
5366915	4785383	213320	381817	10444	215655	226190	163515	39140
2770367	2192460	356216	220459	23803	93931	104045	194979	39674
3021913	2184914	520964	289579	3458	125495	190735	238928	38767

1-D-08 续表

项目	企业单位数(个)	#亏损企业	资产合计	流动资产合计	固定资产合计
烟草制品业					
纺织业	260	27	4397300	2410487	1219707
纺织服装、服饰业	642	35	6836388	4728162	1502056
皮革、毛皮、羽毛及其制品和制鞋业	567	27	9689504	6494666	1818905
木材加工和木、竹、藤、棕、草制品业	42	7	476285	270143	153549
家具制造业	82	10	994594	639548	169076
造纸和纸制品业	110	14	3564220	2295270	772479
印刷和记录媒介复制业	28	6	270265	148297	98005
文教、工美、体育和娱乐用品制造业	277	27	1929752	1197433	497675
石油加工、炼焦和核燃料加工业	9	1	4757256	1566230	2214735
化学原料和化学制品制造业	127	13	6091424	2616303	1084376
医药制造业	25	3	617246	327024	233944
化学纤维制造业	37	5	3991273	1904664	1524874
橡胶和塑料制品业	238	36	5787270	3175556	1751763
非金属矿物制品业	231	29	4814280	2254921	1478684
黑色金属冶炼和压延加工业	46	9	3787847	1656734	1524825
有色金属冶炼和压延加工业	26	7	1403802	644370	666302
金属制品业	138	24	2697136	1679147	637735
通用设备制造业	131	17	2839132	1870948	693762
专用设备制造业	111	12	1666001	1080349	326914
汽车制造业	154	16	4677387	2967259	1107843
铁路、船舶、航空航天和其他运输设备制造业	29	5	592494	203582	357069
电气机械和器材制造业	173	21	5355310	3749604	954695
计算机、通信和其他电子设备制造业	210	47	13306810	9291378	2468574
仪器仪表制造业	58	3	725562	473175	179418
其他制造业	104	8	1075216	594678	187551
废弃资源综合利用业	4		68306	50157	6890
金属制品、机械和设备修理业	8	2	752791	259306	383196
3. 电力、燃气及水的生产和供应业	35	4	4689169	1820438	2222112
电力、热力生产和供应业	22	1	3869496	1569822	1818045
燃气生产和供应业	5		514593	202299	187099
水的生产和供应业	8	3	305080	48317	216968

单位：万元

主营业务收　入	主营业务成　本	营业费用、管理费用、财务费用合计	利润总额	亏损企业亏损总额	本年应交增值税	税金总额	本年应付职工薪酬	全部从业人员平均人数(人)
5337493	4666745	332241	392022	15591	133079	154846	390128	86066
8900404	7295528	760460	817104	7123	299839	353211	978806	235721
15607083	12876739	1526425	1280330	32223	493373	592527	1672081	396837
590331	503605	52348	33931	2355	10707	12083	35867	9516
1285675	1087118	135524	67434	3599	27494	33911	111971	24189
2934500	2414915	223441	340610	6619	133046	148242	157172	35864
282911	225172	27147	34810	2882	15175	16625	25272	5090
4106151	3443277	359270	295422	7713	105633	127651	458371	108601
5905892	5270158	235303	-194204	206948	116500	651007	53884	2840
4421737	3562573	284281	151790	67393	112290	124497	109168	20767
551806	355094	144357	56121	3181	21860	25089	45243	8643
4244095	3674070	415126	164080	51310	70001	75985	95205	19976
6288426	5233394	477505	650279	18233	212661	259935	447205	91274
4573857	3764082	455747	495403	32386	134936	167646	355484	72782
4201212	3860425	175365	190078	20650	131634	143435	163062	31082
1483936	1324906	97251	97196	16068	25890	29108	65475	9852
3347216	2992492	186371	181621	7865	69630	81765	203015	39693
3185215	2597766	345432	252612	4427	79886	93604	273932	50972
1717003	1403064	146714	165418	3591	54961	62907	133407	26823
6477627	5448717	525756	422134	13633	251317	371982	381254	67203
310880	264059	34250	10822	8963	8729	10352	35613	7225
6674799	5482922	649310	751613	8538	182078	233527	537550	85859
25356124	23124869	2136919	830026	95701	212696	255416	1266873	212885
1027441	889881	82712	63890	205	17586	22653	95966	23016
1517931	1291592	109535	114589	1567	44612	50381	172651	40544
47279	45631	1650	836		1994	2105	960	290
871209	810561	63263	17581	7465	3688	3849	86041	6488
2298773	1868402	113588	360781	6270	133794	146609	77480	7308
1717227	1370905	55933	298653	1079	125051	135879	38639	2726
484089	419148	42362	56338		5223	6758	21867	2673
97458	78349	15293	5790	5191	3520	3971	16974	1909

1-D-09 工业企业经济效益综合指数

项　目	全部工业	#国有工业	#集体工业	#“三资”工业
总　计	**250.33**	**569.84**	**278.93**	**232.36**
一、按轻重工业分组				
轻工业	236.73	1826.53	305.35	216.94
重工业	282.37	287.17	275.57	276.7
二、按规模分组				
大型企业	262.22	1177.59		255.4
中型企业	236.05	283.12	188.73	217.17
小微型企业	259.82	236.2	307.73	221.68
三、按行业分组				
1. 采矿业	309.69	141.31	393.39	381.82
煤炭开采和洗选业	229.09	234.51	353.06	171.77
黑色金属矿采选业	377.56	199.24	637.61	421.42
有色金属矿采选业	416.03	265.69	551.07	487.77
非金属矿采选业	377.29	44.31	499.68	490.28
2. 制造业	243.95	998.02	225.63	229.54
农副食品加工业	246.86	115.28	595.28	272.76
食品制造业	254.38	103.82	342.77	270.06
酒、饮料和精制茶制造业	301.14	258.25	619.78	292.4
烟草制品业	2775.77	4863.93		
纺织业	241.08		276.95	214.45
纺织服装、服饰业	207.82		168.17	205.22
皮革、毛皮、羽毛及其制品和制鞋业	217.5		329.52	209.43
木材加工和木、竹、藤、棕、草制品业	280.53		286.43	197.46
家具制造业	208.07			181.97
造纸和纸制品业	233.4		272.38	263.04

1-D-09　续表

项　目	全部工业	#国有工业	#集体工业	#“三资”工业
印刷和记录媒介复制业	242.93	77.73		265.95
文教、工美、体育和娱乐用品制造业	239.54		628.63	212.26
石油加工、炼焦和核燃料加工业	1300.6			3123.3
化学原料和化学制品制造业	281.16	141.1	186.86	304.92
医药制造业	298.54		243.33	254.79
化学纤维制造业	340.05			403.9
橡胶和塑料制品业	275.44		283.39	251.95
非金属矿物制品业	256.45	218.56	123.42	249.92
黑色金属冶炼和压延加工业	287.9			242.33
有色金属冶炼和压延加工业	330.27			264.67
金属制品业	243.88	112.51	472.84	226.91
通用设备制造业	241.1		217.27	225.2
专用设备制造业	216.23	191.6		234.35
汽车制造业	243.4	144.02	54.05	259.49
铁路、船舶、航空航天和其他运输设备制造业	204.16	324.5	492.69	115.45
电气机械和器材制造业	256.09	84.45	324.38	280.63
计算机、通信和其他电子设备制造业	234.4	670.26	554.49	216.9
仪器仪表制造业	186.21		167.75	187.43
其他制造业	174.86			188.34
废弃资源综合利用业	309.37	129.63		136.91
金属制品、机械和设备修理业	280.06			255.29
3. 电力、燃气及水的生产和供应业	536.59	360.46	400.23	889.55
电力、热力生产和供应业	565.81	412.91	400.23	1769.62
燃气生产和供应业	849.64	127.01		424.56
水的生产和供应业	211.57	142.73		235.98

1-D-10 工业企业从业人员数

项目	规模以上工业		
	从业人员平均人数（人）	全员劳动生产率	
		按当年价总产值计算	按工业增加值计算
总　计	**4239007**	**798615**	**210899**
一、按轻重工业分组			
轻工业	2656911	605164	172116
重工业	1582096	1123490	276029
二、按规模分组			
大型企业	1142321	922956	241331
中型企业	1635228	653165	178154
小型企业	1461458	864172	223750
三、按行业分组			
1. 采矿业	89086	579504	246412
煤炭开采和洗选业	45365	260344	157256
石油和天然气开采业			
黑色金属矿采选业	11133	1146567	381529
有色金属矿采选业	9318	924378	396077
非金属矿采选业	23270	792313	295649
开采辅助活动			
其他采矿业			
2. 制造业	4070102	767577	200009
农副食品加工业	195128	1096079	238533
食品制造业	138849	683486	183910
酒、饮料和精制茶制造业	104484	676311	221738
烟草制品业	4821	5030437	4096447
纺织业	223291	824476	197602
纺织服装、服饰业	393020	394162	123574
皮革、毛皮、羽毛及其制品和制鞋业	660480	404643	126751
木材加工和木、竹、藤、棕、草制品业	97136	742160	212122
家具制造业	61888	541966	146174
造纸和纸制品业	98972	858075	235493
印刷和记录媒介复制业	35381	613684	174189
文教、工美、体育和娱乐用品制造业	210107	524459	149822
石油加工、炼焦和核燃料加工业	7645	8568787	2054253
化学原料和化学制品制造业	94256	1401768	295446
医药制造业	30135	754392	256102
化学纤维制造业	35336	2072117	452780
橡胶和塑料制品业	172605	781718	215346
非金属矿物制品业	334156	689764	195241
黑色金属冶炼和压延加工业	99117	1761252	347653
有色金属冶炼和压延加工业	48516	1969991	381238
金属制品业	89859	848352	205216
通用设备制造业	115450	732330	198700
专用设备制造业	79657	790634	187793
汽车制造业	104765	898309	210456
铁路、船舶、航空航天和其他运输设备制造业	43397	794913	220152
电气机械和器材制造业	195234	797745	213832
计算机、通信和其他电子设备制造业	290822	1031054	225401
仪器仪表制造业	36067	431011	122977
其他制造业	57056	396725	103610
废弃资源综合利用业	4019	1279673	347847
金属制品、机械和设备修理业	8453	1331085	287990
3. 电力、燃气及水的生产和供应业	79819	2625838	726529
电力、热力生产和供应业	66112	2824179	775383
燃气生产和供应业	4271	4496260	1120051
水的生产和供应业	9436	389581	206123

和劳动生产率

单位：元/人

国有控股工业			国有工业		
从业人员平均人数（人）	全员劳动生产率		从业人员平均人数（人）	全员劳动生产率	
	按当年价总产值计算	按工业增加值计算		按当年价总产值计算	按工业增加值计算
240742	**1723066**	**490824**	**25757**	**1506774**	**683919**
47033	893586	536724	4489	3104276	2529889
193709	1924466	479680	21268	1169592	294293
116763	2271080	635120	8247	2682381	1614303
88137	1195251	345625	11577	1078744	256734
35842	1235714	377800	5933	707865	224228
30123	256018	150327	5588	176483	117851
22110	155047	113241	2188	310370	228802
2411	868696	321282	507	245187	121349
1795	717253	444469	102	483490	207608
3807	236949	118757	2791	47822	26956
140956	1585128	459293	10055	2010949	1314804
1099	2166448	161608	63	663698	132937
2670	395761	103892	367	92071	42534
2107	498722	204995	260	349923	106204
4821	5030437	4096447	1482	8914655	7461847
2476	525853	80035			
2489	72905	25775			
6963	167203	62159			
1044	1573569	385682			
6206	517988	102881			
2363	491820	172048	298	330446	93584
2202	26200040	6386853			
9882	926549	164960	2294	578222	157277
3651	631882	311969			
1484	185109	55068			
743	131719	33878			
5476	1202089	305046	211	1009848	248867
20288	1913248	318308			
13607	1503670	379200			
430	790277	99930	170	292576	73906
4921	348035	94681			
5955	728040	27710	94	438606	115277
8075	2371858	482907	61	894721	189049
7225	1388733	403744	2596	1359223	454939
3029	613436	112251	242	21893	5620
20266	627668	185350	785	1878099	523083
268	747276	218549			
1216	234832	72537	1132	44435	36373
69663	2636536	701859	10114	1740528	369467
59068	2872099	749742	8464	2044802	420523
2744	4187433	1161718	187	150807	37567
7851	322200	180883	1463	183386	116514

1-D-10 续表

项目	集体工业		
	从业人员平均人数（人）	全员劳动生产率	
		按当年价总产值计算	按工业增加值计算
总　计	**21848**	**600968**	**211525**
一、按轻重工业分组			
轻工业	4555	664718	187120
重工业	17293	584177	217953
二、按规模分组			
大型企业			
中型企业	6694	404329	156837
小型企业	15154	687830	235682
三、按行业分组			
1. 采矿业	10649	497284	239949
煤炭开采和洗选业	7955	290714	171798
石油和天然气开采业			
黑色金属矿采选业	1010	1148712	445609
有色金属矿采选业	483	1452787	657712
非金属矿采选业	1201	933432	350391
开采辅助活动			
其他采矿业			
2. 制造业	10574	603271	170960
农副食品加工业	398	533397	111955
食品制造业	152	1016151	259520
酒、饮料和精制茶制造业	492	839179	233346
烟草制品业			
纺织业	476	738401	179895
纺织服装、服饰业			
皮革、毛皮、羽毛及其制品和制鞋业	633	976276	283649
木材加工和木、竹、藤、棕、草制品业	822	611678	200328
家具制造业			
造纸和纸制品业	1130	559358	165266
印刷和记录媒介复制业			
文教、工美、体育和娱乐用品制造业	644	299575	90394
石油加工、炼焦和核燃料加工业			
化学原料和化学制品制造业	398	615465	143874
医药制造业	62	760484	333161
化学纤维制造业			
橡胶和塑料制品业	396	673997	187452
非金属矿物制品业	1802	393683	129519
黑色金属冶炼和压延加工业			
有色金属冶炼和压延加工业			
金属制品业	1017	506783	150949
通用设备制造业	1066	442335	122631
专用设备制造业			
汽车制造业	202	153738	41277
铁路、船舶、航空航天和其他运输设备制造业	185	503449	141319
电气机械和器材制造业	465	1693796	414619
计算机、通信和其他电子设备制造业	25	1708480	501960
仪器仪表制造业	209	320684	82813
其他制造业			
废弃资源综合利用业			
金属制品、机械和设备修理业			
3. 电力、燃气及水的生产和供应业	625	2328627	413514
电力、热力生产和供应业	625	2328627	413514
燃气生产和供应业			
水的生产和供应业			

单位：元/人

“三资”工业			农村工业		
从业人员平均人数（人）	全员劳动生产率		从业人员平均人数（人）	全员劳动生产率	
	按当年价总产值计算	按工业增加值计算		按当年价总产值计算	按工业增加值计算
1847748	**748597**	**194656**	**12327**	**539741**	**175124**
1263089	541236	154967	5775	491962	138589
584659	1196576	280399	6552	581854	207326
709999	905454	230799			
762541	603732	163940	4348	454944	138695
375208	746190	188686	7979	585950	194975
2761	842942	334966	3424	404661	202813
660	268491	174162	2785	316091	187516
77	1454312	490675	496	740950	231256
859	1262811	530426			
1165	818388	271654	143	963175	402077
1837679	738815	190307	8684	595452	163988
39140	1397395	298790			
39674	722856	203720			
38767	633054	234756	2301	575636	162445
86066	644658	162520	137	1373891	329058
235721	387230	124642			
396837	395454	125699	1144	224972	73312
9516	638611	207113	442	295138	91835
24189	541771	134041	283	814965	213307
35864	959331	277845	150	705333	189240
5090	555049	189684			
108601	388159	108597	905	494445	142004
2840	20929189	5071810			
20767	2207830	358236	163	614129	143147
8643	681336	214786			
19976	2377127	518025			
91274	692886	195358	413	468978	120622
72782	642094	196013	1728	746510	210905
31082	1498577	282214	152	1632105	311822
9852	1539068	307335			
39693	844437	204602	300	1302510	361487
50972	632524	184827	566	466125	123744
26823	659740	183804			
67203	990144	230449			
7225	434473	118260			
85859	819734	234948			
212885	1215355	252621			
23016	449116	125872			
40544	381978	103310			
290	1228972	179638			
6488	1344693	279113			
7308	3172683	1235088	219	442566	183799
2726	6326306	2671214	219	442566	183799
2673	1850312	477043			
1909	520991	245762			

1-D-11 工业企业主要

项 目	企业亏损面	增加值率	产品销售率
总 计	**7.53**	**26.31**	**97.45**
#国有控股企业	21.37	28.3	98.78
一、按轻重工业分组			
轻工业	6.44	28.76	97.27
重工业	8.91	24.15	97.6
二、按登记注册类型分组			
内 资	6.28	26.66	97.81
国有企业	15.25	46.03	98.62
中央企业		59.96	98.7
地方企业	17.65	27.52	98.51
集体企业	6.43	35.17	98.7
股份合作企业	5.88	29.97	98.61
联营企业	16.67	44.17	99.59
有限责任公司	7.94	25.17	97.72
股份有限公司	8.58	28.18	97.86
私营企业	5.51	26.27	97.86
其他企业	3.85	31.8	93.87
港、澳、台商投资企业	9.92	26.55	96.68
外商投资企业	12.89	25.18	97.21
三、按规模分组			
大型企业	5.87	26.16	97.02
中型企业	5.37	27.28	97.1
小微型企业	8.1	24.91	98.09
四、按行业分组			
1. 采矿业	7.89	43.2	98.81
煤炭开采和洗选业	5.66	60.4	101.2
石油和天然气开采业			
黑色金属矿采选业	14.81	33.28	97.19
有色金属矿采选业	7.25	43.52	96.98
非金属矿采选业	6.88	37.21	99.26
开采辅助活动			
其他采矿业			
2. 制造业	7.29	26.06	97.27
农副食品加工业	5.93	21.44	97.63

经济效益指标

单位：%

总资产贡献率	资产负债率	销售收入利税率	资金利税率	成本费用利润率	流动资产周转次数(次)
15.79	**54.43**	**10.83**	**17.9**	**7.16**	**2.59**
12.22	61.41	14.78	14.47	5.39	2.5
19.48	49.56	11.83	21.6	8.04	2.58
13.24	57.8	9.93	15.13	6.38	2.6
17.1	55.21	11.36	19.61	7.26	2.91
33.39	46.17	33.61	44.65	10.01	2.59
78.03	35.95	52.74	85.28	17.72	2.7
7.54	52.09	9.09	9.83	4.54	2.45
28.23	50.39	11.27	32.44	5.75	4.07
22.34	52.3	10.34	32.84	8.17	4.53
22.04	22.05	19.32	28.5	16.33	6.4
14.87	61.34	11.57	17.09	6.83	3.14
9.58	49.18	13.98	11.84	10.37	1.2
21.19	51.4	10.08	23.05	7.09	3.34
14.38	68.7	9.46	12.98	4.31	2.02
14.51	51.22	10.59	16.58	7.86	2.18
13.37	55.97	9.43	14.6	6.01	2.3
14.58	58.92	11.59	17.36	6.57	2.4
16.87	51.57	11.77	18.61	8.44	2.49
16.09	52.19	9.39	17.76	6.57	2.89
24.32	43.33	14.29	32.72	8.1	4.57
19.99	47.18	16.37	28.03	7.05	3.11
18.39	48.92	11.5	25.91	6.81	4.72
28.51	42.53	14.3	33.02	9.52	4.72
33.47	33.41	14.8	44.07	9.1	6.34
16.51	52.98	10.53	18.59	7.05	2.53
20.85	60.2	10.28	21.8	6.75	2.78

1-D-11 续表

项　目	企业亏损面	增加值率	产品销售率
食品制造业	6.48	26.96	98.15
酒、饮料和精制茶制造业	2.15	33.19	97.93
烟草制品业		81.43	101.01
纺织业	7.96	23.96	97.03
纺织服装、服饰业	6.11	31.45	97.27
皮革、毛皮、羽毛及其制品和制鞋业	4.5	31.43	97.96
木材加工和木、竹、藤、棕、草制品业	3.62	28.47	97.97
家具制造业	8.22	26.85	98.51
造纸和纸制品业	8.33	27.43	93.25
印刷和记录媒介复制业	12.26	28.42	98.52
文教、工美、体育和娱乐用品制造业	4.37	28.55	98.13
石油加工、炼焦和核燃料加工业	14.81	23.97	99
化学原料和化学制品制造业	9.29	20.56	96.75
医药制造业	5.08	33.78	94.22
化学纤维制造业	9.78	21.66	92.98
橡胶和塑料制品业	11.37	27.84	98.36
非金属矿物制品业	5.24	28.65	98.35
黑色金属冶炼和压延加工业	11.76	19.65	96.07
有色金属冶炼和压延加工业	16.67	19.48	93.81
金属制品业	10.94	24.18	97.24
通用设备制造业	10.33	27.25	97.05
专用设备制造业	5.8	23.49	95.99
汽车制造业	10.61	23	97.78
铁路、船舶、航空航天和其他运输设备制造业	6.67	27.73	96.64
电气机械和器材制造业	7.84	26.86	96.35
计算机、通信和其他电子设备制造业	15.4	21.66	98.35
仪器仪表制造业	5.22	28.35	98.4
其他制造业	8.15	26.09	97.82
废弃资源综合利用业	13.33	25.47	100.56
金属制品、机械和设备修理业	13.04	21.63	99.45
3. 电力、燃气及水的生产和供应业	18.95	26.68	99.71
电力、热力生产和供应业	18.47	26.38	99.71
燃气生产和供应业	5.56	24.91	99.79
水的生产和供应业	28.21	52.83	99.18

单位：%

总资产贡献率	资产负债率	销售收入利税率	资金利税率	成本费用利润率	流动资产周转次数(次)
20.5	44.41	11.28	25.84	8.21	3.37
27.66	42.04	14.73	32.1	10.84	3.33
77.97	32.6	71.52	86.61	23.63	1.77
14.74	49.92	8.66	15.5	6.78	2.81
18.86	39.31	12.52	20.22	9.47	2.17
22.26	46.4	11.75	25.14	8.52	2.79
24.79	48.61	9.39	26.78	6.55	4.26
15.93	54.38	10.05	17.82	7.1	2.27
15.04	62.25	12.72	16.51	9.3	1.9
18.99	53.88	11.62	21.38	8.46	2.78
23.4	48.06	10.09	25.65	7.78	3.41
13.02	79.23	7.98	13.17	-2.55	3.86
10.19	56.88	7.29	11.96	4.3	2.43
17.11	38.67	17.22	20.15	14.22	1.64
8.25	62.85	6.2	7.67	4.81	2.24
20.88	48	13.2	23.81	10.26	2.68
18.78	48.77	12.22	21.76	9	2.91
13.09	65.24	7.95	14.6	3.49	3.2
8.79	54.5	7.64	10.68	6.25	2.11
15.04	46.43	9.35	16.93	6.83	2.5
14.53	46.82	11.12	15.79	8.73	1.91
11.72	54.05	9.87	12.46	6.71	1.6
15.62	54.91	11.03	17.67	6.66	2.21
10.68	66	8.71	11.83	5.94	1.88
17.21	50.58	12.2	19.31	9.27	1.97
9.12	59.97	5.32	10.33	4.13	2.46
13.59	41.52	9.5	14.34	7.19	1.99
13.85	40.03	9.68	17.08	6.51	2.25
21.15	60.05	10.54	22.99	4.09	3.05
7.41	49.99	5.17	8.1	4.08	3.76
10.63	64.3	14.31	11.84	8.56	3.37
10.6	66.15	14.01	11.62	7.74	3.65
19.88	59.75	17.27	23.72	16.91	2.96
3.12	40.88	13.85	3.73	8.89	0.85

1-D-12 国有控股工业企业

项　　目	企业亏损面	增加值率	产品销售率
总　　计	**21.37**	**28.3**	**98.78**
#亏损企业	100	21.27	99.41
一、按隶属关系分组			
中央企业	7.35	34.45	99.86
地方企业	23.83	24.74	98.17
二、按轻重工业分组			
轻工业	22.02	62.11	100.01
重工业	21.16	24.58	98.64
三、按规模分组			
大型企业	14.63	27.97	98.45
中型企业	30.5	28.78	99.24
小微型企业	17.65	29.76	99.61
四、按行业分组			
1. 采矿业	14.29	60.86	98.44
煤炭开采和洗选业	12.5	73.37	101.73
石油和天然气开采业			
黑色金属矿采选业		37.21	93.59
有色金属矿采选业		67.3	95.25
非金属矿采选业	30.77	61.75	101.71
开采辅助活动			
其他采矿业			
2. 制造业	20.18	29.09	98.04
农副食品加工业	33.33	5.59	103.01
食品制造业		26.95	103.69
酒、饮料和精制茶制造业	30	43.62	97.8
烟草制品业		81.43	101.01
纺织业		14.69	87.83
纺织服装、服饰业		67.19	103.06
皮革、毛皮、羽毛及其制品和制鞋业		37.18	99.12

主要经济效益指标

单位：%

总资产贡献率	资产负债率	销售收入利税率	资金利税率	成本费用利润率	流动资产周转次数（次）
12.22	**61.41**	**14.78**	**14.47**	**5.39**	**2.5**
4.45	70.57	3.22	3.53	-5.22	2.45
17.04	69.61	23.01	21.19	8.27	3.44
9.13	56.15	10.24	10.38	4	2.17
31.77	39.83	46.11	39.96	12.82	1.56
9.83	64.05	11.19	11.12	4.81	2.69
12.99	64.23	15.09	16.71	2.93	2.44
12.13	52.44	13.45	12.98	8.92	3.1
9.55	63.9	16.05	9.47	11.72	1.94
11.63	41.32	22.32	18.18	12.11	1.78
11.1	45.16	17.49	17.62	5.13	1.72
9.69	49.03	20.45	16.45	11.79	2.17
26.23	36.24	40	31.01	35.76	1.97
9	27.42	25.86	14.03	20.37	1.43
14.01	56.68	15.41	17.16	3.23	1.91
1.24	103.8	-0.01	-0.04	-0.16	8.61
2.7	19.34	9.14	7.78	4.03	1.52
19.31	53.34	19.71	19.76	2.44	3.41
77.97	32.6	71.52	86.61	23.63	1.77
7.04	33.18	6.16	7.08	2.96	1.73
29.74	36.47	27.4	29.29	16.45	1.55
46.79	27.5	17.12	48.16	13.29	3.92

1-D-12 续表

项　目	企业亏损面	增加值率	产品销售率
木材加工和木、竹、藤、棕、草制品业	33.33	24.48	91.12
家具制造业			
造纸和纸制品业	42.86	19.63	96.98
印刷和记录媒介复制业	23.08	38.48	98.75
文教、工美、体育和娱乐用品制造业			
石油加工、炼焦和核燃料加工业	20	24.38	99.21
化学原料和化学制品制造业	36.36	17.12	97.93
医药制造业		49.54	97.4
化学纤维制造业	100	29.75	109.59
橡胶和塑料制品业	50		97.76
非金属矿物制品业	24.24	25.28	98.97
黑色金属冶炼和压延加工业	28.57	16.64	96.9
有色金属冶炼和压延加工业		25.23	94.84
金属制品业		6.63	99.5
通用设备制造业	16.67	27.07	96.7
专用设备制造业	22.22	3.18	98.01
汽车制造业	37.5	20.35	97.23
铁路、船舶、航空航天和其他运输设备制造业		29.12	100.13
电气机械和器材制造业	25	14.42	100.37
计算机、通信和其他电子设备制造业	10	29.79	95.27
仪器仪表制造业			100
其他制造业			
废弃资源综合利用业		30.89	87.53
金属制品、机械和设备修理业			
3. 电力、燃气及水的生产和供应业	24.46	26.04	99.69
电力、热力生产和供应业	23.38	25.52	99.7
燃气生产和供应业		27.75	99.7
水的生产和供应业	34.62	56.62	98.8

单位：%

总资产贡献率	资产负债率	销售收入利税率	资金利税率	成本费用利润率	流动资产周转次数(次)
4.86	71.98	3.47	3.3	0.64	1.33
2.58	65.52	1.65	0.91	-0.63	1.43
15.48	48	16.88	18.73	13.98	2
11.92	81.64	7.59	11.78	-3.81	3.78
3.66	63.16	1.92	1.89	-2.01	2.68
19.6	28.46	37.73	24.18	44.98	0.72
-2.2	109.21	-12.92	-7.83	-14.47	3.34
5.51	34.79	9.12	4.89	-0.97	0.62
10.02	57.48	8.84	10.46	4.41	2.09
7.92	54	6.72	9.05	1.07	3.61
8.94	44.48	18.55	13.8	17.09	1.08
7.01	46.23	3.77	6.63	2.88	2.5
2.79	38.07	5.86	3.35	3.48	0.8
-1.9	64.91	-6.92	-4.05	-8.44	0.68
11.99	65.81	9.82	13.04	1.49	1.95
5.92	73.29	5.99	5.94	5.44	1.23
3.8	42.74	4.86	4.33	1.45	1.15
7.83	52.74	11.14	10.75	7.04	1.4
10.2	66.18	12.38	11.31	6.62	0.93
14.39	15.94	12.06	13.37	3.76	2.37
10.59	67	13.66	11.72	7.65	4.2
10.69	69.1	13.15	11.65	6.83	4.81
19.62	58.69	21.42	23.05	21.47	2.56
2.32	42.26	11.86	2.75	5.78	0.72

1-D-13 国有工业企业

项　　目	企业亏损面	增加值率	产品销售率
总　　计	**15.25**	**46.03**	**98.62**
#亏损企业	100	33.31	90.81
一、按隶属关系分组			
中央企业		59.96	98.7
地方企业	17.65	27.52	98.51
二、按轻重工业分组			
轻工业	16.67	83.43	97.86
重工业	14.63	24.81	99.04
三、按规模分组			
大型企业	20	60.18	98.13
中型企业	20	23.8	99.59
小微型企业	12.82	30.76	98.31
四、按行业分组			
1. 采矿业	18.18	71.54	101.08
煤炭开采和洗选业		74.74	102.99
石油和天然气开采业			
黑色金属矿采选业		61.42	101.28
有色金属矿采选业			99.19
非金属矿采选业	66.67	60.5	91.88
开采辅助活动			
其他采矿业			
2. 制造业	18.18	67.1	97.65
农副食品加工业	50		100
食品制造业		46.2	91.35
酒、饮料和精制茶制造业			82.94
烟草制品业		83.7	97.9
纺织业			
纺织服装、服饰业			
皮革、毛皮、羽毛及其制品和制鞋业			

主要经济效益指标

单位：%

总资产贡献率	资产负债率	销售收入利税率	资金利税率	成本费用利润率	流动资产周转次数(次)
33.39	**46.17**	**33.61**	**44.65**	**10.01**	**2.59**
3.03	44.54	9.26	3.57	-4.42	1
78.03	35.95	52.74	85.28	17.72	2.7
7.54	52.09	9.09	9.83	4.54	2.45
84.51	37.46	72.3	92.91	22.68	1.86
10.75	50.03	10.62	14.4	6.99	3.37
55.98	50.6	49.89	77.1	11.35	2.31
11.85	30.37	11.09	18.81	8.76	4.2
10.27	57.3	15.74	9.12	9.05	1.76
3.54	19.02	14.24	5.93	3.9	0.97
11.44	29.41	10.46	22.48	2.75	2.51
9.37	26.77	30.62	16.93	16.21	0.72
28.02	48.34	23.83	38.48	5.65	3.32
0.51	15.06	11.58	0.76	-3.39	0.22
51.87	51.52	54.87	77.4	14.13	1.89
-2.7	32.12	-1.82	-2.87	-3.12	2.17
9.97	39.17	6.38	12.2	0.95	3.12
14.25	29.66	3.68	12.41	3.49	13.06
102.18	35.98	76.4	110.59	25.97	2.02

1-D-13 续表

项　目	企业亏损面	增加值率	产品销售率
木材加工和木、竹、藤、棕、草制品业			
家具制造业			
造纸和纸制品业			
印刷和记录媒介复制业	50		98.5
文教、工美、体育和娱乐用品制造业			
石油加工、炼焦和核燃料加工业			
化学原料和化学制品制造业	33.33	28.71	86.48
医药制造业			
化学纤维制造业			
橡胶和塑料制品业			
非金属矿物制品业	50	24.53	101.19
黑色金属冶炼和压延加工业			
有色金属冶炼和压延加工业			
金属制品业			97.33
通用设备制造业			
专用设备制造业			98.79
汽车制造业			100
铁路、船舶、航空航天和其他运输设备制造业		33.47	100
电气机械和器材制造业			100
计算机、通信和其他电子设备制造业		27.85	100
仪器仪表制造业			
其他制造业			
废弃资源综合利用业		81.86	100
金属制品、机械和设备修理业			
3. 电力、燃气及水的生产和供应业	11.54	20.51	99.59
电力、热力生产和供应业	11.11	20.03	99.59
燃气生产和供应业			100
水的生产和供应业	14.29	69.37	100

单位：%

总资产贡献率	资产负债率	销售收入利税率	资金利税率	成本费用利润率	流动资产周转次数(次)
5.41	70.42	3.25	4.76	-1.09	2.09
4.35	61.49	16.42	31.72	-0.12	2.19
12.14	68.57	10.86	13.31	7.16	2.34
5.73	52.18	5.4	5.24	0.81	1.24
14.29	47.91	28.75	15.26	14.4	0.54
1.86	67.32	4.48	2.12	3.17	0.65
6.1	77.71	6.01	5.81	5.53	1.16
5.2	38.49	7.35	5.46	2.54	2.23
91.86	40.73	11.59	102.47	8.97	11.62
17.18	7.75	17.28	17.6	6.74	1.12
14.72	45.91	10.94	15.47	7.7	5.28
16.7	46.41	10.86	17.28	7.66	7.09
6.88	32.99	15.23	9.5	12.82	1.74
1.93	43.47	14.47	3.15	9.42	0.38

1-D-14 集体工业企业

项　　目	企业亏损面	增加值率	产品销售率
总　　计	**6.43**	**35.17**	**98.7**
#亏损企业	100	29.58	98.31
一、按隶属关系分组			
中央企业			
地方企业	6.43	35.17	98.7
二、按轻重工业分组			
轻工业	6.9	29.94	98.18
重工业	6.31	36.37	98.85
三、按规模分组			
大型企业			
中型企业	8.33	38.79	98.88
小微型企业	6.25	33.34	98.65
四、按行业分组			
1. 采矿业	4.35	45.96	99.44
煤炭开采和洗选业	1.96	57.89	99.89
石油和天然气开采业			
黑色金属矿采选业	50	38.92	100
有色金属矿采选业		46.9	100
非金属矿采选业		37.72	97.57
开采辅助活动			
其他采矿业			
2. 制造业	7.69	29.94	97.79
农副食品加工业			99.3
食品制造业			91.04
酒、饮料和精制茶制造业		26.88	100
烟草制品业			
纺织业			99.71
纺织服装、服饰业			100
皮革、毛皮、羽毛及其制品和制鞋业		29.4	96.56

主要经济效益指标

单位：%

总资产贡献率	资产负债率	销售收入利税率	资金利税率	成本费用利润率	流动资产周转次数（次）
28.23	**50.39**	**11.27**	**32.44**	**5.75**	**4.07**
-1.68	49.94	-0.59	-2	-2.36	4.17
28.23	50.39	11.27	32.44	5.75	4.07
38.71	47.39	10.4	50.05	6	6.08
26.42	50.91	11.52	29.74	5.68	3.72
19.64	62.95	11.28	22.96	5.55	2.86
32.77	43.75	11.27	37.17	5.82	4.69
61.14	56.98	13.85	66.46	5.85	7.63
62.72	49.14	22.92	68.42	11.86	5.04
51.53	146.88	2.95	59.46	0.3	24.4
20.59	55.07	2.95	20.34	0.64	8.13
80.89	62.48	12.91	88.79	3.36	11.5
19	52.28	9.78	21.63	5.72	2.83
64.95	24.18	6.96	73.02	3.93	36.46
32.77	34.81	11.24	38.37	9.58	4.88
100.41	46.85	6.75	95.88	1.7	25.79
10.2	35.95	3.97	32.8	2.69	9.01
22.92	27.63	28.39	107.14	13.04	3.77
40.12	67.18	14.12	50.54	7.79	3.81

1-D-14 续表

项　　目	企业亏损面	增加值率	产品销售率
木材加工和木、竹、藤、棕、草制品业		33.2	95.66
家具制造业			
造纸和纸制品业	25	31.13	97.65
印刷和记录媒介复制业			
文教、工美、体育和娱乐用品制造业		30.88	98.71
石油加工、炼焦和核燃料加工业			
化学原料和化学制品制造业			101.73
医药制造业			100
化学纤维制造业			
橡胶和塑料制品业			100.06
非金属矿物制品业		40.11	99
黑色金属冶炼和压延加工业			
有色金属冶炼和压延加工业			
金属制品业		30.24	100
通用设备制造业	20	30	99.71
专用设备制造业			
汽车制造业	100		90.59
铁路、船舶、航空航天和其他运输设备制造业			100
电气机械和器材制造业		20.7	93.35
计算机、通信和其他电子设备制造业			100
仪器仪表制造业		25.82	92.39
其他制造业			
废弃资源综合利用业			
金属制品、机械和设备修理业			
3. 电力、燃气及水的生产和供应业	16.67	15.32	100
电力、热力生产和供应业	16.67	15.32	100
燃气生产和供应业			
水的生产和供应业			

单位：%

总资产贡献率	资产负债率	销售收入利税率	资金利税率	成本费用利润率	流动资产周转次数(次)
22.36	21.62	14.66	21.65	10.07	4.78
36.99	42.24	11.65	38.19	7.62	3.96
132.12	47.46	9.31	198.54	5.6	28.22
12.42	13.04	10.24	12.86	6.46	1.39
5.04	91.13	5.23	5.5	1.88	1.1
50.69	65.7	12.25	49.9	5.42	5.45
6.48	62.88	6.19	7	2.83	1.39
76.47	38.79	10.61	86.92	8.16	16.34
32.18	16.75	12.04	32.11	3.8	3.35
0.97	40.42	-0.15	-0.11	-4.81	0.86
67.61	32.1	4.2	67.61	1.11	23.77
13.11	72.53	10.21	13.79	8.63	1.44
42.92	63.95	3.9	42.92	1.04	15.55
27.26	85.33	8.74	20.78	6.59	2.82
18.34	28.59	8.75	23.71	5.59	6.16
18.34	28.59	8.75	23.71	5.59	6.16

1-D-15 “三资”工业企业

项　　目	企业亏损面	增加值率	产品销售率
总　　计	**11.00**	**25.91**	**96.92**
一、按登记类型分组			
港澳台商投资企业	9.92	26.55	96.68
合资经营企业	9.22	26.18	95.91
合作经营企业	7.14	24.95	95.64
港澳台商独资企业	10.07	27.24	97.26
港澳台商投资股份有限公司	16.00	19.96	92.51
外商投资企业	12.89	25.18	97.21
中外合资经营企业	13.01	23.52	96.76
中外合作经营企业		33.23	96.17
外资企业	13.07	26.09	97.55
外商投资股份有限公司	12.00	28.33	97.07
二、按轻重工业分组			
轻工业	9.44	28.71	96.39
重工业	14.20	23.24	97.43
三、按规模分组			
大型企业	5.69	25.50	96.75
中型企业	5.79	27.15	96.66
小微型企业	14.06	23.91	97.74
四、按行业分组			
1. 采矿业	33.33	40.72	98.38
煤炭开采和洗选业	100.00	64.87	94.73
石油和天然气开采业			
黑色金属矿采选业	50.00		100.00
有色金属矿采选业	14.29	41.66	98.38
非金属矿采选业	40.00	33.06	98.86
开采辅助活动			
其他采矿业			
2. 制造业	10.92	25.70	96.87
农副食品加工业	14.55	20.94	96.76
食品制造业	14.91	28.43	97.33
酒、饮料和精制茶制造业	11.76	37.80	98.42

主要经济效益指标

单位：%

总资产贡献率	资产负债率	销售收入利税率	资金利税率	成本费用利润率	流动资产周转次数(次)
14.00	**53.34**	**10.06**	**15.67**	**7.01**	**2.23**
14.51	51.22	10.59	16.58	7.86	2.18
15.56	58.27	11.88	18.72	8.57	2.16
22.34	62.45	9.42	26.75	6.63	4.16
14.82	48.30	10.52	16.55	7.93	2.19
8.02	55.09	6.53	9.22	4.56	2.05
13.37	55.97	9.43	14.60	6.01	2.30
13.33	67.11	9.43	14.20	4.49	2.45
25.16	37.23	15.41	26.69	12.94	2.47
13.66	49.87	9.22	15.12	6.83	2.26
10.53	35.08	11.33	11.63	8.53	1.69
16.53	49.22	11.27	18.19	8.32	2.18
11.84	56.85	8.90	13.39	5.76	2.29
14.66	57.63	9.70	16.71	6.46	2.46
14.41	50.47	11.36	15.93	8.23	2.03
11.99	49.61	8.79	13.14	6.29	2.14
29.87	40.85	10.68	35.93	5.72	6.41
2.64	47.36	2.17	1.93	-10.49	6.51
10.65	52.89	6.39	9.93	5.37	4.56
31.27	28.50	8.56	35.86	5.43	4.92
79.17	45.81	15.01	82.43	9.48	10.52
14.10	54.11	9.86	15.79	6.83	2.26
18.54	65.14	11.25	19.17	7.57	2.01
22.76	46.30	11.54	25.03	8.55	3.18
22.95	49.07	15.81	27.29	10.66	2.73

1-D-15 续表

项　目	企业亏损面	增加值率	产品销售率
烟草制品业			
纺织业	10.38	25.46	97.49
纺织服装、服饰业	5.45	32.43	97.00
皮革、毛皮、羽毛及其制品和制鞋业	4.76	31.85	97.56
木材加工和木、竹、藤、棕、草制品业	16.67	33.08	96.92
家具制造业	12.20	24.19	98.41
造纸和纸制品业	12.73	29.20	86.91
印刷和记录媒介复制业	21.43	38.30	99.11
文教、工美、体育和娱乐用品制造业	9.75	27.89	97.65
石油加工、炼焦和核燃料加工业	11.11	24.24	99.10
化学原料和化学制品制造业	10.24	14.19	95.23
医药制造业	12.00	30.89	95.08
化学纤维制造业	13.51	21.56	90.53
橡胶和塑料制品业	15.13	28.44	98.82
非金属矿物制品业	12.55	31.07	95.49
黑色金属冶炼和压延加工业	19.57	18.72	92.66
有色金属冶炼和压延加工业	26.92	20.23	97.43
金属制品业	17.39	24.28	98.50
通用设备制造业	12.98	29.57	96.93
专用设备制造业	10.81	28.66	97.73
汽车制造业	10.39	22.97	97.40
铁路、船舶、航空航天和其他运输设备制造业	17.24	27.08	97.81
电气机械和器材制造业	12.14	28.84	95.53
计算机、通信和其他电子设备制造业	22.38	20.69	98.35
仪器仪表制造业	5.17	27.91	99.21
其他制造业	7.69	27.18	97.47
废弃资源综合利用业		8.19	127.48
金属制品、机械和设备修理业	25.00	20.67	100.00
3. 电力、燃气及水的生产和供应业	11.43	38.49	99.63
电力、热力生产和供应业	4.55	42.80	99.86
燃气生产和供应业		25.79	99.18
水的生产和供应业	37.50	45.86	97.91

单位：%

总资产贡献率	资产负债率	销售收入利税率	资金利税率	成本费用利润率	流动资产周转次数（次）
13.67	47.13	10.10	15.38	7.72	2.25
17.65	38.80	13.13	18.96	10.13	1.89
20.12	44.48	11.97	22.75	8.86	2.41
11.14	62.18	7.79	11.06	6.04	2.19
11.62	56.69	7.86	12.63	5.51	2.02
14.31	65.13	16.27	16.15	12.59	1.31
20.33	52.05	18.12	21.79	13.67	1.91
23.09	44.36	10.27	25.37	7.74	3.44
12.12	80.73	7.69	12.08	-3.50	3.79
6.59	58.86	5.84	7.57	3.66	1.81
14.18	35.39	14.66	17.12	11.20	1.69
7.58	59.20	5.57	7.03	3.95	2.26
16.43	46.04	14.10	18.96	11.12	2.03
14.96	47.08	14.15	18.03	11.46	2.08
9.88	72.04	7.75	10.57	4.62	2.60
11.17	61.67	8.45	9.66	6.79	2.32
10.10	44.24	7.72	11.57	5.62	2.03
12.76	43.22	10.80	13.57	8.55	1.71
14.24	41.86	13.17	16.44	10.57	1.60
17.63	56.36	12.06	19.96	6.96	2.22
4.18	65.88	6.79	6.50	3.60	1.53
18.96	50.69	14.63	21.13	12.18	1.80
8.51	64.32	4.27	9.27	3.28	2.74
12.37	38.56	8.38	13.42	6.53	2.18
16.27	34.14	10.84	21.39	8.16	2.56
4.51	81.34	6.22	5.44	1.77	0.94
3.30	51.00	2.45	3.36	2.01	3.37
11.51	37.19	21.64	12.78	17.69	1.29
11.97	35.70	25.24	13.10	20.48	1.10
12.43	50.30	12.03	16.20	11.57	2.59
4.07	34.06	9.94	3.71	6.16	2.03

E. 规模以上工业（按区域）

1-E-01 福州市工业企业

项目	企业单位数（个）	工业总产值	工业销售产值	#出口交货值
总计	**2205**	**67863287**	**65152474**	**14155400**
#国有控股企业	83	10347479	10079604	656711
#亏损企业	187	2124799	2018446	477262
一、按轻重工业分组				
轻工业	1229	31137482	29935197	6341431
重工业	976	36725805	35217277	7813969
二、按登记类型分组				
内资	1507	37792484	36667268	3175957
国有企业	13	610189	591943	300257
集体企业	23	300549	296584	20960
股份合作企业	1	35256	35256	
联营企业	10	505315	503311	
有限责任公司	337	13641783	13183114	503941
股份有限公司	44	2075784	1937992	390442
私营企业	1070	20460331	19957275	1936126
其他企业	9	163276	161795	24231
港、澳、台商投资企业	370	15809682	14897833	5616774
外商投资企业	328	14261121	13587373	5362669
三、按规模分组				
大型企业	87	24921473	23705774	6696078
中型企业	468	22467922	21476129	5132434
小微型企业	1650	20473893	19970571	2326888
四、按行业分组				
1. 采矿业	9	289924	287205	
煤炭开采和洗选业				
石油和天然气开采业				
黑色金属矿采选业				
有色金属矿采选业	1	30637	28432	
非金属矿采选业	8	259287	258773	
开采辅助活动				
其他采矿业				
2. 制造业	2151	61931661	59237960	14155400
农副食品加工业	188	5205319	5008880	1111711
食品制造业	55	961396	926483	52072

主要生产经营、效益指标

单位：万元

工　业 增加值	资产合计	流动负债 合　　计	固定资产 合　　计	主营业务 收　　入	#主营业务 成　　本	#主营业务 税金及附加
16901877	**46879278**	**21148890**	**16524016**	**64903100**	**56292353**	**496393**
2761780	12214618	4113860	6865044	9805020	8354702	249922
489430	3151879	1516819	763165	2083781	1931324	7380
7959310	17837687	8351946	5991061	29995621	25780849	119411
8942567	29041591	12796944	10532955	34907479	30511503	376983
9271232	28385206	12269713	11432602	36603054	31818894	296667
191613	1156135	322626	133292	528979	473909	1284
87850	55399	20935	16334	298662	259263	2823
10597	6125	2424	2809	35256	31730	95
229550	563109	30619	326000	504189	374748	4223
3040284	11809703	5383006	6247477	13047747	11626523	158345
511219	3242848	1499806	796056	1933985	1581111	12165
5148621	11406577	4954852	3862624	20093564	17336497	117095
51498	145310	55445	48009	160671	135113	638
3522846	9814306	5176509	2531154	14957496	13207394	66505
4107799	8679767	3702668	2560260	13342551	11266064	133221
5776260	18085946	8695438	7125992	23492268	20664460	260539
5909362	14395618	6539999	4324056	21482964	18623974	122721
5216255	14397714	5913453	5073968	19927869	17003919	113133
108704	45903	8677	24100	293630	234400	9567
13156	3321	1553	110	28432	26671	104
95548	42582	7124	23990	265198	207729	9463
15219758	39076794	18783233	11073327	59058539	51324986	344689
1137877	2543763	1637412	420635	5067090	4535855	17511
243787	554284	258442	178904	928837	719206	3674

1-E-01 续表 1

项 目	企业单位数(个)	工业总产值	工业销售产值	#出口交货值
酒、饮料和精制茶制造业	34	747652	763244	6468
烟草制品业	1	27266	26844	
纺织业	264	7185950	6954104	174196
纺织服装、服饰业	73	1105550	1080532	405658
皮革、毛皮、羽毛及其制品和制鞋业	135	3827249	3775964	2045745
木材加工和木、竹、藤、棕、草制品业	32	319054	307772	18512
家具制造业	46	762279	752518	387606
造纸和纸制品业	53	575051	551853	33392
印刷和记录媒介复制业	28	314588	302809	27
文教、工美、体育和娱乐用品制造业	114	1539153	1499718	930899
石油加工、炼焦和核燃料加工业	7	362946	348956	1200
化学原料和化学制品制造业	67	1054008	1010269	102798
医药制造业	24	725932	661129	70545
化学纤维制造业	29	4600360	4222611	162343
橡胶和塑料制品业	113	2539585	2442229	233918
非金属矿物制品业	230	3505829	3369114	473891
黑色金属冶炼和压延加工业	44	5675610	5102981	115660
有色金属冶炼和压延加工业	19	1270103	1245247	108709
金属制品业	64	1077679	1025821	143798
通用设备制造业	84	1147692	1107743	281143
专用设备制造业	64	967049	912530	26351
汽车制造业	99	3044732	2929951	332637
铁路、船舶、航空航天和其他运输设备制造业	18	1046218	1045742	560445
电气机械和器材制造业	113	3834163	3567670	1124827
计算机、通信和其他电子设备制造业	100	7698934	7511040	5025452
仪器仪表制造业	34	443104	430017	200974
其他制造业	7	147824	141699	24423
废弃资源综合利用业	5	31410	28774	
金属制品、机械和设备修理业	7	187974	183717	
3. 电力、燃气及水的生产和供应业	45	5641702	5627309	
电力、热力生产和供应业	34	5359043	5348870	
燃气生产和供应业	4	183112	181297	
水的生产和供应业	7	99547	97142	

单位：万元

工　业增加值	资产合计	流动负债合　计	固定资产合　计	主营业务收　入	#主营业务成　本	#主营业务税金及附加
225078	354629	161548	107584	763572	600205	8616
10067	39533	20152	12528	26844	17383	190
1641457	4903833	2137001	1937325	7006518	6131918	20198
326328	417583	229053	111993	1076448	947035	8127
1386110	983714	458219	210527	3774815	3239206	12727
87097	172310	70765	40979	306618	260601	2395
200054	312394	131863	67776	751914	642031	4895
150852	272123	108809	70912	538816	466351	3764
87054	267227	90199	72097	305203	263386	895
430535	690895	312972	141325	1486865	1273066	12951
76611	150755	54135	64358	361913	329994	1054
260036	1224191	255292	226077	999168	856689	5313
196264	658306	257497	186248	613623	463244	4554
961633	3413319	1644868	1707745	4269061	3597155	3663
614148	1697538	892700	353830	2469185	2172681	12648
1067868	2719503	1091636	754693	3443684	2874316	31888
1196111	3984883	2216710	1541809	4964077	4664203	6768
213817	770084	364258	432387	1243996	1186382	1278
293218	720627	336663	166678	1042989	905941	4180
301219	818318	286913	143310	1078545	872378	6875
252417	768649	293843	188577	907351	773255	4569
801813	2257181	898020	664383	2893703	2363827	103510
274114	952618	725103	143626	972956	877679	4061
962200	2177077	1141910	349963	3536349	3167931	32869
1600195	4414958	2343383	510369	7443154	6489411	18814
129408	345345	86190	76961	429294	353284	1946
33549	179355	82962	14984	141523	108636	1905
7205	60697	43961	13620	31357	28203	190
51635	251104	150757	161124	183073	143535	2661
1573415	7756582	2356980	5426590	5550932	4732967	142138
1474008	7130475	2216104	5017462	5286984	4531784	140887
40445	149914	66708	42836	174750	134468	549
58962	476192	74168	366292	89197	66716	701

1-E-01 续表 2

项　　目	营业费用	管理费用	财务费用	#利息支出
总　　计	**1567759**	**2578630**	**785238**	**777167**
#国有控股企业	278689	363542	210942	214153
#亏损企业	89868	140201	49108	48827
一、按轻重工业分组				
轻工业	744877	1314040	343284	328735
重工业	822882	1264590	441954	448432
二、按登记类型分组				
内资	755634	1373018	505208	493361
国有企业	4548	16779	20660	21401
集体企业	6257	9147	636	416
股份合作企业	209	216	160	160
联营企业	5242	23993	12939	13443
有限责任公司	172073	396011	205882	203312
股份有限公司	66434	143871	29555	46255
私营企业	497016	777598	232490	205665
其他企业	3854	5404	2887	2709
港、澳、台商投资企业	333376	685964	178489	167385
外商投资企业	478749	519648	101542	116421
三、按规模分组				
大型企业	548710	980790	344218	307612
中型企业	540026	815352	180719	223000
小微型企业	479023	782488	260301	246554
四、按行业分组				
1. 采矿业	5563	3761	113	-81
煤炭开采和洗选业				
石油和天然气开采业				
黑色金属矿采选业				
有色金属矿采选业		192	41	
非金属矿采选业	5563	3569	72	-81
开采辅助活动				
其他采矿业				
2. 制造业	1541986	2422832	624121	612923
农副食品加工业	91164	113490	18988	46765
食品制造业	96200	41618	4827	5774

单位：万元

利润总额	亏损企业亏损额	利税总额	税金总额	本年应交增值税	本年应付工资福利费	全部从业人员年平均人数（人）
4225103	**92664**	**6747230**	**2522127**	**2016718**	**3713977**	**664244**
603443	12987	1337706	734264	483315	480706	48826
-92664	92664	-22390	70274	62849	211332	44699
1910757	43111	2824332	913575	787653	1980995	399752
2314346	49553	3922898	1608552	1229065	1732982	264492
2306470	39227	3836394	1529925	1225547	1882114	339005
32827	1303	53354	20527	19240	38238	5866
16146	917	34720	18575	15752	23697	5190
3847		6762	2916	2821	3405	645
83546	45	115075	31529	27247	18477	3854
685674	7939	1431678	746003	586693	525804	85838
124344	17771	212471	88128	75947	134005	20509
1347097	11252	1966309	619212	495450	1121910	214751
12990		16024	3035	2397	16578	2352
930159	25484	1315359	385200	318045	820903	155161
988475	27953	1595477	607002	473127	1010960	170078
1247983	13754	2175578	927594	666218	1336329	210109
1585494	32024	2566534	981040	852875	1409865	257111
1391626	46886	2005119	613493	497625	967782	197024
36829	1	59579	22750	13182	12884	4268
1424		1630	206	102	159	65
35405	1	57948	22543	13080	12725	4203
3724461	85256	5851278	2126817	1773940	3529514	645619
301456	4750	504814	203358	184829	170020	36371
80644	1146	116486	35842	32168	63970	13532

1-E-01 续表 3

项　　目	营业费用	管理费用	财务费用	#利息支出
酒、饮料和精制茶制造业	73662	40086	3782	4398
烟草制品业	724	5695	346	354
纺织业	83487	249306	125910	108291
纺织服装、服饰业	27248	41819	7533	5939
皮革、毛皮、羽毛及其制品和制鞋业	57939	138913	35887	24110
木材加工和木、竹、藤、棕、草制品业	8934	9103	1896	1823
家具制造业	31628	36946	8250	6539
造纸和纸制品业	23842	22948	4262	4504
印刷和记录媒介复制业	8476	17652	3252	4143
文教、工美、体育和娱乐用品制造业	58257	63851	13220	12278
石油加工、炼焦和核燃料加工业	5319	7549	2980	2581
化学原料和化学制品制造业	22837	49386	26174	25091
医药制造业	44285	41485	7533	7181
化学纤维制造业	28245	315500	86797	75647
橡胶和塑料制品业	64086	88823	22874	23866
非金属矿物制品业	99591	134841	42749	37686
黑色金属冶炼和压延加工业	36733	79458	56661	62181
有色金属冶炼和压延加工业	36655	66748	15822	14378
金属制品业	17141	37781	13368	12912
通用设备制造业	49923	65326	6456	7062
专用设备制造业	26776	49071	6971	6909
汽车制造业	125554	146030	18807	21978
铁路、船舶、航空航天和其他运输设备制造业	1639	31610	10126	7925
电气机械和器材制造业	108399	141605	28773	37766
计算机、通信和其他电子设备制造业	271936	331589	43211	38642
仪器仪表制造业	14928	26913	2791	2383
其他制造业	21116	18729	2160	2123
废弃资源综合利用业	138	1262	580	628
金属制品、机械和设备修理业	5125	7698	1139	1065
3. 电力、燃气及水的生产和供应业	20210	152038	161005	164325
电力、热力生产和供应业	384	131790	159299	161813
燃气生产和供应业	13351	8083	184	467
水的生产和供应业	6475	12165	1522	2045

单位：万元

利润总额	亏损企业亏损额	利税总额	税金总额	本年应交增值税	本年应付工资福利费	全部从业人员年平均人数(人)
49004	2406	86508	37504	28054	43653	7595
2596		3711	1115	925	4376	376
489225	7788	600247	111022	90591	388906	70953
45075	475	92638	47562	39421	109547	26457
301047	657	460787	159740	146999	486460	101497
20905	240	35781	14876	12481	20705	5163
30432	734	49129	18697	13777	54768	12638
24337	1660	48242	23905	18620	38064	8035
19375	58	33235	13860	11486	28845	6364
73676	3110	139093	65418	51481	184090	39508
13983		37511	23529	22475	9604	1621
60464	614	105001	44537	39186	57965	11970
56784	607	80834	24050	19203	43178	8989
254895	2805	291246	36352	32689	68048	13206
124886	4974	211052	86166	72906	147757	27081
413767	7817	550887	137120	105018	239135	41459
176672	1396	553058	376387	369619	133787	20994
10651	7636	19723	9072	7794	36923	7347
68768	3779	97565	28797	24587	52745	10108
81430	1829	125856	44426	37481	87212	14800
62068	2158	107526	45457	40888	60853	11282
164201	4549	379437	215236	111591	194885	32780
51718		71597	19878	15809	50473	6803
295120	8593	435238	140119	106645	235634	33177
402186	5821	527741	125555	106696	445808	61941
28381	111	43638	15258	13296	35406	7807
-5668	9323	6742	12410	10505	22410	3301
1345	219	2381	1036	846	1227	281
25038		33573	8535	5874	13062	2183
463813	7407	836373	372560	229596	171579	14357
436901	5582	799986	363084	221468	140737	10079
19545		22929	3384	2750	11883	1386
7367	1825	13459	6092	5377	18959	2892

1-E-02 厦门市工业企业

项目	企业单位数（个）	工业总产值	工业销售产值	#出口交货值
总计	**1668**	**47162101**	**46738115**	**20426711**
#国有控股企业	66	4935940	4927386	647346
#亏损企业	359	5252063	5119026	2206423
一、按轻重工业分组				
轻工业	824	13844210	13678412	5682392
重工业	844	33317890	33059703	14744319
二、按登记类型分组				
内资	860	11562765	11496861	1897087
国有企业				
集体企业	1	5846	5708	
股份合作企业				
联营企业	1	3772	3550	
有限责任公司	236	5024500	5059163	495535
股份有限公司	33	1913198	1873822	537247
私营企业	588	4608750	4547896	857584
其他企业	1	6700	6721	6721
港、澳、台商投资企业	417	13055672	12903196	6660090
外商投资企业	391	22543663	22338058	11869533
三、按规模分组				
大型企业	82	27967046	27768947	14692945
中型企业	330	10099944	9935103	3308823
小微型企业	1256	9095111	9034065	2424943
四、按行业分组				
1. 采矿业				
煤炭开采和洗选业				
石油和天然气开采业				
黑色金属矿采选业				
有色金属矿采选业				
非金属矿采选业				
开采辅助活动				
其他采矿业				
2. 制造业	1656	45680393	45258052	20426711
农副食品加工业	65	1712592	1689598	202261
食品制造业	42	488933	476577	91799

主要生产经营、效益指标

单位：万元

工　业增加值	资产合计	流动负债合　　计	固定资产合　　计	主营业务收　　入	#主营业务成　　本	#主营业务税金及附加
11536346	**43241997**	**19678263**	**11102091**	**47823460**	**41059799**	**756597**
1631485	8047840	3045579	2775992	5191870	3945287	599914
818754	8110940	3789138	2295100	5446191	5231986	13297
4328100	14362748	6476792	3490520	14276710	11485055	600071
7208246	28879250	13201471	7611571	33546751	29574744	156526
3324703	15513821	6482545	4037452	11753809	9422214	620841
1553	13216	1226	2210	5544	5627	15
1082	4460	1708	786	3550	3551	31
1863405	6757780	2412903	2525511	5011772	3695016	592155
402287	4474330	1621522	617015	2173593	1802766	11429
1054543	4261396	2443354	891777	4552629	3909043	17204
1834	2641	1833	153	6721	6213	8
3257816	12512013	5458286	3446018	12971321	11263028	61483
4953827	15216163	7737431	3618622	23098330	20374558	74272
7051476	20780955	10003717	5526998	28718260	24738299	669107
2330188	11804828	4692670	3017031	10020008	8540687	49904
2154682	10656215	4981875	2558062	9085192	7780813	37587
11072201	40516189	18904948	9325668	46321961	39791270	710653
237863	1435144	888843	257150	1724454	1581435	1280
123744	609723	279336	153042	482019	400015	2543

1-E-02 续表 1

项 目	企 业 单位数 (个)	工 业 总产值	工业销售 产 值	#出 口 交货值
酒、饮料和精制茶制造业	21	872515	871113	11896
烟草制品业	1	1042487	1095128	1287
纺织业	59	678892	664346	263484
纺织服装、服饰业	127	1025589	1004838	217814
皮革、毛皮、羽毛及其制品和制鞋业	44	442184	439302	343260
木材加工和木、竹、藤、棕、草制品业	6	24232	23851	12503
家具制造业	27	353687	343237	234256
造纸和纸制品业	42	354467	346274	30612
印刷和记录媒介复制业	40	257132	261047	22683
文教、工美、体育和娱乐用品制造业	70	754502	751945	602488
石油加工、炼焦和核燃料加工业	2	33261	32896	
化学原料和化学制品制造业	61	2292711	2225276	358275
医药制造业	15	280312	269353	28793
化学纤维制造业	5	426032	383002	82823
橡胶和塑料制品业	142	2790335	2864083	974578
非金属矿物制品业	64	827414	828337	272944
黑色金属冶炼和压延加工业	11	472939	465164	9659
有色金属冶炼和压延加工业	22	1229974	1208395	487568
金属制品业	125	1467063	1444230	712191
通用设备制造业	78	1200827	1163692	504906
专用设备制造业	74	920726	898135	284503
汽车制造业	60	2310729	2281301	465832
铁路、船舶、航空航天和其他运输设备制造业	16	340384	340217	238541
电气机械和器材制造业	162	3113113	3042116	1150264
计算机、通信和其他电子设备制造业	187	18323366	18203338	11561609
仪器仪表制造业	35	509455	500173	343289
其他制造业	41	227547	234697	136893
废弃资源综合利用业	4	43868	43264	
金属制品、机械和设备修理业	8	863126	863126	779700
3. 电力、燃气及水的生产和供应业	12	1481708	1480063	
电力、热力生产和供应业	8	1287770	1287763	
燃气生产和供应业	1	70055	68418	
水的生产和供应业	3	123882	123882	

单位：万元

工　业 增加值	资产合计	流动负债 合　计	固定资产 合　计	主营业务 收　入	#主营业务 成　本	#主营业务 税金及附加
314929	883013	368703	239737	1465623	1123000	17298
824879	932296	345098	264885	1027068	327839	535808
157316	807686	370590	214864	654502	568103	2797
437014	1223349	420396	134840	1033914	675776	8787
126779	358767	174008	95369	438512	392657	2259
7312	16368	4236	3018	24027	21430	147
87657	370710	213291	73169	342600	285396	1339
84877	663308	312402	160463	342014	297411	1503
93124	347107	189663	116113	260942	217530	1380
217976	703380	368044	162950	756407	655430	4097
7969	13861	5030	1244	32896	30644	232
191579	2217753	820581	498274	2269051	2166928	3750
118759	474705	116034	144471	267597	124035	2144
104437	673219	363591	197094	382913	380272	214
885394	2784052	859806	953275	2864952	2277516	27024
213185	1132442	580230	212902	840390	714853	4421
34691	227807	126547	41159	465109	449589	661
242036	1785545	877456	598446	1214657	1049654	5604
331351	1514776	670979	361067	1471582	1287119	6298
388305	1490234	594001	411412	1244068	981825	5973
166393	1912602	849227	371902	1242043	1056868	4880
406766	2161802	1214598	383781	2286462	1975704	14657
91422	465711	225353	88667	326476	291076	1055
901764	3161730	1470989	449001	3047760	2367527	18273
3888875	10864292	5748789	2322241	18169682	16634735	30275
129003	461271	180553	101385	503349	416956	3969
65527	237012	99027	52717	235308	198981	1378
16323	27519	7554	6471	43044	37960	442
174954	559010	159994	254561	862541	803005	166
464146	2725808	773314	1776423	1501499	1268529	45943
374936	1578753	499443	1116392	1287280	1104515	44987
33599	236101	105303	105546	68502	47105	334
55610	910954	168568	554485	145716	116909	622

1-E-02 续表 2

项　　目	营业费用	管理费用	财务费用	#利息支出
总　计	**1643762**	**2873388**	**210759**	**366628**
#国有控股企业	152139	256028	91164	96092
#亏损企业	161518	290795	109532	109596
一、按轻重工业分组				
轻工业	726791	766862	116684	135386
重工业	916970	2106525	94075	231242
二、按登记类型分组				
内资	373406	685382	177222	184378
国有企业				
集体企业	105	649	-34	
股份合作企业				
联营企业	43	558	4	4
有限责任公司	125308	259149	62602	65685
股份有限公司	114079	155959	56661	61497
私营企业	133651	268901	57982	57192
其他企业	219	167	7	
港、澳、台商投资企业	498452	591881	61244	109149
外商投资企业	771903	1596125	-27707	73100
三、按规模分组				
大型企业	1040881	1747145	-2265	130916
中型企业	325747	554780	90419	119566
小微型企业	277134	571463	122605	116146
四、按行业分组				
1. 采矿业				
煤炭开采和洗选业				
石油和天然气开采业				
黑色金属矿采选业				
有色金属矿采选业				
非金属矿采选业				
开采辅助活动				
其他采矿业				
2. 制造业	1611052	2836840	169675	321767
农副食品加工业	29962	33412	24879	30484
食品制造业	37729	33503	7586	6130

单位：万元

利润总额	亏损企业亏损额	利税总额	税金总额	本年应交增值税	本年应付工资福利费	全部从业人员年平均人数(人)
2345251	**407155**	**3931046**	**1585796**	**823311**	**3494414**	**636013**
250201	92086	1065282	815081	213602	311403	34437
-407155	407155	-332453	74702	60948	498872	105884
700565	136086	1661583	961018	357542	1411869	291067
1644686	271070	2269463	624777	465770	2082545	344946
692181	107846	1675708	983528	359648	929160	177927
-236	236	-92	144	129	1017	258
-266	266	171	437	406	407	148
357297	25685	1184045	826748	232523	363774	58949
135630	69746	192744	57114	45474	171305	24509
199694	11913	298769	99076	81116	392234	93953
62		70	8		424	110
577168	189378	846830	269662	205584	1089725	211407
1075902	109931	1408508	332606	258080	1475529	246679
1350624	180797	2457587	1106964	434427	1739303	274742
604694	109344	854986	250292	199465	971290	191792
389933	117014	618473	228541	189419	783821	169479
2223797	404525	3696078	1472281	757155	3424679	629781
64970	4811	69445	4475	3186	49419	13461
2421	21895	20805	18384	15789	45375	11189

1-E-02 续表 3

项 目	营业费用	管理费用	财务费用	#利息支出
酒、饮料和精制茶制造业	205114	42292	-3494	2792
烟草制品业	5776	50825	5385	5465
纺织业	15005	38771	8294	9210
纺织服装、服饰业	147538	61925	736	4327
皮革、毛皮、羽毛及其制品和制鞋业	10673	29717	5601	3290
木材加工和木、竹、藤、棕、草制品业	775	1129	129	5
家具制造业	19840	20871	4234	4453
造纸和纸制品业	12420	23931	13294	12996
印刷和记录媒介复制业	5038	17069	5226	4725
文教、工美、体育和娱乐用品制造业	19966	58465	2499	4995
石油加工、炼焦和核燃料加工业	2332	1483	296	304
化学原料和化学制品制造业	37701	49976	17598	26924
医药制造业	70506	34785	3175	3614
化学纤维制造业	6157	8348	9520	10096
橡胶和塑料制品业	104059	155239	-4469	14663
非金属矿物制品业	32701	52122	3490	12860
黑色金属冶炼和压延加工业	2309	5275	4246	4369
有色金属冶炼和压延加工业	17454	71425	33369	40797
金属制品业	31820	81671	5405	10312
通用设备制造业	65341	111656	5975	10636
专用设备制造业	65985	78634	27388	26463
汽车制造业	91798	105946	2175	10714
铁路、船舶、航空航天和其他运输设备制造业	3120	21752	5231	6022
电气机械和器材制造业	158651	191905	12690	14587
计算机、通信和其他电子设备制造业	388321	1336077	-39554	31931
仪器仪表制造业	15091	41318	2083	1538
其他制造业	6064	17887	3797	2322
废弃资源综合利用业	1425	1996	324	349
金属制品、机械和设备修理业	381	57432	2569	4395
3. 电力、燃气及水的生产和供应业	32710	36548	41084	44861
电力、热力生产和供应业	94	22458	38606	39119
燃气生产和供应业	15608	2831	-1815	
水的生产和供应业	17008	11259	4292	5741

单位：万元

利润总额	亏损企业亏损额	利税总额	税金总额	本年应交增值税	本年应付工资福利费	全部从业人员年平均人数（人）
91851	414	165248	73397	56064	101127	16043
103419		744099	640680	104872	34048	1383
24189	4866	39720	15531	12161	70260	15319
123344	4098	193025	69681	60833	166827	35201
2531	5890	9523	6993	3511	89173	20894
665	10	1380	716	569	3502	917
14607	2770	20235	5629	4238	42970	8221
6261	5211	17898	11637	10025	34227	7283
19798	3443	32285	12487	10965	32037	6435
22379	4851	33174	10795	6698	135305	30126
853		2158	1305	1073	1157	130
10031	65386	33204	23173	19403	44064	8147
40633	2404	59359	18726	16575	39708	5524
-43738	44033	-39770	3968	3754	16183	3279
370903	12493	480968	110066	82938	270836	56557
37426	16076	71601	34175	29367	82475	16390
3931	319	10140	6209	5548	6641	1280
102772	23	119685	16913	11216	63186	8496
73868	4972	98411	24543	18029	151334	30421
91678	6615	126483	34805	28784	152095	28439
-8460	70810	21489	29949	24804	106723	17398
119669	5647	181182	61513	46842	151849	22039
7927	2261	10790	2863	1806	32393	5703
346192	9871	448669	102478	83889	313059	51714
533360	95859	642442	109082	78079	1004669	177664
30111	111	40355	10244	6261	66028	15639
8528	1548	12555	4027	2644	33482	8585
4160	313	8105	3946	3504	1604	220
17521	7526	21412	3892	3726	82922	5684
121454	2631	234968	113515	66157	69736	6232
94075		197821	103745	58558	38409	2893
17942		20906	2964	2322	8288	1148
9436	2631	16242	6805	5278	23039	2191

1-E-03 莆田市工业企业

项目	企业单位数(个)	工业总产值	工业销售产值	#出口交货值
总计	**1029**	**20089195**	**19923273**	**3607396**
#国有控股企业	21	1949597	1944462	5412
#亏损企业	45	842727	835843	148630
一、按轻重工业分组				
轻工业	804	13700912	13589868	3062371
重工业	225	6388283	6333405	545025
二、按登记类型分组				
内资	812	13705091	13590467	1287724
国有企业	3	20630	20095	
集体企业	4	39910	38676	
股份合作企业	7	101195	97989	
联营企业	4	89681	89594	81337
有限责任公司	624	10469441	10380974	1033569
股份有限公司	16	595338	590595	27876
私营企业	149	2286322	2269937	144941
其他企业	5	102574	102607	
港、澳、台商投资企业	151	3797418	3773253	1369179
外商投资企业	66	2586687	2559553	950493
三、按规模分组				
大型企业	26	2973943	2937661	1199521
中型企业	215	7724736	7656547	1668565
小微型企业	788	9390517	9329065	739310
四、按行业分组				
1. 采矿业	5	25610	25687	
煤炭开采和洗选业				
石油和天然气开采业				
黑色金属矿采选业				
有色金属矿采选业				
非金属矿采选业	5	25610	25687	
开采辅助活动				
其他采矿业				
2. 制造业	1005	18137867	17976392	3607396
农副食品加工业	58	1636607	1625064	111847
食品制造业	25	359048	362630	30243

主要生产经营、效益指标

单位：万元

工　业增加值	资产合计	流动负债合计	固定资产合计	主营业务收　入	#主营业务成　本	#主营业务税金及附加
6173913	**11875609**	**4565040**	**3841365**	**19780637**	**16813687**	**144399**
570458	3344551	910362	1726838	1946192	1477669	20908
210738	928390	454915	80226	788371	645671	768
4275465	5850067	2607850	1294602	13451177	11456739	101607
1898449	6025542	1957190	2546762	6329460	5356948	42792
4122664	7937040	2829010	2836336	13425227	11354376	91132
12740	74258	20157	37154	19247	9889	260
11337	13364	4778	1272	38676	35483	181
28537	60849	21849	10655	99612	89341	453
27940	20253	14877	2463	89595	87595	102
3160496	6371095	2300145	2407871	10258401	8646394	66931
201587	558439	193205	113049	578530	482794	4964
653251	793965	267831	243050	2241600	1915752	18094
26776	44818	6169	20823	99567	87129	148
1176673	1399096	703272	309105	3781605	3424369	11175
874577	2539474	1032758	695924	2573806	2034941	42093
989960	1974542	976047	608628	2942907	2414901	49993
2441848	4169057	1827007	1196593	7600879	6535306	42151
2742106	5732010	1761986	2036144	9236852	7863480	52254
11741	9172	4530	2910	24323	19620	192
11741	9172	4530	2910	24323	19620	192
5578905	8600185	3753409	1853919	17832126	15248354	122553
418316	715197	283930	168374	1558830	1320353	6154
109622	178926	79330	42110	354843	293156	1908

1-E-03 续表 1

项目	企业单位数（个）	工业总产值	工业销售产值	#出口交货值
酒、饮料和精制茶制造业	11	503689	501824	16763
烟草制品业				
纺织业	26	388482	382444	19614
纺织服装、服饰业	43	680114	678472	30393
皮革、毛皮、羽毛及其制品和制鞋业	243	4719055	4686691	2190103
木材加工和木、竹、藤、棕、草制品业	19	229820	222588	19116
家具制造业	37	399278	400448	8986
造纸和纸制品业	30	530282	523705	32746
印刷和记录媒介复制业	15	194491	194354	2905
文教、工美、体育和娱乐用品制造业	217	2541464	2513985	401328
石油加工、炼焦和核燃料加工业	1	6719	6650	
化学原料和化学制品制造业	20	403474	394071	182
医药制造业	6	47355	46961	
化学纤维制造业	1	16513	14593	
橡胶和塑料制品业	39	989964	968827	397139
非金属矿物制品业	37	451252	451186	220
黑色金属冶炼和压延加工业	10	228222	225970	
有色金属冶炼和压延加工业	5	213634	216437	
金属制品业	30	1145521	1142479	25026
通用设备制造业	37	651182	631306	56534
专用设备制造业	14	193456	193670	7896
汽车制造业	5	90447	86877	68969
铁路、船舶、航空航天和其他运输设备制造业	8	119881	118573	611
电气机械和器材制造业	14	128087	124812	10434
计算机、通信和其他电子设备制造业	39	1012836	1005291	51276
仪器仪表制造业	10	189208	188698	125066
其他制造业	1	8006	8006	
废弃资源综合利用业	4	59779	59779	
金属制品、机械和设备修理业				
3. 电力、燃气及水的生产和供应业	19	1925719	1921195	
电力、热力生产和供应业	13	899087	894563	
燃气生产和供应业	2	1010618	1010618	
水的生产和供应业	4	16014	16014	

单位：万元

工　业 增加值	资产合计	流动负债 合　　计	固定资产 合　　计	主营业务 收　　入	#主营业务 成　　本	#主营业务 税金及附加
222708	340840	183623	100423	515207	295960	30364
100240	423402	103945	95231	376424	325174	1996
248454	246636	86235	94727	664074	569070	6265
1501307	1898537	1069678	323835	4640473	4081966	24680
71329	270786	144706	89941	224947	181025	852
123289	209362	113378	39528	401238	328108	2667
158647	215950	80974	48077	525075	452501	4407
58323	52754	24361	20830	192880	155951	444
783665	914413	315096	154781	2514681	2146675	16781
1610	17181	2616	14218	6819	6163	59
117615	131046	37090	50473	393219	316457	2034
16726	30658	5128	8945	46961	30752	312
3539	6072	3072	2955	14593	13765	
313364	611815	255362	211547	966925	792530	5241
129917	220739	106541	76204	419481	362188	2543
57830	565931	204863	5875	225970	97069	121
78864	62111	41440	1928	217067	212605	133
284395	632910	214409	104089	1171246	1099868	3711
209361	250261	103680	52113	634023	561246	2192
62499	36163	14310	8402	193670	176911	673
20359	28901	18087	12157	83428	69784	92
37719	52032	22099	18314	118534	105743	841
42524	91839	40420	16805	121364	95912	1215
311369	368455	187746	86007	998665	922346	6392
60524	15425	7368	2941	188698	178693	69
1792	1393		586	8008	7055	
33001	10453	3923	2505	54784	49328	409
583267	3266252	807102	1984536	1924188	1545713	21655
300941	2164144	382084	1455026	896642	708688	17339
272127	1062891	408916	509923	1011893	825633	4215
10199	39217	16102	19587	15654	11392	101

1-E-03 续表 2

项　　目	营业费用	管理费用	财务费用	#利息支出
总　计	**461920**	**707245**	**242516**	**222811**
#国有控股企业	8517	44170	57585	65640
#亏损企业	4864	19620	9607	8989
一、按轻重工业分组				
轻工业	373911	545243	131619	110323
重工业	88010	162001	110896	112488
二、按登记类型分组				
内资	275780	470696	164165	152736
国有企业	883	3689	1791	1752
集体企业	528	1005	333	178
股份合作企业	1530	3312	1080	1062
联营企业	293	497	340	231
有限责任公司	185982	345264	131329	126898
股份有限公司	28397	28226	8714	9814
私营企业	54423	85060	20032	12373
其他企业	3745	3643	545	428
港、澳、台商投资企业	56581	124964	37316	34747
外商投资企业	129559	111586	41035	35328
三、按规模分组				
大型企业	131174	128003	32569	28968
中型企业	139263	281957	86135	87246
小微型企业	191483	297285	123811	106597
四、按行业分组				
1. 采矿业	350	1747	237	142
煤炭开采和洗选业				
石油和天然气开采业				
黑色金属矿采选业				
有色金属矿采选业				
非金属矿采选业	350	1747	237	142
开采辅助活动				
其他采矿业				
2. 制造业	450719	670247	175409	146210
农副食品加工业	36055	41366	16331	13146
食品制造业	14177	15112	3709	3707

单位：万元

利润总额	亏损企业亏损额	利税总额	税金总额	本年应交增值税	本年应付工资福利费	全部从业人员年平均人数（人）
1531362	**18378**	**2142307**	**610945**	**463143**	**1216805**	**266361**
280569	3816	379273	98704	77741	50970	10684
-18378	18378	-14165	4213	3439	29656	8670
944001	11240	1329877	385876	281971	1026106	225245
587362	7138	812430	225069	181172	190699	41116
1104107	13954	1521472	417365	322904	750639	168164
5798		7684	1886	1626	5199	1798
4855		5327	472	292	1345	532
4958		6752	1795	1341	3524	980
675	7	1311	636	534	2729	911
870343	13748	1184166	313824	245126	580765	125394
34101	198	56312	22211	16241	34136	7421
179531	1	253107	73576	55431	119925	30018
3847		6813	2966	2313	3016	1110
200929	2556	265551	64622	53417	262546	61308
226326	1868	355284	128958	86822	203621	36889
221994		381559	159565	109464	345573	67595
616423	4974	822919	206496	163002	540237	119227
692945	13404	937828	244883	190677	330995	79539
3160		3978	818	627	3224	1555
3160		3978	818	627	3224	1555
1219831	18378	1723255	503424	377690	1175701	260104
139861	4255	164787	24926	18397	65434	11216
28511	116	37720	9209	7301	17515	3323

1-E-03 续表 3

项目	营业费用	管理费用	财务费用	#利息支出
酒、饮料和精制茶制造业	73112	54423	-2251	407
烟草制品业				
纺织业	6395	19947	6892	7255
纺织服装、服饰业	12985	25727	7378	4020
皮革、毛皮、羽毛及其制品和制鞋业	78136	191517	50950	43721
木材加工和木、竹、藤、棕、草制品业	5302	8788	6808	5750
家具制造业	12392	26109	4566	3145
造纸和纸制品业	17148	18340	3628	3314
印刷和记录媒介复制业	2369	5905	1519	1427
文教、工美、体育和娱乐用品制造业	66654	71205	27296	20180
石油加工、炼焦和核燃料加工业		399	485	485
化学原料和化学制品制造业	24265	24023	1523	1752
医药制造业	9461	4413	351	242
化学纤维制造业	36	397	381	371
橡胶和塑料制品业	27103	23751	15835	11829
非金属矿物制品业	16081	21245	4809	3691
黑色金属冶炼和压延加工业	907	5858	326	732
有色金属冶炼和压延加工业	410	1171	1303	1536
金属制品业	9869	19164	5586	4051
通用设备制造业	7795	29201	4536	3301
专用设备制造业	2721	4772	696	599
汽车制造业	5295	11239	486	271
铁路、船舶、航空航天和其他运输设备制造业	2375	6944	520	472
电气机械和器材制造业	5297	8801	1981	1929
计算机、通信和其他电子设备制造业	11980	25595	8832	8208
仪器仪表制造业	1460	3783	536	280
其他制造业	358	426	31	31
废弃资源综合利用业	584	628	370	359
金属制品、机械和设备修理业				
3. 电力、燃气及水的生产和供应业	10852	35251	66870	76459
电力、热力生产和供应业	6746	26163	60527	61568
燃气生产和供应业	3178	6568	6199	14879
水的生产和供应业	928	2520	143	12

单位：万元

利润总额	亏损企业亏损额	利税总额	税金总额	本年应交增值税	本年应付工资福利费	全部从业人员年平均人数（人）
66131		125887	59757	29383	37722	5311
20973	40	33984	13011	11015	30165	5663
44282	120	61315	17033	10733	73340	12084
247806	4300	372343	124537	98815	498452	129834
22461	197	25430	2969	2117	18699	4420
42757	195	57859	15102	12411	31231	5836
24965	11	40036	15071	10476	30277	5954
28374	778	31643	3269	2825	6378	1629
195805	36	256899	61094	43913	163435	26178
11		70	59		397	24
32888		55738	22850	20816	20240	4217
1953		3014	1061	749	2137	569
24		24			499	148
106552	1600	147209	40658	35388	40837	7681
24048	674	37769	13721	11171	18684	4460
-1929	3726	-776	1152	1031	4104	813
30395	3	31127	732	599	2489	678
44923	564	63595	18672	14961	13320	3686
33510	1447	45501	11992	9750	28515	7947
8189		11846	3657	2984	9638	2161
1520	25	4036	2517	2414	3457	1149
6742	131	12871	6130	5289	12936	2300
6759		16391	9632	8413	7810	1216
37296	162	57329	20033	12635	33797	9505
20948		21370	421	353	3525	1625
317		330	13	13	215	31
3762		7910	4147	3739	451	446
308372		415074	106702	84826	37880	4702
114186		181823	67636	50242	23219	3399
190783		229202	38419	34204	12480	828
3403		4050	647	380	2180	475

1-E-04 三明市工业企业

项目	企业单位数(个)	工业总产值	工业销售产值	#出口交货值
总计	**1690**	**25747459**	**25425669**	**669706**
#国有控股企业	69	3823496	3806171	37921
#亏损企业	123	2129789	2072666	24089
一、按轻重工业分组				
轻工业	637	8065588	7893402	356722
重工业	1053	17681870	17532268	312984
二、按登记类型分组				
内资	1611	24429520	24145988	524772
国有企业	4	12091	12010	
集体企业	37	441994	441100	
股份合作企业	2	27725	27727	20731
联营企业				
有限责任公司	114	4722902	4684591	99955
股份有限公司	19	598373	584133	14883
私营企业	1435	18626435	18396428	389203
其他企业				
港、澳、台商投资企业	61	874508	848516	85331
外商投资企业	18	443431	431165	59603
三、按规模分组				
大型企业	8	2835288	2825017	13422
中型企业	117	5516822	5395020	225616
小微型企业	1565	17395349	17205632	430668
四、按行业分组				
1. 采矿业	204	2562841	2565550	37640
煤炭开采和洗选业	41	489236	503943	
石油和天然气开采业				
黑色金属矿采选业	42	635060	633285	
有色金属矿采选业	42	509750	502512	3
非金属矿采选业	79	928796	925810	37636
开采辅助活动				
其他采矿业				
2. 制造业	1444	22151533	21828073	632066
农副食品加工业	70	930376	913844	72427
食品制造业	33	706975	693376	157224

主要生产经营、效益指标

单位：万元

工　业 增加值	资产合计	流动负债 合　　计	固定资产 合　　计	主营业务 收　　入	#主营业务 成　　本	#主营业务 税金及附加
6783104	**12770416**	**5981216**	**5717213**	**25262872**	**22729863**	**148906**
857703	4505731	1993002	2501441	3899460	3588362	35942
505563	1813964	1125233	877616	2033165	1967529	6703
2098483	3350031	1501620	1238973	7818287	7075301	29357
4684621	9420385	4479596	4478240	17444585	15654562	119549
6428180	12129825	5709007	5476265	23987950	21597987	140041
5301	33925	10722	10987	12342	9902	655
197138	187795	128194	31145	444721	398591	10559
6225	4125	1644	1999	27727	24633	55
1070651	4616995	2174973	2578475	4768680	4350593	35949
158646	1009326	462441	352283	563961	489017	2661
4990220	6277659	2931033	2501377	18170520	16325251	90162
238069	404557	153269	157027	840998	729625	7270
116855	236034	118940	83921	433924	402251	1595
510806	2664810	1246230	1248986	2879930	2711358	27000
1575672	3417993	1668379	1553122	5377580	4811531	22997
4696626	6687613	3066607	2915105	17005362	15206974	98909
1070343	944237	422005	294906	2527109	2179539	39220
264132	377329	183349	67279	505899	423876	7176
217638	125191	72947	37766	624494	568119	5540
240719	203818	65385	83045	477491	408589	7329
347854	237899	100325	106815	919226	778956	19176
5424983	10185212	4985330	4109162	21667468	19572280	88663
210697	260686	108183	110722	907153	823615	3971
171815	256412	125911	70115	681100	607952	1187

1-E-04 续表 1

项目	企业单位数(个)	工业总产值	工业销售产值	#出口交货值
酒、饮料和精制茶制造业	37	298507	293883	
烟草制品业	1	7965	7965	
纺织业	171	2938136	2871242	3238
纺织服装、服饰业	47	223585	222130	15554
皮革、毛皮、羽毛及其制品和制鞋业	18	104686	104113	
木材加工和木、竹、藤、棕、草制品业	284	3031284	2986691	50425
家具制造业	18	165829	163973	10055
造纸和纸制品业	43	618286	600981	14905
印刷和记录媒介复制业	19	234948	231828	
文教、工美、体育和娱乐用品制造业	36	421172	397883	28778
石油加工、炼焦和核燃料加工业	1	47426	46630	
化学原料和化学制品制造业	160	2682105	2646504	158685
医药制造业	16	256085	253912	6621
化学纤维制造业	6	114259	114991	9662
橡胶和塑料制品业	42	828414	819333	12347
非金属矿物制品业	153	2176247	2152030	3740
黑色金属冶炼和压延加工业	66	3055262	3046557	1812
有色金属冶炼和压延加工业	11	343995	333482	32332
金属制品业	37	455917	444666	3574
通用设备制造业	59	724073	717043	4033
专用设备制造业	46	669288	664644	20076
汽车制造业	13	470338	464065	75
铁路、船舶、航空航天和其他运输设备制造业	5	29361	28991	
电气机械和器材制造业	20	309418	298505	1538
计算机、通信和其他电子设备制造业	10	103012	101926	21771
仪器仪表制造业	3	19395	19161	3195
其他制造业	7	36053	35813	
废弃资源综合利用业	12	149138	151912	
金属制品、机械和设备修理业				
3. 电力、燃气及水的生产和供应业	42	1033085	1032047	
电力、热力生产和供应业	38	1020733	1019695	
燃气生产和供应业	1	2820	2820	
水的生产和供应业	3	9531	9531	

单位：万元

工业增加值	资产合计	流动负债合计	固定资产合计	主营业务收入	#主营业务成本	#主营业务税金及附加
105517	173988	51913	82754	289423	243006	5271
8479	49973	4033	20856	9008	3651	151
696232	1024366	542873	355640	2831364	2654694	4819
70383	74014	17065	36280	222373	196320	1466
32014	35585	15192	16088	104202	92245	428
835088	921689	381441	331334	2987430	2667944	10508
48295	74611	30118	27504	160474	141742	712
147498	566746	246122	211887	595311	551325	1973
68903	63018	20569	20262	229690	203397	1296
125029	174947	74823	58255	407582	360785	1719
11363	3088	2167	918	47155	43577	148
630953	1133992	606551	463163	2597919	2321559	9696
86091	145306	62063	42062	248767	197735	999
31269	121352	75849	69413	117495	105388	437
226489	352243	197834	145925	808865	728690	3824
600879	1260441	653419	670150	2100912	1870601	9754
523071	1982990	1009677	864337	3110536	2925890	14664
69728	163247	108950	39384	321584	311498	320
106860	159230	66049	60416	444016	390436	2206
184176	340215	181969	92290	694521	620069	3551
174236	401243	214645	128633	659800	551924	5969
101962	162494	63758	85752	462647	411069	649
8185	4833	2000	1874	28991	25134	824
71351	181200	84816	63278	291263	249590	878
27256	29896	9844	8159	104812	97605	229
7912	11685	2323	3398	19701	16370	166
11001	11846	6424	4719	36253	28536	271
32252	43876	18752	23597	147121	129933	579
287778	1640967	573882	1313145	1068295	978044	21022
282509	1591053	559784	1299899	1055919	967324	20812
703	12905	3465	5535	2820	2474	152
4566	37008	10632	7711	9557	8246	59

1-E-04 续表 2

项　目	营业费用	管理费用	财务费用	#利息支出
总　计	**449073**	**863024**	**272647**	**254951**
#国有控股企业	35514	135305	90555	88196
#亏损企业	35223	87832	36749	37128
一、按轻重工业分组				
轻工业	128923	250948	80022	75368
重工业	320149	612076	192625	179584
二、按登记类型分组				
内资	411686	809939	262477	245790
国有企业	769	1863	88	157
集体企业	7273	19315	1643	1804
股份合作企业	371	350	89	89
联营企业				
有限责任公司	61222	154842	84621	82285
股份有限公司	9972	46344	23683	24349
私营企业	332079	587226	152353	137106
其他企业				
港、澳、台商投资企业	25338	41452	7040	6088
外商投资企业	12048	11633	3130	3073
三、按规模分组				
大型企业	16076	60454	62706	59555
中型企业	94732	209080	75622	74497
小微型企业	338264	593490	134319	120900
四、按行业分组				
1. 采矿业	77789	119108	10249	8910
煤炭开采和洗选业	18983	34019	1678	1664
石油和天然气开采业				
黑色金属矿采选业	15898	19759	2022	1970
有色金属矿采选业	9849	20965	1896	1686
非金属矿采选业	33059	44365	4653	3590
开采辅助活动				
其他采矿业				
2. 制造业	369554	717855	233203	216031
农副食品加工业	20853	27706	6434	5444
食品制造业	9907	16653	6807	6820

单位：万元

利润总额	亏损企业亏损额	利税总额	税金总额	本年应交增值税	本年应付工资福利费	全部从业人员年平均人数(人)
798227	**65713**	**1625816**	**827589**	**677695**	**938822**	**232537**
80436	38082	280968	200532	164176	275052	36837
-65713	65713	-14112	51600	44819	101327	24585
246838	16248	441039	194201	164785	278084	86142
551389	49465	1184777	633388	512910	660738	146395
759481	62114	1552467	792985	651956	898464	220275
1006		2839	1833	1178	1806	470
7170	852	38952	31782	21219	26531	7999
1844		2800	956	901	479	117
108037	33611	320403	212366	175904	271686	38768
23044	11055	45766	22722	20032	48107	9967
618380	16596	1141706	523326	432722	549856	162954
33710	215	61539	27828	20559	31937	9874
5035	3383	11810	6775	5180	8420	2388
30791	14484	146937	116146	88897	164904	22597
193295	22512	378281	184986	161414	225861	54969
574141	28717	1100598	526457	427383	548057	154971
109610	2774	260099	150490	111076	128976	29691
27920	526	75360	47440	40076	67082	13766
11190	1901	31250	20060	14521	14076	3923
29451	338	54750	25299	17968	17773	4407
41048	9	98739	57691	38511	30046	7595
652631	52522	1247539	594908	505671	740323	194957
25813	2182	43142	17329	13355	20652	6969
26365		43578	17213	16019	18073	4977

1-E-04 续表 3

项 目	营业费用	管理费用	财务费用	#利息支出
酒、饮料和精制茶制造业	13274	18790	1976	1993
烟草制品业	1767	3788	-238	
纺织业	18036	53773	24970	24008
纺织服装、服饰业	4785	7794	1439	1316
皮革、毛皮、羽毛及其制品和制鞋业	2956	3610	851	760
木材加工和木、竹、藤、棕、草制品业	64385	102755	22347	19962
家具制造业	2478	6298	1529	1351
造纸和纸制品业	9605	22677	15137	15207
印刷和记录媒介复制业	3157	8701	1200	1151
文教、工美、体育和娱乐用品制造业	8732	13272	3868	3123
石油加工、炼焦和核燃料加工业	294	1019	355	355
化学原料和化学制品制造业	52008	87149	25773	24421
医药制造业	9552	16062	2557	2334
化学纤维制造业	1146	11855	4435	4020
橡胶和塑料制品业	14638	26849	9128	8463
非金属矿物制品业	39519	79284	29706	26915
黑色金属冶炼和压延加工业	25969	76498	46634	42933
有色金属冶炼和压延加工业	3518	3980	1972	1395
金属制品业	10686	17630	3388	3231
通用设备制造业	12841	27117	5772	5710
专用设备制造业	14203	37864	9669	8824
汽车制造业	14929	26563	1151	1190
铁路、船舶、航空航天和其他运输设备制造业	957	633	183	176
电气机械和器材制造业	3351	7264	3984	3210
计算机、通信和其他电子设备制造业	796	3909	457	284
仪器仪表制造业	825	1297	662	653
其他制造业	1458	2054	221	210
废弃资源综合利用业	2931	5013	838	575
金属制品、机械和设备修理业				
3. 电力、燃气及水的生产和供应业	1729	26062	29195	30011
电力、热力生产和供应业	917	23487	29269	29783
燃气生产和供应业	769	669	-3	22
水的生产和供应业	43	1906	-72	206

单位：万元

利润总额	亏损企业亏损额	利税总额	税金总额	本年应交增值税	本年应付工资福利费	全部从业人员年平均人数（人）
10255		21581	11326	6042	16373	4015
434		1847	1413	1257	3608	496
61130	3203	117856	56726	51907	82300	27126
8077	17	16093	8016	6550	16647	5176
3896		6426	2530	2102	5882	2192
119830	2187	197698	77868	67322	103047	31236
7751		11009	3257	2545	5096	1709
11008	4286	28229	17221	15247	32285	9407
12096	54	21034	8938	7642	7119	1957
18611		28603	9993	8273	16932	6092
1763		3095	1332	1184	734	100
91362	13134	163529	72167	62450	77802	17946
23046		29765	6719	5720	9044	2460
-3371	5604	1214	4585	4148	9988	2178
32406	490	52839	20434	16332	20689	6359
60003	11066	133639	73636	63812	71577	18216
38773	6236	135834	97062	82291	126526	19924
920	1176	3811	2891	2571	4330	1356
18872	32	34673	15801	13587	12550	3665
23254	2670	41372	18119	14568	22761	6677
34033	71	62257	28223	22255	29776	6306
8397	52	14260	5863	5215	8409	2568
1253		2955	1701	877	664	243
6220	63	10810	4590	3712	8110	2883
1789	0	2754	964	735	3166	1172
597		1563	967	801	1436	364
2950		4311	1361	1069	1551	403
5100		11763	6664	6084	3198	785
35986	10416	118178	82192	60949	69523	7889
35639	9788	117071	81433	60408	66586	7219
620		820	200	49	928	187
-272	628	286	559	492	2009	483

1-E-05 泉州市工业企业

项目	企业单位数(个)	工业总产值	工业销售产值	#出口交货值
总计	**4405**	**93791087**	**90953830**	**16006404**
#国有控股企业	48	11512703	11423067	9359
#亏损企业	102	7962828	7785164	317520
一、按轻重工业分组				
轻工业	2926	58409264	56470340	13457242
重工业	1479	35381824	34483489	2549163
二、按登记类型分组				
内资	2694	46957207	45936973	5770097
国有企业	15	1622258	1614831	232
集体企业	11	224205	221119	21467
股份合作企业	56	562691	557650	257723
联营企业				
有限责任公司	446	11214066	11021011	838406
股份有限公司	82	3204266	3258875	228142
私营企业	2054	28981485	28201965	4327424
其他企业	30	1148236	1061521	96705
港、澳、台商投资企业	1216	29199216	28097469	7572050
外商投资企业	495	17634664	16919387	2664257
三、按规模分组				
大型企业	177	29669292	28798526	3307610
中型企业	1180	33823140	32648115	7376581
小微型企业	3048	30298655	29507189	5322213
四、按行业分组				
1. 采矿业	39	709576	675306	232
煤炭开采和洗选业	10	80608	78645	
石油和天然气开采业				
黑色金属矿采选业	12	364097	335952	
有色金属矿采选业	7	67319	67319	
非金属矿采选业	10	197552	193391	232
开采辅助活动				
其他采矿业				
2. 制造业	4314	87900338	85132669	16006173
农副食品加工业	45	1645761	1607789	207050
食品制造业	89	3104289	3078584	238252

主要生产经营、效益指标

单位：万元

工　业 增加值	资产合计	流动负债 合　计	固定资产 合　计	主营业务 收　入	#主营业务 成　本	#主营业务 税金及附加
25158505	**65855087**	**24484305**	**19956229**	**91267228**	**76568039**	**1223865**
2632803	10949249	3886908	6227909	11495913	10294833	623816
1882677	8247070	3508546	3459679	7847716	7183518	543089
16505954	38902722	14446135	9495945	56530429	46873101	391657
8652551	26952365	10038170	10460284	34736799	29694938	832207
12527406	30387560	11034970	10333151	46066413	38577568	460785
327957	1422982	263327	863528	1630155	1478008	6045
46393	141589	45125	55557	221847	193583	955
169063	274469	100775	45493	558677	467994	5769
2743324	8133486	2920706	3644736	10914008	9211552	147518
910020	3832266	1525375	1265367	3235542	2653628	24203
7965025	15715567	5565159	4213676	28365799	23526692	267719
365624	867202	614503	244795	1140384	1046111	8576
8211830	21517722	7810719	5005392	28372282	23529023	166230
4419269	13949806	5638616	4617686	16828532	14461448	596850
8115588	22403148	7801349	7277781	28766093	23949926	748811
9310330	23635771	9861158	7317247	32815060	27379927	214973
7732587	19816168	6821798	5361201	29686075	25238187	260081
227509	598077	152031	255508	700273	517455	17663
50141	81063	37211	21742	86087	51565	6795
95889	162114	60631	80248	353441	272159	5572
24024	20041	14211	4431	67319	52649	2001
57456	334859	39978	149087	193426	141081	3295
23737733	59998797	22502350	16120406	85392248	71436503	1118372
212827	891923	458533	145189	1623600	1475360	5291
807397	1861709	486424	473358	2971542	2373898	16135

1-E-05 续表 1

项 目	企业单位数(个)	工业总产值	工业销售产值	#出口交货值
酒、饮料和精制茶制造业	94	1838935	1775418	50066
烟草制品业				
纺织业	253	5565234	5401931	597392
纺织服装、服饰业	787	11699310	11332031	3747074
皮革、毛皮、羽毛及其制品和制鞋业	787	17041755	16586360	3813312
木材加工和木、竹、藤、棕、草制品业	12	218966	210263	
家具制造业	29	520249	507083	171143
造纸和纸制品业	120	3589298	3121582	149720
印刷和记录媒介复制业	66	867651	852554	50231
文教、工美、体育和娱乐用品制造业	236	3871681	3806028	2230314
石油加工、炼焦和核燃料加工业	4	5919725	5870969	
化学原料和化学制品制造业	95	2650990	2516607	60418
医药制造业	14	255068	240025	9772
化学纤维制造业	43	2117388	2026868	129852
橡胶和塑料制品业	168	2308239	2198536	292083
非金属矿物制品业	780	10883592	10729133	2280845
黑色金属冶炼和压延加工业	20	1255247	1247521	8201
有色金属冶炼和压延加工业	15	604847	583890	29327
金属制品业	86	1207053	1152752	197013
通用设备制造业	124	3078712	2988705	228929
专用设备制造业	135	1850037	1745947	196684
汽车制造业	77	742074	728936	128349
铁路、船舶、航空航天和其他运输设备制造业	13	233904	225466	114834
电气机械和器材制造业	64	1731211	1688159	127178
计算机、通信和其他电子设备制造业	56	1384176	1239992	263305
仪器仪表制造业	11	77897	77860	8191
其他制造业	86	1520224	1475325	667826
废弃资源综合利用业	3	105040	104715	
金属制品、机械和设备修理业	2	11787	11643	8814
3. 电力、燃气及水的生产和供应业	52	5181173	5145854	
电力、热力生产和供应业	34	4489308	4454008	
燃气生产和供应业	6	603040	603022	
水的生产和供应业	12	88825	88825	

单位：万元

工　业 增加值	资产合计	流动负债 合　　计	固定资产 合　　计	主营业务 收　　入	#主营业务 成　　本	#主营业务 税金及附加
604991	868027	241127	239308	1774580	1242585	32415
1416983	3860189	1454943	1088684	5341161	4631765	22540
3529177	8002415	2447685	2034516	11243822	9398570	62192
5155622	11138672	4038205	2344997	16974987	13777564	139877
51854	70195	13709	36103	213923	177189	2738
133437	496939	267307	66294	499331	394083	5808
999071	3198774	1720301	692207	3065320	2477751	22631
223000	452305	178764	142949	844428	700720	6580
1072194	1558256	592001	417558	3807287	3205956	25824
1431556	4682494	1586268	2184853	5873326	5233411	533517
561806	2070491	1164455	634832	2626991	2399912	10747
89290	182447	87241	75494	239381	185859	1742
487664	2331275	977808	694990	2038815	1872881	6701
588378	1612112	604680	399324	2235975	1881453	17360
3105232	6654766	2301080	1832536	10816721	8892072	119001
186937	686256	416272	379871	1250322	1124034	3101
89831	290748	98264	83621	586751	542367	1009
271687	540761	154964	133473	1158261	953209	11262
781231	2505354	871286	567895	2996060	2449439	19186
477184	1311895	526984	336785	1754527	1414886	15162
181048	498478	205750	128626	732967	620246	4766
56202	419874	143281	318364	227200	203191	5087
460056	1363367	459291	222209	1617008	1347174	9251
333211	1230350	547806	239476	1196947	1004539	9123
24457	55052	16757	17755	77870	61564	496
384762	1123968	418968	182553	1487250	1287162	6680
17378	33525	19938	6140	104253	97939	2087
3271	6181	2259	445	11643	9722	65
1193262	5258213	1829924	3580315	5174707	4614081	87829
1025876	4616068	1546835	3234692	4473288	3979486	86239
118869	231300	139677	74402	609549	571221	1015
48518	410846	143412	271222	91870	63375	575

1-E-05 续表 2

项　　目	营业费用	管理费用	财务费用	#利息支出
总　计	**2783012**	**3359511**	**890216**	**878728**
#国有控股企业	71244	280020	201644	256744
#亏损企业	60565	233639	127715	183426
一、按轻重工业分组				
轻工业	2044907	2214826	437224	407099
重工业	738105	1144685	452992	471629
二、按登记类型分组				
内资	1321243	1654598	507217	453160
国有企业	4365	60499	17516	17865
集体企业	2145	7647	528	453
股份合作企业	10666	17882	1731	980
联营企业				
有限责任公司	322429	381304	152474	145000
股份有限公司	105601	119688	70196	67422
私营企业	862653	1046469	242160	198786
其他企业	13385	21111	22613	22653
港、澳、台商投资企业	1104166	1166995	234577	210982
外商投资企业	357603	537917	148421	214587
三、按规模分组				
大型企业	1102326	1090087	238647	316866
中型企业	968488	1215314	369333	348918
小微型企业	712198	1054109	282236	212944
四、按行业分组				
1. 采矿业	21646	36079	4289	3246
煤炭开采和洗选业	1969	5163	735	718
石油和天然气开采业				
黑色金属矿采选业	8520	24618	1935	1874
有色金属矿采选业	2239	1309	103	42
非金属矿采选业	8918	4988	1516	613
开采辅助活动				
其他采矿业				
2. 制造业	2717774	3217255	764940	753314
农副食品加工业	28472	25641	-1242	11576
食品制造业	195188	135855	21192	19907

单位：万元

利润总额	亏损企业亏损额	利税总额	税金总额	本年应交增值税	本年应付工资福利费	全部从业人员年平均人数(人)
7172290	**336572**	**10986936**	**3814646**	**2571139**	**6444630**	**1468464**
74929	249880	999569	924640	300397	261061	28495
-336572	336572	399983	736555	192175	201933	33284
5043504	51400	7109030	2065526	1661287	4810120	1136682
2128786	285172	3877906	1749121	909852	1634509	331782
3890158	69124	5691769	1801611	1327875	3300545	748221
114501	1015	171144	56643	50543	61242	8542
16886		23430	6545	5590	9418	1543
49186	587	62300	13114	7334	54200	10589
825118	47140	1282187	457069	307605	623465	137742
345957	856	478749	132792	108504	207227	40687
2495509	7971	3559479	1063970	785398	2304443	539730
43002	11555	114480	71478	62902	40549	9388
2524730	27472	3517813	993082	821015	2224535	520500
757401	239976	1777355	1019953	422249	919550	199743
2102917	212903	3713802	1610884	859033	1888850	391625
2866336	79831	4064820	1198484	975741	2706629	658729
2203037	43838	3208315	1005278	736364	1849151	418110
91951	673	139118	47167	29504	66438	15462
14089		29589	15500	8705	16648	4270
38409		58405	19996	14424	22464	4300
8443		12678	4235	2234	9282	2495
31010	673	38446	7436	4141	18043	4397
6747214	332454	10256580	3509367	2371763	6233866	1439325
98565		125282	26717	21121	35559	8831
236566	77	345911	109346	93206	215753	43555

1-E-05 续表 3

项　目	营业费用	管理费用	财务费用	#利息支出
酒、饮料和精制茶制造业	102005	84746	10323	8967
烟草制品业				
纺织业	94735	166506	70488	56241
纺织服装、服饰业	335267	427826	80414	79028
皮革、毛皮、羽毛及其制品和制鞋业	825798	763768	107248	106475
木材加工和木、竹、藤、棕、草制品业	5337	7444	859	732
家具制造业	26228	21519	7538	4157
造纸和纸制品业	111210	136719	13207	21429
印刷和记录媒介复制业	22762	30351	7602	5944
文教、工美、体育和娱乐用品制造业	96905	122179	22837	13987
石油加工、炼焦和核燃料加工业	23060	139563	67878	121549
化学原料和化学制品制造业	54812	64012	54515	53692
医药制造业	9365	10793	3282	3109
化学纤维制造业	19082	60339	27672	29257
橡胶和塑料制品业	50471	84740	21238	17520
非金属矿物制品业	359719	411389	103424	84835
黑色金属冶炼和压延加工业	24646	35678	11301	8379
有色金属冶炼和压延加工业	3995	14771	1207	1240
金属制品业	33543	45641	8532	7478
通用设备制造业	101962	121386	44384	39296
专用设备制造业	56169	80046	21735	15687
汽车制造业	19908	35744	6450	5265
铁路、船舶、航空航天和其他运输设备制造业	3737	5993	3180	2282
电气机械和器材制造业	37067	70601	11997	6782
计算机、通信和其他电子设备制造业	41109	61404	16845	12457
仪器仪表制造业	2608	3926	885	437
其他制造业	31227	46939	19132	14773
废弃资源综合利用业	641	1145	816	834
金属制品、机械和设备修理业	747	595	-1	
3. 电力、燃气及水的生产和供应业	43592	106177	120987	122167
电力、热力生产和供应业	37480	88340	115095	116228
燃气生产和供应业	648	5959	2730	3156
水的生产和供应业	5465	11878	3162	2784

单位：万元

利润总额	亏损企业亏损额	利税总额	税金总额	本年应交增值税	本年应付工资福利费	全部从业人员年平均人数（人）
277520	4261	382175	104655	69841	179881	34959
430115	2639	575832	145717	123064	357913	81155
1030605	5222	1443182	412577	347749	1111595	284737
1488398	25127	2203536	715139	569645	1626921	392280
17185		26430	9245	6508	20529	3306
51802		71351	19550	13733	33983	8440
366064	1973	491147	125083	102437	171790	37241
71869	361	104734	32866	25634	53488	13928
331900	205	426560	94660	68830	285878	68507
-192007	206948	452222	644229	110698	52883	4575
77721	48614	172815	95094	83945	79160	15134
27589		41824	14235	12493	21395	4587
115415	7087	181187	65772	59071	66731	15772
223401	1329	293663	70262	52202	143957	33383
982874	9292	1400760	417886	294440	905692	197205
54480	194	78974	24494	21383	44709	7269
23185	1499	27254	4069	3060	36054	8154
100774	77	138256	37482	26217	69499	16129
321808	100	413569	91761	72516	143189	37189
164375	7	232516	68141	51675	122140	26433
46196	1555	69030	22835	17874	56347	11958
5190	6864	17746	12556	7465	17082	3327
196883		239783	42900	33447	119232	22475
89272	8590	127709	38436	29283	83830	18361
7655		10679	3023	2527	9726	2769
99703	435	146726	47023	40238	166475	37259
1599		14698	13099	11012	1391	237
515		1031	516	450	1083	170
333125	3446	591238	258113	169872	144326	13677
271071	196	519807	248737	162105	126061	11400
48652		52712	4060	3045	4861	507
13403	3250	18719	5316	4721	13404	1770

1-E-06 漳州市工业企业

项　　目	企　业 单位数 (个)	工　业 总产值	工业销售 产　值	#出　口 交货值
总　计	**1867**	**32592103**	**32042036**	**6018200**
#国有控股企业	41	1764255	1774282	53420
#亏损企业	154	1342455	1306356	229230
一、按轻重工业分组				
轻工业	1131	17669328	17326518	5179446
重工业	736	14922775	14715517	838753
二、按登记类型分组				
内资	1350	19485858	19199499	2984886
国有企业	6	33011	32904	
集体企业	14	85048	84606	
股份合作企业	4	60080	58983	6316
联营企业				
有限责任公司	364	6661704	6560886	455979
股份有限公司	20	904855	892364	336956
私营企业	941	11708849	11540018	2185634
其他企业	1	32310	29738	
港、澳、台商投资企业	356	10205528	9990280	1979082
外商投资企业	161	2900717	2852256	1054232
三、按规模分组				
大型企业	43	7875812	7671450	1955521
中型企业	322	12110895	11910907	2527707
小微型企业	1502	12605395	12459679	1534972
四、按行业分组				
1. 采矿业	16	114161	114143	
煤炭开采和洗选业				
石油和天然气开采业				
黑色金属矿采选业	1	17110	16768	
有色金属矿采选业	1	4519	4519	
非金属矿采选业	14	92532	92856	
开采辅助活动				
其他采矿业				
2. 制造业	1811	30353979	29803969	6018110
农副食品加工业	275	6120581	5971677	2122200
食品制造业	171	2376665	2326957	787984

主要生产经营、效益指标

单位：万元

工　业 增加值	资产合计	流动负债 合　　计	固定资产 合　　计	主营业务 收　　入	#主营业务 成　　本	#主营业务 税金及附加
8953952	**26277796**	**11753819**	**7248933**	**32169940**	**27101461**	**153307**
404441	2531066	937398	1297563	1784857	1580245	36318
257841	2917644	1622829	1205537	1336347	1282289	6997
4952881	11013623	5234781	2592308	17396398	14777997	65546
4001071	15264174	6519038	4656625	14773543	12323464	87760
5288298	12604861	5517103	4140923	19238313	16557164	106159
10104	54136	13180	36305	33029	27645	214
22684	32676	11956	10767	82282	71077	864
11945	30306	21084	8188	58983	52016	182
1703726	5043458	2349602	2164912	6589208	5762226	56422
325967	1473975	497443	274616	881237	655489	3776
3202876	5936633	2623658	1632292	11559886	9958958	44690
10996	33677	182	13843	33689	29753	11
2882986	10151386	4561857	1815591	10069541	8106440	32525
782669	3521549	1674858	1292419	2862086	2437858	14623
2206692	7743860	3933317	1664842	7711116	6133250	52615
3487795	10675972	4577497	3252618	11981056	10102379	47074
3259465	7857964	3243005	2331473	12477768	10865832	53618
41786	51034	18182	19396	113699	91068	1994
5773	3181		390	16768	15687	150
1840	697			4519	1836	63
34173	47156	18182	19007	92412	73546	1781
8232963	22917187	10779483	5758522	29933584	25137354	114369
1559705	2873713	1588482	531529	6017621	5293233	14582
654980	1302455	668267	307293	2338699	1991209	7491

1-E-06 续表 1

项目	企业单位数(个)	工业总产值	工业销售产值	#出口交货值
酒、饮料和精制茶制造业	57	706771	687929	19295
烟草制品业				
纺织业	39	431511	430691	125091
纺织服装、服饰业	42	236596	236796	95502
皮革、毛皮、羽毛及其制品和制鞋业	41	431539	430736	34029
木材加工和木、竹、藤、棕、草制品业	45	402267	395491	71424
家具制造业	99	788394	780289	370659
造纸和纸制品业	97	2108489	2073070	35322
印刷和记录媒介复制业	23	159216	155801	38884
文教、工美、体育和娱乐用品制造业	78	609485	592957	232931
石油加工、炼焦和核燃料加工业	2	105337	105337	
化学原料和化学制品制造业	83	1748273	1658503	98349
医药制造业	9	171354	172425	27016
化学纤维制造业	3	15804	15396	3739
橡胶和塑料制品业	71	747515	746257	51790
非金属矿物制品业	159	2172444	2144313	63370
黑色金属冶炼和压延加工业	54	2494521	2457150	51466
有色金属冶炼和压延加工业	18	483477	467252	
金属制品业	106	1595425	1576790	192271
通用设备制造业	55	678692	668538	198926
专用设备制造业	26	137865	136793	13943
汽车制造业	37	1793494	1775433	157399
铁路、船舶、航空航天和其他运输设备制造业	21	311823	310526	21654
电气机械和器材制造业	88	1868311	1857000	557386
计算机、通信和其他电子设备制造业	42	1107919	1081051	465534
仪器仪表制造业	32	228591	227841	142209
其他制造业	29	234783	229618	39738
废弃资源综合利用业	8	77841	82353	
金属制品、机械和设备修理业	1	8998	8998	
3. 电力、燃气及水的生产和供应业	40	2123963	2123923	90
电力、热力生产和供应业	34	2066046	2066006	90
燃气生产和供应业	3	46375	46375	
水的生产和供应业	3	11543	11543	

单位：万元

工业增加值	资产合计	流动负债合计	固定资产合计	主营业务收入	#主营业务成本	#主营业务税金及附加
221721	530166	252538	249288	696854	544600	9711
117607	218112	87015	76243	428617	368546	2118
80589	97818	31452	21698	236474	204468	1474
123777	204855	101838	46962	427815	379939	1788
121231	224994	101093	52225	395519	336563	2025
221788	562835	183316	107662	781015	667577	3867
616327	1809813	784726	648816	2067237	1750884	5505
42146	179525	112919	41491	158822	142713	275
181120	365130	134049	109101	595636	500872	4289
23276	35579	21177	5421	115073	100000	336
448719	3265314	1266675	282999	1678616	994692	5097
99444	369878	43605	28825	172443	79247	1915
3904	16669	11415	3964	15396	12527	128
206939	778674	309854	286255	755317	642341	4076
605044	1662849	782046	727747	2152904	1761738	12713
600247	2787149	1631153	952553	2464285	2206443	9952
99799	177178	94329	39057	478963	434476	347
414583	1119824	429555	371046	1578618	1369302	7158
188733	876329	306279	189244	662690	545749	2340
35803	123288	55070	29120	136331	114580	649
468672	767310	365327	172934	1798753	1537823	4071
95401	126764	69856	44613	310363	263068	1497
538678	1180538	514079	233070	1844900	1564612	6600
307700	894805	645039	105517	1078391	867782	2501
69957	186745	105670	45524	228044	192552	1071
66776	99930	27347	28150	229878	187938	521
16358	77133	54931	19624	79312	74444	253
1940	1819	383	552	8998	7438	21
679203	3309576	956155	1471015	2122657	1873039	36944
660937	3165018	923535	1427147	2066477	1833371	36715
11552	67727	25941	23634	45365	33304	28
6714	76830	6680	20234	10815	6364	201

1-E-06 续表 2

项　　目	营业费用	管理费用	财务费用	#利息支出
总　　计	**671999**	**949869**	**350999**	**410783**
#国有控股企业	32403	45817	41574	43310
#亏损企业	28988	74143	37506	31163
一、按轻重工业分组				
轻工业	424946	531731	194279	175312
重工业	247053	418138	156720	235470
二、按登记类型分组				
内资	403152	549637	228193	203192
国有企业	1684	3334	245	324
集体企业	2338	4286	676	260
股份合作企业	287	923	1232	1238
联营企业				
有限责任公司	120030	158147	100618	95604
股份有限公司	34394	53552	11248	11408
私营企业	242449	326768	113734	94357
其他企业	1971	2627	441	1
港、澳、台商投资企业	207174	272546	92528	176679
外商投资企业	61673	127686	30279	30911
三、按规模分组				
大型企业	147528	178701	140296	185385
中型企业	251267	366408	95149	129327
小微型企业	273204	404760	115554	96071
四、按行业分组				
1. 采矿业	6769	6901	861	374
煤炭开采和洗选业				
石油和天然气开采业				
黑色金属矿采选业	22	63	7	4
有色金属矿采选业	500	1367	489	82
非金属矿采选业	6247	5471	365	288
开采辅助活动				
其他采矿业				
2. 制造业	647844	917166	350663	376628
农副食品加工业	99794	106084	63885	52822
食品制造业	64790	62146	26506	22299

单位：万元

利润总额	亏损企业亏损额	利税总额	税金总额	本年应交增值税	本年应付工资福利费	全部从业人员年平均人数（人）
2684908	**92960**	**4615216**	**1930308**	**1775649**	**1816730**	**434531**
77629	36642	176269	98640	62142	108787	13997
-92960	92960	-57397	35563	28527	120634	27977
1515924	17777	2622919	1106995	1040979	1053547	273473
1168983	75184	1992296	823313	734670	763182	161058
1520336	48491	2648001	1127665	1020269	1122976	266692
446	468	2403	1957	1742	6514	927
2838		6749	3911	3046	4763	1207
5016		6857	1841	1659	2684	714
440757	38926	807851	367094	310065	365577	76830
155563	523	247809	92246	88445	64475	10021
910824	8574	1570693	659869	614576	677460	176642
4892		5639	747	736	1504	351
951243	21909	1599077	647834	615268	499894	124573
213328	22560	368138	154810	140113	193859	43266
677409	3079	1289182	611773	559048	460496	101265
1225897	61768	1985141	759245	711648	772764	169577
781602	28113	1340892	559291	504953	583471	163689
7411	468	17017	9606	7593	9654	2140
840		1516	676	527	691	90
264		598	334	271	89	
6307	468	14903	8596	6795	8874	2050
2476515	78533	4256069	1779554	1664374	1724621	423442
461583	6009	930956	469373	454440	283499	75603
192714	1611	305284	112570	105078	142994	40631

1-E-06 续表 3

项　　目	营业费用	管理费用	财务费用	#利息支出
酒、饮料和精制茶制造业	35636	37105	8024	7712
烟草制品业				
纺织业	7830	12438	2064	1610
纺织服装、服饰业	5283	9007	664	370
皮革、毛皮、羽毛及其制品和制鞋业	6035	10814	1599	1258
木材加工和木、竹、藤、棕、草制品业	7949	10115	5531	5117
家具制造业	19268	28830	7602	6490
造纸和纸制品业	30431	50524	36286	42842
印刷和记录媒介复制业	4181	7310	3538	3012
文教、工美、体育和娱乐用品制造业	16570	26298	5673	4237
石油加工、炼焦和核燃料加工业	61	2245	774	385
化学原料和化学制品制造业	76655	40920	7856	83368
医药制造业	12500	19133	1699	2079
化学纤维制造业	1019	1051	316	
橡胶和塑料制品业	23233	34806	7802	8040
非金属矿物制品业	64846	93533	36508	30069
黑色金属冶炼和压延加工业	17118	46265	52851	31154
有色金属冶炼和压延加工业	3345	5576	1346	1842
金属制品业	30085	45136	10260	10945
通用设备制造业	13624	36458	9789	9752
专用设备制造业	4529	6464	3198	2446
汽车制造业	22677	37903	17425	14445
铁路、船舶、航空航天和其他运输设备制造业	3343	14480	2405	2215
电气机械和器材制造业	43897	94959	11252	8863
计算机、通信和其他电子设备制造业	20569	49292	21124	18854
仪器仪表制造业	6484	12531	3946	3424
其他制造业	4465	12553	531	257
废弃资源综合利用业	1503	2825	209	724
金属制品、机械和设备修理业	125	367	1	
3. 电力、燃气及水的生产和供应业	17387	25803	-524	33780
电力、热力生产和供应业	15405	22896	-2340	29773
燃气生产和供应业	883	1008	905	893
水的生产和供应业	1099	1898	911	3115

单位：万元

利润总额	亏损企业亏损额	利税总额	税金总额	本年应交增值税	本年应付工资福利费	全部从业人员年平均人数（人）
65236	556	97755	32519	22808	36141	9651
35040	1317	60265	25226	23108	34633	8489
15627	215	26295	10667	9193	29631	9243
31936	1849	54503	22567	20779	35046	9468
33586	893	53022	19435	17410	25223	6349
49571	743	89195	39624	35757	68558	18506
235268	2345	352546	117278	111687	75726	20848
7298	423	13180	5882	5608	8239	2795
43836	522	76438	32603	28311	51850	14962
11703		14763	3060	2724	4549	611
122152	123	211873	89721	84493	67825	13890
59328	263	73004	13676	11761	17875	2171
51		795	744	615	1046	372
44522	1848	89343	44821	40733	47618	12199
187323	11137	315142	127818	115013	102890	24808
132653	39093	263299	130646	120693	159145	29697
30060	32	52792	22732	22385	9220	2105
133093	1490	210378	77285	70081	73071	18035
65917	151	88475	22558	20193	54493	9637
6886	757	12026	5141	4492	10265	2779
180629	4388	301501	120872	116801	72318	20468
26180		34711	8531	7034	32928	7397
146560	515	275196	128636	122024	167082	35623
118718	1650	188040	69321	66771	72117	15477
12053	321	23139	11086	10015	21212	6154
23013	103	34265	11251	10728	16466	4724
2934	181	6639	3705	3452	2747	684
1045		1253	207	187	216	66
200982	13959	342130	141148	103683	82454	8949
190309	13953	330083	139774	102846	78933	8300
9723	7	10391	668	332	1218	175
950		1656	706	505	2304	474

1-E-07 南平市工业企业

项目	企业单位数(个)	工业总产值	工业销售产值	#出口交货值
总计	**941**	**13172872**	**12711501**	**900827**
#国有控股企业	38	1646479	1614959	23790
#亏损企业	74	609396	595502	35399
一、按轻重工业分组				
轻工业	515	6352487	6108509	657794
重工业	426	6820385	6602992	243034
二、按登记类型分组				
内资	880	11751196	11343492	584139
国有企业	7	93067	95538	
集体企业	5	65789	58817	3182
股份合作企业	1	25143	23033	
联营企业	1	6054	5807	
有限责任公司	138	3444579	3348577	135810
股份有限公司	19	909475	855062	55923
私营企业	708	7201979	6951708	389225
其他企业	1	5110	4949	
港、澳、台商投资企业	28	462723	441561	112006
外商投资企业	33	958952	926448	204682
三、按规模分组				
大型企业	14	2598685	2514536	96624
中型企业	95	3186934	3059932	467390
小微型企业	832	7387253	7137033	336813
四、按行业分组				
1. 采矿业	41	324124	318175	
煤炭开采和洗选业	2	14865	17387	
石油和天然气开采业				
黑色金属矿采选业	4	30990	30631	
有色金属矿采选业	10	109276	106626	
非金属矿采选业	25	168992	163532	
开采辅助活动				
其他采矿业				
2. 制造业	874	12104757	11650726	900827
农副食品加工业	65	1339110	1299178	45262
食品制造业	38	610144	576100	34339

主要生产经营、效益指标

单位：万元

工业增加值	资产合计	流动负债合计	固定资产合计	主营业务收入	#主营业务成本	#主营业务税金及附加
3453569	**9048279**	**3658539**	**3351945**	**12532150**	**10735233**	**106492**
372489	2023212	742988	1062762	1621347	1508781	22773
157749	586307	377352	259982	575880	559509	2507
1762123	4571358	1655392	1626456	5976990	5022322	42721
1691446	4476921	2003147	1725488	6555160	5712911	63771
2987886	7698524	3254210	2975167	11200361	9742474	98389
34516	140504	82893	50102	97598	83775	861
17489	36811	14015	2561	59199	51256	709
8807	5851	2122	1507	23033	19042	323
1736	847	716	310	5807	5111	17
762382	3379793	1642795	1581546	3278388	2935979	39019
181713	978098	299429	399565	825548	751981	2922
1979554	3154567	1211639	939290	6905838	5890764	54522
1688	2052	600	285	4949	4566	17
147051	344468	153269	86104	438163	362285	2887
318633	1005287	251061	290674	893626	630474	5216
536110	2966452	1297530	1341545	2435222	2162789	28536
899798	2259569	959599	768327	3030760	2553183	20229
2017661	3822258	1401409	1242073	7066168	6019261	57727
123696	168102	48420	30097	309536	244872	5752
10792	54066	9655	2391	16618	12144	602
10456	5984	1894	2138	30631	22399	650
42887	56565	10582	14318	105714	77102	2244
59561	51487	26289	11249	156572	133228	2256
3136275	7677825	3152348	2580353	11481420	9817307	80669
245979	1263432	638596	613781	1203838	1101435	5761
181459	339832	136799	90639	574559	482564	4248

1-E-07 续表 1

项目	企业单位数(个)	工业总产值	工业销售产值	#出口交货值
酒、饮料和精制茶制造业	76	610882	570180	8571
烟草制品业	1	8824	8824	
纺织业	35	519587	491058	22057
纺织服装、服饰业	17	105949	102957	32644
皮革、毛皮、羽毛及其制品和制鞋业	3	28500	28346	8441
木材加工和木、竹、藤、棕、草制品业	229	2300972	2243957	248724
家具制造业	14	129609	126396	19137
造纸和纸制品业	24	346655	336736	13625
印刷和记录媒介复制业	8	69000	66902	
文教、工美、体育和娱乐用品制造业	70	773583	749519	116421
石油加工、炼焦和核燃料加工业	2	13949	13407	
化学原料和化学制品制造业	87	1175482	1141611	122559
医药制造业	10	200415	185571	63950
化学纤维制造业	1	10500	10500	
橡胶和塑料制品业	28	533014	525218	811
非金属矿物制品业	36	410617	382100	
黑色金属冶炼和压延加工业	18	656149	643270	4648
有色金属冶炼和压延加工业	12	591972	575995	23424
金属制品业	10	111318	102548	1100
通用设备制造业	15	79196	74281	
专用设备制造业	21	163422	156534	2426
汽车制造业	10	149524	145746	723
铁路、船舶、航空航天和其他运输设备制造业	1	5450	5470	
电气机械和器材制造业	31	1004956	936943	58426
计算机、通信和其他电子设备制造业	8	121019	116644	60614
仪器仪表制造业	4	34962	34737	12925
其他制造业				
废弃资源综合利用业				
金属制品、机械和设备修理业				
3. 电力、燃气及水的生产和供应业	26	743990	742600	
电力、热力生产和供应业	24	737069	736300	
燃气生产和供应业				
水的生产和供应业	2	6921	6300	

单位：万元

工业增加值	资产合计	流动负债合计	固定资产合计	主营业务收入		
					#主营业务成本	#主营业务税金及附加
212262	293881	83794	85055	565983	435634	8686
10245	135283	11391	12678	11413	5588	86
115282	278418	88132	67325	499416	443694	2519
29670	65585	27767	17929	107437	88210	423
6608	7092	4338	1626	28346	24747	94
699522	911030	301777	267987	2226112	1880279	18944
35298	115185	43346	38078	128093	107826	360
87956	426131	81664	242794	335491	318621	1916
17300	23736	12814	10131	65941	60072	430
217309	342850	188485	86156	754165	626933	5169
3342	4391	1853	974	13407	10903	1258
282818	831254	316087	251395	1125712	943404	8992
55455	258837	89078	89526	181858	113699	719
2250	14141	8026	2854	10500	8610	3
153432	266134	144343	71291	522954	470350	1937
116505	244477	118886	109054	386024	326483	2368
147147	180940	102988	56028	644527	594531	2923
83330	478345	273695	208112	588252	549633	3736
28321	53833	35766	12784	102548	81865	1506
23868	42663	17937	13880	73585	57958	854
44392	99750	41877	23094	156871	124775	1477
40026	100531	57001	22715	146779	126828	726
1265	1424	499	550	5470	4676	4
261119	806732	312886	170582	882964	702895	5202
28295	48620	8763	11097	114574	105038	253
5819	43300	3759	2240	24602	20056	75
193598	1202351	457771	741495	741195	673054	20070
189836	1152986	453983	714363	734924	668213	20032
3762	49365	3788	27131	6271	4841	38

1-E-07 续表 2

项 目	营业费用	管理费用	财务费用	#利息支出
总 计	**420772**	**453863**	**205022**	**196045**
#国有控股企业	37398	66848	45057	44518
#亏损企业	11027	26018	12026	11143
一、按轻重工业分组				
轻工业	267947	229552	93739	90652
重工业	152826	224311	111283	105393
二、按登记类型分组				
内资	304651	398369	185408	175102
国有企业	496	3023	2720	2783
集体企业	922	2876	99	96
股份合作企业	1560	2444	141	143
联营企业	63	72	3	3
有限责任公司	67620	95802	75235	72558
股份有限公司	31260	47578	26187	24984
私营企业	202730	246506	80993	74525
其他企业		68	30	11
港、澳、台商投资企业	23410	20575	7469	6837
外商投资企业	92711	34919	12145	14105
三、按规模分组				
大型企业	99476	71391	62613	66082
中型企业	126127	112968	50541	46469
小微型企业	195169	269504	91868	83494
四、按行业分组				
1.采矿业	8138	24988	2098	1909
煤炭开采和洗选业	533	2108	268	268
石油和天然气开采业				
黑色金属矿采选业	697	4751	604	605
有色金属矿采选业	1469	10440	-121	74
非金属矿采选业	5439	7689	1347	963
开采辅助活动				
其他采矿业				
2.制造业	410112	410397	177878	169547
农副食品加工业	31170	28391	28278	27882
食品制造业	20933	20025	7446	7023

单位：万元

利润总额	亏损企业亏损额	利税总额	税金总额	本年应交增值税	本年应付工资福利费	全部从业人员年平均人数（人）
740070	**24422**	**1253876**	**513805**	**406799**	**704938**	**166818**
25617	14587	104004	78387	55494	99671	17898
-24422	24422	-5322	19100	16580	39869	9959
408300	2820	604300	195999	152968	382461	95567
331770	21602	649576	317806	253831	322477	71251
589601	24156	1048277	458675	359775	622369	147794
6142	3038	13744	7602	6741	11601	2338
3614		6652	3038	2329	4086	825
1083		1642	559	236	1716	613
543		795	252	236	436	212
109100	14188	248809	139710	100507	202501	43918
32801	353	57003	24202	21275	55022	11005
436052	6577	719165	283113	228269	346876	88823
268		467	200	183	132	60
24477	22	39251	14773	11883	24273	6056
125992	245	166348	40357	35141	58296	12968
105071		198774	93703	65068	172636	36566
202973	11695	339072	136099	115765	205706	44882
432026	12727	716029	284003	225966	326597	85370
24941	1237	45876	20935	15183	20635	4308
1515		4342	2827	2226	4380	1001
1516	186	4072	2556	1906	2356	561
16359		22784	6425	4180	7566	1167
5551	1051	14677	9127	6871	6333	1579
695423	11775	1131076	435652	354586	637638	156857
32155	244	51704	19549	13787	71624	19465
51985	215	70918	18933	14616	26835	7248

1-E-07 续表 3

项　　目	营业费用	管理费用	财务费用	#利息支出
酒、饮料和精制茶制造业	31064	31790	7187	6696
烟草制品业	692	4328	-600	
纺织业	13174	15412	6737	6447
纺织服装、服饰业	3439	7262	1627	1592
皮革、毛皮、羽毛及其制品和制鞋业	322	436	203	150
木材加工和木、竹、藤、棕、草制品业	51223	69851	25160	22479
家具制造业	4173	5377	2277	1577
造纸和纸制品业	15779	25044	14109	13321
印刷和记录媒介复制业	861	1490	742	711
文教、工美、体育和娱乐用品制造业	32016	26880	9690	7667
石油加工、炼焦和核燃料加工业	589	474	84	8
化学原料和化学制品制造业	48403	42357	19730	18658
医药制造业	37851	9131	5135	3959
化学纤维制造业	536	466	494	494
橡胶和塑料制品业	8625	18068	4770	4994
非金属矿物制品业	13368	20215	7523	6542
黑色金属冶炼和压延加工业	5329	7318	3646	3214
有色金属冶炼和压延加工业	8930	14208	16267	15412
金属制品业	6328	5639	1127	1106
通用设备制造业	2810	4190	1401	2016
专用设备制造业	6129	8676	3331	2929
汽车制造业	5752	7291	2841	2832
铁路、船舶、航空航天和其他运输设备制造业	146	194	25	25
电气机械和器材制造业	57826	31303	8044	10955
计算机、通信和其他电子设备制造业	1530	3204	378	273
仪器仪表制造业	1116	1376	227	586
其他制造业				
废弃资源综合利用业				
金属制品、机械和设备修理业				
3. 电力、燃气及水的生产和供应业	2522	18477	25047	24588
电力、热力生产和供应业	2111	17246	25056	24587
燃气生产和供应业				
水的生产和供应业	410	1231	-9	1

单位：万元

利润总额	亏损企业亏损额	利税总额	税金总额	本年应交增值税	本年应付工资福利费	全部从业人员年平均人数（人）
52674		76977	24303	15596	27727	8344
2657		3452	795	709	2212	613
19976	361	38475	18499	15979	25538	6649
6248	200	8658	2410	1986	9949	2953
2542		3477	935	841	748	222
161001	1220	247322	86321	67262	145062	33886
8161	29	10988	2827	2467	12969	2731
11325	794	19463	8137	6212	21425	4809
2524		4871	2347	1917	2403	610
52690	4	83099	30409	25148	66117	15524
100		1430	1330	72	148	59
69350	4524	118240	48890	39888	49199	12103
20294	76	26291	5997	5278	9321	2049
392		425	33	30	480	85
34598	199	85470	50872	48867	26241	5870
15807	1982	29876	14069	11695	17022	4389
29516	346	58396	28880	25957	13545	3440
4030	23	16930	12900	9164	23449	5704
5414	22	10192	4778	3272	7110	2345
5673	155	8702	3030	2175	4479	1371
12817	514	19973	7157	5677	6201	1702
5394	677	9814	4420	3693	8083	2841
425		434	9	5	416	88
81603	189	117594	35991	30790	53743	10412
4519		5957	1438	1185	3107	1030
1555		1949	395	320	2484	315
19706	11410	76925	57218	37030	46666	5653
19727	11137	76597	56870	36720	44500	5255
-20	273	328	348	310	2166	398

1-E-08 龙岩市工业企业

项目	企业单位数(个)	工业总产值	工业销售产值	#出口交货值
总计	**987**	**14884348**	**14593413**	**510347**
#国有控股企业	51	3714259	3620238	34200
#亏损企业	100	2293871	2278513	37899
一、按轻重工业分组				
轻工业	377	4736718	4669102	246903
重工业	610	10147630	9924311	263444
二、按登记类型分组				
内资	852	12311958	12074964	232341
国有企业	6	1383928	1356654	491
集体企业	43	138925	138636	
股份合作企业	11	79609	78548	
联营企业	1	7278	7320	
有限责任公司	257	5183481	5091422	53857
股份有限公司	19	1394962	1354809	44423
私营企业	512	4091415	4015092	133570
其他企业	3	32360	32483	
港、澳、台商投资企业	94	1362083	1324363	167400
外商投资企业	41	1210306	1194087	110606
三、按规模分组				
大型企业	9	4294937	4155217	50776
中型企业	117	4152138	4099128	247290
小微型企业	861	6437272	6339068	212281
四、按行业分组				
1. 采矿业	148	1012005	1004925	
煤炭开采和洗选业	106	596342	595214	
石油和天然气开采业				
黑色金属矿采选业	21	226566	222230	
有色金属矿采选业	6	63226	62449	
非金属矿采选业	15	125871	125032	
开采辅助活动				
其他采矿业				
2. 制造业	810	12738110	12455236	510347
农副食品加工业	60	684242	682250	732
食品制造业	49	494556	491672	9230

主要生产经营、效益指标

单位：万元

工　业 增加值	资产合计	流动负债 合　　计	固定资产 合　　计	主营业务 收　　入	#主营业务 成　　本	#主营业务 税金及附加
4635481	**16665285**	**6196548**	**5629786**	**15137536**	**12301566**	**862172**
2037619	7970564	2351535	2759940	4085721	2641175	812331
284802	2140322	1066444	958874	2241711	2210474	4476
2034607	3178652	1139468	1041501	4655725	3247738	775192
2600873	13486633	5057080	4588285	10481811	9053828	86980
3995952	13856515	5158017	4549603	12639162	10164152	854330
1150103	1050302	371631	270858	1345316	378648	761497
74671	67256	23280	22152	138164	100935	1641
16614	58402	32196	15526	78113	74452	543
1899	4205			7320	7104	3
1143117	4873437	2158025	2501758	5139442	4600370	35395
543732	5071820	1396028	849216	1885128	1489945	32635
1059716	2678266	1171339	852044	4013390	3480387	22478
6102	52827	5519	38050	32289	32313	138
376170	1486729	659646	546359	1303380	1103185	4076
263360	1322041	378885	533824	1194995	1034229	3766
1778840	6880105	2231600	1298739	4646628	3277086	806757
1158951	5125476	1968418	2653893	4147663	3538326	17767
1697690	4659704	1996531	1677154	6343245	5486154	37647
582223	1258213	385465	596509	1021051	731216	17976
388327	541889	169297	256864	608477	452115	7073
94106	540301	126360	267130	225484	163515	4955
31395	75618	40666	42096	62449	44591	1104
68395	100405	49142	30420	124641	70995	4845
3751473	13585557	5041582	3704671	12980321	10552175	822700
139113	323971	121091	130934	686041	644528	470
148110	187866	64160	76330	492362	408777	3088

1-E-08 续表 1

项　目	企　业单位数（个）	工　业总产值	工业销售产　值	#出　口交货值
酒、饮料和精制茶制造业	39	213974	208479	
烟草制品业	2	1338632	1310925	491
纺织业	22	469333	465111	10639
纺织服装、服饰业	63	343753	340706	78016
皮革、毛皮、羽毛及其制品和制鞋业	6	25771	24727	10997
木材加工和木、竹、藤、棕、草制品业	54	369480	360275	47449
家具制造业	13	156127	152019	29695
造纸和纸制品业	18	174931	171069	6133
印刷和记录媒介复制业	5	39927	40490	
文教、工美、体育和娱乐用品制造业	15	96517	92329	47549
石油加工、炼焦和核燃料加工业	6	58777	57755	
化学原料和化学制品制造业	75	689677	678024	62109
医药制造业	13	132083	126813	
化学纤维制造业	2	10735	9308	
橡胶和塑料制品业	19	203620	192361	2599
非金属矿物制品业	89	1523753	1518856	14870
黑色金属冶炼和压延加工业	32	377695	376288	
有色金属冶炼和压延加工业	23	2478631	2394125	48426
金属制品业	25	157753	152213	437
通用设备制造业	35	384259	377734	133
专用设备制造业	38	971401	920103	71039
汽车制造业	35	607486	592796	12186
铁路、船舶、航空航天和其他运输设备制造业	2	48856	47687	10293
电气机械和器材制造业	31	383597	370686	11937
计算机、通信和其他电子设备制造业	26	209034	207010	12340
仪器仪表制造业				
其他制造业	10	74636	74551	23047
废弃资源综合利用业	3	18876	18876	
金属制品、机械和设备修理业				
3. 电力、燃气及水的生产和供应业	29	1134233	1133252	
电力、热力生产和供应业	26	1125559	1125163	
燃气生产和供应业	1	4333	3749	
水的生产和供应业	2	4341	4341	

单位：万元

工　业 增加值	资产合计	流动负债 合　　计	固定资产 合　　计	主营业务 收　　入	#主营业务 成　　本	#主营业务 税金及附加
67954	117407	37414	46471	207062	169671	1276
1121228	1147622	370694	377643	1292298	341662	761084
120231	357552	175805	138392	466261	407833	1040
113248	223318	78486	34299	340541	306422	996
8575	21722	5048	3822	24024	22014	167
97574	238539	93325	61848	361939	298736	2325
33579	61331	26901	10160	152444	125516	2021
35801	133176	45705	46267	171191	152210	529
16730	32962	7861	8865	40459	31767	264
24979	60308	26744	17091	92395	77702	444
14102	60971	14886	13168	56299	49026	662
159285	754267	271363	382033	683808	600827	2549
42615	66774	24891	19699	126660	97648	706
2300	29706	10903	7491	9346	8064	
53466	158072	69158	46518	196070	165551	817
393115	1787382	915776	829219	1493937	1300507	6793
65440	233704	104429	81780	373959	350475	701
451209	4620106	1355992	726050	2924129	2649523	23910
37158	102163	44702	28323	146937	127349	613
96194	308143	87467	92477	381441	331171	1582
191717	1238086	555401	134784	978243	821626	5291
131013	848482	323071	246547	574663	481631	2326
15135	64423	24781	10982	47687	37756	174
88784	244087	113172	91422	350669	290352	1618
52160	123385	62198	36776	210021	169465	680
23928	25506	6160	3867	74551	64201	189
6734	14528	4000	1415	24886	20166	386
301785	1821515	769502	1328606	1136165	1018175	21496
298346	1751234	751229	1315289	1126012	1012657	21351
1079	14993	1979	4545	3749	926	104
2359	55288	16294	8772	6404	4592	41

1-E-08 续表 2

项　　目	营业费用	管理费用	财务费用	#利息支出
总　　计	**270615**	**638034**	**220949**	**238685**
#国有控股企业	33367	207970	71147	99299
#亏损企业	23644	62392	38492	37528
一、按轻重工业分组				
轻工业	114368	181096	38529	33123
重工业	156247	456938	182420	205562
二、按登记类型分组				
内资	230171	545159	173982	192911
国有企业	10851	73170	3683	3957
集体企业	4325	11532	657	650
股份合作企业	1105	2054	1547	1561
联营企业		144		
有限责任公司	71433	176782	100781	99748
股份有限公司	36547	111641	11026	37727
私营企业	105038	167052	56255	49194
其他企业	873	2785	34	75
港、澳、台商投资企业	19819	49313	28621	25498
外商投资企业	20625	43562	18347	20275
三、按规模分组				
大型企业	34566	160245	32837	60043
中型企业	84537	199910	92920	91859
小微型企业	151511	277878	95193	86783
四、按行业分组				
1. 采矿业	38437	127555	14119	15151
煤炭开采和洗选业	16091	92525	5617	5598
石油和天然气开采业				
黑色金属矿采选业	11097	18209	5610	6156
有色金属矿采选业	255	5117	1033	1519
非金属矿采选业	10994	11704	1859	1879
开采辅助活动				
其他采矿业				
2. 制造业	231318	481529	155028	171674
农副食品加工业	14262	17765	5326	5098
食品制造业	22621	17728	3679	3236

单位：万元

利润总额	亏损企业亏损额	利税总额	税金总额	本年应交增值税	本年应付工资福利费	全部从业人员年平均人数（人）
1132592	**66203**	**2522417**	**1389825**	**526348**	**769302**	**169779**
533175	14395	1628579	1095404	282767	271874	33825
-66203	66203	-33237	32966	28450	99080	18667
331694	5301	1335165	1003471	227381	257387	62657
800899	60902	1187252	386354	298968	511915	107122
937626	48223	2252465	1314839	459642	628856	137283
124227	2	1039870	915643	154139	60269	3920
20625	95	35076	14452	12795	13113	4108
1153	1114	3321	2168	1625	3017	1339
69		72	3		292	277
222215	33828	404014	181799	146097	250236	49563
374929	4244	472465	97537	64820	128671	21021
198050	4950	301109	103059	80127	171892	56601
-3641	3992	-3463	179	41	1367	454
106840	8860	148568	41728	37228	100036	22740
88126	9120	121384	33258	29478	40411	9756
524115	16934	1555937	1031822	224930	193100	23099
273865	19166	436328	162463	144506	299908	62044
334612	30104	530153	195540	156913	276294	84636
97940	4240	197319	99379	81254	126365	30802
37204	3709	93813	56610	49396	96905	26328
27059		49018	21959	16997	18004	2199
8949	50	15158	6210	5106	5183	874
24729	481	39330	14601	9755	6273	1401
986355	51230	2196125	1209770	386066	583955	131938
16168	1831	22682	6515	6045	20037	5564
37218	53	49043	11825	8341	27909	9356

1-E-08 续表 3

项 目	营业费用	管理费用	财务费用	#利息支出
酒、饮料和精制茶制造业	7717	7292	2488	2453
烟草制品业	11087	60286	3538	3669
纺织业	5289	10373	4955	4631
纺织服装、服饰业	4523	6529	1799	1350
皮革、毛皮、羽毛及其制品和制鞋业	371	793	116	124
木材加工和木、竹、藤、棕、草制品业	10238	14496	3841	3965
家具制造业	5106	7776	3409	1505
造纸和纸制品业	5435	6172	2302	2169
印刷和记录媒介复制业	650	2084	437	445
文教、工美、体育和娱乐用品制造业	3847	4564	1941	1391
石油加工、炼焦和核燃料加工业	1234	3403	715	716
化学原料和化学制品制造业	18984	30234	17990	17007
医药制造业	8898	8137	938	772
化学纤维制造业	49	1063	587	221
橡胶和塑料制品业	5091	7698	5558	5307
非金属矿物制品业	16684	57537	36446	36304
黑色金属冶炼和压延加工业	4813	8944	4345	3745
有色金属冶炼和压延加工业	8234	68144	21399	46702
金属制品业	2605	5338	1765	1409
通用设备制造业	5820	17011	3018	2961
专用设备制造业	13922	47101	9466	9632
汽车制造业	22910	29481	10715	9549
铁路、船舶、航空航天和其他运输设备制造业	847	963	882	715
电气机械和器材制造业	18320	21792	4889	4363
计算机、通信和其他电子设备制造业	10285	13960	2166	1985
仪器仪表制造业				
其他制造业	810	1762	349	249
废弃资源综合利用业	668	3106	-27	1
金属制品、机械和设备修理业				
3. 电力、燃气及水的生产和供应业	860	28950	51802	51860
电力、热力生产和供应业	514	27253	50986	51014
燃气生产和供应业	183	232	356	361
水的生产和供应业	163	1465	460	485

单位：万元

利润总额	亏损企业亏损额	利税总额	税金总额	本年应交增值税	本年应付工资福利费	全部从业人员年平均人数（人）
18340		22139	3799	2523	7087	3211
122194		1035395	913201	152043	50983	1953
38493	2143	56883	18390	17338	33922	6641
23594	47	36112	12518	11522	51215	13177
1110		1522	412	245	4377	1451
30171	167	38420	8249	5908	20375	7229
8810	13	13623	4813	2792	6060	2318
4833	444	8755	3922	3393	7802	3432
7498		9381	1883	1619	4800	1232
2913		5062	2149	1705	9776	3293
6347	63	12083	5736	5073	1818	488
20919	2006	34810	13891	11337	26005	7724
11243		14410	3167	2461	5581	1904
-327	458	-327			761	213
12702	172	17087	4386	3569	8840	2974
84591	3549	137968	53377	46572	60478	14818
7278	839	12512	5234	4534	11043	3190
312100	27514	366615	54515	30604	91313	7773
9364	831	13789	4425	3812	5891	1824
26497	137	36465	9969	8362	13546	4188
94338	4750	125279	30941	25650	33991	7707
43436	5628	57812	14377	12014	31901	6676
7170		11264	4094	3920	1805	550
18194	42	28036	9842	7809	10867	4031
13792	16	17721	3929	3239	21163	5329
7224	21	10002	2778	2589	8333	2494
149	509	1585	1436	1050	6276	1198
48297	10733	128973	80676	59028	58982	7039
46357	10689	126604	80247	58745	57040	6764
1973		2077	104		275	40
-32	45	292	324	283	1667	235

1-E-09 宁德市工业企业

项目	企业单位数(个)	工业总产值	工业销售产值	#出口交货值
总计	**1323**	**23231167**	**22346455**	**2173927**
#国有控股企业	37	1787232	1783859	24560
#亏损企业	69	1054653	952480	45486
一、按轻重工业分组				
轻工业	568	6870650	6732229	984298
重工业	755	16360517	15614226	1189629
二、按登记类型分组				
内资	1285	22215666	21369365	1750852
国有企业	5	105823	103369	
集体企业	2	10729	10638	934
股份合作企业	3	51144	50592	182
联营企业	1	1837	1837	
有限责任公司	530	11771401	11159041	749088
股份有限公司	16	243660	238766	7602
私营企业	726	10023093	9798291	993046
其他企业	2	7979	6832	
港、澳、台商投资企业	19	612351	599822	363648
外商投资企业	19	403150	377268	59427
三、按规模分组				
大型企业	7	2294675	1916556	309335
中型企业	154	7724871	7524162	679409
小微型企业	1162	13211621	12905737	1185182
四、按行业分组				
1. 采矿业	7	124332	110196	
煤炭开采和洗选业				
石油和天然气开采业				
黑色金属矿采选业	1	2650	1699	
有色金属矿采选业	2	76609	63425	
非金属矿采选业	4	45073	45073	
开采辅助活动				
其他采矿业				
2. 制造业	1275	21413230	20544569	2173927
农副食品加工业	136	2112990	2083116	500207
食品制造业	23	388132	382164	590

主要生产经营、效益指标

单位：万元

工　业 增加值	资产合计	流动负债 合　计	固定资产 合　计	主营业务 收　入	#主营业务 成　本	#主营业务 税金及附加
5803346	**16979938**	**6262438**	**5901170**	**22234074**	**18796323**	**108699**
547426	7376255	1731587	3171933	1777665	1431485	25790
253482	1849989	889218	599256	891682	815631	3855
1812809	3123842	1313650	890728	6667375	5531241	33270
3990537	13856096	4948788	5010442	15566699	13265082	75429
5486313	16049674	5824963	5568382	21262436	18033714	105670
29236	91526	42935	50853	104177	93990	263
3026	2228	481	1125	10574	8992	102
15401	16778	9485	9501	50592	41711	195
763	4120	475	3782	1837	733	7
2921444	11095470	3448570	4183715	11142326	9369348	62011
99012	510308	164359	210774	233868	169667	2109
2416143	4326618	2158185	1108288	9712232	8343003	40976
1289	2625	475	345	6832	6270	9
200195	592063	316894	204562	599774	472786	1762
116837	338201	120581	128226	371864	289823	1267
602060	6781023	1868993	2230158	1874091	1467744	21109
2018259	4231492	1809805	1791247	7538549	6336627	27609
3183027	5967423	2583641	1879764	12821434	10991952	59981
29185	91723	43839	58698	111549	93393	1260
894	1770	476	249	2650	2016	58
15044	66462	31316	49594	63826	54385	856
13247	23491	12047	8856	45073	36992	345
5251530	9284254	4454643	2403207	20432869	17363412	82071
492074	805795	301248	206160	2052565	1721193	8695
112659	148462	52070	39903	376912	293978	1863

1-E-09 续表 1

项　　目	企业单位数(个)	工业总产值	工业销售产值	#出口交货值
酒、饮料和精制茶制造业	142	1273443	1248351	7429
烟草制品业				
纺织业	10	232674	202146	149
纺织服装、服饰业	12	70904	70375	13314
皮革、毛皮、羽毛及其制品和制鞋业	11	105150	104940	29929
木材加工和木、竹、藤、棕、草制品业	38	312968	312004	29403
家具制造业	9	78665	78055	
造纸和纸制品业	17	195082	194098	
印刷和记录媒介复制业	8	34324	33249	124
文教、工美、体育和娱乐用品制造业	34	411687	409189	63487
石油加工、炼焦和核燃料加工业	2	2697	2697	
化学原料和化学制品制造业	30	515789	511720	
医药制造业	11	204756	185786	
化学纤维制造业	2	10443	10415	
橡胶和塑料制品业	73	2552163	2514088	1810
非金属矿物制品业	152	1097728	1092449	19036
黑色金属冶炼和压延加工业	85	3241357	3206591	5748
有色金属冶炼和压延加工业	25	2340974	1941212	15
金属制品业	29	405477	371517	31867
通用设备制造业	36	510113	476699	208834
专用设备制造业	30	424711	416960	36094
汽车制造业	22	202310	196729	39954
铁路、船舶、航空航天和其他运输设备制造业	96	1313808	1211187	10035
电气机械和器材制造业	217	3201842	3119559	1138248
计算机、通信和其他电子设备制造业	6	25018	24669	
仪器仪表制造业	5	51916	51112	31626
其他制造业	3	14479	14461	
废弃资源综合利用业	6	28349	27506	
金属制品、机械和设备修理业	5	53281	51525	6029
3. 电力、燃气及水的生产和供应业	41	1693605	1691690	
电力、热力生产和供应业	38	1686600	1684684	
燃气生产和供应业				
水的生产和供应业	3	7006	7006	

单位：万元

工业增加值	资产合计	流动负债合计	固定资产合计	主营业务收入	#主营业务成本	#主营业务税金及附加
341650	573510	166886	161765	1229289	1028125	9533
46919	85422	59129	24769	201407	174309	1325
21859	24554	9688	6947	68729	57567	287
30837	37603	23428	11664	104940	88931	448
89463	87195	24767	27359	307055	258684	2413
21247	62172	36455	12076	78290	64285	329
49697	128525	78771	14747	194728	165245	938
9720	12692	7596	3197	33226	30872	116
95055	139800	56831	33859	407134	340274	1618
646	6570	186	276	2209	1616	1
131944	249916	132522	79474	507726	412406	2423
67120	76831	35690	29310	202515	137531	1283
2947	2418	504	801	10415	9083	38
675377	758122	405033	206702	2507097	2131479	8379
292352	478169	153391	120468	1109815	917193	7322
634355	804010	507179	192338	3229256	2840568	13243
521002	1212431	704157	256369	1934567	1640765	2439
76479	138557	40424	40150	367656	331616	1972
120910	245939	143758	65888	476890	419349	1627
91266	174976	80081	55559	409239	343494	1812
53189	122131	79330	25309	193270	167438	557
375951	796224	301182	303562	1169174	983843	5065
848259	2034233	1032424	449153	3086159	2652768	7879
6082	13277	3036	5799	24669	22299	134
16460	19060	6097	8597	50062	42622	122
3822	8980	1579	595	14602	13057	37
10549	2450	466	997	30222	27221	142
11639	34231	10734	19415	53054	45602	31
522630	7603960	1763956	3439265	1689657	1339518	25369
518823	7578604	1754980	3424229	1682662	1334385	25301
3808	25357	8976	15036	6995	5132	68

1-E-09 续表 2

项 目	营业费用	管理费用	财务费用	#利息支出
总 计	**464160**	**691770**	**374546**	**349101**
#国有控股企业	8277	55309	141911	143271
#亏损企业	16148	48371	34587	31551
一、按轻重工业分组				
轻工业	214291	275172	70531	61562
重工业	249869	416597	304015	287539
二、按登记类型分组				
内资	448449	624700	356153	330694
国有企业	5785	8621	160	243
集体企业	422	489	17	18
股份合作企业	1182	4063	241	241
联营企业		245	-1	
有限责任公司	214523	333704	226925	219940
股份有限公司	9805	18295	11446	11210
私营企业	216575	259229	117359	99037
其他企业	158	54	6	5
港、澳、台商投资企业	6009	49786	10265	11405
外商投资企业	9702	17285	8128	7002
三、按规模分组				
大型企业	15338	68777	100266	103554
中型企业	142467	248301	127283	121054
小微型企业	306354	374691	146997	124493
四、按行业分组				
1. 采矿业	377	4207	3017	2939
煤炭开采和洗选业				
石油和天然气开采业				
黑色金属矿采选业	11	470	0	
有色金属矿采选业	68	1883	2301	2308
非金属矿采选业	298	1854	716	631
开采辅助活动				
其他采矿业				
2. 制造业	457583	639780	209651	182923
农副食品加工业	63978	56666	27224	21067
食品制造业	15312	16913	2775	2208

单位：万元

利润总额	亏损企业亏损额	利税总额	税金总额	本年应交增值税	本年应付工资福利费	全部从业人员年平均人数（人）
1620152	**30871**	**2387164**	**767012**	**657235**	**946734**	**200260**
153806	9398	277579	123772	97853	95942	15743
-30871	30871	9923	40794	36919	56929	12210
581867	3161	783560	201693	168065	354882	86326
1038285	27710	1603604	565319	489170	591852	113934
1501960	29419	2253002	751042	644327	874612	185898
4100		7750	3650	3387	13143	1896
571	34	1288	717	615	1025	186
2875		6241	3366	3171	4710	933
958		1075	117	110	324	25
868124	18564	1317465	449342	387008	429222	91179
26033	2132	46703	20670	18560	29160	5474
598964	8689	871998	273033	231336	396844	86137
335		483	148	139	183	68
68313	137	74091	5778	4016	56097	10275
49879	1314	60071	10192	8893	16025	4087
121122	1878	189805	68683	47502	110879	14723
669499	13159	964362	294863	266885	398525	76897
829531	15833	1232997	403466	342849	437331	108640
9306	221	16985	7679	6414	4351	860
95		403	308	250	395	60
4810		8736	3926	3065	1785	310
4401	221	7846	3445	3100	2171	490
1463783	20099	2097125	633342	550324	862311	188079
186157	407	240127	53970	45171	69266	17648
45161	163	55468	10307	8412	22023	5038

1-E-09 续表 3

项　　目	营业费用	管理费用	财务费用	#利息支出
酒、饮料和精制茶制造业	41906	46547	9494	8808
烟草制品业				
纺织业	2535	4306	1627	1637
纺织服装、服饰业	2279	4776	282	253
皮革、毛皮、羽毛及其制品和制鞋业	1835	3915	2005	1929
木材加工和木、竹、藤、棕、草制品业	9351	11774	1422	1269
家具制造业	3231	3835	1741	1299
造纸和纸制品业	9112	5127	1978	1043
印刷和记录媒介复制业	249	813	382	372
文教、工美、体育和娱乐用品制造业	11880	12976	3956	3047
石油加工、炼焦和核燃料加工业	59	62	9	9
化学原料和化学制品制造业	11438	31527	7605	6913
医药制造业	19333	18900	4288	3612
化学纤维制造业	351	319	23	23
橡胶和塑料制品业	36969	90972	13540	12860
非金属矿物制品业	51717	40080	8541	7751
黑色金属冶炼和压延加工业	42604	59413	23119	19485
有色金属冶炼和压延加工业	11905	14821	22264	21663
金属制品业	7217	8580	1743	1418
通用设备制造业	10984	12870	6425	5497
专用设备制造业	10894	14572	3377	3125
汽车制造业	4995	7296	2935	2621
铁路、船舶、航空航天和其他运输设备制造业	31140	45037	12946	11894
电气机械和器材制造业	48916	119093	47359	40960
计算机、通信和其他电子设备制造业	1317	2344	152	79
仪器仪表制造业	1429	2465	1433	1158
其他制造业	479	450	78	10
废弃资源综合利用业	904	754	2	1
金属制品、机械和设备修理业	3265	2577	924	915
3. 电力、燃气及水的生产和供应业	6200	47782	161878	163239
电力、热力生产和供应业	5412	46218	161827	163185
燃气生产和供应业				
水的生产和供应业	788	1565	51	54

单位：万元

利润总额	亏损企业亏损额	利税总额	税金总额	本年应交增值税	本年应付工资福利费	全部从业人员年平均人数(人)
93794	398	133592	39798	30248	66034	15355
24832	268	31664	6832	5463	5939	1296
4341		7120	2779	2492	5944	3992
7080		10575	3495	2944	10281	2642
23796	63	37168	13372	10865	19305	4630
4831		8369	3538	3209	5392	1489
14548	1063	19225	4677	3734	7055	1963
801		1247	446	330	1325	431
37301		46356	9055	7436	23514	5917
749	10	766	17	3	236	37
43614	593	69183	25568	23145	14340	3125
21714	146	34105	12391	11107	9550	1882
601		710	109	71	243	83
319509	162	414274	94766	86373	102737	20501
90783	320	128367	37584	30196	53989	12411
120909	4817	233197	112289	99045	96364	12510
54220	1983	93497	39277	36838	39542	6903
29043	45	40572	11530	9542	14002	3646
20120	77	36485	16365	14738	25060	5202
31813		47980	16168	14348	16607	3889
9303	288	14428	5124	4523	16005	4286
72221	6604	117650	45429	40266	76053	16986
201312	2527	268174	66862	58697	153007	33703
951		1221	271	137	839	343
2079	168	2370	291	169	5308	1394
495		1177	682	645	609	259
1222		1393	171	29	560	168
484		668	184	150	1185	350
147063	10551	273054	125991	100498	80073	11321
147165	10204	272687	125523	100097	77473	10803
-102	347	367	469	401	2600	518

1-E-10 各市、县工业总产值

单位：万元

地　区	工业总产值			国有工业	集体工业	其他工业	
		轻工业	重工业				#三资工业
全　省(亿元)	**33853.36**	**16078.66**	**17774.7**	**388.1**	**131.3**	**33333.96**	**13832.19**
福州市	**67863287**	**31137482**	**36725805**	**610189**	**300549**	**66952549**	**30070803**
市辖区	22087701	9049213	13038488	322525	205631	21559544	10566946
福清市	12609690	4643285	7966405	135784	10759	12463147	8071135
长乐市	16745844	12624937	4120907			16745844	4891515
闽侯县	6757217	2104963	4652254	147431	13016	6596770	3746672
连江县	3901411	2034637	1866775	4449	57819	3839144	1752021
罗源县	3790263	149304	3640960		13324	3776940	833746
闽清县	1313317	260225	1053092			1313317	125383
永泰县	379231	234763	144468			379231	42208
平潭县	278612	36156	242456			278612	41177
厦门市	**47162101**	**13844210**	**33317890**		**5846**	**47156254**	**35599335**
莆田市	**20089195**	**13700912**	**6388283**	**20630**	**39910**	**20028655**	**6384105**
市辖区	16968664	11474541	5494123	12016	29330	16927319	6064301
仙游县	3120531	2226371	894160	8615	10580	3101337	319804
三明市	**25747459**	**8065588**	**17681870**	**12091**	**441994**	**25293374**	**1317939**
市辖区	5934549	663889	5270660	2820	26385	5905343	171819
永安市	5839937	2087091	3752846	4339	67931	5767666	143736
明溪县	748037	288052	459985		6277	741760	
清流县	782008	137861	644147	4932	6293	770783	132248
宁化县	865823	348625	517198			865823	88321
大田县	2303469	274344	2029125		270892	2032577	141654
尤溪县	2060888	1386723	674166		2180	2058708	108722
沙　县	4327901	1887418	2440483		5779	4322122	389529
将乐县	1378341	287694	1090646		52197	1326144	132466
泰宁县	680217	233468	446749			680217	
建宁县	826291	470424	355867		4060	822231	9444
泉州市	**93791087**	**58409264**	**35381824**	**1622258**	**224205**	**91944624**	**46833880**
市辖区	22636679	10870018	11766661	17083	48236	22571360	15066333
石狮市	7957473	6039795	1917678			7957473	4236148
晋江市	29610814	22989595	6621219	921190	115821	28573802	16571982
南安市	12945779	4132224	8813555	359190		12586589	2749132
惠安县	9896611	6776360	3120251	159920	18946	9717746	4344234
安溪县	5459705	3627261	1832445	149640		5310065	2140731
永春县	3511536	2642967	868569	2829	41202	3467505	1599082
德化县	1772490	1331044	441446	12405		1760084	126238
漳州市	**32592103**	**17669328**	**14922775**	**33011**	**85048**	**32474043**	**13106245**
市辖区	7137738	2548746	4588992		6138	7131600	3595838

1-E-10　续表　　单位：万元

地　区	工业总产值	轻工业	重工业	国有工业	集体工业	其他工业	#三资工业
龙海市	9256031	5469449	3786582	16450	13689	9225893	4214598
云霄县	1672299	952909	719390			1672299	235973
漳浦县	2812383	1656121	1156262			2812383	1615046
诏安县	1865150	1358386	506764		28573	1836577	533581
长泰县	3105031	1697328	1407703			3105031	1293250
东山县	1854594	1465908	388686	5554	2451	1846589	227990
南靖县	2652405	1445736	1206668	5550	6920	2639935	1180184
平和县	1000025	569939	430086	5458	4519	990048	135578
华安县	1236447	504805	731642		22758	1213689	74207
南平市	**13172872**	**6352487**	**6820385**	**93067**	**65789**	**13014015**	**1421675**
市辖区	3063816	976242	2087574	530	23302	3039983	364307
邵武市	2861368	1269182	1592186	64253	26780	2770335	294969
武夷山市	722323	642180	80143	2762		719561	156211
建瓯市	1663563	869355	794208		10002	1653561	28884
建阳市	1945889	951396	994493		5705	1940184	176463
顺昌县	610853	121879	488974			610853	177362
浦城县	941962	422242	519719			941962	112396
光泽县	657970	589559	68411			657970	
松溪县	330958	216442	114516	11302		319656	92232
政和县	374171	294010	80162	14220		359951	18852
龙岩市	**14884348**	**4736718**	**10147630**	**1383928**	**138925**	**13361494**	**2572389**
市辖区	6680001	2423262	4256739	1327728	112280	5239994	1244740
漳平市	1029073	316596	712477	3988	19667	1005418	227718
长汀县	1323579	791158	532421			1323579	469433
永定县	1101841	219778	882063	48013	2133	1051695	190770
上杭县	2783361	66464	2716898			2783361	302597
武平县	918366	340155	578211		4845	913521	42171
连城县	1048126	579305	468822	4200		1043926	94962
宁德市	**23231167**	**6870650**	**16360517**	**105823**	**10729**	**23114614**	**1015501**
市辖区	2729516	1603458	1126059			2729516	484770
福安市	8397283	946807	7450476	52597		8344686	322248
福鼎市	6268111	2149932	4118178		9757	6258354	70041
霞浦县	1159309	696954	462355	6924	973	1151412	17807
古田县	1412442	659155	753286	42772		1369670	69024
屏南县	679274	256802	422473			679274	15666
寿宁县	926251	161176	765074	3530		922721	35945
周宁县	656782	80224	576558			656782	
柘荣县	1002200	316141	686059			1002200	

1-E-11 各市、县工业企业从业人员平均人数

单位：人

地 区	按工业增加值计算	#国有工业	#集体工业	#"三资"工业
全 省	**4239007**	**25757**	**21848**	**1847748**
福州市	**664244**	**5866**	**5190**	**325239**
市辖区	269740	2355	3391	148937
福清市	125172	2593	260	82409
长乐市	102118			18033
闽侯县	80530	785	599	44322
连江县	37483	133	603	22430
罗源县	20447		337	4831
闽清县	21533			3577
永泰县	5585			443
平潭县	1636			257
厦门市	**636013**		**258**	**458086**
莆田市	**266361**	**1798**	**532**	**98197**
市辖区	223893	1576	382	90311
仙游县	42468	222	150	7886
三明市	**232537**	**470**	**7999**	**12262**
市辖区	47960	187	909	1513
永安市	45502	181	1444	745
明溪县	7166		45	
清流县	10215	102	90	1367
宁化县	11536			610
大田县	23189		4234	2483
尤溪县	24230		27	1620
沙 县	30620		267	2446
将乐县	12836		970	1191
泰宁县	7596			
建宁县	11687		13	287
泉州市	**1468464**	**8542**	**1543**	**720243**
市辖区	217421	1592	222	142018
石狮市	146419			85301
晋江市	499769	1202	265	289743
南安市	208053	1591		48234
惠安县	152328	884	189	69760
安溪县	100042	2591		39115
永春县	84094	199	867	39289
德化县	60338	483		6783
漳州市	**434531**	**927**	**1207**	**167839**
市辖区	105015		131	54168
龙海市	106607	246	147	42658

1-E-11　续表　　　　单位：人

地　区	按工业增加值计算	#国有工业	#集体工业	#“三资”工业
云霄县	33034			4958
漳浦县	33102			20900
诏安县	32370		448	11076
长泰县	37535			15423
东山县	32705	369	78	5130
南靖县	23051	251	95	8788
平和县	15144	61		3134
华安县	15968		308	1604
南平市	**166818**	**2338**	**825**	**19024**
市辖区	31627	242	187	4480
邵武市	32488	1235	299	5042
武夷山市	7985	231		1357
建瓯市	21595		205	534
建阳市	25364		134	1984
顺昌县	7737			2557
浦城县	11088			1702
光泽县	15973			
松溪县	5123	240		1082
政和县	7838	390		286
龙岩市	**169779**	**3920**	**4108**	**32496**
市辖区	65970	2664	3551	10625
漳平市	16267	260	312	3076
长汀县	25136			12309
永定县	16521	769	147	1786
上杭县	11453			2123
武平县	15500		98	521
连城县	18932	227		2056
宁德市	**200260**	**1896**	**186**	**14362**
市辖区	30432			8143
福安市	52611	984		2435
福鼎市	61874		131	1641
霞浦县	15135	379	55	423
古田县	14753	483		1130
屏南县	7663			161
寿宁县	7472	50		429
周宁县	4163			
柘荣县	6157			

1-E-12 各市、县工业企业劳动生产率

单位：元/人

地区	按工业增加值计算	#国有工业	#集体工业	#“三资”工业
全省	**210899**	**683919**	**211525**	**194656**
福州市	**254453**	**326651**	**169268**	**234617**
市辖区	226363	454179	177615	209389
福清市	211796	160990	118685	197226
长乐市	363374			627104
闽侯县	226663	523083	67092	225449
连江县	307455	138910	294307	257114
罗源县	410912		82181	248108
闽清县	212232			108394
永泰县	163762			241515
平潭县	414177			413000
厦门市	**181385**		**60182**	**179260**
莆田市	**231787**	**70857**	**213098**	**208891**
市辖区	231801	58136	222466	216612
仙游县	231714	161158	189240	120478
三明市	**291700**	**112779**	**246453**	**289450**
市辖区	259183	37567	135982	267434
永安市	342119	137044	240827	439956
明溪县	339465		400578	
清流县	241204	207608	422333	295155
宁化县	231589			303374
大田县	325291		280314	191255
尤溪县	213424		193481	168464
沙县	355516		62075	410177
将乐县	340431		234233	375856
泰宁县	241590			
建宁县	210504		625231	103042
泉州市	**171325**	**383935**	**300668**	**175373**
市辖区	248255	34883	498892	262600
石狮市	167297			147892
晋江市	159785	1597041	669483	155913
南安市	155324	346142		144302
惠安县	193022	220302	239979	192599
安溪县	152700	182924		143309
永春县	128136	85864	150412	121056
德化县	90954	140567		69176
漳州市	**206060**	**109001**	**187936**	**218403**
市辖区	188943		114847	187246

1-E-12　续表　　单位：元/人

地　区	按工业增加值计算	#国有工业	#集体工业	#“三资”工业
龙海市	229103	163496	227537	275282
云霄县	143467			123689
漳浦县	230911			210843
诏安县	167321		186025	143779
长泰县	230309			229279
东山县	160576	71122	122397	129355
南靖县	320988	91825	175295	383484
平和县	182062	189049		112638
华安县	214306		163656	146890
南平市	**207026**	**147630**	**211989**	**244787**
市辖区	219866	5620	367107	321373
邵武市	226494	208385	200823	145381
武夷山市	348464	49662		557340
建瓯市	203897		163010	150127
建阳市	210535		95366	180627
顺昌县	216964			206671
浦城县	235268			207129
光泽县	72714			
松溪县	199280	96913		329958
政和县	156713	132592		179094
龙岩市	**273030**	**2933935**	**181769**	**196802**
市辖区	389223	4168042	177016	285158
漳平市	168727	112169	319721	172856
长汀县	147253			126014
永定县	237406	464538	38959	309941
上杭县	405039			210968
武平县	185836		128980	179380
连城县	147380	48313		91335
宁德市	**289791**	**154198**	**162683**	**220744**
市辖区	254445			227249
福安市	391031	179318		318887
福鼎市	266787		211053	128047
霞浦县	172139	64037	47473	106095
古田县	235730	167551		134680
屏南县	234233			404093
寿宁县	232603	214280		165732
周宁县	306217			
柘荣县	376764			

1-E-13 各市、县工业

地区	企业单位数(个)	#亏损企业	资产合计	流动资产合计	固定资产合计	主营业务收入
全省	**16115**	**1213**	**249593686**	**129045258**	**79272747**	**331110999**
福州市	**2205**	**187**	**46879278**	**24197301**	**16524016**	**64903100**
福州市辖区	761	68	13568804	8092312	3729567	20192619
福清市	346	60	8796031	4816489	2129882	12013763
长乐市	405	23	11992696	5895241	5236284	15988997
闽侯县	324	18	3965785	2258903	1105080	6494563
连江县	123	9	2306449	960021	1185872	3740076
罗源县	108	5	3214192	1471723	1338068	3320687
闽清县	89	1	993803	286799	530821	1286038
永泰县	36	3	421700	154137	169554	387735
平潭县	12		293067	77994	188962	271864
厦门市	**1668**	**359**	**43241997**	**25804379**	**11102091**	**47823460**
莆田市	**1029**	**45**	**11875609**	**5886002**	**3841365**	**19780637**
莆田市辖区	792	37	9963217	4774325	3191860	16752602
仙游县	237	8	1912392	1111677	649505	3028035
三明市	**1690**	**123**	**12770416**	**5443831**	**5717213**	**25262872**
三明市辖区	260	20	3903365	1439272	1786024	5899918
永安市	282	17	2679865	1071241	1337341	5740040
明溪县	92	2	266373	106982	147763	740037
清流县	78	4	406371	163829	204654	763612
宁化县	129	3	386207	135074	211180	830763
大田县	164	26	832164	404002	328841	2256527
尤溪县	202	26	1152078	602498	503400	1963084
沙县	196	10	1954058	1019031	679507	4258379
将乐县	99	9	555042	261764	212978	1331968
泰宁县	87	5	346190	122141	161612	672189
建宁县	101	1	288704	117997	143914	806355
泉州市	**4405**	**102**	**65855087**	**35383885**	**19956229**	**91267228**
泉州市辖区	673	26	17374265	8112361	6002559	22491282
石狮市	380	7	5861085	3208659	2248620	7925359
晋江市	1462	22	22722157	14557150	5308192	27993393
南安市	746	9	8477578	5203673	1989905	12818696
惠安县	623	29	6599467	1891853	2548858	9631169
安溪县	219	3	2606060	1256220	1137153	5200684
永春县	197	2	1477952	821705	466747	3461880
德化县	105	4	736523	332266	254195	1744767
漳州市	**1867**	**154**	**26277796**	**14068817**	**7248933**	**32169940**
漳州市辖区	324	36	5327495	3027456	1422422	7087230

企业主要财务指标

单位：万元

主营业务成本	营业费用、管理费用、财务费用合计	利润总额	亏损企业亏损总额	本年应交增值税	税金总额	本年应付职工薪酬	全部从业人员平均人数(人)
282398323	**25401295**	**22249955**	**1134938**	**9918037**	**13962052**	**20046352**	**4239007**
56292353	**4931627**	**4225103**	**92664**	**2016718**	**2522127**	**3713977**	**664244**
17399051	1804483	1046393	39482	656662	837343	1505142	269035
10875189	889461	657977	30974	276657	324893	660663	125172
13732433	1162803	1192993	6258	327307	362124	559401	102118
5452061	576135	392377	8542	237824	372009	482998	80530
2969956	185223	599466	1915	117770	142070	224278	37483
3120918	144899	126410	947	299144	312813	114082	20447
1061751	75000	154547	1852	48506	57479	106544	21533
346898	24038	15452	2694	8720	9794	22128	5585
234828	32044	16574		7930	10231	12726	1636
41059799	**4727908**	**2345251**	**407155**	**823311**	**1585796**	**3494414**	**636013**
16813687	**1411681**	**1531362**	**18378**	**463143**	**610945**	**1216805**	**266361**
14171300	1188991	1360349	15859	395679	531485	1002068	223893
2642387	222690	171013	2518	67464	79460	214737	42468
22729863	**1584744**	**798227**	**65713**	**677695**	**827589**	**938822**	**232537**
5296144	381057	167474	21884	185456	239346	244984	47960
5223743	358027	145946	13268	167979	196226	189387	45502
651524	41076	43567	2498	14380	18276	23916	7166
657391	89316	40535	240	40647	45066	41839	10215
722190	62950	38581	1880	18922	24159	35848	11536
2052239	147978	51338	7267	54353	70789	85716	23189
1840433	76257	35300	5084	32031	37374	77774	24230
3784620	233999	182643	6909	101567	113473	134643	30620
1227313	78888	15983	4617	21752	31703	42123	12836
589024	41450	34461	1111	17939	22189	25714	7596
685242	73747	42399	956	22670	28988	36878	11687
76568039	**7032738**	**7172290**	**336572**	**2571139**	**3814646**	**6444630**	**1468464**
19229405	1737391	973445	254670	523623	1217904	947557	217421
6797203	572304	612720	14802	292894	328174	522031	146419
23451540	2232998	2393632	31687	938496	1129477	2257445	499769
10689308	1077327	1159777	7103	280640	398966	848210	208053
8131451	554942	789516	22774	209458	294559	638353	152328
4043726	432636	766239	3315	165474	218966	547138	100042
2739602	277038	388219	1379	105752	155319	434599	84094
1485804	148102	88741	842	54803	71281	249296	60338
27101461	**1972867**	**2684908**	**92960**	**1775649**	**1930308**	**1816730**	**434531**
5970259	497485	585769	7627	380659	441044	422445	105015

1-E-13 续表

地区	企业单位数(个)	#亏损企业	资产合计	流动资产合计	固定资产合计	主营业务收入
龙海市	426	50	8707924	4541485	2746847	9172744
云霄县	144	9	824037	439222	296515	1652291
漳浦县	188	13	3802611	1465745	478520	2714953
诏安县	136	2	831193	540659	232492	1822257
长泰县	196	18	2172293	1406770	553322	3101051
东山县	81	7	1376624	753255	505108	1793238
南靖县	173	9	1734986	1170617	405411	2609578
平和县	81	4	493481	283561	169155	995673
华安县	118	6	1007152	440049	439141	1220926
南平市	**941**	**74**	**9048279**	**4205778**	**3351945**	**12532150**
南平市辖区	124	17	3031757	1277697	1208937	2840130
邵武市	190	7	1256203	726604	329970	2803679
武夷山市	74	3	398215	168993	98704	693129
建瓯市	151	9	918112	493422	298260	1564357
建阳市	143	8	942814	532743	317526	1900842
顺昌县	40	9	505014	194165	203263	591675
浦城县	97	10	485788	253397	171037	888280
光泽县	19	4	1071583	339798	579220	573068
松溪县	37	2	202596	110308	41627	323783
政和县	66	5	236196	108651	103400	353207
龙岩市	**987**	**100**	**16665285**	**7477486**	**5629786**	**15137536**
龙岩市辖区	378	23	6788268	3388721	2285612	6589483
漳平市	112	11	1300543	418039	631257	1011185
长汀县	105	13	1114596	720036	324299	1219391
永定县	92	15	1343688	367365	816660	1095681
上杭县	53	16	4822865	2048947	964644	3276558
武平县	109	11	715355	283756	367618	904773
连城县	138	11	579970	250622	239696	1040466
宁德市	**1323**	**69**	**16979938**	**6577780**	**5901170**	**22234074**
宁德市辖区	148	9	2520132	1136081	920036	2688765
福安市	360	30	5200395	2851326	1732562	7678625
福鼎市	326	9	6959496	1594613	2192435	6157132
霞浦县	108	11	600880	306953	206026	1090117
古田县	145	1	393334	156600	195506	1400434
屏南县	65	4	472808	195854	219145	667558
寿宁县	75	2	350093	150399	168552	888661
周宁县	22	2	228539	48069	170338	654614
柘荣县	74	1	254260	137884	96570	1008169

单位：万元

主营业务成　本	营业费用、管理费用、财务费用合计	利润总额	亏损企业亏损总额	本年应交增 值 税	税金总额	本年应付职工薪酬	全部从业人员平均人数(人)
7968689	489582	802096	47366	420177	447904	476440	106607
1430763	115810	115952	2914	60803	66257	146514	33034
1895454	130223	236541	13240	122002	131942	151070	33102
1568444	114724	135808	2846	95504	109664	100462	32370
2634560	214807	265898	5617	257425	269466	168857	37535
1572810	105339	116886	1116	192825	198881	132147	32705
2164645	170332	251861	2182	159272	165953	81037	23051
876925	44840	70638	7719	33329	38043	61888	15144
1018913	89726	103457	2333	53653	61155	75869	15968
10735233	**1079657**	**740070**	**24422**	**406799**	**513805**	**704938**	**166818**
2495294	265030	125142	4808	70776	98628	142929	31627
2362196	197765	206430	1762	145032	176014	130424	32488
563692	67946	54636	2048	17979	23190	28709	7985
1280111	136267	105819	1726	37748	51888	100912	21595
1620413	178786	102235	4787	43163	60564	118642	25364
538710	51198	9289	3089	10428	12861	29218	7737
787652	69267	54821	2679	58073	60904	48301	11088
538828	51780	6063	137	4743	7316	61055	15973
272084	22061	38171	859	9087	9955	17134	5123
276254	39557	37465	2529	9770	12487	27614	7838
12301566	**1129598**	**1132592**	**66203**	**526348**	**1389825**	**769302**	**169779**
4894320	502798	458101	14145	324534	1131097	302309	65970
848546	99815	62752	2809	35964	42624	66771	16267
1058070	63138	119280	5833	48964	51987	115302	25136
890438	153789	63738	7543	39562	43907	73844	16521
2986747	125905	301807	30597	26837	50816	104521	11453
731414	89901	77225	2219	28665	37575	53536	15500
892032	94251	49690	3057	21821	31820	53019	18932
18796323	**1530476**	**1620152**	**30871**	**657235**	**767012**	**946734**	**200260**
2168542	233002	294232	2990	73415	100907	148255	30432
6570722	370881	333610	16595	182451	204374	241606	52611
5125145	496998	628894	2042	231305	260664	291788	61874
935800	78847	71630	4326	17259	23468	61793	15135
1210763	125835	97952	32	20401	26139	59576	14753
554476	63269	42878	2336	33306	38714	33978	7663
780255	51403	54838	580	34064	38524	33356	7472
572820	42075	38906	1936	15846	18503	50840	4163
877800	68166	57212	33	49187	55719	25542	6157

1-E-14 各市、县国有控股工业

地区	企业单位数(个)	#亏损企业	资产合计	流动资产合计	固定资产合计	主营业务收入
全省	**454**	**97**	**58963086**	**16900124**	**28389421**	**41608046**
福州市	**83**	**14**	**12214618**	**3469201**	**6865044**	**9805020**
市辖区	37	8	4343343	1676208	2172691	3194477
福清市	9	2	1537928	189282	669837	583358
长乐市	6	1	1020769	179241	777989	1010844
闽侯县	10		1048503	546194	360786	1729534
连江县	7	1	1010965	224976	716040	623952
罗源县	4		1110647	358721	745108	1045216
闽清县	3	1	540044	48197	325858	194754
永泰县	1	1	22613	3310	15107	25058
平潭县	5		253054	59391	171700	191068
厦门市	**66**	**9**	**8047840**	**3671039**	**2775992**	**5191870**
莆田市	**21**	**2**	**3344551**	**698742**	**1726838**	**1946192**
市辖区	17	2	2906897	646207	1359268	1821833
仙游县	4		437654	52535	367570	124358
三明市	**69**	**20**	**4505731**	**1264473**	**2501441**	**3899460**
市辖区	14	6	2151043	594028	1106084	2443420
永安市	19	5	891949	233073	547814	596961
明溪县	3	1	40736	5221	33304	26668
清流县	4		93891	18508	64817	124832
宁化县	2	1	100267	27518	69953	57625
大田县	3	2	127674	46567	43663	118287
尤溪县	4	1	284471	25990	251101	109534
沙县	10	2	651063	299320	237977	286185
将乐县	3		78614	7686	69627	73908
泰宁县	4	1	58056	3318	52815	36004
建宁县	3	1	27969	3244	24284	26038
泉州市	**48**	**10**	**10949249**	**2715579**	**6227909**	**11495913**
市辖区	18	8	8108242	2081514	4312209	8091817
石狮市	4		768442	146805	585992	618245
晋江市	6		818282	191260	573344	1016695
南安市	4	1	224102	18519	133520	369078
惠安县	3		145029	63374	62687	159931
安溪县	4		608796	139258	435546	943632
永春县	3		117897	29692	35099	95245
德化县	6	1	158460	45159	89514	201270
漳州市	**41**	**11**	**2531066**	**802447**	**1297563**	**1784857**
市辖区	13	1	1411363	529717	559486	870524
龙海市	7	2	501966	136271	278500	490520

企业主要财务指标

单位：万元

主营业务成　本	营业费用、管理费用、财务费用合计	利润总额	亏损企业亏损总额	本年应交增 值 税	税金总额	本年应付职工薪酬	全部从业人员平均人数（人）
34822540	**3064133**	**2079805**	**471871**	**1737485**	**4169423**	**1955465**	**240742**
8354702	**853174**	**603443**	**12987**	**483315**	**734264**	**480706**	**48826**
2717990	398846	129879	6909	84720	158314	250439	26767
493760	50974	53610	1164	41569	44011	32678	3553
864338	34521	108580	821	48284	53238	21651	1989
1420337	157325	50221		62424	165254	72983	7296
457988	66989	128636	303	34189	40310	17081	1412
974777	59470	45201		144403	145122	32885	4309
131566	25361	51635	1852	24397	26891	13483	1521
26503	524	-1937	1937	1159	1248	3659	265
168176	21623	14701		5970	6505	9833	1009
3945287	**499331**	**250201**	**92086**	**213602**	**815081**	**311403**	**34437**
1477669	**110272**	**280569**	**3816**	**77741**	**98704**	**50970**	**10684**
1369693	78827	276014	3816	70175	90693	46224	9638
107976	31445	4555		7566	8011	4746	1046
3588362	**261374**	**80436**	**38082**	**164176**	**200532**	**275052**	**36837**
2306527	107617	14099	16036	70040	94848	121040	15076
523852	56108	25675	10171	34441	37861	56824	8491
22182	3369	931	1102	1963	2144	3826	637
110535	19628	4095		8875	9557	4674	1005
35386	4045	17313	1743	6233	7997	6100	725
99365	8059	10899	1233	10697	11993	22416	2594
101391	4841	1479	3231	11370	12465	10587	879
262686	52963	2646	2662	11273	12893	32438	5393
68993	2740	852		4391	5319	7822	823
32071	1074	2800	949	3166	3551	6962	730
25377	931	-353	956	1728	1905	2365	484
10294833	**552907**	**74929**	**249880**	**300397**	**924640**	**261061**	**28495**
7250081	343399	-157955	245506	187601	798980	113192	7657
523014	64072	63629		31461	33255	16698	1610
880385	29572	110705		33071	36843	21789	3777
356998	52821	4273	4178	9127	10291	23912	2066
154731	2469	1865		2420	2756	1307	884
871557	33510	42189		21209	22940	57149	7413
83137	7521	4128		7639	9508	15287	3132
174931	19545	6095	196	7869	10067	11727	1956
1580245	**119793**	**77629**	**36642**	**62142**	**98640**	**108787**	**13997**
706208	65497	75810	523	30790	64777	46535	6960
470650	30886	-102	21612	9632	10211	12850	1930

1-E-14 续表

地　区	企　业 单位数 (个)	#亏损企业	资产合计	流动资产 合　计	固定资产 合　计	主营业务 收　入
云霄县	3	1	28957	5385	21394	38278
漳浦县	3	1	130423	14169	115726	107737
诏安县	2	1	59458	6352	52712	35435
长泰县	1		30312	5884	23801	65428
东山县	5	2	141178	41140	96334	72688
南靖县	3	1	45264	7456	36297	40412
平和县	2	1	58799	11132	37966	42023
华安县	2	1	123345	44942	75349	21813
南平市	**38**	**10**	**2023212**	**588202**	**1062762**	**1621347**
市辖区	14		1335230	364176	762785	1107548
邵武市	7	1	327338	178964	58768	196524
武夷山市	3	1	58157	7894	27628	38364
建瓯市	2	1	42325	4820	27493	44470
建阳市	5	3	61527	13294	42287	63412
顺昌县	3	1	98372	11219	80774	87948
浦城县	1	1	40020	1920	23321	32360
光泽县	1		28690	4439	16473	25216
松溪县	1	1	14900	927	7272	11099
政和县	1	1	16653	550	15962	14406
龙岩市	**51**	**12**	**7970564**	**2860088**	**2759940**	**4085721**
市辖区	19	2	2604153	976872	1225047	2149824
漳平市	9	2	533745	84563	336702	221968
长汀县	2	1	275779	171121	82553	170054
永定县	8	3	632828	79523	479492	212791
上杭县	4	1	3744502	1491168	537225	1182932
武平县	7	2	139545	45017	76289	106450
连城县	2	1	40013	11825	22634	41702
宁德市	**37**	**9**	**7376255**	**830352**	**3171933**	**1777665**
市辖区	6	2	820710	196023	358836	427756
福安市	7		1018625	146116	796041	765236
福鼎市	5	1	5121179	446172	1657147	308688
霞浦县	5	2	87197	13987	72473	51041
古田县	3		73783	10310	58203	67293
屏南县	2	1	24657	2020	22637	26605
寿宁县	5	1	85019	7240	72121	61625
周宁县	3	2	131787	5100	124752	42417
柘荣县	1		13298	3384	9724	27004

单位：万元

主营业务成　本	营业费用、管理费用、财务费用合计	利润总额	亏损企业亏损总额	本年应交增 值 税	税金总额	本年应付职工薪酬	全部从业人员平均人数（人）
37780	2536	230	501	1944	2059	4256	562
97993	5541	-877	1375	4156	4434	7953	728
35068	2513	-1303	2389	2041	2179	5270	727
60917	4843	4338		2269	2499	3423	261
63756	4726	5624	555	4587	5129	8952	1161
40403	1192	-724	1197	2393	2605	6046	525
47863	1020	-7149	7315	2424	2643	8555	801
19608	1040	1783	1176	1907	2105	4946	342
1508781	**149302**	**25617**	**14587**	**55494**	**78387**	**99671**	**17898**
1044267	92565	16122		25432	44941	52446	9986
159540	24049	17651	273	12716	13976	14163	3200
38180	1803	-1555	2037	1781	2071	3436	627
43145	3739	-1205	1262	2827	3153	3840	608
59156	9518	-2671	3604	2894	3408	6004	935
79816	13126	1667	2145	5345	5888	9365	1138
33635	3942	-2229	2229	1545	1699	3642	391
24138	281	876		1632	1789	2858	383
11879	74	-850	850	620	676	2092	240
15027	205	-2189	2189	705	786	1824	390
2641175	**312484**	**533175**	**14395**	**282767**	**1095404**	**271874**	**33825**
1053234	154340	183200	812	209517	994884	127588	17364
193862	26983	6853	2414	14640	15999	30548	4063
165539	7799	12863	3488	12805	13068	11594	1596
164350	37413	18759	3013	17704	19605	24997	3466
931869	71111	309053	1840	19241	41895	61336	4411
91105	9607	3676	686	5974	6729	11091	2130
41216	5231	-1230	2143	2888	3225	4721	795
1431485	**205496**	**153806**	**9398**	**97853**	**123772**	**95942**	**15743**
382256	29936	5543	2480	13087	30553	21301	5829
615755	56820	89747		43660	47414	32131	3890
188479	81051	42932	312	20937	23672	17284	2234
51042	12863	-3427	3524	1175	1320	6464	1158
54819	8633	11852		5512	5964	6351	1084
26822	430	-619	917	2726	2972	2523	351
54134	10732	3638	230	4245	4681	2823	569
31836	4952	4015	1936	5559	6130	5133	418
26342	79	126		953	1068	1934	210

1-E-15 各市、县国有工业

地　区	企业单位数(个)	#亏损企业	资产合计	流动资产合计	固定资产合计	主营业务收入
全　省	**59**	**9**	**4023767**	**1494772**	**1453078**	**3770842**
福州市	**13**	**3**	**1156135**	**356696**	**133292**	**528979**
市辖区	6	1	323189	265590	35948	301095
福清市	4	2	796052	73756	83259	79818
长乐市	1					
闽侯县	1		19136	12348	3886	143520
连江县	1		17759	5002	10200	4547
罗源县						
闽清县						
永泰县						
平潭县						
厦门市						
莆田市	**3**		**74258**	**28132**	**37154**	**19247**
市辖区	2		26986	10723	7663	10632
仙游县	1		47272	17409	29491	8615
三明市	**4**		**33925**	**13962**	**10987**	**12342**
市辖区	1		12905	3101	5535	2820
永安市	2		16812	9388	2719	4630
明溪县						
清流县	1		4207	1474	2733	4892
宁化县						
大田县						
尤溪县						
沙　县						
将乐县						
泰宁县						
建宁县						
泉州市	**15**	**2**	**1422982**	**297555**	**863528**	**1630155**
市辖区	3	2	293768	52710	127162	16686
石狮市						
晋江市	2		662332	144018	468379	927893
南安市	2		186753	8759	118684	358899
惠安县	3		145029	63374	62687	159931
安溪县	2		81969	5467	75159	151157
永春县	1		6220	2945	696	2379
德化县	2		46911	20282	10761	13210
漳州市	**6**	**1**	**54136**	**16332**	**36305**	**33029**
市辖区						
龙海市	1		3872	2911	855	16342

企业主要财务指标

单位：万元

主营业务成本	营业费用、管理费用、财务费用合计	利润总额	亏损企业亏损总额	本年应交增值税	税金总额	本年应付职工薪酬	全部从业人员平均人数（人）
2555766	**247220**	**289046**	**5826**	**238595**	**1009742**	**198012**	**25757**
473909	**41988**	**32827**	**1303**	**19240**	**20527**	**38238**	**5866**
273395	15981	16108	139	1478	2045	17404	2355
75946	17292	2517	1164	13184	13328	15778	2593
123488	7703	11769		4306	4865	4326	785
1079	1011	2434		273	289	731	133
9889	**6363**	**5798**		**1626**	**1886**	**5199**	**1798**
7082	3554	3082		879	1063	4026	1576
2807	2810	2716		747	823	1173	222
9902	**2719**	**1006**		**1178**	**1833**	**1806**	**470**
2474	1435	620		49	200	928	187
3692	664	140		499	714	624	181
3736	621	246		631	920	253	102
1478008	**82380**	**114501**	**1015**	**50543**	**56643**	**61242**	**8542**
14743	2001	-295	1015	715	1028	3964	1592
815281	17757	93448		30070	33223	10366	1202
347191	50047	6635		9125	10107	20578	1591
154731	2469	1865		2420	2756	1307	884
137835	5234	10565		6029	6674	22022	2591
1372	518	75		208	423	290	199
6855	4353	2207		1977	2432	2716	483
27645	**5263**	**446**	**468**	**1742**	**1957**	**6514**	**927**
14467	1602	233		404	428	1337	246

1-E-15 续表

地区	企业单位数(个)	#亏损企业	资产合计	流动资产合计	固定资产合计	主营业务收入
云霄县						
漳浦县						
诏安县						
长泰县						
东山县	2	1	19889	2986	15785	5387
南靖县	2		15930	2035	13618	5841
平和县	1		14446	8400	6046	5458
华安县						
南平市	**7**	**2**	**140504**	**44938**	**50102**	**97598**
市辖区	1		9046	2767	5541	3392
邵武市	3		86081	36687	16682	65938
武夷山市	1		13824	4007	4646	2762
建瓯市						
建阳市						
顺昌县						
浦城县						
光泽县						
松溪县	1	1	14900	927	7272	11099
政和县	1	1	16653	550	15962	14406
龙岩市	**6**	**1**	**1050302**	**696484**	**270858**	**1345316**
市辖区	3	1	1031602	682655	266367	1287994
漳平市	1		5889	5432	457	3988
长汀县						
永定县	1		2626	615	2011	48013
上杭县						
武平县						
连城县	1		10185	7783	2023	5322
宁德市	**5**		**91526**	**40673**	**50853**	**104177**
市辖区						
福安市	1		56958	33203	23755	52597
福鼎市						
霞浦县	2		5721	1636	4084	6924
古田县	1		27331	5262	22069	41869
屏南县						
寿宁县	1		1517	572	944	2786
周宁县						
柘荣县						

单位：万元

主营业务成本	营业费用、管理费用、财务费用合计	利润总额	亏损企业亏损总额	本年应交增值税	税金总额	本年应付职工薪酬	全部从业人员平均人数（人）
3327	2934	-426	468	476	595	2290	369
4730	606	473		805	857	2716	251
5122	121	166		58	78	171	61
83775	**6238**	**6142**	**3038**	**6741**	**7602**	**11601**	**2338**
2891	496	193		231	261	718	242
52448	4579	8660		5020	5693	5970	1235
1532	884	327		166	186	997	231
11879	74	-850	850	620	676	2092	240
15027	205	-2189	2189	705	786	1824	390
378648	**87703**	**124227**	**2**	**154139**	**915643**	**60269**	**3920**
338853	71513	122845	2	151090	912434	53327	2664
2517	1052	360		554	612	1115	260
35078	12826	109		1742	1742	3498	769
2200	2312	913		753	856	2329	227
93990	**14566**	**4100**		**3387**	**3650**	**13143**	**1896**
45442	5096	1992		1830	1898	10038	984
6542	632	23		76	83	914	379
39975	8363	1813		1463	1642	1909	483
2032	475	271		19	27	283	50

1-E-16 各市、县集体工业

地 区	企业单位数(个)	#亏损企业	资产合计	流动资产合计	固定资产合计	主营业务收入
全 省	**140**	**9**	**550333**	**331166**	**143122**	**1299669**
福州市	**23**	**2**	**55399**	**34667**	**16334**	**298662**
市辖区	16		26779	14177	12046	207523
福清市	2	1	5578	4455	1022	9137
长乐市						
闽侯县	1		872	533	39	13013
连江县	2	1	20863	15288	2298	55876
罗源县	2		1308	215	929	13113
闽清县						
永泰县						
平潭县						
厦门市	**1**	**1**	**13216**	**11005**	**2210**	**5544**
莆田市	**4**		**13364**	**11387**	**1272**	**38676**
市辖区	3		12525	11018	1272	28096
仙游县	1		839	369		10580
三明市	**37**	**3**	**187795**	**122256**	**31145**	**444721**
市辖区	2		109035	66771	12900	26303
永安市	9		20742	9930	8761	68498
明溪县	1		469	142	179	6030
清流县	1		1930	931	999	6293
宁化县						
大田县	15	2	42025	33507	6011	274146
尤溪县	1		1278	1188		1380
沙 县	2	1	2426	1095	1202	5772
将乐县	5		8389	7305	1083	52161
泰宁县						
建宁县	1		1500	1388	11	4138
泉州市	**11**		**141589**	**62496**	**55557**	**221847**
市辖区	2		34698	27692	2233	48236
石狮市						
晋江市	2		47391	16813	23607	115821
南安市						
惠安县	1		10910	1571		18946
安溪县						
永春县	6		48590	16420	29716	38844
德化县						
漳州市	**14**		**32676**	**15256**	**10767**	**82282**
市辖区	2		2004	1506	486	6138
龙海市	2		3396	2478	899	14089

企业主要财务指标

单位：万元

主营业务成　本	营业费用、管理费用、财务费用合计	利润总额	亏损企业亏损总额	本年应交增值税	税金总额	本年应付职工薪酬	全部从业人员平均人数（人）
1124807	**85813**	**72468**	**2133**	**61767**	**79635**	**84995**	**21848**
259263	**16040**	**16146**	**917**	**15752**	**18575**	**23697**	**5190**
179509	12348	11489		10648	12356	14821	3391
9291	418	-133	204	150	185	601	260
11929	367	651		664	730	2603	599
47854	1871	3385	713	4241	4613	4131	603
10680	1036	755		49	691	1541	337
5627	**720**	**-236**	**236**	**129**	**144**	**1017**	**258**
35483	**1866**	**4855**		**292**	**472**	**1345**	**532**
26148	1019	4537		292	391	967	382
9335	846	317			81	378	150
398591	**28230**	**7170**	**852**	**21219**	**31782**	**26531**	**7999**
21871	2706	1379		2018	2269	4287	909
57324	6450	1073		7429	11055	6477	1444
5583	176	361		20	31	115	45
4562	1201	332		1068	1266	294	90
253513	13433	3818	233	8857	12117	11836	4234
1327	23	6		23	25	43	27
5645	714	-599	618	580	601	1124	267
44687	3520	784		1204	4366	2324	970
4081	8	15		20	54	31	13
193583	**10319**	**16886**		**5590**	**6545**	**9418**	**1543**
37939	5620	4447		326	613	1801	222
104929	2672	7699		2504	2766	1594	265
18235	44	551		2	28	491	189
32480	1983	4189		2758	3137	5533	867
71077	**7299**	**2838**		**3046**	**3911**	**4763**	**1207**
5724	309	64		111	135	341	131
13676	190	203		214	250	496	147

1-E-16 续表

地　　区	企　业单位数(个)	#亏损企业	资产合计	流动资产合　　计	固定资产合　　计	主营业务收　　入
云霄县						
漳浦县						
诏安县	4		4594	2438	1473	27356
长泰县						
东山县	1		1975	1612	259	2451
南靖县	2		14422	3983	5001	6636
平和县	1		697	502		4519
华安县	2		5589	2737	2650	21092
南平市	**5**		**36811**	**32938**	**2561**	**59199**
市辖区	1		16124	15186	767	18447
邵武市	2		18602	16123	1401	27916
武夷山市						
建瓯市	1		729	572	123	7290
建阳市	1		1357	1056	269	5546
顺昌县						
浦城县						
光泽县						
松溪县						
政和县						
龙岩市	**43**	**2**	**67256**	**40101**	**22152**	**138164**
市辖区	37	1	50765	28137	17650	112011
漳平市	4		10090	5751	4313	19650
长汀县						
永定县	1	1	2515	2338	177	1651
上杭县						
武平县	1		3886	3875	11	4853
连城县						
宁德市	**2**	**1**	**2228**	**1061**	**1125**	**10574**
市辖区						
福安市						
福鼎市	1		1453	452	975	9683
霞浦县	1	1	775	609	151	891
古田县						
屏南县						
寿宁县						
周宁县						
柘荣县						

单位：万元

主营业务成　本	营业费用、管理费用、财务费用合计	利润总额	亏损企业亏损总额	本年应交增 值 税	税金总额	本年应付职工薪酬	全部从业人员平均人数（人）
23875	1662	1525		631	968	1397	448
1246	996	58		249	382	239	78
6001	274	152		227	255	308	95
1836	2356	264		271	334	89	
18720	1512	572		1344	1587	1894	308
51256	**3897**	**3614**		**2329**	**3038**	**4086**	**825**
16071	1491	1051		681	763	1533	187
25113	1284	1728		1467	1752	1171	299
5759	546	229		73	365	1000	205
4313	577	606		108	159	382	134
100935	**16513**	**20625**	**95**	**12795**	**14452**	**13113**	**4108**
80762	12853	18737	13	9986	11398	11443	3551
14403	3171	1869		2561	2780	1188	312
1125	334	-82	82	48	54	290	147
4646	156	100		200	220	191	98
8992	**928**	**571**	**34**	**615**	**717**	**1025**	**186**
8202	772	605		563	659	876	131
791	157	-34	34	52	58	149	55

1-E-17 各市、县“三资”

地　　区	企　业单位数(个)	#亏损企业	资产合计	流动资产合　　计	固定资产合　　计	主营业务收　　入
全　省	**4264**	**469**	**105030661**	**61097782**	**27922867**	**134934274**
福州市	**698**	**103**	**18494072**	**11078398**	**5091414**	**28300047**
市辖区	286	37	5713386	4041729	1023541	10076435
福清市	155	36	4906180	3070348	932719	7679760
长乐市	54	13	3860732	1800152	1848610	4404354
闽侯县	131	11	2658165	1568360	718022	3556630
连江县	35	4	417923	200241	197246	1716370
罗源县	13	2	866729	348259	353917	660225
闽清县	15		31545	19091	8957	122895
永泰县	6		20955	17608	3003	42276
平潭县	3		18457	12610	5400	41101
厦门市	**808**	**194**	**27728176**	**17114487**	**7064640**	**36069651**
莆田市	**217**	**21**	**3938569**	**2432367**	**1005029**	**6355410**
市辖区	188	20	3719081	2272505	955985	6041723
仙游县	29	1	219488	159862	49044	313687
三明市	**79**	**8**	**640591**	**351841**	**240948**	**1274922**
市辖区	11	2	127642	65718	56784	156023
永安市	9	1	39433	24493	14490	140894
明溪县						
清流县	10		68998	22110	44112	128468
宁化县	6		25750	12047	5314	88455
大田县	12	2	58320	30265	22167	144480
尤溪县	8	2	57361	35062	21625	94639
沙　县	11	1	207108	134406	57225	381199
将乐县	10		53010	26357	17644	131325
泰宁县						
建宁县	2		2969	1383	1587	9439
泉州市	**1711**	**48**	**35467527**	**20302858**	**9623078**	**45200815**
市辖区	328	13	11220283	5870942	3300032	14977612
石狮市	207	4	2741340	1584607	887774	4225237
晋江市	697	16	14670196	9917590	2868062	15317014
南安市	104		1931936	1256172	413444	2676931
惠安县	228	13	3147661	853249	1455908	4196638
安溪县	57		1085361	420551	535325	2114625
永春县	78	1	614636	364502	145990	1566071
德化县	12	1	56116	35246	16544	126687
漳州市	**517**	**65**	**13672935**	**7300112**	**3108010**	**12931627**
市辖区	99	16	2084449	1207630	527044	3563512

工业企业主要财务指标

单位：万元

主营业务成　　本	营业费用、管理费用、财务费用合计	利润总额	亏损企业亏损总额	本年应交增 值 税	税金总额	本年应付职工薪酬	全部从业人员平均人数（人）
115129780	**11205601**	**8948034**	**692384**	**3546095**	**4784419**	**9036617**	**1847748**
24473458	**2297768**	**1918634**	**53437**	**791171**	**992202**	**1831863**	**325239**
8714250	932776	528020	18964	322853	361089	855051	148937
6996994	531208	487408	22976	155947	191646	466572	82409
3657432	398838	346154	3904	122270	129183	94858	18033
2931604	346653	197591	6992	140506	250585	250839	44322
1344554	47389	325511	446	31024	36670	129372	22430
653908	23944	22403	155	10038	12096	18444	4831
104024	8492	9156		6906	7643	13999	3577
38581	2138	1406		758	829	1441	443
32112	6330	986		870	2461	1286	257
31637585	**3491899**	**1653070**	**299309**	**463663**	**602268**	**2565254**	**458086**
5459311	**501040**	**427255**	**4424**	**140239**	**193580**	**466166**	**98197**
5187004	473660	411266	4028	130840	182990	437007	90311
272307	27380	15989	396	9399	10590	29160	7886
1131876	**100642**	**38745**	**3599**	**25739**	**34604**	**40358**	**12262**
133387	16870	2831	352	5364	9911	4928	1513
123017	16998	722	1106	2661	2953	2572	745
109215	14180	10396		6931	7463	5588	1367
85922	1898	562		519	568	1506	610
133519	4402	2406	91	1421	2122	6623	2483
85078	5965	3447	71	1457	1593	4767	1620
340544	26115	14600	1978	6115	7212	10016	2446
113400	13457	2976		1001	2485	3694	1191
7794	757	805		270	297	665	287
37990471	**3549679**	**3282132**	**267448**	**1243264**	**2013036**	**3144085**	**720243**
12788798	1186859	526686	212423	306704	880663	610386	142018
3601674	279110	346831	3200	143317	162072	313320	85301
12731252	1289809	1332095	31180	527177	622523	1307046	289743
2187142	244649	267136		55077	71946	203591	48234
3532970	258912	355531	20256	100874	140574	281820	69760
1794398	146495	270025		60693	72119	208863	39115
1248925	130715	176044	80	43429	56052	195011	39289
105312	13131	7783	308	5993	7088	24047	6783
10544297	**791885**	**1164571**	**44469**	**755380**	**802644**	**693753**	**167839**
2974774	247687	325840	5050	215813	233791	204265	54168

1-E-17 续表

地　区	企　业单位数(个)	#亏损企业	资产合计	流动资产合　计	固定资产合　计	主营业务收　入
龙海市	115	17	5593309	2927610	1665600	4190883
云霄县	32	4	182670	108750	64070	236113
漳浦县	95	8	3102945	1123740	242045	1526206
诏安县	35	1	279136	187465	71027	530141
长泰县	68	11	959334	673149	222443	1300399
东山县	9	2	281662	194874	79347	226208
南靖县	42	3	1033967	780412	187289	1150681
平和县	12	1	68388	53240	13405	138552
华安县	10	2	87076	43243	35742	68932
南平市	**61**	**4**	**1349755**	**657031**	**376778**	**1331789**
市辖区	10		588087	270894	177526	320418
邵武市	14	1	107836	80248	20099	287970
武夷山市	7	2	77400	25498	19190	146241
建瓯市	3		21787	12665	7664	27401
建阳市	8		181876	110685	40171	175804
顺昌县	7		189395	77382	42234	174388
浦城县	6	1	105207	40370	57608	95090
光泽县						
松溪县	3		68463	30790	11124	89125
政和县	3		9705	8500	1162	15354
龙岩市	**135**	**20**	**2808770**	**1379535**	**1080183**	**2498375**
市辖区	42	8	1432658	728165	486469	1227439
漳平市	22	3	211731	119590	65198	217628
长汀县	38	3	433541	306866	96137	461723
永定县	8	2	252854	57850	153081	188450
上杭县	9	3	423886	135086	261625	265985
武平县	5	1	24595	14162	7584	42290
连城县	11		29505	17816	10089	94861
宁德市	**38**	**6**	**930264**	**481152**	**332787**	**971638**
市辖区	10	2	492402	244704	192009	477879
福安市	10	2	213794	152927	29090	293278
福鼎市	5	1	27572	15446	10523	66635
霞浦县	4	1	13861	9499	4327	18203
古田县	5		31920	16364	10714	68739
屏南县	3		122904	25746	80715	15031
寿宁县	1		27812	16468	5410	31873
周宁县						
柘荣县						

单位：万元

主营业务成　本	营业费用、管理费用、财务费用合计	利润总额	亏损企业亏损总额	本年应交增 值 税	税金总额	本年应付职工薪酬	全部从业人员平均人数（人）
3641806	193222	390430	22913	196016	209939	217352	42658
205662	19438	11578	1496	8468	9130	18416	4958
881058	80068	119462	11727	78727	82918	90647	20900
459826	30390	43746	457	28556	31677	31076	11076
1094699	85714	120194	1399	107900	111379	62825	15423
200469	15819	10053	367	28727	29967	21912	5130
899354	112050	131558	590	85441	87739	30756	8788
128609	3410	6429	46	1891	2106	9549	3134
58041	4088	5283	425	3841	3998	6957	1604
992759	**191229**	**150469**	**267**	**47024**	**55130**	**82569**	**19024**
188948	58332	70126		19735	22833	28615	4480
241826	27698	15900	237	11896	13866	17845	5042
118288	19643	7614	11	3525	3947	5255	1357
21604	1724	1904		1070	1146	2593	534
109807	47355	17835		1720	2380	7704	1984
152726	18588	2584		1366	2861	8903	2557
78221	12652	9021	18	4854	5086	8090	1702
67657	4503	24993		2322	2442	2653	1082
13682	734	492		537	569	913	286
2137414	**180286**	**194966**	**17980**	**66706**	**74986**	**140446**	**32496**
1044305	86794	106916	7117	35529	40328	51321	10625
176827	15820	20684	159	2177	2651	10490	3076
389737	18675	55090	574	19507	20812	52699	12309
153582	21341	13031	154	5000	5862	7356	1786
249667	27354	-5982	9279	1943	2294	11156	2123
38458	3572	1162	697	789	916	1470	521
84839	6731	4066		1761	2124	5955	2056
762609	**101174**	**118192**	**1451**	**12909**	**15970**	**72123**	**14362**
333057	67532	84056	132	2610	4097	47187	8143
261122	12488	19583	1146	3931	4362	10518	2435
56709	7199	2617	168	1308	1546	6522	1641
15189	1564	914	5	1	36	1229	423
64998	3048	4828		1347	1849	3516	1130
7235	5002	2769		2555	2706	865	161
24299	4341	3426		1158	1374	2286	429

1-E-18 各市、县工业企业主要经济效益指标

单位：%

地区	企业亏损面	增加值率	产品销售率	总资产贡献率	资产负债率	销售收入利税率	资金利税率	成本费用利润率	流动资产周转次数(次)
全省	**7.53**	**26.31**	**97.45**	**15.79**	**54.43**	**10.83**	**17.9**	**7.16**	**2.59**
福州市	**8.48**	**24.79**	**96.01**	**15.85**	**56.62**	**10.29**	**17.11**	**6.83**	**2.71**
市辖区	8.94	28.22	97.66	14.83	54.19	9.23	16.47	5.4	2.52
福清市	17.34	20.5	94.2	12.74	59.25	8.09	14.39	5.53	2.52
长乐市	5.68	21.91	95.53	14.91	57.82	9.68	14.4	7.95	2.72
闽侯县	5.56	27.21	96.86	20.34	52.06	11.64	23.34	6.45	2.91
连江县	7.32	30.11	97.98	34.32	61.16	19.7	35.03	18.9	3.92
罗源县	4.63	21.27	89.14	14.79	57.95	12.62	16.11	3.72	2.36
闽清县	1.12	41.25	98.06	23.06	29.01	16.47	26.86	13.59	4.49
永泰县	8.33	22.39	96.36	7.81	63	6.5	8.44	4.16	2.52
平潭县		22.04	100.01	10.59	60.94	9.85	10.21	6.19	3.49
厦门市	**21.52**	**24.18**	**99.1**	**9.67**	**53.55**	**7.99**	**10.88**	**4.99**	**1.91**
莆田市	**4.37**	**31.42**	**99.17**	**19.8**	**56.3**	**10.8**	**22.65**	**8.36**	**3.37**
市辖区	4.67	31.16	99.35	20.75	56.59	11.26	24.46	8.81	3.52
仙游县	3.38	33.21	98.21	14.9	54.81	8.26	14.53	5.96	2.73
三明市	**7.28**	**26.09**	**98.75**	**14.61**	**57.54**	**6.37**	**15.21**	**3.25**	**4.69**
市辖区	7.69	19.62	99.44	12.27	56.81	6.75	13.2	2.88	4.19
永安市	6.03	26.85	98.89	14.78	60.36	5.89	14.88	2.58	5.43
明溪县	2.17	38	99.21	24.65	46.27	8.36	26	6.29	6.92
清流县	5.13	32.35	98.31	22.67	50.97	11.12	25.6	5.43	4.7
宁化县	2.33	54.17	98.28	17.39	37.08	7.53	19.18	4.91	6.16
大田县	15.85	35.92	98.79	16.42	58.74	5.4	17.42	2.33	5.59
尤溪县	12.87	24.17	96.63	7.77	70.87	3.7	6.65	1.84	3.26
沙县	5.1	25.31	98.68	17.25	58.18	6.9	17.87	4.53	4.21
将乐县	9.09	34.35	98.41	10.68	60.83	3.58	10.66	1.22	5.09
泰宁县	5.75	25.31	98.74	17.92	39.29	8.42	21.35	5.46	5.51
建宁县	0.99	32.91	99.39	28.02	42.86	8.85	28.99	5.59	6.84
泉州市	**2.32**	**26.7**	**96.97**	**17.87**	**50.05**	**11.98**	**20.34**	**8.53**	**2.59**
市辖区	3.86	23.6	98.2	14.15	61.37	9.71	16	4.62	2.78
石狮市	1.84	31.3	97.5	17.73	49.49	11.86	17.38	8.31	2.47
晋江市	1.5	26.81	94.87	16.31	44.73	12.47	17.87	9.23	1.94
南安市	1.21	24.46	98.15	19.89	47.45	12.12	22.46	9.83	2.47
惠安县	4.65	30.38	97.87	16.88	45.21	11.24	26.66	9.07	5.1
安溪县	1.37	27.92	97.51	38.91	44.13	18.84	42	17.08	4.16
永春县	1.02	30.56	98.05	38.98	48.32	15.69	42.72	12.86	4.22
德化县	3.81	31.28	96.87	23.61	49.48	9.12	28.5	5.38	5.28
漳州市	**8.25**	**28.06**	**98.31**	**18.85**	**57.08**	**14.29**	**22.38**	**9.2**	**2.29**
市辖区	11.11	28.17	99.19	20.81	59.25	14.44	24.03	9	2.35

1-E-18　续表

单位：%

地　区	企　业 亏损面	增加值率	产　品 销售率	总资产 贡献率	资产负债率	销售收入 利 税 率	资　金 利税率	成本费用 利 润 率	流动资产 周转次数 (次)
龙海市	11.74	26.77	98.36	14.88	54.63	13.57	17.7	9.46	2.03
云霄县	6.25	29.86	98.75	23.08	34.47	11.01	25.8	7.49	3.77
漳浦县	6.91	29.09	95.96	12.04	67.59	13.54	19.36	11.65	1.86
诏安县	1.47	29.69	98	30.37	49.97	13.46	33.08	8.07	3.37
长泰县	9.18	28.36	100.03	25.82	51.76	17.21	28.27	9.29	2.21
东山县	8.64	28.87	95.69	25.14	60.73	17.51	25.77	6.89	2.39
南靖县	5.2	28.46	97.75	25.91	64.24	15.9	27.23	10.77	2.25
平和县	4.94	29.02	99.37	23.64	55.11	10.91	24.44	7.66	3.51
华安县	5.08	29.44	98.05	17.38	46.61	13.47	19.65	9.33	2.78
南平市	**7.86**	**25.75**	**96.5**	**15.78**	**51.03**	**9.94**	**17.31**	**6.22**	**3**
市辖区	13.71	22.16	94.9	8.93	53.1	7.76	9.4	4.45	2.26
邵武市	3.68	24.96	97.91	32.3	46.07	13.62	37.05	8.05	3.86
武夷山市	4.05	45.87	95.64	21.1	40.85	11.22	30.99	8.64	4.1
建瓯市	5.96	25.28	95.27	19.9	43.87	10.08	20.99	7.46	3.17
建阳市	5.59	27.43	97.92	19.24	41.92	8.55	21.29	5.66	3.57
顺昌县	22.5	28.45	98.35	7.39	60.9	3.71	5.74	1.57	3.07
浦城县	10.31	29.36	96.83	25.22	59.65	13.01	28.11	6.39	3.51
光泽县	21.05	16.28	95.95	3.38	62.11	2.24	1.46	1	1.75
松溪县	5.41	36.6	97.91	26	47.1	14.85	32.03	12.97	2.94
政和县	7.58	37.44	94.25	22.96	46.66	14.13	25.44	11.75	3.25
龙岩市	**10.13**	**32.14**	**98.05**	**16.33**	**48.69**	**16.48**	**19.91**	**8.33**	**2.05**
市辖区	6.08	42.42	98	24.76	52.67	23.61	29.32	8.27	1.99
漳平市	9.82	25.08	97.94	10.1	50.05	10.4	10.32	6.58	2.42
长汀县	12.38	28.54	92.83	16.45	50.22	14.01	16.95	10.61	1.7
永定县	16.3	34.92	99.36	9.76	45.54	9.8	9.6	6.06	2.99
上杭县	30.19	16.12	99.69	7.86	43.28	10.71	11.8	9.67	1.61
武平县	10.09	34.69	98.58	17.48	46.32	12.66	18.44	9.39	3.2
连城县	7.97	26.33	98.8	15.51	51.25	7.82	16.83	5.03	4.16
宁德市	**5.22**	**24.56**	**96.19**	**16.05**	**67.21**	**10.69**	**19.84**	**7.95**	**3.4**
市辖区	6.08	28.97	98.37	17.64	60.77	14.61	20.66	12.15	2.38
福安市	8.33	24.17	92.89	12.64	68.23	6.99	12.09	4.8	2.7
福鼎市	2.76	26.43	98.35	14.35	72.94	14.29	23.88	11.17	3.9
霞浦县	10.19	19.8	97.04	17.84	58.95	8.72	19.59	7.03	3.55
古田县	0.69	22.15	98.79	33.26	41.05	8.86	37.51	7.33	8.94
屏南县	6.15	25.28	99.39	20.44	64.15	12.21	20.44	6.94	3.41
寿宁县	2.67	15.55	95.45	28.83	52.79	10.5	30.24	6.49	5.91
周宁县	9.09	17.79	99.56	29.92	57.06	8.76	29.02	6.26	13.63
柘荣县	1.35	22.2	96.1	47.49	48.17	11.2	50.25	6.05	7.31

1-E-19 各市、县国有控股工业企业主要经济效益指标

单位：%

地　区	企　业 亏损面	增加值率	产　品 销售率	总资产 贡献率	资产负债率	销售收入 利税率	资　金 利税率	成本费用 利润率	流动资产 周转次数 (次)
全　省	**21.37**	**28.3**	**98.78**	**12.22**	**61.41**	**14.78**	**14.47**	**5.39**	**2.5**
福州市	**16.87**	**26.57**	**97.41**	**12.63**	**56.67**	**13.52**	**13.64**	**6.45**	**2.85**
市辖区	21.62	24.66	97.74	7.66	62.09	8.96	8.04	4.11	1.92
福清市	22.22	28.82	95.66	8.89	63.89	16.65	11.68	9.83	3.1
长乐市	16.67	25.75	99.8	18.01	22.41	15.99	16.96	11.7	5.65
闽侯县		24.22	98.07	22.03	65.77	12.18	24.19	3.12	3.24
连江县	14.29	35.17	99.99	20.34	72.98	26.46	18	24.11	2.84
罗源县		27.99	89.36	17.82	28.01	18.2	17.48	4.37	2.91
闽清县	33.33	78.76	100	16.52	21.62	40.09	21.77	32.82	4.06
永泰县	100		100	-0.99	89.29	-2.72	-3.74	-7.12	7.63
平潭县		22.04	100	9.9	64.02	11.08	9.19	7.71	3.22
厦门市	**13.64**	**33.46**	**99.83**	**14.31**	**56.77**	**19.73**	**17.63**	**5.42**	**1.47**
莆田市	**9.52**	**28.65**	**99.74**	**13.2**	**69.1**	**19.26**	**16.34**	**17.56**	**2.82**
市辖区	11.76	28.82	99.72	14.4	68.72	19.89	19.28	18.93	2.85
仙游县		25.27	100	5.21	71.61	10.01	2.99	3.25	2.39
三明市	**28.99**	**21.56**	**99.55**	**7.97**	**62.41**	**7.03**	**7.74**	**2.04**	**3.16**
市辖区	42.86	15.15	99.98	6.87	60.09	4.43	6.7	0.58	4.14
永安市	26.32	34.92	100.73	9.11	62.24	9.58	8.43	4.02	2.84
明溪县	33.33	64.02	101.6	8.17	84.17	11.49	10.24	3.64	5.13
清流县		30.89	99.22	15.86	52.34	10.91	18.4	3.14	6.76
宁化县	50	62.62	94.13	25.74	35.3	42.48	25.97	42.76	2.16
大田县	66.67	44.91	93.93	18.38	56.66	18.84	25.86	9.86	2.61
尤溪县	25	22.1	100	5.25	91.09	12.67	4.99	1.39	4.23
沙　县	20	17.31	97.31	4.54	62.48	5.22	2.94	0.82	0.99
将乐县		40.11	100	11.17	72.07	8.28	8.54	1.17	9.69
泰宁县	25		100	12.67	49.74	17.3	11.31	8.34	11.06
建宁县	33.33	55.33	99.87	7.05	77.09	5.94	6.77	-1.34	8.06
泉州市	**20.83**	**22.8**	**99.22**	**11.39**	**69.4**	**8.64**	**11.61**	**0.68**	**4.26**
市辖区	44.44	23.31	99.34	10.28	74.32	7.87	10.49	-2.05	3.91
石狮市		30.78	98.83	15.72	64.02	15.66	13.27	10.83	4.21
晋江市		22.43	99.16	20.11	46.08	14.49	19.84	12.15	5.32
南安市	25	14.77	99.87	8.03	49.8	3.94	9.97	1.03	19.95
惠安县		11.16	100	3.16	42.38	2.88	3.67	1.18	2.53
安溪县		17.12	99.31	11.84	64.35	6.81	11.45	4.62	6.87
永春县		39.19	97.68	12.67	52.12	13.83	21.05	4.41	3.32
德化县	16.67	22.28	94.32	11.83	48.61	8.01	13.63	3.13	4.47
漳州市	**26.83**	**22.35**	**100.57**	**8.42**	**56.23**	**9.8**	**9.07**	**4.51**	**2.24**
市辖区	7.69	29.01	99.85	11.12	50.76	16.02	14.29	9.59	1.66

1-E-19　续表　　单位：%

地　区	企　业亏损面	增加值率	产　品销售率	总资产贡献率	资产负债率	销售收入利税率	资　金利税率	成本费用利润率	流动资产周转次数(次)
龙海市	28.57	9.46	102.37	3.87	66.53	2.05	2.5	-0.02	3.61
云霄县	33.33	25.16	99.85	8.66	56.05	5.95	9.48	0.57	7.14
漳浦县	33.33	22.67	100	6.28	72.83	3.24	2.88	-0.83	7.75
诏安县	50	32.41	100	4.81	72.23	2.47	1.71	-3.47	5.59
长泰县		19.38	100	23.59	56.05	10.43	28.16	6.59	11.14
东山县	40	23.6	100.39	8.78	55.59	14.53	8.41	8.13	1.8
南靖县	33.33		100	5.43	48.75	4.57	4.99	-1.74	5.51
平和县	50	15.57	100	-6.27	71.64	-10.72	-9.76	-14.5	3.78
华安县	50		100	4.01	47.89	17.16	3.23	8.6	0.5
南平市	**26.32**	**22.01**	**98.09**	**6.77**	**57.54**	**6.33**	**6.6**	**1.52**	**2.79**
市辖区		18.74	97.77	6.38	63.53	5.43	5.74	1.39	3.09
邵武市	14.29	30.47	96.92	10.32	28.62	15.88	13.66	9.52	1.11
武夷山市	33.33	4.61	98.69	1.32	37.97	1.34	1.45	-3.85	4.88
建瓯市	50	27.35	100	5.89	75.31	4.37	6.03	-2.57	9.24
建阳市	60	30.69	99.38	3	64.26	1.16	1.35	-3.88	4.78
顺昌县	33.33	37.51	100.6	11.32	54.87	8.49	8.21	1.78	7.93
浦城县	100	27.88	100	0.68	74.68	-1.62	-2.1	-5.88	17.03
光泽县		29.45	100	10.19	58.43	10.42	12.74	3.54	5.76
松溪县	100		100	-0.67	78.58	-1.53	-2.11	-7.03	12.19
政和县	100	36.36	100	-7.19	97.97	-9.7	-12.27	-14.37	26.28
龙岩市	**23.53**	**56.3**	**97.47**	**21.26**	**45.01**	**38.64**	**30.14**	**17.32**	**1.47**
市辖区	10.53	69.18	98.8	46.69	55.01	51.99	57.21	13.88	2.32
漳平市	22.22	28.22	98.82	6.25	51.61	10.22	5.49	3.09	2.64
长汀县	50	20.23	69.93	10.47	65.83	15.1	11.15	7.39	1
永定县	37.5	49.25	99.8	7.62	43.53	17.82	7.26	8.94	2.71
上杭县	25	48.09	101.68	9.44	35.33	29.54	17.3	30.81	0.8
武平县	28.57	36.49	100.81	9.14	54.73	9.68	10	3.62	2.39
连城县	50	21.59	100.44	5.18	57.85	4.68	5.79	-2.61	3.61
宁德市	**24.32**	**30.38**	**99.81**	**5.69**	**78.92**	**15.56**	**7.18**	**9.33**	**2.15**
市辖区	33.33	23.65	99.79	6.05	64.2	8.38	7.24	1.32	2.2
福安市		30.81	100.03	18.05	87.77	17.89	14.78	13.33	5.25
福鼎市	20	38.12	100	2.69	80.74	21.52	3.19	15.9	0.69
霞浦县	40	13.21	98.44	0.38	69.08	-4.07	-2.7	-5.25	3.7
古田县		49.53	98.68	24.75	43.01	26.46	31.83	18.68	6.53
屏南县	50	24.6	100	10.74	74.6	8.84	13.83	-2.27	13.17
寿宁县	20	17.73	98.49	12.98	64.01	13.44	11.48	5.59	8.55
周宁县	66.67		100	11.46	70.29	23.86	8.51	10.9	8.34
柘荣县			100	9.5	62.88	4.42	14.44	0.48	7.99

1-E-20 各市、县国有工业企业主要经济效益指标

单位：%

地区	企业亏损面	增加值率	产品销售率	总资产贡献率	资产负债率	销售收入利税率	资金利税率	成本费用利润率	流动资产周转次数（次）
全省	**15.25**	**46.03**	**98.62**	**33.39**	**46.17**	**33.61**	**44.65**	**10.01**	**2.59**
福州市	**23.08**	**31.7**	**97.01**	**6.27**	**63.47**	**10.04**	**10.89**	**6.35**	**1.49**
市辖区	16.67	33.6	99.87	6.34	80.53	6.01	6.02	5.56	1.14
福清市	50	31.61	86.88	3.99	58.21	19.53	10.09	2.68	1.1
长乐市									
闽侯县		27.85	100	91.86	40.73	11.59	102.47	8.97	11.62
连江县			100	15.28	13.38	59.89	17.91	116.44	0.91
罗源县									
闽清县									
永泰县									
平潭县									
厦门市									
莆田市		**76.25**	**97.4**	**12.74**	**54.54**	**34.55**	**11.95**	**35.68**	**0.79**
市辖区		76.25	95.54	15.52	54.33	30.58	23.77	28.98	1.26
仙游县			100	11.16	54.66	40.74	7.55	48.36	0.5
三明市			**99.33**	**8.83**	**56.54**	**18.94**	**12.56**	**7.42**	**1.07**
市辖区			100	6.88	32.99	15.23	9.5	12.82	1.74
永安市			99.05	5.52	76.65	18.09	7.8	3.2	0.5
明溪县									
清流县			99.19	28.02	48.34	23.83	38.48	5.65	3.32
宁化县									
大田县									
尤溪县									
沙县									
将乐县									
泰宁县									
建宁县									
泉州市	**13.33**	**19.89**	**99.54**	**13.21**	**37.25**	**10.48**	**14.9**	**7.31**	**5.49**
市辖区	66.67	60.51	95.93	0.3	15.3	4.36	0.41	-1.72	0.32
石狮市									
晋江市		20.84	99.46	21.25	42.86	13.65	20.68	11.21	6.44
南安市		14.77	100	10.04	41.8	4.66	13.78	1.66	41.01
惠安县		11.16	100	3.16	42.38	2.88	3.67	1.18	2.53
安溪县		31.67	99.14	21.97	49.41	11.31	23.12	7.32	27.88
永春县			84.1	8	96.82	20.93	13.68	3.97	0.81
德化县		61.42	99.83	9.78	32.26	34.8	15	19.59	0.66
漳州市	**16.67**		**99.67**	**5.09**	**36.62**	**7.08**	**5.18**	**1.34**	**2.08**
市辖区									

1-E-20 续表 单位：%

地 区	企 业 亏损面	增加值率	产 品 销售率	总资产 贡献率	资产负债率	销售收入 利税率	资 金 利税率	成本费用 利润率	流动资产 周转次数 (次)
龙海市			99.35	21.76	86.34	4.04	17.56	1.45	5.61
云霄县									
漳浦县									
诏安县									
长泰县									
东山县	50		100	1.31	25	2.67	1.08	-6.45	2.11
南靖县			100	8.69	11.19	22.7	8.58	8.86	2.88
平和县			100	1.86	67.32	4.48	2.12	3.17	0.65
华安县									
南平市	**28.57**	**39.91**	**102.66**	**11.72**	**63.31**	**13.59**	**15.28**	**6.5**	**2.25**
市辖区			100	5.2	38.49	7.35	5.46	2.54	2.23
邵武市		40.73	103.85	19.35	63.94	21.61	26.89	15.18	1.81
武夷山市			100	4.58	17.4	18.56	5.92	13.54	0.69
建瓯市									
建阳市									
顺昌县									
浦城县									
光泽县									
松溪县	100		100	-0.67	78.58	-1.53	-2.11	-7.03	12.19
政和县	100	36.36	100	-7.19	97.97	-9.7	-12.27	-14.37	26.28
龙岩市	**16.67**	**83.34**	**98.03**	**99.36**	**36.13**	**73.03**	**107.5**	**23.04**	**2.04**
市辖区	33.33	83.7	97.93	100.7	36.15	75.81	109.09	25.46	2
漳平市		73.13	100	21.72	68.12	24.38	16.51	10.09	0.73
长汀县									
永定县		74.4	100	70.47		3.85	70.47	0.23	78.12
上杭县									
武平县									
连城县			104.28	15.61	24.87	29.03	18.04	17.81	0.78
宁德市		**26.99**	**97.68**	**8.63**	**50.36**	**7.44**	**9.73**	**3.78**	**2.56**
市辖区									
福安市		33.55	100	6.7	49.7	7.39	6.83	3.94	1.58
福鼎市									
霞浦县			88.33	1.96	22.58	1.54	2.03	0.33	4.23
古田县		18.92	97.89	13.31	58.4	8.25	21.75	3.75	7.96
屏南县									
寿宁县			78.93	22	34.71	10.68	19.63	10.82	4.87
周宁县									
柘荣县									

1-E-21 各市、县集体工业企业主要经济效益指标

单位：%

地　区	企　业亏损面	增加值率	产　品销售率	总资产贡献率	资产负债率	销售收入利 税 率	资　金利税率	成本费用利 润 率	流动资产周转次数(次)
全　省	**6.43**	**35.17**	**98.7**	**28.23**	**50.39**	**11.27**	**32.44**	**5.75**	**4.07**
福州市	**8.7**	**29.84**	**98.68**	**63.37**	**51.05**	**11.58**	**69.63**	**5.86**	**8.65**
市辖区		29.9	99.91	90.3	38.03	11.42	91.17	5.99	14.73
福清市	50		84.92	1.88	56.02	0.57	0.94	-1.37	2.05
长乐市									
闽侯县		30.88	99.97	158.24	43.73	10.61	241.18	5.29	24.41
连江县	50	29.4	96.64	38.33	67.46	14.31	48.17	6.81	3.65
罗源县			98.42	110.57	39.72	11.03	136.64	6.44	60.96
闽清县									
永泰县									
平潭县									
厦门市	**100**		**97.63**	**-0.95**	**9.28**	**-1.6**	**-0.69**	**-3.71**	**0.52**
莆田市		**30.27**	**96.91**	**41.12**	**36.04**	**13.77**	**42.08**	**13**	**3.4**
市辖区		30.27	95.79	40.7	35.77	17.54	40.1	16.7	2.55
仙游县			100	47.49	40.05	3.77	107.97	3.12	28.67
三明市	**8.11**	**46.63**	**99.8**	**21.6**	**73.05**	**7.92**	**25.57**	**1.51**	**4.02**
市辖区		45.04	100	4.45	70.89	4.96	4.61	1.92	1.1
永安市		55.3	99.45	58.53	57.43	17.71	64.89	1.68	6.9
明溪县			96.07	83.54	54.4	6.5	122.35	6.27	42.53
清流县			100	86.86	63.79	25.4	82.82	5.76	6.76
宁化县									
大田县	13.33	44.72	100.01	38.62	89.97	5.81	40.85	1.42	8.18
尤溪县			96.55	3.07	61.27	2.28	2.64	0.46	1.16
沙　县	50		96.53	0.46	78.27	0.02	0.05	-9.43	5.28
将乐县		48.18	99.95	61.38	54.82	9.87	62.16	1.63	7.14
泰宁县									
建宁县			100	4.57	93.33	1.66	4.9	0.37	2.98
泉州市		**18.84**	**98.62**	**16.67**	**36.54**	**10.54**	**19.85**	**8.28**	**3.56**
市辖区		20.7	100	14.58	71.56	10.49	16.91	10.21	1.74
石狮市									
晋江市		15.32	100	21.49	20.85	9	25.89	7.15	6.92
南安市									
惠安县			100	5.4	30.17	3.06	36.87	3.01	12.06
安溪县									
永春县		33.57	92.51	15.99	28.25	18.86	15.88	12.15	2.37
德化县									
漳州市			**99.48**	**21.34**	**43.83**	**8.2**	**28.74**	**3.62**	**5.39**
市辖区			100	9.94	45.76	3.24	12.11	1.06	4.08

1-E-21　续表　　单位：%

地　区	企　业 亏损面	增加值率	产　品 销售率	总资产 贡献率	资产负债率	销售收入 利 税 率	资　金 利税率	成本费用 利 润 率	流动资产 周转次数 (次)
龙海市			102.92	13.33	45.65	3.21	13.41	1.46	5.68
云霄县									
漳浦县									
诏安县			97.53	54.92	27.28	9.11	63.75	5.97	11.22
长泰县									
东山县			100	22.24	91.18	17.92	23.47	2.58	1.52
南靖县			98.04	3.54	38.85	6.13	5.44	2.42	1.67
平和县			100	97.75	28.97	13.24	119.23	6.31	9
华安县			100	38.8	53.59	10.24	45.96	2.81	7.71
南平市		**21.48**	**89.4**	**18.3**	**38.07**	**11.16**	**18.74**	**6.53**	**1.81**
市辖区			77.52	11.24	72.69	9.62	11.37	5.92	1.24
邵武市		21.48	104.24	19.18	9.03	12.47	19.86	6.55	1.73
武夷山市									
建瓯市			72.89	81.48	79.82	8.15	85.41	3.64	12.74
建阳市			97.22	56.34	2.41	13.79	57.69	12.39	5.25
顺昌县									
浦城县									
光泽县									
松溪县									
政和县									
龙岩市	**4.65**	**54.24**	**99.79**	**53.1**	**37.54**	**25.36**	**56.78**	**17.54**	**3.45**
市辖区	2.7	62.84	100	60.45	42.45	26.86	66.28	19.99	3.99
漳平市		48.54	99.91	46.71	20.17	23.66	46.93	10.64	3.42
长汀县									
永定县	100		87.13	-0.2	37.69	-1.68	-1.11	-5.61	0.71
上杭县									
武平县			100.17	8.23	18.4	6.59	8.23	2.08	1.25
连城县									
宁德市	**50**	**28.34**	**99.15**	**58.57**	**21.63**	**12.17**	**62.4**	**5.76**	**9.97**
市辖区									
福安市									
福鼎市		28.34	99.25	87.29	6.88	13.05	96.87	6.75	21.42
霞浦县	100		98.19	4.76	49.25	2.69	3.17	-3.59	1.47
古田县									
屏南县									
寿宁县									
周宁县									
柘荣县									

1-E-22 各市、县“三资”工业企业主要经济效益指标

单位：%

地区	企业亏损面	增加值率	产品销售率	总资产贡献率	资产负债率	销售收入利税率	资金利税率	成本费用利润率	流动资产周转次数(次)
全省	**11**	**25.91**	**96.92**	**14**	**53.34**	**10.06**	**15.67**	**7.01**	**2.23**
福州市	**14.76**	**25.26**	**94.73**	**16.98**	**55.39**	**10.11**	**18.22**	**7.05**	**2.6**
市辖区	12.94	29.67	96.85	16.37	50.81	8.71	17.79	5.41	2.53
福清市	23.23	19.79	93.71	15.34	56.83	8.71	17.1	6.39	2.54
长乐市	24.07	22.91	90.73	14.21	63.1	10.74	13.06	8.43	2.46
闽侯县	8.4	26.61	96.47	17.64	49.01	12.38	19.93	5.95	2.31
连江县	11.43	33.3	98.23	87.27	42.84	21.02	93.02	23.28	8.6
罗源县	15.38	13.66	84.85	5.4	69.21	4.21	5.22	2.77	2.35
闽清县		27.94	98.02	54.78	51.84	13.67	62.33	8.14	6.44
永泰县			100.16	12.4	48.15	5.29	10.84	3.45	2.4
平潭县			99.82	19.75	44.97	8.39	19.96	2.56	3.26
厦门市	**24.01**	**22.8**	**98.99**	**8.46**	**53.24**	**6.14**	**9.42**	**4.62**	**2.15**
莆田市	**9.68**	**32.22**	**99.2**	**17.38**	**52.41**	**9.75**	**18.28**	**7.14**	**2.62**
市辖区	10.64	32.23	99.23	17.61	52.26	9.81	18.63	7.24	2.66
仙游县	3.45	31.86	98.48	13.46	54.96	8.43	12.96	5.31	1.97
三明市	**10.13**	**28.83**	**97.1**	**12.76**	**47.91**	**5.74**	**12.82**	**3.14**	**3.63**
市辖区	18.18	24.81	96.39	10.98	47.49	8.01	10.55	1.87	2.42
永安市	11.11	22.87	97.45	10.9	41.42	2.61	9.67	0.52	5.75
明溪县									
清流县		33.69	97	27.17	31.72	13.87	29.64	8.41	5.82
宁化县			99.23	4.92	39.88	1.28	6.67	0.64	7.34
大田县	16.67	35.03	99.09	8.41	35.54	3.13	8.86	1.74	4.77
尤溪县	25	25.98	86.79	10.98	42.91	5.33	9.31	3.79	2.7
沙县	9.09	26.58	98.09	11.89	60.97	5.72	11.6	3.98	2.84
将乐县		38.1	99.5	12.12	47.25	4.16	13.68	2.35	4.98
泰宁县									
建宁县			99.98	40.23	38.82	11.67	37.11	9.41	6.83
泉州市	**2.81**	**26.91**	**96.12**	**15.93**	**51.43**	**11.65**	**18.02**	**7.86**	**2.24**
市辖区	3.96	24.65	98.17	13.96	62.85	9.36	15.51	3.75	2.56
石狮市	1.93	30.25	97.88	19.97	46.88	12.03	20.82	8.93	2.67
晋江市	2.3	27.17	93.26	13.93	44.35	12.63	15.41	9.39	1.56
南安市		25.11	96.43	18.62	47.2	12.64	20.77	10.98	2.14
惠安县	5.7	31.45	96.62	16.32	51.63	11.79	24.27	9.35	4.93
安溪县		25.84	97.71	33.27	48.58	16.08	36.11	13.86	5.06
永春县	1.28	29.76	97.71	39.3	50.45	14.82	46.09	12.76	4.3
德化县	8.33	37.54	97.43	29.19	43.1	11.52	30.18	6.48	3.66
漳州市	**12.57**	**28.57**	**97.99**	**15.52**	**59.11**	**15.15**	**19.29**	**10.24**	**1.78**
市辖区	16.16	28.37	99.09	28.37	63.74	15.66	33.2	10.09	2.96

1-E-22 续表 单位：%

地 区	企 业亏损面	增加值率	产 品销售率	总资产贡献率	资产负债率	销售收入利 税 率	资 金利税率	成本费用利 润 率	流动资产周转次数(次)
龙海市	14.78	28.25	97.53	10.73	51.09	14.25	13.36	10.15	1.44
云霄县	12.5	28.36	101.13	12.02	33.98	8.75	12.3	5.14	2.17
漳浦县	8.42	29.91	94.39	9.14	69.65	13.24	14.99	12.4	1.36
诏安县	2.86	31.04	99.27	27.73	40.71	14.22	30.17	8.92	2.83
长泰县	16.18	27.73	100.15	25.12	49.4	17.79	26.61	10.13	1.93
东山县	22.22	28.93	100.46	16.35	69.48	17.57	14.64	4.48	1.17
南靖县	7.14	28.84	97.05	23.37	76.69	18.82	22.77	12.95	1.49
平和县	8.33	29.84	100.46	12.83	56.88	6.15	13.09	4.87	2.61
华安县	20	34.1	94.5	10.88	66.09	13.46	11.75	8.5	1.59
南平市	**6.56**	**34.35**	**96.23**	**16.32**	**36.4**	**15.37**	**21.15**	**12.64**	**2.04**
市辖区		41.19	97.05	15.58	24.16	28.9	21.59	28.31	1.19
邵武市	7.14	25.5	97.71	29.9	40.71	10.33	29.76	5.9	3.59
武夷山市	28.57	49.22	93.58	16.68	28.72	7.91	30	5.52	5.74
建瓯市		27.83	93.01	15.74	76.99	11.13	15.14	8.16	2.16
建阳市		19.75	98.78	12.86	35.91	11.48	16.81	11.12	1.59
顺昌县		30.08	99	5.89	65.52	3.06	4.68	1.49	2.3
浦城县	16.67	32.99	87.9	14.97	47.05	14.76	14.9	9.9	2.37
光泽县									
松溪县		39.9	96.63	41.66	29.96	30.78	65.45	34.63	2.89
政和县			81.44	12.63	70.25	6.91	11.03	3.42	1.81
龙岩市	**14.81**	**24.43**	**97.9**	**11.11**	**45.05**	**10.72**	**11.16**	**8.33**	**1.83**
市辖区	19.05	23.56	98.82	11.46	38.67	11.91	12.5	9.36	1.7
漳平市	13.64	19.99	96.43	12.01	40.35	10.72	12.71	10.46	1.82
长汀县	7.89	34.27	98.18	18.33	40.39	16.4	18.98	13.43	1.51
永定县	25	29.16	97.6	9.64	50.06	10.02	8.96	7.45	3.26
上杭县	33.33	12.62	95.12	2.29	71.01	-1.34	-0.93	-2.13	2.03
武平县	20	18.68	94.85	9.8	34.33	4.83	9.6	2.76	3.04
连城县		15.52	98.96	22.14	50.31	6.52	22.3	4.44	5.32
宁德市	**15.79**	**31.41**	**96.22**	**16.27**	**60.63**	**13.72**	**16.77**	**13.62**	**2.03**
市辖区	20	38.78	99.38	19.32	63.32	18.23	20.21	20.84	1.98
福安市	20	23.99	91.01	13.62	60.06	8.15	13.83	7.16	1.92
福鼎市	20	30.35	96.64	17.17	48.69	6.25	16.51	4.09	4.31
霞浦县	25		101.92	7.58	61.54	5.17	7.17	5.23	1.93
古田县		20.7	99.75	21	29.62	9.71	28.02	7.07	4.2
屏南县			100	7.89	69.18	36.43	5.15	22.63	0.58
寿宁县		19.78	88.13	17.81	26.61	15.06	21.94	11.96	1.94
周宁县									
柘荣县									

第2篇

规模以上工业企业科技情况

A.企业R&D及相关活动主要指标

2-A-01 企业R&D及相关活动主要指标

指标名称	单位	总计	#大中型
企业基本情况			
有R&D活动的企业	个	2286	937
有研发机构的企业	个	1270	600
有新产品销售的企业	个	1576	708
R&D人员情况			
R&D人员合计	人	130227	102040
#女性	人	30679	25108
#研究人员	人	31396	23457
#全时人员	人	87313	69447
R&D人员折合全时当量	人年	100200	80577
R&D经费情况			
R&D经费内部支出	万元	2791966	2189529
按支出用途分			
1.日常性支出	万元	2373813	1881196
#人员劳务费	万元	761851	612988
2.资产性支出	万元	418153	308333
#仪器和设备	万元	410709	303498
按资金来源分			
政府资金	万元	78595	54087
企业资金	万元	2656171	2091112
国外资金	万元	5186	4787
其他资金	万元	52015	39542
R&D经费外部支出	万元	140618	125388
#对境内研究机构支出	万元	60531	56274
对境内高等学校支出	万元	16621	11586
对境外支出	万元	48474	45235
R&D项目情况			
项目数	项	10426	6443
参加项目人员	人	118286	92654
项目人员折合全时当量	人年	90997	73145
项目经费内部支出	万元	2453011	1941884

2-A-01　续表

指标名称	单位	总计	#大中型
企业办研发机构情况			
机构数	个	1448	722
机构人员数	人	76490	61625
#博士	人	1171	780
硕士	人	5283	4268
本科	人	39304	31336
机构经费支出	万元	1542227	1309184
仪器和设备原价	万元	1277523	1049326
#进口	万元	292322	263177
新产品开发及生产情况			
新产品开发项目数	项	10534	6424
新产品开发经费支出	万元	2656091	2072185
新产品销售收入	万元	34400997	30095782
#新产品出口	万元	9442428	8648273
自主知识产权及相关情况			
专利申请数	件	18896	13150
#发明专利	件	5475	3833
有效发明专利数	件	7119	5014
#境外授权	件	350	278
专利所有权转让及许可数	件	312	149
专利所有权转让及许可收入	万元	10329	3086
拥有注册商标数	件	16901	13327
#境外注册	件	2390	2230
形成国家或行业标准数	项	696	527
政府相关政策落实情况			
使用来自政府部门的科技活动资金	万元	90783	59822
研究开发费用加计扣除减免税	万元	77799	65032
高新技术企业减免税	万元	191006	167870
技术获取和技术改造情况			
引进技术经费支出	万元	228367	208050
消化吸收经费支出	万元	35244	27400
购买国内技术经费支出	万元	188096	156369
技术改造经费支出	万元	1279726	989492

2-A-02 分登记注册类型企业R&D

指标名称	单位	国有及国有控股企业	内资企业		
				国有企业	集体企业
企业基本情况					
有R&D活动的企业	个	111	1556	10	1
有研发机构的企业	个	68	865	4	
有新产品销售的企业	个	74	1029	6	1
R&D人员情况					
R&D人员合计	人	18263	64678	336	38
#女性	人	3374	14112	45	6
#研究人员	人	6827	17759	107	5
#全时人员	人	12169	39318	204	38
R&D人员折合全时当量	人年	15467	46949	204	4
R&D经费情况					
R&D经费内部支出	万元	401185	1313933	16984	1300
按支出用途分					
1.日常性支出	万元	358244	1081501	9432	1300
#人员劳务费	万元	128616	344868	3278	500
2.资产性支出	万元	42941	232432	7552	
#仪器和设备	万元	42079	229043	7549	
按资金来源分					
政府资金	万元	12353	47993	64	
企业资金	万元	387195	1238510	16920	1300
国外资金	万元		1035		
其他资金	万元	1636	26394		
R&D经费外部支出	万元	44563	50484	2002	
#对境内研究机构支出	万元	18549	22612	220	
对境内高等学校支出	万元	4716	11945	20	
对境外支出	万元	18191	9000	1686	
R&D项目情况					
项目数	项	1108	6059	58	3
参加项目人员	人	16178	58640	318	30
项目人员折合全时当量	人年	13621	42468	193	3
项目经费内部支出	万元	363930	1128176	15465	1300

及相关活动主要指标

股份合作企业	联营企业	有限责任公司	股份有限公司	私营企业	其他企业	港澳台商投资企业	外商投资企业
3	1	452	119	967	3	425	305
1		270	91	496	3	237	168
1		306	98	615	2	314	233
73	26	21226	14201	28582	196	35627	29922
18	5	4459	3177	6360	42	9973	6594
23	18	6299	4212	7062	33	7482	6155
32	2	11691	9251	18044	56	24973	23022
72	24	14979	11344	20193	128	28728	24523
4450	343	472132	252254	564786	1685	775775	702258
3297	343	380329	229062	456056	1682	650246	642066
635	182	116504	82473	140791	504	212154	204830
1153		91802	23192	108730	3	125530	60191
1153		90521	22534	107283	3	123039	58628
52		16016	11365	20248	249	12043	18559
4398	343	441721	236004	536390	1436	751873	665788
			33	1003		1223	2927
		14396	4853	7145		10636	14984
118		14464	23849	9390	661	16885	73249
65		6079	12903	3237	108	3744	34175
54		3842	3464	4530	36	2899	1777
		1893	4475	428	517	3765	35709
10	7	2068	1100	2801	12	2585	1782
69	26	19240	12609	26159	189	32266	27380
68	24	13517	10068	18471	124	26017	22512
3291	343	404034	233948	468410	1385	689002	635833

2-A-02 续表

指标名称	单位	国有及国有控股企业	内资企业		
				国有企业	集体企业
企业办研发机构情况					
机构数	个	110	985	4	
机构人员数	人	10931	37100	111	
#博士	人	122	754		
硕士	人	1375	2614	1	
本科	人	6533	20505	97	
机构经费支出	万元	202798	615444	2030	
仪器和设备原价	万元	180034	557955	813	
#进口	万元	42907	76984		
新产品开发及生产情况					
新产品开发项目数	项	932	6078	60	4
新产品开发经费支出	万元	276135	1225061	6733	1315
新产品销售收入	万元	4258664	11802658	290216	332
#新产品出口	万元	540690	1571562		
自主知识产权及相关情况					
专利申请数	件	2062	12116	140	
#发明专利	件	1023	3204	27	
有效发明专利数	件	1166	3711	27	
#境外授权	件	3	92		
专利所有权转让及许可数	件		191		
专利所有权转让及许可收入	万元		6817		
拥有注册商标数	件	2095	9204	692	1
#境外注册	件	260	859	57	
形成国家或行业标准数	项	75	476	2	
政府相关政策落实情况					
使用来自政府部门的科技活动资金	万元	13358	57252	64	
研究开发费用加计扣除减免税	万元	10598	36508	28	
高新技术企业减免税	万元	14467	73091		
技术获取和技术改造情况					
引进技术经费支出	万元	49230	49390	2491	
消化吸收经费支出	万元	4957	19255	94	
购买国内技术经费支出	万元	44678	83700	9936	5
技术改造经费支出	万元	458174	862914	21220	19258

						港澳台商投资企业	外商投资企业
股份合作企业	联营企业	有限责任公司	股份有限公司	私营企业	其他企业		
1		312	129	536	3	269	194
36		10420	10117	16309	107	20410	18980
3		244	135	372		266	151
5		900	777	928	3	975	1694
28		5564	6668	8059	89	9042	9757
881		212326	167723	231956	528	452310	474473
1482		182292	129890	243049	430	383443	336125
172		33122	19325	24364		99150	116188
10		2036	995	2961	12	2636	1820
1276		418338	243606	552108	1685	785892	645138
28380		3707440	3080098	4658634	37559	11188912	11409426
182		293429	633772	644178		3295616	4575251
8		3817	2893	5244	14	3612	3168
2		1103	642	1424	6	983	1288
1		940	1053	1684	6	1464	1944
		39	16	37		61	197
		90	7	86	8	97	24
		65		6752		2783	730
2		1673	3326	3510		4670	3027
1		67	424	310		1115	416
		168	103	203		110	110
60		19438	12369	25072	249	13947	19584
		12920	11555	11967	37	21667	19624
		16576	34923	21563	28	56417	61498
		36223	5154	5509	13	84848	94130
		12239	2316	4590	16	9806	6182
63		37992	12158	23442	105	73461	30935
275		383663	167806	270684	9	200323	216490

2-A-03 制造业企业R&D及

指标名称	单位	制造业合计	农副食品加工业	食品制造业	酒、饮料和精制茶制造业	烟草制品业	纺织业
企业基本情况							
有R&D活动的企业	个	2251	146	100	97	5	100
有研发机构的企业	个	1255	89	55	44	1	51
有新产品销售的企业	个	1563	78	59	53	3	65
R&D人员情况							
R&D人员合计	人	128820	4748	2645	3790	478	4611
#女性	人	30507	1211	823	1022	53	1375
#研究人员	人	30637	1029	842	661	339	969
#全时人员	人	86985	2523	1452	2635	44	2768
R&D人员折合全时当量	人年	99450	2829	1819	2611	208	3177
R&D经费情况							
R&D经费内部支出	万元	2773343	135714	64625	87643	17817	104872
按支出用途分							
1.日常性支出	万元	2357733	115296	47659	76732	6940	74563
#人员劳务费	万元	756278	24945	14934	20248	3194	21530
2.资产性支出	万元	415610	20418	16965	10912	10877	30310
#仪器和设备	万元	408193	20033	15689	10791	10821	30140
按资金来源分							
政府资金	万元	78222	5250	2848	2429		2250
企业资金	万元	2637920	129711	59652	83878	17817	100105
国外资金	万元	5186					
其他资金	万元	52015	753	2124	1337		2517
R&D经费外部支出	万元	134976	2506	2127	1560	238	989
#对境内研究机构支出	万元	57722	626	563	296	238	106
对境内高等学校支出	万元	15642	855	951	1147		146
对境外支出	万元	48474	329				725
R&D项目情况							
项目数	项	10273	506	248	278	67	351
参加项目人员	人	116983	4382	2296	3541	460	4345
项目人员折合全时当量	人年	90310	2588	1575	2423	199	2987
项目经费内部支出	万元	2438514	114447	55902	78040	14559	71351

相关活动主要指标

纺　织 服装、 服饰业	皮革、毛皮、 羽毛及其制 品和制鞋业	木材加工和 木、竹、藤、 棕、草制品业	家　具 制造业	造纸及纸 制　品　业	印　刷　和 记录媒介 复　制　业	文教、工美、 体育和娱乐 用品制造业	石油加工、 炼焦和核 燃料加工业	化学原料 和化学制 品制造业	医　药 制造业
41	82	33	14	38	17	65	8	138	67
27	67	17	4	20	7	23	3	78	42
26	72	28	10	24	8	46	2	89	42
3576	7701	817	851	1523	605	2583	272	3948	3106
1289	2863	169	323	225	156	540	28	825	1257
521	1195	212	143	282	158	416	83	1131	835
2987	5364	615	599	890	300	1643	97	2538	1990
2944	5292	603	671	1037	445	2113	154	2783	2252
69032	116230	18429	9126	50442	8869	37309	5630	88358	52801
61289	107053	13995	8709	39345	7102	32217	4586	77124	45062
22524	50831	3538	2900	6969	2686	12161	1046	18427	15076
7743	9177	4434	417	11097	1767	5091	1043	11234	7739
7693	9055	4403	417	10975	1759	5058	1037	10736	7463
1209	844	481	47	1448	394	966	308	3151	4111
64766	109520	17949	9020	48844	7855	35811	4816	82257	48657
								31	33
3058	5866		59	150	620	532	505	2920	
5613	2623	472	80	171	222	262	1150	852	6006
2318	1477	59		171	136	29	1150	262	2496
1538	646	412			86	13		502	1248
	100					53		40	183
172	408	119	42	116	44	235	30	489	558
3202	7002	732	813	1446	497	2400	236	3581	2848
2635	4856	549	642	979	359	1982	133	2547	2054
63189	104987	16451	7599	43672	7044	31764	5350	76748	47314

2-A-03 续表 1

指标名称	单位	制造业合计	农副食品加工业	食品制造业	酒、饮料和精制茶制造业	烟草制品业	纺织业
企业办研发机构情况							
机构数	个	1432	95	60	46	1	57
机构人员数	人	75742	2704	1528	1226	40	2541
#博士	人	1154	77	74	33	1	45
硕士	人	5134	215	173	78	2	114
本科	人	38910	1414	830	744	19	1361
机构经费支出	万元	1530667	61927	29783	15824	724	48253
仪器和设备原价	万元	1248920	39988	17863	13605	454	52636
#进口	万元	286274	3633	3219	1841		22256
新产品开发及生产情况							
新产品开发项目数	项	10460	441	232	291	57	333
新产品开发经费支出	万元	2647722	123196	60933	69761	6558	108217
新产品销售收入	万元	34327251	1049891	377127	371682	14529	1080768
#新产品出口	万元	9442158	206239	69520	13778	61	101300
		18209	361	367	421	197	425
自主知识产权及相关情况							
专利申请数	件						
#发明专利	件	5102	156	129	57	41	155
有效发明专利数	件	6971	149	134	63	39	106
#境外授权	件	350	1	5		1	
专利所有权转让及许可数	件	312	17	4			
专利所有权转让及许可收入	万元	10329	15	265			1
拥有注册商标数	件	16892	386	984	969	690	354
#境外注册	件	2390	6	59	36	57	58
形成国家或行业标准数	项	693	13	39	16	6	15
政府相关政策落实情况							
使用来自政府部门的科技活动资金	万元	90299	6546	3753	3212		2499
研究开发费用加计扣除减免税	万元	77236	1328	2030	228		1435
高新技术企业减免税	万元	191006	2017	1571	6986		1013
技术获取和技术改造情况							
引进技术经费支出	万元	228367	3635	2105	180	16069	4110
消化吸收经费支出	万元	34992	836	1712	136	166	793
购买国内技术经费支出	万元	187571	5370	3997	3647	18813	2759
技术改造经费支出	万元	1005016	31240	30068	22249	21881	47114

纺　织服装、服饰业	皮革、毛皮、羽毛及其制品和制鞋业	木材加工和木、竹、藤、棕、草制品业	家　具制造业	造纸及纸制品业	印刷和记录媒介复制业	文教、工美、体育和娱乐用品制造业	石油加工、炼焦和核燃料加工业	化学原料和化学制品制造业	医　药制造业
27	70	20	11	20	8	25	4	85	57
2289	4955	553	148	694	400	1291	63	2440	1740
39	97	16	2	19	5	14	2	84	55
109	199	51	5	31	7	28	2	179	217
1011	1417	255	47	262	180	643	30	1348	959
49465	56076	6675	1015	20291	3790	22172	2418	39213	29139
16577	29164	9093	2055	16742	4846	6835	1527	31696	26493
6735	4924	948			88	327		2061	1987
177	454	100	46	98	34	291	10	463	545
77760	121884	15526	9020	37260	6877	46773	2085	83855	57169
1157519	2018702	218386	65645	507888	49826	402353	32977	918375	564063
62462	182446	69057	15865	21665	20852	133647		116677	31171
132	558	210	176	194	65	909	18	631	218
65	202	33	11	54	5	35	9	306	139
58	214	80	35	90	7	69	2	325	248
1	8		4					1	12
4	4				4	1		11	4
				50				5789	
1094	1480	145	27	880	26	389	11	646	738
205	543	4	8	15		15		31	35
7	23	4	3	13	1	24		40	65
1265	1057	522	47	1555	404	1486	308	3551	4310
1433	1124	75		162	165	346	143	3125	2698
11809	5896	11		3264	670	1268	216	6646	10690
215	537	580			69	658	9393	43	2172
573	965	197		51	32	361		102	1619
1016	633	3208	23	2619	10	2288	9636	5052	2534
7188	25841	6957	1118	48338	8359	13679	18368	31581	45524

2-A-03 续表 2

指标名称	单位	化学纤维制造业	橡胶和塑料制品业	非金属矿物制品业	黑色金属冶炼和压延加工业	有色金属冶炼和压延加工业	金属制品业
企业基本情况							
有R&D活动的企业	个	18	105	105	29	33	67
有研发机构的企业	个	11	61	49	14	19	40
有新产品销售的企业	个	12	77	53	16	20	50
R&D人员情况							
R&D人员合计	人	2102	7013	4782	3583	4206	2485
#女性	人	562	1576	858	474	724	400
#研究人员	人	406	1414	949	1179	1291	689
#全时人员	人	1659	5207	2665	1725	2811	1796
R&D人员折合全时当量	人年	1815	5478	3526	2620	3559	1763
R&D经费情况							
R&D经费内部支出	万元	80874	138843	109407	145943	102903	47467
按支出用途分							
1.日常性支出	万元	56192	115329	79918	131554	85821	39335
#人员劳务费	万元	12272	29877	26114	25654	20008	12428
2.资产性支出	万元	24682	23514	29489	14389	17082	8132
#仪器和设备	万元	24626	22835	28838	14222	16650	8067
按资金来源分							
政府资金	万元	146	1256	1587	280	2674	1443
企业资金	万元	80728	132751	106827	145117	94729	45813
国外资金	万元		174				
其他资金	万元		4662	994	546	5500	211
R&D经费外部支出	万元	3907	5429	956	1691	1477	204
#对境内研究机构支出	万元	220	304	599	962	1301	5
对境内高等学校支出	万元	1066	402	114	720	177	177
对境外支出	万元		4359	113	9		22
R&D项目情况							
项目数	项	127	684	474	137	311	267
参加项目人员	人	2039	6270	4136	3065	3776	2248
项目人员折合全时当量	人年	1765	4931	3034	2258	3190	1593
项目经费内部支出	万元	78676	116771	88731	135318	95258	40343

通用设备制造业	专用设备制造业	汽车制造业	铁路、船舶、航空航天和其他运输设备制造业	电气机械和器材制造业	计算机、通信和其他电子设备制造业	仪器仪表制造业	其他制造业	废弃资源综合利用业	金属制品、机械和设备修理业
126	145	106	33	243	217	54	15	3	1
63	98	50	18	131	133	28	11		1
91	112	75	23	190	176	49	12	1	1
5460	5823	6268	1819	13296	25988	3163	1540	32	6
867	1015	992	185	3344	5992	958	397	4	
1411	1791	2201	469	3007	6036	669	294	14	1
3573	3400	4230	1078	9866	19219	2453	842	12	4
3834	4176	4785	1268	10611	22903	2628	1514	24	6
113883	117420	142722	27365	240736	572461	49763	14684	1471	505
98990	94465	120686	24974	205495	525676	46045	13708	1452	420
35037	33913	37468	11375	74417	197547	13337	5518	288	18
14892	22955	22036	2391	35241	46785	3718	976	19	85
14495	22734	21587	2362	34694	46315	3627	972	15	85
4242	6244	9597	778	6869	16181	946	195	30	20
104140	109227	128928	26293	230585	546971	48786	14443	1441	485
53	605			108	4183				
5447	1344	4197	294	3174	5126	31	46		
6945	4669	27006	5990	6159	45021	394	256		
118	1450	10854	451	2012	29463	19	38		
384	1905	592	68	1320	1006	159	10		
6406	1165	13204	5471	2802	13069	216	208		
523	545	511	167	1133	1347	302	71	10	1
4861	5400	5244	1710	11765	24183	2998	1473	29	5
3335	3880	3947	1192	9442	21257	2505	1448	22	5
93238	95343	122922	23836	212173	536537	44912	14185	1436	420

2-A-03 续表 3

指标名称	单位	化学纤维制造业	橡胶和塑料制品业	非金属矿物制品业	黑色金属冶炼和压延加工业	有色金属冶炼和压延加工业	金属制品业
企业办研发机构情况							
机构数	个	11	70	50	16	24	41
机构人员数	人	1135	4495	2054	1180	2453	1732
#博士	人	10	44	36	5	46	7
硕士	人	42	138	77	116	218	45
本科	人	417	2109	1007	334	1300	879
机构经费支出	万元	18647	83815	34109	21446	70086	25547
仪器和设备原价	万元	122957	107123	148007	10949	60812	17351
#进口	万元	50676	45901	13481	908	1617	3495
新产品开发及生产情况							
新产品开发项目数	项	135	644	416	100	176	281
新产品开发经费支出	万元	97496	128929	99596	50427	85386	52602
新产品销售收入	万元	986072	1423078	1154150	929058	939254	486749
#新产品出口	万元	49599	229248	221997	2481	24407	217831
		173	1531	1808	67	405	512
自主知识产权及相关情况							
专利申请数	件						
#发明专利	件	29	340	216	10	127	102
有效发明专利数	件	99	499	201	8	138	125
#境外授权	件		64	1			26
专利所有权转让及许可数	件	5	82	11		8	6
专利所有权转让及许可收入	万元		1978				
拥有注册商标数	件	145	735	1771	17	401	178
#境外注册	件	3	90	322		40	45
形成国家或行业标准数	项	3	23	53		61	14
政府相关政策落实情况							
使用来自政府部门的科技活动资金	万元	266	1463	1959	352	3286	1683
研究开发费用加计扣除减免税	万元	5523	3101	2352	385	2883	1923
高新技术企业减免税	万元	7552	13142	6673	22	3830	2851
技术获取和技术改造情况							
引进技术经费支出	万元		4840	851	5128	3715	19210
消化吸收经费支出	万元	14	55	985	1678	10	1021
购买国内技术经费支出	万元	3700	5990	2888	1442	15910	6494
技术改造经费支出	万元	17492	56994	68983	90977	45610	37155

通用设备制造业	专用设备制造业	汽车制造业	铁路、船舶、航空航天和其他运输设备制造业	电气机械和器材制造业	计算机、通信和其他电子设备制造业	仪器仪表制造业	其他制造业	废弃资源综合利用业	金属制品、机械和设备修理业
68	117	63	22	150	167	35	11		1
3256	4824	3602	1143	7813	17246	1102	1090		5
27	55	50	9	127	144	24	7		
164	267	241	30	480	1824	51	31		
1736	3046	2147	680	3297	10114	537	782		5
72885	81661	85012	14776	124297	465796	32574	13073		180
48943	54299	101590	7484	90253	193703	10287	5430		160
2179	3509	33972	355	12319	65665	785	3393		
580	623	544	155	1308	1512	314	88	5	7
124545	126461	132823	24882	247796	583603	44350	15565	659	5728
1160866	1427095	2202312	721740	2617804	11001700	256926	189608	750	360
279815	160375	313395	361325	1099534	5329735	88944	18733		
920	1166	690	239	2031	2931	594	238	10	12
320	367	87	24	439	1362	171	109	2	
535	472	116	42	745	2027	196	149		
5	38		3	48	125	6	1		
45	23	5		13	59	6			
288	910			500	533				
684	548	457	144	1342	1172	279	200		
170	129	67	5	230	146	47	24		
29	60	9	20	78	49	19	6		
5230	7279	10140	783	8516	17407	1032	340	30	20
1950	4133	3771	140	7403	25793	2604	311		676
6508	12595	7045	322	21151	54427	2337	494		
35139	2670	9449	2766	31576	71011	143	32		2072
125	881	10103	1368	7290	3616	286	20		
5994	2497	11536	1194	8978	58611	73	660		
34079	53683	42541	9690	57328	96966	24100	9518	284	110

2-A-04 分设区市企业R&D

指标名称	单位	全省	福州市	
				#平潭
企业基本情况				
有R&D活动的企业	个	2286	410	1
有研发机构的企业	个	1270	147	1
有新产品销售的企业	个	1576	271	
R&D人员情况				
R&D人员合计	人	130227	29570	7
#女性	人	30679	6794	3
#研究人员	人	31396	7547	1
#全时人员	人	87313	20173	2
R&D人员折合全时当量	人年	100200	25398	4
R&D经费情况				
R&D经费内部支出	万元	2791966	602496	44
按支出用途分				
1.日常性支出	万元	2373813	512003	13
#人员劳务费	万元	761851	185952	9
2.资产性支出	万元	418153	90493	32
#仪器和设备	万元	410709	89278	32
按资金来源分				
政府资金	万元	78595	15747	
企业资金	万元	2656171	579734	44
国外资金	万元	5186	248	
其他资金	万元	52015	6766	
R&D经费外部支出	万元	140618	34145	
#对境内研究机构支出	万元	60531	8531	
对境内高等学校支出	万元	16621	2805	
对境外支出	万元	48474	18589	
R&D项目情况				
项目数	项	10426	2016	1
参加项目人员	人	118286	27389	6
项目人员折合全时当量	人年	90997	23545	4
项目经费内部支出	万元	2453011	497078	13

及相关活动主要指标

厦门市	莆田市	三明市	泉州市	漳州市	南平市	龙岩市	宁德市
393	135	152	507	201	84	212	192
253	101	72	289	113	44	149	102
337	123	106	312	123	42	128	134
36891	5645	5639	25082	11636	3449	7386	4929
9138	1146	996	6567	2589	701	1453	1295
7924	1239	2308	4984	2627	1427	2175	1165
28186	3142	2674	16473	7660	2107	3877	3021
31107	3210	4355	17435	7894	2663	4737	3401
762194	122108	137265	559385	247343	81288	180404	99483
686125	105072	125763	451184	203209	72420	138234	79804
233001	29228	35932	137635	63740	15686	36496	24180
76069	17036	11502	108202	44134	8868	42170	19680
74919	16593	11081	106365	42886	8647	41540	19400
26557	4920	4478	10907	5322	2422	3533	4709
720014	114034	132484	533632	237905	78526	166251	93591
4850			24	31			33
10773	3154	304	14823	4085	340	10620	1151
66544	2220	3730	16558	3205	1559	9616	3041
32765	419	1593	6273	476	648	8539	1287
3157	749	1563	4123	1243	881	1021	1079
28541	824	13	234	186		51	36
2858	483	494	1865	957	340	916	497
33306	5217	5082	22802	10140	3160	6642	4548
28076	2957	3908	15861	6729	2464	4307	3149
695583	104006	131284	481718	216149	72170	166887	88137

2-A-04 续表

指标名称	单位	全省	福州市	#平潭
企业办研发机构情况				
机构数	个	1448	171	1
机构人员数	人	76490	15545	3
#博士	人	1171	160	
硕士	人	5283	1459	2
本科	人	39304	9092	
机构经费支出	万元	1542227	300061	9
仪器和设备原价	万元	1277523	239317	32
#进口	万元	292322	50954	
新产品开发及生产情况				
新产品开发项目数	项	10534	2090	2
新产品开发经费支出	万元	2656091	570355	222
新产品销售收入	万元	34400997	7504170	
#新产品出口	万元	9442428	1250480	
			3821	
自主知识产权及相关情况				
专利申请数	件	18896		
#发明专利	件	5475	1679	
有效发明专利数	件	7119	3098	
#境外授权	件	350	91	
专利所有权转让及许可数	件	312	14	
专利所有权转让及许可收入	万元	10329	15	
拥有注册商标数	件	16901	2483	
#境外注册	件	2390	339	
形成国家或行业标准数	项	696	102	
政府相关政策落实情况				
使用来自政府部门的科技活动资金	万元	90783	16548	
研究开发费用加计扣除减免税	万元	77799	26227	
高新技术企业减免税	万元	191006	23796	
技术获取和技术改造情况				
引进技术经费支出	万元	228367	28589	
消化吸收经费支出	万元	35244	4016	
购买国内技术经费支出	万元	188096	11334	
技术改造经费支出	万元	1279726	269904	

厦门市	莆田市	三明市	泉州市	漳州市	南平市	龙岩市	宁德市
311	107	78	316	143	50	155	117
24622	2765	2258	15186	5950	1941	5568	2655
235	79	49	295	85	52	97	119
1688	198	225	726	241	81	293	372
12822	1601	1244	6695	2411	878	3430	1131
569805	62076	34874	239661	108000	44300	136017	47433
443089	40234	32673	211026	131740	35719	105613	38112
149247	7965	2410	44619	17057	4392	11031	4647
3073	489	446	2012	853	280	774	517
791140	127266	95150	555638	208633	63876	147100	96931
12502889	1020184	1163173	6479264	2381893	563396	1556918	1229110
6351564	100722	95493	493964	579602	88751	61677	420177
4996	1082	283	4852	1405	588	1109	760
1566	173	49	1016	384	118	271	219
1936	101	149	847	326	220	223	219
215	2	2	13	14	5		8
164		5	83		1	40	5
1912	288	39	2060		200	5785	30
3998	650	625	5790	863	321	1346	825
806	48	17	897	89	15	89	90
121	34	45	181	41	46	45	81
29990	5336	4892	13953	5960	3413	4831	5859
29795	2169	2397	6169	5055	1582	2906	1499
91762	2171	3164	34522	15330	1369	11797	7096
157197	1054	2459	20642	5920	1010	7359	4137
5925	3086	1605	10144	852	236	1839	7542
89395	4806	2781	17756	1658	627	51984	7756
236838	26793	274384	276050	65815	51213	44043	34686

B.基本情况

2-B-01 企业基本情况

单位：个

项 目	有R&D活动的企业	有研发机构的企业	有新产品销售的企业
总 计	**2286**	**1270**	**1576**
一、按登记注册类型分组			
内资企业	1556	865	1029
国有企业	10	4	6
集体企业	1		1
股份合作企业	3	1	1
联营企业	1		
有限责任公司	452	270	306
国有独资公司	18	12	10
其他有限责任公司	434	258	296
股份有限公司	119	91	98
私营企业	967	496	615
私营独资企业	4	3	5
私营合伙企业	1		1
私营有限责任公司	916	469	573
私营股份有限公司	46	24	36
其他企业	3	3	2
港、澳、台商投资企业	425	237	314
合资经营企业	129	71	97
合作经营企业	4	2	4
港、澳、台商独资经营企业	284	159	208
港、澳、台商投资股份有限公司	8	5	5
其他港澳台投资企业			
外商投资企业	305	168	233
中外合资经营企业	126	60	91
中外合作经营企业	2	2	1
外资企业	169	99	133
外商投资股份有限公司	7	6	7
其他外商投资企业	1	1	1
二、按行业分组			
采矿业	18	10	8
煤炭开采和洗选业	4	2	
石油和天然气开采业			
黑色金属矿采选业	2	1	1
有色金属矿采选业	4	4	2
非金属矿采选业	8	3	5
开采辅助活动			
非他采矿业			
制造业	2251	1255	1563
农副食品加工业	146	89	78
食品制造业	100	55	59
饮料制造业	97	44	53
烟草制品业	5	1	3

2-B-01　续表　　单位：个

项　　目	有R&D活动的企业	有研发机构的企业	有新产品销售的企业
纺织业	100	51	65
纺织服装、鞋、帽制造业	41	27	26
皮革、毛皮、羽毛(绒)及其制品业	82	67	72
木材加工及木、竹、藤、棕、草制品业	33	17	28
家具制造业	14	4	10
造纸及纸制品业	38	20	24
印刷业和记录媒介的复制	17	7	8
文教体育用品制造业	65	23	46
石油加工、炼焦及核燃料加工业	8	3	2
化学原料及化学制品制造业	138	78	89
医药制造业	67	42	42
化学纤维制造业	18	11	12
橡胶和塑料制品业	105	61	77
非金属矿物制品业	105	49	53
黑色金属冶炼和压延加工业	29	14	16
有色金属冶炼和压延加工业	33	19	20
金属制品业	67	40	50
通用设备制造业	126	63	91
专用设备制造业	145	98	112
汽车制造业	106	50	75
铁路、船舶、航空航天和其他运输设备制造业	33	18	23
电气机械和器材制造业	243	131	190
计算机、通信和其他电子设备制造业	217	133	176
仪器仪表制造业	54	28	49
其他制造业	15	11	12
废弃资源综合利用业	3		1
金属制品、机械和设备修理业	1	1	1
电力、热力、燃气及水生产和供应业	17	5	5
电力、热力生产和供应业	11	3	4
燃气生产和供应业	1		
水的生产和供应业	5	2	1
三、按设区市分组			
福州市	410	147	271
#平潭	1	1	
厦门市	393	253	337
莆田市	135	101	123
三明市	152	72	106
泉州市	507	289	312
漳州市	201	113	123
南平市	84	44	42
龙岩市	212	149	128
宁德市	192	102	134

2-B-02 大中型企业基本情况

单位：个

项　　目	有R&D活动的企业	有研发机构的企业	有新产品销售的企业
总　计	**937**	**600**	**708**
一、按登记注册类型分组			
内资企业	515	335	368
国有企业	6	2	3
集体企业			
股份合作企业	2	1	1
联营企业	1		
有限责任公司	172	112	128
国有独资公司	15	10	8
其他有限责任公司	157	102	120
股份有限公司	82	66	68
私营企业	250	153	167
私营独资企业			
私营合伙企业			
私营有限责任公司	226	144	150
私营股份有限公司	24	9	17
其他企业	2	1	1
港、澳、台商投资企业	248	149	197
合资经营企业	68	40	55
合作经营企业	1	1	1
港、澳、台商独资经营企业	172	104	137
港、澳、台商投资股份有限公司	7	4	4
其他港澳台投资企业			
外商投资企业	174	116	143
中外合资经营企业	68	38	53
中外合作经营企业	1	1	1
外资企业	97	70	81
外商投资股份有限公司	7	6	7
其他外商投资企业	1	1	1
二、按行业分组			
采矿业	10	7	4
煤炭开采和洗选业	4	2	
石油和天然气开采业			
黑色金属矿采选业	1	1	
有色金属矿采选业	2	2	1
非金属矿采选业	3	2	3
开采辅助活动			
非他采矿业			
制造业	919	590	702
农副食品加工业	52	35	29
食品制造业	42	28	27
饮料制造业	29	13	15
烟草制品业	5	1	3

2-B-02　续表　　　　单位：个

项　　目	有R&D活动的企业	有研发机构的企业	有新产品销售的企业
纺织业	57	34	41
纺织服装、鞋、帽制造业	29	21	22
皮革、毛皮、羽毛(绒)及其制品业	62	52	61
木材加工及木、竹、藤、棕、草制品业	12	7	10
家具制造业	8	1	4
造纸及纸制品业	26	17	16
印刷业和记录媒介的复制	7	4	5
文教体育用品制造业	38	18	25
石油加工、炼焦及核燃料加工业	3		
化学原料及化学制品制造业	26	17	21
医药制造业	26	19	22
化学纤维制造业	10	8	10
橡胶和塑料制品业	44	29	37
非金属矿物制品业	54	27	31
黑色金属冶炼和压延加工业	14	7	5
有色金属冶炼和压延加工业	18	13	13
金属制品业	21	13	17
通用设备制造业	41	24	34
专用设备制造业	37	26	31
汽车制造业	38	23	29
铁路、船舶、航空航天和其他运输设备制造业	13	13	14
电气机械和器材制造业	79	49	75
计算机、通信和其他电子设备制造业	98	70	81
仪器仪表制造业	21	13	16
其他制造业	9	8	8
废弃资源综合利用业			
金属制品、机械和设备修理业			
电力、热力、燃气及水生产和供应业	8	3	2
电力、热力生产和供应业	5	2	1
燃气生产和供应业			
水的生产和供应业	3	1	1
三、按设区市分组			
福州市	182	94	130
#平潭			
厦门市	179	130	156
莆田市	52	44	56
三明市	40	28	32
泉州市	256	158	179
漳州市	99	58	61
南平市	34	21	22
龙岩市	52	36	34
宁德市	43	31	38

2-B-03 内资企业基本情况

单位：个

项　　目	有R&D活动的企业	有研发机构的企业	有新产品销售的企业
总　计	**1556**	**865**	**1029**
一、按行业分组			
采矿业	18	10	8
煤炭开采和洗选业	4	2	
石油和天然气开采业			
黑色金属矿采选业	2	1	1
有色金属矿采选业	4	4	2
非金属矿采选业	8	3	5
开采辅助活动			
非他采矿业			
制造业	1522	851	1017
农副食品加工业	114	75	63
食品制造业	80	39	46
饮料制造业	85	38	44
烟草制品业	5	1	3
纺织业	55	30	35
纺织服装、鞋、帽制造业	18	14	12
皮革、毛皮、羽毛(绒)及其制品业	37	32	28
木材加工及木、竹、藤、棕、草制品业	27	14	24
家具制造业	8	2	5
造纸及纸制品业	27	16	15
印刷业和记录媒介的复制	12	7	6
文教体育用品制造业	34	10	25
石油加工、炼焦及核燃料加工业	4	1	1
化学原料及化学制品制造业	105	63	66
医药制造业	47	30	31
化学纤维制造业	9	5	6
橡胶和塑料制品业	54	28	38
非金属矿物制品业	82	37	37
黑色金属冶炼和压延加工业	22	11	13
有色金属冶炼和压延加工业	26	15	16
金属制品业	49	30	33
通用设备制造业	84	39	60
专用设备制造业	106	75	82
汽车制造业	62	34	42
铁路、船舶、航空航天和其他运输设备制造业	24	12	16
电气机械和器材制造业	175	91	136
计算机、通信和其他电子设备制造业	129	78	101
仪器仪表制造业	32	17	27
其他制造业	6	6	4
废弃资源综合利用业	3		1
金属制品、机械和设备修理业	1	1	1
电力、热力、燃气及水生产和供应业	16	4	4
电力、热力生产和供应业	11	3	4
燃气生产和供应业	1		
水的生产和供应业	4	1	
二、按设区市分组			
福州市	250	86	158
#平潭	1	1	
厦门市	213	132	173
莆田市	91	73	86
三明市	138	66	95
泉州市	297	168	170
漳州市	132	77	82
南平市	72	38	33
龙岩市	185	132	111
宁德市	178	93	121

2-B-04 港澳台商投资企业基本情况

单位：个

项 目	有R&D活动的企业	有研发机构的企业	有新产品销售的企业
总 计	**425**	**237**	**314**
一、按行业分组			
采矿业			
煤炭开采和洗选业			
石油和天然气开采业			
黑色金属矿采选业			
有色金属矿采选业			
非金属矿采选业			
开采辅助活动			
非他采矿业			
制造业	424	236	313
农副食品加工业	15	6	6
食品制造业	14	10	7
饮料制造业	5	1	3
烟草制品业			
纺织业	36	16	24
纺织服装、鞋、帽制造业	17	11	11
皮革、毛皮、羽毛(绒)及其制品业	29	24	31
木材加工及木、竹、藤、棕、草制品业	4	2	3
家具制造业	3	1	3
造纸及纸制品业	5	3	5
印刷业和记录媒介的复制	4		1
文教体育用品制造业	18	8	11
石油加工、炼焦及核燃料加工业	2	1	
化学原料及化学制品制造业	22	12	13
医药制造业	12	6	7
化学纤维制造业	7	5	5
橡胶和塑料制品业	30	21	24
非金属矿物制品业	17	7	11
黑色金属冶炼和压延加工业	2	1	3
有色金属冶炼和压延加工业	3	1	1
金属制品业	9	2	7
通用设备制造业	20	12	16
专用设备制造业	22	12	17
汽车制造业	21	7	14
铁路、船舶、航空航天和其他运输设备制造业	4	3	2
电气机械和器材制造业	40	26	33
计算机、通信和其他电子设备制造业	45	30	38
仪器仪表制造业	12	5	12
其他制造业	6	3	5
废弃资源综合利用业			
金属制品、机械和设备修理业			
电力、热力、燃气及水生产和供应业	1	1	1
电力、热力生产和供应业			
燃气生产和供应业			
水的生产和供应业	1	1	1
二、按设区市分组			
福州市	85	36	58
#平潭			
厦门市	84	59	80
莆田市	30	20	27
三明市	9	3	7
泉州市	142	79	94
漳州市	51	26	31
南平市	5	1	4
龙岩市	12	8	7
宁德市	7	5	6

2-B-05 外商投资企业基本情况

单位：个

项 目	有R&D活动的企业	有研发机构的企业	有新产品销售的企业
总 计	**305**	**168**	**233**
一、按行业分组			
采矿业			
煤炭开采和洗选业			
石油和天然气开采业			
黑色金属矿采选业			
有色金属矿采选业			
非金属矿采选业			
开采辅助活动			
非他采矿业			
制造业	305	168	233
农副食品加工业	17	8	9
食品制造业	6	6	6
饮料制造业	7	5	6
烟草制品业			
纺织业	9	5	6
纺织服装、鞋、帽制造业	6	2	3
皮革、毛皮、羽毛(绒)及其制品业	16	11	13
木材加工及木、竹、藤、棕、草制品业	2	1	1
家具制造业	3	1	2
造纸及纸制品业	6	1	4
印刷业和记录媒介的复制	1		1
文教体育用品制造业	13	5	10
石油加工、炼焦及核燃料加工业	2	1	1
化学原料及化学制品制造业	11	3	10
医药制造业	8	6	4
化学纤维制造业	2	1	1
橡胶和塑料制品业	21	12	15
非金属矿物制品业	6	5	5
黑色金属冶炼和压延加工业	5	2	
有色金属冶炼和压延加工业	4	3	3
金属制品业	9	8	10
通用设备制造业	22	12	15
专用设备制造业	17	11	13
汽车制造业	23	9	19
铁路、船舶、航空航天和其他运输设备制造业	5	3	5
电气机械和器材制造业	28	14	21
计算机、通信和其他电子设备制造业	43	25	37
仪器仪表制造业	10	6	10
其他制造业	3	2	3
废弃资源综合利用业			
金属制品、机械和设备修理业			
电力、热力、燃气及水生产和供应业			
电力、热力生产和供应业			
燃气生产和供应业			
水的生产和供应业			
二、按设区市分组			
福州市	75	25	55
#平潭			
厦门市	96	62	84
莆田市	14	8	10
三明市	5	3	4
泉州市	68	42	48
漳州市	18	10	10
南平市	7	5	5
龙岩市	15	9	10
宁德市	7	4	7

2-B-06 分地区企业基本情况

单位：个

地 区	有R&D活动的企业	有研发机构的企业	有新产品销售的企业
全 省	**2286**	**1270**	**1576**
福州市	**410**	**147**	**271**
鼓楼区	47	17	31
台江区	4	1	3
仓山区	83	24	67
马尾区	46	21	27
晋安区	19	11	19
闽侯县	77	6	36
连江县	16	5	9
罗源县	6	1	3
闽清县	9	4	4
永泰县	4	3	1
平潭县	1	1	
福清市	61	40	44
长乐市	37	13	27
厦门市	**393**	**253**	**337**
思明区	41	17	36
海沧区	87	52	56
湖里区	85	48	86
集美区	75	69	73
同安区	42	33	34
翔安区	63	34	52
莆田市	**135**	**101**	**123**
城厢区	29	20	29
涵江区	43	39	41
荔城区	32	22	26
秀屿区	19	12	11
仙游县	12	8	16
三明市	**152**	**72**	**106**
梅列区	13	3	7
三元区	11	5	7
明溪县	4	3	2
清流县	3	2	3
宁化县	9	3	3
大田县	6		3
尤溪县	10	5	7
沙县	28	20	22
将乐县	15	5	4
泰宁县	8	4	6
建宁县	11	5	9
永安市	34	17	33
泉州市	**507**	**289**	**312**
鲤城区	44	31	42
丰泽区	23	20	18
洛江区	20	5	10
泉港区	24	10	14
惠安县	16	11	10

2-B-06 续表

单位：个

地　　区	有R&D活动的企业	有研发机构的企业	有新产品销售的企业
安溪县	16	6	5
永春县	30	11	10
德化县	19	10	7
金门县			
石狮市	64	20	26
晋江市	175	127	135
南安市	76	38	35
漳州市	**201**	**113**	**123**
芗城区	32	19	23
龙文区	22	8	15
云霄县	15	12	12
漳浦县	26	11	12
诏安县	10	6	2
长泰县	21	14	17
东山县	6	5	3
南靖县	11	8	10
平和县	13	6	5
华安县	13	6	4
龙海市	32	18	20
南平市	**84**	**44**	**42**
延平区	17	11	12
顺昌县	4	2	2
浦城县	7	6	3
光泽县	2	1	1
松溪县	3	2	2
政和县	7	3	2
邵武市	22	7	8
武夷山市	11	2	3
建瓯市	3	4	3
建阳市	8	6	6
龙岩市	**212**	**149**	**128**
新罗区	102	64	63
长汀县	11	13	7
永定县	21	11	9
上杭县	13	10	6
武平县	24	16	14
连城县	27	21	18
漳平市	14	14	11
宁德市	**192**	**102**	**134**
蕉城区	21	19	20
霞浦县	13	5	3
古田县	4	1	1
屏南县	5	2	4
寿宁县	12	12	14
周宁县	3	4	5
柘荣县	6	4	5
福安市	83	29	53
福鼎市	45	26	29

C.企业R&D人员情况

2-C-01　企业R&D人员情况

项　　目	R&D人员合计（人）	#女性	#研究人员	#全时人员	R&D人员折合全时当量（人年）
总　计	**130227**	**30679**	**31396**	**87313**	**100200**
一、按登记注册类型分组					
内资企业	64678	14112	17759	39318	46949
国有企业	336	45	107	204	204
集体企业	38	6	5	38	4
股份合作企业	73	18	23	32	72
联营企业	26	5	18	2	24
有限责任公司	21226	4459	6299	11691	14979
国有独资公司	1872	300	1204	641	1177
其他有限责任公司	19354	4159	5095	11050	13801
股份有限公司	14201	3177	4212	9251	11344
私营企业	28582	6360	7062	18044	20193
私营独资企业	55	7	17	20	27
私营合伙企业	5		4	4	4
私营有限责任公司	25522	5323	6475	15567	17646
私营股份有限公司	3000	1030	566	2453	2516
其他企业	196	42	33	56	128
港、澳、台商投资企业	35627	9973	7482	24973	28728
合资经营企业	9647	2196	2555	6902	6730
合作经营企业	136	29	21	66	123
港、澳、台商独资经营企业	25108	7592	4854	17359	21216
港、澳、台商投资股份有限公司	736	156	52	646	659
其他港澳台投资企业					
外商投资企业	29922	6594	6155	23022	24523
中外合资经营企业	13877	3138	3069	10928	11215
中外合作经营企业	260	51	26	246	235
外资企业	14573	3109	2592	11042	12322
外商投资股份有限公司	1101	247	438	789	710
其他外商投资企业	111	49	30	17	41
二、按行业分组					
采矿业	612	47	201	176	343
煤炭开采和洗选业	375	10	92	36	179
石油和天然气开采业					
黑色金属矿采选业	53	11	24	30	45
有色金属矿采选业	69	8	20	42	42
非金属矿采选业	115	18	65	68	78
开采辅助活动					
非他采矿业					
制造业	128820	30507	30637	86985	99450
农副食品加工业	4748	1211	1029	2523	2829
食品制造业	2645	823	842	1452	1819
饮料制造业	3790	1022	661	2635	2611
烟草制品业	478	53	339	44	208

2-C-01 续表

项　　目	R&D人员合计(人)	#女性	#研究人员	#全时人员	R&D人员折合全时当量(人年)
纺织业	4611	1375	969	2768	3177
纺织服装、鞋、帽制造业	3576	1289	521	2987	2944
皮革、毛皮、羽毛(绒)及其制品业	7701	2863	1195	5364	5292
木材加工及木、竹、藤、棕、草制品业	817	169	212	615	603
家具制造业	851	323	143	599	671
造纸及纸制品业	1523	225	282	890	1037
印刷业和记录媒介的复制	605	156	158	300	445
文教体育用品制造业	2583	540	416	1643	2113
石油加工、炼焦及核燃料加工业	272	28	83	97	154
化学原料及化学制品制造业	3948	825	1131	2538	2783
医药制造业	3106	1257	835	1990	2252
化学纤维制造业	2102	562	406	1659	1815
橡胶和塑料制品业	7013	1576	1414	5207	5478
非金属矿物制品业	4782	858	949	2665	3526
黑色金属冶炼和压延加工业	3583	474	1179	1725	2620
有色金属冶炼和压延加工业	4206	724	1291	2811	3559
金属制品业	2485	400	689	1796	1763
通用设备制造业	5460	867	1411	3573	3834
专用设备制造业	5823	1015	1791	3400	4176
汽车制造业	6268	992	2201	4230	4785
铁路、船舶、航空航天和其他运输设备制造业	1819	185	469	1078	1268
电气机械和器材制造业	13296	3344	3007	9866	10611
计算机、通信和其他电子设备制造业	25988	5992	6036	19219	22903
仪器仪表制造业	3163	958	669	2453	2628
其他制造业	1540	397	294	842	1514
废弃资源综合利用业	32	4	14	12	24
金属制品、机械和设备修理业	6		1	4	6
电力、热力、燃气及水生产和供应业	795	125	558	152	406
电力、热力生产和供应业	672	100	479	109	338
燃气生产和供应业	19	4	19	12	6
水的生产和供应业	104	21	60	31	61
三、按设区市分组					
福州市	29570	6794	7547	20173	25398
#平潭	7	3	1	2	4
厦门市	36891	9138	7924	28186	31107
莆田市	5645	1146	1239	3142	3210
三明市	5639	996	2308	2674	4355
泉州市	25082	6567	4984	16473	17435
漳州市	11636	2589	2627	7660	7894
南平市	3449	701	1427	2107	2663
龙岩市	7386	1453	2175	3877	4737
宁德市	4929	1295	1165	3021	3401

2-C-02　大中型企业R&D人员情况

项　　目	R&D人员合计（人）	#女性	#研究人员	#全时人员	R&D人员折合全时当量（人年）
总　计	**102040**	**25108**	**23457**	**69447**	**80577**
一、按登记注册类型分组					
内资企业	43905	10042	11720	25992	32340
国有企业	291	38	85	178	185
集体企业					
股份合作企业	71	18	21	30	71
联营企业	26	5	18	2	24
有限责任公司	15360	3178	4514	7798	10812
国有独资公司	1790	276	1169	565	1113
其他有限责任公司	13570	2902	3345	7233	9699
股份有限公司	13062	2961	3863	8338	10451
私营企业	15009	3808	3194	9590	10738
私营独资企业					
私营合伙企业					
私营有限责任公司	12588	2975	2822	7589	8696
私营股份有限公司	2421	833	372	2001	2042
其他企业	86	34	25	56	60
港、澳、台商投资企业	31531	9176	6466	22418	26008
合资经营企业	8246	1874	2199	6037	5695
合作经营企业	73	9	8	52	73
港、澳、台商独资经营企业	22491	7146	4209	15698	19596
港、澳、台商投资股份有限公司	721	147	50	631	644
其他港澳台投资企业					
外商投资企业	26604	5890	5271	21037	22228
中外合资经营企业	12468	2857	2650	9997	10433
中外合作经营企业	244	51	24	244	223
外资企业	12680	2686	2129	9990	10822
外商投资股份有限公司	1101	247	438	789	710
其他外商投资企业	111	49	30	17	41
二、按行业分组					
采矿业	519	37	173	132	287
煤炭开采和洗选业	375	10	92	36	179
石油和天然气开采业					
黑色金属矿采选业	45	9	21	28	42
有色金属矿采选业	20	4	9	18	14
非金属矿采选业	79	14	51	50	53
开采辅助活动					
非他采矿业					
制造业	100836	24966	22779	69225	79951
农副食品加工业	3015	797	501	1451	1682
食品制造业	1611	521	454	938	1050
饮料制造业	2737	798	351	2177	1898
烟草制品业	478	53	339	44	208

2-C-02 续表

项目	R&D人员合计(人)	#女性	#研究人员	#全时人员	R&D人员折合全时当量(人年)
纺织业	3789	1149	784	2202	2784
纺织服装、鞋、帽制造业	3448	1271	474	2928	2858
皮革、毛皮、羽毛(绒)及其制品业	7501	2807	1146	5252	5175
木材加工及木、竹、藤、棕、草制品业	513	120	120	429	387
家具制造业	648	267	98	566	505
造纸及纸制品业	1228	194	205	771	811
印刷业和记录媒介的复制	482	127	116	257	346
文教体育用品制造业	2271	469	347	1464	1911
石油加工、炼焦及核燃料加工业	121	14	48	45	64
化学原料及化学制品制造业	1852	415	552	1155	1343
医药制造业	2206	974	562	1442	1542
化学纤维制造业	2037	560	380	1634	1770
橡胶和塑料制品业	5835	1381	1086	4511	4556
非金属矿物制品业	3669	624	651	2013	2849
黑色金属冶炼和压延加工业	3334	436	1115	1593	2492
有色金属冶炼和压延加工业	3812	646	1146	2529	3311
金属制品业	1733	294	445	1270	1255
通用设备制造业	3832	626	928	2532	2733
专用设备制造业	3656	685	1028	2132	2708
汽车制造业	4573	777	1853	3251	3743
铁路、船舶、航空航天和其他运输设备制造业	1446	154	371	822	1015
电气机械和器材制造业	9243	2594	1919	7011	7877
计算机、通信和其他电子设备制造业	21949	5018	5017	16195	19680
仪器仪表制造业	2367	820	486	1831	1968
其他制造业	1450	375	257	780	1431
废弃资源综合利用业					
金属制品、机械和设备修理业					
电力、热力、燃气及水生产和供应业	685	105	505	90	339
电力、热力生产和供应业	589	86	448	61	284
燃气生产和供应业					
水的生产和供应业	96	19	57	29	55
三、按设区市分组					
福州市	23975	5765	6227	16352	20909
#平潭					
厦门市	30747	7616	6286	23584	26220
莆田市	3771	854	684	2124	1981
三明市	4090	700	1760	1869	3238
泉州市	20832	5830	3814	13851	14910
漳州市	9417	2133	1982	6243	6534
南平市	2686	517	1127	1736	2238
龙岩市	3987	807	1131	1933	2539
宁德市	2535	886	446	1755	2008

2-C-03　内资企业R&D人员情况

项　　目	R&D人员合计(人)	#女性	#研究人员	#全时人员	R&D人员折合全时当量(人年)
总　计	**64678**	**14112**	**17759**	**39318**	**46949**
一、按行业分组					
采矿业	612	47	201	176	343
煤炭开采和洗选业	375	10	92	36	179
石油和天然气开采业					
黑色金属矿采选业	53	11	24	30	45
有色金属矿采选业	69	8	20	42	42
非金属矿采选业	115	18	65	68	78
开采辅助活动					
非他采矿业					
制造业	63324	13948	17026	38992	46244
农副食品加工业	3688	960	830	2033	2291
食品制造业	1970	584	595	1111	1343
饮料制造业	1438	319	496	658	980
烟草制品业	478	53	339	44	208
纺织业	2532	863	707	1422	1765
纺织服装、鞋、帽制造业	1819	541	295	1430	1258
皮革、毛皮、羽毛(绒)及其制品业	4183	1382	601	2500	2547
木材加工及木、竹、藤、棕、草制品业	569	109	176	400	401
家具制造业	577	248	66	524	446
造纸及纸制品业	961	143	207	655	737
印刷业和记录媒介的复制	527	143	119	286	393
文教体育用品制造业	895	148	191	466	605
石油加工、炼焦及核燃料加工业	135	12	22	48	53
化学原料及化学制品制造业	3108	652	904	1999	2232
医药制造业	2059	798	586	1236	1324
化学纤维制造业	279	29	107	89	209
橡胶和塑料制品业	1412	236	353	932	1164
非金属矿物制品业	2789	473	642	1415	1935
黑色金属冶炼和压延加工业	2555	371	1030	958	2150
有色金属冶炼和压延加工业	2936	446	1175	1949	2347
金属制品业	1231	201	349	936	779
通用设备制造业	2689	435	962	1499	1924
专用设备制造业	3752	718	1381	2055	2634
汽车制造业	2030	272	480	1406	1395
铁路、船舶、航空航天和其他运输设备制造业	1351	120	336	820	953
电气机械和器材制造业	6602	1399	1714	4658	4969
计算机、通信和其他电子设备制造业	8587	1799	1996	5951	7314
仪器仪表制造业	1054	195	219	916	793
其他制造业	1080	295	133	580	1066
废弃资源综合利用业	32	4	14	12	24
金属制品、机械和设备修理业	6	1	4		6
电力、热力、燃气及水生产和供应业	742	117	532	150	361
电力、热力生产和供应业	672	100	479	109	338
燃气生产和供应业	19	4	19	12	6
水的生产和供应业	51	13	34	29	16
二、按设区市分组					
福州市	12325	2571	3260	7832	9952
#平潭	7	3	1	2	4
厦门市	11876	2854	3063	8559	9846
莆田市	4026	883	812	2136	2168
三明市	5275	926	2239	2450	4112
泉州市	13584	3292	2828	8353	9131
漳州市	5556	1373	1546	3422	3725
南平市	2800	507	1158	1699	2180
龙岩市	5871	1131	1872	3186	3835
宁德市	3365	575	981	1681	1999

2-C-04 港澳台商投资企业R&D人员情况

项目	R&D人员合计(人)	#女性	#研究人员	#全时人员	R&D人员折合全时当量(人年)
总计	**35627**	**9973**	**7482**	**24973**	**28728**
一、按行业分组					
采矿业					
煤炭开采和洗选业					
石油和天然气开采业					
黑色金属矿采选业					
有色金属矿采选业					
非金属矿采选业					
开采辅助活动					
非他采矿业					
制造业	35574	9965	7456	24971	28683
农副食品加工业	409	58	55	232	226
食品制造业	498	182	173	250	366
饮料制造业	225	62	76	139	187
烟草制品业					
纺织业	1807	451	212	1127	1219
纺织服装、鞋、帽制造业	1659	718	198	1479	1602
皮革、毛皮、羽毛(绒)及其制品业	2858	1254	419	2349	2401
木材加工及木、竹、藤、棕、草制品业	120	38	28	102	114
家具制造业	95	18	26	20	47
造纸及纸制品业	403	49	37	119	167
印刷业和记录媒介的复制	51	7	36	4	26
文教体育用品制造业	1451	334	130	995	1327
石油加工、炼焦及核燃料加工业	38	7	7	15	29
化学原料及化学制品制造业	567	112	152	428	367
医药制造业	881	411	173	638	785
化学纤维制造业	1782	529	294	1533	1595
橡胶和塑料制品业	3723	943	513	2976	2855
非金属矿物制品业	1234	228	213	838	1053
黑色金属冶炼和压延加工业	542	36	31	493	289
有色金属冶炼和压延加工业	243	15	53	231	235
金属制品业	334	26	90	196	138
通用设备制造业	626	60	185	457	397
专用设备制造业	1199	173	172	578	881
汽车制造业	2207	393	1111	1312	1684
铁路、船舶、航空航天和其他运输设备制造业	208	39	22	96	139
电气机械和器材制造业	4233	1400	745	3527	3516
计算机、通信和其他电子设备制造业	7081	2164	2006	3934	6057
仪器仪表制造业	798	197	167	693	691
其他制造业	302	61	132	210	291
废弃资源综合利用业					
金属制品、机械和设备修理业					
电力、热力、燃气及水生产和供应业	53	8	26	2	45
电力、热力生产和供应业					
燃气生产和供应业					
水的生产和供应业	53	8	26	2	45
二、按设区市分组					
福州市	7775	2406	2387	4278	6818
#平潭					
厦门市	10880	2905	2081	8510	9271
莆田市	898	98	272	610	626
三明市	149	32	38	72	108
泉州市	8728	2700	1417	6133	6750
漳州市	5159	992	984	3732	3448
南平市	224	80	86	137	140
龙岩市	449	87	117	286	292
宁德市	1365	673	100	1215	1276

2-C-05 外商投资企业R&D人员情况

项目	R&D人员合计(人)	#女性	#研究人员	#全时人员	R&D人员折合全时当量(人年)
总 计	**29922**	**6594**	**6155**	**23022**	**24523**
一、按行业分组					
采矿业					
煤炭开采和洗选业					
石油和天然气开采业					
黑色金属矿采选业					
有色金属矿采选业					
非金属矿采选业					
开采辅助活动					
非他采矿业					
制造业	29922	6594	6155	23022	24523
农副食品加工业	651	193	144	258	312
食品制造业	177	57	74	91	111
饮料制造业	2127	641	89	1838	1443
烟草制品业					
纺织业	272	61	50	219	193
纺织服装、鞋、帽制造业	98	30	28	78	84
皮革、毛皮、羽毛(绒)及其制品业	660	227	175	515	345
木材加工及木、竹、藤、棕、草制品业	128	22	8	113	88
家具制造业	179	57	51	55	179
造纸及纸制品业	159	33	38	116	134
印刷业和记录媒介的复制	27	6	3	10	25
文教体育用品制造业	237	58	95	182	181
石油加工、炼焦及核燃料加工业	99	9	54	34	72
化学原料及化学制品制造业	273	61	75	111	184
医药制造业	166	48	76	116	143
化学纤维制造业	41	4	5	37	11
橡胶和塑料制品业	1878	397	548	1299	1459
非金属矿物制品业	759	157	94	412	538
黑色金属冶炼和压延加工业	486	67	118	274	181
有色金属冶炼和压延加工业	1027	263	63	631	977
金属制品业	920	173	250	664	846
通用设备制造业	2145	372	264	1617	1514
专用设备制造业	872	124	238	767	662
汽车制造业	2031	327	610	1512	1706
铁路、船舶、航空航天和其他运输设备制造业	260	26	111	162	176
电气机械和器材制造业	2461	545	548	1681	2126
计算机、通信和其他电子设备制造业	10320	2029	2034	9334	9532
仪器仪表制造业	1311	566	283	844	1145
其他制造业	158	41	29	52	158
废弃资源综合利用业					
金属制品、机械和设备修理业					
电力、热力、燃气及水生产和供应业					
电力、热力生产和供应业					
燃气生产和供应业					
水的生产和供应业					
二、按设区市分组					
福州市	9470	1817	1900	8063	8628
#平潭					
厦门市	14135	3379	2780	11117	11989
莆田市	721	165	155	396	417
三明市	215	38	31	152	134
泉州市	2770	575	739	1987	1554
漳州市	921	224	97	506	721
南平市	425	114	183	271	343
龙岩市	1066	235	186	405	611
宁德市	199	47	84	125	126

2-C-06 分地区企业R&D人员情况

地区	R&D人员合计(人)	#女性	#研究人员	#全时人员	R&D人员折合全时当量(人年)
全 省	**130227**	**30679**	**31396**	**87313**	**100200**
福州市	**29570**	**6794**	**7547**	**20173**	**25398**
鼓楼区	5288	1158	1231	3844	4581
台江区	109	13	8	52	78
仓山区	7159	1493	1312	6060	6690
马尾区	4735	789	1239	3409	4030
晋安区	1644	654	680	1280	1271
闽侯县	2341	414	625	1582	1830
连江县	252	65	64	191	177
罗源县	159	26	21	129	133
闽清县	217	27	68	90	155
永泰县	87	27	13	48	67
平潭县	7	3	1	2	4
福清市	5483	1580	1933	2358	4674
长乐市	2089	545	352	1128	1708
厦门市	**36891**	**9138**	**7924**	**28186**	**31107**
思明区	2577	787	673	1561	2272
海沧区	8335	1787	2290	5959	6308
湖里区	7664	1658	1913	6659	6460
集美区	9627	2584	1901	6926	8700
同安区	3067	899	418	2344	2750
翔安区	5621	1423	729	4737	4617
莆田市	**5645**	**1146**	**1239**	**3142**	**3210**
城厢区	785	168	183	478	602
涵江区	1580	244	469	951	989
荔城区	2231	558	335	1236	1066
秀屿区	533	101	129	294	176
仙游县	516	75	123	183	377
三明市	**5639**	**996**	**2308**	**2674**	**4355**
梅列区	2313	355	974	812	2005
三元区	188	38	66	48	126
明溪县	168	29	13	113	130
清流县	63	14	15	34	39
宁化县	89	16	30	57	72
大田县	59	7	29	51	53
尤溪县	174	29	35	58	99
沙县	755	152	312	512	573
将乐县	183	41	70	26	84
泰宁县	51	8	25	27	24
建宁县	390	45	140	273	262
永安市	1206	262	599	663	890
泉州市	**25082**	**6567**	**4984**	**16473**	**17435**
鲤城区	3382	1043	600	2580	2040
丰泽区	1219	153	229	878	819
洛江区	392	53	110	214	319
泉港区	746	106	199	444	399
惠安县	210	40	91	116	104

2-C-06　续表

地　区	R&D人员合计(人)	#女性	#研究人员	#全时人员	R&D人员折合全时当量(人年)
安溪县	617	105	175	335	374
永春县	2184	623	489	963	1393
德化县	855	148	245	201	565
金门县					
石狮市	2131	538	451	1392	1086
晋江市	9758	3195	1631	7539	8223
南安市	3588	563	764	1811	2114
漳州市	**11636**	**2589**	**2627**	**7660**	**7894**
芗城区	2783	471	601	2191	2106
龙文区	1439	403	392	1134	1143
云霄县	225	56	47	114	142
漳浦县	1457	319	222	581	592
诏安县	210	71	81	172	178
长泰县	1267	323	317	627	945
东山县	200	29	39	103	177
南靖县	1202	263	109	763	656
平和县	339	39	82	135	228
华安县	156	44	49	107	95
龙海市	2358	571	688	1733	1632
南平市	**3449**	**701**	**1427**	**2107**	**2663**
延平区	1957	372	923	1332	1702
顺昌县	91	17	37	78	85
浦城县	189	70	46	103	149
光泽县	91	43	11	59	38
松溪县	19	2	10	10	14
政和县	119	14	51	68	59
邵武市	457	67	168	137	263
武夷山市	208	78	81	111	147
建瓯市	32	10	9	15	28
建阳市	286	28	91	194	178
龙岩市	**7386**	**1453**	**2175**	**3877**	**4737**
新罗区	3981	852	1145	1872	2445
长汀县	356	59	100	289	294
永定县	830	119	190	550	687
上杭县	953	149	323	442	514
武平县	405	75	154	187	324
连城县	572	145	149	392	284
漳平市	289	54	114	145	189
宁德市	**4929**	**1295**	**1165**	**3021**	**3401**
蕉城区	1666	742	226	1494	1507
霞浦县	140	14	28	58	87
古田县	29	9	19	17	21
屏南县	155	36	42	67	100
寿宁县	227	46	45	179	169
周宁县	74	12	12	11	60
柘荣县	282	57	79	99	106
福安市	1410	220	448	635	679
福鼎市	946	159	266	461	672

D.企业R&D经费支出情况

2-D-01 企业R&D经费内部支出情况

单位：万元

项目	R&D经费内部支出	日常性支出	#人员劳务费	资产性支出	#仪器和设备	#政府资金	#企业资金
总计	**2791966**	**2373813**	**761851**	**418153**	**410709**	**78595**	**2656171**
一、按登记注册类型分组							
内资企业	1313933	1081501	344868	232432	229043	47993	1238510
国有企业	16984	9432	3278	7552	7549	64	16920
集体企业	1300	1300	500				1300
股份合作企业	4450	3297	635	1153	1153	52	4398
联营企业	343	343	182				343
有限责任公司	472132	380329	116504	91802	90521	16016	441721
国有独资公司	29078	22396	9088	6682	6616	863	28215
其他有限责任公司	443054	357933	107416	85121	83906	15153	413506
股份有限公司	252254	229062	82473	23192	22534	11365	236004
私营企业	564786	456056	140791	108730	107283	20248	536390
私营独资企业	1013	832	308	182	178		987
私营合伙企业	145	117	25	28	28	1	144
私营有限责任公司	515589	415026	125076	100563	99154	19004	489351
私营股份有限公司	48038	40081	15383	7957	7923	1243	45907
其他企业	1685	1682	504	3	3	249	1436
港、澳、台商投资企业	775775	650246	212154	125530	123039	12043	751873
合资经营企业	206014	170745	63036	35269	34160	4594	197583
合作经营企业	4853	3746	623	1107	572	587	4092
港、澳、台商独资经营企业	537722	451124	142507	86598	85752	6842	523033
港、澳、台商投资股份有限公司	27186	24631	5989	2555	2555	21	27166
其他港澳台投资企业							
外商投资企业	702258	642066	204830	60191	58628	18559	665788
中外合资经营企业	308164	280543	77974	27621	27121	12199	294123
中外合作经营企业	8426	7086	3904	1340	1253	130	8296
外资企业	360462	331002	116307	29461	28535	6082	338310
外商投资股份有限公司	21383	19847	5903	1536	1488	83	21300
其他外商投资企业	3823	3589	742	234	232	65	3758
二、按行业分组							
采矿业	5740	5115	1759	625	609	196	5544
煤炭开采和洗选业	1070	962	496	108	97		1070
石油和天然气开采业							
黑色金属矿采选业	1051	897	337	154	154	50	1001
有色金属矿采选业	1537	1458	353	79	76	90	1447
非金属矿采选业	2083	1798	573	285	282	56	2027
开采辅助活动							
非他采矿业							
制造业	2773343	2357733	756278	415610	408193	78222	2637920
农副食品加工业	135714	115296	24945	20418	20033	5250	129711
食品制造业	64625	47659	14934	16965	15689	2848	59652
饮料制造业	87643	76732	20248	10912	10791	2429	83878
烟草制品业	17817	6940	3194	10877	10821		17817

2-D-01　续表

单位：万元

项　　目	R&D经费内部支出	日常性支出	#人员劳务费	资产性支出	#仪器和设备	#政府资金	#企业资金
纺织业	104872	74563	21530	30310	30140	2250	100105
纺织服装、鞋、帽制造业	69032	61289	22524	7743	7693	1209	64766
皮革、毛皮、羽毛(绒)及其制品业	116230	107053	50831	9177	9055	844	109520
木材加工及木、竹、藤、棕、草制品业	18429	13995	3538	4434	4403	481	17949
家具制造业	9126	8709	2900	417	417	47	9020
造纸及纸制品业	50442	39345	6969	11097	10975	1448	48844
印刷业和记录媒介的复制	8869	7102	2686	1767	1759	394	7855
文教体育用品制造业	37309	32217	12161	5091	5058	966	35811
石油加工、炼焦及核燃料加工业	5630	4586	1046	1043	1037	308	4816
化学原料及化学制品制造业	88358	77124	18427	11234	10736	3151	82257
医药制造业	52801	45062	15076	7739	7463	4111	48657
化学纤维制造业	80874	56192	12272	24682	24626	146	80728
橡胶和塑料制品业	138843	115329	29877	23514	22835	1256	132751
非金属矿物制品业	109407	79918	26114	29489	28838	1587	106827
黑色金属冶炼和压延加工业	145943	131554	25654	14389	14222	280	145117
有色金属冶炼和压延加工业	102903	85821	20008	17082	16650	2674	94729
金属制品业	47467	39335	12428	8132	8067	1443	45813
通用设备制造业	113883	98990	35037	14892	14495	4242	104140
专用设备制造业	117420	94465	33913	22955	22734	6244	109227
汽车制造业	142722	120686	37468	22036	21587	9597	128928
铁路、船舶、航空航天和其他运输设备制造业	27365	24974	11375	2391	2362	778	26293
电气机械和器材制造业	240736	205495	74417	35241	34694	6869	230585
计算机、通信和其他电子设备制造业	572461	525676	197547	46785	46315	16181	546971
仪器仪表制造业	49763	46045	13337	3718	3627	946	48786
其他制造业	14684	13708	5518	976	972	195	14443
废弃资源综合利用业	1471	1452	288	19	15	30	1441
金属制品、机械和设备修理业	505	420	18	85	85	20	485
电力、热力、燃气及水生产和供应业	12883	10966	3814	1917	1907	177	12707
电力、热力生产和供应业	8218	6338	3271	1879	1869	137	8081
燃气生产和供应业	3480	3480	171			20	3460
水的生产和供应业	1186	1148	372	38	38	20	1166
三、按设区市分组							
福州市	602496	512003	185952	90493	89278	15747	579734
#平潭	44	13	9	32	32		44
厦门市	762194	686125	233001	76069	74919	26557	720014
莆田市	122108	105072	29228	17036	16593	4920	114034
三明市	137265	125763	35932	11502	11081	4478	132484
泉州市	559385	451184	137635	108202	106365	10907	533632
漳州市	247343	203209	63740	44134	42886	5322	237905
南平市	81288	72420	15686	8868	8647	2422	78526
龙岩市	180404	138234	36496	42170	41540	3533	166251
宁德市	99483	79804	24180	19680	19400	4709	93591

2-D-02 大中型企业R&D经费内部支出情况

单位：万元

项目	R&D经费内部支出	日常性支出	#人员劳务费	资产性支出	#仪器和设备	#政府资金	#企业资金
总计	**2189529**	**1881196**	**612988**	**308333**	**303498**	**54087**	**2091112**
一、按登记注册类型分组							
内资企业	881018	725699	238643	155319	153339	29225	832331
国有企业	16429	8971	3125	7459	7458	49	16380
集体企业							
股份合作企业	4288	3135	605	1153	1153	52	4236
联营企业	343	343	182				343
有限责任公司	347885	276856	81020	71029	70109	11376	326231
国有独资公司	28444	21770	8732	6674	6608	863	27581
其他有限责任公司	319441	255087	72288	64355	63501	10513	298650
股份有限公司	229364	208693	77027	20671	20067	10267	214404
私营企业	281650	226645	76314	55004	54550	7450	269708
私营独资企业							
私营合伙企业							
私营有限责任公司	242895	194679	63242	48216	47780	6746	232489
私营股份有限公司	38755	31967	13072	6788	6770	704	37220
其他企业	1059	1057	371	3	3	31	1028
港、澳、台商投资企业	674026	571993	189310	102033	100568	8595	655893
合资经营企业	176077	147179	56581	28898	28026	3609	169621
合作经营企业	655	605	315	50	50	70	585
港、澳、台商独资经营企业	470310	399779	126516	70530	69937	4896	458723
港、澳、台商投资股份有限公司	26985	24430	5898	2555	2555	21	26965
其他港澳台投资企业							
外商投资企业	634484	583503	185035	50981	49592	16267	602889
中外合资经营企业	278415	254669	69727	23746	23353	10713	265934
中外合作经营企业	8295	6970	3847	1325	1238	120	8175
外资企业	322568	298428	104816	24141	23281	5287	303721
外商投资股份有限公司	21383	19847	5903	1536	1488	83	21300
其他外商投资企业	3823	3589	742	234	232	65	3758
二、按行业分组							
采矿业	4969	4373	1500	596	580	139	4830
煤炭开采和洗选业	1070	962	496	108	97		1070
石油和天然气开采业							
黑色金属矿采选业	1015	861	305	154	154	50	965
有色金属矿采选业	1296	1218	268	79	76	40	1256
非金属矿采选业	1589	1333	431	255	253	49	1540
开采辅助活动							
非他采矿业							
制造业	2176149	1870230	608258	305919	301107	53812	2078008
农副食品加工业	89790	76749	16389	13041	12718	3121	86627
食品制造业	39992	30873	9430	9119	8550	1727	36356
饮料制造业	61952	55240	15011	6713	6653	1432	60488
烟草制品业	17817	6940	3194	10877	10821		17817

2-D-02　续表　　单位：万元

项　目	R&D经费内部支出	日常性支出	#人员劳务费	资产性支出	#仪器和设备	#政府资金	#企业资金
纺织业	83624	61139	18108	22485	22403	1488	81032
纺织服装、鞋、帽制造业	66745	59236	21921	7509	7461	698	63139
皮革、毛皮、羽毛(绒)及其制品业	110336	102724	49790	7612	7495	740	103730
木材加工及木、竹、藤、棕、草制品业	9957	7648	1984	2308	2290	130	9826
家具制造业	7195	7011	2211	184	184	17	7119
造纸及纸制品业	46329	35728	5884	10600	10494	1354	44860
印刷业和记录媒介的复制	6038	4849	2173	1189	1188	144	5475
文教体育用品制造业	32434	28614	10966	3820	3799	715	31398
石油加工、炼焦及核燃料加工业	1757	1296	496	461	461	97	1155
化学原料及化学制品制造业	45801	40712	8521	5089	4891	1684	42221
医药制造业	32976	29183	11190	3793	3675	2730	30214
化学纤维制造业	78452	54319	11802	24133	24078	41	78411
橡胶和塑料制品业	103874	87174	23212	16700	16389	588	99999
非金属矿物制品业	92110	66082	20910	26028	25409	868	90491
黑色金属冶炼和压延加工业	139612	126024	24376	13588	13431	186	138880
有色金属冶炼和压延加工业	93013	76967	18544	16046	15647	2276	85237
金属制品业	30041	27159	8859	2882	2858	715	29325
通用设备制造业	82081	71541	26659	10540	10320	2866	74451
专用设备制造业	75536	58919	22579	16616	16525	3414	71048
汽车制造业	105095	91300	28900	13795	13441	8673	92985
铁路、船舶、航空航天和其他运输设备制造业	21767	20355	9588	1411	1393	539	21049
电气机械和器材制造业	152457	134813	51510	17644	17253	3065	147524
计算机、通信和其他电子设备制造业	497400	459434	169944	37966	37560	13862	475853
仪器仪表制造业	38906	35934	8884	2971	2931	489	38386
其他制造业	13065	12268	5226	797	793	153	12912
废弃资源综合利用业							
金属制品、机械和设备修理业							
电力、热力、燃气及水生产和供应业	8411	6592	3230	1818	1811	137	8274
电力、热力生产和供应业	7276	5493	2880	1782	1775	127	7149
燃气生产和供应业							
水的生产和供应业	1135	1099	350	36	36	10	1125
三、按设区市分组							
福州市	502724	429954	155277	72770	71913	13047	485487
#平潭							
厦门市	664736	599293	195871	65443	64512	22901	627847
莆田市	75773	66412	18027	9361	8997	2955	70985
三明市	102976	96741	28204	6235	5993	2151	100718
泉州市	437742	358972	114003	78770	77524	4977	421877
漳州市	199715	166059	55026	33655	33130	3402	193448
南平市	54114	49275	12498	4839	4681	1441	52346
龙岩市	104526	79085	22436	25441	25004	1642	93550
宁德市	47225	35405	11646	11820	11745	1571	44854

2-D-03 内资企业R&D经费内部支出情况

单位：万元

项目	R&D经费内部支出	日常性支出	#人员劳务费	资产性支出	#仪器和设备	#政府资金	#企业资金
总计	**1313933**	**1081501**	**344868**	**232432**	**229043**	**47993**	**1238510**
一、按行业分组							
采矿业	5740	5115	1759	625	609	196	5544
煤炭开采和洗选业	1070	962	496	108	97		1070
石油和天然气开采业							
黑色金属矿采选业	1051	897	337	154	154	50	1001
有色金属矿采选业	1537	1458	353	79	76	90	1447
非金属矿采选业	2083	1798	573	285	282	56	2027
开采辅助活动							
非他采矿业							
制造业	1296368	1066479	339607	229889	226527	47630	1221308
农副食品加工业	101384	85747	17778	15637	15424	4448	96183
食品制造业	40746	30565	10234	10180	10034	1925	37729
饮料制造业	35395	29508	6883	5887	5792	1386	32690
烟草制品业	17817	6940	3194	10877	10821		17817
纺织业	66574	46253	13065	20322	20184	1280	63275
纺织服装、鞋、帽制造业	19495	17026	5556	2469	2456	343	19046
皮革、毛皮、羽毛(绒)及其制品业	35953	29369	12772	6583	6545	403	35235
木材加工及木、竹、藤、棕、草制品业	13097	10484	2914	2613	2591	445	12652
家具制造业	4513	4262	1575	252	252	47	4407
造纸及纸制品业	27152	16828	4516	10323	10201	1398	25718
印刷业和记录媒介的复制	7022	5520	1584	1501	1493	344	6259
文教体育用品制造业	19484	16855	4666	2629	2615	701	18769
石油加工、炼焦及核燃料加工业	2668	1898	276	770	766	97	2066
化学原料及化学制品制造业	53727	44434	13940	9292	8998	2906	48671
医药制造业	34304	28428	9207	5876	5685	2676	31596
化学纤维制造业	7401	5973	2339	1428	1384	60	7341
橡胶和塑料制品业	28739	25015	7369	3723	3657	677	27439
非金属矿物制品业	70205	55307	13984	14899	14719	1501	67710
黑色金属冶炼和压延加工业	106021	94939	22194	11082	10916	280	105195
有色金属冶炼和压延加工业	78569	61935	13821	16634	16202	2170	70899
金属制品业	23132	16383	4970	6749	6712	1233	21688
通用设备制造业	46503	42060	13144	4443	4286	1689	44122
专用设备制造业	91981	72036	25627	19946	19742	4516	86233
汽车制造业	54926	43247	11895	11679	11414	2113	49080
铁路、船舶、航空航天和其他运输设备制造业	21537	20072	8982	1465	1445	721	20638
电气机械和器材制造业	114216	99760	31891	14456	14240	5043	107646
计算机、通信和其他电子设备制造业	149726	133553	66532	16173	16032	8556	137829
仪器仪表制造业	13110	11752	5376	1358	1284	522	12557
其他制造业	8997	8460	3018	537	537	102	8896
废弃资源综合利用业	1471	1452	288	19	15	30	1441
金属制品、机械和设备修理业	505	420	18	85	85	20	485
电力、热力、燃气及水生产和供应业	11825	9908	3502	1917	1907	167	11658
电力、热力生产和供应业	8218	6338	3271	1879	1869	137	8081
燃气生产和供应业	3480	3480	171			20	3460
水的生产和供应业	128	90	60	38	38	10	118
二、按设区市分组							
福州市	270884	213937	79664	56948	56655	5893	259262
#平潭	44	13	9	32	32		44
厦门市	196070	175401	73404	20669	20396	13640	179276
莆田市	77891	66170	18680	11722	11454	3642	72102
三明市	130617	120046	34569	10570	10160	4023	126397
泉州市	222970	177561	55114	45409	44673	7064	212866
漳州市	128609	100106	27375	28504	28036	3869	122966
南平市	65458	58066	10018	7393	7266	2245	62873
龙岩市	147703	109206	29075	38497	37879	3167	134474
宁德市	73729	61008	16970	12721	12526	4451	68295

2-D-04　港澳台商投资企业R&D经费内部支出情况

单位：万元

项　　目	R&D经费内部支出	日常性支出	#人员劳务费	资产性支出	#仪器和设备	#政府资金	#企业资金
总　计	**775775**	**650246**	**212154**	**125530**	**123039**	**12043**	**751873**
一、按行业分组							
采矿业							
煤炭开采和洗选业							
石油和天然气开采业							
黑色金属矿采选业							
有色金属矿采选业							
非金属矿采选业							
开采辅助活动							
非他采矿业							
制造业	774717	649188	211841	125530	123039	12033	750824
农副食品加工业	10639	9323	2682	1316	1271	146	10493
食品制造业	17587	12677	2870	4910	4341	683	15946
饮料制造业	4036	3796	1354	241	218	335	3684
烟草制品业							
纺织业	33632	25115	7872	8517	8515	915	32717
纺织服装、鞋、帽制造业	47253	42166	16186	5087	5050	471	44034
皮革、毛皮、羽毛(绒)及其制品业	65187	63159	32760	2028	1984	255	63282
木材加工及木、竹、藤、棕、草制品业	4049	2227	517	1822	1812	36	4013
家具制造业	2402	2236	398	166	166	1	2401
造纸及纸制品业	9525	8751	1748	774	774	20	9505
印刷业和记录媒介的复制	1522	1272	990	250	250	50	1270
文教体育用品制造业	14365	12727	6451	1638	1629	226	13620
石油加工、炼焦及核燃料加工业	1262	1159	154	103	101	10	1252
化学原料及化学制品制造业	23873	22194	3457	1680	1491	138	22934
医药制造业	12841	11584	3916	1258	1235	1360	11481
化学纤维制造业	68852	46031	9877	22822	22811	86	68767
橡胶和塑料制品业	67951	53511	13372	14440	13994	415	65718
非金属矿物制品业	32193	17749	9445	14444	13974	86	32108
黑色金属冶炼和压延加工业	5074	3087	2618	1986	1986		5074
有色金属冶炼和压延加工业	13159	13159	2585				13159
金属制品业	3742	3456	1143	286	274	210	3532
通用设备制造业	10405	8807	3161	1598	1489	1194	9038
专用设备制造业	10816	9239	3429	1577	1564	1622	9155
汽车制造业	30415	27329	9754	3086	3060	389	29903
铁路、船舶、航空航天和其他运输设备制造业	3013	2351	757	662	662	57	2956
电气机械和器材制造业	85130	67240	25279	17890	17694	854	83036
计算机、通信和其他电子设备制造业	184464	168135	43935	16329	16090	1988	180905
仪器仪表制造业	8332	7841	3712	491	475	396	7936
其他制造业	3002	2871	1423	131	131	93	2909
废弃资源综合利用业							
金属制品、机械和设备修理业							
电力、热力、燃气及水生产和供应业	1058	1058	312			10	1049
电力、热力生产和供应业							
燃气生产和供应业							
水的生产和供应业	1058	1058	312			10	1049
二、按设区市分组							
福州市	179631	158680	39283	20951	20211	3269	175528
#平潭							
厦门市	203517	178503	58745	25014	24570	3263	197498
莆田市	26449	23624	6457	2825	2762	842	24600
三明市	2291	2043	778	248	244	204	1979
泉州市	233834	181013	66883	52821	52414	2816	226391
漳州市	98472	83690	31434	14782	14002	1341	95360
南平市	1952	1585	531	367	334	115	1837
龙岩市	9688	7093	2261	2596	2587	46	9085
宁德市	19942	14015	5782	5927	5916	146	19596

2-D-05 外商投资企业R&D经费内部支出情况

单位：万元

项目	R&D经费内部支出	日常性支出	#人员劳务费	资产性支出	#仪器和设备	#政府资金	#企业资金
总计	**702258**	**642066**	**204830**	**60191**	**58628**	**18559**	**665788**
一、按行业分组							
采矿业							
煤炭开采和洗选业							
石油和天然气开采业							
黑色金属矿采选业							
有色金属矿采选业							
非金属矿采选业							
开采辅助活动							
非他采矿业							
制造业	702258	642066	204830	60191	58628	18559	665788
农副食品加工业	23692	20227	4485	3465	3338	657	23035
食品制造业	6292	4417	1830	1875	1313	240	5977
饮料制造业	48212	43429	12010	4784	4781	708	47504
烟草制品业							
纺织业	4666	3195	593	1471	1440	55	4113
纺织服装、鞋、帽制造业	2285	2098	782	187	187	395	1686
皮革、毛皮、羽毛(绒)及其制品业	15090	14525	5299	565	526	185	11003
木材加工及木、竹、藤、棕、草制品业	1284	1284	107				1284
家具制造业	2211	2211	928				2211
造纸及纸制品业	13766	13766	705			30	13622
印刷业和记录媒介的复制	326	310	112	16	16		326
文教体育用品制造业	3460	2636	1044	824	815	38	3422
石油加工、炼焦及核燃料加工业	1700	1530	616	171	171	201	1499
化学原料及化学制品制造业	10758	10496	1031	262	247	106	10652
医药制造业	5655	5050	1953	605	543	75	5580
化学纤维制造业	4620	4188	55	432	431		4620
橡胶和塑料制品业	42154	36803	9136	5351	5185	165	39595
非金属矿物制品业	7009	6863	2685	146	145		7009
黑色金属冶炼和压延加工业	34848	33528	843	1320	1320		34848
有色金属冶炼和压延加工业	11175	10727	3602	448	448	504	10672
金属制品业	20593	19496	6315	1097	1081		20593
通用设备制造业	56975	48123	18733	8852	8720	1360	50980
专用设备制造业	14623	13191	4856	1432	1428	107	13839
汽车制造业	57381	50110	15820	7271	7112	7095	49946
铁路、船舶、航空航天和其他运输设备制造业	2815	2552	1636	264	255		2700
电气机械和器材制造业	41391	38496	17248	2895	2760	972	39904
计算机、通信和其他电子设备制造业	238271	223988	87080	14283	14193	5638	228238
仪器仪表制造业	28321	26453	4250	1868	1868	28	28293
其他制造业	2685	2377	1077	308	304		2639
废弃资源综合利用业							
金属制品、机械和设备修理业							
电力、热力、燃气及水生产和供应业							
电力、热力生产和供应业							
燃气生产和供应业							
水的生产和供应业							
二、按设区市分组							
福州市	151981	139386	67005	12595	12413	6585	144944
#平潭							
厦门市	362607	332220	100853	30386	29953	9654	343241
莆田市	17768	15278	4091	2490	2377	436	17332
三明市	4358	3674	585	684	678	251	4107
泉州市	102581	92609	15639	9971	9279	1027	94376
漳州市	20261	19413	4932	848	848	113	19579
南平市	13878	12770	5137	1109	1048	62	13816
龙岩市	23012	21935	5160	1077	1075	319	22693
宁德市	5812	4781	1428	1031	958	112	5700

2-D-06　分地区企业R&D经费内部支出情况

单位：万元

地　区	R&D经费内部支出	日常性支　出	#人员劳务费	资产性支　出	#仪器和设备	#政府资金	#企业资金
全 省	**2791966**	**2373813**	**761851**	**418153**	**410709**	**78595**	**2656171**
福州市	**602496**	**512003**	**185952**	**90493**	**89278**	**15747**	**579734**
鼓楼区	72632	63395	36631	9237	9199	3519	68374
台江区	3041	2949	853	92	90	30	2370
仓山区	105539	90935	48242	14605	14506	5184	100356
马尾区	85439	79466	32628	5973	5816	1236	84204
晋安区	16045	14546	6842	1499	1494	403	15532
闽侯县	54661	48637	17437	6024	5980	2390	51686
连江县	5473	4271	1159	1202	1199	119	5301
罗源县	32573	24854	1401	7719	7719		32102
闽清县	4230	2393	1056	1837	1812	67	4152
永泰县	1189	858	423	331	331	3	1186
平潭县	44	13	9	32	32		44
福清市	151571	129878	26079	21692	20992	2452	146863
长乐市	70060	49810	13191	20250	20107	345	67565
厦门市	**762194**	**686125**	**233001**	**76069**	**74919**	**26557**	**720014**
思明区	38959	35310	17011	3649	3509	1884	36696
海沧区	172072	150426	45866	21646	21280	3883	166361
湖里区	218955	203141	72297	15814	15622	4078	203254
集美区	163688	146032	44675	17656	17407	10175	152672
同安区	35848	32143	11770	3704	3685	1879	33740
翔安区	132672	119072	41382	13601	13415	4657	127290
莆田市	**122108**	**105072**	**29228**	**17036**	**16593**	**4920**	**114034**
城厢区	27891	25389	6091	2502	2484	748	25178
涵江区	45072	36877	9710	8195	7926	1633	43363
荔城区	29473	25057	7704	4417	4296	2011	26417
秀屿区	9517	8788	2843	729	715	213	9236
仙游县	10155	8962	2881	1194	1171	315	9840
三明市	**137265**	**125763**	**35932**	**11502**	**11081**	**4478**	**132484**
梅列区	73130	69380	20648	3751	3586	307	72823
三元区	3146	2582	801	564	557	234	2913
明溪县	2337	1968	958	369	369		2337
清流县	635	602	221	33	33		635
宁化县	2284	1814	486	471	464	89	2186
大田县	3228	2732	376	496	487	123	2917
尤溪县	3388	3010	688	378	374	107	3174
沙县	12987	11684	3018	1303	1247	1034	11953
将乐县	5036	3878	855	1157	1141	245	4791
泰宁县	1663	1409	428	254	244	211	1453
建宁县	7555	6908	2071	647	588	266	7288
永安市	21878	19797	5382	2081	1993	1862	20016
泉州市	**559385**	**451184**	**137635**	**108202**	**106365**	**10907**	**533632**
鲤城区	82781	72508	31107	10273	10199	1224	77366
丰泽区	18074	15091	7537	2984	2877	685	17269
洛江区	8269	7557	1902	712	677	188	8043
泉港区	24870	20652	4096	4218	4156	471	23037
惠安县	2814	2625	1107	189	178	277	2489

2-D-06 续表 单位：万元

地 区	R&D经费内部支出	日常性支出	#人员劳务费	资产性支出	#仪器和设备	#政府资金	#企业资金
安溪县	35610	34847	1876	763	725	424	35186
永春县	21461	16658	4608	4804	4579	308	19473
德化县	21222	18395	4474	2827	2818	605	20617
金门县							
石狮市	31587	24832	8092	6755	6548	1454	28538
晋江市	236811	178759	56969	58052	57206	3462	228706
南安市	75886	59261	15866	16625	16402	1809	72910
漳州市	**247343**	**203209**	**63740**	**44134**	**42886**	**5322**	**237905**
芗城区	43997	35677	15027	8319	8101	929	43028
龙文区	28840	27651	7222	1189	994	517	27290
云霄县	10482	6361	1489	4121	4050	329	10153
漳浦县	22481	18330	5949	4151	4030	266	21936
诏安县	8125	6127	1406	1999	1459	519	7409
长泰县	30634	22230	6806	8404	8398	1359	28464
东山县	12416	9426	1682	2991	2990	55	12361
南靖县	23784	19812	8944	3972	3958	267	23442
平和县	5439	4916	1142	524	521	356	5083
华安县	3967	3055	894	912	906	197	3451
龙海市	57178	49624	13180	7554	7481	528	55288
南平市	**81288**	**72420**	**15686**	**8868**	**8647**	**2422**	**78526**
延平区	38444	36058	8774	2386	2340	584	37534
顺昌县	485	474	323	11	10		485
浦城县	3715	2371	738	1345	1283	100	3615
光泽县	1161	1082	298	79	79	69	1092
松溪县	2794	2292	106	502	500	45	2749
政和县	2242	1902	441	340	316	257	1985
邵武市	8293	6599	1779	1694	1687	344	7935
武夷山市	15210	13894	1131	1316	1247	386	14824
建瓯市	543	523	77	21	19	15	528
建阳市	8400	7225	2018	1175	1166	623	7777
龙岩市	**180404**	**138234**	**36496**	**42170**	**41540**	**3533**	**166251**
新罗区	79164	66087	18489	13077	13038	1563	75245
长汀县	10558	7017	1527	3541	3494	742	9816
永定县	25467	20620	5250	4847	4716	94	23331
上杭县	33663	21137	5077	12526	12209	629	26977
武平县	13544	9314	2370	4230	4169	155	13390
连城县	10327	8606	2696	1721	1701	214	9949
漳平市	7681	5453	1086	2228	2214	137	7544
宁德市	**99483**	**79804**	**24180**	**19680**	**19400**	**4709**	**93591**
蕉城区	28801	20082	7383	8719	8655	1205	27596
霞浦县	3142	2558	573	585	573	45	2657
古田县	671	616	109	55	53	32	639
屏南县	1947	1345	349	602	602	421	1526
寿宁县	4920	4370	1620	550	537	100	4820
周宁县	1586	1280	253	306	306	156	1430
柘荣县	2154	2007	799	147	144	148	1974
福安市	36772	31777	8638	4995	4836	1642	34419
福鼎市	19491	15770	4455	3722	3694	960	18531

2-D-07 企业R&D经费外部支出情况

单位：万元

项 目	R&D经费外部支出	#对境内研究机构支出	#对境内高等学校支出
总 计	**140618**	**60531**	**16621**
一、按登记注册类型分组			
内资企业	50484	22612	11945
国有企业	2002	220	20
集体企业			
股份合作企业	118	65	54
联营企业			
有限责任公司	14464	6079	3842
国有独资公司	4847	2427	740
其他有限责任公司	9617	3652	3103
股份有限公司	23849	12903	3464
私营企业	9390	3237	4530
私营独资企业	10	10	
私营合伙企业	10		10
私营有限责任公司	8875	3024	4228
私营股份有限公司	495	203	292
其他企业	661	108	36
港、澳、台商投资企业	16885	3744	2899
合资经营企业	5781	2610	924
合作经营企业	150		150
港、澳、台商独资经营企业	10954	1134	1825
港、澳、台商投资股份有限公司			
其他港澳台投资企业			
外商投资企业	73249	34175	1777
中外合资经营企业	53532	32749	1173
中外合作经营企业	2650		8
外资企业	16982	1402	585
外商投资股份有限公司	74	15	9
其他外商投资企业	11	9	2
二、按行业分组			
采矿业	869	453	319
煤炭开采和洗选业	58	9	49
石油和天然气开采业			
黑色金属矿采选业	560	386	174
有色金属矿采选业	126		30
非金属矿采选业	124	58	66
开采辅助活动			
非他采矿业			
制造业	134976	57722	15642
农副食品加工业	2506	626	855
食品制造业	2127	563	951
饮料制造业	1560	296	1147
烟草制品业	238	238	

2-D-07 续表 单位：万元

项目	R&D经费外部支出	#对境内研究机构支出	#对境内高等学校支出
纺织业	989	106	146
纺织服装、鞋、帽制造业	5613	2318	1538
皮革、毛皮、羽毛(绒)及其制品业	2623	1477	646
木材加工及木、竹、藤、棕、草制品业	472	59	412
家具制造业	80		
造纸及纸制品业	171	171	
印刷业和记录媒介的复制	222	136	86
文教体育用品制造业	262	29	13
石油加工、炼焦及核燃料加工业	1150	1150	
化学原料及化学制品制造业	852	262	502
医药制造业	6006	2496	1248
化学纤维制造业	3907	220	1066
橡胶和塑料制品业	5429	304	402
非金属矿物制品业	956	599	114
黑色金属冶炼和压延加工业	1691	962	720
有色金属冶炼和压延加工业	1477	1301	177
金属制品业	204	5	177
通用设备制造业	6945	118	384
专用设备制造业	4669	1450	1905
汽车制造业	27006	10854	592
铁路、船舶、航空航天和其他运输设备制造业	5990	451	68
电气机械和器材制造业	6159	2012	1320
计算机、通信和其他电子设备制造业	45021	29463	1006
仪器仪表制造业	394	19	159
其他制造业	256	38	10
废弃资源综合利用业			
金属制品、机械和设备修理业			
电力、热力、燃气及水生产和供应业	4773	2355	660
电力、热力生产和供应业	4738	2355	625
燃气生产和供应业			
水的生产和供应业	35		35
三、按设区市分组			
福州市	34145	8531	2805
#平潭			
厦门市	66544	32765	3157
莆田市	2220	419	749
三明市	3730	1593	1563
泉州市	16558	6273	4123
漳州市	3205	476	1243
南平市	1559	648	881
龙岩市	9616	8539	1021
宁德市	3041	1287	1079

2-D-08　大中型企业R&D经费外部支出情况

单位：万元

项　　目	R&D经费外部支出	#对境内研究机构支出	#对境内高等学校支出
总　计	**125388**	**56274**	**11586**
一、按登记注册类型分组			
内资企业	40959	19431	8328
国有企业	2002	220	20
集体企业			
股份合作企业	118	65	54
联营企业			
有限责任公司	10423	5492	2483
国有独资公司	4839	2427	732
其他有限责任公司	5584	3065	1752
股份有限公司	22908	12264	3267
私营企业	4954	1390	2468
私营独资企业			
私营合伙企业			
私营有限责任公司	4754	1390	2268
私营股份有限公司	201		201
其他企业	553		36
港、澳、台商投资企业	15047	3397	2268
合资经营企业	5340	2600	822
合作经营企业			
港、澳、台商独资经营企业	9707	797	1446
港、澳、台商投资股份有限公司			
其他港澳台投资企业			
外商投资企业	69383	33446	991
中外合资经营企业	52020	32638	489
中外合作经营企业	2650		8
外资企业	14628	784	482
外商投资股份有限公司	74	15	9
其他外商投资企业	11	9	2
二、按行业分组			
采矿业	843	453	293
煤炭开采和洗选业	58	9	49
石油和天然气开采业			
黑色金属矿采选业	560	386	174
有色金属矿采选业	126		30
非金属矿采选业	98	58	40
开采辅助活动			
非他采矿业			
制造业	119821	53512	10633
农副食品加工业	1365	509	241
食品制造业	619	237	329
饮料制造业	979	228	639
烟草制品业	238	238	

2-D-08 续表

单位：万元

项　　目	R&D经费外部支出	#对境内研究机构支出	#对境内高等学校支出
纺织业	936	106	93
纺织服装、鞋、帽制造业	5601	2318	1526
皮革、毛皮、羽毛(绒)及其制品业	2570	1423	646
木材加工及木、竹、藤、棕、草制品业	288	25	264
家具制造业	80		
造纸及纸制品业	49	49	
印刷业和记录媒介的复制	222	136	86
文教体育用品制造业	242	29	13
石油加工、炼焦及核燃料加工业	1150	1150	
化学原料及化学制品制造业	337	84	252
医药制造业	5331	2026	1047
化学纤维制造业	3907	220	1066
橡胶和塑料制品业	4045	31	92
非金属矿物制品业	650	373	34
黑色金属冶炼和压延加工业	1676	961	716
有色金属冶炼和压延加工业	1332	1205	128
金属制品业	161		161
通用设备制造业	6810	115	267
专用设备制造业	4365	1211	1839
汽车制造业	25201	10669	430
铁路、船舶、航空航天和其他运输设备制造业	5882	451	68
电气机械和器材制造业	4091	1137	151
计算机、通信和其他电子设备制造业	41233	28565	529
仪器仪表制造业	255	19	20
其他制造业	208		
废弃资源综合利用业			
金属制品、机械和设备修理业			
电力、热力、燃气及水生产和供应业	4724	2308	660
电力、热力生产和供应业	4689	2308	625
燃气生产和供应业			
水的生产和供应业	35		35
三、按设区市分组			
福州市	29894	7171	1948
#平潭			
厦门市	62625	31940	2446
莆田市	1034	141	69
三明市	2631	1174	933
泉州市	14808	5664	3581
漳州市	2840	455	898
南平市	1228	453	747
龙岩市	8579	8116	412
宁德市	1749	1159	555

2-D-09　内资企业R&D经费外部支出情况

单位：万元

项　　目	R&D经费外部支出	#对境内研究机构支出	#对境内高等学校支出
总　计	**50484**	**22612**	**11945**
一、按行业分组			
采矿业	869	453	319
煤炭开采和洗选业	58	9	49
石油和天然气开采业			
黑色金属矿采选业	560	386	174
有色金属矿采选业	126		30
非金属矿采选业	124	58	66
开采辅助活动			
非他采矿业			
制造业	44842	19803	10966
农副食品加工业	1929	577	655
食品制造业	1099	338	706
饮料制造业	1450	296	1147
烟草制品业	238	238	
纺织业	928	105	116
纺织服装、鞋、帽制造业	1316	154	1162
皮革、毛皮、羽毛(绒)及其制品业	1243	699	444
木材加工及木、竹、藤、棕、草制品业	281	59	221
家具制造业			
造纸及纸制品业	171	171	
印刷业和记录媒介的复制	222	136	86
文教体育用品制造业	51	6	13
石油加工、炼焦及核燃料加工业			
化学原料及化学制品制造业	704	249	404
医药制造业	5090	1969	885
化学纤维制造业	62	32	20
橡胶和塑料制品业	236	94	100
非金属矿物制品业	856	579	84
黑色金属冶炼和压延加工业	1691	962	720
有色金属冶炼和压延加工业	1416	1301	115
金属制品业	141	5	136
通用设备制造业	514	110	370
专用设备制造业	3889	1444	1905
汽车制造业	6714	6148	80
铁路、船舶、航空航天和其他运输设备制造业	5882	451	68
电气机械和器材制造业	2744	1685	1006
计算机、通信和其他电子设备制造业	5549	1939	385
仪器仪表制造业	181	19	139
其他制造业	246	38	
废弃资源综合利用业			
金属制品、机械和设备修理业			
电力、热力、燃气及水生产和供应业	4773	2355	660
电力、热力生产和供应业	4738	2355	625
燃气生产和供应业			
水的生产和供应业	35		35
二、按设区市分组			
福州市	12232	5212	1646
#平潭			
厦门市	13051	3456	2282
莆田市	1371	329	714
三明市	3492	1500	1455
泉州市	5004	1654	2418
漳州市	2660	393	1000
南平市	798	422	373
龙岩市	9434	8389	989
宁德市	2442	1257	1069

2-D-10 港澳台商投资企业R&D经费外部支出情况

单位：万元

项 目	R&D经费外部支出	#对境内研究机构支出	#对境内高等学校支出
总 计	**16885**	**3744**	**2899**
一、按行业分组			
采矿业			
煤炭开采和洗选业			
石油和天然气开采业			
黑色金属矿采选业			
有色金属矿采选业			
非金属矿采选业			
开采辅助活动			
非他采矿业			
制造业	16885	3744	2899
农副食品加工业	384	2	54
食品制造业	328	120	209
饮料制造业	110		
烟草制品业			
纺织业	61	1	30
纺织服装、鞋、帽制造业	4277	2153	367
皮革、毛皮、羽毛(绒)及其制品业	854	363	91
木材加工及木、竹、藤、棕、草制品业	191		191
家具制造业	80		
造纸及纸制品业			
印刷业和记录媒介的复制			
文教体育用品制造业	212	23	
石油加工、炼焦及核燃料加工业			
化学原料及化学制品制造业	97		97
医药制造业	263	189	74
化学纤维制造业	3845	189	1046
橡胶和塑料制品业	3894	210	263
非金属矿物制品业	80		30
黑色金属冶炼和压延加工业			
有色金属冶炼和压延加工业			
金属制品业	6		6
通用设备制造业	14	5	
专用设备制造业			
汽车制造业	1509	238	260
铁路、船舶、航空航天和其他运输设备制造业			
电气机械和器材制造业	285	164	110
计算机、通信和其他电子设备制造业	179	88	48
仪器仪表制造业	208		15
其他制造业	10		10
废弃资源综合利用业			
金属制品、机械和设备修理业			
电力、热力、燃气及水生产和供应业			
电力、热力生产和供应业			
燃气生产和供应业			
水的生产和供应业			
二、按设区市分组			
福州市	2240	122	500
#平潭			
厦门市	3864	393	296
莆田市	18	7	10
三明市	31		31
泉州市	9828	3014	1584
漳州市	540	78	243
南平市	210	5	205
龙岩市	155	125	30
宁德市			

2-D-11　外商投资企业R&D经费外部支出情况

单位：万元

项　　目	R&D经费外部支出	#对境内研究机构支出	#对境内高等学校支出
总　计	**73249**	**34175**	**1777**
一、按行业分组			
采矿业			
煤炭开采和洗选业			
石油和天然气开采业			
黑色金属矿采选业			
有色金属矿采选业			
非金属矿采选业			
开采辅助活动			
非他采矿业			
制造业	73249	34175	1777
农副食品加工业	194	47	147
食品制造业	700	106	36
饮料制造业			
烟草制品业			
纺织业			
纺织服装、鞋、帽制造业	20	12	9
皮革、毛皮、羽毛(绒)及其制品业	527	416	111
木材加工及木、竹、藤、棕、草制品业			
家具制造业			
造纸及纸制品业			
印刷业和记录媒介的复制			
文教体育用品制造业			
石油加工、炼焦及核燃料加工业	1150	1150	
化学原料及化学制品制造业	52	13	2
医药制造业	653	337	290
化学纤维制造业			
橡胶和塑料制品业	1300		40
非金属矿物制品业	20	20	
黑色金属冶炼和压延加工业			
有色金属冶炼和压延加工业	62		62
金属制品业	57		34
通用设备制造业	6417	2	14
专用设备制造业	780	6	
汽车制造业	18783	4468	251
铁路、船舶、航空航天和其他运输设备制造业	107		
电气机械和器材制造业	3130	163	204
计算机、通信和其他电子设备制造业	39293	27436	574
仪器仪表制造业	5		5
其他制造业			
废弃资源综合利用业			
金属制品、机械和设备修理业			
电力、热力、燃气及水生产和供应业			
电力、热力生产和供应业			
燃气生产和供应业			
水的生产和供应业			
二、按设区市分组			
福州市	19673	3197	659
#平潭			
厦门市	49629	28917	580
莆田市	831	83	24
三明市	208	93	78
泉州市	1727	1606	121
漳州市	5	5	
南平市	551	221	303
龙岩市	26	24	2
宁德市	599	30	10

2-D-12 分地区企业R&D经费外部支出情况

单位：万元

地 区	R&D经费外部支出	#对境内研究机构支出	#对境内高等学校支出
全 省	**140618**	**60531**	**16621**
福州市	**34145**	**8531**	**2805**
鼓楼区	5331	2614	605
台江区	7	7	
仓山区	1925	387	1473
马尾区	7195	930	101
晋安区	785	727	34
闽侯县	15725	3103	122
连江县	204	168	36
罗源县			
闽清县	53	53	
永泰县	16	16	
平潭县			
福清市	790	390	226
长乐市	2114	137	208
厦门市	**66544**	**32765**	**3157**
思明区	2839	28	50
海沧区	9960	1096	338
湖里区	43312	28227	440
集美区	8077	3161	2188
同安区	244	135	110
翔安区	2111	120	32
莆田市	**2220**	**419**	**749**
城厢区	1035	241	569
涵江区	161	58	102
荔城区	965	83	58
秀屿区	52	38	14
仙游县	8		6
三明市	**3730**	**1593**	**1563**
梅列区	1576	894	682
三元区	242	149	80
明溪县	22	21	1
清流县	10		10
宁化县	285		189
大田县	106	20	86
尤溪县	14		14
沙县	234	149	72
将乐县	257	70	150
泰宁县	210	180	30
建宁县	60	9	51
永安市	714	101	199
泉州市	**16558**	**6273**	**4123**
鲤城区	771	565	205
丰泽区	154	82	72
洛江区	153	17	
泉港区	1641	1311	330
惠安县	90	2	87

2-D-12　续表　　单位：万元

地　区	R&D经费外部支出	#对境内研究机构支出	#对境内高等学校支出
安溪县	302	150	152
永春县	1294	610	529
德化县	60	20	40
金门县			
石狮市	422	86	34
晋江市	10020	2898	2378
南安市	1652	533	295
漳州市	**3205**	**476**	**1243**
芗城区	2287	294	782
龙文区	279	98	48
云霄县	47	5	42
漳浦县	122	0	122
诏安县	195	33	162
长泰县	59	36	23
东山县	113		
南靖县	29		
平和县	3		3
华安县	3	3	
龙海市	69	7	62
南平市	**1559**	**648**	**881**
延平区	119	75	45
顺昌县			
浦城县	241	8	207
光泽县			
松溪县	84	76	8
政和县	144	96	48
邵武市	208	20	187
武夷山市	265	46	217
建瓯市	18		18
建阳市	480	327	152
龙岩市	**9616**	**8539**	**1021**
新罗区	1627	1046	530
长汀县	11	1	10
永定县	6131	6068	63
上杭县	1252	1252	
武平县	355	58	292
连城县	172	58	114
漳平市	68	55	13
宁德市	**3041**	**1287**	**1079**
蕉城区	901	102	160
霞浦县	50		50
古田县			
屏南县	126		126
寿宁县	161	84	77
周宁县			
柘荣县	791	791	
福安市	295	108	152
福鼎市	718	202	515

E.企业R&D项目情况

2-E-01 企业全部R&D项目情况

项 目	项目数(项)	参加项目人员(人)	项目人员折合全时当量(人年)	项目经费内部支出(万元)
总 计	**10426**	**118286**	**90997**	**2453011**
一、按登记注册类型分组				
内资企业	6059	58640	42468	1128176
国有企业	58	318	193	15465
集体企业	3	30	3	1300
股份合作企业	10	69	68	3291
联营企业	7	26	24	343
有限责任公司	2068	19240	13517	404034
国有独资公司	207	1768	1099	22754
其他有限责任公司	1861	17472	12418	381280
股份有限公司	1100	12609	10068	233948
私营企业	2801	26159	18471	468410
私营独资企业	7	46	23	916
私营合伙企业	1	5	4	121
私营有限责任公司	2574	23333	16127	429655
私营股份有限公司	219	2775	2318	37718
其他企业	12	189	124	1385
港、澳、台商投资企业	2585	32266	26017	689002
合资经营企业	978	8537	5901	171517
合作经营企业	47	119	106	3240
港、澳、台商独资经营企业	1434	22903	19379	492285
港、澳、台商投资股份有限公司	126	707	631	21959
其他港澳台投资企业				
外商投资企业	1782	27380	22512	635833
中外合资经营企业	726	12768	10275	267799
中外合作经营企业	15	216	195	7101
外资企业	916	13321	11385	336158
外商投资股份有限公司	84	967	617	20975
其他外商投资企业	41	108	40	3799
二、按行业分组				
采矿业	52	566	314	4966
煤炭开采和洗选业	23	361	172	819
石油和天然气开采业				
黑色金属矿采选业	5	45	39	768
有色金属矿采选业	6	66	39	1488
非金属矿采选业	18	94	64	1892
开采辅助活动				
非他采矿业				
制造业	10273	116983	90310	2438514
农副食品加工业	506	4382	2588	114447
食品制造业	248	2296	1575	55902
饮料制造业	278	3541	2423	78040
烟草制品业	67	460	199	14559

2-E-01　续表

项　目	项目数(项)	参加项目人　员(人)	项目人员折合全时当量(人年)	项目经费内部支出(万元)
纺织业	351	4345	2987	71351
纺织服装、鞋、帽制造业	172	3202	2635	63189
皮革、毛皮、羽毛(绒)及其制品业	408	7002	4856	104987
木材加工及木、竹、藤、棕、草制品业	119	732	549	16451
家具制造业	42	813	642	7599
造纸及纸制品业	116	1446	979	43672
印刷业和记录媒介的复制	44	497	359	7044
文教体育用品制造业	235	2400	1982	31764
石油加工、炼焦及核燃料加工业	30	236	133	5350
化学原料及化学制品制造业	489	3581	2547	76748
医药制造业	558	2848	2054	47314
化学纤维制造业	127	2039	1765	78676
橡胶和塑料制品业	684	6270	4931	116771
非金属矿物制品业	474	4136	3034	88731
黑色金属冶炼和压延加工业	137	3065	2258	135318
有色金属冶炼和压延加工业	311	3776	3190	95258
金属制品业	267	2248	1593	40343
通用设备制造业	523	4861	3335	93238
专用设备制造业	545	5400	3880	95343
汽车制造业	511	5244	3947	122922
铁路、船舶、航空航天和其他运输设备制造业	167	1710	1192	23836
电气机械和器材制造业	1133	11765	9442	212173
计算机、通信和其他电子设备制造业	1347	24183	21257	536537
仪器仪表制造业	302	2998	2505	44912
其他制造业	71	1473	1448	14185
废弃资源综合利用业	10	29	22	1436
金属制品、机械和设备修理业	1	5	5	420
电力、热力、燃气及水生产和供应业	101	737	373	9530
电力、热力生产和供应业	83	653	330	4943
燃气生产和供应业	3	3	1	3480
水的生产和供应业	15	81	42	1108
三、按设区市分组				
福州市	2016	27389	23545	497078
#平潭	1	6	4	13
厦门市	2858	33306	28076	695583
莆田市	483	5217	2957	104006
三明市	494	5082	3908	131284
泉州市	1865	22802	15861	481718
漳州市	957	10140	6729	216149
南平市	340	3160	2464	72170
龙岩市	916	6642	4307	166887
宁德市	497	4548	3149	88137

2-E-02 大中型企业全部R&D项目情况

项　　目	项目数（项）	参加项目人员（人）	项目人员折合全时当量（人年）	项目经费内部支出（万元）
总　计	**6443**	**92654**	**73145**	**1941884**
一、按登记注册类型分组				
内资企业	3135	39763	29160	756343
国有企业	45	280	176	14939
集体企业				
股份合作企业	9	67	67	3129
联营企业	7	26	24	343
有限责任公司	1214	13911	9715	296598
国有独资公司	185	1689	1038	22121
其他有限责任公司	1029	12222	8677	274477
股份有限公司	934	11571	9249	213433
私营企业	922	13829	9873	226976
私营独资企业				
私营合伙企业				
私营有限责任公司	760	11552	7960	196605
私营股份有限公司	162	2277	1913	30371
其他企业	4	79	55	926
港、澳、台商投资企业	2085	28586	23609	603403
合资经营企业	831	7292	4989	146409
合作经营企业	8	70	70	600
港、澳、台商独资经营企业	1122	20532	17934	434635
港、澳、台商投资股份有限公司	124	692	616	21759
其他港澳台投资企业				
外商投资企业	1223	24305	20376	582138
中外合资经营企业	493	11481	9562	243766
中外合作经营企业	12	200	183	6970
外资企业	593	11549	9974	306627
外商投资股份有限公司	84	967	617	20975
其他外商投资企业	41	108	40	3799
二、按行业分组				
采矿业	40	480	262	4306
煤炭开采和洗选业	23	361	172	819
石油和天然气开采业				
黑色金属矿采选业	4	39	37	732
有色金属矿采选业	2	19	13	1294
非金属矿采选业	11	61	40	1462
开采辅助活动				
非他采矿业				
制造业	6318	91524	72568	1932437
农副食品加工业	299	2784	1525	75390
食品制造业	131	1395	900	35266
饮料制造业	153	2595	1784	55034

2-E-02　续表

项　目	项目数(项)	参加项目人员(人)	项目人员折合全时当量(人年)	项目经费内部支出(万元)
烟草制品业	67	460	199	14559
纺织业	280	3555	2614	55736
纺织服装、鞋、帽制造业	150	3091	2559	61247
皮革、毛皮、羽毛(绒)及其制品业	385	6814	4745	99728
木材加工及木、竹、藤、棕、草制品业	56	455	352	9301
家具制造业	31	621	483	5888
造纸及纸制品业	95	1185	776	39802
印刷业和记录媒介的复制	24	391	275	4488
文教体育用品制造业	175	2124	1802	27756
石油加工、炼焦及核燃料加工业	4	109	58	1651
化学原料及化学制品制造业	144	1725	1260	42257
医药制造业	441	2075	1451	30151
化学纤维制造业	109	1976	1721	76817
橡胶和塑料制品业	489	5217	4107	92359
非金属矿物制品业	383	3129	2415	73456
黑色金属冶炼和压延加工业	104	2832	2138	129470
有色金属冶炼和压延加工业	235	3442	2965	86379
金属制品业	135	1563	1130	27075
通用设备制造业	258	3385	2349	64967
专用设备制造业	255	3445	2556	61230
汽车制造业	192	3637	2961	89621
铁路、船舶、航空航天和其他运输设备制造业	94	1356	953	18845
电气机械和器材制造业	582	8086	6972	134715
计算机、通信和其他电子设备制造业	818	20438	18265	470894
仪器仪表制造业	177	2243	1879	35696
其他制造业	52	1396	1378	12659
废弃资源综合利用业				
金属制品、机械和设备修理业				
电力、热力、燃气及水生产和供应业	85	650	314	5141
电力、热力生产和供应业	72	577	279	4084
燃气生产和供应业				
水的生产和供应业	13	73	35	1057
三、按设区市分组				
福州市	1236	22147	19322	414119
#平潭				
厦门市	1878	27859	23745	611774
莆田市	302	3527	1862	65340
三明市	265	3636	2865	99966
泉州市	1280	18917	13579	384397
漳州市	650	8087	5467	177611
南平市	239	2494	2082	48814
龙岩市	415	3595	2323	97889
宁德市	178	2392	1899	41974

2-E-03 内资企业全部R&D项目情况

项　　目	项目数(项)	参加项目人员(人)	项目人员折合全时当量(人年)	项目经费内部支出(万元)
总　计	**6059**	**58640**	**42468**	**1128176**
一、按行业分组				
采矿业	52	566	314	4966
煤炭开采和洗选业	23	361	172	819
石油和天然气开采业				
黑色金属矿采选业	5	45	39	768
有色金属矿采选业	6	66	39	1488
非金属矿采选业	18	94	64	1892
开采辅助活动				
非他采矿业				
制造业	5913	57367	41807	1114659
农副食品加工业	327	3392	2087	86238
食品制造业	195	1707	1168	35735
饮料制造业	167	1285	870	30059
烟草制品业	67	460	199	14559
纺织业	199	2369	1640	40312
纺织服装、鞋、帽制造业	55	1662	1161	16088
皮革、毛皮、羽毛(绒)及其制品业	95	3924	2413	30141
木材加工及木、竹、藤、棕、草制品业	103	494	356	11142
家具制造业	22	556	427	4203
造纸及纸制品业	68	904	696	22079
印刷业和记录媒介的复制	33	450	329	6134
文教体育用品制造业	157	843	574	16218
石油加工、炼焦及核燃料加工业	8	115	43	2390
化学原料及化学制品制造业	377	2820	2046	46287
医药制造业	342	1927	1239	30454
化学纤维制造业	47	239	178	6788
橡胶和塑料制品业	188	1150	949	25857
非金属矿物制品业	182	2381	1643	64686
黑色金属冶炼和压延加工业	118	2202	1847	97851
有色金属冶炼和压延加工业	287	2751	2218	72201
金属制品业	169	1125	716	16736
通用设备制造业	322	2287	1571	40004
专用设备制造业	362	3509	2457	73954
汽车制造业	302	1835	1279	49555
铁路、船舶、航空航天和其他运输设备制造业	121	1288	908	19806
电气机械和器材制造业	674	5940	4467	101679
计算机、通信和其他电子设备制造业	729	7733	6554	131673
仪器仪表制造业	145	938	712	11244
其他制造业	41	1047	1033	8731
废弃资源综合利用业	10	29	22	1436
金属制品、机械和设备修理业	1	5	5	420
电力、热力、燃气及水生产和供应业	94	707	347	8551
电力、热力生产和供应业	83	653	330	4943
燃气生产和供应业	3	3	1	3480
水的生产和供应业	8	51	16	128
二、按设区市分组				
福州市	1124	11490	9277	212150
#平潭	1	6	4	13
厦门市	1170	10546	8717	173289
莆田市	340	3717	2003	67304
三明市	462	4738	3679	125433
泉州市	990	12367	8303	181219
漳州市	556	4816	3145	111449
南平市	277	2580	2033	57515
龙岩市	709	5310	3490	136302
宁德市	431	3076	1822	63515

2-E-04　港澳台商投资企业全部R&D项目情况

项　　目	项目数(项)	参加项目人　　员(人)	项目人员折合全时当量(人年)	项目经费内部支出(万元)
总　计	**2585**	**32266**	**26017**	**689002**
一、按行业分组				
采矿业				
煤炭开采和洗选业				
石油和天然气开采业				
黑色金属矿采选业				
有色金属矿采选业				
非金属矿采选业				
开采辅助活动				
非他采矿业				
制造业	2578	32236	25991	688022
农副食品加工业	26	372	202	7792
食品制造业	39	435	307	15029
饮料制造业	28	177	143	3700
烟草制品业				
纺织业	129	1728	1172	27877
纺织服装、鞋、帽制造业	107	1450	1397	45187
皮革、毛皮、羽毛(绒)及其制品业	266	2528	2137	60591
木材加工及木、竹、藤、棕、草制品业	12	114	108	4026
家具制造业	15	83	41	1193
造纸及纸制品业	34	394	158	7857
印刷业和记录媒介的复制	5	30	15	595
文教体育用品制造业	41	1361	1251	12844
石油加工、炼焦及核燃料加工业	6	35	27	1259
化学原料及化学制品制造业	78	510	331	20163
医药制造业	189	769	682	11610
化学纤维制造业	77	1763	1578	67671
橡胶和塑料制品业	418	3461	2678	56683
非金属矿物制品业	266	1005	858	17088
黑色金属冶炼和压延加工业	6	535	287	5074
有色金属冶炼和压延加工业	9	237	230	13159
金属制品业	26	283	106	3593
通用设备制造业	70	580	365	8956
专用设备制造业	91	1134	835	8141
汽车制造业	102	1709	1271	27675
铁路、船舶、航空航天和其他运输设备制造业	15	200	133	2379
电气机械和器材制造业	164	3563	3008	74009
计算机、通信和其他电子设备制造业	257	6713	5720	173852
仪器仪表制造业	77	770	666	7133
其他制造业	25	297	286	2888
废弃资源综合利用业				
金属制品、机械和设备修理业				
电力、热力、燃气及水生产和供应业	7	30	26	980
电力、热力生产和供应业				
燃气生产和供应业				
水的生产和供应业	7	30	26	980
二、按设区市分组				
福州市	531	7132	6269	151147
#平潭				
厦门市	865	9784	8384	187587
莆田市	67	827	565	22126
三明市	19	142	103	2141
泉州市	696	7966	6151	211711
漳州市	321	4531	2955	85050
南平市	13	199	122	1669
龙岩市	45	387	253	8202
宁德市	28	1298	1214	19371

2-E-05 外商投资企业全部R&D项目情况

项目	项目数(项)	参加项目人员(人)	项目人员折合全时当量(人年)	项目经费内部支出(万元)
总计	**1782**	**27380**	**22512**	**635833**
一、按行业分组				
采矿业				
煤炭开采和洗选业				
石油和天然气开采业				
黑色金属矿采选业				
有色金属矿采选业				
非金属矿采选业				
开采辅助活动				
非他采矿业				
制造业	1782	27380	22512	635833
农副食品加工业	153	618	299	20417
食品制造业	14	154	100	5138
饮料制造业	83	2079	1410	44281
烟草制品业				
纺织业	23	248	174	3162
纺织服装、鞋、帽制造业	10	90	77	1915
皮革、毛皮、羽毛(绒)及其制品业	47	550	305	14255
木材加工及木、竹、藤、棕、草制品业	4	124	85	1283
家具制造业	5	174	174	2204
造纸及纸制品业	14	148	125	13736
印刷业和记录媒介的复制	6	17	16	314
文教体育用品制造业	37	196	157	2702
石油加工、炼焦及核燃料加工业	16	86	63	1700
化学原料及化学制品制造业	34	251	170	10298
医药制造业	27	152	133	5250
化学纤维制造业	3	37	9	4217
橡胶和塑料制品业	78	1659	1304	34230
非金属矿物制品业	26	750	533	6958
黑色金属冶炼和压延加工业	13	328	124	32393
有色金属冶炼和压延加工业	15	788	742	9898
金属制品业	72	840	772	20014
通用设备制造业	131	1994	1399	44278
专用设备制造业	92	757	588	13248
汽车制造业	107	1700	1397	45692
铁路、船舶、航空航天和其他运输设备制造业	31	222	151	1651
电气机械和器材制造业	295	2262	1966	36485
计算机、通信和其他电子设备制造业	361	9737	8982	231012
仪器仪表制造业	80	1290	1126	26536
其他制造业	5	129	129	2566
废弃资源综合利用业				
金属制品、机械和设备修理业				
电力、热力、燃气及水生产和供应业				
电力、热力生产和供应业				
燃气生产和供应业				
水的生产和供应业				
二、按设区市分组				
福州市	361	8767	7999	133781
#平潭				
厦门市	823	12976	10976	334707
莆田市	76	673	389	14576
三明市	13	202	126	3711
泉州市	179	2469	1407	88788
漳州市	80	793	629	19650
南平市	50	381	309	12986
龙岩市	162	945	563	22382
宁德市	38	174	113	5251

2-E-06　分地区企业全部R&D项目情况

地　区	项目数 (项)	参加项目人员 (人)	项目人员折合全时当量 (人年)	项目经费内部支出 (万元)
全　省	**10426**	**118286**	**90997**	**2453011**
福州市	**2016**	**27389**	**23545**	**497078**
鼓楼区	390	5105	4424	64037
台江区	12	105	75	2432
仓山区	424	6476	6052	92713
马尾区	248	4343	3721	69765
晋安区	121	1402	1051	15231
闽侯县	197	2172	1708	46385
连江县	45	240	171	5070
罗源县	15	147	124	24896
闽清县	22	202	145	3722
永泰县	4	80	62	1167
平潭县	1	6	4	13
福清市	396	5151	4415	129551
长乐市	141	1960	1594	42097
厦门市	**2858**	**33306**	**28076**	**695583**
思明区	265	2338	2057	34471
海沧区	945	7151	5381	154861
湖里区	648	7250	6127	205943
集美区	405	8379	7584	146821
同安区	283	2825	2540	33130
翔安区	312	5363	4388	120357
莆田市	**483**	**5217**	**2957**	**104006**
城厢区	68	732	561	24278
涵江区	151	1450	891	39692
荔城区	120	2124	1031	22956
秀屿区	44	464	150	8556
仙游县	100	447	324	8524
三明市	**494**	**5082**	**3908**	**131284**
梅列区	93	1973	1709	71571
三元区	28	176	118	2787
明溪县	23	161	125	2335
清流县	10	61	38	610
宁化县	18	81	65	2212
大田县	11	53	48	2892
尤溪县	18	161	92	3203
沙县	101	699	531	11568
将乐县	19	178	83	4225
泰宁县	8	46	22	1471
建宁县	26	362	240	7280
永安市	139	1131	837	21130
泉州市	**1865**	**22802**	**15861**	**481718**
鲤城区	338	2775	1654	78399
丰泽区	60	1090	727	14672
洛江区	59	366	301	7817
泉港区	71	671	358	17388
惠安县	38	188	92	2416

2-E-06 续表

地 区	项目数(项)	参加项目人员(人)	项目人员折合全时当量(人年)	项目经费内部支出(万元)
安溪县	45	538	333	32121
永春县	84	2016	1274	17758
德化县	43	735	487	19936
金门县				
石狮市	147	1978	1006	20881
晋江市	682	9195	7750	214345
南安市	298	3250	1878	55986
漳州市	**957**	**10140**	**6729**	**216149**
芗城区	259	2509	1854	38187
龙文区	145	1144	902	26968
云霄县	25	210	132	7797
漳浦县	57	1355	533	19053
诏安县	23	199	168	5845
长泰县	98	1028	754	27313
东山县	19	180	159	12004
南靖县	110	1170	638	20660
平和县	23	313	212	4876
华安县	16	140	85	3588
龙海市	182	1892	1292	49858
南平市	**340**	**3160**	**2464**	**72170**
延平区	169	1823	1588	35417
顺昌县	11	87	82	481
浦城县	20	169	135	3048
光泽县	3	83	34	1161
松溪县	6	17	13	2467
政和县	23	91	53	1696
邵武市	61	416	243	6658
武夷山市	17	184	130	13574
建瓯市	3	30	26	537
建阳市	27	260	161	7131
龙岩市	**916**	**6642**	**4307**	**166887**
新罗区	588	3542	2216	73287
长汀县	24	325	269	9401
永定县	69	760	633	23130
上杭县	86	894	486	31171
武平县	45	358	284	13186
连城县	59	504	253	9204
漳平市	45	259	167	7508
宁德市	**497**	**4548**	**3149**	**88137**
蕉城区	67	1527	1397	24745
霞浦县	24	131	80	2463
古田县	4	24	17	318
屏南县	7	144	93	1156
寿宁县	30	214	160	4654
周宁县	11	69	56	1249
柘荣县	37	271	102	2034
福安市	167	1275	610	33765
福鼎市	150	893	635	17753

F.企业办研发机构情况

2-F-01　企业办研发机构情况

项　　目	机构数(个)	机构人员数(人)			机构经费支出(万元)	仪器和设备原价(万元)
			#博士	#硕士		
总　计	**1448**	**76490**	**1171**	**5283**	**1542227**	**1277523**
一、按登记注册类型分组						
内资企业	985	37100	754	2614	615444	557955
国有企业	4	111		1	2030	813
集体企业						
股份合作企业	1	36	3	5	881	1482
联营企业						
有限责任公司	312	10420	244	900	212326	182292
国有独资公司	13	1208	32	188	21981	31193
其他有限责任公司	299	9212	212	712	190344	151099
股份有限公司	129	10117	135	777	167723	129890
私营企业	536	16309	372	928	231956	243049
私营独资企业	3	33			468	309
私营合伙企业						
私营有限责任公司	507	15019	362	862	215588	228831
私营股份有限公司	26	1257	10	66	15901	13910
其他企业	3	107		3	528	430
港、澳、台商投资企业	269	20410	266	975	452310	383443
合资经营企业	76	6453	34	268	115342	72017
合作经营企业	3	88	5	4	2712	700
港、澳、台商独资经营企业	185	13436	215	663	327384	269962
港、澳、台商投资股份有限公司	5	433	12	40	6873	40763
其他港澳台投资企业						
外商投资企业	194	18980	151	1694	474473	336125
中外合资经营企业	67	5769	74	439	154428	165782
中外合作经营企业	3	303		30	7593	8683
外资企业	117	12046	62	1195	290500	151856
外商投资股份有限公司	6	740	14	27	18545	7484
其他外商投资企业	1	122	1	3	3408	2320
二、按行业分组						
采矿业	11	212		12	4326	5670
煤炭开采和洗选业	2	18			1192	56
石油和天然气开采业						
黑色金属矿采选业	2	62		2	554	4526
有色金属矿采选业	4	74		7	1423	454
非金属矿采选业	3	58		3	1156	635
开采辅助活动						
非他采矿业						
制造业	1432	75742	1154	5134	1530667	1248920
农副食品加工业	95	2704	77	215	61927	39988
食品制造业	60	1528	74	173	29783	17863
饮料制造业	46	1226	33	78	15824	13605
烟草制品业	1	40	1	2	724	454

2-F-01 续表

项　　目	机构数(个)	机构人员数(人)			机构经费支出(万元)	仪器和设备原价(万元)
			#博士	#硕士		
纺织业	57	2541	45	114	48253	52636
纺织服装、鞋、帽制造业	27	2289	39	109	49465	16577
皮革、毛皮、羽毛(绒)及其制品业	70	4955	97	199	56076	29164
木材加工及木、竹、藤、棕、草制品业	20	553	16	51	6675	9093
家具制造业	11	148	2	5	1015	2055
造纸及纸制品业	20	694	19	31	20291	16742
印刷业和记录媒介的复制	8	400	5	7	3790	4846
文教体育用品制造业	25	1291	14	28	22172	6835
石油加工、炼焦及核燃料加工业	4	63	2	2	2418	1527
化学原料及化学制品制造业	85	2440	84	179	39213	31696
医药制造业	57	1740	55	217	29139	26493
化学纤维制造业	11	1135	10	42	18647	122957
橡胶和塑料制品业	70	4495	44	138	83815	107123
非金属矿物制品业	50	2054	36	77	34109	148007
黑色金属冶炼和压延加工业	16	1180	5	116	21446	10949
有色金属冶炼和压延加工业	24	2453	46	218	70086	60812
金属制品业	41	1732	7	45	25547	17351
通用设备制造业	68	3256	27	164	72885	48943
专用设备制造业	117	4824	55	267	81661	54299
汽车制造业	63	3602	50	241	85012	101590
铁路、船舶、航空航天和其他运输设备制造业	22	1143	9	30	14776	7484
电气机械和器材制造业	150	7813	127	480	124297	90253
计算机、通信和其他电子设备制造业	167	17246	144	1824	465796	193703
仪器仪表制造业	35	1102	24	51	32574	10287
其他制造业	11	1090	7	31	13073	5430
废弃资源综合利用业						
金属制品、机械和设备修理业	1	5			180	160
电力、热力、燃气及水生产和供应业	5	536	17	137	7235	22932
电力、热力生产和供应业	3	427	15	132	6112	22580
燃气生产和供应业						
水的生产和供应业	2	109	2	5	1123	352
三、按设区市分组						
福州市	171	15545	160	1459	300061	239317
#平潭	1	3		2	9	32
厦门市	311	24622	235	1688	569805	443089
莆田市	107	2765	79	198	62076	40234
三明市	78	2258	49	225	34874	32673
泉州市	316	15186	295	726	239661	211026
漳州市	143	5950	85	241	108000	131740
南平市	50	1941	52	81	44300	35719
龙岩市	155	5568	97	293	136017	105613
宁德市	117	2655	119	372	47433	38112

2-F-02　大中型企业办研发机构情况

项　　目	机构数(个)	机构人员数(人)	#博士	#硕士	机构经费支出(万元)	仪器和设备原价(万元)
总　计	**722**	**61625**	**780**	**4268**	**1309184**	**1049326**
一、按登记注册类型分组						
内资企业	418	26235	456	1879	456301	413905
国有企业	2	93		1	1844	669
集体企业						
股份合作企业	1	36	3	5	881	1482
联营企业						
有限责任公司	144	7116	181	676	163976	132965
国有独资公司	11	1169	28	185	21469	28958
其他有限责任公司	133	5947	153	491	142507	104008
股份有限公司	100	9577	117	698	156408	122930
私营企业	170	9354	155	497	133181	155812
私营独资企业						
私营合伙企业						
私营有限责任公司	160	8493	154	466	122440	149568
私营股份有限公司	10	861	1	31	10741	6244
其他企业	1	59		2	11	47
港、澳、台商投资企业	173	18037	220	809	404976	338154
合资经营企业	44	5504	24	196	101847	53084
合作经营企业	1	76			600	200
港、澳、台商独资经营企业	124	12092	184	573	296498	244120
港、澳、台商投资股份有限公司	4	365	12	40	6031	40751
其他港澳台投资企业						
外商投资企业	131	17353	104	1580	447908	297267
中外合资经营企业	43	5089	39	367	142588	155167
中外合作经营企业	1	287		30	7571	8668
外资企业	80	11115	50	1153	275796	123628
外商投资股份有限公司	6	740	14	27	18545	7484
其他外商投资企业	1	122	1	3	3408	2320
二、按行业分组						
采矿业	8	161		7	3922	5353
煤炭开采和洗选业	2	18			1192	56
石油和天然气开采业						
黑色金属矿采选业	2	62		2	554	4526
有色金属矿采选业	2	29		2	1086	236
非金属矿采选业	2	52		3	1090	535
开采辅助活动						
非他采矿业						
制造业	711	60946	764	4125	1298046	1021048
农副食品加工业	40	1568	39	110	39782	21531
食品制造业	29	1031	46	110	19260	9796
饮料制造业	13	740	14	31	9177	9954
烟草制品业	1	40	1	2	724	454

2-F-02 续表

项目	机构数(个)	机构人员数(人)	#博士	#硕士	机构经费支出(万元)	仪器和设备原价(万元)
纺织业	40	2262	42	93	38250	45110
纺织服装、鞋、帽制造业	21	2234	39	107	48830	16317
皮革、毛皮、羽毛(绒)及其制品业	55	4831	97	194	55039	26641
木材加工及木、竹、藤、棕、草制品业	9	362	9	31	3331	6826
家具制造业	1	12			652	135
造纸及纸制品业	17	639	18	31	18946	15501
印刷业和记录媒介的复制	4	370		5	2671	4354
文教体育用品制造业	18	1185	13	26	21396	6337
石油加工、炼焦及核燃料加工业						
化学原料及化学制品制造业	18	1193	23	68	21605	12125
医药制造业	33	1228	37	151	20122	19627
化学纤维制造业	8	1001	8	37	18027	121387
橡胶和塑料制品业	31	3906	22	103	73101	96021
非金属矿物制品业	28	1466	29	52	25798	118999
黑色金属冶炼和压延加工业	9	1005	3	108	19931	10051
有色金属冶炼和压延加工业	18	2331	41	216	66689	60423
金属制品业	14	1236	3	33	17736	12889
通用设备制造业	28	2340	14	122	58759	33869
专用设备制造业	42	3466	35	194	62058	35965
汽车制造业	36	2881	29	194	70544	87340
铁路、船舶、航空航天和其他运输设备制造业	17	1085	9	29	14152	7019
电气机械和器材制造业	59	5750	85	358	95734	64888
计算机、通信和其他电子设备制造业	94	15082	98	1660	435866	164067
仪器仪表制造业	20	730	7	33	28188	8149
其他制造业	8	972	3	27	11678	5273
废弃资源综合利用业						
金属制品、机械和设备修理业						
电力、热力、燃气及水生产和供应业	3	518	16	136	7216	22926
电力、热力生产和供应业	2	414	15	132	6103	22576
燃气生产和供应业						
水的生产和供应业	1	104	1	4	1113	350
三、按设区市分组						
福州市	114	13701	116	1317	275931	223768
#平潭						
厦门市	175	20963	175	1452	516155	377822
莆田市	49	1628	40	99	42686	28108
三明市	31	1441	17	160	26986	22389
泉州市	167	12723	211	527	202198	159960
漳州市	82	4880	44	163	88267	113459
南平市	27	1574	40	67	40261	31978
龙岩市	39	3333	50	202	88781	65862
宁德市	38	1382	87	281	27920	25980

2-F-03　内资企业办研发机构情况

项　　目	机构数（个）	机构人员数（人）	#博士	#硕士	机构经费支出（万元）	仪器和设备原价（万元）
总　计	**985**	**37100**	**754**	**2614**	**615444**	**557955**
一、按行业分组						
采矿业	11	212		12	4326	5670
煤炭开采和洗选业	2	18			1192	56
石油和天然气开采业						
黑色金属矿采选业	2	62		2	554	4526
有色金属矿采选业	4	74		7	1423	454
非金属矿采选业	3	58		3	1156	635
开采辅助活动						
非他采矿业						
制造业	970	36456	738	2469	604996	529702
农副食品加工业	81	2201	65	186	50265	26753
食品制造业	41	925	47	111	16751	11133
饮料制造业	40	684	25	52	10343	8794
烟草制品业	1	40	1	2	724	454
纺织业	31	1511	25	75	22972	38832
纺织服装、鞋、帽制造业	14	659	18	34	7429	4993
皮革、毛皮、羽毛(绒)及其制品业	32	2918	69	99	18701	12479
木材加工及木、竹、藤、棕、草制品业	17	332	9	45	4951	4736
家具制造业	2	16		1	140	276
造纸及纸制品业	16	575	19	31	13533	14538
印刷业和记录媒介的复制	8	400	5	7	3790	4846
文教体育用品制造业	10	420	1	6	11348	3149
石油加工、炼焦及核燃料加工业	1	15			258	138
化学原料及化学制品制造业	70	2071	77	152	25899	26879
医药制造业	45	1043	36	129	18390	14244
化学纤维制造业	5	123	4	15	1038	1940
橡胶和塑料制品业	32	612	20	38	10140	6476
非金属矿物制品业	37	1189	18	53	18858	92369
黑色金属冶炼和压延加工业	13	532	5	101	16480	8469
有色金属冶炼和压延加工业	20	2095	37	170	59800	55363
金属制品业	31	791	6	28	8557	7191
通用设备制造业	44	1107	12	44	16650	19231
专用设备制造业	91	3435	47	232	63984	44647
汽车制造业	37	1084	26	60	28655	21158
铁路、船舶、航空航天和其他运输设备制造业	16	872	8	27	12232	5095
电气机械和器材制造业	105	3568	50	183	54271	30261
计算机、通信和其他电子设备制造业	101	5929	94	530	93707	59300
仪器仪表制造业	22	541	7	27	6761	4011
其他制造业	6	763	7	31	8189	1791
废弃资源综合利用业						
金属制品、机械和设备修理业	1	5			180	160
电力、热力、燃气及水生产和供应业	4	432	16	133	6122	22582
电力、热力生产和供应业	3	427	15	132	6112	22580
燃气生产和供应业						
水的生产和供应业	1	5	1	1	10	2
二、按设区市分组						
福州市	104	6670	93	614	101542	85631
#平潭	1	3		2	9	32
厦门市	155	7052	148	593	120167	101715
莆田市	79	1955	57	129	38366	27240
三明市	72	1971	44	219	33667	29806
泉州市	186	8594	184	379	89466	93125
漳州市	104	2814	56	195	60913	94736
南平市	43	1526	41	64	31916	27876
龙岩市	138	4543	69	262	109443	76809
宁德市	104	1975	62	159	29964	21018

2-F-04 港澳台商投资企业办研发机构情况

项目	机构数（个）	机构人员数（人）	#博士	#硕士	机构经费支出（万元）	仪器和设备原价（万元）
总计	**269**	**20410**	**266**	**975**	**452310**	**383443**
一、按行业分组						
采矿业						
煤炭开采和洗选业						
石油和天然气开采业						
黑色金属矿采选业						
有色金属矿采选业						
非金属矿采选业						
开采辅助活动						
非他采矿业						
制造业	268	20306	265	971	451197	383093
农副食品加工业	6	94		4	1952	1173
食品制造业	11	411	17	41	10947	4383
饮料制造业	1	8	1	2	80	58
烟草制品业						
纺织业	21	849	17	34	22501	12672
纺织服装、鞋、帽制造业	11	1550	21	74	40774	11184
皮革、毛皮、羽毛(绒)及其制品业	26	1601	23	62	25226	8558
木材加工及木、竹、藤、棕、草制品业	2	104	7	5	1714	3558
家具制造业	1	12			652	135
造纸及纸制品业	3	97			2232	2008
印刷业和记录媒介的复制						
文教体育用品制造业	10	541	10	14	7939	2576
石油加工、炼焦及核燃料加工业	2	15	1	1	800	30
化学原料及化学制品制造业	12	277	4	24	4858	2809
医药制造业	6	542	11	77	6312	9102
化学纤维制造业	5	974	6	26	13559	120621
橡胶和塑料制品业	23	2996	19	72	50241	45525
非金属矿物制品业	8	300	18	17	9169	33848
黑色金属冶炼和压延加工业	1	511		15	4654	1986
有色金属冶炼和压延加工业	1	80		2	1330	1136
金属制品业	2	42	1	3	789	105
通用设备制造业	12	389	5	19	5636	3222
专用设备制造业	15	380	2	8	3256	2663
汽车制造业	15	1475	8	48	20143	14734
铁路、船舶、航空航天和其他运输设备制造业	3	70	1	2	1365	1937
电气机械和器材制造业	29	2608	71	235	47046	40239
计算机、通信和其他电子设备制造业	32	3991	17	175	163289	57385
仪器仪表制造业	7	240	5	11	2817	1210
其他制造业	3	149			1919	237
废弃资源综合利用业						
金属制品、机械和设备修理业						
电力、热力、燃气及水生产和供应业	1	104	1	4	1113	350
电力、热力生产和供应业						
燃气生产和供应业						
水的生产和供应业	1	104	1	4	1113	350
二、按设区市分组						
福州市	37	3372	29	118	114552	89090
#平潭						
厦门市	79	8310	46	312	152313	145261
莆田市	20	469	15	49	18008	8529
三明市	3	87		2	619	863
泉州市	86	4794	75	231	106655	93973
漳州市	28	2539	27	44	39890	27959
南平市	1	45	4	5	1430	980
龙岩市	8	211	17	11	4657	4640
宁德市	7	583	53	203	14187	12147

2-F-05　外商投资企业办研发机构情况

项　　目	机构数（个）	机构人员数（人）	#博士	#硕士	机构经费支出（万元）	仪器和设备原价（万元）
总　计	**194**	**18980**	**151**	**1694**	**474473**	**336125**
一、按行业分组						
采矿业						
煤炭开采和洗选业						
石油和天然气开采业						
黑色金属矿采选业						
有色金属矿采选业						
非金属矿采选业						
开采辅助活动						
非他采矿业						
制造业	194	18980	151	1694	474473	336125
农副食品加工业	8	409	12	25	9710	12063
食品制造业	8	192	10	21	2085	2347
饮料制造业	5	534	7	24	5401	4754
烟草制品业						
纺织业	5	181	3	5	2780	1131
纺织服装、鞋、帽制造业	2	80		1	1262	400
皮革、毛皮、羽毛(绒)及其制品业	12	436	5	38	12149	8128
木材加工及木、竹、藤、棕、草制品业	1	117		1	10	799
家具制造业	8	120	2	4	223	1644
造纸及纸制品业	1	22			4527	196
印刷业和记录媒介的复制						
文教体育用品制造业	5	330	3	8	2885	1111
石油加工、炼焦及核燃料加工业	1	33	1	1	1360	1359
化学原料及化学制品制造业	3	92	3	3	8456	2008
医药制造业	6	155	8	11	4437	3148
化学纤维制造业	1	38		1	4050	396
橡胶和塑料制品业	15	887	5	28	23434	55123
非金属矿物制品业	5	565		7	6082	21790
黑色金属冶炼和压延加工业	2	137			312	494
有色金属冶炼和压延加工业	3	278	9	46	8957	4314
金属制品业	8	899		14	16201	10055
通用设备制造业	12	1760	10	101	50599	26490
专用设备制造业	11	1009	6	27	14421	6989
汽车制造业	11	1043	16	133	36214	65698
铁路、船舶、航空航天和其他运输设备制造业	3	201		1	1179	453
电气机械和器材制造业	16	1637	6	62	22980	19752
计算机、通信和其他电子设备制造业	34	7326	33	1119	208800	77018
仪器仪表制造业	6	321	12	13	22996	5065
其他制造业	2	178			2965	3401
废弃资源综合利用业						
金属制品、机械和设备修理业						
电力、热力、燃气及水生产和供应业						
电力、热力生产和供应业						
燃气生产和供应业						
水的生产和供应业						
二、按设区市分组						
福州市	30	5503	38	727	83968	64596
#平潭						
厦门市	77	9260	41	783	297325	196113
莆田市	8	341	7	20	5702	4465
三明市	3	200	5	4	588	2004
泉州市	44	1798	36	116	43539	23929
漳州市	11	597	2	2	7198	9045
南平市	6	370	7	12	10954	6863
龙岩市	9	814	11	20	21917	24163
宁德市	6	97	4	10	3282	4947

2-F-06 分地区企业办研发机构情况

地 区	机构数(个)	机构人员数(人)			机构经费支出(万元)	仪器和设备原价(万元)
			#博士	#硕士		
全 省	**1448**	**76490**	**1171**	**5283**	**1542227**	**1277523**
福州市	**171**	**15545**	**160**	**1459**	**300061**	**239317**
鼓楼区	17	2505	30	378	41920	33734
台江区	1	61		1	942	519
仓山区	35	4436	41	627	57401	31354
马尾区	28	2733	17	182	50587	18110
晋安区	14	859	12	45	9785	17241
闽侯县	6	704	6	56	11120	39880
连江县	5	217		10	3689	690
罗源县	1	40	1	2	724	454
闽清县	4	124	1	4	3056	1907
永泰县	3	41	1	6	393	321
平潭县	1	3		2	9	32
福清市	43	2678	36	117	98954	61760
长乐市	13	1144	15	29	21482	33316
厦门市	**311**	**24622**	**235**	**1688**	**569805**	**443089**
思明区	18	1253	25	129	24939	29334
海沧区	58	4969	40	288	85122	126577
湖里区	58	5893	46	734	196236	64169
集美区	103	7443	60	329	160434	97840
同安区	38	2203	30	73	25343	76270
翔安区	36	2861	34	135	77731	48899
莆田市	**107**	**2765**	**79**	**198**	**62076**	**40234**
城厢区	21	257	9	21	5168	3230
涵江区	42	1061	38	85	36330	20918
荔城区	22	823	21	52	7180	4834
秀屿区	14	241	4	20	5235	8647
仙游县	8	383	7	20	8164	2606
三明市	**78**	**2258**	**49**	**225**	**34874**	**32673**
梅列区	4	281	1	89	14429	7737
三元区	5	93	4	11	786	1336
明溪县	3	105	2	5	2200	417
清流县	4	58	2	4	508	336
宁化县	3	37	4	3	295	226
大田县						
尤溪县	5	95	1	9	1248	1016
沙县	21	599	10	26	4313	6641
将乐县	5	64	5	7	666	1776
泰宁县	4	25	5	4	119	233
建宁县	5	172	3	7	4332	4856
永安市	19	729	12	60	5979	8100
泉州市	**316**	**15186**	**295**	**726**	**239661**	**211026**
鲤城区	37	1905	28	132	22921	23702
丰泽区	20	1090	19	55	10239	3267
洛江区	6	128	4	12	1296	481
泉港区	10	358	7	19	12627	6072
惠安县	12	257	5	16	1527	5527

2-F-06　续表

地　　区	机构数（个）	机构人员数（人）			机构经费支　　出（万元）	仪 器 和设备原价（万元）
			#博士	#硕士		
安溪县	6	126	4	16	1083	1481
永春县	11	1831	70	76	16315	7110
德化县	11	320	3	5	4048	6535
金门县						
石狮市	22	1033	8	43	8191	5727
晋江市	136	6171	98	256	136484	112619
南安市	45	1967	49	96	24930	38507
漳州市	**143**	**5950**	**85**	**241**	**108000**	**131740**
芗城区	39	1660	11	90	30439	9481
龙文区	10	374	14	19	5912	3323
云霄县	12	200	10	27	6215	4521
漳浦县	12	467	4	9	8453	9588
诏安县	10	132	10	9	3027	2228
长泰县	16	550	2	14	8466	3221
东山县	5	129	1	5	4905	66147
南靖县	8	347	20	9	3908	5397
平和县	6	114	3	12	2603	1248
华安县	6	55	3	5	684	1335
龙海市	19	1922	7	42	33387	25251
南平市	**50**	**1941**	**52**	**81**	**44300**	**35719**
延平区	15	1055	27	39	31543	27451
顺昌县	2	47			232	280
浦城县	6	182	11	10	3832	2975
光泽县	1	90		4	1136	79
松溪县	2	42	2	6	120	32
政和县	3	50	1	5	267	101
邵武市	9	128	3	4	811	1650
武夷山市	2	36		1	446	265
建瓯市	4	91	3	4	847	955
建阳市	6	220	5	8	5066	1932
龙岩市	**155**	**5568**	**97**	**293**	**136017**	**105613**
新罗区	68	2966	41	122	56695	44380
长汀县	13	568	9	43	13172	4581
永定县	11	279	10	19	8218	4274
上杭县	11	666	14	58	31280	20808
武平县	17	316	5	24	10602	5581
连城县	21	497	7	13	10540	20997
漳平市	14	276	11	14	5510	4993
宁德市	**117**	**2655**	**119**	**372**	**47433**	**38112**
蕉城区	27	899	63	228	16488	16651
霞浦县	5	48	4	2	348	194
古田县	1	6			6	6
屏南县	2	45		2	326	287
寿宁县	13	261		13	4056	1809
周宁县	5	66	2	7	1882	726
柘荣县	5	220	7	28	1521	667
福安市	31	555	16	38	12089	9153
福鼎市	28	555	27	54	10718	8619

G.企业新产品开发及销售情况

2-G-01 企业新产品开发及销售情况

单位：万元

项目	新产品开发项目数(项)	新产品开发经费支出	新产品销售收入	#出口
总计	**10534**	**2656091**	**34400997**	**9442428**
一、按登记注册类型分组				
内资企业	6078	1225061	11802658	1571562
国有企业	60	6733	290216	
集体企业	4	1315	332	
股份合作企业	10	1276	28380	182
联营企业				
有限责任公司	2036	418338	3707440	293429
国有独资公司	147	27330	200610	6700
其他有限责任公司	1889	391008	3506829	286730
股份有限公司	995	243606	3080098	633772
私营企业	2961	552108	4658634	644178
私营独资企业	6	1101	6927	
私营合伙企业	1	145	640	
私营有限责任公司	2692	501851	3990514	603282
私营股份有限公司	262	49011	660553	40896
其他企业	12	1685	37559	
港、澳、台商投资企业	2636	785892	11188912	3295616
合资经营企业	904	191929	2807880	799610
合作经营企业	48	5131	10503	607
港、澳、台商独资经营企业	1543	560328	7875252	2373714
港、澳、台商投资股份有限公司	141	28505	495278	121685
其他港澳台投资企业				
外商投资企业	1820	645138	11409426	4575251
中外合资经营企业	718	260581	5094182	913951
中外合作经营企业	15	8426	80271	39
外资企业	992	355571	5770153	3653168
外商投资股份有限公司	76	18527	456170	8093
其他外商投资企业	19	2034	8651	
二、按行业分组				
采矿业	21	1904	15829	270
煤炭开采和洗选业	6	310		
石油和天然气开采业				
黑色金属矿采选业	1	36	1480	
有色金属矿采选业			6641	
非金属矿采选业	14	1558	7707	270
开采辅助活动				
非他采矿业				
制造业	10460	2647722	34327251	9442158
农副食品加工业	441	123196	1049891	206239
食品制造业	232	60933	377127	69520
饮料制造业	291	69761	371682	13778
烟草制品业	57	6558	14529	61

2-G-01　续表　　　　单位：万元

项　　目	新产品开发项目数(项)	新产品开发经费支出	新产品销售收入	#出口
纺织业	333	108217	1080768	101300
纺织服装、鞋、帽制造业	177	77760	1157519	62462
皮革、毛皮、羽毛(绒)及其制品业	454	121884	2018702	182446
木材加工及木、竹、藤、棕、草制品业	100	15526	218386	69057
家具制造业	46	9020	65645	15865
造纸及纸制品业	98	37260	507888	21665
印刷业和记录媒介的复制	34	6877	49826	20852
文教体育用品制造业	291	46773	402353	133647
石油加工、炼焦及核燃料加工业	10	2085	32977	
化学原料及化学制品制造业	463	83855	918375	116677
医药制造业	545	57169	564063	31171
化学纤维制造业	135	97496	986072	49599
橡胶和塑料制品业	644	128929	1423078	229248
非金属矿物制品业	416	99596	1154150	221997
黑色金属冶炼和压延加工业	100	50427	929058	2481
有色金属冶炼和压延加工业	176	85386	939254	24407
金属制品业	281	52602	486749	217831
通用设备制造业	580	124545	1160866	279815
专用设备制造业	623	126461	1427095	160375
汽车制造业	544	132823	2202312	313395
铁路、船舶、航空航天和其他运输设备制造业	155	24882	721740	361325
电气机械和器材制造业	1308	247796	2617804	1099534
计算机、通信和其他电子设备制造业	1512	583603	11001700	5329735
仪器仪表制造业	314	44350	256926	88944
其他制造业	88	15565	189608	18733
废弃资源综合利用业	5	659	750	
金属制品、机械和设备修理业	7	5728	360	
电力、热力、燃气及水生产和供应业	53	6465	57916	
电力、热力生产和供应业	48	6354	22650	
燃气生产和供应业				
水的生产和供应业	5	111	35266	
三、按设区市分组				
福州市	2090	570355	7504170	1250480
#平潭	2	222		
厦门市	3073	791140	12502889	6351564
莆田市	489	127266	1020184	100722
三明市	446	95150	1163173	95493
泉州市	2012	555638	6479264	493964
漳州市	853	208633	2381893	579602
南平市	280	63876	563396	88751
龙岩市	774	147100	1556918	61677
宁德市	517	96931	1229110	420177

2-G-02 大中型企业新产品开发及销售情况

单位：万元

项　　目	新产品开发项目数(项)	新产品开发经费支出	新产品销售收入	#出口
总　计	**6424**	**2072185**	**30095782**	**8648273**
一、按登记注册类型分组				
内资企业	3079	811627	9107255	1229381
国有企业	48	6363	286438	
集体企业				
股份合作企业	9	1114	28380	182
联营企业				
有限责任公司	1213	296605	2997418	233900
国有独资公司	129	25962	199378	6700
其他有限责任公司	1084	270644	2798040	227200
股份有限公司	837	221139	2859506	622675
私营企业	968	285347	2910187	372625
私营独资企业	1	485		
私营合伙企业				
私营有限责任公司	789	247093	2407451	334215
私营股份有限公司	178	37769	502736	38409
其他企业	4	1059	25326	
港、澳、台商投资企业	2097	680557	10198020	2984425
合资经营企业	754	163846	2475628	650291
合作经营企业	8	655	2000	
港、澳、台商独资经营企业	1201	488446	7240068	2219475
港、澳、台商投资股份有限公司	134	27610	480324	114659
其他港澳台投资企业				
外商投资企业	1248	580002	10790508	4434466
中外合资经营企业	480	230982	4851601	881916
中外合作经营企业	12	8295	80271	39
外资企业	661	320164	5393816	3544419
外商投资股份有限公司	76	18527	456170	8093
其他外商投资企业	19	2034	8651	
二、按行业分组				
采矿业	14	1437	7939	
煤炭开采和洗选业	6	310		
石油和天然气开采业				
黑色金属矿采选业				
有色金属矿采选业			1000	
非金属矿采选业	8	1127	6939	
开采辅助活动				
非他采矿业				
制造业	6361	2064477	30052267	8648273
农副食品加工业	247	78659	529515	20706
食品制造业	120	36974	203724	43447
饮料制造业	169	46435	229693	8618
烟草制品业	57	6558	14529	61

2-G-02　续表　　　　单位：万元

项　目	新产品开发项目数(项)	新产品开发经费支出	新产品销售收入	#出口
纺织业	264	88975	951133	69521
纺织服装、鞋、帽制造业	154	75801	1150070	61192
皮革、毛皮、羽毛(绒)及其制品业	432	116659	1985174	180471
木材加工及木、竹、藤、棕、草制品业	51	10294	148740	32070
家具制造业	30	6972	54169	9083
造纸及纸制品业	77	33748	478716	21427
印刷业和记录媒介的复制	21	4905	42001	20604
文教体育用品制造业	201	40570	351911	112896
石油加工、炼焦及核燃料加工业	1	263		
化学原料及化学制品制造业	125	44381	545061	94585
医药制造业	427	34484	459490	30870
化学纤维制造业	121	95172	959605	49599
橡胶和塑料制品业	443	99593	1157177	212823
非金属矿物制品业	334	82268	963299	136813
黑色金属冶炼和压延加工业	71	46435	880971	
有色金属冶炼和压延加工业	141	77614	903667	24389
金属制品业	124	32625	398231	209835
通用设备制造业	318	91229	855784	260154
专用设备制造业	280	79992	1140411	130459
汽车制造业	205	97368	2022844	297424
铁路、船舶、航空航天和其他运输设备制造业	86	20132	699777	350281
电气机械和器材制造业	688	159226	2012896	992218
计算机、通信和其他电子设备制造业	941	506771	10587469	5190439
仪器仪表制造业	162	32350	158196	76583
其他制造业	65	12799	168012	11705
废弃资源综合利用业				
金属制品、机械和设备修理业	6	5223		
电力、热力、燃气及水生产和供应业	49	6272	35576	
电力、热力生产和供应业	45	6190	310	
燃气生产和供应业				
水的生产和供应业	4	82	35266	
三、按设区市分组				
福州市	1289	474833	6642472	1024834
#平潭	1	178		
厦门市	1956	676439	11515346	6013751
莆田市	323	81927	769850	93406
三明市	215	64573	920772	52923
泉州市	1370	428807	5780418	456033
漳州市	569	172467	2015658	559435
南平市	202	48358	452850	57513
龙岩市	323	78779	1248253	49212
宁德市	177	46002	750163	341166

2-G-03 内资企业新产品开发及销售情况

单位：万元

项目	新产品开发项目数(项)	新产品开发经费支出	新产品销售收入	#出口
总计	**6078**	**1225061**	**11802658**	**1571562**
一、按行业分组				
采矿业	21	1904	15829	270
煤炭开采和洗选业	6	310		
石油和天然气开采业				
黑色金属矿采选业	1	36.2	1480.4	
有色金属矿采选业			6641	
非金属矿采选业	14	1558	7707	270
开采辅助活动				
非他采矿业				
制造业	6006	1216721	11764180	1571292
农副食品加工业	325	99614	823995	53556
食品制造业	168	38994	163832	62178
饮料制造业	199	31171.4	181268.7	6275.4
烟草制品业	57	6558	14529	61
纺织业	194	72267	734741	79581
纺织服装、鞋、帽制造业	69	29630	265196	38513
皮革、毛皮、羽毛(绒)及其制品业	104	36690.4	804398.8	50271
木材加工及木、竹、藤、棕、草制品业	86	10936	163419	38580
家具制造业	25	4317	43447	773
造纸及纸制品业	60	19153	164167	2065
印刷业和记录媒介的复制	27	5587.6	44635.8	20603.8
文教体育用品制造业	182	25453	271590	24653
石油加工、炼焦及核燃料加工业	2	731	71	
化学原料及化学制品制造业	350	48591	630042	60559
医药制造业	337	38355.9	322230.2	19351.4
化学纤维制造业	54	16320	187214	9076
橡胶和塑料制品业	221	28480	318475	36005
非金属矿物制品业	152	63763	503223	29301
黑色金属冶炼和压延加工业	93	48956.1	607400.8	1168.3
有色金属冶炼和压延加工业	153	61087	900492	17687
金属制品业	191	26810	198414	46991
通用设备制造业	362	51597	351834	38965
专用设备制造业	420	94402.2	1079077.3	120347.1
汽车制造业	322	51306	239092	18573
铁路、船舶、航空航天和其他运输设备制造业	109	20296	675209	346854
电气机械和器材制造业	744	114063	1048099	256737
计算机、通信和其他电子设备制造业	809	149712.6	866997.5	180176.6
仪器仪表制造业	140	11064	88707	12388
其他制造业	45	9653	71273	
废弃资源综合利用业	5	659	750	
金属制品、机械和设备修理业	1	505	360	
电力、热力、燃气及水生产和供应业	51	6435	22650	
电力、热力生产和供应业	48	6354	22650	
燃气生产和供应业				
水的生产和供应业	3	81.5		
二、按设区市分组				
福州市	1188	259714	2318328	421523
#平潭	2	222		
厦门市	1273	202358.6	1949599.4	513229.7
莆田市	333	82151	633206	53468
三明市	410	88761	1124789	94197
泉州市	1105	250430	2442938	231457
漳州市	493	105142.1	1060802.2	75114.1
南平市	221	49687	344714	42807
龙岩市	599	114950	1161154	35595
宁德市	456	71867	767128	104170

2-G-04　港澳台商投资企业新产品开发及销售情况

单位：万元

项　　目	新产品开发项目数(项)	新产品开发经费支出	新产品销售收入	#出口
总　计	**2636**	**785892**	**11188912**	**3295616**
一、按行业分组				
采矿业				
煤炭开采和洗选业				
石油和天然气开采业				
黑色金属矿采选业				
有色金属矿采选业				
非金属矿采选业				
开采辅助活动				
非他采矿业				
制造业	2634	785863	11153646	3295616
农副食品加工业	18	6568.2	170547.7	140614
食品制造业	50	18617	111717	2368
饮料制造业	26	4532	10169	6892
烟草制品业				
纺织业	118	32643	300879	21719
纺织服装、鞋、帽制造业	105	46278	818454	19201
皮革、毛皮、羽毛(绒)及其制品业	304	71576.4	914279.6	117970.6
木材加工及木、竹、藤、棕、草制品业	11	3969	53449	30477
家具制造业	16	2492	12759	5653
造纸及纸制品业	27	8052.2	201348.1	19600
印刷业和记录媒介的复制	4	1119	883	
文教体育用品制造业	62	16526	56974	43638
石油加工、炼焦及核燃料加工业	4	910.4		
化学原料及化学制品制造业	74	23600	94646	
医药制造业	183	12974	97026	11820
化学纤维制造业	78	76555.9	749256	40523
橡胶和塑料制品业	357	63368	657146	165703
非金属矿物制品业	245	30007	515091	106234
黑色金属冶炼和压延加工业	1	29.3	321656.9	1312.8
有色金属冶炼和压延加工业	8	13124	5847	
金属制品业	26	3264	31806	32
通用设备制造业	73	12395	102624	22859.9
专用设备制造业	84	11902	80785	27225
汽车制造业	97	25765	458735	95862
铁路、船舶、航空航天和其他运输设备制造业	12	1521.6	21592.7	
电气机械和器材制造业	214	92525	1134325	644941
计算机、通信和其他电子设备制造业	321	187028	4119195	1717759
仪器仪表制造业	82	8907.2	65855.4	40971.3
其他制造业	28	4390	46602	12241
废弃资源综合利用业				
金属制品、机械和设备修理业	6	5223.3		
电力、热力、燃气及水生产和供应业	2	29	35266	
电力、热力生产和供应业				
燃气生产和供应业				
水的生产和供应业	2	29	35266	
二、按设区市分组				
福州市	528	171905	3031396.9	636032.5
#平潭				
厦门市	888	220980	3265006	1642004
莆田市	87	30244.6	257538.5	39666.8
三明市	24	2693	6347	61
泉州市	733	242192	3019178	170245
漳州市	293	86592.6	1170485.2	467828.3
南平市	13	1933	28910	16945
龙岩市	43	8565	63672	23097
宁德市	27	20787.3	346378.6	299737

2-G-05 外商投资企业新产品开发及销售情况

单位：万元

项目	新产品开发项目数(项)	新产品开发经费支出	新产品销售收入	#出口
总计	**1820**	**645138**	**11409426**	**4575251**
一、按行业分组				
采矿业				
煤炭开采和洗选业				
石油和天然气开采业				
黑色金属矿采选业				
有色金属矿采选业				
非金属矿采选业				
开采辅助活动				
非他采矿业				
制造业	**1820**	**645138**	**11409426**	**4575251**
农副食品加工业	98	17014	55348	12069
食品制造业	14	3321	101578	4974
饮料制造业	66	34057	180244	610
烟草制品业				
纺织业	21	3308	45148	
纺织服装、鞋、帽制造业	3	1853	73869	4748
皮革、毛皮、羽毛(绒)及其制品业	46	13618	300024	14204
木材加工及木、竹、藤、棕、草制品业	3	621	1518	
家具制造业	5	2211	9439	9439
造纸及纸制品业	11	10056	142373	
印刷业和记录媒介的复制	3	171	4308	248
文教体育用品制造业	47	4793	73789	65355
石油加工、炼焦及核燃料加工业	4	444	32907	
化学原料及化学制品制造业	39	11663	193687	56117
医药制造业	25	5839	144806	
化学纤维制造业	3	4620	49603	
橡胶和塑料制品业	66	37081	447457	27540
非金属矿物制品业	19	5827	135836	86462
黑色金属冶炼和压延加工业	6	1442		
有色金属冶炼和压延加工业	15	11175	32915	6720
金属制品业	64	22528	256529	170808
通用设备制造业	145	60553	706408	217989
专用设备制造业	119	20156	267233	12803
汽车制造业	125	55752	1504485	198961
铁路、船舶、航空航天和其他运输设备制造业	34	3065	24938	14472
电气机械和器材制造业	350	41208	435380	197856
计算机、通信和其他电子设备制造业	382	246862	6015507	3431799
仪器仪表制造业	92	24379	102364	35585
其他制造业	15	1521	71733	6492
废弃资源综合利用业				
金属制品、机械和设备修理业				
电力、热力、燃气及水生产和供应业				
电力、热力生产和供应业				
燃气生产和供应业				
水的生产和供应业				
二、按设区市分组				
福州市	374	138736	2154445	192924
#平潭				
厦门市	912	367802	7288284	4196331
莆田市	69	14871	129439	7587
三明市	12	3696	32037	1235
泉州市	174	63016	1017148	92261
漳州市	67	16898	150606	36659
南平市	46	12256	189772	28999
龙岩市	132	23586	332092	2985
宁德市	34	4278	115603	16269

2-G-06　分地区企业新产品开发及销售情况

单位：万元

地　区	新产品开发项目数(项)	新产品开发经费支出	新产品销售收入	
				#出口
全　省	**10534**	**2656091**	**34400997**	**9442428**
福州市	**2090**	**570355**	**7504170**	**1250480**
鼓楼区	379	63749	515630	15457
台江区	10	2109	12578	1855
仓山区	406	102293	637674.1	97066.7
马尾区	239	84932	1141643	374577
晋安区	147	17379	171113	56977
闽侯县	200	49234	1177285	30435
连江县	45	7383	20213	4550
罗源县	10	6800	5563	
闽清县	19	6159	27266	11966
永泰县	3	1159	679	
平潭县	2	222		
福清市	479	147654	3020017	469205
长乐市	151	81282	774509	188391
厦门市	**3073**	**791140**	**12502889**	**6351564**
思明区	314	39645	481481	154813
海沧区	784	142501	1606121	561790
湖里区	816	258390	6138479	3640884
集美区	490	166580	2070193	723879
同安区	332	46665	405274	154533
翔安区	337	137360	1801342	1115666
莆田市	**489**	**127266**	**1020184**	**100722**
城厢区	58	23904	83748	15511
涵江区	171	54669	506118	41871
荔城区	109	25852	223139	27279
秀屿区	34	8229	63406	6121
仙游县	117	14612	143773	9941
三明市	**446**	**95150**	**1163173**	**95493**
梅列区	77	41097	508043	
三元区	25	2222	19292	1249
明溪县	21	2010	74987	22929
清流县	8	322	948	
宁化县	16	1862	6955	
大田县	10	2545	23694	267
尤溪县	31	3833	22607	10322
沙县	92	11469	171832	28207
将乐县	12	4705	3076	1245
泰宁县	6	1462	5182	2706
建宁县	29	7634	24403	1827
永安市	119	15988	302156	26742
泉州市	**2012**	**555638**	**6479264**	**493964**
鲤城区	425	95261	861306	82569
丰泽区	64	17347	121657	9034
洛江区	46	4486	102491	47253
泉港区	81	31899	378064	1110
惠安县	66	10226	9578	

2-G-06 续表 单位：万元

地　　区	新产品开发项目数(项)	新产品开发经费支出	新产品销售收入	#出口
安溪县	34	7360	12320	5500
永春县	61	17891	120888	18306
德化县	25	16855	68388	9773
金门县				
石狮市	118	29720	368584	33054
晋江市	751	247312	3839469	202380
南安市	341	77281	596520	84985
漳州市	**853**	**208633**	**2381893**	**579602**
芗城区	228	36882	750956	70419
龙文区	129	27650	104123	10464
云霄县	25	7179	29501	3892
漳浦县	34	14048	176132	29011
诏安县	25	7990	3472	
长泰县	106	24346	160361	20679
东山县	18	14311	213248	8223
南靖县	108	20367	351910	259528
平和县	15	3200	37013	
华安县	9	1970	8521	
龙海市	156	50689	546656	177385
南平市	**280**	**63876**	**563396**	**88751**
延平区	147	38806	322944	29025
顺昌县	11	724	4566	
浦城县	21	3997	58411	7047
光泽县			465	
松溪县	8	2954	2149	
政和县	15	679	8384	
邵武市	39	5111	50365	11666
武夷山市	6	4674	40572	38230
建瓯市	12	2616	7212	22
建阳市	21	4315	68329	2761
龙岩市	**774**	**147100**	**1556918**	**61677**
新罗区	495	57672	846049	13939
长汀县	27	14039	40049	
永定县	57	22435	60834	19278
上杭县	28	22653	415412	
武平县	49	11597	47847	2985
连城县	61	10250	63948	2273
漳平市	57	8453	82779	23202
宁德市	**517**	**96931**	**1229110**	**420177**
蕉城区	91	32605	624281	333824
霞浦县	24	3519	4497	2988
古田县	2	550	497	
屏南县	10	3141	9683	
寿宁县	34	4753	175756	7085
周宁县	13	1358	62534	
柘荣县	39	2839	20399	513
福安市	154	30668	157364	60054
福鼎市	150	17500	174099	15712

H.企业自主知识产权及相关情况

2-H-01 企业自主知识产权及相关情况

项 目	专利申请数(件)	#发明专利	有效发明专利数(件)	专利所有权转让及许可数(件)	专利所有权转让及许可收入(万元)	拥有注册商标数(件)	形成国家或行业标准数(项)
总 计	**5475**	**7119**	**350**	**312**	**10329**	**16901**	**696**
一、按登记注册类型分组							
内资企业	3204	3711	92	191	6817	9204	476
国有企业	27	27				692	2
集体企业						1	
股份合作企业	2	1				2	
联营企业							
有限责任公司	1103	940	39	90	65	1673	168
国有独资公司	394	178	1			214	20
其他有限责任公司	709	762	38	90	65	1459	148
股份有限公司	642	1053	16	7		3326	103
私营企业	1424	1684	37	86	6752	3510	203
私营独资企业		4				6	1
私营合伙企业							
私营有限责任公司	1283	1602	18	86	6752	3221	160
私营股份有限公司	141	78	19			283	42
其他企业	6	6		8			
港、澳、台商投资企业	983	1464	61	97	2783	4670	110
合资经营企业	331	477	50	12		1004	32
合作经营企业	12	9		1		15	2
港、澳、台商独资经营企业	606	919	10	84	2783	3202	69
港、澳、台商投资股份有限公司	34	59	1			449	7
其他港澳台投资企业							
外商投资企业	1288	1944	197	24	730	3027	110
中外合资经营企业	363	578	94	15	530	1846	62
中外合作经营企业	2	3	1			5	1
外资企业	885	1262	102	9	200	856	30
外商投资股份有限公司	38	101				319	17
其他外商投资企业						1	
二、按行业分组							
采矿业	2	3				9	
煤炭开采和洗选业						5	
石油和天然气开采业							
黑色金属矿采选业							
有色金属矿采选业	1						
非金属矿采选业	1	3				4	
开采辅助活动							
非他采矿业							
制造业	5102	6971	350	312	10329	16892	693
农副食品加工业	156	149	1	17	15	386	13
食品制造业	129	134	5	4	265	984	39
饮料制造业	57	63				969	16
烟草制品业	41	39	1			690	6

2-H-01 续表

项目	专利申请数(件)	#发明专利	有效发明专利数(件)	专利所有权转让及许可数(件)	专利所有权转让及许可收入(万元)	拥有注册商标数(件)	形成国家或行业标准数(项)
纺织业	155	106			1	354	15
纺织服装、鞋、帽制造业	65	58	1	4		1094	7
皮革、毛皮、羽毛(绒)及其制品业	202	214	8	4		1480	23
木材加工及木、竹、藤、棕、草制品业	33	80				145	4
家具制造业	11	35	4			27	3
造纸及纸制品业	54	90			50	880	13
印刷业和记录媒介的复制	5	7		4		26	1
文教体育用品制造业	35	69		1		389	24
石油加工、炼焦及核燃料加工业	9	2				11	
化学原料及化学制品制造业	306	325	1	11	5789	646	40
医药制造业	139	248	12	4		738	65
化学纤维制造业	29	99		5		145	3
橡胶和塑料制品业	340	499	64	82	1978	735	23
非金属矿物制品业	216	201	1	11		1771	53
黑色金属冶炼和压延加工业	10	8				17	
有色金属冶炼和压延加工业	127	138		8		401	61
金属制品业	102	125	26	6		178	14
通用设备制造业	320	535	5	45	288	684	29
专用设备制造业	367	472	38	23	910	548	60
汽车制造业	87	116		5		457	9
铁路、船舶、航空航天和其他运输设备制造业	24	42	3			144	20
电气机械和器材制造业	439	745	48	13	500	1342	78
计算机、通信和其他电子设备制造业	1362	2027	125	59	533	1172	49
仪器仪表制造业	171	196	6	6		279	19
其他制造业	109	149	1			200	6
废弃资源综合利用业	2						
金属制品、机械和设备修理业							
电力、热力、燃气及水生产和供应业	371	145					3
电力、热力生产和供应业	370	145					2
燃气生产和供应业							
水的生产和供应业	1						1
三、按设区市分组							
福州市	1679	3098	91	14	15	2483	102
#平潭							
厦门市	1566	1936	215	164	1912	3998	121
莆田市	173	101	2		288	650	34
三明市	49	149	2	5	39	625	45
泉州市	1016	847	13	83	2060	5790	181
漳州市	384	326	14			863	41
南平市	118	220	5	1	200	321	46
龙岩市	271	223		40	5785	1346	45
宁德市	219	219	8	5	30	825	81

2-H-02　大中型企业自主知识产权及相关情况

项　　目	专　利申请数(件)		有　效发　明专利数(件)	专利所有权转让及许　可　数(件)	专利所有权转让及许可收入(万元)	拥　有注　册商标数(件)	形成国家或　行　业标　准　数(项)
		#发明专利					
总　　计	**13150**	**3833**	**5014**	**149**	**3086**	**13327**	**527**
一、按登记注册类型分组							
内资企业	7637	1934	2082	49	120	6639	331
国有企业	137	25	27			690	2
集体企业							
股份合作企业	8	2	1			2	
联营企业							
有限责任公司	2620	709	547	32	30	892	126
国有独资公司	752	388	175			214	20
其他有限责任公司	1868	321	372	32	30	678	106
股份有限公司	2632	576	942	4		3025	82
私营企业	2234	616	559	13	90	2030	121
私营独资企业							
私营合伙企业							
私营有限责任公司	1843	507	499	13	90	1877	85
私营股份有限公司	391	109	60			153	36
其他企业	6	6	6				
港、澳、台商投资企业	2903	770	1259	82	2266	4234	93
合资经营企业	950	254	363	4		879	25
合作经营企业	8	3				8	2
港、澳、台商独资经营企业	1891	483	842	78	2266	2931	61
港、澳、台商投资股份有限公司	54	30	54			416	5
其他港澳台投资企业							
外商投资企业	2610	1129	1673	18	700	2454	103
中外合资经营企业	768	301	466	13	500	1401	59
中外合作经营企业	35	1	1			2	1
外资企业	1717	789	1105	5	200	732	26
外商投资股份有限公司	90	38	101			318	17
其他外商投资企业						1	
二、按行业分组							
采矿业			2			7	
煤炭开采和洗选业						5	
石油和天然气开采业							
黑色金属矿采选业							
有色金属矿采选业							
非金属矿采选业			2			2	
开采辅助活动							
非他采矿业							
制造业	12487	3462	4873	149	3086	13320	524
农副食品加工业	157	82	38	4		118	5
食品制造业	275	82	91	1	200	588	34
饮料制造业	287	33	42			689	10
烟草制品业	197	41	39			690	6

2-H-02 续表

项目	专利申请数(件)	#发明专利	有效发明专利数(件)	专利所有权转让及许可数(件)	专利所有权转让及许可收入(万元)	拥有注册商标数(件)	形成国家或行业标准数(项)
纺织业	330	117	86		1	238	13
纺织服装、鞋、帽制造业	119	58	52	4		1094	7
皮革、毛皮、羽毛(绒)及其制品业	537	190	203	4		1471	23
木材加工及木、竹、藤、棕、草制品业	148	22	16			86	2
家具制造业	162	10	13			14	
造纸及纸制品业	167	37	79		50	721	11
印刷业和记录媒介的复制	55	3	2	4		20	1
文教体育用品制造业	801	26	46			368	23
石油加工、炼焦及核燃料加工业							
化学原料及化学制品制造业	250	125	102	5	39	237	8
医药制造业	150	89	210	4		623	60
化学纤维制造业	144	29	76	5		137	3
橡胶和塑料制品业	1183	228	409	78	1978	614	17
非金属矿物制品业	1623	154	135	11		1712	30
黑色金属冶炼和压延加工业	36	6	4			6	
有色金属冶炼和压延加工业	355	97	120	8		387	60
金属制品业	268	35	61	6		139	11
通用设备制造业	453	186	380		288	533	23
专用设备制造业	548	189	205	1		267	35
汽车制造业	263	39	42	1		288	7
铁路、船舶、航空航天和其他运输设备制造业	183	15	12			83	19
电气机械和器材制造业	1160	307	446	2	500	1028	59
计算机、通信和其他电子设备制造业	2119	1068	1738	11	30	830	39
仪器仪表制造业	308	93	87			175	15
其他制造业	209	101	139			164	3
废弃资源综合利用业							
金属制品、机械和设备修理业							
电力、热力、燃气及水生产和供应业	663	371	139				3
电力、热力生产和供应业	662	370	139				2
燃气生产和供应业							
水的生产和供应业	1	1					1
三、按设区市分组							
福州市	2810	1393	2528	5		1904	89
#平潭							
厦门市	3219	1058	1310	96	500	2966	74
莆田市	896	121	44		288	515	23
三明市	148	23	61	5	39	268	20
泉州市	3733	666	504	28	2029	5320	149
漳州市	974	234	207			645	32
南平市	418	71	136	1	200	277	43
龙岩市	622	152	126	11	30	1144	33
宁德市	330	115	98	3		288	64

2-H-03 内资企业自主知识产权及相关情况

项目	专利申请数(件)		有效发明专利数(件)	专利所有权转让及许可数(件)	专利所有权转让及许可收入(万元)	拥有注册商标数(件)	形成国家或行业标准数(项)
		#发明专利					
总计	**12116**	**3204**	**3711**	**191**	**6817**	**9204**	**476**
一、按行业分组							
采矿业	9	2	3			9	
煤炭开采和洗选业						5	
石油和天然气开采业							
黑色金属矿采选业							
有色金属矿采选业	7	1					
非金属矿采选业	2	1	3			4	
开采辅助活动							
非他采矿业							
制造业	11430	2832	3563	191	6817	9195	474
农副食品加工业	292	125	128	15		348	11
食品制造业	266	83	97	2	35	408	24
饮料制造业	220	54	39			439	12
烟草制品业	197	41	39			690	6
纺织业	299	94	57		1	138	12
纺织服装、鞋、帽制造业	53	45	45			715	6
皮革、毛皮、羽毛(绒)及其制品业	147	72	52	4		65	8
木材加工及木、竹、藤、棕、草制品业	112	25	72			142	3
家具制造业	34	2	5			10	1
造纸及纸制品业	133	36	56		50	234	8
印刷业和记录媒介的复制	62	5	4	4		26	1
文教体育用品制造业	795	19	33	1		183	8
石油加工、炼焦及核燃料加工业							
化学原料及化学制品制造业	537	267	290	10	5789	594	38
医药制造业	155	103	181	2		444	49
化学纤维制造业	93	13	15	5		13	1
橡胶和塑料制品业	485	126	85	6		107	10
非金属矿物制品业	1658	160	123			1425	43
黑色金属冶炼和压延加工业	57	7	8			15	
有色金属冶炼和压延加工业	372	101	110	8		386	58
金属制品业	323	57	66	6		37	7
通用设备制造业	479	125	304	38		351	13
专用设备制造业	876	275	234	22	910	466	51
汽车制造业	367	39	76	1		239	4
铁路、船舶、航空航天和其他运输设备制造业	214	21	20			101	8
电气机械和器材制造业	1108	192	497	6		866	48
计算机、通信和其他电子设备制造业	1563	579	676	55	31	607	40
仪器仪表制造业	338	98	137	6		121	3
其他制造业	173	66	114			25	1
废弃资源综合利用业	10	2					
金属制品、机械和设备修理业	12						
电力、热力、燃气及水生产和供应业	677	370	145				2
电力、热力生产和供应业	677	370	145				2
燃气生产和供应业							
水的生产和供应业							
二、按设区市分组							
福州市	2350	950	1336	12		897	53
#平潭							
厦门市	2257	696	876	63	910	1734	84
莆田市	980	151	89			371	15
三明市	267	47	131	5	39	586	42
泉州市	3655	642	505	73	82	2967	115
漳州市	693	239	224			702	34
南平市	394	94	178			90	14
龙岩市	910	239	192	35	5785	1310	45
宁德市	610	146	180	3		547	74

2-H-04 港澳台商投资企业自主知识产权及相关情况

项目	专利申请数(件)	#发明专利	有效发明专利数(件)	专利所有权转让及许可数(件)	专利所有权转让及许可收入(万元)	拥有注册商标数(件)	形成国家或行业标准数(项)
总计	**3612**	**983**	**1464**	**97**	**2783**	**4670**	**110**
一、按行业分组							
采矿业							
煤炭开采和洗选业							
石油和天然气开采业							
黑色金属矿采选业							
有色金属矿采选业							
非金属矿采选业							
开采辅助活动							
非他采矿业							
制造业	3611	982	1464	97	2783	4670	109
农副食品加工业	29	6	13	2	15	19	1
食品制造业	63	33	17			318	12
饮料制造业	140	3	11			189	4
烟草制品业							
纺织业	104	54	40			204	3
纺织服装、鞋、帽制造业	69	19	11	4		359	
皮革、毛皮、羽毛(绒)及其制品业	210	63	119			1050	4
木材加工及木、竹、藤、棕、草制品业	94	8	5			2	1
家具制造业	17		3			1	
造纸及纸制品业	32	3	16			68	5
印刷业和记录媒介的复制			2				
文教体育用品制造业	54	11	11			203	16
石油加工、炼焦及核燃料加工业	10	7				7	
化学原料及化学制品制造业	69	31	26			21	1
医药制造业	42	26	52	2		237	5
化学纤维制造业	80	16	84			132	2
橡胶和塑料制品业	784	180	334	76	1978	582	13
非金属矿物制品业	102	36	58			335	5
黑色金属冶炼和压延加工业	6	1				1	
有色金属冶炼和压延加工业						3	3
金属制品业	76	13	16			11	1
通用设备制造业	90	27	29	7	288	92	
专用设备制造业	182	69	117			42	7
汽车制造业	130	9	18	4		39	
铁路、船舶、航空航天和其他运输设备制造业	6	1	3			18	
电气机械和器材制造业	617	184	173	1		276	1
计算机、通信和其他电子设备制造业	418	119	231	1	502	228	7
仪器仪表制造业	128	21	40			154	14
其他制造业	59	42	35			79	4
废弃资源综合利用业							
金属制品、机械和设备修理业							
电力、热力、燃气及水生产和供应业	1	1					1
电力、热力生产和供应业							
燃气生产和供应业							
水的生产和供应业	1	1					1
二、按设区市分组							
福州市	552	160	571	2	15	1211	38
#平潭							
厦门市	1386	393	538	85	502	1384	22
莆田市	82	18	11		288	66	2
三明市	10		8			16	2
泉州市	758	233	210	5	1978	1634	38
漳州市	436	90	92			138	6
南平市	162	11	11			169	1
龙岩市	117	23	9	5		28	
宁德市	109	55	14			24	1

2-H-05　外商投资企业自主知识产权及相关情况

项　　目	专利申请数(件)	#发明专利	有效发明专利数(件)	专利所有权转让及许可数(件)	专利所有权转让及许可收入(万元)	拥有注册商标数(件)	形成国家或行业标准数(项)
总　计	**3168**	**1288**	**1944**	**24**	**730**	**3027**	**110**
一、按行业分组							
采矿业							
煤炭开采和洗选业							
石油和天然气开采业							
黑色金属矿采选业							
有色金属矿采选业							
非金属矿采选业							
开采辅助活动							
非他采矿业							
制造业	3168	1288	1944	24	730	3027	110
农副食品加工业	40	25	8			19	1
食品制造业	38	13	20	2	230	258	3
饮料制造业	61		13			341	
烟草制品业							
纺织业	22	7	9			12	
纺织服装、鞋、帽制造业	10	1	2			20	1
皮革、毛皮、羽毛(绒)及其制品业	201	67	43			365	11
木材加工及木、竹、藤、棕、草制品业	4		3			1	
家具制造业	125	9	27			16	2
造纸及纸制品业	29	15	18			578	
印刷业和记录媒介的复制	3		1				
文教体育用品制造业	60	5	25			3	
石油加工、炼焦及核燃料加工业	8	2	2			4	
化学原料及化学制品制造业	25	8	9	1		31	1
医药制造业	21	10	15			57	11
化学纤维制造业							
橡胶和塑料制品业	262	34	80			46	
非金属矿物制品业	48	20	20	11		11	5
黑色金属冶炼和压延加工业	4	2				1	
有色金属冶炼和压延加工业	33	26	28			12	
金属制品业	113	32	43			130	6
通用设备制造业	351	168	202			241	16
专用设备制造业	108	23	121	1		40	2
汽车制造业	193	39	22			179	5
铁路、船舶、航空航天和其他运输设备制造业	19	2	19			25	12
电气机械和器材制造业	306	63	75	6	500	200	29
计算机、通信和其他电子设备制造业	950	664	1120	3		337	2
仪器仪表制造业	128	52	19			4	2
其他制造业	6	1				96	1
废弃资源综合利用业							
金属制品、机械和设备修理业							
电力、热力、燃气及水生产和供应业							
电力、热力生产和供应业							
燃气生产和供应业							
水的生产和供应业							
二、按设区市分组							
福州市	919	569	1191			375	11
#平潭							
厦门市	1353	477	522	16	500	880	15
莆田市	20	4	1			213	17
三明市	6	2	10			23	1
泉州市	439	141	132	5		1189	28
漳州市	276	55	10			23	1
南平市	32	13	31	1	200	62	31
龙岩市	82	9	22			8	
宁德市	41	18	25	2	30	254	6

2-H-06 分地区企业自主知识产权及相关情况

地　区	专　利申请数(件)		有效发明专利数(件)	专利所有权转让及许可数(件)	专利所有权转让及许可收入(万元)	拥有注册商标数(件)	形成国家或行业标准数(项)
		#发明专利					
全　省	**18896**	**5475**	**7119**	**312**	**10329**	**16901**	**696**
福州市	**3821**	**1679**	**3098**	**14**	**15**	**2483**	**102**
鼓楼区	1203	690	756			412	7
台江区	14	3	3	6		5	1
仓山区	650	305	777	4		491	18
马尾区	523	229	540			380	26
晋安区	204	101	314			276	16
闽侯县	218	61	155	2		195	8
连江县	23	14	12			9	
罗源县	23	5	17			1	1
闽清县	15	6	6			11	6
永泰县	2	2	2			11	
平潭县							
福清市	602	144	333	2	15	616	11
长乐市	344	119	183			76	8
厦门市	**4996**	**1566**	**1936**	**164**	**1912**	**3998**	**121**
思明区	287	67	146	1		282	4
海沧区	1409	362	404	17		464	34
湖里区	1261	553	512	92	502	1158	29
集美区	1028	237	436	41		1250	27
同安区	294	99	176	8	500	311	17
翔安区	717	248	262	5	910	533	10
莆田市	**1082**	**173**	**101**		**288**	**650**	**34**
城厢区	54	18	15			29	1
涵江区	200	41	46		288	260	13
荔城区	157	90	9			207	1
秀屿区	32	13	16			126	4
仙游县	639	11	15			28	15
三明市	**283**	**49**	**149**	**5**	**39**	**625**	**45**
梅列区	35	6	9			47	3
三元区	16	1	10			34	
明溪县	2	2	3			23	
清流县	7		2			7	2
宁化县	3					33	3
大田县			8			16	
尤溪县	29	1	16			17	2
沙县	62	17	38	5	39	187	12
将乐县	31	3	2			15	5
泰宁县	6	2	4			16	1
建宁县	7	2	8			40	8
永安市	85	15	49			190	9
泉州市	**4852**	**1016**	**847**	**83**	**2060**	**5790**	**181**
鲤城区	903	224	185	5		912	19
丰泽区	306	71	57	33	1	22	
洛江区	117	24	6			51	24
泉港区	145	29	20	6	30	132	3
惠安县	135	39	29		50	46	

2-H-06　续表

地　区	专　利申请数(件)	#发明专利	有效发明专利数(件)	专利所有权转让及许可数(件)	专利所有权转让及许可收入(万元)	拥有注册商标数(件)	形成国家或行业标准数(项)
安溪县	41	7	10			4	2
永春县	43	13	3			14	2
德化县	80	17	19			48	1
金门县							
石狮市	120	51	28	2	1978	64	7
晋江市	1045	357	317	20	1	2842	64
南安市	1917	184	173	17		1655	59
漳州市	**1405**	**384**	**326**			**863**	**41**
芗城区	207	64	57			282	17
龙文区	260	50	62			122	6
云霄县	44	23	10			9	4
漳浦县	133	44	5			58	1
诏安县	19	13	7			3	
长泰县	116	38	30			129	2
东山县	17	10	24			145	4
南靖县	106	14	15			12	1
平和县	12	10	9			10	3
华安县	57	23	15			18	
龙海市	434	95	92			75	3
南平市	**588**	**118**	**220**	**1**	**200**	**321**	**46**
延平区	121	17	108			76	31
顺昌县	21	6	19			23	1
浦城县	28	18	7			5	
光泽县	8	1	1			2	
松溪县	7	5	6	1	200	4	3
政和县	12	11				2	1
邵武市	119	14	42			7	
武夷山市	144	7	16			164	1
建瓯市	46	14	5			10	1
建阳市	82	25	16			28	8
龙岩市	**1109**	**271**	**223**	**40**	**5785**	**1346**	**45**
新罗区	662	141	115	24		954	33
长汀县	38	12	8			2	
永定县	49	11	19			30	2
上杭县	66	40	41	8		276	5
武平县	56	8	10	3	30	10	4
连城县	87	27	17	5	5755	62	1
漳平市	151	32	13			12	
宁德市	**760**	**219**	**219**	**5**	**30**	**825**	**81**
蕉城区	253	97	37	2	30	305	8
霞浦县	19	14	13			10	1
古田县	6	1				2	
屏南县	18	7	3			15	3
寿宁县	26	2	16	1		16	4
周宁县	4	2				1	
柘荣县	36	23	44	2		36	29
福安市	237	37	72			293	28
福鼎市	161	36	34			147	8

I.企业政府相关政策落实情况

2-I-01 企业政府相关政策落实情况

单位：万元

项目	使用来自政府部门的科技活动资金	研究开发费用加计扣除减免税	高新技术企业减免税
总　计	**90783**	**77799**	**191006**
一、按登记注册类型分组			
内资企业	57252	36508	73091
国有企业	64	28	
集体企业			
股份合作企业	60		
联营企业			
有限责任公司	19438	12920	16576
国有独资公司	952	3347	270
其他有限责任公司	18486	9573	16306
股份有限公司	12369	11555	34923
私营企业	25072	11967	21563
私营独资企业	18		
私营合伙企业	168		
私营有限责任公司	23193	9419	14932
私营股份有限公司	1693	2549	6632
其他企业	249	37	28
港、澳、台商投资企业	13947	21667	56417
合资经营企业	5532	6278	11990
合作经营企业	602		
港、澳、台商独资经营企业	7793	14805	43677
港、澳、台商投资股份有限公司	21	585	750
其他港澳台投资企业			
外商投资企业	19584	19624	61498
中外合资经营企业	12861	7540	22116
中外合作经营企业	130		
外资企业	6398	11588	37436
外商投资股份有限公司	130	496	1946
其他外商投资企业	65		
二、按行业分组			
采矿业	289	118	
煤炭开采和洗选业			
石油和天然气开采业			
黑色金属矿采选业	100		
有色金属矿采选业	130		
非金属矿采选业	59	118	
开采辅助活动			
非他采矿业			
制造业	90299	77236	191006
农副食品加工业	6546	1328	2017
食品制造业	3753	2030	1571
饮料制造业	3212	228	6986
烟草制品业			

2-I-01　续表　　　　单位：万元

项　目	使用来自政府部门的科技活动资金	研究开发费用加计扣除减免税	高新技术企业减免税
纺织业	2499	1435	1013
纺织服装、鞋、帽制造业	1265	1433	11809
皮革、毛皮、羽毛(绒)及其制品业	1057	1124	5896
木材加工及木、竹、藤、棕、草制品业	522	75	11
家具制造业	47		
造纸及纸制品业	1555	162	3264
印刷业和记录媒介的复制	404	165	670
文教体育用品制造业	1486	346	1268
石油加工、炼焦及核燃料加工业	308	143	216
化学原料及化学制品制造业	3551	3125	6646
医药制造业	4310	2698	10690
化学纤维制造业	266	5523	7552
橡胶和塑料制品业	1463	3101	13142
非金属矿物制品业	1959	2352	6673
黑色金属冶炼和压延加工业	352	385	22
有色金属冶炼和压延加工业	3286	2883	3830
金属制品业	1683	1923	2851
通用设备制造业	5230	1950	6508
专用设备制造业	7279	4133	12595
汽车制造业	10140	3771	7045
铁路、船舶、航空航天和其他运输设备制造业	783	140	322
电气机械和器材制造业	8516	7403	21151
计算机、通信和其他电子设备制造业	17407	25793	54427
仪器仪表制造业	1032	2604	2337
其他制造业	340	311	494
废弃资源综合利用业	30		
金属制品、机械和设备修理业	20	676	
电力、热力、燃气及水生产和供应业	196	445	
电力、热力生产和供应业	156	445	
燃气生产和供应业	20		
水的生产和供应业	20		
三、按设区市分组			
福州市	16548	26227	23796
#平潭			
厦门市	29990	29795	91762
莆田市	5336	2169	2171
三明市	4892	2397	3164
泉州市	13953	6169	34522
漳州市	5960	5055	15330
南平市	3413	1582	1369
龙岩市	4831	2906	11797
宁德市	5859	1499	7096

2-I-02 大中型企业政府相关政策落实情况

单位：万元

项　　目	使用来自政府部门的科技活动资金	研究开发费用加计扣除减免税	高新技术企业减免税
总　计	**59822**	**65032**	**167870**
一、按登记注册类型分组			
内资企业	33457	26058	57901
国有企业	49	28	
集体企业			
股份合作企业	60		
联营企业			
有限责任公司	13536	9860	11077
国有独资公司	952	3347	270
其他有限责任公司	12584	6512	10807
股份有限公司	11046	10279	32171
私营企业	8735	5854	14624
私营独资企业	10		
私营合伙企业			
私营有限责任公司	7854	4344	8924
私营股份有限公司	871	1510	5700
其他企业	31	37	28
港、澳、台商投资企业	9710	21005	51170
合资经营企业	4032	6076	11073
合作经营企业	70		
港、澳、台商独资经营企业	5588	14344	39348
港、澳、台商投资股份有限公司	21	585	750
其他港澳台投资企业			
外商投资企业	16655	17970	58798
中外合资经营企业	10748	7233	21003
中外合作经营企业	120		
外资企业	5592	10241	35850
外商投资股份有限公司	130	496	1946
其他外商投资企业	65		
二、按行业分组			
采矿业	139	118	
煤炭开采和洗选业			
石油和天然气开采业			
黑色金属矿采选业	50		
有色金属矿采选业	40		
非金属矿采选业	49	118	
开采辅助活动			
非他采矿业			
制造业	59546	64470	167870
农副食品加工业	3675	677	1170
食品制造业	2227	1706	617
饮料制造业	1834	220	6485
烟草制品业			

2-I-02　续表　　　　单位：万元

项　　目	使用来自政府部门的科技活动资金	研究开发费用加计扣除减免税	高新技术企业减免税
纺织业	1606	1394	1013
纺织服装、鞋、帽制造业	737	1433	11809
皮革、毛皮、羽毛(绒)及其制品业	931	1124	5896
木材加工及木、竹、藤、棕、草制品业	130	75	11
家具制造业	17		
造纸及纸制品业	1436	75	3171
印刷业和记录媒介的复制	154	165	571
文教体育用品制造业	723	346	1262
石油加工、炼焦及核燃料加工业	97	143	
化学原料及化学制品制造业	1838	1232	4920
医药制造业	2854	2554	10251
化学纤维制造业	161	5523	7552
橡胶和塑料制品业	789	2853	12246
非金属矿物制品业	947	2215	5481
黑色金属冶炼和压延加工业	186		22
有色金属冶炼和压延加工业	2873	2861	3712
金属制品业	777	1613	2511
通用设备制造业	3187	1504	5735
专用设备制造业	3759	2707	10604
汽车制造业	8987	3450	5406
铁路、船舶、航空航天和其他运输设备制造业	544	140	185
电气机械和器材制造业	3693	6258	14784
计算机、通信和其他电子设备制造业	14702	21218	50900
仪器仪表制造业	500	1998	1072
其他制造业	184	311	485
废弃资源综合利用业			
金属制品、机械和设备修理业		676	
电力、热力、燃气及水生产和供应业	137	445	
电力、热力生产和供应业	127	445	
燃气生产和供应业			
水的生产和供应业	10		
三、按设区市分组			
福州市	13701	23543	20356
#平潭			
厦门市	24676	24438	80646
莆田市	3221	1900	1404
三明市	2321	1428	2803
泉州市	6332	4142	29727
漳州市	3723	4504	14217
南平市	1887	1166	1186
龙岩市	2323	2512	10967
宁德市	1637	1400	6564

2-I-03 内资企业政府相关政策落实情况

单位：万元

项目	使用来自政府部门的科技活动资金	研究开发费用加计扣除减免税	高新技术企业减免税
总 计	**57252**	**36508**	**73091**
一、按行业分组			
采矿业	289	118	
煤炭开采和洗选业			
石油和天然气开采业			
黑色金属矿采选业	100		
有色金属矿采选业	130		
非金属矿采选业	59	118	
开采辅助活动			
非他采矿业			
制造业	56777	35946	73091
农副食品加工业	5708	1032	2010
食品制造业	2820	1865	1036
饮料制造业	2063	220	701
烟草制品业			
纺织业	1481	1052	597
纺织服装、鞋、帽制造业	352	503	20
皮革、毛皮、羽毛(绒)及其制品业	505	1099	357
木材加工及木、竹、藤、棕、草制品业	486		
家具制造业	47		
造纸及纸制品业	1480	162	773
印刷业和记录媒介的复制	354	165	571
文教体育用品制造业	768	252	373
石油加工、炼焦及核燃料加工业	97		
化学原料及化学制品制造业	3226	2904	6389
医药制造业	2847	1377	7751
化学纤维制造业	180		154
橡胶和塑料制品业	726	427	2491
非金属矿物制品业	1873	1203	6207
黑色金属冶炼和压延加工业	352	385	22
有色金属冶炼和压延加工业	2783	2445	588
金属制品业	1411	1105	337
通用设备制造业	1949	748	1836
专用设备制造业	5357	3410	7245
汽车制造业	2589	1602	3017
铁路、船舶、航空航天和其他运输设备制造业	726	140	185
电气机械和器材制造业	6219	3351	4677
计算机、通信和其他电子设备制造业	9508	9597	24069
仪器仪表制造业	608	633	1228
其他制造业	212	270	458
废弃资源综合利用业	30		
金属制品、机械和设备修理业	20		
电力、热力、燃气及水生产和供应业	186	445	
电力、热力生产和供应业	156	445	
燃气生产和供应业	20		
水的生产和供应业	10		
二、按设区市分组			
福州市	6371	10111	8010
#平潭			
厦门市	15860	9757	35429
莆田市	3951	2160	2082
三明市	4424	2382	3151
泉州市	9426	4633	4171
漳州市	4430	2984	13430
南平市	3140	1348	686
龙岩市	4051	2683	5432
宁德市	5601	451	701

2-I-04　港澳台商投资企业政府相关政策落实情况

单位：万元

项　目	使用来自政府部门的科技活动资金	研究开发费用加计扣除减免税	高新技术企业减免税
总　计	**13947**	**21667**	**56417**
一、按行业分组			
采矿业			
煤炭开采和洗选业			
石油和天然气开采业			
黑色金属矿采选业			
有色金属矿采选业			
非金属矿采选业			
开采辅助活动			
非他采矿业			
制造业	13938	21667	56417
农副食品加工业	146	33	7
食品制造业	683	92	
饮料制造业	425	8	
烟草制品业			
纺织业	963	384	416
纺织服装、鞋、帽制造业	518	921	11755
皮革、毛皮、羽毛(绒)及其制品业	321	25	3630
木材加工及木、竹、藤、棕、草制品业	36	75	11
家具制造业	1		
造纸及纸制品业	45		2491
印刷业和记录媒介的复制	50		
文教体育用品制造业	260		554
石油加工、炼焦及核燃料加工业	10		
化学原料及化学制品制造业	204	125	154
医药制造业	1388	930	2287
化学纤维制造业	86	5523	7398
橡胶和塑料制品业	543	2398	7509
非金属矿物制品业	86	996	261
黑色金属冶炼和压延加工业			
有色金属冶炼和压延加工业		388	2481
金属制品业	272		46
通用设备制造业	1686	130	49
专用设备制造业	1809	140	760
汽车制造业	414	631	1206
铁路、船舶、航空航天和其他运输设备制造业	57		
电气机械和器材制造业	1317	3350	11445
计算机、通信和其他电子设备制造业	2095	4661	3352
仪器仪表制造业	396	182	601
其他制造业	129		4
废弃资源综合利用业			
金属制品、机械和设备修理业		676	
电力、热力、燃气及水生产和供应业	10		
电力、热力生产和供应业			
燃气生产和供应业			
水的生产和供应业	10		
二、按设区市分组			
福州市	3326	7818	5593
#平潭			
厦门市	4273	9255	17464
莆田市	933		85
三明市	211	15	14
泉州市	3410	1318	25201
漳州市	1395	1978	1764
南平市	205	68	423
龙岩市	48	167	11
宁德市	146	1048	5863

2-I-05 外商投资企业政府相关政策落实情况

单位：万元

项目	使用来自政府部门的科技活动资金	研究开发费用加计扣除减免税	高新技术企业减免税
总 计	**19584**	**19624**	**61498**
一、按行业分组			
采矿业			
煤炭开采和洗选业			
石油和天然气开采业			
黑色金属矿采选业			
有色金属矿采选业			
非金属矿采选业			
开采辅助活动			
非他采矿业			
制造业	19584	19624	61498
农副食品加工业	692	262	
食品制造业	250	73	536
饮料制造业	724		6285
烟草制品业			
纺织业	55		
纺织服装、鞋、帽制造业	395	9	34
皮革、毛皮、羽毛(绒)及其制品业	231		1910
木材加工及木、竹、藤、棕、草制品业			
家具制造业			
造纸及纸制品业	30		
印刷业和记录媒介的复制			100
文教体育用品制造业	458	94	340
石油加工、炼焦及核燃料加工业	201	143	216
化学原料及化学制品制造业	121	96	103
医药制造业	75	391	652
化学纤维制造业			
橡胶和塑料制品业	194	275	3142
非金属矿物制品业		153	205
黑色金属冶炼和压延加工业			
有色金属冶炼和压延加工业	504	50	761
金属制品业		818	2469
通用设备制造业	1594	1072	4623
专用设备制造业	113	583	4590
汽车制造业	7136	1538	2822
铁路、船舶、航空航天和其他运输设备制造业			137
电气机械和器材制造业	980	702	5029
计算机、通信和其他电子设备制造业	5804	11534	27006
仪器仪表制造业	28	1790	508
其他制造业		41	31
废弃资源综合利用业			
金属制品、机械和设备修理业			
电力、热力、燃气及水生产和供应业			
电力、热力生产和供应业			
燃气生产和供应业			
水的生产和供应业			
二、按设区市分组			
福州市	6852	8298	10193
#平潭			
厦门市	9858	10783	38870
莆田市	452	9	4
三明市	258		
泉州市	1117	219	5150
漳州市	135	93	136
南平市	69	166	259
龙岩市	731	56	6354
宁德市	112		532

2-I-06　分地区企业政府相关政策落实情况

单位：万元

地　　区	使用来自政府部门的科技活动资金	研究开发费用加计扣除减免税	高新技术企业减免税
全　省	**90783**	**77799**	**191006**
福州市	**16548**	**26227**	**23796**
鼓楼区	3752	3387	5133
台江区	30		
仓山区	5184	4073	6961
马尾区	1258	6764	3915
晋安区	610	392	784
闽侯县	2415	2103	94
连江县	128	198	8
罗源县			
闽清县	67		
永泰县	4		
平潭县			
福清市	2704	2559	1733
长乐市	397	6751	5167
厦门市	**29990**	**29795**	**91762**
思明区	2287	1722	3935
海沧区	3892	4307	14487
湖里区	4904	9057	27803
集美区	11332	6666	28303
同安区	2192	1158	2527
翔安区	5384	6887	14708
莆田市	**5336**	**2169**	**2171**
城厢区	748	701	396
涵江区	1843	98	355
荔城区	2028	359	929
秀屿区	228	846	323
仙游县	488	165	168
三明市	**4892**	**2397**	**3164**
梅列区	343	26	8
三元区	234	424	35
明溪县		203	746
清流县			
宁化县	95		
大田县	123		21
尤溪县	177	123	386
沙县	1082	430	185
将乐县	245		
泰宁县	211		
建宁县	334	234	78
永安市	2048	959	1706
泉州市	**13953**	**6169**	**34522**
鲤城区	1715	1495	5213
丰泽区	802	190	452
洛江区	203	523	757
泉港区	608	183	60
惠安县	921		

2-I-06 续表

单位：万元

地　　区	使用来自政府部门的科技活动资金	研究开发费用加计扣除减免税	高新技术企业减免税
安溪县	504	220	200
永春县	315		
德化县	679	258	
金门县			
石狮市	1522		4
晋江市	4525	2974	26308
南安市	2159	327	1526
漳州市	**5960**	**5055**	**15330**
芗城区	931	894	7073
龙文区	517	120	159
云霄县	329	289	28
漳浦县	266	108	27
诏安县	558	167	335
长泰县	1458	622	94
东山县	81	808	4723
南靖县	438	555	146
平和县	356	13	316
华安县	202		
龙海市	825	1478	2430
南平市	**3413**	**1582**	**1369**
延平区	622	322	380
顺昌县	49	213	44
浦城县	280	36	408
光泽县	69		
松溪县	52	73	4
政和县	267		
邵武市	344	56	461
武夷山市	693		
建瓯市	104	137	57
建阳市	935	746	15
龙岩市	**4831**	**2906**	**11797**
新罗区	1592	2265	11456
长汀县	1520		
永定县	105	20	21
上杭县	644	257	
武平县	174	61	210
连城县	235	136	
漳平市	560	167	109
宁德市	**5859**	**1499**	**7096**
蕉城区	1498	1048	6395
霞浦县	46		
古田县	62		
屏南县	758		
寿宁县	100		
周宁县	320		
柘荣县	168	352	701
福安市	1704	99	
福鼎市	1202		

J.企业技术获取和技术改造情况

2-J-01　企业技术获取和技术改造情况

单位：万元

项　　目	引进技术经费支出	消化吸收经费支出	购买国内技术经费支出	技术改造经费支出
总　计	**228367**	**35244**	**188096**	**1279726**
一、按登记注册类型分组				
内资企业	49390	19255	83700	862914
国有企业	2491	94	9936	21220
集体企业			5	19258
股份合作企业			63	275
联营企业				
有限责任公司	36223	12239	37992	383663
国有独资公司	13578	352	9096	156763
其他有限责任公司	22645	11887	28896	226900
股份有限公司	5154	2316	12158	167806
私营企业	5509	4590	23442	270684
私营独资企业			60	1803
私营合伙企业				360
私营有限责任公司	5100	4545	21082	247984
私营股份有限公司	409	45	2300	20536
其他企业	13	16	105	9
港、澳、台商投资企业	84848	9806	73461	200323
合资经营企业	4724	593	5505	48302
合作经营企业				291
港、澳、台商独资经营企业	60913	8203	63863	147450
港、澳、台商投资股份有限公司	19211	1010	4093	4280
其他港澳台投资企业				
外商投资企业	94130	6182	30935	216490
中外合资经营企业	30090	3551	25404	80832
中外合作经营企业	351	5	12	325
外资企业	60807	2091	5357	125364
外商投资股份有限公司	1562	536	162	9213
其他外商投资企业	1320			756
二、按行业分组				
采矿业		252	459	63057
煤炭开采和洗选业		240	102	28923
石油和天然气开采业				
黑色金属矿采选业			186	26196
有色金属矿采选业				2431
非金属矿采选业		12	171	5507
开采辅助活动				
非他采矿业				
制造业	228367	34992	187571	1005016
农副食品加工业	3635	836	5370	31240
食品制造业	2105	1712	3997	30068
饮料制造业	180	136	3647	22249
烟草制品业	16069	166	18813	21881

2-J-01 续表 单位：万元

项目	引进技术经费支出	消化吸收经费支出	购买国内技术经费支出	技术改造经费支出
纺织业	4110	793	2759	47114
纺织服装、鞋、帽制造业	215	573	1016	7188
皮革、毛皮、羽毛(绒)及其制品业	537	965	633	25841
木材加工及木、竹、藤、棕、草制品业	580	197	3208	6957
家具制造业			23	1118
造纸及纸制品业		51	2619	48338
印刷业和记录媒介的复制	69	32	10	8359
文教体育用品制造业	658	361	2288	13679
石油加工、炼焦及核燃料加工业	9393		9636	18368
化学原料及化学制品制造业	43	102	5052	31581
医药制造业	2172	1619	2534	45524
化学纤维制造业		14	3700	17492
橡胶和塑料制品业	4840	55	5990	56994
非金属矿物制品业	851	985	2888	68983
黑色金属冶炼和压延加工业	5128	1678	1442	90977
有色金属冶炼和压延加工业	3715	10	15910	45610
金属制品业	19210	1021	6494	37155
通用设备制造业	35139	125	5994	34079
专用设备制造业	2670	881	2497	53683
汽车制造业	9449	10103	11536	42541
铁路、船舶、航空航天和其他运输设备制造业	2766	1368	1194	9690
电气机械和器材制造业	31576	7290	8978	57328
计算机、通信和其他电子设备制造业	71011	3616	58611	96966
仪器仪表制造业	143	286	73	24100
其他制造业	32	20	660	9518
废弃资源综合利用业				284
金属制品、机械和设备修理业	2072			110
电力、热力、燃气及水生产和供应业			66	211653
电力、热力生产和供应业			21	209166
燃气生产和供应业				
水的生产和供应业			44	2487
三、按设区市分组				
福州市	28589	4016	11334	269904
#平潭				
厦门市	157197	5925	89395	236838
莆田市	1054	3086	4806	26793
三明市	2459	1605	2781	274384
泉州市	20642	10144	17756	276050
漳州市	5920	852	1658	65815
南平市	1010	236	627	51213
龙岩市	7359	1839	51984	44043
宁德市	4137	7542	7756	34686

2-J-02 大中型企业技术获取和技术改造情况

单位：万元

项 目	引进技术经费支出	消化吸收经费支出	购买国内技术经费支出	技术改造经费支出
总 计	**208050**	**27400**	**156369**	**989492**
一、按登记注册类型分组				
内资企业	32494	12475	59654	641081
国有企业	2491	94	9936	20529
集体企业				
股份合作企业			63	275
联营企业				
有限责任公司	22977	6599	31041	352725
国有独资公司	13578	352	9090	156174
其他有限责任公司	9399	6247	21951	196551
股份有限公司	5011	2141	11654	157590
私营企业	2003	3625	6948	109953
私营独资企业				
私营合伙企业				
私营有限责任公司	1594	3625	4756	97075
私营股份有限公司	409		2193	12878
其他企业	13	16	12	9
港、澳、台商投资企业	83020	9094	67741	166868
合资经营企业	4591	583	2018	33564
合作经营企业				100
港、澳、台商独资经营企业	59218	7502	61630	128924
港、澳、台商投资股份有限公司	19211	1010	4093	4280
其他港澳台投资企业				
外商投资企业	92537	5831	28974	181544
中外合资经营企业	28877	3236	24296	74039
中外合作经营企业	351			325
外资企业	60427	2059	4517	97210
外商投资股份有限公司	1562	536	162	9213
其他外商投资企业	1320			756
二、按行业分组				
采矿业		252	459	15084
煤炭开采和洗选业		240	102	12941
石油和天然气开采业				
黑色金属矿采选业			186	1432
有色金属矿采选业				200
非金属矿采选业		12	171	511
开采辅助活动				
非他采矿业				
制造业	208050	27148	155854	782020
农副食品加工业	3529	667	3310	15538
食品制造业	1298	724	1326	10581
饮料制造业			2679	11950
烟草制品业	16069	166	18813	21881

2-J-02 续表 单位：万元

项　　目	引进技术经费支出	消化吸收经费支出	购买国内技术经费支出	技术改造经费支出
纺织业	2945	668	1704	30273
纺织服装、鞋、帽制造业	215	348	1016	6311
皮革、毛皮、羽毛(绒)及其制品业	537	959	604	20338
木材加工及木、竹、藤、棕、草制品业	10	142	1884	2894
家具制造业			5	23
造纸及纸制品业		51	2419	35213
印刷业和记录媒介的复制	69	32	10	1722
文教体育用品制造业	658	361	2288	11179
石油加工、炼焦及核燃料加工业	9393		9240	18130
化学原料及化学制品制造业		21	1435	16288
医药制造业	2002	1619	1234	43726
化学纤维制造业		14	3640	16376
橡胶和塑料制品业	4442		1974	43223
非金属矿物制品业	851	309	1956	44273
黑色金属冶炼和压延加工业	5110	1648	1158	85026
有色金属冶炼和压延加工业	3173		15350	39959
金属制品业	19155	952	6086	26316
通用设备制造业	34856	55	4313	25739
专用设备制造业	2628	802	1807	47383
汽车制造业	9263	5548	6548	33197
铁路、船舶、航空航天和其他运输设备制造业	2663	1368	1181	8454
电气机械和器材制造业	29599	6968	5355	47051
计算机、通信和其他电子设备制造业	57458	3467	57852	87281
仪器仪表制造业	23	241	10	22169
其他制造业	32	20	660	9518
废弃资源综合利用业				
金属制品、机械和设备修理业	2072			11
电力、热力、燃气及水生产和供应业			56	192388
电力、热力生产和供应业			11	190474
燃气生产和供应业				
水的生产和供应业			44	1913
三、按设区市分组				
福州市	28091	3669	10982	239206
#平潭				
厦门市	141310	5742	84256	220960
莆田市	1047	2464	2831	12141
三明市	1387	1497	1741	145639
泉州市	20483	5290	16360	207927
漳州市	4663	471	1370	49352
南平市	1000	171	513	45864
龙岩市	6210	1088	32683	39123
宁德市	3860	7009	5634	29280

2-J-03　内资企业技术获取和技术改造情况

单位：万元

项　　目	引进技术经费支出	消化吸收经费支出	购买国内技术经费支出	技术改造经费支出
总　计	**49390**	**19255**	**83700**	**862914**
一、按行业分组				
采矿业		252	459	57645
煤炭开采和洗选业		240	102	28923
石油和天然气开采业				
黑色金属矿采选业			186	20784
有色金属矿采选业				2431
非金属矿采选业		12	171	5507
开采辅助活动				
非他采矿业				
制造业	49390	19003	83175	603283
农副食品加工业	825	259	3723	24059
食品制造业	1760	510	2127	22302
饮料制造业	180	136	849	10940
烟草制品业	16069	166	18813	21881
纺织业	4100	785	1347	35973
纺织服装、鞋、帽制造业		313	419	3478
皮革、毛皮、羽毛(绒)及其制品业		673	137	9579
木材加工及木、竹、藤、棕、草制品业	580	197	1386	5979
家具制造业				756
造纸及纸制品业		51	2619	15087
印刷业和记录媒介的复制	69	32	10	8059
文教体育用品制造业		361	2288	9436
石油加工、炼焦及核燃料加工业			220	206
化学原料及化学制品制造业		52	4077	27478
医药制造业	668	1605	2443	26284
化学纤维制造业		14	60	11932
橡胶和塑料制品业	121	29	1239	16547
非金属矿物制品业	621	975	1888	59631
黑色金属冶炼和压延加工业	1395	479	1442	79916
有色金属冶炼和压延加工业	1074		14170	32423
金属制品业	55	68	454	17133
通用设备制造业	1188	35	1708	24828
专用设备制造业	772	817	2386	46640
汽车制造业	24	8576	8170	15258
铁路、船舶、航空航天和其他运输设备制造业	2663	1368	1194	9152
电气机械和器材制造业	1579	709	3703	25002
计算机、通信和其他电子设备制造业	15504	751	6297	33083
仪器仪表制造业	143	45	10	1263
其他制造业				8586
废弃资源综合利用业				284
金属制品、机械和设备修理业				110
电力、热力、燃气及水生产和供应业			66	201986
电力、热力生产和供应业			21	199499
燃气生产和供应业				
水的生产和供应业			44	2487
二、按设区市分组				
福州市	1317	1103	2031	178723
#平潭				
厦门市	35674	3205	19899	104244
莆田市	329	2424	3441	9025
三明市	2459	1605	2781	261050
泉州市	1436	7716	2280	148628
漳州市	1987	791	599	55216
南平市	1010	217	330	33386
龙岩市	4323	1233	48249	42720
宁德市	854	961	4091	29922

2-J-04 港澳台商投资企业技术获取和技术改造情况

单位：万元

项目	引进技术经费支出	消化吸收经费支出	购买国内技术经费支出	技术改造经费支出
总 计	**84848**	**9806**	**73461**	**200323**
一、按行业分组				
采矿业				5412
煤炭开采和洗选业				
石油和天然气开采业				
黑色金属矿采选业				5412
有色金属矿采选业				
非金属矿采选业				
开采辅助活动				
非他采矿业				
制造业	84848	9806	73461	194851
农副食品加工业		41	59	5470
食品制造业	298	984	1542	3072
饮料制造业				1538
烟草制品业				
纺织业			1412	11037
纺织服装、鞋、帽制造业	214	259	593	3493
皮革、毛皮、羽毛(绒)及其制品业	537	292	451	8394
木材加工及木、竹、藤、棕、草制品业			1823	899
家具制造业			23	306
造纸及纸制品业				33252
印刷业和记录媒介的复制				
文教体育用品制造业				4223
石油加工、炼焦及核燃料加工业				
化学原料及化学制品制造业	43	40	577	2310
医药制造业	1504		73	4094
化学纤维制造业			3640	5560
橡胶和塑料制品业	3405		4739	23919
非金属矿物制品业	200		1000	3713
黑色金属冶炼和压延加工业				4481
有色金属冶炼和压延加工业	2611		1741	12573
金属制品业	18913	820	4090	2712
通用设备制造业		36	122	3911
专用设备制造业	363	64	62	1471
汽车制造业	30		123	5028
铁路、船舶、航空航天和其他运输设备制造业	102			
电气机械和器材制造业	17345	6581	4994	28104
计算机、通信和其他电子设备制造业	37180	431	45739	24131
仪器仪表制造业		241		509
其他制造业	32	20	660	652
废弃资源综合利用业				
金属制品、机械和设备修理业	2072			
电力、热力、燃气及水生产和供应业				60
电力、热力生产和供应业				60
燃气生产和供应业				
水的生产和供应业				
二、按设区市分组				
福州市	19863	1239	5449	48008
#平潭				
厦门市	51670	304	53432	45892
莆田市		660	1211	7882
三明市				7926
泉州市	9684	1116	6094	78517
漳州市	200	61	1059	9621
南平市			262	1136
龙岩市	196	60	2624	333
宁德市	3235	6366	3330	1008

2-J-05　外商投资企业技术获取和技术改造情况

单位：万元

项　　目	引进技术经费支出	消化吸收经费支出	购买国内技术经费支出	技术改造经费支出
总　计	**94130**	**6182**	**30935**	**216490**
一、按行业分组				
采矿业				
煤炭开采和洗选业				
石油和天然气开采业				
黑色金属矿采选业				
有色金属矿采选业				
非金属矿采选业				
开采辅助活动				
非他采矿业				
制造业	94130	6182	30935	206883
农副食品加工业	2810	536	1588	1711
食品制造业	48	219	329	4695
饮料制造业			2798	9772
烟草制品业				
纺织业	10	8		104
纺织服装、鞋、帽制造业	1	1	4	218
皮革、毛皮、羽毛(绒)及其制品业			45	7868
木材加工及木、竹、藤、棕、草制品业				79
家具制造业				56
造纸及纸制品业				
印刷业和记录媒介的复制				300
文教体育用品制造业	658			20
石油加工、炼焦及核燃料加工业	9393		9417	18163
化学原料及化学制品制造业		11	398	1793
医药制造业		14	19	15146
化学纤维制造业				
橡胶和塑料制品业	1314	26	12	16529
非金属矿物制品业	30	10		5639
黑色金属冶炼和压延加工业	3733	1199		6580
有色金属冶炼和压延加工业	30	10		614
金属制品业	242	133	1950	17310
通用设备制造业	33951	55	4165	5339
专用设备制造业	1535		49	5573
汽车制造业	9395	1527	3243	22256
铁路、船舶、航空航天和其他运输设备制造业				538
电气机械和器材制造业	12653		281	4222
计算机、通信和其他电子设备制造业	18327	2434	6576	39752
仪器仪表制造业			63	22328
其他制造业				280
废弃资源综合利用业				
金属制品、机械和设备修理业				
电力、热力、燃气及水生产和供应业				9607
电力、热力生产和供应业				9607
燃气生产和供应业				
水的生产和供应业				
二、按设区市分组				
福州市	7410	1674	3854	43174
#平潭				
厦门市	69853	2416	16065	86703
莆田市	725	1	154	9886
三明市				5408
泉州市	9522	1313	9381	48906
漳州市	3733			977
南平市		19	35	16691
龙岩市	2840	546	1111	990
宁德市	48	214	335	3755

2-J-06 分地区企业技术获取和技术改造情况

单位：万元

地　　区	引进技术经费支出	消化吸收经费支出	购买国内技术经费支出	技术改造经费支出
全　省	**228367**	**35244**	**188096**	**1279726**
福州市	**28589**	**4016**	**11334**	**269904**
鼓楼区	12		25	125124
台江区				
仓山区	1481	225	88	20274
马尾区	19568	1877	4892	11909
晋安区			400	6202
闽侯县	6893	1712	4542	59508
连江县		1	120	3295
罗源县				6800
闽清县				4786
永泰县				105
平潭县				
福清市		21	405	21154
长乐市	636	180	862	10747
厦门市	**157197**	**5925**	**89395**	**236838**
思明区	4701	10	5687	11360
海沧区	25821	176	38421	51466
湖里区	66553	2276	11218	42794
集美区	10611	3280	3345	94299
同安区	1504		4453	8546
翔安区	48007	183	26271	28372
莆田市	**1054**	**3086**	**4806**	**26793**
城厢区		1880	678	3203
涵江区	329	763	1605	12051
荔城区	724	43	30	317
秀屿区	1	24	159	8671
仙游县		376	2333	2551
三明市	**2459**	**1605**	**2781**	**274384**
梅列区	1377	119	1170	67445
三元区	18	30	30	8113
明溪县			39	2418
清流县				2346
宁化县			66	4785
大田县		9	34	56233
尤溪县	1000	57	7	3058
沙县			795	27944
将乐县				1455
泰宁县			50	2971
建宁县		50	102	1325
永安市	64	1340	488	96292
泉州市	**20642**	**10144**	**17756**	**276050**
鲤城区	8605	7245		13782
丰泽区	440		386	8215
洛江区	608			3994
泉港区	9403	116	10256	35659
惠安县		115	100	19548

2-J-06　续表　　　　单位：万元

地　区	引进技术经费支出	消化吸收经费支出	购买国内技术经费支出	技术改造经费支出
安溪县		1234		9411
永春县	26			19967
德化县	99	10	336	27212
金门县				
石狮市	43	40	290	10642
晋江市	1231	1203	6062	78704
南安市	188	182	327	48917
漳州市	**5920**	**852**	**1658**	**65815**
芗城区		22	108	18916
龙文区	23		57	1451
云霄县	963	135	23	3227
漳浦县				792
诏安县				79
长泰县	173		13	4309
东山县	133			9993
南靖县	200	36	1025	3646
平和县		3	103	1390
华安县				7641
龙海市	4429	656	329	14370
南平市	**1010**	**236**	**627**	**51213**
延平区				15487
顺昌县			20	68
浦城县		29	110	682
光泽县				212
松溪县		5	35	284
政和县				46
邵武市	10	70	205	15852
武夷山市			187	1114
建瓯市		132	15	1066
建阳市	1000		56	16402
龙岩市	**7359**	**1839**	**51984**	**44043**
新罗区	5580	1117	16948	23104
长汀县	390		4794	647
永定县	170		6658	3376
上杭县	344	19	12654	13702
武平县	180	5	4424	2191
连城县	694	667	4004	245
漳平市		30	2503	780
宁德市	**4137**	**7542**	**7756**	**34686**
蕉城区	4094	6828	6791	4023
霞浦县			185	5
古田县				215
屏南县				133
寿宁县		408		712
周宁县				121
柘荣县				706
福安市	42	301	649	26098
福鼎市		5	131	2673

第3篇

建筑业企业生产经营及财务状况

A. 全社会建筑业企业

3-A-01 分设区市全社会建筑业企业个数

单位：个

地　　区	企业合计	总承包和专业承包企业	劳务分包企业	资质以外企业
全　省	**10122**	**2741**	**492**	**6889**
福州市	2498	746	212	1540
#平潭	205	14	27	164
厦门市	2322	449	116	1757
莆田市	629	191	14	424
三明市	519	178	18	323
泉州市	1756	466	48	1242
漳州市	855	183	24	648
南平市	571	184	19	368
龙岩市	470	233	16	221
宁德市	502	111	25	366

3-A-02 分设区市全社会建筑业企业年末从业人员

单位：人

地　　区	合　　计	总承包和专业承包企业	劳务分包企业	资质以外企业
全　省	**3110619**	**2266819**	**739161**	**104639**
福州市	1023792	698947	295669	29176
#平潭	9361	2599	4527	2235
厦门市	659056	219192	414476	25388
莆田市	197241	190843	960	5438
三明市	141379	135918	632	4829
泉州市	459733	420554	20348	18831
漳州市	158039	147219	2182	8638
南平市	60425	56391	283	3751
龙岩市	299039	291935	2916	4188
宁德市	111915	105820	1695	4400

数据来源：全部总承包、专业承包、劳务分包和资质外企业(下同)。

3-A-03　分设区市全社会建筑业企业资产总计

单位：万元

地　区	企业合计			
		总承包和专业承包企业	劳务分包企业	资质以外企业
全　省	**38105143**	**31605442**	**764047**	**5735654**
福州市	12653134	10995494	257767	1399873
#平潭	330964	190681	24831	115452
厦门市	7821896	6395176	421576	1005144
莆田市	2639402	2079208	14728	545466
三明市	1615744	1426741	19878	169125
泉州市	6239326	5092371	19617	1127338
漳州市	2578958	1682890	9359	886709
南平市	1083752	861503	3796	218453
龙岩市	2266418	2021450	9114	235854
宁德市	1206513	1050609	8213	147691

3-A-04　分设区市全社会建筑业企业实收资本

单位：万元

地　区	企业合计			
		总承包和专业承包企业	劳务分包企业	资质以外企业
全　省	**12437408**	**9257896**	**158139**	**3021373**
福州市	3650254	2813473	76097	760684
#平潭	197269	104390	14880	77999
厦门市	2163472	1499835	50991	612646
莆田市	1041203	766152	6356	268695
三明市	575236	467437	2237	105562
泉州市	2298960	1741799	8191	548970
漳州市	931800	541232	2521	388047
南平市	464442	342172	2450	119820
龙岩市	868066	745252	4767	118047
宁德市	443977	340545	4531	98901

3-A-05 分行业全社会建筑业企业个数

单位：个

行业	合计	总承包和专业承包企业	劳务分包企业	资质以外企业
总 计	**10122**	**2741**	**492**	**6889**
房屋建筑业	2514	1186	175	1153
土木工程建筑业	2054	583	34	1437
铁路、道路、隧道和桥梁工程建筑	881	323	16	542
铁路工程建筑	25	7		18
公路工程建筑	237	61	4	172
市政道路工程建筑	490	230	1	259
其他道路、隧道和桥梁工程建筑	129	25	11	93
水利和内河港口工程建筑	228	102		126
水源及供水设施工程建筑	131	71		60
河湖治理及防洪设施工程建筑	50	22		28
港口及航运设施工程建筑	47	9		38
海洋工程建筑	14	2		12
工矿工程建设	86	41		45
架线和管道工程建筑	166	60	2	104
架线及设备工程建筑	133	53	2	78
管道工程建筑	33	7		26
其他土木工程建筑	679	55	16	608
建筑安装业	1290	360	20	910
电气安装	495	190	6	299
管道和设备安装	222	53	7	162
其他建筑安装	573	117	7	449
建筑装饰和其他建筑业	4264	612	263	3389
建筑装饰业	2975	452	18	2505
工程准备活动	411	50	68	293
建筑物拆除活动	130	30	1	99
其他工程准备活动	281	20	67	194
提供施工服务	199	27	61	111
其他未列明建筑业	679	83	116	480

3-A-06 分行业全社会建筑业企业年末从业人员

单位：人

行 业	合计	总承包和专包企业	劳务分包企业	资质以外企业
总 计	**3110619**	**2266819**	**739161**	**104639**
房屋建筑业	1990471	1703466	267333	19672
土木工程建筑业	437646	393252	18420	25974
铁路、道路、隧道和桥梁工程建筑	208126	194346	3053	10727
铁路工程建筑	3189	2922		267
公路工程建筑	51027	46869	49	4109
市政道路工程建筑	140152	135669	13	4470
其他道路、隧道和桥梁工程建筑	13758	8886	2991	1881
水利和内河港口工程建筑	77336	75227		2109
水源及供水设施工程建筑	57553	56606		947
河湖治理及防洪设施工程建筑	14575	14264		311
港口及航运设施工程建筑	5208	4357		851
海洋工程建筑	438	134		304
工矿工程建设	90286	89773		513
架线和管道工程建筑	19885	17642	273	1970
架线及设备工程建筑	16690	14841	273	1576
管道工程建筑	3195	2801		394
其他土木工程建筑	41575	16130	15094	10351
建筑安装业	96675	72866	10630	13179
电气安装	52993	41336	7668	3989
管道和设备安装	15956	11241	2425	2290
其他建筑安装	27726	20289	537	6900
建筑装饰和其他建筑业	585827	97235	442778	45814
建筑装饰业	111027	66430	19077	25520
工程准备活动	147425	5999	137304	4122
建筑物拆除活动	2976	1267	2	1707
其他工程准备活动	144449	4732	137302	2415
提供施工服务	100886	3280	95720	1886
其他未列明建筑业	226489	21526	190677	14286

3-A-07 分行业全社会建筑业企业资产总计

单位：万元

行　业	合计	总承包和专包企业	劳务分包企业	资质以外企业
总　计	**38105143**	**31605442**	**764047**	**5735654**
房屋建筑业	20605463	19177716	233333	1194414
土木工程建筑业	10067013	7487703	28096	2551214
铁路、道路、隧道和桥梁工程建筑	5831573	4690592	13811	1127170
铁路工程建筑	127034	85780		41254
公路工程建筑	2367445	1939586	2635	425224
市政道路工程建筑	2597413	2100069	564	496780
其他道路、隧道和桥梁工程建筑	739681	565156	10612	163913
水利和内河港口工程建筑	1648904	1259004		389900
水源及供水设施工程建筑	780486	639392		141094
河湖治理及防洪设施工程建筑	552542	463776		88766
港口及航运设施工程建筑	315877	155837		160040
海洋工程建筑	82853	26744		56109
工矿工程建设	721456	695793		25663
架线和管道工程建筑	730441	531519	5904	193018
架线及设备工程建筑	591879	488731	5904	97244
管道工程建筑	138561	42788		95773
其他土木工程建筑	1051785	284051	8380	759354
建筑安装业	3506931	2977969	29209	499753
电气安装	2275214	2088946	3342	182926
管道和设备安装	441741	316913	24084	100744
其他建筑安装	789977	572110	1784	216083
建筑装饰和其他建筑业	3925738	1962054	473410	1490274
建筑装饰业	2026216	1228953	11509	785754
工程准备活动	506501	122970	124259	259272
建筑物拆除活动	149451	32462	349	116640
其他工程准备活动	357051	90509	123910	142632
提供施工服务	214405	63811	92885	57709
其他未列明建筑业	1178615	546320	244757	387538

3-A-08　分行业全社会建筑业企业实收资本

单位：万元

行　业	合计	总承包和专包企业	劳务分包企业	资质以外企业
总　计	**12437408**	**9257896**	**158139**	**3021373**
房屋建筑业	6451208	5579603	63953	807652
土木工程建筑业	3433384	2276277	15333	1141774
铁路、道路、隧道和桥梁工程建筑	1956308	1423799	10317	522192
铁路工程建筑	43677	28056		15621
公路工程建筑	633644	467759	2370	163515
市政道路工程建筑	1078317	802763	500	275054
其他道路、隧道和桥梁工程建筑	200671	125222	7447	68002
水利和内河港口工程建筑	521079	391992		129087
水源及供水设施工程建筑	301708	253947		47761
河湖治理及防洪设施工程建筑	101951	87264		14687
港口及航运设施工程建筑	117421	50782		66639
海洋工程建筑	31704	14000		17704
工矿工程建设	240503	195480		45023
架线和管道工程建筑	198101	134306	430	63365
架线及设备工程建筑	165959	116398	430	49131
管道工程建筑	32142	17908		14234
其他土木工程建筑	485689	116700	4586	364403
建筑安装业	904406	633037	3850	267519
电气安装	443070	355274	1558	86238
管道和设备安装	124416	87463	1235	35718
其他建筑安装	336920	190301	1057	145562
建筑装饰和其他建筑业	1648410	768979	75003	804428
建筑装饰业	1008126	482956	5039	520131
工程准备活动	173224	65017	21133	87074
建筑物拆除活动	40848	23214		17634
其他工程准备活动	132377	41804	21133	69440
提供施工服务	75855	24808	20609	30438
其他未列明建筑业	391204	196197	28222	166785

B. 总承包和专业承包建筑业企业

3-B-1.01 按经济类型划分的总承包和专业承包企业主要经济指标

指　　标	单位	合计	内资企业	#国有	#集体	港澳台商投资企业	外商投资企业
建筑业企业个数	个	2741	2706	48	37	29	6
直接从事生产经营活动的平均人数	万人	246.16	242.95	10.56	2.68	3.06	0.16
签订的合同额	万元	100645279	99762573	5961874	1197436	845936	36770
#本年新签合同额	万元	63433812	62810441	3380606	748854	599342	24030
建筑业总产值	万元	54617501	53944702	3230253	604745	630930	41869
建筑工程产值	万元	50862477	50223398	3032905	591429	606214	32865
安装工程产值	万元	3391296	3363909	174270	12978	24170	3216
其他产值	万元	363729	357395	23078	338	546	5788
竣工产值	万元	33433186	33183399	2239024	364958	243351	6436
建筑业增加值	万元	17187576	16925163	675351	177452	246943	15470
#本年固定资产折旧	万元	290290	288795	10380	1690	762	732
应付职工薪酬	万元	13128278	12919343	547140	152375	196235	12700
主营业务税金及附加	万元	1853099	1827671	86045	16675	24693	735
管理费用中的税金	万元	76553	75707	2258	783	806	41
房屋建筑施工面积	万平方米	48254.03	47593.17	3068.10	799.04	657.48	3.39
#本年新开工面积	万平方米	19483.34	19283.52	922.81	314.13	198.42	1.41
房屋建筑竣工面积	万平方米	13860.99	13784.74	1009.96	188.70	74.77	1.48
#住宅	万平方米	9301.91	9231.82	794.33	142.22	70.09	
年末自有施工机械设备净值	万元	1571266	1567268	24190	11200	3134	865
年末自有施工机械设备总功率	万千瓦	722.19	720.39	13.50	7.09	1.49	0.31
实收资本	万元	9257896	9176193	359619	76757	66198	15505
资产合计	万元	31605442	31213776	2551503	366953	334224	57442
#流动资产	万元	25470298	25118087	1754690	297562	303695	48516
固定资产	万元	3768457	3749306	354587	39527	13545	5606
负债合计	万元	18318546	18055739	1865783	257496	224064	38743
#流动负债	万元	17114753	16876205	1622204	256674	201143	37405
利润总额	万元	1855039	1829510	31485	9213	24456	1074
税金总额	元/人	1929652	1903377	88303	17458	25499	776
按建筑业总产值计算的劳动生产率	元/人	221877	222044	306031	225651	206240	267023
按建筑业增加值计算的劳动生产率	元/人	69822	69666	63982	66213	80721	98659
技术装备率	元/人	6383	6451	2292	4179	1024	5514
动力装备率	千瓦/人	2.9	3.0	1.3	2.6	0.5	2.0
人均利税	元/人	15375	15365	11349	9952	16329	11797
房屋建筑面积竣工率	%	28.7	29.0	32.9	23.6	11.4	43.7
资产负债率	%	58.0	57.8	73.1	70.2	67.0	67.4
产值利润率	%	3.4	3.4	1.0	1.5	3.9	2.6
产值利税率	%	6.9	6.9	3.7	4.4	7.9	4.4

3-B-1.02　总承包和专业承包企业主要经济指标完成情况

指　　标	单位	2013年	2012年	2013年比2012年增减(%)
建筑业企业个数	个	2741	2491	10.0
直接从事生产经营活动的平均人数	万人	246.16	197.61	24.6
签订的合同额	万元	100645279	80809878	24.5
#本年新签合同额	万元	63433812	46755983	35.7
建筑业总产值	万元	54617501	44245439	23.4
建筑工程产值	万元	50862477	40829401	24.6
安装工程产值	万元	3391296	2893469	17.2
其他产值	万元	363729	522569	-30.4
竣工产值	万元	33433186	25970817	28.7
建筑业增加值	万元	17187576	13639232	26.0
#本年固定资产折旧	万元	290290	251938	15.2
应付职工薪酬	万元	13128278	10313571	27.3
主营业务税金及附加	万元	1853099	1493268	24.1
管理费用中的税金	万元	76553	69761	9.7
房屋建筑施工面积	万平方米	48254.03	41821.78	15.4
#本年新开工面积	万平方米	19483.34	16476.39	18.3
房屋建筑竣工面积	万平方米	13860.99	12343.77	12.3
#住宅	万平方米	9301.91	7407.13	25.6
年末自有施工机械设备净值	万元	1571266	1348579	16.5
年末自有施工机械设备总功率	万千瓦	722.19	637.84	13.2
实收资本	万元	9257896	7584766	22.1
资产合计	万元	31605442	25646553	23.2
#流动资产	万元	25470298	20297537	25.5
固定资产	万元	3768457	3303342	14.1
负债合计	万元	18318546	14877868	23.1
#流动负债	万元	17114753	14069241	21.6
利润总额	万元	1855039	1511554	22.7
税金总额	元/人	1929652	1563030	23.5
按建筑业总产值计算的劳动生产率	元/人	221877	223904	-0.9
按建筑业增加值计算的劳动生产率	元/人	69822	69021	1.2
技术装备率	元/人	6383	6824	-6.5
动力装备率	千瓦/人	2.9	3.2	-9.4
人均利税	元/人	15375	15559	-1.2
房屋建筑面积竣工率	%	28.7	29.5	-2.7
资产负债率	%	58.0	58.0	
产值利润率	%	3.4	3.4	
产值利税率	%	6.9	6.9	

3-B-1.03 总承包和专业承包企业签订合同情况

单位：万元

项　　目	合同总额	上年结转合同额	本年新签合同额
总　　计	**100645279**	**37211467**	**63433812**
按设区市分组			
福州市	38036740	15109290	22927450
#平潭	817320	275901	541418
厦门市	16608179	7552799	9055380
莆田市	7099496	2706706	4392789
三明市	6093107	1496648	4596459
泉州市	16616769	5158560	11458209
漳州市	4708343	1282530	3425813
南平市	1738574	587138	1151436
龙岩市	6923199	2379975	4543224
宁德市	2820873	937822	1883052
按行业分组			
房屋建筑业	75368715	28509958	46858757
土木工程建筑业	18962963	7204698	11758265
铁路、道路、隧道和桥梁工程建筑	10527865	4115020	6412845
铁路工程建筑	172887	51100	121787
公路工程建筑	3580852	1542112	2038740
市政道路工程建筑	5631197	1836031	3795166
其他道路、隧道和桥梁工程建筑	1142929	685777	457152
水利和内河港口工程建筑	4859250	2181352	2677898
水源及供水设施工程建筑	2252861	782909	1469952
河湖治理及防洪设施工程建筑	2056037	1076185	979852
港口及航运设施工程建筑	550353	322258	228095
海洋工程建筑	11646	1007	10639
工矿工程建设	2228444	511058	1717387
架线和管道工程建筑	889767	300307	589460
架线及设备工程建筑	799828	287343	512485
管道工程建筑	89940	12964	76975
其他土木工程建筑	445991	95955	350037
建筑安装业	3108756	916001	2192755
电气安装	1887858	608395	1279463

3-B-1.03　续表　　单位：万元

项　　目	合同总额	上年结转合同额	本年新签合同额
管道和设备安装	303658	63745	239913
其他建筑安装	917239	243861	673379
建筑装饰和其他建筑业	3204845	580810	2624034
建筑装饰业	2086567	406876	1679690
工程准备活动	146224	32080	114144
建筑物拆除活动	30186	7216	22970
其他工程准备活动	116038	24864	91174
提供施工服务	80858	5689	75169
其他未列明建筑业	891196	136165	755031
按登记注册类型分组			
内资企业	99762573	36952133	62810441
国有企业	5961874	2581268	3380606
集体企业	1197436	448581	748854
股份合作企业	1122397	161320	961078
联营企业	27222	18172	9050
国有联营企业	26712	18172	8540
集体联营企业	510		510
国有与集体联营企业			
其他联营企业			
有限责任公司	47975591	18746077	29229513
国有独资公司	1753116	707271	1045846
其他有限责任公司	46222474	18038807	28183668
股份有限公司	4844754	2058573	2786181
私营企业	38628092	12937141	25690950
私营独资企业	298201	3785	294416
私营合伙企业	5490	318	5172
私营有限责任公司	36812443	12614902	24197541
私营股份有限公司	1511958	318137	1193821
其他企业	5208	1000	4208
港澳台商投资企业	845936	246594	599342
外商投资企业	36770	12740	24030

3-B-1.04 总承包和专业承包企业承包工程完成情况

单位：万元

项 目	直接从建设单位承揽工程完成的产值	自行完成施工产值	分包出去工程的产值	从建设单位以外承揽工程完成的产值
总 计	**53705359**	**53360304**	**345056**	**1257198**
按设区市分组				
福州市	18535785	18264506	271279	1019525
#平潭	185220	185220		892327
厦门市	7367107	7334548	32560	108027
莆田市	3710606	3710580	26	9980
三明市	3906636	3899800	6836	2778
泉州市	9617372	9601934	15438	45635
漳州市	2971245	2959803	11442	34033
南平市	1093321	1093321		6692
龙岩市	4671958	4664596	7362	28817
宁德市	1831328	1831216	112	1711
按行业分组				
房屋建筑业	39177076	38974884	202192	539031
土木工程建筑业	10191199	10099165	92034	643441
铁路、道路、隧道和桥梁工程建筑	5661126	5654913	6212	545504
铁路工程建筑	59709	59709		4134
公路工程建筑	1802190	1802190		143510
市政道路工程建筑	3215268	3210076	5191	54128
其他道路、隧道和桥梁工程建筑	583959	582938	1021	343732
水利和内河港口工程建筑	2039136	2039136		45176
水源及供水设施工程建筑	1342828	1342828		31991
河湖治理及防洪设施工程建筑	536646	536646		
港口及航运设施工程建筑	159662	159662		13185
海洋工程建筑	5676	1612	4064	
工矿工程建设	1582593	1560835	21757	2719
架线和管道工程建筑	596509	538587	57922	42007
架线及设备工程建筑	532517	474595	57922	6481
管道工程建筑	63992	63992		35526
其他土木工程建筑	306160	304081	2079	8036
建筑安装业	1963800	1913485	50315	24384
电气安装	1143374	1094389	48985	8905

3-B-1.04　续表　　　　单位：万元

项　　目	直接从建设单位承揽工程完成的产值			从建设单位以外承揽工程完成的产值
		自行完成施工产值	分包出去工程的产值	
管道和设备安装	241298	240519	779	6068
其他建筑安装	579128	578577	551	9410
建筑装饰和其他建筑业	2373284	2372770	514	50342
建筑装饰业	1603838	1603507	330	30339
工程准备活动	111801	111801		7530
建筑物拆除活动	16401	16401		6440
其他工程准备活动	95399	95399		1090
提供施工服务	66353	66344	10	4479
其他未列明建筑业	591292	591118	174	7994
按登记注册类型分组				
内资企业	52958973	52692378	266596	1252324
国有企业	3244839	3221499	23340	8754
集体企业	626544	604745	21798	
股份合作企业	383983	383983		
联营企业	13893	13893		
国有联营企业	13383	13383		
集体联营企业	510	510		
国有与集体联营企业				
其他联营企业				
有限责任公司	23693847	23597965	95881	617229
国有独资公司	773569	735434	38135	
其他有限责任公司	22920278	22862532	57746	617229
股份有限公司	2209621	2177770	31851	188868
私营企业	22783017	22689291	93725	437474
私营独资企业	263959	263959		
私营合伙企业	4794	4794		
私营有限责任公司	21473277	21380595	92682	420771
私营股份有限公司	1040986	1039943	1043	16703
其他企业	3231	3231		
港澳台商投资企业	709390	630930	78460	
外商投资企业	36996	36996		4874

3-B-1.05 总承包和专业承包企业建筑业总产值和竣工产值

单位：万元

项目	建筑业总产值	#装饰装修产值	#在外省完成的产值	按构成分组			竣工产值
				建筑工程产值	安装工程产值	其他产值	
总计	**54617501**	**2261263**	**20014255**	**50862477**	**3391296**	**363729**	**33433186**
按设区市分组							
福州市	19284031	806985	8032969	17897277	1328404	58351	11095829
#平潭	1077547	302	869438	1077547			988145
厦门市	7442574	531773	1789818	6936552	459375	46648	5047762
莆田市	3720560	42847	1433770	3672300	37843	10417	2524894
三明市	3902579	32715	678717	3763745	131302	7532	2387853
泉州市	9647569	594425	4195384	8825110	643963	178496	5546866
漳州市	2993836	74402	700262	2600274	386021	7541	1761085
南平市	1100013	13011	226276	938561	146869	14583	653269
龙岩市	4693413	117275	2262976	4468867	193691	30855	3244059
宁德市	1832927	47831	694085	1759792	63829	9306	1171568
按行业分组							
房屋建筑业	39513915	990569	14259384	38173213	1102981	237721	24631623
土木工程建筑业	10742606	128001	4584879	9981735	682795	78076	6401629
铁路、道路、隧道和桥梁工程建筑	6200417	50329	2506941	6137477	37286	25655	3783984
铁路工程建筑	63843		8088	59637	4206		31631
公路工程建筑	1945700	956	840007	1941686	33	3981	1069261
市政道路工程建筑	3264204	49373	1119573	3212032	33047	19125	1850133
其他道路、隧道和桥梁工程建筑	926670		539273	924121		2549	832958
水利和内河港口工程建筑	2084312	19440	1016044	1987733	76701	19878	998048
水源及供水设施工程建筑	1374819	13050	668769	1286330	68611	19878	820180
河湖治理及防洪设施工程建筑	536646	6390	324856	528556	8090		105782
港口及航运设施工程建筑	172847		22419	172847			72085
海洋工程建筑	1612		427	1046	566		790
工矿工程建设	1563555	35492	929056	1326462	215614	21478	1068028
架线和管道工程建筑	580594	6104	91071	234544	343923	2128	411276
架线及设备工程建筑	481076	6104	43344	148235	330713	2128	358034
管道工程建筑	99518		47727	86308	13210		53241
其他土木工程建筑	312117	16635	41341	294474	8704	8938	139504
建筑安装业	1937868	20049	483492	574331	1342826	20711	1017014
电气安装	1103294	14038	190622	314415	779783	9096	657780

3-B-1.05　续表　　单位：万元

项　目	建筑业总产值	#装饰装修产值	#在外省完成的产值	按构成分组			竣工产值
				建筑工程产值	安装工程产值	其他产值	
管道和设备安装	246587	2331	59439	28487	212721	5380	155295
其他建筑安装	587987	3680	233432	231430	350323	6235	203938
建筑装饰和其他建筑业	2423112	1122645	686499	2133198	262693	27221	1382921
建筑装饰业	1633846	1105274	502025	1465385	164328	4133	925291
工程准备活动	119331	3682	11584	104389	4181	10761	107161
建筑物拆除活动	22841		2977	15872	602	6368	16288
其他工程准备活动	96489	3682	8607	88517	3579	4393	90873
提供施工服务	70823		2792	43717	22629	4477	42573
其他未列明建筑业	599112	13688	170098	519707	71556	7850	307896
按登记注册类型分组							
内资企业	53944702	2121194	19648054	50223398	3363909	357395	33183399
国有企业	3230253	62684	567766	3032905	174270	23078	2239024
集体企业	604745	18046	92143	591429	12978	338	364958
股份合作企业	383983	1120	212395	377628	6355		339733
联营企业	13893	510	130	13893			22140
国有联营企业	13383		130	13383			22140
集体联营企业	510	510		510			
国有与集体联营企业							
其他联营企业							
有限责任公司	24215194	785543	9187810	22171804	1857681	185709	14316925
国有独资公司	735434	1802	112645	547444	187990		247502
其他有限责任公司	23479760	783741	9075165	21624360	1669691	185709	14069423
股份有限公司	2366638	94422	903106	2152098	198103	16437	1682766
私营企业	23126765	1158869	8684704	21881408	1113524	131833	14216073
私营独资企业	263959	813	212345	261807	2152		220367
私营合伙企业	4794		2420	4794			3516
私营有限责任公司	21801366	1113665	7973555	20623984	1047665	129717	13372360
私营股份有限公司	1056646	44392	496383	990823	63707	2116	619831
其他企业	3231			2234	997		1781
港澳台商投资企业	630930	138430	363010	606214	24170	546	243351
外商投资企业	41869	1639	3191	32865	3216	5788	6436

3-B-1.06 总承包和专业承包企业房屋建筑面积

项　目	房屋建筑施工面积（万平方米）	#本年新开工	#实行投标承包面积	#本年新开工	房屋建筑竣工面积（万平方米）	房屋建筑面积竣工率（%）
总　计	**48254.03**	**19483.34**	**36136.61**	**14357.59**	**13860.99**	**28.7**
按设区市分组						
福州市	18311.83	6562.02	12263.39	4003.85	4740.31	25.9
#平潭	163.38	143.95	163.38	143.95	24.72	15.1
厦门市	6212.47	2087.16	4435.96	1570.16	1333.93	21.5
莆田市	3403.06	1304.84	3099.14	1133.31	1101.74	32.4
三明市	3897.52	1971.85	3868.95	1970.31	1261.39	32.4
泉州市	8541.81	4155.01	6621.84	3231.01	2585.22	30.3
漳州市	2151.88	857.09	1601.17	559.28	778.33	36.2
南平市	807.35	267.65	602.08	221.05	259.72	32.2
龙岩市	3397.98	1603.16	2162.56	1032.31	1322.51	38.9
宁德市	1530.12	674.56	1481.52	636.31	477.84	31.2
按行业分组						
房屋建筑业	45428.99	18029.08	34405.83	13415.48	12617.58	27.8
土木工程建筑业	2560.23	1286.07	1655.03	879.93	1133.28	44.3
铁路、道路、隧道和桥梁工程建筑	1241.55	679.46	843.42	473.71	560.54	45.1
铁路工程建筑	9.76	9.71	9.76	9.71		
公路工程建筑	64.05	33.14	62.85	32.59	50.67	79.1
市政道路工程建筑	1114.02	602.06	748.57	425.08	484.77	43.5
其他道路、隧道和桥梁工程建筑	53.72	34.54	22.24	6.32	25.10	46.7
水利和内河港口工程建筑	586.15	241.67	560.42	233.62	238.23	40.6
水源及供水设施工程建筑	311.03	129.58	304.67	126.58	220.45	70.9
河湖治理及防洪设施工程建筑	273.48	110.44	255.75	107.04	16.81	6.1
港口及航运设施工程建筑	1.65	1.65			0.98	59.2
海洋工程建筑						
工矿工程建设	650.39	317.53	207.23	149.96	295.17	45.4
架线和管道工程建筑	5.05	2.74	5.05	2.74	4.69	92.7
架线及设备工程建筑	2.64	1.77	2.64	1.77	2.27	86.1
管道工程建筑	2.42	0.97	2.42	0.97	2.42	100.0
其他土木工程建筑	77.08	44.67	38.91	19.90	34.66	45.0
建筑安装业	168.60	98.67	47.39	42.31	59.16	35.1
电气安装	15.69	3.61				

3-B-1.06　续表

项　目	房屋建筑施工面积(万平方米)	#本年新开工	#实行投标承包面积	#本年新开工	房屋建筑竣工面积(万平方米)	房屋建筑面积竣工率(%)
管道和设备安装	1.15				1.15	100.0
其他建筑安装	151.76	95.05	47.39	42.31	58.01	38.2
建筑装饰和其他建筑业	96.23	69.53	28.36	19.86	50.97	53.0
建筑装饰业	9.80	6.51	0.15	0.15	9.59	97.8
工程准备活动	12.32	9.91			4.70	38.2
建筑物拆除活动	2.70	0.29			0.48	17.7
其他工程准备活动	9.62	9.62			4.22	43.9
提供施工服务	3.06		2.16		2.51	82.2
其他未列明建筑业	71.05	53.11	26.05	19.71	34.17	48.1
按登记注册类型分组						
内资企业	47593.17	19283.52	35523.23	14164.33	13784.74	29.0
国有企业	3068.10	922.81	2348.36	598.84	1009.96	32.9
集体企业	799.04	314.13	339.21	128.82	188.70	23.6
股份合作企业	428.12	113.79	423.99	113.70	171.43	40.0
联营企业						
国有联营企业						
集体联营企业						
国有与集体联营企业						
其他联营企业						
有限责任公司	20507.18	8181.34	16094.15	5973.93	5474.58	26.7
国有独资公司	423.40	101.00	383.45	93.18	34.70	8.2
其他有限责任公司	20083.78	8080.34	15710.70	5880.74	5439.88	27.1
股份有限公司	2741.53	1057.01	1800.79	772.57	733.48	26.8
私营企业	20045.89	8691.14	14516.73	6576.48	6205.38	31.0
私营独资企业	96.07	93.75	75.92	75.00	80.04	83.3
私营合伙企业	0.95				0.82	86.6
私营有限责任公司	18926.34	8104.85	13533.90	6013.41	5859.52	31.0
私营股份有限公司	1022.53	492.54	906.91	488.07	264.99	25.9
其他企业	3.30	3.30			1.22	36.8
港澳台商投资企业	657.48	198.42	611.97	191.86	74.77	11.4
外商投资企业	3.39	1.41	1.41	1.41	1.48	43.7

3-B-1.07 按主要用途分的总承包和

项目	合计	住宅房屋	商业及服务用房屋	商厦房屋(批发和零售用房)	宾馆用房屋(住宿用房)	餐饮用房屋(餐饮用房)	商务会展用房屋
总计	**13860.99**	**9301.91**	**704.23**	**236.81**	**81.36**	**29.01**	**45.78**
按设区市分组							
福州市	4740.31	3828.74	163.57	30.85	22.85	0.88	3.13
#平潭	24.72	21.62					
厦门市	1333.93	818.12	49.07	11.07	9.93	3.18	0.46
莆田市	1101.74	811.96	44.86	12.70	2.35	2.73	6.30
三明市	1261.39	906.73	63.82	38.97	4.00		
泉州市	2585.22	1487.65	182.24	70.67	13.84	10.50	22.27
漳州市	778.33	375.35	42.10	8.21	0.65	4.69	4.73
南平市	259.72	197.69	11.13	3.80	0.76	0.17	0.07
龙岩市	1322.51	579.28	103.16	41.18	15.87	4.72	8.82
宁德市	477.84	296.39	44.28	19.36	11.12	2.13	
按行业分组							
房屋建筑业	12617.58	8617.99	640.10	209.30	76.52	27.24	41.93
土木工程建筑业	1133.28	654.58	57.12	26.49	4.83	1.07	1.18
铁路、道路、隧道和桥梁工程建筑	560.54	334.46	39.88	15.47	0.01	0.01	1.13
铁路工程建筑							
公路工程建筑	50.67	37.75	4.42				
市政道路工程建筑	484.77	283.37	32.05	12.06	0.01	0.01	1.13
其他道路、隧道和桥梁工程建筑	25.10	13.34	3.41	3.41			
水利和内河港口工程建筑	238.23	223.39	0.09	0.02	0.03	0.01	0.01
水源及供水设施工程建筑	220.45	213.75	0.09	0.02	0.03	0.01	0.01
河湖治理及防洪设施工程建筑	16.81	9.64					
港口及航运设施工程建筑	0.98						
海洋工程建筑							
工矿工程建设	295.17	89.02	13.57	9.52	3.73	0.06	0.04
架线和管道工程建筑	4.69						
架线及设备工程建筑	2.27						
管道工程建筑	2.42						
其他土木工程建筑	34.66	7.71	3.59	1.49	1.06	0.99	
建筑安装业	59.16	5.47	0.03	0.03			
电气安装							

专业承包企业房屋建筑竣工面积

单位：万平方米

其他商业及服务用房屋(居民服务业用房)	办公用房屋	科研、教育、医疗用房屋	科学研究用房屋	教育用房屋	医疗用房屋(卫生医疗用房)	文化、体育、娱乐用房屋	厂房及建筑物	#厂房	仓库	其他未列明的房屋建筑物
311.26	**755.66**	**538.08**	**71.98**	**384.89**	**81.22**	**132.98**	**2234.88**	**1309.05**	**89.19**	**104.07**
105.85	153.19	114.97	17.50	69.52	27.95	27.16	407.63	249.78	17.76	27.29
		0.70		0.70		2.00	0.40			
24.43	91.77	60.31	7.05	49.45	3.80	27.68	262.32	212.83	6.27	18.40
20.79	32.55	25.62	0.15	23.20	2.27	0.46	175.83	98.39	5.86	4.60
20.85	85.49	52.57	0.89	42.37	9.31	30.52	116.63	88.53	1.56	4.05
64.97	248.51	159.32	29.45	119.56	10.31	27.98	436.56	220.03	15.60	27.36
23.82	58.75	43.92	2.29	33.04	8.60	3.07	223.11	143.15	26.53	5.50
6.32	10.11	10.99	1.69	8.54	0.76	3.46	23.23	6.85	2.17	0.94
32.57	51.76	51.44	11.93	27.02	12.48	7.67	511.17	233.54	9.43	8.60
11.67	23.52	18.95	1.02	12.19	5.74	4.97	78.38	55.96	4.02	7.32
285.12	717.45	495.39	69.68	350.58	75.13	127.71	1831.88	1134.52	87.04	100.01
23.53	33.41	41.47	2.27	33.12	6.08	1.76	338.97	162.98	2.03	3.95
23.26	24.43	40.26	2.27	32.37	5.62	1.27	116.59	58.68	1.69	1.96
4.42	1.42	0.36		0.36			6.46	5.31	0.26	
18.84	23.01	31.55	1.61	24.31	5.62	1.27	110.12	53.37	1.43	1.96
		8.36	0.65	7.70						
0.01	4.67	0.17		0.16	0.01	0.02	9.54	0.82	0.31	0.04
0.01	3.83	0.17		0.16	0.01	0.02	2.54	0.52	0.01	0.04
	0.47						6.70			
	0.38						0.30	0.30	0.30	
0.22	1.88	1.04		0.58	0.45	0.48	187.21	83.36	0.03	1.96
	2.42						2.27			
							2.27			
	2.42									
0.04							23.36	20.11		
		0.36		0.36			53.25	6.18		0.05

3-B-1.07 续表

项目	合计	住宅房屋	商业及服务用房屋	商厦房屋(批发和零售用房)	宾馆用房屋(住宿用房)	餐饮用房屋(餐饮用房)	商务会展用房屋
管道和设备安装	1.15						
其他建筑安装	58.01	5.47	0.03	0.03			
建筑装饰和其他建筑业	50.97	23.86	6.98	0.99	0.01	0.70	2.67
建筑装饰业	9.59		2.60				
工程准备活动	4.70	3.33					
建筑物拆除活动	0.48	0.48					
其他工程准备活动	4.22	2.85					
提供施工服务	2.51	0.02	0.04	0.01	0.01	0.01	0.01
其他未列明建筑业	34.17	20.52	4.34	0.98		0.70	2.67
按登记注册类型分组							
内资企业	13784.74	9231.82	703.44	236.81	81.36	29.01	45.78
国有企业	1009.96	794.33	56.94		19.82	2.13	2.00
集体企业	188.70	142.22	19.56		3.70	4.68	
股份合作企业	171.43	131.91					
联营企业							
国有联营企业							
集体联营企业							
国有与集体联营企业							
其他联营企业							
有限责任公司	5474.58	3504.92	303.99	107.97	22.45	14.83	26.26
国有独资公司	34.70	10.15	18.24				
其他有限责任公司	5439.88	3494.77	285.75	107.97	22.45	14.83	26.26
股份有限公司	733.48	587.64	17.47	8.35	5.75	0.87	
私营企业	6205.38	4070.80	304.26	119.28	29.64	6.50	17.52
私营独资企业	80.04	72.52	2.48				
私营合伙企业	0.82						
私营有限责任公司	5859.52	3873.62	272.74	108.03	28.40	5.65	17.52
私营股份有限公司	264.99	124.67	29.04	11.24	1.25	0.86	
其他企业	1.22		1.22	1.22			
港澳台商投资企业	74.77	70.09	0.79				
外商投资企业	1.48						

单位：万平方米

其他商业及服务用房屋(居民服务业用房)	办公用房屋	科研、教育、医疗用房屋	科学研究用房屋	教育用房屋	医疗用房屋(卫生医疗用房)	文化、体育、娱乐用房屋	厂房及建筑物	#厂房	仓库	其他未列明的房屋建筑物
							1.15	1.15		
		0.36		0.36			52.10	5.04		0.05
2.60	4.80	0.86	0.02	0.83	0.01	3.51	10.78	5.37	0.13	0.06
2.60	3.29						3.70	3.70		
	0.28	0.82		0.82			0.27	0.27		
	0.28	0.82		0.82			0.27	0.27		
	0.03	0.04	0.02	0.01	0.01	0.02	2.19	0.61	0.13	0.06
	1.21					3.49	4.61	0.79		
310.47	755.66	538.08	71.98	384.89	81.22	132.87	2230.75	1304.92	89.19	102.94
32.99	47.85	38.28	18.23	14.79	5.26	10.16	55.90	33.33	2.43	4.06
11.19	4.40	6.10		4.74	1.36	0.65	12.42	11.55	2.84	0.50
	4.75	3.60		3.60			31.17	31.08		
132.48	312.56	196.49	16.49	159.56	20.44	66.75	995.37	471.20	36.50	58.01
18.24	0.25	1.40		0.80	0.59		4.67	2.40		
114.24	312.31	195.09	16.49	158.76	19.84	66.75	990.70	468.80	36.50	58.01
2.50	37.44	24.93	11.48	12.85	0.60	1.45	56.92	41.38	4.92	2.73
131.31	348.66	268.69	25.77	189.36	53.56	53.86	1078.97	716.38	42.50	37.64
2.48	1.53					0.60	2.92	2.92		
							0.82	0.82		
113.14	322.45	240.45	25.77	166.15	48.52	47.40	1029.16	674.45	40.22	33.49
15.70	24.68	28.24		23.20	5.04	5.86	46.07	38.19	2.27	4.15
0.79						0.11	2.65	2.65		1.13
							1.48	1.48		

3-B-1.08 按主要用途分的总承包和

项　目	合计						
		住宅房屋	商业及服务用房屋				
				商厦房屋(批发和零售用房)	宾馆用房屋(住宿用房)	餐饮用房屋(餐饮用房)	商务会展用房屋
总　计	**20542941**	**14305013**	**1139884**	**354562**	**164003**	**40954**	**74995**
按设区市分组							
福州市	7159195	5789789	294075	45879	56041	1007	13610
#平潭	43624	36645					
厦门市	2343422	1496847	104113	18815	30666	7262	2101
莆田市	1592944	1202331	66930	16873	3636	4567	8325
三明市	1788203	1331491	82974	51880	6174		
泉州市	4034795	2482517	279322	112703	22752	11764	26215
漳州市	997017	519413	63665	10297	1255	5064	7882
南平市	327591	252241	13207	2983	900	272	73
龙岩市	1643346	830240	171241	69706	26778	8717	16789
宁德市	656427	400144	64357	25426	15801	2301	
按行业分组							
房屋建筑业	18843049	13239144	1037884	303336	155525	38831	68625
土木工程建筑业	1590698	1017623	94128	50231	8458	1528	3211
铁路、道路、隧道和桥梁工程建筑	840030	509532	63237	29787	11	21	3130
铁路工程建筑							
公路工程建筑	76565	64026	3312				
市政道路工程建筑	707274	420040	53383	23246	11	21	3130
其他道路、隧道和桥梁工程建筑	56190	25466	6542	6542			
水利和内河港口工程建筑	388728	369283	179	32	73	25	21
水源及供水设施工程建筑	366376	357531	179	32	73	25	21
河湖治理及防洪设施工程建筑	20452	11752					
港口及航运设施工程建筑	1901						
海洋工程建筑							
工矿工程建设	317411	124145	24359	17790	6095	90	60
架线和管道工程建筑	7965						
架线及设备工程建筑	4462						
管道工程建筑	3503						
其他土木工程建筑	36564	14663	6354	2622	2279	1392	
建筑安装业	38829	7468	117	117			
电气安装							

专业承包企业房屋建筑竣工价值

单位：万元

其他商业及服务用房屋(居民服务业用房)	办公用房屋	科研、教育、医疗用房屋	科学研究用房屋	教育用房屋	医疗用房屋(卫生医疗用房)	文化、体育、娱乐用房屋	厂房及建筑物	#厂房	仓库	其他未列明的房屋建筑物
505371	**1150737**	**865304**	**140777**	**588995**	**135532**	**247294**	**2545665**	**1533942**	**137922**	**151122**
177537	237814	203532	24495	129519	49518	51891	508462	292178	33730	39903
		1879		1879		4600	500			
45269	174980	115222	14656	93092	7474	60105	353712	300063	12428	26017
33529	50592	35939	250	31516	4173	801	212528	116685	17072	6753
24921	114950	64392	1303	50073	13017	63823	123122	86955	1820	5632
105889	374991	260335	71907	169836	18591	38751	539787	260404	21881	37211
39167	65173	59502	1568	44054	13880	5833	237728	150426	33462	12241
8979	17364	14580	2172	11432	976	3262	22714	6503	3140	1083
49251	75928	83189	23089	41284	18816	11325	451687	255391	8257	11479
20829	38944	28614	1336	18190	9088	11504	95925	65338	6134	10804
471567	1094434	791053	137466	524106	129480	240589	2159057	1340927	134568	146320
30701	50242	72194	3277	62881	6035	3513	345210	184190	3125	4663
30288	36682	70205	3272	61687	5246	2348	153109	82312	2477	2439
3312	1440	436		436			6836	5186	515	
26976	35243	45586	2029	38311	5246	2348	146273	77126	1962	2439
		24183	1243	22940						
28	7220	295	5	280	9	32	11024	785	623	73
28	5762	295	5	280	9	32	2474	235	31	73
	700						8000			
	758						550	550	593	
324	2837	1694		914	780	1134	161067	89466	25	2151
	3503						4462			
							4462			
	3503									
61							15547	11627		
		466		466			30747	3077		31

3-B-1.08 续表

项　目	合计	住宅房屋	商业及服务用房屋	商厦房屋(批发和零售用房)	宾馆用房屋(住宿用房)	餐饮用房屋(餐饮用房)	商务会展用房屋
管道和设备安装	1473						
其他建筑安装	37356	7468	117	117			
建筑装饰和其他建筑业	70364	40778	7755	878	19	595	3159
建筑装饰业	10953		3097				
工程准备活动	6758	4498					
建筑物拆除活动	536	536					
其他工程准备活动	6222	3962					
提供施工服务	2059	29	74	23	19	15	9
其他未列明建筑业	50595	36251	4584	855		579	3150
按登记注册类型分组							
内资企业	20396779	14174152	1138255	354562	164003	40954	74995
国有企业	1444141	1065105	125713		53895	2301	10480
集体企业	297283	232411	29723		7825	5050	
股份合作企业	242199	190275					
联营企业							
国有联营企业							
集体联营企业							
国有与集体联营企业							
其他联营企业							
有限责任公司	8381514	5681762	456623	151254	38888	21359	31943
国有独资公司	55169	17223	24649				
其他有限责任公司	8326345	5664539	431975	151254	38888	21359	31943
股份有限公司	1102820	882465	30980	12137	13786	1442	
私营企业	8928038	6122134	494433	190388	49608	10802	32572
私营独资企业	97742	83646	4800				
私营合伙企业	1304						
私营有限责任公司	8478459	5870758	451305	175481	47988	9772	32572
私营股份有限公司	350533	167730	38328	14907	1620	1030	
其他企业	783		783	783			
港澳台商投资企业	143347	130861	1629				
外商投资企业	2815						

单位：万元

其他商业及服务用房屋（居民服务业用房）	办公用房屋	科研、教育、医疗用房屋	科学研究用房屋	教育用房屋	医疗用房屋（卫生医疗用房）	文化、体育、娱乐用房屋	厂房及建筑物	#厂房	仓库	其他未列明的房屋建筑物
							1473	1473		
		466		466			29274	1604		31
3104	6061	1592	34	1542	16	3191	10652	5748	228	108
3097	3453						4403	4403		
	450	1520		1520			290	290		
	450	1520		1520			290	290		
7	46	72	34	22	16	28	1474	242	228	108
	2113					3163	4484	812		
503742	1150737	865304	140777	588995	135532	247051	2535150	1523427	137922	148208
59037	56421	103186	61942	31475	9769	16601	62222	37389	7596	7298
16847	4976	9376		7127	2249	4896	12386	11143	2664	850
	6816	5309		5309			39799	39716		
213180	515969	302847	22772	239098	40977	140317	1158882	583501	46118	78995
24649	400	2243		1300	943		10654	6192		
188531	515569	300604	22772	237798	40034	140317	1148228	577309	46118	78995
3615	56416	38635	19789	18015	831	1721	79162	61036	10932	2511
211063	510139	405952	36274	287972	81706	83516	1182698	790642	70612	58555
4800	2853					924	5520	5520		
							1304	1304		
185492	476487	363266	36273	251872	75121	74916	1119040	735943	69023	53664
20771	30799	42686	1	36100	6585	7677	56834	47874	1589	4890
1629						243	7700	7700		2914
							2815	2815		

3-B-1.09 总承包和专业承包企业施工机械设备情况

项　目	年末自有施工机械设备总台数(台)	年末自有施工机械设备总功率(万千瓦)	年末自有施工机械设备净值(万元)	技术装备率(元/人)	动力装备率(千瓦/人)
总　计	**296859**	**722.19**	**1571266**	**6383**	**2.9**
按设区市分组					
福州市	65285	182.65	392963	4580	2.1
#平潭	3690	12.24	28140	4850	2.1
厦门市	32382	76.85	151566	6035	3.1
莆田市	22163	53.82	138143	7841	3.1
三明市	12984	46.31	86346	4419	2.4
泉州市	87942	178.29	394236	9208	4.2
漳州市	17941	29.72	86330	6429	2.2
南平市	9681	23.88	48299	9419	4.7
龙岩市	33275	100.16	201958	7304	3.6
宁德市	15206	30.51	71426	7872	3.4
按行业分组					
房屋建筑业	182788	434.57	934374	5082	2.4
土木工程建筑业	66307	206.03	471874	10508	4.6
铁路、道路、隧道和桥梁工程建筑	39449	114.40	280035	12629	5.2
铁路工程建筑	350	1.95	3742	16926	8.8
公路工程建筑	7653	29.33	81480	13776	5.0
市政道路工程建筑	28036	67.37	164034	11821	4.9
其他道路、隧道和桥梁工程建筑	3410	15.76	30780	14233	7.3
水利和内河港口工程建筑	12019	40.17	91739	9586	4.2
水源及供水设施工程建筑	8413	28.28	50171	7421	4.2
河湖治理及防洪设施工程建筑	2977	7.86	21605	10004	3.6
港口及航运设施工程建筑	629	4.03	19963	30730	6.2
海洋工程建筑	20	0.10	12	924	7.6
工矿工程建设	8963	40.71	76510	8550	4.5
架线和管道工程建筑	3388	5.61	11729	5762	2.8
架线及设备工程建筑	3141	4.04	8332	5270	2.6
管道工程建筑	247	1.57	3397	7470	3.5
其他土木工程建筑	2468	5.04	11849	5479	2.3
建筑安装业	20691	42.89	60970	8454	5.9
电气安装	9684	19.97	34574	7955	4.6

3-B-1.09　续表

项　　目	年末自有施工机械设备总台数(台)	年末自有施工机械设备总功率(万千瓦)	年末自有施工机械设备净值(万元)	技术装备率(元/人)	动力装备率(千瓦/人)
管道和设备安装	4334	2.02	4840	4656	1.9
其他建筑安装	6673	20.89	21557	11803	11.4
建筑装饰和其他建筑业	27073	38.69	104048	10210	3.8
建筑装饰业	21069	16.11	36051	5261	2.4
工程准备活动	1277	6.71	25581	42430	11.1
建筑物拆除活动	281	2.02	2905	20172	14.0
其他工程准备活动	996	4.69	22676	49414	10.2
提供施工服务	439	1.75	7427	22384	5.3
其他未列明建筑业	4288	14.12	34990	14554	5.9
按登记注册类型分组					
内资企业	294773	720.39	1567268	6451	3.0
国有企业	5308	13.50	24190	2292	1.3
集体企业	3804	7.09	11200	4179	2.6
股份合作企业	1620	3.56	3935	1772	1.6
联营企业					
国有联营企业					
集体联营企业					
国有与集体联营企业					
其他联营企业					
有限责任公司	130802	300.30	636351	6392	3.0
国有独资公司	6250	10.21	25259	7417	3.0
其他有限责任公司	124552	290.10	611092	6356	3.0
股份有限公司	9208	30.65	64122	5436	2.6
私营企业	144020	365.19	827190	7130	3.1
私营独资企业	466	3.52	3229	1765	1.9
私营合伙企业	92	0.33	1061	37108	11.5
私营有限责任公司	137880	343.22	773757	7144	3.2
私营股份有限公司	5582	18.12	49143	8398	3.1
其他企业	11	0.10	280	21212	7.3
港澳台商投资企业	1966	1.49	3134	1024	0.5
外商投资企业	120	0.31	865	5514	2.0

3-B-1.10 总承包和专业承包企业建筑材料消耗情况

项目	钢材（吨）	木材（立方米）	水泥（吨）	玻璃（平方米）	铝材（吨）
总计	**33152813**	**17083213**	**114387445**	**62264871**	**1738323**
按设区市分组					
福州市	11371725	5767619	41788968	21749766	584124
#平潭	647791	620626	3293661	454399	40527
厦门市	3529700	1893697	12639102	8946084	165602
莆田市	2800684	1777094	7550837	4210418	102203
三明市	2190123	1705954	9882922	4660620	72967
泉州市	5623381	2799605	21310281	13759125	460388
漳州市	2971214	1053912	4321712	2983389	94911
南平市	605142	332020	2587751	787063	57650
龙岩市	2772818	1310839	9678527	3963984	152526
宁德市	1288026	442473	4627345	1204422	47952
按行业分组					
房屋建筑业	25763647	13737600	83958999	54430099	1424221
土木工程建筑业	6034556	2308299	25224904	3000191	136642
铁路、道路、隧道和桥梁工程建筑	3597339	1503651	15706805	1764944	67668
铁路工程建筑	13776	4966	148228		230
公路工程建筑	1209490	194512	5033961	90099	3295
市政道路工程建筑	1970010	1047789	7976120	1653970	62616
其他道路、隧道和桥梁工程建筑	404063	256384	2548496	20875	1527
水利和内河港口工程建筑	1273539	294090	4807901	352392	27155
水源及供水设施工程建筑	967011	227839	3447188	345716	17748
河湖治理及防洪设施工程建筑	225827	48808	946889	5738	8187
港口及航运设施工程建筑	80701	17443	413824	938	1220
海洋工程建筑	10	10	100		
工矿工程建设	803248	305616	3450548	806205	27868
架线和管道工程建筑	177694	100394	431583	13652	7869
架线及设备工程建筑	116983	57965	175671	11493	7370
管道工程建筑	60711	42429	255912	2159	499
其他土木工程建筑	182726	104538	827967	62998	6082
建筑安装业	636018	147167	1905267	188091	44425
电气安装	302281	97238	313464	52109	23305

3-B-1.10　续表

项　目	钢材(吨)	木材(立方米)	水泥(吨)	玻璃(平方米)	铝材(吨)
管道和设备安装	121281	4390	83512	1830	8082
其他建筑安装	212456	45539	1508291	134152	13038
建筑装饰和其他建筑业	718592	890147	3298275	4646490	133035
建筑装饰业	398090	715054	1339222	4438095	118337
工程准备活动	44542	30676	255583	169568	2077
建筑物拆除活动	1388	660	2083	75	99
其他工程准备活动	43154	30016	253500	169493	1978
提供施工服务	18675	2305	159055	723	1304
其他未列明建筑业	257285	142112	1544415	38104	11317
按登记注册类型分组					
内资企业	32664733	17016060	113383629	60387186	1729868
国有企业	1616966	801858	4141291	3544218	150015
集体企业	505459	334341	978788	418288	20727
股份合作企业	226134	187227	692368	744095	4236
联营企业	798	225	147850	4320	269
国有联营企业	795	180	147050	4320	234
集体联营企业	3	45	800		35
国有与集体联营企业					
其他联营企业					
有限责任公司	14399750	6773689	46223280	23565207	841650
国有独资公司	253893	113935	1293281	891257	6705
其他有限责任公司	14145857	6659754	44929999	22673950	834945
股份有限公司	1352939	966350	6211400	2274476	77001
私营企业	14561281	7951877	54987236	29830132	635742
私营独资企业	217817	11465	559961	71116	2709
私营合伙企业	1702	903	11951	1420	247
私营有限责任公司	13576644	7654333	51981111	29089023	603635
私营股份有限公司	765118	285176	2434213	668573	29151
其他企业	1406	493	1416	6450	228
港澳台商投资企业	471397	56790	844657	1588166	7733
外商投资企业	16683	10363	159159	289519	722

3-B-1.11 总承包和专业承包企业主要生产效益指标

项目	建筑业企业个数(个)	直接从事生产经营活动的平均人数(人)	按总产值计算的劳动生产率(元/人)	人均竣工产值(元/人)	人均施工面积(平方米/人)	人均竣工面积(平方米/人)
总计	**2741**	**2461617**	**221877**	**135818**	**196**	**56**
按设区市分组						
福州市	746	857959	224766	129328	213	55
#平潭	14	58019	185723	170314	28	4
厦门市	449	251153	296336	200984	247	53
莆田市	191	176173	211188	143319	193	63
三明市	178	195380	199743	122216	199	65
泉州市	466	428142	225336	129557	200	60
漳州市	183	134292	222935	131139	160	58
南平市	184	51276	214528	127403	157	51
龙岩市	233	276508	169739	117322	123	48
宁德市	111	90734	202011	129121	169	53
按行业分组						
房屋建筑业	1186	1838541	214920	133974	247	69
土木工程建筑业	583	449042	239234	142562	57	25
铁路、道路、隧道和桥梁工程建筑	323	221743	279622	170647	56	25
铁路工程建筑	7	2211	288752	143062	44	
公路工程建筑	61	59144	328977	180789	11	9
市政道路工程建筑	230	138762	235238	133331	80	35
其他道路、隧道和桥梁工程建筑	25	21626	428498	385165	25	12
水利和内河港口工程建筑	102	95698	217801	104291	61	25
水源及供水设施工程建筑	71	67606	203357	121318	46	33
河湖治理及防洪设施工程建筑	22	21596	248493	48982	127	8
港口及航运设施工程建筑	9	6496	266082	110969	3	2
海洋工程建筑	2	132	122144	59841		
工矿工程建设	41	89485	174728	119353	73	33
架线和管道工程建筑	60	20357	285206	202032	2	2
架线及设备工程建筑	53	15810	304286	226461	2	1
管道工程建筑	7	4547	218865	117091	5	5
其他土木工程建筑	55	21627	144318	64505	36	16
建筑安装业	360	72121	268697	141015	23	8
电气安装	190	43461	253858	151350	4	

3-B-1.11　续表

项　　目	建筑业企业个数(个)	直接从事生产经营活动的平均人数(人)	按总产值计算的劳动生产率(元/人)	人均竣工产值(元/人)	人均施工面积(平方米/人)	人均竣工面积(平方米/人)
管道和设备安装	53	10396	237194	149380	1	1
其他建筑安装	117	18264	321938	111661	83	32
建筑装饰和其他建筑业	612	101913	237763	135696	9	5
建筑装饰业	452	68525	238431	135030	1	1
工程准备活动	50	6029	197928	177742	20	8
建筑物拆除活动	30	1440	158621	113112	19	3
其他工程准备活动	20	4589	210262	198023	21	9
提供施工服务	83	3318	213450	128309	9	8
其他未列明建筑业	27	24041	249204	128071	30	14
按登记注册类型分组						
内资企业	2706	2429457	222044	136588	196	57
国有企业	48	105553	306031	212123	291	96
集体企业	37	26800	225651	136178	298	70
股份合作企业	8	22202	172950	153019	193	77
联营企业	3	1017	136604	217700		
国有联营企业	2	1005	133160	220300		
集体联营企业	1	12	425000			
国有与集体联营企业						
其他联营企业						
有限责任公司	929	995564	243231	143807	206	55
国有独资公司	17	34056	215948	72675	124	10
其他有限责任公司	912	961508	244197	146327	209	57
股份有限公司	88	117963	200625	142652	232	62
私营企业	1591	1160226	199330	122528	173	53
私营独资企业	6	18297	144264	120439	53	44
私营合伙企业	2	286	167622	122937	33	29
私营有限责任公司	1510	1083126	201282	123461	175	54
私营股份有限公司	73	58517	180571	105923	175	45
其他企业	2	132	244780	134894	250	92
港澳台商投资企业	29	30592	206240	79547	215	24
外商投资企业	6	1568	267023	41043	22	9

3-B-1.12 总承包和专业承包企业营业额

单位：万元

项　　目	企业营业额	在境外完成的营业额	企业总产值	#建筑业总产值
总　　计	**55366204**	**285502**	**55080702**	**54617501**
按设区市分组				
福州市	19720588	276061	19444527	19284031
#平潭	1078947		1078947	1077547
厦门市	7692403	5828	7686575	7442574
莆田市	3724833		3724833	3720560
三明市	3902713		3902713	3902579
泉州市	9656189		9656189	9647569
漳州市	3006252	3612	3002640	2993836
南平市	1117853		1117853	1100013
龙岩市	4706677		4706677	4693413
宁德市	1838695		1838695	1832927
按行业分组				
房屋建筑业	39881297	93751	39787546	39513915
土木工程建筑业	11000661	175730	10824931	10742606
铁路、道路、隧道和桥梁工程建筑	6231622	3612	6228010	6200417
铁路工程建筑	67455	3612	63843	63843
公路工程建筑	1949624		1949624	1945700
市政道路工程建筑	3287354		3287354	3264204
其他道路、隧道和桥梁工程建筑	927189		927189	926670
水利和内河港口工程建筑	2271106	162940	2108166	2084312
水源及供水设施工程建筑	1536265	157111	1379154	1374819
河湖治理及防洪设施工程建筑	550967	5828	545139	536646
港口及航运设施工程建筑	183874		183874	172847
海洋工程建筑	1612		1612	1612
工矿工程建设	1573745	9178	1564567	1563555
架线和管道工程建筑	598662		598662	580594
架线及设备工程建筑	499144		499144	481076
管道工程建筑	99518		99518	99518
其他土木工程建筑	323913		323913	312117
建筑安装业	2029323	16021	2013302	1937868
电气安装	1150316		1150316	1103294

3-B-1.12　续表　　单位：万元

项　目	企业营业额	在境外完成的营业额	企业总产值	#建筑业总产值
管道和设备安装	249798		249798	246587
其他建筑安装	629208	16021	613187	587987
建筑装饰和其他建筑业	2454924		2454924	2423112
建筑装饰业	1654473		1654473	1633846
工程准备活动	119829		119829	119331
建筑物拆除活动	23340		23340	22841
其他工程准备活动	96489		96489	96489
提供施工服务	71453		71453	70823
其他未列明建筑业	609168		609168	599112
按登记注册类型分组				
内资企业	54686723	285502	54401221	53944702
国有企业	3358509	102929	3255580	3230253
集体企业	626825		626825	604745
股份合作企业	383990		383990	383983
联营企业	13893		13893	13893
国有联营企业	13383		13383	13383
集体联营企业	510		510	510
国有与集体联营企业				
其他联营企业				
有限责任公司	24690482	182573	24507909	24215194
国有独资公司	763922		763922	735434
其他有限责任公司	23926560	182573	23743987	23479760
股份有限公司	2366919		2366919	2366638
私营企业	23242874		23242874	23126765
私营独资企业	263959		263959	263959
私营合伙企业	4794		4794	4794
私营有限责任公司	21912589		21912589	21801366
私营股份有限公司	1061532		1061532	1056646
其他企业	3231		3231	3231
港澳台商投资企业	636160		636160	630930
外商投资企业	43322		43322	41869

3-B-1.13 总承包和专业承包企业资产构成

单位：万元

项目	资产合计	#流动资产小计	#存货	#非流动资产合计	#固定资产合计
总计	**31605442**	**25470298**	**5916963**	**6135144**	**3768457**
按设区市分组					
福州市	10995494	8821284	1704659	2174210	1088004
#平潭	190681	135009	30943	55672	44644
厦门市	6395176	5470493	1252435	924682	392433
莆田市	2079208	1744929	664952	334280	267712
三明市	1426741	1134288	230156	292453	218625
泉州市	5092371	3917854	1086520	1174518	965527
漳州市	1682890	1386506	354081	296384	195719
南平市	861503	686239	142077	175265	117625
龙岩市	2021450	1460991	330920	560459	389695
宁德市	1050609	847715	151164	202894	133116
按行业分组					
房屋建筑业	19177716	15658313	4046720	3519403	2209384
土木工程建筑业	7487703	5824798	981122	1662905	1036740
铁路、道路、隧道和桥梁工程建筑	4690592	3772293	633248	918299	610677
铁路工程建筑	85780	74426	11316	11354	9370
公路工程建筑	1939586	1534652	287967	404934	212962
市政道路工程建筑	2100069	1702299	261035	397770	296457
其他道路、隧道和桥梁工程建筑	565156	460915	72930	104241	91888
水利和内河港口工程建筑	1259004	947737	128339	311267	178428
水源及供水设施工程建筑	639392	433724	44064	205667	106979
河湖治理及防洪设施工程建筑	463776	394331	62394	69445	42338
港口及航运设施工程建筑	155837	119682	21881	36155	29111
海洋工程建筑	26744	14231	2436	12513	7172
工矿工程建设	695793	433847	67087	261947	151153
架线和管道工程建筑	531519	446431	87061	85088	51414
架线及设备工程建筑	488731	419464	85494	69267	41648
管道工程建筑	42788	26966	1567	15822	9765
其他土木工程建筑	284051	210260	62951	73791	37895
建筑安装业	2977969	2411640	578077	566329	262568
电气安装	2088946	1718093	434472	370854	126524

3-B-1.13　续表　　　　单位：万元

项　　目	资产合计	#流动资产小　计	#存货	#非流动资产合计	#固定资产合计
管道和设备安装	316913	250543	46133	66370	38164
其他建筑安装	572110	443004	97472	129106	97880
建筑装饰和其他建筑业	1962054	1575547	311045	386507	259765
建筑装饰业	1228953	1053231	196701	175722	102594
工程准备活动	122970	75722	11174	47248	41805
建筑物拆除活动	32462	22687	1908	9775	8203
其他工程准备活动	90509	53035	9265	37473	33602
提供施工服务	63811	43332	5570	20479	18351
其他未列明建筑业	546320	403262	97600	143059	97015
按登记注册类型分组					
内资企业	31213776	25118087	5844415	6095688	3749306
国有企业	2551503	1754690	301355	796814	354587
集体企业	366953	297562	77646	69391	39527
股份合作企业	106237	94199	15275	12038	9613
联营企业	7867	7615	125	252	112
国有联营企业	7203	6951	125	252	112
集体联营企业	664	663			
国有与集体联营企业					
其他联营企业					
有限责任公司	15332035	12821174	3245808	2510861	1422102
国有独资公司	662007	555754	196965	106253	47442
其他有限责任公司	14670028	12265421	3048843	2404608	1374659
股份有限公司	1620969	1292300	311184	328669	121329
私营企业	11226715	8849380	1892792	2377335	1801709
私营独资企业	105230	100837	5908	4393	3754
私营合伙企业	6908	3245	576	3663	3184
私营有限责任公司	10659311	8402738	1808111	2256573	1700694
私营股份有限公司	455266	342560	78197	112706	94077
其他企业	1496	1168	230	328	328
港澳台商投资企业	334224	303695	70713	30529	13545
外商投资企业	57442	48516	1836	8927	5606

3-B-1.14 总承包和专业承包企业固定资产情况

单位：万元

项　　目	固定资产合计	固定资产原价	固定资产折旧		在建工程
				#本年折旧	
总　　计	**3768457**	**4841124**	**1569260**	**290290**	**310714**
按设区市分组					
福州市	1088004	1475378	514412	84269	87798
#平潭	44644	82828	38488	8567	299
厦门市	392433	583940	234728	37489	34904
莆田市	267712	332372	82339	24022	11615
三明市	218625	237026	67768	13184	21019
泉州市	965527	1175444	325913	70090	58065
漳州市	195719	247054	87234	13620	20805
南平市	117625	125964	35401	7450	12947
龙岩市	389695	507451	181368	33031	53148
宁德市	133116	156497	40099	7136	10413
按行业分组					
房屋建筑业	2209384	2655737	730162	135661	172456
土木工程建筑业	1036740	1474381	558577	102690	97612
铁路、道路、隧道和桥梁工程建筑	610677	862048	312470	53747	49275
铁路工程建筑	9370	17719	8348	898	
公路工程建筑	212962	291565	109485	17600	25148
市政道路工程建筑	296457	399532	131901	23906	22925
其他道路、隧道和桥梁工程建筑	91888	153232	62736	11344	1202
水利和内河港口工程建筑	178428	246834	89369	15478	17342
水源及供水设施工程建筑	106979	147511	54006	10310	9879
河湖治理及防洪设施工程建筑	42338	66744	24583	3843	154
港口及航运设施工程建筑	29111	32580	10781	1325	7309
海洋工程建筑	7172	1343	460	117	6289
工矿工程建设	151153	241030	106908	19414	14145
架线和管道工程建筑	51414	77865	33904	6691	6538
架线及设备工程建筑	41648	64901	30706	5828	6538
管道工程建筑	9765	12964	3198	864	
其他土木工程建筑	37895	45262	15465	7243	4023
建筑安装业	262568	355574	141798	21131	25096
电气安装	126524	182140	80924	10250	12591

3-B-1.14 续表

单位：万元

项目	固定资产合计	固定资产原价	固定资产折旧	#本年折旧	在建工程
管道和设备安装	38164	54370	21359	2854	1391
其他建筑安装	97880	119063	39515	8027	11114
建筑装饰和其他建筑业	259765	355434	138723	30808	15550
建筑装饰业	102594	152911	62670	10626	7085
工程准备活动	41805	59426	20883	4193	1100
建筑物拆除活动	8203	13447	5628	658	187
其他工程准备活动	33602	45979	15255	3534	914
提供施工服务	18351	22948	5728	1491	369
其他未列明建筑业	97015	120150	49443	14498	6995
按登记注册类型分组					
内资企业	3749306	4807703	1551925	288795	310272
国有企业	354587	423199	82949	10380	12189
集体企业	39527	39673	11984	1690	3952
股份合作企业	9613	16299	7821	1024	1034
联营企业	112	606	494	27	
国有联营企业	112	601	490	27	
集体联营企业		5	4		
国有与集体联营企业					
其他联营企业					
有限责任公司	1422102	1926778	655660	127222	114824
国有独资公司	47442	87327	42173	5176	2288
其他有限责任公司	1374659	1839452	613487	122046	112536
股份有限公司	121329	167616	61077	8643	12022
私营企业	1801709	2233073	731808	139789	166252
私营独资企业	3754	5338	2139	293	405
私营合伙企业	3184	4197	1013	510	
私营有限责任公司	1700694	2103476	695189	130276	165717
私营股份有限公司	94077	120061	33467	8709	130
其他企业	328	460	132	21	
港澳台商投资企业	13545	20954	10460	762	442
外商投资企业	5606	12467	6876	732	

3-B-1.15 总承包和专业承包企业负债及所有者权益

单位：万元

项目	负债合计	#流动负债	#应付账款	所有者权益	#实收资本
总计	**18318546**	**17114753**	**3498565**	**13257622**	**9257896**
按设区市分组					
福州市	7126534	6494729	1439095	3845540	2813473
#平潭	61466	61466	3097	129216	104390
厦门市	4238456	4100328	871644	2154582	1499835
莆田市	975297	956689	115551	1103912	766152
三明市	779856	704283	219131	646885	467437
泉州市	2384284	2179817	432177	2705560	1741799
漳州市	912230	890818	146482	769472	541232
南平市	404101	359493	52712	457402	342172
龙岩市	922982	884657	167410	1098468	745252
宁德市	574807	543939	54362	475802	340545
按行业分组					
房屋建筑业	10944389	10225810	1801068	8231692	5579603
土木工程建筑业	4444715	4272574	1125541	3042533	2276277
铁路、道路、隧道和桥梁工程建筑	2862230	2768980	682164	1827908	1423799
铁路工程建筑	46567	45286	6221	39213	28056
公路工程建筑	1365796	1329367	331958	573336	467759
市政道路工程建筑	1050486	1018119	268678	1049583	802763
其他道路、隧道和桥梁工程建筑	399380	376208	75307	165776	125222
水利和内河港口工程建筑	744924	692718	238735	514080	391992
水源及供水设施工程建筑	304645	279585	92205	334747	253947
河湖治理及防洪设施工程建筑	350297	324877	139284	113479	87264
港口及航运设施工程建筑	89983	88256	7246	65854	50782
海洋工程建筑	8832	8799	2586	17912	14000
工矿工程建设	349987	335973	60630	345807	195480
架线和管道工程建筑	346549	337831	97180	184970	134306
架线及设备工程建筑	332424	325567	93705	156307	116398
管道工程建筑	14125	12264	3474	28663	17908
其他土木工程建筑	132195	128275	44245	151856	116700
建筑安装业	1973773	1786664	373400	981240	633037
电气安装	1487983	1335366	289474	580042	355274

3-B-1.15　续表

单位：万元

项　　目	负债合计	#流动负债	#应付账款	所有者权益	#实收资本
管道和设备安装	172827	157604	13646	144085	87463
其他建筑安装	312962	293694	70281	257112	190301
建筑装饰和其他建筑业	955670	829706	198556	1002157	768979
建筑装饰业	579600	507331	146858	646795	482956
工程准备活动	41269	31640	7004	80031	65017
建筑物拆除活动	8329	7979	2806	24133	23214
其他工程准备活动	32940	23661	4198	55898	41804
提供施工服务	33206	25370	7541	30604	24808
其他未列明建筑业	301594	265365	37154	244726	196197
按登记注册类型分组					
内资企业	18055739	16876205	3423686	13128763	9176193
国有企业	1865783	1622204	318769	685721	359619
集体企业	257496	256674	54665	109458	76757
股份合作企业	53406	53406	13675	52831	32782
联营企业	3057	3048	1068	4809	4620
国有联营企业	2767	2767	831	4436	4120
集体联营企业	291	281	237	373	500
国有与集体联营企业					
其他联营企业					
有限责任公司	9766420	9304228	2066895	5564233	3880215
国有独资公司	481627	475154	134417	180380	121116
其他有限责任公司	9284793	8829074	1932479	5383853	3759099
股份有限公司	1092669	940639	165031	528300	334650
私营企业	5016817	4695917	803564	6182006	4486320
私营独资企业	54822	54822	36799	50409	14241
私营合伙企业	2413	2413		4495	3771
私营有限责任公司	4731562	4452407	749094	5917860	4292926
私营股份有限公司	228021	186275	17670	209242	175383
其他企业	90	90	20	1406	1230
港澳台商投资企业	224064	201143	58375	110160	66198
外商投资企业	38743	37405	16504	18699	15505

3-B-1.16 总承包和专业承包企业实收资本

单位：万元

项目	合计	国家资本	集体资本	法人资本	个人资本	港澳台资本	外商资本
总计	**9257896**	**599966**	**274554**	**2288720**	**6054517**	**34393**	**5746**
按设区市分组							
福州市	2813473	244764	95284	819361	1633260	15183	5621
#平潭	104390		5400	5084	93906		
厦门市	1499835	213178	54095	465573	757757	9108	125
莆田市	766152	20764	6200	112252	626937		
三明市	467437	21168	10307	68025	367794	143	
泉州市	1741799	16973	46826	431949	1241691	4361	
漳州市	541232	13325	5743	180344	341819		
南平市	342172	35222	23318	58809	219223	5600	
龙岩市	745252	7984	16523	106155	614589		
宁德市	340545	26588	16258	46253	251446		
按行业分组							
房屋建筑业	5579603	355020	148611	1219010	3837678	14190	5095
土木工程建筑业	2276277	172509	63983	667099	1367486	5200	
铁路、道路、隧道和桥梁工程建筑	1423799	122074	10270	380860	910596		
铁路工程建筑	28056			17556	10500		
公路工程建筑	467759	65193	7473	152543	242550		
市政道路工程建筑	802763	56881	2757	148373	594752		
其他道路、隧道和桥梁工程建筑	125222		40	62389	62794		
水利和内河港口工程建筑	391992	22565	8083	171078	190267		
水源及供水设施工程建筑	253947	7012	2358	99585	144992		
河湖治理及防洪设施工程建筑	87264	5039	5725	35506	40994		
港口及航运设施工程建筑	50782	10514		35986	4282		
海洋工程建筑	14000				14000		
工矿工程建设	195480		3320	56661	135499		
架线和管道工程建筑	134306	13500	39905	36717	44184		
架线及设备工程建筑	116398	12000	39905	30002	34491		
管道工程建筑	17908	1500		6715	9693		
其他土木工程建筑	116700	14371	2405	21784	72940	5200	
建筑安装业	633037	40780	51752	202042	334834	3005	625
电气安装	355274	20142	44328	123207	166561	412	625

3-B-1.16　续表　　　　单位：万元

项　目	合计	国家资本	集体资本	法人资本	个人资本	港澳台资本	外商资本
管道和设备安装	87463	12838	2180	19715	52730		
其他建筑安装	190301	7800	5245	59120	115543	2593	
建筑装饰和其他建筑业	768979	31657	10208	200569	514519	11999	27
建筑装饰业	482956	17420	10208	124988	318815	11499	27
工程准备活动	65017	2000		6453	56422	143	
建筑物拆除活动	23214	2000		2553	18661		
其他工程准备活动	41804			3900	37761	143	
提供施工服务	24808	400		5526	18524	358	
其他未列明建筑业	196197	11837		63602	120758		
按登记注册类型分组							
内资企业	9176193	599966	274025	2251039	6048013	2650	500
国有企业	359619	214113		145506			
集体企业	76757		59792	10894	6071		
股份合作企业	32782		7329	10554	14899		
联营企业	4620	2861	1759				
国有联营企业	4120	2861	1259				
集体联营企业	500		500				
国有与集体联营企业							
其他联营企业							
有限责任公司	3880215	350426	132312	1196067	2200861	50	500
国有独资公司	121116	76238		44878			
其他有限责任公司	3759099	274188	132312	1151189	2200861	50	500
股份有限公司	334650	22647	20814	68719	222470		
私营企业	4486320	9919	52019	818700	3603083	2600	
私营独资企业	14241			412	13829		
私营合伙企业	3771		1136		2636		
私营有限责任公司	4292926	9919	50324	802954	3427130	2600	
私营股份有限公司	175383		559	15334	159490		
其他企业	1230			600	630		
港澳台商投资企业	66198		529	28770	5129	31743	27
外商投资企业	15505			8911	1375		5220

3-B-1.17 总承包和专业承包企业收入情况

单位：万元

项目	营业收入	#主营业务收入	营业成本	#主营业务成本	营业税金及附加	#主营业务税金及附加	其他业务利润
总计	**50411776**	**50193210**	**44996691**	**44546003**	**1876211**	**1853099**	**42158**
按设区市分组							
福州市	17887151	17766046	16262929	16054670	617109	610919	14334
#平潭	985430	979770	876877	873994	39714	39714	149
厦门市	7026738	6968798	6369546	6325866	213420	212740	15096
莆田市	3435232	3433328	2957574	2913824	156173	152995	1258
三明市	3424408	3417879	3016326	3001664	149652	145181	317
泉州市	9152668	9143993	7961303	7916843	363777	360452	3143
漳州市	2495217	2489612	2251536	2211995	90588	88352	1469
南平市	1014185	1008323	897862	877523	38438	36107	1882
龙岩市	4439411	4433197	3899317	3882757	184614	184393	3876
宁德市	1536765	1532035	1380298	1360862	62442	61960	784
按行业分组							
房屋建筑业	35618398	35540079	32119502	31876007	1357394	1342529	15349
土木工程建筑业	10357656	10302007	9139784	9010896	379418	372711	10468
铁路、道路、隧道和桥梁工程建筑	5900350	5877462	5216046	5125536	215946	212814	6484
铁路工程建筑	62932	62915	55775	55775	2136	1834	
公路工程建筑	1823831	1817029	1632966	1602603	62478	62327	3146
市政道路工程建筑	3184759	3170359	2786049	2731976	119713	117212	2790
其他道路、隧道和桥梁工程建筑	828828	827159	741257	735183	31619	31442	548
水利和内河港口工程建筑	1984148	1980108	1776434	1772876	72323	71377	382
水源及供水设施工程建筑	1312473	1309654	1169449	1168383	50994	50051	766
河湖治理及防洪设施工程建筑	496200	495031	445240	442750	16791	16790	-423
港口及航运设施工程建筑	175476	175423	161746	161742	4538	4536	39
海洋工程建筑	12373	7842	9239	5470	41	41	1544
工矿工程建设	1515828	1512891	1322459	1320426	59542	59426	1213
架线和管道工程建筑	638280	619062	551474	532289	19208	17311	831
架线及设备工程建筑	557187	538090	480108	460923	16322	14425	711
管道工程建筑	81093	80972	71366	71365	2886	2886	120
其他土木工程建筑	306677	304643	264132	254300	12358	11742	15
建筑安装业	2140946	2081471	1779740	1732962	58659	57714	10857
电气安装	1273774	1248634	1055541	1039477	35201	34534	5506

3-B-1.17　续表　　单位：万元

项　　目	营业收入	#主营业务收入	营业成本	#主营业务成本	营业税金及附加	#主营业务税金及附加	其他业务利润
管道和设备安装	263593	260168	223933	219510	7861	7813	592
其他建筑安装	603579	572669	500267	473975	15598	15367	4759
建筑装饰和其他建筑业	2294776	2269654	1957665	1926138	80741	80145	5484
建筑装饰业	1613603	1589234	1375792	1344927	58075	57513	5276
工程准备活动	112610	112433	92602	92551	4547	4542	80
建筑物拆除活动	21516	21423	16947	16931	686	685	76
其他工程准备活动	91093	91010	75655	75620	3861	3857	5
提供施工服务	75477	75400	66142	66057	2599	2595	3
其他未列明建筑业	493086	492587	423128	422604	15520	15495	124
按登记注册类型分组							
内资企业	49599084	49380793	44252866	43802382	1850727	1827671	42078
国有企业	2787511	2778536	2596615	2588504	86245	86045	3737
集体企业	550649	546837	510081	489362	16838	16675	2229
股份合作企业	380363	380087	352654	352652	13024	13024	97
联营企业	7735	7198	6639	6505	379	338	
国有联营企业	7218	6691	6176	6042	361	321	
集体联营企业	516	507	463	463	17	17	
国有与集体联营企业							
其他联营企业							
有限责任公司	22543438	22427265	20115588	19954455	828873	819618	21836
国有独资公司	865655	827022	774732	744325	25284	24382	8352
其他有限责任公司	21677782	21600242	19340856	19210130	803589	795236	13485
股份有限公司	2306092	2293199	2092948	2041237	83258	79667	1869
私营企业	21020066	20944441	18575596	18366921	821936	812131	12310
私营独资企业	271073	270972	236354	234687	12547	12491	
私营合伙企业	5559	5559	5123	5123	236	236	
私营有限责任公司	19791357	19716170	17491729	17290242	768079	758342	12164
私营股份有限公司	952077	951740	842389	836869	41074	41063	146
其他企业	3231	3231	2745	2745	174	174	
港澳台商投资企业	768491	768315	705500	705368	24749	24693	54
外商投资企业	44200	44102	38325	38253	736	735	26

3-B-1.18 总承包和专业承包企业费用情况

单位：万元

项目	管理费用	#税金	销售费用	财务费用	#利息收入	#利息支出
总计	**1356622**	**76553**	**184888**	**185173**	**45887**	**170366**
按设区市分组						
福州市	470422	17838	45751	68224	18617	64223
#平潭	37047	391	268	1052	21	293
厦门市	223785	8212	18701	24750	18670	37966
莆田市	94622	3620	18131	10599	708	9283
三明市	59907	2821	15901	10720	448	9473
泉州市	248377	32179	55587	29696	4680	20483
漳州市	58547	4338	8453	7886	1196	5610
南平市	34183	1265	4921	2682	488	1519
龙岩市	129106	4410	15070	26135	596	18085
宁德市	37673	1871	2372	4483	485	3725
按行业分组						
房屋建筑业	670202	46607	103010	98125	24624	94035
土木工程建筑业	390560	15300	35207	52682	9309	40205
铁路、道路、隧道和桥梁工程建筑	203183	9480	18430	33088	5634	25200
铁路工程建筑	2239	176		470	25	483
公路工程建筑	50243	2087	835	16761	4122	12904
市政道路工程建筑	112173	6493	17026	9501	1228	5852
其他道路、隧道和桥梁工程建筑	38528	725	570	6357	259	5962
水利和内河港口工程建筑	65041	2284	1801	7584	1168	6328
水源及供水设施工程建筑	41260	1757	1431	3482	374	3396
河湖治理及防洪设施工程建筑	17727	325	210	2989	213	2468
港口及航运设施工程建筑	6054	201	160	1112	582	463
海洋工程建筑	1250	23	284	434	2	435
工矿工程建设	59098	1269	6840	8903	900	4862
架线和管道工程建筑	51105	1381	5529	1613	1134	2350
架线及设备工程建筑	46372	1321	4560	1512	1064	2252
管道工程建筑	4733	60	969	101	70	98
其他土木工程建筑	10883	863	2323	1060	471	1031
建筑安装业	171314	5772	24852	21067	10439	25085
电气安装	107805	3068	12852	16049	10066	20487

3-B-1.18　续表

单位：万元

项　目	管理费用	#税金	销售费用	财务费用	#利息收入	#利息支出
管道和设备安装	15441	856	2321	350	152	439
其他建筑安装	48068	1848	9678	4668	221	4159
建筑装饰和其他建筑业	124546	8874	21819	13299	1515	11041
建筑装饰业	89092	6484	13885	8465	1244	7637
工程准备活动	7447	247	962	943	56	633
建筑物拆除活动	3270	53	105	40	44	7
其他工程准备活动	4177	194	857	983	12	626
提供施工服务	3749	295	786	441	60	241
其他未列明建筑业	24259	1848	6186	3450	155	2530
按登记注册类型分组						
内资企业	1339991	75707	184434	184470	44815	168526
国有企业	66765	2258	858	13993	6261	17949
集体企业	17217	783	93	154	673	497
股份合作企业	7485	35	8	448	25	424
联营企业	712	8		1	2	1
国有联营企业	671	6		1	2	1
集体联营企业	41	2				
国有与集体联营企业						
其他联营企业						
有限责任公司	648601	28139	79740	77135	23936	72989
国有独资公司	34026	810	821	4212	351	4225
其他有限责任公司	614575	27329	78920	72923	23584	68764
股份有限公司	46746	6629	7211	13316	8258	18027
私营企业	552382	37845	96491	79423	5660	58639
私营独资企业	3159	42	120	320	1	5
私营合伙企业	99	2				
私营有限责任公司	532157	36639	87575	76411	5532	57722
私营股份有限公司	16967	1163	8797	2692	128	911
其他企业	83	9	33	3	1	1
港澳台商投资企业	13076	806	329	505	1065	1644
外商投资企业	3555	41	125	198	7	195

3-B-1.19 总承包和专业承包企业利润及税金情况

单位：万元

项目	利润总额	#应交所得税	税金总额	工程结算税金及附加	管理费用中的税金
总计	**1855039**	**606695**	**1929652**	**1853099**	**76553**
按设区市分组					
福州市	448223	174356	628757	610919	17838
#平潭	30481	13559	40105	39714	391
厦门市	179920	50869	220952	212740	8212
莆田市	202455	61762	156615	152995	3620
三明市	172856	49213	148002	145181	2821
泉州市	494592	149622	392631	360452	32179
漳州市	78018	33508	92690	88352	4338
南平市	36223	11607	37372	36107	1265
龙岩市	192404	61145	188803	184393	4410
宁德市	50350	14613	63831	61960	1871
按行业分组					
房屋建筑业	1283974	443537	1389136	1342529	46607
土木工程建筑业	386147	117848	388011	372711	15300
铁路、道路、隧道和桥梁工程建筑	220810	62857	222294	212814	9480
铁路工程建筑	2343	696	2010	1834	176
公路工程建筑	65434	15436	64414	62327	2087
市政道路工程建筑	142353	43832	123705	117212	6493
其他道路、隧道和桥梁工程建筑	10681	2893	32167	31442	725
水利和内河港口工程建筑	72602	27942	73661	71377	2284
水源及供水设施工程建筑	48518	19462	51808	50051	1757
河湖治理及防洪设施工程建筑	13430	5618	17115	16790	325
港口及航运设施工程建筑	10653	2861	4737	4536	201
海洋工程建筑	1469	219	64	41	23
工矿工程建设	65928	18799	60695	59426	1269
架线和管道工程建筑	10849	3594	18692	17311	1381
架线及设备工程建筑	9864	3159	15746	14425	1321
管道工程建筑	985	434	2946	2886	60
其他土木工程建筑	14489	4438	12605	11742	863
建筑安装业	91701	20525	63486	57714	5772
电气安装	53797	11541	37602	34534	3068

3-B-1.19　续表　　　　单位：万元

项　　目	利润总额	#应交所得税	税金总额	工程结算税金及附加	管理费用中的税金
管道和设备安装	13323	3446	8669	7813	856
其他建筑安装	24581	5538	17215	15367	1848
建筑装饰和其他建筑业	93217	24785	89019	80145	8874
建筑装饰业	68588	17938	63997	57513	6484
工程准备活动	5802	1740	4789	4542	247
建筑物拆除活动	448	208	738	685	53
其他工程准备活动	5354	1532	4051	3857	194
提供施工服务	1868	1016	2890	2595	295
其他未列明建筑业	16960	4091	17343	15495	1848
按登记注册类型分组					
内资企业	1829510	598619	1903378	1827671	75707
国有企业	31485	12433	88303	86045	2258
集体企业	9213	4403	17458	16675	783
股份合作企业	6984	3662	13059	13024	35
联营企业	48	42	346	338	8
国有联营企业	53	42	327	321	6
集体联营企业	6		19	17	2
国有与集体联营企业					
其他联营企业					
有限责任公司	823687	263551	847757	819618	28139
国有独资公司	30254	7650	25192	24382	810
其他有限责任公司	793432	255901	822565	795236	27329
股份有限公司	66073	23132	86296	79667	6629
私营企业	891827	291322	849976	812131	37845
私营独资企业	18572	4615	12533	12491	42
私营合伙企业	101	91	238	236	2
私营有限责任公司	832805	276288	794981	758342	36639
私营股份有限公司	40349	10329	42226	41063	1163
其他企业	194	75	183	174	9
港澳台商投资企业	24456	7808	25499	24693	806
外商投资企业	1074	267	776	735	41

3-B-1.20 总承包和专业承包企业应收工程款及企业亏损情况

项　目	应收工程款(万元)	企业个数(个)	#亏损企业个数	亏损企业的比重(%)
总　计	**4889378**	**2741**	**354**	**12.9**
按设区市分组				
福州市	1354375	746	80	10.7
#平潭	43376	14	1	7.1
厦门市	991171	449	128	28.5
莆田市	301660	191	20	10.5
三明市	299782	178	15	8.4
泉州市	1071802	466	18	3.9
漳州市	258006	183	32	17.5
南平市	138191	184	27	14.7
龙岩市	325526	233	24	10.3
宁德市	148865	111	10	9.0
按行业分组				
房屋建筑业	2638598	1186	142	12.0
土木工程建筑业	1389589	583	71	12.2
铁路、道路、隧道和桥梁工程建筑	920059	323	48	14.9
铁路工程建筑	2658	7		
公路工程建筑	384392	61	7	11.5
市政道路工程建筑	431608	230	37	16.1
其他道路、隧道和桥梁工程建筑	101401	25	4	16.0
水利和内河港口工程建筑	229575	102	7	6.9
水源及供水设施工程建筑	91709	71	6	8.5
河湖治理及防洪设施工程建筑	124656	22		
港口及航运设施工程建筑	13210	9	1	11.1
海洋工程建筑	557	2		
工矿工程建设	85071	41	1	2.4
架线和管道工程建筑	106908	60	6	10.0
架线及设备工程建筑	99813	53	5	9.4
管道工程建筑	7095	7	1	14.3
其他土木工程建筑	47419	55	9	16.4
建筑安装业	421953	360	45	12.5
电气安装	275962	190	16	8.4

3-B-1.20　续表

项　　目	应收工程款(万元)	企业个数(个)	#亏损企业个数	亏损企业的比重(%)
管道和设备安装	43179	53	9	17.0
其他建筑安装	102812	117	20	17.1
建筑装饰和其他建筑业	439237	612	96	15.7
建筑装饰业	290312	452	68	15.0
工程准备活动	22299	50	18	36.0
建筑物拆除活动	3197	30	13	43.3
其他工程准备活动	19102	20	5	25.0
提供施工服务	15789	83	7	8.4
其他未列明建筑业	110837	27	3	11.1
按登记注册类型分组				
内资企业	4821590	2706	348	12.9
国有企业	260582	48	7	14.6
集体企业	39587	37	10	27.0
股份合作企业	8140	8		
联营企业	3124	3	1	33.3
国有联营企业	3124	2		
集体联营企业		1	1	100.0
国有与集体联营企业				
其他联营企业				
有限责任公司	2311855	929	127	13.7
国有独资公司	85028	17	2	11.8
其他有限责任公司	2226827	912	125	13.7
股份有限公司	270796	88	6	6.8
私营企业	1927477	1591	197	12.4
私营独资企业	49948	6	1	16.7
私营合伙企业	1779	2		
私营有限责任公司	1811989	1510	187	12.4
私营股份有限公司	63761	73	9	12.3
其他企业	29	2		
港澳台商投资企业	49578	29	6	20.7
外商投资企业	18210	6		

3-B-1.21　总承包和专业承包企业主要经济效益指标

项　　目	产值利润率(%)	产值利税率(%)	资本利润率(%)	资本利税率(%)	人均利润(元/人)	人均利税(元/人)	资产负债率(%)
总　　计	**3.4**	**6.9**	**20.0**	**40.9**	**7536**	**15375**	**58.0**
按设区市分组							
福州市	2.3	5.6	15.9	38.3	5224	12553	64.8
#平潭	2.8	6.6	29.2	67.6	5254	12166	32.2
厦门市	2.4	5.4	12.0	26.7	7164	15961	66.3
莆田市	5.4	9.7	26.4	46.9	11492	20382	46.9
三明市	4.4	8.2	37.0	68.6	8847	16422	54.7
泉州市	5.1	9.2	28.4	50.9	11552	20723	46.8
漳州市	2.6	5.7	14.4	31.5	5810	12712	54.2
南平市	3.3	6.7	10.6	21.5	7064	14353	46.9
龙岩市	4.1	8.1	25.8	51.2	6958	13786	45.7
宁德市	2.7	6.2	14.8	33.5	5549	12584	54.7
按行业分组							
房屋建筑业	3.2	6.8	23.0	47.9	6984	14539	57.1
土木工程建筑业	3.6	7.2	17.0	34.0	8599	17240	59.4
铁路、道路、隧道和桥梁工程建筑	3.6	7.1	15.5	31.1	9958	19983	61.0
铁路工程建筑	3.7	6.8	8.3	15.5	10595	19685	54.3
公路工程建筑	3.4	6.7	14.0	27.8	11064	21955	70.4
市政道路工程建筑	4.4	8.2	17.7	33.1	10259	19174	50.0
其他道路、隧道和桥梁工程建筑	1.2	4.6	8.5	34.2	4939	19813	70.7
水利和内河港口工程建筑	3.5	7.0	18.5	37.3	7587	15284	59.2
水源及供水设施工程建筑	3.5	7.3	19.1	39.5	7177	14840	47.6
河湖治理及防洪设施工程建筑	2.5	5.7	15.4	35.0	6219	14144	75.5
港口及航运设施工程建筑	6.2	8.9	21.0	30.3	16400	23693	57.7
海洋工程建筑	91.1	95.1	10.5	11.0	111318	116144	33.0
工矿工程建设	4.2	8.1	33.7	64.8	7367	14150	50.3
架线和管道工程建筑	1.9	5.1	8.1	22.0	5330	14512	65.2
架线及设备工程建筑	2.1	5.3	8.5	22.0	6239	16199	68.0
管道工程建筑	1.0	3.9	5.5	21.9	2166	8645	33.0
其他土木工程建筑	4.6	8.7	12.4	23.2	6699	12527	46.5
建筑安装业	4.7	8.0	14.5	24.5	12715	21518	66.3
电气安装	4.9	8.3	15.1	25.7	12378	21030	71.2

3-B-1.21 续表

项 目	产值利润率(%)	产值利税率(%)	资本利润率(%)	资本利税率(%)	人均利润(元/人)	人均利税(元/人)	资产负债率(%)
管道和设备安装	5.4	8.9	15.2	25.1	12816	21155	54.5
其他建筑安装	4.2	7.1	12.9	22.0	13459	22884	54.7
建筑装饰和其他建筑业	3.8	7.5	12.1	23.7	9147	17882	48.7
建筑装饰业	4.2	8.1	14.2	27.5	10009	19348	47.2
工程准备活动	4.9	8.9	8.9	16.3	9623	17567	33.6
建筑物拆除活动	2.0	5.2	1.9	5.1	3109	8234	25.7
其他工程准备活动	5.5	9.7	12.8	22.5	11667	20496	36.4
提供施工服务	2.6	6.7	7.5	19.2	5630	14342	52.0
其他未列明建筑业	2.8	5.7	8.6	17.5	7054	14268	55.2
按登记注册类型分组							
内资企业	3.4	6.9	19.9	40.7	7531	15365	57.8
国有企业	1.0	3.7	8.8	33.3	2983	11349	73.1
集体企业	1.5	4.4	12.0	34.7	3438	9952	70.2
股份合作企业	1.8	5.2	21.3	61.1	3146	9027	50.3
联营企业	0.3	2.8	1.0	8.5	469	3867	38.9
国有联营企业	0.4	2.8	1.3	9.2	530	3784	38.4
集体联营企业	-1.1	2.5	-1.1	2.6	-4667	10833	43.8
国有与集体联营企业							
其他联营企业							
有限责任公司	3.4	6.9	21.2	43.1	8274	16789	63.7
国有独资公司	4.1	7.5	25.0	45.8	8884	16281	72.8
其他有限责任公司	3.4	6.9	21.1	43.0	8252	16807	63.3
股份有限公司	2.8	6.4	19.7	45.5	5601	12917	67.4
私营企业	3.9	7.5	19.9	38.8	7687	15013	44.7
私营独资企业	7.0	11.8	130.4	218.4	10150	17000	52.1
私营合伙企业	2.1	7.1	2.7	9.0	3545	11857	34.9
私营有限责任公司	3.8	7.5	19.4	37.9	7689	15029	44.4
私营股份有限公司	3.8	7.8	23.0	47.1	6895	14111	50.1
其他企业	6.0	11.6	15.7	30.6	14659	28515	6.0
港澳台商投资企业	3.9	7.9	36.9	75.5	7994	16329	67.0
外商投资企业	2.6	4.4	6.9	11.9	6849	11797	67.4

3-B-2.01 按经济类型划分的总承包企业主要经济指标

指　标	单位	合计	内资企业	#国有	#集体	港澳台商投资企业	外商投资企业
建筑业企业个数	个	1670	1663	31	33	5	2
直接从事生产经营活动的平均人数	万人	224.84	222.41	9.84	2.62	2.35	0.09
签订的合同额	万元	93451958	92806899	5588095	1168323	630993	14066
#本年新签合同额	万元	57970476	57546223	3071430	721748	413384	10869
建筑业总产值	万元	49594333	49105595	2934433	576968	458086	30652
建筑工程产值	万元	47347129	46865582	2796426	564030	456899	24648
安装工程产值	万元	1950891	1949487	124344	12600	1187	217
其他产值	万元	296314	290526	13664	338		5788
竣工产值	万元	30504956	30346982	2089426	338418	155159	2815
建筑业增加值	万元	15638331	15441710	616566	173105	185392	11229
#本年固定资产折旧	万元	231838	231241	7982	1451	188	409
应付职工薪酬	万元	12033033	11875314	501237	149995	147837	9883
主营业务税金及附加	万元	1687736	1670411	79642	15832	16874	451
管理费用中的税金	万元	60960	60665	1458	770	275	20
房屋建筑施工面积	万平方米	47695.33	47034.46	3068.10	799.04	657.48	3.39
#本年新开工面积	万平方米	19101.11	18901.29	922.81	314.13	198.42	1.41
房屋建筑竣工面积	万平方米	13628.07	13551.82	1009.96	188.70	74.77	1.48
#住宅	万平方米	9284.97	9214.88	794.33	142.22	70.09	
年末自有施工机械设备净值	万元	1424166	1421490	21264	10715	2172	504
年末自有施工机械设备总功率	万千瓦	649.81	649.05	11.10	6.88	0.74	0.02
实收资本	万元	7782799	7731865	324317	71044	38342	12591
资产合计	万元	26947506	26659660	2273263	337461	239685	48161
#流动资产	万元	21658571	21401612	1502474	274856	216703	40256
固定资产	万元	3237645	3226040	334834	37836	7002	4603
负债合计	万元	15792147	15594717	1657447	240069	162840	34589
#流动负债	万元	14806123	14632025	1451334	239247	140840	33258
利润总额	万元	1637586	1617130	28090	8317	20176	279
税金总额	元/人	1748697	1731077	81100	16602	17149	471
按建筑业总产值计算的劳动生产率	元/人	220571	220792	298121	220217	195329	329949
按建筑业增加值计算的劳动生产率	元/人	69552	69430	62639	66071	79052	120868
技术装备率	元/人	6334	6391	2160	4090	926	5429
动力装备率	千瓦/人	2.9	2.9	1.1	2.6	0.3	0.2
人均利税	元/人	15061	15054	11093	9511	15915	8080
房屋建筑面积竣工率	%	28.6	28.8	32.9	23.6	11.4	43.7
资产负债率	%	58.6	58.5	72.9	71.1	67.9	71.8
产值利润率	%	3.3	3.3	1.0	1.4	4.4	0.9
产值利税率	%	6.8	6.8	3.7	4.3	8.1	2.4

3-B-2.02　总承包企业主要经济指标完成情况

指　　标	单位	2013年	2012年	2013年比2012年增减(%)
建筑业企业个数	个	1670	1420	17.6
直接从事生产经营活动的平均人数	万人	224.84	178.96	25.6
签订的合同额	万元	93451958	75015944	24.6
#本年新签合同额	万元	57970476	42264983	37.2
建筑业总产值	万元	49594333	39806697	24.6
建筑工程产值	万元	47347129	37719387	25.5
安装工程产值	万元	1950891	1657329	17.7
其他产值	万元	296314	429982	-31.1
竣工产值	万元	30504956	23274744	31.1
建筑业增加值	万元	15638331	12254735	27.6
#本年固定资产折旧	万元	231838	201369	15.1
应付职工薪酬	万元	12033033	9373625	28.4
主营业务税金及附加	万元	1687736	1339122	26.0
管理费用中的税金	万元	60960	55324	10.2
房屋建筑施工面积	万平方米	47695.33	41349.65	15.3
#本年新开工面积	万平方米	19101.11	16193.49	18.0
房屋建筑竣工面积	万平方米	13628.07	12065.48	13.0
#住宅	万平方米	9284.97	7372.39	25.9
年末自有施工机械设备净值	万元	1424166	1211011	17.6
年末自有施工机械设备总功率	万千瓦	649.81	576.43	12.7
实收资本	万元	7782799	6282388	23.9
资产合计	万元	26947506	21621515	24.6
#流动资产	万元	21658571	17052937	27.0
固定资产	万元	3237645	2792620	15.9
负债合计	万元	15792147	12722920	24.1
#流动负债	万元	14806123	12040302	23.0
利润总额	万元	1637586	1287455	27.2
税金总额	元/人	1748697	1394446	25.4
按建筑业总产值计算的劳动生产率	元/人	220571	222436	-0.8
按建筑业增加值计算的劳动生产率	元/人	69552	68478	1.6
技术装备率	元/人	6334	6767	-6.4
动力装备率	千瓦/人	2.9	3.2	-9.4
人均利税	元/人	15061	14986	0.5
房屋建筑面积竣工率	%	28.6	29.2	-2.1
资产负债率	%	58.6	58.8	-0.3
产值利润率	%	3.3	3.2	3.1
产值利税率	%	6.8	6.7	1.5

3-B-2.03　总承包企业签订合同情况

单位：万元

项　　目	合同总额	上年结转合同额	本年新签合同额
总　　计	**93451958**	**35481482**	**57970476**
按设区市分组			
福州市	35679054	14731137	20947917
#平潭	811537	270425	541111
厦门市	14920617	6910519	8010098
莆田市	7014785	2703482	4311303
三明市	5917870	1482482	4435389
泉州市	14726364	4658013	10068351
漳州市	4570395	1240933	3329463
南平市	1476205	541116	935089
龙岩市	6459539	2290990	4168550
宁德市	2687128	922811	1764317
按行业分组			
房屋建筑业	74118744	28114607	46004137
土木工程建筑业	17927704	6903561	11024143
铁路、道路、隧道和桥梁工程建筑	10108939	3896577	6212363
铁路工程建筑	97429	22836	74592
公路工程建筑	3342202	1375982	1966220
市政道路工程建筑	5559885	1828634	3731252
其他道路、隧道和桥梁工程建筑	1109424	669125	440299
水利和内河港口工程建筑	4804899	2175895	2629004
水源及供水设施工程建筑	2240138	780965	1459173
河湖治理及防洪设施工程建筑	2014409	1072672	941737
港口及航运设施工程建筑	550353	322258	228095
海洋工程建筑			
工矿工程建设	2212845	508490	1704355
架线和管道工程建筑	602007	274107	327901
架线及设备工程建筑	517560	261229	256331
管道工程建筑	84447	12878	71569
其他土木工程建筑	199013	48493	150520
建筑安装业	1051913	366338	685576
电气安装	473223	198624	274598
管道和设备安装	81152	16219	64933
其他建筑安装	497539	151495	346044

3-B-2.03　续表　　单位：万元

项　目	合同总额	上年结转合同额	本年新签合同额
建筑装饰和其他建筑业	353597	96977	256620
建筑装饰业	108864	6897	101968
工程准备活动	37235	14349	22886
建筑物拆除活动	4308	3233	1075
其他工程准备活动	32927	11115	21812
提供施工服务	11479	1622	9858
其他未列明建筑业	196018	74109	121909
按登记注册类型分组			
内资企业	92806899	35260677	57546223
国有企业	5588095	2516665	3071430
集体企业	1168323	446575	721748
股份合作企业	1114423	158880	955543
联营企业	24813	18172	6641
国有联营企业	24813	18172	6641
集体联营企业			
国有与集体联营企业			
其他联营企业			
有限责任公司	45551916	18003608	27548308
国有独资公司	1635805	700576	935229
其他有限责任公司	43916111	17303032	26613079
股份有限公司	4597927	1985222	2612705
私营企业	34757192	12130555	22626636
私营独资企业	295642	3734	291909
私营合伙企业	5490	318	5172
私营有限责任公司	33022345	11822145	21200200
私营股份有限公司	1433714	304358	1129356
其他企业	4211	1000	3211
港澳台商投资企业	630993	217609	413384
外商投资企业	14066	3197	10869
按企业资质等级分组			
特级	4030992	1227427	2803566
一级	59705312	25771581	33933732
二级	20491612	6486138	14005475
三级	9224041	1996337	7227704

3-B-2.04 总承包企业承包工程完成情况

单位：万元

项 目	直接从建设单位承揽工程完成的产值	自行完成施工产值	分包出去工程的产值	从建设单位以外承揽工程完成的产值
总　计	**49063897**	**48779445**	**284453**	**814888**
按设区市分组				
福州市	16822111	16563089	259022	649242
#平潭	179447	179447		563977
厦门市	6420072	6405051	15021	71625
莆田市	3635127	3635101	26	9980
三明市	3751950	3751950		1314
泉州市	8612409	8612409		38959
漳州市	2882961	2872577	10384	27753
南平市	882188	882188		
龙岩市	4334247	4334247		14891
宁德市	1722833	1722833		1125
按行业分组				
房屋建筑业	38682207	38492224	189983	527025
土木工程建筑业	9535035	9460600	74436	283845
铁路、道路、隧道和桥梁工程建筑	5487954	5481742	6212	197460
铁路工程建筑	24717	24717		4134
公路工程建筑	1729161	1729161		128818
市政道路工程建筑	3172808	3167617	5191	54128
其他道路、隧道和桥梁工程建筑	561268	560247	1021	10380
水利和内河港口工程建筑	1995422	1995422		45176
水源及供水设施工程建筑	1332671	1332671		31991
河湖治理及防洪设施工程建筑	503088	503088		
港口及航运设施工程建筑	159662	159662		13185
海洋工程建筑				
工矿工程建设	1571871	1550234	21636	2719
架线和管道工程建筑	349599	304586	45013	38491
架线及设备工程建筑	291116	246103	45013	2965
管道工程建筑	58483	58483		35526
其他土木工程建筑	130190	128616	1574	
建筑安装业	616283	596250	20034	1796
电气安装	243916	223882	20034	1796
管道和设备安装	67469	67469		
其他建筑安装	304899	304899		

3-B-2.04　续表　　　　单位：万元

项　目	直接从建设单位承揽工程完成的产值	自行完成施工产值	分包出去工程的产值	从建设单位以外承揽工程完成的产值
建筑装饰和其他建筑业	230372	230372		2222
建筑装饰业	43135	43135		
工程准备活动	27992	27992		
建筑物拆除活动	831	831		
其他工程准备活动	27161	27161		
提供施工服务	9672	9672		
其他未列明建筑业	149572	149572		2222
按登记注册类型分组				
内资企业	48496699	48290707	205993	814888
国有企业	2953469	2931832	21636	2601
集体企业	598766	576968	21798	
股份合作企业	379478	379478		
联营企业	11928	11928		
国有联营企业	11928	11928		
集体联营企业				
国有与集体联营企业				
其他联营企业				
有限责任公司	22077635	22013315	64319	267175
国有独资公司	663086	624951	38135	
其他有限责任公司	21414549	21388365	26184	267175
股份有限公司	2059926	2030449	29478	181825
私营企业	20413263	20344502	68761	363288
私营独资企业	261098	261098		
私营合伙企业	4794	4794		
私营有限责任公司	19166299	19098582	67718	351620
私营股份有限公司	981072	980029	1043	11668
其他企业	2234	2234		
港澳台商投资企业	536546	458086	78460	
外商投资企业	30652	30652		
按企业资质等级分组				
特级	1972414	1972414		
一级	28042427	27801672	240754	350905
二级	12520767	12493857	26909	387169
三级	6528290	6511501	16789	76814

3-B-2.05 总承包建筑业总产值和竣工产值

单位：万元

项目	建筑业总产值	#装饰装修产值	#在外省完成的产值	按构成分组			竣工产值
				建筑工程产值	安装工程产值	其他产值	
总计	**49594333**	**923467**	**18244485**	**47347129**	**1950891**	**296314**	**30504956**
按设区市分组							
福州市	17212331	409852	7294444	16417101	744658	50572	9986872
#平潭	743424		550719	743424			662101
厦门市	6476676	84230	1578573	6288396	164218	24062	4386477
莆田市	3645081	26083	1432819	3604496	30168	10417	2459281
三明市	3753264	11243	664379	3685438	64238	3588	2272384
泉州市	8651368	213390	3671838	8086512	405377	159479	5079437
漳州市	2900330	57249	697310	2531670	364324	4336	1703553
南平市	882188	4352	142709	851638	23444	7107	514088
龙岩市	4349138	80776	2089505	4205559	115803	27776	2973402
宁德市	1723958	36293	672909	1676320	38662	8977	1129463
按行业分组							
房屋建筑业	39019249	807641	13906571	37720668	1063879	234702	24396242
土木工程建筑业	9744445	106198	4139322	9174266	516451	53728	5739209
铁路、道路、隧道和桥梁工程建筑	5679202	50329	2134513	5631175	33080	14947	3353430
铁路工程建筑	28851			28851			19387
公路工程建筑	1857979	956	828332	1856918	33	1028	1000983
市政道路工程建筑	3221745	49373	1085626	3174779	33047	13919	1832391
其他道路、隧道和桥梁工程建筑	570627		220554	570627			500668
水利和内河港口工程建筑	2040597	19440	1009926	1954486	66234	19878	984128
水源及供水设施工程建筑	1364662	13050	668769	1285523	59262	19878	812710
河湖治理及防洪设施工程建筑	503088	6390	318738	496116	6972		99333
港口及航运设施工程建筑	172847		22419	172847			72085
海洋工程建筑							
工矿工程建设	1552954	35492	925201	1326462	208371	18121	1057718
架线和管道工程建筑	343076		63821	134138	208524	415	266616
架线及设备工程建筑	249068		16094	48004	200649	415	213549
管道工程建筑	94009		47727	86134	7875		53067
其他土木工程建筑	128616	937	5862	128006	243	368	77318
建筑安装业	598046	131	160224	226735	367161	4150	236050
电气安装	225678	131	11613	99101	126577		112348
管道和设备安装	67469		113	5148	62321		61559
其他建筑安装	304899		148498	122487	178263	4150	62143

3-B-2.05　续表　　单位：万元

项　目	建筑业总产值	#装饰装修产值	#在外省完成的产值	按构成分组			竣工产值
				建筑工程产值	安装工程产值	其他产值	
建筑装饰和其他建筑业	232594	9497	38368	225459	3400	3734	133454
建筑装饰业	43135	3698	2129	42668	467		2158
工程准备活动	27992	2140	1100	27465		527	30850
建筑物拆除活动	831			304		527	578
其他工程准备活动	27161	2140	1100	27161			30272
提供施工服务	9672			5369	1296	3007	9938
其他未列明建筑业	151794	3659	35139	149957	1637	200	90507
按登记注册类型分组							
内资企业	49105595	919210	17939471	46865582	1949487	290526	30346982
国有企业	2934433	55532	494062	2796426	124344	13664	2089426
集体企业	576968	16756	92143	564030	12600	338	338418
股份合作企业	379478	675	211296	377183	2295		339288
联营企业	11928		130	11928			21050
国有联营企业	11928		130	11928			21050
集体联营企业							
国有与集体联营企业							
其他联营企业							
有限责任公司	22280490	481180	8443911	20890349	1231909	158232	13183856
国有独资公司	624951	1802	110569	449163	175788		233607
其他有限责任公司	21655539	479378	8333342	20441186	1056121	158232	12950249
股份有限公司	2212274	61825	834451	2061077	136057	15139	1601052
私营企业	20707790	303243	7863479	20162355	442282	103153	12773108
私营独资企业	261098	103	212345	261098			219657
私营合伙企业	4794		2420	4794			3516
私营有限责任公司	19450202	283244	7155392	18959346	389560	101295	11956490
私营股份有限公司	991697	19896	493321	937117	52722	1858	593445
其他企业	2234			2234			783
港澳台商投资企业	458086	4257	302600	456899	1187		155159
外商投资企业	30652		2414	24648	217	5788	2815
按企业资质等级分组							
特级	1972414	85794	544420	1841596	66879	63939	1322161
一级	28152578	512811	12374826	27023487	1076164	52927	16994558
二级	12881027	162126	4259663	12218120	579146	83761	8097861
三级	6588315	162736	1065576	6263926	228702	95687	4090375

3-B-2.06 总承包企业房屋建筑面积

项 目	房屋建筑施工面积（万平方米）	#本年新开工	#实行投标承包面积	#本年新开工	房屋建筑竣工面积（万平方米）	房屋建筑面积竣工率(%)
总 计	**47695.33**	**19101.11**	**35887.56**	**14156.76**	**13628.07**	**28.6**
按设区市分组						
福州市	18293.12	6544.46	12250.74	3991.45	4734.48	25.9
#平潭	163.38	143.95	163.38	143.95	24.72	15.1
厦门市	6208.28	2087.16	4435.96	1570.16	1329.74	21.4
莆田市	3398.69	1300.46	3094.77	1128.94	1097.37	32.3
三明市	3891.00	1967.38	3862.43	1965.84	1256.84	32.3
泉州市	8321.24	3979.47	6438.50	3084.16	2569.56	30.9
漳州市	2148.31	856.81	1600.88	559.00	775.05	36.1
南平市	805.48	265.80	600.20	219.19	259.72	32.2
龙岩市	3105.45	1431.37	2122.55	1001.71	1133.77	36.5
宁德市	1523.76	668.20	1481.52	636.31	471.54	30.9
按行业分组						
房屋建筑业	45019.44	17748.48	34177.46	13233.02	12457.63	27.7
土木工程建筑业	2539.76	1267.70	1634.56	861.56	1125.19	44.3
铁路、道路、隧道和桥梁工程建筑	1224.90	664.91	826.78	459.16	555.99	45.4
铁路工程建筑						***
公路工程建筑	57.52	28.67	56.33	28.12	46.12	80.2
市政道路工程建筑	1114.02	602.06	748.57	425.08	484.77	43.5
其他道路、隧道和桥梁工程建筑	53.36	34.18	21.88	5.96	25.10	47.0
水利和内河港口工程建筑	586.15	241.67	560.42	233.62	238.23	40.6
水源及供水设施工程建筑	311.03	129.58	304.67	126.58	220.45	70.9
河湖治理及防洪设施工程建筑	273.48	110.44	255.75	107.04	16.81	6.1
港口及航运设施工程建筑	1.65	1.65			0.98	59.2
海洋工程建筑						
工矿工程建设	650.39	317.53	207.23	149.96	295.17	45.4
架线和管道工程建筑	5.05	2.74	5.05	2.74	4.69	92.7
架线及设备工程建筑	2.64	1.77	2.64	1.77	2.27	86.1
管道工程建筑	2.42	0.97	2.42	0.97	2.42	100.0
其他土木工程建筑	73.25	40.84	35.08	16.08	31.11	42.5
建筑安装业	73.72	45.93	47.19	42.31	9.03	12.2
电气安装	15.69	3.61				
管道和设备安装						
其他建筑安装	58.03	42.31	47.19	42.31	9.03	15.6

3-B-2.06　续表

项　目	房屋建筑施工面积(万平方米)	#本年新开工	#实行投标承包面积	#本年新开工	房屋建筑竣工面积(万平方米)	房屋建筑面积竣工率(%)
建筑装饰和其他建筑业	62.41	39.00	28.36	19.86	36.22	58.0
建筑装饰业	0.15	0.15	0.15	0.15		
工程准备活动	12.32	9.91			4.70	38.2
建筑物拆除活动	2.70	0.29			0.48	17.7
其他工程准备活动	9.62	9.62			4.22	43.9
提供施工服务	3.06		2.16		2.51	82.2
其他未列明建筑业	46.89	28.94	26.05	19.71	29.01	61.9
按登记注册类型分组						
内资企业	47034.46	18901.29	35274.19	13963.50	13551.82	28.8
国有企业	3068.10	922.81	2348.36	598.84	1009.96	32.9
集体企业	799.04	314.13	339.21	128.82	188.70	23.6
股份合作企业	428.12	113.79	423.99	113.70	171.43	40.0
联营企业						
国有联营企业						
集体联营企业						
国有与集体联营企业						
其他联营企业						
有限责任公司	20409.75	8123.55	16079.14	5959.18	5426.60	26.6
国有独资公司	423.40	101.00	383.45	93.18	34.70	8.2
其他有限责任公司	19986.35	8022.55	15695.68	5866.00	5391.90	27.0
股份有限公司	2741.53	1057.01	1800.79	772.57	733.48	26.8
私营企业	19584.62	8366.70	14282.70	6390.39	6020.43	30.7
私营独资企业	96.07	93.75	75.92	75.00	80.04	83.3
私营合伙企业	0.95				0.82	86.6
私营有限责任公司	18465.06	7780.41	13299.88	5827.32	5674.58	30.7
私营股份有限公司	1022.53	492.54	906.91	488.07	264.99	25.9
其他企业	3.30	3.30			1.22	36.8
港澳台商投资企业	657.48	198.42	611.97	191.86	74.77	11.4
外商投资企业	3.39	1.41	1.41	1.41	1.48	43.7
按企业资质等级分组						
特级	2780.10	943.91	2152.35	697.01	768.94	27.7
一级	29534.07	10875.99	24229.61	8810.89	7105.18	24.1
二级	10928.69	5001.96	6784.16	3192.28	3995.79	36.6
三级	4452.47	2279.26	2721.45	1456.59	1758.15	39.5

3-B-2.07 按主要用途分的总承包

项目	合计	住宅房屋	商业及服务用房屋				
				商厦房屋(批发和零售用房)	宾馆用房屋(住宿用房)	餐饮用房屋(餐饮用房)	商务会展用房屋
总计	**13628.07**	**9284.97**	**694.47**	**234.26**	**80.30**	**27.33**	**45.78**
按设区市分组							
福州市	4734.48	3828.44	161.79	29.81	22.85	0.19	3.13
#平潭	24.72	21.62					
厦门市	1329.74	818.12	49.07	11.07	9.93	3.18	0.46
莆田市	1097.37	811.96	44.86	12.70	2.35	2.73	6.30
三明市	1256.84	906.73	62.01	38.97	4.00		
泉州市	2569.56	1483.69	178.67	69.15	12.78	9.51	22.27
漳州市	775.05	375.35	42.10	8.21	0.65	4.69	4.73
南平市	259.72	197.69	11.13	3.80	0.76	0.17	0.07
龙岩市	1133.77	566.61	103.16	41.18	15.87	4.72	8.82
宁德市	471.54	296.39	41.68	19.36	11.12	2.13	
按行业分组							
房屋建筑业	12457.63	8601.26	640.00	209.24	76.52	27.24	41.93
土木工程建筑业	1125.19	654.58	51.76	25.00	3.77	0.08	1.18
铁路、道路、隧道和桥梁工程建筑	555.99	334.46	38.06	15.47	0.01	0.01	1.13
铁路工程建筑							
公路工程建筑	46.12	37.75	2.60				
市政道路工程建筑	484.77	283.37	32.05	12.06	0.01	0.01	1.13
其他道路、隧道和桥梁工程建筑	25.10	13.34	3.41	3.41			
水利和内河港口工程建筑	238.23	223.39	0.09	0.02	0.03	0.01	0.01
水源及供水设施工程建筑	220.45	213.75	0.09	0.02	0.03	0.01	0.01
河湖治理及防洪设施工程建筑	16.81	9.64					
港口及航运设施工程建筑	0.98						
海洋工程建筑							
工矿工程建设	295.17	89.02	13.57	9.52	3.73	0.06	0.04
架线和管道工程建筑	4.69						
架线及设备工程建筑	2.27						
管道工程建筑	2.42						
其他土木工程建筑	31.11	7.71	0.04				
建筑安装业	9.03	5.27					
电气安装							
管道和设备安装							
其他建筑安装	9.03	5.27					

企业房屋建筑竣工面积

单位：万平方米

其他商业及服务用房屋(居民服务业用房)	办公用房屋	科研、教育、医疗用房屋	科学研究用房屋	教育用房屋	医疗用房屋(卫生医疗用房)	文化、体育、娱乐用房屋	厂房及建筑物	#厂房	仓库	其他未列明的房屋建筑物
306.81	**751.70**	**537.84**	**71.98**	**384.69**	**81.18**	**129.46**	**2042.07**	**1223.38**	**83.53**	**104.03**
105.81	153.12	114.90	17.50	69.49	27.91	23.64	407.53	249.68	17.76	27.29
		0.70		0.70		2.00	0.40			
24.43	91.77	60.31	7.05	49.45	3.80	27.68	258.14	211.68	6.27	18.40
20.79	32.55	25.62	0.15	23.20	2.27	0.46	171.46	94.02	5.86	4.60
19.03	84.89	52.40	0.89	42.21	9.31	30.52	114.66	86.56	1.56	4.05
64.97	248.51	159.32	29.45	119.56	10.31	27.98	428.47	214.99	15.60	27.32
23.82	55.47	43.92	2.29	33.04	8.60	3.07	223.11	143.15	26.53	5.50
6.32	10.11	10.99	1.69	8.54	0.76	3.46	23.23	6.85	2.17	0.94
32.57	51.76	51.44	11.93	27.02	12.48	7.67	340.78	164.19	3.77	8.60
9.07	23.52	18.95	1.02	12.19	5.74	4.97	74.68	52.26	4.02	7.32
285.08	717.38	495.32	69.68	350.55	75.09	127.68	1694.60	1060.70	81.37	100.01
21.72	32.81	41.30	2.27	32.95	6.08	1.76	337.00	161.01	2.03	3.95
21.45	23.83	40.10	2.27	32.20	5.62	1.27	114.62	56.72	1.69	1.96
2.60	0.82	0.19		0.19			4.50	3.35	0.26	
18.84	23.01	31.55	1.61	24.31	5.62	1.27	110.12	53.37	1.43	1.96
		8.36	0.65	7.70						
0.01	4.67	0.17		0.16	0.01	0.02	9.54	0.82	0.31	0.04
0.01	3.83	0.17		0.16	0.01	0.02	2.54	0.52	0.01	0.04
	0.47						6.70			
	0.38						0.30	0.30	0.30	
0.22	1.88	1.04		0.58	0.45	0.48	187.21	83.36	0.03	1.96
	2.42						2.27			
							2.27			
	2.42									
0.04							23.36	20.11		
		0.36		0.36			3.39			
		0.36		0.36			3.39			

3-B-2.07 续表

项目	合计	住宅房屋	商业及服务用房屋	商厦房屋(批发和零售用房)	宾馆用房屋(住宿用房)	餐饮用房屋(餐饮用房)	商务会展用房屋
建筑装饰和其他建筑业	36.22	23.86	2.71	0.01	0.01	0.01	2.67
建筑装饰业							
工程准备活动	4.70	3.33					
建筑物拆除活动	0.48	0.48					
其他工程准备活动	4.22	2.85					
提供施工服务	2.51	0.02	0.04	0.01	0.01	0.01	0.01
其他未列明建筑业	29.01	20.52	2.67				2.67
按登记注册类型分组							
内资企业	13551.82	9214.88	693.68	234.26	80.30	27.33	45.78
国有企业	1009.96	794.33	56.94		19.82	2.13	2.00
集体企业	188.70	142.22	19.56		3.70	4.68	
股份合作企业	171.43	131.91					
联营企业							
国有联营企业							
集体联营企业							
国有与集体联营企业							
其他联营企业							
有限责任公司	5426.60	3504.62	300.34	106.41	21.38	13.85	26.26
国有独资公司	34.70	10.15	18.24				
其他有限责任公司	5391.90	3494.47	282.10	106.41	21.38	13.85	26.26
股份有限公司	733.48	587.64	17.47	8.35	5.75	0.87	
私营企业	6020.43	4054.17	298.14	118.27	29.64	5.81	17.52
私营独资企业	80.04	72.52	2.48				
私营合伙企业	0.82						
私营有限责任公司	5674.58	3856.99	266.62	107.03	28.40	4.95	17.52
私营股份有限公司	264.99	124.67	29.04	11.24	1.25	0.86	
其他企业	1.22		1.22	1.22			
港澳台商投资企业	74.77	70.09	0.79				
外商投资企业	1.48						
按企业资质等级分组							
特级	768.94	568.85	43.92	25.97	15.10		
一级	7105.18	5532.78	248.25	48.97	37.73	15.53	21.98
二级	3995.79	2557.69	252.91	108.03	21.40	2.35	21.08
三级	1758.15	625.65	149.39	51.28	6.07	9.45	2.72

单位：万平方米

其他商业及服务用房屋(居民服务业用房)	办公用房屋	科研、教育、医疗用房屋	科学研究用房屋	教育用房屋	医疗用房屋(卫生医疗用房)	文化、体育、娱乐用房屋	厂房及建筑物	#厂房	仓库	其他未列明的房屋建筑物
	1.52	0.86	0.02	0.83	0.01	0.02	7.08	1.67	0.13	0.06
	0.28	0.82		0.82			0.27	0.27		
	0.28	0.82		0.82			0.27	0.27		
	0.03	0.04	0.02	0.01	0.01	0.02	2.19	0.61	0.13	0.06
	1.21						4.61	0.79		
306.02	751.70	537.84	71.98	384.69	81.18	129.35	2037.94	1219.26	83.53	102.89
32.99	47.85	38.28	18.23	14.79	5.26	10.16	55.90	33.33	2.43	4.06
11.19	4.40	6.10		4.74	1.36	0.65	12.42	11.55	2.84	0.50
	4.75	3.60		3.60			31.17	31.08		
132.44	312.49	196.42	16.49	159.53	20.40	66.72	951.50	464.92	36.50	58.01
18.24	0.25	1.40		0.80	0.59		4.67	2.40		
114.20	312.24	195.02	16.49	158.73	19.80	66.72	946.83	462.52	36.50	58.01
2.50	37.44	24.93	11.48	12.85	0.60	1.45	56.92	41.38	4.92	2.73
126.90	344.78	268.52	25.77	189.19	53.56	50.37	930.03	637.00	36.83	37.59
2.48	1.53					0.60	2.92	2.92		
							0.82	0.82		
108.72	318.57	240.28	25.77	165.98	48.52	43.91	880.22	595.07	34.56	33.44
15.70	24.68	28.24		23.20	5.04	5.86	46.07	38.19	2.27	4.15
0.79						0.11	2.65	2.65		1.13
							1.48	1.48		
2.86	36.60	8.08	0.42	2.05	5.61	1.52	101.00	19.50	1.45	7.52
124.03	269.26	198.75	48.88	109.93	39.94	75.66	699.99	462.98	54.91	25.58
100.05	245.29	196.51	6.62	166.17	23.72	35.06	653.67	411.97	13.90	40.76
79.86	200.56	134.50	16.05	106.53	11.91	17.21	587.41	328.93	13.27	30.17

3-B-2.08 按主要用途分的总承包

项 目	合计	住宅房屋	商业及服务用房屋	商厦房屋(批发和零售用房)	宾馆用房屋(住宿用房)	餐饮用房屋(餐饮用房)	商务会展用房屋
总 计	**20374958**	**14284546**	**1127626**	**350940**	**161723**	**38982**	**74995**
按设区市分组							
福州市	7154081	5789445	292594	44996	56041	428	13610
#平潭	43624	36645					
厦门市	2340885	1496847	104113	18815	30666	7262	2101
莆田市	1589435	1202331	66930	16873	3636	4567	8325
三明市	1783514	1331491	81704	51880	6174		
泉州市	4022360	2479059	272912	109964	20473	10371	26215
漳州市	993565	519413	63665	10297	1255	5064	7882
南平市	327591	252241	13207	2983	900	272	73
龙岩市	1514602	813577	171241	69706	26778	8717	16789
宁德市	648927	400144	61260	25426	15801	2301	
按行业分组							
房屋建筑业	18726092	13218975	1037837	303308	155525	38831	68625
土木工程建筑业	1579716	1017623	86565	47609	6179	136	3211
铁路、道路、隧道和桥梁工程建筑	835340	509532	61967	29787	11	21	3130
铁路工程建筑							
公路工程建筑	71876	64026	2042				
市政道路工程建筑	707274	420040	53383	23246	11	21	3130
其他道路、隧道和桥梁工程建筑	56190	25466	6542	6542			
水利和内河港口工程建筑	388728	369283	179	32	73	25	21
水源及供水设施工程建筑	366376	357531	179	32	73	25	21
河湖治理集及防洪设施工程建筑	20452	11752					
港口及航运设施工程建筑	1901						
海洋工程建筑							
工矿工程建设	317411	124145	24359	17790	6095	90	60
架线和管道工程建筑	7965						
架线及设备工程建筑	4462						
管道工程建筑	3503						
其他土木工程建筑	30271	14663	61				
建筑安装业	14336	7170					
电气安装							
管道和设备安装							
其他建筑安装	14336	7170					

企业房屋建筑竣工价值

单位：万元

其他商业及服务用房屋(居民服务业用房)	办公用房屋	科研、教育、医疗用房屋	科学研究用房屋	教育用房屋	医疗用房屋(卫生医疗用房)	文化、体育、娱乐用房屋	厂房及建筑物	#厂房	仓库	其他未列明的房屋建筑物
500986	**1146575**	**865036**	**140777**	**588746**	**135513**	**244117**	**2420676**	**1470389**	**135292**	**151091**
177519	237781	203499	24495	129505	49499	48714	508415	292131	33730	39903
		1879		1879		4600	500			
45269	174980	115222	14656	93092	7474	60105	351175	298590	12428	26017
33529	50592	35939	250	31516	4173	801	209019	113175	17072	6753
23651	114273	64156	1303	49837	13017	63823	120616	84449	1820	5632
105889	374991	260335	71907	169836	18591	38751	537251	258800	21881	37180
39167	61721	59502	1568	44054	13880	5833	237728	150426	33462	12241
8979	17364	14580	2172	11432	976	3262	22714	6503	3140	1083
49251	75928	83189	23089	41284	18816	11325	342236	205380	5627	11479
17733	38944	28614	1336	18190	9088	11504	91522	60935	6134	10804
471548	1094402	791020	137466	524092	129462	240575	2065024	1287361	131938	146320
29431	49565	71958	3277	62645	6035	3513	342703	181684	3125	4663
29018	36005	69969	3272	61451	5246	2348	150603	79806	2477	2439
2042	763	200		200			4330	2680	515	
26976	35243	45586	2029	38311	5246	2348	146273	77126	1962	2439
		24183	1243	22940						
28	7220	295	5	280	9	32	11024	785	623	73
28	5762	295	5	280	9	32	2474	235	31	73
	700						8000			
	758						550	550	593	
324	2837	1694		914	780	1134	161067	89466	25	2151
	3503						4462			
							4462			
	3503									
61							15547	11627		
		466		466			6700			
		466		466			6700			

3-B-2.08 续表

项目	合计	住宅房屋	商业及服务用房屋	商厦房屋(批发和零售用房)	宾馆用房屋(住宿用房)	餐饮用房屋(餐饮用房)	商务会展用房屋
建筑装饰和其他建筑业	54815	40778	3224	23	19	15	3159
建筑装饰业							
工程准备活动	6758	4498					
建筑物拆除活动	536	536					
其他工程准备活动	6222	3962					
提供施工服务	2059	29	74	23	19	15	9
其他未列明建筑业	45998	36251	3150				3150
按登记注册类型分组							
内资企业	20228796	14153685	1125997	350940	161723	38982	74995
国有企业	1444141	1065105	125713		53895	2301	10480
集体企业	297283	232411	29723		7825	5050	
股份合作企业	242199	190275					
联营企业							
国有联营企业							
集体联营企业							
国有与集体联营企业							
其他联营企业							
有限责任公司	8352653	5681418	450284	148604	36609	19967	31943
国有独资公司	55169	17223	24649				
其他有限责任公司	8297484	5664195	425635	148604	36609	19967	31943
股份有限公司	1102820	882465	30980	12137	13786	1442	
私营企业	8788917	6102012	488515	189416	49608	10223	32572
私营独资企业	97742	83646	4800				
私营合伙企业	1304						
私营有限责任公司	8339337	5850636	445387	174509	47988	9193	32572
私营股份有限公司	350533	167730	38328	14907	1620	1030	
其他企业	783		783	783			
港澳台商投资企业	143347	130861	1629				
外商投资企业	2815						
按企业资质等级分组							
特级	1000182	704765	85485	39089	40000		
一级	11507736	9005886	431412	68132	81885	23467	37175
二级	5536242	3680663	390270	163501	31637	2833	34616
三级	2330799	893232	220459	80218	8202	12683	3204

单位：万元

其他商业及服务用房屋(居民服务业用房)	办公用房屋	科研、教育、医疗用房屋	科学研究用房屋	教育用房屋	医疗用房屋(卫生医疗用房)	文化、体育、娱乐用房屋	厂房及建筑物	#厂房	仓库	其他未列明的房屋建筑物
7	2608	1592	34	1542	16	28	6248	1344	228	108
	450	1520		1520			290	290		
	450	1520		1520			290	290		
7	46	72	34	22	16	28	1474	242	228	108
	2113						4484	812		
499357	1146575	865036	140777	588746	135513	243874	2410161	1459874	135292	148177
59037	56421	103186	61942	31475	9769	16601	62222	37389	7596	7298
16847	4976	9376		7127	2249	4896	12386	11143	2664	850
	6816	5309		5309			39799	39716		
213161	515937	302814	22772	239084	40959	140303	1136785	580378	46118	78995
24649	400	2243		1300	943		10654	6192		
188512	515537	300571	22772	237784	40016	140303	1126131	574186	46118	78995
3615	56416	38635	19789	18015	831	1721	79162	61036	10932	2511
206697	506010	405716	36274	287736	81706	80353	1079806	730212	67982	58524
4800	2853					924	5520	5520		
							1304	1304		
181126	472357	363030	36273	251636	75121	71753	1016148	675514	66393	53633
20771	30799	42686	1	36100	6585	7677	56834	47874	1589	4890
1629						243	7700	7700		2914
							2815	2815		
6396	51086	13680	512	3019	10150	4644	124999	17587	2317	13206
220754	473003	397857	115434	209996	72427	161688	896269	652644	98939	42682
157685	340847	273653	10007	226926	36720	53715	718587	432857	18468	60039
116151	281639	179845	14824	148805	16216	24070	680821	367301	15569	35164

3-B-2.09 总承包企业施工机械设备情况

项目	年末自有施工机械设备总台数(台)	年末自有施工机械设备总功率(万千瓦)	年末自有施工机械设备净值(万元)	技术装备率(元/人)	动力装备率(千瓦/人)
总计	**248639**	**649.81**	**1424166**	**6334**	**2.9**
按设区市分组					
福州市	53202	158.1	357532	4672	2.1
#平潭	2379	6.75	18762	4180	1.5
厦门市	22099	62.57	128780	6021	2.9
莆田市	21033	52.23	133183	7669	3.0
三明市	10895	41.97	73817	3941	2.2
泉州市	74385	158.48	349317	8933	4.1
漳州市	16513	28.31	81906	6331	2.2
南平市	7833	21.9	43084	10275	5.2
龙岩市	29637	96.17	187359	7245	3.7
宁德市	13042	30.09	69189	7914	3.4
按行业分组					
房屋建筑业	179665	429.1	923058	5086	2.4
土木工程建筑业	61421	190.09	440073	10806	4.7
铁路、道路、隧道和桥梁工程建筑	37123	105.09	259638	12921	5.2
铁路工程建筑	213	1.58	3476	29460	13.4
公路工程建筑	6886	27.08	75965	13702	4.9
市政道路工程建筑	27980	66.99	160656	11756	4.9
其他道路、隧道和桥梁工程建筑	2044	9.43	19542	25508	12.3
水利和内河港口工程建筑	11908	39.85	91059	9789	4.3
水源及供水设施工程建筑	8341	28.17	50121	7525	4.2
河湖治理及防洪设施工程建筑	2938	7.64	20975	10531	3.8
港口及航运设施工程建筑	629	4.03	19963	30730	6.2
海洋工程建筑					
工矿工程建设	8807	39.17	74027	8334	4.4
架线和管道工程建筑	2575	3.62	10130	9923	3.5
架线及设备工程建筑	2328	2.05	6734	11687	3.6
管道工程建筑	247	1.57	3397	7638	3.5
其他土木工程建筑	1008	2.36	5218	3661	1.7
建筑安装业	5671	25.31	31548	19004	15.2
电气安装	2663	10.68	21913	29128	14.2
管道和设备安装	247	0.06	571	2685	0.3
其他建筑安装	2761	14.57	9064	13041	21.0

3-B-2.09　续表

项　　目	年末自有施工机械设备总台数(台)	年末自有施工机械设备总功率(万千瓦)	年末自有施工机械设备净值(万元)	技术装备率(元/人)	动力装备率(千瓦/人)
建筑装饰和其他建筑业	1882	5.3	29487	30588	5.5
建筑装饰业	341	0.39	357	2287	2.5
工程准备活动	619	1.81	10490	67549	11.6
建筑物拆除活动					
其他工程准备活动	619	1.81	10490	69842	12.0
提供施工服务	59	0.08	883	16692	1.6
其他未列明建筑业	863	3.02	17757	29604	5.0
按登记注册类型分组					
内资企业	247385	649.05	1421490	6391	2.9
国有企业	4637	11.1	21264	2160	1.1
集体企业	3541	6.88	10715	4090	2.6
股份合作企业	1610	3.55	3911	1782	1.6
联营企业					
国有联营企业					
集体联营企业					
国有与集体联营企业					
其他联营企业					
有限责任公司	111043	267.38	585443	6389	2.9
国有独资公司	4362	4.67	22744	7594	1.6
其他有限责任公司	106681	262.72	562699	6348	3.0
股份有限公司	8519	30.02	58720	5223	2.7
私营企业	118024	330.02	741157	7074	3.2
私营独资企业	454	3.41	3189	1753	1.9
私营合伙企业	92	0.33	1061	37108	11.5
私营有限责任公司	112854	308.95	689523	7068	3.2
私营股份有限公司	4624	17.33	47384	8823	3.2
其他企业	11	0.1	280	24779	8.5
港澳台商投资企业	1243	0.74	2172	926	0.3
外商投资企业	11	0.02	504	5429	0.2
按企业资质等级分组					
特级	11366	13.13	16539	2447	1.9
一级	83617	244.1	516870	4288	2.0
二级	99721	234.1	471423	7511	3.7
三级	53935	158.48	419333	12058	4.6

3-B-2.10 总承包企业建筑材料消耗情况

项目	钢材(吨)	木材(立方米)	水泥(吨)	玻璃(平方米)	铝材(吨)
总计	**31134921**	**15829417**	**108161146**	**56964398**	**1543674**
按设区市分组					
福州市	10480117	5167127	38744518	20848762	529303
#平潭	427417	412254	2086976	453799	40520
厦门市	3321929	1665454	12111689	6402386	129641
莆田市	2779074	1757442	7508329	4071609	99882
三明市	2133071	1690326	9758733	4641730	71175
泉州市	5189229	2516159	19785432	12712184	395063
漳州市	2945481	1026603	4284432	2767192	92867
南平市	533603	311486	2320817	773283	37879
龙岩市	2514817	1274074	9342165	3562086	142178
宁德市	1237600	420746	4305031	1185166	45686
按行业分组					
房屋建筑业	25333113	13688423	83191420	53914035	1410655
土木工程建筑业	5522241	1989629	22947708	2978876	127398
铁路、道路、隧道和桥梁工程建筑	3283654	1282779	14237271	1761765	66632
铁路工程建筑	8776	955	122759		230
公路工程建筑	1159475	189406	4961144	88289	2939
市政道路工程建筑	1939467	1046042	7909366	1652886	61938
其他道路、隧道和桥梁工程建筑	175936	46376	1244002	20590	1525
水利和内河港口工程建筑	1264375	293800	4548596	351580	26804
水源及供水设施工程建筑	967008	227834	3444288	345716	17747
河湖治理及防洪设施工程建筑	216666	48523	690484	4926	7837
港口及航运设施工程建筑	80701	17443	413824	938	1220
海洋工程建筑					
工矿工程建设	796562	305349	3449556	806205	27868
架线和管道工程建筑	111704	51388	348801	3836	4341
架线及设备工程建筑	51407	8959	93139	1677	3842
管道工程建筑	60297	42429	255662	2159	499
其他土木工程建筑	65946	56313	363484	55490	1753
建筑安装业	156921	11194	1459270	20660	448
电气安装	62118	7323	81900	282	86
管道和设备安装	39158	180	43686		
其他建筑安装	55645	3691	1333684	20378	362

3-B-2.10　续表

项　　目	钢材(吨)	木材(立方米)	水泥(吨)	玻璃(平方米)	铝材(吨)
建筑装饰和其他建筑业	122646	140171	562748	50827	5173
建筑装饰业	25144	24008	38411	3225	949
工程准备活动	21948	22163	92692	13563	140
建筑物拆除活动	665	413	1748	75	4
其他工程准备活动	21283	21750	90944	13488	136
提供施工服务	3052	1305	2359	723	1260
其他未列明建筑业	72502	92695	429286	33316	2824
按登记注册类型分组					
内资企业	30677064	15796273	107313746	55885127	1538078
国有企业	1397505	775902	3542260	3538548	138063
集体企业	491505	333757	931910	417238	17469
股份合作企业	226102	186665	691848	744022	4211
联营企业			145913		
国有联营企业			145913		
集体联营企业					
国有与集体联营企业					
其他联营企业					
有限责任公司	13708633	6310260	44065891	21748254	784791
国有独资公司	245731	113935	1287512	891257	5877
其他有限责任公司	13462902	6196325	42778379	20856997	778914
股份有限公司	1317167	949357	6032516	2219856	65886
私营企业	13534747	7239851	51902012	27210809	527431
私营独资企业	217425	11210	557791	70996	2576
私营合伙企业	1702	903	11951	1420	247
私营有限责任公司	12578995	6973736	49061776	26495836	496971
私营股份有限公司	736625	254002	2270494	642557	27637
其他企业	1405	481	1396	6400	227
港澳台商投资企业	445530	28219	758134	797671	4922
外商投资企业	12327	4925	89266	281600	674
按企业资质等级分组					
特级	559571	397512	2855647	1832596	203728
一级	19317404	7709186	58084978	29899659	627048
二级	7474573	5057578	31670142	18602757	476292
三级	3783373	2665141	15550379	6629386	236606

3-B-2.11 总承包企业主要生产效益指标

项 目	建筑业企业个数（个）	直接从事生产经营活动的平均人数（人）	按总产值计算的劳动生产率（元/人）	人均竣工产值（元/人）	人均施工面积（平方米/人）	人均竣工面积（平方米/人）
总 计	**1670**	**2248448**	**220571**	**135671**	**212**	**61**
按设区市分组						
福州市	385	765216	224934	130510	239	62
#平潭	11	44884	165632	147514	36	6
厦门市	199	213888	302807	205083	290	62
莆田市	157	173672	209883	141605	196	63
三明市	124	187303	200385	121321	208	67
泉州市	266	391020	221251	129902	213	66
漳州市	138	129376	224178	131675	166	60
南平市	139	41932	210385	122600	192	62
龙岩市	170	258611	168173	114976	120	44
宁德市	92	87430	197182	129185	174	54
按行业分组						
房屋建筑业	1154	1814962	214987	134417	248	69
土木工程建筑业	465	407245	239277	140928	62	28
铁路、道路、隧道和桥梁工程建筑	298	200937	282636	166890	61	28
铁路工程建筑	5	1180	244502	164298		
公路工程建筑	53	55440	335133	180552	10	8
市政道路工程建筑	224	136656	235756	134088	82	35
其他道路、隧道和桥梁工程建筑	16	7661	744847	653529	70	33
水利和内河港口工程建筑	94	93022	219367	105795	63	26
水源及供水设施工程建筑	67	66608	204880	122014	47	33
河湖治理及防洪设施工程建筑	18	19918	252580	49871	137	8
港口及航运设施工程建筑	9	6496	266082	110969	3	2
海洋工程建筑						
工矿工程建设	38	88824	174835	119080	73	33
架线和管道工程建筑	13	10209	336053	261158	5	5
架线及设备工程建筑	8	5762	432259	370616	5	4
管道工程建筑	5	4447	211398	119332	5	5
其他土木工程建筑	22	14253	90238	54246	51	22
建筑安装业	29	16601	360247	142190	44	5
电气安装	13	7523	299984	149339	21	
管道和设备安装	6	2128	317052	289280		
其他建筑安装	10	6950	438704	89415	83	13

3-B-2.11 续表

项 目	建筑业企业个数(个)	直接从事生产经营活动的平均人数(人)	按总产值计算的劳动生产率(元/人)	人均竣工产值(元/人)	人均施工面积(平方米/人)	人均竣工面积(平方米/人)
建筑装饰和其他建筑业	22	9640	241280	138438	65	38
建筑装饰业	6	1560	276508	13835	1	
工程准备活动	3	1553	180245	198648	79	30
建筑物拆除活动	1	51	162961	113353	529	94
其他工程准备活动	2	1502	180832	201545	64	28
提供施工服务	11	529	182836	187868	58	48
其他未列明建筑业	2	5998	253075	150896	78	48
按登记注册类型分组						
内资企业	1663	2224067	220792	136448	211	61
国有企业	31	98431	298121	212273	312	103
集体企业	33	26200	220217	129167	305	72
股份合作企业	6	21940	172962	154644	195	78
联营企业	1	895	133278	235197		
国有联营企业	1	895	133278	235197		
集体联营企业						
国有与集体联营企业						
其他联营企业						
有限责任公司	630	916393	243132	143867	223	59
国有独资公司	12	29952	208651	77994	141	12
其他有限责任公司	618	886441	244298	146093	225	61
股份有限公司	63	112425	196778	142411	244	65
私营企业	898	1047670	197656	121919	187	57
私营独资企业	2	18189	143547	120764	53	44
私营合伙企业	2	286	167622	122937	33	29
私营有限责任公司	853	975490	199389	122569	189	58
私营股份有限公司	41	53705	184656	110501	190	49
其他企业	1	113	197690	69327	292	108
港澳台商投资企业	5	23452	195329	66160	280	32
外商投资企业	2	929	329949	30301	36	16
按企业资质等级分组						
特级	3	67600	291777	195586	411	114
一级	175	1205476	233539	140978	245	59
二级	537	627614	205238	129026	174	64
三级	955	347758	189451	117621	128	51

3-B-2.12 总承包企业营业额

单位：万元

项目	企业营业额	在境外完成的营业额	企业总产值	#建筑业总产值
总计	**50235584**	**285502**	**49950082**	**49594333**
按设区市分组				
福州市	17611547	276061	17335486	17212331
#平潭	744824		744824	743424
厦门市	6669254	5828	6663426	6476676
莆田市	3648663		3648663	3645081
三明市	3753399		3753399	3753264
泉州市	8659155		8659155	8651368
漳州市	2912706	3612	2909094	2900330
南平市	893275		893275	882188
龙岩市	4357859		4357859	4349138
宁德市	1729725		1729725	1723958
按行业分组				
房屋建筑业	39375061	93751	39281310	39019249
土木工程建筑业	9994676	175730	9818946	9744445
铁路、道路、隧道和桥梁工程建筑	5709952	3612	5706340	5679202
铁路工程建筑	32463	3612	28851	28851
公路工程建筑	1861903		1861903	1857979
市政道路工程建筑	3244444		3244444	3221745
其他道路、隧道和桥梁工程建筑	571142		571142	570627
水利和内河港口工程建筑	2227392	162940	2064452	2040597
水源及供水设施工程建筑	1526109	157111	1368998	1364662
河湖治理及防洪设施工程建筑	517409	5828	511581	503088
港口及航运设施工程建筑	183874		183874	172847
海洋工程建筑				
工矿工程建设	1563023	9178	1553845	1552954
架线和管道工程建筑	356276		356276	343076
架线及设备工程建筑	262268		262268	249068
管道工程建筑	94009		94009	94009
其他土木工程建筑	138033		138033	128616
建筑安装业	633054	16021	617033	598046
电气安装	225678		225678	225678
管道和设备安装	67673		67673	67469
其他建筑安装	339704	16021	323683	304899

3-B-2.12　续表　　　　单位：万元

项　目	企业营业额	在境外完成的营业额	企业总产值	#建筑业总产值
建筑装饰和其他建筑业	232794		232794	232594
建筑装饰业	43135		43135	43135
工程准备活动	27992		27992	27992
建筑物拆除活动	831		831	831
其他工程准备活动	27161		27161	27161
提供施工服务	9672		9672	9672
其他未列明建筑业	151994		151994	151794
按登记注册类型分组				
内资企业	49743922	285502	49458420	49105595
国有企业	3054989	102929	2952060	2934433
集体企业	599047		599047	576968
股份合作企业	379485		379485	379478
联营企业	11928		11928	11928
国有联营企业	11928		11928	11928
集体联营企业				
国有与集体联营企业				
其他联营企业				
有限责任公司	22691629	182573	22509056	22280490
国有独资公司	638151		638151	624951
其他有限责任公司	22053478	182573	21870905	21655539
股份有限公司	2212555		2212555	2212274
私营企业	20792053		20792053	20707790
私营独资企业	261098		261098	261098
私营合伙企业	4794		4794	4794
私营有限责任公司	19533566		19533566	19450202
私营股份有限公司	992596		992596	991697
其他企业	2234		2234	2234
港澳台商投资企业	461010		461010	458086
外商投资企业	30652		30652	30652
按企业资质等级分组				
特级	2066165	93751	1972414	1972414
一级	28620818	191751	28429067	28152578
二级	12923372		12923372	12881027
三级	6625230		6625230	6588315

3-B-2.13 总承包企业资产构成

单位：万元

项目	资产合计	#流动资产小计	#存货	#非流动资产合计	#固定资产合计
总计	**26947506**	**21658571**	**5068807**	**5288935**	**3237645**
按设区市分组					
福州市	9484466	7582342	1470618	1902124	934949
#平潭	154636	115678	25147	38958	31438
厦门市	5048947	4312932	916159	736015	295190
莆田市	1958582	1646820	639256	311763	254508
三明市	1260552	1005086	201163	255466	183661
泉州市	4179378	3210551	948426	968827	808225
漳州市	1558532	1284461	333101	274071	181079
南平市	682840	538635	124663	144206	99346
龙岩市	1797855	1292383	296934	505471	354514
宁德市	976355	785363	138487	190992	126172
按行业分组					
房屋建筑业	18888785	15433264	4018407	3455521	2172851
土木工程建筑业	6730749	5224143	880785	1506606	936296
铁路、道路、隧道和桥梁工程建筑	4442933	3595991	615732	846943	555965
铁路工程建筑	58734	49065	3206	9669	9056
公路工程建筑	1837497	1466175	287576	371321	190575
市政道路工程建筑	2073431	1684521	259150	388911	287807
其他道路、隧道和桥梁工程建筑	473271	396230	65801	77041	68527
水利和内河港口工程建筑	1235683	929508	121139	306175	176243
水源及供水设施工程建筑	627842	424047	40792	203795	106830
河湖治理及防洪设施工程建筑	452004	385779	58466	66225	40302
港口及航运设施工程建筑	155837	119682	21881	36155	29111
海洋工程建筑					
工矿工程建设	679334	420341	66379	258993	148200
架线和管道工程建筑	228612	178401	32931	50211	38680
架线及设备工程建筑	197046	156707	31369	40339	29469
管道工程建筑	31565	21693	1562	9872	9211
其他土木工程建筑	144187	99902	44604	44284	17208
建筑安装业	1154036	901512	148516	252524	81155
电气安装	746070	557652	87173	188418	39943
管道和设备安装	155578	125509	18288	30069	17004
其他建筑安装	252387	218351	43055	34036	24208

3-B-2.13　续表　　　　单位：万元

项　目	资产合计	#流动资产小计	#存货	#非流动资产合计	#固定资产合计
建筑装饰和其他建筑业	173937	99653	21098	74285	47342
建筑装饰业	40031	34542	4052	5489	2976
工程准备活动	26414	14046	3321	12368	12368
建筑物拆除活动	2609	1576	183	1033	1033
其他工程准备活动	23806	12470	3138	11335	11335
提供施工服务	6567	4236	1290	2330	2330
其他未列明建筑业	100925	46828	12435	54097	29668
按登记注册类型分组					
内资企业	26659660	21401612	5009934	5258049	3226040
国有企业	2273263	1502474	226662	770789	334834
集体企业	337461	274856	75825	62606	37836
股份合作企业	98944	88690	15151	10254	7851
联营企业	5344	5092	125	252	112
国有联营企业	5344	5092	125	252	112
集体联营企业					
国有与集体联营企业					
其他联营企业					
有限责任公司	13396922	11182990	2812408	2213932	1266410
国有独资公司	573113	479849	186102	93265	43643
其他有限责任公司	12823809	10703142	2626307	2120667	1222767
股份有限公司	1468857	1173979	275645	294878	107684
私营企业	9078090	7173053	1603926	1905036	1471011
私营独资企业	103169	99981	5868	3189	3189
私营合伙企业	6908	3245	576	3663	3184
私营有限责任公司	8592285	6782981	1526471	1809304	1388729
私营股份有限公司	375728	286846	71011	88881	75910
其他企业	780	478	190	302	302
港澳台商投资企业	239685	216703	58223	22982	7002
外商投资企业	48161	40256	651	7905	4603
按企业资质等级分组					
特级	691833	499020	86725	192813	48555
一级	14144892	11626409	2687710	2518482	1338084
二级	7933555	6446597	1690142	1486958	1021730
三级	4177227	3086545	604230	1090682	829275

3-B-2.14 总承包企业固定资产情况

单位：万元

项目	固定资产合计	固定资产原价	固定资产折旧		在建工程
				#本年折旧	
总　　计	**3237645**	**4110355**	**1275102**	**231838**	**253004**
按设区市分组					
福州市	934949	1222552	397260	64479	80228
#平潭	31438	55690	24556	6115	299
厦门市	295190	447866	180224	27215	23329
莆田市	254508	313618	75098	22918	11277
三明市	183661	194986	51186	10263	13047
泉州市	808225	991854	266667	52256	36659
漳州市	181079	225578	77240	12179	19049
南平市	99346	104365	27388	5743	11200
龙岩市	354514	463534	163996	30275	47802
宁德市	126172	146003	36043	6511	10413
按行业分组					
房屋建筑业	2172851	2619601	713136	133450	158309
土木工程建筑业	936296	1326856	496410	89490	85206
铁路、道路、隧道和桥梁工程建筑	555965	772672	273954	47447	45795
铁路工程建筑	9056	16525	7469	831	
公路工程建筑	190575	259783	97433	15615	22567
市政道路工程建筑	287807	383961	124873	22417	22925
其他道路、隧道和桥梁工程建筑	68527	112403	44179	8584	302
水利和内河港口工程建筑	176243	242813	87518	15060	17342
水源及供水设施工程建筑	106830	146754	53384	10031	9879
河湖治理及防洪设施工程建筑	40302	63479	23354	3704	154
港口及航运设施工程建筑	29111	32580	10781	1325	7309
海洋工程建筑					
工矿工程建设	148200	235418	104250	18967	14145
架线和管道工程建筑	38680	56389	23100	4195	5291
架线及设备工程建筑	29469	44450	20372	3362	5291
管道工程建筑	9211	11939	2728	834	
其他土木工程建筑	17208	19564	7587	3821	2633
建筑安装业	81155	123434	55800	6049	9490
电气安装	39943	66843	31480	3073	1168
管道和设备安装	17004	28165	11664	1399	91
其他建筑安装	24208	28426	12657	1577	8231

3-B-2.14　续表　　　　单位：万元

项　　目	固定资产合计	固定资产原价	固定资产折旧	#本年折旧	在建工程
建筑装饰和其他建筑业	47342	40464	9756	2849	
建筑装饰业	2976	3683	708	251	
工程准备活动	12368	14327	1958	732	
建筑物拆除活动	1033	1355	322	68	
其他工程准备活动	11335	12971	1636	665	
提供施工服务	2330	2546	301	55	
其他未列明建筑业	29668	19909	6789	1810	
按登记注册类型分组					
内资企业	3226040	4090846	1264624	231241	253004
国有企业	334834	390400	67413	7982	10966
集体企业	37836	37532	10544	1451	3935
股份合作企业	7851	14415	7639	1003	1034
联营企业	112	601	490	27	
国有联营企业	112	601	490	27	
集体联营企业					
国有与集体联营企业					
其他联营企业					
有限责任公司	1266410	1689689	550352	104134	98820
国有独资公司	43643	79959	38605	4447	2288
其他有限责任公司	1222767	1609730	511747	99688	96532
股份有限公司	107684	148968	54631	6074	11307
私营企业	1471011	1808813	573428	110551	126944
私营独资企业	3189	5045	2006	271	
私营合伙企业	3184	4197	1013	510	
私营有限责任公司	1388729	1702132	542783	103251	126814
私营股份有限公司	75910	97439	27626	6519	130
其他企业	302	429	127	19	
港澳台商投资企业	7002	9738	5311	188	
外商投资企业	4603	9771	5168	409	
按企业资质等级分组					
特级	48555	81383	35478	7617	2586
一级	1338084	1743141	567724	82560	115772
二级	1021730	1316729	426655	73874	83585
三级	829275	969103	245245	67787	51061

3-B-2.15 总承包企业负债及所有者权益

单位：万元

项　　目	负债合计	#流动负债	#应付账款	所有者权益	#实收资本
总　　计	**15792147**	**14806123**	**2937304**	**11152179**	**7782799**
按设区市分组					
福州市	6322822	5765295	1299037	3160059	2314860
#平潭	53800	53800	2082	100836	84066
厦门市	3326255	3215992	656213	1722225	1180754
莆田市	900946	883223	104392	1057636	733988
三明市	693575	622003	192848	566977	412067
泉州市	1993647	1883388	313634	2185277	1414470
漳州市	855292	835046	142421	702566	483380
南平市	323701	289373	33942	359139	275228
龙岩市	830894	796690	142639	966960	658533
宁德市	545015	515113	52179	431340	309519
按行业分组					
房屋建筑业	10823765	10105342	1761742	8063385	5502487
土木工程建筑业	4057742	3901045	1043769	2672552	2028282
铁路、道路、隧道和桥梁工程建筑	2740017	2651663	671159	1702462	1350549
铁路工程建筑	28448	28448	5588	30287	19439
公路工程建筑	1306644	1271731	328128	530398	448591
市政道路工程建筑	1039367	1008469	266910	1034065	794030
其他道路、隧道和桥梁工程建筑	365558	343015	70533	107713	88489
水利和内河港口工程建筑	739209	687002	237875	496474	379203
水源及供水设施工程建筑	301123	276063	91565	326720	247685
河湖治理及防洪设施工程建筑	348104	322684	139065	103900	80736
港口及航运设施工程建筑	89983	88256	7246	65854	50782
海洋工程建筑					
工矿工程建设	344086	330072	60300	335249	189780
架线和管道工程建筑	168699	167166	46445	59913	52298
架线及设备工程建筑	156239	154929	42997	40808	36130
管道工程建筑	12460	12238	3448	19106	16168
其他土木工程建筑	65732	65142	27990	78455	56452
建筑安装业	871183	761341	127545	281762	136078
电气安装	596736	500832	83443	149334	75630
管道和设备安装	98563	87383	1335	57015	17655
其他建筑安装	175883	173126	42766	75413	42793

3-B-2.15　续表　　　　单位：万元

项　　目	负债合计	#流动负债	#应付账款	所有者权益	#实收资本
建筑装饰和其他建筑业	39457	38395	4248	134480	115952
建筑装饰业	18686	18620	521	21346	18187
工程准备活动	2077	2077	472	24337	19388
建筑物拆除活动	276	276	36	2332	2288
其他工程准备活动	1801	1801	437	22005	17100
提供施工服务	1951	1951	69	4616	4231
其他未列明建筑业	16743	15747	3185	84182	74146
按登记注册类型分组					
内资企业	15594717	14632025	2892274	11061762	7731865
国有企业	1657447	1451334	297235	615816	324317
集体企业	240069	239247	43009	97392	71044
股份合作企业	48401	48400	13607	50544	31188
联营企业	2232	2232	816	3111	2861
国有联营企业	2232	2232	816	3111	2861
集体联营企业					
国有与集体联营企业					
其他联营企业					
有限责任公司	8511526	8091904	1777797	4884475	3408622
国有独资公司	414041	407568	110751	159072	104878
其他有限责任公司	8097485	7684336	1667046	4725402	3303744
股份有限公司	1005415	884551	144497	463441	298232
私营企业	4129563	3914291	615314	4946269	3594971
私营独资企业	53742	53742	36217	49427	13200
私营合伙企业	2413	2413		4495	3771
私营有限责任公司	3879316	3686756	570141	4710711	3425950
私营股份有限公司	194091	171379	8955	181636	152050
其他企业	65	65		714	630
港澳台商投资企业	162840	140840	29304	76846	38342
外商投资企业	34589	33258	15726	13572	12591
按企业资质等级分组					
特级	418454	416820	18857	273379	121818
一级	9308346	8724445	1886380	4836545	3081052
二级	4405187	4155481	616238	3528368	2588856
三级	1660159	1509377	415830	2513887	1991073

3-B-2.16 总承包企业实收资本

单位：万元

项目	合计	国家资本	集体资本	法人资本	个人资本	港澳台资本	外商资本
总　计	**7782799**	**542738**	**180930**	**1876255**	**5157062**	**21583**	**4231**
按设区市分组							
福州市	2314860	222054	74556	645762	1359668	8590	4231
#平潭	84066		5400	5077	73589		
厦门市	1180754	205068	31969	370784	567734	5200	
莆田市	733988	20764	1000	106067	606158		
三明市	412067	14921	4226	62215	330705		
泉州市	1414470	8963	32434	333739	1037142	2193	
漳州市	483380	11325	3647	170121	298287		
南平市	275228	26122	16518	45807	181182	5600	
龙岩市	658533	6934	5523	96495	549580		
宁德市	309519	26588	11058	45266	226607		
按行业分组							
房屋建筑业	5502487	353920	148611	1202482	3779054	14190	4231
土木工程建筑业	2028282	157930	24294	609111	1231747	5200	
铁路、道路、隧道和桥梁工程建筑	1350549	120161	6860	358708	864820		
铁路工程建筑	19439			8939	10500		
公路工程建筑	448591	63280	4173	144159	236979		
市政道路工程建筑	794030	56881	2647	148123	586379		
其他道路、隧道和桥梁工程建筑	88489		40	57487	30963		
水利和内河港口工程建筑	379203	21688	5059	165468	186988		
水源及供水设施工程建筑	247685	6352	2358	93984	144992		
河湖治理及防洪设施工程建筑	80736	4822	2702	35498	37714		
港口及航运设施工程建筑	50782	10514		35986	4282		
海洋工程建筑							
工矿工程建设	189780		820	55461	133499		
架线和管道工程建筑	52298	12000	9150	16975	14173		
架线及设备工程建筑	36130	12000	9150	10500	4480		
管道工程建筑	16168			6475	9693		
其他土木工程建筑	56452	4081	2405	12500	32266	5200	
建筑安装业	136078	30889	8025	47281	47690	2193	
电气安装	75630	17082	2000	31666	24881		
管道和设备安装	17655	6807	780	8068	2000		
其他建筑安装	42793	7000	5245	7547	20809	2193	

3-B-2.16　续表　　　　单位：万元

项　　目	合计	国家资本	集体资本	法人资本	个人资本	港澳台资本	外商资本
建筑装饰和其他建筑业	115952			17381	98572		
建筑装饰业	18187			4900	13287		
工程准备活动	19388				19388		
建筑物拆除活动	2288				2288		
其他工程准备活动	17100				17100		
提供施工服务	4231			363	3869		
其他未列明建筑业	74146			12118	62028		
按登记注册类型分组							
内资企业	7731865	542738	180930	1850395	5155202	2600	
国有企业	324317	187925		136392			
集体企业	71044		54078	10894	6071		
股份合作企业	31188		7329	9013	14846		
联营企业	2861	2861					
国有联营企业	2861	2861					
集体联营企业							
国有与集体联营企业							
其他联营企业							
有限责任公司	3408622	320886	67078	1055733	1964925		
国有独资公司	104878	60600		44278			
其他有限责任公司	3303744	260286	67078	1011455	1964925		
股份有限公司	298232	21147	19243	59554	198289		
私营企业	3594971	9919	33202	578809	2970441	2600	
私营独资企业	13200				13200		
私营合伙企业	3771		1136		2636		
私营有限责任公司	3425950	9919	31564	569519	2812348	2600	
私营股份有限公司	152050		502	9290	142258		
其他企业	630				630		
港澳台商投资企业	38342			17500	1860	18983	
外商投资企业	12591			8361			4231
按企业资质等级分组							
特级	121818	60000		1700	60118		
一级	3081052	352516	33071	1002224	1684652	8590	
二级	2588856	100243	85293	455751	1938146	5193	4231
三级	1991073	29980	62566	416581	1474146	7800	

3-B-2.17 总承包企业收入情况

单位：万元

项　　目	营业收入	#主营业务收　入	营业成本	#主营业务成　本	营业税金及附加	#主营业务税金及附加	其他业务利　润
总　计	**45371814**	**45233645**	**40752171**	**40377004**	**1707309**	**1687736**	**25303**
按设区市分组							
福州市	15989711	15883956	14632455	14447393	555301	550231	10602
#平潭	686511	680851	611788	608905	28868	28868	149
厦门市	5860995	5851129	5384220	5378441	180870	180413	5216
莆田市	3359832	3358459	2898661	2855189	153573	151376	876
三明市	3263461	3260650	2881087	2868526	143747	140003	294
泉州市	8174836	8169558	7177765	7137031	324304	321275	2400
漳州市	2406399	2401272	2177086	2137560	87279	85054	1047
南平市	804848	803694	712549	696034	33256	31080	762
龙岩市	4082093	4076807	3601488	3585540	170891	170695	3543
宁德市	1429639	1428121	1286861	1271290	58089	57610	564
按行业分组							
房屋建筑业	35141541	35063273	31721239	31477745	1339896	1325031	15298
土木工程建筑业	9423003	9378439	8340961	8222323	347410	342789	8005
铁路、道路、隧道和桥梁工程建筑	5441732	5421829	4816090	4730020	200404	197274	6053
铁路工程建筑	35661	35655	30404	30404	1432	1132	
公路工程建筑	1755275	1751442	1573613	1547689	60942	60790	2720
市政道路工程建筑	3142367	3127967	2752910	2698838	118022	115521	2790
其他道路、隧道和桥梁工程建筑	508430	506765	459163	453089	20008	19831	544
水利和内河港口工程建筑	1947053	1943114	1744897	1741338	70484	69538	281
水源及供水设施工程建筑	1303005	1300189	1161889	1160823	50754	49811	763
河湖治理及防洪设施工程建筑	468573	467502	421262	418773	15192	15191	-521
港口及航运设施工程建筑	175476	175423	161746	161742	4538	4536	39
海洋工程建筑							
工矿工程建设	1504345	1501408	1313031	1310998	59221	59105	1213
架线和管道工程建筑	391613	373844	348642	331360	11816	11778	447
架线及设备工程建筑	317358	299710	282988	265707	9046	9007	327
管道工程建筑	74256	74134	65654	65653	2771	2771	120
其他土木工程建筑	138259	138245	118301	108608	5486	5095	11
建筑安装业	612010	596672	524843	512008	13253	13166	2000
电气安装	216546	214499	186364	184994	3858	3843	247
管道和设备安装	87943	87674	71420	71396	2708	2708	245
其他建筑安装	307521	294499	267058	255618	6687	6615	1508

3-B-2.17　续表　　　　单位：万元

项　　目	营业收入	#主营业务收入	营业成本	#主营业务成本	营业税金及附加	#主营业务税金及附加	其他业务利润
建筑装饰和其他建筑业	195261	195261	165127	164927	6751	6751	
建筑装饰业	43169	43169	36597	36597	854	854	
工程准备活动	25500	25500	21580	21580	1121	1121	
建筑物拆除活动	831	831	673	673	29	29	
其他工程准备活动	24669	24669	20907	20907	1092	1092	
提供施工服务	9672	9672	8906	8906	435	435	
其他未列明建筑业	116920	116920	98044	97844	4342	4342	
按登记注册类型分组							
内资企业	44793337	44655262	40219881	39844785	1689984	1670411	25280
国有企业	2530258	2525172	2359682	2356507	79842	79642	2834
集体企业	521717	519125	486414	466518	15995	15832	1830
股份合作企业	375901	375633	348493	348491	12892	12892	91
联营企业	5405	4878	4555	4421	300	260	
国有联营企业	5405	4878	4555	4421	300	260	
集体联营企业							
国有与集体联营企业							
其他联营企业							
有限责任公司	20623366	20555814	18483456	18368884	766691	759654	13854
国有独资公司	809457	786782	727054	709028	23735	22840	4781
其他有限责任公司	19813909	19769032	17756401	17659856	742956	736814	9073
股份有限公司	2161915	2149064	1977009	1930895	77996	74708	1834
私营企业	18572542	18523342	16558261	16367060	736155	727310	4837
私营独资企业	268213	268213	234203	234203	12376	12376	
私营合伙企业	5559	5559	5123	5123	236	236	
私营有限责任公司	17435149	17386028	15543288	15357395	685772	676927	4758
私营股份有限公司	863621	863542	775646	770338	37771	37771	79
其他企业	2234	2234	2010	2010	114	114	
港澳台商投资企业	547203	547203	504813	504813	16874	16874	
外商投资企业	31274	31180	27477	27405	451	451	23
按企业资质等级分组							
特级	1587369	1587369	1451406	1451406	50064	50064	
一级	25834367	25732534	23609334	23478226	914893	910546	10747
二级	11919629	11890245	10485966	10360644	488811	478831	12077
三级	6030449	6023496	5205465	5086728	253542	248295	2478

3-B-2.18 总承包企业费用情况

单位：万元

项　　目	管理费用		销售费用	财务费用		
		#税金			#利息收入	#利息支出
总　　计	**1026613**	**60960**	**129239**	**159888**	**40841**	**149259**
按设区市分组						
福州市	346269	13574	30412	59842	17482	58551
#平潭	17018	199	268	802	21	65
厦门市	130967	4908	5779	20586	15754	32082
莆田市	86544	3398	17459	9479	621	8191
三明市	52317	2630	14220	9575	307	8697
泉州市	190584	26251	35852	24811	4386	17264
漳州市	53179	4139	6870	6978	1148	4832
南平市	24459	1045	3818	2032	251	1180
龙岩市	110332	3639	12865	22812	410	15305
宁德市	31961	1377	1964	3775	481	3158
按行业分组						
房屋建筑业	655057	46093	97589	94777	24335	91429
土木工程建筑业	318985	13715	28457	50523	8438	37893
铁路、道路、隧道和桥梁工程建筑	166935	8967	18043	32119	5455	24170
铁路工程建筑	1271	159		473	17	481
公路工程建筑	42867	1847	570	16075	4034	12197
市政道路工程建筑	106836	6464	16986	9471	1206	5824
其他道路、隧道和桥梁工程建筑	15962	497	486	6101	198	5668
水利和内河港口工程建筑	63741	2270	1793	7553	1163	6322
水源及供水设施工程建筑	40484	1750	1431	3488	369	3396
河湖治理及防洪设施工程建筑	17204	318	202	2953	213	2462
港口及航运设施工程建筑	6054	201	160	1112	582	463
海洋工程建筑						
工矿工程建设	57755	1263	6840	8892	900	4859
架线和管道工程建筑	25512	646	1055	1435	541	1724
架线及设备工程建筑	20974	586	642	1332	473	1625
管道工程建筑	4538	60	413	103	68	98
其他土木工程建筑	5042	571	727	524	380	818
建筑安装业	44248	746	3068	13398	8060	18955
电气安装	14119	217	1019	11320	7838	16719
管道和设备安装	5119	173	844	110	120	229
其他建筑安装	25010	356	1205	1968	102	2007

3-B-2.18　续表　　　　单位：万元

项　目	管理费用	#税金	销售费用	财务费用	#利息收入	#利息支出
建筑装饰和其他建筑业	8323	407	125	1191	8	983
建筑装饰业	2452	41	25	539	6	545
工程准备活动	469	66	33	95		91
建筑物拆除活动	100	1	3			
其他工程准备活动	368	66	30	95		91
提供施工服务	164	105		58		12
其他未列明建筑业	5239	194	67	499	2	334
按登记注册类型分组						
内资企业	1019537	60665	129118	158828	40464	147732
国有企业	55368	1458	459	13169	5841	16718
集体企业	13765	770	92	11	527	491
股份合作企业	7457	30	8	444	24	424
联营企业	577	3		1	2	1
国有联营企业	577	3		1	2	1
集体联营企业						
国有与集体联营企业						
其他联营企业						
有限责任公司	504018	22808	64363	71064	21053	65729
国有独资公司	30304	776	173	3831	345	3840
其他有限责任公司	473714	22032	64191	67233	20708	61889
股份有限公司	37324	5949	3813	11947	8227	17276
私营企业	400997	29646	60376	62194	4789	47093
私营独资企业	2952	32		313		
私营合伙企业	99	2				
私营有限责任公司	386168	28723	57461	59449	4697	46299
私营股份有限公司	11777	889	2916	2431	92	794
其他企业	31	1	6	1		1
港澳台商投资企业	4395	275	120	862	372	1332
外商投资企业	2681	20	2	199	6	195
按企业资质等级分组						
特级	23936	385		5652	857	8508
一级	427138	21768	13160	91209	34126	90608
二级	338173	22292	69715	48592	4621	38456
三级	237367	16515	46365	14435	1238	11688

3-B-2.19 总承包企业利润及税金情况

单位：万元

项　　目	利润总额	#应交所得税	税金总额	工程结算税金及附加	管理费用中的税金
总　　计	**1637586**	**550771**	**1748696**	**1687736**	**60960**
按设区市分组					
福州市	386095	157484	563805	550231	13574
#平潭	27776	12881	29067	28868	199
厦门市	141290	41125	185321	180413	4908
莆田市	198761	60405	154774	151376	3398
三明市	165359	47169	142633	140003	2630
泉州市	424836	133140	347526	321275	26251
漳州市	74800	32234	89193	85054	4139
南平市	28895	9530	32125	31080	1045
龙岩市	170667	55917	174334	170695	3639
宁德市	46883	13767	58987	57610	1377
按行业分组					
房屋建筑业	1247994	434034	1371124	1325031	46093
土木工程建筑业	361053	110111	356504	342789	13715
铁路、道路、隧道和桥梁工程建筑	213394	60437	206241	197274	8967
铁路工程建筑	2106	637	1291	1132	159
公路工程建筑	64216	14695	62637	60790	1847
市政道路工程建筑	140217	43179	121985	115521	6464
其他道路、隧道和桥梁工程建筑	6855	1926	20328	19831	497
水利和内河港口工程建筑	70173	27492	71808	69538	2270
水源及供水设施工程建筑	47572	19211	51561	49811	1750
河湖治理及防洪设施工程建筑	11947	5420	15509	15191	318
港口及航运设施工程建筑	10653	2861	4737	4536	201
海洋工程建筑					
工矿工程建设	65548	18713	60368	59105	1263
架线和管道工程建筑	3625	1263	12424	11778	646
架线及设备工程建筑	2847	1036	9593	9007	586
管道工程建筑	777	227	2831	2771	60
其他土木工程建筑	8314	2205	5666	5095	571
建筑安装业	18421	4510	13912	13166	746
电气安装	4598	1194	4060	3843	217
管道和设备安装	7248	1928	2881	2708	173
其他建筑安装	6575	1388	6971	6615	356

3-B-2.19　续表　　　　单位：万元

项　　目	利润总额	#应交所得税	税金总额	工程结算税金及附加	管理费用中的税金
建筑装饰和其他建筑业	10118	2116	7158	6751	407
建筑装饰业	2702	264	895	854	41
工程准备活动	2203	530	1187	1121	66
建筑物拆除活动	25	17	30	29	1
其他工程准备活动	2178	514	1158	1092	66
提供施工服务	109	63	540	435	105
其他未列明建筑业	5104	1259	4536	4342	194
按登记注册类型分组					
内资企业	1617130	543968	1731076	1670411	60665
国有企业	28090	10445	81100	79642	1458
集体企业	8317	4152	16602	15832	770
股份合作企业	6825	3646	12922	12892	30
联营企业	17	6	263	260	3
国有联营企业	17	6	263	260	3
集体联营企业					
国有与集体联营企业					
其他联营企业					
有限责任公司	761511	246989	782462	759654	22808
国有独资公司	28119	7172	23616	22840	776
其他有限责任公司	733392	239817	758846	736814	22032
股份有限公司	56893	21358	80657	74708	5949
私营企业	755407	257329	756956	727310	29646
私营独资企业	18369	4592	12408	12376	32
私营合伙企业	101	91	238	236	2
私营有限责任公司	703654	243163	705650	676927	28723
私营股份有限公司	33283	9482	38660	37771	889
其他企业	72	45	115	114	1
港澳台商投资企业	20176	6668	17149	16874	275
外商投资企业	279	135	471	451	20
按企业资质等级分组					
特级	60589	19199	50449	50064	385
一级	791745	263283	932314	910546	21768
二级	510835	182408	501123	478831	22292
三级	274416	85881	264810	248295	16515

3-B-2.20 总承包企业应收工程款及企业亏损情况

项　　目	应收工程款(万元)	企业个数(个)	#亏损企业个数	亏损企业的比重(%)
总　　计	**3970572**	**1670**	**204**	**12.2**
按设区市分组				
福州市	1097475	385	43	11.2
#平潭	38691	11	1	9.1
厦门市	762337	199	50	25.1
莆田市	288246	157	18	11.5
三明市	269724	124	9	7.3
泉州市	804466	266	11	4.1
漳州市	238708	138	23	16.7
南平市	111121	139	23	16.5
龙岩市	269058	170	19	11.2
宁德市	129437	92	8	8.7
按行业分组				
房屋建筑业	2557252	1154	141	12.2
土木工程建筑业	1259860	465	56	12.0
铁路、道路、隧道和桥梁工程建筑	897663	298	43	14.4
铁路工程建筑	28	5		
公路工程建筑	375433	53	6	11.3
市政道路工程建筑	429759	224	36	16.1
其他道路、隧道和桥梁工程建筑	92443	16	1	6.3
水利和内河港口工程建筑	227783	94	7	7.4
水源及供水设施工程建筑	91230	67	6	9.0
河湖治理及防洪设施工程建筑	123342	18		
港口及航运设施工程建筑	13210	9	1	11.1
海洋工程建筑				
工矿工程建设	77780	38	1	2.6
架线和管道工程建筑	37479	13	1	7.7
架线及设备工程建筑	30392	8		
管道工程建筑	7087	5	1	20.0
其他土木工程建筑	19155	22	4	18.2
建筑安装业	130675	29	3	10.3
电气安装	74589	13	1	7.7
管道和设备安装	10574	6	1	16.7
其他建筑安装	45512	10	1	10.0

3-B-2.20　续表

项　目	应收工程款(万元)	企业个数(个)	#亏损企业个数	亏损企业的比重(%)
建筑装饰和其他建筑业	22786	22	4	18.2
建筑装饰业	8437	6	2	33.3
工程准备活动	5435	3		
建筑物拆除活动	668	1		
其他工程准备活动	4767	2		
提供施工服务		11	2	18.2
其他未列明建筑业	8914	2		
按登记注册类型分组				
内资企业	3928529	1663	203	12.2
国有企业	235600	31	3	9.7
集体企业	28945	33	10	30.3
股份合作企业	7695	6		
联营企业	3067	1		
国有联营企业	3067	1		
集体联营企业				
国有与集体联营企业				
其他联营企业				
有限责任公司	1978693	630	80	12.7
国有独资公司	59484	12	1	8.3
其他有限责任公司	1919209	618	79	12.8
股份有限公司	217597	63	4	6.3
私营企业	1456902	898	106	11.8
私营独资企业	49253	2		
私营合伙企业	1779	2		
私营有限责任公司	1372719	853	101	11.8
私营股份有限公司	33151	41	5	12.2
其他企业	29	1		
港澳台商投资企业	25348	5	1	20.0
外商投资企业	16696	2		
按企业资质等级分组				
特级	122695	3		
一级	1859450	175	3	1.7
二级	1177298	537	44	8.2
三级	811130	955	157	16.4

3-B-2.21 总承包企业主要经济效益指标

项　目	产值利润率(%)	产值利税率(%)	资本利润率(%)	资本利税率(%)	人均利润(元/人)	人均利税(元/人)	资产负债率(%)
总　计	**3.3**	**6.8**	**21.0**	**43.5**	**7283**	**15061**	**58.6**
按设区市分组							
福州市	2.2	5.5	16.7	41.0	5046	12413	66.7
#平潭	3.7	7.6	33.0	67.6	6188	12664	34.8
厦门市	2.2	5.0	12.0	27.7	6606	15270	65.9
莆田市	5.5	9.7	27.1	48.2	11445	20356	46.0
三明市	4.4	8.2	40.1	74.7	8828	16444	55.0
泉州市	4.9	8.9	30.0	54.6	10865	19752	47.7
漳州市	2.6	5.7	15.5	33.9	5782	12676	54.9
南平市	3.3	6.9	10.5	22.2	6891	14552	47.4
龙岩市	3.9	7.9	25.9	52.4	6599	13341	46.2
宁德市	2.7	6.1	15.1	34.2	5362	12109	55.8
按行业分组							
房屋建筑业	3.2	6.7	22.7	47.6	6876	14431	57.3
土木工程建筑业	3.7	7.4	17.8	35.4	8866	17620	60.3
铁路、道路、隧道和桥梁工程建筑	3.8	7.4	15.8	31.1	10620	20884	61.7
铁路工程建筑	7.3	11.8	10.8	17.5	17847	28786	48.4
公路工程建筑	3.5	6.8	14.3	28.3	11583	22881	71.1
市政道路工程建筑	4.4	8.1	17.7	33.0	10261	19187	50.1
其他道路、隧道和桥梁工程建筑	1.2	4.8	7.7	30.7	8948	35481	77.2
水利和内河港口工程建筑	3.4	7.0	18.5	37.4	7544	15263	59.8
水源及供水设施工程建筑	3.5	7.3	19.2	40.0	7142	14883	48.0
河湖治理及防洪设施工程建筑	2.4	5.5	14.8	34.0	5998	13784	77.0
港口及航运设施工程建筑	6.2	8.9	21.0	30.3	16400	23693	57.7
海洋工程建筑							
工矿工程建设	4.2	8.1	34.5	66.3	7379	14176	50.7
架线和管道工程建筑	1.1	4.7	6.9	30.7	3550	15719	73.8
架线及设备工程建筑	1.1	5.0	7.9	34.4	4942	21591	79.3
管道工程建筑	0.8	3.8	4.8	22.3	1747	8112	39.5
其他土木工程建筑	6.5	10.9	14.7	24.8	5833	9808	45.6
建筑安装业	3.1	5.4	13.5	23.8	11097	19476	75.5
电气安装	2.0	3.8	6.1	11.4	6112	11508	80.0
管道和设备安装	10.7	15.0	41.1	57.4	34061	47600	63.4
其他建筑安装	2.2	4.4	15.4	31.7	9461	19491	69.7

3-B-2.21　续表

项　　目	产值利润率(%)	产值利税率(%)	资本利润率(%)	资本利税率(%)	人均利润(元/人)	人均利税(元/人)	资产负债率(%)
建筑装饰和其他建筑业	4.3	7.4	8.7	14.9	10495	17920	22.7
建筑装饰业	6.3	8.3	14.9	19.8	17322	23060	46.7
工程准备活动	7.9	12.1	11.4	17.5	14183	21826	7.9
建筑物拆除活动	3.0	6.6	1.1	2.4	4882	10686	10.6
其他工程准备活动	8.0	12.3	12.7	19.5	14499	22204	7.6
提供施工服务	1.1	6.7	2.6	15.3	2062	12268	29.7
其他未列明建筑业	3.4	6.4	6.9	13.0	8509	16071	16.6
按登记注册类型分组							
内资企业	3.3	6.8	20.9	43.3	7271	15054	58.5
国有企业	1.0	3.7	8.7	33.7	2854	11093	72.9
集体企业	1.4	4.3	11.7	35.1	3174	9511	71.1
股份合作企业	1.8	5.2	21.9	63.3	3111	9000	48.9
联营企业	0.1	2.3	0.6	9.8	187	3127	41.8
国有联营企业	0.1	2.3	0.6	9.8	187	3127	41.8
集体联营企业							
国有与集体联营企业							
其他联营企业							
有限责任公司	3.4	6.9	22.3	45.3	8310	16848	63.5
国有独资公司	4.5	8.3	26.8	49.3	9388	17273	72.2
其他有限责任公司	3.4	6.9	22.2	45.2	8273	16834	63.1
股份有限公司	2.6	6.2	19.1	46.1	5060	12235	68.4
私营企业	3.6	7.3	21.0	42.1	7210	14435	45.5
私营独资企业	7.0	11.8	139.2	233.2	10099	16921	52.1
私营合伙企业	2.1	7.1	2.7	9.0	3545	11857	34.9
私营有限责任公司	3.6	7.2	20.5	41.1	7213	14447	45.1
私营股份有限公司	3.4	7.3	21.9	47.3	6197	13396	51.7
其他企业	3.2	8.4	11.4	29.6	6354	16522	8.4
港澳台商投资企业	4.4	8.1	52.6	97.3	8603	15915	67.9
外商投资企业	0.9	2.4	2.2	6.0	3008	8080	71.8
按企业资质等级分组							
特级	3.1	5.6	49.7	91.2	8963	16426	60.5
一级	2.8	6.1	25.7	56.0	6568	14302	65.8
二级	4.0	7.9	19.7	39.1	8139	16124	55.5
三级	4.2	8.2	13.8	27.1	7891	15506	39.7

3-B-3.01 按经济类型划分的专业承包企业主要经济指标

指 标	单位	合计	内资企业	#国有	#集体	港澳台商投资企业	外商投资企业
建筑业企业个数	个	1071	1043	17	4	24	4
直接从事生产经营活动的平均人数	万人	21.32	20.54	0.71	0.06	0.71	0.06
签订的合同额	万元	7193321	6955674	373779	29112	214943	22704
#本年新签合同额	万元	5463337	5264218	309176	27106	185958	13161
建筑业总产值	万元	5023168	4839107	295820	27777	172844	11217
建筑工程产值	万元	3515349	3357817	236480	27399	149315	8218
安装工程产值	万元	1440405	1414422	49926	378	22984	2999
其他产值	万元	67415	66869	9414		546	
竣工产值	万元	2928230	2836418	149598	26540	88192	3621
建筑业增加值	万元	1549245	1483453	58785	4347	61552	4241
#本年固定资产折旧	万元	58452	57554	2399	239	575	323
应付职工薪酬	万元	1095245	1044030	45903	2380	48398	2818
主营业务税金及附加	万元	165363	157259	6403	843	7819	284
管理费用中的税金	万元	15593	15041	800	13	531	21
房屋建筑施工面积	万平方米	558.71	558.71				
#本年新开工面积	万平方米	382.23	382.23				
房屋建筑竣工面积	万平方米	232.92	232.92				
#住宅	万平方米	16.93	16.93				
年末自有施工机械设备净值	万元	147100	145778	2926	485	962	360
年末自有施工机械设备总功率	万千瓦	72.38	71.34	2.39	0.22	0.75	0.29
实收资本	万元	1475097	1444328	35302	5714	27855	2914
资产合计	万元	4657935	4554115	278241	29492	94539	9281
#流动资产	万元	3811727	3716476	252216	22706	86992	8260
固定资产	万元	530812	523267	19754	1691	6542	1003
负债合计	万元	2526400	2461021	208336	17427	61225	4154
#流动负债	万元	2308631	2244181	170870	17427	60303	4147
利润总额	万元	217454	212380	3394	897	4279	795
税金总额	元/人	180955	172300	7203	856	8350	305
按建筑业总产值计算的劳动生产率	元/人	235643	235606	415361	462957	242079	175538
按建筑业增加值计算的劳动生产率	元/人	72677	72226	82540	72443	86207	66372
技术装备率	元/人	6901	7098	4109	8085	1348	5637
动力装备率	千瓦/人	3.4	3.5	3.4	3.6	1.1	4.6
人均利税	元/人	18690	18729	14879	29207	17688	17200
房屋建筑面积竣工率	%	41.7	41.7				
资产负债率	%	54.2	54.0	74.9	59.1	64.8	44.8
产值利润率	%	4.3	4.4	1.1	3.2	2.5	7.1
产值利税率	%	7.9	7.9	3.6	6.3	7.3	9.8

3-B-3.02　专业承包企业主要经济指标完成情况

指　　标	单位	2013年	2012年	2013年比2012年增减(%)
建筑业企业个数	个	1071	1071	
直接从事生产经营活动的平均人数	万人	21.32	18.65	14.3
签订的合同额	万元	7193321	5793934	24.2
#本年新签合同额	万元	5463337	4491001	21.7
建筑业总产值	万元	5023168	4438742	13.2
建筑工程产值	万元	3515349	3110015	13.0
安装工程产值	万元	1440405	1236140	16.5
其他产值	万元	67415	92587	-27.2
竣工产值	万元	2928230	2696072	8.6
建筑业增加值	万元	1549245	1384497	11.9
#本年固定资产折旧	万元	58452	50569	15.6
应付职工薪酬	万元	1095245	939947	16.5
主营业务税金及附加	万元	165363	154146	7.3
管理费用中的税金	万元	15593	14437	8.0
房屋建筑施工面积	万平方米	558.71	472.14	18.3
#本年新开工面积	万平方米	382.23	282.9	35.1
房屋建筑竣工面积	万平方米	232.92	278.29	-16.3
#住宅	万平方米	16.93	34.74	-51.3
年末自有施工机械设备净值	万元	147100	137567	6.9
年末自有施工机械设备总功率	万千瓦	72.38	61.41	17.9
实收资本	万元	1475097	1302378	13.3
资产合计	万元	4657935	4025038	15.7
#流动资产	万元	3811727	3244600	17.5
固定资产	万元	530812	510722	3.9
负债合计	万元	2526400	2154948	17.2
#流动负债	万元	2308631	2028940	13.8
利润总额	万元	217454	224099	-3.0
税金总额	元/人	180955	168584	7.3
按建筑业总产值计算的劳动生产率	元/人	235643	237995	-1.0
按建筑业增加值计算的劳动生产率	元/人	72677	74233	-2.1
技术装备率	元/人	6901	7376	-6.4
动力装备率	千瓦/人	3.4	3.3	3.0
人均利税	元/人	18690	21055	-11.2
房屋建筑面积竣工率	%	41.7	58.9	-29.2
资产负债率	%	54.2	53.5	1.3
产值利润率	%	4.3	5.0	-14.0
产值利税率	%	7.9	8.8	-10.2

3-B-3.03 专业承包企业签订合同情况

单位：万元

项目	合同总额	上年结转合同额	本年新签合同额
总 计	**7193321**	**1729985**	**5463337**
按设区市分组			
福州市	2357686	378153	1979533
#平潭	5783	5476	307
厦门市	1687562	642280	1045282
莆田市	84711	3224	81487
三明市	175236	14166	161070
泉州市	1890405	500547	1389858
漳州市	137947	41598	96350
南平市	262369	46022	216348
龙岩市	463660	88985	374675
宁德市	133745	15011	118734
按行业分组			
房屋建筑业	1249972	395351	854621
土木工程建筑业	1035260	301137	734123
铁路、道路、隧道和桥梁工程建筑	418925	218443	200482
铁路工程建筑	75458	28264	47195
公路工程建筑	238650	166130	72520
市政道路工程建筑	71312	7397	63915
其他道路、隧道和桥梁工程建筑	33505	16652	16853
水利和内河港口工程建筑	54351	5458	48894
水源及供水设施工程建筑	12723	1944	10779
河湖治理及防洪设施工程建筑	41628	3513	38115
港口及航运设施工程建筑			
海洋工程建筑	11646	1007	10639
工矿工程建设	15600	2567	13032
架线和管道工程建筑	287760	26200	261560
架线及设备工程建筑	282268	26114	256154
管道工程建筑	5492	87	5406
其他土木工程建筑	246978	47462	199516
建筑安装业	2056842	549663	1507179
电气安装	1414635	409771	1004865
管道和设备安装	222507	47527	174980
其他建筑安装	419700	92366	327335

3-B-3.03 续表

单位：万元

项 目	合同总额	上年结转合同额	本年新签合同额
建筑装饰和其他建筑业	2851248	483834	2367414
建筑装饰业	1977702	399980	1577723
工程准备活动	108988	17731	91257
建筑物拆除活动	25878	3982	21896
其他工程准备活动	83111	13749	69362
提供施工服务	69379	4067	65312
其他未列明建筑业	695178	62056	633122
按登记注册类型分组			
内资企业	6955674	1691456	5264218
国有企业	373779	64603	309176
集体企业	29112	2007	27106
股份合作企业	7974	2440	5535
联营企业	2409		2409
国有联营企业	1899		1899
集体联营企业	510		510
国有与集体联营企业			
其他联营企业			
有限责任公司	2423675	742469	1681206
国有独资公司	117311	6695	110617
其他有限责任公司	2306363	735774	1570589
股份有限公司	246828	73351	173476
私营企业	3870900	806586	3064314
私营独资企业	2559	51	2508
私营合伙企业			
私营有限责任公司	3790097	792757	2997341
私营股份有限公司	78244	13778	64465
其他企业	997		997
港澳台商投资企业	214943	28985	185958
外商投资企业	22704	9544	13161
按企业资质等级分组			
一级	3497580	959533	2538047
二级	1813143	292774	1520369
三级	1512888	302877	1210011
不分等级	369711	174802	194909

3-B-3.04 专业承包企业承包工程完成情况

单位：万元

项目	直接从建设单位承揽工程完成的产值	自行完成施工产值	分包出去工程的产值	从建设单位以外承揽工程完成的产值
总计	**4641462**	**4580859**	**60603**	**442309**
按设区市分组				
福州市	1713675	1701417	12258	370283
#平潭	5773	5773		328350
厦门市	947036	929497	17539	36401
莆田市	75479	75479		
三明市	154686	147850	6836	1464
泉州市	1004963	989525	15438	6676
漳州市	88284	87226	1058	6280
南平市	211133	211133		6692
龙岩市	337711	330349	7362	13926
宁德市	108496	108383	112	586
按行业分组				
房屋建筑业	494869	482660	12209	12006
土木工程建筑业	656164	638565	17599	359596
铁路、道路、隧道和桥梁工程建筑	173172	173172		348044
铁路工程建筑	34992	34992		
公路工程建筑	73029	73029		14692
市政道路工程建筑	42460	42460		
其他道路、隧道和桥梁工程建筑	22691	22691		333352
水利和内河港口工程建筑	43715	43715		
水源及供水设施工程建筑	10157	10157		
河湖治理及防洪设施工程建筑	33558	33558		
港口及航运设施工程建筑				
海洋工程建筑	5676	1612	4064	
工矿工程建设	10722	10601	121	
架线和管道工程建筑	246910	234001	12909	3517
架线及设备工程建筑	241400	228492	12909	3517
管道工程建筑	5510	5510		
其他土木工程建筑	175970	175465	505	8036
建筑安装业	1347517	1317235	30282	22587
电气安装	899459	870507	28952	7109
管道和设备安装	173829	173050	779	6068
其他建筑安装	274228	273677	551	9410

3-B-3.04　续表　　　　单位：万元

项　　目	直接从建设单位承揽工程完成的产值	自行完成施工产值	分包出去工程的产值	从建设单位以外承揽工程完成的产值
建筑装饰和其他建筑业	2142913	2142398	514	48120
建筑装饰业	1560702	1560372	330	30339
工程准备活动	83809	83809		7530
建筑物拆除活动	15570	15570		6440
其他工程准备活动	68238	68238		1090
提供施工服务	56681	56672	10	4479
其他未列明建筑业	441720	441546	174	5773
按登记注册类型分组				
内资企业	4462274	4401671	60603	437436
国有企业	291371	289667	1704	6153
集体企业	27777	27777		
股份合作企业	4505	4505		
联营企业	1964	1964		
国有联营企业	1454	1454		
集体联营企业	510	510		
国有与集体联营企业				
其他联营企业				
有限责任公司	1616212	1584650	31562	350054
国有独资公司	110483	110483		
其他有限责任公司	1505729	1474167	31562	350054
股份有限公司	149695	147322	2373	7043
私营企业	2369753	2344789	24964	74186
私营独资企业	2861	2861		
私营合伙企业				
私营有限责任公司	2306978	2282014	24964	69151
私营股份有限公司	59914	59914		5035
其他企业	997	997		
港澳台商投资企业	172844	172844		
外商投资企业	6343	6343		4874
按企业资质等级分组				
一级	2129087	2115412	13675	332780
二级	1242407	1228516	13891	67335
三级	1092838	1059801	33037	37721
不分等级	177130	177130		4473

3-B-3.05 专业承包建筑业总产值和竣工产值

单位：万元

项 目	建筑业总产值	#装饰装修产值	#在外省完成的产值	按构成分组			竣工产值
				建筑工程产值	安装工程产值	其他产值	
总 计	**5023168**	**1337796**	**1769770**	**3515349**	**1440405**	**67415**	**2928230**
按设区市分组							
福州市	2071701	397133	738524	1480175	583746	7779	1108957
#平潭	334123	302	318719	334123			326044
厦门市	965898	447543	211245	648156	295157	22586	661285
莆田市	75479	16764	951	67804	7675		65613
三明市	149315	21472	14337	78307	67063	3944	115469
泉州市	996201	381035	523546	738598	238586	19017	467429
漳州市	93506	17154	2952	68604	21697	3204	57533
南平市	217825	8659	83567	86924	123425	7476	139182
龙岩市	344275	36499	173471	263308	77888	3079	270657
宁德市	108969	11537	21177	83472	25168	330	42105
按行业分组							
房屋建筑业	494667	182928	352814	452545	39103	3020	235381
土木工程建筑业	998161	21802	445557	807469	166344	24348	662420
铁路、道路、隧道和桥梁工程建筑	521215		372428	506301	4206	10708	430554
铁路工程建筑	34992		8088	30786	4206		12244
公路工程建筑	87721		11675	84769		2953	68278
市政道路工程建筑	42460		33946	37253		5207	17742
其他道路、隧道和桥梁工程建筑	356043		318719	353494		2549	332290
水利和内河港口工程建筑	43715		6118	33247	10467		13920
水源及供水设施工程建筑	10157			807	9350		7470
河湖治理及防洪设施工程建筑	33558		6118	32440	1118		6449
港口及航运设施工程建筑							
海洋工程建筑	1612		427	1046	566		790
工矿工程建设	10601		3855		7244	3357	10310
架线和管道工程建筑	237518	6104	27250	100406	135399	1713	144660
架线及设备工程建筑	232008	6104	27250	100231	130064	1713	144485
管道工程建筑	5510			175	5335		175
其他土木工程建筑	183501	15698	35479	166468	8462	8571	62186
建筑安装业	1339822	19918	323268	347596	975665	16561	780963
电气安装	877616	13907	179009	215314	653206	9096	545432
管道和设备安装	179119	2331	59326	23340	150399	5380	93737
其他建筑安装	283088	3680	84934	108943	172060	2085	141795

3-B-3.05　续表

单位：万元

项　　目	建筑业总产值	#装饰装修产　值	#在外省完成的产值	按构成分组			竣工产值
				建筑工程产　值	安装工程产　值	其他产值	
建筑装饰和其他建筑业	2190518	1113147	648131	1907739	259293	23487	1249467
建筑装饰业	1590711	1101576	499896	1422717	163861	4133	923133
工程准备活动	91339	1542	10484	76924	4181	10234	76311
建筑物拆除活动	22010		2977	15568	602	5840	15710
其他工程准备活动	69328	1542	7507	61356	3579	4393	60601
提供施工服务	61151		2792	38348	21333	1470	32635
其他未列明建筑业	447318	10029	134959	369749	69919	7650	217388
按登记注册类型分组							
内资企业	4839107	1201984	1708583	3357817	1414422	66869	2836418
国有企业	295820	7152	73704	236480	49926	9414	149598
集体企业	27777	1291		27399	378		26540
股份合作企业	4505	445	1099	445	4060		445
联营企业	1964	510		1964			1090
国有联营企业	1454			1454			1090
集体联营企业	510	510		510			
国有与集体联营企业							
其他联营企业							
有限责任公司	1934704	304363	743900	1281456	625772	27477	1133069
国有独资公司	110483		2076	98281	12202		13895
其他有限责任公司	1824221	304363	741823	1183174	613570	27477	1119174
股份有限公司	154364	32597	68655	91021	62045	1298	81713
私营企业	2418975	855626	821225	1719053	671242	28680	1442966
私营独资企业	2861	709		709	2152		709
私营合伙企业							
私营有限责任公司	2351165	830421	818163	1664638	658105	28422	1415870
私营股份有限公司	64949	24496	3062	53706	10985	258	26386
其他企业	997				997		997
港澳台商投资企业	172844	134173	60410	149315	22984	546	88192
外商投资企业	11217	1639	777	8218	2999		3621
按企业资质等级分组							
一级	2448192	863070	1255928	1966055	471477	10660	1342524
二级	1295851	336199	367078	780770	495777	19305	783414
三级	1097523	136299	135471	594080	468326	35117	737793
不分等级	181603	2229	11292	174444	4826	2334	64499

3-B-3.06 专业承包企业房屋建筑面积

项目	房屋建筑施工面积(万平方米)	#本年新开工	#实行投标承包面积	#本年新开工	房屋建筑竣工面积(万平方米)	房屋建筑面积竣工率(%)
总计	**558.71**	**382.23**	**249.04**	**200.83**	**232.92**	**41.7**
按设区市分组						
福州市	18.71	17.56	12.65	12.40	5.83	31.2
#平潭						
厦门市	4.19				4.19	100.0
莆田市	4.37	4.37	4.37	4.37	4.37	100.0
三明市	6.52	4.47	6.52	4.47	4.55	69.8
泉州市	220.57	175.54	183.34	146.85	15.66	7.1
漳州市	3.57	0.28	0.28	0.28	3.29	92.1
南平市	1.88	1.86	1.88	1.86		
龙岩市	292.53	171.79	40.00	30.60	188.74	64.5
宁德市	6.36	6.36			6.30	99.0
按行业分组						
房屋建筑业	409.55	280.60	228.37	182.46	159.95	39.1
土木工程建筑业	20.47	18.37	20.47	18.37	8.09	39.5
铁路、道路、隧道和桥梁工程建筑	16.64	14.54	16.64	14.54	4.55	27.3
铁路工程建筑	9.76	9.71	9.76	9.71		
公路工程建筑	6.52	4.47	6.52	4.47	4.55	69.8
市政道路工程建筑						
其他道路、隧道和桥梁工程建筑	0.36	0.36	0.36	0.36		
水利和内河港口工程建筑						
水源及供水设施工程建筑						
河湖治理及防洪设施工程建筑						
港口及航运设施工程建筑						
海洋工程建筑						
工矿工程建设						
架线和管道工程建筑						
架线及设备工程建筑						
管道工程建筑						
其他土木工程建筑	3.83	3.83	3.83	3.83	3.54	92.6
建筑安装业	94.88	52.74	0.20		50.13	52.8
电气安装						***
管道和设备安装	1.15				1.15	100.0
其他建筑安装	93.73	52.74	0.20		48.98	52.3

3-B-3.06　续表

项　目	房屋建筑施工面积(万平方米)	#本年新开工	#实行投标承包面积	#本年新开工	房屋建筑竣工面积(万平方米)	房屋建筑面积竣工率(%)
建筑装饰和其他建筑业	33.81	30.53			14.75	43.6
建筑装饰业	9.65	6.36			9.59	99.3
工程准备活动						
建筑物拆除活动						
其他工程准备活动						
提供施工服务						
其他未列明建筑业	24.17	24.17			5.16	21.4
按登记注册类型分组						
内资企业	558.71	382.23	249.04	200.83	232.92	41.7
国有企业						
集体企业						
股份合作企业						
联营企业						
国有联营企业						
集体联营企业						
国有与集体联营企业						
其他联营企业						
有限责任公司	97.43	57.79	15.01	14.75	47.98	49.2
国有独资公司						
其他有限责任公司	97.43	57.79	15.01	14.75	47.98	49.2
股份有限公司						
私营企业	461.28	324.44	234.03	186.09	184.94	40.1
私营独资企业						
私营合伙企业						
私营有限责任公司	461.28	324.44	234.03	186.09	184.94	40.1
私营股份有限公司						
其他企业						
港澳台商投资企业						
外商投资企业						
按企业资质等级分组						
一级	461.83	327.10	229.56	183.61	166.18	36.0
二级	67.41	36.10	4.57	4.37	50.70	75.2
三级	29.00	19.03	14.91	12.85	15.56	53.7
不分等级	0.47				0.47	100.0

3-B-3.07 按主要用途分的专业承包

项　　目	合计	住宅房屋	商业及服务用房屋	商厦房屋(批发和零售用房)	宾馆用房屋(住宿用房)	餐饮用房屋(餐饮用房)	商务会展用房屋
总　　计	**232.92**	**16.93**	**9.76**	**2.56**	**1.06**	**1.68**	
按设区市分组							
福州市	5.83	0.30	1.77	1.04		0.70	
#平潭							
厦门市	4.19						
莆田市	4.37						
三明市	4.55		1.81				
泉州市	15.66	3.96	3.57	1.52	1.06	0.99	
漳州市	3.29						
南平市							
龙岩市	188.74	12.68					
宁德市	6.30		2.60				
按行业分组							
房屋建筑业	159.95	16.73	0.10	0.06			
土木工程建筑业	8.09		5.36	1.49	1.06	0.99	
铁路、道路、隧道和桥梁工程建筑	4.55		1.81				
铁路工程建筑							
公路工程建筑	4.55		1.81				
市政道路工程建筑							
其他道路、隧道和桥梁工程建筑							
水利和内河港口工程建筑							
水源及供水设施工程建筑							
河湖治理及防洪设施工程建筑							
港口及航运设施工程建筑							
海洋工程建筑							
工矿工程建设							
架线和管道工程建筑							
架线及设备工程建筑							
管道工程建筑							
其他土木工程建筑	3.54		3.54	1.49	1.06	0.99	
建筑安装业	50.13	0.20	0.03	0.03			
电气安装							
管道和设备安装	1.15						
其他建筑安装	48.98	0.20	0.03	0.03			

企业房屋建筑竣工面积

单位：万平方米

其他商业及服务用房屋(居民服务业用房)	办公用房屋	科研、教育、医疗用房屋	科学研究用房屋	教育用房屋	医疗用房屋(卫生医疗用房)	文化、体育、娱乐用房屋	厂房及建筑物	#厂房	仓库	其他未列明的房屋建筑物
4.45	**3.96**	**0.24**		**0.20**	**0.04**	**3.52**	**192.80**	**85.67**	**5.67**	**0.05**
0.04	0.07	0.07		0.03	0.04	3.52	0.10	0.10		
							4.19	1.15		
							4.37	4.37		
1.81	0.60	0.17		0.17			1.96	1.96		
							8.08	5.04		0.05
	3.29									
							170.40	69.35	5.67	
2.60							3.70	3.70		
0.04	0.07	0.07		0.03	0.04	0.03	137.29	73.82	5.67	
1.81	0.60	0.17		0.17			1.96	1.96		
1.81	0.60	0.17		0.17			1.96	1.96		
1.81	0.60	0.17		0.17			1.96	1.96		
							49.85	6.18		0.05
							1.15	1.15		
							48.71	5.04		0.05

3-B-3.07 续表

项目	合计	住宅房屋	商业及服务用房屋	商厦房屋(批发和零售用房)	宾馆用房屋(住宿用房)	餐饮用房屋(餐饮用房)	商务会展用房屋
建筑装饰和其他建筑业	14.75		4.27	0.98		0.70	
建筑装饰业	9.59		2.60				
工程准备活动							
建筑物拆除活动							
其他工程准备活动							
提供施工服务							
其他未列明建筑业	5.16		1.67	0.98		0.70	
按登记注册类型分组							
内资企业	232.92	16.93	9.76	2.56	1.06	1.68	
国有企业							
集体企业							
股份合作企业							
联营企业							
国有联营企业							
集体联营企业							
国有与集体联营企业							
其他联营企业							
有限责任公司	47.98	0.30	3.64	1.55	1.06	0.99	
国有独资公司							
其他有限责任公司	47.98	0.30	3.64	1.55	1.06	0.99	
股份有限公司							
私营企业	184.94	16.63	6.12	1.01		0.70	
私营独资企业							
私营合伙企业							
私营有限责任公司	184.94	16.63	6.12	1.01		0.70	
私营股份有限公司							
其他企业							
港澳台商投资企业							
外商投资企业							
按企业资质等级分组							
一级	166.18	16.63					
二级	50.70	0.20	4.30	1.01		0.70	
三级	15.56		5.36	1.49	1.06	0.99	
不分等级	0.47	0.10	0.10	0.06			

单位：万平方米

其他商业及服务用房屋(居民服务业用房)	办公用房屋	科研、教育、医疗用房屋	科学研究用房屋	教育用房屋	医疗用房屋(卫生医疗用房)	文化、体育、娱乐用房屋	厂房及建筑物	#厂房	仓库	其他未列明的房屋建筑物
2.60	3.29					3.49	3.70	3.70		
2.60	3.29						3.70	3.70		
						3.49				
4.45	3.96	0.24		0.20	0.04	3.52	192.80	85.67	5.67	0.05
0.04	0.07	0.07		0.03	0.04	0.03	43.87	6.28		
0.04	0.07	0.07		0.03	0.04	0.03	43.87	6.28		
4.41	3.89	0.17		0.17		3.49	148.94	79.38	5.67	0.05
4.41	3.89	0.17		0.17		3.49	148.94	79.38	5.67	0.05
							149.55	48.50		
2.60						3.49	37.00	33.96	5.67	0.05
1.81	3.89	0.17		0.17			6.15	3.11		
0.04	0.07	0.07		0.03	0.04	0.03	0.10	0.10		

3-B-3.08 按主要用途分的专业承包

项目	合计	住宅房屋	商业及服务用房屋	商厦房屋(批发和零售用房)	宾馆用房屋(住宿用房)	餐饮用房屋(餐饮用房)	商务会展用房屋
总计	**167982**	**20467**	**12258**	**3622**	**2279**	**1972**	
按设区市分组							
福州市	5114	345	1481	883		579	
#平潭							
厦门市	2537						
莆田市	3509						
三明市	4689		1270				
泉州市	12436	3458	6410	2739	2279	1392	
漳州市	3453						
南平市							
龙岩市	128745	16664					
宁德市	7500		3097				
按行业分组							
房屋建筑业	116957	20169	47	28			
土木工程建筑业	10982		7563	2622	2279	1392	
铁路、道路、隧道和桥梁工程建筑	4689		1270				
铁路工程建筑							
公路工程建筑	4689		1270				
市政道路工程建筑							
其他道路、隧道和桥梁工程建筑							
水利和内河港口工程建筑							
水源及供水设施工程建筑							
河湖治理及防洪设施工程建筑							
港口及航运设施工程建筑							
海洋工程建筑							
工矿工程建设							
架线和管道工程建筑							
架线及设备工程建筑							
管道工程建筑							
其他土木工程建筑	6293		6293	2622	2279	1392	
建筑安装业	24493	298	117	117			
电气安装							
管道和设备安装	1473						
其他建筑安装	23020	298	117	117			

企业房屋建筑竣工价值

单位：万元

其他商业及服务用房屋(居民服务业用房)	办公用房屋	科研、教育、医疗用房屋	科学研究用房屋	教育用房屋	医疗用房屋(卫生医疗用房)	文化、体育、娱乐用房屋	厂房及建筑物	#厂房	仓库	其他未列明的房屋建筑物
4385	**4162**	**269**		**250**	**19**	**3177**	**124989**	**63553**	**2630**	**31**
19	33	33		14	19	3177	47	47		
							2537	1473		
							3509	3509		
1270	677	236		236			2506	2506		
							2536	1604		31
	3453									
							109451	50011	2630	
3097							4403	4403		
19	33	33		14	19	14	94033	53567	2630	
1270	677	236		236			2506	2506		
1270	677	236		236			2506	2506		
1270	677	236		236			2506	2506		
							24047	3077		31
							1473	1473		
							22574	1604		31

3-B-3.08 续表

项　　目	合计	住宅房屋	商业及服务用房屋	商厦房屋(批发和零售用房)	宾馆用房屋(住宿用房)	餐饮用房屋(餐饮用房)	商务会展用房屋
建筑装饰和其他建筑业	15550		4531	855		579	
建筑装饰业	10953		3097				
工程准备活动							
建筑物拆除活动							
其他工程准备活动							
提供施工服务							
其他未列明建筑业	4597		1434	855		579	
按登记注册类型分组							
内资企业	167982	20467	12258	3622	2279	1972	
国有企业							
集体企业							
股份合作企业							
联营企业							
国有联营企业							
集体联营企业							
国有与集体联营企业							
其他联营企业							
有限责任公司	28861	345	6340	2650	2279	1392	
国有独资公司							
其他有限责任公司	28861	345	6340	2650	2279	1392	
股份有限公司							
私营企业	139122	20122	5918	972		579	
私营独资企业							
私营合伙企业							
私营有限责任公司	139122	20122	5918	972		579	
私营股份有限公司							
其他企业							
港澳台商投资企业							
外商投资企业							
按企业资质等级分组							
一级	110202	20122					
二级	40589	298	4648	972		579	
三级	16972		7563	2622	2279	1392	
不分等级	219	47	47	28			

单位：万元

其他商业及服务用房屋(居民服务业用房)	办公用房屋	科研、教育、医疗用房屋	科学研究用房屋	教育用房屋	医疗用房屋(卫生医疗用房)	文化、体育、娱乐用房屋	厂房及建筑物	#厂房	仓库	其他未列明的房屋建筑物
3097	3453					3163	4403	4403		
3097	3453						4403	4403		
						3163				
4385	4162	269		250	19	3177	124989	63553	2630	31
19	33	33		14	19	14	22097	3124		
19	33	33		14	19	14	22097	3124		
4367	4130	236		236		3163	102892	60430	2630	31
4367	4130	236		236		3163	102892	60430	2630	31
							90080	30640		
3097						3163	29819	28887	2630	31
1270	4130	236		236			5044	3979		
19	33	33		14	19	14	47	47		

3-B-3.09 专业承包企业施工机械设备情况

项 目	年末自有施工机械设备总台数(台)	年末自有施工机械设备总功率(万千瓦)	年末自有施工机械设备净值(万元)	技术装备率(元/人)	动力装备率(千瓦/人)
总 计	**48220**	**72.38**	**147100**	**6901**	**3.4**
按设区市分组					
福州市	12083	24.55	35431	3820	2.6
#平潭	1311	5.49	9378	7139	4.2
厦门市	10283	14.28	22786	6115	3.8
莆田市	1130	1.59	4960	19832	6.4
三明市	2089	4.34	12529	15511	5.4
泉州市	13557	19.81	44920	12101	5.3
漳州市	1428	1.42	4424	8999	2.9
南平市	1848	1.97	5215	5581	2.1
龙岩市	3638	4.00	14599	8157	2.2
宁德市	2164	0.42	2237	6771	1.3
按行业分组					
房屋建筑业	3123	5.47	11315	4799	2.3
土木工程建筑业	4886	15.94	31801	7608	3.8
铁路、道路、隧道和桥梁工程建筑	2326	9.32	20397	9803	4.5
铁路工程建筑	137	0.36	266	2580	3.5
公路工程建筑	767	2.25	5515	14889	6.1
市政道路工程建筑	56	0.38	3378	16041	1.8
其他道路、隧道和桥梁工程建筑	1366	6.33	11238	8047	4.5
水利和内河港口工程建筑	111	0.32	680	2542	1.2
水源及供水设施工程建筑	72	0.10	50	500	1.0
河湖治理及防洪设施工程建筑	39	0.22	630	3756	1.3
港口及航运设施工程建筑					
海洋工程建筑	20	0.10	12	924	7.6
工矿工程建设	156	1.54	2483	37560	23.3
架线和管道工程建筑	813	1.99	1599	1575	2.0
架线及设备工程建筑	813	1.99	1599	1591	2.0
管道工程建筑					
其他土木工程建筑	1460	2.67	6630	8992	3.6
建筑安装业	15020	17.57	29422	5299	3.2
电气安装	7021	9.29	12661	3523	2.6
管道和设备安装	4087	1.96	4269	5163	2.4
其他建筑安装	3912	6.32	12493	11042	5.6

3-B-3.09　续表

项　　目	年末自有施工机械设备总台数（台）	年末自有施工机械设备总功率（万千瓦）	年末自有施工机械设备净值（万元）	技术装备率（元/人）	动力装备率（千瓦/人）
建筑装饰和其他建筑业	25191	33.40	74562	8081	3.6
建筑装饰业	20728	15.72	35694	5330	2.3
工程准备活动	658	4.90	15091	33714	11.0
建筑物拆除活动	281	2.02	2905	20912	14.6
其他工程准备活动	377	2.88	12186	39475	9.3
提供施工服务	380	1.66	6544	23463	6.0
其他未列明建筑业	3425	11.11	17233	9551	6.2
按登记注册类型分组					
内资企业	47388	71.34	145778	7098	3.5
国有企业	671	2.39	2926	4109	3.4
集体企业	263	0.22	485	8085	3.6
股份合作企业	10	0.01	24	905	0.2
联营企业					
国有联营企业					
集体联营企业					
国有与集体联营企业					
其他联营企业					
有限责任公司	19759	32.92	50908	6430	4.2
国有独资公司	1888	5.54	2514	6127	13.5
其他有限责任公司	17871	27.38	48393	6447	3.6
股份有限公司	689	0.63	5403	9756	1.1
私营企业	25996	35.18	86033	7644	3.1
私营独资企业	12	0.12	40	3704	10.9
私营合伙企业					
私营有限责任公司	25026	34.26	84233	7826	3.2
私营股份有限公司	958	0.79	1759	3656	1.7
其他企业					
港澳台商投资企业	723	0.75	962	1348	1.1
外商投资企业	109	0.29	360	5637	4.6
按企业资质等级分组					
一级	20048	27.04	54846	5689	2.8
二级	14731	17.89	39295	6802	3.1
三级	10522	19.92	46196	8934	3.9
不分等级	2919	7.53	6764	9279	10.3

3-B-3.10 专业承包企业建筑材料消耗情况

项　目	钢材(吨)	木材(立方米)	水泥(吨)	玻璃(平方米)	铝材(吨)
总　计	**2017892**	**1253796**	**6226299**	**5300473**	**194649**
按设区市分组					
福州市	891608	600492	3044450	901004	54821
#平潭	220374	208372	1206685	600	7
厦门市	207771	228243	527413	2543698	35961
莆田市	21610	19652	42508	138809	2321
三明市	57052	15628	124189	18890	1792
泉州市	434152	283446	1524849	1046941	65325
漳州市	25733	27309	37280	216197	2044
南平市	71539	20534	266934	13780	19771
龙岩市	258001	36765	336362	401898	10348
宁德市	50426	21727	322314	19256	2266
按行业分组					
房屋建筑业	430534	49177	767579	516064	13566
土木工程建筑业	512315	318670	2277196	21315	9244
铁路、道路、隧道和桥梁工程建筑	313685	220872	1469534	3179	1036
铁路工程建筑	5000	4011	25469		
公路工程建筑	50015	5106	72817	1810	356
市政道路工程建筑	30543	1747	66754	1084	678
其他道路、隧道和桥梁工程建筑	228127	210008	1304494	285	2
水利和内河港口工程建筑	9164	290	259305	812	351
水源及供水设施工程建筑	3	5	2900		1
河湖治理及防洪设施工程建筑	9161	285	256405	812	350
港口及航运设施工程建筑					
海洋工程建筑	10	10	100		
工矿工程建设	6686	267	992		
架线和管道工程建筑	65990	49006	82782	9816	3528
架线及设备工程建筑	65576	49006	82532	9816	3528
管道工程建筑	414		250		
其他土木工程建筑	116780	48225	464483	7508	4329
建筑安装业	479097	135973	445997	167431	43977
电气安装	240163	89915	231564	51827	23219
管道和设备安装	82123	4210	39826	1830	8082
其他建筑安装	156811	41848	174607	113774	12676

3-B-3.10　续表

项　　目	钢材（吨）	木材（立方米）	水泥（吨）	玻璃（平方米）	铝材（吨）
建筑装饰和其他建筑业	595946	749976	2735527	4595663	127862
建筑装饰业	372946	691046	1300811	4434870	117388
工程准备活动	22594	8513	162891	156005	1937
建筑物拆除活动	723	247	335		95
其他工程准备活动	21871	8266	162556	156005	1842
提供施工服务	15623	1000	156696		44
其他未列明建筑业	184783	49417	1115129	4788	8493
按登记注册类型分组					
内资企业	1987669	1219787	6069883	4502059	191790
国有企业	219461	25956	599031	5670	11952
集体企业	13954	584	46878	1050	3258
股份合作企业	32	562	520	73	25
联营企业	798	225	1937	4320	269
国有联营企业	795	180	1137	4320	234
集体联营企业	3	45	800		35
国有与集体联营企业					
其他联营企业					
有限责任公司	691117	463429	2157389	1816953	56859
国有独资公司	8162		5769		828
其他有限责任公司	682955	463429	2151620	1816953	56031
股份有限公司	35772	16993	178884	54620	11115
私营企业	1026534	712026	3085224	2619323	108311
私营独资企业	392	255	2170	120	133
私营合伙企业					
私营有限责任公司	997649	680597	2919335	2593187	106664
私营股份有限公司	28493	31174	163719	26016	1514
其他企业	1	12	20	50	1
港澳台商投资企业	25867	28571	86523	790495	2811
外商投资企业	4356	5438	69893	7919	48
按企业资质等级分组					
一级	1239734	637513	3023480	3184798	98624
二级	420708	424628	1373605	1651210	60454
三级	330388	190164	1756842	464448	32933
不分等级	27062	1491	72372	17	2638

3-B-3.11 专业承包业主要生产效益指标

项目	建筑业企业个数(个)	直接从事生产经营活动的平均人数(人)	按总产值计算的劳动生产率(元/人)	人均竣工产值(元/人)	人均施工面积(平方米/人)	人均竣工面积(平方米/人)
总计	**1071**	**213169**	**235643**	**137367**	**26**	**11**
按设区市分组						
福州市	361	92743	223381	119573	2	1
#平潭	3	13135	254376	248225		
厦门市	250	37265	259197	177455	1	1
莆田市	34	2501	301796	262348	17	17
三明市	54	8077	184864	142960	8	6
泉州市	200	37122	268359	125917	59	4
漳州市	45	4916	190207	117032	7	7
南平市	45	9344	233117	148953	2	
龙岩市	63	17897	192365	151230	163	105
宁德市	19	3304	329810	127437	19	19
按行业分组						
房屋建筑业	32	23579	209791	99826	174	68
土木工程建筑业	118	41797	238812	158485	5	2
铁路、道路、隧道和桥梁工程建筑	25	20806	250512	206938	8	2
铁路工程建筑	2	1031	339398	118757	95	
公路工程建筑	8	3704	236828	184337	18	12
市政道路工程建筑	6	2106	201612	84246		
其他道路、隧道和桥梁工程建筑	9	13965	254954	237945		
水利和内河港口工程建筑	8	2676	163358	52016		
水源及供水设施工程建筑	4	998	101770	74852		
河湖治理及防洪设施工程建筑	4	1678	199988	38435		
港口及航运设施工程建筑						
海洋工程建筑	2	132	122144	59841		
工矿工程建设	3	661	160377	155974		
架线和管道工程建筑	47	10148	234054	142550		
架线及设备工程建筑	45	10048	230900	143795		
管道工程建筑	2	100	550950	17450		
其他土木工程建筑	33	7374	248848	84332	5	5
建筑安装业	331	55520	241322	140663	17	9
电气安装	177	35938	244203	151770		
管道和设备安装	47	8268	216641	113373	1	1
其他建筑安装	107	11314	250210	125327	83	43

3-B-3.11　续表

项　　目	建筑业企业个数(个)	直接从事生产经营活动的平均人数(人)	按总产值计算的劳动生产率(元/人)	人均竣工产值(元/人)	人均施工面积(平方米/人)	人均竣工面积(平方米/人)
建筑装饰和其他建筑业	590	92273	237395	135410	4	2
建筑装饰业	446	66965	237544	137853	1	1
工程准备活动	47	4476	204063	170488		
建筑物拆除活动	29	1389	158461	113103		
其他工程准备活动	18	3087	224582	196309		
提供施工服务	72	2789	219257	117013		
其他未列明建筑业	25	18043	247918	120483	13	3
按登记注册类型分组						
内资企业	1043	205390	235606	138099	27	11
国有企业	17	7122	415361	210051		
集体企业	4	600	462957	442330		
股份合作企业	2	262	171927	16966		
联营企业	2	122	161000	89344		
国有联营企业	1	110	132200	99091		
集体联营企业	1	12	425000			
国有与集体联营企业						
其他联营企业						
有限责任公司	299	79171	244370	143117	12	6
国有独资公司	5	4104	269208	33857		
其他有限责任公司	294	75067	243012	149090	13	6
股份有限公司	25	5538	278736	147550		
私营企业	693	112556	214913	128200	41	16
私营独资企业	4	108	264935	65676		
私营合伙企业						
私营有限责任公司	657	107636	218437	131542	43	17
私营股份有限公司	32	4812	134973	54834		
其他企业	1	19	524842	524842		
港澳台商投资企业	24	7140	242079	123518		
外商投资企业	4	639	175538	56659		
按企业资质等级分组						
一级	140	96399	253964	139267	48	17
二级	412	57770	224312	135609	12	9
三级	490	51710	212246	142679	6	3
不分等级	29	7290	249112	88476	1	1

3-B-3.12 专业承包企业营业额

单位：万元

项目	企业营业额		企业总产值	
		在境外完成的营业额		#建筑业总产值
总　计	**5130620**		**5130620**	**5023168**
按设区市分组				
福州市	2109042		2109042	2071701
#平潭	334123		334123	334123
厦门市	1023149		1023149	965898
莆田市	76171		76171	75479
三明市	149315		149315	149315
泉州市	997034		997034	996201
漳州市	93546		93546	93506
南平市	224578		224578	217825
龙岩市	348817		348817	344275
宁德市	108969		108969	108969
按行业分组				
房屋建筑业	506236		506236	494667
土木工程建筑业	1005985		1005985	998161
铁路、道路、隧道和桥梁工程建筑	521670		521670	521215
铁路工程建筑	34992		34992	34992
公路工程建筑	87721		87721	87721
市政道路工程建筑	42911		42911	42460
其他道路、隧道和桥梁工程建筑	356047		356047	356043
水利和内河港口工程建筑	43715		43715	43715
水源及供水设施工程建筑	10157		10157	10157
河湖治理及防洪设施工程建筑	33558		33558	33558
港口及航运设施工程建筑				
海洋工程建筑	1612		1612	1612
工矿工程建设	10722		10722	10601
架线和管道工程建筑	242386		242386	237518
架线及设备工程建筑	236876		236876	232008
管道工程建筑	5510		5510	5510
其他土木工程建筑	185881		185881	183501
建筑安装业	1396268		1396268	1339822
电气安装	924638		924638	877616
管道和设备安装	182126		182126	179119
其他建筑安装	289505		289505	283088

3-B-3.12　续表

单位：万元

项　　目	企业营业额		企业总产值	
		在境外完成的营业额		#建筑业总产值
建筑装饰和其他建筑业	2222130		2222130	2190518
建筑装饰业	1611338		1611338	1590711
工程准备活动	91837		91837	91339
建筑物拆除活动	22509		22509	22010
其他工程准备活动	69328		69328	69328
提供施工服务	61781		61781	61151
其他未列明建筑业	457174		457174	447318
按登记注册类型分组				
内资企业	4942801		4942801	4839107
国有企业	303520		303520	295820
集体企业	27777		27777	27777
股份合作企业	4505		4505	4505
联营企业	1964		1964	1964
国有联营企业	1454		1454	1454
集体联营企业	510		510	510
国有与集体联营企业				
其他联营企业				
有限责任公司	1998853		1998853	1934704
国有独资公司	125771		125771	110483
其他有限责任公司	1873082		1873082	1824221
股份有限公司	154364		154364	154364
私营企业	2450821		2450821	2418975
私营独资企业	2861		2861	2861
私营合伙企业				
私营有限责任公司	2379023		2379023	2351165
私营股份有限公司	68936		68936	64949
其他企业	997		997	997
港澳台商投资企业	175150		175150	172844
外商投资企业	12669		12669	11217
按企业资质等级分组				
一级	2466666		2466666	2448192
二级	1327939		1327939	1295851
三级	1153342		1153342	1097523
不分等级	182673		182673	181603

3-B-3.13 专业承包企业资产构成

单位：万元

项　目	资产合计	#流动资产小　计	#存货	#非流动资产合计	#固定资产合计
总　计	**4657935**	**3811727**	**848156**	**846208**	**530812**
按设区市分组					
福州市	1511028	1238942	234041	272086	153055
#平潭	36045	19331	5796	16714	13206
厦门市	1346228	1157561	336276	188667	97243
莆田市	120626	98109	25696	22517	13204
三明市	166189	129203	28993	36986	34964
泉州市	912993	707302	138094	205691	157302
漳州市	124358	102046	20980	22313	14641
南平市	178663	147604	17414	31059	18278
龙岩市	223595	168608	33986	54987	35182
宁德市	74254	62352	12677	11902	6943
按行业分组					
房屋建筑业	288931	225050	28313	63881	36533
土木工程建筑业	756954	600655	100337	156299	100444
铁路、道路、隧道和桥梁工程建筑	247659	176302	17516	71357	54712
铁路工程建筑	27046	25361	8110	1685	315
公路工程建筑	102090	68477	391	33613	22387
市政道路工程建筑	26638	17779	1885	8859	8650
其他道路、隧道和桥梁工程建筑	91885	64685	7129	27200	23361
水利和内河港口工程建筑	23321	18229	7200	5092	2185
水源及供水设施工程建筑	11550	9677	3272	1873	149
河湖治理及防洪设施工程建筑	11772	8552	3928	3220	2036
港口及航运设施工程建筑					
海洋工程建筑	26744	14231	2436	12513	7172
工矿工程建设	16459	13506	708	2953	2953
架线和管道工程建筑	302907	268030	54130	34877	12734
架线及设备工程建筑	291685	262757	54125	28928	12180
管道工程建筑	11223	5273	5	5950	554
其他土木工程建筑	139864	110357	18347	29507	20688
建筑安装业	1823933	1510128	429561	313806	181413
电气安装	1342876	1160441	347299	182435	86581
管道和设备安装	161334	125033	27845	36301	21160
其他建筑安装	319723	224653	54417	95070	73672

3-B-3.13 续表

单位：万元

项 目	资产合计	#流动资产小计	#存货	#非流动资产合计	#固定资产合计
建筑装饰和其他建筑业	1788117	1475895	289946	312222	212423
建筑装饰业	1188922	1018689	192649	170232	99618
工程准备活动	96556	61677	7852	34880	29437
建筑物拆除活动	29853	21111	1725	8742	7170
其他工程准备活动	66703	40565	6127	26138	22267
提供施工服务	57244	39096	4280	18148	16020
其他未列明建筑业	445395	356433	85165	88962	67347
按登记注册类型分组					
内资企业	4554115	3716476	834481	837640	523267
国有企业	278241	252216	74693	26025	19754
集体企业	29492	22706	1821	6786	1691
股份合作企业	7293	5509	123	1784	1761
联营企业	2523	2523			
国有联营企业	1859	1859			
集体联营企业	664	663			
国有与集体联营企业					
其他联营企业					
有限责任公司	1935113	1638184	433399	296929	155692
国有独资公司	88894	75905	10863	12989	3800
其他有限责任公司	1846219	1562279	422536	283940	151892
股份有限公司	152112	118321	35539	33791	13645
私营企业	2148626	1676327	288866	472299	330698
私营独资企业	2061	857	40	1205	566
私营合伙企业					
私营有限责任公司	2067026	1619756	281640	447270	311966
私营股份有限公司	79539	55714	7186	23825	18167
其他企业	716	690	40	26	26
港澳台商投资企业	94539	86992	12490	7547	6542
外商投资企业	9281	8260	1185	1022	1003
按企业资质等级分组					
一级	1431929	1221320	291021	210609	134410
二级	1610966	1329152	333310	281814	166012
三级	1465692	1144100	215099	321592	216623
不分等级	149349	117156	8726	32193	13766

3-B-3.14 专业承包企业固定资产情况

单位：万元

项 目	固定资产合计	固定资产原价	固定资产折旧	#本年折旧	在建工程
总 计	**530812**	**730769**	**294158**	**58452**	**57710**
按设区市分组					
福州市	153055	252825	117152	19790	7570
#平潭	13206	27138	13932	2452	
厦门市	97243	136074	54504	10275	11575
莆田市	13204	18754	7241	1104	338
三明市	34964	42040	16582	2921	7972
泉州市	157302	183590	59246	17834	21406
漳州市	14641	21476	9993	1441	1756
南平市	18278	21600	8013	1706	1747
龙岩市	35182	43917	17372	2756	5345
宁德市	6943	10494	4056	625	
按行业分组					
房屋建筑业	36533	36135	17026	2211	14147
土木工程建筑业	100444	147525	62167	13200	12407
铁路、道路、隧道和桥梁工程建筑	54712	89376	38516	6300	3481
铁路工程建筑	315	1194	879	67	
公路工程建筑	22387	31782	12052	1985	2582
市政道路工程建筑	8650	15571	7027	1490	
其他道路、隧道和桥梁工程建筑	23361	40829	18558	2759	899
水利和内河港口工程建筑	2185	4022	1851	418	
水源及供水设施工程建筑	149	757	622	279	
河湖治理及防洪设施工程建筑	2036	3265	1229	140	
港口及航运设施工程建筑					
海洋工程建筑	7172	1343	460	117	6289
工矿工程建设	2953	5612	2659	447	
架线和管道工程建筑	12734	21476	10804	2496	1247
架线及设备工程建筑	12180	20451	10334	2466	1247
管道工程建筑	554	1025	470	30	
其他土木工程建筑	20688	25698	7878	3422	1390
建筑安装业	181413	232139	85999	15082	15606
电气安装	86581	115297	49445	7177	11423
管道和设备安装	21160	26204	9695	1456	1301
其他建筑安装	73672	90638	26859	6450	2883

3-B-3.14　续表　单位：万元

项　　目	固定资产合计	固定资产原价	固定资产折旧	#本年折旧	在建工程
建筑装饰和其他建筑业	212423	314969	128967	27959	15550
建筑装饰业	99618	149228	61962	10375	7085
工程准备活动	29437	45099	18925	3460	1100
建筑物拆除活动	7170	12092	5306	591	187
其他工程准备活动	22267	33007	13619	2870	914
提供施工服务	16020	20402	5427	1436	369
其他未列明建筑业	67347	100241	42653	12688	6995
按登记注册类型分组					
内资企业	523267	716857	287301	57554	57268
国有企业	19754	32800	15536	2399	1224
集体企业	1691	2141	1440	239	17
股份合作企业	1761	1884	182	20	
联营企业		5	4		
国有联营企业					
集体联营企业		5	4		
国有与集体联营企业					
其他联营企业					
有限责任公司	155692	237089	105309	23088	16004
国有独资公司	3800	7368	3568	730	
其他有限责任公司	151892	229721	101740	22359	16004
股份有限公司	13645	18648	6446	2569	715
私营企业	330698	424260	158380	29237	39309
私营独资企业	566	294	133	22	405
私营合伙企业					
私营有限责任公司	311966	401344	152405	27025	38904
私营股份有限公司	18167	22623	5842	2190	
其他企业	26	31	5	2	
港澳台商投资企业	6542	11216	5149	575	442
外商投资企业	1003	2697	1708	323	
按企业资质等级分组					
一级	134410	180721	82795	18162	25649
二级	166012	240670	97481	15040	8712
三级	216623	287180	103827	23740	21906
不分等级	13766	22199	10056	1510	1443

3-B-3.15 专业承包企业负债及所有者权益

单位：万元

项目	负债合计	#流动负债	#应付账款	所有者权益	#实收资本
总　　计	**2526400**	**2308631**	**561261**	**2105442**	**1475097**
按设区市分组					
福州市	803712	729434	140059	685481	498614
#平潭	7666	7666	1015	28380	20324
厦门市	912201	884337	215430	432357	319081
莆田市	74351	73466	11160	46275	32164
三明市	86282	82280	26283	79907	55370
泉州市	390637	296429	118544	520284	327329
漳州市	56938	55772	4061	66905	57851
南平市	80400	70120	18770	98263	66943
龙岩市	92088	87967	24772	131507	86719
宁德市	29792	28826	2184	44462	31026
按行业分组					
房屋建筑业	120623	120468	39326	168308	77116
土木工程建筑业	386974	371529	81771	369981	247995
铁路、道路、隧道和桥梁工程建筑	122213	117317	11005	125446	73251
铁路工程建筑	18120	16838	633	8926	8617
公路工程建筑	59152	57637	3830	42938	19167
市政道路工程建筑	11119	9649	1768	15519	8733
其他道路、隧道和桥梁工程建筑	33823	33193	4774	58063	36733
水利和内河港口工程建筑	5715	5715	859	17606	12790
水源及供水设施工程建筑	3523	3523	640	8027	6261
河湖治理及防洪设施工程建筑	2193	2193	220	9579	6528
港口及航运设施工程建筑					
海洋工程建筑	8832	8799	2586	17912	14000
工矿工程建设	5901	5901	331	10558	5700
架线和管道工程建筑	177850	170665	50734	125057	82008
架线及设备工程建筑	176185	170639	50708	115500	80268
管道工程建筑	1665	26	26	9557	1740
其他土木工程建筑	66462	63133	16256	73402	60248
建筑安装业	1102590	1025323	245855	699478	496959
电气安装	891247	834534	206031	430709	279644
管道和设备安装	74264	70222	12310	87070	69808
其他建筑安装	137079	120568	27514	181699	147507

3-B-3.15　续表

单位：万元

项　　目	负债合计	#流动负债	#应付账款	所有者权益	#实收资本
建筑装饰和其他建筑业	916213	791311	194309	867676	653026
建筑装饰业	560915	488711	146336	625450	464769
工程准备活动	39192	29563	6531	55694	45629
建筑物拆除活动	8053	7703	2770	21801	20926
其他工程准备活动	31139	21860	3761	33893	24704
提供施工服务	31255	23419	7472	25989	20577
其他未列明建筑业	284851	249618	33969	160544	122051
按登记注册类型分组					
内资企业	2461021	2244181	531412	2067000	1444328
国有企业	208336	170870	21534	69904	35302
集体企业	17427	17427	11657	12065	5714
股份合作企业	5006	5006	68	2287	1594
联营企业	825	815	252	1698	1759
国有联营企业	534	534	16	1325	1259
集体联营企业	291	281	237	373	500
国有与集体联营企业					
其他联营企业					
有限责任公司	1254895	1212325	289098	679759	471593
国有独资公司	67586	67586	23666	21308	16238
其他有限责任公司	1187309	1144738	265432	658451	455355
股份有限公司	87254	56088	20535	64859	36418
私营企业	887255	781626	188250	1235737	891349
私营独资企业	1079	1079	582	982	1041
私营合伙企业					
私营有限责任公司	852246	765651	178952	1207150	866976
私营股份有限公司	33930	14896	8715	27606	23333
其他企业	25	25	20	691	600
港澳台商投资企业	61225	60303	29071	33314	27855
外商投资企业	4154	4147	778	5128	2914
按企业资质等级分组					
一级	775837	675342	190138	656093	388389
二级	893358	834866	161423	694538	490455
三级	756218	699246	187523	706450	551996
不分等级	100987	99177	22177	48362	44258

3-B-3.16 专业承包企业实收资本

单位：万元

项目	合计	国家资本	集体资本	法人资本	个人资本	港澳台资本	外商资本
总计	**1475097**	**57227**	**93624**	**412464**	**897455**	**12811**	**1516**
按设区市分组							
福州市	498614	22710	20728	173599	273593	6593	1391
#平潭	20324			7	20316		
厦门市	319081	8110	22126	94789	190023	3908	125
莆田市	32164		5200	6185	20779		
三明市	55370	6247	6081	5809	37089	143	
泉州市	327329	8010	14392	98210	204549	2168	
漳州市	57851	2000	2096	10223	43532		
南平市	66943	9100	6800	13002	38041		
龙岩市	86719	1050	11000	9660	65009		
宁德市	31026		5200	987	24839		
按行业分组							
房屋建筑业	77116	1100		16528	58624		864
土木工程建筑业	247995	14579	39688	57988	135740		
铁路、道路、隧道和桥梁工程建筑	73251	1913	3410	22153	45775		
铁路工程建筑	8617			8617			
公路工程建筑	19167	1913	3300	8383	5571		
市政道路工程建筑	8733		110	250	8373		
其他道路、隧道和桥梁工程建筑	36733			4902	31831		
水利和内河港口工程建筑	12790	877	3024	5610	3280		
水源及供水设施工程建筑	6261	660		5601			
河湖治理及防洪设施工程建筑	6528	217	3024	9	3280		
港口及航运设施工程建筑							
海洋工程建筑	14000				14000		
工矿工程建设	5700		2500	1200	2000		
架线和管道工程建筑	82008	1500	30755	19742	30011		
架线及设备工程建筑	80268		30755	19502	30011		
管道工程建筑	1740	1500		240			
其他土木工程建筑	60248	10290		9284	40674		
建筑安装业	496959	9891	43728	154761	287144	812	625
电气安装	279644	3060	42328	91541	141679	412	625
管道和设备安装	69808	6031	1400	11647	50730		
其他建筑安装	147507	800		51573	94734	400	

3-B-3.16 续表

单位：万元

项 目	合计	国家资本	集体资本	法人资本	个人资本	港澳台资本	外商资本
建筑装饰和其他建筑业	653026	31657	10208	183188	415947	11999	27
建筑装饰业	464769	17420	10208	120088	305528	11499	27
工程准备活动	45629	2000		6453	37034	143	
建筑物拆除活动	20926	2000		2553	16373		
其他工程准备活动	24704			3900	20661	143	
提供施工服务	20577	400		5163	14656	358	
其他未列明建筑业	122051	11837		51484	58730		
按登记注册类型分组							
内资企业	1444328	57227	93095	400645	892811	50	500
国有企业	35302	26188		9114			
集体企业	5714		5714				
股份合作企业	1594			1541	53		
联营企业	1759		1759				
国有联营企业	1259		1259				
集体联营企业	500		500				
国有与集体联营企业							
其他联营企业							
有限责任公司	471593	29539	65234	140334	235935	50	500
国有独资公司	16238	15638		600			
其他有限责任公司	455355	13901	65234	139734	235935	50	500
股份有限公司	36418	1500	1572	9166	24181		
私营企业	891349		18817	239890	632642		
私营独资企业	1041			412	629		
私营合伙企业							
私营有限责任公司	866976		18760	233434	614782		
私营股份有限公司	23333		57	6044	17232		
其他企业	600			600			
港澳台商投资企业	27855		529	11270	3269	12761	27
外商投资企业	2914			550	1375		989
按企业资质等级分组							
一级	388389	23141	4339	119143	233382	7884	500
二级	490455	12694	34475	115928	322069	4272	1016
三级	551996	8054	51510	156024	335753	654	
不分等级	44258	13338	3300	21369	6251		

3-B-3.17 专业承包企业收入情况

单位：万元

项目	营业收入	#主营业务收入	营业成本	#主营业务成本	营业税金及附加	#主营业务税金及附加	其他业务利润
总计	**5039961**	**4959565**	**4244521**	**4168999**	**168902**	**165363**	**16855**
按设区市分组							
福州市	1897440	1882089	1630475	1607277	61808	60688	3732
#平潭	298919	298919	265089	265089	10846	10846	
厦门市	1165744	1117669	985326	947425	32549	32327	9881
莆田市	75401	74869	58913	58635	2600	1619	382
三明市	160947	157229	135239	133137	5905	5178	23
泉州市	977832	974436	783537	779812	39473	39177	743
漳州市	88817	88340	74451	74435	3309	3298	422
南平市	209337	204629	185313	181489	5181	5027	1120
龙岩市	357318	356390	297829	297217	13723	13698	333
宁德市	107126	103914	93437	89572	4353	4350	221
按行业分组							
房屋建筑业	476858	476806	398262	398262	17498	17498	52
土木工程建筑业	934653	923568	798823	788573	32008	29922	2463
铁路、道路、隧道和桥梁工程建筑	458618	455633	399956	395516	15543	15540	430
铁路工程建筑	27271	27260	25371	25371	704	702	
公路工程建筑	68556	65587	59353	54914	1537	1537	426
市政道路工程建筑	42392	42392	33138	33138	1691	1691	
其他道路、隧道和桥梁工程建筑	320398	320394	282094	282093	11611	11611	4
水利和内河港口工程建筑	37095	36994	31537	31537	1839	1839	101
水源及供水设施工程建筑	9468	9465	7560	7560	240	240	3
河湖治理及防洪设施工程建筑	27627	27529	23977	23977	1599	1599	98
港口及航运设施工程建筑							
海洋工程建筑	12373	7842	9239	5470	41	41	1544
工矿工程建设	11484	11484	9428	9428	321	321	
架线和管道工程建筑	246667	245217	202832	200929	7391	5534	383
架线及设备工程建筑	239830	238380	197120	195217	7276	5419	383
管道工程建筑	6837	6837	5712	5712	115	115	
其他土木工程建筑	168418	166398	145831	145692	6873	6647	4
建筑安装业	1528936	1484799	1254898	1220953	45406	44548	8857
电气安装	1057227	1034135	869177	854483	31343	30691	5259
管道和设备安装	175651	172494	152512	148114	5153	5106	347
其他建筑安装	296058	278170	233208	218357	8911	8752	3251

3-B-3.17　续表

单位：万元

项　　目	营业收入	#主营业务收入	营业成本	#主营业务成本	营业税金及附加	#主营业务税金及附加	其他业务利润
建筑装饰和其他建筑业	2099515	2074393	1792538	1761211	73990	73394	5484
建筑装饰业	1570434	1546065	1339195	1308330	57221	56659	5276
工程准备活动	87110	86933	71022	70971	3426	3421	80
建筑物拆除活动	20685	20592	16274	16258	657	656	76
其他工程准备活动	66425	66341	54748	54713	2769	2766	5
提供施工服务	65805	65728	57236	57150	2164	2161	3
其他未列明建筑业	376166	375667	325084	324760	11179	11153	124
按登记注册类型分组							
内资企业	4805747	4725531	4032986	3957596	160742	157259	16799
国有企业	257253	253364	236933	231997	6403	6403	904
集体企业	28932	27712	23667	22844	844	843	399
股份合作企业	4461	4454	4161	4161	132	132	6
联营企业	2330	2321	2084	2084	78	78	
国有联营企业	1814	1814	1621	1621	61	61	
集体联营企业	516	507	463	463	17	17	
国有与集体联营企业							
其他联营企业							
有限责任公司	1920072	1871450	1632132	1585571	62183	59964	7982
国有独资公司	56198	40240	47677	35297	1549	1542	3570
其他有限责任公司	1863874	1831210	1584455	1550275	60634	58422	4412
股份有限公司	144177	144135	115939	110342	5262	4959	35
私营企业	2447524	2421099	2017334	1999862	85781	84821	7473
私营独资企业	2859	2759	2151	484	171	115	
私营合伙企业							
私营有限责任公司	2356208	2330142	1948440	1932846	82306	81414	7406
私营股份有限公司	88457	88197	66743	66532	3303	3292	67
其他企业	997	997	735	735	60	60	
港澳台商投资企业	221288	221112	200687	200554	7875	7819	54
外商投资企业	12926	12922	10849	10849	284	284	3
按企业资质等级分组							
一级	2348766	2337628	2028658	2021946	80231	80074	2255
二级	1429697	1392395	1178040	1139320	44939	43061	8484
三级	1152684	1120920	942837	912953	40704	39228	6004
不分等级	108814	108622	94986	94780	3027	3000	113

3-B-3.18 专业承包企业费用情况

单位：万元

项目	管理费用	#税金	销售费用	财务费用	#利息收入	#利息支出
总计	**330009**	**15593**	**55649**	**25285**	**5046**	**21106**
按设区市分组						
福州市	124153	4263	15339	8382	1135	5672
#平潭	20029	193		249		228
厦门市	92818	3304	12923	4164	2916	5884
莆田市	8078	221	672	1121	87	1092
三明市	7590	191	1681	1145	140	776
泉州市	57792	5928	19735	4885	294	3219
漳州市	5367	200	1582	908	47	778
南平市	9724	220	1103	650	238	339
龙岩市	18774	771	2205	3323	185	2780
宁德市	5712	494	408	707	4	567
按行业分组						
房屋建筑业	15145	514	5421	3348	290	2606
土木工程建筑业	71575	1584	6750	2160	871	2313
铁路、道路、隧道和桥梁工程建筑	36248	514	387	969	180	1030
铁路工程建筑	968	17		3	9	2
公路工程建筑	7377	239	264	686	89	707
市政道路工程建筑	5337	29	39	30	22	28
其他道路、隧道和桥梁工程建筑	22566	228	84	256	61	294
水利和内河港口工程建筑	1299	14	8	31	5	6
水源及供水设施工程建筑	776	7		6	5	
河湖治理及防洪设施工程建筑	523	8	8	36		6
港口及航运设施工程建筑						
海洋工程建筑	1250	23	284	434	2	435
工矿工程建设	1344	7		12		3
架线和管道工程建筑	25593	736	4474	177	593	627
架线及设备工程建筑	25398	735	3918	180	590	627
管道工程建筑	195		556	2	3	
其他土木工程建筑	5842	292	1596	536	91	213
建筑安装业	127066	5027	21784	7669	2379	6130
电气安装	93685	2852	11833	4729	2227	3768
管道和设备安装	10323	683	1478	240	32	211
其他建筑安装	23058	1493	8473	2701	120	2151

3-B-3.18　续表　　单位：万元

项　　目	管理费用	#税金	销售费用	财务费用	#利息收入	#利息支出
建筑装饰和其他建筑业	116223	8468	21694	12107	1507	10058
建筑装饰业	86640	6443	13860	7926	1238	7092
工程准备活动	6978	181	929	848	56	541
建筑物拆除活动	3169	53	102	40	44	6
其他工程准备活动	3809	128	827	889	12	535
提供施工服务	3585	190	786	383	60	229
其他未列明建筑业	19020	1654	6120	2951	153	2196
按登记注册类型分组						
内资企业	320454	15041	55317	25642	4352	20794
国有企业	11397	800	399	824	420	1231
集体企业	3452	13	1	143	146	6
股份合作企业	28	5		4	1	1
联营企业	136	4		1		
国有联营企业	94	3				
集体联营企业	41	2				
国有与集体联营企业						
其他联营企业						
有限责任公司	144583	5331	15377	6071	2882	7259
国有独资公司	3721	34	648	380	6	385
其他有限责任公司	140862	5297	14729	5690	2877	6874
股份有限公司	9422	680	3397	1369	31	752
私营企业	151385	8199	36115	17229	871	11546
私营独资企业	207	10	120	7		5
私营合伙企业						
私营有限责任公司	145988	7916	30114	16962	835	11423
私营股份有限公司	5190	274	5881	261	36	117
其他企业	52	8	27	2	1	
港澳台商投资企业	8681	531	209	-357	694	312
外商投资企业	874	21	123	1	1	
按企业资质等级分组						
一级	106704	7894	19407	10699	1490	8167
二级	114186	3704	20976	6724	2655	6886
三级	101011	3476	14798	7767	873	5917
不分等级	8108	520	468	95	28	137

3-B-3.19 专业承包企业利润及税金情况

单位：万元

项目	利润总额	#应交所得税	税金总额	工程结算税金及附加	管理费用中的税金
总计	**217454**	**55924**	**180956**	**165363**	**15593**
按设区市分组					
福州市	62128	16871	64951	60688	4263
#平潭	2704	679	11039	10846	193
厦门市	38629	9745	35631	32327	3304
莆田市	3694	1357	1840	1619	221
三明市	7497	2044	5369	5178	191
泉州市	69755	16482	45105	39177	5928
漳州市	3218	1274	3498	3298	200
南平市	7329	2077	5247	5027	220
龙岩市	21737	5228	14469	13698	771
宁德市	3466	846	4844	4350	494
按行业分组					
房屋建筑业	35980	9502	18012	17498	514
土木工程建筑业	25094	7738	31506	29922	1584
铁路、道路、隧道和桥梁工程建筑	7416	2420	16054	15540	514
铁路工程建筑	237	59	719	702	17
公路工程建筑	1218	741	1776	1537	239
市政道路工程建筑	2136	652	1720	1691	29
其他道路、隧道和桥梁工程建筑	3826	968	11839	11611	228
水利和内河港口工程建筑	2429	450	1853	1839	14
水源及供水设施工程建筑	946	251	247	240	7
河湖治理及防洪设施工程建筑	1483	199	1607	1599	8
港口及航运设施工程建筑					
海洋工程建筑	1469	219	64	41	23
工矿工程建设	380	86	328	321	7
架线和管道工程建筑	7225	2331	6270	5534	736
架线及设备工程建筑	7017	2123	6154	5419	735
管道工程建筑	208	207	115	115	
其他土木工程建筑	6175	2233	6939	6647	292
建筑安装业	73280	16015	49575	44548	5027
电气安装	49199	10347	33543	30691	2852
管道和设备安装	6075	1518	5789	5106	683
其他建筑安装	18006	4150	10245	8752	1493

3-B-3.19 续表 单位：万元

项　目	利润总额	#应交所得税	税金总额	工程结算税金及附加	管理费用中的税金
建筑装饰和其他建筑业	83100	22669	81862	73394	8468
建筑装饰业	65886	17674	63102	56659	6443
工程准备活动	3599	1209	3602	3421	181
建筑物拆除活动	423	191	709	656	53
其他工程准备活动	3177	1018	2894	2766	128
提供施工服务	1759	953	2351	2161	190
其他未列明建筑业	11856	2833	12807	11153	1654
按登记注册类型分组					
内资企业	212380	54651	172300	157259	15041
国有企业	3394	1988	7203	6403	800
集体企业	897	251	856	843	13
股份合作企业	159	15	137	132	5
联营企业	31	37	82	78	4
国有联营企业	37	37	64	61	3
集体联营企业	6		19	17	2
国有与集体联营企业					
其他联营企业					
有限责任公司	62176	16563	65295	59964	5331
国有独资公司	2135	478	1576	1542	34
其他有限责任公司	60041	16084	63719	58422	5297
股份有限公司	9181	1774	5639	4959	680
私营企业	136420	33994	93020	84821	8199
私营独资企业	203	22	125	115	10
私营合伙企业					
私营有限责任公司	129151	33125	89330	81414	7916
私营股份有限公司	7066	847	3566	3292	274
其他企业	122	31	68	60	8
港澳台商投资企业	4279	1140	8350	7819	531
外商投资企业	795	133	305	284	21
按企业资质等级分组					
一级	101344	26737	87968	80074	7894
二级	65841	14718	46765	43061	3704
三级	48204	13928	42704	39228	3476
不分等级	2065	541	3520	3000	520

3-B-3.20 专业承包企业应收工程款及企业亏损情况

项目	应收工程款(万元)	企业个数(个)		亏损企业的比重(%)
			#亏损企业个数	
总　计	**918806**	**1071**	**150**	**14.0**
按设区市分组				
福州市	256900	361	37	10.2
#平潭	4685	3		
厦门市	228834	250	78	31.2
莆田市	13414	34	2	5.9
三明市	30058	54	6	11.1
泉州市	267336	200	7	3.5
漳州市	19298	45	9	20.0
南平市	27070	45	4	8.9
龙岩市	56468	63	5	7.9
宁德市	19428	19	2	10.5
按行业分组				
房屋建筑业	81346	32	1	3.1
土木工程建筑业	129730	118	15	12.7
铁路、道路、隧道和桥梁工程建筑	22396	25	5	20.0
铁路工程建筑	2631	2		
公路工程建筑	8958	8	1	12.5
市政道路工程建筑	1849	6	1	16.7
其他道路、隧道和桥梁工程建筑	8958	9	3	33.3
水利和内河港口工程建筑	1793	8		
水源及供水设施工程建筑	479	4		
河湖治理及防洪设施工程建筑	1314	4		
港口及航运设施工程建筑				
海洋工程建筑	557	2		
工矿工程建设	7291	3		
架线和管道工程建筑	69428	47	5	10.6
架线及设备工程建筑	69420	45	5	11.1
管道工程建筑	8	2		
其他土木工程建筑	28264	33	5	15.2
建筑安装业	291279	331	42	12.7
电气安装	201373	177	15	8.5
管道和设备安装	32606	47	8	17.0
其他建筑安装	57300	107	19	17.8

3-B-3.20　续表

项　　目	应收工程款(万元)	企业个数(个)	#亏损企业个数	亏损企业的比重(%)
建筑装饰和其他建筑业	416451	590	92	15.6
建筑装饰业	281875	446	66	14.8
工程准备活动	16863	47	18	38.3
建筑物拆除活动	2529	29	13	44.8
其他工程准备活动	14335	18	5	27.8
提供施工服务	15789	72	5	6.9
其他未列明建筑业	101923	25	3	12.0
按登记注册类型分组				
内资企业	893061	1043	145	13.9
国有企业	24982	17	4	23.5
集体企业	10642	4		
股份合作企业	445	2		
联营企业	57	2	1	50.0
国有联营企业	57	1		
集体联营企业		1	1	100.0
国有与集体联营企业				
其他联营企业				
有限责任公司	333162	299	47	15.7
国有独资公司	25544	5	1	20.0
其他有限责任公司	307618	294	46	15.6
股份有限公司	53199	25	2	8.0
私营企业	470575	693	91	13.1
私营独资企业	694	4	1	25.0
私营合伙企业				
私营有限责任公司	439270	657	86	13.1
私营股份有限公司	30610	32	4	12.5
其他企业		1		
港澳台商投资企业	24230	24	5	20.8
外商投资企业	1515	4		
按企业资质等级分组				
一级	344012	140	4	2.9
二级	307064	412	52	12.6
三级	238033	490	89	18.2
不分等级	29696	29	5	17.2

3-B-3.21 专业承包企业主要经济效益指标

项　　目	产值利润率(%)	产值利税率(%)	资本利润率(%)	资本利税率(%)	人均利润(元/人)	人均利税(元/人)	资产负债率(%)
总　　计	**4.3**	**7.9**	**14.7**	**27.0**	**10201**	**18690**	**54.2**
按设区市分组							
福州市	3.0	6.1	12.5	25.5	6699	13702	53.2
#平潭	0.8	4.1	13.3	67.6	2059	10463	21.3
厦门市	4.0	7.7	12.1	23.3	10366	19928	67.8
莆田市	4.9	7.3	11.5	17.2	14769	22127	61.6
三明市	5.0	8.6	13.5	23.2	9282	15929	51.9
泉州市	7.0	11.5	21.3	35.1	18791	30941	42.8
漳州市	3.4	7.2	5.6	11.6	6546	13660	45.8
南平市	3.4	5.8	10.9	18.8	7843	13458	45.0
龙岩市	6.3	10.5	25.1	41.8	12146	20230	41.2
宁德市	3.2	7.6	11.2	26.8	10492	25153	40.1
按行业分组							
房屋建筑业	7.3	10.9	46.7	70.0	15259	22898	41.7
土木工程建筑业	2.5	5.7	10.1	22.8	6004	13542	51.1
铁路、道路、隧道和桥梁工程建筑	1.4	4.5	10.1	32.0	3564	11280	49.3
铁路工程建筑	0.7	2.7	2.7	11.1	2295	9270	67.0
公路工程建筑	1.4	3.4	6.4	15.6	3288	8082	57.9
市政道路工程建筑	5.0	9.1	24.5	44.1	10140	18307	41.7
其他道路、隧道和桥梁工程建筑	1.1	4.4	10.4	42.6	2740	11217	36.8
水利和内河港口工程建筑	5.6	9.8	19.0	33.5	9077	16003	24.5
水源及供水设施工程建筑	9.3	11.7	15.1	19.1	9482	11955	30.5
河湖治理及防洪设施工程建筑	4.4	9.2	22.7	47.3	8836	18411	18.6
港口及航运设施工程建筑							
海洋工程建筑	91.1	95.1	10.5	11.0	111318	116144	33.0
工矿工程建设	3.6	6.7	6.7	12.4	5752	10708	35.9
架线和管道工程建筑	3.0	5.7	8.8	16.5	7119	13297	58.7
架线及设备工程建筑	3.0	5.7	8.7	16.4	6983	13108	60.4
管道工程建筑	3.8	5.9	11.9	18.6	20780	32340	14.8
其他土木工程建筑	3.4	7.1	10.2	21.8	8374	17784	47.5
建筑安装业	5.5	9.2	14.7	24.7	13199	22128	60.5
电气安装	5.6	9.4	17.6	29.6	13690	23023	66.4
管道和设备安装	3.4	6.6	8.7	17.0	7348	14348	46.0
其他建筑安装	6.4	10.0	12.2	19.2	15915	24969	42.9

3-B-3.21　续表

项　　目	产值利润率(%)	产值利税率(%)	资本利润率(%)	资本利税率(%)	人均利润(元/人)	人均利税(元/人)	资产负债率(%)
建筑装饰和其他建筑业	3.8	7.5	12.7	25.3	9006	17878	51.2
建筑装饰业	4.1	8.1	14.2	27.8	9839	19262	47.2
工程准备活动	3.9	7.9	7.9	15.8	8041	16089	40.6
建筑物拆除活动	1.9	5.1	2.0	5.4	3044	8144	27.0
其他工程准备活动	4.6	8.8	12.9	24.6	10290	19664	46.7
提供施工服务	2.9	6.7	8.5	20.0	6306	14735	54.6
其他未列明建筑业	2.7	5.5	9.7	20.2	6571	13669	64.0
按登记注册类型分组							
内资企业	4.4	7.9	14.7	26.6	10340	18729	54.0
国有企业	1.1	3.6	9.6	30.0	4766	14879	74.9
集体企业	3.2	6.3	15.7	30.7	14942	29207	59.1
股份合作企业	3.5	6.6	10.0	18.6	6080	11324	68.6
联营企业	1.6	5.8	1.8	6.4	2541	9295	32.7
国有联营企业	2.5	6.9	2.9	8.0	3327	9127	28.7
集体联营企业	-1.1	2.5	-1.1	2.6	-4667	10833	43.8
国有与集体联营企业							
其他联营企业							
有限责任公司	3.2	6.6	13.2	27.0	7853	16101	64.8
国有独资公司	1.9	3.4	13.2	22.9	5203	9042	76.0
其他有限责任公司	3.3	6.8	13.2	27.2	7998	16487	64.3
股份有限公司	5.9	9.6	25.2	40.7	16578	26760	57.4
私营企业	5.6	9.5	15.3	25.7	12120	20385	41.3
私营独资企业	7.1	11.4	19.5	31.4	18787	30296	52.4
私营合伙企业							
私营有限责任公司	5.5	9.3	14.9	25.2	11999	20298	41.2
私营股份有限公司	10.9	16.4	30.3	45.6	14685	22095	42.7
其他企业	12.2	19.0	20.3	31.6	64053	99842	3.5
港澳台商投资企业	2.5	7.3	15.4	45.3	5994	17688	64.8
外商投资企业	7.1	9.8	27.3	37.7	12433	17200	44.8
按企业资质等级分组							
一级	4.1	7.7	26.1	48.7	10513	19638	54.2
二级	5.1	8.7	13.4	23.0	11397	19492	55.5
三级	4.4	8.3	8.7	16.5	9322	17580	51.6
不分等级	1.1	3.1	4.7	12.6	2833	7661	67.6

C.劳务分包建筑业企业

3-C-01 劳务分包建筑业企业生产经营情况

单位：万元

项 目	建筑业总产值	营业收入	主营业务税金及附加	利润总额	应付职工薪酬
总 计	**3506204**	**3554995**	**116306**	**16637**	**3114207**
按设区市分组					
福州市	1532317	1557670	50060	7730	1372110
#平潭	48562	43227	1642	1767	38604
厦门市	1762156	1781049	58368	1240	1604159
莆田市	10001	11021	417	428	4204
三明市	25740	38471	1147	597	2064
泉州市	118147	119142	4064	4944	104122
漳州市	25475	17830	789	507	7128
南平市	2828	2471	86	143	731
龙岩市	18238	16393	1019	915	12274
宁德市	11303	10948	357	133	7416
按行业分组					
房屋建筑业	1401391	1422449	46823	7198	1233215
土木工程建筑业	45265	46571	1684	837	34446
建筑安装业	94291	104051	2317	777	60518
建筑装饰和其他建筑业	1965257	1981924	65482	7826	1786028
按登记注册类型分组					
内资企业	3506204	3554995	116306	16637	3114207
国有企业					
集体企业	1045	1045	25	30	981
股份合作企业					
联营企业	9870	9920	333	40	9400
有限责任公司	1295931	1342322	45556	7693	1162746
股份有限公司	10025	9520	308	165	8289
私营企业	2189333	2192188	70084	8769	1932791
其他企业					
港澳台商投资企业					
外商投资企业					
按企业资质等级分组					
一级	1736949	1759892	58154	13309	1523851
二级	1308209	1312248	41986	1390	1197022
不分等级	461046	482856	16166	1939	393333

3-C-02　劳务分包建筑业企业个数和人员情况

项　目	企业个数（个）	从事主营业务活动的从业人员平均人数（人）	从业人员期末人数（人）		
				#工程技术人员	#现场施工工人
总　计	**492**	**710851**	**739161**	**19528**	**568960**
按设区市分组					
福州市	212	288545	295669	6191	200606
#平潭	27	5864	4527	1714	3655
厦门市	116	395257	414476	9472	342356
莆田市	14	818	960	159	633
三明市	18	632	632	82	382
泉州市	48	19921	20348	2800	21204
漳州市	24	1929	2182	437	1502
南平市	19	220	283	72	138
龙岩市	16	2605	2916	202	1609
宁德市	25	924	1695	113	530
按行业分组					
房屋建筑业	175	270547	267333	4669	174897
土木工程建筑业	34	6622	18420	1335	18213
建筑安装业	20	14210	10630	323	8017
建筑装饰和其他建筑业	263	419472	442778	13201	367833
按登记注册类型分组					
内资企业	492	710851	739161	19528	568960
国有企业	1	10			
集体企业	3	454	211	3	200
股份合作企业					
联营企业	1	840	1600	5	1570
有限责任公司	170	271692	276531	6940	234980
股份有限公司	9	652	4273	1540	6487
私营企业	306	437203	456546	11040	325723
其他企业	2				
港澳台商投资企业					
外商投资企业					
按企业资质等级分组					
一级	256	327638	344273	8787	250552
二级	151	306505	316077	8301	261024
不分等级	85	76708	78811	2440	57384

附　录

主要指标解释

主要指标解释

研究与试验发展（R&D） 指在科学技术领域，为增加知识总量、以及运用这些知识去创造新的应用而进行的系统的、创造性的活动，包括基础研究、应用研究、试验发展三类活动。

R&D 人员 指报告期企业内部从事 R&D 活动的人员。包括直接参加 R&D 项目活动的人员，R&D 项目管理人员，以及为 R&D 活动提供资料文献、材料供应、设备维护等直接服务的人员。

研究人员 指 R&D 人员中具备中级以上职称或博士学历（学位）的人员。

全时人员 指在报告期企业 R&D 人员中实际从事 R&D 活动的时间占制度工作时间 90%及以上的人员。

R&D 人员折合全时当量 指报告期企业 R&D 全时人员（全年从事 R&D 活动累积工作时间占全部工作时间的 90%及以上人员）工作量与非全时人员按实际工作时间折算的工作量之和。例如：有 2 个 R&D 全时人员(工作时间分别为 0.9 年和 1 年)和 3 个 R&D 非全时人员(工作时间分别为 0.2 年、0.3 年和 0.7 年)，则 R&D 人员折合全时当量=1+1+0.2+0.3+0.7=3.2(人年)。

R&D 经费内部支出 指企业在报告年度用于内部开展 R&D 活动的实际支出。包括用于 R&D 项目（课题）活动的直接支出，以及间接用于 R&D 活动的管理费、服务费、与 R&D 有关的基本建设支出以及外协加工费等。不包括生产性活动支出、归还贷款支出以及与外单位合作或委托外单位进行 R&D 活动而转拨给对方的经费支出。

日常性支出 指企业在报告年度为开展 R&D 活动而发生的人员劳务费，及其各项管理费用和购买非资产性的材料、物资费用等他日常支出。

资产性支出 指企业在报告年度为开展 R&D 活动而进行建造、购置、安装、改建、扩建固定资产，以及进行设备技术改造和大修理等实际支出的费用。

政府资金 指企业 R&D 经费内部支出中来自各级政府部门的各类资金。

企业资金 指企业 R&D 经费内部支出中来自本企业的自有资金和接受其他企业委托而获得的经费。

R&D 经费外部支出 指报告期企业委托外单位或与外单位合作进行 R&D 活动而拨给对方的经费。

R&D 项目 指报告期企业在当年立项并开展研究工作、以前年份立项仍继续进行研究的研究开发项目或课题，包括当年完成和年内研究工作已告失败的研发项目或课题。

企业办研发机构 指企业自办或与外单位合办，在管理上同生产系统相对独立（或者单独核算）的专门研究开发机构。

研发机构人员 指报告期末企业办研发活动机构中从业人员合计。

机构经费支出 指报告期企业办研发机构用于内部开展研发活动实际支出的总费用，包括机构人员劳务费（含工资）支出、机构业务费支出、管理费支出、固定资产购建支出以及其他维持机构正常工作的日常费用等的支出总和。

新产品 指采用新技术原理、新设计构思研制、生产的全新产品，或在结构、材质、工艺等某一方面比原有产品有明显改进，从而显著提高了产品性能或扩大了使用功能的产品。

专利申请数 指企业在报告期内向国内外知识产权行政部门提出专利申请并被受理的件数。

发明专利申请数 指企业在报告期内向国内外知识产权行政部门提出发明专利申请并被受理的件数。

有效发明专利数 指报告期末企业作为专利权人在报告期拥有的、经国内外知识产权行政部门授权且在有效期内的发明专利件数。

有效发明专利数中境外授权 指报告期末企业作为专利权人拥有的、经国外及港澳台知识产权行政部门授予且有效期内的发明专利件数。

拥有注册商标 指企业在报告期末拥有的注册商标件数。包括在境内和境外注册的商标件数，一件商标在境内外同时注册时只统计一件。

拥有注册商标中境外注册 指企业在报告期末拥有的在国外或港澳台注册的商标件数。

形成国家或行业标准 指报告期企业在自主研发或自主知识产权基础上形成的经有关部门批准的国家或行业标准项数。

研究开发费用加计扣除减免税 指企业在报告期按有关政策和税法规定税前加计扣除的研究开发活动费用所得税。

高新技术企业减免税 指新技术企业在报告期高按照国家有关政策依法享受的企业所得税减免额。

引进技术经费支出 指企业在报告期用于购买境外技术的费用支出，包括产品设计、工艺流程、图纸、配方、专利等技术资料的费用支出，以及购买关键设备、仪器、样机和样件等的费用支出。

消化吸收经费支出 引进技术的消化吸收指对引进技术的掌握、应用、复制而开展的工作，以及在此基础上的创新。引进技术的消化吸收经费支出包括：人员培训费、测绘费、参加消化吸收人员的工资、工装、工艺开发费、必备的配套设备费、翻版费等。

购买国内技术经费支出 指企业在报告期购买境内其

他单位科技成果的经费支出。包括购买产品设计、工艺流程、图纸、配方、专利、技术诀窍及关键设备的费用支出。

技术改造经费支出 指企业在报告期进行技术改造而发生的费用支出。技术改造指企业在坚持科技进步的前提下，将科技成果应用于生产的各个领域（产品、设备、工艺等），用先进工艺、设备代替落后工艺、设备，实现以内涵为主的扩大再生产，从而提高产品质量、促进产品更新换代、节约能源、降低消耗，全面提高综合经济效益。